"全国安全生产月"法规标准系列丛书

安全生产执法基础性标准文本手册

（上 册）

全国公共安全基础标准化技术委员会
全国安全生产标准化技术委员会 组织编写

应急管理出版社

·北 京·

图书在版编目（CIP）数据

安全生产执法基础性标准文本手册/全国公共安全基础标准化技术委员会，全国安全生产标准化技术委员会组织编写.--北京：应急管理出版社，2022

（"全国安全生产月"法规标准系列丛书）

ISBN 978-7-5020-9313-6

Ⅰ.①安… Ⅱ.①全… ②全… Ⅲ.①安全生产—行政执法—中国—手册 Ⅳ.①D922.54-62

中国版本图书馆CIP数据核字（2022）第060635号

安全生产执法基础性标准文本手册
（"全国安全生产月"法规标准系列丛书）

组织编写	全国公共安全基础标准化技术委员会
	全国安全生产标准化技术委员会
责任编辑	曲光宇
责任校对	赵　盼　张艳蕾　邢蕾严　李新荣　孔青青
封面设计	卓义云天
出版发行	应急管理出版社（北京市朝阳区芍药居35号　100029）
电　　话	010-84657898（总编室）　010-84657880（读者服务部）
网　　址	www.cciph.com.cn
印　　刷	三河市中晟雅豪印务有限公司
经　　销	全国新华书店
开　　本	787mm×1092mm 1/16　**印张** 176 1/2　**字数** 4248千字
版　　次	2022年6月第1版　2022年6月第1次印刷
社内编号	20220594　　　　　**定价** 668.00元（共三册）

版权所有　违者必究

本书如有缺页、倒页、脱页等质量问题，本社负责调换，电话：010-84657880

本丛书编写委员会

主　任　闪淳昌
副主任　范维澄　薛　澜　张兴凯
　　　　　马怀德　陈湘生　徐志强
　　　　　康　荣　汤万金　刘　钊

本书编写组

陈少云　秦挺鑫　曾明荣　尹燕福
熊海波　杨伟强　敬云川　蔡　忠
周煦人　白　娟　倪慧荟　宫国卓
杨　惠　毕雅静　王　皖　张　超

前　　言

党和国家高度重视标准化工作。习近平总书记指出，中国将积极实施标准化战略，以标准助力创新发展、协调发展、绿色发展、开放发展、共享发展。安全生产标准是安全生产法律法规的延伸，是政府部门安全生产执法监管的基本依据，是企业和从业人员落实安全生产责任、强化安全防范、提高安全水平的技术支撑，是推进完善应急管理体系和能力现代化的基础性制度。

截至2022年3月，应急管理部归口管理的安全生产标准共计551项，按照标准层级划分，国家标准191项、行业标准360项；按照标准性质划分，强制性标准366项、推荐性标准185项；按照标准领域划分，标准体系呈现门类多、领域广、专业强等显著特征。

为方便安全生产从业人员学习掌握安全生产基础性标准文本，提升安全生产标准宣贯的针对性、适用性，扩大标准的影响力、执行力，我们组织编辑了本书，收录了现行有效的安全生产基础通用及各细分专业领域基础性标准文本130余项（包括部分具备标准性质的规范性文件）。学习掌握有关基础性标准，是保障安全生产、提升预防和处置生产安全事故能力必不可少的功课。

在本书编辑过程中，中国标准化研究院、中国计量大学等单位给予大力支持。我们将根据应急管理标准化建设成果，及时更新、增补有关内容，同时恳请广大读者对本书的编辑提出宝贵意见，以便再版时修订完善。

编　者

2022年3月

目 录

上 册

一、安全基础标准 ... 1
1. 基础通用 ... 1
安全色(GB 2893—2008) ... 1
安全标志及其使用导则(GB 2894—2008) ... 11
防止静电事故通用导则(GB 12158—2006) ... 43
工业管道的基本识别色、识别符号和安全标识(GB 7231—2003) ... 71
生产设备安全卫生设计总则(GB 5083—1999) ... 75
生产过程安全卫生要求总则(GB/T 12801—2008) ... 83

2. 作业安全 ... 94
座板式单人吊具悬吊作业安全技术规范(GB 23525—2009) ... 94
缺氧危险作业安全规程(GB 8958—2006) ... 105
高处作业分级(GB/T 3608—2008) ... 109

3. 安全管理 ... 115
生产经营单位生产安全事故应急预案编制导则(GB/T 29639—2020) ... 115
企业安全生产标准化基本规范(GB/T 33000—2016) ... 124
安全生产责任保险事故预防技术服务规范(AQ 9010—2019) ... 138
生产安全事故应急演练评估规范(AQ/T 9009—2015) ... 142
安全生产应急管理人员培训大纲及考核规范(AQ/T 9008—2012) ... 152
生产安全事故应急演练基本规范(AQ/T 9007—2019) ... 160
生产经营单位生产安全事故应急预案评估指南(AQ/T 9011—2019) ... 167

4. 事故调查和处理 ... 174
事故伤害损失工作日标准(GB/T 15499—1995) ... 174
企业职工伤亡事故分类(GB/T 6441—1986) ... 222
企业职工伤亡事故经济损失统计标准(GB/T 6721—1986) ... 237

二、危险化学品及化工安全 ... 241
1. 基础通用 ... 241
化工园区安全风险排查治理导则(试行)(2019版) ... 241
危险化学品企业安全风险隐患排查治理导则(2019版) ... 254

化工和危险化学品生产经营单位重大生产安全事故隐患判定标准(试行)
(2017版) ……………………………………………………………………… 309
危险化学品经营企业安全技术基本要求(GB 18265—2019) ……………… 318
危险化学品重大危险源辨识(GB 18218—2018) …………………………… 325
危险化学品单位应急救援物资配备要求(GB 30077—2013) ……………… 336
常用化学危险品贮存通则(GB 15603—1995) ……………………………… 350
化学品作业场所安全警示标志规范(AQ 3047—2013) ……………………… 609
危险化学品从业单位安全标准化通用规范(AQ 3013—2008) ……………… 615
危险化学品事故应急救援指挥导则(AQ/T 3052—2015) …………………… 633

2. 安全规程 …………………………………………………………………… 638
危险化学品企业特殊作业安全规范(GB 30871—2022) …………………… 638
液体石油产品静电安全规程(GB 13348—2009) …………………………… 668
石油与石油设施雷电安全规范(GB 15599—2009) ………………………… 673
氢气使用安全技术规程(GB 4962—2008) …………………………………… 678
氯气安全规程(GB 11984—2008) …………………………………………… 693
光气及光气化产品生产安全规程(GB 19041—2003) ……………………… 700
危险化学品储罐区作业安全通则(AQ 3018—2008) ………………………… 707
危险场所电气防爆安全规范(AQ 3009—2007) ……………………………… 711
加油站作业安全规范(AQ 3010—2007) ……………………………………… 763

3. 设备、装置与系统 …………………………………………………………… 769
危险化学品生产装置和储存设施风险基准(GB 36894—2018) …………… 769
危险化学品生产装置和储存设施外部安全防护距离确定方法
(GB/T 37243—2019) …………………………………………………………… 774
危险化学品重大危险源安全监控通用技术规范(AQ 3035—2010) ………… 830

中　　册

三、烟花爆竹与民爆物品安全 ………………………………………………………… 841

1. 基础通用 ……………………………………………………………………… 841
烟花爆竹生产经营单位重大生产安全事故隐患判定标准(试行)(2017版) …… 841
烟花爆竹　标志(GB 24426—2015) ………………………………………… 847
烟花爆竹　包装(GB 31368—2015) ………………………………………… 860
烟花爆竹　安全与质量(GB 10631—2013) ………………………………… 867
烟花爆竹安全生产标志(AQ 4114—2011) …………………………………… 885

2. 安全规程 …………………………………………………………………… 896
烟花爆竹作业安全技术规程(GB 11652—2012) …………………………… 896
民用爆炸物品生产、销售企业安全管理规程(GB 28263—2012) …………… 927
烟花爆竹工程设计安全规范(GB 50161—2009) …………………………… 956

民用爆炸品危险货物危险特性检验安全规范(GB 19455—2004) ········· 1020
烟花爆竹零售店(点)安全技术规范(AQ 4128—2019) ··············· 1032
烟花爆竹工程设计安全审查规范(AQ 4126—2018) ················· 1038
烟花爆竹防止静电通用导则(AQ 4115—2011) ····················· 1051

3. 安全管理 ··· 1056
烟花爆竹流向登记通用规范(AQ 4102—2008) ····················· 1056
烟花爆竹出厂包装检验规程(AQ 4112—2008) ····················· 1065
烟花爆竹企业安全评价规范(AQ 4113—2008) ····················· 1069

四、矿山安全 ·· 1084

1. 基础通用 ··· 1084
悬挂输送机安全规程(GB 11341—2008) ··························· 1084
矿山安全标志(GB 14161—2008) ·································· 1089
矿用电梯安全技术要求(AQ 2069—2019) ·························· 1109
矿用产品安全标志标识(AQ 1043—2007) ·························· 1132
矿山救护规程(AQ 1008—2007) ··································· 1136

2. 煤矿安全 ··· 1184
(1) 煤矿安全规程
煤矿重大事故隐患判定标准(2020版) ······························ 1184
煤矿建设项目安全审核基本要求(AQ 1049—2018) ················· 1189
煤矿建设项目安全设施设计审查和竣工验收规范(AQ 1055—2018) ··· 1193
煤矿建设安全规范(AQ 1083—2011) ······························· 1246
煤层气地面开采防火防爆安全规程(AQ 1081—2010) ··············· 1318
矿井密闭防灭火技术规范(AQ 1044—2007) ······················· 1324
煤矿瓦斯抽放规范(AQ 1027—2006) ······························ 1335
选煤厂安全规程(AQ 1010—2005) ································· 1355
煤矿井下安全标志(AQ 1017—2005) ······························· 1391
(2) 煤矿设备、装置与系统
煤矿用带式输送机 安全规范(GB 22340—2008) ··················· 1413
煤矿安全监控系统及检测仪器使用管理规范(AQ 1029—2019) ······ 1422
煤矿安全监控系统通用技术要求(AQ 6201—2019) ················· 1441
煤矿井下作业人员管理系统通用技术条件(AQ 6210—2007) ········ 1461
(3) 煤矿安全管理
煤矿主要负责人安全生产培训大纲及考核标准(AQ 1069—2008) ···· 1476
煤矿安全生产管理人员安全生产培训大纲及考核标准(AQ 1070—2008) ··· 1484

3. 非煤矿山安全 ··· 1493
(1) 非煤矿山安全规程 ··· 1493
金属非金属矿山重大生产安全事故隐患判定标准(试行)(2017版) ··· 1493
金属非金属矿山安全规程(GB 16423—2020) ······················ 1509

3

  尾矿库安全规程(GB 39496—2020) ………………………………………… 1581
  金属非金属地下矿山防治水安全技术规范(AQ 2061—2018) …………… 1611
  超深竖井施工安全技术规范(AQ 2062—2018) …………………………… 1643
  磷石膏库安全技术规程(AQ 2059—2016) ………………………………… 1650
  石膏矿地下开采安全技术规范(AQ 2015—2008) ………………………… 1671
  金属非金属矿山排土场安全生产规则(AQ 2005—2005) ………………… 1674
 (2)非煤矿山设备、装置与系统 ………………………………………………… 1682
  金属非金属矿山提升系统日常检查和定期检测检验管理规范
   (AQ 2068—2019) ……………………………………………………… 1682
  金属非金属地下矿山监测监控系统建设规范(AQ 2031—2011) ………… 1687
  金属非金属地下矿山紧急避险系统建设规范(AQ 2033—2011) ………… 1691
 (3)非煤矿山安全管理 …………………………………………………………… 1694
  金属非金属矿山主要负责人安全生产培训大纲(AQ 2008—2006) ……… 1694
  金属非金属矿山主要负责人安全生产考核标准(AQ 2009—2006) ……… 1699
  金属非金属矿山安全生产管理人员安全生产培训大纲(AQ 2010—2006) … 1704
  金属非金属矿山安全生产管理人员安全生产考核标准(AQ 2011—2006) … 1709
 4. 石油天然气安全 …………………………………………………………………… 1714
  海洋石油生产设施发证检验工作通则(AQ 2079—2020) ………………… 1714
  石油行业安全生产标准化 导则(AQ 2037—2012) ……………………… 1798
  石油天然气安全规程(AQ 2012—2007) ………………………………… 1805

下　册

五、粉尘防爆与涂装安全 ……………………………………………………………… 1853

 1. 安全规程 …………………………………………………………………………… 1853
  工贸企业粉尘防爆安全规定(2021版) …………………………………… 1853
  粉尘防爆安全规程(GB 15577—2018) …………………………………… 1859
  涂装作业安全规程　安全管理通则(GB 7691—2003) …………………… 1867
  涂装职业健康安全通用要求(AQ 5208—2011) ………………………… 1890
 2. 设备、装置与系统 ………………………………………………………………… 1897
  粉尘爆炸危险场所用除尘系统安全技术规范(AQ 4273—2016) ………… 1897
  涂料生产企业安全生产标准化实施指南(AQ 3040—2010) …………… 1907
  涂料生产企业安全技术规程(AQ 5204—2008) ………………………… 1925
  涂装工程安全设施验收规范(AQ 5201—2007) ………………………… 1948

六、冶金有色与工贸安全 ……………………………………………………………… 1954

  铝电解安全生产规范(GB 29741—2013) ………………………………… 1954
  焦化安全规程(GB 12710—2008) ………………………………………… 1985

工业企业煤气安全规程(GB 6222—2005) ……………………………………… 2017
打火机生产安全规程(GB 19288—2003) …………………………………… 2047
炼钢安全规程(AQ 2001—2018) ……………………………………………… 2063
炼铁安全规程(AQ 2002—2018) ……………………………………………… 2086
新型干法水泥生产安全规程(AQ 7014—2018) …………………………… 2114
氨制冷企业安全规范(AQ 7015—2018) …………………………………… 2142
纺织工业企业安全管理规范(AQ 7002—2007) …………………………… 2154
制冷空调作业安全技术规范(AQ 7004—2007) …………………………… 2209

七、个体防护装备 ……………………………………………………………… 2221

1. 基础通用 …………………………………………………………………… 2221
个体防护装备配备规范 第1部分:总则(GB 39800.1—2020) …………… 2221
个体防护装备配备规范 第2部分:石油、化工、天然气(GB 39800.2—2020) …… 2248
个体防护装备配备规范 第3部分:冶金、有色(GB 39800.3—2020) …… 2309
个体防护装备配备规范 第4部分:非煤矿山(GB 39800.4—2020) ……… 2350

2. 头及眼面部防护 …………………………………………………………… 2371
头部防护 安全帽(GB 2811—2019) ………………………………………… 2371
个人用眼护具技术要求(GB 14866—2006) ………………………………… 2381
个体防护装备 护听器的通用技术条件(GB/T 31422—2015) ……………… 2396

3. 呼吸防护 …………………………………………………………………… 2429
呼吸防护 自吸过滤式防颗粒物呼吸器(GB 2626—2019) ………………… 2429
呼吸防护 自给开路式压缩空气逃生呼吸器(GB 38451—2019) ………… 2463
呼吸防护 动力送风过滤式呼吸器(GB 30864—2014) …………………… 2477
呼吸防护 自吸过滤式防毒面具(GB 2890—2009) ………………………… 2517

4. 防护服装 …………………………………………………………………… 2557
防护服装 化学防护服(GB 24539—2021) ………………………………… 2557
防护服装 职业用高可视性警示服(GB 20653—2020) …………………… 2621
防护服装 阻燃服(GB 8965.1—2020) ……………………………………… 2647
防护服装 防静电服(GB 12014—2019) …………………………………… 2659

5. 手部防护 …………………………………………………………………… 2675
手部防护 电离辐射及放射性污染物防护手套(GB 38452—2019) ……… 2675
手部防护 化学品及微生物防护手套(GB 28881—2012) ………………… 2690
手部防护 机械危害防护手套(GB 24541—2009) ………………………… 2699

6. 足部防护 …………………………………………………………………… 2712
足部防护 安全鞋(GB 21148—2020) ……………………………………… 2712
足部防护 防化学品鞋(GB 20265—2019) ………………………………… 2741

7. 坠落防护 …………………………………………………………………… 2761
坠落防护 安全带(GB 6095—2021) ………………………………………… 2761
安全网(GB 5725—2009) …………………………………………………… 2779

一、安全基础标准

1. 基础通用

安全色（GB 2893—2008）

前　　言

本标准的全部技术内容为强制性。

本标准修改采用 ISO 3864-1:2002《图形符号——安全色和安全标志——第 1 部分:工作场所和公共区域中安全标志的设计原则》(英文版)。

本标准与 ISO 3864-1:2002 相比,主要存在如下技术性差异:
——补充了安全色和对比色色度性能和光度性能的测量方法;
——补充了安全色的使用导则。

本标准代替 GB 2893—2001《安全色》。

本标准与 GB 2893—2001 相比主要变化如下:
——按照 GB/T 1.1《标准化工作导则　第 1 部分:标准的结构和编写规则》的要求重新起草了标准文本;
——参照 ISO 3864-1:2002《图形符号——安全色和安全标志——第 1 部分:工作场所和公共区域中安全标志的设计原则》,对安全色的颜色表征、技术要求进行了修订、补充;
——根据我国相关标准,对部分术语和定义及附录进行了修订。

本标准的附录 A 为规范性附录。

本标准由国家安全生产监督管理总局提出。

本标准由全国安全生产标准化技术委员会归口。

本标准起草单位:北京市劳动保护科学研究所。

本标准主要起草人:汪彤、宋冰雪、谢昱姝、朱伟、代宝乾、王培怡、吕良海、白永强、陈晓玲、王山、陈虹桥。

本标准 1982 年首次发布,2001 年第一次修订。

1　范围

本标准规定了传递安全信息的颜色、安全色的测试方法和使用方法。

本标准适用于公共场所、生产经营单位和交通运输、建筑、仓储等行业以及消防等领域所使用的信号和标志的表面色。

本标准不适用于灯光信号和航海、内河航运以及其他目的而使用的颜色。

2 规范性引用文件

下列文件中的条款通过本标准的引用而成为本标准的条款。凡是注日期的引用文件,其随后所有的修改单(不包括勘误的内容)或修订版均不适用于本标准,然而,鼓励根据本标准达成协议的各方研究是否可使用这些文件的最新版本。凡是不注日期的引用文件,其最新版本适用于本标准。

GB 2894　安全标志及其使用导则

GB/T 3978　标准照明体和几何条件

GB/T 3979　物体色的测量方法

GB 5768　道路交通标志和标线

GB 13495　消防安全标志

3 术语和定义

下列术语和定义适用于本标准。

3.1

安全色　safety colour

传递安全信息含义的颜色,包括红、蓝、黄、绿四种颜色。

3.2

对比色　contrast colour

使安全色更加醒目的反衬色,包括黑、白两种颜色。

3.3

安全标记　safety marking

采用安全色和(或)对比色传递安全信息或者使某个对象或地点变得醒目的标记。

3.4

色域　colour gamut

能够满足一定条件的颜色集合在色品图或色空间内的范围。

3.5

亮度　luminance

在发光面、被照射面或光传播断面上的某点,从包括该点的微小面元在某方向微小立体面内的光通量除以微小面元的正投影面积与该微小立体角乘积所得的商。

3.6

亮度因数　luminance factor

在规定的照明和观测条件下,非自发光体表面上某一点的给定方向的亮度 L_{vs} 与同一条件下完全反射或完全透射的漫射体的亮度 L_{vn} 之比。亮度因数以 β_v 表示。

$$\beta_v = \frac{L_{vs}}{L_{vn}} \quad\cdots\cdots\cdots\cdots\cdots\cdots\cdots\cdots(1)$$

3.7

亮度对比度　luminance contrast

对比色亮度L_1与安全色亮度L_2的比值,其中L_1大于L_2。亮度对比度以k表示。

$$k=\frac{L_1}{L_2} \quad\quad\quad\quad\quad (2)$$

3.8
逆反射 retroreflection

反射光线从靠近入射光线的反方向返回的反射。当入射光线的方向在较大范围内变化时,仍能保持这种性质。

3.9
光强度系数 coefficient of luminous intensity

逆反射在观测方向的光强度I除以投向逆反射体且落在垂直于入射方向的平面的光照度$E_\perp$之商,即:

$$R=\frac{I}{E_\perp} \quad\quad\quad\quad\quad (3)$$

式中:

R ——光强度系数,单位为坎德拉每勒克斯($cd \cdot lx^{-1}$);
I ——光强度,单位为坎德拉(cd);
$E_\perp$——垂直方向照度,单位为勒克斯(lx)。

3.10
逆反射系数 coefficient of retroreflection

逆反射面的逆反射光强度系数R除以它的面积A之商,即:

$$R'=\frac{R}{A}=\frac{I}{E_\perp \times A} \quad\quad\quad\quad\quad (4)$$

$$I=Ed^2 \quad\quad\quad\quad\quad (5)$$

式中:

R' ——逆反射系数,单位为坎德拉每勒克斯平方米($cd \cdot lx^{-1} \cdot m^{-2}$);
R ——光强度系数,单位为坎德拉每勒克斯($cd \cdot lx^{-1}$);
A ——试样被测面积,单位为平方米(m^2);
I ——光强度,单位为坎德拉(cd);
$E_\perp$——垂直方向照度,单位为勒克斯(lx);
E ——照度,单位为勒克斯(lx);
d ——照明光源至接受方向的距离,单位为米(m)。

4 颜色表征

4.1 安全色

4.1.1 红色
传递禁止、停止、危险或提示消防设备、设施的信息。

4.1.2 蓝色
传递必须遵守规定的指令性信息。

4.1.3 黄色
传递注意、警告的信息。

4.1.4 绿色

传递安全的提示性信息。

4.2 对比色

安全色与对比色同时使用时,应按表1规定搭配使用。

表 1 安全色的对比色

安全色	对比色
红色	白色
蓝色	白色
黄色	黑色
绿色	白色

4.2.1 黑色

黑色用于安全标志的文字、图形符号和警告标志的几何边框。

4.2.2 白色

白色用于安全标志中红、蓝、绿的背景色,也可用于安全标志的文字和图形符号。

4.3 安全色与对比色的相间条纹

相间条纹为等宽条纹,倾斜约45°。

4.3.1 红色与白色相间条纹

表示禁止或提示消防设备、设施位置的安全标记。

4.3.2 黄色与黑色相间条纹

表示危险位置的安全标记。

4.3.3 蓝色与白色相间条纹

表示指令的安全标记,传递必须遵守规定的信息。

4.3.4 绿色与白色相间条纹

表示安全环境的安全标记。

5 技术要求

安全色的色度范围应如图1和表2所示。

满足精确颜色要求的安全色色度范围应符合表3的要求。

磷光色的对比色和亮度因数应如图1和表4所示。

含有逆反射材料的最小逆反射系数见表5。

对于透照材料,x 和 y 坐标应在表2所给出的颜色范围内,亮度对比度应在表6所给出范围内。

满足以下条件,则认为安全色不符合要求:
 a) 使用中的逆反射材料(表5):光度值降低到所要求最小值的50%以下,或者色度坐标落在表2所给定范围的边界之外;
 b) 使用中的荧光材料:色度坐标落在表2所给定范围的边界之外。

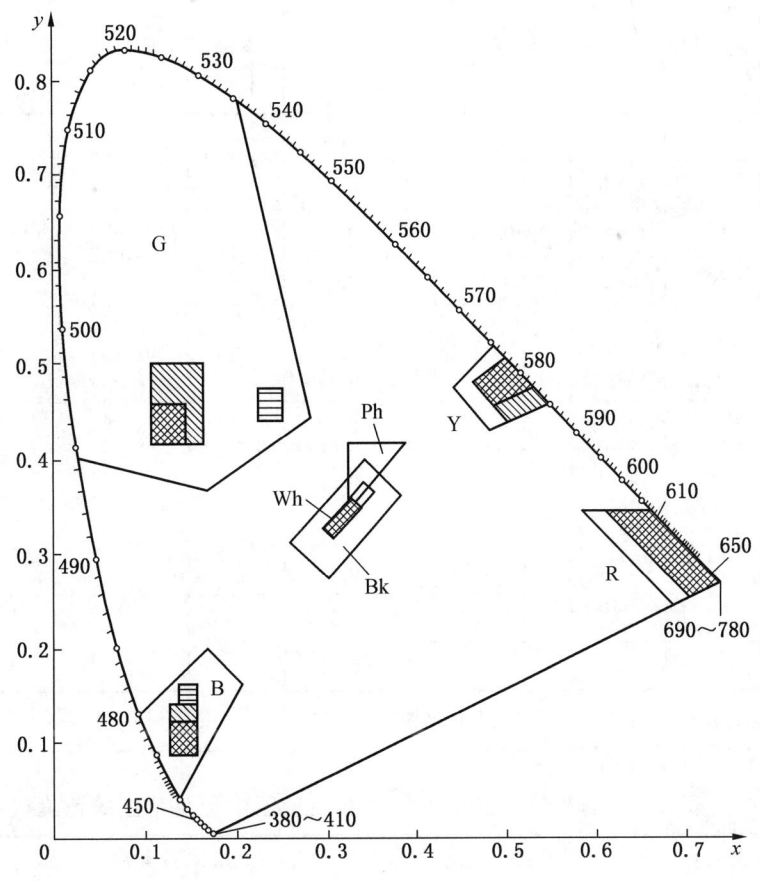

图例：

R 红色　　　　Wh 白色
Y 黄色　　　　Bk 黑色
G 绿色　　　　Ph 浅黄的白色磷光
B 蓝色

☐ 与表2一致的安全色范围

▤ 与表3一致的安全色范围，普通材料

▨ 与表3一致的安全色范围，逆反射材料类型1

▩ 与表3一致的安全色范围，逆反射材料类型2

图 1　安全色和对比色的色品区域

表2 普通材料、发光材料、逆反射材料和组合材料的色度坐标和亮度因数

颜色		许用颜色范围的角点色度坐标（标准照明体 D_{65}，2°视场）				亮度因数 β				
		1	2	3	4	普通材料	发光材料	逆反射材料[a]		组合材料
								类型1	类型2	
红	x	0.735	0.681	0.579	0.655	≥0.07	≥0.03	≥0.05	≥0.03	≥0.25
	y	0.265	0.239	0.341	0.345					
蓝	x	0.049	0.172	0.210	0.137	≥0.05	≥0.05	≥0.01	≥0.01	≥0.03
	y	0.125	0.198	0.160	0.038					
黄	x	0.545	0.494	0.444	0.481	≥0.45	≥0.80	≥0.27	≥0.16	≥0.70
	y	0.454	0.426	0.476	0.518					
绿	x	0.201	0.285	0.170	0.026	≥0.12	≥0.40	≥0.04	≥0.03	≥0.35
	y	0.776	0.441	0.364	0.399					
白	x	0.350	0.305	0.295	0.340	≥0.75	≥1.0	≥0.35	≥0.27	—
	y	0.360	0.315	0.325	0.370					
黑	x	0.385	0.300	0.260	0.345	≤0.03	—	—	—	—
	y	0.355	0.270	0.310	0.395					
[a] 根据逆反射系数确定逆反射材料的类型。										

表3 普通材料和逆反射材料在色度图中更小范围的色度坐标

颜色		许用颜色范围的角点色度坐标（标准照明体 D_{65}，2°视场）											
		普通材料				逆反射材料[a]							
						类型1				类型2			
		1	2	3	4	1	2	3	4	1	2	3	4
红	x	0.660	0.610	0.700	0.735	0.660	0.610	0.700	0.735	0.660	0.610	0.700	0.735
	y	0.340	0.340	0.250	0.265	0.340	0.340	0.250	0.265	0.340	0.340	0.250	0.265
蓝	x	0.140	0.160	0.160	0.140	0.130	0.160	0.160	0.130	0.130	0.160	0.160	0.130
	y	0.140	0.140	0.160	0.160	0.086	0.086	0.120	0.120	0.090	0.090	0.140	0.140
黄	x	0.494	0.470	0.493	0.522	0.494	0.470	0.493	0.522	0.494	0.470	0.513	0.545
	y	0.505	0.480	0.457	0.477	0.505	0.480	0.457	0.477	0.505	0.480	0.437	0.454
绿	x	0.230	0.260	0.260	0.230	0.110	0.150	0.150	0.110	0.110	0.170	0.170	0.110
	y	0.440	0.440	0.470	0.470	0.415	0.415	0.455	0.455	0.415	0.415	0.500	0.500
白	x	0.305	0.335	0.325	0.295	0.305	0.335	0.325	0.295	0.305	0.335	0.325	0.295
	y	0.315	0.345	0.355	0.325	0.315	0.345	0.355	0.325	0.315	0.345	0.355	0.325
[a] 根据逆反射系数确定逆反射材料的类型。													

表 4 昼光条件下磷光材料对比色的色度坐标

磷光材料的对比色		许用颜色范围的角点色度坐标[标准照明体 D_{65}(几何条件 45/0),2°视场]				亮度因数 β
浅黄的白	x	0.390	0.320	0.320		>0.75
	y	0.410	0.340	0.410		
白	x	0.350	0.305	0.295	0.340	>0.75
	y	0.360	0.315	0.325	0.370	

表 5 最小逆反射系数 R'

观测角	入射角	最小逆反射系数[a] (单位:cd·lx^{-1}·m^{-2},光源:标准照明体 A)									
		类型 1					类型 2				
		白	黄	红	绿	蓝	白	黄	红	绿	蓝
12′	5°	70	50	14.5	9	4	250	170	45	45	20
	30°	30	22	6	3.5	1.7	150	100	25	25	11
	40°	10	7	2	1.5	0.5	110	70	16	16	8
20′	5°	50	35	10	7	2	180	122	25	21	14
	30°	24	16	4	3	1	100	67	14	11	7
	40°	9	6	1.8	1.2	0.4	95	64	13	11	7
2°	5°	5	3	0.8	0.6	0.2	5	3	0.8	0.6	0.2
	30°	2.5	1.5	0.4	0.3	0.1	2.5	1.5	0.4	0.3	0.1
	40°	1.5	1.0	0.3	0.2	0.06	1.5	1.0	0.3	0.2	0.06

[a] 印刷在标志上的彩色部分,其逆反射系数不应小于表 5 中所给数值的 80%。

表 6 透照材料的亮度对比度

安全色	红	蓝	黄	绿
对比色	白	白	黑	白
亮度对比度 k	5<k<15	5<k<15	[a]	5<k<15

注:在安全色和对比色内部,亮度的均匀度是通过颜色内部最小亮度与最大亮度的比来衡量的,其比值应大于 1:5。

[a] 黑色作为对比色或符号色是不透明的。

6 测量方法

安全色和对比色的色度性能测量方法见 6.1,光度性能测量方法见 6.2。

6.1 色度性能

安全色和对比色的色度性能按 GB/T 3979 中规定的方法测出试样的各角点色度坐标。

6.2 光度性能

6.2.1 测量装置

测量原理如图2所示。

采用GB/T 3978规定的标准A光源,光探测器应符合$V(\lambda)$的要求。光探测器安装在光源上方并与光源处于同一平面内。

试样参考中心对光源孔径张角及对光探测器孔径张角应分别不大于12′。试样整个受照区域内的垂直照度不均匀性小于5%,试样参考轴相对于光源轴的入射角(β)应能在0°~40°范围内变化。观测轴相对于照明轴之间的观测角(α)应能在0.2°~2°范围内改变。

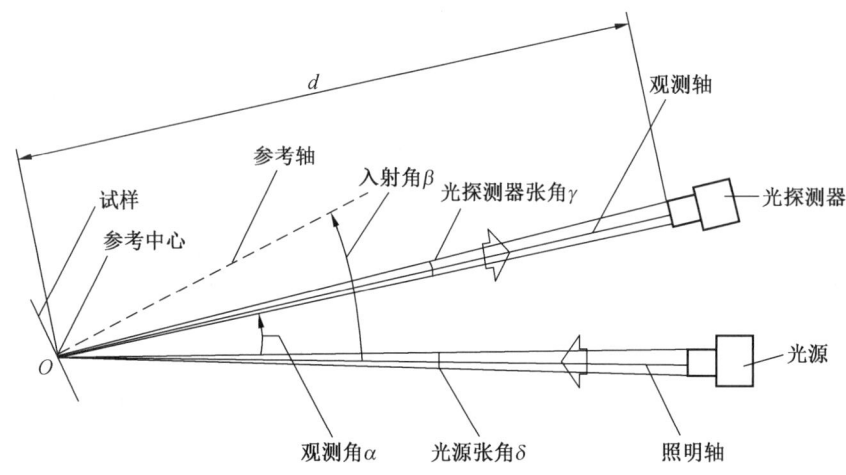

图2 逆反射系数的测量原理

6.2.2 测量过程

a) 光探测器置于试样参考中心上正对着光源,测得试样面上的垂直照度$E_\perp$;

b) 再将上述光探测器置于图2的位置上,移动光探测器使其观测角为α,转动试样使入射角等于β,测出α和β角上试样的照度E;

c) 测得试样参考中心平面与光探测器孔径面间的距离d和被测试样的面积A;

d) 最后将上述$E_\perp$、E、d和A分别代入式(4)和式(5)中,计算出不同观测角和入射角条件下的逆反射系数R'。

附 录 A
（规范性附录）
安全色的使用导则

A.1 安全色

A.1.1 红色

各种禁止标志(参照GB 2894);交通禁令标志(参照GB 5768);消防设备标志(参照GB 13495);机械的停止按钮、刹车及停车装置的操纵手柄;机械设备转动部件的裸露部位;仪表刻度盘上极限位置的刻度;各种危险信号旗等。

A.1.2 黄色

各种警告标志(参照 GB 2894);道路交通标志和标线中警告标志(参照 GB 5768);警告信号旗等。

A.1.3 蓝色

各种指令标志(参照 GB 2894);道路交通标志和标线中指示标志(参照 GB 5768)等。

A.1.4 绿色

各种提示标志(参照 GB 2894);机器启动按钮;安全信号旗;急救站、疏散通道、避险处、应急避难场所等。

A.2 安全色与对比色相间条纹

A.2.1 红色与白色相间条纹

应用于交通运输等方面所使用的防护栏杆及隔离墩;液化石油气汽车槽车的条纹;固定禁止标志的标志杆上的色带(如图 A.1)等。

A.2.2 黄色与黑色相间条纹

应用于各种机械在工作或移动时容易碰撞的部位,如移动式起重机的外伸腿、起重臂端部、起重吊钩和配重;剪板机的压紧装置;冲床的滑块等有暂时或永久性危险的场所或设备;固定警告标志的标志杆上的色带(如图 A.1)等。

设备所涂条纹的倾斜方向应以中心线为轴线对称,如图 A.2 所示。两个相对运动(剪切或挤压)棱边上条纹的倾斜方向应相反,如图 A.3 所示。

A.2.3 蓝色与白色相间条纹

应用于道路交通的指示性导向标志(如图 A.4);固定指令标志的标志杆上的色带(如图 A.1)等。

图 A.1 安全标志杆上的色带

图 A.2 以设备中心为轴线对称的相间条纹示意图

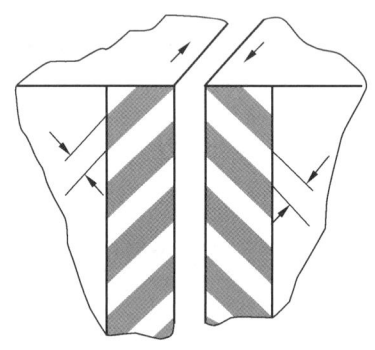

图 A.3 相对运动棱边上条纹的倾斜方向示意图

图 A.4 指示性导向标志

A.2.4 绿色与白色相间条纹

应用于固定提示标志杆上的色带(如图 A.1)等。

A.2.5 相间条纹宽度

安全色与对比色相间的条纹宽度应相等,即各占 50%,斜度与基准面成 45°。宽度一般为 100 mm,但可根据设备大小和安全标志位置的不同,采用不同的宽度,在较小的面积上其宽度可适当的缩小,每种颜色不能少于两条。

A.3 使用要求

使用安全色时要考虑周围的亮度及同其他颜色的关系,要使安全色能正确辨认。在明亮的环境中,照明光源应接近自然白昼光如 D_{65} 光源;在黑暗的环境中为避免眩光或干扰应减少亮度。

A.4 检查与维修

凡涂有安全色的部位,每半年应检查一次,应保持整洁、明亮,如有变色、褪色等不符合安全色范围,逆反射系数低于 70% 或安全色的使用环境改变时,应及时重涂或更换,以保证安全色正确、醒目,达到安全警示的目的。

安全标志及其使用导则（GB 2894—2008）

前 言

本标准的全部技术内容为强制性。

本标准参照国际标准化组织 ISO 7010 Graphical symbols—Safety colours and safety signs—Safety signs used in workplace and public areas（图形符号——安全颜色和安全标志——工作场所和公共区域安全标志），结合 GB/T 10001《标志用公共信息图形符号》和 GB 13495《消防安全标志》进行了修订、补充。

本标准对现行国家标准 GB 2894—1996《安全标志》、GB 16179—1996《安全标志使用导则》和 GB 18217—2000《激光安全标志》进行合并、修订。

本标准与 GB 2894—1996、GB 16179—1996 和 GB 18217—2000 相比，内容的变化主要有：

——按照 GB/T 1.1 的要求，将 GB 2894—1996、GB 16179—1996 和 GB 18217—2000 进行了合并、补充及修改，重新起草了标准文本；

——调整了标准的适用范围；

——新增加了 38 个图形符号：禁止叉车和厂内机动车辆通行、禁止推动、禁止伸出窗外、禁止倚靠、禁止坐卧、禁止蹬踏、禁止伸入、禁止开启无线移动通讯设备、禁止携带金属物或手表、禁止佩戴心脏起搏器者靠近标志、禁止植入金属材料者靠近、禁止游泳、禁止滑冰、禁止携带武器及仿真武器、禁止携带托运易燃及易爆物品、禁止携带托运毒物品及有害液体、禁止携带托运放射性及磁性物品、当心自动启动、当心碰头、当心挤压、当心夹手、当心有犬、当心高温表面、当心低温、当心磁场、当心叉车、当心跌落、当心落水、当心缝隙、必须配戴遮光护目镜、必须洗手、必须接地、必须拔出插头、应急避难场所、击碎板面、急救点、应急电话、紧急医疗站；

——对 5 个图形符号进行了修改：禁止触摸、禁止饮用、当心吊物、当心障碍物、当心滑倒；

——减少 1 个图形符号：当心瓦斯；

——规定了新增、修改后安全标志图形应设置的范围和地点、型号的选用、设置高度以及使用的要求等内容。

本标准自实施之日起，代替 GB 2894—1996、GB 16179—1996 和 GB 18217—2000。

本标准的附录 A、附录 B、附录 C 是规范性附录。

本标准由国家安全生产监督管理总局提出。

本标准由全国安全生产标准化技术委员会归口。

本标准起草单位：北京市劳动保护科学研究所、北京光电技术研究所。

本标准主要起草人：汪彤、代宝乾、王培怡、吴爱平、吕良海、白永强、陈晓玲、陈虹桥、谢昱姝、宋冰雪、阮继锋、卢永红、张晋、马云飞。

本标准所代替标准的历次版本发布情况为：

——GB 2894—1982、GB 2894—1988、GB 2894—1996；

——GB 16179—1996；

——GB 18217—2000。

1 范围

本标准规定了传递安全信息的标志及其设置、使用的原则。

本标准适用于公共场所、工业企业、建筑工地和其他有必要提醒人们注意安全的场所。

2 规范性引用文件

下列文件中的条款通过本标准的引用而成为本标准的条款。凡是注日期的引用文件，其随后所有的修改单（不包括勘误的内容）或修订版均不适用于本标准，然而，鼓励根据本标准达成协议的各方研究是否可使用这些文件的最新版本。凡是不注日期的引用文件，其最新版本适用于本标准。

GB 2893　安全色

GB/T 10001（所有部分）　标志用公共信息图形符号

GB 10436　作业场所微波辐射卫生标准

GB 10437　作业场所超高频辐射卫生标准

GB 12268—2005　危险货物品名表

GB/T 15566（所有部分）　公共信息导向系统　设置原则与要求

3 术语和定义

下列术语和定义适用于本标准。

3.1
安全标志　safety sign

用以表达特定安全信息的标志，由图形符号、安全色、几何形状（边框）或文字构成。

3.2
安全色　safety colour

传递安全信息含义的颜色，包括红、蓝、黄、绿四种颜色。

3.3
禁止标志　prohibition sign

禁止人们不安全行为的图形标志。

3.4
警告标志　warning sign

提醒人们对周围环境引起注意，以避免可能发生危险的图形标志。

3.5
指令标志　direction sign

强制人们必须做出某种动作或采用防范措施的图形标志。

3.6
提示标志　information sign

向人们提供某种信息(如标明安全设施或场所等)的图形标志。

3.7

说明标志 explanatory sign

向人们提供特定提示信息(标明安全分类或防护措施等)的标记,由几何图形边框和文字构成。

3.8

环境信息标志 environmental information sign

所提供的信息涉及较大区域的图形标志。标志种类代号:H。

3.9

局部信息标志 partial information sign

所提供的信息只涉及某地点,甚至某个设备或部件的图形标志。标志种类代号:J。

4 标志类型

安全标志分禁止标志、警告标志、指令标志和提示标志四大类型。

4.1 禁止标志

4.1.1 禁止标志的基本形式是带斜杠的圆边框,如图1所示。

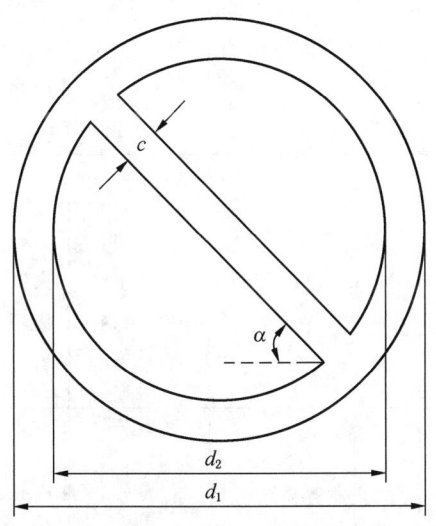

图 1 禁止标志的基本型式

4.1.2 禁止标志基本型式的参数:

外径 $d_1 = 0.025L$;

内径 $d_2 = 0.800 d_1$;

斜杠宽 $c = 0.080 d_1$;

斜杠与水平线的夹角 $\alpha = 45°$;

L 为观察距离(见附录A)。

4.1.3 禁止标志,如表1。

表 1 禁止标志

编号	图形标志	名称	标志种类	设置范围和地点
1-1		禁止吸烟 No smoking	H	有甲、乙、丙类火灾危险物质的场所和禁止吸烟的公共场所等,如:木工车间、油漆车间、沥青车间、纺织厂、印染厂等
1-2		禁止烟火 No burning	H	有甲类、乙类、丙类火灾危险物质的场所,如:面粉厂、煤粉厂、焦化厂、施工工地等
1-3		禁止带火种 No kindling	H	有甲类火灾危险物质及其他禁止带火种的各种危险场所,如:炼油厂、乙炔站、液化石油气站、煤矿井内、林区、草原等
1-4		禁止用水灭火 No extinguishing with water	H,J	生产、储运、使用中有不准用水灭火的物质的场所,如:变压器室、乙炔站、化工药品库、各种油库等
1-5		禁止放置易燃物 No laying inflammable thing	H,J	具有明火设备或高温的作业场所,如:动火区,各种焊接、切割、锻造、浇注车间等场所
1-6		禁止堆放 No stocking	J	消防器材存放处、消防通道及车间主通道等

表 1（续）

编号	图形标志	名称	标志种类	设置范围和地点
1-7		禁止启动 No starting	J	暂停使用的设备附近，如：设备检修、更换零件等
1-8		禁止合闸 No switching on	J	设备或线路检修时，相应开关附近
1-9		禁止转动 No turning	J	检修或专人定时操作的设备附近
1-10		禁止叉车和厂内机动车辆通行 No access for fork lift trucks and other industrial vehicles	J,H	禁止叉车和其他厂内机动车辆通行的场所
1-11		禁止乘人 No riding	J	乘人易造成伤害的设施，如：室外运输吊篮、外操作载货电梯框架等
1-12		禁止靠近 No nearing	J	不允许靠近的危险区域，如：高压试验区、高压线、输变电设备的附近

表 1（续）

编号	图形标志	名称	标志种类	设置范围和地点
1-13		禁止入内 No entering	J	易造成事故或对人员有伤害的场所，如：高压设备室、各种污染源等入口处
1-14		禁止推动 No pushing	J	易于倾倒的装置或设备，如车站屏蔽门等
1-15		禁止停留 No stopping	H,J	对人员具有直接危害的场所，如：粉碎场地、危险路口、桥口等处
1-16		禁止通行 No throughfare	H,J	有危险的作业区，如：起重、爆破现场，道路施工工地等
1-17		禁止跨越 No striding	J	禁止跨越的危险地段，如：专用的运输通道、带式输送机和其他作业流水线，作业现场的沟、坎、坑等
1-18		禁止攀登 No climbing	J	不允许攀爬的危险地点，如：有坍塌危险的建筑物、构筑物、设备旁

表 1（续）

编号	图形标志	名称	标志种类	设置范围和地点
1-19		禁止跳下 No jumping down	J	不允许跳下的危险地点，如：深沟、深池、车站站台及盛装过有毒物质、易产生窒息气体的槽车、贮罐、地窖等处
1-20		禁止伸出窗外 No stretching out of the window	J	易于造成头手伤害的部位或场所，如公交车窗，火车车窗等
1-21		禁止倚靠 No leaning	J	不能依靠的地点或部位，如列车车门、车站屏蔽门、电梯轿门等
1-22		禁止坐卧 No sitting	J	高温、腐蚀性、塌陷、坠落、翻转、易损等易于造成人员伤害的设备设施表面
1-23		禁止蹬踏 No stepping on surface	J	高温、腐蚀性、塌陷、坠落、翻转、易损等易于造成人员伤害的设备设施表面
1-24		禁止触摸 No touching	J	禁止触摸的设备或物体附近，如：裸露的带电体、炽热物体，具有毒性、腐蚀性物体等处

17

表 1（续）

编号	图形标志	名称	标志种类	设置范围和地点
1-25		禁止伸入 No reaching in	J	易于夹住身体部位的装置或场所，如有开口的传动机、破碎机等
1-26		禁止饮用 No drinking	J	禁止饮用水的开关处，如：循环水、工业用水、污染水等
1-27		禁止抛物 No tossing	J	抛物易伤人的地点，如：高处作业现场、深沟（坑）等
1-28		禁止戴手套 No putting on gloves	J	戴手套易造成手部伤害的作业地点，如：旋转的机械加工设备附近
1-29		禁止穿化纤服装 No putting on chemical fibre clothings	H	有静电火花会导致灾害或有炽热物质的作业场所，如：冶炼、焊接及有易燃易爆物质的场所等
1-30		禁止穿带钉鞋 No putting on spikes	H	有静电火花会导致灾害或有触电危险的作业场所，如：有易燃易爆气体或粉尘的车间及带电作业场所

表 1（续）

编号	图形标志	名称	标志种类	设置范围和地点
1-31		禁止开启无线移动通讯设备 No activated mobile phones	J	火灾、爆炸场所以及可能产生电磁干扰的场所，如加油站、飞行中的航天器、油库、化工装置区等
1-32		禁止携带金属物或手表 No metallic articles or watches	J	易受到金属物品干扰的微波和电磁场所，如磁共振室等
1-33		禁止佩戴心脏起搏器者靠近 No access for persons with pacemakers	J	安装人工起搏器者禁止靠近高压设备、大型电机、发电机、电动机、雷达和有强磁场设备等
1-34		禁止植入金属材料者靠近 No access for persons with metallic implants	J	易受到金属物品干扰的微波和电磁场所，如磁共振室等
1-35		禁止游泳 No swimming	H	禁止游泳的水域
1-36		禁止滑冰 No skating	H	禁止滑冰的场所

表 1（续）

编号	图形标志	名称	标志种类	设置范围和地点
1-37		禁止携带武器及仿真武器 No carrying weapons and emulating weapons	H	不能携带和托运武器、凶器及防真武器的场所或交通工具，如飞机等
1-38		禁止携带托运易燃及易爆物品 No carrying flammable and explosive materials	H	不能携带和托运易燃、易爆物品及其他危险品的场所或交通工具，如火车、飞机、地铁等
1-39		禁止携带托运有毒物品及有害液体 No carrying poisonous materials and harmful liquid	H	不能携带托运有毒物品及有害液体的场所或交通工具，如火车、飞机、地铁等
1-40		禁止携带托运放射性及磁性物品 No carrying radioactive and magnetic materials	H	不能携带托运放射性及磁性物品的场所或交通工具，如火车、飞机、地铁等

4.2 警告标志

4.2.1 警告标志的基本型式是正三角形边框，如图 2 所示：

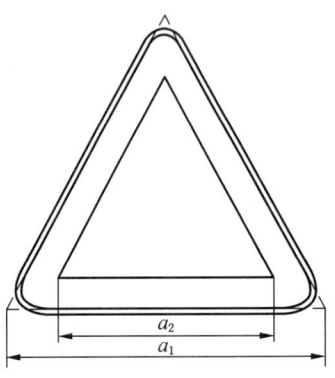

图 2 警告标志的基本型式

4.2.2 警告标志基本型式的参数:

外边 $a_1=0.034L$;

内边 $a_2=0.700a_1$;

边框外角圆弧半径 $r=0.080a_2$;

L 为观察距离(见附录 A)。

4.2.3 警告标志,如表 2。

表 2 警告标志

编号	图形标志	名称	标志种类	设置范围和地点
2-1		注意安全 Warning danger	H,J	易造成人员伤害的场所及设备等
2-2		当心火灾 Warning fire	H,J	易发生火灾的危险场所,如:可燃性物质的生产、储运、使用等地点
2-3		当心爆炸 Warning explosion	H,J	易发生爆炸危险的场所,如易燃易爆物质的生产、储运、使用或受压容器等地点
2-4		当心腐蚀 Warning corrosion	J	有腐蚀性物质(GB 12268—2005 中第 8 类所规定的物质)的作业地点
2-5		当心中毒 Warning poisoning	H,J	剧毒品及有毒物质(GB 12268—2005 中第 6 类第 1 项所规定的物质)的生产、储运及使用场所
2-6		当心感染 Warning infection	H,J	易发生感染的场所,如:医院传染病区;有害生物制品的生产、储运、使用等地点

21

表2（续）

编号	图形标志	名称	标志种类	设置范围和地点
2-7		当心触电 Warning electric shock	J	有可能发生触电危险的电器设备和线路，如：配电室、开关等
2-8		当心电缆 Warning cable	J	在暴露的电缆或地面下有电缆处施工的地点
2-9		当心自动启动 Warning automatic start-up	J	配有自动启动装置的设备
2-10		当心机械伤人 Warning mechanical injury	J	易发生机械卷入、轧压、碾压、剪切等机械伤害的作业地点
2-11		当心塌方 Warning collapse	H,J	有塌方危险的地段、地区，如：堤坝及土方作业的深坑、深槽等
2-12		当心冒顶 Warning roof fall	H,J	具有冒顶危险的作业场所，如：矿井、隧道等
2-13		当心坑洞 Warning hole	J	具有坑洞易造成伤害的作业地点，如：构件的预留孔洞及各种深坑的上方等

22

表 2（续）

编号	图形标志	名称	标志种类	设置范围和地点
2-14		当心落物 Warning falling objects	J	易发生落物危险的地点,如:高处作业、立体交叉作业的下方等
2-15		当心吊物 Warning overhead load	J,H	有吊装设备作业的场所,如:施工工地、港口、码头、仓库、车间等
2-16		当心碰头 Warning overhead obstacles	J	有产生碰头的场所
2-17		当心挤压 Warning crushing	J	有产生挤压的装置、设备或场所,如自动门、电梯门、车站屏蔽门等
2-18		当心烫伤 Warning scald	J	具有热源易造成伤害的作业地点,如:冶炼、锻造、铸造、热处理车间等
2-19		当心伤手 Warning injure hand	J	易造成手部伤害的作业地点,如:玻璃制品、木制加工、机械加工车间等
2-20		当心夹手 Warning hands pinching	J	有产生挤压的装置、设备或场所,如自动门、电梯门、列车车门等

表 2（续）

编号	图形标志	名称	标志种类	设置范围和地点
2-21		当心扎脚 Warning splinter	J	易造成脚部伤害的作业地点，如：铸造车间、木工车间、施工工地及有尖角散料等处
2-22		当心有犬 Warning guard dog	H	有犬类作为保卫的场所
2-23		当心弧光 Warning arc	H,J	由于弧光造成眼部伤害的各种焊接作业场所
2-24		当心高温表面 Warning hot surface	J	有灼烫物体表面的场所
2-25		当心低温 Warning low temperature/ freezing conditions	J	易于导致冻伤的场所，如冷库、气化器表面、存在液化气体的场所等
2-26		当心磁场 Warning magnetic field	J	有磁场的区域或场所，如高压变压器、电磁测量仪器附近等
2-27		当心电离辐射 Warning ionizing radiation	H,J	能产生电离辐射危害的作业场所，如：生产、储运、使用 GB 12268—2005 规定的第 7 类物质的作业区

表 2（续）

编号	图形标志	名称	标志种类	设置范围和地点
2-28		当心裂变物质 Warning fission matter	J	具有裂变物质的作业场所,如:其使用车间、储运仓库、容器等
2-29		当心激光 Warning laser	H,J	有激光产品和生产、使用、维修激光产品的场所(激光辐射警告标志常用尺寸规格见附录B)
2-30		当心微波 Warning microwave	H	凡微波场强超过 GB 10436、GB 10437 规定的作业场所
2-31		当心叉车 Warning fork lift trucks	J,H	有叉车通行的场所
2-32		当心车辆 Warning vehicle	J	厂内车、人混合行走的路段,道路的拐角处、平交路口;车辆出入较多的厂房、车库等出入口处
2-33		当心火车 Warning train	J	厂内铁路与道路平交路口,厂(矿)内铁路运输线等
2-34		当心坠落 Warning drop down	J	易发生坠落事故的作业地点,如:脚手架、高处平台、地面的深沟(池、槽)、建筑施工、高处作业场所等

表 2（续）

编号	图形标志	名称	标志种类	设置范围和地点
2-35		当心障碍物 Warning obstacles	J	地面有障碍物,绊倒易造成伤害的地点
2-36		当心跌落 Warning drop(fall)	J	易于跌落的地点,如:楼梯、台阶等
2-37		当心滑倒 Warning slippery surface	J	地面有易造成伤害的滑跌地点,如:地面有油、冰、水等物质及滑坡处
2-38		当心落水 Warning falling into water	J	落水后可能产生淹溺的场所或部位,如城市河流、消防水池等
2-39		当心缝隙 Warning gap	J	有缝隙的装置、设备或场所,如自动门、电梯门、列车等

4.3 指令标志

4.3.1 指令标志的基本型式是圆形边框,如图 3 所示。

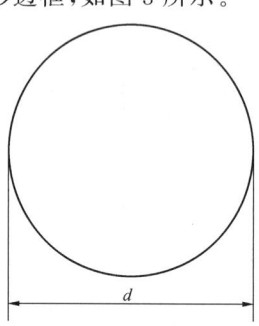

图 3 指令标志的基本型式

4.3.2 指令标志基本型式的参数：
　　直径 $d=0.025L$；
　　L 为观察距离（见附录A）。
4.3.3 指令标志，如表3。

表3　指令标志

编号	图形标志	名称	标志种类	设置范围和地点
3-1		必须戴防护眼镜 Must wear protective goggles	H,J	对眼睛有伤害的各种作业场所和施工场所
3-2		必须配戴 遮光护目镜 Must wear opaque eye protection	J,H	存在紫外、红外、激光等光辐射的场所，如电气焊等
3-3		必须戴防尘口罩 Must wear dustproof mask	H	具有粉尘的作业场所，如：纺织清花车间、粉状物料拌料车间以及矿山凿岩处等
3-4		必须戴防毒面具 Must wear gas defence mask	H	具有对人体有害的气体、气溶胶、烟尘等作业场所，如：有毒物散发的地点或处理由毒物造成的事故现场
3-5		必须戴护耳器 Must wear ear protector	H	噪声超过85 dB的作业场所，如：铆接车间、织布车间、射击场、工程爆破、风动掘进等处
3-6		必须戴安全帽 Must wear safety helmet	H	头部易受外力伤害的作业场所，如：矿山、建筑工地、伐木场、造船厂及起重吊装处等

27

表 3（续）

编号	图形标志	名称	标志种类	设置范围和地点
3-7		必须戴防护帽 Must wear protective cap	H	易造成人体碾绕伤害或有粉尘污染头部的作业场所，如：纺织、石棉、玻璃纤维以及具有旋转设备的机加工车间等
3-8		必须系安全带 Must fastened safety belt	H,J	易发生坠落危险的作业场所，如：高处建筑、修理、安装等地点
3-9		必须穿救生衣 Must wear life jacket	H,J	易发生溺水的作业场所，如：船舶、海上工程结构物等
3-10		必须穿防护服 Must wear protective clothes	H	具有放射、微波、高温及其他需穿防护服的作业场所
3-11		必须戴防护手套 Must wear protective gloves	H,J	易伤害手部的作业场所，如：具有腐蚀、污染、灼烫、冰冻及触电危险的作业等地点
3-12		必须穿防护鞋 Must wear protective shoes	H,J	易伤害脚部的作业场所，如：具有腐蚀、灼烫、触电、砸（刺）伤等危险的作业地点
3-13		必须洗手 Must wash your hands	J	接触有毒有害物质作业后

表 3（续）

编号	图形标志	名称	标志种类	设置范围和地点
3-14		必须加锁 Must be locked	J	剧毒品、危险品库房等地点
3-15		必须接地 Must connect an earth terminal to the ground	J	防雷、防静电场所
3-16		必须拔出插头 Must disconnect mains plug from electrical outlet	J	在设备维修、故障、长期停用、无人值守状态下

4.4 提示标志

4.4.1 提示标志的基本型式是正方形边框，如图4所示。

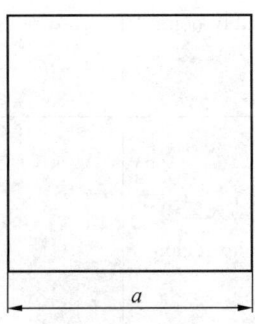

图 4　提示标志的基本型式

4.4.2 提示标志基本型式的参数：

边长 $a=0.025L$，

L 为观察距离（见附录 A）。

4.4.3 提示标志，如表4。

表4 提示标志

编号	图形标志	名称	标志种类	设置范围和地点
4-1		紧急出口 Emergent exit	J	便于安全疏散的紧急出口处，与方向箭头结合设在通向紧急出口的通道、楼梯口等处
4-2		避险处 Haven	J	铁路桥、公路桥、矿井及隧道内躲避危险的地点
4-3		应急避难场所 Evacuation assembly point	H	在发生突发事件时用于容纳危险区域内疏散人员的场所，如公园、广场等
4-4		可动火区 Flare up region	J	经有关部门划定的可使用明火的地点
4-5		击碎板面 Break to obtain access	J	必须击开板面才能获得出口

表 4（续）

编号	图形标志	名称	标志种类	设置范围和地点
4-6		急救点 First aid	J	设置现场急救仪器设备及药品的地点
4-7		应急电话 Emergency telephone	J	安装应急电话的地点
4-8		紧急医疗站 Doctor	J	有医生的医疗救助场所

4.4.4 提示标志的方向辅助标志：

提示标志提示目标的位置时要加方向辅助标志。按实际需要指示左向时，辅助标志应放在图形标志的左方；如指示右向时，则应放在图形标志的右方，如图 5。

图 5 应用方向辅助标志示例

4.5 文字辅助标志

4.5.1 文字辅助标志的基本型式是矩形边框。

4.5.2 文字辅助标志有横写和竖写两种形式。

4.5.2.1 横写时，文字辅助标志写在标志的下方，可以和标志连在一起，也可以分开。

禁止标志、指令标志为白色字；警告标志为黑色字。禁止标志、指令标志衬底色为标志的颜色，警告标志衬底色为白色，如图 6。

4.5.2.2 竖写时，文字辅助标志写在标志杆的上部。

禁止标志、警告标志、指令标志、提示标志均为白色衬底，黑色字。

标志杆下部色带的颜色应和标志的颜色相一致。如图 7。

图 6　横写的文字辅助标志

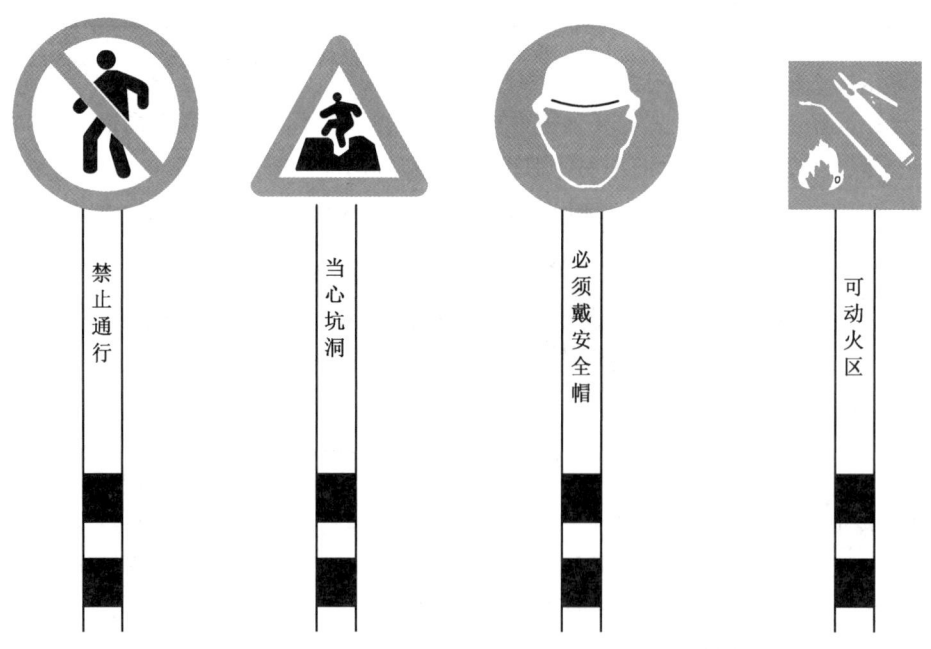

图 7　竖写在标志杆上部的文字辅助标志

4.5.2.3　文字字体均为黑体字。
4.6　激光辐射窗口标志和说明标志

激光辐射窗口标志和说明标志应配合"当心激光"警告标志使用,说明标志包括激光产品辐射分类说明标志和激光辐射场所安全说明标志,激光辐射窗口标志和说明标志的图形、尺寸和使用方法见附录C。

5 颜色

安全标志所用的颜色应符合GB 2893规定的颜色。

6 安全标志牌的要求

6.1 标志牌的衬边

安全标志牌要有衬边。除警告标志边框用黄色勾边外，其余全部用白色将边框勾一窄边，即为安全标志的衬边，衬边宽度为标志边长或直径的0.025倍。

6.2 标志牌的材质

安全标志牌应采用坚固耐用的材料制作，一般不宜使用遇水变形、变质或易燃的材料。有触电危险的作业场所应使用绝缘材料。

6.3 标志牌表面质量

标志牌应图形清楚，无毛刺、孔洞和影响使用的任何疵病。

7 标志牌的型号选用（型号见附录A）

7.1 工地、工厂等的入口处设6型或7型。

7.2 车间入口处、厂区内和工地内设5型或6型。

7.3 车间内设4型或5型。

7.4 局部信息标志牌设1型、2型或3型。

无论厂区或车间内，所设标志牌其观察距离不能覆盖全厂或全车间面积时，应多设几个标志牌。

8 标志牌的设置高度

标志牌设置的高度，应尽量与人眼的视线高度相一致。悬挂式和柱式的环境信息标志牌的下缘距地面的高度不宜小于2 m；局部信息标志的设置高度应视具体情况确定。

9 安全标志牌的使用要求

9.1 标志牌应设在与安全有关的醒目地方，并使大家看见后，有足够的时间来注意它所表示的内容。环境信息标志宜设在有关场所的入口处和醒目处；局部信息标志应设在所涉及的相应危险地点或设备（部件）附近的醒目处。激光产品和激光作业场所安全标志的使用见附录C。

9.2 标志牌不应设在门、窗、架等可移动的物体上，以免标志牌随母体物体相应移动，影响认读。标志牌前不得放置妨碍认读的障碍物。

9.3 标志牌的平面与视线夹角应接近90°，观察者位于最大观察距离时，最小夹角不低于75°，如图8。

9.4 标志牌应设置在明亮的环境中。

9.5 多个标志牌在一起设置时，应按警告、禁止、指令、提示类型的顺序，先左后右、先上后下地排列。

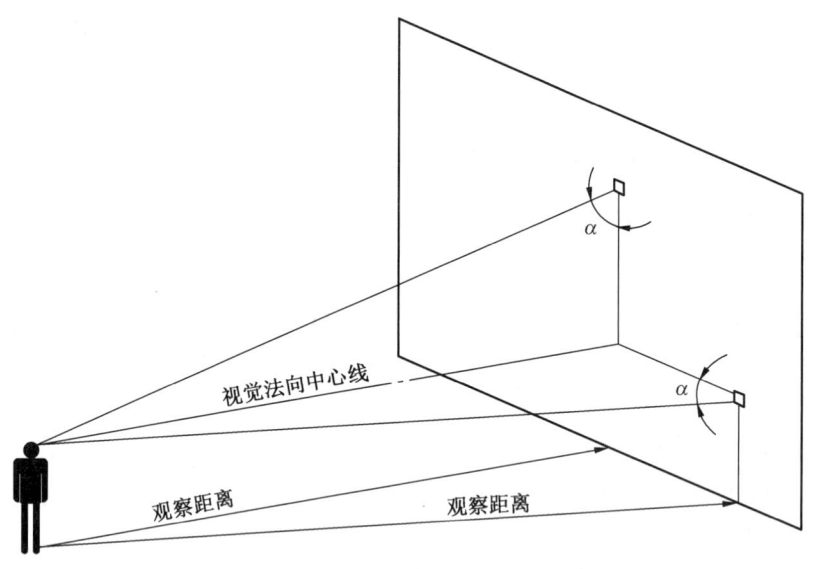

图 8 标志牌平面与视线夹角 α 不低于 75°

9.6 标志牌的固定方式分附着式、悬挂式和柱式三种。悬挂式和附着式的固定应稳固不倾斜,柱式的标志牌和支架应牢固地联接在一起。

9.7 其他要求应符合 GB/T 15566 的规定。

10 检查与维修

10.1 安全标志牌至少每半年检查一次,如发现有破损、变形、褪色等不符合要求时应及时修整或更换。

10.2 在修整或更换激光安全标志时应有临时的标志替换,以避免发生意外的伤害。

附 录 A
(规范性附录)
安全标志牌的尺寸

表 A.1 安全标志牌的尺寸　　　　　　　　　　　　　　　　　　　　单位为米

型号	观察距离 L	圆形标志的外径	三角形标志的外边长	正方形标志的边长
1	$0 < L \leqslant 2.5$	0.070	0.088	0.063
2	$2.5 < L \leqslant 4.0$	0.110	0.142 0	0.100
3	$4.0 < L \leqslant 6.3$	0.175	0.220	0.160
4	$6.3 < L \leqslant 10.0$	0.280	0.350	0.250
5	$10.0 < L \leqslant 16.0$	0.450	0.560	0.400
6	$16.0 < L \leqslant 25.0$	0.700	0.880	0.630
7	$25.0 < L \leqslant 40.0$	1.110	1.400	1.000

注:允许有 3% 的误差。

附 录 B
（规范性附录）
激光辐射警告标志的尺寸

激光辐射警告标志如图 B.1 所示，常用尺寸规格见表 B.1。

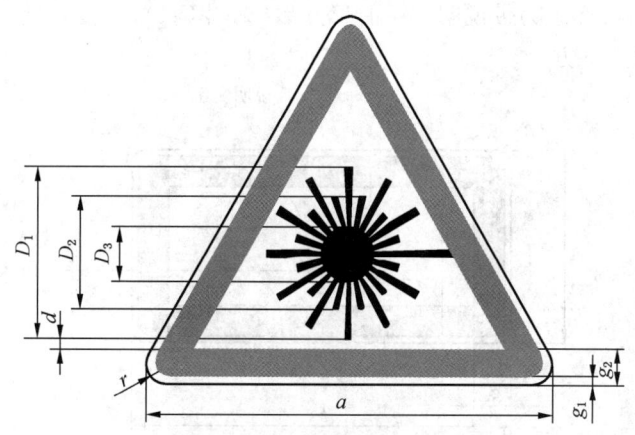

图 B.1 激光辐射警告标志的图形与尺寸

表 B.1 常用尺寸规格　　　　　　　　　　　　　　　　　单位为毫米

a	g_1	g_2	r	D_1	D_2	D_3	d
25	0.5	1.5	1.25	10.5	7	3.5	0.5
50	1	3	2.5	21	14	7	1
100	2	6	5	42	28	14	2
150	3	9	7.5	63	42	21	3
200	4	12	10	84	56	28	4
400	8	24	20	168	112	56	8
600	12	36	30	252	168	84	12

注1：尺寸 D_1、D_2、D_3、g_1 和 d 都是推荐值。
注2：能够理解标记的最大距离 L 与标记最小面积 A 之间的关系由公式给出：$A=L^2/2\,000$，式中 A 和 L 分别用平方米和米表示。这个公式适用于 L 小于 50 m 的情况。
注3：这些尺寸都是推荐值。只要与这些推荐值成比例，符号和边界清晰易读，并与激光产品要求的尺寸相符合。

附 录 C
（规范性附录）
激光辐射窗口标志、说明标志及其使用

C.1 激光辐射窗口标志

C.1.1 激光辐射窗口标志为带说明文字的长方形（见图 C.1），其位置应在紧贴"当心激光"警告标志下边界的正下方。

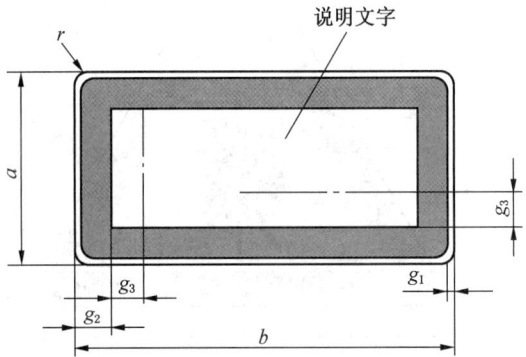

图 C.1 激光辐射窗口标志的图形与尺寸

C.1.2 激光辐射窗口标志说明文字为：

激光窗口

或

避免受到从该窗口出射的

激光辐射

C.1.3 激光辐射窗口标志说明文字应写在激光辐射窗口标志规定的长方形边框中（见图 C.1），文字的位置在激光辐射窗口标志 g_3 尺寸规定的虚线框内。

C.1.4 激光辐射窗口的常用尺寸规格见表 C.1。

表 C.1 常用尺寸规格   单位为毫米

$a \times b$	g_1	g_2	g_3	r	文字的最小字号
26 × 52	1	4	4	2	
52 × 105	1.6	5	5	3.2	
74 × 148	2	6	7.5	4	
100 × 250	2.5	8	12.5	5	文字的最小字号的大小必须能复制清楚
140 × 200	2.5	10	10	5	
140 × 250	2.5	10	12.5	5	
140 × 400	3	10	20	6	
200 × 250	3	12	12.5	6	
200 × 400	3	12	20	6	
250 × 400	4	15	25	8	

C.2 激光产品辐射分类说明标志

激光产品辐射分类说明标志为带说明文字的长方形(见图 C.1),图形、尺寸、文字位置同 C1.1、C1.3、C1.4 的规定。说明文字的内容必须严格按照不同的辐射分类给予说明。

C.2.1 对可能达到 2 类激光产品辐射分类标志的说明文字为:

激光辐射
勿直视激光束
2 类激光产品

C.2.2 对可能达到 3A 类激光产品辐射标志的说明文字为:

激光辐射
勿直视或通过光学仪器观察激光束
3A 类激光产品

C.2.3 对可能达到 3B 类激光产品辐射标志的说明文字为:

激光辐射
避免激光束照射
3B 类激光产品

C.2.4 对可能达到 4 类激光辐射标志的说明文字为:

激光辐射
避免眼或皮肤受到直射和散射照射
4 类激光产品

C.2.5 2 类以上(包括 2 类)激光产品辐射分类标志的说明文字还应标明激光辐射的发射波长、脉冲宽度(如果脉冲激光输出)等信息。这些信息可以写在激光分类的下方或独立写在说明标志规定的长方形边框内。

C.2.6 说明文字中"激光辐射"一词对于波长在 400 nm～700 nm(可见)范围内的激光辐射注明"可见激光辐射";对于波长在 400 nm～700 nm 范围之外的激光辐射应注明"不可见激光辐射"。

C.3 激光辐射场所安全说明标志

C.3.1 激光辐射场所安全说明标志为带说明文字的长方形(见图 C.1),图形、尺寸、文字位置同 C.1.1、C.1.3、C.1.4 的规定。说明文字的内容按照不同的辐射分类给予相应的说明。

C.3.2 对可能达到 3B 类激光辐射场所说明标志的说明文字为:

激光辐射
避免激光束照射

或者(也可同时)采用:

激光工作
进入时请戴好防护镜

C.3.3 对可能达到 4 类激光辐射标志的说明文字为:

激光辐射
避免眼或皮肤受到直射和散射激光的照射

或者(也可同时)采用:

激光工作
未经允许不得入内

C.4 激光产品和激光作业场所安全标志的使用

C.4.1 激光产品安全标志的使用

C.4.1.1 对所有可能达到2类的激光产品都必须有激光安全标志。每台设备必须同时具有激光警告标志、激光安全分类说明标志和激光窗口标志,激光产品安全标志使用实例见图C.2。

图 C.2 激光产品安全标志使用实例

C.4.1.2 激光安全标志的粘贴位置必须是人员不受到超过1类辐射就能清楚看到的地方。激光分类说明标志应置于激光警告标志的正下方,激光窗口标志应置于激光出光口的附近(3类和4类激光产品应在所有可能达到2类的激光辐射窗口贴上窗口标志)。

C.4.1.3 若激光产品的尺寸或设计不便于装贴,应将标志作为附件一起提供给用户。

C.4.2 激光作业场所安全标志的使用

C.4.2.1 对所有3B类和4类激光产品工作的场所都必须有激光安全标志。可以单独使用激光警告标志，或者同时使用激光警告标志与激光辐射场所安全分类说明标志，此时激光辐射场所分类说明标志应置于激光警告标志的正下方。

C.4.2.2 在3A类激光产品作为测量、准直、调平使用时的场所应设置激光安全标志。

C.4.2.3 激光安全标志的装贴位置必须是激光防护区域的明显位置，人员不受到超过1类辐射就能够注意到标志并知道所示的内容。在所设标志不能覆盖整个工作区域时，应设置多个标志。

C.4.2.4 永久性的激光防护区域应在出入口处设置激光安全标志，在由活动挡板、护栏围成的临时防护区除在出入口处必须设置激光安全标志外，还必须在每一块构成防护围栏和隔挡板的可移动部位或检修接头处设置激光安全标志，以防止这些板块分开或接头断开时人员受到有害激光辐射。

中 文 索 引

中文名称	标志编号	中文名称	标志编号
避险处	4-2	当心电离辐射	2-27
必须拔出插头	3-16	当心吊物	2-15
必须穿防护服	3-10	当心跌落	2-36
必须穿防护鞋	3-12	当心缝隙	2-39
必须穿救生衣	3-9	当心滑倒	2-37
必须加锁	3-14	当心腐蚀	2-4
必须接地	3-15	当心感染	2-6
必须戴安全帽	3-6	当心高温表面	2-24
必须戴防尘口罩	3-3	当心弧光	2-23
必须戴防毒面具	3-4	当心火车	2-33
必须戴防护帽	3-7	当心火灾	2-2
必须戴防护手套	3-11	当心激光	2-29
必须戴防护眼镜	3-1	当心机械伤人	2-10
必须戴护耳器	3-5	当心夹手	2-20
必须系安全带	3-8	当心坑洞	2-13
必须配戴遮光护目镜	3-2	当心挤压	2-17
必须洗手	3-13	当心裂变物质	2-28
当心爆炸	2-3	当心落水	2-38
当心叉车	2-31	当心落物	2-14
当心车辆	2-32	当心冒顶	2-12
当心磁场	2-26	当心碰头	2-16
当心触电	2-7	当心伤手	2-19
当心低温	2-25	当心塌方	2-11
当心电缆	2-8	当心烫伤	2-18

中文名称	标志编号	中文名称	标志编号
当心微波	2-30	禁止抛物	1-27
当心有犬	2-22	禁止启动	1-7
当心扎脚	2-21	禁止入内	1-13
当心障碍物	2-35	禁止伸出窗外	1-20
当心中毒	2-5	禁止伸入	1-25
当心坠落	2-34	禁止跳下	1-19
当心自动启动	2-9	禁止停留	1-15
急救点	4-6	禁止通行	1-16
击碎板面	4-5	禁止推动	1-14
紧急出口	4-1	禁止吸烟	1-1
紧急医疗站	4-8	禁止携带金属物或手表	1-32
禁止叉车和厂内机动车辆通行	1-10	禁止携带托运有毒物品及有害液体	1-39
禁止乘人	1-11	禁止携带托运易燃及易爆物品	1-38
禁止触摸	1-24	禁止携带武器及仿真武器	1-37
禁止穿带钉鞋	1-30	禁止携带托运放射性及磁性物品	1-40
禁止穿化纤服装	1-29	禁止烟火	1-2
禁止带火种	1-3	禁止倚靠	1-21
禁止戴手套	1-28	禁止饮用	1-26
禁止蹬踏	1-23	禁止用水灭火	1-4
禁止堆放	1-6	禁止游泳	1-35
禁止放置易燃物	1-5	禁止植入金属材料者靠近	1-34
禁止合闸	1-8	禁止转动	1-9
禁止滑冰	1-36	禁止坐卧	1-22
禁止开启无线移动通讯设备	1-31	可动火区	4-4
禁止跨越	1-17	应急避难场所	4-3
禁止靠近	1-12	应急电话	4-7
禁止攀登	1-18	注意安全	2-1
禁止佩戴心脏起搏器者靠近	1-33		

英 文 索 引

Name of Signs	No. of Table	Name of Signs	No. of Table
Break to obtain access	4-5	Haven	4-2
Doctor	4-8	Must be locked	3-14
Emergency telephone	4-7	Must connect an earth terminal to the ground	3-15
Emergent exit	4-1	Must disconnect mains plug from electrical outlet	3-16
Evacuation assembly point	4-3		
First aid	4-6		
Flare up region	4-4	Must fastened safety belt	3-8

Name of Signs	No. of Table	Name of Signs	No. of Table
Must wash your hands	3-13	No pushing	1-14
Must wear dustproof mask	3-3	No putting on chemical fibre clothings	1-29
Must wear ear protector	3-5		
Must wear gas defence mask	3-4	No putting on gloves	1-28
Must wear life jacket	3-9	No putting on spikes	1-30
Must wear opaque eye protection	3-2	No reaching in	1-25
Must wear protective cap	3-7	No riding	1-11
Must wear protective clothes	3-10	No sitting	1-22
Must wear protective gloves	3-11	No skating	1-36
Must wear protective goggles	3-1	No smoking	1-1
Must wear protective shoes	3-12	No starting	1-7
Must wear safety helmet	3-6	No stepping on surface	1-23
No access for fork lift trucks and other industrial vehicles	1-10	No stocking	1-6
		No stopping	1-15
No access for persons with metallic implants	1-34	No stretching out of the window	1-20
		No striding	1-17
No access for persons with pacemakers	1-33	No swimming	1-35
		No switching on	1-8
No activated mobile phones	1-31	No throughfare	1-16
No burning	1-2	No tossing	1-27
No carrying flammable and explosive materials	1-38	No touching	1-24
		No turning	1-9
No carrying poisonous materials and harmful liquid	1-39	Warning arc	1-23
		Warning automatic start-up	2-9
No carrying radioactive and magnetic materials	1-40	Warning cable	2-8
		Warning collapse	2-11
No carrying weapons and emulating weapons	1-37	Warning corrosion	2-4
		Warning crushing	2-17
No climbing	1-18	Warning danger	2-1
No drinking	1-26	Warning drop (fall)	2-36
No entering	1-13	Warning drop down	2-34
No extinguishing with water	1-4	Warning electric shock	2-7
No jumping down	1-19	Warning explosion	2-3
No kindling	1-3	Warning falling into water	2-38
No laying inflammable thing	1-5	Warning falling objects	2-14
No leaning	1-21	Warning fire	2-2
No metallic articles or watches	1-32	Warning fission matter	2-28
No nearing	1-12	Warning fork lift trucks	2-31

Name of Signs	No. of Table
Warning gap	2-39
Warning guard dog	2-22
Warning hands pinching	2-20
Warning hole	2-13
Warning hot surface	2-24
Warning infection	2-6
Warning injure hand	2-19
Warning ionizing radiation	2-27
Warning laser	2-29
Warning low temperature/freezing conditions	2-25
Warning magnetic field	2-26
Warning mechanical injury	2-10
Warning microwave	2-30
Warning obstacles	2-35
Warning overhead load	2-15
Warning overhead obstacles	2-16
Warning poisoning	2-5
Warning roof fall	2-12
Warning scald	2-18
Warning slippery surface	2-37
Warning splinter	2-21
Warning train	2-33
Warning vehicle	2-32

防止静电事故通用导则(GB 12158—2006)

前 言

本标准是对 GB 12158—1990《防止静电事故通用导则》的修订。

本标准的第 5、6、7、8 章为强制性条文。

本标准修订过程中主要参考了 PD CLC/TR 50404:2003《机械安全 避免静电危害的指南和推荐规范》、ANSI/ESD-S20.20—1999《建立一个静电放电控制大纲》、IEC 79-20 1996-10《爆炸性气体的静电点燃危险性》。

本标准主要进行了以下修订：

——增加了相对湿度较低时静电危害容易发生，控制湿度可以防止静电危害发生的描述；

——增加了防止静电危害管理措施的要求；

——调整和增加了对静电消除器的使用规定；

——增加了对暴露表面、分层结构、金属网、防静电绳索或软管、金属链、恶劣天气、合成材料等因素的对应要求；

——修改了对管道施工中跨接的要求；

——增加了非金属材料制造罐、管道的表面电阻和体电阻率的界限要求；

——增加了人体静电的防护措施的内容；

——删除了附录中最小点燃能量数据，增加了质量浓度上下限；

——增加了多种物质的引爆、引燃的界限。

本标准的附录 A 为规范性附录，附录 B、附录 C 和附录 D 为资料性附录。

本标准由国家安全生产监督管理总局提出并归口。

本标准起草单位：北京市劳动保护科学研究所。

本标准主要起草人：赵留根、肖义庆、臧兰兰、罗伶、陈倬为。

1 范围

本标准描述了静电放电与引燃，规定了静电防护措施、静电危害的安全界限及静电事故的分析和确定。

本标准适用于存在静电引燃(爆)等静电危害场所的设计和管理。其他的静电危害(如静电干扰、静电损坏电子元件)可以参考本标准的有关条款。

本标准不适用于火炸药、电火工品的静电危害防范。

2 规范性引用文件

下列文件中的条款通过本标准的引用而成为本标准的条款。凡是注日期的引用文件，其随后所有的修改单(不包括勘误的内容)或修订版均不适用于本标准，然而，鼓励根据本标准达成协议的各方研究是否可使用这些文件的最新版本。凡是不注日期的引用文件，其最新版本适用于本标准。

  GB 6950 轻质油品安全静止电导率
  GB 6951 轻质油品装油安全油面电位值
  GB 12014 防静电工作服
  GB/T 15463—1995 静电安全术语

3 术语和定义

下列术语和定义适用于本标准。

3.1
静电导体 static conductor

在任何条件下,体电阻率小于或等于 1×10^6 Ω·m(即电导率等于或大于 1×10^{-6} S/m)的物料及表面电阻率等于或小于 1×10^7 Ω 的固体表面。

3.2
静电亚导体 static sub-conductor

在任何条件下,体电阻率大于 1×10^6 Ω·m,小于 1×10^{10} Ω·m 的物料及表面电阻率大于 1×10^7 Ω,小于 1×10^{11} Ω 的固体表面。

3.3
静电非导体 static non-conductor

在任何条件下,体电阻率大于或等于 1×10^{10} Ω·m(即电导率小于或等于 1×10^{-10} S/m)的物料及表面电阻率等于或大于 1×10^{11} Ω 固体表面。

3.4
最小点燃能量 minimum ignition energy

在常温常压条件下,影响物质点燃的各种因素均处于最敏感的条件,点燃该物质所需的最小电气能量。

3.5
间接接地 indirect static earthing

为使金属以外的静电导体、静电亚导体进行静电接地,将其表面的局部或全部与接地的金属体紧密相接的一种接地方式。

3.6
爆炸危险场所 explosion endangered places

爆炸性混合物(气体及粉尘)出现的或预期可能出现的数量达到足以要求对电气设备的结构、安装和使用采取预防措施的场所。

3.7
气体爆炸危险场所的区域等级 classification of hazardous areas

3.7.1 0 区
在正常情况下,爆炸性气体(含蒸气和薄雾)混合物连续地、短时间频繁地出现或长时间存在的场所。

3.7.2 1 区
在正常情况下,爆炸性气体(含蒸气和薄雾)混合物有可能出现的场所。

3.7.3 2区

在正常情况下,爆炸性气体混合物不能出现,仅在不正常情况下,偶尔短时间出现的场所。

注:正常情况是指设备的正常起动、停止、正常运行和维修。

3.8

缓和时间 relaxation time of charge

带电体上的电荷(或电位)消散至其初始值的$1/e$(约37%)时所需的时间。

3.9

静置时间 time of repose;time of rest

在有静电危险的场所进行生产时,由设备停止操作到物料(通常为液体)所带静电消散至安全值以下,允许进行下一步操作所需要的间隔时间。

4 放电与引燃

4.1 典型静电放电的特点和其相对引燃能力见表1。

表 1

放电种类	发生条件	特点及引燃性
电晕放电	当电极相距较远,在物体表面的尖端或突出部位电场较强处较易发生	有时有声光,气体介质在物体尖端附近局部电离,不形成放电通道。感应电晕单次脉冲放电能量小于20 μJ,有源电晕单次脉冲放电能量则较此大若干倍,引燃、引爆能力甚小
刷形放电	在带电电位较高的静电非导体与导体间较易发生	有声光,放电通道在静电非导体表面附近形成许多分叉,在单位空间内释放的能量较小,一般每次放电能量不超过4 mJ,引燃、引爆能力中等
火花放电	要发生在相距较近的带电金属导体间	有声光,放电通道一般不形成分叉,电极上有明显放电集中点,释放能量比较集中,引燃、引爆能力很强
传播型刷形放电	仅发生在具有高速起电的场合,当静电非导体的厚度小于8 mm,其表面电荷密度大于或等于2.7×10^{-4} C/m² 时较易发生	放电时有声光,将静电非导体上一定范围内所带的大量电荷释放,放电能量大,引燃、引爆能力强

4.2 在相同带电电位条件下,液体或固体表面带负电荷时发生的放电比带正电荷时发生的放电,对可燃气体的引燃能力可大一个数量级。

4.3 在下列环境下,更易发生引燃、引爆等静电危害。
——可燃物的温度比常温高;
——局部环境氧含量(或其他助燃气含量)比正常空气中高;
——爆炸性气体的压力比常压高;

——相对湿度较低。

5 静电防护管理措施

本章规定了在静电危险场所应采取的管理上的要求。

5.1 静电危害控制方案

在静电危险场所,应制定静电危害控制方案,并成为单位内部管理规范文件的一部分。其内容应包括:
——可能产生的静电危害;
——静电危害的表现形式;
——静电危害的产生原因;
——静电危害的控制措施;
——人员的培训计划;
——防静电措施的验证。

5.2 人员

在静电危险场所工作的人员,应定期的防静电危害培训。培训应同本单位的实际工作结合,培训的内容应包括法规的培训、防静电措施的执行方法、必要的演习及知识的补充。

对短期来访的外来人员,应配备公用的个体防静电装备。进入静电危害区域前,应由有经验的工作人员以适合的方式告知有关规定。

5.3 检查

任何技术措施都有可能随时间的推移而失效,在工作中应按照静电危害控制方案对采取的防静电措施进行定期检查。检查的频率取决于控制对象的用途、耐久性及失效的风险。

5.4 标志与记录

所有静电危险场所应设立明显的危险标志。静电危险场所必须有接地点、应使用的防静电物品、必备的衣物、静电危险区及运动方面的限制等标志。

所有的工作都应被记录在案并保存。

6 静电防护技术措施

各种防护措施应根据现场环境条件、生产工艺和设备、加工物件的特性以及发生静电危害的可能程度等予以研究选用。

6.1 基本防护措施

6.1.1 减少静电荷产生

对接触起电的物料,应尽量选用在带电序列中位置较邻近的,或对产生正负电荷的物料加以适当组合,使最终达到起电最小。静电起电极性序列表见附录B。

在生产工艺的设计上,对有关物料应尽量做到接触面积和压力较小,接触次数较少,运动和分离速度较慢。

6.1.2 使静电荷尽快地消散

在静电危险场所,所有属于静电导体的物体必须接地。对金属物体应采用金属导体与大地做导通性连接,对金属以外的静电导体及亚导体则应作间接接地。

静电导体与大地间的总泄漏电阻值在通常情况下均不应大于 1×10^6 Ω。每组专设的静电接地体的接地电阻值一般不应大于 100 Ω,在山区等土壤电阻率较高的地区,其接地电阻值也不应大于 1 000 Ω。

对于某些特殊情况,有时为了限制静电导体对地的放电电流,允许人为地将其泄漏电阻值提高到 1×10^4 Ω~1×10^6 Ω,但最大不得超过 1×10^9 Ω。

局部环境的相对湿度宜增加至 50% 以上。增湿可以防止静电危害的发生,但这种方法不得用在气体爆炸危险场所 0 区。

生产工艺设备应采用静电导体或静电亚导体,避免采用静电非导体。

对于高带电的物料,宜在接近排放口前的适当位置装设静电缓和器。

在某些物料中,可添加适量的防静电添加剂,以降低其电阻率。

在生产现场使用静电导体制作的操作工具应接地。

6.1.3 带电体应进行局部或全部静电屏蔽,或利用各种形式的金属网,减少静电的积聚。同时屏蔽体或金属网应可靠接地。

6.1.4 在设计和制作工艺装置或装备时,应避免存在静电放电的条件,如在容器内避免出现细长的导电性突出物和避免物料的高速剥离等。

6.1.5 控制气体中可燃物的浓度,保持在爆炸下限以下。

6.1.6 限制静电非导体材料制品的暴露面积及暴露面的宽度。

6.1.7 在遇到分层或套叠的结构时避免使用静电非导体材料。

6.1.8 在静电危险场所使用的软管及绳索的单位长度电阻值应在 1×10^3 Ω/m~1×10^6 Ω/m 之间。

6.1.9 在气体爆炸危险场所禁止使用金属链。

6.1.10 使用静电消除器迅速中和静电

静电消除器是利用外部设备或装置产生需要的正或负电荷以消除带电体上的电荷。

静电消除器原则上应安装在带电体接近最高电位的部位。

消除属于静电非导体物料的静电,应根据现场情况采用不同类型的静电消除器。

静电危险场所要使用防爆型静电消除器。

6.2 固态物料防护措施

6.2.1 非金属静电导体或静电亚导体与金属导体相互联接时,其紧密接触的面积应大于 20 cm^2。

6.2.2 架空配管系统各组成部分,应保持可靠的电气连接。室外的系统同时要满足国家有关防雷规程的要求。

6.2.3 防静电接地线不得利用电源零线、不得与防直击雷地线共用。

6.2.4 在进行间接接地时,可在金属导体与非金属静电导体或静电亚导体之间,加设金属箔,或涂导电性涂料或导电膏以减少接触电阻。

6.2.5 油罐汽车在装卸过程中应采用专用的接地导线(可卷式),夹子和接地端子将罐车与装卸设备相互联接起来。接地线的联接,应在油罐开盖以前进行;接地线的拆除应在装卸完毕,封闭罐盖以后进行。有条件时可尽量采用接地设备与启动装卸用泵相互间能联锁的装置。

6.2.6 在振动和频繁移动的器件上用的接地导体禁止用单股线及金属链,应采用 6 mm^2 以上的裸绞线或编织线。

6.3 液态物料防护措施

6.3.1 控制烃类液体灌装时的流速

灌装铁路罐车时,液体在鹤管内的容许流速按式(1)计算:

$$VD \leqslant 0.8 \quad \cdots\cdots\cdots\cdots\cdots\cdots\cdots\cdots (1)$$

式中:

V ——烃类液体流速的数值,单位为米每秒(m/s);

D ——鹤管内径的数值,单位为米(m)。

大鹤管装车出口流速可以超过按式(1)所得计算值,但不得大于 5 m/s。

灌装汽车罐车时,液体在鹤管内的容许流速按式(2)计算:

$$VD \leqslant 0.5 \quad \cdots\cdots\cdots\cdots\cdots\cdots\cdots\cdots (2)$$

式中:

V ——烃类液体流速的数值,单位为米每秒(m/s);

D ——鹤管内径的数值,单位为米(m)。

6.3.2 在输送和灌装过程中,应防止液体的飞散喷溅,从底部或上部入罐的注油管末端应设计成不易使液体飞散的倒 T 形等形状或另加导流板;或在上部灌装时,使液体沿侧壁缓慢下流。

6.3.3 对罐车等大型容器灌装烃类液体时,宜从底部进油。若不得已采用顶部进油时,则其注油管宜伸入罐内离罐底不大于 200 mm。在注油管未浸入液面前,其流速应限制在 1 m/s 以内。

6.3.4 烃类液体中应避免混入其他不相容的第二物相杂质如水等。并应尽量减少和排除槽底和管道中的积水。当管道内明显存在不相容的第二物相时,其流速应限制在 1 m/s 以内。

6.3.5 在贮存罐、罐车等大型容器内,可燃性液体的表面,不允许存在不接地的导电性漂浮物。

6.3.6 当液体带电很高时,例如在精细过滤器的出口,可先通过缓和器后再输出进行灌装。带电液体在缓和器内停留时间,一般可按缓和时间的 3 倍来设计。

6.3.7 烃类液体的检尺、测温和采样

当设备在灌装、循环或搅拌等工作过程中,禁止进行取样、检尺或测温等现场操作。在设备停止工作后,需静置一段时间才允许进行上述操作。所需静置时间见表2。

表 2 单位为分钟

液体电导率/(S/m)	液体容积/m³			
	<10	10~50(不含)	50~5 000(不含)	>5 000
$>10^{-8}$	1	1	1	2
$10^{-12} \sim 10^{-8}$	2	3	20	30
$10^{-14} \sim 10^{-12}$	4	5	60	120
$<10^{-14}$	10	15	120	240
注:若容器内设有专用量槽时,则按液体容积<1×10 m³ 取值。				

对油槽车的静置时间为 2 min 以上。

对金属材质制作的取样器,测温器及检尺等在操作中应接地。有条件时应采用具有防静电功能的工具。

取样器、测温器及检尺等装备上所用合成材料的绳索及油尺等,其单位长度电阻值应为 $1\times10^5\ \Omega/m\sim1\times10^7\ \Omega/m$ 或表面电阻和体电阻率分别低于 $1\times10^{10}\ \Omega$ 及 $1\times10^8\ \Omega\cdot m$ 的静电亚导体材料。

在设计和制作取样器、测温器及检尺装备时,应优先采用红外、超声等原理的装备,以减少静电危害产生的可能。

在可燃的环境条件下灌装、检尺、测温、清洗等操作时,应避开可能发生雷暴等危害安全的恶劣天气,同样强烈的阳光照射可使低能量的静电放电造成引燃或引爆。

6.3.8 在烃类液体中加入防静电添加剂,使电导率提高至 250 pS/m 以上。

6.3.9 当在烃类液体中加入防静电添加剂来消除静电时,其容器应是静电导体并可靠接地,且需定期检测其电导率,以便使其数值保持在规定要求以上。

6.3.10 当不能以控制流速等方法来减少静电积聚时,可以在管道的末端装设液体静电消除器。

6.3.11 当用软管输送易燃液体时,应使用导电软管或内附金属丝、网的橡胶管,且在相接时注意静电的导通性。

6.3.12 在使用小型便携式容器灌装易燃绝缘性液体时,宜用金属或导静电容器,避免采用静电非导体容器。对金属容器及金属漏斗应跨接并接地。

6.3.13 容器的清洗过程应该避免可燃的环境条件,并且在清洗后静置一定时间才可使用。

6.4 气态粉态物料防护措施

6.4.1 在工艺设备的设计及结构上应避免粉体的不正常滞留、堆积和飞扬;同时还应配置必要的密闭、清扫和排放装置。

6.4.2 粉体的粒径越细,越易起电和点燃。在整个工艺过程中,应尽量避免利用或形成粒径在 75 μm 或更小的细微粉尘。

6.4.3 气流物料输送系统内,应防止偶然性外来金属导体混入,成为对地绝缘的导体。

6.4.4 应尽量采用金属导体制作管道或部件。当采用静电非导体时,应具体测量并评价其起电程度。必要时应采取相应措施。

6.4.5 必要时,可在气流输送系统的管道中央,顺其走向加设两端接地的金属线,以降低管内静电电位。也可采取专用的管道静电消除器。

6.4.6 对于强烈带电的粉料,宜先输入小体积的金属接地容器,待静电消除后再装入大料仓。

6.4.7 大型料仓内部不应有突出的接地导体。在顶部进料时,进料口不得伸出,应与仓顶取平。

6.4.8 当筒仓的直径在 1.5 m 以上时,且工艺中粉尘粒径多数在 30 μm 以下时,要用惰性气体置换、密封筒仓。

6.4.9 工艺中需将静电非导体粉粒投入可燃性液体或混合搅拌时,应采取相应的综合防护措施。

6.4.10 收集和过滤粉料的设备,应采用导静电的容器及滤料并予以接地。

6.4.11 对输送可燃气体的管道或容器等,应防止不正常的泄漏,并宜装设气体泄漏自动检测报警器。

6.4.12 高压可燃气体的对空排放,应选择适宜的流向和处所。对于压力高、容量大的气体如液氢排放时,宜在排放口装设专用的感应式消电器。同时要避开可能发生雷暴等危害安全的恶劣天气。

6.5 人体静电的防护措施

6.5.1 当气体爆炸危险场所的等级属0区和1区,且可燃物的最小点燃能量在0.25 mJ以下时,工作人员需穿防静电鞋、防静电服。当环境相对湿度保持在50%以上时,可穿棉工作服。

6.5.2 静电危险场所的工作人员,外露穿着物(包括鞋、衣物)应具防静电或导电功能,各部分穿着物应存在电气连续性,地面应配用导电地面。

6.5.3 禁止在静电危险场所穿脱衣物、帽子及类似物,并避免剧烈的身体运动。

6.5.4 在气体爆炸危险场所的等级属0区和1区工作时,应佩戴防静电手套。

6.5.5 防静电衣物所用材料的表面电阻率$<5\times10^{10}$ Ω,防静电工作服技术要求见GB 12014。

6.5.6 可以采用安全有效的局部静电防护措施(如腕带),以防止静电危害的发生。

7 静电危害的安全界限

7.1 静电放电点燃界限

7.1.1 导体间的静电放电能量按式(3)计算:

$$W=\frac{1}{2}CV^2 \quad\quad\quad\quad\quad\quad (3)$$

式中:
W——放电能量,单位为焦耳(J);
C——导体间的等效电容,单位为法拉(F);
V——导体间的电位差,单位为伏特(V)。

当其数值大于可燃物的最小点燃能量时,就有引燃危险。

7.1.2 当两导体电极间的电位低于1.5 kV时,将不会因静电放电使最小点燃能量大于或等于0.25 mJ的烷烃类石油蒸气引燃。

7.1.3 在接地针尖等局部空间发生的感应电晕放电不会引燃最小点燃能量大于0.2 mJ的可燃气。

7.2 物体带电安全管理界限

7.2.1 当固体器件的表面电阻率或体电阻率分别在1×10^{8} Ω及1×10^{6} Ω·m以下时,除了与火炸药有关情况外,一般在生产中不会因静电积累而引起危害。对某些爆炸危险程度较低的场所(如环境湿度较高、可燃物最小点燃能量较高等情况)在正常情况下,表面电阻率或体电阻率分别低于1×10^{11} Ω和1×10^{10} Ω·m时,也不会因静电积累引起静电引燃危险。

7.2.2 用非金属材料制造液体贮存罐、输送管道时,材料表面电阻和体电阻率分别低于1×10^{10} Ω及1×10^{8} Ω·m。

7.2.3 在气体爆炸危险场所外露静电非导体部件的最大宽度及表面积,参见表3。

表 3

环境条件		最大宽度/cm	最大表面积/cm²
0 区	Ⅱ类A组爆炸性气体	0.3	50
	Ⅱ类B组爆炸性气体	0.3	25
	Ⅱ类C组爆炸性气体	0.1	4
1 区	Ⅱ类A组爆炸性气体	3.0	100
	Ⅱ类B组爆炸性气体	3.0	100
	Ⅱ类C组爆炸性气体	2.0	20

7.2.4 固体静电非导体(背面 15 cm 内无接地导体)的不引燃放电安全电位对于最小点燃能量大于 0.2 mJ 的可燃气是 15 kV。

7.2.5 轻质油品装油时,油面电位应低于 12 kV。

7.2.6 轻质油品安全静止电导率应大于 50 pS/m。

7.2.7 对于采取了基本防护措施的,内表面涂有静电非导体的导电容器,若其涂层厚度不大于 2 mm,并避免快速重复灌装液体,则此涂层不会增加危险。

7.3 引起人体电击的静电电位

7.3.1 人体与导体间发生放电的电荷量达到 2×10^{-7} C 以上时就可能感到电击。当人体的电容为 100 pF 时,发生电击的人体电位约 3 kV,不同人体电位的电击程度见附录 C。

7.3.2 当带电体是静电非导体时,引起人体电击的界限,因条件不同而变化。在一般情况下,当电位在 30 kV 以上向人体放电时,将感到电击。

7.4 附录 D 给出了爆炸性气体、蒸气及悬浮粉尘的点燃危险性表。

8 静电事故的分析和确定

凡疑为静电引燃的事故,除按常规进行事故调查分析外还应按照下列规定进行分析及确认。

8.1 检查分析是否存在发生静电放电引燃的必要条件。

8.1.1 通过对有关的运转设备、物料性能、人员操作以及环境情况的分析,推测可能带有静电的设备、物体和带电程度,以及放电的物件、条件和类型。

8.1.2 收集和测取必要的有关技术参数,并估算可能的放电能量。

8.1.3 参考本标准第 6 章及第 7 章提出的有关界限,对是否属于静电放电火源作出倾向性意见,或对较为简单明显的情况作出相应的结论。

8.2 对于较复杂的情况,则应根据实际的需要和可能,选取以下部分或全部内容,作进一步的测试,并通过综合分析后,作出相应的结论。

8.2.1 充分收集或测取有关技术参数,主要包括环境温度湿度和通风情况、可燃物种类、释放源位置及可能的爆炸性气体浓度分布情况,已有的防火防爆措施及其实际作用,与静电有关的物料的流量流速和人员动作及操作情况,非静电的其他火源的可能性等。

8.2.2 遗留残骸件的分析检验,其方法是选出可能带有静电并发生放电的物件(主要是金属件)通过电子显微镜作微观形貌观察,查明是否存在类似"火山口"特征的高温熔融微坑。

以确定静电放电的具体部位,肯定事故的原因。

8.2.3 物件的起电程度和放电能量难以用分析的方法予以定量或半定量确定时,需参考事故发生时的具体条件,进行实物模拟试验,加以验证。模拟试验可在现场或在其他适宜场所进行。

对有关情况数据作进一步综合分析,观察各种情况数据间的相互关系是否符合客观规律和是否存在矛盾,必要时还须对其他情况或数据(包括非静电技术方面的)作补充收集或测试,以便作出最终结论。

附 录 A
(规范性附录)
静电主要参数测量方法及其注意事项

A.1 范围

本附录规定了导体电位的测量、表面电位的测量、静电电量的测量、静电非导体绝缘电阻的测量方法和注意事项。

A.2 导体电位的测量

A.2.1 测量仪表的输入阻抗应大于 1×10^{12} Ω,仪表的量程应与被测电位相适应,一般宜用较高档量程先行试测。测量时将仪表的高压接线端接到被测的导体上,低压端(一般与机壳相通)接地。高压引线采用同轴电缆可防止环境电波的干扰,如无干扰可用一般绝缘导线。

A.2.2 物体的静电电位随其所处位置的对地电容值不同而变化,电容值较大时所测得的电位较低。

A.3 表面电位(静电导体和静电非导体)的测量

A.3.1 此项测量可用各种类型的静电计,如感应型、旋叶型、电离型和振动电极型等。测量前先将仪表的接地端子接地,然后将探头对着接地金属板调整仪表零位。

A.3.2 开始测量时先将仪表灵敏度调至较低档,并缓慢地将探头移近被测物体至规定的距离。取得大致的数据后,再调整相应的测量档。

A.3.3 当被测物体的平面表面积较小时,测得数据将比实际电位偏小。

A.3.4 当被测电位数值很高时,应使探头与带电体保持较大距离,以免引起意外放电。

A.4 静电电量(静电导体和静电非导体)的测量

通常采用法拉第筒法,如图 A.1 所示。用于测量内筒电位的静电计应符合 A.2.1 的要求。

A.4.1 除非用全封闭式法拉第筒(测量时内外筒都用上盖密封),否则内筒应大大高出被测带电体,外筒应比内筒高出 10% 以上。

A.4.2 被测带电体放入内筒过程中,须严防与其他物体碰触。

A.4.3 由于法拉第筒所测得的电量值是带电体上正负电荷的代数和,因而对同时存在正负两种电荷的带电体,不能测得某一极性的电量。

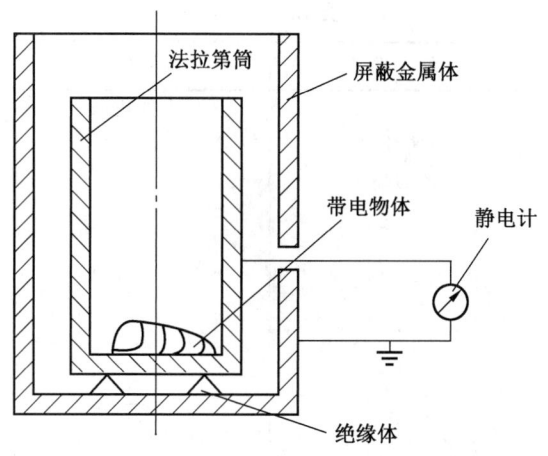

图 A.1 法拉第筒法原理图

A.4.4 接于法拉第筒内外筒之间的电容宜选用绝缘性能良好的电容。

A.5 静电非导体绝缘电阻的测量

通常用高阻计进行测量,其测量电压应大于或等于500 V,并避免对同一试样短时间进行反复测量,若测量电流在10^{-9} A以下,要对被测物体和测量系统进行屏蔽。

附 录 B
（资料性附录）
静电起电极性序列表

静电起电极性序列见表 B.1。

表 B.1

金 属	纤 维	天然物质	合成树脂
(+)	(+)	(+)	(+)
—	—	石棉	—
—	—	人毛、毛皮	—
—	—	玻璃	—
—	—	云母	—
—	羊毛	—	—
—	尼龙	—	—
—	人造纤维	—	—
铅	—	—	—
—	绢	—	—
—	木棉	棉	—
—	麻	—	—
—	—	木材	—

表 B.1（续）

金 属	纤 维	天然物质	合成树脂
—	—	人的皮肤	—
—	玻璃纤维	—	—
锌	乙酸酯	—	—
铝	—	—	—
—	—	纸	—
铬	—	—	—
—	—	—	硬橡胶
铁	—	—	—
铜	—	—	—
镍	—	—	—
金	—	橡胶	聚苯乙烯
—	维尼纶	—	—
铂	—	—	聚丙烯
—	聚酯	—	—
—	丙纶	—	—
—	—	—	聚乙烯
—	聚偏二氯乙烯	硝化纤维、象牙 玻璃纸	—
—	—	—	聚氯乙烯
—	—	—	聚四氟乙烯
（－）	（－）	（－）	（－）

注：表中列出的两种物质相互摩擦时，处在表中上面位置的物质带正电，下面位置的带负电（属于不同种类的物质相互摩擦时，也是如此），且其带电量数值与该两种物质在表中所处上下位置的间隔距离有关，即在同样条件下，两种物质所处的上下位置间隔越远，其摩擦带电量越大。

附 录 C
（资料性附录）
人体带电电位与静电电击程度的关系

人体带电电位与静电电击程度的关系见表 C.1。

表 C.1

人体电位/kV	电击程度	备注
1.0	完全无感觉	
2.0	手指外侧有感觉，但不疼	发出微弱的放电声
2.5	有针触的感觉，有哆嗦感，但不疼	
3.0	有被针刺的感觉，微疼	
4.0	有被针深刺的感觉，手指微疼	见到放电的微光
5.0	从手掌到前腕感到疼	指尖延伸出微光

表 C.1（续）

人体电位/kV	电击程度	备注
6.0	手指感到剧疼,后腕感到沉重	
7.0	手指和手掌感到剧疼,稍有麻木感觉	
8.0	从手掌到前腕有麻木的感觉	
9.0	手腕子感到剧疼,手感到麻木沉重	
10.0	整个手感到疼,有电流过的感觉	
11.0	手指剧麻,整个手感到被强烈电击	
12.0	整个手感到被强烈打击	
注：人体的静电容量大约为 100 pF。		

附 录 D
（资料性附录）
爆炸性气体、蒸气及悬浮粉尘的点燃危险性表

D.1 爆炸性气体、蒸气的点燃危险性（和空气混合）见表 D.1。

表 D.1

| 序号 | 物质名称 | 闪点/℃ | 点燃极限 | | | | 燃点/℃ | 分类和级别 |
| | | | 体积浓度/% | | 质量浓度/(mg/L) | | | |
			下限	上限	下限	上限		
1	乙醛　acetaldehyde	−38	4.00	60.0	74	1 108	204	ⅡA
2	乙酸　acetic acid	40	4.00	17.0	100	428	464	ⅡA
3	乙酐,醋酐,乙酸酐　acetic anhydride	49	2.00	10.0	85	428	334	ⅡA
4	丙酮　acetone	<−20	2.50	13.0	60	316	535	ⅡA
5	乙腈　acetonitrile	2	3.00	16.0	51	275	523	ⅡA
6	氯乙酰　acetyl chloride	−4	5.00	19.0	157	620	390	ⅡA
7	乙炔　acetylene	—	2.30	100.0	24	1 092	305	ⅡC
8	氟乙酰　acetyl flouride	<−17	5.60	19.9	142	505	434	ⅡA
9	丙烯醛　acrylaldehyde	−18	2.85	31.8	65	728	217	ⅡB
10	丙烯酸　acrylic	56	2.90	—	85	—	406	ⅡB
11	丙烯腈　acrylonitrile	−5	2.80	28.0	64	620	480	ⅡB
12	丙烯酰氯　acryloyl chloride	−8	2.68	18.0	220	662	463	ⅡA
13	乙酸烯丙酯　allyl acetate	13	1.70	9.3	69	3 800	348	ⅡA
14	烯丙醇　allyl alcohol	21	2.50	18.0	61	438	378	ⅡB

表 D.1（续）

序号	物质名称	闪点/℃	点燃极限				燃点/℃	分类和级别
			体积浓度/%		质量浓度/(mg/L)			
			下限	上限	下限	上限		
15	烯丙基氯 allyl chloride	−32	2.90	11.2	92	357	390	ⅡA
16	2,3-环氧丙基-烯丙基醚 ally12,3-epoxypropyl ether	45	—	—	—	—	249	ⅡB
17	氨基乙醇 2-aminoethanol	85	—	—	—	—	410	ⅡA
18	氨 ammonia		15.00	33.6	107	240	630	ⅡA
19	安非他明,苯异丙胺 amphetamine	<100	—	—	—	—	—	ⅡA
20	苯胺 aniline	75	1.20	11.0	47	425	630	ⅡA
21	氮杂环庚烷 azepane	23	—	—	—	—	279	ⅡA
22	苯甲醛 benzaldehyde	64	1.40		62		192	ⅡA
23	苯 benzene	−11	1.20	8.6	39	280	560	ⅡA
24	1-溴丁烷 1-bromobutane	13	2.50	6.6	143	380	265	ⅡA
25	2-溴-1,1-二乙氧基乙烷 2-bromo-1,1-diethoxyethane	57	—	—	—	—	175	ⅡA
26	溴乙烷 bromoethane	<−20	6.70	11.3	306	517	511	ⅡA
27	1,3-丁二烯（气体） buta-1,3-diene	−85	1.40	16.3	31	365	430	ⅡB
28	正丁烷（气体） butane	−60	1.40	9.3	33	225	372	ⅡA
29	异丁烷（气体） isobutane		1.30	9.8	31	236	460	ⅡA
30	1-丁醇 butan-1-ol	29	1.70	12.0	52	372	359	ⅡA
31	丁酮 butanone	−9	1.80	10.0	50	302	404	ⅡB
32	1-丁烯（气体） but-1-ene	−80	1.60	10.0	38	235	440	ⅡA
33	2-丁烯（气体） but-2-enes		1.60	10.0	40	228	325	ⅡB
34	丁烯羟酸内酯 but-3-en-3-olide	33	—	—	—	—	262	ⅡB
35	2-(2-丁氧基乙氧基)乙醇 2-(2-butoxyethoxy)ethanol	78	—	—	—	—	225	ⅡA
36	乙酸丁酯 butyl acetate	22	1.30	7.5	64	390	370	ⅡA
37	丙烯酸（正丁酯） n-butylate	38	1.20	8.0	63	425	268	ⅡB
38	丁胺 butylamine	−12	1.70	9.8	49	286	312	ⅡA
39	异丁胺 isobutylamine	−20	1.47	10.8	44	330	374	ⅡA
40	2,3-环氧丙基丁(基)醚 buty12,3-epoxypropyl ether	44	—	—	—	—	262	ⅡB

表 D.1（续）

序号	物质名称	闪点/℃	点燃极限 体积浓度/% 下限	点燃极限 体积浓度/% 上限	点燃极限 质量浓度/(mg/L) 下限	点燃极限 质量浓度/(mg/L) 上限	燃点/℃	分类和级别
41	乙二醇丁酯 butyl glycolate	61	—	—	—	—	—	ⅡB
42	异丁酸异丁酯 isobutylisobutyrate	34	0.80	—	47	—	424	ⅡA
43	甲基丙烯酸丁酯 butylmethacrylate	53	1.00	6.8	58	395	289	ⅡA
44	甲基叔丁基醚 tert-butyl methyl ether	−27	1.50	8.4	54	310	385	ⅡA
45	丙酸正丁酯 n-butylpropionate	40	1.10	7.7	58	409	389	ⅡA
46	丁炔 but-1-yne	—	—	—	—	—	—	ⅡB
47	丁醛 butyraldehyde	−16	1.80	12.5	54	378	191	ⅡA
48	异丁醛 isobutyraldehyde	−22	1.60	11.0	47	320	176	ⅡA
49	异丁酸 isobutyric acid	58	—	—	—	—	460	ⅡA
50	丁酰氟 butyryl fluoride	<−14	2.60	—	95	—	440	ⅡA
51	二硫化碳 carbon disulphide	−30	0.60	60.0	19	1 900	95	ⅡC
52	一氧化碳 carbon monoxide	—	10.90	74.0	126	870	605	ⅡB
53	羰基硫 carbonyl sulphide	—	6.50	28.5	160	700	209	ⅡA
54	氯苯 chlorobenzene	28	1.40	11.0	66	520	637	ⅡA
55	1-氯丁烷 1-chlorobutane	−12	1.80	10.0	69	386	250	ⅡA
56	2-氯丁烷 2-chlorobutane	<−18	2.20	8.8	82	339	388	ⅡA
57	1-氯-2,3-环氧丙烷 1-chloro-2,3-epoxypropane	28	2.30	34.4	86	1 325	385	ⅡB
58	氯乙烷 chloroethane	—	3.60	15.4	95	413	510	ⅡA
59	2-氯乙醇 2-chloroethanol	55	5.00	16.0	160	540	425	ⅡA
60	氯乙烯（气体） chloroethylene	−78	3.60	33.0	94	610	415	ⅡA
61	氯(代)甲烷（气体） chloromethane	−24	7.60	19.0	160	410	625	ⅡA
62	氯甲基甲基醚 chlormethyl methyl ether	−8	—	—	—	—	—	ⅡA
63	1-氯-2-甲基丙烷 1-chloro-2-methylpropane	<−14	2.00	8.8	75	340	416	ⅡA
64	2-氯-2-甲基丙烷 2-chloro-2-methylpropane	<−18	—	—	—	—	541	ⅡA
65	3-氯-2-甲基丙烯-1 3-chloro-2-methylprop-1-ene	−16	2.10	—	77	—	476	ⅡA
66	5-氯戊酮-2 5-chloropentan-2-one	61	2.00	—	98	—	440	ⅡA

57

表 D.1（续）

序号	物质名称	闪点/℃	点燃极限 体积浓度/% 下限	点燃极限 体积浓度/% 上限	点燃极限 质量浓度/(mg/L) 下限	点燃极限 质量浓度/(mg/L) 上限	燃点/℃	分类和级别
67	1-氯丙烷 1-chloropropane	－32	2.40	11.1	78	365	520	ⅡA
68	2-氯丙烷 2-chloropropane	＜－20	2.80	10.7	92	350	590	ⅡA
69	三氟氯乙烯（气体） chlorotrifluoroethylene	－	4.60	64.3	220	3 117	607	ⅡA
70	1-氯-2,2,2-三氟乙基甲基醚 1-chloro-2,2,2-trifluoroethyl methyl ether	4	8.00	－	484	－	430	ⅡA
71	α-氯甲苯 α-chlorotoluene	60	1.20	－	63	－	585	ⅡA
72	煤焦油 石脑油 coal tar naphtha	－	－	－	－	－	272	ⅡA
73	焦炉气 coke oven gas	－	－	－	－	－	－	－
74	混合甲酚 cresols	81	1.10	－	50	－	555	ⅡA
75	巴豆醛,丁烯醛 crotonaldehyde	13	2.10	16.0	62	470	280	ⅡB
76	枯烯,异丙基苯 cumene	31	0.80	6.5	40	328	424	ⅡA
77	环丁烷 cyclobutane	－	1.80	－	42	－	－	ⅡA
78	环庚烷 cycloheptene	＜10	1.10	6.7	44	275	－	ⅡA
79	环己烷 cyclohexene	－18	1.20	8.3	40	290	259	ⅡA
80	环己醇 cyclohexanol	61	1.20	11.1	50	460	300	ⅡA
81	环己酮 cyclohexanone	43	1.00	9.4	42	386	419	ⅡA
82	环己烯 cyclohexene	－17	1.20	－	41	－	244	ⅡA
83	环己胺 cyclohexylamine	32	1.60	9.4	63	372	293	ⅡA
84	1,3-环戊二烯 1,3-cyclopentadiene	－50	－	－	－	－	465	ⅡA
85	环戊烷 cyclopentane	－37	1.40	－	41	－	320	ⅡA
86	环戊烯 cyclopentene	＜－22	1.48	－	41	－	309	ⅡA
87	环丙烷 cyclopropane	－	2.40	10.4	42	183	498	ⅡA
88	环丙基甲酮 cyclopropyl methyl ketone	15	1.70	－	58	－	452	ⅡA
89	对异丙基苯甲烷 p-cymene	47	0.70	6.5	39	366	436	ⅡA
90	2,2,3,3,4,4,5,5,6,6,7,7-十二氟庚基甲基丙烯酸酯 2,2,3,3,4,4,5,5,6,6,7,7-dodecafluoroheptyl methacrylate	49	1.60	－	185	－	390	ⅡA

表 D.1（续）

序号	物质名称	闪点/℃	点燃极限				燃点/℃	分类和级别
			体积浓度/%		质量浓度/(mg/L)			
			下限	上限	下限	上限		
91	反式十氢化萘 Decahydronaphthalene trans	54	0.70	4.9	40	284	288	ⅡA
92	癸烷 decane	46	0.70	5.6	41	433	201	ⅡA
93	二丁醚 dibutyl ether	25	0.90	8.5	48	460	198	ⅡB
94	过氧化二叔丁基 di-tert-butyl peroxide	18	—	—	—	—	170	ⅡB
95	二氯代苯 dichlorobenzenes	66	2.20	9.2	134	564	648	ⅡA
96	3,4-二氯丁烯-1 3,4-dichlorobut-1-ene	31	1.30	7.2	66	368	469	ⅡA
97	1,3-二氯丁烯-2 1,3-dichlorobut-2-ene	27	—	—	—	—	469	ⅡA
98	二氯二乙基硅烷 dichlorodiethyisilane	24	3.40	—	223	—	—	ⅡC
99	1,1-二氯乙烷 1-dichloroethane	−10	5.60	16.0	230	660	440	ⅡA
100	1,2-二氯乙烷 1,2-dichloroethane	13	6.20	16.0	255	654	438	ⅡA
101	二氯乙烯 dichloroethylene	−10	9.70	12.8	391	516	440	ⅡA
102	1,2-二氯丙烷 1,2-dichloropropane	15	3.40	14.5	160	682	557	ⅡA
103	双环戊二烯 dicyclopentadiene	36	0.80	—	43	—	455	ⅡA
104	1,2-二乙氧基乙烷 1,3-diethoxyethane	16	—	—	—	—	170	ⅡB
105	二乙胺 diethylamine	−23	1.70	10.0	50	306	312	ⅡA
106	碳酸二乙酯 diethyl carbonate	24	1.40	11.7	69	570	450	ⅡB
107	乙醚 diethyl ether	−45	1.70	36.0	50	1 118	160	ⅡB
108	草酸二乙酯 diethyl oxalate	76	—	—	—	—	—	ⅡA
109	硫酸二乙酯 diethyl sulphate	104	—	—	—	—	360	ⅡA
110	1,1-二氟乙烯 1,1-difluoroethylene	—	3.90	25.1	102	665	380	ⅡA
111	二己醚 dihexyl ether	75	—	—	—	—	187	ⅡA
112	二异丁基胺 diisobutylamine	26	0.80	3.6	42	190	256	ⅡA
113	二异丁基甲醇 diisobutyl carbinol	75	0.70	6.1	42	370	290	ⅡA
114	二异戊基醚 diisopentyl ether	44	1.27	—	104	—	185	ⅡA
115	二异丙胺 diisopropylamine	−20	1.20	6.3	49	260	285	ⅡA
116	二异丙醚 diisopropyl ether	−28	1.00	21.0	45	900	405	ⅡA
117	二甲胺(气体) dimethylamine	−18	2.80	14.4	53	272	400	ⅡA
118	1,2-二甲氧基乙烷 1,2-dimethoxyethane	−6	1.60	10.4	60	390	197	ⅡB

表 D.1（续）

序号	物质名称	闪点/ ℃	点燃极限 体积浓度/% 下限	点燃极限 体积浓度/% 上限	点燃极限 质量浓度/(mg/L) 下限	点燃极限 质量浓度/(mg/L) 上限	燃点/ ℃	分类和级别
119	二甲氧基甲烷 dimethoxymethane	−21	3.00	16.9	93	535	247	ⅡB
120	2-二甲基氨基乙醇 2-dimethylaminoethanol	39	—	—	—	—	220	ⅡA
121	3-(二甲基氨基)丙腈 3-propiononitrile	50	1.57	—	62	—	317	ⅡA
122	二甲醚（气体） dimethyl ether	−42	2.70	32.0	51	610	240	ⅡB
123	N,N-二甲基甲酰胺 N,N-dimethylformamide	58	1.80	16.0	55	500	440	ⅡA
124	3,4-二甲基己烷 3,4-dimethyl hexane	2	0.80	6.5	38	310	305	ⅡA
125	N,N-二甲基肼 N,N-dimethylhydrazine	−18	2.40	20.0	60	490	240	ⅡB
126	1,4-二甲基哌嗪 1,4-dimethylpiperazine	9	—	—	—	—	199	ⅡA
127	N,N-二甲基-1,3-丙二胺 N,N-dimethylpropane-1,3-diamine	26	1.20	—	50	—	219	ⅡA
128	硫酸二甲酯 dimethyl sulphate	39	—	—	—	—	449	ⅡA
129	1,4-二氧杂环己烷 1,4-dioxane	11	1.90	22.5	74	813	379	ⅡB
130	1,3-二氧戊环 1,3-dioxolane	−5	2.30	30.5	70	935	245	ⅡB
131	二戊烯 dipentene,crude	42	0.75	6.1	43	348	255	ⅡA
132	（二）戊醚 dipentyl ether	57	—	—	—	—	171	—
133	二丙胺 dipropylamine	4	1.60	9.1	66	376	280	ⅡA
134	（二）丙醚 dipropyl ether	<−5	—	—	—	—	215	ⅡB
135	1,2-环氧丙烯 1,2-epoxypropene	−37	1.90	37.0	49	901	430	ⅡB
136	乙烷 ethane	—	2.50	15.5	31	194	515	ⅡA
137	乙硫醇 ethanethiol	<−20	2.80	18.0	73	468	295	ⅡB
138	无水乙醇 ethanol	12	3.10	19.0	59	359	363	ⅡA
139	2-乙氧基乙醇 2-ethoxyethanol	40	1.80	15.7	68	593	235	ⅡB
140	2-(2-乙氧基乙氧基)乙醇 2-ethanol	94	—	—	—	—	190	ⅡA
141	乙酸-2-乙氧基乙酯 2-ethoxyethyl acetate	47	1.20	12.7	65	642	380	ⅡA
142	乙酸乙酯 ethyl acetate	−4	2.20	11.0	81	406	460	ⅡA
143	乙酰乙酸乙酯 ethyl acetoacetate	65	1.00	9.5	54	519	350	ⅡA

表 D.1（续）

序号	物质名称	闪点/℃	点燃极限 体积浓度/% 下限	点燃极限 体积浓度/% 上限	点燃极限 质量浓度/(mg/L) 下限	点燃极限 质量浓度/(mg/L) 上限	燃点/℃	分类和级别
144	丙烯酸乙酯 ethyl acrylate	9	1.40	14.0	59	588	350	ⅡB
145	乙胺 ethylamine	<−20	2.68	14.0	49	260	425	ⅡA
146	乙苯 ethylbenzene	23	1.00	7.8	44	340	431	ⅡA
147	丁酸乙酯 ethyl butyrate	21	1.40	—	66	—	435	—
148	乙基环丁烷 ethylcyclobutane	<−16	1.20	7.7	42	272	212	ⅡA
149	乙基环己烷 ethylcyclohexane	<24	0.90	6.6	42	310	238	ⅡA
150	乙基环戊烷 ethylcyclopentane	<5	1.05	6.8	42	280	262	ⅡA
151	乙烯 ethylene	—	2.30	36.0	26	423	425	ⅡB
152	乙二胺 ethylenediamine	34	2.70	16.5	64	396	403	ⅡA
153	环氧乙烷 ethylene oxide	<−18	2.60	100.0	47	1 848	435	ⅡB
154	甲酸乙酯 ethyl formate	−20	2.70	16.5	87	497	440	ⅡA
155	乙酸-2-乙基己酯 2-ethylhexyl acetate	44	0.75	6.2	53	439	335	ⅡA
156	异丁酸乙酯 ethyl isobutyrate	10	1.60	—	75	—	438	ⅡA
157	甲基丙烯酸乙酯 ethyl methacrylate	20	1.50	—	70	—	—	ⅡA
158	甲乙醚 ethyl methyl ether	—	2.00	10.1	50	255	190	ⅡB
159	亚硝酸乙酯 ethyl nitrite	−35	3.00	50.0	94	1 555	95	ⅡA
160	O-乙基二氯硫代磷酸酯 O-ethyl phosphorodichloridothioate	75	—	—	—	—	234	ⅡA
161	乙基丙基丙烯醛 ethylpropylacrolein	40	—	—	—	—	184	ⅡB
162	甲醛 formaldehyde	—	7.00	73.0	88	920	424	ⅡB
163	甲酸 formic acid	42	10.00	57.0	190	1 049	520	ⅡA
164	糠醛 2-furaldehyde	60	2.10	19.3	85	768	316	ⅡB
165	呋喃 furan	<−20	2.30	14.3	66	408	390	ⅡB
166	糠醇 furfuryl alcohol	61	1.80	16.3	70	670	370	ⅡB
167	1,2,3-三甲苯 1,2,3-trimethylbenzene	51	0.80	7.0	—	—	470	ⅡA
168	庚烷 heptane	−4	1.10	6.7	46	281	215	ⅡA
169	庚醇 heptan-1-ol	60	—	—	—	—	275	ⅡA
170	庚酮-2 heptan-2-one	39	1.10	7.9	52	378	533	ⅡA
171	庚烯-2 hept-2-ene	<0	—	—	—	—	263	ⅡA
172	(正)己烷 hexane	−21	1.00	8.4	35	290	233	ⅡA

表 D.1（续）

序号	物质名称	闪点/℃	点燃极限 体积浓度/% 下限	点燃极限 体积浓度/% 上限	点燃极限 质量浓度/(mg/L) 下限	点燃极限 质量浓度/(mg/L) 上限	燃点/℃	分类和级别
173	1-己醇 1-hexanol	63	1.20	—	51	—	293	ⅡA
174	己酮-2 hexan-2-one	23	1.20	8.0	50	336	533	ⅡA
175	氢气 hydrogen	—	4.00	77.0	3.4	63	560	ⅡC
176	氢氰酸,氰化氢 hydrogen cyanide	<−20	5.40	46.0	60	520	538	ⅡB
177	硫化氢 hydrogen sulfide	—	4.00	45.5	57	650	270	ⅡB
178	4-羟基-4-甲基庚酮-2 4-hydroxy-4-methylpenta-2-one	58	1.80	6.9	88	336	680	ⅡA
179	煤油 Kerosene	38	0.70	5.0	—	—	210	ⅡA
180	1,3,5-三甲苯 1,3,5-trimethylbenzene	44	0.80	7.3	40	365	499	ⅡA
181	聚乙醛 metaldehyde	36	—	—	—	—	—	ⅡA
182	甲基丙烯酰氯 methacryloyl chloride	17	2.50	—	106	—	510	ⅡA
183	沼气 methane	—	4.40	17.0	29	113	537	Ⅰ
184	甲烷 methane	—	4.40	17.0	29	113	537	ⅡA
185	甲醇 methanol	11	5.50	36.0	73	484	386	ⅡA
186	甲硫醇 methanethiol	—	4.10	21.0	80	420	340	ⅡA
187	2-甲氧基乙醇 2-methoxyethanol	39	2.40	20.6	76	650	285	ⅡB
188	乙酸甲酯 methyl acetate	−10	3.20	16.0	99	475	502	ⅡA
189	乙酰乙酸甲酯 methyl acetoacetate	62	1.30	14.2	62	685	280	ⅡB
190	丙烯酸甲酯 methyl acrylate	−3	2.40	25.0	85	903	415	ⅡB
191	甲胺（气体） methylamine	−18	4.20	20.7	55	270	430	ⅡA
192	异戊烷；2-甲基丁烷 2-methylbutane	<−51	1.30	8.0	38	242	420	ⅡA
193	2-甲基丁醇-2 2-methylbutan-2-ol	18	1.40	10.2	50	374	392	ⅡA
194	3-甲基丁醇-1 3-methylbutan-1-ol	42	1.30	10.5	47	385	339	ⅡA
195	2-甲基丁烯-2 2-methylbut-2-ene	−53	1.30	6.6	37	189	290	ⅡA
196	氯甲酸甲酯 methyl chloroformate	10	7.50	26.0	293	1 020	475	ⅡA
197	甲基环丁烷 methylcyclobutane	—	—	—	—	—	—	ⅡA
198	甲基环己烷 methylcyclohexane	−4	1.15	6.7	47	275	258	ⅡA
199	甲基环己醇 methylcyclohexanols	68	—	—	—	—	295	ⅡA
200	甲基环戊二烯 methylcyclopentadienes	<−18	1.30	7.6	43	249	432	ⅡA

表 D.1（续）

序号	物质名称	闪点/℃	点燃极限 体积浓度/% 下限	上限	质量浓度/(mg/L) 下限	上限	燃点/℃	分类和级别
201	甲基环戊烷 methylcyclopentane	<-10	1.00	8.4	35	296	258	ⅡA
202	亚甲基环丁烷 methylenecyclobutane	<0	1.25	8.6	35	239	352	ⅡB
203	4-亚甲基四氢吡喃 4-methylenetetrahydropyran	2	1.50	—	60	—	255	ⅡB
204	2-甲基丁炔 2-methyl-l-buten-3-yne	-54	1.40	—	38	—	272	ⅡB
205	甲酸甲酯 methyl formate	-20	5.00	23.0	125	580	450	ⅡA
206	2-甲基呋喃 2-methylfuran	<-16	1.40	9.7	47	325	318	ⅡA
207	2-甲基-3,5-己二烯醇 2-methylhexa-3,5-dien-2-ol	24	—	—	—	—	347	ⅡA
208	异氰酸甲酯 methylisocyanate	-7	5.30	26.0	123	605	517	ⅡA
209	甲基丙烯酸甲酯 methyl methacrylate	10	1.70	12.5	71	520	430	ⅡA
210	2-甲氧基丙酸甲酯 methyl 2-methoxypropionate	48	1.20	—	58	—	211	ⅡA
211	4-甲基戊醇-2 4-methylpentan-2-ol	37	1.14	5.5	47	235	334	ⅡA
212	4-甲基戊酮-2 4-methylpentan-2-one	16	1.20	8.0	50	336	475	ⅡA
213	2-甲基戊烯醛 2-methylpent-2-enal	30	1.46	—	58	—	206	ⅡB
214	4-甲基-3-戊烯-2-酮 4-methylpent-3-en-2-one	24	1.60	7.2	64	289	306	ⅡA
215	2-甲基丙醇 2-methylpropan-1-ol	28	1.70	9.8	52	305	408	ⅡA
216	2-甲基丙烯（气体） 2-methylprop-l-ene	—	1.60	10.0	37	235	483	ⅡA
217	2-甲基吡啶 2-methylpyridine	27	1.20	—	45	—	533	ⅡA
218	3-甲基吡啶 3-methylpyridine	43	1.40	8.1	53	308	537	ⅡA
219	4-甲基吡啶 4-methylpyridine	43	1.10	7.8	42	296	534	ⅡA
220	α-甲基苯乙烯 α-methyl styrene	40	0.90	6.6	44	330	445	ⅡB
221	甲基叔戊基醚 methyl tert-pentyl ether	<-14	1.50	—	62	—	345	ⅡA
222	2-甲基噻吩 2-methylthiophene	-1	1.30	6.5	52	261	433	ⅡA
223	2-甲基-5-乙烯基吡啶 2-methyl-5-vinylpyridine	61	—	—	—	—	52	ⅡA
224	吗啉 morpholine	31	1.80	15.2	65	550	230	ⅡA
225	石脑油 naphtha	<-18	0.90	6.0	—	—	290	ⅡA
226	萘 naphthalene	77	0.90	5.9	48	317	528	ⅡA

表 D.1（续）

序号	物质名称	闪点/℃	点燃极限 体积浓度/% 下限	点燃极限 体积浓度/% 上限	点燃极限 质量浓度/(mg/L) 下限	点燃极限 质量浓度/(mg/L) 上限	燃点/℃	分类和级别
227	硝基苯 nitrobenzene	88	1.70	40.0	87	2 067	480	ⅡA
228	硝基乙烷 nitroethane	27	3.40	—	107	—	410	ⅡB
229	硝酸甲烷 nitromethane	36	7.30	63.0	187	1 613	415	ⅡA
230	1-硝基丙烷 1-nitropropane	36	2.20	—	82	—	420	ⅡB
231	壬烷 nonane	30	0.70	5.6	37	301	205	ⅡA
232	2,2,3,3,4,4,5-八氟-1,1二甲基庚醇 2,2,3,3,4,4,5-octafluoro-1,1-dimethyl-pentan-1-ol	61	—	—	—	—	465	ⅡA
233	辛醛 octaldehyde	52	—	—	—	—	—	ⅡA
234	辛烷 octane	13	0.80	6.5	38	311	206	ⅡA
235	辛醇 1-octanol	81	0.90	7.4	49	385	270	ⅡA
236	辛烯 octene	—18	1.10	5.9	50	270	264	ⅡA
237	多聚甲醛 paraformaldehyde	70	7.00	73.0	—	—	380	ⅡB
238	1,3-戊二烯 penta-1,3-diene	<—31	1.20	9.4	35	261	361	ⅡA
239	戊烷 pentanes	—40	1.40	7.8	42	236	258	ⅡA
240	2,4-戊二酮 pentane-2,4-dione	34	1.70	—	71	—	340	ⅡA
241	正戊醇 pentan-1-ol	38	1.06	10.5	36	385	298	ⅡA
242	戊醇（混合异构体） pentanols	34	1.20	10.5	44	388	300	ⅡA
243	戊酮-3 pentan-3-one	12	1.60	—	58	—	445	ⅡA
244	乙酸戊酯 pentyl acetate	25	1.00	7.1	55	387	360	ⅡA
245	石油 petroleum	<—20	1.20	8.0	—	—	560	ⅡA
246	苯酚,石炭酸 phenol	75	1.30	9.5	50	370	595	ⅡA
247	苯乙炔 phenylacetylene	41	—	—	—	—	420	ⅡB
248	丙烷（气体） propane	—104	1.70	10.9	31	200	470	ⅡA
249	1-丙醇 propan-1-ol	22	2.20	17.5	55	353	405	ⅡB
250	2-丙醇 propan-2-ol	12	2.00	12.7	50	320	425	ⅡA
251	丙烯 propene	—	2.00	11.0	35	194	455	ⅡA
252	丙酸 propionic acid	52	2.10	12.0	64	370	435	ⅡA
253	丙醛 propionic aldehyde	<—26	2.00	—	47	—	188	ⅡB

表 D.1（续）

序号	物质名称	闪点/℃	点燃极限 体积浓度/% 下限	点燃极限 体积浓度/% 上限	点燃极限 质量浓度/(mg/L) 下限	点燃极限 质量浓度/(mg/L) 上限	燃点/℃	分类和级别
254	乙酸丙酯 propyl acetate	10	1.70	8.0	70	343	430	ⅡA
255	乙酸异丙酯 isopropyl acetate	4	1.80	8.1	75	340	467	ⅡA
256	丙胺 propylamine	−37	2.00	10.4	49	258	318	ⅡA
257	异丙胺 isopropylamine	<−24	2.30	8.6	55	208	340	ⅡA
258	氯乙酸异丙酯 isopropyl chloroacetate	42	1.60	—	89	—	426	ⅡA
259	甲酸异丙酯 isopropyl formate	<−6	—	—	—	—	469	ⅡA
260	2-乙丙基-5-甲基己醛 2-isopropyl-5-methylhex-2-enal	41	3.05	—	192	—	188	ⅡA
261	硝酸异丙酯 isopropyl nitrate	11	2.00	100.0	75	3 738	175	ⅡB
262	丙炔 propyne	—	1.70	16.8	28	280	—	ⅡB
263	丙炔醇 prop-2-yn-1-ol	33	2.40	—	55	—	346	ⅡB
264	吡啶 pyridine	17	1.70	12.0	56	398	550	ⅡA
265	苯乙烯 styrene	30	1.10	8.0	48	350	490	ⅡA
266	2,2,3,3-四氟-1,1-二甲基丙醇 2,2,3,3-tetrafluoro-1,1-dimethylpropan-1-ol	35	—	—	—	—	447	ⅡA
267	四氟乙烯,全氟乙烯 tetrafluoroethylene	—	10.00	59.0	420	2 245	255	ⅡB
268	1,1,2,2-四氟乙氧基苯 1,1,2,2-tetrafluoroethoxybenzene	47	1.60	—	126	—	483	ⅡA
269	2,2,3,3-四氟丙醇 2,2,3,3-tetrafluoropropan-1-ol	43	—	—	—	—	437	ⅡA
270	2,2,3,3-四氟丙基丙烯酸酯 2,2,3,3-tetrafluoropropyl acrylate	45	2.40	—	182	—	357	ⅡA
271	2,2,3,3-四氟丙基甲基丙烯酸酯 2,2,3,3-tetrafluoropropyl methacrylate	46	1.90	—	155	—	389	ⅡA
272	四氢呋喃 tetrahydrofuran	−20	1.50	12.4	46	370	224	ⅡB
273	四氢糠醇,四氢呋喃甲醇 tetrahydrofurfuryl alcohol	70	1.50	9.7	64	416	280	ⅡB
274	四氢噻吩 tetrahydrothiophene	13	1.10	12.3	42	450	200	ⅡA

表 D.1（续）

序号	物质名称	闪点/℃	点燃极限 体积浓度/% 下限	点燃极限 体积浓度/% 上限	点燃极限 质量浓度/(mg/L) 下限	点燃极限 质量浓度/(mg/L) 上限	燃点/℃	分类和级别
275	噻吩 thiophene	-9	1.50	12.5	50	420	395	ⅡA
276	N,N,N,N-四甲基甲二胺 N,N,N,N-tetramethylmethanediamine	<-13	1.61	—	67	—	180	ⅡA
277	甲苯 toluene	4	1.10	7.8	42	300	535	ⅡA
278	1,1,3-三乙氧基丁烷 1,1,3-triethoxybutane	33	0.78	5.8	60	451	165	ⅡA
279	三乙基胺 triethylamine	-7	1.20	8.0	51	339	—	ⅡA
280	1,1,1-三氟乙烷 1,1,1-trifluoroethane	—	6.80	17.6	234	605	714	ⅡA
281	2,2,2-三氟乙醇 2,2,2-trifluoroethanol	30	8.40	28.8	350	1 195	463	ⅡA
282	三氟乙烯 trifluoroethylene	—	15.30	27.0	502	904	319	ⅡA
283	3,3,3-三氟丙烯 3,3,3-trifluoroprop-1-ene	—	4.70	—	184	—	490	ⅡA
284	三甲胺 trimethylamine	—	2.00	12.0	50	297	190	ⅡA
285	4,4,5-三甲基-1,3-二氧杂环己烷 4,4,5-trimethyl-1,3-dioxane	35	—	—	—	—	284	ⅡA
286	2,2,4-三甲基戊烷 2,2,4-trimethylpentane	-12	1.00	6.0	47	284	411	ⅡA
287	2,4,6-三甲基-1,3,5-三氧杂环己烷 2,4,6-trimethyl-1,3,5-trioxane	27	1.30	—	72	—	235	ⅡA
288	1,3,5-三氧杂环己烷 1,3,5-trioxane	45	3.20	29.0	121	1 096	410	ⅡB
289	松节油 turpentine	35	0.80	—	—	—	254	ⅡA
290	异戊醛 isovaleraldehyde	-12	1.70	—	60	—	207	ⅡA
291	乙酸乙烯酯 vinyl acetate	-8	2.60	13.4	93	478	425	ⅡA
292	乙烯基环己烷 vinyl cyclohexenes	15	0.80	—	35	—	257	ⅡA
293	1,1-二氯乙烯 vinylidene chloride	-18	7.30	16.0	294	645	440	ⅡA
294	2-乙烯氧基乙醇 2-vinyloxyethanol	52	—	—	—	—	250	ⅡB
295	2-乙烯基吡啶 2-vinylpyridine	35	1.20	—	51	—	482	ⅡA
296	4-乙烯基吡啶 4-vinylpyeidine	43	1.10	—	47	—	501	ⅡA
297	水煤气 water gas	1.2	—	—	—	—	—	ⅡC

表 D.1（续）

序号	物质名称	闪点/℃	点燃极限 体积浓度/% 下限	点燃极限 体积浓度/% 上限	点燃极限 质量浓度/(mg/L) 下限	点燃极限 质量浓度/(mg/L) 上限	燃点/℃	分类和级别
298	二甲苯 xylenes	30	1.00	7.6	44	335	464	ⅡA
299	二甲苯氨 xylidenes	96	1.00	7.0	50	355	370	—
300	氮杂环丙烯（氮丙环）	−11	3.60	46.0	—	—	—	—
301	二氢吡喃	−16	—	—	—	—	—	—
302	二甲基醚	—	2.00	27.0	—	—	—	—
303	二甲亚砜	95	2.60	28.5	—	—	—	—
304	2,2-二甲基丁烷（新己烷）	−48	1.20	7.0	—	—	—	—
305	三乙胺	−7	1.20	8.0	—	—	—	ⅡA
306	2,2,3-三甲基丁烷	—	1.00	—	—	—	—	—
307	新戊烷（2.2-甲基丙烷）	<−7	1.30	7.5	—	—	—	—
308	乙烯基乙炔	—	2.00	100.0	—	—	—	—
309	氧化丙烯甲基氧丙环	−37	1.90	37.0	—	—	—	—
310	2-戊烯	−18	1.40	8.7	—	—	—	—
311	甲醛二甲醇缩乙醛（二甲氧基甲烷、甲缩醛）	−18	—	—	—	—	—	—
312	甲基环己烷	−4	1.20	—	—	—	—	—

D.2 爆炸性气体、蒸气的点燃危险性（和氧混合）见表 D.2。

表 D.2

序号	物质名称	最小点火电流/mA	分类和级别
7	乙炔	24	ⅡC
27	1,3-丁二烯	65	ⅡB
28	正丁烷	80	ⅡA
52	一氧化碳	90	ⅡB
107	乙醚	75	ⅡB
136	乙烷	70	ⅡA
138	无水乙醇	75	ⅡA
151	乙烯	45	ⅡB

表 D.2（续）

序号	物质名称	最小点火电流/mA	分类和级别
153	环氧乙烷	40	ⅡB
168	庚烷	75	ⅡA
172	(正)己烷	75	ⅡA
175	氢气	21	ⅡC
183	沼气	85	Ⅰ
185	甲醇	70	ⅡA
239	戊烷	73	ⅡA
248	丙烷	70	ⅡA

D.3 各种爆炸性气体的点燃危险性（和氧混合）见表 D.3。

表 D.3

物质名称	爆炸极限体积/%		最小点燃能量/mJ
	下限	上限	
乙炔	2.8	100	0.000 2
乙烷	3.0	66	0.001 9
乙烯	3.0	80	0.000 9
二乙醚	2.0	82	0.001 2
氢	4.0	94	0.001 2
丙烷	2.3	55	0.002 1
甲烷	5.1	61	0.002 7

D.4 爆炸性悬浮粉尘的点燃危险性见表 D.4。

表 D.4

物品名称	爆炸下限浓度/(g/m³)	最小点燃能量/mJ
麻	40	30
己二酸	35	60
乙酰纤维素	35	15
铝	25	10
硫黄	35	15
铀	60	45
乙基纤维素	25	10

表 D.4（续）

物品名称	爆炸下限浓度/(g/m³)	最小点燃能量/mJ
环氧树脂	20	15
树木(枞树)	35	20
可可树	75	10
橡胶(合成硬质)	30	30
橡胶(天然硬质)	25	50
小麦粉	50	50
小麦淀粉	25	20
大米(种皮)	45	40
软木粉	35	35
糖	35	30
对酞酸二甲酯	30	20
马铃薯淀粉	45	20
锆	40	5
煤	35	30
肥皂	45	60
紫胶	20	10
纤维素	45	35
钛	45	10
玉米	45	40
玉米糊精	40	40
玉米淀粉	40	20
钍	75	5
甘油三硬脂酸铝	15	15
尼龙	30	20
肉桂皮	60	30
仲甲醛	40	20
苯酚甲醛	25	15
六次甲基四胺、乌洛托品	15	10
季戊四醇	30	10
聚丙烯酰胺	40	30
聚丙烯腈	25	20
聚氨基甲酸乙酯泡沫	25	15

表 D.4（续）

物品名称	爆炸下限浓度/(g/m³)	最小点燃能量/mJ
聚乙烯	20	10
聚氧化乙烯	30	30
聚乙二醇对苯二甲酸酯	40	35
聚碳酸酯	25	25
聚苯乙烯	15	15
聚丙烯	20	25
聚甲基丙烯酸甲酯	30	20
镁	20	40
木质素	40	20
邻苯二甲酸酐	15	15
棉花	50	25

工业管道的基本识别色、识别符号和安全标识
(GB 7231—2003)

前 言

本标准第 4 章 4.1；第 6 章 6.1、6.2 为强制性的，其余为推荐性的。

本标准是对 GB 7231—1987《工业管路的基本识别色和识别符号》首次进行修订。

本标准是参考德国 DIN 2403—1984《管道按流体介质的标识》和日本 JIS 9102—1987《配管系的识别显示》修订的。

为了便于工业管道内的物质识别，本标准的基本识别色由原来的七种颜色增加到八种颜色，管道内物质的标识方法由原来的二种提高到五种。

本标准的附录 A 是标准的附录。

本标准自实施之日起，代替 GB 7231—1987。

本标准由国家经济贸易委员会安全生产局提出和归口。

本标准负责起草单位：上海市劳动保护科学研究所。

本标准参加起草单位：上海氯碱化工股份有限公司。

本标准主要起草人：沈国定、郑宝琴、吴高兴。

1 范围

本标准规定了工业管道的基本识别色、识别符号和安全标识。

本标准适用于工业生产中非地下埋设的气体和液体的输送管道。

2 引用标准

下列标准所包含的条文，通过在本标准中引用而构成为本标准的条文。本标准出版时，所示版本均为有效。所有标准都会被修订，使用本标准的各方应探讨使用下列标准最新版本的可能性。

GB 2893—1982 安全色

GB 13495—1992 消防安全标志

GB 13690—1992 常用危险化学品的分类及标志

3 定义

本标准采用下列定义。

3.1

识别色 identification colors

用以识别工业管道内物质种类的颜色。

3.2

识别符号 code indications

用以识别工业管道内的物质名称和状态的记号。

3.3

危险标识 danger label

表示工业管道内的物质为危险化学品。

3.4

消防标识 fire label

表示工业管道内的物质专用于灭火。

4 基本识别色

4.1 根据管道内物质的一般性能,分为八类,并相应规定了八种基本识别色和相应的颜色标准编号及色样(见表1)。

4.2 基本识别色标识方法

工业管道的基本识别色标识方法,使用方应从以下五种方法中选择。应用举例见附录A(标准的附录)。

  a) 管道全长上标识;
  b) 在管道上以宽为150 mm的色环标识;
  c) 在管道上以长方形的识别色标牌标识;
  d) 在管道上以带箭头的长方形识别色标牌标识;
  e) 在管道上以系挂的识别色标牌标识。

表 1 八种基本识别色和色样及颜色标准编号

物质种类	基本识别色	色样	颜色标准编号
水	艳绿		G03
水蒸气	大红		R03
空气	淡灰		B03
气体	中黄		Y07
酸或碱	紫		P02
可燃液体	棕		YR05
其他液体	黑		
氧	淡蓝		PB06

4.3 当采用4.2中b)、c)、d)、e)方法时,两个标识之间的最小距离应为10 m。

4.4 4.2中c)、d)、e)的标牌最小尺寸应以能清楚观察识别色来确定。

4.5 当管道采用4.2中b)、c)、d)、e)基本识别色标识方法时,其标识的场所应该包括所有管道的起点、终点、交叉点、转弯处、阀门和穿墙孔两侧等的管道上和其他需要标识的部位。

5 识别符号

工业管道的识别符号由物质名称、流向和主要工艺参数等组成,其标识应符合下列要求:

5.1 物质名称的标识

  a) 物质全称。例如:氮气、硫酸、甲醇。

b) 化学分子式。例如:N_2、H_2SO_4、CH_3OH。

5.2 物质流向的标识

   a) 工业管道内物质的流向用箭头表示[见附录 A 图 A.1 中的 a)图],如果管道内物质的流向是双向的,则以双向箭头表示[见附录 A 图 A.1 中的 b)图]。

   b) 当基本识别色的标识方法采用 4.2 中 d)和 e)时,则标牌的指向就作为表示管道内的物质流向[见附录 A 图 A.1 中的 c)和 d)图],如果管道内物质流向是双向的,则标牌指向应做成双向的[见附录 A 图 A.1 中的 e)图]。

5.3 物质的压力、温度、流速等主要工艺参数的标识,使用方可按需自行确定采用。

5.4 5.1 和 5.3 中的字母、数字的最小字体,以及 5.2 中箭头的最小外形尺寸,应以能清楚观察识别符号来确定。

6 安全标识

6.1 危险标识

   a) 适用范围:管道内的物质,凡属于 GB 13690 所列的危险化学品,其管道应设置危险标识。

   b) 表示方法:在管道上涂 150 mm 宽黄色,在黄色两侧各涂 25 mm 宽黑色的色环或色带(见附录 A),安全色范围应符合 GB 2893 的规定。

   c) 表示场所:基本识别色的标识上或附近。

6.2 消防标识

工业生产中设置的消防专用管道应遵守 GB 13495—1992 的规定,并在管道上标识"消防专用"识别符合。标识部位、最小字体应分别符合 4.5、5.4 的规定。

附 录 A
（标准的附录）
基本识别色和识别符号标识方法应用举例

A.1 基本识别色和流向、压力、温度等标识方法参考图(图 A.1)

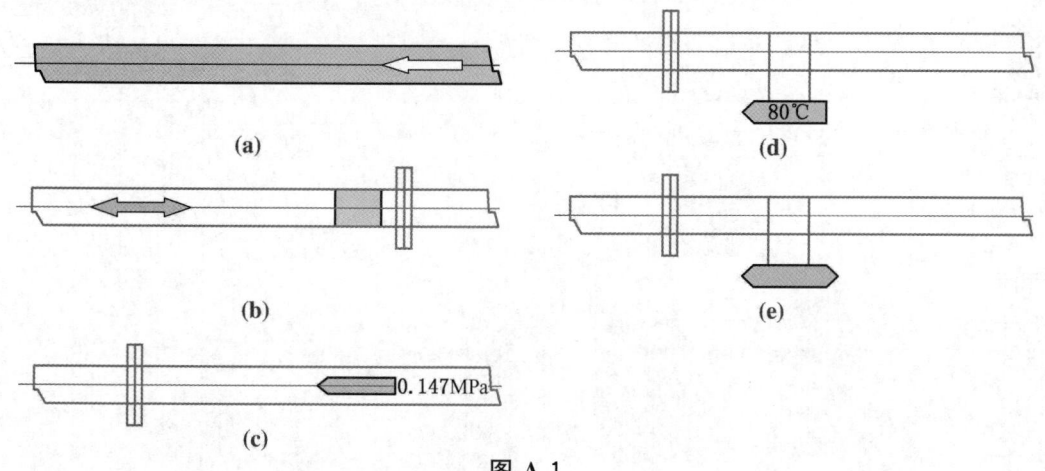

图 A.1

A.2 危险化学品和物质名称标识方法参考图(图 A.2)

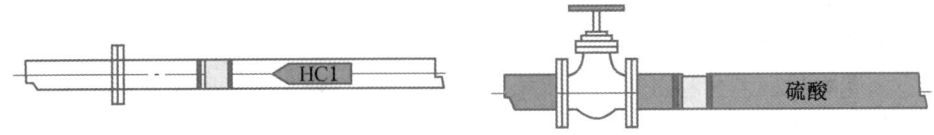

图 A.2

生产设备安全卫生设计总则(GB 5083—1999)

前　　言

　　在生产活动中,某些生产设备因设计缺陷而造成的人员伤害事故以及尘、毒、噪声、辐射等危害是比较严重的。为贯彻落实"中华人民共和国标准化法"和"安全第一,预防为主"的方针,生产设备的设计、制造部门有责任从设计、制造上采取相应安全卫生技术措施,使新设计的生产设备在使用过程中能够满足有关安全卫生的诸项要求。然而,我国各类生产设备的专项安全卫生设计标准尚很少,大多数生产设备的安全卫生设计要求都包含在产品标准中。但是,这些要求难免不尽全面。为满足广大工程技术人员、职业安全卫生监察和环境保护部门乃至生产管理部门的工作需要,从治"本"上入手,尽快改善我国劳动保护和环境保护现状,本标准规定了生产设备安全卫生设计的基本原则、一般要求和特殊要求,以使生产设备设计、制造部门有所遵循。

　　本标准是参照德国国家标准 DIN 31000/VDE 1000—1993《技术设备符合安全要求设计的一般原则》、俄罗斯国家标准 ГОСТ12.2.003—1992《生产设备·安全总则》制订的。在技术内容上与上述标准相一致,在编写规则上按 GB/T 1.1—1993《标准化工作导则　第 1 单元:标准的起草与表述规则　第 1 部分:标准编写的基本规定》执行。

　　在对 GB 5083—1985 进行修订时,原标准框架未做大变动,但删除了不属于技术内容而只属于政令方面的条款,以及在实施过程中证明难以实现的内容。对原标准中某些技术内容现已形成专项国家标准的条款,改为引用标准形式给出。同时,增加了一些新的技术内容。

　　本标准从生效之日起,同时代替 GB 5083—1985。

　　本标准由中华人民共和国国家经贸委安全生产局提出。

　　本标准由辽宁省安全科学研究院归口。

　　本标准起草单位:辽宁省安全科学研究院。

　　本标准主要起草人:樊锡瑛、汤大纲。

1　范围

　　本标准规定了各类生产设备安全卫生设计的基本原则、一般要求和特殊要求。

　　本标准适用于除空中、水上交通工具,水上设施,电气设备以及核能设备之外的各类生产设备。

　　本标准是各类生产设备安全卫生设计的基础标准。制订各类生产设备安全卫生设计的专用标准,应符合本标准的规定,并使其具体化。

2　引用标准

　　下列标准所包含的条文,通过在本标准中引用而构成为本标准的条文。本标准出版时,所示版本均为有效。所有标准都会被修订,使用本标准的各方应探讨使用下列标准最新版本的可能性。

GB 2893—1982 安全色
GB 2894—1996 安全标志
GB 4053.1—1993 固定式钢直梯安全技术条件
GB 4053.2—1993 固定式钢斜梯安全技术条件
GB 4053.3—1993 固定式工业防护栏杆安全技术条件
GB 4053.4—1983 固定式工业钢平台
GB/T 6527.2—1986 安全色使用导则
GB 10434—1989 作业场所局部振动卫生标准
GB 12265—1990 机械防护安全距离
GB/T 14774—1993 工作座椅一般人类工效学要求
GB/T 14775—1993 操纵器一般人类工效学要求
GB 15052—1994 起重机械危险部位与标志
GB 50034—1992 工业企业照明设计标准
GBJ 87—85 工业企业噪声控制设计规范

3 定义

本标准采用下列定义:

3.1
生产设备 production facilities

生产过程中,为生产、加工、制造、检验、运输、安装、贮存、维修产品而使用的各种机器、设施、装置和器具。

3.2
安全卫生防护装置 safety and health guard device

配置在生产设备上,起保障人员、生产过程和设备安全卫生作用的附属物件或设施。

4 基本原则

4.1 生产设备及其零部件,必须有足够的强度、刚度、稳定性和可靠性。在按规定条件制造、运输、贮存、安装和使用时,不得对人员造成危险。

4.2 生产设备在正常生产和使用过程中,不应向工作场所和大气排放超过国家标准规定的有害物质,不应产生超过国家标准规定的噪声、振动、辐射和其他污染。对可能产生的有害因素,必须在设计上采取有效措施加以防护。

4.3 设计生产设备,应体现人类工效学原则,最大限度地减轻生产设备对操作者造成的体力、脑力消耗以及心理紧张状况。

4.4 设计生产设备,应通过下列途径保证其安全卫生:
    a) 选择最佳设计方案并进行安全卫生评价;
    b) 对可能产生的危险因素和有害因素采取有效防护措施;
    c) 在运输、贮存、安装、使用和维修等技术文件中写明安全卫生要求。

4.5 设计生产设备,当安全卫生技术措施与经济效益发生矛盾时,应优先考虑安全卫生技

术上的要求,并应按下列等级顺序选择安全卫生技术措施:
- a) 直接安全卫生技术措施——生产设备本身应具有本质安全卫生性能,即保证设备即使在异常情况下,也不会出现任何危险和产生有害作用;
- b) 间接安全卫生技术措施——若直接安全卫生技术措施不能实现或不能完全实现时,则必须在生产设备总体设计阶段,设计出其效果与主体先进性相当的安全卫生防护装置。安全卫生防护装置的设计、制造任务不应留给用户去承担。
- c) 提示性安全卫生技术措施——若直接和间接安全卫生技术措施不能实现或不能完全实现时,则应以说明书或在设备上设置标志等适当方式说明安全使用生产设备的条件。

4.6 生产设备在规定的整个使用期限内,均应满足安全卫生要求。对于可能影响安全操作、控制的零部件、装置等应规定符合产品标准要求的可靠性指标。

5 一般要求

5.1 适应性

在规定使用期限内,生产设备应满足使用环境要求,特别是满足防腐蚀、耐磨损、抗疲劳、抗老化和抵御失效的要求。

5.2 材料

5.2.1 用于制造生产设备的材料,在规定使用期限内必须能承受在规定使用条件下可能出现的各种物理的、化学的和生物的作用。

5.2.2 在正常使用环境下,对人有危害的材料不宜用来制造生产设备。若必须使用时,则应采取可靠的安全卫生技术措施以保障人员的安全和健康。

5.2.3 生产设备及其零部件的安全使用期限,应小于其材料在使用条件下的老化或疲劳期限。

5.2.4 易被腐蚀或空蚀的生产设备及其零部件应选用耐腐蚀或耐空蚀材料制造,并应采取防蚀措施。同时,应规定检查和更换周期。

5.2.5 禁止使用能与工作介质发生反应而造成危害(爆炸或生成有害物质等)的材料。

5.2.6 处理可燃气体、易燃和可燃液体的设备,其基础和本体应使用非燃烧材料制造。

5.3 稳定性

5.3.1 生产设备不应在振动、风载或其他可预见的外载荷作用下倾覆或产生允许范围外的运动。

5.3.2 生产设备若通过形体设计和自身的质量分布不能满足或不能完全满足稳定性要求时,则必须采取某种安全技术措施,以保证其具有可靠的稳定性。

5.3.3 对有司机驾驶或操纵并有可能发生倾覆的可行驶生产设备,其稳定系数必须大于1并应设计倾覆保护装置。

5.3.4 若所要求的稳定性必须在安装或使用地点采取特别措施或确定的使用方法才能达到时,则应在生产设备上标出,并在使用说明书中详细说明。

5.3.5 对有抗地震要求的生产设备,应在设计上采取特殊抗震安全卫生措施,并在说明书中明确指出该设备所能达到的抗地震烈度能力及有关要求。

5.4 表面、角和棱

在不影响使用功能的情况下,生产设备可被人员接触到的部分及其零部件应设计成不带易伤人的锐角、利棱、凹凸不平的表面和较突出的部位。

5.5 操纵器、信号和显示器

5.5.1 操纵器

设计、选用和配置操纵器应与人体操作部位的特性(特别是功能特性)以及控制任务相适应,除应符合 GB/T 14775 规定外,还应满足以下要求:

——生产设备关键部位的操纵器,一般应设电气或机械联锁装置;
——对可能出现误动作或被误操作的操纵器,应采取必要的保护措施。

5.5.2 信号和显示器

设计、选用和配置信号与显示器,应适应人的感觉特性并满足以下要求:

a) 信号和显示器应在安全、清晰、迅速的原则下,根据工艺流程、重要程度和使用频繁程度,配置在人员易看到和易听到的范围内。信号和显示器的性能、形式和数量,应与信息特性相适应。当其数量较多时,应根据其功能和显示的种类分区排列。区与区之间要有明显界限;

b) 信号和显示器应清晰易辨、准确无误并应消除眩光、频闪效应,与操作者的距离、角度应适宜;

c) 当多种视觉信号和显示器放在一起时,与背景间及相互间的颜色、亮度和对比度应适宜;

d) 生产设备上易发生故障或危险性较大的区域,应配置声、光或声、光组合的报警装置。事故信号,宜能显示故障的位置和种类。危险信号,应具有足够强度并与其他信号有明显区别,其强度应明显高于生产设备使用现场其他声、光信号的强度。

5.6 控制系统

5.6.1 控制和调节装置

5.6.1.1 控制装置应保证,当动力源发生异常(偶然或人为地切断或变化)时,也不会造成危险。必要时,控制装置应能自动切换到备用动力源和备用设备系统。

5.6.1.2 自动或半自动控制系统应设有必要的保护装置,以防止控制指令紊乱。同时,在每台设备上还应辅以能单独操纵的手动控制装置。

5.6.1.3 对复杂的生产设备和重要的安全系统,应配置自动监控装置。

5.6.1.4 重要生产设备的控制装置应安装在使操作人员能看到整个设备动作的位置上。对于某些在起动设备时看不见全貌的生产设备,应配置开车预警信号装置。预警信号装置应有足够的报警时间。

5.6.1.5 控制系统应保证,即使系统发生故障或损坏时也不致造成危害。系统内关键的元器件、控制阀等均应符合可靠性指标要求。

5.6.1.6 控制装置和作为安全技术措施的离合器、制动装置和联锁装置,应具有良好的可靠性并符合其产品标准规定的可靠性指标要求。

5.6.1.7 调节装置应采用自动联锁装置,以防止误操作和自动调节、自动操纵线(管)路等的误通断。

5.6.2 紧急开关

5.6.2.1 若存在下列情况的可能性之一时,生产设备则必须配置紧急开关:
——发生事故或出现设备功能紊乱时,不能迅速通过停车开关来终止危险的运行;
——不能通过一个开关迅速中断若干个能造成危险的运动单元;
——由于切断某个单元会导致其他危险;
——在操纵台处不能看到所控制的全貌。

5.6.2.2 紧急开关必须有足够的数量,应在所有控制点和给料点都能迅速而无危险地触及到。紧急开关的形状应有别于一般开关,其颜色应为红色或有鲜明的红色标记。

5.6.2.3 生产设备由紧急开关停车后,其残余能量可能引起危险时,必须设有与之联动的减缓运行或防逆转装置。必要时,应设有能迅速制动的安全装置。

5.6.3 意外起动的预防

5.6.3.1 对于在调整、检查、维修时需要察看危险区域或人体局部(手或臂)需要伸进危险区域的生产设备,设计上必须采取防止意外起动措施:
——在对危险区域进行防护(例如机械式防护)的同时,还应能强制切断设备的起动控制和动力源系统;
——在总开关柜上设有多把锁,只有开启全部锁时才能合闸;
——控制或联锁元件应直接位于危险区域,并只能由此处起动或停车;
——用可拔出的开关钥匙;
——设备上具有多种操纵和运转方式的选择器,应能锁闭在按预定的操作方式所选择的位置上。选择器的每一位置,仅能与一种操纵方式或运转方式相对应。
——使设备势能处于最小值。

5.6.3.2 生产设备因意外起动可能危及人身安全时,必须配置起强制作用的安全防护装置。必要时,应配置两种以上互为联锁的安全装置,以防止意外起动。

5.6.3.3 当动力源因故偶然切断后又重新自动接通时,控制装置应能避免生产设备产生危险运转。

5.7 工作位置

生产设备上供人员作业的工作位置应安全可靠。其工作空间应保证操作人员的头、臂、手、腿、足在正常作业中有充分的活动余地。危险作业点应留有足够的退避空间。

操作位置高度在距地面 20 m 以上的生产设备,宜配置安全可靠的载人升降附属设备。

5.7.1 操作姿势

生产设备上的操作位置,宜能保证操作者交替采用坐姿和立姿。通常宜优先设计坐姿。

5.7.2 座位

生产设备上设置的座位应适合人体需要和功能的发挥。必要时,座位应能适当进行高度、角度和水平调节。

座位结构、尺寸应符合人类工效学原则并应满足工作需要和不易疲劳的要求。只要空间尺寸允许,座位必须设有保护人体腰椎的腰靠。设计时,可按 GB/T 14774 执行。

供司机操作用的座位,应保证司机承受的振动降到合理的最低程度。座位的固定应使其能承受住所有的,特别是倾覆时所承受的负荷。

5.7.3 操纵室

5.7.3.1 操纵室必须保证人员操作的安全、方便和舒适。同时宜保证操作者在座位上能直接控制全部操作部位及操作件并使其具有良好的视野。

5.7.3.2 操纵室应采用防火材料制造,其门窗透光部分应采用透明易清洗的安全材料制造,并应保证操作者在操纵室内就能擦拭。必要时,应在门窗透光部分上配置擦拭装置。

5.7.3.3 操纵室应具有防御外界有害作用(如噪声、振动、粉尘、毒物、热辐射和落物等)的良好性能。当操纵室工作环境温度低于－5 ℃或高于35 ℃时,应配置空调装置或安全的采暖、降温装置。

5.7.3.4 操纵室应保证操作人员在事故状态下能安全撤出。对有可能发生倾覆的可行驶生产设备,除应设置保护操纵室的安全支撑外,还应设置能从里面打开的紧急安全出口。

5.7.4 防滑和防高处坠落

设计操作位置,必须充分考虑人员脚踏和站立的安全性。

a) 若操作人员经常变换工作位置,则必须在生产设备上配置安全走板。安全走板的宽度应不小于500 mm;

b) 若操作人员进行操作、维护、调节的工作位置在坠落基准面2 m以上时,则必须在生产设备上配置供站立的平台和防坠落的护栏、护板或安全圈等。设计梯子、钢平台和防护栏杆,按GB 4053.1、GB 4053.2、GB 4053.3、GB 4053.4执行。

c) 生产设备应具有良好的防渗漏性能。对有可能产生渗漏的生产设备,应有适宜的收集和排放装置,必要时,应设有特殊防滑地板。

5.8 照明

5.8.1 生产设备必须保证操作点和操作区域有足够的照度,但要避免各种频闪效应和眩光现象。对可移动式设备,其灯光设计按有关专业标准执行。其他设备,照明设计按GB 50034执行。

5.8.2 生产设备内部需要经常观察的部位,应备有照明装置或符合安全电压要求的电源插座。

5.9 吊装和搬运

5.9.1 能够用手工进行搬运的生产设备,必须设计成易于搬运或在其上设有能进行安全搬运的部位或部件(如把手)。

5.9.2 因重量、尺寸、外形等因素限制而不能用手工进行搬运的生产设备,应在外形设计上采取措施,使之适应于一般起吊装置吊装或在其上设计出供起吊的部位或部件(如起吊孔、起吊环等)。设计吊装位置,必须保证吊装平稳并能避免发生倾覆或塑性变形。

5.10 检查和维修

5.10.1 设计生产设备,必须考虑检查和维修的安全性、方便性。必要时,应随设备配备专用检查、维修工具或装置。

5.10.2 需要进行检查和维修的部位,必须能处于安全状态。需要定期更换的部件,必须保证其装配和拆卸没有危险。

5.10.3 需进入内部检查、维修的生产设备,特别是缺氧和含有毒介质的设备,必须设有明显的提示操作人员采用安全措施的标志。

5.10.4 在检查、维修时,对断开动力源之后仍有可能存在残余能量的生产设备,设计上必须保证其能量可被安全释放或消除。

5.10.5 动力源切断后再重新接通时会对检查、维修人员构成危险的生产设备,必须设有止动联锁控制装置。

6 特殊要求

6.1 可动零部件

6.1.1 人员易触及的可动零部件,应尽可能封闭或隔离。

6.1.2 对操作人员在设备运行时可能触及的可动零部件,必须配置必要的安全防护装置。

6.1.3 对运行过程中可能超过极限位置的生产设备或零部件,应配置可靠的限位装置。

6.1.4 若可动零部件(含其载荷)所具有的动能或势能可能引起危险时,则必须配置限速、防坠落或防逆转装置。

6.1.5 设计安全防护装置,应满足下列要求:
——使操作者触及不到运转中的可动零部件。其防护距离应符合 GB 12265 的要求;
——在操作者接近可动零部件并有可能发生危险的紧急情况下,设备应不能起动或能立即自动停机、制动;
——避免在安全防护装置和可动零部件之间产生接触危险;
——安全防护装置应便于调节、检查和维修,并不得成为危险源;
——安全防护装置应符合产品标准规定的可靠性指标要求。

6.1.6 以操作人员的操作位置所在平面为基准,凡高度在 2 m 之内的所有传动带、转轴、传动链、联轴节、带轮、齿轮、飞轮、链轮、电锯等外露危险零部件及危险部位,都必须设置安全防护装置。

6.2 高速旋转与易飞出物

6.2.1 高速旋转零部件必须配置具有足够强度、刚度和合适形状、尺寸的防护罩,必要时,应在设计中规定此类零部件的检查周期和更换标准。

6.2.2 生产设备运行过程中或突然中断动力源时,若运动部位的紧固联接件或被加工物料等有松脱或飞甩的可能性,则应在设计中采取防松脱措施,配置防护罩或防护网等安全防护装置。

6.3 过冷与过热

若生产设备的灼热或过冷部位可能造成危险,则必须配置防接触屏蔽。

6.4 防火与防爆

6.4.1 生产、使用、贮存和运输易燃易爆物质和可燃物质的生产设备,应根据其燃点、闪点、爆炸极限等不同性质采取相应预防措施:
——实行密闭;
——严禁跑、冒、滴、漏;
——配置监测报警、防爆泄压装置及消防安全设施;
——避免摩擦撞击;
——消除接近燃点、闪点的高温因素;
——消除电火花和静电积聚;
——设置惰性气体(氮气、二氧化碳、水蒸气等)置换及保护系统;
——在输送可燃气体管道和放空管道上设置水封、阻火器等安全装置;

——进行抗震设计等。

6.4.2 爆炸和火灾危险场所使用的电气设备,必须符合相应的防爆等级并按有关标准执行。

爆炸和火灾危险场所使用的仪器、仪表必须具有与之配套使用的电气设备相应的防爆等级。

6.4.3 因物料爆聚、分解反应造成超温、超压可能引起火灾、爆炸危险的生产设备,应设置报警信号系统、自动和手动紧急泄压排放装置。

6.4.4 对有突然超压或瞬间分解爆炸危险物料的生产设备,应装设爆破板等安全设施。

6.5 液压和气压

使用压力介质的生产设备,必须保证充填、应用、回收和清除过程的安全,特别是:

——应能避免排出带压液体或气体造成危险;

——隔离能源装置必须可靠;

——高压管道的固定必须可靠,应能承受住预定的内、外载荷。

6.6 噪声和振动

能产生噪声和振动的各类生产设备,都必须在产品标准中明确规定噪声、振动指标限值,并在设计中采取有效防治措施。对固有强噪声、强振动设备,宜设置隔离或遥控装置。

生产设备噪声、振动的限值指标应符合 GB J87 和 GB 10434 的规定。

6.7 粉尘和毒物

6.7.1 凡工艺过程中能产生粉尘、有害气体和其他毒物的生产设备,应尽量采用自动加料、自动卸料和密闭装置,并必须设置吸收、净化、排放装置或能与净化、排放系统联接的接口,以保证工作场所和排放的有害物浓度符合国家标准规定。

6.7.2 对于有毒、有害物质的密闭系统,应避免跑、冒、滴、漏。必要时,应配置监测、报警装置。对生产过程中尘、毒危害严重的生产设备,必须设计、安装可靠的事故处理装置及应急防护设施。

6.8 放(辐)射

凡能产生放(辐)射的生产设备,必须采取有效的屏蔽措施,并应尽量采用远距离操作或自动化作业。同时,应设有监测、报警和联锁装置。

6.9 激光

设计生产设备上配置的激光装置必须达到如下要求:

——能阻止无意发射;

——有效屏蔽。屏蔽应能防止应用发射、反射或散射及二次辐射对人员造成伤害;

——用于观察和调节激光装置的光学仪器必须安全可靠,并不得成为激光辐射危险源。

6.10 雷击

在使用过程中有可能遭受雷击的生产设备,必须采取适当的防护措施,以使雷击时产生的电荷被安全、迅速导入大地。

7 其他

7.1 生产设备易发生危险的部位必须有安全标志。安全标志的图形、符号、文字、颜色等均必须符合 GB 2893、GB 2894、GB 6527.2、GB 15052 等标准规定。

7.2 在生产设备使用说明书中除含有必要的技术内容外,还必须包括搬运、贮存、安装、调试、操作、维修、保养该生产设备的专项安全卫生要求内容。

生产过程安全卫生要求总则(GB/T 12801—2008)

前言

本标准代替 GB 12801—1991《生产过程安全卫生要求总则》。

本标准与 GB 12801—1991 相比主要变化如下：

——由强制性标准改为推荐性标准；

——更新并补充了部分引用文件；

——更新并补充了部分术语和定义；

——修改了基本要求、控制生产过程安全卫生影响因素的一般要求、安全卫生防护技术措施、安全卫生管理措施中的部分条款。

本标准由国家安全生产监督管理总局提出。

本标准由全国安全生产标准化技术委员会归口。

本标准起草单位：辽宁省安全科学研究院、上海市安全生产科学研究所、中国石油锦西石化分公司、本溪钢铁(集团)公司。

本标准主要起草人：王新、高成凤、隋旭、王立群、孙明伟、陈兵、夏昕、陈守海、陈兴坤。

本标准 1991 年 4 月 26 日首次发布，2008 年第一次修订。

1 范围

本标准规定了生产过程安全卫生的基本要求、控制生产过程安全卫生影响因素的一般要求、安全卫生防护技术措施；安全卫生管理措施。

本标准适用于企业生产过程的规划、设计、组织和实施；建立企业生产过程安全、卫生标准体系和编写生产过程安全、卫生要求的标准、规范等；也适用于对企业生产过程中的安全、卫生状况，安全、卫生技术措施与管理措施的考核和监察。

农业、林业、矿山、电力、建筑、交通运输等生产过程的安全、卫生要求，应结合生产特点制定。

本标准中的卫生，系指生产过程中的卫生工程技术和组织管理。

2 规范性引用文件

下列文件中的条款通过本标准的引用而成为本标准的条款。凡是注日期的引用文件，其随后所有的修改单(不包括勘误的内容)或修订版均不适用于本标准，然而，鼓励根据本标准达成协议的各方研究是否可使用这些文件的最新版本。凡是不注日期的引用文件，其最新版本适用本标准。

GB 2893　安全色

GB 2894　安全标志及其使用导则

GB 4387　工业企业厂内铁路、道路运输安全规程

GB 5044　职业性接触毒物危害程度分级

GB 5083　生产设备安全卫生设计总则
GB 5749　生活饮用水卫生标准
GB 8702　电磁辐射防护规定
GB 11651　劳动防护用品选用规则
GB 50201　防洪标准

3 术语和定义

下列术语和定义适用于本标准。

3.1
生产过程　production process
一般指从劳动对象进入生产领域到制成产品的全部过程。
本标准中的生产过程包含安全作业和施工的过程。

3.2
生产物料　production materials
生产需要的原料、材料、燃料、辅料和半成品。

3.3
剩余物料　waste materials
生产过程中的余料和生产过程产生的废品、废料,包括气态、液态和固态物质。

3.4
生产装置　production equipments
生产需要的设备、设施、工机具、仪器仪表等各种劳动资料。

3.5
危险因素　hazardous factors
能对人造成伤亡或对物造成突发性损坏的因素。

3.6
有害因素　harmful factors
能影响人的身体健康,导致疾病,或对物造成慢性损坏的因素。

3.7
有害物质　harmful substances
化学的、物理的、生物的等能危害职工健康的所有物质的总称。

4 基本要求

4.1 凡对人员的安全健康可能造成危害,对财产可能造成损失的生产过程,都应制定相关的安全、卫生标准。

4.2 生产过程安全、卫生标准中,应对下列诸因素明确规定具体要求:
   a) 生产过程中的危险和有害因素;
   b) 厂址、矿区、施工作业区的选择及其平面布置;
   c) 工艺、作业和施工过程的设计、组织和实施;
   d) 生产厂房和作业场地上的建(构)筑物;

e) 生产物料；
f) 生产装置；
g) 设备、设施、管线、电缆的配置和作业区的规划和组织；
h) 生产物料、产品、剩余物料的储存和运输；
i) 生产辅助设施和公用工程；
j) 人员选择；
k) 防护技术措施；
l) 管理措施；
m) 重大危险源的管理；
n) 应急救援体系；
o) 其他。

4.3 根据危险和有害源特点及可能的影响范围，明确规定相应的安全、卫生防护距离和防护带。

5 控制生产过程安全卫生影响因素的一般要求

5.1 阐明危险和有害因素

在规划、设计、组织和实施生产时，应首先阐明以下内容：

a) 生产过程中存在或可能产生的危险和有害因素的类别、数量和性质，危害的途径和后果；
b) 可能产生危险和有害作用的过程、设备、场所和物料；
c) 危险和有害因素的危害程度或浓度，以及国家有关法规和标准规定的指标。

5.2 厂址、矿区、施工作业区的选择及其平面布置

5.2.1 选址的原则

a) 选址时，除应考虑其经济性和技术合理性外，还应按国家标准和有关规定同时选定生活区、水源以及有害废气、废水、废渣的排放点。
b) 生活饮用水的水质，应符合 GB 5749 的有关要求。
c) 产生危害较大的气体、烟雾、粉尘、噪声、振动、电磁辐射等的工业企业选址时，应遵守国家标准和有关规定。
d) 厂址应位于不受洪水、潮水或内涝威胁的地带；当不可避免时，应具有可靠的防洪、排涝措施。凡位于受江、河、湖、海洪水、潮水或山洪威胁地带的工业企业，其防洪标准应符合 GB 50201 的有关要求。
e) 下列地段和地区不得选为厂址：发震断层和设防烈度高于九度的地震区；有泥石流、滑坡、流沙、溶洞等直接危害的地段；采矿陷落（错动）区界限内；爆破危险范围内；坝或堤决溃后可能淹没的地区；重要的供水水源卫生保护区；国家规定的风景区及森林和自然保护区；历史文物古迹保护区；对飞机起落、电台通讯、电视转播、雷达导航和重要的天文、气象、地震观察以及军事设施等规定有影响的范围内；Ⅳ级自重湿陷性黄土、厚度大的新近堆积黄土、高压缩性的饱和黄土和Ⅲ级膨胀土等工程地质恶劣地区；存在放射源危害的地段；具有开采价值的矿藏区。
f) 根据企业物流、人流状况，确定厂区出入口、交通运输通道和人行道及其安全设

施,公路、路网铁路不得通过厂区。
g) 厂区设计最低标高应符合有关规定。

5.2.2 平面布置的原则

a) 总平面布置,应结合当地气象条件,使建筑物具有良好的朝向、采光和自然通风条件。高温、热加工、有特殊要求和人员较多的建筑物,应避免西晒;
b) 具有或能产生危险和有害因素的生产装置和场所,应根据生产特点,在保证从业人员和公众安全、卫生的原则下合理布置;
c) 消防站、急救站等公用设施,应布置在便于服务、指挥和使用的地点;
d) 新建、改建和扩建厂矿企业时,厂房(装置、作业场地、设备设施)之间的防火距离、消防通道、消防给水及有关设施均应符合有关标准的规定;
e) 具有或能产生危险和有害因素源的车间、装置和设备设施与控制室、变配电室、仓库、办公室、休息室、试验室等公用设施的距离应符合防火、防爆、防尘、防毒、防振、防辐射、防触电和防噪声等的规定;
f) 电离辐射装置宜布置在厂区内人流少的区域,与人行道和人员密集场所之间的距离应符合有关规定;
g) 建筑物之间的距离应符合通风、采光和防火规定;
h) 厂(场)内运输网应根据生产流程,结合进出厂(场)物品的特征、运输量、装卸方式合理布局,并满足防火、防爆、防振、防尘、防毒和防触电等安全、卫生要求,保证消防车、急救车顺利通往可能出现事故的地点;
i) 利用水路运输时,选定的船坞和码头的位置,应保证当水情、气象变化时的作业安全;
j) 应根据生产性质、地下设施和环境要求,规划绿地面积和绿化带。

5.3 工艺、作业和施工过程的设计、组织和实施

5.3.1 设计、组织和实施的原则

a) 应防止工作人员直接接触具有或能产生危险和有害因素的设备、设施、生产物料、产品和剩余物料;
b) 应优先采用没有危害或危害较小的新工艺、新技术、新设备、新材料;
c) 对具有危险和有害因素的生产过程应合理地采用机械化、自动化和计算机技术,实现遥控或隔离操作;
d) 对产生危险和有害因素的过程,应配置监控检测仪器、仪表,必要时配置自动联锁、自动报警装置;
e) 及时排除或处理具有危险和有害因素的剩余物料;
f) 危险性较大的生产装置或系统,应设置能保证人员安全、设备紧急停止运行的安全监控系统;
g) 对产生尘毒危害较大的工艺、作业和施工过程,应采取密闭、负压等综合措施;
h) 对易燃、易爆的工艺、作业和施工过程,应采取防火防爆措施;
i) 排放的有害废气、废液和废渣,应符合国家标准和有关规定;
j) 其他。

5.3.2 对工艺、作业和施工过程的控制、检测系统的要求

a) 对事故后果严重的生产过程,应按冗余原则,设计备用装置或备用系统,并能保证在出现危险时能自动转换到备用装置或备用系统;

b) 各种仪器、仪表、监测记录装置等,应选用合理,灵敏可靠,易于识别。

5.3.3 工艺、作业和施工文件中,应按 5.1 的要求,阐明危险和有害因素的概况及相应的预防和处置措施,以及操作和作业时的注意事项。

5.4 生产厂房和作业场地上的建(构)筑物

5.4.1 生产厂房、仓库和各种构筑物的结构强度、耐火等级、抗震设防烈度、通风、采光、照明等,均应按其使用特点和地区环境条件符合有关标准规定,应有抗震、防水、防漏、防风、防雪等措施。

5.4.2 建(构)筑物的通风换气条件,应保证作业环境空气中的危险和有害物质浓度不超过国家卫生标准和防爆规定。

5.4.3 生产过程中产生的振动、高温、高压、低温、腐蚀等因素,如对建(构)筑物造成影响时,应采取相应的防范措施。

5.4.4 生产、处理、储存有 GB 5044 中规定的极度和高度危害毒物的厂房和仓库,其墙壁、顶棚和地面均应光滑,便于清扫,必要时加设保护层及专门的清洗设施。

5.4.5 具有爆炸危险场所的建(构)筑物的结构形式以及选用的建筑材料,应符合防火、防爆要求。

5.4.6 危险性作业场所,应设置安全通道;应设应急照明、安全标志和疏散指示标志;门窗应向外开启;通道和出口应保持畅通;出入口的设置应符合有关规定。

5.4.7 根据建(构)筑物的防雷类别,按有关标准规定设置防雷电设施,并定期检测。

5.5 生产物料

5.5.1 应优先选用无毒和低毒的生产物料。若使用给人员带来危险和有害作用的生产物料时,则应采取相应的防护措施,并制定使用、处理、储存和运输的安全、卫生标准。

5.5.2 对不易搬运的物料,应设置或采用便于吊装及搬运的装置或设施。

5.5.3 生产过程中废弃物的处置应符合有关安全卫生规定。

5.6 生产装置

5.6.1 应尽量选用自动化程度高的设备。危险性较大的、重要的关键性生产设备,应由具备有效资质的单位进行设计、制造和检验。

5.6.2 使用的各种设备,应符合 GB 5083 的有关规定。

5.6.3 锅炉、压力容器及起重机械等特种设备的设计、制造、安装、维修和检验,应按《特种设备安全监察条例》进行,并应符合国家标准和有关规定。

5.6.4 用于具有火灾和爆炸危险场所的电气设备,应根据场所的危险等级和使用条件,按有关规定选型、安装和维护。

5.6.5 设备本身应具备必要的防护、净化、减振、消音、保险、联锁、信号、监测等可靠的安全、卫生装置。对有突然超压或瞬间爆炸危险的设备,还应设置符合标准要求的泄压、防爆等安全装置。

5.7 设备、设施、管线、电缆配置和作业区的组织

5.7.1 配置设备、设施、管线、电缆和组织作业区的基本要求

a) 在生产厂房和作业场地上配置的生产设备、设施、管线、电缆以及堆放的生产物

料、产品和剩余物料,不应对人员、生产和运输造成危险和有害影响;

b) 各设备之间,管线之间,以及设备、管线与厂房、建(构)筑物的墙壁之间的距离,均应符合有关设计和建筑规范要求;

c) 在设备、设施、管线上需要人员操作、检查和维修,并有发生高处坠落危险的部位,应配置扶梯、平台、围栏和系挂装置等附属设施。

5.7.2 设备布置的原则

a) 便于操作和维护;

b) 发生火灾或出现紧急情况时,便于人员撤离;

c) 尽量避免生产装置之间危害因素的相互影响,减小对人员的综合作用;

d) 布置具有潜在危险的设备时,应根据有关规定进行分散和隔离,并设置必要的提示、标志和警告信号;

e) 对振动、爆炸敏感的设备,应进行隔离或设置屏蔽、防护墙、减振设施等;

f) 设备的噪声超过有关标准规定时,应予以隔离;

g) 加热设备及反应釜等的作业孔、操纵器、观察孔等应有防护设施;作业区的热辐射强度不应超过有关规定。

5.7.3 管线配置的原则

a) 各种管线的配置,应符合有关标准、规范要求;

b) 配置的管线,不应对人员造成危险,管线和管线系统的附件、控制装置等设施,应便于操作、检查和维修;

c) 具有危险和有害因素的液体、气体管线,不得穿过与其无关的生产车间、仓库等区域,其地下管线上不得修建建(构)筑物;

d) 管线系统的支撑和隔热应安全可靠,对热胀冷缩产生的应力和位移,应有预防措施;

e) 根据管线内输送介质的特性,管线上应按有关规定设置相应的排气、泄压、稳压、缓冲、阻火、放液、接地等安全装置。

5.7.4 电缆配置的原则

配置电缆应符合有关标准和规定要求。

5.7.5 作业区组织的原则

a) 作业区的布置应保证人员有足够的安全活动空间。设备、工机具、辅助设施的布置,生产物料、产品和剩余物料的堆放,人行道、车行道的布置和间隔距离,都不应妨碍人员工作和造成危害;

b) 作业区的生产物料、产品、半成品的堆放,应用黄色或白色标记在地面上标出存放范围,或设置支架、平台存放,保证人员安全,通道畅通;

c) 坐姿作业,应根据人员的生理特征和人机工程学要求配置操作台、座椅、脚踏板,以及存放生产物料、产品或工具的架、盘等;

d) 高处作业区堆放生产物料和工具,应严格控制数量,布置合理,保证人员便于作业和不发生人、物坠落;

e) 坑道等狭窄作业区,产品、设备和工具的布置,除保证人员便于作业外,还应留出安全通道;

  f) 根据作业需要,配置符合标准规定的照明设备。

5.8 生产物料、产品、剩余物料的储存和运输

5.8.1 储存的基本要求

5.8.1.1 原则

  a) 采用能排除或减小危险和有害因素的储存方法;
  b) 使用能保证安全、卫生的储存装置和设施;
  c) 装卸工作机械化和自动化。

5.8.1.2 要求

  a) 应保证储存物品的平稳、安全。应标明物品名称、牌号、存入日期和其他注意事项;
  b) 危险化学品应储存在专门的仓库中,并应有符合规定的包装,包装上应附有危险化学品安全标签;
  c) 储存物品的地点、仓库、场院应严禁烟火,并配置符合规定的照明和消防器材;
  d) 存放物品的货架、容器等,应具有相应的强度、刚度、耐腐蚀性能;
  e) 应根据危险化学品的性质,采取隔离、隔开、分离的储存方式;
  f) 储存化学物品,应按其特性要求存放,并设置相应的支架或箱柜,配备必要的器皿、工具和工作人员的防护用品;
  g) 各类危险化学品不得与禁忌物料混合储存;
  h) 成垛堆放生产物料、产品和剩余物料时,垛高、垛距应符合规定,垛的基础要牢固,不得产生下沉、歪斜或倾塌,垛之间的距离应便于机械化装卸和作业;
  i) 储存易燃易爆物品的场所,应备有相应的消器材和通讯报警装置;
  j) 储存危险、剧毒和放射性物品,应严格执行有关规定;
  k) 储存可燃性液体、可燃及助燃气体、液化烃的储罐,应有足够的安全距离,设置必要的消防设施、防护堤(防火堤)、防雷装置、监控仪表等防护设施。

5.8.2 运输的基本要求

5.8.2.1 原则

  a) 采用能排除危险和有害因素的运输方法;
  b) 选用具备安全、卫生条件的运输工具;
  c) 使运输、装卸工作机械化和自动化。

5.8.2.2 要求

  a) 生产使用的危险和有害的液态、气态和粉状物料,应尽量采用不受该物料侵蚀的管道输送。采用容器输送时,应符合有关规定,确保安全;
  b) 运送重量较大的生产物料、产品和剩余物料时,应采用机械吊装输送,并掌握车辆,道路环境等情况,以确保输送安全;
  c) 输送危险化学品时,应符合配装规定,专车专用,并有明显标志;
  d) 对输送管线、设备和工具应定期进行维护、保养和检修;
  e) 装卸、运输方法应符合 GB 4387 和有关标准要求,或根据作业特点和环境条件,编写专门的装卸、运输作业安全规程。

5.9 人员选择

5.9.1 对人员的基本要求

a) 凡参加生产的各类人员,均需进行职业适应性选择,其心理、生理条件应满足工作性质要求;

b) 从事接触职业病危害作业的人员应当按照国务院卫生行政部门的规定进行上岗前、在岗期间和离岗时的职业健康检查,其健康状况应符合工作性质要求。

5.9.2 对人员的技能要求

a) 参加生产的各类人员,应掌握本专业及本岗位的生产技能,并经安全、卫生知识培训和考核,合格后方可上岗工作;

b) 了解或掌握生产过程中可能存在和产生的危险和有害因素,并能根据其危害性质、途径和程度(后果)采取防范措施;

c) 了解本岗位的工作内容以及与相关作业的关系,掌握完成工作的方法和措施;

d) 掌握消防知识和消防器材的使用及维护方法;

e) 掌握个体防护用品的使用和维护方法;

f) 掌握应急处理和紧急救护的方法;

g) 特种作业人员应按照国家有关规定经专门的安全作业培训,取得特种作业操作资格证书,方可上岗作业。

6 安全卫生防护技术措施

6.1 基本要求

a) 能预防生产过程中产生的危险和有害因素;

b) 能处置危险和有害物,并降低到国家规定的限值内;

c) 能从作业区排除危险和有害因素;

d) 能预防生产装置失灵或操作失误时产生的危险和有害因素;

e) 发生意外事故时,能为遇险人员提供自救条件。

6.2 防护用品

6.2.1 企业应当按照 GB 11651 和国家颁发的劳动防护用品配备标准以及有关规定,为从业人员配备劳动防护用品。

6.2.2 企业为从业人员提供的劳动防护用品,应符合国家标准或行业标准,不得超过使用期限。

6.2.3 企业应当督促、教育从业人员正确佩戴和使用劳动防护用品。

6.2.4 从业人员在作业过程中,应按照安全生产规章制度和劳动防护用品使用规则,正确佩戴和使用劳动防护用品;未按规定佩戴和使用劳动防护用品的,不得上岗作业。

6.2.5 企业应当建立健全劳动防护用品的采购、验收、保管、发放、使用、报废等管理制度。

6.3 防火防爆

6.3.1 具有火灾爆炸危险的生产过程,应综合考虑防火防爆措施和报警系统,合理选择和配备消防设施。

6.3.2 有可燃性气体和粉尘的作业场所,应采取避免产生火花的措施;应有良好的通风系统,通风空气不应循环使用。

6.3.3 下列具有火灾爆炸危险的工艺装置、设备和管道,必要时应根据介质特点设置惰性气体和蒸气等置换和保护设施：
   a) 易燃固体物质的粉碎、研磨、筛分、混合以及粉状物的输送；
   b) 可燃气体混合物的生产和处理过程；
   c) 输送易燃液体；
   d) 具有火灾爆炸危险的装置，设备的停车检修处理。

6.3.4 电缆应按有关规定采取阻火措施。

6.3.5 在易于产生静电的场所，根据生产工艺要求、作业环境特点和物料的性质应采取相应的消除静电措施。对下列设备管线应作接地处理：
   a) 生产、储存、装卸和输送液化石油气、可燃气体、易燃液体的设备和管道；
   b) 用空气干燥、掺合、输送可燃的粉状塑料、树脂及其他易产生静电集聚的物料的厂房、设备和管道；
   c) 在绝缘管线上配置的金属件等；
   d) 其他。

6.3.6 重要的控制室、计算机房、技术档案室、配电间、贵重设备和仪器室等，应备有火灾自动报警装置，必要时设置自动灭火系统。

6.4 防尘防毒防窒息

6.4.1 生产过程中散发的尘、毒应严加控制，以减少对人体和生产设施造成的危害。生产车间和作业环境空气中的有毒有害物质的浓度，不得超过国家标准或有关规定。

6.4.2 对毒物泄漏可能造成重大事故的设备，应有应急防护措施。

6.4.3 对生产中难以避免的生产性粉尘，应采取有效的防护、除尘、净化等措施和监测装置。

6.4.4 对生产中难以避免的生产性毒物，应加强监测，采取有效的通风、净化和个体防护措施：
   a) 加强对设备、设施、管线和电缆的检查、维修，防止跑、冒、滴、漏；
   b) 进入有毒物的容器和通风不良的作业区进行作业前，应先进行处理，经采样分析合格后，方可进入。同时，应有监护和必要的应急防护措施；
   c) 对尘、毒环境中的作业人员，应严格执行休息、就餐、洗漱及污染衣物的洗涤管理制度。

6.4.5 进入受限空间作业前，应针对作业内容，对受限空间进行危害识别和风险评估，制定相应的作业程序及安全措施。

6.5 防辐射

6.5.1 电离辐射装置的设计、建造，应符合有关标准和规范的规定。

6.5.2 凡从事具有电离辐射的作业或作业环境中存在电离辐射影响时，应按有关规定进行防护。

6.5.3 对封闭性放射源外照射的防护，应根据剂量强度、照射时间以及与照射源的距离，采取有效的防护措施。

6.5.4 对内照射的防护，应制定必要的规章制度，采用生产过程密封化、自动化或远距离操作。

6.5.5 对操作和使用放射线、放射性同位素仪器和设备的人员，应按有关规定进行防护。

6.5.6 放射源库、放射性物料及废料堆放处理场所,应有安全防护措施,并应设有明显的标志、警示牌和禁区范围。

6.5.7 使用激光的作业环境,禁止使用产生镜面反射的材料,光通路应设置密封式防护罩。

6.5.8 高频、微波、激光、紫外线、红外线等非电离辐射作业,除合理选择作业点外,应按危害因素的不同性质,采取屏蔽辐射源、加强个体防护等相应的防护措施。

6.5.9 凡从事具有电磁辐射的作业或作业环境中存在电磁辐射影响时,应按 GB 8702 等有关规定进行防护。

6.6 防作业环境气象异常

6.6.1 除工艺、作业、施工过程的特殊需要外,应防止气温、气压、气湿、气流对人员的不良作用。

6.6.2 根据生产特点,采取相应措施,保证车间和作业环境的气象条件符合防寒、防暑、防湿的要求。

6.6.3 根据寒暑季节和生产特点,对室外、野外作业,采取防寒保暖、防雨、防风、防雷电、防湿和防暑降温措施,并设置休息场所。

6.7 防噪声

6.7.1 具有生产性噪声的车间应尽量远离其他非噪声作业车间、行政区和生活区。

6.7.2 噪声较大的设备应尽量将噪声源与操作人员隔开;工艺允许远距离控制的,可设置隔声操作(控制)室。

6.7.3 工作场所操作人员每天连续接触噪声 8 h,噪声声级卫生限值为 85 dB(A)。对于操作人员每天接触噪声不足 8 h 的场合,可根据实际接触噪声的时间,按接触时间减半,噪声声级卫生限值增加 3 dB(A)的原则,确定其噪声声级限值,但最高限值不得超过 115 dB(A)。工作地点噪声声级的卫生限值应遵守表 1 的要求:

表 1 工作地点噪声级的卫生限值

日接触噪声时间/h	卫生限值/[dB(A)]
8	85
4	88
2	91
1	94
1/2	97
1/4	100
1/8	103
最高不得超过 115 dB(A)	

6.8 安全标志和报警信号

6.8.1 凡容易发生事故的地方,应按 GB 2894 的要求设置安全标志,或在建(构)筑物及设备上按 GB 2893 的要求涂安全色。

6.8.2 在易发生事故和人员不易观察到的地方、场所和装置,应设置声、光或声光结合的事故报警信号。

6.8.3 生产场所、作业点的紧急通道和出入口,应设置醒目的标志。
6.8.4 设备和管线应按有关标准的规定涂识别色、识别符号和安全标识。
6.9 其他防护技术措施

7 安全卫生管理措施

7.1 基本要求
企业应实施以保证生产过程安全、卫生为目标的现代化管理。发现、分析和消除生产过程中的各种危险和有害因素;制定相应的安全、卫生标准和必要的规章制度;建立应急救援体系;对各类人员进行安全、卫生知识的培训、教育,防止发生事故和职业病,避免各种损失。

7.2 安全、卫生管理机构
7.2.1 按国家有关规定,建立健全安全、卫生专职管理机构和管理网,配备专职和兼职管理人员。
7.2.2 各级安全、卫生管理机构,按国家及有关部门规定的职能和职责,检查、监督和贯彻国家、部门下达的指令和规定,制定必要的规章制度,实行全面、系统的标准化管理。

7.3 安全、卫生管理制度
企业应根据本标准和国家有关规定制定如下安全、卫生管理制度:
a) 安全、卫生目标管理制度;
b) 安全生产责任制;
c) 岗位安全操作规程;
d) 重大危险源管理制度;
e) 特种设备及特种作业人员管理制度;
f) 危险化学品管理制度;
g) 易燃易爆场所、重点部位管理制度;
h) 安全、卫生技术措施实施计划;
i) 安全投入实施计划;
j) 事故调查、分析、报告、处理制度;
k) 安全、卫生培训、教育制度;
l) 安全评价、职业病危害评价制度;
m) 事故应急救援预案;
n) 相关方管理制度;
o) 安全设施管理制度;
p) 职业卫生管理制度;
q) 其他安全、卫生管理制度。

7.4 其他安全、卫生管理措施

2. 作 业 安 全

座板式单人吊具悬吊作业安全技术规范
(GB 23525—2009)

前 言

本标准全部技术内容为强制性。

本标准附录 A 为资料性附录。

本标准由国家安全生产监督管理总局提出。

本标准由全国安全生产标准化技术委员会(SAC/TC 288)归口。

本标准起草单位：北京市劳动保护科学研究所、中国蓝星(集团)总公司、北京市质量技术监督局、北京市劳保所科技发展有限责任公司、江苏申锡建筑机械有限公司、上海新民劳防用品有限公司、天津南华劳保皮件有限公司、乐清市华东安全防护器材厂、昆明市高层建筑清洗公司、北京市金誉喜劳保用品有限公司、北京洁龙保洁清洗责任公司、泰州市明辉高空安全设备有限公司、深圳市清洁卫生协会。

本标准主要起草人：刘宇、赵留根、高哲宇、肖义庆、宋国建、吴杰、喻惠业。

1 范围

本标准规定了座板式单人吊具的设计原则、技术要求、测试方法、安全规程及悬吊作业安全管理等要求。

本标准适用于使用座板式单人吊具对建筑物清洗、粉饰、养护悬吊作业。

本标准不适用于高处安装和吊运作业。

2 规范性引用文件

下列文件中的条款通过本标准的引用而成为本标准的条款。凡是注日期的引用文件，其随后所有的修改单(不包括勘误的内容)或修订版均不适用于本标准，然而，鼓励根据本标准达成协议的各方研究是否可使用这些文件的最新版本。凡是不注日期的引用文件，其最新版本适用于本标准。

GB 2811 安全帽

GB 3608—2008 高处作业分级

GB 6095 安全带

GB/T 6096—2009 安全带测试方法

GB 14866 个人用眼护具技术要求

3 术语与定义

下列术语和定义适用于本标准。

3.1

座板式单人吊具 personal board-type sling equipment

个体使用的具有防坠落功能、沿建筑物立面自上而下移动的无动力载人作业用具。

注：由挂点装置、悬吊下降系统和坠落保护系统组成。

3.2

挂点装置 anchor device

固定工作绳或柔性导轨的装置。

注：有屋面固定架、固定（屋面、地面）栓固点、锚固点、配重物、配重水袋等型式。

3.3

悬吊下降系统 suspend decline system

通过手控下降器沿工作绳将座板下移或固定在任意高度进行作业的工作系统。

注：由工作绳、下降器、连接器、座板装置组成。

3.3.1

工作绳 suspend rope

固定在挂点装置上，沿作业面敷设，下降器安装其上，工作时承担人体及携带物重量的长绳。

3.3.2

下降器 descender

安装在工作绳上、以工作载重量为动力、通过手控下降的装置。

注：有棒式、多板式、八字环式等多种型式，见附录A。

3.3.3

连接器 connector

将系统内零部件连接在一起、具有常闭活门的环类零件。亦称为"安全钩"。

3.3.4

座板装置 board device

承载作业人员的装置。

注：由吊带、衬带、拦腰带和座板组成。

3.3.5

吊带 suspend belt

将座板悬吊在下降器上的带。

3.3.6

衬带 lining belt

为防止磨损，衬在吊带与座板底面之间的带。

3.3.7

拦腰带 protect belt

为防止作业人员从座板滑脱，在两吊带之间安装的横带。

3.4

坠落保护系统 fall protection system

发生坠落时保护作业人员安全的系统。

注：由柔性导轨、自锁器、安全短绳、坠落悬挂安全带组成。

3.4.1
柔性导轨 anchor line
固定在挂点装置上，沿作业面敷设，带自锁器，发生坠落时承担人体冲击力的长绳。亦称"生命绳"。

3.4.2
自锁器 guided type fall arrester
可重复使用，具有导向和自锁功能的器具。沿柔性导轨，随作业人员位置的改变而调节移动，发生坠落时，能立即自动锁定在柔性导轨上。

3.4.3
坠落悬挂安全带 fall arrest system
当高处作业或登高人员发生坠落时，将作业人员悬挂在空中的安全带。

3.4.4
安全短绳 lanyard
连接自锁器与坠落悬挂安全带的绳，具有吸收冲击能量的作用。

3.5
工作载重量 working weight
工作绳或柔性导轨上承担的人体及携带物的质量。不包括工作绳或柔性导轨本身的质量。

3.6
总载重量 total weight
挂点装置上承担的人体、携带物、工作绳和柔性导轨的总质量。

4 设计原则

4.1 挂点装置

4.1.1 座板式单人吊具的总载重量不应大于 165 kg。

4.1.2 挂点装置静负荷承载能力不应小于总载重量的 2 倍。

4.1.3 屋面钢筋混凝土结构的静负荷承载能力大于总载重量的 2 倍时，允许将屋面钢筋混凝土结构作为挂点装置的固定栓固点。在栓固前应按建筑资料核实静负荷承载能力，无建筑资料的应由经过专业培训的，有 5 年以上高空作业经验的项目负责人检查通过后签字确认。

4.1.4 利用屋面钢筋混凝土结构作为挂点装置时，固定栓固点应为封闭型结构，防止工作绳、柔性导轨从栓固点脱出。

4.1.5 严禁利用屋面砖混砌筑结构、烟囱、通气孔、避雷线等结构作为挂点装置。

4.1.6 无女儿墙的屋面不准采用配重物型式作为挂点装置。

4.1.7 每个挂点装置只供一人使用。

4.1.8 工作绳与柔性导轨不准使用同一挂点装置。

4.2 悬吊下降系统

4.2.1 悬吊下降系统工作载重量不应大于 100 kg。

4.2.2 当作业人员发生坠落悬挂时，悬吊下降系统的所有部件应保证与作业人员分离。

4.2.3 工作绳、柔性导轨、安全短绳应同时配套使用。

4.3 坠落保护系统

4.3.1 每个作业人员应单独配置坠落保护系统。

4.3.2 自锁器在发生坠落锁止后,应借助人工明确动作才能打开。

4.3.3 柔性导轨、安全短绳经过一次坠落冲击后应报废,严禁重复使用。

5 技术要求

5.1 一般要求

5.1.1 座板上表面应具有防滑功能,无裂痕、糟朽。并应进行防水处理。

5.1.2 金属件表面应光洁,无裂纹、麻点及能够损伤绳索的缺陷,并应进行防锈处理。

5.1.3 屋面固定架的表面应进行防腐处理。所有焊缝外观应连续、平整,无气孔、夹渣等缺陷。

5.2 结构要求

5.2.1 座板上应有挂清洗工具的装置。

5.2.2 吊带应为一根整带。

5.2.3 工作绳、柔性导轨、安全短绳不应有接头。

5.2.4 工作绳、柔性导轨和安全短绳不应使用丙纶纤维材料制作。

5.2.5 工作绳、柔性导轨和安全短绳应采用插接或压接的环眼。插接时每股绳应插接4道花,尾端整理成锥形。

5.2.6 工作绳、柔性导轨和安全短绳的环眼内应装有塑料或金属支架。

5.2.7 下降器、金属圆环、半圆环不应焊接。金件边缘应加工成R4以上的光滑弧形。

5.2.8 工作绳、柔性导轨的制造商应在其产品上标明有效使用期及使用条件。

5.2.9 工作绳、柔性导轨的使用者应按产品上标明的有效使用期及使用条件使用,超过使用期应报废。

5.2.10 工作绳、柔性导轨出现下列情况之一时,应立即报废:
— 被切割、断股、严重擦伤、绳股松散或局部破损;
— 表面纤维严重磨损、局部绳径变细,或任一绳股磨损达原绳股三分之一;
— 内部绳股间出现破断,有残存碎纤维或纤维颗粒;
— 发霉变质,酸碱烧伤,热熔化或烧焦;
— 表面过多点状疏松、腐蚀;
— 插接处破损、绳股拉出;
— 编织绳的外皮磨破。

5.3 尺寸要求

5.3.1 座板要求:
— 长度:600 mm±20 mm;
— 宽度:170 mm±10 mm;
— 厚度介于15 mm~20 mm;
— 开孔间距450 mm±20 mm;
— 开孔长度90 mm±5 mm;

——开孔宽度 25 mm±3 mm。

5.3.2 吊带要求：
——整体长度 1 600 mm±50 mm；
——宽度 50 mm±2 mm。

5.3.3 衬带要求：
——长度 600 mm±20 mm；
——宽度 80 mm±3 mm。

5.3.4 安全短绳

安全短绳长度为 600_{-10}^{0} mm。

5.4 整体静态力学性能

5.4.1 悬吊下降系统按 6.4.1 规定的方法测试，应满足下列要求：
——工作绳不应断裂；
——吊带不应撕裂、开线；
——金属件不应碎裂、变形；
——连接器不应自动开启；
——下降器在手控操作时应能顺利下滑；
——下降器在非手控时，应有处于悬停状态的控制方法。

5.4.2 坠落保护系统按 6.4.2 规定的方法测试，应满足下列要求：
——整体静拉力不应低于 15 kN；
——坠落悬挂安全带不应出现撕裂、开线、模拟人滑脱，不得有任何部件压迫人的喉部或外生殖器，腋下或大腿内侧不应有金属件；
——金属件不应碎裂、变形；
——连接器不应自动开启。

5.5 整体动态力学性能

坠落保护系统按 6.5 规定的方法测试，应满足下列要求：
——冲击作用力峰值不应大于 6 kN；
——坠落悬挂安全带不应出现撕裂、开线，不得有任何部件压迫人的喉部或外生殖器，人的腋下或大腿内侧不应有金属件；
——金属件不应碎裂，变形；
——连接器不应自动开启；
——坠落停止,安全短绳与安全带连接点应保持在后背或后腰,不应滑到腋下或腰两侧；
——自锁器在柔性导轨上的运动锁止距离不应大于 0.5 m。

5.6 零部件静态力学性能

5.6.1 零部件测试负荷见表 1。按 6.6.1、6.6.2、6.6.3 规定的方法测试，零部件在表内的测试负荷下保持 3 min,应不发生破坏。

5.6.2 座板按 6.6.4 规定的方法测试，应无裂纹或损坏。

5.6.3 自锁器按 6.7 规定的方法每年至少进行一次周期性锁止测试。应能正常锁止,解锁后应能在柔性导轨上顺畅滑动,正常工作。

表 1 零部件测试负荷表

零部件名称	测试负荷/kN
工作绳、柔性导轨、安全短绳	22
下降器、自锁器、连接器、圆环(半圆环)、吊带	15
衬带	8

5.6.4 坠落悬挂安全带按 6.8 规定的方法测试,应符合 GB 6095 的要求。

5.7 屋面固定架

5.7.1 承载结构应为塑性金属材料。按 6.9 规定的方法测试,依据材料的屈服点计算,其安全系数不应小于 2。

5.7.2 按 6.10 规定的方法测试,抗倾覆力矩与倾覆力矩之比不应小于 2。

5.7.3 屋面固定架整机自重(不含配重)应小于 70 kg。其中最大构件质量应小于 20 kg。

5.7.4 配重应有固定锁紧装置。

5.7.5 应有出厂合格证,并配有指导安装和使用的产品说明书。

5.7.6 主要构件锈蚀、磨损深度达到原构件厚度 10% 时,应报废。

5.7.7 主要构件产生永久变形后,不得修复应报废。

5.7.8 整体失稳后,不得修复应报废。

6 测试方法

6.1 外观

目视、感官检查。

6.2 结构

目视、感官检查。

6.3 尺寸

6.3.1 测量量具

使用钢直尺或钢卷尺,精确到 1 mm。

6.3.2 测量方法

将所测部件自然平放在工作台上,用 6.3.1 要求的量具测量。

6.4 整体静态负荷测试

6.4.1 悬吊下降系统整体静态负荷与下降器功能测试

6.4.1.1 悬吊下降系统整体静态负荷与下降器功能测试示例见图 1。

6.4.1.2 测试装置

——测试架:顶部有安装工作绳的刚性挂点装置。

——砂包:

质量 100 kg±2 kg;

外型尺寸:长 940 mm、横截面周长 850 mm;

填充物:沙土和锯末的均匀混合物。

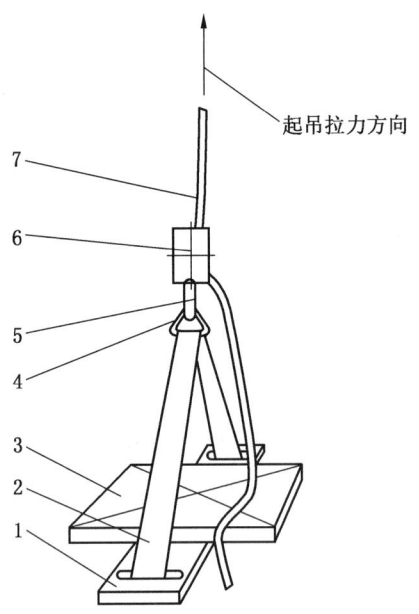

1——座板；
2——吊带；
3——砂包；
4——半圆环；
5——连接器；
6——下降器；
7——工作绳。

图 1 悬吊下降系统整体静态负荷与下降器功能测试示意图

6.4.1.3 测试步骤

步骤1：将工作绳安装在测试架顶部的挂点装置上；

步骤2：将砂包放置在座板装置上；

步骤3：将下降器和座板装置按作业状态安装在工作绳上；

步骤4：用100 mm/min±5 mm/min的速度提升工作绳，使座板装置离开地面，至下降器达到测试人员胸部时停止，静置5 min；

步骤5：观察悬吊下降系统情况；

步骤6：按照下降器的操作方法使下降器向下运动200 mm，静置5 min；

步骤7：观察下降器的运动情况，卸载。

6.4.2 坠落保护系统整体静态负荷测试按GB/T 6096—2009中4.7规定的方法进行。

6.5 整体动态负荷测试

坠落保护系统整体动态负荷测试按GB/T 6096—2009中4.8规定的方法进行。

6.6 零部件静态负荷测试

6.6.1 工作绳、柔性导轨和安全短绳按GB/T 6096—2009中4.3规定的方法进行测试。

6.6.2 吊带、衬带按 GB/T 6096—2009 中 4.3 规定的方法进行测试。

6.6.3 金属件(包含自锁器、下降器)按 GB/T 6096—2009 中 4.9 规定的方法进行测试。

6.6.4 座板强度测试方法

6.6.4.1 测试装置:量程小于 50 kN,精度 1 级的压力试验机。测试安装方法见图 2。

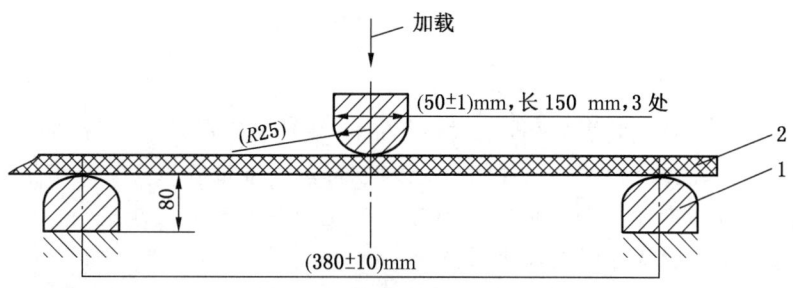

1——加载头;
2——座板。

图 2 座板强度测试安装方法示意图

6.6.4.2 测试步骤

步骤 1:将座板按图 2 所示方法安装在压力试验机上;

步骤 2:用 1 kN/min 的速度均匀加压至 4400 N,持续 1 min;

步骤 3:观察座板情况,卸载。

6.7 自锁器周期性锁止测试

按制造商的说明将柔性导轨固定,装好自锁器,在安全短绳另一端系上 5 kg±0.1 kg 的测试块,提升测试块至自锁器能够自由滑动,释放测试块,观察自锁器情况。

6.8 坠落悬挂安全带按 GB/T 6096—2009 规定的方法进行测试。

6.9 屋面固定架应力测试

本条款以屋面固定架型式为例,进行应力测试,其他型式可参照本例进行测试。

6.9.1 测试步骤

将固定架安装于平整场地,在固定架吊点加载总载重量。加载稳定后,测量危险断面处的应力,记录应力值。重复测量三次。取三次应力值的平均值为最终测量结果。根据最终测量结果和塑性金属材料屈服点计算安全系数。

6.9.2 数据处理

固定架的安全系数应按式(1)计算:

$$S = \sigma/(\sigma_j \cdot f_1 \cdot f_2) \quad\quad\quad\quad\quad (1)$$

式中:

S ——固定架的安全系数;

σ ——塑性金属材料屈服点,单位为兆帕(MPa);

σ_j ——固定架危险断面处的应力平均值,单位为兆帕(MPa);

f_1 ——应力集中系数,$f_1 \geqslant 1.10$;

f_2 ——动载荷系数,$f_2 \geqslant 1.25$。

6.10 屋面固定架抗倾覆性测试

本条款以屋面固定架型式为例,进行抗倾覆性测试,其他型式可参照本例进行测试。

测试步骤:将固定架安装于平整场地,在固定架吊点加载2倍的总载重量,静置10 min。固定架应保持平衡。后支点不得离地。

7 安全规程

7.1 安全检查

7.1.1 安装前应检查挂点装置、座板装置、绳、带的零部件是否齐全,连接部位是否灵活可靠,有无磨损、锈蚀、裂纹等情况,发现问题应及时处理,不准带故障安装或作业。

7.1.2 安装应由经过专业培训合格的人员按产品说明书的安装要求进行。安装完毕应经安全员检查通过签字确认方可投入使用。

7.1.3 每次作业前应检查的项目见表2。检查应有记录,每项检查应由检查责任人签字确认。

表2 安全检查项目表

检查项目	内容
建筑物支承处	能否支承吊具的全部重量
工作绳、柔性导轨、安全短绳	是否有腐蚀、磨损断股现象
屋面固定架	配重和销钉是否完整牢固
自锁器	动作是否灵活可靠
坠落悬挂安全带	是否损伤
挂点装置	是否牢固可靠,承载能力是否符合要求,绳结应为死结,绳扣不能自动脱出
建筑物的凸缘或转角处的衬垫	是否垫好;在作业过程中随时检查衬垫是否脱离绳索
劳动保护用品	是否穿戴

7.2 使用要求

7.2.1 悬吊作业时屋面应有经过专业培训的安全员监护。

7.2.2 悬吊作业区域下方应设警戒区,其宽度应符合GB 3608—2008附录A中可能坠落范围半径R的要求,在醒目处设警示标志并有专人监控。悬吊作业时警戒区内不得有人、车辆和堆积物。

7.2.3 悬吊作业前应制定发生事故时的应急和救援预案。

7.2.4 工作绳、柔性导轨应注意预防磨损,在建筑物的凸缘或转角处应垫有防止绳索损伤的衬垫,或采用马架。

7.2.5 作业人员应按先系好安全带,再将自锁器按标记箭头向上安装在柔性导轨上,扣好保险,最后上座板装置。检查无误后方可悬吊作业。

7.2.6 工具应带连接绳,避免作业时失手脱落。悬吊作业时严禁作业人员间传递工具或物品。

7.2.7 作业时应佩戴符合 GB 2811 要求的安全帽。

7.2.8 根据作业需要穿用符合要求的抗油拒水清洗作业服。

7.2.9 根据作业需要佩戴符合 GB 14866 要求的眼护具或面罩。

7.2.10 作业时穿用的清洗作业靴,靴底应有防滑功能,靴面应抗油拒水,耐酸碱腐蚀。

7.2.11 根据作业需要佩戴防护手套。

7.2.12 在垂放绳索时,作业人员应系好安全带。绳索应先在挂点装置上固定,然后顺序缓慢下放,严禁整体抛下。

7.2.13 无安全措施时,严禁在女儿墙上作任何活动。

7.2.14 停工期间应将工作绳、柔性导轨下端固定好,防止行人或大风等因素造成人员伤害及财产损失。

7.2.15 每天作业结束后应将悬吊下降系统、坠落防护系统收起,整理好。

7.2.16 工作绳、柔性导轨应放在干燥通风处,并应盘整好悬吊保存,不准堆积踩压。

7.2.17 严禁将已报废的工作绳作为柔性导轨使用。

7.2.18 严禁使用含氢氟酸的清洗剂。

8 安全管理要求

8.1 资质要求

8.1.1 采用座板式单人吊具悬吊作业的企业应取得座板式单人吊具悬吊作业安全资质。

8.1.2 作业人员应接受高处悬吊作业的岗位培训,取得座板式单人吊具悬吊作业操作证后,持证上岗作业。

8.2 作业人员要求

8.2.1 年龄 18 周岁以上,初中及以上文化程度。

8.2.2 就业前应体检合格,无不适应高处特种作业的疾病和生理缺陷。

8.2.3 酒后、过度疲劳、情绪异常者不得进行悬吊作业。

8.3 作业环境要求

8.3.1 作业环境气温不大于 35 ℃。

8.3.2 悬吊作业地点风力大于 4 级时,严禁悬吊作业。

8.3.3 大雾、大雪、凝冻、雷电、暴雨等恶劣气候,严禁悬吊作业。

附 录 A
(资料性附录)
座板式单人吊具下降器种类

A.1 座板式单人吊具下降器种类见图 A.1。

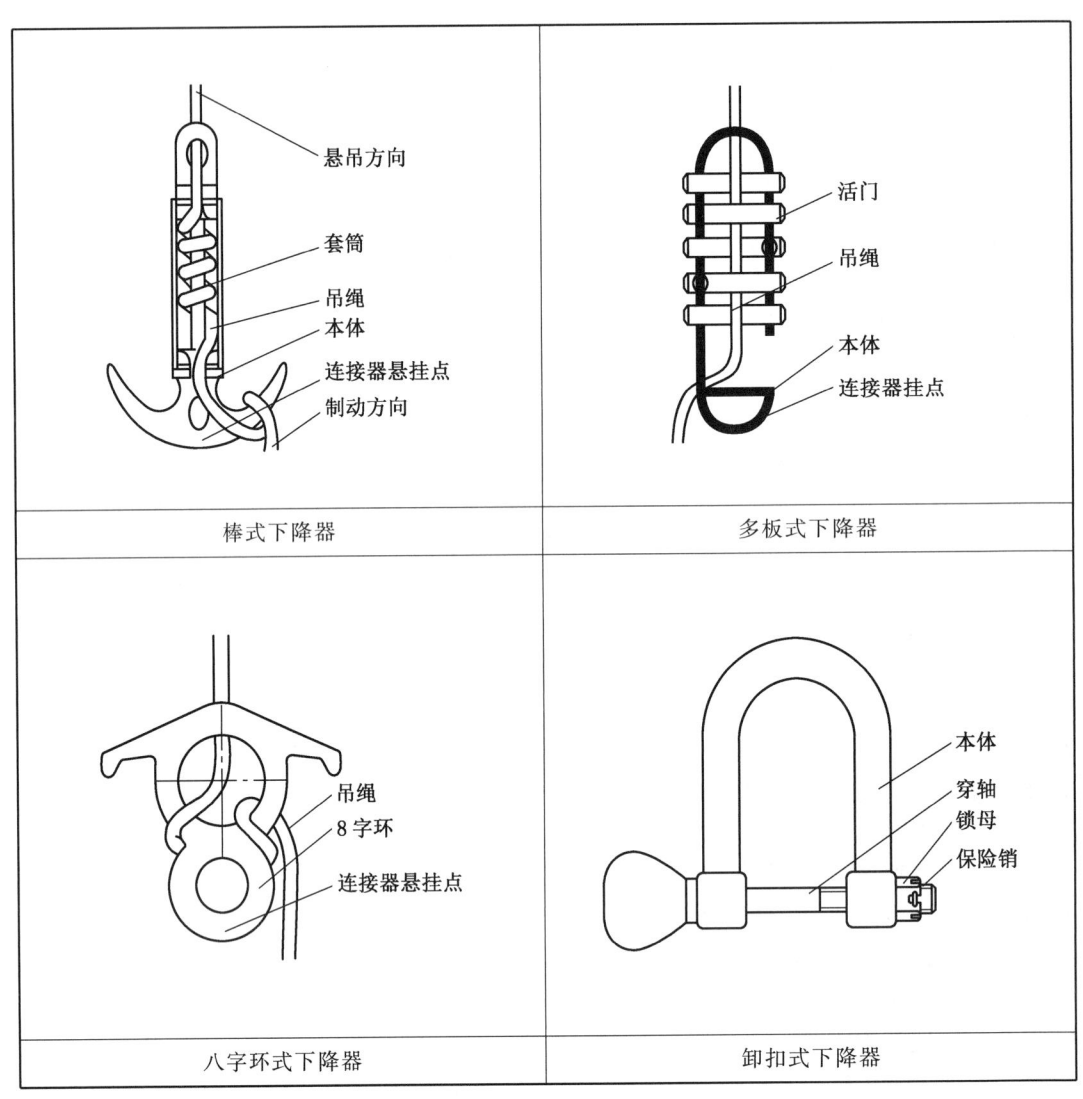

图 A.1 下降器图例

缺氧危险作业安全规程(GB 8958—2006)

前　　言

本标准全文强制。

为了更好地保护缺氧作业人员的安全和健康,本标准对国家标准 GB 8958—1988《缺氧危险作业安全规程》进行了修订,使标准更具有可操作性和符合实际情况。本标准代替 GB 8958—1988。

本标准与 GB 8958—1988 相比,内容的变化主要有:

——按照 GB/T 1.1 的要求重新起草了标准文本,增加了规范性引用文件。

——本标准对缺氧定义进行了调整,将缺氧危险作业氧气浓度由 18% 提高到 19.5%。

——本标准对缺氧危险作业场所分类的内容进行了调整和更新。

——本标准对一般和特殊缺氧危险作业要求与安全防护措施的内容进行了调整和更新,将属于事故应急救援的内容纳入新增加的事故应急救援部分。

——本标准对安全教育与管理部分修改为安全教育与培训部分,增加了事故应急救援部分,删除了管理部分。同时,对安全教育与培训部分的内容进行了调整和更新。

本标准为强制性标准。

本标准由国家安全生产监督管理总局提出并归口。

本标准起草单位:北京市劳动保护科学研究所。

本标准主要起草人:胡玢、黄燕娣、赵寿堂、王栋、靳江红。

1　范围

本标准规定了缺氧危险作业的定义和安全防护要求。

本标准适用于缺氧危险作业场所及其人员防护。

2　规范性引用文件

下列文件中的条款通过本标准的引用而成为本标准的条款。凡是注日期的引用文件,其随后所有的修改单(不包括勘误的内容)或修订版均不适用于本标准,然而,鼓励根据本标准达成协议的各方研究是否可使用这些文件的最新版本。凡是不注日期的引用文件,其最新版本适用于本标准。

GB 2894　安全标志

GB 5725　安全网

GB 6095　安全带

GB 6220　长管面具

GB/T 12301　船舱内非危险货物产生有害气体的检测方法

GB 12358　作业环境气体检测报警仪通用技术要求

GB 16556　自给式空气呼吸器

3 术语和定义

3.1
缺氧 oxygen deficiency atmosphere

作业场所空气中的氧含量低于 0.195 的状态。

3.2
缺氧危险作业 hazardous work in oxygen deficiency atmosphere

具有潜在的和明显的缺氧条件下的各种作业,主要包括一般缺氧危险作业和特殊缺氧危险作业。

3.3
一般缺氧危险作业 general hazardous work in oxygen deficiency atmosphere

在作业场所中的单纯缺氧危险作业。

3.4
特殊缺氧危险作业 toxic hazardous work in oxygen deficiency atmosphere

在作业场所中同时存在或可能产生其他有害气体的缺氧危险作业。

4 缺氧危险作业场所分类

缺氧危险作业场所分为以下三类:
a) 密闭设备:指船舱、贮罐、塔(釜)、烟道、沉箱及锅炉等。
b) 地下有限空间:包括地下管道、地下室、地下仓库、地下工程、暗沟、隧道、涵洞、地坑、矿井、废井、地窖、污水池(井)、沼气池及化粪池等。
c) 地上有限空间:包括酒糟池、发酵池、垃圾站、温室、冷库、粮仓、料仓等封闭空间。

5 一般缺氧危险作业要求与安全防护措施

5.1 作业前

5.1.1 当从事具有缺氧危险的作业时,按照先检测后作业的原则,在作业开始前,必须准确测定作业场所空气中的氧含量,并记录下列各项:
a) 测定日期;
b) 测定时间;
c) 测定地点;
d) 测定方法和仪器;
e) 测定时的现场条件;
f) 测定次数;
g) 测定结果;
h) 测定人员和记录人员。

在准确测定氧含量前,严禁进入该作业场所。

5.1.2 根据测定结果采取相应措施,并记录所采取措施的要点及效果。

5.2 作业中

在作业进行中应监测作业场所空气中氧含量的变化并随时采取必要措施。在氧含量可能发生变化的作业中应保持必要的测定次数或连续监测。

5.3 主要防护措施

5.3.1 监测人员必须装备准确可靠的分析仪器,并且应定期标定、维护,仪器的标定和维护应符合相关国家标准的要求。

5.3.2 在已确定为缺氧作业环境的作业场所,必须采取充分的通风换气措施,使该环境空气中氧含量在作业过程中始终保持在0.195以上。严禁用纯氧进行通风换气。

5.3.3 作业人员必须配备并使用空气呼吸器或软管面具等隔离式呼吸保护器具。严禁使用过滤式面具。

5.3.4 当存在因缺氧而坠落的危险时,作业人员必须使用安全带(绳),并在适当位置可靠地安装必要的安全绳网设备。

5.3.5 在每次作业前,必须仔细检查呼吸器具和安全带(绳)。发现异常应立即更换,严禁勉强使用。

5.3.6 在作业人员进入缺氧作业场所前和离开时应准确清点人数。

5.3.7 在存在缺氧危险作业时,必须安排监护人员。监护人员应密切监视作业状况,不得离岗。发现异常情况,应及时采取有效的措施。

5.3.8 作业人员与监护人员应事先规定明确的联络信号,并保持有效联络。

5.3.9 如果作业现场的缺氧危险可能影响附近作业场所人员的安全时,应及时通知这些作业场所。

5.3.10 严禁无关人员进入缺氧作业场所,并应在醒目处做好标志。

6 特殊缺氧危险作业要求与安全防护措施

6.1 第5章中的规定均适用于此种作业。

6.2 当作业场所空气中同时存在有害气体时,必须在测定氧含量的同时测定有害气体的含量,并根据测定结果采取相应的措施。在作业场所的空气质量达到标准后方可作业。

6.3 在进行钻探、挖掘隧道等作业时,必须用试钻等方法进行预测调查。发现有硫化氢、二氧化碳或甲烷等有害气体逸出时,应先确定处理方法,调整作业方案,再进行作业。防止作业人员因上述气体逸出而患缺氧中毒综合症。

6.4 在密闭容器内使用氩、二氧化碳或氦气进行焊接作业时,必须在作业过程中通风换气,使氧含量保持在0.195以上。

6.5 在通风条件差的作业场所,如地下室、船舱等,配制二氧化碳灭火器时,应将灭火器放置牢固,禁止随便启动,防止二氧化碳意外泄出。在放置灭火器的位置应设立明显的标志。

6.6 当作业人员在特殊场所(如冷库等密闭设备)内部作业时,如果供作业人员出入的门或窗不能很容易地从内部打开而又无通讯、报警装置时,严禁关闭门或窗。

6.7 当作业人员在与输送管道连接的密闭设备内部作业时,必须严密关闭阀门,或者装好盲板。输送有害物质的管道的阀门应有人看守或在醒目处设立禁止启动的标志。

6.8 当作业人员在密闭设备内作业时,一般应打开出入口的门或盖。如果设备与正在抽气或已经处于负压状态的管路相通时,严禁关闭出入口的门或盖。

6.9 在地下进行压气作业时,应防止缺氧空气泄至作业场所。如与作业场所相通的空间中存在缺氧空气,应直接排出,防止缺氧空气进入作业场所。

7 安全教育与培训

7.1 对作业负责人的缺氧作业安全教育应包括如下内容：

7.1.1 与缺氧作业有关的法律法规。

7.1.2 产生缺氧危险的原因、缺氧症的症状、职业禁忌症、防止措施以及缺氧症的急救知识。

7.1.3 防护用品、呼吸保护器具及抢救装置的使用、检查和维护常识。

7.1.4 作业场所空气中氧气的浓度及有害物质的测定方法。

7.1.5 事故应急措施与事故应急预案。

7.2 对作业人员和监护人员的安全教育应包括如下的内容：

7.2.1 缺氧场所的窒息危险性和安全作业的要求。

7.2.2 防护用品、呼吸保护器具及抢救装置的使用知识。

7.2.3 事故应急措施与事故应急预案。

8 事故应急救援

8.1 对缺氧危险作业场所应制定事故应急救援预案。

8.2 当发现缺氧危险时，必须立即停止作业，让作业人员迅速离开作业现场。

8.3 发生缺氧危险时，作业人员和抢救人员必须立即使用隔离式呼吸保护器具。

8.4 在存在缺氧危险的作业场所，必须配备抢救器具。如：呼吸器、梯子、绳缆以及其他必要的器具和设备。以便在非常情况下抢救作业人员。

8.5 对已患缺氧症的作业人员应立即给予急救和医疗处理。

高处作业分级(GB/T 3608—2008)

前　　言

本标准代替 GB/T 3608—1993《高处作业分级》。本标准是对 GB/T 3608—1993 的修订。

本标准与 GB/T 3608—1993 相比,主要变化如下:
——增加了术语的英文对应词(本标准的第 3 章)和部分术语的符号(本标准的 3.4～3.6),修改了定义的形式(本标准的第 3 章;GB/T 3608—1993 的第 3 章),对部分术语的先后顺序进行了调整(本标准的 3.3～3.5;GB/T 3608—1993 的 3.3～3.5);
——修改了客观危险因素中的阵风风力[本标准的 4.2 a);GB/T 3608—1993 的 4.2 a.];
——修改了客观危险因素中的高温条件[本标准的 4.2 b);GB/T 3608—1993 的 4.2 b.];
——修改了客观危险因素中的低温作业环境[本标准的 4.2 c);GB/T 3608—1993 的 4.2 c.];
——增加了冷水作业客观危险因素,并作了具体规定[本标准的 4.2 d)];
——修改了光线和能见度条件[本标准的 4.2 f);GB/T 3608—1993 的 4.2 e.];
——修改了接近或接触危险电压带电体这一客观危险因素,对接近危险电压带电体的距离作了具体的规定[本标准的 4.2 g);GB/T 3608—1993 的 4.2 f.];
——修改了立足处只有很小的平面这一客观危险因素,对"很小的平面"作了具体量化的规定[本标准的 4.2 h);GB/T 3608—1993 的 4.2 g.];
——修改了超过体力搬运重量限值的搬运这一客观危险因素,用体力劳动强度代替了搬运重量,并规定了属客观危险因素的体力劳动强度级别[本标准的 4.2 i);GB/T 3608—1993 的 4.2 i.];
——增加了在存在有毒气体或缺氧的环境中作业的客观危险因素[本标准的 4.2 j)];
——修改了抢救突然发生的各种灾害事故这一客观危险因素,增加了"可能会引起各种灾害事故的作业环境"的内容[本标准的 4.2 k);GB/T 3608—1993 的 4.2 h.];
——删除了附录 A 中有关符号表示的内容[GB/T 3608—1993 的 A1]。

本标准的附录 A 为规范性附录。

本标准由国家安全生产监督管理总局提出。

本标准由全国安全生产标准化技术委员会(SAC/TC 288)解释并归口。

本标准负责起草单位:上海市安全生产科学研究所。

本标准参加起草单位:上海外高桥造船有限公司、上海市房地产科学研究院。

本标准主要起草人:邵宝仁、吴焕荣、顾礼铭、唐一鸣、霍文晶、蒋瑞靓、钟晴威、尹建国、贾骏、马罡亮。

本标准于 1983 年 4 月首次发布,1993 年 12 月第一次修订。

1 范围

本标准规定了高处作业的术语和定义、高度计算方法及分级。

本标准适用于各种高处作业。

2 规范性引用文件

下列文件中的条款通过本标准的引用而成为本标准的条款。凡是注日期的引用文件，其随后所有的修改单(不包括勘误的内容)或修订版均不适用于本标准，然而，鼓励根据本标准达成协议的各方研究是否可使用这些文件的最新版本。凡是不注日期的引用文件，其最新版本适用于本标准。

GB 3869—1997　体力劳动强度分级

GB/T 4200—2008　高温作业分级

3 术语和定义

下列术语和定义适用于本标准。

3.1

高处作业　work at heights

在距坠落高度基准面(3.2)2 m 或 2 m 以上有可能坠落的高处进行的作业。

3.2

坠落高度基准面　datum plane for highness of falling

通过可能坠落范围(3.3)内最低处的水平面。

3.3

可能坠落范围　possible falling bounds

以作业位置为中心，可能坠落范围半径(3.4)为半径划成的与水平面垂直的柱形空间。

3.4

可能坠落范围半径　radius of possible falling bounds

R

为确定可能坠落范围(3.3)而规定的相对于作业位置的一段水平距离。

注：可能坠落范围半径用米表示，其大小取决于与作业现场的地形、地势或建筑物分布等有关的基础高度(3.5)，具体的规定是在统计分析了许多高处坠落事故案例的基础上作出的。

3.5

基础高度　basic highness

h_b

以作业位置为中心，6 m 为半径，划出的垂直于水平面的柱形空间内的最低处与作业位置间的高度差。

注：基础高度用米表示。

3.6

[高处]作业高度　highness of work [at heights]

h_w

作业区各作业位置至相应坠落高度基准面(3.2)的垂直距离中的最大值。
注：高处作业高度用米表示,计算方法见附录A。

4 高处作业分级

4.1 高处作业高度分为 2 m 至 5 m、5 m 以上至 15 m、15 m 以上至 30 m 及 30 m 以上四个区段。

4.2 直接引起坠落的客观危险因素分为 11 种：

a) 阵风风力五级(风速 8.0 m/s)以上；
b) GB/T 4200—2008 规定的Ⅱ级或Ⅱ级以上的高温作业；
c) 平均气温等于或低于 5 ℃ 的作业环境；
d) 接触冷水温度等于或低于 12 ℃ 的作业；
e) 作业场地有冰、雪、霜、水、油等易滑物；
f) 作业场所光线不足,能见度差；
g) 作业活动范围与危险电压带电体的距离小于表 1 的规定；

表 1 作业活动范围与危险电压带电体的距离

危险电压带电体的电压等级/kV	距离/m
≤10	1.7
35	2.0
63～110	2.5
220	4.0
330	5.0
500	6.0

h) 摆动,立足处不是平面或只有很小的平面,即任一边小于 500 mm 的矩形平面、直径小于 500 mm 的圆形平面或具有类似尺寸的其他形状的平面,致使作业者无法维持正常姿势；
i) GB 3869—1997 规定的Ⅲ级或Ⅲ级以上的体力劳动强度；
j) 存在有毒气体或空气中含氧量低于 0.195 的作业环境；
k) 可能会引起各种灾害事故的作业环境和抢救突然发生的各种灾害事故。

4.3 不存在 4.2 列出的任一种客观危险因素的高处作业按表 2 规定的 A 类法分级,存在 4.2 列出的一种或一种以上客观危险因素的高处作业按表 2 规定的 B 类法分级。

表 2 高处作业分级

分类法	高处作业高度/m			
	$2 \leq h_w \leq 5$	$5 < h_w \leq 15$	$15 < h_w \leq 30$	$h_w > 30$
A	Ⅰ	Ⅱ	Ⅲ	Ⅳ
B	Ⅱ	Ⅲ	Ⅳ	Ⅳ

附 录 A
（规范性附录）
高处作业高度计算方法

A.1 可能坠落范围半径的规定

R 根据 h_b 规定如下：
a) 当 2 m≤h_b≤5 m 时，R 为 3 m；
b) 当 5 m＜h_b≤15 m 时，R 为 4 m；
c) 当 15 m＜h_b≤30 m 时，R 为 5 m；
d) 当 h_b＞30 m 时，R 为 6 m。

A.2 高处作业高度计算方法

高处作业高度计算步骤如下：
a) 按 3.5 确定 h_b；
b) 按 A.1 确定 R；
c) 按 3.6 确定 h_w。

示例1：如图 A.1，其中 h_b=20 m，R=5 m，h_w=20 m。

单位为米

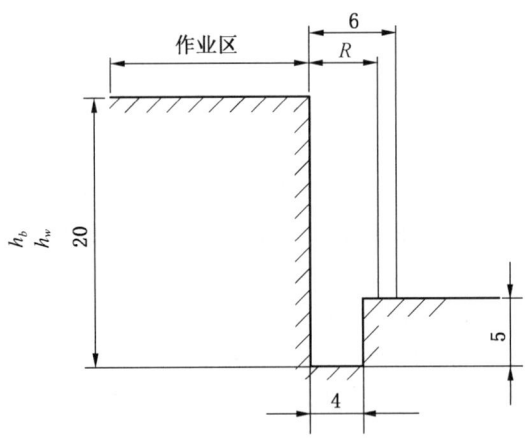

图 A.1

示例 2：如图 A.2，其中 $h_b=20$ m，$R=5$ m，$h_w=14$ m。

单位为米

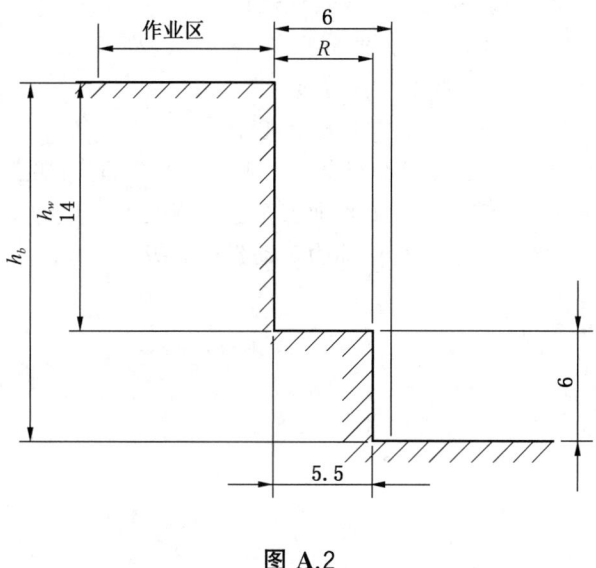

图 A.2

示例 3：如图 A.3，其中 $h_b=29.5$ m，$R=5$ m，$h_w=4.5$ m。

单位为米

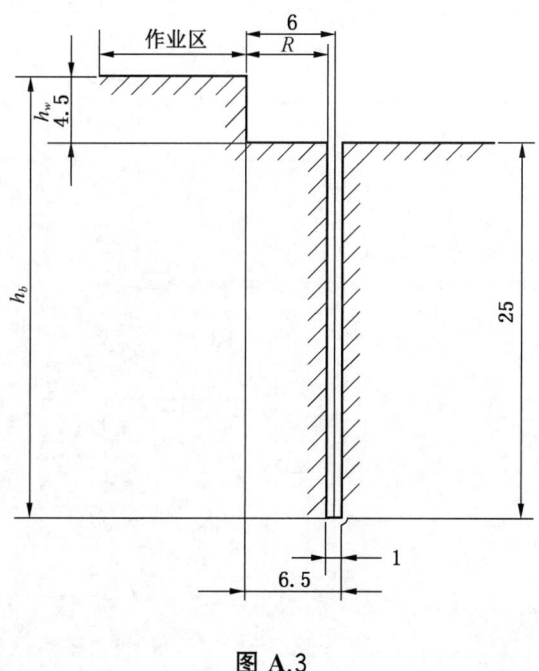

图 A.3

参 考 文 献

[1] GB 8958—2006 缺氧危险作业安全规程
[2] GB/T 14439—1993 冷水作业分级
[3] GB/T 14440—1993 低温作业分级
[4] CB 3785—1997 船厂高处作业安全规程
[5] DL 5009.2—2004 电力建设安全工作规程 第2部分:架空电力线路
[6] JGJ 80—1991 建筑施工高处作业安全技术规范
[7] TB/T 2607—2006 铁道行业体力劳动强度分级

3. 安 全 管 理

生产经营单位生产安全事故应急预案编制导则
(GB/T 29639—2020)

前　言

本标准按照 GB/T 1.1—2009 给出的规则起草。

本标准代替 GB/T 29639—2013《生产经营单位生产安全事故应急预案编制导则》。与 GB/T 29639—2013 相比，除编辑性修改外主要技术变化如下：
——修改了应急预案编制程序(见第 4 章,2013 年版的第 4 章)；
——应急预案编制中将应急能力评估修改为应急资源调查(见 4.5,2013 年版的 4.5)；
——细化了应急预案评审内容(见 4.8,2013 年版的 4.7)；
——修改了综合应急预案的要素内容,去掉编制目的,将风险评估结果放入附件(见 6.1 和第 9 章,2013 年版的 6.1)；
——修改了专项应急预案的要素内容,增加了适用范围,去掉事故风险分析(见 7.1, 2013 年版的 7.1)；
——补充了应急预案附件组成,增加了 9.1 生产经营单位概况、9.2 风险评估的结果和 9.3 预案体系与衔接(见 9.1、9.2、9.3)；
——增加了附录 A"生产安全事故风险评估报告编制大纲"、附录 B"生产安全事故应急资源调查报告编制大纲"(见附录 A、附录 B)。

本标准由中华人民共和国应急管理部提出。

本标准由全国安全生产标准化技术委员会(SAC/TC 288)归口。

本标准起草单位：中国安全生产科学研究院、国家安全生产应急救援中心、南方电网调峰调频发电有限公司。

本标准主要起草人：张兴凯、雷长群、高双喜、孔亮、时训先、吴志岭、闫立、石国领、张明、李定林、王文靖、陈兵、王尚顺、李晖、蔡镇坤、徐斌、周劲松。

本标准所代替标准的历次版本发布情况为：
——GB/T 29639—2013。

1　范围

本标准规定了生产经营单位生产安全事故应急预案的编制程序、体系构成和综合应急预案、专项应急预案、现场处置方案的主要内容以及附件信息。

本标准适用于生产经营单位生产安全事故应急预案(以下简称应急预案)编制工作,核电厂、其他社会组织和单位的应急预案编制可参照本标准执行。

2 规范性引用文件

下列文件对于本文件的应用是必不可少的。凡是注日期的引用文件,仅注日期的版本适用于本文件。凡是不注日期的引用文件,其最新版本(包括所有的修改单)适用于本文件。

AQ/T 9007 生产安全事故应急演练基本规范

3 术语和定义

下列术语和定义适用于本文件。

3.1
应急预案 emergency response plan

针对可能发生的事故,为最大程度减少事故损害而预先制定的应急准备工作方案。

3.2
应急响应 emergency response

针对事故险情或事故,依据应急预案采取的应急行动。

3.3
应急演练 emergency exercise

针对可能发生的事故情景,依据应急预案模拟开展的应急活动。

3.4
应急预案评审 emergency response plan review

对新编制或修订的应急预案内容的适用性所开展的分析评估及审定过程。

4 应急预案编制程序

4.1 概述

生产经营单位应急预案编制程序包括成立应急预案编制工作组、资料收集、风险评估、应急资源调查、应急预案编制、桌面推演、应急预案评审和批准实施8个步骤。

4.2 成立应急预案编制工作组

结合本单位职能和分工,成立以单位有关负责人为组长,单位相关部门人员(如生产、技术、设备、安全、行政、人事、财务人员)参加的应急预案编制工作组,明确工作职责和任务分工,制订工作计划,组织开展应急预案编制工作。预案编制工作组中应邀请相关救援队伍以及周边相关企业、单位或社区代表参加。

4.3 资料收集

应急预案编制工作组应收集下列相关资料:

a) 适用的法律法规、部门规章、地方性法规和政府规章、技术标准及规范性文件;
b) 企业周边地质、地形、环境情况及气象、水文、交通资料;
c) 企业现场功能区划分、建(构)筑物平面布置及安全距离资料;
d) 企业工艺流程、工艺参数、作业条件、设备装置及风险评估资料;
e) 本企业历史事故与隐患、国内外同行业事故资料;
f) 属地政府及周边企业、单位应急预案。

4.4 风险评估

开展生产安全事故风险评估，撰写评估报告（编制大纲参见附录 A），其内容包括但不限于：

a) 辨识生产经营单位存在的危险有害因素，确定可能发生的生产安全事故类别；
b) 分析各种事故类别发生的可能性、危害后果和影响范围；
c) 评估确定相应事故类别的风险等级。

4.5 应急资源调查

全面调查和客观分析本单位以及周边单位和政府部门可请求援助的应急资源状况，撰写应急资源调查报告（编制大纲参见附录 B），其内容包括但不限于：

a) 本单位可调用的应急队伍、装备、物资、场所；
b) 针对生产过程及存在的风险可采取的监测、监控、报警手段；
c) 上级单位、当地政府及周边企业可提供的应急资源；
d) 可协调使用的医疗、消防、专业抢险救援机构及其他社会化应急救援力量。

4.6 应急预案编制

4.6.1 应急预案编制应当遵循以人为本、依法依规、符合实际、注重实效的原则，以应急处置为核心，体现自救互救和先期处置的特点，做到职责明确、程序规范、措施科学，尽可能简明化、图表化、流程化。应急预案编制格式和要求参见附录 C。

4.6.2 应急预案编制工作包括但不限下列：

a) 依据事故风险评估及应急资源调查结果，结合本单位组织管理体系、生产规模及处置特点，合理确立本单位应急预案体系；
b) 结合组织管理体系及部门业务职能划分，科学设定本单位应急组织机构及职责分工；
c) 依据事故可能的危害程度和区域范围，结合应急处置权限及能力，清晰界定本单位的响应分级标准，制定相应层级的应急处置措施；
d) 按照有关规定和要求，确定事故信息报告、响应分级与启动、指挥权移交、警戒疏散方面的内容，落实与相关部门和单位应急预案的衔接。

4.7 桌面推演

按照应急预案明确的职责分工和应急响应程序，结合有关经验教训，相关部门及其人员可采取桌面演练的形式，模拟生产安全事故应对过程，逐步分析讨论并形成记录，检验应急预案的可行性，并进一步完善应急预案。桌面演练的相关要求见 AQ/T 9007。

4.8 应急预案评审

4.8.1 评审形式

应急预案编制完成后，生产经营单位应按法律法规有关规定组织评审或论证。参加应急预案评审的人员可包括有关安全生产及应急管理方面的、有现场处置经验的专家。应急预案论证可通过推演的方式开展。

4.8.2 评审内容

应急预案评审内容主要包括：风险评估和应急资源调查的全面性、应急预案体系设计的针对性、应急组织体系的合理性、应急响应程序和措施的科学性、应急保障措施的可行性、应急预案的衔接性。

4.8.3 评审程序

应急预案评审程序包括下列步骤：
- a) 评审准备。成立应急预案评审工作组，落实参加评审的专家，将应急预案、编制说明、风险评估、应急资源调查报告及其他有关资料在评审前送达参加评审的单位或人员。
- b) 组织评审。评审采取会议审查形式，企业主要负责人参加会议，会议由参加评审的专家共同推选出的组长主持，按照议程组织评审；表决时，应有不少于出席会议专家人数的三分之二同意方为通过；评审会议应形成评审意见（经评审组组长签字），附参加评审会议的专家签字表。表决的投票情况应以书面材料记录在案，并作为评审意见的附件。
- c) 修改完善。生产经营单位应认真分析研究，按照评审意见对应急预案进行修订和完善。评审表决不通过的，生产经营单位应修改完善后按评审程序重新组织专家评审，生产经营单位应写出根据专家评审意见的修改情况说明，并经专家组组长签字确认。

4.9 批准实施

通过评审的应急预案，由生产经营单位主要负责人签发实施。

5 应急预案体系

5.1 概述

生产经营单位应急预案分为综合应急预案、专项应急预案和现场处置方案。生产经营单位应根据有关法律、法规和相关标准，结合本单位组织管理体系、生产规模和可能发生的事故特点，科学合理确立本单位的应急预案体系，并注意与其他类别应急预案相衔接。

5.2 综合应急预案

综合应急预案是生产经营单位为应对各种生产安全事故而制定的综合性工作方案，是本单位应对生产安全事故的总体工作程序、措施和应急预案体系的总纲。

5.3 专项应急预案

专项应急预案是生产经营单位为应对某一种或者多种类型生产安全事故，或者针对重要生产设施、重大危险源、重大活动防止生产安全事故而制定的专项工作方案。

专项应急预案与综合应急预案中的应急组织机构、应急响应程序相近时，可不编写专项应急预案，相应的应急处置措施并入综合应急预案。

5.4 现场处置方案

现场处置方案是生产经营单位根据不同生产安全事故类型，针对具体场所、装置或者设施所制定的应急处置措施。现场处置方案重点规范事故风险描述、应急工作职责、应急处置措施和注意事项，应体现自救互救、信息报告和先期处置的特点。

事故风险单一、危险性小的生产经营单位，可只编制现场处置方案。

6 综合应急预案内容

6.1 总则

6.1.1 适用范围

说明应急预案适用的范围。

6.1.2 响应分级

依据事故危害程度、影响范围和生产经营单位控制事态的能力,对事故应急响应进行分级,明确分级响应的基本原则。响应分级不必照搬事故分级。

6.2 应急组织机构及职责

明确应急组织形式(可用图示)及构成单位(部门)的应急处置职责。应急组织机构可设置相应的工作小组,各小组具体构成、职责分工及行动任务应以工作方案的形式作为附件。

6.3 应急响应

6.3.1 信息报告

6.3.1.1 信息接报

明确应急值守电话、事故信息接收、内部通报程序、方式和责任人,向上级主管部门、上级单位报告事故信息的流程、内容、时限和责任人,以及向本单位以外的有关部门或单位通报事故信息的方法、程序和责任人。

6.3.1.2 信息处置与研判

6.3.1.2.1 明确响应启动的程序和方式。根据事故性质、严重程度、影响范围和可控性,结合响应分级明确的条件,可由应急领导小组作出响应启动的决策并宣布,或者依据事故信息是否达到响应启动的条件自动启动。

6.3.1.2.2 若未达到响应启动条件,应急领导小组可作出预警启动的决策,做好响应准备,实时跟踪事态发展。

6.3.1.2.3 响应启动后,应注意跟踪事态发展,科学分析处置需求,及时调整响应级别,避免响应不足或过度响应。

6.3.2 预警

6.3.2.1 预警启动

明确预警信息发布渠道、方式和内容。

6.3.2.2 响应准备

明确作出预警启动后应开展的响应准备工作,包括队伍、物资、装备、后勤及通信。

6.3.2.3 预警解除

明确预警解除的基本条件、要求及责任人。

6.3.3 响应启动

确定响应级别,明确响应启动后的程序性工作,包括应急会议召开、信息上报、资源协调、信息公开、后勤及财力保障工作。

6.3.4 应急处置

明确事故现场的警戒疏散、人员搜救、医疗救治、现场监测、技术支持、工程抢险及环境保护方面的应急处置措施,并明确人员防护的要求。

6.3.5 应急支援

明确当事态无法控制情况下,向外部(救援)力量请求支援的程序及要求、联动程序及要求,以及外部(救援)力量到达后的指挥关系。

6.3.6 响应终止

明确响应终止的基本条件、要求和责任人。

6.4 后期处置
明确污染物处理、生产秩序恢复、人员安置方面的内容。

6.5 应急保障

6.5.1 通信与信息保障
明确应急保障的相关单位及人员通信联系方式和方法,以及备用方案和保障责任人。

6.5.2 应急队伍保障
明确相关的应急人力资源,包括专家、专兼职应急救援队伍及协议应急救援队伍。

6.5.3 物资装备保障
明确本单位的应急物资和装备的类型、数量、性能、存放位置、运输及使用条件、更新及补充时限、管理责任人及其联系方式,并建立台账。

6.5.4 其他保障
根据应急工作需求而确定的其他相关保障措施(如:能源保障、经费保障、交通运输保障、治安保障、技术保障、医疗保障及后勤保障)。

注:6.5.1～6.5.4 的相关内容,尽可能在应急预案的附件中体现。

7 专项应急预案内容

7.1 适用范围
说明专项应急预案适用的范围,以及与综合应急预案的关系。

7.2 应急组织机构及职责
明确应急组织形式(可用图示)及构成单位(部门)的应急处置职责。应急组织机构以及各成员单位或人员的具体职责。应急组织机构可以设置相应的应急工作小组,各小组具体构成、职责分工及行动任务建议以工作方案的形式作为附件。

7.3 响应启动
明确响应启动后的程序性工作,包括应急会议召开、信息上报、资源协调、信息公开、后勤及财力保障工作。

7.4 处置措施
针对可能发生的事故风险、危害程度和影响范围,明确应急处置指导原则,制定相应的应急处置措施。

7.5 应急保障
根据应急工作需求明确保障的内容。

注:专项应急预案包括但不限于7.1～7.4 的内容。

8 现场处置方案内容

8.1 事故风险描述
简述事故风险评估的结果(可用列表的形式列在附件中)。

8.2 应急工作职责
明确应急组织分工和职责。

8.3 应急处置
包括但不限于下列内容:

a) 应急处置程序。根据可能发生的事故及现场情况，明确事故报警、各项应急措施启动、应急救护人员的引导、事故扩大及同生产经营单位应急预案的衔接程序。
b) 现场应急处置措施。针对可能发生的事故从人员救护、工艺操作、事故控制、消防、现场恢复等方面制定明确的应急处置措施。
c) 明确报警负责人以及报警电话及上级管理部门、相关应急救援单位联络方式和联系人员，事故报告基本要求和内容。

8.4 注意事项
包括人员防护和自救互救、装备使用、现场安全等方面的内容。

9 附件

9.1 生产经营单位概况
简要描述本单位地址、从业人数、隶属关系、主要原材料、主要产品、产量，以及重点岗位、重点区域、周边重大危险源、重要设施、目标、场所和周边布局情况。

9.2 风险评估的结果
简述本单位风险评估的结果。

9.3 预案体系与衔接
简述本单位应急预案体系构成和分级情况，明确与地方政府及其有关部门、其他相关单位应急预案的衔接关系（可用图示）。

9.4 应急物资装备的名录或清单
列出应急预案涉及的主要物资和装备名称、型号、性能、数量、存放地点、运输和使用条件、管理责任人和联系电话等。

9.5 有关应急部门、机构或人员的联系方式
列出应急工作中需要联系的部门、机构或人员及其多种联系方式。

9.6 格式化文本
列出信息接报、预案启动、信息发布等格式化文本。

9.7 关键的路线、标识和图纸
包括但不限于：
a) 警报系统分布及覆盖范围；
b) 重要防护目标、风险清单及分布图；
c) 应急指挥部（现场指挥部）位置及救援队伍行动路线；
d) 疏散路线、集结点、警戒范围、重要地点的标识；
e) 相关平面布置、应急资源分布的图纸；
f) 生产经营单位的地理位置图、周边关系图、附近交通图；
g) 事故风险可能导致的影响范围图；
h) 附近医院地理位置图及路线图。

9.8 有关协议或者备忘录
列出与相关应急救援部门签订的应急救援协议或备忘录。

附 录 A
（资料性附录）
生产安全事故风险评估报告编制大纲

A.1 危险有害因素辨识

描述生产经营单位危险有害因素辨识的情况（可用列表形式表述）。

A.2 事故风险分析

描述生产经营单位事故风险的类型、事故发生的可能性、危害后果和影响范围（可用列表形式表述）。

A.3 事故风险评价

描述生产经营单位事故风险的类别及风险等级（可用列表形式表述）。

A.4 结论建议

得出生产经营单位应急预案体系建设的计划建议。

附 录 B
（资料性附录）
生产安全事故应急资源调查报告编制大纲

B.1 单位内部应急资源

按照应急资源的分类，分别描述相关应急资源的基本现状、功能完善程度、受可能发生的事故的影响程度（可用列表形式表述）。

B.2 单位外部应急资源

描述本单位能够调查或掌握可用于参与事故处置的外部应急资源情况（可用列表形式表述）。

B.3 应急资源差距分析

依据风险评估结果得出本单位的应急资源需求，与本单位现有内外部应急资源对比，提出本单位内外部应急资源补充建议。

附 录 C
（资料性附录）
应急预案编制格式和要求

C.1 封面

应急预案封面主要包括应急预案编号、应急预案版本号、生产经营单位名称、应急预案名称及颁布日期。

C.2 批准页

应急预案应经生产经营单位主要负责人批准方可发布。

C.3 目次

应急预案应设置目次,目次中所列的内容及次序如下:
a) 批准页;
b) 应急预案执行部门签署页;
c) 章的编号、标题;
d) 带有标题的条的编号、标题(需要时列出);
e) 附件,用序号表明其顺序。

参 考 文 献

[1] GB/T 24353—2009　风险管理　原则与实施指南

[2] GB/T 27921—2011　风险管理　风险评估技术

[3] 国务院办公厅关于印发突发事件应急预案管理办法的通知(国办发〔2013〕101号)

[4] 应急管理部关于修改《生产安全事故应急预案管理办法》的决定(应急管理部令第2号)

[5] NFPA 1600 Standard on Disaster/Emergency Management and Business Continuity Programs 2013 Edition

企业安全生产标准化基本规范(GB/T 33000—2016)

前言

本标准按照 GB/T 1.1—2009 给出的规则起草。

本标准由国家安全生产监督管理总局提出。

本标准由全国安全生产标准化技术委员会(SAC/TC 288)归口。

本标准起草单位:中国安全生产协会、中国安全生产科学研究院、中国建材检验认证集团股份有限公司、中钢集团武汉安全环保研究院有限公司。

本标准主要起草人:樊晶光、侯茜、贾世国、叶坚新、张雪中、邬开发、刘宝静、杨松柳。

1 范围

本标准规定了企业安全生产标准化管理体系建立、保持与评定的原则和一般要求,以及目标职责、制度化管理、教育培训、现场管理、安全风险管控及隐患排查治理、应急管理、事故管理和持续改进 8 个体系要素的核心技术要求。

本标准适用于工矿商贸企业开展安全生产标准化建设工作,有关行业制修订安全生产标准化标准、评定标准,以及对安全生产标准化工作的咨询、服务、评审、科研、管理和规划等。其他企业和生产经营单位可参照执行。

2 规范性引用文件

下列文件对于本文件的应用是必不可少的。凡是注日期的引用文件,仅注日期的版本适用于本文件。凡是不注日期的引用文件,其最新版本(包括所有的修改单)适用于本文件。

GB 2893　安全色

GB 2894　安全标志及其使用导则

GB 5768(所有部分)　道路交通标志和标线

GB 6441　企业职工伤亡事故分类

GB 7231　工业管道的基本识别色、识别符号和安全标识

GB/T 11651　个体防护装备选用规范

GB 13495.1　消防安全标志　第 1 部分:标志

GB/T 15499　事故伤害损失工作日标准

GB 18218　危险化学品重大危险源辨识

GB/T 29639　生产经营单位生产安全事故应急预案编制导则

GB 30871　化学品生产单位特殊作业安全规范

GB 50016　建筑设计防火规范

GB 50140　建筑灭火器配置设计规范

GB 50187　工业企业总平面设计规范

AQ 3035　危险化学品重大危险源安全监控通用技术规范

AQ/T 9004　企业安全文化建设导则
AQ/T 9007　生产安全事故应急演练指南
AQ/T 9009　生产安全事故应急演练评估规范
GBZ 1　工业企业设计卫生标准
GBZ 2.1　工作场所有害因素职业接触限值　第1部分:化学有害因素
GBZ 2.2　工作场所有害因素职业接触限值　第2部分:物理因素
GBZ 158　工作场所职业病危害警示标识
GBZ 188　职业健康监护技术规范
GBZ/T 203　高毒物品作业岗位职业病危害告知规范

3　术语和定义

下列术语和定义适用于本文件。

3.1

企业安全生产标准化　china occupational safety and health management system

企业通过落实安全生产主体责任,全员全过程参与,建立并保持安全生产管理体系,全面管控生产经营活动各环节的安全生产与职业卫生工作,实现安全健康管理系统化、岗位操作行为规范化、设备设施本质安全化、作业环境器具定置化,并持续改进。

3.2

安全生产绩效　work safety performance

根据安全生产和职业卫生目标,在安全生产、职业卫生等工作方面取得的可测量结果。

3.3

企业主要负责人　key person(s) in charge of the enterprise

有限责任公司、股份有限公司的董事长、总经理,其他生产经营单位的厂长、经理、矿长,以及对生产经营活动有决策权的实际控制人。

3.4

相关方　related party

工作场所内外与企业安全生产绩效有关或受其影响的个人或单位,如承包商、供应商等。

3.5

承包商　contractor

在企业的工作场所按照双方协定的要求向企业提供服务的个人或单位。

3.6

供应商　supplier

为企业提供材料、设备或设施及服务的外部个人或单位。

3.7

变更管理　management of change

对机构、人员、管理、工艺、技术、设备设施、作业环境等永久性或暂时性的变化进行有计划的控制,以避免或减轻对安全生产的影响。

3.8

安全风险　risk;hazard

发生危险事件或有害暴露的可能性,与随之引发的人身伤害、健康损害或财产损失的严重性的组合。

3.9

安全风险评估　risk assessment;hazard assessment

运用定性或定量的统计分析方法对安全风险进行分析、确定其严重程度,对现有控制措施的充分性、可靠性加以考虑,以及对其是否可接受予以确定的过程。

3.10

安全风险管理　risk management;hazard management

根据安全风险评估的结果,确定安全风险控制的优先顺序和安全风险控制措施,以达到改善安全生产条件、减少和避免生产安全事故的目标。

3.11

工作场所　workplace

从业人员进行职业活动,并由企业直接或间接控制的所有工作地点。

3.12

作业环境　working environment

从业人员进行生产经营活动的场所以及相关联的场所,对从业人员的安全、健康和工作能力,以及对设备(设施)的安全运行产生影响的所有自然和人为因素。

3.13

持续改进　continuous improvement

为了实现对整体安全生产绩效的改进,根据企业的安全生产和职业卫生目标,不断对安全生产和职业卫生工作进行强化的过程。

4 一般要求

4.1 原则

企业开展安全生产标准化工作,应遵循"安全第一、预防为主、综合治理"的方针,落实企业主体责任。以安全风险管理、隐患排查治理、职业病危害防治为基础,以安全生产责任制为核心,建立安全生产标准化管理体系,实现全员参与,全面提升安全生产管理水平,持续改进安全生产工作,不断提升安全生产绩效,预防和减少事故的发生,保障人身安全健康,保证生产经营活动的有序进行。

4.2 建立和保持

企业应采用"策划、实施、检查、改进"的"PDCA"动态循环模式,按照本标准的规定,结合企业自身特点,自主建立并保持安全生产标准化管理体系,通过自我检查、自我纠正和自我完善,构建安全生产长效机制,持续提升安全生产绩效。

4.3 自评和评审

企业安全生产标准化管理体系的运行情况,采用企业自评和评审单位评审的方式进行评估。

5 核心要求

5.1 目标职责

5.1.1 目标

企业应根据自身安全生产实际,制定文件化的总体和年度安全生产与职业卫生目标,并纳入企业总体生产经营目标。明确目标的制定、分解、实施、检查、考核等环节要求,并按照所属基层单位和部门在生产经营活动中所承担的职能,将目标分解为指标,确保落实。

企业应定期对安全生产与职业卫生目标、指标实施情况进行评估和考核,并结合实际及时进行调整。

5.1.2 机构和职责

5.1.2.1 机构设置

企业应落实安全生产组织领导机构,成立安全生产委员会,并应按照有关规定设置安全生产和职业卫生管理机构,或配备相应的专职或兼职安全生产和职业卫生管理人员,按照有关规定配备注册安全工程师,建立健全从管理机构到基层班组的管理网络。

5.1.2.2 主要负责人及管理层职责

企业主要负责人全面负责安全生产和职业卫生工作,并履行相应责任和义务。

分管负责人应对各自职责范围内的安全生产和职业卫生工作负责。

各级管理人员应按照安全生产和职业卫生责任制的相关要求,履行其安全生产和职业卫生职责。

5.1.3 全员参与

企业应建立健全安全生产和职业卫生责任制,明确各级部门和从业人员的安全生产和职业卫生职责,并对职责的适宜性、履职情况进行定期评估和监督考核。

企业应为全员参与安全生产和职业卫生工作创造必要的条件,建立激励约束机制,鼓励从业人员积极建言献策,营造自下而上、自上而下全员重视安全生产和职业卫生的良好氛围,不断改进和提升安全生产和职业卫生管理水平。

5.1.4 安全生产投入

企业应建立安全生产投入保障制度,按照有关规定提取和使用安全生产费用,并建立使用台账。

企业应按照有关规定,为从业人员缴纳相关保险费用。企业宜投保安全生产责任保险。

5.1.5 安全文化建设

企业应开展安全文化建设,确立本企业的安全生产和职业病危害防治理念及行为准则,并教育、引导全体从业人员贯彻执行。

企业开展安全文化建设活动,应符合 AQ/T 9004 的规定。

5.1.6 安全生产信息化建设

企业应根据自身实际情况,利用信息化手段加强安全生产管理工作,开展安全生产电子台账管理、重大危险源监控、职业病危害防治、应急管理、安全风险管控和隐患自查自报、安全生产预测预警等信息系统的建设。

5.2 制度化管理

5.2.1 法规标准识别

企业应建立安全生产和职业卫生法律法规、标准规范的管理制度,明确主管部门,确定获取的渠道、方式,及时识别和获取适用、有效的法律法规、标准规范,建立安全生产和职业卫生法律法规、标准规范清单和文本数据库。

企业应将适用的安全生产和职业卫生法律法规、标准规范的相关要求及时转化为本单位的规章制度、操作规程,并及时传达给相关从业人员,确保相关要求落实到位。

5.2.2 规章制度

企业应建立健全安全生产和职业卫生规章制度,并征求工会及从业人员意见和建议,规范安全生产和职业卫生管理工作。

企业应确保从业人员及时获取制度文本。

企业安全生产和职业卫生规章制度包括但不限于下列内容:

——目标管理;

——安全生产和职业卫生责任制;

——安全生产承诺;

——安全生产投入;

——安全生产信息化;

——四新(新技术、新材料、新工艺、新设备设施)管理;

——文件、记录和档案管理;

——安全风险管理、隐患排查治理;

——职业病危害防治;

——教育培训;

——班组安全活动;

——特种作业人员管理;

——建设项目安全设施、职业病防护设施"三同时"管理;

——设备设施管理;

——施工和检维修安全管理;

——危险物品管理;

——危险作业安全管理;

——安全警示标志管理;

——安全预测预警;

——安全生产奖惩管理;

——相关方安全管理;

——变更管理;

——个体防护用品管理;

——应急管理;

——事故管理;

——安全生产报告;

——绩效评定管理。

5.2.3 操作规程

企业应按照有关规定,结合本企业生产工艺、作业任务特点以及岗位作业安全风险与职业病防护要求,编制齐全适用的岗位安全生产和职业卫生操作规程,发放到相关岗位员工,并严格执行。

企业应确保从业人员参与岗位安全生产和职业卫生操作规程的编制和修订工作。

企业应在新技术、新材料、新工艺、新设备设施投入使用前,组织制修订相应的安全生产和职业卫生操作规程,确保其适宜性和有效性。

5.2.4 文档管理
5.2.4.1 记录管理

企业应建立文件和记录管理制度,明确安全生产和职业卫生规章制度、操作规程的编制、评审、发布、使用、修订、作废以及文件和记录管理的职责、程序和要求。

企业应建立健全主要安全生产和职业卫生过程与结果的记录,并建立和保存有关记录的电子档案,支持查询和检索,便于自身管理使用和行业主管部门调取检查。

5.2.4.2 评估

企业应每年至少评估一次安全生产和职业卫生法律法规、标准规范、规章制度、操作规程的适宜性、有效性和执行情况。

5.2.4.3 修订

企业应根据评估结果、安全检查情况、自评结果、评审情况、事故情况等,及时修订安全生产和职业卫生规章制度、操作规程。

5.3 教育培训
5.3.1 教育培训管理

企业应建立健全安全教育培训制度,按照有关规定进行培训。培训大纲、内容、时间应满足有关标准的规定。

企业安全教育培训应包括安全生产和职业卫生的内容。

企业应明确安全教育培训主管部门,定期识别安全教育培训需求,制定、实施安全教育培训计划,并保证必要的安全教育培训资源。

企业应如实记录全体从业人员的安全教育和培训情况,建立安全教育培训档案和从业人员个人安全教育培训档案,并对培训效果进行评估和改进。

5.3.2 人员教育培训
5.3.2.1 主要负责人和管理人员

企业的主要负责人和安全生产管理人员应具备与本企业所从事的生产经营活动相适应的安全生产和职业卫生知识与能力。

企业应对各级管理人员进行教育培训,确保其具备正确履行岗位安全生产和职业卫生职责的知识与能力。

法律法规要求考核其安全生产和职业卫生知识与能力的人员,应按照有关规定经考核合格。

5.3.2.2 从业人员

企业应对从业人员进行安全生产和职业卫生教育培训,保证从业人员具备满足岗位要求的安全生产和职业卫生知识,熟悉有关的安全生产和职业卫生法律法规、规章制度、操作规程,掌握本岗位的安全操作技能和职业危害防护技能、安全风险辨识和管控方法,了解事故现场应急处置措施,并根据实际需要,定期进行复训考核。

未经安全教育培训合格的从业人员,不应上岗作业。

煤矿、非煤矿山、危险化学品、烟花爆竹、金属冶炼等企业应对新上岗的临时工、合同工、劳务工、轮换工、协议工等进行强制性安全培训,保证其具备本岗位安全操作、自救互救以及应急处置所需的知识和技能后,方能安排上岗作业。

企业的新入厂(矿)从业人员上岗前应经过厂(矿)、车间(工段、区、队)、班组三级安全培训教育,岗前安全教育培训学时和内容应符合国家和行业的有关规定。

在新工艺、新技术、新材料、新设备设施投入使用前,企业应对有关从业人员进行专门的安全生产和职业卫生教育培训,确保其具备相应的安全操作、事故预防和应急处置能力。

从业人员在企业内部调整工作岗位或离岗一年以上重新上岗时,应重新进行车间(工段、区、队)和班组级的安全教育培训。

从事特种作业、特种设备作业的人员应按照有关规定,经专门安全作业培训,考核合格,取得相应资格后,方可上岗作业,并定期接受复审。

企业专职应急救援人员应按照有关规定,经专门应急救援培训,考核合格后,方可上岗,并定期参加复训。

其他从业人员每年应接受再培训,再培训时间和内容应符合国家和地方政府的有关规定。

5.3.2.3 外来人员

企业应对进入企业从事服务和作业活动的承包商、供应商的从业人员和接收的中等职业学校、高等学校实习生,进行入厂(矿)安全教育培训,并保存记录。

外来人员进入作业现场前,应由作业现场所在单位对其进行安全教育培训,并保存记录。主要内容包括:外来人员入厂(矿)有关安全规定、可能接触到的危害因素、所从事作业的安全要求、作业安全风险分析及安全控制措施、职业病危害防护措施、应急知识等。

企业应对进入企业检查、参观、学习等外来人员进行安全教育,主要内容包括:安全规定、可能接触到的危险有害因素、职业病危害防护措施、应急知识等。

5.4 现场管理

5.4.1 设备设施管理

5.4.1.1 设备设施建设

企业总平面布置应符合 GB 50187 的规定,建筑设计防火和建筑灭火器配置应分别符合 GB 50016 和 GB 50140 的规定;建设项目的安全设施和职业病防护设施应与建设项目主体工程同时设计、同时施工、同时投入生产和使用。

企业应按照有关规定进行建设项目安全生产、职业病危害评价,严格履行建设项目安全设施和职业病防护设施设计审查、施工、试运行、竣工验收等管理程序。

5.4.1.2 设备设施验收

企业应执行设备设施采购、到货验收制度,购置、使用设计符合要求、质量合格的设备设施。设备设施安装后企业应进行验收,并对相关过程及结果进行记录。

5.4.1.3 设备设施运行

企业应对设备设施进行规范化管理,建立设备设施管理台账。

企业应有专人负责管理各种安全设施以及检测与监测设备,定期检查维护并做好记录。

企业应针对高温、高压和生产、使用、储存易燃、易爆、有毒、有害物质等高风险设备,以及海洋石油开采特种设备和矿山井下特种设备,建立运行、巡检、保养的专项安全管理制度,确保其始终处于安全可靠的运行状态。

安全设施和职业病防护设施不应随意拆除、挪用或弃置不用;确因检维修拆除的,应采取临时安全措施,检维修完毕后立即复原。

5.4.1.4 设备设施检维修

企业应建立设备设施检维修管理制度,制定综合检维修计划,加强日常检维修和定期检维修管理,落实"五定"原则,即定检维修方案、定检维修人员、定安全措施、定检维修质量、定检维修进度,并做好记录。

检维修方案应包含作业安全风险分析、控制措施、应急处置措施及安全验收标准。检维修过程中应执行安全控制措施,隔离能量和危险物质,并进行监督检查,检维修后应进行安全确认。检维修过程中涉及危险作业的,应按照5.4.2.1执行。

5.4.1.5 检测检验

特种设备应按照有关规定,委托具有专业资质的检测、检验机构进行定期检测、检验。涉及人身安全、危险性较大的海洋石油开采特种设备和矿山井下特种设备,应取得矿用产品安全标志或相关安全使用证。

5.4.1.6 设备设施拆除、报废

企业应建立设备设施报废管理制度。设备设施的报废应办理审批手续,在报废设备设施拆除前应制定方案,并在现场设置明显的报废设备设施标志。报废、拆除涉及许可作业的,应按照5.4.2.1执行,并在作业前对相关作业人员进行培训和安全技术交底。报废、拆除应按方案和许可内容组织落实。

5.4.2 作业安全

5.4.2.1 作业环境和作业条件

企业应事先分析和控制生产过程及工艺、物料、设备设施、器材、通道、作业环境等存在的安全风险。

生产现场应实行定置管理,保持作业环境整洁。

生产现场应配备相应的安全、职业病防护用品(具)及消防设施与器材,按照有关规定设置应急照明、安全通道,并确保安全通道畅通。

企业应对临近高压输电线路作业,危险场所动火作业、有(受)限空间作业、临时用电作业、爆破作业、封道作业等危险性较大的作业活动,实施作业许可管理,严格履行作业许可审批手续。作业许可应包含安全风险分析、安全及职业病危害防护措施、应急处置等内容。作业许可实行闭环管理。

企业应对作业人员的上岗资格、条件等进行作业前的安全检查,做到特种作业人员持证上岗,并安排专人进行现场安全管理,确保作业人员遵守岗位操作规程和落实安全及职业病危害防护措施。

企业应采取可靠的安全技术措施,对设备能量和危险有害物质进行屏蔽或隔离。

两个以上作业队伍在同一作业区域内进行作业活动时,不同作业队伍相互之间应签订管理协议,明确各自的安全生产、职业卫生管理职责和采取的有效措施,并指定专人进行检查与协调。

危险化学品生产、经营、储存和使用单位的特殊作业,应符合 GB 30871 的规定。

5.4.2.2 作业行为

企业应依法合理进行生产作业组织和管理,加强对从业人员作业行为的安全管理,对设备设施、工艺技术以及从业人员作业行为等进行安全风险辨识,采取相应的措施,控制作业行为安全风险。

企业应监督、指导从业人员遵守安全生产和职业卫生规章制度、操作规程,杜绝违章指挥、违规作业和违反劳动纪律的"三违"行为。

企业应为从业人员配备与岗位安全风险相适应的、符合 GB/T 11651 规定的个体防护装备与用品,并监督、指导从业人员按照有关规定正确佩戴、使用、维护、保养和检查个体防护装备与用品。

5.4.2.3 岗位达标

企业应建立班组安全活动管理制度,开展岗位达标活动,明确岗位达标的内容和要求。

从业人员应熟练掌握本岗位安全职责、安全生产和职业卫生操作规程、安全风险及管控措施、防护用品使用、自救互救及应急处置措施。

各班组应按照有关规定开展安全生产和职业卫生教育培训、安全操作技能训练、岗位作业危险预知、作业现场隐患排查、事故分析等工作,并做好记录。

5.4.2.4 相关方

企业应建立承包商、供应商等安全管理制度,将承包商、供应商等相关方的安全生产和职业卫生纳入企业内部管理,对承包商、供应商等相关方的资格预审、选择、作业人员培训、作业过程检查监督、提供的产品与服务、绩效评估、续用或退出等进行管理。

企业应建立合格承包商、供应商等相关方的名录和档案,定期识别服务行为安全风险,并采取有效的控制措施。

企业不应将项目委托给不具备相应资质或安全生产、职业病防护条件的承包商、供应商等相关方。企业应与承包商、供应商等签订合作协议,明确规定双方的安全生产及职业病防护的责任和义务。

企业应通过供应链关系促进承包商、供应商等相关方达到安全生产标准化要求。

5.4.3 职业健康

5.4.3.1 基本要求

企业应为从业人员提供符合职业卫生要求的工作环境和条件,为接触职业病危害的从业人员提供个人使用的职业病防护用品,建立、健全职业卫生档案和健康监护档案。

产生职业病危害的工作场所应设置相应的职业病防护设施,并符合 GBZ 1 的规定。

企业应确保使用有毒、有害物品的工作场所与生活区、辅助生产区分开,工作场所不应住人;将有害作业与无害作业分开,高毒工作场所与其他工作场所隔离。

对可能导致发生急性职业病危害的有毒、有害工作场所,应设置检测报警装置,制定应急预案,配置现场急救用品、设备,设置应急撤离通道和必要的泄险区,并定期检查监测。

企业应组织从业人员进行上岗前、在岗期间、特殊情况应急后和离岗时的职业健康检查,将检查结果书面如实告知从业人员并存档。对检查结果异常的从业人员,应及时就医,并定期复查。企业不应安排未经职业健康检查的从业人员从事接触职业病危害的作业;不应安排有职业禁忌的从业人员从事禁忌作业。从业人员的职业健康监护应符合 GBZ 188

的规定。

各种防护用品、各种防护器具应定点存放在安全、便于取用的地方,建立台账,并有专人负责保管,定期校验、维护和更换。

涉及放射工作场所和放射性同位素运输、贮存的企业,应配置防护设备和报警装置,为接触放射线的从业人员佩戴个人剂量计。

5.4.3.2 职业病危害告知

企业与从业人员订立劳动合同时,应将工作过程中可能产生的职业病危害及其后果和防护措施如实告知从业人员,并在劳动合同中写明。

企业应按照有关规定,在醒目位置设置公告栏,公布有关职业病防治的规章制度、操作规程、职业病危害事故应急救援措施和工作场所职业病危害因素检测结果。对存在或产生职业病危害的工作场所、作业岗位、设备、设施,应在醒目位置设置警示标识和中文警示说明;使用有毒物品作业场所,应设置黄色区域警示线、警示标识和中文警示说明;高毒作业场所应设置红色区域警示线、警示标识和中文警示说明,并设置通讯报警设备。高毒物品作业岗位职业病危害告知应符合 GBZ/T 203 的规定。

5.4.3.3 职业病危害项目申报

企业应按照有关规定,及时、如实向所在地安全监管部门申报职业病危害项目,并及时更新信息。

5.4.3.4 职业病危害检测与评价

企业应改善工作场所职业卫生条件,控制职业病危害因素浓(强)度不超过 GBZ 2.1、GBZ 2.2 规定的限值。

企业应对工作场所职业病危害因素进行日常监测,并保存监测记录。存在职业病危害的,应委托具有相应资质的职业卫生技术服务机构进行定期检测,每年至少进行一次全面的职业病危害因素检测;职业病危害严重的,应委托具有相应资质的职业卫生技术服务机构,每3年至少进行一次职业病危害现状评价。检测、评价结果存入职业卫生档案,并向安全监管部门报告,向从业人员公布。

定期检测结果中职业病危害因素浓度或强度超过职业接触限值的,企业应根据职业卫生技术服务机构提出的整改建议,结合本单位的实际情况,制定切实有效的整改方案,立即进行整改。整改落实情况应有明确的记录并存入职业卫生档案备查。

5.4.4 警示标志

企业应按照有关规定和工作场所的安全风险特点,在有重大危险源、较大危险因素和严重职业病危害因素的工作场所,设置明显的、符合有关规定要求的安全警示标志和职业病危害警示标识。其中,警示标志的安全色和安全标志应分别符合 GB 2893 和 GB 2894 的规定,道路交通标志和标线应符合 GB 5768(所有部分)的规定,工业管道安全标识应符合 GB 7231 的规定,消防安全标志应符合 GB 13495.1 的规定,工作场所职业病危害警示标识应符合 GBZ 158 的规定。安全警示标志和职业病危害警示标识应标明安全风险内容、危险程度、安全距离、防控办法、应急措施等内容;在有重大隐患的工作场所和设备设施上设置安全警示标志,标明治理责任、期限及应急措施;在有安全风险的工作岗位设置安全告知卡,告知从业人员本企业、本岗位主要危险有害因素、后果、事故预防及应急措施、报告电话等内容。

企业应定期对警示标志进行检查维护,确保其完好有效。

企业应在设备设施施工、吊装、检维修等作业现场设置警戒区域和警示标志,在检维修现场的坑、井、渠、沟、陡坡等场所设置围栏和警示标志,进行危险提示、警示,告知危险的种类、后果及应急措施等。

5.5 安全风险管控及隐患排查治理
5.5.1 安全风险管理
5.5.1.1 安全风险辨识

企业应建立安全风险辨识管理制度,组织全员对本单位安全风险进行全面、系统的辨识。

安全风险辨识范围应覆盖本单位的所有活动及区域,并考虑正常、异常和紧急三种状态及过去、现在和将来三种时态。安全风险辨识应采用适宜的方法和程序,且与现场实际相符。

企业应对安全风险辨识资料进行统计、分析、整理和归档。

5.5.1.2 安全风险评估

企业应建立安全风险评估管理制度,明确安全风险评估的目的、范围、频次、准则和工作程序等。

企业应选择合适的安全风险评估方法,定期对所辨识出的存在安全风险的作业活动、设备设施、物料等进行评估。在进行安全风险评估时,至少应从影响人、财产和环境三个方面的可能性和严重程度进行分析。

矿山、金属冶炼和危险物品生产、储存企业,每3年应委托具备规定资质条件的专业技术服务机构对本企业的安全生产状况进行安全评价。

5.5.1.3 安全风险控制

企业应选择工程技术措施、管理控制措施、个体防护措施等,对安全风险进行控制。

企业应根据安全风险评估结果及生产经营状况等,确定相应的安全风险等级,对其进行分级分类管理,实施安全风险差异化动态管理,制定并落实相应的安全风险控制措施。

企业应将安全风险评估结果及所采取的控制措施告知相关从业人员,使其熟悉工作岗位和作业环境中存在的安全风险,掌握、落实应采取的控制措施。

5.5.1.4 变更管理

企业应制定变更管理制度。变更前应对变更过程及变更后可能产生的安全风险进行分析,制定控制措施,履行审批及验收程序,并告知和培训相关从业人员。

5.5.2 重大危险源辨识与管理

企业应建立重大危险源管理制度,全面辨识重大危险源,对确认的重大危险源制定安全管理技术措施和应急预案。

涉及危险化学品的企业应按照 GB 18218 的规定,进行重大危险源辨识和管理。

企业应对重大危险源进行登记建档,设置重大危险源监控系统,进行日常监控,并按照有关规定向所在地安全监管部门备案。重大危险源安全监控系统应符合 AQ 3035 的技术规定。

含有重大危险源的企业应将监控中心(室)视频监控数据、安全监控系统状态数据和监测数据与有关安全监管部门监管系统联网。

5.5.3 隐患排查治理
5.5.3.1 隐患排查

企业应建立隐患排查治理制度,逐级建立并落实从主要负责人到每位从业人员的隐患排查治理和防控责任制。并按照有关规定组织开展隐患排查治理工作,及时发现并消除隐患,实行隐患闭环管理。

企业应根据有关法律法规、标准规范等,组织制定各部门、岗位、场所、设备设施的隐患排查治理标准或排查清单,明确隐患排查的时限、范围、内容、频次和要求,并组织开展相应的培训。隐患排查的范围应包括所有与生产经营相关的场所、人员、设备设施和活动,包括承包商、供应商等相关方服务范围。

企业应按照有关规定,结合安全生产的需要和特点,采用综合检查、专业检查、季节性检查、节假日检查、日常检查等不同方式进行隐患排查。对排查出的隐患,按照隐患的等级进行记录,建立隐患信息档案,并按照职责分工实施监控治理。组织有关专业技术人员对本企业可能存在的重大隐患做出认定,并按照有关规定进行管理。

企业应将相关方排查出的隐患统一纳入本企业隐患管理。

5.5.3.2 隐患治理

企业应根据隐患排查的结果,制定隐患治理方案,对隐患及时进行治理。

企业应按照责任分工立即或限期组织整改一般隐患。主要负责人应组织制定并实施重大隐患治理方案。治理方案应包括目标和任务、方法和措施、经费和物资、机构和人员、时限和要求、应急预案。

企业在隐患治理过程中,应采取相应的监控防范措施。隐患排除前或排除过程中无法保证安全的,应从危险区域内撤出作业人员,疏散可能危及的人员,设置警戒标志,暂时停产停业或停止使用相关设备、设施。

5.5.3.3 验收与评估

隐患治理完成后,企业应按照有关规定对治理情况进行评估、验收。重大隐患治理完成后,企业应组织本企业的安全管理人员和有关技术人员进行验收或委托依法设立的为安全生产提供技术、管理服务的机构进行评估。

5.5.3.4 信息记录、通报和报送

企业应如实记录隐患排查治理情况,至少每月进行统计分析,及时将隐患排查治理情况向从业人员通报。

企业应运用隐患自查、自改、自报信息系统,通过信息系统对隐患排查、报告、治理、销账等过程进行电子化管理和统计分析,并按照当地安全监管部门和有关部门的要求,定期或实时报送隐患排查治理情况。

5.5.4 预测预警

企业应根据生产经营状况、安全风险管理及隐患排查治理、事故等情况,运用定量或定性的安全生产预测预警技术,建立体现企业安全生产状况及发展趋势的安全生产预测预警体系。

5.6 应急管理

5.6.1 应急准备

5.6.1.1 应急救援组织

企业应按照有关规定建立应急管理组织机构或指定专人负责应急管理工作,建立与本企业安全生产特点相适应的专(兼)职应急救援队伍。按照有关规定可以不单独建立应急救援队伍的,应指定兼职救援人员,并与邻近专业应急救援队伍签订应急救援服务协议。

5.6.1.2 应急预案

企业应在开展安全风险评估和应急资源调查的基础上,建立生产安全事故应急预案体系,制定符合 GB/T 29639 规定的生产安全事故应急预案,针对安全风险较大的重点场所(设施)制定现场处置方案,并编制重点岗位、人员应急处置卡。

企业应按照有关规定将应急预案报当地主管部门备案,并通报应急救援队伍、周边企业等有关应急协作单位。

企业应定期评估应急预案,及时根据评估结果或实际情况的变化进行修订和完善,并按照有关规定将修订的应急预案及时报当地主管部门备案。

5.6.1.3 应急设施、装备、物资

企业应根据可能发生的事故种类特点,按照有关规定设置应急设施,配备应急装备,储备应急物资,建立管理台账,安排专人管理,并定期检查、维护、保养,确保其完好、可靠。

5.6.1.4 应急演练

企业应按照 AQ/T 9007 的规定定期组织公司(厂、矿)、车间(工段、区、队)、班组开展生产安全事故应急演练,做到一线从业人员参与应急演练全覆盖,并按照 AQ/T 9009 的规定对演练进行总结和评估,根据评估结论和演练发现的问题,修订、完善应急预案,改进应急准备工作。

5.6.1.5 应急救援信息系统建设

矿山、金属冶炼等企业,生产、经营、运输、储存、使用危险物品或处置废弃危险物品的生产经营单位,应建立生产安全事故应急救援信息系统,并与所在地县级以上地方人民政府负有安全生产监督管理职责部门的安全生产应急管理信息系统互联互通。

5.6.2 应急处置

发生事故后,企业应根据预案要求,立即启动应急响应程序,按照有关规定报告事故情况,并开展先期处置:

发出警报,在不危及人身安全时,现场人员采取阻断或隔离事故源、危险源等措施;严重危及人身安全时,迅速停止现场作业,现场人员采取必要的或可能的应急措施后撤离危险区域。

立即按照有关规定和程序报告本企业有关负责人,有关负责人应立即将事故发生的时间、地点、当前状态等简要信息向所在地县级以上地方人民政府负有安全生产监督管理职责的有关部门报告,并按照有关规定及时补报、续报有关情况;情况紧急时,事故现场有关人员可以直接向有关部门报告;对可能引发次生事故灾害的,应及时报告相关主管部门。

研判事故危害及发展趋势,将可能危及周边生命、财产、环境安全的危险性和防护措施等告知相关单位与人员;遇有重大紧急情况时,应立即封闭事故现场,通知本单位从业人员和周边人员疏散,采取转移重要物资、避免或减轻环境危害等措施。

请求周边应急救援队伍参加事故救援,维护事故现场秩序,保护事故现场证据。准备事故救援技术资料,做好向所在地人民政府及其负有安全生产监督管理职责的部门移交救援工作指挥权的各项准备。

5.6.3 应急评估

企业应对应急准备、应急处置工作进行评估。

矿山、金属冶炼等企业,生产、经营、运输、储存、使用危险物品或处置废弃危险物品的企

业,应每年进行一次应急准备评估。

完成险情或事故应急处置后,企业应主动配合有关组织开展应急处置评估。

5.7 事故管理

5.7.1 报告

企业应建立事故报告程序,明确事故内外部报告的责任人、时限、内容等,并教育、指导从业人员严格按照有关规定的程序报告发生的生产安全事故。

企业应妥善保护事故现场以及相关证据。

事故报告后出现新情况的,应当及时补报。

5.7.2 调查和处理

企业应建立内部事故调查和处理制度,按照有关规定、行业标准和国际通行做法,将造成人员伤亡(轻伤、重伤、死亡等人身伤害和急性中毒)和财产损失的事故纳入事故调查和处理范畴。

企业发生事故后,应及时成立事故调查组,明确其职责与权限,进行事故调查。事故调查应查明事故发生的时间、经过、原因、波及范围、人员伤亡情况及直接经济损失等。

事故调查组应根据有关证据、资料,分析事故的直接、间接原因和事故责任,提出应吸取的教训、整改措施和处理建议,编制事故调查报告。

企业应开展事故案例警示教育活动,认真吸取事故教训,落实防范和整改措施,防止类似事故再次发生。

企业应根据事故等级,积极配合有关人民政府开展事故调查。

5.7.3 管理

企业应建立事故档案和管理台账,将承包商、供应商等相关方在企业内部发生的事故纳入本企业事故管理。

企业应按照 GB 6441、GB/T 15499 的有关规定和国家、行业确定的事故统计指标开展事故统计分析。

5.8 持续改进

5.8.1 绩效评定

企业每年至少应对安全生产标准化管理体系的运行情况进行一次自评,验证各项安全生产制度措施的适宜性、充分性和有效性,检查安全生产和职业卫生管理目标、指标的完成情况。

企业主要负责人应全面负责组织自评工作,并将自评结果向本企业所有部门、单位和从业人员通报。自评结果应形成正式文件,并作为年度安全绩效考评的重要依据。

企业应落实安全生产报告制度,定期向业绩考核等有关部门报告安全生产情况,并向社会公示。

企业发生生产安全责任死亡事故,应重新进行安全绩效评定,全面查找安全生产标准化管理体系中存在的缺陷。

5.8.2 持续改进

企业应根据安全生产标准化管理体系的自评结果和安全生产预测预警系统所反映的趋势,以及绩效评定情况,客观分析企业安全生产标准化管理体系的运行质量,及时调整完善相关制度文件和过程管控,持续改进,不断提高安全生产绩效。

安全生产责任保险事故预防技术服务规范
（AQ 9010—2019）

前　言

本标准的全部技术内容为强制性条款。

本标准按照 GB/T 1.1—2009 给出的规则起草。

本标准由中华人民共和国应急管理部提出。

本标准由全国安全生产标准化技术委员会（SAC/TC 288）归口。

本标准起草单位：中国企业联合会、中国人民财产保险股份公司、中科招商投资管理集团发展战略研究院、中国太平洋财产保险股份有限公司、中国平安财产保险股份有限公司、中国大唐集团有限公司、江泰保险经纪股份有限公司、应急管理部信息研究院。

本标准主要起草人：王建军、李德洁、王冰峰、李桂梅、徐冬仓、杨军、刘向上、朱戈、方晓栋、袁勇民、赵一归、刘毅、杨壮、樊劭、陈瀚舟。

1　范围

本标准规定了保险机构开展安全生产责任保险事故预防技术服务基本原则、服务项目和形式、服务流程、服务保障、服务评估和改进的规范性要求。

本标准适用于保险机构为投保单位开展的安全生产责任保险事故预防技术服务。

2　规范性引用文件

下列文件对于本文件的应用是必不可少的。凡是注日期的引用文件，仅注日期的版本适用于本文件。凡是不注日期的引用文件，其最新版本（包括所有的修改单）适用于本文件。

GB/T 36687　保险术语

3　术语和定义

下列术语和定义适用于本文件。

3.1

安全生产责任保险　work safety liability insurance

保险机构对投保单位发生生产安全事故造成的人员伤亡和有关经济损失等予以赔偿，并且为投保单位提供生产安全事故预防服务的商业保险。

3.2

事故预防技术服务　accidents prevention technical service

保险机构为防止或减少投保单位发生生产安全事故，降低赔付风险，通过一定的技术措施，协助投保单位开展事故预防工作的服务行为。

3.3

投保单位　applicant

与保险机构订立安全生产责任保险合同并支付保险费用,享有获得赔偿和接受事故预防技术服务权利的生产经营单位。

3.4

安全生产专业技术人员 work safety professional

为投保单位提供事故预防技术服务的具有安全生产专业背景、职业资格、工作经验的专业技术人员和科学研究人员。

3.5

安全生产技术服务机构 work safety technical service organization

受保险机构委托,为投保单位提供事故预防技术服务的各类机构,包括安全生产技术与管理咨询机构、安全评价机构、安全生产检测检验机构、安全风险评估机构、安全培训机构、注册安全工程师事务所、高等院校、科研院所和社会组织等。

4 基本原则

4.1 强制性

保险机构应在保险合同中明确事故预防技术服务项目及频次,并按照合同约定为投保单位提供服务,不应以任何理由拒绝履行保险合同约定的服务义务,不应另行收取费用。保险机构开展事故预防技术服务时,投保单位应主动配合。

4.2 规范性

保险机构应建立管理制度,规范服务流程,依法开展事故预防技术服务,不应泄露投保单位的职工信息和技术秘密、商业秘密,不应影响投保单位正常的生产经营活动。

4.3 适用性

保险机构为投保单位提供的事故预防技术服务方案应符合投保单位安全生产工作实际,确保适用可行,并根据投保单位的意见和需求,及时改进服务方案。

4.4 实效性

保险机构应保证事故预防技术服务质量,有效降低投保单位安全风险。投保单位应根据保险机构反馈的书面意见,采取安全防范措施,共同确保事故预防技术服务效果。

5 服务项目和形式

5.1 服务项目

保险机构应根据投保单位需求,参照以下内容确定具体服务项目,协助投保单位开展事故预防工作:

a) 安全生产宣传教育培训。制作发放安全生产宣传教育培训资料,举办安全生产宣传教育活动,组织开展安全生产专项教育培训。

b) 安全风险辨识、评估和安全评价。开展安全风险辨识评估、安全评价和安全生产检测检验,提出风险防控措施建议,发布风险预警信息。

c) 生产安全事故隐患排查。开展生产安全事故隐患排查,提出隐患治理措施与方案。

d) 安全生产标准化建设。编制安全生产标准化建设方案,制修订安全管理制度,开展安全生产标准化自评。

e) 生产安全事故应急预案编制和演练。编制生产安全事故应急预案,开展应急预案演练和效果评估。

f) 安全生产科技推广应用。组织安全生产技术交流研讨,推介安全生产科技成果和先进技术装备。

g) 其他有关事故预防工作。

保险机构每年至少为投保的煤矿、非煤矿山、危险化学品、烟花爆竹、交通运输、建筑施工、民用爆炸物品、金属冶炼、渔业生产等高危行业领域大中型投保单位提供1次b)或c)服务。

5.2 服务形式

保险机构应通过以下形式为投保单位提供事故预防技术服务:

a) 依靠自身安全生产专业技术人员;
b) 委托安全生产技术服务机构;
c) 聘请外部安全生产专业技术人员;
d) 委托保险经纪人。

6 服务流程

6.1 制定服务方案

保险机构应与投保单位沟通并协商一致,根据其行业领域特点、生产规模、风险分布、人员状况、安全管理基础和历史事故情况,结合安全生产目标和工作需求,制定事故预防技术服务方案,明确服务项目、服务措施、服务频次、服务机构、服务人员、预期目标和服务保障事项。

6.2 开展服务

保险机构每次开展服务之前,应提前与投保单位沟通,确认服务项目、服务措施和服务时间。开展服务时,服务人员应遵守投保单位的安全管理制度和操作规程,采取安全防护措施,保证自身和其他人员的安全;在服务过程中发现生产安全事故隐患,应及时书面告知投保单位,投保单位应及时整改。

6.3 回访和确认

保险机构应在服务完成以后10个工作日内通过电话、网络、现场验证方式回访并记录投保单位的满意度和具体意见。保险机构应如实记录事故预防技术服务的时间、地点、服务机构、服务人员、服务项目、服务措施、服务过程和回访情况,并在服务完成以后20个工作日内整理完毕,由双方确认后归档。

6.4 投诉处理

保险机构应提供可靠、便捷的投诉渠道,并告知投保单位投诉处理程序和投诉纠纷调处方式。对投保单位提出的异议或投诉,保险机构应及时沟通处理,在10个工作日内将投诉事项的答复意见反馈给投保单位;需要进一步核实与处理的,应在30个工作日内予以答复。情况复杂的,经本单位保险消费投诉处理工作责任人批准,可以延长处理期限,但延长期限不得超过30日,并告知投诉人延长期限的理由。投诉事项答复意见应包括:投诉人的投诉请求、对基本事实的认定及依据、对投诉事项的处理措施。投保单位对保险机构的答复意见仍不满意的,可提交应急管理部门、银行保险监管机构或相关部门核查。

7 服务保障

7.1 机构人员

保险机构应明确安全生产责任保险业务的管理机构和管理人员,对安全生产责任保险事故预防技术服务进行全流程管理。管理人员应具备相应的保险和安全生产专业知识,了解相关法律法规和政策规定,熟悉安全生产责任保险和事故预防技术服务的业务流程和管理制度,每年至少接受1次专业技能培训。

保险机构应选择具备与所从事服务项目相符合专业能力或资质的安全生产专业技术人员和安全生产技术服务机构。

7.2 管理制度

保险机构应建立事故预防技术服务工作责任制,完善服务流程、质量控制、机构管理、人员管理、档案管理、投诉处理和评价考核管理制度。

7.3 服务费用

保险机构应依据合同约定和相关规定,建立专门台账,据实列支事故预防技术服务费用,满足事故预防工作需要,并接受政府相关部门的监督。

7.4 档案管理

保险机构应为投保单位建立服务档案,记录和保留事故预防技术服务文档资料,确保服务过程可追溯。应归档的文档资料包括保险合同、服务方案、服务记录、委托服务合同、服务费用台账、投诉处理记录和年度评估报告。

保险机构应确保服务档案真实完整,至少保留5年,其间不得丢失、篡改、隐匿和销毁。

7.5 信息管理系统

保险机构应建立事故预防技术服务信息管理系统,对事故预防技术服务业务数据、费用台账、制度标准、服务档案进行采集和存储,并支持政府相关部门、投保单位、安全生产技术服务机构等不同类型的用户按照授权对相关信息进行共享和查询。

8 服务评估和改进

8.1 服务评估

保险机构应每年对事故预防技术服务的质量和效果进行1次自评或第三方评估,并形成书面报告,内容包括服务方案实施情况、服务效果、投保单位满意度、服务费用支出情况、服务机构和服务人员的专业能力、投诉处理情况、存在的问题和改进措施。

8.2 评估应用

保险机构应将年度评估结果纳入内部管理机构和管理人员考核内容,以及选择安全生产专业技术人员和安全生产技术服务机构的重要依据。

保险机构应向属地应急管理部门、银行保险监管机构和相关部门上报年度评估报告,通过官方网站和公共媒体向社会公布年度评估结果,接受政府相关部门和社会监督。

8.3 持续改进

保险机构应针对年度评估、回访、投保单位投诉、政府相关部门监督检查中发现的问题,制定并落实改进措施,完善管理制度和服务方案,持续提高事故预防技术服务质量。

生产安全事故应急演练评估规范（AQ/T 9009—2015）

前　言

本标准按照 GB/T 1.1—2009 给出的规则起草。

本标准由国家安全生产监督管理总局提出。

本标准由全国安全生产标准化技术委员会(SAC/TC 288)归口。

本标准起草单位：中国安全生产科学研究院、国家安全生产应急救援指挥中心、中国南方电网调峰调频发电公司。

本标准主要起草人：吴宗之、雷长群、李定林、孙庆云、时训先、吴志岭、闫立、李永兴、曹云鹏、蔡镇坤、周劲松。

1　范围

本标准规定了生产安全事故应急演练评估（以下简称演练评估）的目的、内容、方法与工作程序。

本标准适用于针对生产安全事故应急演练所开展的评估活动。演练评估工作的组织及实施可根据演练内容、演练形式、演练规模和复杂程度参照本标准进行。

2　规范性引用文件

下列文件对于本标准的应用是必不可少的。凡是注日期的引用文件，仅注日期的版本适用于本文件。凡是不注日期的引用文件，其最新版本（包括所有的修改单）适用于本文件。

GB/T 29639—2013　生产经营单位生产安全事故应急预案编制导则

AQ/T 9007　生产安全事故应急演练指南

3　术语和定义

下列术语和定义适用于本文件。

3.1

应急演练　emergency exercise

针对可能发生的事故情景，依据应急预案而模拟开展的应急活动。

[GB/T 29639—2013,定义 3.5]

3.2

应急演练评估　emergency exercise evaluation

围绕演练目标和要求，对参演人员表现、演练活动准备及其组织实施过程作出客观评价，并编写演练评估报告的过程。

3.3

演练情景　exercise scenario

根据应急演练的目标要求，按照事故发生与演变的规律，事先假设的事故发生发展过程,描述事故发生的时间、地点、状态特征、波及范围、周边环境、可能的后果及随时间的演变进程等内容。

3.4
相关方 interested party

与应急演练单位应急救援工作成效有关或受其事故影响的个人或团体。

4 总则

4.1 评估目的

通过评估发现应急预案、应急组织、应急人员、应急机制、应急保障等方面存在的问题或不足,提出改进意见或建议,并总结演练中好的做法和主要优点等。

4.2 评估依据

主要依据以下内容:
a) 有关法律、法规、标准及有关规定和要求;
b) 演练活动所涉及的相关应急预案和演练文件;
c) 演练单位的相关技术标准、操作规程或管理制度;
d) 相关事故应急救援典型案例资料;
e) 其他相关材料。

4.3 评估原则

实事求是、科学考评、依法依规、以评促改。

4.4 评估程序

评估准备、评估实施和评估总结。

4.5 评估组

4.5.1 构成

评估组由应急管理方面专家和相关领域专业技术人员或相关方代表组成,规模较大、演练情景和参演人员较多或实施程序复杂的演练,可设多级评估,并确定总体负责人及各小组负责人。

4.5.2 职责

负责对演练准备、组织与实施等进行全过程、全方位地跟踪评估。演练结束后,及时向演练单位或演练领导小组及其他相关专业工作组提出评估意见、建议,并撰写演练评估报告。

5 演练评估准备

5.1 成立评估机构和确定评估人员

按照4.5的要求,成立演练评估组和确定评估人员,评估人员应有明显标识。

5.2 演练评估需求分析

制订演练评估方案之前,应确定评估工作目的、内容和程序。

5.3 演练评估资料的收集

依据4.2的要求,收集演练评估所需要的相关资料和文件。

5.4 选择评估方式和方法

演练评估主要是通过对演练活动或参演人员的表现进行的观察、提问、听对方陈述、检查、比对、验证、实测而获取客观证据,比较演练实际效果与目标之间的差异,总结演练中好的做法,查找存在的问题。

演练评估应以演练目标为基础,每项演练目标都要设计合理的评估项目方法、标准。根据演练目标的不同,可以用选择项(例如:是/否判断,多项选择)、评分(例如:0—缺项、1—较差、3——一般、5—优秀)、定量测量(例如:响应时间、被困人数、获救人数)等方法进行评估。

5.5 编写评估方案和评估标准

5.5.1 编写评估方案

内容通常包括:

——概述:演练模拟的事故名称、发生的时间和地点、事故过程的情景描述、主要应急行动等。
——目的:阐述演练评估的主要目的。
——内容:演练准备和实施情况的评估内容。
——信息获取:主要说明如何获取演练评估所需的各种信息。
——工作组织实施:演练评估工作的组织实施过程和具体工作安排。
——附件:演练评估所需相关表格等。

注:该部分内容引自 AQ/T 9007。

5.5.2 制定评估标准

演练评估组召集有关方面和人员,根据演练总体目标和各参演机构的目标,以及具体演练情景事件、演练流程和保障方案,明确演练评估内容及要求。演练评估参照本标准附录A、附录B事先制定好演练评估表格,包括演练目标、评估方法、评估标准和相关记录项等。

5.6 培训评估人员

演练评估人员应听取演练组织或策划人员介绍演练方案以及组织和实施流程,并可进行交互式讨论,进一步明晰演练流程和内容。同时,评估组内部应围绕以下内容开展内部专题培训:

a) 演练组织和实施的相关文件;
b) 演练评估方案;
c) 演练单位的应急预案和相关管理文件;
d) 熟悉演练场地,了解有关参演部门和人员的基本情况、相关演练设施,掌握相关技术处置标准和方法;
e) 其他有关内容。

5.7 准备评估材料、器材

根据演练需要,准备评估工作所需的相关材料、器材,主要包括演练评估方案文本、评估表格、记录表、文具、通信设备、计时设备、摄像或录音设备、计算机或相关评估软件等。

6 演练评估实施

6.1 评估人员就位

根据演练评估方案安排,评估人员提前就位,做好演练评估准备工作。

6.2 观察记录和收集数据、信息和资料

演练开始后,演练评估人员通过观察、记录和收集演练信息和相关数据、信息和资料,观察演练实施及进展、参演人员表现等情况,及时记录演练过程中出现的问题。在不影响演练进程的情况下,评估人员可进行现场提问并做好记录。

6.3 演练评估

根据演练现场观察和记录,依据制定的评估表,逐项对演练内容进行评估,及时记录评估结果。

7 演练评估总结

7.1 演练点评

演练结束后,可选派有关代表(演练组织人员、参演人员、评估人员或相关方人员)对演练中发现的问题及取得的成效进行现场点评。

7.2 参演人员自评

演练结束后,演练单位应组织各参演小组或参演人员进行自评,总结演练中的优点和不足,介绍演练收获及体会。演练评估人员应参加参演人员自评会并做好记录。

7.3 评估组评估

参演人员自评结束后,演练评估组负责人应组织召开专题评估工作会议,综合评估意见。评估人员应根据演练情况和演练评估记录发表建议并交换意见,分析相关信息资料,明确存在问题并提出整改要求和措施等。

7.4 编制演练评估报告

7.4.1 报告编写要求

演练现场评估工作结束后,评估组针对收集的各种信息资料,依据评估标准和相关文件资料对演练活动全过程进行科学分析和客观评价,并撰写演练评估报告,评估报告应向所有参演人员公示。

7.4.2 报告主要内容

内容通常包括:

—— 演练基本情况:演练的组织及承办单位、演练形式、演练模拟的事故名称、发生的时间和地点、事故过程的情景描述、主要应急行动等。

—— 演练评估过程:演练评估工作的组织实施过程和主要工作安排。

—— 演练情况分析:依据演练评估表格的评估结果,从演练的准备及组织实施情况、参演人员表现等方面具体分析好的做法和存在的问题以及演练目标的实现、演练成本效益分析等。

—— 改进的意见和建议:对演练评估中发现的问题提出整改的意见和建议。

—— 评估结论:对演练组织实施情况的综合评价,并给出优(无差错地完成了所有应急演练内容)、良(达到了预期的演练目标,差错较少)、中(存在明显缺陷,但没有影响实现预期的演练目标)、差(出现了重大错误,演练预期目标受到严重影响,演练被迫中止,造成应急行动延误或资源浪费)等评估结论。

7.5 整改落实

演练组织单位应根据评估报告中提出的问题和不足,制订整改计划,明确整改目标,制

定整改措施,并跟踪督促整改落实,直到问题解决为止。同时,总结分析存在问题和不足的原因。

附 录 A
(资料性附录)
实战演练评估

A.1 准备情况评估

实战演练准备情况的评估可从演练策划与设计、演练文件编制、演练保障3个方面进行,具体评估内容参见表A.1。

表 A.1 实战演练准备情况评估表

评估项目	评估内容
1.演练策划与设计	1.1 目标明确且具有针对性,符合本单位实际
	1.2 演练目标简明、合理、具体、可量化和可实现
	1.3 演练目标应明确"由谁在什么条件下完成什么任务,依据什么标准,取得什么效果"
	1.4 演练目标设置是从提高参演人员的应急能力角度考虑
	1.5 设计的演练情景符合演练单位实际情况,且有利于促进实现演练目标和提高参演人员应急能力
	1.6 考虑到演练现场及可能对周边社会秩序造成的影响
	1.7 演练情景内容包括情景概要、事件后果、背景信息、演化过程等要素,要素较为全面
	1.8 演练情景中的各事件之间的演化衔接关系科学、合理,各事件有确定的发生与持续时间
	1.9 确定各参演单位和角色在各场景中的期望行动以及期望行动之间的衔接关系
	1.10 确定所需注入的信息及其注入形式
2.演练文件编制	2.1 制订了演练工作方案、安全及各类保障方案、宣传方案
	2.2 根据演练需要编制了演练脚本或演练观摩手册
	2.3 各单项文件中要素齐全、内容合理,符合演练规范要求
	2.4 文字通顺、语言精练、通俗易懂
	2.5 内容格式规范,各项附件项目齐全、编排顺序合理
	2.6 演练工作方案经过评审或报批
	2.7 演练保障方案印发到演练的各保障部门
	2.8 演练宣传方案考虑到演练前、中、后各环节宣传需要
	2.9 编制的观摩手册中各项要素齐全、并有安全告知
3.演练保障	3.1 人员的分工明确,职责清晰,数量满足演练要求
	3.2 演练经费充足,保障充分
	3.3 器材使用管理科学、规范,满足演练需要
	3.4 场地选择符合演练策划情景设置要求,现场条件满足演练要求

表 A.1（续）

评估项目	评估内容
3.演练保障	3.5 演练活动安全保障条件准备到位并满足要求
	3.6 充分考虑演练实施中可能面临的各种风险,制定必要的应急预案或采取有效控制措施
	3.7 参演人员能够确保自身安全
	3.8 采用多种通信保障措施,有备份通信手段
	3.9 对各项演练保障条件进行了检查确认

A.2 实施情况评估

实战演练准备情况的评估可从预警与信息报告、紧急动员、事故监测与研判、指挥和协调、事故处置、应急资源管理、应急通信、信息公开、人员保护、警戒与管制、医疗救护、现场控制及恢复和其他 13 个方面进行,具体评估内容参见表 A.2。

表 A.2 实战演练实施情况评估表

评估项目	评估内容
1.预警与信息报告	1.1 演练单位能够根据监测监控系统数据变化状况、事故险情紧急程度和发展势态或有关部门提供的预警信息进行预警
	1.2 演练单位有明确的预警条件、方式和方法
	1.3 对有关部门提供的信息、现场人员发现险情或隐患进行及时预警
	1.4 预警方式、方法和预警结果在演练中表现有效
	1.5 演练单位内部信息通报系统能够及时投入使用,能够及时向有关部门和人员报告事故信息
	1.6 演练中事故信息报告程序规范,符合应急预案要求
	1.7 在规定时间内能够完成向上级主管部门和地方人民政府报告事故信息程序,并持续更新
	1.8 能够快速向本单位以外的有关部门或单位、周边群众通报事故信息
2.紧急动员	2.1 演练单位能够依据应急预案快速确定事故的严重程度及等级
	2.2 演练单位能够根据事故级别,启动相应的应急响应,采用有效的工作程序,警告、通知和动员相应范围内人员
	2.3 演练单位能够通过总指挥或总指挥授权人员及时启动应急响应
	2.4 演练单位应急响应迅速,动员效果较好
	2.5 演练单位能够适应事先不通知突袭抽查式的应急演练
	2.6 非工作时间以及至少有一名单位主要领导不在应急岗位的情况下能够完成本单位的紧急动员

表 A.2（续）

评估项目	评估内容
3.事故监测与研判	3.1 演练单位在接到事故报告后，能够及时开展事故早期评估，获取事件的准确信息
	3.2 演练单位及相关单位能够持续跟踪、监测事故全过程
	3.3 事故监测人员能够科学评估其潜在危害性
	3.4 能够及时报告事态评估信息
4.指挥和协调	4.1 现场指挥部能够及时成立，并确保其安全高效运转
	4.2 指挥人员能够指挥和控制其职责范围内所有的参与单位及部门、救援队伍和救援人员的应急响应行动
	4.3 应急指挥人员表现出较强指挥协调能力，能够对救援工作全局有效掌控
	4.4 指挥部各位成员能够在较短或规定时间内到位，分工明确并各负其责
	4.5 现场指挥部能够及时提出有针对性的事故应急处置措施或制订切实可行的现场处置方案并报总指挥部批准
	4.6 指挥部重要岗位有后备人选，并能够根据演练活动的进行合理轮换
	4.7 现场指挥部制订的救援方案科学可行，调集了足够的应急救援资源和装备（包括专业救援人员和相关装备）
	4.8 现场指挥部与当地政府或本单位指挥中心信息畅通，并实现信息持续更新和共享
	4.9 应急指挥决策程序科学，内容有预见性、科学可行
	4.10 指挥部能够对事故现场有效传达指令，进行有效管控
	4.11 应急指挥中心能够及时启用，各项功能正常、满足使用
5.事故处置	5.1 参演人员能够按照处置方案规定或在指定的时间内迅速到达现场开展救援
	5.2 参演人员能够对事故先期状况作出正确判断，采取的先期处置措施科学、合理，处置结果有效
	5.3 现场参演人员职责清晰、分工合理
	5.4 应急处置程序正确、规范，处置措施执行到位
	5.5 参演人员之间有效联络，沟通顺畅有效，并能够有序配合，协同救援
	5.6 事故现场处置过程中，参演人员能够对现场实施持续安全监测或监控
	5.7 事故处置过程中采取了措施防止次生或衍生事故发生
	5.8 针对事故现场采取必要的安全措施，确保救援人员安全
6.应急资源管理	6.1 根据事态评估结果，能够识别和确定应急行动所需的各类资源，同时根据需要联系资源供应方
	6.2 参演人员能够快速、科学使用外部提供的应急资源并投入应急救援行动
	6.3 应急设施、设备、器材等数量和性能能够满足现场应急需要
	6.4 应急资源的管理和使用规范有序，不存在浪费情况

表 A.2（续）

评估项目	评估内容	
7.应急通信	7.1	通信网络系统正常运转,通信能力能够满足应急响应的需求
	7.2	应急队伍能够建立多途径的通信系统,确保通信畅通
	7.3	有专职人员负责通信设备的管理
	7.4	应急通信效果良好,演练各方通信顺畅
8 信息公开	8.1	明确事故信息发布部门、发布原则,事故信息能够由现场指挥部及时准确向新闻媒体通报
	8.2	指定了专门负责公共关系的人员,主动协调媒体关系
	8.3	能够主动就事故情况在内部进行告知,并及时通知相关方（股东/家属/周边居民等）
	8.4	能够对事件舆情持续监测和研判,并对涉及的公共信息妥善处置
9.人员保护	9.1	演练单位能够综合考虑各种因素并协调有关方面确保各方人员安全
	9.2	应急救援人员配备适当的个体防护装备,或采取了必要自我安全防护措施
	9.3	有受到或可能受到事故波及或影响的人员的安全保护方案
	9.4	针对事件影响范围内的特殊人群,能够采取适当方式发出警告并采取安全防护措施
10.警戒与管制	10.1	关键应急场所的人员进出通道受到有效管制
	10.2	合理设置了交通管制点,划定管制区域
	10.3	各种警戒与管制标志、标识设置明显,警戒措施完善
	10.4	有效控制出入口,清除道路上的障碍物,保证道路畅通
11.医疗救护	11.1	应急响应人员对受伤害人员采取有效先期急救,急救药品、器材配备有效
	11.2	及时与场外医疗救护资源建立联系求得支援,确保伤员及时得到救治
	11.3	现场医疗人员能够对伤病人员伤情作出正确诊断,并按照既定的医疗程序对伤病人员进行处置
	11.4	现场急救车辆能够及时准确地将伤员送往医院,并带齐伤员有关资料
12.现场控制及恢复	12.1	针对事故可能造成的人员安全健康与环境、设备与设施方面的潜在危害,以及为降低事故影响而制定的技术对策和措施有效
	12.2	事故现场产生的污染物或有毒有害物质能够及时、有效处置,并确保没有造成二次污染或危害
	12.3	能够有效安置疏散人员,清点人数,划定安全区域并提供基本生活等后勤保障
	12.4	现场保障条件满足事故处置、控制和恢复的基本需要
13.其他	13.1	演练情景设计合理,满足演练要求
	13.2	演练达到了预期目标
	13.3	参演的组成机构或人员职责能够与应急预案相符合

表 A.2（续）

评估项目	评估内容
13.其他	13.4 参演人员能够按时就位、正确并熟练使用应急器材
	13.5 参演人员能够以认真态度融入整体演练活动中，并及时、有效地完成演练中应承担的角色工作内容
	13.6 应急响应的解除程序符合实际并与应急预案中规定的内容相一致
	13.7 应急预案得到了充分验证和检验，并发现了不足之处
	13.8 参演人员的能力也得到了充分检验和锻炼

附 录 B
（资料性附录）
桌面演练评估

桌面演练的评估可从演练策划与准备、演练实施2个方面进行，具体评估内容参见表B.1。

表 B.1 桌面演练评估表

评估项目	评估内容
1.演练策划与准备	1.1 目标明确且具有针对性，符合本单位实际
	1.2 演练目标简单、合理、具体、可量化和可实现
	1.3 设计的演练情景符合参演人员需要，且有利于促进实现演练目标和提高参与人员应急能力
	1.4 演练情景内容包括了情景概要、事件后果、背景信息、演化过程等要素，要素较为全面
	1.5 演练情景中的各事件之间的演化衔接关系设置科学、合理，各事件有确定的发生与持续时间
	1.6 确定了各参演单位和角色在各场景中的期望行动以及期望行动之间的衔接关系
	1.7 确定所需注入的信息及其注入形式
	1.8 制定了演练工作方案，明确了参演人员的角色和分工
	1.9 演练活动保障人员数量和工作能力满足桌面演练需要
	1.10 演练现场布置、各种器材、设备等硬件条件满足桌面演练需要
2.演练实施	2.1 演练背景、进程以及参演人员角色分工等解说清晰正确
	2.2 根据事态发展，分级响应迅速、准确
	2.3 模拟指挥人员能够表现出较强指挥协调能力，演练过程中各项协调工作全局有效掌控
	2.4 按照模拟真实发生的事件表述应急处置方法和内容
	2.5 通过多媒体文件、沙盘、信息条等多种形式向参演人员展示应急演练场景，满足演练要求

表 B.1（续）

评估项目	评估内容
2.演练实施	2.6 参演人员能够准确接收并正确理解演练注入的信息
	2.7 参演人员根据演练提供的信息和情况能够作出正确的判断和决策
	2.8 参演人员能够主动搜集和分析演练中需要的各种信息
	2.9 参演人员制订的救援方案科学可行,符合给出实际事故情况处置要求
	2.10 参演人员应急过程中的决策程序科学,内容有预见性、科学可行
	2.11 参演人员能够依据给出的演练情景快速确定事故的严重程度及等级
	2.12 参演人员能够根据事故级别,确定启动的应急响应级别,并能够熟悉应急动员的方法和程序
	2.13 参演人员能够熟悉事故信息的接报程序、方法和内容
	2.14 参演人员熟悉各自应急职责,并能够较好配合其他小组或人员开展工作
	2.15 参与演练各小组负责人能够根据各位成员意见提出本小组的统一决策意见
	2.16 参演人员对决策意见的表达思路清晰、内容全面
	2.17 参演人员作出的各项决策、行动符合角色身份要求
	2.18 参演人员能够与本应急小组人员共享相关应急信息
	2.19 应急演练能够全身心地参与到整个演练活动中
	2.20 演练的各项预定目标都得以顺利实现

安全生产应急管理人员培训大纲及考核规范
（AQ/T 9008—2012）

前　言

本标准按照 GB/T 1.1—2009 给出的规则起草。

本标准由国家安全生产监督管理总局提出。

本标准由全国安全生产标准化技术委员会(SAC/TC 288)归口。

本标准起草单位：国家安全生产应急救援指挥中心、中国安全生产科学研究院、中国长江三峡工程开发总公司。

本标准主要起草人：李斌、吴宗之、李克荣、叶坚新、刘功智、王宇航、苏宏杰、李胜利、孙志禹、曾明荣、胡福静、刘先荣。

1 范围

本标准规定了安全生产应急管理人员的培训要求、培训内容、考核要求及考核要点。

本标准适用于政府部门安全生产应急管理人员的培训。生产经营单位应急管理人员培训及考核工作参照本标准执行。

2 规范性引用文件

下列文件对于本文件的应用是必不可少的。凡是注日期的引用文件，仅注日期的版本适用于本文件。凡是不注明日期的引用文件，其最新版本（包括所有的修改单）适用于本文件。

GB/T 15236　职业安全卫生术语

GB 18218　危险化学品重大危险源辨识

AQ/T 9002　生产经营单位安全生产事故应急预案编制导则

AQ/T 9007　生产安全事故应急演练指南

3 术语与定义

GB/T 15236、AQ/T 9002 和 AQ/T 9007 界定的以及下列术语和定义适用于本文件，为了便于使用，以下重复列出了 GB/T 15236 和 AQ/T 9002 中的某些术语和定义。

3.1

应急管理　emergency management

为了迅速、有效地应对可能发生的事故，控制或降低其可能造成的后果和影响，而进行的一系列有计划、有组织的管理，包括预防、准备、响应及恢复四个阶段。

3.2

应急响应　emergency response

事故发生后，有关组织或人员采取的应急行动。

［GB/T 15236,应急与防护措施 6.3］

3.3

恢复　recovery

事故的影响得到初步控制后,为使生产、工作、生活和生态环境尽快恢复到正常状态而采取的措施或行动。

［AQ/T 9002,术语和定义 2.5］

3.4

应急预案　emergency plan

针对可能发生的事故,为迅速、有序地开展应急行动而预先制定的行动方案。

［GB/T 15236,应急与防护措施 6.1］

4　培训要求

4.1　安全生产应急管理人员的培训应纳入安全生产应急管理培训计划,统筹组织实施。

4.2　安全生产应急管理人员的培训应由具备安全生产培训资质的机构承担。

4.3　安全生产应急管理培训应创新培训方式,坚持理论与实践相结合,注重培训效果。

5　培训内容

5.1　应急管理概论

5.1.1　应急管理概念与术语。

5.1.2　突发事件应急管理应包括下列内容:
- ——突发事件的特征、分类和分级;
- ——突发事件应急管理的概念、内涵和原则;
- ——突发事件应急管理工作的指导思想、目标和主要内容。

5.1.3　安全生产应急管理应包括下列内容:
- ——安全生产应急管理的特点和意义;
- ——安全生产应急管理的基本任务;
- ——安全生产应急管理的现状;
- ——安全生产应急管理的发展趋势。

5.2　安全生产应急管理法律法规

5.2.1　应急管理法制建设概述。

5.2.2　应急管理法制的原则和功能。

5.2.3　应急管理法律法规层级框架。

5.2.4　应急管理相关法律、法规、规章、标准的主要内容。

5.3　安全生产应急体系

5.3.1　安全生产应急体系概述。

5.3.2　安全生产应急组织体系应包括下列内容:
- ——领导机构;
- ——管理部门;
- ——职能部门;

——救援队伍；
——民间组织及志愿者。

5.3.3 安全生产应急体系运行机制应包括下列内容：
——日常管理机制；
——预测预警机制；
——应急响应机制；
——信息发布机制；
——经费保障机制。

5.3.4 安全生产应急体系支持保障系统应包括下列内容：
——通信信息系统；
——技术支持系统；
——物资与装备保障系统；
——培训演练系统。

5.4 安全生产应急预案

5.4.1 应急预案的概念、目的和作用。

5.4.2 应急预案体系框架应包括下列内容：
——突发事件应急预案体系；
——突发事件总体应急预案；
——突发事件专项应急预案；
——突发事件部门应急预案。

5.4.3 生产安全事故应急预案应包括下列内容：
——应急预案体系的组成；
——综合应急预案；
——专项应急预案；
——现场处置方案。

5.4.4 应急预案编制应包括下列内容：
——应急预案编制的基本要求；
——应急预案编制的步骤；
——应急预案的主要内容；
——应急预案的相互衔接。

5.4.5 应急预案管理应包括下列内容：
——应急预案评审与发布；
——应急预案备案；
——应急预案修订与更新。

5.5 危险分析

5.5.1 危险分析基本过程。
5.5.2 危险源辨识与评价。
5.5.3 常用危险分析技术方法。

5.6 应急能力评估

5.6.1 评估方法。
5.6.2 评估指标。
5.6.3 评估过程。

5.7 应急演练

5.7.1 应急演练概述

应急演练概述应包括下列内容：
—— 应急演练的目的与原则；
—— 应急演练类型；
—— 应急演练内容；
—— 应急演练参与人员。

5.7.2 应急演练计划

应急演练计划应包括下列内容：
—— 演练需求与演练范围的确定；
—— 演练计划的编制。

5.7.3 应急演练准备

应急演练准备应包括下列内容：
—— 演练组织机构及人员的确定；
—— 演练现场规则；
—— 工作方案的编制；
—— 演练脚本的编制；
—— 演练评估方案的编制；
—— 演练保障方案的编制；
—— 演练观摩手册的编制；
—— 演练参与人员的培训。

5.7.4 应急演练实施

应急演练实施应包括下列内容：
—— 组织预演；
—— 安全检查；
—— 演练实施的过程控制及要点；
—— 演练记录。

5.7.5 应急演练评价与总结

应急演练评价与总结应包括下列内容：
—— 现场点评；
—— 书面评估；
—— 应急演练总结。

5.8 应急处置及事后恢复

5.8.1 应急响应

应急响应应包括下列内容：
—— 应急响应的基本任务；

——应急响应的实施；

——应急指挥与协调。

5.8.2 应急处置现场控制与安排

应急处置现场控制与安排应包括下列内容：

——现场控制与安排应遵循的基本原则；

——现场控制的基本方法；

——现场事态评估；

——现场应急处置安排。

5.8.3 恢复与善后工作

恢复与善后工作应包括下列内容：

——恢复期间管理的重要性和管理方式；

——恢复过程中的重要事项；

——应急工作的总结和评估要点。

5.9 应急现场常用个体防护与救助知识

5.9.1 常用个体防护装备。

5.9.2 个体防护知识。

5.9.3 现场应急医疗救护知识。

5.10 典型事故应急管理案例分析

5.10.1 典型事故应急管理成功经验。

5.10.2 典型事故应急管理教训。

5.10.3 典型事故案例思考与启示。

6 考核要求

6.1 安全生产应急管理人员的培训考核应纳入安全生产应急管理培训考核计划，统筹组织实施。

6.2 考核采用笔试方式。

6.3 考试题型分为单项选择题、多项选择题、简答题和论述题。

7 考核要点

7.1 应急管理概论

7.1.1 应急管理概念与术语

熟悉并能规范使用应急管理概念与术语。

7.1.2 突发事件应急管理

突发事件应急管理应包括下列内容：

——了解突发事件的概念、特征、分类和分级；

——熟悉突发事件应急管理的概念、内涵、基本原则。

7.1.3 安全生产应急管理

安全生产应急管理应包括下列内容：

——了解安全生产应急管理的特点和意义；

——掌握安全生产应急管理的基本任务；
——了解安全生产应急管理现状及发展趋势。

7.2 安全生产应急管理法律法规

安全生产应急管理法律法规应包括下列内容：

——了解应急管理法制原则和功能；
——掌握安全生产应急管理相关法律、法规、规章、标准的主要内容；
——掌握《中华人民共和国安全生产法》及《中华人民共和国突发事件应对法》对应急管理工作的要求。

7.3 安全生产应急体系

7.3.1 安全生产应急体系概述

安全生产应急体系概述应包括下列内容：

——了解安全生产应急体系建设的必要性与重要意义；
——熟悉安全生产应急体系建设的指导思想和原则；
——掌握安全生产应急体系结构。

7.3.2 安全生产应急组织体系

熟悉领导决策层、管理部门、职能部门、应急救援队伍、民间组织及志愿者的主要应急管理职责与任务。

7.3.3 安全生产应急体系运行机制

安全生产应急体系运行机制应包括下列内容：

——熟悉日常管理机制、经费保障机制；
——掌握预测预警机制、应急响应机制、信息发布机制。

7.3.4 安全生产应急体系支持保障系统

熟悉通信信息系统、技术支持系统、物资与装备保障系统、培训演练系统。

7.4 安全生产应急预案

7.4.1 应急预案

应急预案应包括下列内容：

——了解应急预案的概念、目的和作用；
——掌握应急预案的基本内容。

7.4.2 应急预案体系框架

应急预案体系框架应包括下列内容：

——了解突发事件应急预案体系框架、国家突发公共事件总体应急预案和专项应急预案；
——熟悉国家安全生产事故灾难应急预案的主要内容。

7.4.3 生产安全事故应急预案

生产安全事故应急预案应包括下列内容：

——了解生产安全事故应急预案体系组成；
——熟悉综合应急预案、专项应急预案和现场处置方案的基本要求。

7.4.4 应急预案编制

掌握 AQ/T 9002 的主要内容。

7.4.5 应急预案管理

应急预案管理应包括下列内容：
——熟悉应急预案评审的类型及内容；
——了解应急预案的备案要求。

7.5 危险分析

危险分析应包括下列内容：
——了解危险分析的基本过程；
——熟悉危险源辨识与评价方法；
——掌握 GB 18218 及其他重大危险源辨识与评价的主要内容。

7.6 应急能力评估

熟悉应急能力评估方法、评估指标及评估过程。

7.7 应急演练

7.7.1 应急演练概述

应急演练概述应包括下列内容：
——了解应急演练的目的和原则；
——掌握应急演练的类型和演练内容。

7.7.2 应急演练计划

应急演练计划应包括下列内容：
——熟悉演练需求和演练范围的确定；
——掌握演练计划的编制方法。

7.7.3 应急演练准备

应急演练准备应包括下列内容：
——掌握演练情景和流程设计的要点、演练工作方案、演练脚本、演练评估方案的编写方法；
——熟悉演练现场规则的制订、演练参与人员的培训内容。

7.7.4 应急演练实施

应急演练实施应包括下列内容：
——熟悉预演方式和安全检查方法；
——掌握应急演练实施的过程控制及要点。

7.7.5 应急演练评价与总结

应急演练评价与总结应包括下列内容：
——熟悉现场点评、书面评估等应急演练评价方法；
——掌握应急演练报告的编制。

7.8 应急处置及事后恢复

7.8.1 应急响应

应急响应应包括下列内容：
——熟悉应急响应的基本任务；
——掌握事故报警、应急响应行动过程的基本要求；
——掌握应急指挥与协调的职能分工、程序、方法。

7.8.2 应急处置现场控制与安排

应急处置现场控制与安排应包括下列内容:
—— 熟悉现场控制与安排应遵循的基本原则;
—— 掌握现场控制的基本方法;
—— 掌握现场事态评估的内容及方法;
—— 掌握现场应急处置安排的主要内容。

7.8.3 恢复与善后工作

恢复与善后工作应包括下列内容:
—— 了解恢复期间管理的重要性;
—— 熟悉恢复期间的管理方式,以及各阶段应急工作的总结和评估重点;
—— 掌握恢复过程中的重要事项。

7.9 应急现场常用个体防护与救助知识

7.9.1 掌握常用个体防护装备的使用方法。

7.9.2 掌握常用个体防护知识。

7.9.3 熟悉现场应急医疗救护知识。

7.10 应急管理典型案例分析

了解典型事故应急管理的经验与教训。

生产安全事故应急演练基本规范
（AQ/T 9007—2019）

前　　言

本标准按照 GB/T 1.1—2009 给出的规则起草。

本标准代替 AQ/T 9007—2011《生产安全事故应急演练指南》。与 AQ/T 9007—2011 相比，主要技术变化：
——增加了应急演练不同分类方式(参见 4.2)；
——细化了演练的基本流程(参见 4.4)；
——对计划、准备、实施、评估总结和持续改进五个流程进行详细的阐述(参见 5、6、7、8、9)；
——删除了原标准中的应急演练内容章节。

本标准由中华人民共和国应急管理部提出。

本标准由全国安全生产标准化技术委员会(SAC/TC 288)归口。

本标准起草单位：中国安全生产科学研究院、国家安全生产应急救援中心、南方电网调峰调频发电有限公司、神华集团有限责任公司。

本标准主要起草人：张兴凯、雷长群、高双喜、孔亮、时训先、吴志岭、石国领、李永兴、李晖、蔡镇坤、王文靖、陈兵、赵开功、周劲松。

本标准代替了 AQ/T 9007—2011。

1 范围

本标准规定了生产安全事故应急演练(以下简称应急演练)的计划、准备、实施、评估总结和持续改进规范性要求。

本标准适用于针对生产安全事故所开展的应急演练活动。

2 规范性引用文件

下列文件对于本文件的应用是必不可少的。凡是注日期的引用文件，仅注日期的版本适用于本文件。凡是不注日期的引用文件，其最新版本(包括所有的修改单)适用于本文件。

AQ/T 9009—2015 生产安全事故应急演练评估规范

3 术语和定义

下列术语和定义适用于本文件。

3.1

事故情景　accident scenario

针对生产经营过程中存在的事故风险而预先设定的事故状况(包括事故发生的时间、地点、特征、波及范围以及变化趋势)。

3.2
应急演练 emergency exercise

针对可能发生的事故情景,依据应急预案而模拟开展的应急活动。

3.3
综合演练 complex exercise

针对应急预案中多项或全部应急响应功能开展的演练活动。

3.4
单项演练 individual exercise

针对应急预案中某一项应急响应功能开展的演练活动。

3.5
桌面演练 tabletop exercise

针对事故情景,利用图纸、沙盘、流程图、计算机模拟、视频会议等辅助手段,进行交互式讨论和推演的应急演练活动。

3.6
实战演练 practical exercise

针对事故情景,选择(或模拟)生产经营活动中的设备、设施、装置或场所,利用各类应急器材、装备、物资,通过决策行动、实际操作,完成真实应急响应的过程。

3.7
检验性演练 inspectability exercise

为检验应急预案的可行性、应急准备的充分性、应急机制的协调性及相关人员的应急处置能力而组织的演练。

3.8
示范性演练 demonstration exercise

为检验和展示综合应急救援能力,按照应急预案开展的具有较强指导宣教意义的规范性演练。

3.9
研究性演练 research exercise

为探讨和解决事故应急处置的重点、难点问题,试验新方案、新技术、新装备而组织的演练。

4 总则

4.1 应急演练目的
应急演练目的:
a) 检验预案:发现应急预案中存在的问题,提高应急预案的针对性、实用性和可操作性;
b) 完善准备:完善应急管理标准制度,改进应急处置技术,补充应急装备和物资,提高应急能力;
c) 磨合机制:完善应急管理部门、相关单位和人员的工作职责,提高协调配合能力;
d) 宣传教育:普及应急管理知识,提高参演和观摩人员风险防范意识和自救互救

能力;

e) 锻炼队伍:熟悉应急预案,提高应急人员在紧急情况下妥善处置事故的能力。

4.2 应急演练分类

应急演练按照演练内容分为综合演练和单项演练,按照演练形式分为实战演练和桌面演练,按目的与作用分为检验性演练、示范性演练和研究性演练,不同类型的演练可相互组合。

4.3 应急演练工作原则

应急演练应遵循以下原则:

a) 符合相关规定:按照国家相关法律法规、标准及有关规定组织开展演练;

b) 依据预案演练:结合生产面临的风险及事故特点,依据应急预案组织开展演练;

c) 注重能力提高:突出以提高指挥协调能力、应急处置能力和应急准备能力组织开展演练;

d) 确保安全有序:在保证参演人员、设备设施及演练场所安全的条件下组织开展演练。

4.4 应急演练基本流程

应急演练实施基本流程包括计划、准备、实施、评估总结、持续改进五个阶段。

5 计划

5.1 需求分析

全面分析和评估应急预案、应急职责、应急处置工作流程和指挥调度程序、应急技能和应急装备、物资的实际情况,提出需通过应急演练解决的内容,有针对性地确定应急演练目标,提出应急演练的初步内容和主要科目。

5.2 明确任务

确定应急演练的事故情景类型、等级、发生地域,演练方式,参演单位,应急演练各阶段主要任务,应急演练实施的拟定日期。

5.3 制订计划

根据需求分析及任务安排,组织人员编制演练计划文本。

6 准备

6.1 成立演练组织机构

综合演练通常应成立演练领导小组,负责演练活动筹备和实施过程中的组织领导工作,审定演练工作方案、演练工作经费、演练评估总结以及其他需要决定的重要事项。演练领导小组下设策划与导调组、宣传组、保障组、评估组。根据演练规模大小,其组织机构可进行调整。

a) 策划与导调组:负责编制演练工作方案、演练脚本、演练安全保障方案,负责演练活动筹备、事故场景布置、演练进程控制和参演人员调度以及与相关单位、工作组的联络和协调;

b) 宣传组:负责编制演练宣传方案,整理演练信息,组织新闻媒体和开展新闻发布;

c) 保障组:负责演练的物资装备、场地、经费、安全保卫及后勤保障;

d) 评估组:负责对演练准备、组织与实施进行全过程、全方位的跟踪评估;演练结束后,及时向演练单位或演练领导小组及其他相关专业组提出评估意见、建议,并撰写演练评估报告。

6.2 编制文件
6.2.1 工作方案
演练工作方案内容:
a) 目的及要求;
b) 事故情景;
c) 参与人员及范围;
d) 时间与地点;
e) 主要任务及职责;
f) 筹备工作内容;
g) 主要工作步骤;
h) 技术支撑及保障条件;
i) 评估与总结。

6.2.2 脚本
演练一般按照应急预案进行,按照应急预案进行时,根据工作方案中设定的事故情景和应急预案中规定的程序开展演练工作。演练单位根据需要确定是否编制脚本,如编制脚本,一般采用表格形式,主要内容:
a) 模拟事故情景;
b) 处置行动与执行人员;
c) 指令与对白、步骤及时间安排;
d) 视频背景与字幕;
e) 演练解说词;
f) 其他。

6.2.3 评估方案
演练评估方案内容:
a) 演练信息:目的和目标、情景描述,应急行动与应对措施简介;
b) 评估内容:各种准备、组织与实施、效果;
c) 评估标准:各环节应达到的目标评判标准;
d) 评估程序:主要步骤及任务分工;
e) 附件:所需要用到的相关表格。

6.2.4 保障方案
演练保障方案应包括应急演练可能发生的意外情况、应急处置措施及责任部门、应急演练意外情况中止条件与程序。

6.2.5 观摩手册
根据演练规模和观摩需要,可编制演练观摩手册。演练观摩手册通常包括应急演练时间、地点、情景描述、主要环节及演练内容、安全注意事项。

6.2.6 宣传方案
编制演练宣传方案,明确宣传目标、宣传方式、传播途径、主要任务及分工、技术支持。

6.3 工作保障
根据演练工作需要,做好演练的组织与实施需要相关保障条件。保障条件主要内容:
a) 人员保障:按照演练方案和有关要求,确定演练总指挥、策划导调、宣传、保障、评估、参演人员参加演练活动,必要时设置替补人员;
b) 经费保障:明确演练工作经费及承担单位;
c) 物资和器材保障:明确各参演单位所准备的演练物资和器材;
d) 场地保障:根据演练方式和内容,选择合适的演练场地;演练场地应满足演练活动需要,应尽量避免影响企业和公众正常生产、生活;
e) 安全保障:采取必要安全防护措施,确保参演、观摩人员以及生产运行系统安全;
f) 通信保障:采用多种公用或专用通信系统,保证演练通信信息通畅;
g) 其他保障:提供其他保障措施。

7 实施

7.1 现场检查
确认演练所需的工具、设备、设施、技术资料以及参演人员到位。对应急演练安全设备、设施进行检查确认,确保安全保障方案可行,所有设备、设施完好,电力、通信系统正常。

7.2 演练简介
应急演练正式开始前,应对参演人员进行情况说明,使其了解应急演练规则、场景及主要内容、岗位职责和注意事项。

7.3 启动
应急演练总指挥宣布开始应急演练,参演单位及人员按照设定的事故情景,参与应急响应行动,直至完成全部演练工作。演练总指挥可根据演练现场情况,决定是否继续或中止演练活动。

7.4 执行
7.4.1 桌面演练执行
在桌面演练过程中,演练执行人员按照应急预案或应急演练方案发出信息指令后,参演单位和人员依据接收到的信息,回答问题或模拟推演的形式,完成应急处置活动。通常按照四个环节循环往复进行:
a) 注入信息:执行人员通过多媒体文件、沙盘、消息单等多种形式向参演单位和人员展示应急演练场景,展现生产安全事故发生发展情况;
b) 提出问题:在每个演练场景中,由执行人员在场景展现完毕后根据应急演练方案提出一个或多个问题,或者在场景展现过程中自动呈现应急处置任务,供应急演练参与人员根据各自角色和职责分工展开讨论;
c) 分析决策:根据执行人员提出的问题或所展现的应急决策处置任务及场景信息,参演单位和人员分组开展思考讨论,形成处置决策意见;
d) 表达结果:在组内讨论结束后,各组代表按要求提交或口头阐述本组的分析决策结果,或者通过模拟操作与动作展示应急处置活动。

各组决策结果表达结束后,导调人员可对演练情况进行简要讲解,接着注入新的信息。

7.4.2 实战演练执行

按照应急演练工作方案,开始应急演练,有序推进各个场景,开展现场点评,完成各项应急演练活动,妥善处理各类突发情况,宣布结束与意外终止应急演练。实战演练执行主要按照以下步骤进行:

a) 演练策划与导调组对应急演练实施全过程的指挥控制;

b) 演练策划与导调组按照应急演练工作方案(脚本)向参演单位和人员发出信息指令,传递相关信息,控制演练进程;信息指令可由人工传递,也可以用对讲机、电话、手机、传真机、网络方式传送,或者通过特定声音、标志与视频呈现;

c) 演练策划与导调组按照应急演练工作方案规定程序,熟练发布控制信息,调度参演单位和人员完成各项应急演练任务;应急演练过程中,执行人员应随时掌握应急演练进展情况,并向领导小组组长报告应急演练中出现的各种问题;

d) 各参演单位和人员,根据导调信息和指令,依据应急演练工作方案规定流程,按照发生真实事件时的应急处置程序,采取相应的应急处置行动;

e) 参演人员按照应急演练方案要求,做出信息反馈;

f) 演练评估组跟踪参演单位和人员的响应情况,进行成绩评定并作好记录。

7.5 演练记录

演练实施过程中,安排专门人员采用文字、照片和音像手段记录演练过程。

7.6 中断

在应急演练实施过程中,出现特殊或意外情况,短时间内不能妥善处理或解决时,应急演练总指挥按照事先规定的程序和指令中断应急演练。

7.7 结束

完成各项演练内容后,参演人员进行人数清点和讲评,演练总指挥宣布演练结束。

8 评估总结

8.1 评估

按照 AQ/T 9009—2015 中 7.1、7.2、7.3、7.4 要求执行。

8.2 总结

8.2.1 撰写演练总结报告

应急演练结束后,演练组织单位应根据演练记录、演练评估报告、应急预案、现场总结材料,对演练进行全面总结,并形成演练书面总结报告。报告可对应急演练准备、策划工作进行简要总结分析。参与单位也可对本单位的演练情况进行总结。演练总结报告的主要内容:

a) 演练基本概要;

b) 演练发现的问题,取得的经验和教训;

c) 应急管理工作建议。

8.2.2 演练资料归档

应急演练活动结束后,演练组织单位应将应急演练工作方案、应急演练书面评估报告、应急演练总结报告文字资料,以及记录演练实施过程的相关图片、视频、音频资料归档保存。

9 持续改进

9.1 应急预案修订完善

根据演练评估报告中对应急预案的改进建议,按程序对预案进行修订完善。

9.2 应急管理工作改进

9.2.1 应急演练结束后,演练组织单位应根据应急演练评估报告、总结报告提出的问题和建议,对应急管理工作(包括应急演练工作)进行持续改进。

9.2.2 演练组织单位应督促相关部门和人员,制订整改计划,明确整改目标,制定整改措施,落实整改资金,并跟踪督查整改情况。

生产经营单位生产安全事故应急预案评估指南
(AQ/T 9011—2019)

前 言

本标准按照 GB/T 1.1—2009 给出的规则起草。

本标准由中华人民共和国应急管理部提出。

本标准由全国安全生产标准化技术委员会(SAC/TC 288)归口。

本标准起草单位：中国安全生产科学研究院、国家安全生产应急救援中心、南方电网调峰调频发电有限公司。

本标准主要起草人：张兴凯、雷长群、高双喜、孔亮、时训先、闫立、石国领、张明、李定林、王文靖、陈兵、李永兴、李晖、蔡镇坤、周劲松。

本标准为首次发布。

1 范围

本标准给出了生产经营单位生产安全事故应急预案评估的基本要求、工作程序与评估内容。

本标准适用于生产经营单位生产安全事故应急预案(以下简称应急预案)内容适用性的评估活动。根据预案类别、适用的对象不同，评估工作的组织及实施可参照本标准进行。

2 规范性引用文件

下列文件对于本文件的应用是必不可少的。凡是注日期的引用文件，仅注日期的版本适用于本文件。凡是不注日期的引用文件，其最新版本(包括所有的修改单)适用于本文件。

GB/T 29639 生产经营单位生产安全事故应急预案编制导则

3 术语和定义

下列术语和定义适用于本文件。

3.1

应急预案 emergency response plan

针对可能发生的事故，为最大程度减少事故损害而预先制定的应急准备工作方案。

3.2

应急响应 emergency response

针对事故险情或事故，依据应急预案采取的应急行动。

3.3

应急预案评估 emergency response plan assessment

对应急预案内容的适用性所开展的分析过程。

4 基本要求

4.1 评估目的
发现应急预案存在的问题和不足,对是否需要修订做出结论,并提出修订建议。

4.2 评估依据
主要依据以下内容:
a) 相关法律法规、标准及规范性文件;
b) 生产经营单位风险评估结果;
c) 生产经营单位应急组织机构设置情况;
d) 应急演练评估报告;
e) 应急处置评估报告;
f) 应急资源调查及评估结果;
g) 其他相关材料。

5 评估程序

5.1 成立评估组
结合本单位部门职能和分工,成立以单位相关负责人为组长,单位相关部门人员参加的应急预案评估组,明确工作职责和任务分工,制定工作方案。评估组成员人数一般为单数。生产经营单位可以邀请相关专业机构的人员或者有关专家参加应急预案评估,必要时委托安全生产技术服务机构实施。

5.2 资料收集分析
评估组应确定需评估的应急预案,依据4.2收集相关资料,明确以下情况:
a) 法律法规、标准、规范性文件及上位预案中的有关规定变化情况;
b) 应急指挥机构和成员单位(部门)及其职责调整情况;
c) 面临的事故风险变化情况;
d) 重要应急资源变化情况;
e) 应急救援力量变化情况;
f) 预案中的其他重要信息变化情况;
g) 应急演练和事故应急处置中发现的问题;
h) 其他情况。

5.3 评估实施

5.3.1 采用资料分析、现场审核、推演论证、人员访谈的方式,对应急预案进行评估。

a) 资料分析:针对评估目的和评估内容,查阅法律法规、标准规范、应急预案、风险评估方面的相关文件资料,梳理有关规定、要求及证据材料,初步分析应急预案存在的问题;应急预案编制内容要求参见 GB/T 29639;
b) 现场审核:依据资料分析的情况,通过现场实地查看、设备操作检验的方式,准确掌握并验证应急资源、生产运行、工艺设备方面的问题情况;
c) 推演论证:根据需要,采取桌面推演、实战演练的形式,对机构设置、职责分工、响应机制、信息报告方面的问题进行推演验证;

  d) 人员访谈:采取抽样访谈或座谈研讨的方式,向有关人员收集信息、了解情况、考核能力、验证问题、沟通交流、听取建议,进一步论证有关问题情况。

5.3.2 生产安全事故应急预案评估表参见附录 A。

5.4 评估报告编写

  应急预案评估结束后,评估组成员沟通交流各自评估情况,对照有关规定及相关标准,汇总评估中发现的问题,并形成一致、公正客观的评估组意见,在此基础上组织撰写评估报告。

6 评估内容

6.1 应急预案管理要求

  法律法规、标准、规范性文件及上位预案是否对应急预案作出新规定和要求,主要包括应急组织机构及其职责、应急预案体系、事故风险描述、应急响应及保障措施。

6.2 应急组织机构与职责

  主要包括:

  a) 生产经营单位组织体系是否发生变化;
  b) 应急处置关键岗位应急职责是否调整;
  c) 重点部门应急职责与分工是否重新划分;
  d) 应急组织机构或人员对应急职责是否存在疑义;
  e) 应急机构设置与职责能否满足实际需要。

6.3 事故风险

  主要包括:

  a) 生产经营单位事故风险分析是否全面客观;
  b) 风险等级确定是否合理;
  c) 是否有新增事故风险;
  d) 事故风险防范和控制措施能否满足实际需要;
  e) 依据事故风险评估提出的应急资源需求是否科学。

6.4 应急资源

  生产经营单位对于本单位应急资源和合作区域内可请求援助的应急资源调查是否全面、与事故风险评估得出的实际需求是否匹配;现有的应急资源的数量、种类、功能、用途是否发生重大变化。

6.5 应急预案衔接

  生产经营单位编制的各类应急预案之间是否相互衔接,是否与相关人民政府及其部门、应急救援队伍和涉及的其他单位的应急预案相衔接,对信息报告、响应分级、指挥权移交、警戒疏散作出合理规定。

6.6 实施反馈

  在应急演练、应急处置、监督检查、体系审核及投诉举报中,是否发现应急预案存在组织机构、应急响应程序、先期处置及后期处置方面的问题。

6.7 其他

  其他可能对应急预案内容的适用性产生影响的因素。

7 报告主要内容

7.1 生产安全事故应急预案评估报告编制大纲参见附录B。

7.2 评估报告内容：

    a) 评估人员情况：评估人员基本信息及分工情况，包括姓名、性别、专业、职务职称及签字；

    b) 预案评估组织：预案评估工作的组织实施过程和主要工作安排；

    c) 预案基本情况：应急预案编制单位、编制及实施时间及批准人；

    d) 预案评估内容：评估应急预案管理要求、组织机构与职责、主要事故风险、应急资源、应急预案衔接及应急响应级别划分方面的变化情况，以及实施反馈中发现的问题；

    e) 预案适用性分析：依据评估出的变化情况和问题，对应急预案各个要素内容的适用性进行分析，指出存在的不符合项；

    f) 改进意见和建议：针对评估出的不符合项，提出改进的意见和建议；

    g) 评估结论：对应急预案作出综合评价及修订结论。

附 录 A
（资料性附录）
生产安全事故应急预案评估表

表 A.1 生产安全事故应急预案评估表

评估要素	评估内容	评估方法	评估结果
1.应急预案管理要求	1.1 梳理《中华人民共和国突发事件应对法》《中华人民共和国安全生产法》《生产安全事故应急条例》等法律法规中的有关新规定和要求，对照评估应急预案中的不符合项	资料分析	是否有不符合项，列出不符合项
	1.2 梳理国家标准、行业标准及地方标准中的有关新规定和要求，对照评估应急预案中的不符合项	资料分析	是否有不符合项，列出不符合项
	1.3 梳理规范性文件中的有关新规定和要求，对照评估应急预案中的不符合项	资料分析	是否有不符合项，列出不符合项
	1.4 梳理上位预案中的有关新规定和要求，对照评估应急预案中的不符合项	资料分析	是否有不符合项，列出不符合项
2.组织机构与职责	2.1 查阅生产经营单位机构设置、部门职能调整、应急处置关键岗位职责划分方面的文件资料，初步分析本单位应急预案中应急组织机构设置及职责是否合适、是否需要调整	资料分析	根据文件资料，判断组织机构是否合适，列出不合适部分
	2.2 抽样访谈，了解掌握生产经营单位本级、基层单位办公室、生产、安全及其他业务部门有关人员对本部门、本岗位的应急工作职责的意见建议	人员访谈	列出相关人员的建议

表 A.1（续）

评估要素	评估内容	评估方法	评估结果
2.组织机构与职责	2.3 依据资料分析和抽样访谈的情况，结合应急预案中应急组织机构及职责，召集有关职能部门代表，就重要职能进行推演论证，评估值班值守、调度指挥、应急协调、信息上报、舆论沟通、善后恢复的职责划分是否清晰，关键岗位职责是否明确，应急组织机构设置及职能分配与业务是否匹配	推演论证	职责划分是否清晰，岗位职责是否明确，机构设置及职能分配与业务是否匹配，列出不符合项
3.主要事故风险	3.1 查阅生产经营单位风险评估报告，对照生产运行和工艺设备方面有关文件资料，初步分析本单位面临的主要事故风险类型及风险等级划分情况	资料分析	根据相关资料得出的本单位面临的主要事故风险类型及风险等级划分情况
	3.2 根据资料分析情况，前往重点基层单位、重点场所、重点部位查看验证	现场审核	现场查看风险情况
	3.3 座谈研讨，就资料分析和现场查证的情况，与办公室、生产、安全及相关业务部门以及基层单位人员代表沟通交流，评估本单位事故风险辨识是否准确、类型是否合理、等级确定是否科学、防范和控制措施能否满足实际需要，并结合风险情况提出应急资源需求	人员访谈	事故风险辨识是否准确、类型是否合理、等级确定是否科学、防范和控制措施能否满足实际需要，列出不符合项
4.应急资源	4.1 查阅生产经营单位应急资源调查报告，对照应急资源清单、管理制度及有关文件资料，初步分析本单位及合作区域的应急资源状况	资料分析	根据相关资料得出的本单位及合作区域的应急资源状况
	4.2 根据资料分析情况，前往本单位及合作单位的物资储备库、重点场所，查看验证应急资源的实际储备、管理、维护情况，推演验证应急资源运输的路程路线及时长	现场审核、推演论证	应急资源的实际情况与预案情况是否相符，列出不符合项
	4.3 座谈研讨，就资料分析和现场查证的情况，结合风险评估得出的应急资源需求，与办公室、生产、安全及相关业务部门以及基层单位人员沟通交流，评估本单位及合作区域内现有的应急资源的数量、种类、功能、用途是否发生重大变化，外部应急资源的协调机制、响应时间能否满足实际需求	人员访谈	应急资源是否发生变化，外部应急资源的协调机制、响应时间能否满足实际需求，列出不符合项

表 A.1（续）

评估要素	评估内容	评估方法	评估结果
5.应急预案衔接	5.1 查阅上下级单位、有关政府部门、救援队伍及周边单位的相关应急预案,梳理分析在信息报告、响应分级、指挥权移交及警戒疏散工作方面的衔接要求,对照评估应急预案中的不符合项	资料分析	是否有不符合项,列出不符合项
	5.2 座谈研讨,就资料分析的情况,与办公室、生产、安全及相关业务部门、基层单位、周边单位人员沟通交流,评估应急预案在内外部上下衔接中的问题	人员访谈	是否有问题,列出预案衔接中的问题
6.实施反馈	6.1 查阅生产经营单位应急演练评估报告、应急处置总结报告、监督检查、体系审核及投诉举报方面的文件资料,初步梳理归纳应急预案存在的问题	资料分析	列出存在的问题
	6.2 座谈研讨,就资料分析得出的情况,与办公室、生产、安全及相关业务部门、基层单位人员沟通交流,评估确认应急预案存在的问题	人员访谈	列出座谈中反映的问题
7.其他	7.1 查阅其他有可能影响应急预案适用性因素的文件资料,对照评估应急预案中的不符合项	资料分析	是否有不符合项,列出不符合项
	7.2 依据资料分析的情况,采取人员访谈、现场审核、推演论证的方式进一步评估确认有关问题	人员访谈、现场审核、推演论证	列出其他有关问题

附录 B
（资料性附录）
生产安全事故应急预案评估报告编制大纲

B.1 总则

B.1.1 评估对象

B.1.2 评估目的

B.1.3 评估依据

B.2 应急预案评估内容

B.2.1 应急预案管理要求

B.2.2 组织机构与职责

B.2.3 主要事故风险

B.2.4 应急资源

B.2.5　应急预案衔接
B.2.6　实施反馈

B.3　应急预案适用性分析

对应急预案各个要素内容的适用性进行分析，指出存在的不符合项。

B.4　改进意见及建议

针对评估出的不符合项，提出相应的改进意见和建议。

B.5　评估结论

对应急预案作出综合评价及修订结论。

4. 事故调查和处理

事故伤害损失工作日标准
(GB/T 15499—1995)

1 主题内容与适用范围

本标准规定了定量记录人体伤害程度的方法及伤害对应的损失工作日数值。本标准适用于企业职工伤亡事故造成的身体伤害。

2 引用标准

GB 6441　企业职工伤亡事故分类

GB 7794　职业性急性有机磷农药中毒　诊断标准及处理原则

GB 7799　职业性急性丙烯腈中毒　诊断标准及处理原则

GB 7800　职业性急性氨中毒　诊断标准及处理原则

GB 8781　职业性急性一氧化碳中毒　诊断标准及处理原则

GB 8787　职业性急性光气中毒　诊断标准及处理原则

GB 8789　职业性急性硫化氢中毒　诊断标准及处理原则

GB 11533　标准对数视力表

3 术语

3.1

累积伤害　accumulated injury

同一、同名肢体、或器官、或组织系统的多处伤害。

3.2

共存伤害　coexistant injury

功能无关的肢体、器官、组织系统的伤害。

3.3

损失工作日　lost workdays

指被伤害者失能的工作时间。

3.4

损伤　injury

受伤害人员心理、生理、功能或解剖组织学上异常或缺失。

4 肢体损伤

4.1 截肢部位损失工作日数换算表

表 1

手					
	拇指	食指	中指	无名指	小指
远节指骨	300 (330)	100 (120)	75 (90)	60 (70)	50 (60)
中节指骨	—	200 (240)	150 (180)	120 (140)	100 (120)
近节指骨	600 (660)	400 (440)	300 (330)	240 (280)	200 (240)
掌骨	900 (990)	600 (660)	500 (550)	450 (500)	400 (480)
腕部截肢	3 000(3 600)				
脚					
	拇趾	二趾	三趾	四趾	小趾
远节趾骨	150	35	35	35	35
中节趾骨	—	75	75	75	75
近节趾骨	300	150	150	150	150
跖骨、跗骨	600	350	350	350	350
踝部	2 400				
上肢					
肘关节以上任一部位(包括肩关节)				4 500 (4 700)	
腕以上任一部位,且在肘关节或低于肘关节				3 600 (3 800)	
下肢					
膝关节以上任一部位(包括髋关节)				4 500	
踝部以上,且在或低于膝关节				3 000	
注:表中括号内数值为利手对应值。					

4.2 肢体瘫和丧失功能
4.2.1 肢体瘫与肌力损失换算表

表 2

肌力分级	0级	1级	2级	3级	4级	5级
取表1对应数值的	100%	100%	90%	66%	25%	0

4.2.2 单纯骨折损失工作日换算表

表3

骨折部位		损失工作日	骨折部位		损失工作日
4.2.2.1	锁骨	120	4.2.2.31	股骨头	310
4.2.2.2	锁骨(手术治疗)	170	4.2.2.32	臀肌粗隆	200
4.2.2.3	肋骨	110	4.2.2.33	股骨干	300
4.2.2.4	肋骨(手术治疗)	160	4.2.2.34	骰骨髁骨折	200
4.2.2.5	肩胛骨骨折	110	4.2.2.35	髌骨	190
4.2.2.6	肩胛关节盂	110	4.2.2.36	胫骨干	160
4.2.2.7	肩胛颈	110	4.2.2.37	腓骨干	160
4.2.2.8	肩峰骨折伴骨折移位	150	4.2.2.38	胫骨粗隆骨折	115
4.2.2.9	肱骨髁骨折	260	4.2.2.39	胫骨髁骨折	145
4.2.2.10	肱骨头外科颈	270	4.2.2.40	踝部内踝骨折	175
4.2.2.11	肱骨颈	270	4.2.2.41	踝部外踝骨折	115
4.2.2.12	肱骨干骨折	300	4.2.2.42	距骨	155
4.2.2.13	肱骨髁上中下	260	4.2.2.43	跟骨	155
4.2.2.14	肱骨小头骨折	350	4.2.2.44	跟骨骨折波及距跟关节	255
4.2.2.15	尺骨鹰嘴骨折	110	4.2.2.45	舟骨	205
4.2.2.16	尺骨干骨折	130	4.2.2.46	胸骨	300
4.2.2.17	桡骨头骨折	110	4.2.2.47	胸椎横突	75
4.2.2.18	桡骨下端骨折	140	4.2.2.48	单纯腰椎关节突	180
4.2.2.19	桡骨干骨折	130	4.2.2.49	腰椎压缩骨折	180
4.2.2.20	舟状骨	220	4.2.2.50	腰椎横突	170
4.2.2.21	月骨	190	4.2.2.51	腰椎棘突	170
4.2.2.22	其他腕骨	170	4.2.2.52	腰椎稳定性骨折	185
4.2.2.23	耻骨单支	160	4.2.2.53	腰椎非稳定性骨折	480
4.2.2.24	髂骨翼	200	4.2.2.54	环椎	380
4.2.2.25	骶骨骨折	50	4.2.2.55	颈7椎或胸椎棘突	170
4.2.2.26	尾骨	50	4.2.2.56	颈椎	300
4.2.2.27	骨盆前半环移位骨折	250	4.2.2.57	鼻骨	30
4.2.2.28	骨盆后半环移位	350	4.2.2.58	上颌骨	160
4.2.2.29	股骨颈关节囊内骨折	350	4.2.2.59	下颌骨	160
4.2.2.30	股骨颈关节囊外骨折	300	4.2.2.60	颧骨	110

注：开放性骨折按表3数值乘以1.5取值；闭合性裂纹型骨折乘以0.5取值。

4.2.3 手、足单纯骨折损失工作日数换算表

表 4

手					
	拇指	食指	中指	无名指	小指
远节指骨	60	50	40	35	30
中节指骨	—	55	40	35	30
近节指骨	60	60	60	50	40
掌骨	70	60	60	60	60
足					
	拇趾	二趾	三趾	四趾	小趾
远节趾骨	50	20	20	20	20
中节趾骨	—	40	40	40	40
近节趾骨	60	55	55	55	55
跖骨、跗骨	65	60	60	60	60

4.2.4 肢体功能障碍

表 5

	功 能 损 伤 与 部 位	损失工作日
4.2.4.1	肩关节强直、畸形	1 000
4.2.4.2	肩关节活动度丧失 50%	600
4.2.4.3	肘关节强直	700
4.2.4.4	肘关节活动限制在功能位活动度小于 10°或丧失 50%	400
4.2.4.5	前臂骨折畸形,愈后强直在旋前位或者旋后位	600
4.2.4.6	腕关节强直、挛缩畸形	1 500
4.2.4.7	腕关节运动活动度丧失 50%	1 000
4.2.4.8	一手功能不能对指和握物	600
4.2.4.9	髋关节强直、挛缩畸形	2 000
4.2.4.10	髋关节运动活动度丧失 50%	1 000
4.2.4.11	膝关节强直、挛缩畸形	1 000
4.2.4.12	膝关节运动活动度丧失达 50%	600
4.2.4.13	开放性踝关节骨折致成踝关节强直、挛缩畸形	1 500
4.2.4.14	股骨或胫腓骨折并发假关节	3 000
4.2.4.15	股骨或胫腓骨折畸形愈合,骨折成角畸形大于 15°,下肢缩短 4 cm 以上	2 400

表 5（续）

功 能 损 伤 与 部 位	损失工作日
4.2.4.16　股骨或胫腓骨折畸形愈合,骨折成角畸形大于15°,下肢缩短5 cm以上	3 000
4.2.4.17　股骨或胫腓骨折畸形愈合,骨折成角达到30°或严重旋转畸形	3 000
4.2.4.18　下肢骨折畸形愈合肢体短缩3 cm以上	1 000
4.2.4.19　四肢长管骨骨折并发慢性骨髓炎	1 500
4.2.4.20　长管状骨折形成假关节需手术者	1 500
4.2.4.21　肩、肘、指、趾关节脱位经手法复位无明显并发症及后遗症者	30
4.2.4.22　指甲脱落在两个及以上	50
4.2.4.23　四肢软组织创口愈合,血肿吸收,功能良好	25
4.2.4.24　四肢软组织损伤,愈后能形成疤痕,有轻度活动受限	70
4.2.4.25　四肢关节附属结构损伤,关节肿胀消退、积液吸收,关节活动不受限,无外伤性关节炎	100
4.2.4.26　四肢关节附属结构损伤,关节肿胀消退、积液吸收,关节活动轻度受限	180
4.2.4.27　四肢关节有脱位,愈合基本复位,关节有痛感,关节活动轻度受限	200
4.2.4.28　一手肌腱损伤愈合,伸屈功能良好	60
4.2.4.29　一手肌腱损伤愈合,伸屈功能轻度障碍但能完成功能活动	300
4.2.4.30　一手皮肤套状撕脱伤	1 000
4.2.4.31　一脚皮肤套状撕脱伤	1 200

5　眼部损伤

表 6

功 能 损 伤 与 部 位	损失工作日
5.1　五级盲	6 000A
5.2　四级盲	6 000B
5.3　三级盲	6 000C
5.4　一眼盲,另眼视力正常	1 800
5.5　视野损伤	
5.5.1　双眼视野≤80%（或半径≤50°）	1 200
5.5.2　双眼视野≤64%（或半径≤40°）	1 760
5.5.3　双眼视野≤48%（或半径≤30°）	2 400
5.5.4　双眼视野≤40%（或半径≤25°）	3 200
5.5.5　双眼视野≤32%（或半径≤20°）	4 400

表 6（续）

功 能 损 伤 与 部 位	损失工作日
5.5.6　双眼视野≤24％（或半径≤15°）	6 000C
5.5.7　双眼视野≤8％（或半径≤5°）	6 000B
5.6　眼睑损伤	
5.6.1　眼睑血肿	10～14
5.6.2　眼睑裂伤	5～10
5.6.3　眼睑裂伤伴后遗症	50～300
5.6.4　眼睑损伤创口愈合，眼睑闭合不全或外翻	800
5.6.5　眼睑损伤合并提上睑肌损伤，上睑下垂盖及瞳孔三分之一者	1 200
5.7　泪器损伤后溢泪，手术无法改进者	800
5.8　眼外肌损伤致麻痹性斜视	600
5.9　眼眶损伤	
5.9.1　未累及眼球	50
5.9.2　累及眼球并后遗症	600
5.9.3　眶内异物未取出者	50
5.10　结膜损伤	
5.10.1　出血或充血，能自行吸收者	5
5.10.2　后遗睑球粘连伴眼运动障碍	1 200
5.11　角膜损伤	
5.11.1　无后遗症	10～30
5.12　角巩膜损伤	
5.12.1　浅层损伤无后遗症	10～30
5.12.2　深层损伤伴并发症	50～100
5.12.3　深层损伤伴严重后遗症（包括眼内遗物）	500
5.13　虹膜睫状体损伤	
5.13.1　外伤性虹膜炎	50～100
5.13.2　瞳孔永久性散大；虹膜根部离断	600
5.13.3　前房出血	20～30
5.13.4　前房出血致角膜血染	600
5.14　晶状体损伤	
5.14.1　外伤性白内障（Ⅰ～Ⅱ期）	300～600
5.14.2　外伤性白内障（Ⅲ期）	800
5.14.3　无晶状体眼视力可矫正	700
5.14.4　晶体脱位	300
5.15　玻璃体积血	150～600
5.16　眼底损伤	100～600

表 6（续）

功 能 损 伤 与 部 位	损失工作日
5.17 外伤性青光眼	1 200
5.18 球内异物未取出者	700
5.19 一侧眼球摘除者	2 400
注：表中 6 000 损失工作日数值后的 A、B、C 表示严重程度等级（下文同）。	

5.20 视力损失工作日数值换算表

表 7

右眼＼左眼	1.0~0.9	0.8	0.7	0.6	0.5	0.4	0.3	0.2	0.15	0.1	0.06	0.05	0.02
1.0~0.9	0	0	120	180	240	290	540	720	960	1 200	1 380	1 500	1 620
0.8	0	0	180	240	290	420	600	840	1 080	1 320	1 440	1 560	1 680
0.7	120	180	240	290	360	480	720	960	1 200	1 440	1 680	1 680	1 800
0.6	180	240	290	360	420	600	840	1 140	1 320	1 560	1 740	1 920	2 100
0.5	240	290	360	420	480	720	1 020	1 320	1 500	1 680	1 920	2 160	2 400
0.4	290	420	480	600	720	960	1 200	1 500	1 680	1 860	2 100	2 400	2 700
0.3	540	600	720	840	1 020	1 200	1 500	1 980	2 280	2 520	2 820	3 120	3 600
0.2	720	840	960	1 140	1 320	1 500	1 980	2 820	3 300	3 600	4 020	4 500	4 800
0.15	960	1 080	1 200	1 320	1 500	1 680	2 280	3 300	3 780	4 200	4 680	4 980	5 280
0.1	1 200	1 320	1 440	1 560	1 680	1 860	2 520	3 600	4 200	4 800	5 100	5 400	5 700
0.06	1 380	1 440	1 560	1 740	1 920	2 100	2 820	4 020	4 680	5 100	5 520	5 700	5 880
0.05	1 500	1 560	1 680	1 920	2 160	2 400	3 120	4 500	4 980	5 400	5 700	5 880	6 000
0.02	1 620	1 680	1 800	2 100	2 400	2 700	3 600	4 800	5 280	5 700	5 880	6 000	6 000

6 鼻部损伤

表 8

功 能 损 伤 与 部 位	损失工作日
6.1 外鼻挫伤创口愈合，肿胀消退，鼻腔能通畅	30
6.2 鼻骨骨折、鼻部轻度变形	100
6.3 鼻脱落者	2 000
6.4 鼻局部缺损致使嗅觉功能显著障碍者	1 000
6.5 鼻骨粉碎性骨折或鼻骨线形骨折，伴有明显移位者，需手术整复者	300
6.6 单纯性无移位性鼻骨骨折	60
6.7 单侧鼻腔或鼻孔闭锁	400
6.8 鼻中隔穿孔	90

7 耳部损伤

表 9

功 能 损 伤 与 部 位	损失工作日
7.1 耳轮开放性损伤轻度血肿,或无缺损的撕裂伤,愈后无明显外形改变	20
7.2 耳轮开放性损伤明显变形	150
7.3 鼓膜充血未穿孔,无明显听力减退	20
7.4 外伤性鼓膜穿孔(鼓膜能形成疤痕与听力损失叠加计算)	
7.4.1 单侧	50
7.4.2 双侧	100
7.5 耳廓缺损	
7.5.1 一耳、两耳缺损三分之二	600
7.5.2 1/5＜一耳、两耳缺损≤1/3	300
7.5.3 1/10＜一耳、两耳缺损≤1/5	200
7.5.4 一耳、两耳缺损≤1/10	100
7.5.5 一耳再造	300
7.5.6 两耳再造	600
7.6 外耳道损伤,愈后外耳道基本畅通	30
7.7 外耳道损伤,愈后外耳道部分狭窄,但不影响听力	90

7.8 听力损伤工作日数值换算表

表 10

≥91	≥81	≥71	≥56	≥41	≥31	≥26	正常	左耳 dB / 右耳 dB
1 200	1 000	800	280	220	200	80	0	正常
1 400	1 100	900	400	280	220	200	80	≥26
2 000	1 200	1 100	900	290	280	220	200	≥31
2 200	2 000	1 200	1 100	900	290	280	220	≥41
2 600	2 400	2 000	1 200	1 100	900	400	280	≥56
3 000	2 800	2 400	2 000	1 200	1 000	900	800	≥71
3 400	3 200	2 800	2 400	2 000	1 200	1 100	1 000	≥81
4 400	3 400	3 000	2 600	2 200	2 000	1 400	1 200	≥91

8 口腔颌面部损伤

表 11

功 能 损 伤 与 部 位	损失工作日
8.1 上唇或下唇损伤影响发音	300
8.2 上唇或下唇损伤影响发音、美观及进食功能,整形手术不能达到功能恢复者	900

表 11（续）

功 能 损 伤 与 部 位	损失工作日
8.3　颌下腺、舌下腺损伤伴有功能障碍	150
8.4　腮腺损伤伴有面神经麻痹及涎瘘	900
8.5　舌体损伤愈后，无功能障碍者	15
8.6　舌缺损，经整复手术只能部分恢复语言功能	1 500
8.7　舌下神经一侧损伤或神经一侧损伤引起舌运动及感觉功能障碍	900
8.8　口腔颌面部损伤，影响语言功能部分丧失或全部丧失	2 000～3 000
8.9　口腔颌面部损伤，引起吞咽功能（舌腭缺损）丧失不影响面容者	3 000
8.10　颌面软组织非贯穿性挫裂伤1～2处，创口长度不超过2 cm	25
8.11　面部软组织单个创口长度3.5 cm，或者创口累计长度达5 cm，或小于长度的颌面部穿透创口	260
8.12　面部损伤能遗有明显疤痕	
8.12.1　单条长3 cm 或者长度达4 cm	260
8.12.2　单块面积2 cm² 或者累计面积达3 cm²	400
8.12.3　影响面容的色素沉着面积达6 cm²	700
8.13　面部损伤能遗有明显疤痕	
8.13.1　单块面积相当4 cm²，条状疤痕单条长5 cm	800
8.13.2　两块面积相当7 cm²，条状疤痕两条累计长度8 cm	900
8.13.3　三块以上面积相当9 cm²，条状疤痕三条以上累计长度10 cm	1 200
8.14　面部损伤留有散在的细小疤痕，范围达面部30%	1 000
8.15　三叉神经损伤，面感觉障碍	200
8.16　面神经损伤	
8.16.1　不完全性面瘫	300
8.16.2　完全性面瘫，需行吻合手术者	600
8.17　颈部损伤引起一侧颈动脉、椎动脉血栓形成、颈动、静脉瘘或者假性动脉瘤	800

8.18　牙齿脱落损失工作日数值换算表

表 12

脱落、折断或手术矫正牙齿数	1	2	3	4	5	6	7
损失工作日数	20	80	180	300	350	400	450
脱落、折断或手术矫正牙齿数	8	9	10	11	12	13	14
损失工作日数	500	550	600	650	700	750	800

8.19　颧骨、上下颌骨骨折、颞下颌关节损伤

表 13

功 能 损 伤 与 部 位	损失工作日
8.19.1　上或下颌骨骨折愈合后,咬合功能良好,轻度影响咀嚼功能	200
8.19.2　上或下颌骨骨折愈合后,有错合畸形,开口受限	
8.19.2.1　Ⅰ度	200
8.19.2.2　Ⅱ度	1 200
8.19.2.3　Ⅲ度	2 400
8.19.3　上下颌骨合并骨折,治愈后有中枢及周围神经症状,影响功能	2 000

9 头皮、颅脑损伤

表 14

功 能 损 伤 与 部 位	损失工作日
9.1　头皮损伤	
9.1.1　头皮血肿,不经手术能治愈者	20
9.1.2　头皮血肿,经穿刺抽血和加压包扎后,短期内能吸收自愈者	25
9.1.3　头皮血肿,需手术者	60
9.2　头皮裂伤	
9.2.1　头皮锐器创、挫裂创 1～2 处,其累计总长度在 8 cm 以下未损及骨膜	30
9.2.2　锐器创、创口累计长度达 8 cm	60
9.2.3　钝器创、创口累计长度达 6 cm	60
9.3　头皮撕脱伤	
9.3.1　撕脱面积<20 cm²	200
9.3.2　撕脱面积=20 cm²	300
9.3.3　撕脱面积>20 cm²	400
9.3.4　撕脱面积达头皮面积 25%,有失血性休克者	600
9.3.5　撕脱面积达头皮面积 50%	1 000
9.3.6　全头皮撕脱	2 000
9.4　头皮缺损	
9.4.1　头皮缺损达 10 cm²	300
9.4.2　头皮缺损达全头皮 25%	900
9.4.3　头皮缺损达全头皮 25% 以上	2 400
9.4.4　头皮大部分缺损	3 000
9.5　颅骨骨折	
9.5.1　颅盖骨单纯线状骨折,创口愈合血肿吸收,不伴有颅神经损伤症状	150

表 14（续）

功 能 损 伤 与 部 位	损失工作日
9.5.2　颅盖骨多发性骨折	400
9.5.3　颅盖骨凹陷性骨折	400
9.5.4　颅盖骨凹陷性骨折需手术整复,非功能区超过 0.5 cm×20 cm	1 000
9.5.5　颅盖骨凹陷性骨折需手术整复,功能区超过 0.5 cm×20 cm	1 500
9.5.6　眶部骨折	
9.5.6.1　　单纯闭合骨折	90
9.5.6.2　　单纯开放骨折	150
9.5.6.3　　遗有眶部轻度变形	250
9.5.6.4　　与健侧相比,遗有容貌明显改变	700
9.5.7　颌面软组织及颌骨外伤缺损遗有神经症状影响功能者	680
9.5.8　吞咽、迷走神经损伤、呛咳、误咽、声音嘶哑	2 300
9.5.9　咀嚼、咽下功能能遗有显著障碍者	3 000
9.5.10　吞咽、迷走神经损伤,遗有吞咽神经痛	3 500
9.6　颅底骨折不伴有颅神经损伤,仅有脑脊液漏者	400
9.7　头部损伤,当时无意识障碍,有主诉症状,但临床神经系统检查无客观体征	60
9.8　轻型颅脑损伤	
9.8.1　头部损伤,有原发性意识障碍,伴有逆行性健忘,无颅骨骨折,无神经定位体征,仅有头痛、头迷等症状	200
9.8.2　头部损伤颅骨骨折,遗有头痛、头迷等症状,神经系统无阳性体征,头颅 CT 无脑实质损害,脑电图有轻度异常	400
9.9　中型颅脑损伤	
9.9.1　仅有脑挫伤,头颅 CT 证实有挫伤,神经系统有或无阳性体征,脑电图有中度以上异常改变者	600
9.9.2　脑挫裂伤,伴有蛛网膜下腔出血,腰椎穿刺有血性脑脊液	1 000
9.9.3　脑挫裂伤,蛛网膜下腔出血和颅骨骨折	1 200
9.9.4　脑挫裂伤和凹陷性骨折需手术者	1 500
9.10　重型颅脑损伤	
9.10.1　颅内血肿	
9.10.1.1　　硬脑膜外血肿需手术清除者	1 200
9.10.1.2　　硬脑膜下血肿需手术清除者	1 500
9.10.1.3　　脑内单发血肿需手术清除者	2 000
9.10.1.4　　颅内多发性血肿需手术清除者	3 000
9.10.1.5　　广泛脑挫裂伤合并小血肿不需手术者	2 000
9.10.2　脑干损伤	
9.10.2.1　　轻度	700
9.10.2.2　　中度	3 000

表 14（续）

功能损伤与部位	损失工作日
9.10.2.3　重度	5 000
9.10.2.4　极重型	6 000
9.11　颅脑损伤合并症	
9.11.1　头皮感染合并颅骨骨髓炎	1 000
9.11.2　化脓性脑膜炎	1 500
9.11.3　外伤性脑脓肿	2 000
9.11.4　颅骨缺损,需行颅骨成形术者	800
9.11.5　颅底骨折伴有脑脊液漏（鼻、耳漏）	
9.11.5.1　不须手术者,有不全面听神经损伤	1 000
9.11.5.2　颅神经损伤,需要手术修复者	2 000
9.11.5.3　不能修复者	2 500
9.11.6　颅底骨折合并嗅神经损伤,单侧	300
9.11.7　颅底骨折合并嗅神经损伤,双侧	800
9.11.8　颅底骨折合并视神经损伤,单侧	2 000
9.11.9　颅底骨折合并视神经损伤,双侧	3 000
9.11.10　前庭神经损伤、脑晕、平衡障碍或有呕吐者	700
9.12　颅内异物,有功能障碍者	2 000
9.13　脑外伤遗有失语	
9.13.1　不完全失语	2 300
9.13.2　完全运动性失语	4 000
9.13.3　完全感觉性或混合性失语	6 000
9.13.4　不完全性失用、失写、失读、失认等	1 000
9.13.5　完全性失用、失写、失读、失认等	2 300
9.14　脑外伤性癫痫	
9.14.1　用抗癫痫药物能控制者	1 200
9.14.2　每月大发作一次,小发作平均每周一次	2 400
9.14.3　每月大发作二次,小发作二次以上	6 000
9.15　颅脑损伤致其他症与并发症	
9.15.1　外伤性颈内动脉海绵窦瘘	2 000
9.15.2　垂体功能低下综合症	3 500
9.15.3　尿崩症	3 000
9.16　外伤性智力损伤	
9.16.1　轻微适应缺陷	850
9.16.2　轻度适应缺陷	2 300
9.16.3　中度适应缺陷	4 000
9.16.4　重度适应缺陷	6 000C

表 14（续）

功 能 损 伤 与 部 位	损失工作日
9.16.5 极重度适应缺陷	6 000A
9.17 精神病症状	
9.17.1 人格改变	1 200
9.17.2 精神病症状影响职业劳动	2 400
9.17.3 精神病症状致使缺乏社交能力	4 400
9.17.4 精神病症状表现为危险或冲动行为	6 000C
9.17.5 精神病症状缺乏生活自理能力	6 000B

10 颈部损伤

表 15

功 能 损 伤 与 部 位	损失工作日
10.1 甲状腺损伤	
10.1.1 伴有喉返神经损伤致使功能严重障碍	1 000
10.1.2 甲状腺功能轻度损伤	1 200
10.1.3 甲状腺功能中度损伤	2 400
10.1.4 甲状腺功能重度损伤	4 400
10.2 甲状旁腺损伤	
10.2.1 甲状旁腺功能轻度损伤	300
10.2.2 甲状旁腺功能中度损伤	1 700
10.2.3 甲状旁腺功能重度损伤	5 000
10.3 胸导管损伤致乳糜胸,保守治疗可痊愈者	150
10.4 胸导管损伤致乳糜胸,需手术治疗	500
10.5 喉损伤,遗有喉狭窄声带轻度麻痹,能基本发音和呼吸	800
10.6 喉损伤,引起喉狭窄影响发音及呼吸者	1 600
10.7 颈部创口 1～2 处,单创口长度不超过 5 cm,无运动功能障碍	25

11 胸部损伤

表 16

功 能 损 伤 与 部 位	损失工作日
11.1 胸部严重挤压伤不影响呼吸功能致成胸壁组织缺损或胸壁组织疤痕挛缩	
11.1.1 损伤面积占体表面积 1%	60
11.1.2 损伤面积占体表面积 2%	120
11.1.3 损伤面积占体表面积 3%	300
11.1.4 多发性肋骨骨折出现胸壁浮动,反常呼吸、呼吸困难	800
11.2 胸部外伤致成胸壁组织缺损,或胸壁组织疤痕挛缩其面积占体表面积 3% 以上者,且影响呼吸功能和胸部活动的:	

表 16（续）

功能损伤与部位	损失工作日
11.2.1　轻微	600
11.2.2　中度	1 200
11.2.3　重度	1 700
11.3　胸部严重挤压伤	
11.3.1　致使循环、呼吸运动障碍,愈后症状消失,心、肺功能恢复正常	250
11.3.2　致使循环障碍,合并呼吸窘迫综合症(ARDS),愈后心、肺功能不良	2 500
11.3.3　致使颅内出血,肺合并呼吸窘迫综合症(ARDS),肾合并挤压综合症	4 000
11.4　女性乳房损伤,导致一侧乳房部分缺失或乳腺导管损伤	200
11.5　女性一侧乳房缺失,双侧乳房丧失哺乳功能(未婚、育龄女性)	1 200
11.6　闭合性气胸	
11.6.1　小量气胸,有轻度呼吸加快,愈后无不良改变	50
11.6.2　积气多、呼吸困难,呼吸音减弱或消失,愈后无症状	90
11.7　开放性气胸,严重缺氧、紫绀,常伴有休克,并遗有二级呼吸困难	300
11.8　张力性气胸,愈后症状消失	150
11.9　张力性气胸,愈后遗有呼吸困难二级	300
11.10　外伤性血胸	
11.10.1　小量血胸,无明显症状和体征	150
11.10.2　中等量以上血胸有明显症状和体征,可伴有休克,愈后有轻度胸膜粘连	600
11.10.3　进行性血胸,迟发性血胸,凝固性血胸,呼吸困难,需剖胸手术治疗	1 200
11.10.4　胸壁异物滞留	200～600
11.10.5　血气胸行单纯闭式引流术后,胸膜粘连增厚	500
11.11　胸部外伤致成脓胸	
11.11.1　单纯胸腔闭式引流可治愈,愈后不影响呼吸功能	200
11.11.2　局限性脓胸行部分胸改术	1 800
11.11.3　需胸廓改形术治疗,术后明显影响呼吸功能,呼吸困难在二级以上者	2 300
11.11.4　胸改术后,呼吸困难在三级以上者	4 000
11.11.5　一侧胸改术后,切除六根肋骨以上	6 000C
11.11.6　胸部外伤致成支气管胸膜瘘、脓胸	2 000
11.11.7　胸部外伤致成脓胸治疗后遗有呼吸困难四级	6 000
11.12　胸部外伤致成呼吸窘迫综合症	
11.12.1　纵隔气肿	1 000
11.12.2　纵隔脓肿	2 500

表 16（续）

功 能 损 伤 与 部 位	损失工作日
11.12.3　纵隔炎	2 000
11.13　食管损伤	
11.13.1　愈后能进普通饮食者	200
11.13.2　食道狭窄,能进半流食者	1 000
11.13.3　食道狭窄,只能进全流食者	3 500
11.13.4　食管切除术后进食正常者	1 000
11.13.5　食管重建术后并返流食管炎	2 300
11.13.6　食管重建术后吻合口狭窄,仅能进半流食者	2 400
11.13.7　食管重建术后吻合口狭窄,仅能进流食者	4 500
11.13.8　食管闭锁或切除后摄食依赖胃造瘘者	6 000B
11.14　气管、支气管破裂,保守治疗可治愈,愈后功能良好	300
11.15　气管、支气管破裂,需重建呼吸道,术后呼吸通畅,呼吸功能良好	1 000
11.16　肺爆震伤	
11.16.1　轻者：胸痛、胸闷、咳嗽、咳泡沫样血痰,愈后症状消失,肺功能正常	400
11.16.2　重者：烦燥不安、呼吸困难、紫绀,甚至休克	1 000
11.17　肺破裂,肺损伤形成较大的肺内血肿,或间质出血,合并血气胸严重影响呼吸功能	2 000
11.18　长管状骨折,致成肺脂肪栓塞综合症	4 000
11.19　肺损伤	
11.19.1　肺修补术	800
11.19.2　肺内异物滞留或异物摘除术后	900
11.19.3　支气管成形术	800
11.20　肺切除	
11.20.1　肺段切除	1 200
11.20.2　肺段切除,肺功能轻度损害	1 700
11.20.3　肺叶切除,并肺段或楔形切除	2 400
11.20.4　双肺叶切除	4 000
11.20.5　肺叶切除后,并部分胸改术	3 800
11.20.6　一侧全肺切除术后肺功能中度损伤	4 400
11.20.7　一侧全肺切除,并胸廓改形术	6 000C
11.21　心脏、血管损伤	
11.21.1　心脏挫伤,有心律失常：如心房纤颤、室性心动过速	4 500

表 16（续）

功 能 损 伤 与 部 位	损失工作日
11.21.2 心包破裂、心包异物,需手术者	800
11.21.3 心脏或大血管损伤并有心包填塞、损伤性动脉瘤	3 000～5 000
11.21.4 心脏修补术	1 190
11.21.5 大血管修补术	800
11.21.6 心脏异物滞留或异物摘除术后	1 100
11.21.7 血管代用品重建血管	1 200
11.21.8 冠状动脉旁路移植术	3 100
11.21.9 瓣膜置换术后	4 000
11.21.10 瓣膜置换术后,心功能不全二级	5 000
11.21.11 瓣膜置换术后,心功能不全三级	6 000B
11.21.12 心脏损伤Ⅲ度房室传导阻滞	6 000C
11.22 创伤性膈肌破裂致成膈疝	1 000
11.23 膈肌修补术	600

12 腹部损伤

表 17

功 能 损 伤 与 部 位	损失工作日
12.1 腹壁损伤	
12.1.1 单纯腹壁损伤,创口愈合,血肿吸收	30
12.1.2 损伤疤痕收缩,活动有疼痛感	100
12.1.3 腹壁缺损 10 cm² 左右	1 200
12.1.4 腹壁缺损大于腹壁的四分之一	2 400
12.2 腹膜后间隙损伤	
12.2.1 愈后血肿吸收,轻度腹胀	200
12.2.2 神经丛损伤致持久严重腹胀	400
12.3 腹部损伤致使腹腔积血,需剖腹手术探察	400
12.4 实质器官损伤(肝、脾、肾)保守疗法可治愈	350
12.5 实质器官损伤,切口愈合有轻度腹胀	750
12.6 肾损伤	
12.6.1 一侧肾全切除,另一侧肾正常	2 500
12.6.2 一侧肾脏破裂引起出血性休克,肾脏损伤后期伴有肾性高血压、肾功能障碍	3 000
12.6.3 一侧肾切除,对侧肾功能不全代偿期	4 000

表 17（续）

功 能 损 伤 与 部 位	损失工作日
12.6.4　一侧肾切除,对侧肾功能不全失代偿期	6 000C
12.6.5　一侧肾切除,对侧肾部分切除后,肾功能不全失代偿期	6 000B
12.6.6　双肾切除,能用透析维持或同种异体肾移植术	6 000A
12.7　脾摘除	
12.7.1　30岁以上摘除者	1 400
12.7.2　30岁以下摘除者	2 500
12.8　空腔器官损伤(胃、肠、胆囊)伴有疝,手术修复,影响功能	700
12.9　胃切除	
12.9.1　胃部分切除	500
12.9.2　胃切除二分之一	800
12.9.3　胃切除三分之二	1 200
12.9.4　胃切除四分之三	2 400
12.9.5　胃全切	4 400
12.10　肠损伤	
12.10.1　腹部损伤致使空腔脏器穿孔术后合并腹膜炎	1 000
12.10.2　腹部损伤致使肠梗阻或者肠瘘者发作频繁	2 500
12.10.3　腹部损伤致使肠梗阻或者肠瘘者发作不频繁	1 500
12.11　小肠切除	
12.11.1　小肠切除＜1/3	400
12.11.2　小肠切除≥1/3	800
12.11.3　小肠切除三分之一,并回盲部切除	1 200
12.11.4　小肠切除≥1/2	1 800
12.11.5　小肠切除三分之二,保留回盲部	2 400
12.11.6　小肠切除三分之二,回盲部也切除,施行逆蠕动吻合术	3 200
12.11.7　小肠切除四分之三,施行逆蠕动吻合术	4 400
12.11.8　小肠切除四分之三,未施行逆蠕动吻合术	6 000C
12.11.9　小肠切除＞3/4,未施行逆蠕动吻合术	6 000B
12.11.10　小肠切除90％以上	6 000A
12.11.11　结肠部分切除	600
12.11.12　右、左横结肠大部分切除	850
12.11.13　右半结肠切除	1 000
12.11.14　外伤致直肠脱出,治疗后效果不佳	800
12.11.15　左半结肠切除	1 200

表 17（续）

功 能 损 伤 与 部 位	损失工作日
12.11.16 乙状结肠或回盲部切除	700
12.11.17 会阴部损伤后,肛门排便轻度障碍	1 700
12.11.18 会阴部损伤后,肛门排便重度障碍	4 000
12.11.19 直肠、肛门、结肠部分切除,结肠造瘘	2 600
12.11.20 全结肠、直肠、肛门切除,回肠造瘘	5 000
12.12 肝损伤	
12.12.1 肝外伤、合并胆瘘	1 500
12.12.2 肝部分切除	790
12.12.3 肝切除二分之一	2 000
12.12.4 肝切除三分之二	3 500
12.12.5 肝切除三分之二,并有常规肝功能轻度损伤	4 500
12.12.6 肝切除三分之二,并有常规肝功能中度损伤	6 000C
12.12.7 肝切除四分之三,并有常规肝功能重度损伤	6 000B
12.12.8 肝外伤后发生门脉高压三联症或发生 Budd-chiar 氏综合症	6 000B
12.12.9 肝切除后,原位肝移植	6 000A
12.13 胆损伤	
12.13.1 胆肠吻合术后	1 200
12.13.2 致肝功能轻度损伤	2 500
12.13.3 胆道反复感染	2 400
12.13.4 致中度肝功能损伤	4 500
12.13.5 致重度肝功能损伤	6 000B
12.14 胰损伤	
12.14.1 胰部分切除	750
12.14.2 胰切除二分之一	1 300
12.14.3 胰次全切除,胰岛素依赖	3 200
12.15 外力引起腹疝,需简单手术修复	450
12.16 外力引起腹疝,需复杂手术修复	600
12.17 膀胱损伤	
12.17.1 闭合性膀胱挫伤、镜检血尿在二周内自行消失	30
12.17.2 膀胱破裂,手术修复,无尿道狭窄	450
12.17.3 膀胱破裂,手术修复,有尿道狭窄	900
12.17.4 膀胱破裂,手术修复,尚须改道者	3 000
12.17.5 膀胱损伤,轻度排尿障碍	1 760

表 17（续）

功 能 损 伤 与 部 位	损失工作日
12.17.6　神经原性膀胱残余尿≥50 mL	3 200
12.17.7　膀胱部分切除容量＜100 mL	3 500
12.17.8　永久性膀胱造瘘	4 500
12.17.9　重度排尿障碍	4 800
12.17.10　膀胱全切除	6 000C
12.18　尿道瘘不能修复者	2 500
12.19　尿道狭窄需定期行扩张术	4 400
12.20　一侧输尿管狭窄,肾功能不全代偿期	3 500
12.21　永久性输尿管腹壁造瘘	4 500
12.22　双侧输尿管狭窄,肾功能不全失代偿期	6 000C
12.23　腰部软组织损伤	
12.23.1　轻度挫伤占腰部体表面积30％以下	100～200
12.23.2　广泛挫伤占腰部体表面积30％以上	300～400
12.23.3　躯干部创口1～2处,累计长度10 cm以下,仅伤及肌层	25
12.24　会阴部损伤	
12.24.1　阴囊一侧挫伤形成较小血肿,未伤及睾丸,能自行吸收	20
12.24.2　会阴部较小血肿能自行吸收	20

13　骨盆部损伤

表 18

功 能 损 伤 与 部 位	损失工作日
13.1　骨盆不稳定性骨折	2 000
13.2　骨盆稳定性骨折	300
13.3　骨盆骨折合并尿道损伤,遗有尿道狭窄,不需手术修复	1 500
13.4　骨盆骨折合并尿道损伤,完全性尿道断裂,需手术治疗	2 500
13.5　骨盆骨折,遗产道狭窄（未育者）	1 700
13.6　生殖器官损伤	
13.6.1　已育妇女子宫切除或部分切除	900～1 000
13.6.2　子宫修补术	400
13.6.3　未育妇女子宫切除或部分切除	2 300～2 400
13.6.4　一侧睾丸切除	1 200
13.7　外伤致孕妇早产、流产	600
13.8　外伤致孕妇胎盘早期剥离发生出血性休克	1 000

14 脊柱损伤

表 19

功 能 损 伤 与 部 位	损失工作日
14.1 脊椎骨骨折,造成轻度驼背畸形	600
14.2 脊柱施内固定术,屈伸功能受影响	1 000
14.3 压缩性骨折达椎体三分之一以上	1 000
14.4 压缩性骨折达椎体二分之一以上	1 500
14.5 脊椎骨折伴有神经压迫症状	1 500
14.6 脊柱损伤致脊髓半离断	4 000~6 000
14.7 脊柱损伤致脊髓离断形成截瘫者	6 000
14.8 上胸段、颈段高位截瘫	6 000A

15 其他损伤

表 20

功 能 损 伤 与 部 位	损失工作日
15.1 接触国家规定的工业毒物、有害气体急性中毒	
15.1.1 一氧化碳中毒	
15.1.1.1 轻度中毒	30~50
15.1.1.2 中度中毒	200~400
15.1.1.3 重度中毒	450~1 100
15.1.1.4 严重一氧化碳中毒,急性中毒症状消失,导致脑实质病变或痴呆者	4 400~6 000
15.1.2 有机磷农药中毒	
15.1.2.1 轻度中毒	30~90
15.1.2.2 中度中毒	200~350
15.1.2.3 重度中毒	400~850
15.1.3 硫化氢中毒	
15.1.3.1 轻度中毒	30~50
15.1.3.2 中度中毒	200~350
15.1.3.3 重度中毒	400~850
15.1.4 氨中毒	
15.1.4.1 轻度中毒	30~50
15.1.4.2 中度中毒	200~350
15.1.4.3 重度中毒	400~850

表 20（续）

功 能 损 伤 与 部 位	损失工作日
15.1.4.4 急性中毒严重损伤呼吸道并遗有功能障碍者	2 000
15.1.5 光气中毒	
15.1.5.1 轻度中毒	30～50
15.1.5.2 中度中毒	200～350
15.1.5.3 重度中毒	400～850
15.1.6 丙烯腈中毒	
15.1.6.1 轻度中毒	30～50
15.1.6.2 重度中毒	400～850
15.1.7 接触高浓度有害气体、毒物,急性中毒症状消失后,遗有心肌、肝肾等内脏损伤,且明显影响劳动功能者	2 400～4 400
15.1.8 接触高浓度有害气体、毒物,急性中毒症状消失后,遗有造血功能改变且影响劳动能力者	3 000～3 500
15.1.9 接触高浓度有害气体、毒物,急性中毒症状消失后,遗有明显精神障碍且影响劳动能力者	2 400～4 400
15.1.10 接触国家规定的其他工业毒物、有害气体所致急性中毒	
15.1.10.1 有接触反应、刺激反应,符合观察对象条件者	3～15
15.1.10.2 轻度中毒	30～50
15.1.10.3 中度中毒	200～300
15.1.10.4 重度中毒	400～1 100
15.2 烧伤	
15.2.1 Ⅰ度、浅Ⅱ度烧伤,面积在 3% 以下	25
15.2.2 深Ⅱ度烧伤、烧伤面积 2%	40
15.2.3 浅Ⅱ度烧伤、烧伤面积 5%	40
15.2.4 轻度烧伤(较上述严重的轻度烧伤)	110
15.2.5 中度烧伤	
15.2.5.1 烧伤面积≥11%	200
15.2.5.2 烧伤面积≥20%	250
15.2.5.3 烧伤面积 30%	800
15.2.5.4 Ⅱ度烧伤≤10%,Ⅲ度烧伤面积≥5%	300
15.2.6 重度烧伤	
15.2.6.1 Ⅲ度烧伤面积≥10%	600
15.2.6.2 Ⅲ度烧伤面积≥15%	1 000
15.2.6.3 Ⅲ度烧伤面积 20%	2 000
15.2.6.4 31%≤烧伤面积<40%	1 100

表 20（续）

功 能 损 伤 与 部 位	损失工作日
15.2.6.5　40％≤烧伤面积＜50％	1 700
15.2.7　特重度烧伤	
15.2.7.1　Ⅲ度烧伤面积＞20％	2 000
15.2.7.2　50％≤烧伤面积＜60％	2 200
15.2.7.3　60％≤烧伤面积＜70％	3 000
15.2.7.4　70％≤烧伤面积≤80％	5 500
15.2.7.5　Ⅲ度烧伤面积≥50％	5 500
15.2.8　明显的呼吸道烧伤；或休克；或化学中毒	600
15.2.9　特殊部位烧伤	
15.2.9.1　手指端植皮	30
15.2.9.2　手背植皮面积＞1/3	500
15.2.9.3　手掌植皮面积≥30％	600
15.2.9.4　足背植皮面积＞2/3	600
15.2.9.5　头、面、颈、会阴部位Ⅲ度烧伤，面积占人体总面积≥3％	300
15.2.9.6　面部广泛植皮	1 200
15.2.9.7　全颜面植皮	2 400
15.2.9.8　面部轻度毁容	3 200
15.2.9.9　面部中度毁容	4 400
15.2.9.10　面部重度毁容	6 000C
15.3　低温损伤	
15.3.1　冻伤	
15.3.1.1　Ⅰ度冻伤	75
15.3.1.2　Ⅱ度冻伤	90
15.3.1.3　Ⅲ度冻伤	100～300
15.3.1.4　Ⅳ度冻伤	300～800
15.3.2　冻僵	
15.3.2.1　轻度冻僵	100
15.3.2.2　中度冻僵	300
15.3.2.3　重度冻僵	1 000
15.4　损伤引起出血	
15.4.1　失血量占全身总血量3％以下	25
15.4.2　失血量占全身总血量10％	100
15.4.3　失血量占全身总血量20％	200～290
15.4.4　失血量占全身总血量30％	300～800

表 20（续）

功 能 损 伤 与 部 位	损失工作日
15.5　软组织轻度挫伤占体表面积3%者	25
15.6　轻微物理性、化学性、生物性损伤,对人体未造成明显影响,无后遗症者	25
15.7　臂丛神经损伤	
15.7.1　感觉运动机能恢复	180
15.7.2　感觉运动机能轻度障碍	1 000
15.7.3　感觉运动机能完全丧失	2 700
15.8　桡神经干损伤	
15.8.1　感觉运动机能恢复	200
15.8.2　感觉运动机能轻度障碍	460
15.8.3　感觉运动机能遗有"垂腕"、拇指伸展及外展力消失、其余四指伸展力消失,肘关节屈曲及前臂施展均软弱,感觉丧失区以手背为主	3 200
15.9　正中神经干损伤	
15.9.1　感觉运动机能恢复	150
15.9.2　感觉运动机能轻度障碍	300
15.9.3　感觉运动机能完全丧失	2 300
15.10　尺神经干损伤	
15.10.1　感觉运动机能恢复	260
15.10.2　感觉运动机能轻度障碍	600
15.10.3　感觉运动机能完全丧失	3 600
15.11　胫神经干损伤	
15.11.1　感觉运动机能恢复	260
15.11.2　感觉运动机能轻度障碍	600
15.11.3　感觉运动机能完全丧失	2 400
15.12　腓神经干损伤	
15.12.1　感觉运动机能恢复	260
15.12.2　感觉运动机能轻度障碍	600
15.12.3　感觉运动机能完全丧失	2 400
15.13　股神经干损伤	
15.13.1　感觉运动机能恢复	150
15.13.2　感觉运动机能轻度障碍	460
15.13.3　感觉运动机能完全丧失	4 500
15.14　坐骨神经干损伤	
15.14.1　感觉运动机能恢复	360
15.14.2　感觉运动机能轻度障碍	2 000
15.14.3　感觉运动机能完全丧失	4 500
15.15　末梢神经损伤	
15.15.1　感觉运动机能恢复	30
15.15.2　感觉运动机能轻度障碍	60

附 录 A
伤情判定依据
（补充件）

A.1 四肢

A.1.1 本标准表1所示数字,是指该截肢部位对应的损失工作日数(参照图1),计算时仅取该数值,其数值与该部位前端各部位所对应的数值无关。比如:无名指近节指骨截肢,应记该部位所示数字——240日,不应按240+120+60进行计算。

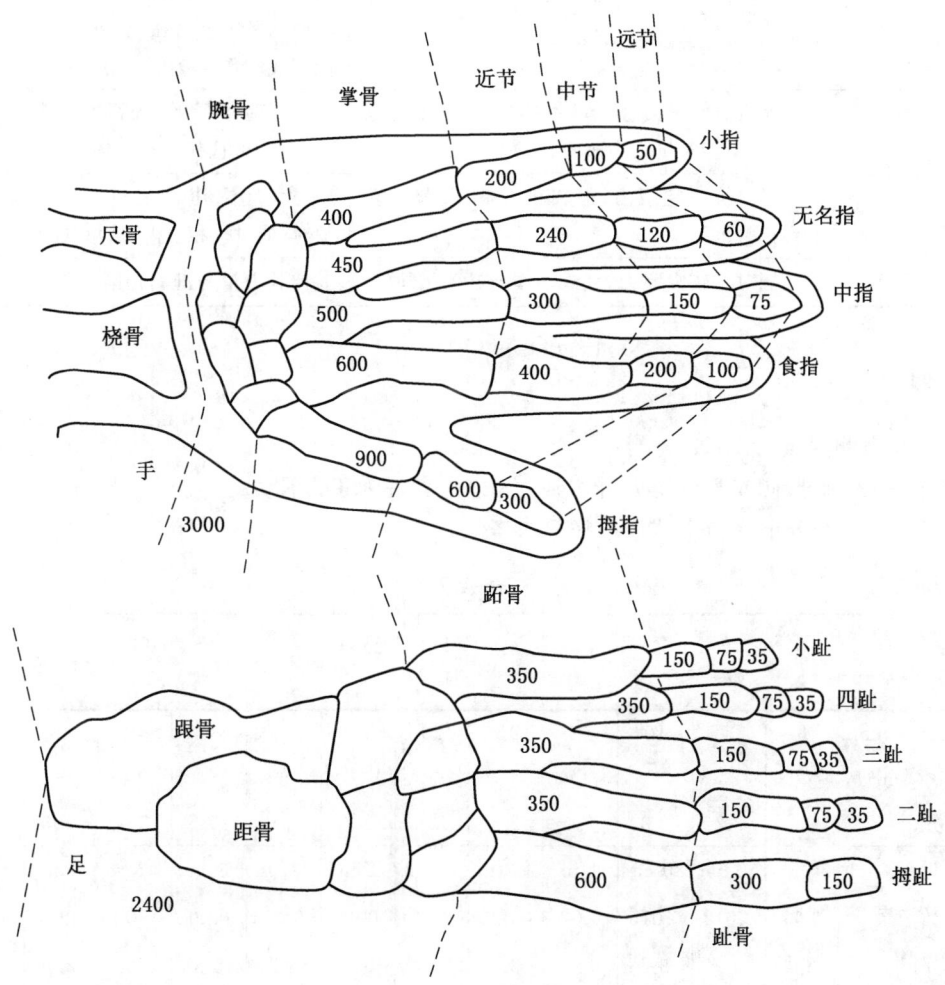

图 A.1

A.1.2 肌力等级标准及判定方法

表 A.1

级别	名称	愈后症状	判定标准（以四头肌为例）
0	全瘫	用力收缩该部位肌肉以期完成动作，但看不到肌肉收缩	无肌肉收缩
1	微弱	用力收缩该部位肌肉以期完成动作，可看到和触到肌肉变紧，肌腱活动，但不能产生关节活动	有轻微肌肉收缩，但不能产生动作
2	差	排除肢体重力时，肌肉收缩可使关节主动活动	侧卧位、患肢居上，能主动伸直原先屈曲的膝关节。在地心引力相反方向能完成动作
3	良	能抗肢体重力，关节能主动活动到正常范围，但不能对抗阻力进行活动	坐床边小腿下垂，膝关节能主动伸直，此法可视作能抗肢体重力
4	优	可对抗一定阻力，但较正人低，关节活动到正常范围	患者坐位，检查者以手压住病人小腿时，能对抗相当大阻力完成伸膝动作
5	正常	能对抗较大阻力，完成动作与健侧相同	伸膝力量与健侧相同

A.2 眼部

A.2.1 视力测定按 GB 11533 测定。
A.2.1.1 凡伤眼裸视或矫正视力可达到 0.8 以上者视为正常视力。
A.2.1.2 视力 5 分记录与小数记录换算参考表。

表 A.2

旧法记录	0(无光感)				1/∞(光感)				0.001(手动)		
5 分记录	0				1				2		
旧法记录,cm（手指/cm）	6	8	10	12	15	20	25	30	35	40	45
5 分记录	2.1	2.2	2.3	2.4	2.5	2.6	2.7	2.8	2.85	2.9	2.95
走近距离	50 cm	60 cm	80 cm	1 m	1.2 m	1.5 m	2 m	2.5 m	3 m	3.5 m	4 m	4.5 m
小数记录	0.01	0.012	0.015	0.02	0.025	0.03	0.04	0.05	0.06	0.07	0.08	0.09
5 分记录	3.0	3.1	3.2	3.3	3.4	3.5	3.6	3.7	3.8	3.85	3.9	3.95
小数记录	0.1	0.12	0.15	0.2	0.25	0.3	0.4	0.5	0.6	0.7	0.8	0.9
5 分记录	4.0	4.1	4.2	4.3	4.4	4.5	4.6	4.7	4.8	4.85	4.9	4.95
小数记录	1.0	1.2	1.5	2.0	2.5	3.0	4.0	5.0	6.0	8.0	10.0	
5 分记录	5.0	5.1	5.2	5.3	5.4	5.5	5.6	5.7	5.8	5.9	6.0	

A.2.1.3 视野有效值与视野缩小度数(半径)对照表。

表 A.3

视野有效值,%	视野度数(半径)
8	5°
16	10°
24	15°
32	20°
40	25°
48	30°
56	35°
64	40°
72	45°
80	50°
88	55°
96	60°

A.2.1.4 无晶体眼视觉损伤程度参考表。

表 A.4

视力	无晶体眼中心视力有效值,%		
	晶体眼	单眼无晶体	双眼无晶体
1.2	100	50	75
1.0	100	50	75
0.8	95	47	71
0.6	90	45	67
0.5	85	42	64
0.4	75	37	56
0.3	65	32	49
0.25	60	30	45
0.20	50	25	37
0.15	40	20	30
0.12	30	—	22
0.1	20	—	—

A.2.2 低视力与盲分级

表 A.5

类别	级别	矫正视力	
		最高 <	最低 ≥
低视力	1	0.3	0.1
	2	0.1	0.05(3 m 指数)

表 A.5（续）

类别	级别	矫正视力	
		最高 <	最低 ≥
盲	3	0.05	0.02(1 m 指数)
	4	0.02	光感
	5	无光感	

注：中心视力好，而视野缩小，以注视点为中心，视野半径小于 10°而大于 5°者为 3 级盲；如半径小于 5°者为 4 级盲。

A.2.2.1 盲或低视力均指双眼。
A.2.2.2 最佳矫正视力，是指以适当镜片矫正能达到的最高视力（或以针孔镜所测得的视力）。若矫正无效，即以裸眼视力为准。
A.2.2.3 视力测定低至不能认定指数时，则按常规进行暗室检查，以确定有无光感。
A.2.3 在日光下确定视标直径 1 cm。以八方位的视野角度测定。减退至正常视野的 60% 以下者，谓之视野变形。暗点应采用绝对暗点为准。单眼检查发现视野明显缩小者，可按常规方法，采用球面视野计测定视野。
A.2.4 眼球显著调节机能障碍是指调节力减退二分之一以上者。向某一方向侧视时发生转动困难，非盲眼且可伴有复视现象。
A.2.5 眼部损伤各条款未提及者，可按视力一项记录鉴定。

A.3 口腔颌面部损伤

A.3.1 开口度按下述方法确定：以被测者手指置入上、下切牙切缘间进行测定。
  a. 正常开口度：大开口时，可将食指、中指、无名指并列垂直置入；
  b. 开口困难Ⅰ度，大开口时，只能将食指、中指并列垂直置入；
  c. 开口困难Ⅱ度，大开口时，只能将食指横径垂直置入；
  d. 开口困难Ⅲ度，大开口时，食指横径不能垂直置入；
  e. 不能开口。

A.3.2 面神经损伤评定
本标准所涉及到的面神经损伤主要指外周性（核下性）病变。
一侧完全性面神经损伤系指面神经的五个分支（颞支、颧支、颊支、下颌缘支及颈支）支配的全部颜面肌肉瘫痪，表现：
  a. 额纹消失，不能皱眉；
  b. 眼睑不能充分闭合，鼻唇沟变浅；
  c. 口角下垂，不能示齿、鼓腮、吹口哨、饮食时汤水流逸。
不完全性面神经损伤系指出现部分上述症状和体征及鳄泪、面肌间歇抽搐或在面部运动时出现联动者。

A.3.3 面部异物色素沉着或脱失的判定

a. 轻度:异物色素沉着或脱失超过颜面总面积的四分之一。
b. 重度:异物色素沉着或脱失超过颜面总面积的二分之一。

A.3.4 毁容分级

A.3.4.1 重度:面部瘢痕畸形,并有以下六项中四项者:
a. 眉毛缺损;
b. 双睑外翻或缺损;
c. 外耳缺损;
d. 鼻缺损;
e. 上下唇外翻或小口畸形;
f. 颈颏粘连。

A.3.4.2 中度:具有下述六项中三项者:
a. 眉毛部分缺损;
b. 眼睑外翻或部分缺损;
c. 耳廓部分缺损;
d. 鼻翼部分缺损;
e. 唇外翻或小口畸形;
f. 颈部增生性瘢痕畸形。

A.3.4.3 轻度:含中度畸形六项中二项者。

A.4 颅脑损伤

A.4.1 轻型颅脑损伤:即单纯脑震荡,伤后有立即发生一次性意识障碍史,昏迷时间在0.5 h之内,清醒后有"逆行性健忘",有轻度头痛、头昏、头晕、恶心呕吐、无力等症状,生命体征基本正常。

A.4.2 中型颅脑损伤:即轻度脑挫伤,伴有蛛网膜出血,但无脑受压征,昏迷时间在0.5～12 h内,有较轻神经系统阳性体征。

A.4.3 重型颅脑损伤:深昏迷在12 h(含12 h)以上,有明显神经系统体征。

A.4.4 极重型颅脑损伤:严重脑挫裂伤,伤后立即深昏迷,有去大脑僵直或有晚期脑疝,表现双侧瞳孔扩大,生命体征衰竭或呼吸几近停止等。

A.4.5 智力损伤对照表

表 A.6

适应能力	适应能力行为表现	IQ值(智商)
轻微适应缺陷	记忆力明显减弱,脑力劳动速度减慢,劳动能力轻度下降,不能完成高级复杂的脑力劳动。 适应行为低于一般人水平,具有相当的实用技能,如能独立生活,能承担一般的家务劳动或工作,但缺乏技巧和创造性	70～85
轻度适应缺陷	领悟、理解、综合分析困难,反映迟钝,记忆力很差,经指导能适应社会	50～69

表 A.6（续）

适应能力	适应能力行为表现	IQ值（智商）
中度适应缺陷	适应行为不完全、实用技能不完全，能生活自理，能做简单家务劳动；生活尚需他人帮助。阅读和计算能力差，对周围环境辨别能力差，能以简单方式与别人交往，能掌握日常用语	35～49
重度适应缺陷	适应行为差，生活能力差，即使经过训练也很难达到自理，日常生活需他人照料，语言功能严重受损，不能有效地进行语言交流	20～34
极重度适应缺陷	适应行为极差，面容明显呆滞，终生需他人照料，运动感觉功能差，通过训练，下肢、手及颌的运动有所反应、语言功能丧失	20以下

A.4.6 精神病症状

有下列表现之一者：

a. 突出的妄想；
b. 持久或反复出现的幻觉；
c. 病理性思维联想障碍；
d. 紧张综合症，包括紧张性运动兴奋与紧张性木僵；
e. 情感障碍显著，且妨碍社会功能（包括生活自理、社交功能及职业和角色功能）。

A.4.7 人格改变

由于外伤或职业中毒因素影响大脑所造成的器质性人格异常，称为人格改变。

器质性人格改变，以行为模式和人际关系显著而持久的改变为主要临床表现，至少有下述情况之一：

a. 情绪不稳，有习惯态度和行为方式的改变，如心境由正常突然转变为抑郁，或焦虑，或易激惹；
b. 反复的暴怒发作或攻击行为，与诱发因素显然不相称。对攻击冲动控制能力减弱；
c. 社会责任感减退，工作不负责任，丧失兴趣，与人交往而无信；性欲减退或丧失，情感迟钝、冷漠，或产生欣快症，对周围事物缺乏应有的关心，对人也不能保持正常的人际关系；
d. 本能亢进，伦理道德观念明显受损，缺乏自尊心和羞耻感；自我中心，易于冲动，行为不顾后果；
e. 社会适应能力明显受损。

A.5 癫痫分级

癫痫的诊断：要有企业事故受伤史，有医师或其他目击者叙述或证明，脑电图显示异常。

癫痫的程度分级：

A.5.1 轻度：需系统服药治疗控制和各种类型癫痫发作者。

A.5.2 中度：各种类型的癫痫发作，经系统服药治疗两年后，大发作、精神运动性发作平均每月1次或1次以下，不发作和其他类型发作平均每周1次以下。

A.5.3 重度：各种类型的癫痫发作，经系统服药治疗两年后，大发作、精神运动性发作平均每月1次以上,小发作和其他类型发作平均每周1次以上者。

A.6 护理依赖分级

日常生活能力包括:

a. 端坐;
b. 站立;
c. 行走;
d. 穿衣;
e. 洗嗽;
f. 进食餐;
e. 大小便;
h. 书写(相对失写而言八项)。

日常生活能力是人们维持生命活动的基本活动,能实现一项算1分,实现有困难的算0.5分,按其完成程度分为四级。

表 A.7

级别	程度	表现	计分
一级	完全护理依赖	愈后,上述活动即使有适当设备或他人帮助也不能自己完成,全部功能活动需由他人代做	0~2
二级	大部分护理依赖	愈后,上述活动大部分需要他人帮助才能完成	3~4
三级	部分护理依赖	愈后,上述活动部分需要他人帮助才能完成	5~6
四级	自理	愈后,独立完成上述活动,有些困难,但无需他人语言和体力上的帮助,基本可以自理	7~8

A.7 烧伤

A.7.1 烧伤面积估算

本标准采用两种方法相结合的方式估算烧伤面积。九分法用于大面积估算,手掌法用于中、小片烧伤面积估算。

a. 九分估算法

成人体表的面积视为100%,将总体表面积划分为11个9%等面积区域,即头颈部占一个9%,双上肢占二个9%,躯干前后及会阴部占三个9%,臀部及双下肢占五个9%+1%(参见表A8)。

表 A.8

部位	面积,%	按九分法面积,%
头	6	(1×9)=9
颈	3	

表 A.8（续）

部位	面积，%	按九分法面积，%
前躯 后躯 会阴	13 13 1	（3×9）＝27
双上臂 双前臂 双手	7 6 5	（2×9）＝18
臀 双大腿 双小腿 双足	5 21 13 7	（5×9+1）＝46
全身合计	100	（11×9+1）＝100

b. 手掌法

受伤者五指并拢，一掌面积为其自身体表面积的1%。

A.7.2 烧伤深度的判定

表 A.9

烧伤深度分类		损伤组织	烧伤部位特点	愈后情况
Ⅰ度		表皮	皮肤红肿，有热、痛感，无水疱，干燥，局部温度稍有增高	不留疤痕
Ⅱ度	浅Ⅱ度	真皮浅层	剧痛，表皮有大而薄的水疱，泡底有组织充血和明显水肿；组织坏死仅限于皮肤的真皮层，局部温度明显增高	不留疤痕
	深Ⅱ度	真皮深层	痛，损伤已达真皮深层，水疱较小，表皮和真皮层大部分凝固和坏死。将已分离的表皮揭去，可见基底微湿，色泽苍白上有红出血点，局部温度较低	可留下疤痕
Ⅲ度		全层皮肤或皮下组织、肌肉、骨骼	不痛，皮肤全层坏死，干燥如皮革样，不起水疱，蜡白或焦黄，碳化，知觉丧失，脂肪层的大静脉全部坏死，局部温度低，发凉	需自体皮肤移植，有疤痕或畸形

A.7.3 烧伤严重程度分类

表 A.10

严重程度	烧伤面积与深度
轻度烧伤	烧伤面积≤10%的Ⅱ度烧伤；＜5%Ⅲ度烧伤

表 A.10（续）

严重程度	烧伤面积与深度
中度烧伤	(1)11％≤烧伤面积≤30％的Ⅱ度烧伤 (2)5％≤烧伤面积≤10％的Ⅲ度烧伤
重度烧伤	(1)31％≤烧伤面积≤50％的Ⅱ度烧伤 (2)11％≤烧伤面积≤20％的Ⅲ度烧伤 (3)烧伤面积接近30％的Ⅱ度烧伤，如有休克、化学中毒，中、重度呼吸道烧伤及吸入性损伤之一者应与14.2.12累计计算
特重度烧伤	(1)烧伤面积≥50％的Ⅱ度烧伤 (2)烧伤面积≥20％的Ⅲ度烧伤

A.8 冻伤

A.8.1 冻伤的分度与鉴别

表 A.11

严重程度		冻伤部位特点
轻度	Ⅰ度	亦称红斑性冻伤，损伤在表皮层。受冻早期皮肤苍白、麻木。复温后局部充血和水肿。出现针刺样疼痛、痒感、灼热感，不出现小泡。冻伤一周内不治自愈，愈后有局部表皮剥脱
轻度	Ⅱ度	亦称水泡性冻伤，损伤达真皮层。除充血和水肿外，主要特点：12～24 h出现大量浆液性水泡，泡液多为橙黄色，泡底呈鲜红色，少数呈血性水泡，水泡大而连成片。周内可痊愈
重度	Ⅲ度	损伤达皮肤全层（表皮真皮）并累及皮下组织。皮肤呈青紫、紫红或青蓝色，皮肤温度下降，感觉存在。有明显的水肿和多个水泡，水泡内液体多为血性渗出液，泡底呈暗红色。局部明显疼痛。受冻部位皮肤全层变黑坏死，创面愈后遗留疤痕
重度	Ⅳ度	损伤除皮肤、皮下组织外，受冻深度达肌肉和骨骼。皮肤呈苍白色、青灰色、蓝紫色甚至紫黑色；指（趾）甲床灰黑色，肿胀常不明显，严重者也可无水泡或有水泡，孤立而分散，水泡液呈暗红色、咖啡色或深紫色，复温后，出现剧痛，而后感觉丧失，皮肤温度低于正常皮肤温度

A.8.2 全身冻伤（冻僵）

用肛门温度计，插入肛门内 5～12 cm 测定中心体温。

表 A.12

冻僵程度	直肠温度，℃
轻度	34～36
中度	31～33
重度	≤30

A.9 失血量的估算

A.9.1 失血量与人体的反应对照

表 A.13

占全血量,%	机 体 的 反 应
10	无明显反应,偶而发生精神紧张性昏厥
20	失血者在安静休息时,一般看不出明显的失血效应,但在运动时则出现心跳加快,轻微的体位性低血压。失血 700 mL 时,可出现口渴、恶心、乏力、眩晕、手足厥冷、脉搏加快、血压降低、站立或轻微活动时可发生昏倒
30	失血者卧倒时出现低血压、心跳加快、颈静脉平坦、缺氧、脉搏微弱、皮肤苍白、湿冷、易死亡

A.9.2 正常血容量的计算公式:

$$V_x = W \times n \quad \cdots\cdots\cdots\cdots\cdots\cdots\cdots (A.1)$$

式中:

V_x——血容量,%;

W——体重,kg;

n——系数。

表 A.14

不同类型人	男性	健壮男性	肥胖男性	女性
n	7	7.5	6	6.5

A.10 休克分级

表 A.15

级别	血压(收缩压) kPa	脉搏 次/分	全身状况
轻度	12~13.3(90~100 mmHg)	90~100	尚好
中度	10~12(75~90 mmHg)	110~130	抑制、苍白、皮肤冷
重度	<10(<75 mmHg)	120~160	明显抑制
垂危	0	—	呼吸障碍、意识模糊

A.11 听力损伤测定

听力级单位为分贝(dB)。听力损失是指生活语音的听力阈值"语言频率平均听力损失",采用 500、1 000、2 000 Hz 的平均值。

A.12 关节运动活动度的鉴定

鉴定关节运动活动度应从被检关节的整体功能判定,其活动度值按正常人体关节活动度综合分析做出结论。检查时,应注意关节过去的功能状态,并与健侧关节运动活动度对比。

A.12.1 肩关节活动范围

肩关节上臂下垂为中立位。关节活动度:

a. 前屈:70°~90°。
b. 后伸:40°~45°。
c. 前屈上举:150°~170°。
d. 上举:160°~180°。
e. 外展:80°~90°。
f. 内收:20°~40°。
g. 内旋:70°~90°。
h. 外旋:40°~50°。

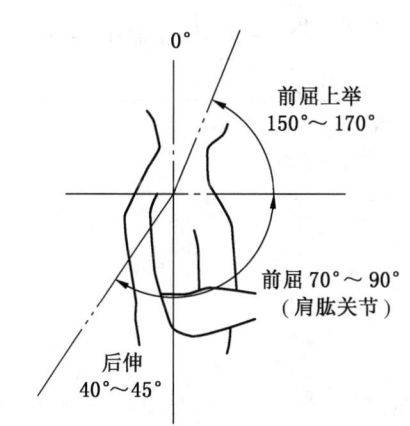
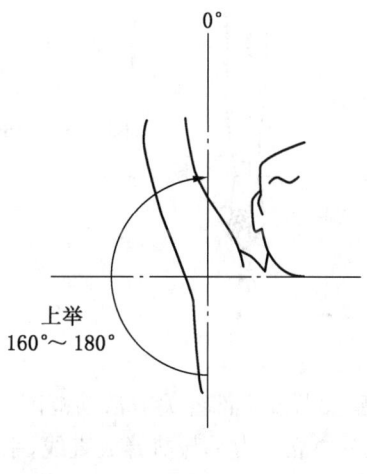
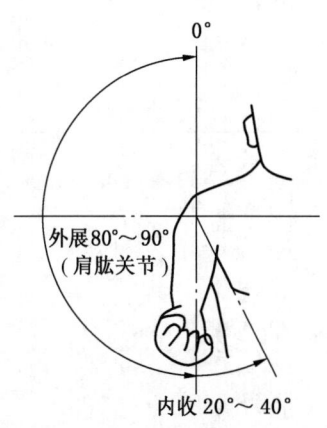
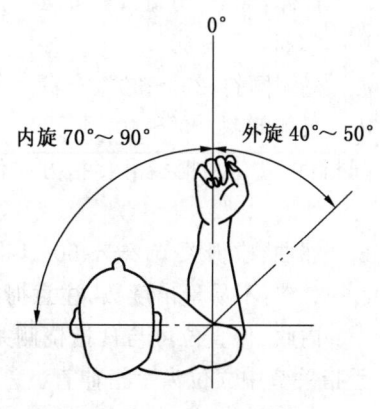

图 A.2

A.12.2 肘关节与尺桡关节活动范围

肘关节中立位为前臂伸直。

a. 屈曲:135°～150°。
b. 过度伸直:10°。
c. 旋前:80°～90°。
d. 旋后:80°～90°。

尺桡关节拇指在上为中立位。

a. 旋前(手掌向下):80°～90°。
b. 旋后(手掌向上):80°～90°。

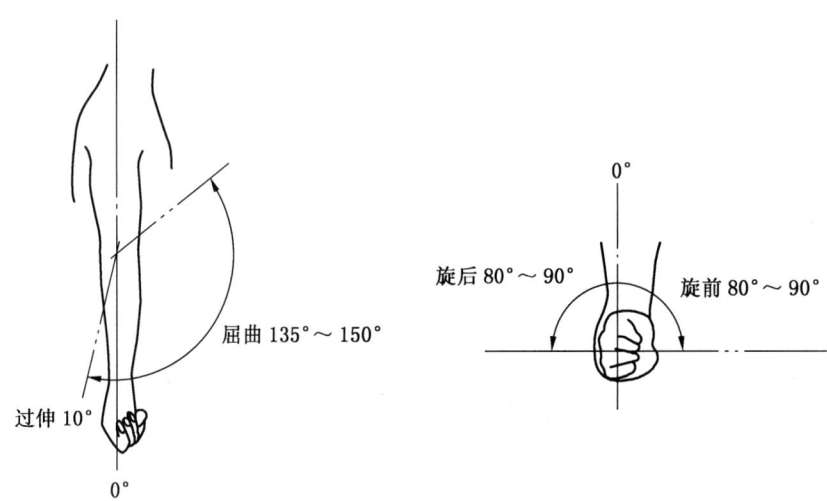

图 A.3

A.12.3 腕关节及手部各关节活动范围

腕关节中立位为手与前臂成直线,手掌向下。

关节活动度:

a. 背伸:30°～60°。
b. 掌屈:20°～60°。
c. 桡侧倾斜:25°～30°。
d. 尺侧倾斜:30°～40°。

拇指:中立位为拇指沿食指方向伸直。

a. 外展:40°。
b. 屈曲:掌拇关节 25°～50°。指间关节可达 90°。
c. 对掌:不易量出度数,注意拇指横越手掌之程度。
d. 内收:伸直位可与食指桡侧并贴。

手指关节中立位为手指伸直。

a. 掌指关节:伸为 0°,屈可达60°～90°。
b. 近侧指间关节:伸为 0°,屈可达 90°。
c. 远侧指间关节:伸为 0°,屈可达 60°～90°。

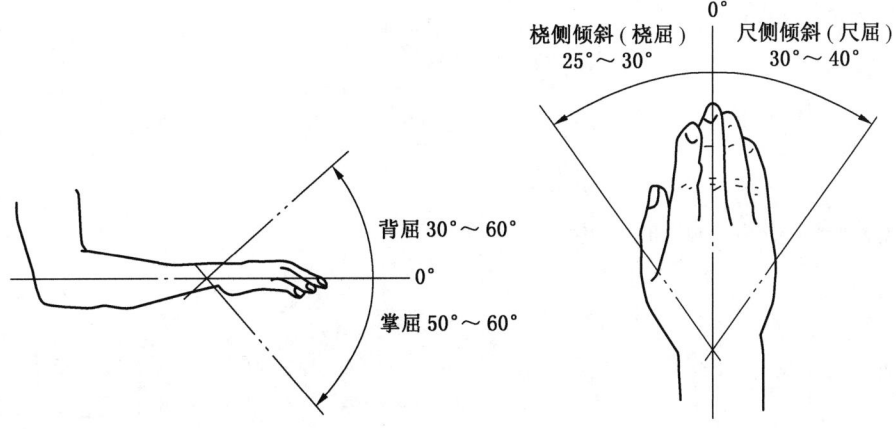
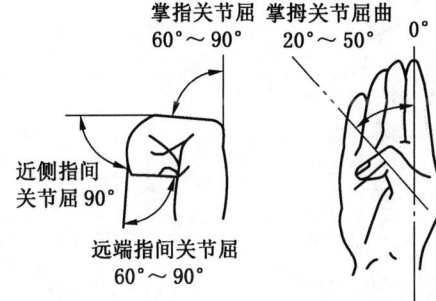
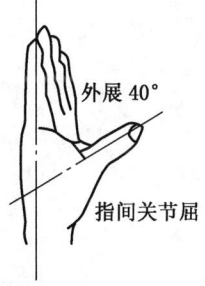
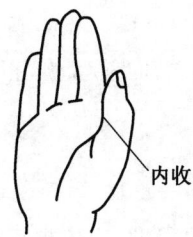
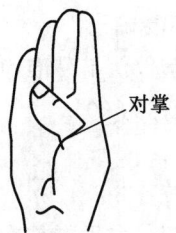

图 A.4

A.12.4 颈椎活动范围

中立位为面向前,眼平视,下颌内收。

a. 前屈:35°～45°。
b. 后伸:35°～45°。
c. 左右侧屈:45°。
d. 左右旋转:各60°～80°。

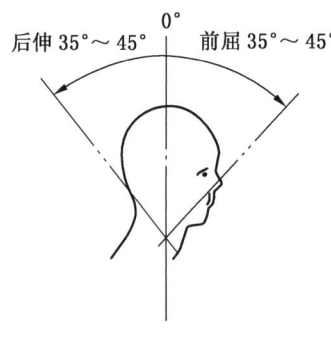
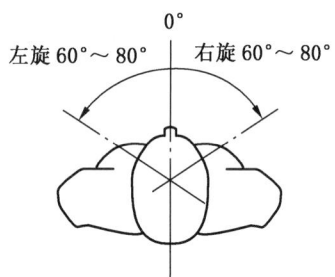
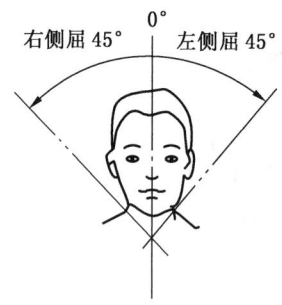

图 A.5

A.12.5 腰椎活动范围

腰部中立位不易确定。

a. 前屈:测量数值不易准确,患者直立,向前弯腰,正常时中指尖可达足面,腰椎呈弧形。一般称为90°。
b. 后伸:30°。
c. 侧屈:左右各30°。
d. 侧旋:固定骨盆后脊柱左右旋转的程度,应依据旋转后两肩连线与骨盆横径所成角度计算。正常为30°。

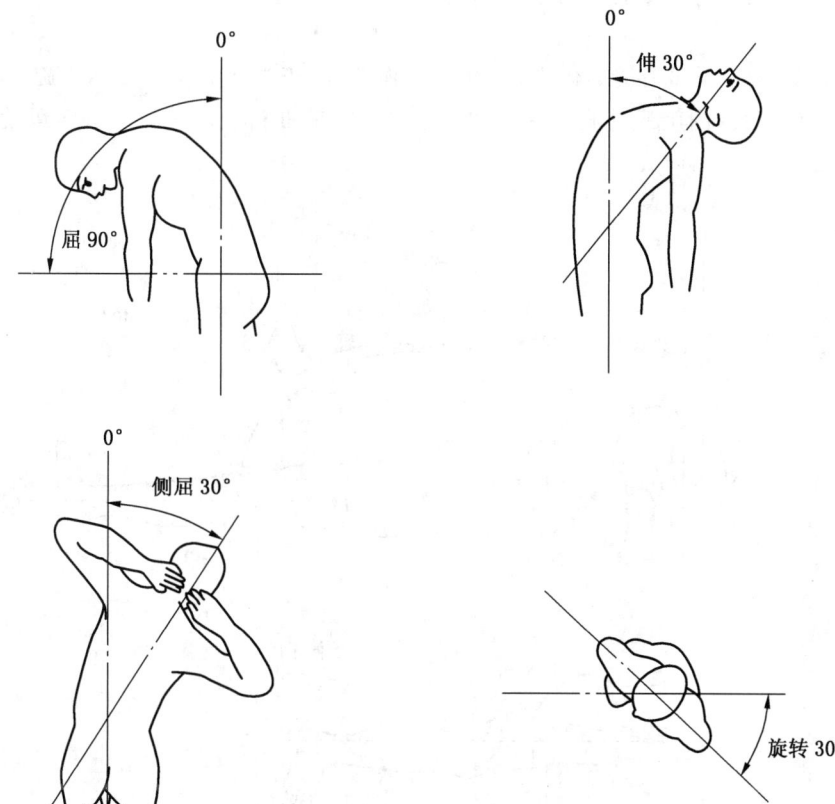

图 A.6

A.12.6 膝关节活动范围

中立位为膝关节伸直。

关节活动：

a. 屈曲:120°~150°。

b. 过伸:5°~10°。

c. 旋转:屈膝时内旋约10°,外旋20°。

A.12.7 髋关节活动范围

中立位为髋关节伸直,髌骨向上。

关节活动度：

a. 屈曲:仰卧位,被检查侧大腿屈曲膝关节,髋关节尽量屈曲,正常可达130°~140°。

b. 后伸:俯卧位,一侧大腿垂于检查台边,髋关节屈曲90°,被检查侧髋关节后伸,正常可达10°~15°。

c. 外展:检查者一手按在髂嵴上,固定骨盆,另一手握住踝部,在伸膝位下外展下肢,正常可达30°~45°。

d. 内收：固定骨盆，被检查的下肢保持伸直位，向对侧下肢前面交叉内收，正常可达 20°～30°。
e. 伸位旋转（内旋或外旋）：俯卧，将膝关节屈曲 90°，正常外旋 30°～40°，内旋 40°～50°。
f. 屈曲位旋转（内旋或外旋）：仰卧，髋、膝关节均屈曲 90°，做髋关节旋转运动，正常时外旋 30°～40°，内旋 40°～50°。

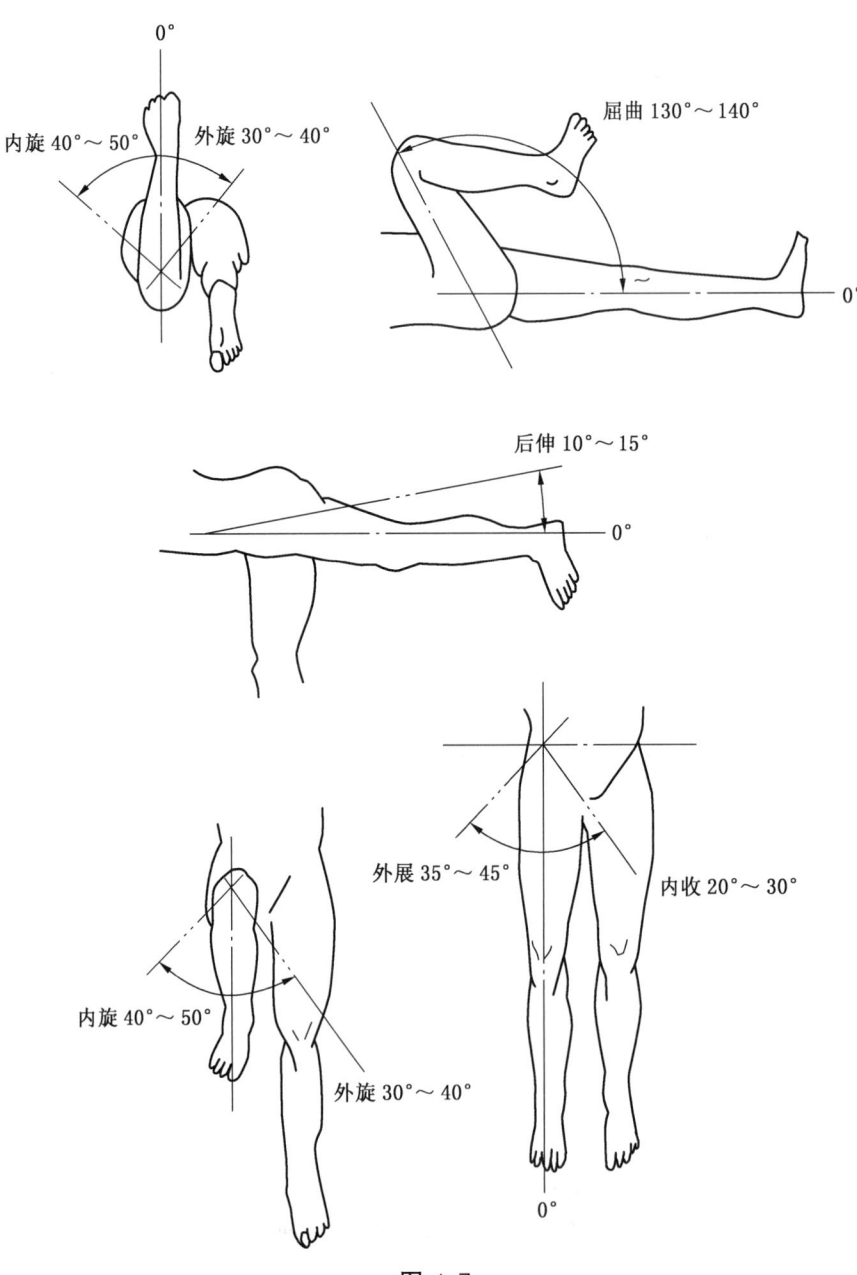

图 A.7

A.12.8 踝关节及足部关节活动范围

踝关节中立位为足与小腿间呈90°角,而无足内翻或外翻。足之中立位不易确定。

关节活动度:

a. 踝关节背屈:应于屈膝及伸膝位分别测量,以除去小腿后侧肌群紧张的影响。正常20°~30°。
b. 踝关节跖屈:约40°~50°。
c. 距下关节之内翻30°,外翻30°~35°。
d. 跗骨间关节(足前部外展或内收)之活动度,采用被动活动,跟骨保持中立位。正常各约25°。
e. 跖趾关节运动:跖屈和背屈活动,尤以拇趾为重要。正常背屈约45°,跖屈为30°~40°。

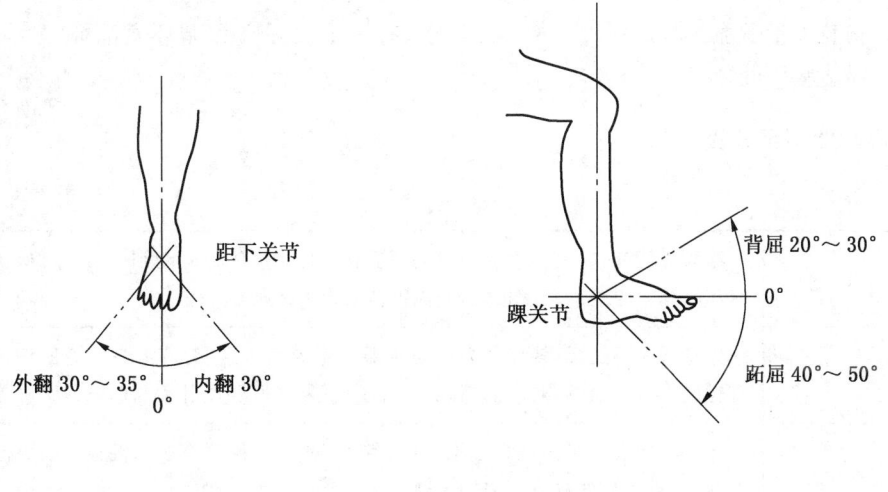

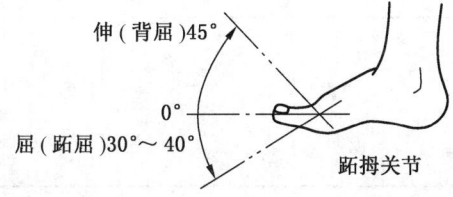

图 A8

A.13 呼吸困难分级

表 A.16

级别	表现
1级	平地步行无气短,登山或上楼时呈气短
2级	平地步行1 000 m,速度低于正常人无气短,快速步行呈气短,上楼或登山明显气短
3级	平地慢行100 m即有气短
4级	静息(稍活动)即有气短

A.14 呼吸衰竭

呼吸频率:30～35 次/分;

PaO_2　急性<6.6 kPa(50 mmHg),慢性<8 kPa(60 mmHg);

pH 低于 7.20～7.25;

$PaCO_2$　急性:在 8～9.3 kPa(60～70 mmHg)以上;

　　　　慢性:在 9.3～10.67 kPa(70～80 mmHg)以上。

A.15 血胸

a. 胸腔小量积血　500 mL 以下,可无征状,X 线上仅见肋隔角消失;
b. 胸腔中等量积血　500～1 000 mL 左右,有内出血征,X 线上见上界可达肺门;
c. 胸腔大量积血　1 000～1 500 mL 以上,有严重的呼吸和循环紊乱征,X 线上见上界达胸膜腔顶。

A.16 心功能不全分级

表 A.17

一级	称为代偿期:轻度体力劳动时无不适感。但中度体力劳动则可引起呼吸困难、疲劳和心悸。心脏可轻度扩大,但无脏器淤血的体征
二级	休息时无不适感,轻度体力劳动时即有呼吸困难、疲劳和心悸。心脏中度增大。有轻度脏器淤血的体征。如肺底少许湿性啰音,肝轻度肿大和凹陷性水肿等
三级	休息时即有呼吸困难和心悸,心脏多明显增大。肺底有多数湿性啰音,肝中度以上肿大,有明显的皮下凹陷性浮肿等

A.17 肺功能损害分级

表 A.18

	FVC	FEV_1	MVV	FEV_1/FVC %	RV/TLC %	DL_{CO}	PaO_2 kPa	$PaCO_2$ kPa	$(A-a)O_2$ kPa
正常	>80	>80	>80	>70	<35	>80			
轻度损害	60～79	60～79	60～79	55～69	36～45	60～79			
中度损害	40～59	40～59	40～59	35～54	46～55	40～59			
重度损害	<40	>40	<40	<35	>55	>40	4～8	6～8	9.3

注:FVC、FEV_1、MVV、DL_{CO} 为占预计值百分数。

A.18 大小便功能障碍的判定

a. 完全(重度)失禁与部分(轻度)失禁;

b. 大小便不能完全自理,指排便中枢正常而由于肢体伤残使移动困难或不能自行穿着衣裤者。

A.19　肛门失禁分级

A.19.1　重度
　　a. 大便不能控制;
　　b. 肛门括约肌收缩力很弱或丧失;
　　c. 肛门括约肌收缩反射很弱或消失;
　　d. 直肠内压测定,肛门注水法<20 cmH$_2$O。

A.19.2　轻度
　　a. 稀便不能控制;
　　b. 肛门括约肌收缩力较弱;
　　c. 肛门括约肌收缩反射较弱;
　　d. 直肠内压测定,肛门注水法 20～30 cmH$_2$O。

A.20　排尿障碍分级

A.20.1　重度:出现真性重度尿失禁或尿潴留残余尿≥50 mL 者。
A.20.2　轻度:出现真性轻度尿失禁或残余尿<50 mL 者。

A.21　心功能分级

A.21.1　一级心功能不全:能胜任一般日常劳动,但稍重体力劳动即有心悸、气急等症状。
A.21.2　二级心功能不全:普通日常活动即有心悸、气急等症状,休息时消失。
A.21.3　三级心功能不全:任何活动均可引起明显心悸、气急等症状,甚至卧床休息仍有症状。

A.22　肾功能不全判定

　　a. 肾功能不全尿毒症期:血尿素氮>21.4 mmol/L(60 mg/dL),常伴有酸中毒,出现严重的尿毒症临床症象。
　　b. 肾功能不全失代偿期,内生肌酐廓清值低于正常水平的50%,血肌酐水平>177 μmol/L(2 mg/dL),血尿素氮增高,其他各项肾功能进一步损害而出现一些临床症状,包括疲乏、不安、胃肠道症状、搔痒等。
　　c. 肾功能不全代偿期:内生肌酐廓清值降低至正常的50%,血肌酐水平、血尿素氮水平正常,其他肾功能出现减退。

A.23　甲状旁腺功能低下分级

A.23.1　重度:空腹血钙<6 mg%;
A.23.2　中度:空腹血钙 6～7 mg%;
A.23.3　轻度:空腹血钙 7～8 mg%
　　以上分级均需结合临床症状分析。

A.24 甲状腺功能低下分级判定

A.24.1 重度

 a. 临床症状严重；

 b. B.M.R＜－30%；

 c. 吸碘率＜10%(24 h)；

 d. 参考 T_3、T_4 检查和甲状腺同位素扫描。

A.24.2 中度

 a. 临床症状较重；

 b. B.M.R －30%～－20%；

 c. 吸碘率 10%～15%(24 h)；

 d. 参考 T_3、T_4 检查和甲状腺同位素扫描。

A.24.3 轻度

 a. 临床症状较轻；

 b. B.M.R －20%～－10%；

 c. 吸碘率＜15%～20%(24 h)；

 d. 参考 T_3、T_4 检查和甲状腺同位素扫描。

A.25 肝功能损害的判定

表 A.19

内容 \ 分级	轻度	中度	重度
中毒症状	轻度	中度	重度
血浆白蛋白	3.0～3.5 g%	2.5～3.0 g%	＜2.5 g%
血内胆红质	1.5～10 mg%	10～20 mg%	＞20 mg%
腹水	无	无或少量,治疗后消失	顽固性
脑症	无	无或轻度	明显
凝血酶原时间	稍延长(较对照组＞3 s)	延长	明显延长
谷丙转氨酶	供参考	供参考	供参考

A.26 中毒性血液病分级

重型再生障碍性贫血——Ⅰ型(急性再障)

临床：发病急，贫血呈进行性加剧，常伴严重感染，内脏出血；

血象：除血红蛋白下降较快外，须具备下列三项中之二项：

 a. 网织红细胞＜1%，绝对值＜$15×10^9$/L；

 b. 白细胞明显减少，中性粒细胞绝对值＜$0.5×10^9$/L；

 c. 血小板＜$20×10^9$/L。

骨髓象：
   a. 多部位增生减低，三系造血细胞明显减少，非造血细胞增多。如增生活跃须有淋巴细胞增多；
   b. 骨髓小粒中非造血细胞及脂肪细胞增多。

A.27 职业性急性一氧化碳中毒分级

A.27.1 接触反应

出现头痛、头昏、心悸、恶心等症状，吸入新鲜空气后症状可消失者。

A.27.2 轻度中毒

具有以下任何一项表现者：
   a. 出现剧烈的头痛、头昏、四肢无力、恶心、呕吐；
   b. 轻度至中度意识障碍，但无昏迷者。

血液碳氧血红蛋白浓度可高于10%。

A.27.3 中度中毒

除有上述症状外，意识障碍表现为浅至中度昏迷，经抢救后恢复且无明显并发症者。

血液碳氧血红蛋白浓度可高于30%。

A.27.4 重度中毒

意识障碍程度达深昏迷；去大脑皮层状态或患者有意识障碍且并发有下列任何一项表现者：
   a. 脑水肿；
   b. 休克或严重的心肌损害；
   c. 肺水肿；
   d. 呼吸衰竭；
   e. 上消化道出血；
   f. 脑局灶损害如锥体系或锥体外系损害体征。

碳氧血红蛋白浓度可高于50%。

A.27.5 急性一氧化碳中毒迟发脑病（神经精神后发症）

急性一氧化碳中毒意识障碍恢复后，经约2～60天的"假愈期"，又出现下列临床表现之一者：
   a. 精神及意识障碍呈痴呆状态，谵妄状态或去大脑皮层状态；
   b. 锥体外系神经障碍出现帕金森氏综合征的表现；
   c. 锥体系神经损害（如偏瘫、病理反射阳性或小便失禁等）；
   d. 大脑皮层局灶性功能障碍如失语、失明等，或出现继发性癫痫。

头部CT检查可发现脑部有病理性密度减低区；脑电图检查可发现中度及高度异常。

A.28 职业性急性硫化氢中毒分级

A.28.1 刺激反应

接触硫化氢后出现流泪、眼刺痛、流涕、咽喉部灼热感等刺激症状，在短时间内恢复者。

A.28.2 轻度中毒

有眼胀痛、畏光、咽干、咳嗽,以及轻度头痛、头晕、乏力、恶心等症状。检查见眼结膜充血,肺部可有干性啰音等体征。

A.28.3 中度中毒

具有下列临床表现之一者:

a. 有明显的头痛、头晕等症状,并出现轻度意识障碍;

b. 有明显的粘膜刺激症状,出现咳嗽、胸闷、视力模糊、眼结膜水肿及角膜溃疡等。肺部闻及干性或湿性啰音,X线胸片显示肺纹理增强或有片状阴影。

A.28.4 重度中毒

具有下列临床表现之一者:

a. 昏迷;

b. 肺水肿;

c. 呼吸循环衰竭。

A.29 职业性急性氨中毒分级

A.29.1 氨气刺激反应

仅有一过性的眼和上呼吸道刺激症状,肺部无明显阳性体征。

A.29.2 轻度中毒

根据以下指标,综合判断,可诊断为轻度中毒:

症状:流泪、咽痛、声音嘶哑、咳嗽、咯痰并伴有轻度头晕、头痛、乏力等;

体征:眼结膜、咽部充血、水肿、肺部有干性罗音;

胸部 X 线征象:肺纹理增强或伴边缘模糊,符合支气管炎或支气管周围炎;

血气分析:在呼吸空气时,动脉血氧分压可低于预计值 $1.33 \sim 2.66$ kPa($10 \sim 20$ mmHg)。

A.29.3 中度中毒

根据以下指标,综合判断,可诊断为中度中毒。

症状:声音嘶哑,剧烈咳嗽,有时伴血丝痰,胸闷、呼吸困难,并常有头晕、头痛、恶心、呕吐及乏力等;

体征:呼吸频速,轻度紫绀,肺部有干、湿啰音;

胸部 X 线征象:肺纹理增强,边缘模糊或呈网状阴影;或肺野透亮度降低;或有边缘模糊的散在性或斑片状阴影,符合肺炎或间质性肺炎的表现。

血气分析:在吸低浓度氧(小于50%氧)时,能维持动脉血氧分压大于8 kPa(60 mmHg)。

A.29.4 重度中毒

具有下列情况之一者:

a. 根据下列指标综合判断

症状:剧烈咳嗽,咯大量粉红色泡沫痰,气急、胸闷、心悸等,并常有烦燥、恶心、呕吐及昏迷等;

体征:呼吸窘迫,明显紫绀,双肺满布干、湿啰音;

胸部 X 线征象:两肺野有密度较淡、边缘模糊的斑片状、云絮状阴影,可相互融合成大片状或呈蝶状阴影;符合严重的肺炎或肺泡性肺水肿;

血气分析:在吸高浓度氧(大于50%氧)情况下,动脉血氧分压仍低于8 kPa(60 mmHg)。

b. 呼吸系统损害程度符合中度中毒,而伴有严重喉头水肿或支气管粘膜坏死脱落所致窒息;或较重的气胸或纵膈气肿;或较明显的心、肝或肾等脏器的损害者。

A.30 职业性急性光气中毒分级

A.30.1 刺激反应

在吸入光气后 48 h 内,出现一过性的眼及上呼吸道粘膜刺激症状。肺部无阳性体征,X 线胸片无异常改变。

A.30.2 轻度中毒

根据症状、体征、X 线表现及必要的血气分析资料,综合判断,可诊断为轻度中毒。

咳嗽、气短、胸闷或胸痛,肺部可有散在干性啰音。

X 线胸片表现:肺纹理增强或伴边缘模糊,符合支气管炎或支气管周围炎 X 线所见。

血气分析:在呼吸空气时,动脉血氧分压正常或低于预计值 1.33~2.66 kPa(10~20 mmHg)。

A.30.3 中度中毒

呛咳、咯少量痰,可有血痰、气短、胸闷或轻度呼吸困难,轻度紫绀,肺部出现干性啰音或局部湿性啰音。

X 线胸片表现:两肺纹理增强、边缘模糊,并出现网状及粟粒状阴影;或局部有散在的点片状模糊的阴影。两肺野透亮度减低。符合间质性肺水肿的 X 线所见。

血气分析:在吸入小于 50% 浓度氧时,能维持动脉血氧分压大于 8 kPa(60 mmHg)。

A.30.4 重度中毒

出现频繁咳嗽、咯大量白色或粉红色泡沫痰,呼吸窘迫,明显紫绀,两肺有广泛的干、湿性啰音。可出现纵隔及皮下气肿、气胸、急性呼吸或循环功能衰竭,心肌损害、昏迷。

X 线胸片表现:两肺弥漫分布大小不等、密度不均和边缘模糊的点片状、云絮状或棉团样阴影,有的相互融合成大片状阴影。符合肺泡性肺水肿的 X 线所见。

血气分析:在吸入大于 50% 浓度氧时,动脉血氧分压仍低于 8 kPa(60 mmHg)。

A.31 职业性急性丙烯腈中毒分级

A.31.1 轻度中毒

接触丙烯腈 24 h 内出现以下临床表现者:

a. 头晕、头痛、乏力、上腹部不适、恶心、呕吐、胸闷、手足麻木等或出现短暂的意识朦胧与口唇紫绀;
b. 眼结膜及鼻、咽部充血;
c. 尿硫氰酸盐含量可增高,病程中血清谷丙转氨酶可增高。

A.31.2 重度中毒

除上述症状较重外,出现以下情况之一者:

a. 四肢阵发性强直性抽搐;
b. 昏迷。

A.32 职业性急性有机磷农药中毒

A.32.1 观察对象

a. 有轻度毒蕈碱样,烟碱样症状或中枢神经系统症状,而全血胆碱酯酶活性不低于70%者;
  b. 无明显中毒临床表现,而全血胆碱酯酶活性在70%以下者。

A.32.2 急性轻度中毒

短时间内接触较大量的有机磷农药后,在24 h内出现头晕、头痛、恶心、呕吐、多汗、胸闷、视力模糊、无力等症状,瞳孔可能缩小,全血胆碱酯酶活性一般在50%～70%。

A.32.3 急性中度中毒

除较重的上述症状外,还有肌束震颤、瞳孔缩小、轻度呼吸困难、流涎、腹痛、腹泻、步态蹒跚、意识清楚或模糊。全血胆碱酯酶活性一般在30%～50%。

A.32.4 急性重度中毒

除上述症状外,并出现下列情况之一者:
  a. 肺水肿;
  b. 昏迷;
  c. 呼吸麻痹;
  d. 脑水肿。

全血胆碱酯酶活性一般在30%以下。

A.32.5 迟发性神经病

在急性重度中毒症状消失后2～3周,有的病例可出现感觉、运动型周围神经病,肌电图检查显示神经原性损害。

附 录 B
伤情判定基本原则
（补充件）

B.1 评定伤害程度,以事故现场直接造成的人体伤害为主。其伤害包括受伤时的原发性病变以及与伤害有直接联系的并发症。

B.1.1 根据伤情诊断,能直接对照标准确定损失工作日数值的伤害(如截肢、骨折等)按对应的损失工作日数确定伤害程度。

B.1.2 对于涉及功能损伤的伤害,不能等医疗终结的"愈后症状"结果,必须依据事故发生时至报告期内所有的伤情诊断,按标准中对应损失工作日数确定其伤害程度。

B.1.3 遇有本标准未规定的伤害有争议时,可由发生事故的企业所在地劳动安全监察部门依据报告期内所有的伤情诊断,提出结论性意见;劳动安全监察部门认为有必要时可以组织专家进行会诊,再依据会诊结果提出结论性意见。

B.2 多处伤害,应以较严重伤害为主进行定性。定量时,首先进行累积伤害计算。将每处伤害数值逐项相加,但最后得出的损失工作日数不能大于该器官(肢体、功能系统)完全丧失的损失工作日数。

其次,进行共存伤害计算,其伤害按重轻顺序,最重者取100%,次之取70%,再次之取10%,然后相加,但总值不能大于6 000损失工作日。

B.3 本标准未规定的暂时性失能伤害,可按实际歇工天数记录损失工作日,但该天数不能作为划分伤害程度定性的依据。

附加说明：

本标准由中华人民共和国劳动部提出。

本标准由黑龙江省劳动保护科学技术研究所负责起草。

本标准主要起草人吴道成、车德仁、王鸿学、岳武、张滨娣、许同瑞、于永娜、王玉林、赵子诚、陈礼明、高长河、张林英、安瑞霓、吕建敏。

企业职工伤亡事故分类(GB/T 6441—1986)

本标准是劳动安全管理的基础标准,适用于企业职工伤亡事故统计工作。

1 名词、术语

1.1 伤亡事故
指企业职工在生产劳动过程中,发生的人身伤害(以下简称伤害)、急性中毒(以下简称中毒)。

1.2 损失工作日
指被伤害者失能的工作时间。

1.3 暂时性失能伤害
指伤害及中毒者暂时不能从事原岗位工作的伤害。

1.4 永久性部分失能伤害
指伤害及中毒者肢体或某些器官部分功能不可逆的丧失的伤害。

1.5 永久性全失能伤害
指除死亡外,一次事故中,受伤者造成完全残废的伤害。

2 事故类别

见下表。

序 号	事 故 类 别 名 称
01	物体打击
02	车辆伤害
03	机械伤害
04	起重伤害
05	触电
06	淹溺
07	灼烫
08	火灾
09	高处坠落
010	坍塌
011	冒顶片帮
012	透水
013	放炮
014	火药爆炸
015	瓦斯爆炸
016	锅炉爆炸
017	容器爆炸
018	其他爆炸
019	中毒和窒息
020	其他伤害

3 伤害分析

3.1 受伤部位
指身体受伤的部位(分类详见附录A表A.1)。

3.2 受伤性质
指人体受伤的类型。确定的原则为：
a. 应以受伤当时的身体情况为主,结合愈后可能产生的后遗障碍全面分析确定；
b. 多处受伤,按最严重的伤害分类,当无法确定时,应鉴定为"多伤害"(分类详见附录A表A.2)。

3.3 起因物
导致事故发生的物体、物质,称为起因物(分类详见附录A表A.3)。

3.4 致害物
指直接引起伤害及中毒的物体或物质(分类详见附录A表A.4)。

3.5 伤害方式
指致害物与人体发生接触的方式(分类详见附录A表A.5)。

3.6 不安全状态
指能导致事故发生的物质条件(分类详见附录A表A.6)。

3.7 不安全行为
指能造成事故的人为错误(分类详见附录A表A.7)。

4 伤害程度分类

4.1 轻伤
指损失工作日低于105日的失能伤害。

4.2 重伤
指相当于附录B表定损失工作日等于和超过105日的失能伤害。

4.3 死亡

5 事故严重程度分类

5.1 轻伤事故
指只有轻伤的事故。

5.2 重伤事故
指有重伤无死亡的事故。

5.3 死亡事故
a. 重大伤亡事故
  指一次事故死亡1～2人的事故。
b. 特大伤亡事故
  指一次事故死亡3人以上的事故(含3人)。

6 工伤事故的计算方法

适用于企业以及各省、市、县上报工伤事故时使用的计算方法有：

6.1 千人死亡率

表示某时期,平均每千名职工中,因工伤事故造成死亡的人数。按式(1)计算:

$$千人死亡率 = \frac{死亡人数}{平均职工人数} \times 10^3 \quad \cdots\cdots(1)$$

6.2 千人重伤率

表示某时期内,平均每千名职工因工伤事故造成的重伤人数。按式(2)计算:

$$千人重伤率 = \frac{重伤人数}{平均职工人数} \times 10^3 \quad \cdots\cdots(2)$$

适用于行业、企业内部事故统计分析使用的计算方法有:

6.3 伤害频率

表示某时期内,每百万工时,事故造成伤害的人数。伤害人数指轻伤、重伤、死亡人数之和。按式(3)计算:

$$百万工时伤害率(A) = \frac{伤害人数}{实际总工时} \times 10^6 \quad \cdots\cdots(3)$$

6.4 伤害严重率

表示某时期内,每百万工时,事故造成的损失工作日数。按式(4)计算:

$$伤害严重率(B) = \frac{总损失工作日}{实际总工时} \times 10^6 \quad \cdots\cdots(4)$$

6.5 伤害平均严重率

表示每人次受伤害的平均损失工作日。按式(5)计算:

$$伤害平均严重率(N) = \frac{B}{A} = \frac{总损失工作日}{伤害人数} \quad \cdots\cdots(5)$$

适用于以吨、立方米产量为计算单位的行业、企业使用的计算方法有:

6.6 按产品、产量计算的死亡率,用式(6)、式(7)计算:

$$百万吨死亡率 = \frac{死亡人数}{实际产量(t)} \times 10^6 \quad \cdots\cdots(6)$$

$$万米木材死亡率 = \frac{死亡人数}{木材产量(m^3)} \times 10^4 \quad \cdots\cdots(7)$$

附 录 A
(补充件)

A.1 受伤部位(见表 A.1)

表 A.1

分类号	受伤部位名称	分类号	受伤部位名称
1.01	颅脑	1.12.3	肘部
1.01.1	脑	1.12.4	前臂
1.01.2	颅骨	1.13	腕及手
1.01.3	头皮	1.13.1	腕
1.02	面颌部	1.13.2	掌
1.03	眼部	1.13.3	指
1.04	鼻	1.14	下肢
1.05	耳	1.14.1	髋部
1.06	口	1.14.2	股骨
1.07	颈部	1.14.3	膝部
1.08	胸部	1.14.4	小腿
1.09	腹部	1.15	踝及脚
1.10	腰部	1.15.1	踝部
1.11	脊柱	1.15.2	跟部
1.12	上肢	1.15.3	蹠部(距骨、舟骨、蹠骨)
1.12.1	肩胛部	1.15.4	趾
1.12.2	上臂		

A.2 受伤性质(见表 A.2)

表 A.2

分类号	受伤性质	分类号	受伤性质
2.01	电伤	2.10	切断伤
2.02	挫伤、轧伤、压伤	2.11	冻伤
2.03	倒塌压埋伤	2.12	烧伤
2.04	辐射损伤	2.13	烫伤
2.05	割伤、擦伤、刺伤	2.14	中暑
2.06	骨折	2.15	冲击伤
2.07	化学性灼伤	2.16	生物致伤
2.08	撕脱伤	2.17	多伤害
2.09	扭伤	2.18	中毒

A.3 起因物(见表 A.3)

表 A.3

分类号	起因物名称	分类号	起因物名称
3.01	锅炉	3.15	煤
3.02	压力容器	3.16	石油制品
3.03	电气设备	3.17	水
3.04	起重机械	3.18	可燃性气体
3.05	泵、发动机	3.19	金属矿物
3.06	企业车辆	3.20	非金属矿物
3.07	船舶	3.21	粉尘
3.08	动力传送机构	3.22	梯
3.09	放射性物质及设备	3.23	木材
3.10	非动力手工具	3.24	工作面(人站立面)
3.11	电动手工具	3.25	环境
3.12	其他机械	3.26	动物
3.13	建筑物及构筑物	3.27	其他
3.14	化学品		

A.4 致害物(见表 A.4)

表 A.4

分类号	致害物名称	分类号	致害物名称
4.01	煤、石油产品	4.05.7	其他
4.01.1	煤	4.06	梯
4.01.2	焦炭	4.07	空气
4.01.3	沥青	4.08	工作面(人站立面)
4.01.4	其他	4.08	矿石
4.02	木材	4.10	黏土、砂、石
4.02.1	树	4.11	锅炉、压力容器
4.02.2	原木	4.11.1	锅炉
4.02.3	锯材	4.11.2	压力容器
4.02.4	其他	4.11.3	压力管道
4.03	水	4.11.4	安全阀
4.04	放射性物质	4.11.5	其他
4.05	电气设备	4.12	大气压力
4.05.1	母线	4.12.1	高压(指潜水作业)
4.05.2	配电箱	4.12.2	低压(指空气稀薄的高原地区)
4.05.3	电气保护装置	4.13	化学品
4.05.4	电阻箱	4.13.1	酸
4.05.5	蓄电池	4.13.2	碱
4.05.6	照明设备	4.13.3	氢

表 A.4（续）

分类号	致害物名称	分类号	致害物名称
4.13.4	氨	4.14.20	其他木工机械
4.13.5	液氧	4.14.21	皮带传送机
4.13.6	氯气	4.14.22	其他
4.13.7	酒精	4.15	金属件
4.13.8	乙炔	4.15.1	钢丝绳
4.13.9	火药	4.15.2	铸件
4.13.10	炸药	4.15.3	铁屑
4.13.11	芳香烃化合物	4.15.4	齿轮
4.13.12	砷化物	4.15.5	飞轮
4.13.13	硫化物	4.15.6	螺栓
4.13.14	二氧化碳	4.15.7	销
4.13.15	一氧化碳	4.15.8	丝杠、光杠
4.13.16	含氰物	4.15.9	绞轮
4.13.17	卤化物	4.15.10	轴
4.13.18	金属化合物	4.15.11	其他
4.13.19	其他	4.16	起重机械
4.14	机械	4.16.1	塔式起重机
4.14.1	搅拌机	4.16.2	龙门式起重机
4.14.2	送料装置	4.16.3	梁式起重机
4.14.3	农业机械	4.16.4	门座式起重机
4.14.4	林业机械	4.16.5	浮游式起重机
4.14.5	铁路工程机械	4.16.6	甲板式起重机
4.14.6	铸造机械	4.16.7	桥式起重机
4.14.7	锻造机械	4.16.8	缆索式起重机
4.14.8	焊接机械	4.16.9	履带式起重机
4.14.9	粉碎机械	4.16.10	叉车
4.14.10	金属切削机床	4.16.11	电动葫芦
4.14.11	公路建筑机械	4.16.12	绞车
4.14.12	矿山机械	4.16.13	卷扬机
4.14.13	冲压机	4.16.14	桅杆式起重机
4.14.14	印刷机械	4.16.15	壁上起重机
4.14.15	压辊机	4.16.16	铁路起重机
4.14.16	筛选、分离机	4.16.17	千斤顶
4.14.17	纺织机械	4.16.18	其他
4.14.18	木工刨床	4.17	噪声
4.14.19	木工锯机	4.18	蒸气

表 A.4（续）

分类号	致害物名称	分类号	致害物名称
4.19	手工具(非动力)	4.22	企业车辆
4.20	电动手工具	4.23	船舶
4.21	动物		

A.5 伤害方式（见表 A.5）

表 A.5

分类号	伤害方式	分类号	伤害方式
5.01	碰撞	5.08	火灾
5.01.1	人撞固定物体	5.09	辐射
5.01.2	运动物体撞人	5.10	爆炸
5.01.3	互撞	5.11	中毒
5.02	撞击	5.11.1	吸入有毒气体
5.02.1	落下物	5.11.2	皮肤吸收有毒物质
5.02.2	飞来物	5.11.3	经口
5.03	坠落	5.12	触电
5.03.1	由高处坠落平地	5.13	接触
5.03.2	由平地坠入井、坑洞	5.13.1	高低温环境
5.04	跌倒	5.13.2	高低温物体
5.05	坍塌	5.14	掩埋
5.06	淹溺	5.15	倾覆
5.07	灼烫		

A.6 不安全状态（见表 A.6）

表 A.6

分类号	不 安 全 状 态
6.01	防护、保险、信号等装置缺乏或有缺陷
6.01.1	无防护
6.01.1.1	无防护罩
6.01.1.2	无安全保险装置
6.01.1.3	无报警装置
6.01.1.4	无安全标志
6.01.1.5	无护栏或护栏损坏
6.01.1.6	（电气）未接地
6.01.1.7	绝缘不良
6.01.1.8	局扇无消音系统、噪声大

表 A.6（续）

分类号	不 安 全 状 态
6.01.1.9	危房内作业
6.01.1.10	未安装防止"跑车"的挡车器或挡车栏
6.01.1.11	其他
6.01.2	防护不当
6.01.2.1	防护罩未在适应位置
6.01.2.2	防护装置调整不当
6.01.2.3	坑道掘进，隧道开凿支撑不当
6.01.2.4	防爆装置不当
6.01.2.5	采伐、集材作业安全距离不够
6.01.2.6	放炮作业隐蔽所有缺陷
6.01.2.7	电气装置带电部分裸露
6.01.2.8	其他
6.02	设备、设施、工具、附件有缺陷
6.02.1	设计不当，结构不合安全要求
6.02.1.1	通道门遮挡视线
6.02.1.2	制动装置有缺欠
6.02.1.3	安全间距不够
6.02.1.4	拦车网有缺欠
6.02.1.5	工件有锋利毛刺、毛边
6.02.1.6	设施上有锋利倒棱
6.02.1.7	其他
6.02.2	强度不够
6.02.2.1	机械强度不够
6.02.2.2	绝缘强度不够
6.02.2.3	起吊重物的绳索不合安全要求
6.02.2.4	其他
6.02.3	设备在非正常状态下运行
6.02.3.1	设备带"病"运转
6.02.3.2	超负荷运转
6.02.3.3	其他
6.02.4	维修、调整不良
6.02.4.1	设备失修
6.02.4.2	地面不平
6.02.4.3	保养不当、设备失灵
6.02.4.4	其他
6.03	个人防护用品用具——防护服、手套、护目镜及面罩、呼吸器官护具、听力护具、安全带、安全帽、安全鞋等缺少或有缺陷

表 A.6（续）

分类号	不 安 全 状 态
6.03.1	无个人防护用品、用具
6.03.2	所用防护用品、用具不符合安全要求
6.04	生产（施工）场地环境不良
6.04.1	照明光线不良
6.04.1.1	照度不足
6.04.1.2	作业场地烟雾尘弥漫视物不清
6.04.1.3	光线过强
6.04.2	通风不良
6.04.2.1	无通风
6.04.2.2	通风系统效率低
6.04.2.3	风流短路
6.04.2.4	停电停风时放炮作业
6.04.2.5	瓦斯排放未达到安全浓度放炮作业
6.04.2.6	瓦斯超限
6.04.2.7	其他
6.04.3	作业场所狭窄
6.04.4	作收场地杂乱
6.04.4.1	工具、制品、材料堆放不安全
6.04.4.2	采伐时，未开"安全道"
6.04.4.3	迎门树、坐殿树、搭挂树未作处理
6.04.4.4	其他
6.04.5	交通线路的配置不安全
6.04.6	操作工序设计或配置不安全
6.04.7	地面滑
6.04.7.1	地面有油或其他液体
6.04.7.2	冰雪覆盖
6.04.7.3	地面有其他易滑物
6.04.8	贮存方法不安全
6.04.9	环境温度、湿度不当

A.7 不安全行为（见表 A.7）

表 A.7

分类号	不 安 全 行 为
7.01	操作错误、忽视安全、忽视警告
7.01.1	未经许可开动、关停、移动机器
7.01.2	开动、关停机器时未给信号

表 A.7（续）

分类号	不 安 全 行 为
7.01.3	开关未锁紧、造成意外转动、通电、或泄漏等
7.01.4	忘记关闭设备
7.01.5	忽视警告标志、警告信号
7.01.6	操作错误（指按钮、阀门、扳手、把柄等的操作）
7.01.7	奔跑作业
7.01.8	供料或送料速度过快
7.01.9	机器超速运转
7.01.10	违章驾驶机动车
7.01.11	酒后作业
7.01.12	客货混载
7.01.13	冲压机作业时，手伸进冲压模
7.01.14	工件紧固不牢
7.01.15	用压缩空气吹铁屑
7.01.16	其他
7.02	造成安全装置失效
7.02.1	拆除了安全装置
7.02.2	安全装置堵塞、失掉了作用
7.02.3	调整的错误造成安全装置失效
7.02.4	其他
7.03	使用不安全设备
7.03.1	临时使用不牢固的设施
7.03.2	使用无安全装置的设备
7.03.3	其他
7.04	手代替工具操作
7.04.1	用手代替手动工具
7.04.2	用手清除切屑
7.04.3	不用夹具固定、用手拿工件进行机加工
7.05	物体（指成品、半成品、材料、工具、切屑和生产用品等）存放不当
7.06	冒险进入危险场所
7.06.1	冒险进入涵洞
7.06.2	接近漏料处（无安全设施）
7.06.3	采伐、集材、运材、装车时，未离危险区
7.06.4	未经安全监察人员允许进入油罐或井中
7.06.5	未"敲帮问顶"开始作业
7.06.6	冒进信号
7.06.7	调车场超速上下车

表 A.7（续）

分类号	不 安 全 行 为
7.06.8	易燃易爆场合明火
7.06.9	私自搭乘矿车
7.06.10	在绞车道行走
7.06.11	未及时瞭望
7.08	攀、坐不安全位置（如平台护栏、汽车挡板、吊车吊钩）
7.09	在起吊物下作业、停留
7.10	机器运转时加油、修理、检查、调整、焊接、清扫等工作
7.11	有分散注意力行为
7.12	在必须使用个人防护用品用具的作业或场合中，忽视其使用
7.12.1	未戴护目镜或面罩
7.12.2	未戴防护手套
7.12.3	未穿安全鞋
7.12.4	未戴安全帽
7.12.5	未佩戴呼吸护具
7.12.6	未佩戴安全带
7.12.7	未戴工作帽
7.12.8	其他
7.13	不安全装束
7.13.1	在有旋转零部件的设备旁作业穿过肥大服装
7.13.2	操纵带有旋转零部件的设备时戴手套
7.13.3	其他
7.14	对易燃、易爆等危险物品处理错误

附 录 B
损失工作日计算表
（补充件）

B.1 死亡或永久性全失能伤害定 6 000 日。

B.2 永久性部分失能伤害按表 B.1、表 B.2、表 B.3 计算。

B.3 表中未规定数值的暂时失能伤害按歇工天数计算。

B.4 对于永久性失能伤害不管其歇工天数多少，损失工作日均按下列各表中规定的数值计算。

B.5 各伤害部位累计数值超过 6 000 日者，仍按 6 000 日计算。

表 B.1 截肢或完全失去机能部位损失工作日换算表

手					
	拇指	食指	中指	无名指	小指
远端指骨	300	100	75	60	50
中间指骨	—	200	150	120	105
近端指骨	600	400	300	240	200
掌骨	900	600	500	450	400
腕部截肢	1 300				
脚					
	拇趾	二趾	中趾	无名趾	小趾
远端趾骨	150	35	35	35	35
中间趾骨	—	75	75	75	75
近端趾骨	300	150	150	150	150
蹠骨(包括舟骨、距骨)	600	350	350	350	350
踝部	2 400				
上肢					
肘部以上任一部位(包括肩关节)	4 500				
腕以上任一部位,且在肘关节或低于肘关节	3 600				
下肢					
膝关节以上任一部分(包括髋关节)	4 500				
踝部以上,且在膝关节或低于膝关节	3 000				

表 B.2 骨折损失工作日换算表

骨折部位	损失工作日
掌、指骨	60
挠骨下端	80
尺、挠骨干	90
肱骨髁上	60
肱骨干	80
肱骨外科颈	70
锁骨	70
胸骨	105

表 B.2（续）

骨折部位	损失工作日
跖、趾	70
胫、腓	90
股骨干	105
股粗隆间	100
股骨颈	160

表 B.3 功能损伤损失工作日换算表

功 能 损 伤 部 位	损失工作日
1 包被重要器官的单纯性骨损伤(头颅骨、胸骨、脊椎骨)	105
2 包被重要器官的复杂性骨损伤,内部器官轻度受损,骨损伤治愈后,不遗功能障碍者	500
3 包被重要器官的复杂性骨损伤,伴有内部器官损伤,骨损伤治愈后,遗有轻度功能障碍者	900
4 接触有害气体或毒物,急性中毒症状消失后,不遗有临床症状及后遗症者	200
5 重度失血,经抢救后,未遗有造血功能及障碍者	200
6 包被重要器官的复杂性骨折包被器官受损,骨损伤治愈后,伴有严重的功能障碍者	
a) 脑神经损伤导致癫痫者	3 000
b) 脑神经损伤导致痴呆者	5 000
c) 脑挫裂伤,颅内严重血肿,脑干损伤造成无法医治的低能	5 000
d) 脑外伤致使运动系统严重障碍或失语,且不易恢复者	4 000
e) 脊柱骨损伤,脊髓离断形成截瘫者	6 000
f) 脊柱骨损伤,脊髓半离断,影响饮食起居者	6 000
g) 脊柱骨损伤合并脊髓伤,有功能障碍不影响饮食起居者	4 000
h) 单纯脊柱骨损伤,包括残留慢性腰背痛者	1 000
i) 脊柱损伤,遗有脊髓压迫症双下肢功能障碍,二便失禁者	4 000
j) 脊柱韧带损伤,局部血行障碍影响脊柱活动者	1 500
k) 胸部骨损伤,伤及心脏,引起明显的节律不正者	4 000
l) 胸部骨损伤,伤及心脏,遗有代偿功能失调者	4 000
m) 胸部损伤,胸廓成形术后,明显影响一侧呼吸功能者	2 000
n) 一侧肺功能丧失者	4 000
o) 一侧肺并有另侧一个肺叶术后伤残者	5 000
p) 骨盆骨损伤累及神经,导致下肢运动障碍者	4 000
q) 骨盆不稳定骨折,并遗留有尿道狭窄和尿路感染	3 000
7 腰、背部软组织严重损伤,脊柱活动明显受限者	2 000
8 四肢软组织损伤治愈后,遗有周围神经损伤,感觉运动机能障碍,影响工作及生活者	1 500
9 四肢软组织损伤治愈后,遗有周围神经损伤,运动机能障碍,但生活能自理者	2 000

表 B.3（续）

	功 能 损 伤 部 位	损失工作日
10	四肢软组织损伤,治愈后由于疤瘢弯缩,严重影响运动功能,但生活能自理者	2 000
11	手肌腱受损,伸屈功能严重影响障碍,影响工作、生活者	1 400
12	脚肌腱受损,引起机能障碍,不能自由行走者	1 400
13	眼睑断裂导致眼闭合不全	200
14	眼睑损伤导致泪小管、泪腺损伤,导致泪溢,影响工作者	200
15	双目失明	6 000
16	一目失明,但另一目视力正常	1 800
17	两目视力均有障碍,不易恢复者	1 800
18	一目失明,另一目视物不清,或双目视物不清者(仅能见眼前 2 m 以内的物体,且短期内,不易恢复者)	3 000
19	两眼角膜受损,并有眼底出血或溷浊,视力高度障碍者(仅能见 1 m 内之物体)且根本不能恢复者	4 000
20	眼球突出不能复位,引起视力障碍者	700
21	眼肌麻痹,造成斜视、复视者	600
22	一耳丧失听力,另一耳听觉正常者	600
23	听力有重大障碍者	300
24	两耳听力丧失	3 000
25	鼻损伤,嗅觉功能严重丧失	1 000
26	鼻脱落者	1 300
27	口腔受损,致使牙齿脱落大部,不能安装假牙,致使咀嚼发生困难者	1 800
28	口腔严重受损,咀嚼机能全废	3 000
29	喉损伤,引起喉狭窄,影响发音及呼吸者	1 000
30	语言障碍,说话不清	300
31	语言全废	3 000
32	伤及腹膜,并有单独性的腹腔出血及腹膜炎症者	1 000
33	由于损伤进行胃次全切除,或肠管切除三分之一以上者	3 000
34	由于损伤进行胃全切,或食道全切,腔肠代替食道,或肠管切除三分之一以上者	6 000
35	一叶肝脏切除者	3 000
36	一侧肾脏切除者	3 000
37	生殖器官损伤,失去生殖机能者	1 800
38	伤及神经、膀胱及直肠,遗有大便、小便失禁,漏尿、漏屎等	2 000
39	关节结构损伤,关节活动受限,影响运动功能者	1 400
40	伤筋伤骨,动作受限,其功能损伤严重于表2者	200
41	接触高浓度有害气体,急性中毒症状消失后,遗有脑实质病变临床症状者	4 000
42	各种急性中毒严重损伤呼吸道、食道粘膜,遗有功能障碍者	2 000
43	国家规定的工业毒物轻度中毒患者	150

表 B.3（续）

	功 能 损 伤 部 位	损失工作日
44	国家规定的工业毒物中等度中毒患者	700
45	国家规定的工业毒物重度中毒患者	2 000

附加说明：

本标准由中华人民共和国劳动人事部提出。

本标准由黑龙江省劳动保护科学技术研究所负责起草。

本标准主要起草人吴道成、阎继祥。

企业职工伤亡事故经济损失统计标准
（GB/T 6721—1986）

本标准规定了企业职工伤亡事故经济损失的统计范围，计算方法和评价指标。

1 基本定义

1.1 伤亡事故经济损失
指企业职工在劳动生产过程中发生伤亡事故所引起的一切经济损失，包括直接经济损失和间接经济损失。

1.2 直接经济损失
指因事故造成人身伤亡及善后处理支出的费用和毁坏财产的价值。

1.3 间接经济损失
指因事故导致产值减少、资源破坏和受事故影响而造成其他损失的价值。

2 直接经济损失的统计范围

2.1 人身伤亡后所支出的费用
2.1.1 医疗费用（含护理费用）
2.1.2 丧葬及抚恤费用
2.1.3 补助及救济费用
2.1.4 歇工工资

2.2 善后处理费用
2.2.1 处理事故的事务性费用
2.2.2 现场抢救费用
2.2.3 清理现场费用
2.2.4 事故罚款和赔偿费用

2.3 财产损失价值
2.3.1 固定资产损失价值
2.3.2 流动资产损失价值

3 间接经济损失的统计范围

3.1 停产、减产损失价值
3.2 工作损失价值
3.3 资源损失价值
3.4 处理环境污染的费用
3.5 补充新职工的培训费用（见附录 A）
3.6 其他损失费用

4 计算方法

4.1 经济损失计算见公式(1)：

$$E = E_d + E_i \quad \cdots\cdots\cdots\cdots\cdots(1)$$

式中：

E——经济损失，万元；
E_d——直接经济损失，万元；
E_i——间接经济损失，万元。

4.2 工作损失价值计算见公式(2)：

$$V_W = D_L \cdot \frac{M}{S \cdot D} \quad \cdots\cdots\cdots\cdots\cdots(2)$$

式中：

V_W——工作损失价值，万元；
D_L——一起事故的总损失工作日数，死亡一名职工按6 000个工作日计算，受伤职工视伤害情况按GB 6441—86《企业职工伤亡事故分类标准》的附表确定，日；
M——企业上年税利(税金加利润)，万元；
S——企业上年平均职工人数；
D——企业上年法定工作日数，日。

4.3 固定资产损失价值按下列情况计算：

4.3.1 报废的固定资产，以固定资产净值减去残值计算；

4.3.2 损坏的固定资产，以修复费用计算。

4.4 流动资产损失价值按下列情况计算：

4.4.1 原材料、燃料、辅助材料等均按账面值减去残值计算；

4.4.2 成品、半成品、在制品等均以企业实际成本减去残值计算。

4.5 事故已处理结案而未能结算的医疗费、歇工工资等，采用测算方法计算(见附录A)。

4.6 对分期支付的抚恤、补助等费用，按审定支出的费用，从开始支付日期累计到停发日期，见附录A。

4.7 停产、减产损失，按事故发生之日起到恢复正常生产水平时止，计算其损失的价值。

5 经济损失的评价指标和程度分级

5.1 经济损失评价指标

5.1.1 千人经济损失率

计算按公式(3)：

$$R_s(‰) = \frac{E}{S} \times 1000 \quad \cdots\cdots\cdots\cdots\cdots(3)$$

式中：

R_s——千人经济损失率；
E——全年内经济损失，万元；
S——企业平均职工人数，人。

5.1.2 百万元产值经济损失率

计算按公式(4)：

$$R_v(\%) = \frac{E}{V} \times 100 \qquad\qquad\qquad (4)$$

式中：

R_v——百万元产值经济损失率；
E ——全年内经济损失，万元；
V ——企业总产值，万元。

5.2 经济损失程度分级

5.2.1 一般损失事故

经济损失小于 1 万元的事故。

5.2.2 较大损失事故

经济损失大于 1 万元(含 1 万元)但小于 10 万元的事故。

5.2.3 重大损失事故

经济损失大于 10 万元(含 10 万元)但小于 100 万元的事故。

5.2.4 特大损失事故

经济损失大于 100 万元(含 100 万元)的事故。

附 录 A
几种经济损失的测算法
（补充件）

A.1 医疗费按公式(A.1)测算：

$$M = M_b + \frac{M_b}{P} \cdot D_c \qquad\qquad\qquad (A.1)$$

式中：

M ——被伤害职工的医疗费，万元；
M_b——事故结案日前的医疗费，万元；
P ——事故发生之日至结案之日的天数，日；
D_c——延续医疗天数，指事故结案后还须继续医治的时间，由企业劳资、安全、工会等按医生诊断意见确定，日。

注：上述公式是测算一名被伤害职工的医疗费，一次事故中多名被伤害职工的医疗费应累计计算。

A.2 歇工工资按公式(A.2)测算：

$$L = L_q(D_a + D_k) \qquad\qquad\qquad (A.2)$$

式中：

L ——被伤害职工的歇工工资，元；
L_q——被伤害职工日工资，元；
D_a——事故结案日前的歇工日，日；

D_k——延续歇工日,指事故结案后被伤害职工还须继续歇工的时间,由企业劳资、安全、工会等与有关单位酌情商定,日。

注:上述公式是测算一名被伤害职工的歇工工资,一次事故中多名被伤害职工的歇工工资应累计计算。

A.3 补充新职工的培训费用

A.3.1 技术工人的培训费用每人按 2 000 元计算。

A.3.2 技术人员的培训费用每人按 1 万元计算。

A.3.3 补充其他人员的培训费用,视补充人员情况参照 A.3.1、A.3.2 酌定。

A.4 补助费、抚恤费的停发日期

A.4.1 被伤害职工供养未成年直系亲属抚恤费累计统计到 16 周岁(普通中学在校生累计到 18 周岁)。

A.4.2 被伤害职工及供养成年直系亲属补助费、抚恤费累计统计到我国人口的平均寿命 68 周岁。

附加说明:

本标准由中华人民共和国劳动人事部提出。

本标准由湖北省劳动人事厅劳动保护科学技术研究所、冶金部安全技术研究所起草。

本标准主要起草人叶保华、吴康平、阮在毅、黄庆冈。

二、危险化学品及化工安全

1. 基 础 通 用

化工园区安全风险排查治理导则(试行)

(2019年8月12日应急管理部应急〔2019〕78号印发)

1 总则

1.1 目的

为全面排查化工园区安全风险,规范化工园区建设和安全管理,系统提升化工园区本质安全水平,增强化工园区安全应急保障能力,防范危险化学品重特大安全事故,依据《安全生产法》《危险化学品安全管理条例》等有关法律法规和标准规范,制定本导则。

1.2 适用范围

本导则适用于化工园区的安全风险排查治理。

1.3 基本原则

1.3.1 **科学规划,合理布局**。

坚持产业集聚、布局集中、用地集约和安全环保的原则,规范化工园区的设立和选址,严格规划区域功能,优化安全布局,完善公用工程配套和安全保障设施。

1.3.2 **严格准入,规范管理**。

坚持严格准入,严禁不符合安全生产标准规范和不成熟工艺的危险化学品建设项目入园。坚持一体化管理,提升化工园区应急保障能力,规范建设和安全管理。

1.3.3 **系统排查,重点整治**。

全面排查化工园区安全风险,突出对系统性安全风险的整治,提升本质安全水平,避免多米诺效应,防范危险化学品重特大安全事故,实现化工园区整体安全风险可控。

2 设立

2.1 化工园区应整体规划、集中布置,化工园区内不应有居民居住。

2.2 化工园区应符合国家、区域、省和设区的市产业布局规划要求,在城乡总体规划确定的建设用地范围之内,符合国土空间规划。

2.3 化工园区的设立应经省级及以上人民政府认定,负责园区管理的当地人民政府应明确承担园区安全生产和应急管理职责的机构。

3 选址及规划

3.1 化工园区应位于地方人民政府规划的专门用于危险化学品生产、储存的区域,符合化工园区所在地区化工行业安全发展规划。

3.2 化工园区选址应把安全放在首位,进行选址安全评估,化工园区与城市建成区、人口密集区、重要设施等防护目标之间保持足够的安全防护距离,留有适当的缓冲带,将化工园区安全与周边公共安全的相互影响降至风险可以接受。

3.3 化工园区应编制《化工园区总体规划》和《化工园区产业规划》,《化工园区总体规划》应包含安全生产和综合防灾减灾规划章节。

3.4 化工园区安全生产管理机构应至少每五年开展一次化工园区整体性安全风险评估,评估安全风险,提出消除、降低、管控安全风险的对策措施。

3.5 化工园区安全生产管理机构应依据化工园区整体性安全风险评估结果和相关法规标准的要求,划定化工园区周边土地规划安全控制线,并报送化工园区所在地设区的市级和县级地方人民政府规划主管部门、应急管理部门。

3.6 化工园区所在地设区的市级和县级地方人民政府规划主管部门应严格控制化工园区周边土地开发利用,土地规划安全控制线范围内的开发建设项目应经过安全风险评估,满足安全风险控制要求。

4 园区内布局

4.1 化工园区应综合考虑主导风向、地势高低落差、企业装置之间的相互影响、产品类别、生产工艺、物料互供、公用设施保障、应急救援等因素,合理布置功能分区。劳动力密集型的非化工企业不得与化工企业混建在同一化工园区内。

4.2 化工园区行政办公、生活服务区等人员集中场所与生产功能区应相互分离,布置在化工园区边缘或化工园区外;消防站、应急响应中心、医疗救护站等重要设施的布置应有利于应急救援的快速响应需要,并与涉及爆炸物、毒性气体、液化易燃气体的装置或设施保持足够的安全距离。

4.3 化工园区整体性安全风险评估应结合国家有关法律法规和标准规范要求,评估化工园区布局的安全性和合理性,对多米诺效应进行分析,提出安全风险防范措施,降低区域安全风险,避免多米诺效应。

4.4 在安全条件审查时,危险化学品建设项目单位提交的安全评价报告应对危险化学品建设项目与周边企业的相互影响进行多米诺效应分析,优化平面布局。

5 准入和退出

5.1 化工园区应严格根据《化工园区总体规划》和《化工园区产业规划》,制定适应区域特点、地方实际的《化工园区产业发展指引》和"禁限控"目录。

5.2 化工园区的项目准入应有利于形成相对完整的"上中下游"产业链和主导产业,实现化工园区内资源的有效配置和充分利用。

5.3 化工园区内危险化学品建设项目应由具有相关工程设计资质的单位设计;涉及"两重点一重大"(重点监管的危险化学品、重点监管的危险化工工艺、危险化学品重大危险源)装置的专业管理人员原则上应具有大专以上学历,操作人员原则上应具有高中以上文化程度,企业特种作业人员应持证上岗,并建设身份识别系统,加强对证件有效性和特种作业人员身份的管理。

5.4 化工园区内凡存在重大事故隐患、生产工艺技术落后、不具备安全生产条件的企业,责令停产整顿,整改无望的或整改后仍不能达到要求的企业,应依法予以关闭。

5.5 化工园区应建立健全企业、承包商准入和退出机制,建立黑名单制度。

6 配套功能设施

6.1 化工园区供水水源应充足、可靠,建设统一集中的供水设施和管网,满足企业和化工园区配套设施生产、生活、消防用水的需求。化工园区附近有天然水源的,应设置供消防车取水的消防车道和取水码头。

6.2 化工园区应能保障双电源供电。供电应满足化工园区各企业和化工园区配套设施生产、生活及应急用电需求,电源可靠。

6.3 化工园区公用管廊应满足《化工园区公共管廊管理规程》(GB/T 36762)要求。

6.4 化工园区应严格管控运输安全风险,运用物联网等先进技术对危险化学品运输车辆进出进行实时监控,实行专用道路、专用车道和限时限速行驶等措施,由化工园区实施统一管理、科学调度,防止安全风险积聚。有危险化学品车辆聚集较大安全风险的化工园区应建设危险化学品车辆专用停车场并严格管理。

6.5 化工园区应按照"分类控制、分级管理、分步实施"要求,结合产业结构、产业链特点、安全风险类型等实际情况,分区实行封闭化管理,建立完善门禁系统和视频监控系统,对易燃易爆、有毒有害化学品和危险废物等物料、人员、车辆进出实施全过程监管。

6.6 化工园区应按照有关法律法规和国家标准规范对产生的固体废物特别是危险废物全部进行安全处置,必要时建设配套的固体废物特别是危险废物集中处置设施,并实行专业化运营管理,充分利用信息化等手段对危险废物种类、产生量、流向、贮存、处置、转移等全链条的风险实施监督和管理。

6.7 化工园区应配套建设满足化工园区需要、符合安全环保要求的污水处理设施;合理分析和估算安全事故废水量,根据需求规划建设公共的事故废水应急池,确保化工安全事故发生时能满足废水处置要求。

7 一体化安全管理及应急救援

7.1 化工园区应实施安全生产与应急一体化管理,建立健全行业监管、协同执法和应急救援的联动机制,协调解决化工园区内企业之间的安全生产重大问题,统筹指挥化工园区的应急救援工作,指导企业落实安全生产主体责任,全面加强安全生产和应急管理工作。

7.2 化工园区管委会应配备具有化工专业背景的负责人,并建立化工园区管委会领导带班制度;根据企业数量、产业特点、整体安全风险状况,配备满足安全监管需要的人员,其中具有相关化工专业学历或化工安全生产实践经历的人员或注册安全工程师的人员数量不低于安全监管人员的75%。

7.3 化工园区应按照国家有关要求,制定安全风险分级管控制度,定期对化工园区内企业进行安全风险分级,加强对红色、橙色安全风险的分析、评估、预警。

7.4 化工园区应建设安全监管和应急救援信息平台,构建基础信息库和风险隐患数据库,至少应接入企业重大危险源(储罐区和库区)实时在线监测监控相关数据、关键岗位视频监控、安全仪表等异常报警数据,实现对化工园区内重点场所、重点设施在线实时监测、动态评估和及时自动预警;要建立园区三维倾斜摄影模型,在平台中实时更新园区建设边界、园区内企业边界及分布等基础信息;化工园区应将接入数据上传至省、市级应急管理部门。

7.5 化工园区安全生产管理机构应制定总体应急预案及专项预案,并至少每2年组织1次安全事故应急演练。

7.6 化工园区应编制化工园区消防规划,消防站布点应根据化工园区面积、危险性、平面布局等因素综合考虑,参照不低于《城市消防站建设标准》中特勤消防站的标准进行建设,消防车种类、数量、结构以及车载灭火药剂数量、装备器材、防护装具等应满足安全事故处置需要。化工园区应建设危险化学品专业应急救援队伍;根据自身安全风险类型和实际需求,配套建设医疗急救场所和气防站。

7.7 化工园区应建立健全化工园区内企业及公共应急物资储备保障制度,统筹规划配备充足的应急物资装备。

7.8 化工园区应加强对台风、雷电、洪水、泥石流、滑坡等自然灾害的监测和预警,并落实有关灾害的防范措施,防范因自然灾害引发危险化学品次生灾害。

8 特殊条款

8.1 按照本导则《化工园区安全风险排查治理检查表》(见附件)对化工园区进行评分,60分以下(不含60分)为高安全风险(A类),60-70分(不含70分)为较高安全风险(B类),70-85分(不含85分)为一般安全风险(C类),85分及以上为较低安全风险(D类)。

8.2 化工园区存在以下情况,直接判定为高安全风险(A类):

(1)化工园区规划不符合当地总体规划要求或未明确四至范围(四至范围是指东西南北四个方向的边界)。

(2)化工园区未经依法认定。

(3)化工园区未明确安全管理机构。

(4)化工园区外部安全防护距离不符合标准要求。

(5)化工园区内部布局不合理,企业之间存在重大风险叠加或失控。

(6)化工园区内存在在役化工装置未经具有相应资质的单位设计且未通过安全设计诊断的企业。

(7)化工园区内存在涉及危险化工工艺的特种作业人员未取得高中或者相当于高中及以上学历的企业。

附录 定义和术语

下列定义和术语适用于本导则。

1 化工园区

依法设立的用于专门发展化工产业的工业区或集中区。

2 防护目标

受化工园区危险化学品安全事故影响,化工园区外可能发生人员伤亡、财产损失的设施或场所。

3 多米诺效应

化工园区内一个企业的危险源发生安全事故时可能会引起其他企业的危险源也相继发生安全事故,从而造成更大安全事故的现象。

4 土地规划安全控制线

为预防和减缓化工园区危险化学品潜在安全事故(火灾、爆炸、泄漏等)对化工园区外防护目标的影响,用于限制化工园区周边土地开发利用的控制线。

附件

化工园区安全风险排查治理检查表

序号	要素	排查内容	评分标准	分值 E_i
1	设立 (15分)	(1)化工园区应整体规划、集中布置,化工园区内不应有居民居住	0分——无整体规划或化工园区内有居民居住; 1分——整体规划,但未集中布置; 5分——符合要求	
		(2)化工园区应符合国家、区域、省和设区产业布局规划要求,在城乡总体规划确定的建设用地范围之内,符合国土空间规划	0分——不符合国家、区域、省和设区的市产业布局规划要求或不在城乡总体规划确定的建设用地范围之内或不符合国土空间规划; 5分——符合要求	
		(3)化工园区的设立应经省级及以上人民政府认定,负责园区管理的当地人民政府应明确承担园区安全生产和应急管理职责的机构	0分——未经省级及以上人民政府认定,或未明确承担园区安全生产和应急管理职责的机构; 5分——符合要求	
2	选址及规划 (30分)	(4)化工园区应位于地方人民政府规划的专门用于危险化学品生产、储存的区域,符合化工园区所在地区化工行业安全发展规划	0分——化工园区未位于危险化学品的生产、储存规划区域或不符合化工园区所在地区化工行业安全发展规划; 5分——符合要求	
		(5)化工园区选址应把安全放在首位,进行选址安全评估,化工园区与城市建成区、人口密集区、重要设施等防护目标之间保持足够的安全防护距离,留有适当的缓冲带,将化工园区安全与周边公共安全的相互影响降至风险可以接受	0分——未进行选址安全评估或化工园区与城市建成区、人口密集区、重要设施等防护目标之间安全防护距离不满足要求; 1分——进行了选址安全评估,化工园区与城市建成区、人口密集区、重要设施等防护目标之间安全防护距离满足要求;缓冲带小于200米(不含200米);	

（续）

序号	要素	排查内容	评分标准	分值 E_i
2	选址及规划（30分）		3分——进行了选址安全评估，化工园区与城市建成区、人口密集区、重要设施等防护目标之间安全防护距离满足要求；缓冲带200－500米（不含500米）； 5分——进行了选址安全评估，化工园区与城市建成区、人口密集区、重要设施等防护目标之间安全防护距离满足要求；缓冲带大于等于500米	
		（6）化工园区应编制《化工园区总体规划》和《化工园区产业规划》，《化工园区总体规划》应包含安全生产和综合防灾减灾规划章节	0分——未编制《化工园区总体规划》和《化工园区产业规划》或《化工园区总体规划》无安全生产和综合防灾减灾规划章节； 5分——符合要求	
		（7）化工园区安全生产管理机构应至少每五年开展一次化工园区整体性安全风险评估，评估安全风险，提出消除、降低、管控安全风险的对策措施	0分——未按照规定要求开展化工园区整体性安全风险评估； 5分——符合要求	
		（8）化工园区安全生产管理机构应依据化工园区整体性安全风险评估结果和相关法规标准的要求，划定化工园区周边土地规划安全控制线，并报送化工园区所在地设区的市级和县级地方人民政府规划主管部门、应急管理部门	0分——未设置化工园区周边土地规划安全控制线； 1分——设置了化工园区周边土地规划安全控制线，但未报送； 5分——符合条件	
		（9）化工园区所在地设区的市级和县级地方人民政府规划主管部门应严格控制化工园区周边土地开发利用，土地规划安全控制线范围内的开发建设项目应经过安全风险评估，满足安全风险控制要求	0分——土地规划安全控制线内的开发项目未经过安全风险评估，不满足安全风险控制要求； 5分——符合要求	

(续)

序号	要素	排查内容	评分标准	分值 E_i
3	园区内布局（20分）	（10）化工园区应综合考虑主导风向、地势高低落差、企业装置之间的相互影响、产品类别、生产工艺、物料互供、公用设施保障、应急救援等因素，合理布置功能分区。劳动力密集型的非化工企业不得与化工企业混建在同一园区内	0分——劳动力密集型的非化工企业与化工企业混建在同一化工园区内； 1分——功能分区未严格执行国家相关标准，功能分区不合理； 5分——符合要求	
		（11）化工园区行政办公、生活服务区等人员集中场所与生产功能区应相互分离，布置在化工园区边缘或化工园区外；消防站、应急响应中心、医疗救护站等重要设施的布置应有利于应急救援的快速响应需要，并与涉及爆炸物、毒性气体、液化易燃气体的装置或设施保持足够的安全距离	0分——行政办公、生活服务区等人员集中场所与生产功能区未相互分离，或消防站、应急响应中心、医疗救护站等重要设施的布置不能满足应急救援的快速响应需要； 1分——行政办公、生活服务区等人员集中场所与生产功能区相互分离，但未布置在化工园区边缘或化工园区外；消防站、应急响应中心、医疗救护站等重要设施的布置满足应急救援的快速响应需要，但受涉及爆炸物、毒性气体、液化易燃气体的装置或设施影响，未采取有效防护措施； 3分——行政办公、生活服务区等人员集中场所与生产功能区相互分离，且布置在化工园区边缘或化工园区外；消防站、应急响应中心、医疗救护站等重要设施的布置满足应急救援的快速响应需要，但受涉及爆炸物、毒性气体、液化易燃气体的装置或设施影响，采取了有效防护措施； 5分——符合要求	
		（12）化工园区整体性安全风险评估应结合国家有关法律法规和标准规范要求，评估化工园区布局的安全性和合理性，对多米诺效应进行分析，提出安全风险防范措施，降低区域安全风险，避免多米诺效应	0分——未进行多米诺效应分析； 1分——进行了多米诺效应分析，但未对化工园区布局的安全性和合理性提出意见，未提出安全风险防范措施； 5分——符合条件	

(续)

序号	要素	排查内容	评分标准	分值 E_i
3	园区内布局（20分）	（13）在安全条件审查时，危险化学品建设项目单位提交的安全评价报告应对危险化学品建设项目与周边企业的相互影响进行多米诺效应分析，优化平面布局	0分——危险化学品建设项目安全评价报告未进行多米诺效应分析； 1分——危险化学品建设项目安全评价报告进行了多米诺效应分析，对优化平面布局未提出建议措施； 5分——符合要求	
4	准入和退出（25分）	（14）化工园区应当严格根据《化工园区总体规划》和《化工园区产业规划》，制定适应区域特点、地方实际的《化工园区产业发展指引》和"禁限控"目录	0分——未制定《化工园区产业发展指引》或"禁限控"目录； 1分——《化工园区产业发展指引》和"禁限控"目录未明确产业目录、产业类别、生产能力、工艺水平等关键指标； 5分——符合要求	
		（15）化工园区的项目准入应有利于形成相对完整的"上中下游"产业链和主导产业，实现化工园区内资源的有效配置和充分利用	0分——近5年化工园区的准入项目与化工园区"上中下游"产业链和主导产业无关； 1分——近5年化工园区的准入项目与化工园区"上中下游"产业链和主导产业有一定关联性； 5分——符合要求	
		（16）化工园区内危险化学品建设项目应由具有相关工程设计资质的单位设计；涉及"两重点一重大"装置的专业管理人员必须具有大专以上学历、操作人员必须具有高中或者相当于高中及以上文化程度，企业特种作业人员应持证上岗	0分——化工园区内危险化学品建设项目未由具有相关工程设计资质的单位设计或涉及"两重点一重大"装置的专业管理人员不具有大专以上学历或操作人员不具有高中或者相当于高中及以上文化程度或特种作业人员未持证上岗； 5分——符合要求	
		（17）化工园区内凡存在重大事故隐患、生产工艺技术落后、不具备安全生产条件的企业，责令停产整顿，整改无望的或整改后仍不能达到要求的企业，应依法予以关闭	0分——存在重大事故隐患、生产工艺技术落后、不具备安全生产条件的企业，责令停产整顿，整改无望或整改后仍不能达到要求的企业； 5分——符合要求	

（续）

序号	要素	排查内容	评分标准	分值E_i
4	准入和退出（25分）	（18）化工园区应建立健全企业、承包商准入和退出机制，建立黑名单制度	0分——化工园区未建立企业、承包商准入和退出机制或未建立黑名单制度； 1分——化工园区建立了企业、承包商准入和退出机制，建立了黑名单制度，但未有效运行并考核； 5分——符合要求	
5	配套功能设施（35分）	（19）化工园区供水水源应充足、可靠，建设统一集中的供水设施和管网，满足企业和化工园区配套设施生产、生活、消防用水的需求。化工园区附近有天然水源的，应设置供消防车取水的消防车道和取水码头	0分——供水不能满足企业和化工园区配套设施生产、生活、消防用水的需求； 1分——供水水源充足、可靠，但化工园区未建设统一集中的供水设施和管网； 3分——供水水源充足、可靠，建设了统一集中的供水设施和管网，但附近有天然水源但未设置供消防车取水的消防车道和取水码头； 5分——符合要求	
		（20）化工园区应能保障双电源供电。供电应满足化工园区各企业和化工园区配套设施生产、生活和应急用电需求，电源可靠	0分——供电不满足保障双电源供电； 5分——符合条件	
		（21）化工园区公用管廊应满足《化工园区公共管廊管理规程》（GB/T 36762）要求	0分——未建设公用管廊； 1分——建有公用管廊，但未按照《化工园区公共管廊管理规程》（GB/T 36762）要求建设； 5分——符合要求	
		（22）化工园区应严格管控运输安全风险，运用物联网等先进技术对危险化学品运输车辆进出进行实时监控，实行专用道路、专用车道和限时限速行驶等措施，由化工园区实施统一管理、科学调度，防止安全风险积聚。有危险化学品车辆聚集较大安全风险的化工园区应建设危险化学品车辆专用停车场并严格管理	0分——未运用物联网等先进技术对危险化学品运输车辆进出进行实时监控，或有危险化学品车辆聚集较大安全风险的化工园区未建设危险化学品车辆专用停车场；	

（续）

序号	要素	排查内容	评分标准	分值 E_i
5	配套功能设施（35分）		3分——运用物联网等先进技术对危险化学品运输车辆进出进行实时监控，但未实行专用道路、专用车道和限时限速行驶等措施，由化工园区实施统一管理、科学调度，防止安全风险积聚；有危险化学品车辆聚集较大安全风险的化工园区建设了危险化学品车辆专用停车场，但未对危险化学品车辆专用停车场进行严格管理； 5分——符合要求	
		（23）化工园区应按照"分类控制、分级管理、分步实施"要求，结合产业结构、产业链特点、安全风险类型等实际情况，分区实行封闭化管理，建立完善门禁系统和视频监控系统，对易燃易爆、有毒有害化学品和危险废物等物料、人员、车辆进出实施全过程监管	0分——未按照"分类控制、分级管理、分步实施"的要求实行化工园区封闭化管理或未建立门禁系统和视频监控系统； 1分——实行化工园区封闭化管理但未建立门禁系统和视频监控系统； 3分——实施封闭化管理并建立门禁系统和视频监控系统，但未对易燃易爆、有毒有害化学品和危险废物等物料、人员、车辆进出实施全过程监管； 5分——符合要求	
		（24）化工园区应按照有关法律法规和国家标准规范对产生的固体废物特别是危险废物全部进行安全处置，必要时建设配套的固体废物特别是危险废物集中处置设施，并实行专业化运营管理，充分利用信息化等手段对危险废物种类、产生量、流向、贮存、处置、转移等全链条的风险实施监督和管理	0分——未按照有关法律法规和国家标准规范要求，对产生的固体废物特别是危险废物全部进行安全处置； 3分——对产生的固体废物特别是危险废物全部进行安全处置，但未充分利用信息化等手段对危险废物种类、产生量、流向、贮存、处置和转移等全链条的风险实施监督和管理； 5分——符合要求	

(续)

序号	要素	排查内容	评分标准	分值 E_i
5	配套功能设施（35分）	(25)化工园区应配套建设满足化工园区需要、符合安全环保要求的污水处理设施；合理分析和估算安全事故废水量，根据需求规划建设公共的事故废水应急池，确保在安全事故发生时能满足废水处置要求	0分——化工园区污水处理设施不满足化工园区需要或不符合安全环保要求；或未对化工园区安全事故废水进行合理分析和估算；或估算后，在化工园区安全事故发生时不能满足事故废水处置要求，未采取措施； 5分——符合要求	
6	一体化安全管理及应急救援（40分）	(26)化工园区应实施安全生产与应急一体化管理，建立健全行业监管、协同执法和应急救援的联动机制，协调解决化工园区内企业之间的安全生产重大问题，统筹指挥化工园区的应急救援工作，指导企业落实安全生产主体责任，全面加强安全生产和应急管理工作	0分——未实施安全生产与应急一体化管理； 5分——符合要求	
		(27)化工园区管委会应配备具有化工专业背景的负责人，并建立化工园区管委会领导带班制度；根据企业数量、产业特点、整体安全风险状况，配备满足安全监管需要的人员，其中具有相关化工专业学历或化工安全生产实践经历的人员或注册安全工程师的人员数量不低于安全监管人员的75%	0分——未配备具有相关化工专业学历或化工安全生产实践经历的人员或注册安全工程师等专业监管人员；或化工园区管委会未配备具有化工专业背景的负责人； 1分——配备了具有相关化工专业学历或化工安全生产实践经历的人员或注册安全工程师等专业监管人员但比例低于75%；或未建立化工园区管委会领导带班制度； 5分——符合要求	
		(28)化工园区应按照国家有关要求，制定安全风险分级管控制度，对化工园区内企业进行安全风险分级，加强对红色、橙色安全风险的分析、评估、预警	0分——未按照国家有关要求，对化工园区内企业进行安全风险分级，并制定安全风险分级管控制度，对红色、橙色安全风险的分析、评估、预警； 5分——符合要求	

(续)

序号	要素	排查内容	评分标准	分值 E_i
6	一体化安全管理及应急救援（40分）	(29)化工园区应建设安全监管和应急救援信息平台,构建基础信息库和风险隐患数据库,至少应接入企业重大危险源（储罐区和库区）实时在线监测监控相关数据、关键岗位视频监控、安全仪表等异常报警数据,实现对化工园区内重点场所、重点设施在线实时监测、动态评估和及时自动预警;要建立园区三维倾斜摄影模型,在平台中实时更新园区建设边界、园区内企业边界及分布等基础信息;化工园区应将接入数据上传至省、市级应急管理部门	0分——未建设平台; 1分——建设了平台,但只有基础信息数据库,未接入其他相关数据; 3分——建设了平台且能实现预警功能; 5分——符合要求	
		(30)化工园区应制定总体应急预案及专项预案,并至少每2年组织1次安全事故应急救援演练	0分——未制定总体应急救援预案及专项预案或未按要求组织安全事故应急救援演练; 5分——符合要求	
		(31)化工园区应编制化工园区消防规划,消防站布点应根据化工园区面积、危险性、平面布局等因素综合考虑,参照不低于《城市消防站建设标准》中特勤消防站的标准进行建设,消防车种类、数量、结构以及车载灭火药剂数量、装备器材、防护装具等应满足安全事故处置需要。化工园区应建设危险化学品专业应急救援队伍;根据自身安全风险类型和实际需求,配套建设医疗急救场所和气防站	0分——未建设化工园区消防站; 1分——建设了化工园区消防站但未按照《城市消防站建设标准》中特勤消防站的标准进行建设;或未建有危险化学品专业应急救援队伍;或配备的消防设备设施不满足事故处置需要; 5分——符合要求	
		(32)化工园区应建立健全化工园区内企业及公共应急物资储备保障制度,统筹规划配备充足的应急物资装备	0分——未建立企业及公共应急物资储备保障制度,统筹规划配备充足的应急物资装备; 5分——符合要求	

(续)

序号	要素	排查内容	评分标准	分值 E_i
6	一体化安全管理及应急救援（40分）	（33）化工园区应加强对台风、雷电、洪水、泥石流、滑坡等自然灾害的监测和预警，并落实有关灾害的防范措施，防范因自然灾害引发危险化学品次生灾害	0分——未对台风、雷电、洪水、泥石流、滑坡等自然灾害监测和预警； 3分——对台风、雷电、洪水、泥石流、滑坡等自然灾害监测和预警但未落实有关灾害的防范措施； 5分——符合要求	
7	分值汇总	—	—	

评分说明：

1. 评分时，对各项排查内容按照各自对应的评分标准逐一进行评分。
2. 评分按照0－1－3－5评分制，其中：0分表示不符合标准要求，1分表示与标准要求偏差较大，3分表示与标准要求存在部分偏差，5分表示符合标准要求；对具有二元选择性的排查内容，只设5分或0分。
3. 采用百分制进行评分，实际分值按如下公式计算：

$$Z = \left(\frac{\sum_{i=1}^{n} E_i}{165}\right) \times 100$$

  式中：Z——化工园区实际分值；

     E_i——单项排查内容分值。

4. 化工园区存在以下情况，直接判定为高安全风险（A类）：
   (1) 化工园区规划不符合当地总体规划要求或未明确四至范围（四至范围是指东西南北四个方向的边界）。
   (2) 化工园区未经依法认定。
   (3) 化工园区未明确安全管理机构。
   (4) 化工园区外部安全防护距离不符合标准要求。
   (5) 化工园区内部布局不合理，企业之间存在重大风险叠加或失控。
   (6) 化工园区内存在在役化工装置未经具有相应资质的单位设计且未通过安全设计诊断的企业。
   (7) 化工园区内存在涉及危险化工工艺的特种作业人员未取得高中或者相当于高中及以上学历的企业

危险化学品企业安全风险隐患排查治理导则

(2019年8月12日应急管理部应急〔2019〕78号印发)

1 总则

1.1 为督促危险化学品企业落实安全生产主体责任,着力构建安全风险分级管控和隐患排查治理双重预防机制,有效防范重特大安全事故,根据国家相关法律、法规、规章及标准,制定本导则。

1.2 本导则适用于危险化学品生产、经营、使用发证企业(以下简称企业)的安全风险隐患排查治理工作,其他化工企业参照执行。

1.3 安全风险是某一特定危害事件发生的可能性与其后果严重性的组合;安全风险点是指存在安全风险的设施、部位、场所和区域,以及在设施、部位、场所和区域实施的伴随风险的作业活动,或以上两者的组合;对安全风险所采取的管控措施存在缺陷或缺失时就形成事故隐患,包括物的不安全状态、人的不安全行为和管理上的缺陷等方面。

2 基本要求

2.1 企业是安全风险隐患排查治理的主体,要逐级落实安全风险隐患排查治理责任,对安全风险全面管控,对事故隐患治理实行闭环管理,保证安全生产。

2.2 企业应建立健全安全风险隐患排查治理工作机制,建立安全风险隐患排查治理制度并严格执行,全体员工应按照安全生产责任制要求参与安全风险隐患排查治理工作。

2.3 企业应充分利用安全检查表(SCL)、工作危害分析(JHA)、故障类型和影响分析(FMEA)、危险和可操作性分析(HAZOP)等安全风险分析方法,或多种方法的组合,分析生产过程中存在的安全风险;选用风险评估矩阵(RAM)、作业条件危险性分析(LEC)等方法进行风险评估,有效实施安全风险分级管控。

2.4 企业应对涉及"两重点一重大"的生产、储存装置定期开展HAZOP分析。

2.5 精细化工企业应按要求开展反应安全风险评估。

3 安全风险隐患排查方式及频次

3.1 安全风险隐患排查方式

3.1.1 企业应根据安全生产法律法规和安全风险管控情况,按照化工过程安全管理的要求,结合生产工艺特点,针对可能发生安全事故的风险点,全面开展安全风险隐患排查工作,做到安全风险隐患排查全覆盖,责任到人。

3.1.2 安全风险隐患排查形式包括日常排查、综合性排查、专业性排查、季节性排查、重点时段及节假日前排查、事故类比排查、复产复工前排查和外聘专家诊断式排查等。

(1)日常排查是指基层单位班组、岗位员工的交接班检查和班中巡回检查,以及基层单位(厂)管理人员和各专业技术人员的日常性检查;日常排查要加强对关键装置、重点部位、关键环节、重大危险源的检查和巡查;

（2）综合性排查是指以安全生产责任制、各项专业管理制度、安全生产管理制度和化工过程安全管理各要素落实情况为重点开展的全面检查；

（3）专业性排查是指工艺、设备、电气、仪表、储运、消防和公用工程等专业对生产各系统进行的检查；

（4）季节性排查是指根据各季节特点开展的专项检查，主要包括：春季以防雷、防静电、防解冻泄漏、防解冻坍塌为重点；夏季以防雷暴、防设备容器超温超压、防台风、防洪、防暑降温为重点；秋季以防雷暴、防火、防静电、防凝保温为重点；冬季以防火、防爆、防雪、防冻防凝、防滑、防静电为重点；

（5）重点时段及节假日前排查是指在重大活动、重点时段和节假日前，对装置生产是否存在异常状况和事故隐患、备用设备状态、备品备件、生产及应急物资储备、保运力量安排、安全保卫、应急、消防等方面进行的检查，特别是要对节假日期间领导干部带班值班、机电仪保运及紧急抢修力量安排、备件及各类物资储备和应急工作进行重点检查；

（6）事故类比排查是指对企业内或同类企业发生安全事故后举一反三的安全检查；

（7）复产复工前排查是指节假日、设备大检修、生产原因等停产较长时间，在重新恢复生产前，需要进行人员培训，对生产工艺、设备设施等进行综合性隐患排查；

（8）外聘专家排查是指聘请外部专家对企业进行的安全检查。

3.2 安全风险隐患排查频次

3.2.1 开展安全风险隐患排查的频次应满足：

（1）装置操作人员现场巡检间隔不得大于2小时，涉及"两重点一重大"的生产、储存装置和部位的操作人员现场巡检间隔不得大于1小时；

（2）基层车间（装置）直接管理人员（工艺、设备技术人员）、电气、仪表人员每天至少两次对装置现场进行相关专业检查；

（3）基层车间应结合班组安全活动，至少每周组织一次安全风险隐患排查；基层单位（厂）应结合岗位责任制检查，至少每月组织一次安全风险隐患排查；

（4）企业应根据季节性特征及本单位的生产实际，每季度开展一次有针对性的季节性安全风险隐患排查；重大活动、重点时段及节假日前必须进行安全风险隐患排查；

（5）企业至少每半年组织一次，基层单位至少每季度组织一次综合性排查和专业排查，两者可结合进行；

（6）当同类企业发生安全事故时，应举一反三，及时进行事故类比安全风险隐患专项排查。

3.2.2 当发生以下情形之一时，应根据情况及时组织进行相关专业性排查：

（1）公布实施有关新法律法规、标准规范或原有适用法律法规、标准规范重新修订的；

（2）组织机构和人员发生重大调整的；

（3）装置工艺、设备、电气、仪表、公用工程或操作参数发生重大改变的；

（4）外部安全生产环境发生重大变化的；

（5）发生安全事故或对安全事故、事件有新认识的；

（6）气候条件发生大的变化或预报可能发生重大自然灾害前。

3.2.3 企业对涉及"两重点一重大"的生产、储存装置运用HAZOP方法进行安全风险辨识分析，一般每3年开展一次；对涉及"两重点一重大"和首次工业化设计的建设项目，应在基础设计阶段开展 HAZOP 分析工作;对其他生产、储存装置的安全风险辨识分析,针对装置不同的复杂程度,可采用本导则第 2.3 所述的方法,每 5 年进行一次。

4 安全风险隐患排查内容

企业应结合自身安全风险及管控水平,按照化工过程安全管理的要求,参照各专业安全风险隐患排查表(见附件),编制符合自身实际的安全风险隐患排查表,开展安全风险隐患排查工作。

排查内容包括但不限于以下方面:
(1)安全领导能力;
(2)安全生产责任制;
(3)岗位安全教育和操作技能培训;
(4)安全生产信息管理;
(5)安全风险管理;
(6)设计管理;
(7)试生产管理;
(8)装置运行安全管理;
(9)设备设施完好性;
(10)作业许可管理;
(11)承包商管理;
(12)变更管理;
(13)应急管理;
(14)安全事故事件管理。

4.1 安全领导能力

4.1.1 企业安全生产目标、计划制定及落实情况。

4.1.2 企业主要负责人安全生产责任制的履职情况,包括:
(1)建立、健全本单位安全生产责任制;
(2)组织制定本单位安全生产规章制度和操作规程;
(3)组织制定并实施本单位安全生产教育和培训计划;
(4)保证本单位安全生产投入的有效实施;
(5)督促、检查本单位的安全生产工作,及时消除事故隐患;
(6)组织制定并实施本单位的安全事故应急预案;
(7)及时、如实报告安全事故。

4.1.3 企业主要负责人安全培训考核情况,分管生产、安全负责人专业、学历满足情况。

4.1.4 企业主要负责人组织学习、贯彻落实国家安全生产法律法规,定期主持召开安全生产专题会议,研究重大问题,并督促落实情况。

4.1.5 企业主要负责人和各级管理人员在岗在位、带(值)班、参加安全活动、组织开展安全风险研判与承诺公告情况。

4.1.6 安全生产管理体系建立、运行及考核情况;"三违"(违章指挥、违章作业、违反劳动纪律)的检查处置情况。

4.1.7 安全管理机构的设置及安全管理人员的配备、能力保障情况。

4.1.8 安全投入保障情况,安全生产费用提取和使用情况;员工工伤保险费用缴纳及安全生产责任险投保情况。

4.1.9 异常工况处理授权决策机制建立情况。

4.1.10 企业聘用员工学历、能力满足安全生产要求情况。

4.2 安全生产责任制

4.2.1 企业依法依规制定完善全员安全生产责任制情况;根据企业岗位的性质、特点和具体工作内容,明确各层级所有岗位从业人员的安全生产责任,体现安全生产"人人有责"的情况。

4.2.2 全员安全生产责任制的培训、落实、考核等情况。

4.2.3 安全生产责任制与现行法律法规的符合性情况。

4.3 岗位安全教育和操作技能培训

4.3.1 企业建立安全教育培训制度的情况。

4.3.2 企业安全管理人员参加安全培训及考核情况。

4.3.3 企业安全教育培训制度的执行情况,主要包括:

(1)安全教育培训体系的建立,安全教育培训需求的调查,安全教育培训计划及培训档案的建立;

(2)安全教育培训计划的落实,教育培训方式及效果评估;

(3)从业人员安全教育培训考核上岗,特种作业人员持证上岗;

(4)人员、工艺技术、设备设施等发生改变时,及时对操作人员进行再培训;

(5)采用新工艺、新技术、新材料或使用新设备前,对从业人员进行专门的安全生产教育和培训;

(6)对承包商等相关方人员的入厂安全教育培训。

4.4 安全生产信息管理

4.4.1 安全生产信息管理制度的建立情况。

4.4.2 按照《化工企业工艺安全管理实施导则》(AQ/T 3034)的要求收集安全生产信息情况,包括化学品危险性信息、工艺技术信息、设备设施信息、行业经验和事故教训、有关法律法规标准以及政府规范性文件要求等其他相关信息。

4.4.3 在生产运行、安全风险分析、事故调查和编制生产管理制度、操作规程、员工安全教育培训手册、应急预案等工作中运用安全生产信息的情况。

4.4.4 危险化学品安全技术说明书和安全标签的编制及获取情况。

4.4.5 岗位人员对本岗位涉及的安全生产信息的了解掌握情况。

4.4.6 法律法规标准及最新安全生产信息的获取、识别及应用情况。

4.5 安全风险管理

4.5.1 安全风险管理制度的建立情况。

4.5.2 全方位、全过程辨识生产工艺、设备设施、作业活动、作业环境、人员行为、管理体系等方面存在的安全风险情况,主要包括:

(1)对涉及"两重点一重大"生产、储存装置定期运用 HAZOP 方法开展安全风险辨识;

(2)对设备设施、作业活动、作业环境进行安全风险辨识;

(3)管理机构、人员构成、生产装置等发生重大变化或发生安全事故时,及时进行安全风险辨识;

　　(4)对控制安全风险的工程、技术、管理措施及其失效可能引起的后果进行风险辨识;

　　(5)对厂区内人员密集场所进行安全风险排查;

　　(6)对存在安全风险外溢的可能性进行分析及预警。

4.5.3　安全风险分级管控情况,主要包括:

　　(1)企业可接受安全风险标准的制定;

　　(2)对辨识出的安全风险进行分级和制定管控措施的落实;

　　(3)对辨识分析发现的不可接受安全风险,制定管控方案,制定并落实消除、减小或控制安全风险的措施,明确风险防控责任岗位和人员,将风险控制在可接受范围。

4.5.4　对安全风险管控措施的有效性实施监控及失效后及时处置情况。

4.5.5　全员参与安全风险辨识与培训情况。

4.6　设计管理

4.6.1　建设项目选址合理性情况;与周围敏感场所的外部安全防护距离满足性情况,包括在工厂选址、设备布局时,开展定量安全风险评估情况。

4.6.2　开展正规设计或安全设计诊断情况;涉及"两重点一重大"的建设项目设计单位资质符合性情况。

4.6.3　落实国家明令淘汰、禁止使用的危及生产安全的工艺、设备要求情况。

4.6.4　总图布局、竖向设计、重要设施的平面布置、朝向、安全距离等合规性情况。

4.6.5　涉及"两重点一重大"装置自动化控制系统的配置情况。

4.6.6　项目安全设施"三同时"符合性情况。

4.6.7　涉及精细化工的建设项目,在编制可行性研究报告或项目建议书前,按规定开展反应安全风险评估情况;国内首次采用的化工工艺,省级有关部门组织专家组进行安全论证情况。

4.6.8　重大设计变更的管理情况。

4.7　试生产管理

4.7.1　试生产组织机构的建立情况;建设项目各相关方的安全管理范围与职责界定情况。

4.7.2　试生产前期工作的准备情况,主要包括:

　　(1)总体试生产方案、操作规程、应急预案等相关资料的编制、审查、批准、发布实施;

　　(2)试车物资及应急装备的准备;

　　(3)人员准备及培训;

　　(4)"三查四定"工作的开展。

4.7.3　试生产工作的实施情况,主要包括:

　　(1)系统冲洗、吹扫、气密等工作的开展及验收;

　　(2)单机试车及联动试车工作的开展及验收;

　　(3)投料前安全条件检查确认。

4.8　装置运行安全管理

4.8.1　操作规程与工艺卡片管理制度制定及执行情况,主要包括:

　　(1)操作规程与工艺卡片的编制及管理;

(2)操作规程内容与《化工企业工艺安全管理实施导则》(AQ/T 3034)要求的符合性;
(3)操作规程的适应性和有效性的定期确认与审核修订;
(4)操作规程的发布及操作人员的方便查阅;
(5)操作规程的定期培训和考核;
(6)工艺技术、设备设施发生重大变更后对操作规程及时修订。

4.8.2 装置运行监测预警及处置情况,主要包括:
(1)自动化控制系统设置及对重要工艺参数进行实时监控预警;
(2)可燃及有毒气体检测报警设施设置并投用;
(3)采用在线安全监控、自动检测或人工分析等手段,有效判断发生异常工况的根源,及时安全处置。

4.8.3 开停车安全管理情况,主要包括:
(1)开停车前安全条件的检查确认;
(2)开停车前开展安全风险辨识分析、开停车方案的制定、安全措施的编制及落实;
(3)开车过程中重要步骤的签字确认,包括装置冲洗、吹扫、气密试验时安全措施的制定,引进蒸汽、氮气、易燃易爆、腐蚀性等危险介质前的流程确认,引进物料时对流量、温度、压力、液位等参数变化情况的监测与流程再确认,进退料顺序和速率的管理,可能出现泄漏等异常现象部位的监控;
(4)停车过程中,设备和管线低点处的安全排放操作及吹扫处理后与其他系统切断、确认工作的执行。

4.8.4 工艺纪律、交接班制度的执行与管理情况。

4.8.5 工艺技术变更管理情况。

4.8.6 重大危险源安全控制设施设置及投用情况,主要包括:
(1)重大危险源应配备温度、压力、液位、流量等信息的不间断采集和监测系统以及可燃气体和有毒有害气体泄漏检测报警装置,并具备信息远传、记录、安全预警、信息存储等功能;
(2)重大危险源的化工生产装置应装备满足安全生产要求的自动化控制系统;
(3)一级或者二级重大危险源,设置紧急停车系统;
(4)对重大危险源中的毒性气体、剧毒液体和易燃气体等重点设施,设置紧急切断装置;
(5)对涉及毒性气体、液化气体、剧毒液体的一级或者二级重大危险源,应具有独立安全仪表系统;
(6)对毒性气体的设施,设置泄漏物紧急处置装置;
(7)重大危险源中储存剧毒物质的场所或者设施,设置视频监控系统;
(8)处置监测监控报警数据时,监控系统能够自动将超限报警和处置过程信息进行记录并实现留痕。

4.8.7 重点监管的危险化工工艺安全控制措施的设置及投用情况。

4.8.8 剧毒、高毒危险化学品的密闭取样系统设置及投用情况。

4.8.9 储运设施的管理情况,主要包括:
(1)危险化学品装卸管理制度的制定及执行;
(2)储运系统设施的安全设计、安全控制、应急措施的落实;

(3)储罐尤其是浮顶储罐安全运行;
(4)危险化学品仓库及储存管理。

4.8.10 光气、液氯、液氨、液化烃、氯乙烯、硝酸铵等有毒、易燃易爆危险化学品与硝化工艺的特殊管控措施落实情况。

4.8.11 空分系统的运行管理情况。

4.9 设备设施完好性

4.9.1 设备设施管理制度的建立情况。

4.9.2 设备设施管理制度的执行情况,主要包括:
(1)设备设施管理台账的建立,备品备件管理,设备操作和维护规程编制,设备维保人员的技能培训;
(2)电气设备设施安全操作、维护、检修工作的开展,电源系统安全可靠性分析和安全风险评估工作的开展,防爆电气设备、线路检查和维护管理;
(3)仪表自动化控制系统安全管理制度的执行,新(改、扩)建装置和大修装置的仪表自动化控制系统投用前及长期停用后的再次启用前的检查确认、日常维护保养,安全联锁保护系统停运、变更的专业会签和审批。

4.9.3 设备日常管理情况,主要包括:
(1)设备操作规程的编制及执行;
(2)大机组和重点动设备运行参数的自动监测及运行状况的评估;
(3)关键储罐、大型容器的防腐蚀、防泄漏相关工作;
(4)安全附件的维护保养;
(5)日常巡回检查;
(6)异常设备设施的及时处置;
(7)备用机泵的管理。

4.9.4 设备预防性维修工作开展情况,主要包括:
(1)关键设备的在线监测;
(2)关键设备、连续监(检)测检查仪表的定期监(检)测检查;
(3)静设备密封件、动设备易损件的定期监(检)测;
(4)压力容器、压力管道附件的定期检查(测);
(5)对可能出现泄漏的部位、物料种类和泄漏量的统计分析情况,生产装置动静密封点的定期监(检)测及处置;
(6)对易腐蚀的管道、设备开展防腐蚀检测,监控壁厚减薄情况,及时发现并更新更换存在事故隐患的设备。

4.9.5 安全仪表系统安全完整性等级评估工作开展情况,主要包括:
(1)安全仪表功能(SIF)及其相应的功能安全要求或安全完整性等级(SIL)评估;
(2)安全仪表系统的设计、安装、使用、管理和维护;
(3)检测报警仪器的定期标定。

4.10 作业许可管理

4.10.1 危险作业许可制度的建立情况。

4.10.2 实施危险作业前,安全风险分析的开展、安全条件的确认、作业人员对作业安全风险的了解和安全风险控制措施的掌握、预防和控制安全风险措施的落实情况。

4.10.3 危险作业许可票证的审查确认及签发,特殊作业管理与《化学品生产单位特殊作业安全规范》(GB 30871)要求的符合性;检维修、施工、吊装等作业现场安全措施落实情况。

4.10.4 现场监护人员对作业范围内的安全风险辨识、应急处置能力的掌握情况。

4.10.5 作业过程中,管理人员现场监督检查情况。

4.11 承包商管理

4.11.1 承包商管理制度的建立情况。

4.11.2 承包商管理制度的执行情况,主要包括:
(1)对承包商的准入、绩效评价和退出的管理;
(2)承包商入厂前的教育培训、作业开始前的安全交底;
(3)对承包商的施工方案和应急预案的审查;
(4)与承包商签订安全管理协议,明确双方安全管理范围与责任;
(5)对承包商作业进行全程安全监督。

4.12 变更管理

4.12.1 变更管理制度的建立情况。

4.12.2 变更管理制度的执行情况,主要包括:
(1)变更申请、审批、实施、验收各环节的执行,变更前安全风险分析;
(2)变更带来的对生产要求的变化、安全生产信息的更新及对相关人员的培训;
(3)变更管理档案的建立。

4.13 应急管理

4.13.1 企业应急管理情况,主要包括:
(1)应急管理体系的建立;
(2)应急预案编制符合《生产经营单位生产安全事故应急预案编制导则》(GB/T 29639)的要求,与周边企业和地方政府的应急预案衔接。

4.13.2 企业应急管理机构及人员配置,应急救援队伍建设,预案及相关制度的执行情况。

4.13.3 应急救援装备、物资、器材、设施配备和维护情况;消防系统运行维护情况。

4.13.4 应急预案的培训和演练,事故状态下的应急响应情况。

4.13.5 应急人员的能力建设情况。

4.14 安全事故事件管理

4.14.1 安全事故事件管理制度的建立情况。

4.14.2 安全事故事件管理制度执行情况,主要包括:
(1)开展安全事件调查、原因分析;
(2)整改和预防措施落实;
(3)员工与相关方上报安全事件的激励机制建立;
(4)安全事故事件分享、档案建立及管理。

4.14.3 吸取本企业和其他同类企业安全事故及事件教训情况。

4.14.4 将承包商在本企业发生的安全事故纳入本企业安全事故管理情况。

5 安全风险隐患闭环管理

5.1 安全风险隐患管控与治理

5.1.1 对排查发现的安全风险隐患,应当立即组织整改,并如实记录安全风险隐患排查治理情况,建立安全风险隐患排查治理台账,及时向员工通报。

5.1.2 对排查发现的重大事故隐患,应及时向本企业主要负责人报告;主要负责人不及时处理的,可以向主管的负有安全生产监督管理职责的部门报告。

5.1.3 对于不能立即完成整改的隐患,应进行安全风险分析,并应从工程控制、安全管理、个体防护、应急处置及培训教育等方面采取有效的管控措施,防止安全事故的发生。

5.1.4 利用信息化手段实现风险隐患排查闭环管理的全程留痕,形成排查治理全过程记录信息数据库。

5.2 安全风险隐患上报

5.2.1 企业应依法向属地应急管理部门或相关部门上报安全风险隐患管控与整改情况、存在的重大事故隐患及事故隐患排查治理长效机制的建立情况。

5.2.2 重大事故隐患的报告内容至少包括:
(1)现状及其产生原因;
(2)危害程度分析;
(3)治理方案及治理前保证安全的管控措施。

6 特殊条款

6.1 依据《化工和危险化学品生产经营单位重大生产安全事故隐患判定标准(试行)》,企业存在重大隐患的,必须立即排除,排除前或排除过程中无法保证安全的,属地应急管理部门应依法责令暂时停产停业或者停止使用相关设施、设备。

6.2 企业存在以下情况的,属地应急管理部门应依法暂扣或吊销安全生产许可证:
(1)主要负责人、分管安全负责人和安全生产管理人员未依法取得安全合格证书。
(2)涉及危险化工工艺的特种作业人员未取得特种作业操作证、未取得高中或者相当于高中及以上学历。
(3)在役化工装置未经具有资质的单位设计且未通过安全设计诊断。
(4)外部安全防护距离不符合国家标准要求、存在重大外溢风险。
(5)涉及"两重点一重大"装置或储存设施的自动化控制设施不符合《危险化学品重大危险源监督管理暂行规定》(国家安全监管总局令第40号)等国家要求。
(6)化工装置、危险化学品设施"带病"运行。

附录 定义和术语

下列定义和术语适用于本导则。

1 两重点一重大

重点监管的危险化学品,重点监管的危险化工工艺,危险化学品重大危险源。

2 三查四定

在项目建设中,交工前要经历的一个过程,"三查"主要指"查设计漏项、查工程质量及事故隐患、查未完工程量","四定"指对检查出来的问题"定任务、定人员、定时间、定措施,限期完成"。

3 危险作业

操作过程安全风险较大,容易发生人身伤亡或设备损坏,安全事故后果严重,需要采取特别控制措施的作业。一般包括:

(1)《化学品生产单位特殊作业安全规范》(GB 30871)规定的动火、进入受限空间、盲板抽堵、高处作业、吊装、临时用电、动土、断路等特殊作业;

(2)储罐切水、液化烃充装等危险性较大的作业;

(3)安全风险较大的设备检维修作业。

附件

安全风险隐患排查表

1 安全基础管理安全风险隐患排查表

序号	排查内容	排查依据
	(一)安全领导能力	
1	1.主要负责人应组织制定符合本企业实际的安全生产方针和年度安全生产目标; 2.安全生产目标应满足: (1)形成文件,并得到所有从业人员的贯彻和实施; (2)符合或严于相关法律法规的要求; (3)根据安全生产目标制定量化的安全生产工作指标	《国家安全监管总局关于印发危险化学品从业单位安全生产标准化评审标准的通知》(安监总管三〔2011〕93号)中评审标准2.1
2	1.应将年度安全生产目标分解到各级组织(包括各个管理部门、车间、班组),逐级签订安全生产目标责任书; 2.企业及各个管理部门、车间应制定切实可行的年度安全生产工作计划; 3.应定期考核安全生产目标完成情况	《国家安全监管总局关于印发危险化学品从业单位安全生产标准化评审标准的通知》(安监总管三〔2011〕93号)中评审标准2.1
3	企业应建立安全风险研判与承诺公告制度,董事长或总经理等主要负责人应每天作出安全承诺并向社会公告	《应急管理部关于全面实施危险化学品企业安全风险研判与承诺公告制度的通知》(应急〔2018〕74号)

（续）

序号	排查内容	排查依据
4	企业主要负责人应严格履行其法定的安全生产职责： 1.建立、健全本单位安全生产责任制； 2.组织制定本单位安全生产规章制度和操作规程； 3.组织制定并实施本单位安全生产教育和培训计划； 4.保证本单位安全生产投入的有效实施； 5.督促、检查本单位的安全生产工作，及时消除安全事故隐患； 6.组织制定并实施本单位的生产安全事故应急救援预案； 7.及时、如实报告生产安全事故	《安全生产法》第十八条
5	企业负责人应每季度至少参加1次班组安全活动，车间负责人及其管理人员每月至少参加2次班组安全活动，并在班组安全活动记录上签字	《国家安全监管总局关于印发危险化学品从业单位安全生产标准化评审标准的通知》（安监总管三〔2011〕93号）中评审标准5.6
6	企业应制定领导干部带班制度并严格落实，主要负责人应参加领导干部带班，其他分管负责人要轮流带班；生产车间也要建立由管理人员参加的车间值班制度并严格落实	《国家安全监管总局工业和信息化部关于危险化学品企业贯彻落实〈国务院关于进一步加强企业安全生产工作的通知〉的实施意见》（安监总管三〔2010〕186号）
7	企业厂级、车间级负责人应参与安全风险辨识评价工作	《国家安全监管总局关于印发危险化学品从业单位安全生产标准化评审标准的通知》（安监总管三〔2011〕93号）中评审标准3.2
8	企业主要负责人和各级管理人员应按安全生产责任制要求履行在岗在位在职责	
9	企业应由相应级别的负责人组织并参加综合性或专业性安全风险隐患排查及治理工作	《国家安全监管总局关于印发危险化学品从业单位安全生产标准化评审标准的通知》（安监总管三〔2011〕93号）中评审标准11.2
10	企业应建立安全生产管理体系，并通过体系评审、持续改进等措施保证有效运行	
11	企业主要负责人应制定月度个人安全行动计划，并对安全行动计划履行情况进行考核	

(续)

序号	排查内容	排查依据
12	企业主要负责人应学习、贯彻落实国家安全生产法律法规,听取安全生产工作情况汇报,了解安全生产状况,研究重大问题,并督促落实情况	《国家安全监管总局关于印发危险化学品从业单位安全生产标准化评审标准的通知》(安监总管三〔2011〕93号)中评审标准2.3
13	企业分管安全负责人、分管生产负责人、分管技术负责人应当具有一定的化工专业知识或者相应的专业学历	《危险化学品生产企业安全生产许可证实施办法》(国家安全监管总局令第41号)第十六条
14	1.企业应当依法设置安全生产管理机构或配备专职安全生产管理人员; 2.专职安全生产管理人员应不少于企业员工总数的2%(不足50人的企业至少配备1人),要具备化工或安全管理相关专业中专以上学历,有从事化工生产相关工作2年以上经历; 3.从业人员300人以上的企业,应当按照不少于安全生产管理人员15%的比例配备注册安全工程师;安全生产管理人员在7人以下的,至少配备1名注册安全工程师	《安全生产法》第二十一条 《国家安全监管总局关于危险化学品企业贯彻落实国务院关于进一步加强企业安全生产工作的通知的实施意见》(安监总管三〔2010〕186号)第一章第三条 《注册安全工程师管理规定》(国家安全监管总局令第11号)第六条
15	1.企业应建立和落实安全生产费用管理制度,足额提取安全生产费用,专项用于安全生产; 2.企业应合理使用安全生产费用;建立安全生产费用台账,载明安全生产费用使用情况	《企业安全生产费用提取和使用管理办法》(财企〔2012〕16号)
16	企业应依法参加工伤保险和安全生产责任保险,为员工缴纳保险费	《中共中央 国务院关于推进安全生产领域改革发展的意见》(中发〔2016〕32号)第二十九条
17	企业应建立反"三违"(违章指挥、违章作业、违反劳动纪律)机制,对"三违"行为进行检查处置	
18	企业应建立异常工况下应急处理的授权决策机制	
19	企业危险化学品特种作业人员应具备高中或者相当于高中及以上文化程度,能力应满足安全生产要求	《特种作业人员安全技术培训考核管理规定》(国家安全监管总局令第30号)第四条
(二)安全生产责任制		
1	**企业应建立健全全员安全生产责任制:** 1.应明确各级管理部门及基层单位的安全生产责任和考核标准; 2.应明确主要负责人、各级管理人员、一线从业人员(含劳务派遣人员、实习学生等)等所有岗位人员的安全生产责任和考核标准	《国务院安委会办公室关于全面加强企业全员安全生产责任制工作的通知》(安委办〔2017〕29号)第三条 《国家安全监管总局关于印发危险化学品从业单位安全生产标准化评审标准的通知》(安监总管三〔2011〕93号)评审标准2.3

(续)

序号	排查内容	排查依据
2	企业应将全员安全生产责任制教育培训工作纳入安全生产年度培训计划,对所有岗位从业人员(含劳务派遣人员、实习学生等)进行安全生产责任制教育培训,如实记录相关教育培训情况等	《国务院安委会办公室关于全面加强企业全员安全生产责任制工作的通知》(安委办〔2017〕29号)第五、七条
3	企业应建立健全安全生产责任制管理考核制度,对全员安全生产责任制落实情况进行考核管理	《安全生产法》第十九条《关于全面加强企业全员安全生产责任制工作的通知》(安委办〔2017〕29号)第六条
4	当国家安全生产法律法规发生变化或企业生产经营发生重大变化时,应及时修订安全生产责任制	《国家安全监管总局关于印发危险化学品从业单位安全生产标准化评审标准的通知》(安监总管三〔2011〕93号)评审标准4.3
(三)安全教育和岗位操作技能培训		
1	企业应当按照安全生产法和有关法律、行政法规要求,建立健全安全教育培训制度	《生产经营单位安全培训规定》(国家安全监管总局令第3号)第三条
2	企业应根据培训需求调查编制年度安全教育培训计划,并按计划实施	《国家安全监管总局关于印发危险化学品从业单位安全生产标准化评审标准的通知》(安监总管三〔2011〕93号)评审标准5.1
3	企业应当建立健全从业人员安全生产教育和培训档案,详细、准确记录培训的时间、内容、参加人员以及考核结果等情况	《生产经营单位安全培训规定》(国家安全监管总局令第3号)第二十二条
4	企业应对培训教育效果进行评估和改进	《国家安全监管总局关于印发危险化学品从业单位安全生产标准化评审标准的通知》(安监总管三〔2011〕93号)评审标准5.1
5	1.**企业主要负责人和安全生产管理人员,应当由主管的负有安全生产监督管理职责的部门对其安全生产知识和管理能力考核合格;** 2.企业主要负责人和安全生产管理人员应接受每年再培训	《安全生产法》第二十四条《生产经营单位安全培训规定》(国家安全监管总局令第3号)第九条
6	业应对新从业人员(包括临时工、合同工、劳务工、轮换工、协议工、实习人员等)进行厂、车间(工段、区、队)、班组三级安全培训教育,考核合格后上岗	《生产经营单位安全培训规定》(国家安全监管总局令第3号)第十一、十二条
7	新从业人员的三级安全培训教育的内容应符合《生产经营单位安全培训规定》(国家安全监管总局令第3号)要求	《生产经营单位安全培训规定》(国家安全监管总局令第3号)第十四、十五、十六条

(续)

序号	排查内容	排查依据
8	企业新从业人员安全培训时间不得少于72学时;从业人员每年应接受再培训,再培训时间不得少于20学时	《生产经营单位安全培训规定》(国家安全监管总局令第3号)第十五条
9	从业人员在本企业内调整工作岗位或离岗一年以上重新上岗时,应当重新接受车间(工段、区、队)和班组级的安全培训	《生产经营单位安全培训规定》(国家安全监管总局令第3号)第十九条
10	1.特种作业人员必须经专门的安全技术培训并考核合格,取得特种作业操作证后,方可上岗作业; 2.特种作业操作证应定期复审	《特种作业人员安全技术培训考核管理规定》(国家安全监管总局令第30号)第五、二十条
11	当工艺技术、设备设施等发生改变时,要及时对相关岗位操作人员进行有针对性的再培训	《关于加强化工过程安全管理的指导意见》(安监总管三〔2013〕88号)第十二条
12	采用新工艺、新技术、新材料或使用新设备前,应对从业人员进行专门的安全生产教育和培训,经考核合格后,方可上岗	《安全生产法》第二十六条
13	企业应对相关方入厂人员进行有关安全规定及安全注意事项的培训教育	《国家安全监管总局关于印发危险化学品从业单位安全生产标准化评审标准的通知》(安监总管三〔2011〕93号)评审标准5.5
(四)安全生产信息管理		
1	企业应制定安全生产信息管理制度,明确安全生产信息收集、整理、保存、利用、更新、培训等环节管理要求,明确安全生产信息管理主责部门、各环节管理责任部门	《关于加强化工过程安全管理的指导意见》(安监总管三〔2013〕88号)第四条
2	化学品危险性信息、工艺技术信息、设备设施信息、行业经验、事故教训等安全生产信息内容应符合AQ/T 3034有关要求	《化工企业工艺安全管理实施导则》(AQ/T 3034)
3	企业应按职责分工,由责任部门收集、整理、保存各类安全生产信息	《关于加强化工过程安全管理的指导意见》(安监总管三〔2013〕88号)第二条
4	1.利用信息系统实现对安全生产信息的自动保存,实现可查可用,并便于检索、查阅,相关人员可及时、方便的获取相关信息; 2.安全生产信息可为单独的文件,也可以包含在其他文件、资料中	《关于加强化工过程安全管理的指导意见》(安监总管三〔2013〕88号)第二条

(续)

序号	排查内容	排查依据
5	企业应综合分析收集到的各类信息,明确提出生产过程安全要求和注意事项,并转化到安全风险分析、事故调查和编制生产管理制度、操作规程、员工安全教育培训手册、应急处置预案、工艺卡片和技术手册、化学品间的安全相容矩阵表等资料中	《关于加强化工过程安全管理的指导意见》(安监总管三〔2013〕88号)第三条
6	企业应及时获取或编制危险化学品安全技术说明书和安全标签	《危险化学品安全管理条例》(国务院令第591号)第十五条
7	企业应及时收集、更新安全生产信息,以确保信息正确、完整,并保证相关人员能够及时获取最新安全生产信息	《关于加强化工过程安全管理的指导意见》(安监总管三〔2013〕88号)第四条
8	企业应对相关岗位人员进行安全生产信息培训,以掌握本岗位有关的安全生产信息	《国家安全监管总局关于印发危险化学品从业单位安全生产标准化评审标准的通知》(安监总管三〔2011〕93号)评审标准6.4
9	企业应建立识别和获取适用的安全生产法律法规、标准及政府其他有关要求的管理制度,明确责任部门、识别、获取、评价等要求	《国家安全监管总局关于印发危险化学品从业单位安全生产标准化评审标准的通知》(安监总管三〔2011〕93号)评审标准1.1
10	企业应及时识别和获取适用的安全生产法律法规和标准及政府其他有关要求,形成清单和文本数据库,并定期更新	《国家安全监管总局关于印发危险化学品从业单位安全生产标准化评审标准的通知》(安监总管三〔2011〕93号)评审标准1.1
11	企业应定期对适用的安全生产法律、法规、标准及其他有关要求的执行情况进行符合性评价,编制符合性评价报告;对评价出的不符合项进行原因分析,制定整改计划和措施并落实	《国家安全监管总局关于印发危险化学品从业单位安全生产标准化评审标准的通知》(安监总管三〔2011〕93号)评审标准1.2
(五)安全风险管理		
1	企业应制定安全风险管理制度,明确安全风险评价的目的、范围、频次、准则、方法、工作程序等,明确各部门及有关人员在开展安全风险评价过程中的职责和任务	《关于加强化工过程安全管理的指导意见》(安监总管三〔2013〕88号)第五条

(续)

序号	排查内容	排查依据
2	1.企业应依据以下内容制定安全风险评价准则： (1)有关安全生产法律、法规； (2)设计规范、技术标准； (3)企业的安全管理标准、技术标准； (4)企业的安全生产方针和目标等。 2.评价准则应包括事件发生可能性、严重性的取值标准以及安全风险等级的评定标准； 3.安全风险可接受水平最低应满足 GB 36894 要求	《关于加强化工过程安全管理的指导意见》（安监总管三〔2013〕88 号）第五条 《国家安全监管总局关于印发危险化学品从业单位安全生产标准化评审标准的通知》（安监总管三〔2011〕93 号）评审标准 3.1
3	企业应对生产全过程及建设项目的全生命周期开展安全风险辨识，辨识范围应包括： (1)建设项目规划、设计和建设、投产、运行等阶段； (2)常规和非常规活动； (3)所有进入作业场所人员的活动； (4)安全事故及潜在的紧急情况； (5)原材料、产品的装卸和使用过程； (6)作业场所的设施、设备、车辆、安全防护用品； (7)丢弃、废弃、拆除与处置； (8)周围环境； (9)气候、地震及其他自然灾害	《关于加强化工过程安全管理的指导意见》（安监总管三〔2013〕88 号）第五条 《危险化学品从业单位安全生产标准化通用规范》（AQ 3013—2008）第 5.2.1.2 条
4	企业安全风险辨识分析内容应重点关注如下方面： (1)对涉及"两重点一重大"生产、储存装置定期运用 HAZOP 方法开展安全风险辨识； (2)对设备设施、作业活动、作业环境进行安全风险辨识； (3)当管理机构、人员构成、生产装置等发生重大变化或发生安全事故时，及时进行安全风险辨识分析； (4)对控制安全风险的工程、技术、管理措施及其失效后可能引起的后果进行分析	《关于加强化工过程安全管理的指导意见》（安监总管三〔2013〕88 号）第六条 《危险与可操作性分析质量控制与审查导则》（T/CCSAS 001—2018）
5	企业应对厂区内人员密集场所及可能存在的较大风险进行排查： (1)试生产投料期间，区域内不得有施工作业； (2)涉及硝化、加氢、氟化、氯化等重点监管化工工艺及其他反应工艺危险度 2 级及以上的生产车间（区域），同一时间现场操作人员控制在 3 人以下； (3)系统性检修时，同一作业平台或同一受限空间内不得超过 9 人； (4)装置出现泄漏等异常状况时，严格控制现场人员数量	

(续)

序号	排查内容	排查依据
6	企业应对可能存在安全风险外溢的场所及装置进行分析识别,并采取相应预警措施	
7	企业应对辨识出的安全风险依据安全风险评价准则确定安全风险等级,并从技术、组织、制度、应急等方面对安全风险进行有效管控	《国务院安委会办公室关于实施遏制重特大事故工作指南构建双重预防机制的意见》(安委办〔2016〕11号)
8	企业应对安全风险管控措施的有效性实施监控情况进行巡查,发现措施失效后应及时处置	
9	企业应建立不可接受安全风险清单,对不可接受安全风险要及时制定并落实消除、减小或控制安全风险的措施,将安全风险控制在可接受的范围	《关于加强化工过程安全管理的指导意见》(安监总管三〔2013〕88号)第七条
10	企业应对涉及"两重点一重大"的生产、储存装置每3年运用HAZOP分析法进行一次安全风险辨识分析,编制HAZOP分析报告	《关于加强化工过程安全管理的指导意见》(安监总管三〔2013〕88号)第五条《危险与可操作性分析质量控制与审查导则》(T/CCSAS 001—2018)
11	企业应在法律法规、标准规范或企业管理机构、人员构成、生产装置等发生重大变化或发生安全事故时,及时进行安全风险辨识分析	《关于加强化工过程安全管理的指导意见》(安监总管三〔2013〕88号)第五条
12	企业应全员参与安全风险辨识评价和管控工作	《危险化学品从业单位安全生产标准化通用规范》(AQ 3013—2008)第5.2.2.2条
13	企业应将安全风险评价的结果及所采取的管控措施对从业人员进行培训,使其熟悉工作岗位和作业环境中存在的危险、有害因素,掌握、落实应采取的管控措施	《危险化学品从业单位安全生产标准化通用规范》(AQ 3013—2008)第5.2.3.2条
14	**企业应当建立健全生产安全事故隐患排查治理制度,明确各种事故隐患排查的形式、内容、频次、组织与参加人员、事故隐患治理、上报及其他有关要求**	《安全生产法》第三十八条
15	企业应编制综合性、专业、重要时段和节假日、季节性和日常事故隐患排查表	《危险化学品从业单位安全生产标准化通用规范》(AQ 3013—2008)第5.10.1条
16	企业应制定事故隐患检查计划,明确各种排查的目的、要求、内容和负责人,并按计划开展各种事故隐患排查工作	《危险化学品从业单位安全生产标准化通用规范》(AQ 3013—2008)第5.10.1条
17	企业应对排查出的事故隐患下达隐患治理通知,立即组织整改,并建立事故隐患治理台账	《危险化学品从业单位安全生产标准化通用规范》(AQ 3013—2008)

（续）

序号	排查内容	排查依据
18	1.对于重大事故隐患，企业应由主要负责人组织制定并实施治理方案； 2.企业应编制重大事故隐患报告，及时向应急管理部门和有关部门报告	《安全生产事故隐患排查治理暂行规定》（国家安全监管总局令第16号）第十四、十五条
（六）变更管理		
1	企业应建立变更管理制度，明确不同部门的变更管理职责及变更的类型、范围、程序，明确变更的事项、起始时间、可能带来的安全风险、消除和控制安全风险的措施、修改操作规程等安全生产信息、开展变更相关的培训等	《关于加强化工过程安全管理的指导意见》（安监总管三〔2013〕88号）第二十二条
2	企业应对工艺、设备、仪表、电气、公用工程、备件、材料、化学品、生产组织方式和人员等方面发生的所有变更进行规范管理	《关于加强化工过程安全管理的指导意见》（安监总管三〔2013〕88号）第二十二条
3	企业的所有变更应严格履行申请、审批、实施、验收程序	《关于加强化工过程安全管理的指导意见》（安监总管三〔2013〕88号）第二十四条
4	企业应对每项变更在实施后可能产生的安全风险进行全面的分析，制定并落实安全风险管控措施	《关于加强化工过程安全管理的指导意见》（安监总管三〔2013〕88号）第二十二条
5	变更后企业应对相关规程、图纸资料等安全生产信息进行更新，并对相关人员进行培训，以掌握变更内容、安全生产信息更新情况、变更后可能产生的安全风险及采取的管控措施	《关于加强化工过程安全管理的指导意见》（安监总管三〔2013〕88号）第二十三、二十四条
6	企业应建立健全变更管理档案	《关于加强化工过程安全管理的指导意见》（安监总管三〔2013〕88号）第二十二条
（七）作业安全管理		
1	1.企业应建立并不断完善危险作业许可制度，规范动火、进入受限空间、动土、临时用电、高处作业、断路、吊装、抽堵盲板等特殊作业的安全条件和审批程序； 2.实施特殊作业前，必须办理审批手续	《关于加强化工过程安全管理的指导意见》（安监总管三〔2013〕88号）第十八条
2	1.特殊作业票证内容设置应符合GB 30871要求； 2.作业票证审批程序、填写应规范（包括作业证的时限、气体分析、作业风险分析、安全措施、各级审批、验收签字、关联作业票证办理等）	《化学品生产单位特殊作业安全规范》（GB 30871—2014）

(续)

序号	排查内容	排查依据
3	实施特殊作业前,必须进行安全风险分析、确认安全条件,确保作业人员了解作业安全风险和掌握风险控制措施	《关于加强化工过程安全管理的指导意见》(安监总管三〔2013〕88号)第十九条
4	特殊作业现场管理应规范: 1.作业人员应持作业票证作业,劳动防护用品佩戴符合要求,无违章行为; 2.监护人员应坚守岗位,持作业票证监护; 3.作业过程中,管理人员要进行现场监督检查; 4.现场的设备、工器具应符合要求,设置警戒线与警示标志,配备消防设施与应急用品、器材等	《化学品生产单位特殊作业安全规范》(GB 30871—2014)
5	特殊作业现场监护人员应熟悉作业范围内的工艺、设备和物料状态,具备应急救援和处置能力	《关于加强化工过程安全管理的指导意见》(安监总管三〔2013〕88号)第十九条
6	储罐切水作业、液化烃充装作业、安全风险较大的设备检维修等危险作业应制定相应的作业程序,作业时应严格执行作业程序	《化工(危险化学品)企业保障生产安全十条规定》和《油气罐区防火防爆十条规定》的通知(安监总政法〔2017〕15号)
(八)承包商管理		
1	企业应建立承包商管理制度,明确承包商资格预审、选择、安全培训、作业过程监督、表现评价、续用等要求	《关于加强化工过程安全管理的指导意见》(安监总管三〔2013〕88号)第二十条
2	企业应按制度要求开展承包商资格预审、选择、表现评价、续用等过程管理	《关于加强化工过程安全管理的指导意见》(安监总管三〔2013〕88号)第二十条
3	企业应与承包商签订专门的安全管理协议,明确双方安全管理范围与责任	《关于加强化工过程安全管理的指导意见》(安监总管三〔2013〕88号)第二十一条
4	1.企业应对承包商的所有人员进行入厂安全培训教育,经考核合格发放入厂证,禁止未经安全培训教育合格的承包商作业人员入厂; 2.进入作业现场前,作业现场所在基层单位应对承包商人员进行安全培训教育和现场安全交底; 3.保存承包商安全培训教育、现场安全交底记录	《关于加强化工过程安全管理的指导意见》(安监总管三〔2013〕88号)第二十、二十一条
5	企业应对承包商重点施工项目的安全作业规程、施工方案进行审查	《关于加强化工过程安全管理的指导意见》(安监总管三〔2013〕88号)第二十一条

(续)

序号	排查内容	排查依据
6	企业应对承包商作业进行全程安全监督	《关于加强化工过程安全管理的指导意见》（安监总管三〔2013〕88号）第二十一条
(九)安全事故事件管理		
1	1.企业应建立安全事故事件管理制度,明确安全事故事件的报告、调查和防范措施制定等要求; 2.企业应将涉险事故、未遂事故等安全事件（如生产事故征兆、非计划停工、异常工况、泄漏、轻伤等）纳入安全事故事件管理; 3.应将承包商在企业内发生的事故事件纳入本企业的安全事故事件管理	《关于加强化工过程安全管理的指导意见》（安监总管三〔2013〕88号）第二十七条
2	企业应收集同类企业安全事故及事件的信息,吸取教训,开展员工培训	《关于加强化工过程安全管理的指导意见》（安监总管三〔2013〕88号）第二十八条
3	企业应建立安全事故事件管理档案	《关于加强化工过程安全管理的指导意见》（安监总管三〔2013〕88号）第二十条
4	1.企业应深入调查分析安全事件,找出发生的根本原因; 2.应制定有针对性和可操作性的整改、预防措施; 3.措施应及时落实	《关于加强化工过程安全管理的指导意见》（安监总管三〔2013〕88号）第二十七条
5	企业应建立涉险事故、未遂事故等安全事件报告激励机制	《关于加强化工过程安全管理的指导意见》（安监总管三〔2013〕88号）第二十七条
6	企业应重视外部安全事故信息收集工作,认真吸取同类企业、装置的教训,提高安全意识和防范事故能力	《关于加强化工过程安全管理的指导意见》（安监总管三〔2013〕88号）第二十八条

2 设计与总图安全风险隐患排查表

序号	排查内容	排查依据
(一)设计管理		
1	企业应委托具备国家规定资质等级的设计单位承担建设项目工程设计。涉及"两重点一重大"的大型建设项目,其设计单位资质应为工程设计综合资质或相应工程设计化工石化医药、石油天然气（海洋石油）行业、专业甲级资质	《关于进一步加强危险化学品建设项目安全设计管理的通知》（安监总管三〔2013〕76号）

(续)

序号	排查内容	排查依据
2	建设项目应经过正规设计或开展安全设计诊断	《关于开展提升危险化学品领域本质安全水平专项行动的通知》(安监总管三〔2012〕87号)
3	在规划设计工厂的选址、设备布置时,应按照GB/T 37243要求开展外部安全防护距离评估核算;外部安全防护距离应满足根据GB 36894确定的个人风险基准的要求	《危险化学品生产装置和储存设施外部安全防护距离》(GB/T 37243—2019)《危险化学品生产装置和储存设施风险基准》(GB 36894—2018)
4	涉及有毒气体或易燃气体,且其构成危险化学品重大危险源的库房应按GB/T 37243的规定,采用定量风险评价法计算外部安全防护距离,定量风险评价法计算时应采用可能储存的危险化学品最大量计算外部安全防护距离	《危险化学品经营企业安全技术基本要求》(GB 18265—2019)第4.1.4条
5	企业应在建设项目基础设计阶段组织开展危险与可操作性(HAZOP)分析,形成分析报告	《关于进一步加强危险化学品建设项目安全设计管理的通知》(安监总管三〔2013〕76号)《危险与可操作性分析质量控制与审查导则》(T/CCSAS 001—2018)
6	1.新建化工装置应设计装备自动化控制系统,并根据工艺过程危险和风险分析结果、安全完整性等级评价(SIL)结果,设置安全仪表系统; 2.涉及重点监管危险化工工艺的大、中型新建建设项目要按照GB/T 21109和GB 50770等相关标准开展安全仪表系统设计	《关于进一步加强危险化学品建设项目安全设计管理的通知》(安监总管三〔2013〕76号)
7	1.涉及精细化工的建设项目,在编制可行性研究报告或项目建议书前,应按规定开展反应安全风险评估; 2.国内首次采用的化工工艺,要通过省级有关部门组织专家组进行安全论证	《国家安全监管总局关于加强精细化工反应安全风险评估工作的指导意见》(安监总管三〔2017〕1号)第二、四条 《关于危险化学品企业贯彻落实〔国务院关于进一步加强企业安全生产工作的通知〕的实施意见》(安监总管三〔2010〕186号)第九条
8	企业在建设项目详细设计和施工安装阶段,发生以下重大变更的,设计单位应按管理程序重新报批: 1.改变安全设施设计且可能降低安全性能的; 2.在施工期间重新设计的	《危险化学品建设项目安全监督管理办法》(国家安全监管总局令第45号)第二十条

(续)

序号	排查内容	排查依据
	(二)总图布局	
1	企业应对在役装置按照相关要求开展外部安全防护距离评估	《危险化学品生产装置和储存设施外部安全防护距离》(GB/T 37243—2019)
2	企业总图布置应根据工厂的性质、规模、生产流程、交通运输、环境保护、防火、安全、卫生、施工、检修、生产、经营管理、厂容厂貌及发展等要求,并结合当地自然条件进行布置,符合 GB 50489 要求	《化工企业总图运输设计规范》(GB 50489—2009)
3	化工企业与相邻工厂或设施的防火间距不应小于 GB 50160 规定	《石油化工企业设计防火标准(2018版)》(GB 50160—2008)第 4.1.9 条
4	化工企业与同类企业及油库的防火间距不应小于 GB 50160 规定	《石油化工企业设计防火标准(2018版)》(GB 50160—2008)第 4.1.10 条
5	液化烃罐组与电压等级 330 kV~1 000 kV 的架空电力线路的防火间距不应小于 100 m。单罐容积大于等于 50 000 m^3 的甲、乙类液体储罐与居民区、公共福利设施、村庄的防火间距不应小于 120 m	《石油化工企业设计防火标准(2018版)》(GB 50160—2008)第 4.1.9 条
6	企业内部设施之间防火间距应符合相关规范要求	《石油化工企业设计防火标准(2018版)》(GB 50160—2008) 《建筑设计防火规范(2018年版)》(GB 50016—2014) 《石油库设计规范》(GB 50074—2014)
7	企业控制室或机柜间与装置的防火间距应满足 GB 50160 要求;**控制室面向具有火灾、爆炸危险性装置一侧不应有门窗、孔洞,并应满足防火防爆要求**	《石油化工企业设计防火标准(2018版)》(GB 50160—2008)第 5.2.16、5.2.17、5.2.18 条《石油化工控制室抗爆设计规范》(GB 50779—2012)第 4.1.4 条
8	火炬与其他设施的防火间距不应小于 GB 50160 规定	《石油化工企业设计防火标准(2018版)》(GB 50160—2008)第 4.2.12 条
9	液化烃、可燃液体的铁路装卸线不得兼作走行线	《石油化工企业设计防火标准(2018版)》(GB 50160—2008)第 4.4.6 条
10	联合装置视同一个装置,其设备、建筑物的防火间距应按相邻设备、建筑物的防火间距确定,其防火间距应符合 GB 50160 规定	《石油化工企业设计防火标准(2018版)》(GB 50160—2008)第 5.2.9 条
11	污水处理场内的设备、建(构)筑物平面布置防火间距不应小于 GB 50160 规定	《石油化工企业设计防火标准(2018版)》(GB 50160—2008)第 5.4.3 条

(续)

序号	排查内容	排查依据
12	变、配电站不应设置在甲、乙类厂房内或贴邻,且不应设置在爆炸性气体、粉尘环境的危险区域内。供甲、乙类厂房专用的 10 kV 及以下的变、配电站,当采用无门、窗、洞口的防火墙分隔时,可一面贴邻,并应符合现行 GB 50058 等标准规定	《建筑设计防火规范(2018年版)》(GB 50016—2014)第 3.3.8 条
13	空分装置的布置,应符合下列规定: 1. 布置在空气洁净,并靠近氮气、氧气最大用户处; 2. 与全厂的布置统一协调,并留有扩建的可能; 3. 避免靠近爆炸性、腐蚀性和有毒气体以及粉尘等有害物场所,并应考虑周围企业(或装置)改建或扩建时对空分装置安全带来的影响	《石油化工企业空分制氧、氮气系统设计规范》(SH/T 3106—2009)第 3.1 条
14	空分装置吸风口的设置,应符合 SH/T 3106 要求	《石油化工企业空分制氧、氮气系统设计规范》(SH/T 3106—2009)第 3.3 条
15	厂房之间及与乙、丙、丁、戊类仓库、民用建筑等的防火间距不应小于 GB 50016 规定,与甲类仓库的防火间距应符合 GB 50016 规定	《建筑设计防火规范(2018年版)》(GB 50016—2014)第 3.4.1、3.5.1 条
16	**光气、氯气等剧毒气体及含硫化氢管道不应穿越除厂区(包括化工园区、工业园区)外的公共区域**	《化工和危险化学品生产经营单位重大生产安全事故隐患判定标准(试行)》(安监总管三〔2017〕121号)
17	**地区输油(输气)管道不应穿越厂区**	《石油化工企业设计防火标准(2018版)》(GB 50160—2008)第 4.1.8 条
18	**地区架空电力线路不得穿越生产区**	《石油化工企业设计防火标准(2018版)》(GB 50160—2008)第 4.1.6 条

3 试生产管理安全风险隐患排查表

序号	排查内容	排查依据
1	企业应建立建设项目试生产的组织管理机构,明确试生产安全管理范围,合理界定建设项目建设单位、总承包商、设计单位、监理单位、施工单位等相关方的安全管理范围与职责	《关于加强化工过程安全管理的指导意见》(安监总管三〔2013〕88号)第十四条
2	建设项目试生产前,企业或总承包商应组织开展"三查四定"(查设计漏项、查工程质量及隐患、查未完工程量;对检查出来的问题定任务、定人员、定时间、定措施,限期完成)工作,并对查出的问题落实责任进行整改完善	《关于加强化工过程安全管理的指导意见》(安监总管三〔2013〕88号)第十五条

(续)

序号	排查内容	排查依据
3	**企业或总承包商应编制总体试生产方案和专项试车方案**,明确试生产条件,并对相关参与人员进行方案交底并严格执行	《关于加强化工过程安全管理的指导意见》(安监总管三〔2013〕88号)第十四条
4	设计、施工、监理等参建单位应对建设项目试生产方案及试生产条件提出审查意见。对采用专利技术的装置,试生产方案应经专利供应商现场人员书面确认	《关于加强化工过程安全管理的指导意见》(安监总管三〔2013〕88号)第十四条
5	企业或总承包商应编制建设项目联动试车方案、投料试车方案、异常工况处置方案等	《关于加强化工过程安全管理的指导意见》(安监总管三〔2013〕88号)第十四条
6	建设项目试生产前,企业或总承包商应完成各项生产技术资料、岗位记录表和技术台账(包括工艺流程图、操作规程、工艺卡片、工艺和安全技术规程、安全事故应急预案、化验分析规程、主要设备运行操作规程、电气运行规程、仪表及计算机运行规程、联锁值整定记录等)的编制工作	《关于加强化工过程安全管理的指导意见》(安监总管三〔2013〕88号)第十四条
7	试生产前企业应对所有参加试车人员进行培训	《关于加强化工过程安全管理的指导意见》(安监总管三〔2013〕88号)第十五条
8	企业应编制系统吹扫冲洗方案,落实责任人员	《关于加强化工过程安全管理的指导意见》(安监总管三〔2013〕88号)第十五条
9	在系统吹扫冲洗前,应在排放口设置警戒区,拆除易被吹扫冲洗损坏的所有部件,确认吹扫冲洗流程、介质及压力。蒸汽吹扫时,要落实防止人员烫伤的防护措施	《关于加强化工过程安全管理的指导意见》(安监总管三〔2013〕88号)第十五条
10	企业应编制气密试验方案。要确保气密试验方案全覆盖、无遗漏,明确各系统气密的最高压力等级	《关于加强化工过程安全管理的指导意见》(安监总管三〔2013〕88号)第十五条
11	气密试验时前应用盲板将气密试验系统与其他系统隔离,严禁超压	《关于加强化工过程安全管理的指导意见》(安监总管三〔2013〕88号)第十五条
12	高压系统气密试验前,应分成若干等级压力,逐级进行气密试验。真空系统进行真空试验前,应先完成气密试验	《关于加强化工过程安全管理的指导意见》(安监总管三〔2013〕88号)第十五条

（续）

序号	排查内容	排查依据
13	气密试验时,要安排专人检查,发现问题,及时处理;做好气密检查记录	《关于加强化工过程安全管理的指导意见》(安监总管三〔2013〕88号)第十五条
14	企业应开展开车前安全条件审查,确认检查清单中所要求完成的检查项,将必改项和遗留项的整改进度以文件化的形式报告给相关人员	《关于加强化工过程安全管理的指导意见》(安监总管三〔2013〕88号)第十五条
15	开车前安全条件审查后,应将相关文件归档,编写审查报告并对其完整性进行审核评估	
16	企业应建立单机试车安全管理程序。单机试车前,应编制试车方案、操作规程,并经各专业确认	《关于加强化工过程安全管理的指导意见》(安监总管三〔2013〕88号)第十五条
17	单机试车过程中,应安排专人操作、监护、记录,发现异常立即处理。对专利设备或关键设备应由供应商负责调试	《关于加强化工过程安全管理的指导意见》(安监总管三〔2013〕88号)第十五条
18	单机试车结束后,建设单位应组织设计、施工、监理及制造商等方面人员签字确认并填写试车记录	《关于加强化工过程安全管理的指导意见》(安监总管三〔2013〕88号)第十五条
19	企业应建立联动试车安全管理程序,明确负责统一指挥的协调人员	《关于加强化工过程安全管理的指导意见》(安监总管三〔2013〕88号)第十五条
20	联动试车前,所有操作人员考核合格并已取得上岗资格;公用工程系统已稳定运行;试车方案和相关操作规程、经审查批准的仪表报警和联锁值已整定完毕;各类生产记录、报表已印发到岗位	《关于加强化工过程安全管理的指导意见》(安监总管三〔2013〕88号)第十五条
21	联动试车结束后,建设单位应组织设计、施工、监理及制造商等方面人员签字确认并填写试车记录	《关于加强化工过程安全管理的指导意见》(安监总管三〔2013〕88号)第十五条
22	投料前,企业应全面检查工艺、设备、电气、仪表、公用工程、所需原辅材料和应急预案、装备准备等情况,对各项准备工作进行审查确认,明确负责统一指挥的协调人员,具备各项条件后方可进行投料	《关于加强化工过程安全管理的指导意见》(安监总管三〔2013〕88号)第十五条
23	引入燃料或窒息性气体后,企业应建立并执行每日安全调度例会制度,统筹协调全部试车的安全管理工作	《关于加强化工过程安全管理的指导意见》(安监总管三〔2013〕88号)第十五条

（续）

序号	排查内容	排查依据
24	投料过程应严格按照试车方案进行，并做好各项记录	《关于加强化工过程安全管理的指导意见》（安监总管三〔2013〕88号）第十五条
25	投料试生产过程中，企业应严格控制现场人数，严禁无关人员进入现场	《关于加强化工过程安全管理的指导意见》（安监总管三〔2013〕88号）第十五条
26	投料试车结束（项目、装置考核完成）后，企业应编制试车总结	《关于加强化工过程安全管理的指导意见》（安监总管三〔2013〕88号）第十五条
27	项目安全设施"三同时"管理符合相关法律规定要求	《安全生产法》第二十八条

4 装置运行安全风险隐患排查表

序号	排查内容	排查依据
（一）工艺风险评估		
1	新开发的危险化学品生产工艺应经小试、中试、工业化试验再进行工业化生产。国内首次采用的化工工艺，要通过省级有关部门组织专家组进行安全论证	《关于危险化学品企业贯彻落实〈国务院关于进一步加强企业安全生产工作的通知〉的实施意见》（安监总管三〔2010〕186号）
2	精细化工企业应按照规定要求，开展反应安全风险评估	《关于加强精细化工反应安全风险评估工作的指导意见》（安监总管三〔2017〕1号）
3	生产企业不得使用淘汰落后技术工艺目录列出的工艺	《关于印发淘汰落后安全技术装备目录（2015年第一批）的通知》（安监总科技〔2015〕75号）《淘汰落后安全技术工艺、设备目录（2016年）的通知》（安监总科技〔2016〕137号）
（二）操作规程与工艺卡片		
1	企业应建立操作规程与工艺卡片管理制度，包括编写、审查、批准、颁发、使用、控制、修改及废止的程序和职责等内容	《关于加强化工过程安全管理的指导意见》（安监总管三〔2013〕88号）第八条
2	企业应制订操作规程，并明确工艺控制指标	《关于加强化工过程安全管理的指导意见》（安监总管三〔2013〕88号）第八条

(续)

序号	排查内容	排查依据
3	操作规程的内容至少应包括： 1.岗位生产工艺流程,工艺原理,物料平衡表、能量平衡表、关键工艺参数的正常控制范围,偏离正常工况的后果,防止和纠正偏离正常工况的方法及步骤； 2.装置正常开车、正常操作、临时操作、应急操作、正常停车和紧急停车的操作步骤和安全要求； 3.工艺参数一览表,包括设计值、正常控制范围、报警值及联锁值； 4.岗位涉及的危险化学品危害信息、应急处理原则以及操作时的人身安全保障、职业健康注意事项	《关于加强化工过程安全管理的指导意见》(安监总管三〔2013〕88号)第八条
4	企业应根据生产特点编制工艺卡片,工艺卡片应与操作规程中的工艺控制指标一致	《关于加强化工过程安全管理的指导意见》(安监总管三〔2013〕88号)第八条
5	企业应每年确认操作规程与工艺卡片的适应性和有效性,应至少每三年对操作规程进行审核、修订。当工艺技术、设备发生重大变更时,要及时审核修订操作规程	《关于加强化工过程安全管理的指导意见》(安监总管三〔2013〕88号)
6	企业应组织专业管理人员和操作人员编制、修订和审核操作规程,将成熟的安全操作经验纳入操作规程中	《关于加强化工过程安全管理的指导意见》(安监总管三〔2013〕88号)
7	企业应在作业现场存有最新版本的操作规程文本,以方便现场操作人员的方便查阅	《关于加强化工过程安全管理的指导意见》(安监总管三〔2013〕88号)
8	企业应定期对岗位人员开展操作规程培训和考核	《安全生产法》第五十五条
(三)工艺技术及工艺装置的安全控制		
1	**企业涉及重点监管的危险化工工艺装置,应装设自动化控制系统**	《关于开展提升危险化学品领域本质安全水平专项行动的通知》(安监总管三〔2012〕87号) 《首批重点监管的危险化工工艺目录的通知》(安监总管三〔2009〕116号) 《第二批重点监管危险化工工艺目录和调整首批重点监管危险化工工艺中部分典型工艺》(安监总管三〔2013〕3号)

(续)

序号	排查内容	排查依据
2	1.涉及危险化工工艺的大型化工装置应装设紧急停车系统； 2.危险化工工艺装置的自动化控制和紧急停车系统应正常投入使用	《关于开展提升危险化学品领域本质安全水平专项行动的通知》(安监总管三〔2012〕87号) 《首批重点监管的危险化工工艺目录的通知》(安监总管三〔2009〕116号) 《第二批重点监管危险化工工艺目录和调整首批重点监管危险化工工艺中部分典型工艺》(安监总管三〔2013〕3号)
3	危险化工工艺的安全控制应按照重点监管的危险化工工艺安全控制要求、重点监控参数及推荐的控制方案的要求，并结合HAZOP分析结果进行设置	《首批重点监管的危险化工工艺目录》(安监总管三〔2009〕116号) 《第二批重点监管危险化工工艺目录和调整首批重点监管危险化工工艺中部分典型工艺的通知》的实施意见》(安监总管三〔2013〕3号) 《危险与可操作性分析(HAZOP分析)应用导则》(AQ/T 3049—2013) 《危险与可操作性分析质量控制与审查导则》(T/CCSAS 001—2018)
4	在非正常条件下，下列可能超压的设备或管道应设置可靠的安全泄压措施以及安全泄压措施的完好性： 1.顶部最高操作压力大于等于0.1 MPa的压力容器； 2.顶部最高操作压力大于0.03 MPa的蒸馏塔、蒸发塔和汽提塔(汽提塔顶蒸汽通入另一蒸馏塔者除外)； 3.往复式压缩机各段出口或电动往复泵、齿轮泵、螺杆泵等容积式泵的出口(设备本身已有安全阀者除外)； 4.凡与鼓风机、离心式压缩机、离心泵或蒸汽往复泵出口连接的设备不能承受其最高压力时，鼓风机、离心式压缩机、离心泵或蒸汽往复泵的出口； 5.可燃气体或液体受热膨胀，可能超过设计压力的设备； 6.顶部最高操作压力为0.03～0.1 MPa的设备应根据工艺要求设置； 7.两端阀门关闭且因外界影响可能造成介质压力升高的液化烃、甲B、乙A类液体管道	《石油化工企业设计防火标准(2018版)》(GB 50160—2008)第5.5.1条 《石油天然气工程设计防火规范》(GB 50183—2004)第6.8.1条

(续)

序号	排查内容	排查依据
5	因物料爆聚、分解造成超温、超压,可能引起火灾、爆炸的反应设备应设报警信号和泄压排放设施,以及自动或手动遥控的紧急切断进料设施	《石油化工企业设计防火标准(2018版)》(GB 50160—2008)第5.5.13条
6	安全阀、防爆膜、防爆门的设置应满足安全生产要求: 1.突然超压或发生瞬时分解爆炸危险物料的反应设备,如设安全阀不能满足要求时,应装爆破片或爆破片和导爆管,导爆管口必须朝向无火源的安全方向;必要时应采取防止二次爆炸、火灾的措施; 2.有可能被物料堵塞或腐蚀的安全阀,在安全阀前应设爆破片或在其他出入口管道上采取吹扫、加热或保温等措施	《石油化工企业设计防火标准(2018版)》(GB 50160—2008)第5.5.5、5.5.12条
7	1.较高浓度环氧乙烷设备的安全阀前应设爆破片,爆破片入口管道应设氮封,且安全阀的出口管道应充氮; 2.环氧乙烷的安全阀及其他泄放设施直排大气的应采取安全措施	《石油化工企业设计防火标准(2018版)》(GB 50160—2008)第5.5.9条
8	危险物料的泄压排放或放空的安全性应满足: 1.可燃气体、可燃液体设备的安全阀出口应连接至适宜的设施或系统; 2.对液化烃或可燃液体设备紧急排放时,液化烃或可燃液体应排放至安全地点,剩余的液化烃应排入火炬; 3.对可燃气体设备,应将设备内的可燃气体排入火炬或安全放空系统; 4.常减压蒸馏装置的初馏塔顶、常压塔顶、减压塔顶的不凝气不应直接排入大气	《石油化工企业设计防火标准(2018版)》(GB 50160—2008)第5.5.4、5.5.7、5.5.8、5.5.10条
9	无法排入火炬或装置处理排放系统的可燃气体,当通过排气筒、放空管直接向大气排放时,排气筒、放空管的高度应满足GB 50160、GB 50183等规范的要求	《石油化工企业设计防火标准(2018版)》(GB 50160—2008)第5.5.11条 《石油天然气工程设计防火规范》(GB 50183—2004)第6.8.8条
10	火炬系统的安全性应满足以下要求: 1.火炬系统的能力应满足装置事故状态下的安全泄放; 2.火炬系统应设置足够的长明灯,并有可靠的点火系统及燃料气源; 3.火炬系统应设置可靠的防回火设施(水封、分子封等); 4.火炬气的分液、排凝应符合要求; 5.封闭式地面火炬的设置应满足GB 50160的要求	《石油化工企业设计防火标准(2018版)》(GB 50160—2008)第5.5.20、5.5.21、5.5.22条 《石油化工可燃性气体排放系统设计规范》(SH 3009—2013)

(续)

序号	排查内容	排查依据
11	空分装置空压机入口空气中有害杂质含量应符合GB 16912要求,包括乙炔、甲烷、总烃、二氧化碳、氧化亚氮等	《深度冷冻法生产氧气及相关气体安全技术规程》(GB 16912—2008)第4.2.2条
12	空分装置纯化系统出口设置二氧化碳在线分析仪并设置超标报警	《氧气站设计规范》(GB 50030—2013)第8.0.10条
13	空分装置应设置冷箱主冷蒸发器液氧中乙炔、碳氢化合物含量连续在线分析仪并设置超标报警	《氧气站设计规范》(GB 50030—2013)第8.0.10、8.0.12条
(四)工艺运行管理		
1	现场表指示数值、DCS控制值与工艺卡片控制值应保持一致	
2	企业应建立岗位操作记录,对运行工况定时进行监测、检查,并及时处置工艺报警并记录	《关于加强化工过程安全管理的指导意见》(安监总管三〔2013〕88号)第九条
3	生产过程中严禁出现超温、超压、超液位运行情况;对异常工况处置应符合操作规程要求	《关于加强化工过程安全管理的指导意见》(安监总管三〔2013〕88号)第九条
4	企业应严格执行联锁管理制度,并符合以下要求: 1.现场联锁装置必须投用、完好; 2.摘除联锁有审批手续,有安全措施; 3.恢复联锁按规定程序进行	《关于加强化工过程安全管理的指导意见》(安监总管三〔2013〕88号)第十六条
5	当工艺路线、控制参数、原辅料等发生变更时,应严格执行变更管理制度,开展变更安全风险分析;变更后应对相关操作规程进行修订,并对相关人员进行培训	《关于加强化工过程安全管理的指导意见》(安监总管三〔2013〕88号)第二十三、二十四条
6	企业应建立操作记录和交接班管理制度,并符合以下要求: 1.严格遵守操作规程,按照工艺参数操作; 2.按规定进行巡回检查,有操作记录; 3.严格执行交接班制度	《关于加强化工过程安全管理的指导意见》(安监总管三〔2013〕88号)第八条
(五)现场工艺安全		
1	泄爆泄压装置、设施的出口应朝向人员不易到达的位置	《石油化工金属管道布置设计规范》(SH 3012—2011)第8.2.4、8.2.5条《石油化工企业设计防火标准(2018年版)》(GB 50160—2008)第5.5.11条

(续)

序号	排查内容	排查依据
2	1.不同的工艺尾气排入同一尾气处理系统,应进行安全风险分析; 2.使用多个化学品储罐尾气联通回收系统的,需经安全论证合格后方可投用。严禁将混合后可能发生化学反应并形成爆炸性混合气体的几种气体混合排放	《国家安全监管总局关于进一步加强化学品罐区安全管理的通知》(安监总管三〔2014〕68号) 《石油化工企业设计防火标准(2018年版)》(GB 50160—2008)第5.5.14条
3	可燃气体放空管道内的凝结液应密闭回收,不得随地排放	《石油化工企业设计防火标准(2018年版)》(GB 50160—2008)第5.5.17条
4	液体、低热值可燃气体、毒性为极度和高度危害的可燃气体、惰性气体、酸性气体及其他腐蚀性气体不得排入全厂性火炬系统,应设独立的排放系统或处理排放系统	《石油化工企业设计防火标准(2018年版)》(GB 50160—2008)第5.5.15条
5	1.极度危害和高度危害的介质、甲类可燃气体、液化烃应采取密闭循环取样系统; 2.取样口不得设在有振动的设备或管道上,否则应采取减振措施	《石油化工金属管道布置设计规范》(SH 3012—2011)第7.2.3、7.2.4条
6	比空气重的可燃气体压缩机厂房的地面不宜设地坑或地沟;厂房内应有防止可燃气体积聚的措施	《石油化工企业设计防火标准(2018年版)》(GB50160—2008)第5.3.1条
7	切水、脱水作业及其他风险较大的排液作业时,作业人员不得离开现场	《化工(危险化学品)企业安全检查重点指导目录》(安监总管三〔2015〕113号)
(六)开停车管理		
1	企业在正常开车、紧急停车后的开车前,都要进行安全条件检查确认	《关于加强化工过程安全管理的指导意见》(安监总管三〔2013〕88号)第十条
2	开停车前,企业要进行安全风险辨识分析,制定开停车方案,编制安全措施和开停车步骤确认表	《关于加强化工过程安全管理的指导意见》(安监总管三〔2013〕88号)第十条
3	开车前企业应对如下重要步骤进行签字确认: 1.进行冲洗、吹扫、气密试验时,要确认已制定有效的安全措施; 2.引进蒸汽、氮气、易燃易爆介质前,要指定有经验的专业人员进行流程确认; 3.引进物料时,要随时监测物料流量、温度、压力、液位等参数变化情况,确认流程是否正确	《关于加强化工过程安全管理的指导意见》(安监总管三〔2013〕88号)第十条
4	应严格控制进退料顺序和速率,现场安排专人不间断巡检,监控有无泄漏等异常现象	《关于加强化工过程安全管理的指导意见》(安监总管三〔2013〕88号)第十条

(续)

序号	排查内容	排查依据
5	停车过程中的设备、管线低点的排放应按照顺序缓慢进行,并做好个人防护;设备、管线吹扫处理完毕后,应用盲板切断与其他系统的联系。抽堵盲板作业应在编号、挂牌、登记后按规定的顺序进行,并安排专人逐一进行现场确认	《关于加强化工过程安全管理的指导意见》(安监总管三〔2013〕88号)第十条
6	在单台设备交付检维修前与检维修后投入使用前,应进行安全条件确认	
(七)储运系统安全设施		
1	易燃、可燃液体及可燃气体罐区下列方面应符合 GB 50183、GB 50160 及 GB 50074 等相关规范要求: 1.防火间距; 2.罐组总容、罐组布置、罐组内储罐数量及布置; 3.防火堤及隔堤; 4.放空或转移; 5.液位报警、快速切断; 6.安全附件(如呼吸阀、阻火器、安全阀等); 7.水封井、排水闸阀	《石油化工企业设计防火标准(2018版)》(GB 50160—2008) 《石油库设计规范》(GB 50074—2014) 《石油天然气工程设计防火规范》(GB 50183—2004)
2	1.火灾危险性类别不同的储罐在同一罐区,应设置隔堤; 2.沸溢性液体的储罐不应与非沸溢性液体储罐同组布置; 3.常压油品储罐不应与液化石油气、液化天然气、天然气凝液储罐布置在同一防火堤内	《石油化工企业设计防火标准(2018年版)》(GB 50160—2008)第6.2.5条 《储罐区防火堤设计规范》(GB 50351—2014)第3.2.1条
3	可燃、易燃液体罐区的专用泵应设在防火堤外,泵与储罐距离应符合 GB 50160 要求	《石油化工企业设计防火标准(2018年版)》(GB 50160—2008)第5.3.5条
4	**构成一级、二级重大危险源的危险化学品罐区应实现紧急切断功能,并处于投用状态**	《危险化学品重大危险源监督管理暂行规定》(国家安全监管总局令第40号)
5	严禁正常运行的内浮顶罐浮盘落底;内浮顶罐低液位报警或联锁设置不得低于浮盘支撑的高度	《化工(危险化学品)企业安全检查重点指导目录》(安监总管三〔2015〕113号)
6	有氮气保护设施的储罐要确保氮封系统完好在用	《关于进一步加强化工品罐区安全管理的通知》(安监总管三〔2014〕68号)第二条
7	防火堤设计应符合 GB 50351 要求: 1.防火堤的材质、耐火性能以及伸缩缝配置应满足规范要求; 2.防火堤容积应满足规范要求,并能承受所容纳油品的静压力且不渗漏; 3.液化烃罐区防火堤内严禁绿化	《储罐区防火堤设计规范》(GB 50351—2014)

(续)

序号	排查内容	排查依据
8	气柜应设上、下限位报警装置,并宜设进出管道自动联锁切断装置	《石油化工企业设计防火标准(2018年版)》(GB 50160—2008)第6.3.12条
9	液氧储罐的最大充装量不应大于容积的95%	《深度冷冻法生产氧气及相关气体安全技术规程》(GB 16912—2008)第6.7.10条
10	定期监测液氧储罐中乙炔、碳氢化合物含量,每周至少分析一次,超标时应连续向储罐输送液氧以稀释乙炔浓度,并启动液氧泵和气化装置向外输送	《深度冷冻法生产氧气及相关气体安全技术规程》(GB 16912—2008)第6.7.4条
11	应建立危险化学品装卸管理制度,明确作业前、作业中和作业结束后各个环节的安全要求	
12	装运危险化学品的汽车应"三证"(驾驶证、准运证、危险品押运证)齐全。进入厂区的车辆应安装阻火器	
13	企业应建立易燃易爆有毒危险化学品装卸作业时装卸设施接口连接可靠性确认制度;装卸设施连接口不得存在磨损、变形、局部缺口、胶圈或垫片老化等缺陷	《国务院安委会办公室关于山东临沂金誉石化有限公司"6·5"爆炸着火事故情况的通报》(安委办〔2017〕19号)
14	易燃易爆危险化学品的汽车罐车和装卸场所,应设防静电专用接地线	
15	甲B、乙、丙A类液体的装车应采用液下装车鹤管	《石油化工企业设计防火标准(2018年版)》(GB 50160—2008)第6.4.2条
16	装卸车作业环节应严格遵守安全作业标准、规程和制度,并在监护人员现场指挥和全程监护下进行	《化工(危险化学品)企业保障生产安全十条规定》(安监总政法〔2017〕15号)
17	甲B、乙A类液体装卸车鹤位与集中布置的泵的防火间距应不小于8 m	《石油化工企业设计防火标准(2018年版)》(GB 50160—2008)第6.4.2条
(八)危险化学品仓储管理		
1	1.企业应当提供与其生产的危险化学品相符的化学品安全技术说明书,并在危险化学品包装(包括外包装件)上粘贴或者拴挂与包装内危险化学品相符的化学品安全标签; 2.企业采购危险化学品时,应索取危险化学品安全技术说明书和安全标签,不得采购无安全技术说明书和安全标签的危险化学品; 3.化学品安全技术说明书和化学品安全标签所载明的内容应当符合国家标准的要求	《危险化学品安全管理条例》(国务院令第591号)第十五条

（续）

序号	排查内容	排查依据
2	甲类物品仓库宜单独设置；当其储量小于 5 t 时，可与乙、丙类物品仓库共用一栋建筑物，但应设独立的防火分区	《石油化工企业设计防火标准(2018 年版)》(GB 50160—2008)第 6.6.1 条
3	仓库内严禁设置员工宿舍；办公室、休息室等严禁设置在甲、乙类仓库内，也不应贴邻建造	《建筑设计防火规范(2018 年版)》(GB 50016—2014)第 3.3.9 条
4	甲、乙、丙类液体仓库应设置防止液体流散的设施；遇湿会发生燃烧爆炸的物品仓库应设置防止水浸渍的措施	《建筑设计防火规范(2018 版)》(GB 50016—2014)第 3.6.12 条
5	危险化学品仓储应满足以下条件： 1.爆炸物宜按不同品种单独存放,当受条件限制,不同品种爆炸物需同库存放时,应确保爆炸物之间不是禁忌物且包装完整无损； 2.有机过氧化物应储存在危险化学品库房特定区域内,避免阳光直射,并应满足不同品种的存储温度、湿度要求； 3.遇水放出易燃气体的物质和混合物应密闭储存在设有防水、防雨、防潮措施的危险化学品库房中的干燥区域内； 4.自燃物和混合物的储存温度应满足不同品种的存储温度、湿度要求,并避免阳光直射； 5.自反应物质和混合物应储存在危险化学品库房特定区域内,避免阳光直射并保持良好通风,且应满足不同品种的存储温度、湿度要求,自反应物质及其混合物只能在原装容器中存放	《危险化学品经营企业安全技术基本要求》(GB 18265—2019)第 4.2.7、4.2.8、4.2.9、4.2.10、4.2.11 条
6	易燃易爆性商品存储库房温湿度应满足 GB 17914 要求	《易燃易爆性商品储存养护技术条件》(GB17914—2013)第 4.5 条
7	1.危险化学品应当储存在专用仓库,并由专人负责管理； 2.剧毒化学品以及储存数量构成重大危险源的其他危险化学品,应在专用仓库内单独存放,实行双人收发、双人保管制度	《危险化学品安全管理条例》(国务院令第 591 号)第二十四条
8	储存危险化学品的单位应当建立危险化学品出入库核查、登记制度	《危险化学品安全管理条例》(国务院令第 591 号)第二十五条
9	**应按国家标准分区分类储存危险化学品,不得超量、超品种储存危险化学品,相互禁配物质不得混放混存**	《化工和危险化学品生产经营单位重大生产安全事故隐患判定标准》(安监总管三〔2017〕121 号)

(续)

序号	排查内容	排查依据
	（九）重大危险源的安全控制	
1	重大危险源应配备温度、压力、液位、流量等信息的不间断采集和监测系统以及可燃气体和有毒有害气体泄漏检测报警装置，并具备信息远传、记录、安全预警、信息存储等功能	《危险化学品重大危险源监督管理暂行规定》（国家安全监管总局令第40号）第十三条
2	重大危险源的化工生产装置应装备满足安全生产要求的自动化控制系统	《危险化学品重大危险源监督管理暂行规定》（国家安全监管总局令第40号）第十三条
3	一级或者二级重大危险源，设置紧急停车系统	《危险化学品重大危险源监督管理暂行规定》（国家安全监管总局令第40号）第十三条
4	对重大危险源中的毒性气体、剧毒液体和易燃气体等重点设施，设置紧急切断装置	《危险化学品重大危险源监督管理暂行规定》（国家安全监管总局令第40号）第十三条
5	对涉及毒性气体、液化气体、剧毒液体的一级或者二级重大危险源，应具有独立安全仪表系统	《危险化学品重大危险源监督管理暂行规定》（国家安全监管总局令第40号）第十三条
6	对毒性气体的设施，设置泄漏物紧急处置装置	《危险化学品重大危险源监督管理暂行规定》（国家安全监管总局令第40号）第十三条
7	重大危险源中储存剧毒物质的场所或者设施，设置视频监控系统	《危险化学品重大危险源监督管理暂行规定》（国家安全监管总局令第40号）第十三条

5 设备安全风险隐患排查表

序号	排查内容	排查依据
	（一）设备设施管理体系的建立与执行	
1	企业应建立健全设备设施管理制度，内容至少应包含设备采购验收、动设备管理、静设备管理、备品配件管理、防腐蚀防泄漏管理、检维修、巡回检查、保温、设备润滑、设备台账管理、日常维护保养、设备检查和考评办法、设备报废、设备安全附件管理等的管理内容	《关于危险化学品企业贯彻落实〈国务院关于进一步加强企业安全生产工作的通知〉的实施意见》（安监总管三〔2010〕186号）第十条
2	企业应配备设备专业管理人员和设备维修维护人员	《关于加强化工过程安全管理的指导意见》（安监总管三〔2013〕88号）第十六条

(续)

序号	排查内容	排查依据
3	企业应对所有设备进行编号,建立设备设施台账、技术档案,确保设备台账、档案信息准确、完备	《关于加强化工过程安全管理的指导意见》(安监总管三〔2013〕88号)第十六条
4	企业应编制关键设备的操作和维护规程	《关于加强化工过程安全管理的指导意见》(安监总管三〔2013〕88号)第十六条
5	企业应对设备定期进行巡回检查,并建立设备定期检查记录	《关于加强化工过程安全管理的指导意见》(安监总管三〔2013〕88号)第十六条
6	对出现异常状况的设备设施应及时处置	
7	对设备设施的变更应严格履行变更程序	《关于危险化学品企业贯彻落实〈国务院关于进一步加强企业安全生产工作的通知〉的实施意见》(安监总管三〔2010〕186号)
8	**企业不得使用国家明令淘汰、禁止使用的危及生产安全的设备**	《安全生产法》第三十五条 《关于印发淘汰落后安全技术装备目录(2015年第一批)的通知》(安监总科技〔2015〕75号) 《淘汰落后安全技术工艺、设备目录(2016年)的通知》(安监总科技〔2016〕137号)
(二)设备的预防性维修和检测		
1	企业应编制设备检维修计划,并按计划开展检维修工作	《关于加强化工过程安全管理的指导意见》(安监总管三〔2013〕88号)
2	对重点检修项目应编制检维修方案,方案内容应包含作业安全分析、安全风险管控措施、应急处置措施及安全验收标准	《企业安全生产标准化基本规范》(GB/T 33000—2016)第5.4.1.4条
3	检维修过程中涉及特殊作业的,应执行GB 30871要求	《化学品生产单位特殊作业安全规范》(GB 30871—2014)
4	安全设施应编入设备检维修计划,定期检维修。安全设施不得随意拆除、挪用或弃置不用,因检维修拆除的,检维修完毕后应立即复原	《安全生产法》第三十三条
5	企业应加强防腐蚀管理,确定检查部位,定期检测,定期评估防腐效果	《国家安全监管总局关于加强化工企业泄漏管理的指导意见》(安监总管三〔2014〕94号)

(续)

序号	排查内容	排查依据
6	应对大型、关键容器(如液化气球罐等)中的腐蚀性介质含量进行监控,定期分析(如H_2S含量是否超标)	
7	在涉及易燃、易爆、有毒介质设备和管线的排放口、采样口等排放部位,应通过加装盲板、丝堵、管帽、双阀等措施,减少泄漏的可能性	《国家安全监管总局关于加强化工企业泄漏管理的指导意见》(安监总管三〔2014〕94号) 《石油化工金属管道布置设计规范》(SH/T 3012—2011)
8	定期对涉及液态烃、高温油等泄漏后果严重的部位(如管道、设备、机泵等动、静密封点)进行泄漏检测,对泄漏部位及时维修或更换	《国家安全监管总局关于加强化工企业泄漏管理的指导意见》(安监总管三〔2014〕94号)
9	凡在开停工、检修过程中,可能有可燃液体泄漏、漫流的设备区周围应设置不低于150 mm的围堰和导液设施	《石油化工企业设计防火标准(2018年版)》(GB 50160—2008)第5.2.28条
10	有可燃液体设备的多层建筑物或构筑物的楼板,应采取防止可燃液体泄漏至下层的措施	《石油化工企业设计防火标准(2018版)》(GB 50160—2008)第5.7.5条
11	承压部位的连接件螺栓配备应齐全、紧固到位	
(三)动设备的管理和运行状况		
1	企业应设置机组、机泵防止意外启动的措施	《机械安全 防止意外启动》(GB/T 19670—2005)
2	企业应监测大机组和重点动设备转速、振动、位移、温度、压力等运行参数,及时评估设备运行状况	《关于加强化工过程安全管理的指导意见》(安监总管三〔2013〕88号)
3	可燃气体压缩机、液化烃、可燃液体泵不得使用皮带传动。在爆炸危险区域内的其他传动设备若必须使用皮带传动时,应使用防静电皮带	《石油化工企业设计防火标准(2018年版)》(GB 50160—2008)第5.7.7条
4	离心式可燃气体压缩机和可燃液体泵应在其出口管道上安装止回阀	《石油化工企业设计防火标准(2018年版)》(GB 50160—2008)第7.2.11条
5	传动带、转轴、传动链、皮带轮、齿轮等转动部位,都应设置安全防护装置	《生产设备安全卫生设计准则》(GB 5083—1999)第6.1.6条
(四)静设备的管理		
1	企业应定期对储罐进行全面检查	《关于加强化工过程安全管理的指导意见》(安监总管三〔2013〕88号)
2	企业应对储罐呼吸阀(液压安全阀)、阻火器、泡沫发生器、液位计、通气管等安全附件按规范设置,并定期检查或检测,填写检查维护记录	《国家安全监管总局关于进一步加强化学品罐区安全管理的通知》(安监总管三〔2014〕68号)

(续)

序号	排查内容	排查依据
3	可燃液体地上储罐的进出口管道应采用柔性连接	《石油化工企业设计防火标准(2018版)》(GB 50160—2008)第6.2.25条
4	加热炉现场运行管理,应满足: 1.加热炉燃烧过程中,工艺介质流量低或中断燃烧联锁、燃料气管道压力超高、超低低联锁以及引风机停运联锁等应正常投用; 2.加热炉上的控制仪表以及检测仪表应正常投用,无故障,并定期对所有氧含量分析仪进行校验; 3.灭火蒸汽系统处于备用状态	
5	明火加热炉附属的燃料气分液罐、燃料气加热器等与炉体的防火间距,不应小于6 m	《石油化工企业设计防火标准(2018年版)》(GB 50160—2008)第5.2.4条
6	加热炉燃料气管道上的分液罐的凝液不得敞开排放	《石油化工企业设计防火标准(2018年版)》(GB 50160—2008)第7.2.13条
7	具有化学灼伤危害的物料不应使用玻璃等易碎材料制成管道、管件、阀门、流量计、压力计等	《化工企业安全卫生设计规范》(HG 20571—2014)第5.6.2条
(五)安全附件的管理		
1	企业应建立安全附件台账、爆破片更换记录	
2	企业应对监视和测量设备进行规范管理,建立监视和测量设备台账,定期进行校准和维护,并保存校准和维护活动的记录	《危险化学品从业单位安全标准化通用规范》(AQ 3013—2008)第5.5.2.5条
3	安全阀、压力表等安全附件应定期检验并在有效期内使用	《安全阀安全技术监察规程》(TSGZF 001—2006)第B4.2(4)条
4	**在用安全阀进出口切断阀应全开,并采取铅封或锁定;爆破片应正常投用**	《固定式压力容器安全技术监察规程》(TSG 21—2016)第9.1.3条 《安全阀安全技术监察规程》(TSGZF 001—2006)第B4.2(4)条
5	压力表的选型应符合相关要求,压力范围及检定标记明显	《固定式压力容器安全技术监察规程》(TSG 21—2016)第9.2.1条
6	压力容器用液位计应当: 1.储存0 ℃以下介质的压力容器,选用防霜液位计; 2.寒冷地区室外使用的液位计,选用夹套型或者保温型结构的液位计; 3.用于易爆、毒性程度为极度或者高度危害介质、液化气体压力容器上的液位计,有防止泄漏的保护装置	《固定式压力容器安全技术监察规程》(TSG 21—2016)第9.2.2条

(续)

序号	排查内容	排查依据
(六)设备拆除和报废		
1	企业应建立设备报废和拆除程序,明确报废的标准和拆除的安全要求	《化工企业工艺安全管理实施导则》(AQ/T 3034—2010)第4.7.3条
2	设备的报废应办理审批手续,报废的设备拆除前应制定方案	《企业安全生产标准化基本规范》(GB/T 33000—2016)第5.4.1.6条

6 仪表安全风险隐患排查表

序号	排查内容	排查依据
(一)仪表安全管理		
1	企业应建立仪表自动化控制系统安全管理、日常维护保养等制度	《关于加强化工过程安全管理的指导意见》(安监总管三〔2013〕88号)第十六条
2	企业应建立健全仪表检查、维护、使用、检定等各类台账及仪表巡检记录	《关于加强化工过程安全管理的指导意见》(安监总管三〔2013〕88号)第十六条
3	仪表调试、维护及检测记录齐全,主要包括: 1.仪表定期校验、回路调试记录; 2.检测仪表和控制系统检维护记录	《自动化仪表工程施工及质量验收规范》(GB 50093—2013)第12.1.1、12.5.2条
4	新(改、扩)建装置和大修装置的仪表自动化控制系统投用前、长期停用的仪表自动化控制系统再次启用前,必须进行检查确认	《关于加强化工过程安全管理的指导意见》(安监总管三〔2013〕88号)第十六条
5	控制系统管理应满足以下要求: 1.控制方案变更应办理审批手续; 2.控制系统故障处理、检修及组态修改记录应齐全; 3.控制系统建立有应急预案	《工业自动化和控制系统网络安全 集散控制系统(DCS) 第2部分:管理要求》(GB/T 33009.2—2016)第5.11.2、5.9.2条
6	企业应建立安全联锁保护系统停运、变更专业会签和技术负责人审批制度。联锁保护系统的管理应满足: 1.联锁逻辑图、定期维修校验记录、临时停用记录等技术资料齐全; 2.应对工艺和设备联锁回路定期调试; 3.联锁保护系统(设定值、联锁程序、联锁方式、取消)变更应办理审批手续; 4.联锁摘除和恢复应办理工作票,有部门会签和领导签批手续; 5.摘除联锁保护系统应有防范措施及整改方案	《工业自动化和控制系统网络安全 集散控制系统(DCS) 第2部分:管理要求》(GB/T 33009.2—2016)

(续)

序号	排查内容	排查依据
	(二)控制系统设置	
1	新建化工装置必须设置自动化控制系统,根据工艺过程危险和安全风险分析结果,确定配备安全仪表系统	《关于进一步加强危险化学品建设项目安全设计管理的通知》(安监总管三〔2013〕76号)第十九条
2	对涉及"两重点一重大"的需要配置安全仪表系统的化工装置应开展安全仪表功能评估	《国家安全监管总局关于加强化工安全仪表系统管理的指导意见》(安监总管三〔2014〕116号)第四、十四条
3	配备的安全仪表系统应处于投用状态	
	(三)仪表系统设置	
1	化工生产装置自动化控制系统应设置不间断电源,可燃有毒气体检测报警系统应设置不间断电源,后备电池的供电时间不小于30 min	《仪表供电设计规范》(HG/T 20509—2014)第7.1.3条
2	仪表气源应符合下列要求: 1.采用清洁、干燥的空气; 2.应设置备用气源。备用气源可采用备用压缩机组、 贮气罐或第二气源(也可用干燥的氮气)	《仪表供气设计规范》(HG/T 20510—2014)第3.0.1、3.0.2、3.0.3、4.4.1、4.4.2条 《石油化工仪表供气设计规范》(SH 3020—2013)第3.0.1、4.3.1条
3	安装DCS、PLC、SIS等设备的控制室、机柜室、过程控制计算机的机房,应考虑防静电接地。其室内的导静电地面、活动地板、工作台等应进行防静电接地	《仪表系统接地设计规范》(HG/T 20513—2014)第5.3.1条 《石油化工仪表接地设计规范》(SH/T 3081—2003)第2.4.1条
4	爆炸危险场所的仪表、仪表线路的防爆等级应满足区域的防爆要求	《爆炸危险环境电力装置设计规范》(GB 50058—2014)第5.2.3条 《石油化工自动化仪表选型设计规范》(SH/T 3005—2016)第4.9条
5	保护管与检测元件或现场仪表之间应采取相应的防水措施。防爆场合应采取相应防爆级别的密封措施	《爆炸危险环境电力装置设计规范》(GB 50058—2014)第5.4.3条 《自动化仪表工程施工及质量验收规范》(GB 50093—2013)第7.4.8条 《石油化工仪表管道线路设计规范》(SH/T 3019—2003)第8.4.6条
6	危险化学品重大危险源配备的温度、压力、液位、流量、组分等信息应不间断采集和监测,并具备信息远传、连续记录、事故预警、信息存储等功能;记录的电子数据的保存时间不少于30天	《危险化学品重大危险源监督管理暂行规定》(国家安全监管总局令第40号)第十三条

(续)

序号	排查内容	排查依据
7	危险化学品重大危险源罐区安全监控装备应符合要求： 1.摄像头的设置个数和位置,应根据罐区现场的实际情况实现全面覆盖； 2.摄像头的安装高度应确保可以有效监控到储罐顶部； 3.有防爆要求的应使用防爆摄像机或采取防爆措施	《危险化学品重大危险源罐区现场安全监控装备设置规范》(AQ 3036—2010)第10.1条
8	紧急停车按钮应有可靠防护措施	《信号报警及联锁系统设计规范》(HG/T 20511—2014)第4.11.4条
9	罐区储罐高高、低低液位报警信号的液位测量仪表应采用单独的液位连续测量仪表或液位开关,报警信号应传送至自动控制系统	《石油化工储运系统罐区设计规范》(SH/T 3007—2014)第5.4.5条
(四)气体检测报警管理		
1	**可燃气体和有毒气体检测报警器的设置与报警值的设置应满足 GB 50493 要求**	《石油化工可燃气体和有毒气体检测报警设计规范》(GB 50493—2009)
2	可燃气体和有毒气体检测报警系统应独立于基本过程控制系统	《国家安全监管总局关于加强化工安全仪表系统管理的指导意见》(安监总管三〔2014〕116号)第十一条
3	可燃气体、有毒气体检测报警器管理应满足以下要求： 1.绘制可燃、有毒气体检测报警器检测点布置图； 2.可燃、有毒气体检测报警器按规定周期进行检定或校准,周期一般不超过一年	
4	可燃、有毒气体检测报警信号应发送至有操作人员常驻的控制室、现场操作室进行报警,并有报警与处警记录,对报警原因进行分析	《石油化工可燃气体和有毒气体检测报警设计规范》(GB 50493—2009)第3.0.4条 《国家安全监管总局关于加强化工企业泄漏管理的指导意见》(安监总管三〔2014〕94号)第十九条
5	可燃、有毒气体检测报警器应完好并处于正常投用状态	《安全生产法》第三十三条

7 电气安全风险隐患排查表

序号	排查内容	排查依据
（一）电气安全管理		
1	企业应编制电气设备设施操作、维护、检修等管理制度并实施	《关于加强化工过程安全管理的指导意见》（安监总管三〔2013〕88号）第十六条
2	临时用电应经有关主管部门审查批准，并有专人负责管理，限期拆除	《化学品生产单位特殊作业安全规范》（GB 30871—2014）
（二）供配电系统设置及电气设备设施		
1	企业的供电电源应满足不同负荷等级的供电要求： 1.一级负荷应由双重电源供电，当一电源发生故障时，另一电源不应同时受到损坏； 2.一级负荷中特别重要的负荷供电，尚应增设应急电源，并严禁将其他负荷接入应急供电系统；设备的供电电源的切换时间，应满足设备允许中断供电的要求； 3.二级负荷的供电系统，宜由两回线路供电。在负荷较小或地区供电条件困难时，二级负荷可由一回6 kV及以上专用的架空线路供电	《供配电系统设计规范》（GB 50052—2009）第3.0.1条
2	爆炸危险区域内的电气设备应符合GB 50058要求	《爆炸危险环境电力装置设计规范》（GB 50058—2014）第5.2.3条
3	电气设备的安全性能，应满足以下要求： 1.设备的金属外壳应采取防漏电保护接地； 2.接地线不得搭接或串接，接线规范、接触可靠； 3.明设的应沿管道或设备外壳敷设，暗设的在接线处外部应有接地标志； 4.接地线接线间不得涂漆或加绝缘垫	《电气装置安装工程接地装置施工及验收规范》（GB 50169—2016）第3.0.4、4.2.9条
4	电缆必须有阻燃措施；电缆桥架符合相关设计规范	《电力工程电缆设计规范》（GB 50217—2018）第6.2.7条
（三）防雷、防静电设施		
1	工艺装置内露天布置的塔、容器等，当容器顶板厚度等于或大于4 mm时，可不设避雷针、线保护，但必须设防雷接地	《石油化工企业设计防火标准(2018年版)》（GB 50160—2008）第9.2.2条

(续)

序号	排查内容	排查依据
2	可燃气体、液化烃、可燃液体的钢罐,必须设防雷接地,并应符合下列规定: 1.甲B、乙类可燃液体地上固定顶罐,当顶板厚度小于4 mm时应设避雷针、线,其保护范围应包括整个储罐; 2.丙类液体储罐,可不设避雷针、线,但必须设防感应雷接地; 3.浮顶罐(含内浮顶罐)可不设避雷针、线,但应将浮顶与罐体用两根截面不小于25 mm² 的软铜线作电气连接; 4.压力储罐不设避雷针、线,但应作接地	《石油化工企业设计防火标准(2018年版)》(GB 50160—2008)第9.2.3条
3	在生产加工、储运过程中,设备、管道、操作工具等,有可能产生和积聚静电而造成静电危害时,应采取静电接地措施	《石油化工静电接地设计规范》(SH/T 3097—2017)第4.1.1条
4	可燃气体、液化烃、可燃液体、可燃固体的管道在下列部位应设静电接地设施: 1.进出装置区或设施处; 2.爆炸危险场所的边界; 3.管道泵及泵入口永久过滤器、缓冲器等	《石油化工企业设计防火标准(2018年版)》(GB 50160—2008)第9.3.3条
5	1.长距离管道应在始端、末端、分支处以及每隔100 m接地一次; 2.平行管道净距小于100 mm时,应每隔20 m加跨接线。当管道交叉且净距小于100 mm时,应加跨接线	《石油化工静电接地设计规范》(SHT3097—2017)第5.3.2、5.3.3条
6	重点防火、防爆作业区的入口处,应设计人体导除静电装置	《化工企业安全卫生设计规范》(HG 20571—2014)第4.2.10条
7	储罐罐顶平台上取样口(量油口)两侧1.5米之外,应各设一组消除人体静电设施,设施应与罐体做电气连接并接地,取样绳索、检尺等工具应与设施连接	《石油化工静电接地设计规范》(SHT 3097—2017)第5.2.2条
8	在爆炸危险区域内设计有静电接地要求的管道,当每对法兰或其他接头间电阻值超过0.03 Ω时,应设导线跨接	《工业金属管道工程施工规范》(GB 50235—2010)第7.13.1条
(四)现场安全		
1	电缆必须有阻燃措施。电缆沟必须有防窜油汽、防腐蚀、防水措施;电缆隧道必须有防火、防沉陷措施	

(续)

序号	排查内容	排查依据
2	临时电源、手持式电动工具、施工电源、插座回路均应采用TN-S供电方式,并采用剩余电流动作保护装置	
3	临时用电线路,应采用绝缘良好、完整无损的橡皮线,室内沿墙敷设,其高度不得低于2.5米,室外跨路时,其高度不得低于4.5米,不得沿暖气、水管及其他气体管道敷设,沿地面敷设时,必须加可靠的保护装置和醒目的警示标志	
4	沿墙面或地面敷设电缆线路应符合下列规定: 1.电缆线路敷设路径应有醒目的警告标识; 2.沿地面明敷的电缆线路应沿建筑物墙体根部敷设,穿越道路或其他易受机械损伤的区域,应采取防机械损伤的措施,周围环境应保持干燥; 3.在电缆敷设路径附近,当有产生明火的作业时,应采取防止火花损伤电缆的措施	《建设工程施工现场供用电安全规范》(GB 50194—2014)第7.4.2条

8 应急与消防安全风险隐患排查表

序号	排查内容	排查依据
	(一)应急管理	
1	企业应确立本单位的应急预案体系,按照GB/T 29639要求编制综合应急预案、专项应急预案、现场处置方案和应急处置卡	《生产安全事故应急预案管理办法》(应急管理部令第2号)第六、十九条
2	企业应建立应急指挥系统,配备应急救援队伍,实行分级管理,明确各级应急指挥系统和救援队的职责	《危险化学品从业单位安全生产标准化通用规范》(AQ 3013—2008)
3	企业应制定应急值班制度,成立应急处置技术组,实行24小时应急值班	《生产安全事故应急条例》(国务院令第708号)第十四条
4	1.企业应制定应急预案定期评估制度,应每三年进行一次应急预案评估,对应急预案内容的针对性和实用性进行分析,并对应急预案是否需要修订作出结论; 2.企业应按应急预案的评估结论及有关规定对应急预案及时修订	《生产安全事故应急条例》(国务院令第708号)第六条 《生产安全事故应急预案管理办法》(国家安全监管总局令88号)第三十五、三十六条

(续)

序号	排查内容	排查依据
5	1.企业应在应急预案公布之日起20个工作日内，向县级以上人民政府应急管理部门和其他负有安全生产监督管理职责的部门进行备案，并依法向社会公布； 2.应急预案修订涉及组织指挥体系与职责、应急处置程序、主要处置措施、应急响应分级等内容变更的，企业应按照有关应急预案报程序重新备案	《生产安全事故应急条例》（国务院令第708号）第七条 《生产安全事故应急预案管理办法》（国家安全监管总局令88号）第二十六、三十七条
6	企业应定期组织开展本单位的应急预案、应急知识、自救互救和避险逃生技能的培训活动，使有关人员了解应急预案内容，熟悉应急职责、应急处置程序和措施	《生产安全事故应急预案管理办法》（国家安全监管总局令88号）第三十一条
7	企业应制定本单位的应急预案演练计划，每半年至少组织一次安全生产事故应急预案演练	《生产安全事故应急条例》（国务院令第708号）第八条 《生产安全事故应急预案管理办法》（国家安全监管总局令88号）第三十三条
8	应急预案演练结束后，企业应急预案演练组织单位应当对应急预案演练效果进行评估，撰写应急预案演练评估报告，分析存在的问题，并对应急预案提出修订意见	《生产安全事故应急预案管理办法》（国家安全监管总局令88号）第三十四条
9	企业应采取各种措施，保证从业人员具备必要的应急知识，掌握风险防范技能和事故应急措施	《生产安全事故应急条例》（国务院令第708号）第十五条
（二）应急器材和设施		
1	企业应制定应急器材管理与维护保养制度	《危险化学品单位应急救援物资配备标准》（GB 30077—2013）第9.1条
2	企业应建立应急器材台账、维护保养记录，按照制度要求定期检查应急器材	《危险化学品单位应急救援物资配备标准》（GB 30077—2013）第9.1、9.3条
3	企业应在有毒有害岗位配备应急器材柜（气防柜），设置与柜内器材相符的应急器材清单。应急器材完好有效	《危险化学品单位应急救援物资配备标准》（GB 30077—2013）第9.1、9.3条
4	企业存在可燃、有毒气体的区域应配备便携式检测仪，并定期检定	《危险化学品单位应急救援物资配备标准》（GB 30077—2013）第9.3条 《可燃气体检测报警器》（JJG 693—2011）第5.5条
5	石油化工企业的生产区、公用及辅助生产设施、全厂性重要设施和区域性重要设施的火灾危险场所应设置火灾自动报警系统和火灾电话报警	《石油化工企业设计防火标准（2018年版）》（GB 50160—2008）第8.12.1条

(续)

序号	排查内容	排查依据
6	消防控制室、消防水泵房、自备发电机房、配电室、防排烟机房以及发生火灾时仍需正常工作的消防设备房应设置备用照明,其作业面的最低照度不应低于正常照明的照度	《建筑设计防火规范(2018版)》(GB 50016—2014)第10.3.3条
7	消防水泵房及其配电室的消防应急照明采用蓄电池作备用电源时,其连续供电时间不应少于3 h	《石油化工企业设计防火标准(2018年版)》(GB 50160—2008)第9.1.2条
(三)消防安全		
1	企业消防道路应畅通无阻,满足消防车辆通行;可燃液体罐组、可燃液体储罐区、可燃气体储罐区、装卸区及化学危险品仓库区应按照要求设置环形消防车道	《石油化工企业设计防火标准(2018年版)》(GB 50160—2008)第4.3.4条
2	厂区消防车道净宽度、净空高度应满足消防救援要求	《石油化工企业设计防火标准(2018年版)》(GB 50160—2008)第4.3.4条 《化工企业总图运输设计规范》(GB 50489—2009)
3	储罐区消防栓供水压力应正常,满足消防要求;设置稳高压消防给水系统的,其管网压力宜为0.7~1.2 MPa	《石油化工企业设计防火标准(2018年版)》(GB 50160—2008)第8.5.1条
4	消防水泵、稳压泵应分别设置备用泵	《石油化工企业设计防火标准(2018年版)》(GB 50160—2008)第8.3.6条
5	消防水泵的主泵应采用电动泵,备用泵应采用柴油机泵,且应按100%备用能力设置,柴油机的油料储备量应能满足机组连续运转6 h的要求	《石油化工企业设计防火标准(2018年版)》(GB 50160—2008)第8.3.8条
6	消防栓(炮)是否满足下列要求: 1.消防栓有编号,开启灵活,出水正常,排水良好,出水口扣盖、橡胶垫圈齐全完好; 2.消防栓阀门井完好,防冻措施到位; 3.消防炮完好无损、无泄漏,防冻措施落实;消防炮阀门及转向齿轮灵活,润滑无锈蚀现象	《消防给水及消火栓系统技术规范》(GB 50974—2014)第13.2.13条
7	消防器材应满足下列要求: 1.消防柜内器材配备齐全,附件完好无损; 2.有专人负责定期检查灭火器材,药剂定期更换,有更换记录和有效期标签	《危险化学品单位应急救援物资配备标准》(GB30077—2013)第9.3条 《建筑灭火器配置验收及检查规范》(GB 50444—2008)第5.2.3条

(续)

序号	排查内容	排查依据
8	泡沫及水幕系统应满足下列要求： 1.泡沫发生系统保持完好，零部件齐全，随时保持备用状态；泡沫液定期更换，有记录； 2.消防水幕、喷淋、蒸汽等消防设施完好，能随时投用，定期试验	《泡沫灭火系统设计规范》（GB 50151—2010）
9	可燃液体地上立式储罐应设固定或移动式消防冷却水系统，罐壁高于 17 m 储罐、容积等于或大于 10 000 m³ 储罐、容积等于或大于 2 000 m³ 低压储罐应设置固定式消防冷却水系统	《石油化工企业设计防火标准（2018年版）》（GB 50160—2008）第8.4.5条
10	全压力式及半冷冻式液化烃储罐采用的消防设施应符合下列规定： 1.当单罐容积等于或大于 1 000 m³ 时，应采用固定式水喷雾（水喷淋）系统及移动消防冷却水系统； 2.当单罐容积大于 100 m³，且小于 1 000 m³ 时，应采用固定式水喷雾（水喷淋）系统和移动式消防冷却系统或固定式水炮和移动式消防冷却系统； 3.当单罐容积小于或等于 100 m³ 时，可采用移动式消防冷却水系统	《石油化工企业设计防火标准（2018年版）》（GB 50160—2008）第8.10.2条
11	全压力式、半冷冻式液化烃球罐固定式消防冷却水管道的控制阀处于罐区防火堤外，距被保护罐壁不宜小于 15 m。可燃液体立式储罐的固定消防冷却水系统（水喷淋或水喷雾系统）的控制阀门应设在防火堤外，且距被保护罐壁不宜小于 15 m	《石油化工企业设计防火标准（2018年版）》（GB 50160—2008）第 8.10.10、8.4.5 条
12	生产污水管道的下列部位应设水封，水封高度不得小于 250 mm： 1.工艺装置内的塔、加热炉、泵、冷换设备等区围堰的排水出口； 2.工艺装置、罐组或其他设施及建筑物、构筑物、管沟等的排水出口； 3.全厂性的支干管与干管交汇处的支干管上； 4.全厂性支干管、干管的管段长度超过 300 m 时，应用水封井隔开	《石油化工企业设计防火标准（2018年版）》（GB 50160—2008）第7.3条

9 重点危险化学品特殊管控安全风险隐患排查表

序号	排查内容	排查依据
（一）液化烃		
1	液化烃储罐的储存系数不应大于0.9	《石油化工企业设计防火标准（2018版）》（GB 50160—2008）第6.3.9条
2	全冷冻式液化烃储罐应设真空泄放设施和高、低温温度检测，并与自动控制系统相联	《石油化工企业设计防火标准（2018版）》（GB 50160—2008）第6.3.11条
3	液化烃汽车装卸时严禁就地排放	《石油化工企业设计防火标准（2018版）》（GB 50160—2008）第6.4.3条
4	液化石油气实瓶不应露天堆放	《石油化工企业设计防火标准（2018版）》（GB 50160—2008）第6.5.5条
5	液化烃管道不得采用金属软管	《石油化工企业设计防火标准（2018版）》（GB 50160—2008）第7.2.18条
6	液化烃储罐底部的液化烃出入口管道应设可远程操作的紧急切断阀，紧急切断阀的执行机构应有故障安全保障的措施	《石油化工储运系统罐区设计规范》（SH/T 3007—2014）第6.4.1条
7	液化天然气储罐拦蓄区禁止设置封闭式LNG排放沟	《液化天然气（LNG）生产、储存和装运》（GB/T 20368—2012）第5.2.2.3条
8	液化天然气储罐应配备2套独立的液位计，液位计应能适应液体密度的变化	《液化天然气（LNG）生产、储存和装运》（GB/T 20368—2012）第10.1.1.1条
9	液化烃球形储罐，其法兰应采用带颈对焊钢制突面或凹凸面管法兰；垫片应采用带内外加强环型（对应于突面法兰）或内加强环型（对应于凹凸面法兰）缠绕式垫片；紧固件采用等长或通丝型螺柱、厚六角螺母	《石油化工液化烃球形储罐设计规范》（SH 3136—2003）第4.4.4条
10	液化烃球形储罐本体应设就地和远传温度计，并应保证在最低液位时能测液相的温度而且便于观测和维护	《石油化工液化烃球形储罐设计规范》（SH 3136—2003）第5.1条
11	液化烃球形储罐应设就地和远传的液位计，但不宜选用玻璃板液位计	《石油化工液化烃球形储罐设计规范》（SH 3136—2003）第5.3.1条
12	液化石油气球罐上的阀门的设计压力不应小于2.5 MPa	《石油化工液化烃球形储罐设计规范》（SH 3136—2003）第6条
13	**丙烯、丙烷、混合C4、抽余C4及液化石油气的球形储罐应采取防止液化烃泄漏的注水措施。注水压力应能满足需要**	《石油化工液化烃球形储罐设计规范》（SH 3136—2003）第7.4条

(续)

序号	排查内容	排查依据
14	丁二烯球形储罐应采取以下措施： 1.设置氮封系统； 2.储存周期在两周以下时,应设置水喷淋冷却系统；储存周期在两周以上时,应设置冷冻循环系统和阻聚剂添加系统； 3.丁二烯球形储罐安全阀出口管道应设氮气吹扫	《石油化工液化烃球形储罐设计规范》(SH 3136—2003)第8.5条
15	全压力式液化烃储罐宜采用有防冻措施的二次脱水系统,储罐根部宜设紧急切断阀	《石油化工企业设计防火标准（2018版）》(GB 50160—2008)第6.3.14条
16	**液化烃的充装应使用万向管道充装系统**	《首批重点监管的危险化学品安全措施和事故应急处置原则》(安监总厅管三〔2011〕142号)
17	液化烃充装车过程中,应设专人在车辆紧急切断装置处值守,确保可随时处置紧急情况	
(二)液氨		
1	液氨储罐的储存系数不应大于0.9	《石油化工企业设计防火标准（2018版）》(GB 50160—2008)第6.3.9条
2	液氨的实瓶不应露天堆放	《石油化工企业设计防火标准（2018版）》(GB 50160—2008)第6.5.5条
3	氨的安全阀排放气应经处理后排放	《石油化工企业设计防火标准》(2018年版)(GB 50160—2008)第5.5.10条
4	超过100 m³的液氨储罐应设双安全阀,安全阀排气应引至回收系统或火炬排放燃烧系统	《合成氨生产企业安全标准化实施指南》(AQ/T 3017—2008)第5.5.4.6条
5	液氨储罐进出口管线应设置双切断阀,其中一只出口切断阀为紧急切断阀	《合成氨生产企业安全标准化实施指南》AQ/T 3017—2008 第5.5.4.6条
6	**液氨充装时,应使用万向节管道充装系统**	《首批重点监管的危险化学品安全措施和事故应急处置原则》(安监总厅管三〔2011〕142号)
7	液氨管道不得采用金属软管	《石油化工企业设计防火标准（2018版）》(GB 50160—2008)第7.2.18条
(三)液氯		
1	液氯气瓶充装厂房、液氯重瓶库宜采用密闭结构,多点配备可移动式非金属软管吸风罩,软管半径覆盖密闭结构厂房、库房内的设备、管道和液氯重瓶堆放范围	《关于氯气安全设施和应急技术的指导意见》(中国氯碱工业协会〔2010〕协字第070号)第二条

(续)

序号	排查内容	排查依据
2	若采用半敞开式厂房,必须在充装场所配备二个以上移动式真空吸收软管,并与事故氯吸收装置相连	《关于氯气安全设施和应急技术的补充指导意见》(中国氯碱工业协会〔2012〕协字第012号)
3	工作场所应设置事故通风装置及与通风系统相联锁的泄漏报警装置;通风装置的控制分别设置在室内、室外便于操作地点;排风口设置尽可能避免影响作业人员	《氯职业危害防护导则》(GBZ/T 275—2016)第6.1.5条
4	液氯气化器、贮槽(罐)等设施设备的压力表、液位计、温度计,应装有带远传报警的安全装置	《氯气安全规程》(GB 11948—2008)第3.11D条
5	液氯贮槽(罐)、计量槽、气化器中液氯充装量不应大于容器容积的80%;液氯充装结束,应采取措施,防止管道处于满液封闭状态	《氯气安全规程》(GB 11948—2008)第4.4条
6	液氯气化器、预冷器及热交换器等设备,应装有排污(NCl_3)装置和污物处理设施,并定期分析 NCl_3 含量,排污物中 NCl_3 含量不应大于60 g/L,否则需增加排污次数和排污量,并加强监测	《氯气安全规程》(GB 11948—2008)第4.6条
7	禁止液氯>1 000 kg 的容器直接液氯气化,禁止液氯贮槽(罐)、罐车或半挂车槽罐直接作为液氯气化器使用	《关于氯气安全设施和应急技术的指导意见》(中国氯碱工业协会〔2010〕协字第070号)第三条
8	使用氯气作为生产原料时,宜使用盘管式或套管式气化器的液氯全气化工艺,液氯气化温度不得低于71 ℃,建议热水控制温度75~85 ℃;采用特种气化器(蒸汽加热),温度不得大于121 ℃,气化压力与进料调节阀联锁控制,气化温度与蒸汽调节阀联锁控制	《关于氯气安全设施和应急技术的指导意见》(中国氯碱工业协会〔2010〕协字第070号)第三条
9	缓冲罐底设有排污口,应定期排污,排污口接至碱液吸收池	《关于氯气安全设施和应急技术的指导意见》(中国氯碱工业协会〔2010〕协字第070号)第三条
10	液氯贮槽(罐)厂房应采用密闭结构,建构筑物设计或改造应防腐蚀;有条件时把厂房密闭结构扩大至液氯接卸作业区域;厂房密闭化同时配备事故氯处理装置	《关于氯气安全设施和应急技术的指导意见》(中国氯碱工业协会〔2010〕协字第070号)第一条
11	大贮量液氯贮槽(罐),其液氯出口管道,应装设柔性连接或者弹簧支吊架,防止因基础下沉引起安装应力	《氯气安全规程》(GB 11948—2008)第7.2.2条

(续)

序号	排查内容	排查依据
12	地上液氯贮槽(罐)区地面应低于周围地面0.3~0.5 m或在贮存区周边设0.3~0.5 m的事故围堰	《氯气安全规程》(GB 11948—2008)第7.2.4条
13	液氯贮槽(罐)液面计应采用两种不同方式,采用现场显示和远传液位显示仪表各一套,远传仪表宜采用罐外测量的外测式液位计	《关于氯气安全设施和应急技术的指导意见》(中国氯碱工业协会〔2010〕协字第070号)第一条
14	液氯贮槽(罐)的就地液位指示,不得选用玻璃板液位计	《自动化仪表选型设计规范》(HG/T 20507—2014)第7.2.2条
15	**液氯充装应使用万向管道充装系统**	《首批重点监管的危险化学品安全措施和事故应急处置原则》(安监总厅管三〔2011〕142号)
16	充装量为50 kg和100 kg的气瓶,使用时应直立放置,并有防倾倒措施;充装量为500 kg和1 000 kg的气瓶,使用时应卧式放置,并牢靠定位	《氯气安全规程》(GB 11948—2008)第6.1.3条
17	使用气瓶时,应有称重衡器;使用前和使用后均应登记重量,瓶内液氯不能用尽	《氯气安全规程》(GB 11948—2008)第6.1.4条
18	液氯的实瓶不应露天堆放。	《石油化工企业设计防火标准(2018版)》(GB 50160—2008)第6.5.5条
19	在液氯泄漏时应禁止直接向罐体喷水,应将泄漏点朝上(气相泄漏位置),宜采用专用工具堵漏,将液氯瓶阀液相管抽液氯或紧急使用	《关于氯气安全设施和应急技术的指导意见》(中国氯碱工业协会〔2010〕协字第070号)第四条
20	液氯仓库必须设置事故氯吸收(塔)装置,具备24小时连续运行的能力,并与电解故障停车、动力电失电联锁控制;至少满足紧急情况下处理能力,吸收循环槽具备切换、备用和配液的条件,保证热备状态或有效运行	《关于氯气安全设施和应急技术的指导意见》(中国氯碱工业协会〔2010〕协字第070号)第四条
21	液氯储存应至少配备一台体积最大的液氯槽(罐)作为事故液氯应急备用受槽(罐)	《氯气职业危害防护导则》(GBZ/T 275—2016)第6.2.2.1条
22	在液氯贮槽(罐)周围地面,设置地沟和事故池,地沟与事故池贯通并加盖栅板,事故池容积应足够;液氯贮槽(罐)泄漏时禁止直接向罐体喷淋水,可以在厂房、罐区围堰外围设置雾状水喷淋装置,喷淋水中可以适当加烧碱溶液,最大限度洗消氯气对空气的污染	《关于氯气安全设施和应急技术的指导意见》(中国氯碱工业协会〔2010〕协字第070号)第四条
23	液氯储存、充装和气化岗位的作业人员应取得特殊作业人员资格证书	《特种作业人员安全技术培训考核管理规定》(国家安全监管总局令第30号)

(续)

序号	排查内容	排查依据
24	氯气管道禁止穿越除厂区（包括化工园区、工业园区）外的公共区域	《化工和危险化学品生产经营单位重大生产安全事故隐患判定标准》（安监总管三〔2017〕121号）
25	液氯管道不得采用金属软管	《石油化工企业设计防火标准（2018版）》（GB 50160—2008）第7.2.18条
（四）硝酸铵		
1	硝酸铵生产、储存企业应按照GB/T 37243要求开展外部安全防护距离评估，确定外部安全防护距离满足根据GB 36894确定的个人风险基准的要求	《危险化学品生产装置和储存设施外部安全防护距离》（GB/T 37243—2019）《危险化学品生产装置和储存设施风险基准》（GB 36894—2018）
2	禁止将油和氯离子带入硝酸铵溶液系统	《首批重点监管的危险化学品安全措施和应急处置原则》（安监总厅管三〔2011〕142号）
3	硝酸铵贮存过程中，禁止混入下列物质： 1.硫、磷、硝酸钠、亚硝酸钠及其还原类物质； 2.硫酸、盐酸、硝酸等酸类物质； 3.易燃物、可燃物； 4.锌、铜、镍、铅、锑、镉等活性金属	
4	硝酸铵溶液的贮存罐区应设独立罐区，单个罐区存量最高不超1 000 m³，单个储罐最大储量不超200 m³。	
5	硝酸铵溶液储罐所有材质应选用不低于SUS304标准的不锈钢	
6	硝酸铵溶液罐区上方及地下严禁有其他油、燃气等无关物料管线通过	
7	硝酸铵储存搬运时禁止震动、撞击和摩擦	《首批重点监管的危险化学品安全措施和应急处置原则》（安监总厅管三〔2011〕142号）
8	硝酸铵应设置独立的贮存设施，包括专用仓库、临时堆场	
9	硝酸铵仓库的墙、柱、梁、楼板、屋顶等库内建筑构件必须采用不燃性材料建造	《石油化工企业设计防火标准（2018版）》（GB 50160—2008）第6.6.5条
10	进入硝酸铵仓库作业的机动车应加装阻火器，电瓶车应为防爆型	

(续)

序号	排查内容	排查依据
	（五）光气	
1	光气管道严禁穿越除厂区（包括化工园区、工业园区）外的公共区域	《化工和危险化学品生产经营单位重大生产安全事故隐患判定标准》（安监总管三〔2017〕121号）
2	光气及光气化生产装置的安全防护距离应满足GB 19041要求	《光气及光气化产品生产安全规程》（GB 19041—2003）第4.2.1条
3	光气及光气化生产装置应集中布置在厂区的下风侧并自成独立生产区,该装置与厂围墙的距离不应小于100 m	《光气及光气化产品生产安全规程》（GB 19041—2003）第4.2.3条
4	光气合成过程中一氧化碳的含水量不宜大于50 mg/m³,氯气含水量不宜大于50 mg/m³	《光气及光气化产品生产安全规程》（GB 19041—2003）第5.1.1条
5	含光气物料管道应采用无缝钢管,管道连接应采用对焊焊接,严禁采用丝扣连接	《光气及光气化产品生产安全规程》（GB 19041—2003）第6.2条
6	光气及光气化装置应设置隔离操作室	《光气及光气化产品生产安全规程》（GB 19041—2003）第7.2条
7	光气及光气化产品生产装置的供电应设有双电源,紧急停车系统、尾气破坏处理系统应配备柴油发电机,要求在30 s内自动启动供电	《光气及光气化产品生产安全规程》（GB 19041—2003）第10.1条
8	光气及光气化产品生产装置应设置化工安全仪表系统（SIS）	
9	封闭式光气及光气化产品生产厂房应设机械排气系统,重要设备如光气化反应器等,宜设局部排风罩,排气必须接入应急破坏处理系统	《光气及光气化产品生产安全规程》（GB 19041—2003）第11.3条
10	敞开式厂房应在可能泄漏光气部位设置可移动式弹性软管负压排气系统,将有毒气体送至破坏处理系统	《光气及光气化产品生产安全规程》（GB 19041—2003）第11.4条
11	进入光气生产装置时,员工应使用企业指定的防护服装和装备,包括佩戴的光气指示牌（上面标有员工的姓名和日期）;同时应随身配戴逃生器具（只用于需要撤离装置的紧急情况,不能够替代在装置内作业时使用的空气呼吸器）,并检查逃生器具是否处于良好状态（如滤芯的有效期日期）	《国家安全监管总局办公厅关于印发光气及光气化产品安全生产管理指南的通知》（安监总厅管三〔2014〕104号）第6.6.1.1条
	（六）氯乙烯	
1	氯乙烯生产企业应制定氯乙烯精馏和废碱液系统的液体氯乙烯排放回收至气柜的管理制度和管控措施	

(续)

序号	排查内容	排查依据
2	氯乙烯生产企业应确保精馏三塔的平稳运行,不得停运精馏三塔、直接用高沸物储罐进行氯乙烯的加热回收	
3	氯乙烯生产企业应对气柜进出口管道、气柜进口气水分离罐设置伴热并保温,确保氯乙烯、二氯乙烷不会在管道内因低温液化积聚;气柜进口气水分离罐应设置远传液位计,及时发现并处理液相物料积聚	
4	氯乙烯生产企业应严格下水管网安全管理,建立完善下水管网管理制度,明确责任人员,定期对下水管网内可燃、有毒气体进行监测,保证下水管网运行安全,严禁物料泄漏后或事故救援过程中带有化工物料的污水排出厂外,进入市政管网	
5	液体氯乙烯不应直接通入气柜	《电石乙炔法生产氯乙烯安全技术规程》(GB 14544—2008)第6.5.4条
6	氯乙烯气柜进出总管应设置压力和柜位检测,DCS指示、报警、联锁,记录保持时间不低于3个月。气柜压力和柜位联锁应设置高高或低低的三选二联锁动作	
7	气柜的合成氯乙烯管道和聚合回收氯乙烯入口管应分开设置,出入口管道最低处应设排水器	《电石乙炔法生产氯乙烯安全技术规程》(GB 14544—2008)第6.5.4条
8	氯乙烯气柜应有容积指示装置,允许容积为全容积的20%~75%,雷雨或七级以上大风天气使用容积不应超过全容积的60%	
9	氯乙烯气柜应定期检维修,应编制检维修方案并建立检维修记录	
10	气柜水槽补水管线应为常开溢流,并对溢流水进行收集处理,严禁直接排至下水系统,宜采用回收曝气检测合格后外排或循环使用	
11	氯乙烯气柜的进出口管道应设远程紧急切断阀	
12	氯乙烯单体储罐应设置注水设施	
13	氯乙烯应与氧化剂分应开存放	《首批重点监管的危险化学品安全措施和应急处置原则》(安监总厅管三〔2011〕142号)

（续）

序号	排查内容	排查依据
14	氯乙烯贮存时应注意容器的密闭和氮封,并添加少量阻聚剂	《首批重点监管的危险化学品安全措施和应急处置原则》(安监总厅管三〔2011〕142号)
（七）硝化工艺		
1	硝化控制室应设置在远离硝化车间的安全地带,在采用远程DCS控制基础上,采用远程视频监管、在线检测、设备故障自诊断等技术措施,减少现场常驻操作人员数量和工作时间	
2	硝化工艺应实现自动化控制系统,并设置安全联锁;结合各种异常工况,计算工艺控制要求最大允许流量和时段累积量,设置固定的不可超调的限流措施	
3	半间歇、连续化硝化工艺等要严控加料配比的可靠性;设置滴加物料管道视镜(设置远程视频监控)	
4	应严格控制硝化反应温度上下限,禁止温度超限特别是超下限状态,避免物料累积、反应滞后引发的过程失控;硝化釜中设置双温度计,确保温度测量的可靠性	
5	硝化釜内有易燃易爆介质时,应采用氮气等保护措施	
6	在发生事故会有相互影响的硝化釜与硝化釜、硝化物贮槽等设施之间,应增设应急自动隔断阀(隔离措施),防止事故扩大化	
7	硝化工艺设置的紧急排放收集系统,应有控制紧急排放物料安全收集存放的措施,以防发生次生事故;根据工艺控制难易和物料危险性等特点,合理设置硝化系统的泄爆方式,减少对周围的建筑和人员的伤害	
8	硝化车间应设置有效的防火防爆隔离措施,减少车间内不同工艺间的相互影响	

注:黑体字部分为构成重大隐患的条款。

化工和危险化学品生产经营单位重大生产安全事故隐患判定标准（试行）

（2017年11月13日国家安全监管总局安监总管三〔2017〕121号印发）

依据有关法律法规、部门规章和国家标准，以下情形应当判定为重大事故隐患：

一、危险化学品生产、经营单位主要负责人和安全生产管理人员未依法经考核合格。

二、特种作业人员未持证上岗。

三、涉及"两重点一重大"的生产装置、储存设施外部安全防护距离不符合国家标准要求。

四、涉及重点监管危险化工工艺的装置未实现自动化控制，系统未实现紧急停车功能，装备的自动化控制系统、紧急停车系统未投入使用。

五、构成一级、二级重大危险源的危险化学品罐区未实现紧急切断功能；涉及毒性气体、液化气体、剧毒液体的一级、二级重大危险源的危险化学品罐区未配备独立的安全仪表系统。

六、全压力式液化烃储罐未按国家标准设置注水措施。

七、液化烃、液氨、液氯等易燃易爆、有毒有害液化气体的充装未使用万向管道充装系统。

八、光气、氯气等剧毒气体及硫化氢气体管道穿越除厂区（包括化工园区、工业园区）外的公共区域。

九、地区架空电力线路穿越生产区且不符合国家标准要求。

十、在役化工装置未经正规设计且未进行安全设计诊断。

十一、使用淘汰落后安全技术工艺、设备目录列出的工艺、设备。

十二、涉及可燃和有毒有害气体泄漏的场所未按国家标准设置检测报警装置，爆炸危险场所未按国家标准安装使用防爆电气设备。

十三、控制室或机柜间面向具有火灾、爆炸危险性装置一侧不满足国家标准关于防火防爆的要求。

十四、化工生产装置未按国家标准要求设置双重电源供电，自动化控制系统未设置不间断电源。

十五、安全阀、爆破片等安全附件未正常投用。

十六、未建立与岗位相匹配的全员安全生产责任制或者未制定实施生产安全事故隐患排查治理制度。

十七、未制定操作规程和工艺控制指标。

十八、未按照国家标准制定动火、进入受限空间等特殊作业管理制度，或者制度未有效执行。

十九、新开发的危险化学品生产工艺未经小试、中试、工业化试验直接进行工业化生产；国内首次使用的化工工艺未经过省级人民政府有关部门组织的安全可靠性论证；新建装置未制定试生产方案投料开车;精细化工企业未按规范性文件要求开展反应安全风险评估。

二十、未按国家标准分区分类储存危险化学品,超量、超品种储存危险化学品,相互禁配物质混放混存。

化工和危险化学品生产经营单位重大生产安全事故隐患判定标准(试行)解读

为准确判定、及时整改化工和危险化学品生产经营单位重大生产安全事故隐患(以下简称重大隐患),有效防范遏制重特大事故,根据《安全生产法》和《中共中央国务院关于推进安全生产领域改革发展的意见》,国家安全监管总局制定印发了《化工和危险化学品生产经营单位重大生产安全事故隐患判定标准(试行)》(以下简称《判定标准》)。《判定标准》依据有关法律法规、部门规章和国家标准,吸取了近年来化工和危险化学品重大及典型事故教训,从人员要求、设备设施和安全管理三个方面列举了二十种应当判定为重大事故隐患的情形。为进一步明确《判定标准》每一种情形的内涵及依据,便于有关企业和安全监管部门应用,规范推动《判定标准》有效执行,现逐条进行简要解释说明如下:

一、危险化学品生产、经营单位主要负责人和安全生产管理人员未依法经考核合格。

近年来,在化工(危险化学品)事故调查过程中发现,事故企业不同程度地存在主要负责人和安全管理人员法律意识与安全风险意识淡薄、安全生产管理知识欠缺、安全生产管理能力不能满足安全生产需要等共性问题,人的因素是制约化工(危险化学品)安全生产的最重要因素。危险化学品安全生产是一项科学性、专业性很强的工作,企业的主要负责人和安全生产管理人员只有牢固树立安全红线意识、风险意识,掌握危险化学品安全生产的基础知识、具备安全生产管理的基本技能,才能真正落实企业的安全生产主体责任。

《安全生产法》、《危险化学品安全管理条例》、《生产经营单位安全培训规定》(国家安全监管总局令第3号)均对危险化学品生产、经营单位从业人员培训和考核作出了明确要求,其中《安全生产法》第二十四条要求"生产经营单位的主要负责人和安全生产管理人员必须具备与本单位所从事的生产经营活动相应的安全生产知识和管理能力。危险物品的生产、经营、储存单位以及矿山、金属冶炼、建筑施工、道路运输单位的主要负责人和安全生产管理人员,应当由主管的负有安全生产监督管理职责的部门对其安全生产知识和管理能力考核合格。考核不得收费"。《生产经营单位安全培训规定》明确要求"危险化学品等生产经营单位主要负责人和安全生产管理人员,自任职之日起6个月内,必须经安全生产监管监察部门对其安全生产知识和管理能力考核合格"。2017年1月25日,国家安全监管总局印发了《化工(危险化学品)企业主要负责人安全生产管理知识重点考核内容(第一版)》和《化工(危险化学品)企业安全生产管理人员安全生产管理知识重点考核内容(第一版)》(安监总厅宣教〔2017〕15号),对有关企业主要负责人和安全管理人员重点考核重点内容提出了明确要求,负有安全生产监督管理的部门应当按照相关法律法规要求对有关企业人员进行考核。

二、特种作业人员未持证上岗。

特种作业岗位安全风险相对较大,对人员专业能力要求较高。近年来,由于特种作业岗位人员由未经培训、未取得相关资质造成的事故时有发生,2017年发生的河北沧州"5·13"

氯气中毒事故、山东临沂"6·5"重大爆炸事故、江西九江"7·2"爆炸事故均暴露出特种作业岗位人员无证上岗,人员专业能力不足引发事故的问题。

《安全生产法》《特种作业人员安全技术培训考核管理规定》(国家安全监管总局令第30号)均对特种作业人员的培训和相应资格提出了明确要求,如危险化学品特种作业人员应当具备高中或者相当于高中及以上文化程度。按照规定,化工和危险化学品生产经营单位涉及到的特种作业,除电工作业、焊接与热切割作业、高处作业等通用的作业类型外,还包括危险化工工艺过程操作及化工自动化控制仪表安装、维修、维护作业(包含光气及光气化工艺、氯碱电解工艺、氯化工艺、硝化工艺、合成氨工艺、裂解[裂化]工艺、氟化工艺、加氢工艺、重氮化工艺、氧化工艺、过氧化工艺、胺基化工艺、磺化工艺、聚合工艺、烷基化工艺等15种危险工艺过程操作,及化工自动化控制仪表安装、维修、维护)。从事上述作业的人员,均须经过培训考核取得特种作业操作证。未持证上岗的应纳入重大事故隐患。

三、涉及"两重点一重大"的生产装置、储存设施外部安全防护距离不符合国家标准要求。

本条款的主要目的是要求有关单位依据法规标准设定外部安全防护距离作为缓冲距离,防止危险化学品生产装置、储存设施在发生火灾、爆炸、毒气泄漏事故时造成重大人员伤亡和财产损失。外部安全防护距离既不是防火间距,也不是卫生防护距离,应在危险化学品品种、数量、个人和社会可接受风险标准的基础上科学界定。

设置外部安全防护距离是国际上风险管控的通行做法。2014年5月,国家安全监管总局发布第13号公告《危险化学品生产、储存装置个人可接受风险标准和社会可接受风险标准(试行)》,明确了陆上危险化学品企业新建、改建、扩建和在役生产、储存装置的外部安全防护距离的标准。同时,《石油化工企业设计防火规范》(GB 50160—2008)、《建筑设计防火规范》(GB 50016—2014)等标准对生产装置、储存设施及其他建筑物外部距离有要求的,涉及"两重点一重大"的生产装置、储存设施也应满足其要求。2009年河南洛染"7·15"爆炸事故企业与周边居民区安全距离严重不足,事故造成8人死亡、8人重伤,108名周边居民被爆炸冲击波震碎的玻璃划伤。

四、涉及重点监管危险化工工艺的装置未实现自动化控制,系统未实现紧急停车功能,装备的自动化控制系统、紧急停车系统未投入使用。

《危险化学品生产企业安全生产许可证实施办法》(国家安全监管总局令第41号)要求,"涉及危险化工工艺、重点监管危险化学品的装置装设自动化控制系统;涉及危险化工工艺的大型化工装置装设紧急停车系统"。近年来,涉及重点监管危险化工工艺的企业采用自动化控制系统和紧急停车系统减少了装置区等高风险区域的操作人员数量,提高了生产装置的本质安全水平。然而,仍有部分涉及重点监管危险化工工艺的企业没有按照要求实现自动化控制和紧急停车功能,或设置了自动化控制和紧急停车系统但不正常投入使用。2017年12月9日,江苏省连云港市聚鑫生物科技有限公司间二氯苯生产装置发生爆炸事故,致使事故装置所在的四车间和相邻的六车间整体坍塌,共造成10人死亡、1人受伤,事故装置自动化控制水平低、现场作业人员较多是造成重大人员伤亡的重要原因。

五、构成一级、二级重大危险源的危险化学品罐区未实现紧急切断功能;涉及毒性气体、液化气体、剧毒液体的一级、二级重大危险源的危险化学品罐区未配备独立的安全仪表系统。

《危险化学品重大危险源监督管理暂行规定》(国家安全监管总局令第40号)要求,"一级或者二级重大危险源,装备紧急停车系统"和"涉及毒性气体、液化气体、剧毒液体的一级或者二级重大危险源,配备独立的安全仪表系统"。构成一级、二级重大危险源的危险化学品罐区,因事故后果严重,各储罐均应设置紧急停车系统,实现紧急切断功能。对与上游生产装置直接相连的储罐,如果设置紧急切断可能导致生产装置超压等异常情况时,可以通过设置紧急切换的方式避免储罐造成超液位、超压等后果,实现紧急切断功能。2010 年 7 月 16 日,大连中石油国际储运公司原油库输油管道发生爆炸,引发大火并造成大量原油泄漏,事故造成 1 人死亡、1 人受伤,直接经济损失为 22330.19 万元。此次事故升级的重要原因是发生泄漏的原油储罐未设置紧急切断系统,原油从储罐中不断流出无法紧急切断,导致火灾扩大。2010 年 1 月 7 日,兰州石化公司合成橡胶厂 316# 罐区发生火灾爆炸事故,造成 6 人死亡、1 人重伤、5 人轻伤,由于碳四物料泄漏后在防火堤内汽化弥漫,人员无法靠近关断底阀,且事故储罐未安装紧急切断系统,致使物料大量泄漏。

六、全压力式液化烃储罐未按国家标准设置注水措施。

当全压力式储罐发生泄漏时,向储罐注水使液化烃液面升高,将泄漏点置于水面下,可减少或防止液化烃泄漏,将事故消灭在萌芽状态。1998 年 3 月 5 日,西安煤气公司液化气管理所液化气储罐发生泄漏着火后爆炸,造成 12 人死亡,主要原因是 400 m^3 球罐排污阀上部法兰密封失效,堵漏失败后引发着火爆炸。《石油化工企业设计防火规范》(GB 50160—2008)第 6.3.16 要求,"全压力式储罐应采取防止液化烃泄漏的注水措施"。《液化烃球形储罐安全设计规范》(SH 3136—2003)第 7.4 要求,"丙烯、丙烷、混合 C4、抽余 C4 及液化石油气的球形储罐应设注水设施"。

全压力式液化烃储罐注水措施的设置应经过正规的设计、施工和验收程序。注水措施的设计应以安全、快速有效、可操作性强为原则,设置带手动功能的远程控制阀,符合国家相关标准的规定。要求设置注水设施的液化烃储罐主要是常温的全压力式液化烃储罐,对半冷冻压力式液化烃储罐(如乙烯)、部分遇水发生反应的液化烃(如氯甲烷)储罐可以不设置注水措施。此外,设置的注水措施应保障充足的注水水源,满足紧急情况下的注水要求,充分发挥注水措施的作用。

七、液化烃、液氨、液氯等易燃易爆、有毒有害液化气体的充装未使用万向管道充装系统。

液化烃、液氨、液氯等易燃易爆、有毒有害液化气体充装安全风险高,一旦泄漏容易引发爆炸燃烧、人员中毒等事故。万向管道充装系统旋转灵活、密封可靠性高、静电危害小、使用寿命长,安全性能远高于金属软管,且操作使用方便,能有效降低液化烃、液氨、液氯等易燃易爆、有毒有害液化气体充装环节的安全风险。

国务院安委会办公室《关于进一步加强危险化学品安全生产工作的指导意见》(安委办〔2008〕26 号)和国家安全监管总局、工业和信息化部《关于危险化学品企业贯彻落实〈国务院关于进一步加强企业安全生产工作的通知〉的实施意见》(安监总管三〔2010〕186 号)均要求,在危险化学品充装环节,推广使用金属万向管道充装系统代替充装软管,禁止使用软管充装液氯、液氨、液化石油气、液化天然气等液化危险化学品。《石油化工企业设计防火规范》(GB 50160—2008)对液化烃、可燃液体的装卸要求较高,规范第 6.4.2 条第六款以强制性条文要求"甲 B、乙、丙 A 类液体的装卸车应采用液下装卸车鹤管",第 6.4.3 条规定"1.液化烃(即甲 A 类易燃液体)严禁就地排放;2.低温液化烃装卸鹤位应单独设置"。2015 年 9

月 18 日,河南中鸿煤化公司发生合成氨泄漏事故,造成厂区附近部分村民中毒。事故原因是中鸿煤化公司化工厂区合成氨塔底部金属软管爆裂导致氨气泄漏。

八、光气、氯气等剧毒气体及硫化氢气体管道穿越除厂区(包括化工园区、工业园区)外的公共区域。

《危险化学品输送管道安全管理规定》(国家安全监管总局令第 43 号)要求,禁止光气、氯气等剧毒化学品管道穿(跨)越公共区域,严格控制氨、硫化氢等其他有毒气体的危险化学品管道穿(跨)越公共区域。

随着我国经济的快速发展,城市化进程不断加快,一些危险化学品输送管道从原来的地处偏远郊区逐渐被新建的居民和商业区所包围,一旦穿过公共区域的毒性气体管道发生泄漏,会对周围居民生命安全带来极大威胁。同时,氯气、光气、硫化氢密度均比空气大,腐蚀性强,均能腐蚀设备,易导致设备、管道腐蚀失效,一旦泄漏,很容易引发恶性事故。如 2004 年发生的重庆市天原化工总厂"4·16"氯气泄漏爆炸事故,原因是设备长期腐蚀穿孔,发生液氯储槽爆炸,导致氯气外泄,在事故处置过程中又连续发生爆炸,造成 9 人死亡、3 人受伤、15 万群众紧急疏散。

九、地区架空电力线路穿越生产区且不符合国家标准要求。

地区架空电力线电压等级一般为 35KV 以上,若穿越生产区,一旦发生倒杆、断线或导线打火等意外事故,有可能影响生产并引发火灾造成人员伤亡和财产损失。反之,生产厂区内一旦发生火灾或爆炸事故,对架空电力线也有威胁。本条款涉及的国家标准是指《石油化工设计防火规范》(GB 50160—2008)和《建筑设施防火规范》(GB 50016—2014)。其中,《石油化工设计防火规范》第 4.1.6 条要求,"地区架空电力线路严禁穿越生产区",因此石油化工企业及其他按照《石油化工设计防火规范》设计的化工和危险化学品生产经营单位均严禁地区架空电力线穿越企业生产、储存区域。其他化工和危险化学品生产经营单位则应按照《建筑设施防火规范》(GB 50016—2014)第 10.2.1 条规定,"架空电力线与甲、乙类厂房(仓库),可燃材料堆垛,甲、乙、丙类液体储罐,液化石油气储罐,可燃、助燃气体储罐的最近水平距离应符合表 10.2.1 的规定。35 kV 及以上架空电力线与单罐容积大于 200 m^3 或总容积大于 1000 m^3 液化石油气储罐(区)的最近水平距离不应小于 40 m"执行。

十、在役化工装置未经正规设计且未进行安全设计诊断。

本条款的主要目的是从源头控制化工和危险化学品生产经营单位安全风险,满足安全生产条件,提高在役化工装置本质安全水平。一些地区部分早期建成的化工装置,由于未经正规设计或者未经具备相应资质的设计单位进行设计,导致规划、布局、工艺、设备、自动化控制等不能满足安全要求,安全风险未知或较大。

2012 年 6 月,国家安全监管总局、国家发展改革委、工业和信息化部、住房城乡建设部联合下发的《关于开展提升危险化学品领域本质安全水平专项行动的通知》(安监总管三〔2012〕87 号)要求,对未经正规设计的在役化工装置进行安全设计诊断,全面消除安全设计隐患。2013 年 6 月,国家安全监管总局、住房城乡建设部联合下发了《关于进一步加强危险化学品建设项目安全设计管理的通知》(安监总管三〔2013〕76 号)明确要求,"(危险化学品)建设项目的设计单位必须取得原建设部《工程设计资质标准》(建市〔2007〕86 号)规定的化工石化医药、石油天然气(海洋石油)等相关工程设计资质;涉及重点监管危险化工工艺、重点监管危险化学品和危险化学品重大危险源的大型建设项目,其设计单位资质应为工程设计综合资质或相应工程设计化工石化医药、石油天然气(海洋石油)行业、专业资质甲级"。对新、改、扩建危险化学品建设项目,必须由具备相应资质和相关设计经验的设计单位负责设计,在役化工装置进行安全设计诊断也应按照相应的要求执行。如 2012 年,河北赵县"2·28"重大爆炸事故企业克尔化工有限公司未经正规设计,装置布局、工艺技术及流程、设备管道、安全设施、自动化控制等均存在明显缺陷。

十一、使用淘汰落后安全技术工艺、设备目录列出的工艺、设备。

《安全生产法》第三十五条规定,"国家对严重危及生产安全的工艺、设备实行淘汰制度,具体目录由国务院安全生产监督管理部门会同国务院有关部门制定并公布。法律、行政法规对目录的制定另有规定的,适用其规定。省、自治区、直辖市人民政府可以根据本地区实际情况制定并公布具体目录,对前款规定以外的危及生产安全的工艺、设备予以淘汰。生产经营单位不得使用应当淘汰的危及生产安全的工艺设备"。因此,本条款中的"淘汰落后安全技术工艺、设备目录"是指列入国家安全监管总局《关于印发淘汰落后安全技术装备目录(2015 年第一批)的通知》(安监总厅科技〔2015〕43 号)、《关于印发淘汰落后安全技术工艺、设备目录(2016 年)的通知》(安监总科技〔2016〕137 号)等相关文件被淘汰的工艺、设备,各地区也可自行制定并公布具体目录。如山西晋城"5·16"事故企业使用国家明令淘汰的落后工艺——间接焦炭法生产二硫化碳,该工艺生产过程中易发生泄漏、中毒等生产安全事故,安全隐患突出。

十二、涉及可燃和有毒有害气体泄漏的场所未按国家标准设置检测报警装置,爆炸危险场所未按国家标准安装使用防爆电气设备。

本条款中规定的国家标准是指《石油化工可燃气体和有毒气体检测报警设计规范》(GB 50493—2009)、《爆炸性环境第 1 部分:设备通用要求》(GB 3836.1—2010)和《爆炸性气体环境用电气设备第 16 部分:电气装置的检查和维护(煤矿除外)》(GB 3836.16—2006)。其中,《石油化工可燃气体和有毒气体检测报警设计规范》要求,化工和危险化学品企业涉及可燃气体和有毒气体泄漏的场所应按照上述法规标准要求设置检测报警装置,检测报警装置设置的内容包括检测报警类别,装置的数量和位置,检测报警值的大小、信息远传、连续记录和存储要求,声光报警要求,检测报警装置的完好性等;《爆炸性环境第 1 部分:设备通用要求》(GB 3836.1—2010)和《爆炸性气体环境用电气设备第 16 部分:电气装置的检查和维护(煤矿除外)》(GB 3836.16—2006)对防爆区域的分类进行了明确的界定,对防爆区域电气设备的选型、安装和使用提出了明确要求。如 2008 年 8 月 26 日,广西广维化工股份有限公司有机厂乙炔气泄漏并发生爆炸,造成 21 人死亡,60 多人受伤,事故原因之一是罐区未设置可燃气体报警仪,物料泄漏没有被及时发现。2017 年 6 月 5 日,山东临沂金誉石化公司一辆液化气罐车在卸车作业过程中发生液化气泄漏,引起重大爆炸着火事故。据分析,引发第一次爆炸可能的点火源是临沂金誉石化有限公司生产值班室内在用的非防爆电器产生的电火花。

十三、控制室或机柜间面向具有火灾、爆炸危险性装置一侧不满足国家标准关于防火防爆的要求。

本条款的主要目的是要求企业落实控制室、机柜间等重要设施防火防爆的安全防护要求,在火灾、爆炸事故中,能有效地保护控制室内作业人员的生命安全、控制室及机柜间内重要自控系统、设备设施的安全。涉及的国家标准包括《石油化工企业设计防火规范》(GB5

0160—2008)和《建筑设计防火规范》(GB 50016—2014)。具有火灾、爆炸危险性的化工和危险化学品企业控制室或机柜间应满足以下要求：

（一）其面向具有火灾、爆炸危险性装置一侧的安全防护距离应符合《石油化工设计防火规范》(GB 50160—2008)表 4.2.12 等标准规范条款提出的防火间距要求，且控制室、机柜间的建筑、结构满足《石油化工控制室设计规范》(SH/T 3006—2012)第 4.4.1 条等提出的抗爆强度要求；

（二）面向具有火灾、爆炸危险性装置一侧的外墙应为无门窗洞口、耐火极限不低于 3 小时的不燃烧材料实体墙。

2007 年河北沧州大化"5·11"爆炸事故和 2017 年山东临沂"6·5"爆炸事故均暴露出控制室不满足防火防爆要求的问题。

十四、化工生产装置未按国家标准要求设置双重电源供电，自动化控制系统未设置不间断电源。

本条款的主要目的是从硬件角度出发，通过对化工生产装置设置双重电源供电，以及对自动化控制系统设置不间断电源，提高化工装置重要负荷和控制系统的安全性。涉及的标准主要有《供配电系统设计规范》(GB 50052—2009)和《石油化工装置电力设计规范》(SH 3038—2000)。如 2017 年 2 月 21 日，内蒙古阿拉善盟立信化工公司对硝基苯胺车间发生反应釜爆炸事故，造成 2 人遇难，4 人受伤。经调查，事故企业在应急电源不完备的情况下擅自复产，由于大雪天气工业园区全面停电，企业应急电源无法使用，致使对硝基苯胺车间反应釜无法冷却降温，发生爆炸。

十五、安全阀、爆破片等安全附件未正常投用。

2016 年 7 月 16 日，位于山东日照市的山东石大科技石化有限公司发生液化烃储罐发生着火爆炸事故，根据事故调查报告，罐顶安全阀前后手动阀关闭，瓦斯放空线总管在液化烃罐区界区处加盲板隔离，无法通过火炬系统对液化石油气进行安全泄放，重要安全防范措施无法正常使用，是导致本次事故后果扩大的主要原因。本条款是通过规范具有泄压排放功能的安全阀、爆破片等安全附件的管理，保障企业安全设施的完好性。

《石油化工企业设计防火规范》(GB 50160—2008)第 5.5 部分"泄压排放和火炬系统"对化工和危险化学品企业具有泄压排放功能的安全阀、爆破片等安全附件的设计、安装与设置等提出了明确要求。安全阀、爆破片等安全附件同属于压力容器的安全卸压装置，是保证压力容器安全使用的重要附件，其合理的设置、性能的好坏、完好性的保障直接关系到化工和危险化学品企业生产、储存设备和人身的安全。

十六、未建立与岗位相匹配的全员安全生产责任制或者未制定实施生产安全事故隐患排查治理制度。

安全生产责任制是企业中最基本的一项安全制度，也是企业安全生产管理制度的核心，发生事故后倒查企业管理原因，多与责任制不健全和隐患排查治理不到位有关。本条款的主要目的是督促化工和危险化学品企业制定落实与岗位职责相匹配的全员安全生产责任制，根据本单位生产经营特点、风险分布、危险有害因素的种类和危害程度等情况，制定隐患排查治理制度，推进企业建立安全生产长效机制。关于企业的安全生产责任制主要检查两点：一是企业所有岗位都应建立与之一一对应的安全生产责任，责任制的内容应包括但不限于基本的法定职责；二是应采取适当途径告知从业人员安全生产责任及考核情况。隐患排查治理应常态化,并做到闭环管理,且纳入日常考核。

十七、未制定操作规程和工艺控制指标。

《安全生产法》第十八条规定,"生产经营单位的主要负责人应负责组织制定本单位安全生产规章制度和操作规程"。化工和危险化学品企业的各生产岗位应制定操作规程和工艺控制指标:一是制定操作规程管理制度,规范操作规程内容,明确操作规程编写、审查、批准、分发、使用、控制、修改及废止的程序和职责。二是编制的各生产岗位操作规程的内容应至少包括开车、正常操作、临时操作、应急操作、正常停车和紧急停车的操作步骤与安全要求;工艺参数的正常控制范围,偏离正常工况的后果,防止和纠正偏离正常工况的方法及步骤;操作过程的人身安全保障、职业健康注意事项。三是制定工艺控制指标,如以工艺卡片的形式明确对工艺和设备安全操作的最低要求。四是操作规程、工艺控制指标应科学合理,保证生产过程安全。

化工和危险化学品企业未制定操作规程和工艺控制指标,或制定的操作规程和工艺控制指标不符合以上四项要求的任意一项,都应纳入重大事故隐患进行管理。如河北赵县"2·28"重大爆炸事故暴露出事故企业工艺管理混乱,不经安全审查随意变更生产原料、工艺设施,车间管理人员没有专业知识和能力,违反操作规程,擅自将反应温度大幅调高。

十八、未按照国家标准制定动火、进入受限空间等特殊作业管理制度,或者制度未有效执行。

近年来,化工和危险化学品生产经营单位在动火、进入受限空间作业等特殊作业环节事故占到全部事故的近50%。2016年4月22日,江苏靖江德桥仓储有限公司储罐区2号交换站发生火灾,直接经济损失2532.14万元。调查发现,事故的直接原因是德桥公司组织承包商在2号交换站管道进行动火作业,在未清理作业现场地沟内油品、未进行可燃气体分析、未对动火点下方的地沟采取覆盖、铺沙等措施进行隔离的情况下,违章动火作业,切割时产生火花引燃地沟内的可燃物引发大火。

本条款的主要目的是促进化学品生产经营单位在设备检修及相关作业过程中可能涉及的动火作业、进入受限空间作业以及其他特殊作业的安全进行。涉及的国家标准是指《化学品生产单位特殊作业安全规范》(GB 30871—2014)。

十九、新开发的危险化学品生产工艺未经小试、中试、工业化试验直接进行工业化生产;国内首次使用的化工工艺未经过省级人民政府有关部门组织的安全可靠性论证;新建装置未制定试生产方案投料开车;精细化工企业未按规范性文件要求开展反应安全风险评估。

新工艺安全风险未知,若没有安全可靠性论证、逐级放大试验、严密的试生产方案,风险很难辨识,管控措施很难到位,容易发生"想不到"的事故。本条款中"精细化工企业未按规范性文件要求开展反应安全风险评估",规范性文件是指国家安全监管总局于2017年1月发布《关于加强精细化工反应安全风险评估工作的指导意见》(安监总管三〔2017〕1号)要求,企业中涉及重点监管危险化工工艺和金属有机物合成反应(包括格氏反应)的间歇和半间歇反应,有以下情形之一的,要开展反应安全风险评估:

1.国内首次使用的新工艺、新配方投入工业化生产的以及国外首次引进的新工艺且未进行过反应安全风险评估的;

2.现有的工艺路线、工艺参数或装置能力发生变更,且没有反应安全风险评估报告的;

3.因反应工艺问题,发生过事故的。

精细化工生产中反应失控是发生事故的重要原因,开展精细化工反应安全风险评估、确定风险等级并采取有效管控措施,对于保障企业安全生产具有重要意义。2017年浙江林江化工股份有限公司"6·9"爆燃事故就是企业受经济利益驱使,在不掌握反应安全风险的情况下在已停产的车间开展医药中间体的中试研发,仅依据500 ml规模小试结果就盲目将试验规模放大至1万倍以上,由于中间产物不稳定,发生分解引发爆燃事故。

二十、未按国家标准分区分类储存危险化学品,超量、超品种储存危险化学品,相互禁配物质混放混存。

禁配物质混放混存,安全风险大。本条款的主要目的是着力解决危险化学品储存场所存在的危险化学品混存堆放、超量超品种储存等突出问题,遏制重特大事故发生。涉及的国家标准主要有《建筑设计防火规范》(GB 50016—2014)、《常用危险化学品贮存通则》(GB 15603—1995)、《易燃易爆性商品储存养护技术条件》(GB 17914—2013)、《腐蚀性商品储存养护技术条件》(GB 17915—2013)和《毒害性商品储存养护技术条件》(GB 17916—2013)等。2015年8月12日,位于天津市滨海新区天津港的瑞海国际物流有限公司发生特别重大火灾爆炸事故,事故暴露出的突出问题是不同危险特性的危险化学品混存堆放,造成事故后果极度扩大,事故共造成165人遇难,8人失踪,798人受伤,并造成重大经济损失。

危险化学品经营企业安全技术基本要求
(GB 18265—2019)

前　　言

本标准的全部技术内容为强制性。

本标准按照 GB/T 1.1—2009 给出的规则起草。

本标准代替 GB 18265—2000《危险化学品经营企业开业条件和技术要求》，与 GB 18265—2000 相比，主要技术变化如下：

——修改了标准名称，由原《危险化学品经营企业开业条件和技术要求》改为《危险化学品经营企业安全技术基本要求》；
——修改了标准的范围、引用标准、定义；
——删除了对从业人员技术要求、废弃物处理、危险化学品经营许可证要求；
——附录 A 具体给出了本标准与 GB 18265—2000 主要内容对比的变化情况。

本标准由中华人民共和国应急管理部提出并归口。

本标准起草单位：中国安全生产科学研究院、中国石油大学（华东）、中国仓储协会危险化学品仓储分会。

本标准主要起草人：魏利军、王如君、多英全、罗艾民、赵东风、孙杰、陈思凝、宋占兵、尹法波、林震宇、易高翔、刘义、徐一星、凌新、李思斯。

本标准所代替标准的历次版本发布情况为：

——GB 18265—2000。

1　范围

本标准规定了危险化学品经营企业的安全技术基本要求。

本标准适用于危险化学品经营企业的危险化学品仓库、危险化学品商店的选址、建设、安全设施的安全技术基本要求。

本标准不适用于汽车加油加气站、石油库、无实物陈列营业场所的危险化学品商店及网上销售的危险化学品商店。

2　规范性引用文件

下列文件对于本文件的应用是必不可少的。凡是注日期的引用文件，仅注日期的版本适用于本文件。凡是不注日期的引用文件，其最新版本（包括所有的修改单）适用于本文件。

GB 2894　安全标志及其使用导则
GB 12158　防止静电事故通用导则
GB 15603　常用化学危险品贮存通则
GB 18218　危险化学品重大危险源辨识
GB 30077　危险化学品单位应急救援物资配备要求

GB/T 37243　危险化学品生产装置和储存设施外部安全防护距离确定方法
GB 50016　建筑设计防火规范
GB 50057　建筑物防雷设计规范
GB 50058　爆炸危险环境电力装置设计规范
GB 50089　民用爆破器材工程设计安全规范
GB 50140　建筑灭火器配置设计规范
GB 50161　烟花爆竹工程设计安全规范
GB 50493　石油化工可燃气体和有毒气体检测报警设计规范

3 术语和定义

下列术语和定义适用于本文件。

3.1
危险化学品仓库　hazardous chemicals warehouse
储存危险化学品的专用库房及其附属设施。

3.2
危险化学品商店　hazardous chemicals store
零售危险化学品民用小包装的专门经营场所，由营业场所或与其毗邻的备货库房组成。

3.3
爆炸物　explosive
列入《危险化学品目录》及《危险化学品分类信息表》的所有爆炸物。

3.4
有毒气体　toxic gas
列入《危险化学品目录》及《危险化学品分类信息表》，危害特性类别包含急性毒性-吸入的气体。

3.5
易燃气体　flammable gas
列入《危险化学品目录》及《危险化学品分类信息表》，危害特性类别包含易燃气体，类别1、类别2的气体。

4 危险化学品仓库安全技术基本要求

4.1 规划选址

4.1.1　危险化学品仓库应符合本地区城乡规划，选址在远离市区和居民区的常年最小频率风向的上风侧。

4.1.2　危险化学品仓库防火间距应按GB 50016的规定执行。危险化学品仓库与铁路安全防护距离，与公路、广播电视设施、石油天然气管道、电力设施距离应符合其法规要求。

4.1.3　爆炸物库房除符合4.1.2要求外，与防护目标应至少保持1 000 m的距离。还应按GB/T 37243的规定，采用事故后果法计算外部安全防护距离。事故后果法计算时应采用最严重事故情景计算外部安全防护距离。

4.1.4　涉及有毒气体或易燃气体，且其构成危险化学品重大危险源的库房除符合4.1.2要求外,还应按 GB/T 37243 的规定,采用定量风险评价法计算外部安全防护距离。定量风险评价法计算时应采用可能储存的危险化学品最大量计算外部安全防护距离。

4.2 建设要求

4.2.1 危险化学品仓库建设应按 GB 50016 平面布置、建筑构造、耐火等级、安全疏散、消防设施、电气、通风等规定执行。

4.2.2 爆炸物库房建设应按 GB 50089 或 GB 50161 平面布置、建筑与结构、消防、电气、通风等规定执行。

4.2.3 危险化学品库房应防潮、平整、坚实、易于清扫。可能释放可燃性气体或蒸气,在空气中能形成粉尘、纤维等爆炸性混合物的危险化学品库房应采用不发生火花的地面。储存腐蚀性危险化学品的库房的地面、踢脚应采取防腐材料。

4.2.4 危险化学品储存禁忌应按 GB 15603 的规定执行。

4.2.5 应建立危险化学品追溯管理信息系统,应具备危险化学品出入库记录,库存危险化学品品种、数量及库内分布等功能,数据保存期限不得少于 1 年,且应异地实时备份。

4.2.6 构成危险化学品重大危险源的危险化学品仓库应符合国家法律法规、标准规范关于危险化学品重大危险源的技术要求。

4.2.7 爆炸物宜按不同品种单独存放。当受条件限制,不同品种爆炸物需同库存放时,应确保爆炸物之间不是禁忌物品且包装完整无损。

4.2.8 有机过氧化物应储存在危险化学品库房特定区域内,避免阳光直射,并应满足不同品种的存储温度、湿度要求。

4.2.9 遇水放出易燃气体的物质和混合物应密闭储存在设有防水、防雨、防潮措施的危险化学品库房中的干燥区域内。

4.2.10 自热物质和混合物的储存温度应满足不同品种的存储温度、湿度要求,并避免阳光直射。

4.2.11 自反应物质和混合物应储存在危险化学品库房特定区域内,避免阳光直射并保持良好通风,且应满足不同品种的存储温度、湿度要求。自反应物质及其混合物只能在原装容器中存放。

4.3 安全设施

4.3.1 危险化学品库房内的爆炸危险环境电力装置应按 GB 50058 的规定执行。危险化学品库房爆炸危险环境内使用的电瓶车、铲车等作业工具应符合防爆要求。

4.3.2 危险化学品仓库防雷、防静电应按 GB 50057、GB 12158 的规定执行。

4.3.3 危险化学品仓库应设置通信、火灾报警装置,有供对外联络的通讯设备,并保证处于适用状态。

4.3.4 储存可能散发可燃气体、有毒气体的危险化学品库房应按 GB 50493 的规定配备相应的气体检测报警装置,并与风机联锁。报警信号应传至 24 h 有人值守的场所,并设声光报警器。

4.3.5 储存易燃液体的危险化学品库房应设置防液体流散措施。剧毒物品的危险化学品库房应安装通风设备。

4.3.6 危险化学品仓库应在库区建立全覆盖的视频监控系统。

4.3.7 危险化学品库房、作业场所和安全设施、设备上,应按 GB 2894 的规定设置明显的安全警示标志。不能用水、泡沫等灭火的危险化学品库房应在库房外适当位置设置醒目标识。

4.3.8 危险化学品仓库应按 GB 50016、GB 50140 的规定设置消防设施和消防器材。

4.3.9 危险化学品仓库应按 GB 30077 的规定配备相应的防护装备及应急救援器材、设备、物资,并保障其完好和方便使用。

5 危险化学品商店安全技术基本要求

5.1 商店选址

禁止选址在人员密集场所、居住建筑内。

5.2 建设要求

5.2.1 危险化学品商店建筑构造、耐火等级、安全疏散、消防设施、电气、通风应按 GB 50016 规定执行。

5.2.2 危险化学品商店的营业场所面积(不含备货库房)应不小于 60 m²,危险化学品商店内不应设有生活设施。营业场所与备货库房之间,以及危险化学品商店与其他场所之间应进行防火分隔。

5.2.3 备货库房应设置高窗,窗上应安装防护铁栏,窗户应采取避光和防雨措施。

5.2.4 备货库房地面应防潮、平整、坚实、易于清扫。可能释放可燃性气体或蒸气,在空气中能形成粉尘、纤维等爆炸性混合物的备货库房应采用不发生火花的地面。储存腐蚀性危险化学品的备货库房的地面、踢脚应采用防腐材料。

5.2.5 营业场所只允许存放单件质量小于 50 kg 或容积小于 50 L 的民用小包装危险化学品,其存放总质量不得超过 1 t,且营业场所内危险化学品的量与 GB 18218 中所规定的临界量比值之和应不大于 0.3。

5.2.6 备货库房只允许存放单件质量小于 50 kg 或容积小于 50 L 的民用小包装危险化学品,其存放总质量不得超过 2 t,且备货库房内危险化学品的量与 GB 18218 中所规定的临界量比值之和应不大于 0.6。

5.2.7 只允许经营除爆炸物、剧毒化学品(属于剧毒化学品的农药除外)以外的危险化学品。

5.2.8 经营有机过氧化物、遇水放出易燃气体的物质和混合物、自热物质和混合物、自反应物质和混合物的商店应分别具备 4.2.8、4.2.9、4.2.10 及 4.2.11 的存储要求。

5.2.9 危险化学品不应露天存放。

5.2.10 危险化学品的摆放应布局合理,禁忌物品要求应按 GB 15603 的规定执行。

5.2.11 应建立危险化学品经营档案,档案内容至少应包括危险化学品品种、数量、出入记录等,数据保存期限应不少于 1 年。

5.3 安全设施

5.3.1 备货库房平开门应向疏散方向开启。平开门及窗应设等电位接地线,门外应设人体静电消除器设施。

5.3.2 备货库房内的爆炸危险环境电力装置应按 GB 50058 的规定执行。

5.3.3 备货库房照明设施、电气设备的配电箱及电气开关应设置在库外,并应可靠接地,安装过压、过载、触电、漏电保护设施,采取防雨、防潮保护措施。

5.3.4 备货库房应有防止小动物进入的设施。

5.3.5 危险化学品商店应设置视频监控设备。

5.3.6 危险化学品商店应配备灭火器等消防器材,且其类型和数量应按 GB 50140 的规定执行。

5.3.7 危险化学品商店应按 GB 2894 的规定设置安全警示标志。

附 录 A
(资料性附录)
GB 18265—2019 与 GB 18265—2000 的技术内容对比

本附录给出了 GB 18265—2019 与上版 GB 18265—2000 的主要技术内容对比,参见表 A.1。

表 A.1 GB 18265—2019 与上版 GB 18265—2000 的对比

对比内容	GB 18265—2000	GB 18265—2019
标准名称	危险化学品经营企业开业条件和技术要求	危险化学品经营企业安全技术基本要求
标准适用范围	适用于从事危险化学品交易和配送的任何经营企业	适用于危险化学品经营企业的危险化学品仓库、危险化学品商店的选址、建设、安全设施的安全技术基本要求; 不适用于汽车加油加气站、石油库、无实物陈列营业场所的危险化学品商店及网上销售的危险化学品商店
术语和定义	危险化学品、剧毒物品、禁忌物料、隔离储存、隔开储存、分离储存	危险化学品仓库、危险化学品商店、爆炸物、有毒气体、易燃气体
规划选址	危险化学品经营企业的经营场所应坐落在交通便利、便于疏散处; 大中型危险化学品仓库应选址在远离市区和居民区的当地主导风向的下风方向和河流下游的地域	危险化学品仓库应符合本地区城乡规划,选址在远离市区和居民区的常年最小频率风向的上风侧; 危险化学品商店禁止选址在人员密集场所、居住建筑内
内、外部距离	大中型危险化学品仓库应与周围公共建筑物、交通干线(公路、铁路、水路)、工矿企业等距离至少保持 1 000 m; 零售业务的店面应与繁华商业区或居住人口稠密区保持 500 m 以上距离	危险化学品仓库防火间距应按 GB 50016 的规定执行。危险化学品仓库与铁路安全防护距离,与公路、广播电视设施、石油天然气管道、电力设施距离应符合其法规要求; 爆炸物库房与防护目标应至少保持 1 000 m 的距离,还应采用事故后果法计算外部安全防护距离; 涉及有毒气体或易燃气体,且其构成危险化学品重大危险源的库房还应采用定量风险评价法计算外部安全防护距离

表 A.1（续）

对比内容	GB 18265—2000	GB 18265—2019
爆炸物库房建设要求	无规定	爆炸物库房建设应按 GB 50089 或 GB 50161 平面布置、建筑与结构、消防、电气、通风等规定执行
危险化学品追溯管理信息系统	入库的危险化学品应符合产品标准，收货保管员应严格按 GB 190 的规定验收内外标志、包装、容器等，并做到账、货、卡相符	危险化学品仓库建立危险化学品追溯管理信息系统，应具备危险化学品出入库记录，库存危险化学品品种、数量及库内分布等功能，数据保存期限不得少于 1 年，且应异地实时备份； 危险化学品商店应建立危险化学品经营档案，档案内容至少应包括危险化学品品种、数量、出入记录等，数据保存期限不得少于 1 年
构成危险化学品重大危险源的危险化学品仓库	无规定	构成危险化学品重大危险源的危险化学品仓库应符合国家法律法规、标准规范关于危险化学品重大危险源的技术要求
爆炸物等危险化学品库房具体要求	毒害性、腐蚀性危险化学品库房，易燃易爆性危险化学品库房，爆炸品库房，低、中闪点液体、一级易燃固体、自燃物品、压缩气体和液化气体类库房的耐火等级要求； 各类危险化学品均应按其性质储存在适宜的温湿度内	爆炸物、有机过氧化物、遇水放出易燃气体的物质和混合物、自热物质和混合物、自反应物质和混合物储存要求
危险化学品商店存放量要求	零售业务的店面内只许存放民用小包装的危险化学品，其存放总质量不得超过 1 t； 零售业务的店面与存放危险化学品的库房（或罩棚）应有实墙相隔。单一品种存放量不能超过 500 kg，总质量不能超过 2 t	营业场所只允许存放单件质量小于 50 kg 或容积小于 50 L 的民用小包装危险化学品，其存放总质量不得超过 1 t，且营业场所内危险化学品的量与 GB 18218 中所规定的临界量比值之和应不大于 0.3； 备货库房只允许存放单件质量小于 50 kg 或容积小于 50 L 的民用小包装危险化学品，其存放总质量不得超过 2 t，且备货库房内危险化学品的量与 GB 18218 中所规定的临界量比值之和应不大于 0.6
危险化学品仓库内储存要求	危险化学品仓库储存的危险化学品应符合 GB 15603、GB 17914、GB 17915、GB 17916 的规定，分区、分类、分库储存，禁忌物料，垛距、墙距、柱距	不涉及

表 A.1（续）

对比内容	GB 18265—2000	GB 18265—2019
危险化学品的运输要求	运输危险化学品的车辆、危险化学品包装、剧毒物品运输、夜间运输危险化学品	不涉及
从业人员技术要求	危险化学品经营企业的法定代表人或经理、企业业务经营人员、经营剧毒物品企业的人员上岗要求	不涉及
安全设施	设有消防、治安报警装置。有供对外报警、联络的通讯设备； 危险化学品仓库应有专职或义务消防、警卫队伍，都应制定灭火预案并经常进行消防演练； 装卸毒害品作业人员应佩带手套和相应的防毒口罩或面具，穿防护服； 装卸易燃易爆品人员应穿工作服，带手套、口罩等必需的防护用具，须穿防静电工作服。禁止穿带钉鞋； 装卸腐蚀品人员应穿工作服、戴护目镜、胶皮手套、胶皮围裙等必需的防护用具； 企业应在经营店面和仓库，准备相应的急救药品和制定急救预案	设置通信、火灾报警装置，有供对外联络的通讯设备，并保证处于适用状态； 气体检测报警装置与风机联锁，报警信号应传至24 h有人值守的场所，并设声光报警器； 储存易燃液体的危险化学品库房应设置防液体流散措施； 危险化学品仓库应在库区建立全覆盖的视频监控系统； 不能用水、泡沫等灭火的危险化学品库房应在库房外适当位置设置醒目标识； 危险化学品商店应设置视频监控设备； 危险化学品仓库应按GB 30077的规定配备相应的防护装备及应急救援器材、设备、物资
企业内部安全管理	安全组织、安全制度、安全操作	不涉及
废弃物处理	堆积可燃性废弃物、泄漏或渗漏危险化学品的包装容器、处理废弃物品	不涉及
危险化学品经营许可证	危险化学品经营许可证制作、发放、申领	不涉及

参 考 文 献

[1] 国家安全生产监督管理总局,中华人民共和国工业和信息化部,中华人民共和国公安部,等.危险化学品目录(2015版):公告2015年第5号[DB/OL].(2015-02-27)[2018-07-23]. http://www.chinasafety.gov.cn/zjnsjg/ajss/wxhxpaqjg/gggw_419/xzxk_423/201503/t20150309_207141.shtml.

[2] 国家安全生产监督管理总局.国家安全监管总局办公厅关于印发危险化学品目录(2015版)实施指南(试行)的通知:安监总厅管三〔2015〕80号[DB/OL].(2015-08-19)[2018-07-23]. http://www.chinasafety.gov.cn/zjnsjg/ajss/wxhxpaqjg/gggw_419/tzgg_420/201509/t20150902_207057.shtml.

危险化学品重大危险源辨识（GB 18218—2018）

前 言

本标准的全部技术内容为强制性。

本标准按照 GB/T 1.1—2009 给出的规则起草。

本标准代替 GB 18218—2009《危险化学品重大危险源辨识》，与 GB 18218—2009 相比，主要技术变化如下：

——适用范围中明确厂外运输不包括在辨识范围内[见第 1 章 d)，2009 年版的第 1 章 d)]；
——修改了危险化学品、危险化学品重大危险源的定义（见 3.1、3.4，2009 年版的 3.1、3.4）；
——增加了混合物的定义（见 3.7）；
——修改了重大危险源分类，分为生产单元重大危险源和储存单元重大危险源（见 4.1.1，2009 年版的 4.1.1）；
——修改了危险化学品名称（见表 1，2009 年版的表 1）；
——修改了危险化学品分类方法（见 4.1.2，2009 年版的 4.1.2）；
——增加了危险化学品实际存在量的确定方式（见 4.2.2）；
——增加了对混合物的辨识要求（见 4.2.3）；
——增加了重大危险源的分级方法（见 4.3）。

本标准由中华人民共和国应急管理部提出并归口。

本标准起草单位：中国安全生产科学研究院、中国石油化工股份有限公司青岛安全工程研究院。

本标准主要起草人：魏利军、王如君、多英全、师立晨、张圣柱、于立见、罗艾民、杨春生、宋占兵、杨国梁、李运才、赵文芳、王家见。

本标准所代替标准的历次版本发布情况为：

——GB 18218—2000、GB 18218—2009。

1 范围

本标准规定了辨识危险化学品重大危险源的依据和方法。

本标准适用于生产、储存、使用和经营危险化学品的生产经营单位。

本标准不适用于：

a) 核设施和加工放射性物质的工厂，但这些设施和工厂中处理非放射性物质的部门除外；
b) 军事设施；
c) 采矿业，但涉及危险化学品的加工工艺及储存活动除外；
d) 危险化学品的厂外运输（包括铁路、道路、水路、航空、管道等运输方式）；

e) 海上石油天然气开采活动。

2 规范性引用文件

下列文件对于本文件的应用是必不可少的。凡是注日期的引用文件,仅注日期的版本适用于本文件。凡是不注日期的引用文件,其最新版本(包括所有的修改单)适用于本文件。

GB 30000.2　化学品分类和标签规范　第2部分:爆炸物
GB 30000.3　化学品分类和标签规范　第3部分:易燃气体
GB 30000.4　化学品分类和标签规范　第4部分:气溶胶
GB 30000.5　化学品分类和标签规范　第5部分:氧化性气体
GB 30000.7　化学品分类和标签规范　第7部分:易燃液体
GB 30000.8　化学品分类和标签规范　第8部分:易燃固体
GB 30000.9　化学品分类和标签规范　第9部分:自反应物质和混合物
GB 30000.10　化学品分类和标签规范　第10部分:自燃液体
GB 30000.11　化学品分类和标签规范　第11部分:自燃固体
GB 30000.12　化学品分类和标签规范　第12部分:自热物质和混合物
GB 30000.13　化学品分类和标签规范　第13部分:遇水放出易燃气体的物质和混合物
GB 30000.14　化学品分类和标签规范　第14部分:氧化性液体
GB 30000.15　化学品分类和标签规范　第15部分:氧化性固体
GB 30000.16　化学品分类和标签规范　第16部分:有机过氧化物
GB 30000.18　化学品分类和标签规范　第18部分:急性毒性

3 术语和定义

下列术语和定义适用于本文件。

3.1
危险化学品　hazardous chemicals
具有毒害、腐蚀、爆炸、燃烧、助燃等性质,对人体、设施、环境具有危害的剧毒化学品和其他化学品。

3.2
单元　unit
涉及危险化学品的生产、储存装置、设施或场所,分为生产单元和储存单元。

3.3
临界量　threshold quantity
某种或某类危险化学品构成重大危险源所规定的最小数量。

3.4
危险化学品重大危险源　major hazard installations for hazardous chemicals
长期地或临时地生产、储存、使用和经营危险化学品,且危险化学品的数量等于或超过临界量的单元。

3.5

生产单元　production unit

危险化学品的生产、加工及使用等的装置及设施,当装置及设施之间有切断阀时,以切断阀作为分隔界限划分为独立的单元。

3.6

储存单元　storage unit

用于储存危险化学品的储罐或仓库组成的相对独立的区域,储罐区以罐区防火堤为界限划分为独立的单元,仓库以独立库房(独立建筑物)为界限划分为独立的单元。

3.7

混合物　mixture

由两种或者多种物质组成的混合体或者溶液。

4 危险化学品重大危险源辨识

4.1 辨识依据

4.1.1 危险化学品应依据其危险特性及其数量进行重大危险源辨识,具体见表1和表2。危险化学品的纯物质及其混合物应按 GB 30000.2、GB 30000.3、GB 30000.4、GB 30000.5、GB 30000.7、GB 30000.8、GB 30000.9、GB 30000.10、GB 30000.11、GB 30000.12、GB 30000.13、GB 30000.14、GB 30000.15、GB 30000.16、GB 30000.18 的规定进行分类。危险化学品重大危险源可分为生产单元危险化学品重大危险源和储存单元危险化学品重大危险源。

4.1.2 危险化学品临界量的确定方法如下：

a) 在表1范围内的危险化学品,其临界量应按表1确定;

b) 未在表1范围内的危险化学品,应依据其危险性,按表2确定其临界量;若一种危险化学品具有多种危险性,应按其中最低的临界量确定。

表 1　危险化学品名称及其临界量

序号	危险化学品名称和说明	别名	CAS 号	临界量/t
1	氨	液氨;氨气	7664-41-7	10
2	二氟化氧	一氧化二氟	7783-41-7	1
3	二氧化氮		10102-44-0	1
4	二氧化硫	亚硫酸酐	7446-09-5	20
5	氟		7782-41-4	1
6	碳酰氯	光气	75-44-5	0.3
7	环氧乙烷	氧化乙烯	75-21-8	10
8	甲醛(含量≥90%)	蚁醛	50-00-0	5
9	磷化氢	磷化三氢;膦	7803-51-2	1
10	硫化氢		7783-06-4	5
11	氯化氢(无水)		7647-01-0	20

表1（续）

序号	危险化学品名称和说明	别名	CAS号	临界量/t
12	氯	液氯；氯气	7782-50-5	5
13	煤气(CO,CO和H_2、CH_4的混合物等)			20
14	砷化氢	砷化三氢、胂	7784-42-1	1
15	锑化氢	三氢化锑；锑化三氢；䏻	7803-52-3	1
16	硒化氢		7783-07-5	1
17	溴甲烷	甲基溴	74-83-9	10
18	丙酮氰醇	丙酮合氰化氢；2-羟基异丁腈；氰丙醇	75-86-5	20
19	丙烯醛	烯丙醛；败脂醛	107-02-8	20
20	氟化氢		7664-39-3	1
21	1-氯-2,3-环氧丙烷	环氧氯丙烷（3-氯-1,2-环氧丙烷）	106-89-8	20
22	3-溴-1,2-环氧丙烷	环氧溴丙烷；溴甲基环氧乙烷；表溴醇	3132-64-7	20
23	甲苯二异氰酸酯	二异氰酸甲苯酯；TDI	26471-62-5	100
24	一氯化硫	氯化硫	10025-67-9	1
25	氰化氢	无水氢氰酸	74-90-8	1
26	三氧化硫	硫酸酐	7446-11-9	75
27	3-氨基丙烯	烯丙胺	107-11-9	20
28	溴	溴素	7726-95-6	20
29	乙撑亚胺	吖丙啶；1-氮杂环丙烷；氮丙啶	151-56-4	20
30	异氰酸甲酯	甲基异氰酸酯	624-83-9	0.75
31	叠氮化钡	叠氮钡	18810-58-7	0.5
32	叠氮化铅		13424-46-9	0.5
33	雷汞	二雷酸汞；雷酸汞	628-86-4	0.5
34	三硝基苯甲醚	三硝基茴香醚	28653-16-9	5
35	2,4,6-三硝基甲苯	梯恩梯；TNT	118-96-7	5
36	硝化甘油	硝化丙三醇；甘油三硝酸酯	55-63-0	1
37	硝化纤维素[干的或含水(或乙醇)<25%]	硝化棉	9004-70-0	1
38	硝化纤维素（未改型的，或增塑的，含增塑剂<18%）			1

表1（续）

序号	危险化学品名称和说明	别名	CAS号	临界量/t
39	硝化纤维素（含乙醇≥25％）	硝化棉	9004-70-0	10
40	硝化纤维素（含氮≤12.6％）			50
41	硝化纤维素（含水≥25％）			50
42	硝化纤维素溶液（含氮量≤12.6％,含硝化纤维素≤55％）	硝化棉溶液	9004-70-0	50
43	硝酸铵（含可燃物＞0.2％,包括以碳计算的任何有机物,但不包括任何其他添加剂）		6484-52-2	5
44	硝酸铵（含可燃物≤0.2％）		6484-52-2	50
45	硝酸铵肥料（含可燃物≤0.4％）			200
46	硝酸钾		7757-79-1	1 000
47	1,3-丁二烯	联乙烯	106-99-0	5
48	二甲醚	甲醚	115-10-6	50
49	甲烷,天然气		74-82-8（甲烷）8006-14-2（天然气）	50
50	氯乙烯	乙烯基氯	75-01-4	50
51	氢	氢气	1333-74-0	5
52	液化石油气（含丙烷、丁烷及其混合物）	石油气（液化的）	68476-85-7 74-98-6（丙烷）106-97-8（丁烷）	50
53	一甲胺	氨基甲烷；甲胺	74-89-5	5
54	乙炔	电石气	74-86-2	1
55	乙烯		74-85-1	50
56	氧（压缩的或液化的）	液氧；氧气	7782-44-7	200
57	苯	纯苯	71-43-2	50
58	苯乙烯	乙烯苯	100-42-5	500
59	丙酮	二甲基酮	67-64-1	500
60	2-丙烯腈	丙烯腈；乙烯基氰；氰基乙烯	107-13-1	50
61	二硫化碳		75-15-0	50
62	环己烷	六氢化苯	110-82-7	500
63	1,2-环氧丙烷	氧化丙烯；甲基环氧乙烷	75-56-9	10
64	甲苯	甲基苯；苯基甲烷	108-88-3	500

表 1（续）

序号	危险化学品名称和说明	别名	CAS 号	临界量/t
65	甲醇	木醇；木精	67-56-1	500
66	汽油（乙醇汽油、甲醇汽油）		86290-81-5（汽油）	200
67	乙醇	酒精	64-17-5	500
68	乙醚	二乙基醚	60-29-7	10
69	乙酸乙酯	醋酸乙酯	141-78-6	500
70	正己烷	己烷	110-54-3	500
71	过乙酸	过醋酸；过氧乙酸；乙酰过氧化氢	79-21-0	10
72	过氧化甲基乙基酮（10%＜有效氧含量≤10.7%，含 A 型稀释剂≥48%）		1338-23-4	10
73	白磷	黄磷	12185-10-3	50
74	烷基铝	三烷基铝		1
75	戊硼烷	五硼烷	19624-22-7	1
76	过氧化钾		17014-71-0	20
77	过氧化钠	双氧化钠；二氧化钠	1313-60-6	20
78	氯酸钾		3811-04-9	100
79	氯酸钠		7775-09-9	100
80	发烟硝酸		52583-42-3	20
81	硝酸（发红烟的除外,含硝酸＞70%）		7697-37-2	100
82	硝酸胍	硝酸亚氨脲	506-93-4	50
83	碳化钙	电石	75-20-7	100
84	钾	金属钾	7440-09-7	1
85	钠	金属钠	7440-23-5	10

表 2 未在表 1 中列举的危险化学品类别及其临界量

类别	符号	危险性分类及说明	临界量/t
健康危害	J（健康危害性符号）	—	—
急性毒性	J1	类别1,所有暴露途径,气体	5
	J2	类别1,所有暴露途径,固体、液体	50
	J3	类别2、类别3,所有暴露途径,气体	50

表 2（续）

类别	符号	危险性分类及说明	临界量/t
急性毒性	J4	类别 2、类别 3,吸入途径,液体(沸点≤35 ℃)	50
	J5	类别 2,所有暴露途径,液体(除 J4 外)、固体	500
物理危险	W（物理危险性符号）	—	—
爆炸物	W1.1	—不稳定爆炸物 —1.1 项爆炸物	1
	W1.2	1.2、1.3、1.5、1.6 项爆炸物	10
	W1.3	1.4 项爆炸物	50
易燃气体	W2	类别 1 和类别 2	10
气溶胶	W3	类别 1 和类别 2	150（净重）
氧化性气体	W4	类别 1	50
易燃液体	W5.1	—类别 1 —类别 2 和 3,工作温度高于沸点	10
	W5.2	—类别 2 和 3,具有引发重大事故的特殊工艺条件包括危险化工工艺、爆炸极限范围或附近操作、操作压力大于 1.6 MPa 等	50
	W5.3	—不属于 W5.1 或 W5.2 的其他类别 2	1 000
	W5.4	—不属于 W5.1 或 W5.2 的其他类别 3	5 000
自反应物质和混合物	W6.1	A 型和 B 型自反应物质和混合物	10
	W6.2	C 型、D 型、E 型自反应物质和混合物	50
有机过氧化物	W7.1	A 型和 B 型有机过氧化物	10
	W7.2	C 型、D 型、E 型、F 型有机过氧化物	50
自燃液体和自燃固体	W8	类别 1 自燃液体 类别 1 自燃固体	50
氧化性固体和液体	W9.1	类别 1	50
	W9.2	类别 2、类别 3	200
易燃固体	W10	类别 1 易燃固体	200
遇水放出易燃气体的物质和混合物	W11	类别 1 和类别 2	200

4.2 重大危险源的辨识指标

4.2.1 生产单元、储存单元内存在危险化学品的数量等于或超过表1、表2规定的临界量,即被定为重大危险源。单元内存在的危险化学品的数量根据危险化学品种类的多少区分为以下两种情况:

    a) 生产单元、储存单元内存在的危险化学品为单一品种时,该危险化学品的数量即为单元内危险化学品的总量,若等于或超过相应的临界量,则定为重大危险源。

    b) 生产单元、储存单元内存在的危险化学品为多品种时,按式(1)计算,若满足式(1),则定为重大危险源:

$$S = q_1/Q_1 + q_2/Q_2 + \cdots + q_n/Q_n \geqslant 1 \quad\quad\quad (1)$$

式中:

S ——辨识指标;

$q_1, q_2, \cdots, q_n$ ——每种危险化学品的实际存在量,单位为吨(t);

$Q_1, Q_2, \cdots, Q_n$ ——与每种危险化学品相对应的临界量,单位为吨(t)。

4.2.2 危险化学品储罐以及其他容器、设备或仓储区的危险化学品的实际存在量按设计最大量确定。

4.2.3 对于危险化学品混合物,如果混合物与其纯物质属于相同危险类别,则视混合物为纯物质,按混合物整体进行计算。如果混合物与其纯物质不属于相同危险类别,则应按新危险类别考虑其临界量。

4.2.4 危险化学品重大危险源的辨识流程参见附录A。

4.3 重大危险源的分级

4.3.1 重大危险源的分级指标

采用单元内各种危险化学品实际存在量与其相对应的临界量比值,经校正系数校正后的比值之和 R 作为分级指标。

4.3.2 重大危险源分级指标的计算方法

重大危险源的分级指标按式(2)计算。

$$R = \alpha \left(\beta_1 \frac{q_1}{Q_1} + \beta_2 \frac{q_2}{Q_2} + \cdots + \beta_n \frac{q_n}{Q_n} \right) \quad\quad\quad (2)$$

式中:

R ——重大危险源分级指标;

α ——该危险化学品重大危险源厂区外暴露人员的校正系数;

$\beta_1, \beta_2, \cdots, \beta_n$ ——与每种危险化学品相对应的校正系数;

$q_1, q_2, \cdots, q_n$ ——每种危险化学品实际存在量,单位为吨(t);

$Q_1, Q_2, \cdots, Q_n$ ——与每种危险化学品相对应的临界量,单位为吨(t)。

根据单元内危险化学品的类别不同,设定校正系数 β 值。在表3范围内的危险化学品,其 β 值按表3确定;未在表3范围内的危险化学品,其 β 值按表4确定。

表 3 毒性气体校正系数 β 取值表

名称	校正系数 β
一氧化碳	2
二氧化硫	2
氨	2
环氧乙烷	2
氯化氢	3
溴甲烷	3
氯	4
硫化氢	5
氟化氢	5
二氧化氮	10
氰化氢	10
碳酰氯	20
磷化氢	20
异氰酸甲酯	20

表 4 未在表 3 中列举的危险化学品校正系数 β 取值表

类别	符号	β 校正系数
急性毒性	J1	4
	J2	1
	J3	2
	J4	2
	J5	1
爆炸物	W1.1	2
	W1.2	2
	W1.3	2
易燃气体	W2	1.5
气溶胶	W3	1
氧化性气体	W4	1

表 4（续）

类别	符号	β校正系数
易燃液体	W5.1	1.5
	W5.2	1
	W5.3	1
	W5.4	1
自反应物质和混合物	W6.1	1.5
	W6.2	1
有机过氧化物	W7.1	1.5
	W7.2	1
自燃液体和自燃固体	W8	1
氧化性固体和液体	W9.1	1
	W9.2	1
易燃固体	W10	1
遇水放出易燃气体的物质和混合物	W11	1

根据危险化学品重大危险源的厂区边界向外扩展 500 m 范围内常住人口数量，按照表 5 设定暴露人员校正系数 α 值。

表 5 暴露人员校正系数 α 取值表

厂外可能暴露人员数量	校正系数 α
100 人以上	2.0
50～99 人	1.5
30～49 人	1.2
1～29 人	1.0
0 人	0.5

4.3.3 重大危险源分级标准

根据计算出来的 R 值，按表 6 确定危险化学品重大危险源的级别。

表 6 重大危险源级别和 R 值的对应关系

重大危险源级别	R 值
一级	$R \geqslant 100$
二级	$100 > R \geqslant 50$
三级	$50 > R \geqslant 10$
四级	$R < 10$

附 录 A
（资料性附录）
危险化学品重大危险源辨识流程

图 A.1 给出了危险化学品重大危险源辨识流程。

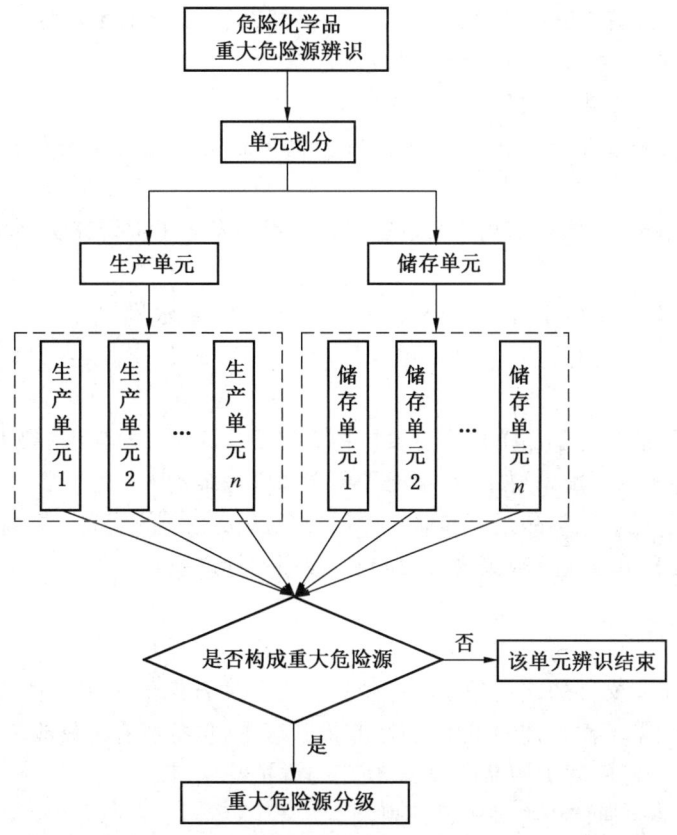

图 A.1 危险化学品重大危险源辨识流程图

危险化学品单位应急救援物资配备要求
（GB 30077—2013）

前　言

本标准 5.1、5.2、第 6 章、7.1、7.2.1 和 7.3 为强制性的，其余为推荐性的。

本标准按照 GB/T 1.1—2009 给出的规则起草。

本标准由国家安全生产监督管理总局提出。

本标准由全国安全生产标准化技术委员会化学品安全分技术委员会（SAC/TC 288/SC 3）归口。

本标准起草单位：中国石油化工股份有限公司青岛安全工程研究院、危险化学品安全控制国家重点实验室。

本标准主要起草人：付靖春、袁纪武、翟良云、姜春明、赵永华。

1 范围

本标准规定了危险化学品单位应急救援物资的配备原则、总体配备要求、作业场所配备要求、企业应急救援队伍配备要求、其他配备要求和管理维护。

本标准适用于危险化学品生产和储存单位应急救援物资的配备。危险化学品使用、经营、运输和处置废弃单位应急救援物资的配备，参照本标准执行。

2 规范性引用文件

下列文件对于本文件的应用是必不可少的。凡是注日期的引用文件，仅注日期的版本适用于本文件。凡是不注日期的引用文件，其最新版本（包括所有的修改单）适用于本文件。

GB/T 18664　呼吸防护用品的选择、使用与维护

GB 50313　消防通信指挥系统设计规范

GBZ 1　工业企业设计卫生标准

AQ/T 6107　化学防护服的选择、使用和维护

3 术语和定义

下列术语和定义适用于本文件。

3.1

危险化学品应急救援　hazardous chemical accidents emergency rescue

由危险化学品造成或可能造成人员伤害、财产损失和环境污染及其他较大社会危害时，为及时控制事故源，抢救受害人员，指导群众防护和组织撤离，清除危害后果而组织的救援活动。

3.2

应急救援物资　emergency materials

危险化学品单位配备的用于处置危险化学品事故的车辆和各类侦检、个体防护、警戒、通信、输转、堵漏、洗消、破拆、排烟照明、灭火、救生等物资及其他器材。

3.3

企业应急救援队伍　industrial emergency team

企业内承担处置各类危险化学品事故、救援遇险人员等应急救援任务的专业队伍。

3.4

作业场所　workplace

可能使从业人员接触危险化学品的任何作业活动场所,如一个工厂的生产区,或生产区中的一个车间。

4 配备原则

4.1 危险化学品单位应急救援物资应根据本单位危险化学品的种类、数量和危险化学品事故可能造成的危害进行配置,本标准范围内的危险化学品单位分为3类,危险化学品单位类别划分方法见附录A。

4.2 应急救援物资应符合实用性、功能性、安全性、耐用性以及单位实际需要的原则,应满足单位员工现场应急处置和企业应急救援队伍所承担救援任务的需要。

5 总体配备要求

5.1 本标准是危险化学品单位应急救援物资配备的最低要求,危险化学品单位可根据实际情况增配应急救援物资的种类和数量。

5.2 危险化学品单位应急救援物资及其配备,除应符合本标准外,尚应符合国家现行的有关标准、规范的要求。

6 作业场所配备要求

在危险化学品单位作业场所,应急救援物资应存放在应急救援器材专用柜或指定地点。作业场所应急物资配备应符合表1的要求。

表 1　作业场所救援物资配备要求

序号	物资名称	技术要求或功能要求	配备	备注
1	正压式空气呼吸器	技术性能符合 GB/T 18664 要求	2套	
2	化学防护服	技术性能符合 AQ/T 6107 要求	2套	具有有毒、腐蚀性危险化学品的作业场所
3	过滤式防毒面具	技术性能符合 GB/T 18664 要求	1个/人	类型根据有毒有害物质确定,数量根据当班人数确定
4	气体浓度检测仪	检测气体浓度	2台	根据作业场所的气体确定
5	手电筒	易燃易爆场所,防爆	1个/人	根据当班人数确定

表 1（续）

序号	物资名称	技术要求或功能要求	配备	备注
6	对讲机	易燃易爆场所，防爆	4台	
7	急救箱或急救包	物资清单见GBZ 1	1包	
8	吸附材料或堵漏器材	处理化学品泄漏	*	以工作介质理化性质选择吸附材料，常用吸附材料为干沙土（具有爆炸危险性的除外）
9	洗消设施或清洗剂	洗消受污染或可能受污染的人员、设备和器材	*	在工作地点配备
10	应急处置工具箱	工作箱内配备常用工具或专业处置工具	*	防爆场所应配置无火花工具
注："*"表示由单位根据实际需要进行配置，本标准不作规定。				

7 企业应急救援队伍配备要求

7.1 企业应急救援队伍应急救援人员的个人防护装备配备应符合表2的要求

表 2 应急救援人员个体防护装备配备要求

序号	名称	主要用途	配备	备份比	备注
1	头盔	头部、面部及颈部的安全防护	1顶/人	4:1	
2	二级化学防护服装	化学灾害现场作业时的躯体防护	1套/10人	4:1	1) 以值勤人员数量确定；2) 至少配备2套
3	一级化学防护服装	重度化学灾害现场全身防护	*		
4	灭火防护服	灭火救援作业时的身体防护	1套/人	3:1	指挥员可选配消防指挥服
5	防静电内衣	可燃气体、粉尘、蒸汽等易燃易爆场所作业时的躯体内层防护	1套/人	4:1	
6	防化手套	手部及腕部防护	2副/人		应针对有毒有害物质穿透性选择手套材料
7	防化靴	事故现场作业时的脚部和小腿部防护	1双/人	4:1	易燃易爆场所应配备防静电靴

表 2（续）

序号	名称	主要用途	配备	备份比	备注
8	安全腰带	登梯作业和逃生自救	1根/人	4∶1	
9	正压式空气呼吸器	缺氧或有毒现场作业时的呼吸防护	1具/人	5∶1	1）以值勤人员数量确定； 2）备用气瓶按照正压式空气呼吸器总量1∶1备份
10	佩戴式防爆照明灯	单人作业照明	1个/人	5∶1	
11	轻型安全绳	救援人员的救生、自救和逃生	1根/5人	4∶1	
12	消防腰斧	破拆和自救	1把/人	5∶1	

注1：表中"备份比"是指应急救援人员防护装备配备投入使用数量与备用数量之比。
注2：根据备份比计算的备份数量为非整数时向上取整。
注3：第三类危险化学品单位应急救援人员可使用作业场所配备的个体防护装备,不配备该表中的装备。
注4："＊"表示由单位根据实际需要进行配置,本标准不作规定。

7.2 企业应急救援队伍抢险救援车辆配备要求

7.2.1 企业应急救援队伍抢险救援车辆配备数量应符合表3的要求。

表 3　企业应急救援队伍抢险救援车辆配备数量

危险化学品单位级别	第一类危险化学品单位	第二类危险化学品单位	第三类危险化学品单位
抢险救援车辆数量	≥3	1～2	0～1

7.2.2 企业应急救援队伍抢险救援车品种,宜符合表4的要求,生产、储存剧毒或高毒危险化学品的单位宜配备气体防护车。

表 4　企业应急救援队伍常用抢险救援车辆品种配备要求

序号	设备名称		第一类危险化学品单位	第二类危险化学品单位	第三类危险化学品单位
1	灭火抢险救援车	水罐或泵浦抢险救援车	1	1	1
2		水罐或泡沫抢险救援车			
3		干粉泡沫联用抢险救援车			—
4		干粉抢险救援车	—	—	

表 4（续）

序号	设备名称		第一类危险化学品单位	第二类危险化学品单位	第三类危险化学品单位
5	举高抢险救援车	登高平台抢险救援车	*	—	—
6		云梯抢险救援车		—	—
7		举高喷射抢险救援车		—	—
8	专勤抢险救援车	多功能抢险救援车或气防车	1	*	—
9		排烟抢险救援车或照明抢险救援车	—	—	—
10		危险化学品事故抢险救援车或防化洗消抢险救援车	1	*	—
11		通信指挥抢险救援车	—	—	—
12		供气抢险救援车			
13	后勤抢险救援车	自装卸式抢险救援车（含器材保障、生活保障、供液集装箱）	—	—	—
14		器材抢险救援车或供水抢险救援车	*	—	—

注："*"表示由单位根据实际需要进行配置，本标准不作规定。

7.2.3 企业应急救援队伍主要抢险救援车辆的技术性能应符合表 5 的要求，气体防护车内应急救援物资配备可参考表 6 配置。

表 5 企业应急救援队伍主要抢险救援车辆的技术性能

技术性能		第一类危险化学品单位		第二类危险化学品单位		第三类危险化学品单位	
发动机功率/kW		≥191		≥132		≥132	
比功率/kW/t		≥10		≥8		≥8	
水罐抢险救援车出水性能	出口压力/MPa	1	1.8	1	1.8	1	1.8
	流量/L/s	60	30	40	20	40	20
水罐抢险救援车出泡沫性能/类		A、B		A、B		B	
举高抢险救援车额定工作高度/m		≥30		≥20		≥20	
多功能抢险救援车	起吊质量/kg	≥5 000		≥3 000		≥3 000	
	牵引质量/kg	≥10 000		≥10 000		≥10 000	

表6 气体防护车内应急救援物资配备要求

序号	物资名称	主要功能或技术要求	配备	备注
1	正压式空气呼吸器	技术性能符合 GB/T 18664 要求	2套	配备空气瓶1个/套
2	苏生器	自动进行正负压人工呼吸	1套	
3	医用氧气瓶	治疗中毒人员	2个	
4	移动式长管供气系统	在缺氧或有毒有害气体环境中的抢险救灾人员提供长时间呼吸保护	1台	
5	对讲机	易燃易爆场所应防爆型	2台	
6	抢险救援服	抢险人员躯体保护,橘红色	1套/人	根据气体防护车上配备的人员确定
7	头戴式照明灯	灭火和抢险救援现场作业时的照明,易燃易爆场所应为防爆型	1个/人	根据气体防护车上配备的人员确定
8	一级化学防护服	重度化学灾害现场全身防护	2套	
9	二级化学防护服	化学灾害现场作业时的躯体防护	2套	
10	隔热服	强热辐射场所的全身防护	*	
11	折叠担架	运送事故现场受伤人员	2副	
12	急救包	盛放常规外伤和化学伤害急救所需的敷料、药品和器械等	1个	
13	可燃气体检测仪	检测事故现场易燃易爆气体,可检测多种易燃易爆气体的体积浓度	2台	根据企业可燃气体的种类配备
14	有毒气体检测仪	具备自动识别、防水、防爆性能,能探测有毒、有害气体及氧含量	2台	根据企业有毒有害气体的种类配备

注:"*"表示由单位根据实际需要进行配置,本标准不作规定。

7.3 企业应急救援队伍抢险救援物资配备要求

7.3.1 第一类危险化学品单位应急救援队伍的抢险救援物资配备的种类和数量不应低于表7~表17的要求。

7.3.2 第二类危险化学品单位应急救援队伍的抢险救援物资配备的种类和数量不应低于表18的要求。

7.3.3 第三类危险化学品单位应急救援队伍可使用作业场所应急救援物资作为抢险救援物资。

表 7　第一类危险化学品单位侦检器材配备要求

序号	物资名称	主要用途或技术要求	配备	备注
1	有毒气体探测仪	具备自动识别、防水、防爆性能；能探测有毒、有害气体及氧含量	2台	
2	可燃气体检测仪	检测事故现场易燃易爆气体，可检测多种易燃易爆气体的浓度	2台	
3	红外测温仪	测量事故现场温度；可预设高、低温危险报警	1台	
4	便携式气象仪	测量风速、风向、温度、湿度、大气压等气象参数	1台	
5	水质分析仪	定性分析液体内的化学成分	*	
6	红外热像仪	事故现场黑暗、浓烟环境中的搜寻；温差分辨率不小于0.25 ℃，有效检测距离不小于40 m	*	

注："*"表示由单位根据实际需要进行配置，本标准不作规定。

表 8　第一类危险化学品单位警戒器材配备要求

序号	物资名称	主要用途或技术要求	配备	备注
1	警戒标志杆	灾害事故现场警戒，有反光功能	10根	
2	锥形事故标志柱	灾害事故现场道路警戒	10根	
3	隔离警示带	灾害事故现场警戒；双面反光，每盘长度约500 m	10盘	备份2盘
4	出入口标志牌	灾害事故现场标示；图案、文字、边框均为反光材料，与标志杆配套使用，易燃易爆环境应为无火花材料	2组	

表 8（续）

序号	物资名称	主要用途或技术要求	配备	备注
5	危险警示牌	灾害事故现场警戒警示；分为有毒、易燃、泄漏、爆炸、危险等5种标志，图案为反光材料。与标志杆配套使用，易燃易爆环境应为无火花材料	5块	
6	闪光警示灯	灾害事故现场警戒警示；频闪型，光线暗时自动闪亮	5个	备份2个
7	手持扩音器	灾害事故现场指挥；功率大于10 W，同时应具备警报功能	2个	

表 9 第一类危险化学品单位灭火器材配备要求

序号	物资名称	主要用途或技术要求	配备	备注
1	机动手抬泵	可人力搬运，用作输送水或泡沫溶液等液体灭火剂的专用泵	3台	
2	移动式消防炮	扑救可燃化学品火灾	2个	
3	A、B类比例混合器、泡沫液桶、空气泡沫枪	扑救小面积化工类火灾；由储液桶、吸液管和泡沫管枪组成，操作轻便快捷	2套	
4	二节拉梯	登高作业	3个	
5	三节拉梯	登高作业	2个	
6	移动式水带卷盘或水带槽	清理水带	3个	
7	水带	消防用水的输送	2 800 m	
8	其他	按所配车辆技术标准要求配备	1套	扳手、水枪、分水器、接口、包布、护桥等常规器材工具

表 10 第一类危险化学品单位通信器材配备要求

序号	物资名称	主要用途或技术要求	配备	备注
1	移动电话	易燃易爆环境应防爆	2部	指挥员
2	对讲机	应急救援人员间以及与后方指挥员的通讯，通讯距离不低于1 000 m，易燃易爆环境应防爆	1部/人	按执勤人数配备
3	通信指挥系统	符合GB 50313要求	1套	

表 11　第一类危险化学品单位救生物资配备要求

序号	物资名称	主要用途或技术要求	配备	备注
1	缓降器	高处救人和自救；安全负荷不低于1 300 N,绳索防火、耐磨	2 套	
2	医药急救箱	盛放常规外伤和化学伤害急救所需的敷料、药品和器械等	1 个	
3	逃生面罩	灾害事故现场被救人员呼吸防护	10 个	备份 10 个
4	折叠式担架	运送事故现场受伤人员；为金属框架,高分子材料表面质材,便于洗消,承重不小于 100 kg	1 架	
5	救援三角架	高处、井下等救援作业；金属框架,配有手摇式绞盘,牵引滑轮,最大承载 2 500 N,绳索长度不小于 30 m	1 个	
6	救生软梯	登高救生作业	1 条	
7	安全绳	灾害事故现场救援,长度 50 m	2 组	
8	救生绳	救人或自救工具,也可用于运送消防施救器材,50 m	2 组	

表 12　第一类危险化学品单位破拆器材配备要求

序号	物资名称	主要用途或技术要求	配备	备注
1	液压破拆工具组	灾害现场破拆作业	1 套	根据企业实际情况选配
2	无齿锯	切割金属和混凝土材料		
3	机动链锯	切割各类木质结构障碍物		
4	手动破拆工具组	灾害现场破拆作业		

表 13　第一类危险化学品单位堵漏器材配备要求

序号	物资名称	主要用途或技术要求	配备	备注
1	木制堵漏楔	各类孔洞状较低压力的堵漏作业；经专门绝缘处理,防裂,不变形	1 套	每套不少于 28 种规格

表 13（续）

序号	物资名称	主要用途或技术要求	配备	备注
2	气动吸盘式堵漏工具	封堵不规则孔洞；气动、负压式吸盘,可输转作业	1套	根据企业实际情况和工艺特点,选配1套堵漏工具
3	粘贴式堵漏工具	各种罐体和管道表面点状、线状泄漏的堵漏作业；无火花材料		
4	电磁式堵漏工具	各种罐体和管道表面点状、线状泄漏的堵漏作业；适用温度不大于80 ℃		
5	注入式堵漏工具	阀门或法兰盘堵漏作业；无火花材料；配有手动液压泵,液压不小于74 MPa,使用温度－100 ℃~400 ℃	1套	含注入式堵漏胶1箱
6	无火花工具	易燃、易爆事故现场的手动作业,铜制材料	1套	每套不小于11种
7	金属堵漏套管	各种金属管道裂缝的密封堵漏	1套	
8	内封式堵漏袋	圆形容器和管道的堵漏作业；由防腐橡胶制成,工作压力0.15 MPa,4种,直径分别为：10 mm/20 mm、20 mm/40 mm、30 mm/60 mm、50 mm/100 mm	＊	
9	外封式堵漏袋	罐体外部堵漏作业；由防腐橡胶制成,工作压力0.15 MPa,2种,尺寸5 mm/20 mm、20 mm/48 mm	＊	
10	捆绑式堵漏袋	管道断裂堵漏作业；由防腐橡胶制成,工作压力0.15 MPa,尺寸为5 mm/20 mm、20 mm/48 mm	＊	
11	阀门堵漏套具	阀门泄漏的堵漏作业	＊	
12	管道粘结剂	小空洞或砂眼的堵漏	＊	

注："＊"表示由单位根据实际需要进行配置,本标准不作规定。

表 14 第一类危险化学品单位输转物资配备要求

序号	物资名称	主要用途或技术要求	配备	备注
1	输转泵	吸附、输转各种液体；易燃易爆场所应为防爆	1台	
2	有毒物质密封桶	装载有毒有害物质；防酸碱,耐高温	2个	
3	吸附垫、吸附棉	小范围内吸附酸、碱和其他腐蚀性液体	2箱	
4	集污袋	装载有害物质	2只	

表15 第一类危险化学品单位洗消物资配备要求

序号	物资名称	主要用途或技术要求	配备	备注
1	强酸、碱清洗剂	手部或身体小面积部位的洗消	5瓶	酸碱环境下配备
2	强酸、碱洗消器	化学灼伤部位的洗消	2只	酸碱环境下配备
3	洗消帐篷	消防人员洗消；配有电动充气泵、喷淋、照明等系统	1套	
4	洗消粉	按比例与水混合后，对人体、物品和场地的降毒洗消	*	

注："*"表示由单位根据实际需要进行配置，本标准不作规定。

表16 第一类危险化学品单位排烟照明器材配备要求

序号	物资名称	主要用途或技术要求	配备	备注
1	移动式排烟机	灾害现场的排烟和送风，配有相应口径的风管	1台	
2	坑道小型空气输送机	缺氧空间作业，排风量符合常用救灾的要求	*	
3	移动照明灯组	灾害现场的作业照明，照度符合作业要求	1套	
4	移动发电机	灾害现场等电器设备的供电	2台	

注："*"表示由单位根据实际需要进行配置，本标准不作规定。

表17 第一类危险化学品单位其他物资配备要求

序号	物资名称	主要用途或技术要求	配备	备注
1	心肺复苏人体模型	急救训练用	1套	
2	空气充填泵	现场为空气呼吸器储气瓶充气	1套	

表18 第二类危险化学品单位抢险救援物资配备要求

序号	种类	物资名称	主要用途或技术要求	配备	备注
1	侦检	有毒气体探测仪	具备自动识别、防水、防爆性能，能探测有毒、有害气体及氧含量	2台	根据企业有毒有害气体的种类配备
2		可燃气体检测仪	检测事故现场易燃易爆气体；可检测多种易燃易爆气体的浓度	2台	根据企业可燃气体的种类配备
3	警戒	各类警示牌	灾害事故现场警戒警示	1套	
4		隔离警示带	灾害事故现场警戒，双面反光	5盘	备用2盘

表 18（续）

序号	种类	物资名称	主要用途或技术要求	配备	备注
5	灭火	移动式消防炮	扑救可燃化学品火灾	1 个	
6		水带	消防用水的输送	1 200 米	
7		常规器材工具，扳手、水枪等	按所配车辆技术标准要求配备	1 套	扳手、水枪、分水器、接口、包布、护桥等常规器材工具
8	通信	移动电话	易燃易爆环境应防爆	2 部	
9		对讲机	易燃易爆环境应防爆	2 台	
10	救生	缓降器	高处救人和自救；安全负荷不低于 1 300 N，绳索防火、耐磨	2 套	
11		逃生面罩	灾害事故现场被救人员呼吸防护	10 个	备用 5 个
12		折叠式担架	运送事故现场受伤人员，为金属框架，高分子材料表面质材，便于洗消，承重不小于 100 kg	1 架	
13		救援三角架	金属框架，配有手摇式绞盘，牵引滑轮最大承载 2 500 N，绳索长度不小于 30 m	1 个	
14		救生软梯	登高救生作业	1 个	
15		安全绳	长度 50 m	2 组	
16		医药急救箱	盛放常规外伤和化学伤害急救所需的敷料、药品和器械等	1 个	
17	破拆	液压破拆工具组	灾害现场破拆作业	1 套	根据企业实际情况选择其中一项
18		无齿锯	切割金属和混凝土材料		
19		手动破拆工具组	灾害现场破拆作业		
20	堵漏	木制堵漏楔	各类孔洞状较低压力的堵漏作业。经专门绝缘处理，防裂，不变形	1 套	每套不少于 28 种规格
21		无火花工具	易燃易爆事故现场的手动作业，铜制材料	1 套	
22		粘贴式堵漏工具	各种罐体和管道表面点状、线状泄漏的堵漏作业；无火花材料	*	
23		注入式堵漏工具	间门或法兰盘堵漏作业；无火花材料；配有手动液压泵，泵缸压力≥74 MPa，使用温度－100 ℃～400 ℃	*	

347

表 18（续）

序号	种类	物资名称	主要用途或技术要求	配备	备注
24	输转	输转泵	吸附、输转各种液体,安全防爆	1台	
25		有毒物质密封桶	装载有毒有害物质,可防酸碱,耐高温	1个	
26		吸附垫	小范围内的吸附酸、碱和其他腐蚀性液体	2箱	
27	洗消	洗消帐篷	消防人员洗消;配有电动充气泵、喷淋、照明等系统	1顶	
28	排烟照明	移动式排烟机	灾害现场的排烟和送风,配有相应口径的风管	1台	
29		移动照明灯组	灾害现场的作业照明,照度符合作业要求	1组	
30		移动发电机	灾害现场等的照明	＊	
31	其他	水幕水带	阻挡或稀释有毒和易燃易爆气体或液体蒸气	1套	

注：" ＊ "表示由单位根据实际需要进行配置,本标准不作规定。

8 其他配备要求

8.1 危险化学品单位,除作业场所和应急救援队伍外的其他部门应根据应急响应过程中所承担的职责配备相应的应急救援物资。

8.2 沿江河湖海的危险化学品单位应配备水上灭火抢险救援、水上泄漏物处置和防汛排涝物资。

8.3 除作业场所的应急救援物资外的其他应急救援物资,可由危险化学品单位与其周边其他相关单位或应急救援机构签订互助协议,并能在这些单位或机构接到报警后 5 min 内到达现场,可作为本单位的应急救援物资。

9 管理和维护

9.1 危险化学品单位应建立应急救援物资的有关制度和记录：
——物资清单；
——物资使用管理制度；
——物资测试检修制度；
——物资租用制度；
——资料管理制度；
——物资调用和使用记录；
——物资检查维护、报废及更新记录。

9.2 应急救援物资应明确专人管理;严格按照产品说明书要求,对应急救援物资进行日常检查、定期维护保养;应急救援物资应存放在便于取用的固定场所,摆放整齐,不得随意摆放、挪作他用。

9.3 应急救援物资应保持完好,随时处于备战状态;物资若有损坏或影响安全使用的,应及时修理、更换或报废。

9.4 应急救援物资的使用人员,应接受相应的培训,熟悉装备的用途、技术性能及有关使用说明资料,并遵守操作规程。

附 录 A
（规范性附录）
危险化学品单位类别划分方法

危险化学品单位类别根据从业人数、营业收入和危险化学品重大危险源级别划分,见表A.1。

表 A.1 危险化学品单位类别划分依据

企业规模	危险化学品重大危险源级别			
	一级危险化学品重大危险源	二级危险化学品重大危险源	三级危险化学品重大危险源	四级危险化学品重大危险源
从业人数300人以下或营业收入2 000万元以下	第二类危险化学品单位	第三类危险化学品单位	第三类危险化学品单位	第三类危险化学品单位
从业人数300人以上1 000人以下或营业收入2 000万元以上40 000万元以下	第二类危险化学品单位	第二类危险化学品单位	第二类危险化学品单位	第三类危险化学品单位
从业人数1 000人以上或营业收入40 000万元以上	第一类危险化学品单位	第二类危险化学品单位	第二类危险化学品单位	第二类危险化学品单位

注1：表中所称的"以上"包括本数,所称的"以下"不包括本数。
注2：没有危险化学品重大危险源的危险化学品单位可作为第三类危险化学品单位。

参 考 文 献

[1] GB 18218 危险化学品重大危险源辨识
[2] GA 621 消防员个人防护装备配备标准
[3] GA 622 消防特勤队(站)装备配备标准
[4] AQ/T 9002 生产经营单位安全生产事故应急预案编制导则
[5] 危险化学品重大危险源监督管理暂行规定 安全监管总局令(2011)第40号 安全监管总局
[6] 中小企业划型标准规定 工信部联企业(2011)300号 工业和信息化部、国家统计局、发展改革委和财政部

常用化学危险品贮存通则(GB 15603—1995)

1 主题内容与适用范围

本标准规定了常用化学危险品(以下简称化学危险品)贮存的基本要求。

本标准适用于常用化学危险品(以下简称化学危险品)出、入库,贮存及养护。

2 引用标准

GB 190　危险货物包装标志

GB 13690　常用危险化学品的分类及标志

GBJ16　建筑设计防火规范

3 定义

3.1

隔离贮存　segregated storage

在同一房间或同一区域内,不同的物料之间分开一定距离,非禁忌物料间用通道保持空间的贮存方式。

3.2

隔开贮存　cut-off storage

在同一建筑或同一区域内,用隔板或墙,将其与禁忌物料分离开的贮存方式。

3.3

分离贮存　detached storage

在不同的建筑物或远离所有建筑的外部区域内的贮存方式。

3.4

禁忌物料　incinpatible inaterals

化学性质相抵触或灭火方法不同的化学物料。

4 化学危险品贮存的基本要求

4.1　贮存化学危险品必须遵照国家法律、法规和其他有关的规定。

4.2　化学危险品必须贮存在经公安部门批准设置的专门的化学危险品仓库中,经销部门自管仓库贮存化学危险品及贮存数量必须经公安部门批准。未经批准不得随意设置化学危险品贮存仓库。

4.3　化学危险品露天堆放,应符合防火、防爆的安全要求,爆炸物品、一级易燃物品、遇湿燃烧物品、剧毒物品不得露天堆放。

4.4　贮存化学危险品的仓库必须配备有专业知识的技术人员,其库房及场所应设专人管理,管理人员必须配备可靠的个人安全防护用品。

4.5　化学危险品按GB 13690的规定分为八类:

a. 爆炸品;

b. 压缩气体和液化气体;

c. 易燃液体;

d. 易燃固体、自燃物品和遇湿易燃物品;

e. 氧化剂和有机过氧化物;

f. 毒害品;

g. 放射性物品;

h. 腐蚀品。

4.6 标志

贮存的化学危险品应有明显的标志,标志应符合 GB 190 的规定。同一区域贮存两种或两种以上不同级别的危险品时,应按最高等级危险物品的性能标志。

4.7 贮存方式

化学危险品贮存方式分为三种:

a. 隔离贮存;

b. 隔开贮存;

c. 分离贮存。

4.8 根据危险品性能分区、分类、分库贮存。

各类危险品不得与禁忌物料混合贮存,禁忌物料配置见附录 A(参考件)。

4.9 贮存化学危险品的建筑物、区域内严禁吸烟和使用明火。

5 贮存场所的要求

5.1 贮存化学危险品的建筑物不得有地下室或其他地下建筑,其耐火等级、层数、占地面积、安全疏散和防火间距,应符合国家有关规定。

5.2 贮存地点及建筑结构的设置,除了应符合国家的有关规定外,还应考虑对周围环境和居民的影响。

5.3 贮存场所的电气安装

5.3.1 化学危险品贮存建筑物、场所消防用电设备应能充分满足消防用电的需要;并符合 GBJ16 第十章第一节的有关规定。

5.3.2 化学危险品贮存区域或建筑物内输配电线路、灯具、火灾事故照明和疏散指示标志,都应符合安全要求。

5.3.3 贮存易燃、易爆化学危险品的建筑,必须安装避雷设备。

5.4 贮存场所通风或温度调节

5.4.1 贮存化学危险品的建筑必须安装通风设备,并注意设备的防护措施。

5.4.2 贮存化学危险品的建筑通排风系统应设有导除静电的接地装置。

5.4.3 通风管应采用非燃烧材料制作。

5.4.4 通风管道不宜穿过防火墙等防火分隔物,如必须穿过时应用非燃烧材料分隔。

5.4.5 贮存化学危险品建筑采暖的热媒温度不应过高,热水采暖不应超过 80 ℃,不得使用蒸汽采暖和机械采暖。

5.4.6 采暖管道和设备的保温材料,必须采用非燃烧材料。

6 贮存安排及贮存量限制

6.1 化学危险品贮存安排取决于化学危险品分类、分项、容器类型、贮存方式和消防的要求。

6.2 贮存量及贮存安排见表1。

表 1

贮存要求 \ 贮存类别	露天贮存	隔离贮存	隔开贮存	分离贮存
平均单位面积贮存量,t/m²	1.0～1.5	0.5	0.7	0.7
单一贮存区最大贮量,t	2000～2400	200～300	200～300	400～600
垛距限制,m	2	0.3～0.5	0.3～0.5	0.3～0.5
通道宽度,m	4～6	1～2	1～2	5
墙距宽度,m	2	0.3～0.5	0.3～0.5	0.3～0.5
与禁忌品距离,m	10	不得同库贮存	不得同库贮存	7～10

6.3 遇火、遇热、遇潮能引起燃烧、爆炸或发生化学反应,产生有毒气体的化学危险品不得在露天或在潮湿、积水的建筑物中贮存。

6.4 受日光照射能发生化学反应引起燃烧、爆炸、分解、化合或能产生有毒气体的化学危险品应贮存在一级建筑物中。其包装应采取避光措施。

6.5 爆炸物品不准和其他类物品同贮,必须单独隔离限量贮存,仓库不准建在城镇,还应与周围建筑、交通干道、输电线路保持一定安全距离。

6.6 压缩气体和液化气体必须与爆炸物品、氧化剂、易燃物品、自燃物品、腐蚀性物品隔离贮存。易燃气体不得与助燃气体、剧毒气体同贮;氧气不得与油脂混合贮存,盛装液化气体的容器属压力容器的,必须有压力表、安全阀、紧急切断装置,并定期检查,不得超装。

6.7 易燃液体、遇湿易燃物品、易燃固体不得与氧化剂混合贮存,具有还原性的氧化剂应单独存放。

6.8 有毒物品应贮存在阴凉、通风、干燥的场所,不要露天存放,不要接近酸类物质。

6.9 腐蚀性物品,包装必须严密,不允许泄漏,严禁与液化气体和其他物品共存。

7 化学危险品的养护

7.1 化学危险品入库时,应严格检验物品质量、数量、包装情况、有无泄漏。

7.2 化学危险品入库后应采取适当的养护措施,在贮存期内,定期检查,发现其品质变化、包装破损、渗漏、稳定剂短缺等,应及时处理。

7.3 库房温度、湿度应严格控制、经常检查,发现变化及时调整。

8 化学危险品出入库管理

8.1 贮存化学危险品的仓库,必须建立严格的出入库管理制度。

8.2 化学危险品出入库前均应按合同进行检查验收、登记,验收内容包括:
    a. 数量;
    b. 包装;
    c. 危险标志。
经核对后方可入库、出库,当物品性质未弄清时不得入库。

8.3 进入化学危险品贮存区域的人员、机动车辆和作业车辆,必须采取防火措施。

8.4 装卸、搬运化学危险品时应按有关规定进行,做到轻装、轻卸。严禁摔、碰、撞、击、拖拉、倾倒和滚动。

8.5 装卸对人身有毒害及腐蚀性的物品时,操作人员应根据危险性,穿戴相应的防护用品。

8.6 不得用同一车辆运输互为禁忌的物料。

8.7 修补、换装、清扫、装卸易燃、易爆物料时,应使用不产生火花的铜制、合金制或其他工具。

9 消防措施

9.1 根据危险品特性和仓库条件,必须配置相应的消防设备、设施和灭火药剂。并配备经过培训的兼职和专职的消防人员。

9.2 贮存化学危险品建筑物内应根据仓库条件安装自动监测和火灾报警系统。

9.3 贮存化学危险品的建筑物内,如条件允许,应安装灭火喷淋系统(遇水燃烧化学危险品,不可用水扑救的火灾除外),其喷淋强度和供水时间如下:

    喷淋强度   15 $L/(min \cdot m^2)$;
    持续时间   90 min。

10 废弃物处理

10.1 禁止在化学危险品贮存区域内堆积可燃废弃物品。

10.2 泄漏或渗漏危险品的包装容器应迅速移至安全区域。

10.3 按化学危险品特性,用化学的或物理的方法处理废弃物品,不得任意抛弃、污染环境。

11 人员培训

11.1 仓库工作人员应进行培训,经考核合格后持证上岗。

11.2 对化学危险品的装卸人员进行必要的教育,使其按照有关规定进行操作。

11.3 仓库的消防人员除了具有一般消防知识之外,还应进行在危险品库工作的专门培训,使其熟悉各区域贮存的化学危险品种类、特性、贮存地点、事故的处理程序及方法。

附 录 A
常用化学危险品贮存禁忌物配存表
（参考件）

注：
① 无配存符号表示可以配存。
② △表示可以配存，堆放时至少隔离2 m。
③ ×表示不可以配存。
④ 有注释时按注释规定办理。
1) 除硝酸盐（如硝酸钠、硝酸钾、硝酸铵等）与硝酸、发烟硝酸可以配存外，其他情况均不得配存。
2) 无机氧化剂不得与松软的粉状可燃物（如煤粉、焦粉、炭黑、糖、淀粉、锯末等）配存。
3) 饮食品、粮食、饲料、药品、食材、食用油脂有恶臭易使食品污染的物品以及与贴有标志及有恶臭易张和生皮毛皮（包括碎皮）、畜毛、骨、角、鬃等物品，畜产品中的生皮张和毛皮（包括碎皮）、畜毛、骨、角、鬃等物品。
4) 饮食品、粮食、饲料、药品、食材、食用油脂按普通药剂、化学试剂、非食用药剂、非食品原料，化学工原料应隔离存放1 m以上。

化学危险品的种类和名称		配存顺号	1	2	3	4	5	6	7	8	9	10	11	12	13	14	15	16	17	18	19	20	21	22	23	24	25	26	27	28	29
爆炸品	点火器材	1																													
	起爆器材	2	×																												
	炸药及爆炸性药品（不同品名的不得在同一库内配存）	3	×	×																											
	其他爆炸品	4	×	×	×																										
氧化剂	有机氧化剂	5	×	×	×	×																									
	亚硝酸盐、亚氯酸盐、次亚氯酸盐[2]	6	×	×	×	×	△																								
	其他无机氧化剂[2]	7	×	×	×	×	△	×																							
压缩气体和液化气体	剧毒（液氯与液氨不能在一库内配存）	8	△	△	×	×	×	×	×																						
	易燃（氧及氧空钢瓶不得与油脂在同一库内配存）	9	△	△	×	×	△	△	△	△																					
	助燃（氧及氧空钢瓶不得与油脂在同一库内配存）	10	△	△	×	×	×	×	×	△	△																				
	不燃	11																													
易燃液体	一级	12	×	×	×	×	×	×	×	×	×	×																			
	二级	13	×	×	×	×	×	×	×	×	×	×		△																	
自燃物品	14	△	△	×	×	×	×	×	×	×	×		×	×																	
遇水燃烧物品（不得与含水液体货物在同一库内配存）	15	△	△	×	×	△	△	△	△	△	△		×	×	△																
易燃固体（H发孔剂不可与酸性腐蚀物品及有毒或易燃酶类危险货物配存）	16	△	△	×	×	×	×	×[1]	△	△	×		×	×	×	△															
毒害品	氧化物	17	△	△	×	×	△	△	△	△	△	△		×	×	×	△	△														
	其他毒害品	18	△	△	×	×	△	△	△	△	△	△		△	△	△	△	△														
腐蚀物品	酸性腐蚀物品	溴	19	△	△	×	×	×	×	×	×	×	△		×	×	×	△	×	△	△											
		过氧化氢	20	△	△	×	×	×	×	×	×	×	△		×	×	×	△	×	△	△	△										
		硝酸、发烟硝酸、硫酸、发烟硫酸、氯磺酸	21	△	△	×	×	×	×	×	×	×	△		×	×	×	△	×	△	△	△	△									
		其他酸性腐蚀物品	22	△	△	×	×	△	△	△	△	△	△		×	×	×	△	△	△	△	△	△	△								
	碱性及其他腐蚀物品	生石灰、漂白粉	23	△	△	×	×	△	△	△	△	△	△		×	×	×	△	△	△	△	△	△	△	△							
		其他（无水肼、水合肼、氨水不得与氧化剂配存）	24	△	△	×	×	△	△	△	△	△	△		×	×	×	△	△	△	△	△	△	△	△	△						
普通物品	易燃物品	25																														
	饮食品、粮食、饲料、药品、药品类[3,4]	26	△	△	×	×	×	×	×	×	×	×		×	×	×	△	×	×	×	×	×	×	×	△	△						
	非食用油脂	27	×	×	×	×	×	×	×	×	×	×		×	×	×	×	×	×	×	×	×	×	×	×	×						
	活动物[3,4]	28	×	×	×	×	×	×	×	×	×	×		×	×	×	×	×	×	×	×	×	×	×	×	×						
	其他[3,4]	29																								△						
	配存顺号		1	2	3	4	5	6	7	8	9	10	11	12	13	14	15	16	17	18	19	20	21	22	23	24	25	26	27	28	29

附 录 B
常用化学危险品的安全贮存
(参考件)

B1 第1类 爆炸品

B1.1 品名:叠氮钠

编号:11010

化学式:NaN_3

分子量:65.02

特性:无色六角形结晶,能溶于水及氨水,微溶于乙醇,不溶于乙醚。相对密度1.846;熔点65.02 ℃(分解)。性质不稳定,加热300 ℃时分解,遇高热、震动能引起强烈爆炸。用于制造炸药、医药、试剂。

包装:装入玻璃瓶、塑料瓶或聚乙烯袋,严密封口再装入铁皮桶或塑料盒,再装入坚固木箱,箱内用塑料气泡垫或松软材料衬垫牢固,箱外用铁皮或铁丝加固,每箱净重不超过20 kg,每瓶净重不超过1 kg。

贮存条件:贮存在专存爆炸品的库房,库内阴凉、干燥,库温不超过30 ℃,相对湿度不超过80%。与各种起爆器材、黑火药、其他化学危险品等隔离贮存。

养护:

1) 入库验收:检查包装是否完整,有无雨淋、水浸、受潮等现象,物品结晶应松散无结块现象。

2) 堆码苫垫:货垛垛底应垫高15～30 cm,货垛宜垛小堆,垛高不超过2 m,垛距80～90 cm,墙距、柱距30～50 cm。

3) 在库检查:物品在贮存期限内,每日上班要坚持一日二检制度,坚持定期对物品和包装进行检查。

4) 温湿度管理:在梅雨季节要注意密封库房并采取通风和吸潮相结合的办法使库内相对湿度不超过80%,库温不超过30 ℃。

5) 安全作业:操作过程中轻拿轻放、防止撞击、禁止拖拉包装。开启容器时应使用铜或铜合金工具。

6) 保管期限:1年。

注意事项:发生火灾用雾状水、泡沫、二氧化碳灭火,禁用砂土压置。

B1.2 品名:三硝基苯甲醚

编号:11062

别名:苦味酸甲酯

化学式:$C_6H_2(OCH_3)(NO_2)_3$

分子量:243.13

特性:黄色结晶,不溶于水,溶于乙醇、乙醚。相对密度1.61(结晶),1.408(熔融);熔点68.4 ℃;爆燃点285 ℃;爆轰气体体积701 L/kg;爆速6 800 m/s;生成能−548.2 kJ/kg。干燥情况下与金属不发生作用,遇水生成苦味酸,遇明火、高温、震动、撞击、摩擦能引起燃烧爆炸。有毒,接触皮肤易引起皮疹。本品在烈性炸药中感度较低,为冲击安全炸药之一,其效力在 TNT 与苦味酸之间。

包装:装入玻璃瓶,严封后再装入坚固木箱,内衬聚乙烯气泡垫或其他松软材料,箱外用铁皮或铁丝加固。禁止使用金属容器。使用塑料瓶装,瓶口必须严封,再用坚固厚纸板箱或纤维板箱,箱内用松软材料衬垫,箱外用铁皮或塑料带捆紧,每箱净重不超过 20 kg。

贮存条件:贮存在阴凉、干燥、通风的专用库房,避免日光直晒,远离火源、热源。与雷管、起爆器材、黑火药等隔离贮存,与一般化学危险品不得同贮同运。

养护:
1) 入库验收:检查包装是否完整,有无破损、雨淋、水浸,物品不得有漏洒。
2) 堆码苫垫:库内地面可铺一层干砂土,货垛下垫高 15～30 cm,宜堆小垛,垛高不超过 2 m,垛距 80～90 cm,墙距、柱距 30～50 cm。
3) 在库检查:在储藏期,每日上班后、下班前应对货垛及库内外环境各进行一次检查。每三个月对库存物品定期进行一次检查。
4) 温湿度管理:库房进行密封,夏季应结合通风和吸潮以控制库温不超过 30 ℃,相对湿度不超过 80%,但库内外不得使用石灰及吸湿机去湿,可使用氯化钙。
5) 安全作业:搬运操作人员应穿工作服,戴手套,穿软底鞋,鞋底不得钉铁钉。搬运时注意轻拿轻卸,禁止摔碰撞击。使用工具应为铜制或铜合金制。
6) 保管期限:1 年。

注意事项:发生火灾可用雾状水灭火,禁用砂土盖压。

B1.3 品名:硝基胍

编号:11027

别名:橄苦岩

化学式:$H_2NC(NH)NHNO_2$

分子量:104.07

特性:白色针状结晶,不吸湿,不溶于冷水,溶于热水,微溶于乙醇,易溶于碱。相对密度 1.715;熔点 232 ℃(分解);爆燃点 275 ℃(5 s);爆速 8 200 m/s;爆轰气体体积 895 L/kg;爆热 372 kJ/kg。易被碱分解,遇明火、高热、强烈震动易发生爆炸,分解后放出有毒气体,遇氧化性物质能发生强烈反应。用于无烟火药制造、有机合成。

包装:装入玻璃瓶严封后再装入坚固木箱,箱内用塑料气泡垫或其他松软材料衬垫牢固。箱外用铁皮或铁丝加固,每箱净重不超过 20 kg,每瓶净重不超过 1 kg。包装外应有明显"爆炸品"标志。

贮存条件:为了安全贮存和运输,在小包装内可加少于 20% 的水,贮存在专用库房,远离火源、热源,避免日光直晒。与起爆器材及其他化学危险品,特别是氧化剂及碱类完全隔离。北方地区宜存放在保暖库,库温在 0 ℃ 以上。

养护:
1) 入库验收:检查包装是否完整,有无水湿污染,含水量是否适当。
2) 堆码苫垫:货垛垛底应垫高 15 cm 以上,宜堆成小垛,垛高不超过 2 m,垛距 80～90 cm,墙距及柱距 30～50 cm。

3) 在库检查:在库储藏期间,每日上班后、下班前对货垛及库内外环境各进行一次检查,每三个月定期对库存物品检查一次,如发现稳定剂含水量不足时应立即添加。
4) 温湿度管理:北方地区冬季库温应保持 0 ℃以上,防止含水结冻将包装冻破。库内禁止用明火提温,可采用水暖、地下库或密封保温方法。
5) 安全作业:搬运装卸应注意轻卸,严禁摔碰、撞击。使用工具应为铜制或铜合金制。
6) 保管期限:1 年。

注意事项:火灾可用雾状水、泡沫灭火。

B1.4 品名:硝基脲

编号:11028

化学式:$NH_2CONHNO_2$

分子量:105.05

特性:白色结晶粉末,溶于水,易受潮分解,稍溶于苯、醚和三氯甲烷。熔点 159 ℃(分解);爆燃点 180 ℃;爆轰气体体积 853 L/kg;爆热 3304 kJ/kg;生成能 912 kJ/kg。受热后 80 ℃即开始分解,受高热、强烈震动易发生爆炸,分解后放出氧化氮有毒气体。与还原性物质接触能发生强烈反应。

包装:装入玻璃瓶或塑料瓶,严封后再装入坚固木箱,箱内用塑料气泡垫或其他松软材料衬垫牢固,箱外用铁皮或铁丝加固,箱外应有明显"爆炸品"标志。每箱净重不超过20 kg,每瓶净重不超过 1 kg。

贮存条件:贮存在阴凉、通风、干燥的专用爆炸品库房。远离火源热源,避免日光直晒。库房温度不超过 30 ℃,相对湿度不超过 80%。与起爆器材及其他化学危险品隔离存放。

养护:
1) 入库验收:检查外包装是否完整,有无水湿、破漏等现象,内包装有无吸潮块溶化等。
2) 堆码苫垫:货垛垛底应垫高 15～30 cm,宜码小垛,垛高不超过 2 m,垛距 80～90 cm,墙距、柱距 30～50 cm。
3) 在库检查:在贮存期间,保管人员每日应对货垛及库内外环境各进行一次检查,每三个月定期对物品检查一次。
4) 温湿度管理:库房进行密封并采取通风与吸潮相结合的方法以控制库温不超过 30 ℃,相对湿度不超过 80%。
5) 安全作业:搬运装卸要注意轻拿轻放,严禁摔震、撞击、拖拉包装,使用工具应为铜制或铜合金制。
6) 保管期限:1 年。

注意事项:火灾可用水,救火人员应佩戴防毒面具。

B1.5 品名:三硝基甲苯

编号:11035

别名:TNT

化学式:$CH_3C_6H_2(NO_2)_3$

分子量:227.13

特性:白色或淡黄色针状结晶,无臭,有毒,不溶于水,微溶于乙醇,溶于苯、甲苯、丙酮。

相对密度 1.654(结晶),1.47(熔融);熔点 80.7 ℃;沸点 280 ℃;爆熔点 300 ℃;爆速 6 900 m/s;爆轰气体体积 620 L/kg;爆热 5 066 kJ/kg;生成能－174.8 kJ/kg;含氮量 18.5%。性能稳定,中性,遇碱生成不安定的爆炸物,对机械作用敏感,有吸湿性,接触明火、遇高温、摩擦、撞击都可能引起爆炸。

包装:装入四层坚韧厚纸袋或一层塑料袋,捆紧袋口,然后装入坚固的木箱,箱板厚度 15 mm 以上,也可装入坚韧的麻袋中,单位包装净重不超过 50 kg。小剂量可装入玻璃瓶或塑料瓶中,瓶口封严,再装木箱或坚固厚纸板箱,箱内用塑料气泡垫或松软材料衬垫严实。

贮存条件:为了安全起见,可加水 10%～30% 作稳定剂,贮存于专用爆炸品库房。库内要求阴凉、通风,避免日光直射,库房温度 30 ℃,相对湿度 80% 以下。库内可使用防爆型照明,开关设在库外。与起爆器材及其他化学危险品特别是碱类要严格隔离贮存。

养护:
1) 入库验收:检查包装是否完整,有无破损、雨淋。
2) 堆码苫垫:库内地面可铺一层干砂土,货垛下垫高 10～30 cm,宜堆小垛,垛高不超过 2 m,垛距 80～90 cm,墙距、柱距 30～50 cm。
3) 在库检查:在库储藏期,每日上班后、下班前应对货垛及库内外环境各进行一次检查。每三个月对库存物品定期进行一次检查。
4) 温湿度管理:夏季库房应密封,应结合通风和吸潮以控制库温不超过 30 ℃,相对湿度不超过 80%,但库内不得使用块石灰及吸湿机去湿,可使用氯化钙。北方地区库温要保持 0 ℃ 以上,以防止稳定剂冻结胀破包装。
5) 安全作业:搬运人员应穿工作服,戴手套,穿软底鞋,鞋底不得钉铁钉。搬运时注意轻装轻卸,禁止摔碰、撞击,使用工具应为铜制或铜合金制。
6) 保管期限:1 年。

注意事项:火灾可用雾状水,禁用砂土盖压。

B1.6 品名:2,4,6-三硝基苯甲硝胺

编号:11040

别名:硝基代胺、特屈儿

化学式:$(NO_2)_3C_6H_2N(NO_2)CH_3$

分子量:287.15

特性:白色或淡黄色结晶,不溶于水。微溶于乙醇、乙醚、乙酸。易溶于苯。相对密度 1.73;熔点 130 ℃;沸点 187 ℃(爆炸);爆燃点 185 ℃;爆轰气体体积 672 L/kg;爆速 7 570 m/s;爆热 5526.58 kJ/kg。遇酸、碱能分解,有较大毒性,在相对湿度 60% 下吸湿 0.15%,遇火种、高温、震动、撞击能引起燃烧爆炸,有良好引爆能力。用于引爆药及猛烈炸药。

包装:装入四层牛皮纸袋,其中有一层沥青纸,袋口逐层折叠、压紧、加缝,也可装入布袋中,将袋口捆紧,放入坚固木箱中,箱板厚度在 15 mm 以上,每件包装净重不超过 50 kg。每件包装外应有牢固清晰的品名、毛重、批号、出厂日期、"爆炸品""防热""小心轻放"等明显标志。

贮存条件:贮存在爆炸品专用库房,库温不超过 35 ℃,避免日光直晒,相对湿度 80% 以下。与起爆器材、黑火药、导火索及其他化学危险品隔离存放。

养护：

1) 入库验收：检查包装是否完整，有无破损、雨淋、水浸，不得有漏洒。
2) 堆码苫垫：库内地面可铺一层干砂土，货垛下垫高15～30 cm，宜堆小垛，垛高不超过2 m，垛距80～90 cm，墙距、柱距30～50 cm。
3) 在库检查：物品在库储藏期间，每日上班后、下班前应对货垛及库内外环境各进行一次检查。每三个月对库存物品定期进行一次检查。
4) 温湿度管理：库房进行密封，夏季应注意通风和吸潮以控制库温不超过30 ℃，相对湿度不超过80%，但库内不得使用块石灰及吸湿机去湿，可使用氯化钙。北方地区库温要保持0 ℃以上，以防止稳定剂冻结胀破包装。
5) 安全作业：搬运操作人员应穿工作服，戴手套，穿软底鞋，鞋底不得钉铁钉。搬运时注意轻装轻卸，禁止摔碰、撞击。使用工具应为铜制或铜合金制。
6) 保管期限：1年。

注意事项：火灾用水，禁用砂土压盖。

B1.7 品名：环三次甲基三硝胺

编号：11041

别名：黑索金

化学式：$C_3H_6N_3(NO_2)_3$

分子量：222.15

特性：无色结晶，不溶于水，微溶于乙醚和乙醇，在丙酮和热苯中略高，在加热的环乙酮、硝基苯和乙二醇中较易溶解。相对密度1.82；熔点209 ℃；爆燃点230 ℃；爆速8 750 m/s；爆轰气体体积910 L/kg；爆热6 025 kJ/kg；生成能417 kJ/kg。化学性质比较稳定，在110 ℃加热152 h，化学稳定性不变，50 ℃长期贮存不分解。遇稀酸、稀碱无变化，遇浓硫酸分解。遇明火、高温、震动、撞击、摩擦能引起燃烧爆炸，是一种爆炸力极强大的烈性炸药，比TNT猛烈1.5倍。

包装：装入四层坚韧的厚纸袋中，将袋口捆紧，然后装入坚硬的木箱中，箱板厚15 mm以上，单位包装净重不超过50 kg。外包装应有明显的品名、厂名、出厂日期、毛重及有关危险性标志。

贮存条件：贮存在专用的爆炸品库房，远离火源、热源，与各种起爆器材、黑色火药及其他各种化学危险品隔离存放。

养护：

保管期限：1年。

其他同B1.5。

注意事项：火灾用雾状水扑救，禁用砂土压盖。

B1.8 品名：三硝基间苯二酚

编号：11061

别名：三硝基树脂酚

化学式：$C_6H(OH_2)(ON_2)_3$

分子量：245.11

特性：黄色六角形结晶，微溶于水。在14 ℃时100 g水能溶解0.65 g，62 ℃时能溶解

1.1 g。溶于乙醇、乙醚、丙酮、苯。相对密度 1.83;熔点 179～180 ℃;爆燃点 223 ℃;爆轰气体体积 608 L/kg;爆热 4 676.7 kJ/kg;生成能－1 703 kJ/kg。遇明火、高温、震动、撞击、摩擦能引起燃烧爆炸。用于制造炸药。

包装:装入玻璃瓶或塑料瓶、瓶口严封,再装入坚固木箱或厚纸板箱,箱内用松软材料衬垫牢固,箱外用铁皮或铁线加固,每箱净重不超过 20 kg,每瓶净重不超过 1 kg。

贮存条件:贮存在阴凉、干燥、通风的专用爆炸品库房,库温不超过 30 ℃。与各种起爆器材、黑火药及各种化学危险品隔离存放。

养护:
1) 入库验收:检查包装是否完整,有无破损、雨淋、水浸,不得有漏洒。
2) 堆码苦垫:库内地面可铺一层干砂土,货垛下垫高 15～30 cm,宜堆小垛,垛高不超过 2 m,垛距 80～90 cm,墙距、柱距 30～50 cm。
3) 在库检查:在库储藏期,每日上班后、下班前应对货垛,及库内外环境各进行一次检查。每三个月对库存物品定期进行一次检查。
4) 温湿度管理:库房进行密封,夏季应进行通风和吸潮以控制库温不超过 30 ℃,相对湿度不超过 80%,但库内不得使用块石灰及去湿机去湿,可使用氯化钙。
5) 安全作业:搬运操作人员应穿工作服,戴手套,穿软底鞋,鞋不得钉铁钉。搬运时注意轻装轻卸,禁止摔碰、撞击。使用工具应为铜制或铜合金制。
6) 保管期限:1 年。

注意事项:火灾可用雾状水,禁止砂土压盖。

B1.9 品名:三硝基苯酚

编号:11057

别名:苦味酸、黄色炸药

化学式:$(NO_2)_3C_6H_2OH$

分子量:229.11

特性:黄色针状或块状结晶,无臭,味极苦、难溶于冷水,能溶于热水、醇、苯、乙醚,水溶液呈酸性。相对密度 1.763;熔点 122 ℃;沸点 7 300 ℃爆炸;闪点 150 ℃;自燃点 300 ℃;爆热 5 025 kJ/kg;爆速 7 350 m/s,爆轰气体体积,610 L/kg;爆温 3 000～3 200 ℃。与金属或重金属氧化物易发生作用生成盐类,各种金属盐类都比较敏感,受到震动、撞击、摩擦都能发生猛烈爆炸,特别是苦味酸铁、苦味酸铅。苦味酸燃烧后易生成有刺激性和毒性的氮氧化物,有毒,水溶液能使皮肤起泡。用于制造炸药、药品、试剂。

包装:瓶装试剂应含 35% 以上的水作稳定剂,严密封口,然后装入 1.5 mm 厚的木箱中,每箱净重不超过 20 kg。工业用可装入四层坚韧厚纸袋,装入坚固的木箱内,箱板厚度不小于 15 mm,每箱净重不超过 25 kg。

贮存条件:贮存于阴凉、通风的专用库房,远离火源热源。库内照明设施应采用防爆型,开关设在库外。与起爆器材、黑色火药及各种化学危险品隔离存放。含水的苦味酸在北方冬季应做好防冻工作,库温应控制在 0 ℃以上。

养护:
1) 入库验收:检查包装是否符合要求,包装是否完整,稳定剂是否充足。
2) 堆码苦垫:宜堆小垛,垛高不超过 2 m,垛距 80～90 cm,墙距、柱距 30～50 cm。

3) 在库检查:在贮存期间,每日上班后、下班前进行一次检查,每三个月进行一次定期检查,稳定剂不足时可及时加足。
4) 温湿度管理:库房在冬季时库温应控制在 0 ℃以上。
5) 安全作业:操作现场注意轻拿轻放,严禁摔碰、撞击或拖拉。
6) 保管期限:1~2 年。

注意事项:火灾可用水。

B1.10 品名:硝铵炸药

编号:11084

特性:本品是硝酸钠与 TNT 炸药的混合物,其机械敏感度大于 TNT 炸药,爆炸点 250~320 ℃,爆速 4 700~6 000 m/s。

包装:装入 2~3 层纸药卷,再用两层纸包成中包,或用一层塑料袋,一层包装纸包成中包,然后将数个中包或大包捆扎牢固后装入质量良好的麻袋或装入板厚不小于 12 mm 的木箱内,每箱净重不超过 35 kg。

贮存条件:贮存于阴凉、通风、干燥的专用库房,避免日光直晒,远离火源、热源,库温不宜超过 30 ℃,相对湿度不超过 80%。库内照明应采用防爆型开关,设在库房外。与起爆器材、黑色火药及其他化学危险品隔离存放。

养护:
1) 入库验收:检查包装是否完整,有无受湿污染现象,内包装物品有无受潮溶化破漏等,并做好记录。
2) 堆码苫垫:货垛垛底应垫高 15~30 cm,宜码成小垛,垛高不超过 2 m,垛距80~90 cm。
3) 在库检查:在贮存期间,保管人员每日上班后、下班前应对货垛及库内外环境各检查一次。梅雨季节每月定期检查一次,其他季节每三个月检查一次,主要检查有无吸湿溶化现象。
4) 温湿度管理:梅雨季节要严格密封库房,采取通风与吸潮相结合的方法控制库温不超过 30 ℃,相对湿度不超过 80%,但库房内只允许用箱装块石灰远离货垛吸湿,禁用吸湿机。
5) 安全作业:操作搬运时要注意轻拿轻放,禁止摔震、撞击。使用工具应为铜制或铜合金制。
6) 保管期限:1 年。

注意事项:发生火灾时用雾状水,禁用砂土压盖。

B1.11 品名:黑火药制品

编号:11096

特性:黑色粒状粉末,是硝酸钾、硫磺及炭末的混合物,易吸潮,吸潮后降低爆炸效果。爆发点 270~300 ℃;最大爆速 500 m/s;爆轰气体体积 280 cm^3/g;火焰温度 2 500 ℃。遇明火、高温、撞击、摩擦都易引起燃烧爆炸,爆炸时有黑烟,爆炸能量较其他炸药小,是一种低级炸药,一般不变质。用来制造导火索、烟花、爆竹、子弹。

包装:装入塑料袋或铁皮箱内,再装入坚固木箱,箱板厚度 15 mm 以上,每个包装净重不超过 75 kg。

贮存条件:贮存于黑色火药的专用库房,库房要求干燥、阴凉、通风,库温不超过 30 ℃,

相对湿度不超过80%。远离火源、热源,与其他易燃爆炸品、易燃品及化学危险品隔离存放。

养护:
1) 入库验收:包装是否完整,有无破损、漏洒、雨淋、水浸、污染现象。
2) 堆码苫垫:货垛应垫高15~30 cm,垛高不超过2 m,垛距80~90 cm,墙距、柱距30~50 cm。
3) 在库检查:贮存期间,每日坚持一日二检,春、夏、冬坚持定期检查。
4) 温湿度管理:库房内要求保持干燥,夏季库内相对湿度不超过85%;相对湿度大时可采取石灰吸潮方法,禁用电动吸湿机。
5) 安全作业:操作现场穿工作服,不得穿带钉子鞋。搬运时轻拿轻放,不得撞击和拖拉包装。
6) 保管期限:1~2年。

注意事项:火灾时可用水,禁止砂土压盖。

B1.12 品名:导火索

编号:13001

特性:以黑火药为芯体,外层包棉绒,其外形如棉绳制成卷状,每卷长50 m,可用明火和电火花点燃,燃烧速度约1 cm/s。性质不稳定,受到猛烈撞击或摩擦等机械作用均可引起燃烧。

包装:导火索接口应封严不得漏药,每四卷装入一塑料袋内,袋口封严或扎紧,装入外包装木箱、纸箱或坚固筐篓,木箱应有箱带,两端有握柄。包装上应有产品名称、数量、毛重、生产日期、批号以及"防火""防潮""爆炸品""轻拿轻放"等字样。每件包装净重不超过50 kg。

贮存条件:贮存在干燥、通风的库房内,远离火源、热源,避免日光直射,库温不超过35 ℃。与其他爆炸品、易燃品及一切化学危险品隔离存放。

养护:
1) 入库验收:检查包装是否完好,有无破损、漏洒、雨淋、水浸、污染等现象。
2) 堆码苫垫:货垛堆码高度不超过2 m,垛距80~90 cm,墙距、柱距30~50 cm。
3) 在库检查:物品在贮存期间,坚持一日二检,每三个月定期检查一次。
4) 温湿度管理:库内保持干燥,梅雨季节库内相对湿度超过85%时,可用箱装生石灰吸潮,要注意远离货垛,石灰不得漏洒在地面,禁用电动吸湿机。
5) 安全作业:搬运操作人员应穿工作服、软底鞋。搬运时要轻拿轻放,不得摔震、撞击和滚动。
6) 保管期限:1~2年。

注意事项:火灾可用水灭火,禁止砂土压盖。

B1.13 品名:礼花弹

编号:13056

特性:以易燃金属盐或氧化物为原料混合配制,能引起爆炸,燃烧时间较长,其发火点温度常在250 ℃以上。对火焰和机械作用比较敏感,在温度50 ℃以上或接触明火、受震动、撞击有引起燃烧爆炸的危险。

包装:礼花弹用防潮纸包装,外用板厚18~20 mm的木箱,箱内填塞牢固不得移动,每箱净重不超过 66 kg。

贮存条件:贮存于阴凉、干燥专用库房内,远离火源、热源,避免日光直晒,库温不宜超过 30 ℃,相对湿度在 75％以下,与其他危险品隔离贮存。

养护:
1) 入库验收:检查包装是否完好,有无雨淋、水湿、污染、受潮等异常现象。
2) 堆码苫垫:货堆底层应垫高 15～30 cm,堆小垛,垛高不超过 2 m,墙距、柱距 30～50 cm。
3) 在库检查:贮存期间坚持一日二检制度,每三个月定期检查物品、包装等。
4) 温湿度管理:库房进行密封,掌握通风结合吸湿以控制库温不超过 30 ℃,相对湿度不超过 75％。
5) 安全作业:搬运操作注意轻拿轻放,禁止摔震、碰撞。
6) 保管期限:1 年。

注意事项:火灾可用雾状水灭火,禁止用砂土压盖。

B2 第 2 类 压缩气体和液化气体

B2.1 品名:氢

编号:21001

化学式:H_2

分子量:2.016 2

特性:无色无臭气体,极微溶于水、乙醇、乙醚。无毒、无腐蚀性,极易燃烧,燃烧时发出青色火焰并发生爆鸣,燃烧温度可达 2 000 ℃,氢氧混合燃烧火焰温度达 2 100～2 500 ℃,与氟、氯等能引起猛烈反应。相对密度 0.089 9;沸点－252.8 ℃;熔点－259.18 ℃;气压在－214 ℃时为 10 个大气压;临界温度－239 ℃,临界压力 1 297 kPa;自燃点 400 ℃;爆炸极限 4.1％～74.2％,最大爆炸压力 740 kPa,产生最大爆炸压力浓度 32.3％,最小引燃能量 0.019 mJ。

包装:应使用耐压钢瓶盛装,钢瓶外部漆深绿色,并用红漆标明"氢气"字样。

贮存条件:贮存于阴凉、通风,地面不易发生火花的库房内,远离火种、热源,避免日光直晒,防止雨淋、水湿,与氧气、压缩空气、氟、氯等隔离贮存,与其他化学药剂分别贮存,库温宜保持在 30 ℃以下,相对湿度不超过 80％。

养护:
1) 入库验收:核对品名,检查验瓶日期,逐瓶检查有无安全帽及防震胶圈,气阀处有无油污漏气。
2) 堆码苫垫:行列式直立放置在牢固的木箱内以防倾倒。如平放时,则瓶口阀门应顺序排列,垫高 10～15 cm,堆高 1～4 层,垛距 80～90 cm,墙距、柱距 30～50 cm。
3) 在库检查:每日上班后、下班前对货垛库内外环境进行一次检查,每三个月进行一次质量检查。
4) 温湿度管理:炎热季节要密封库房并根据温度变化进行通风和吸潮以控制库温不超过 30 ℃,相对湿度不超过 80％,可实行夜间作业。
5) 安全作业:装卸搬运要注意轻装轻卸,不得摔扔、撞击和在地面滚动。

6) 保管期限:1年。

　　注意事项:火灾可用水、二氧化碳。

B2.2 品名:甲烷(液化的)

　　编号:21008

　　别名:液化甲烷

　　化学式:CH_4

　　分子量:16

　　特性:无色、无臭、无毒,微溶于水。易燃,燃点537 ℃。能与空气形成爆炸性混合物,爆炸极限5%～15%。

　　包装:用钢瓶贮装。

　　贮存条件:贮存在遮光、通风的库房内,远离火源、热源,与其他化学危险品,特别是易燃品、爆炸品、氧化剂等隔离存放。

　　养护:

　　1) 入库验收:检查钢瓶有效期限、安全帽、防震胶圈是否齐全,是否漏气。木箱包装是否完整、牢固,瓶有无破碎等。

　　2) 堆码苫垫:用专用木架直立放置,平放时阀门在同一方向,垛底垫高10～15 cm,堆码1～4层。木箱堆垛高度不超过2 m,垛距50 cm,墙距、柱距40 cm。

　　3) 在库检查:每日交接班各检查一次,每季度检查一次并称量。

　　4) 温湿度管理:库温度不超过30 ℃,相对湿度低于80%。

　　5) 安全作业:钢瓶不得摔震、撞动或在地面滚动。

　　6) 保管期限:1年。

　　注意事项:火灾时可用雾状水、二氧化碳及1211灭火剂。用水保持钢瓶冷却,保护关闭阀门。甲烷本身无毒,高浓度气体具有麻醉效应。应使吸入者脱离污染区,休息并保持温暖。

B2.3 品名:丁烷

　　编号:21012

　　化学式:$CH_3CH_2CH_2CH_3$

　　分子量:58.12

　　特性:无色易燃气体,有轻微不愉快气味,微溶于水,微溶于醇及三氯甲烷,与空气混合形成爆炸混合物。相对密度0.599(0 ℃),0.578 8(20 ℃);沸点0.5 ℃;凝固点138 ℃;自燃点405 ℃;闪点60 ℃;爆炸极限1.9%～8.5%;最易引燃浓度3.1%;最大爆炸压力8.414×10^5 Pa/cm^2;产生最大爆炸压力浓度3.6%;最小引燃能量0.25 mJ;气化热389.4 kJ/kg;燃烧热值1 189.6 kJ/m^3;蒸气压0 ℃时为160.39 kPa,10 ℃时为153 kPa,20 ℃时为214.81 kPa,30 ℃时为291.8 kPa,40 ℃时为391 kPa,50 ℃时为512.7 kPa;相对蒸气密度2.046(0 ℃空气=1);临界温度152 ℃;临界压力3.81×10^6 Pa。

　　包装:装入符合耐压安全标准的钢瓶内,钢瓶上应标有国家规定的有效使用期限的钢印,钢瓶应漆成褐色并标明白色"丁烷"字样。小包装应装入封口严密的铝管内,外套纸盒,再装入坚固木箱内,每箱不超过240瓶。箱外应有明显易燃品标志。

　　贮存条件:应贮存在阴凉、通风的库房内,远离火源、热源,防止日光直晒、雨淋、水湿,与氧气、压缩空气隔离存放,库温不宜超过 30 ℃,相对湿度不超过 80%。

养护:

1) 入库验收:主要检查钢瓶有效期限钢印,阀门有无漏气,有无安全帽及防护胶圈。木箱包装有无损坏,内包装有无破漏,在库贮存期间每三个月应进行定期检查并称量。
2) 堆码苫垫:钢瓶应使用坚固木架,直立行列式码垛。如平放时,瓶口阀门应顺序排列,垛底垫高 10~15 cm,可堆 1~4 层高。木箱包装可堆 10 箱,垛距 80~90 cm,墙距、柱距 30~50 cm。
3) 在库检查:在贮存期间,每日上班后、下班前应对货垛及库内外环境各进行一次检查,每三个月应对全部物品进行一次检查。
4) 温湿度管理:炎热季节要密封库房,根据库内外温湿度变化注意通风和吸潮,使库温控制在 30 ℃ 以下,相对湿度不超过 80%,并实行夜间作业。
5) 安全作业:搬运操作要注意轻装轻卸,禁止摔碰、撞击和在地面滚动。
6) 保管期限:1 年。

注意事项:火灾可用雾状水、二氧化碳及 1211 灭火剂扑救。

B2.4　品名:乙炔(溶于介质的)

编号:21024

别名:电石气

化学式:$HC{\equiv}CH$

分子量:26.04

特性:无色气体,沸点 -83 ℃,乙炔气因含杂质有大蒜气味,可微溶于水。极易燃,溶解于丙酮中才能在高压下保持稳定,否则很容易分解成氢与碳,产生爆炸。乙炔能与铜、银、汞等化合生成爆炸性化合物,并能与氯化合,生成爆炸性的乙炔基氯。熔点 81.8 ℃;闪点 -17.78 ℃(闭);自燃点 305 ℃;最大爆炸压力 10.1×10^5 Pa;产生最大爆炸压力的浓度 14.5%;最小引燃能量 0.019 mJ;闪点 -32 ℃;汽化热 828.99 kJ/kg;蒸气压力 4.05×10^6 Pa (16.8 ℃);爆炸极限 2.8%~81%;临界温度 35.5 ℃;临界压力 6.25×10^6 Pa。

包装:乙炔一般溶解于丙酮及多孔物中再装入钢瓶内,钢瓶为白色,以红色"乙炔"字样标明。

贮存条件:贮存在阴凉、通风的库房内,远离火种、热源、避免日光直晒、雨淋、水湿,与氧气、压缩空气及其他化学危险品隔离存放,库温保持 30 ℃ 以下。

养护:

1) 入库验收:核对品名,检查钢瓶有效期限钢印,检查阀门是否漏气。
2) 堆码苫垫:用专用木架直立放置,平放时阀门在同一方向,垛底垫高 10~15 cm,堆码 1~4 层,垛距 80 cm,墙距、柱距 40 cm。
3) 在库检查:每日交接班各检查一次,每季度检查一次。
4) 温湿度管理:库温度不超过 30 ℃,相对湿度低于 80%。
5) 安全作业:钢瓶不得摔震、撞击或在地面滚动。
6) 保管期限:1 年。

注意事项:火灾用水、泡沫、二氧化碳扑救,救火时人站在上风处,并佩戴防毒面具。乙炔与氧混合具有麻醉效应,会产生眩晕、头痛、恶心等症状,其本身无毒,但会造成缺氧窒息致死,使吸入者离开污染区移送通风处,休息并保暖。

B2.5　品名:环氧乙烷

编号:21039

化学式:$(CH_2)_2O$

分子量:44.05

特性:常温下为无色气体,40 ℃以下时为无色液体,有乙醚气味,易溶于水、乙醇和乙醚。有毒易燃,在空气中易形成爆炸混合物,遇火星、高热有燃烧爆炸危险。化学性质活泼,能与许多化合物起反应。相对密度 0.8711(20 ℃);熔点－111.3 ℃;沸点 10.7 ℃;闪点<－17.78 ℃(开);自燃点 429 ℃;爆炸极限 3.0%～100%;蒸气压 $1.46×10^5$ Pa;相对蒸气密度1.52;临界温度195.8 ℃;临界压力 $7.19×10^5$ Pa。用于有机合成,合成树脂、熏蒸剂、洗涤剂。

包装:装入经过检测符合标准的钢瓶内,钢瓶外表应漆灰色,并用红色标明"环氧乙烷"。

贮存条件:贮存在阴凉、通风的库房内,远离火种、热源,避免日光直晒、雨淋水湿,与氧气、压缩空气隔离存放,与其他化学危险品也应分仓贮存,库温应控制在 30 ℃以下。

养护:

1) 入库验收:要核对品名,检查验瓶日期,安全帽、防震胶圈是否完备,气阀有无漏气。
2) 堆码苫垫:应使用坚固木架直立放置,行列式堆码。如平放时,垛底应垫高 10～15 cm,安全帽应在同一方向,堆 1～4 层高,垛距 80～90 cm,墙距、柱距 30～50 cm。
3) 在库检查:每日上班后、下班前应进行例行检查,每三个月定期抽查一次并称量。
4) 温湿度管理:炎热季节应做好库房的密封和通风吸潮,以保持库温不超过 30 ℃,相对湿度80%以下,并实行夜间作业。
5) 安全作业:搬运操作要注意轻装轻放,严禁摔震、撞击和在地面滚动。
6) 保管期限:1 年。

注意事项:火灾用水、泡沫、二氧化碳扑救,救火时应站在上风处,并应佩戴防毒面具。

B2.6　品名:乙胺

编号:21046

化学式:$CH_3CH_2NH_2$

分子量:45.08

特性:无色液体,有氨臭,易挥发,易燃,强碱性反应,能与水、醇、醚混合。有毒,对上呼吸道黏膜、皮肤有刺激性。相对密度 0.705 9(0 ℃/4 ℃);熔点－80.6 ℃;沸点 16.6 ℃;闪点<－17.8 ℃;自燃点 385 ℃;爆炸极限 3.5%～14%;蒸气压 $1.01×10^5$ Pa(16.6 ℃)。受高热、遇明火、强氧化剂能引起燃烧爆炸。用于染料、萃取剂、乳化剂、有机合成、试剂。

包装:装入经过试压符合安全标准的钢瓶或筒内,拧紧安全帽,钢瓶(筒)上应标明国家规定有效使用期限的钢印,瓶身应漆红色,并用白色标明品名,钢瓶阀门应罩安全帽,瓶身应有防震胶圈。试剂应装入有螺丝口玻璃瓶或塑料瓶,塞紧瓶塞,瓶口包蜡纸烫蜡后再用石膏严封,或用塑料膜扎紧,装入坚固木箱,或装入安瓿,外加瓦楞纸套,装入纸盒后再装入木箱内,箱内应用松软材料衬垫牢固,箱外用铁皮或铁丝加固。包装外应注明品名、规格、重量、出厂日期、生产单位及"易燃品""有毒""小心轻放"等明显标志。

贮存条件：贮存于阴凉、通风库房内，试剂在炎热季节应冷藏，库温不超过10 ℃，钢瓶装可控制库温在3 ℃以下，相对湿度不超过80%，远离火种、热源，防止日光直晒，与氧化剂、酸类隔离，禁止混贮混运。

养护：

1) 入库验收：对钢瓶装要检查安全帽、防震胶圈是否齐全，钢瓶有效期，钢瓶有无锈蚀损坏，阀门是否漏气。玻璃瓶装检查封口是否完整，封口是否严密，有无漏气现象，物品应透明清澈不应有混浊或沉淀现象。

2) 堆码苫垫：钢瓶堆垛应使用牢固的木架直立堆放，码行列式垛。如平放时，则瓶口阀门要按同一方向顺序堆放，堆码1~4层。箱装垛底应垫高15~30 cm，垛高不超过2 m，垛距80~90 cm，墙距、柱距30~50 cm。

3) 在库检查：在贮存期间，每日上班后、下班前对货垛及环境各进行一次检查，每季度对全部库存进行一次质量检查。

4) 温湿度管理：炎热季节要注意控制库温，主要采取密封和通风相结合的办法使库温保持在30 ℃以下。箱装只能存放在冷库中，库温不超过10 ℃。出入库应在夜间作业以防日晒。使用工具应为铜制或铜合金制，以防产生火花。

5) 安全作业：搬运操作要轻装轻卸，严禁摔震。装运时安全帽应放同一方向，工作人员应穿工作服，戴胶手套、护目镜、口罩。

6) 保管期限：钢瓶装1年，玻璃瓶或塑料瓶装半年。

注意事项：火灾可用泡沫、二氧化碳、干粉、砂土和雾状水扑救，救火人员应佩戴防毒面具。

B2.7 品名：甲硫醇

编号：21047

化学式：CH_3SH

分子量：48.11

特性：无色液体或气体，有不愉快的恶臭气味。不溶于水，能溶于乙醇和乙醚。有毒和刺激性。相对密度0.859 9(25 ℃/40 ℃)；熔点-123 ℃；沸点5.8~6.2 ℃；闪点-32 ℃；爆炸极限3.9%~21%。极易燃烧，遇酸产生有毒气体，遇水产生有毒易燃气体，遇氧化剂反应强烈，其蒸气能与空气形成爆炸性混合物。主要用于杀虫剂、催化剂。

包装：钢瓶装要经过试压，符合标准，钢瓶漆成红色用白色字标明品名。试剂装入磨砂、螺丝口玻璃瓶，塞紧瓶塞，先烫蜡，再用石膏严封，装入坚固木箱内用松软材料衬垫，箱外用铁丝或铁皮加固；最好装入安瓿，外加瓦楞纸套或纸盒，再装入坚固木箱，箱外用铁丝或铁皮加固。

贮存条件：贮存于阴凉、通风一级防火建筑的库房内，远离火种及热源，防止阳光直射。玻璃瓶装物品最高库内温度不宜超过5 ℃，有条件的单位宜冷藏，温度控制在0 ℃以下。安瓿或钢瓶装在25 ℃以下，与氧化剂、酸类分开存放。搬运时应轻拿轻放、轻装轻卸，防止包装破损。

养护：

养护方法同B2.6。

保管期限:1年。

注意事项:如遇火灾,可用二氧化碳、化学干粉、1211灭火剂、砂土扑救,忌用酸碱灭火剂、水和泡沫。

B2.8 品名:氧

编号:22001

化学式:O_2

分子量:32.0

特性:无色、无味,助燃性气体,能被液化和固化。接触油脂、锯末、油布、油纸及其他有机粉末时即发热引起燃烧爆炸,与乙炔、氢、甲烷等易燃气体混合达一定比例时能形成爆炸或燃烧的混合物。相对密度 1.429;熔点-218.4 ℃;沸点-183 ℃;临界温度-118.4 ℃;临界压力 $5.11×10^6$ Pa。

包装:在钢瓶内贮存,钢瓶外漆天蓝色,以黑色字样标明"氧"。

贮存条件:贮存在阴凉、通风的库房内。宜专库贮存,远离火种、热源,避免日光直晒、雨淋水湿。禁止与各种易燃品、油脂、金属粉末、氢、乙炔及各种易燃气体钢瓶混存混运。

养护:

1) 入库验收:核对品名、检查钢瓶有效期限钢印,检查阀门是否漏气。
2) 堆码苫垫:用专用木架直立设置,平放时阀门在同一方向,垛底垫高10~15 cm,堆码1~4层,垛距80 cm,墙距、柱距40 cm。
3) 在库检查:每日交接班各检查一次,每季度检查一次并称量。
4) 温湿度管理:库温度不超过 30 ℃。
5) 安全作业:钢瓶不得摔震、撞击或在地面滚动。
6) 保管期限:1年。

注意事项:火灾用雾状水、二氧化碳扑救。

B2.9 品名:压缩空气

编号:22003

特性:无色无味气体,不燃烧,有助燃性,与易燃气体及油脂接触有引起燃烧、爆炸的危险。熔点-213 ℃;沸点-195 ℃;汽化热 20.53 kJ/kg;临界温度-140.7 ℃;临界压力 $3.77×10^6$ Pa。

包装:装入符合安全标准的钢瓶内,钢瓶应有有效期限的钢印,钢瓶外漆成黑色,以白字标明"压缩空气"。

贮存条件:贮存于阴凉、通风的库房内,远离火种、热源,避免日光直晒,防止雨淋水湿,禁止与油脂、金属粉末及其他易燃气体混存混运,库温不宜超过 30 ℃。

养护:

1) 入库验收:核对品名,检查钢瓶有效期限钢印,安全帽、防震圈是否完备,钢瓶是否有锈蚀、油污,阀门是否漏气。
2) 堆码苫垫:应使用牢固木架直立放置,行列式码垛。如平放时,垛底垫高10~15 cm,堆码1~4层,垛距80~90 cm,墙距、柱距30~50 cm。
3) 在库检查:每天上班后、下班前应进行一次检查,每季定期检查并称量一次。
4) 温湿度管理:在库内不受日光直晒,及时通风降温。

5) 安全作业:搬运装卸不得任意摔震、撞击和在地面滚动。
　　6) 保管期限:1～2年。
　注意事项:火灾可用雾状水、泡沫扑救。

B2.10 品名:氮(压缩的)

　编号:22005

　化学式:N_2

　分子量:28.02

　特性:无色、无臭气体,微溶于水和乙醇。化学性质不活泼,不燃烧。常温下和锂能直接反应,炽热时与镁、钙、锶、钡、氧和氢直接化合。相对密度1.2 506(0 ℃);熔点-210 ℃;沸点-195.8 ℃;临界温度-147 ℃;临界压力3.39×10^6 Pa。

　包装:钢瓶内贮存,瓶外漆成黑色,用黄色标明"氮气"。钢瓶阀门应罩安全帽,瓶身应有防震胶圈。

　贮存条件:贮存在阴凉、通风的库房内,远离火种、热源,防止日光直晒及雨淋水湿,与其他类化学危险品隔离贮存,库温不超过30 ℃。

　养护:

　　1) 入库验收:核对品名,检查钢瓶有效期限钢印,检查阀门是否漏气。
　　2) 堆码苫垫:用专用木架直立放置,平放时阀门在同一方向,垛底垫高10～15 cm,堆码1～4层,垛距80 cm,墙、柱距40 cm。
　　3) 在库检查:每日交接班各检查一次,每季度检查一次并称量。
　　4) 温湿度管理:库温度不超过30 ℃。
　　5) 安全作业:钢瓶不得摔震、撞动或在地面滚动。
　　6) 保管期限:1年。

　注意事项:火灾时可用水龙喷水保持火场容器冷却。

B2.11 品名:二氯二氟甲烷

　编号:22045

　化学式:CCl_2F_2

　分子量:120.92

　特性:无色、无味、无毒、不燃气体,化学性质稳定,遇热不分解,对金属无腐蚀性,在室温下与强酸、强碱、润滑油无作用,不溶于水、溶于乙醇、乙醚。相对密度1.456(-30 ℃);相对蒸气密度4.2;熔点-158 ℃;沸点-129 ℃;蒸气压:在-29.8 ℃为1.01×10^5 Pa,在16.1 ℃为5.066×10^5 Pa,在42.4 ℃为1.0×10^6 Pa,在74 ℃为2.0256×10^6 Pa;临界温度111.5 ℃;临界压力3.61×10^6 Pa。用作致冷剂(可降温至-50～-60 ℃),气溶杀虫药发射剂。

　包装:耐压钢瓶装,钢瓶漆铝白色,用黑字标明"二氯二氟甲烷"字样,瓶外还应有明显的"无毒""不燃压缩气体"标志。

　贮存条件:贮存于阴凉、通风的库房内,远离火种、热源,避免日光直晒、雨淋水湿,与一般化学危险品隔离存放,库温不超过30 ℃。

　养护:

　　1) 入库验收:核对品名,检查钢瓶有效期限钢印,阀门是否有漏气现象。
　　2) 堆码苫垫:堆码时应使用牢固木架直立放置排成行列式。如平放时,阀门应放同一方向,垛底垫高 10~15 cm,码 1~4 层高,垛距 80~90 cm,墙距、柱距 50 cm。

3) 在库检查:在库贮存期间,每日上班后、下班前要对货垛和库房内外环境各作一次检查,每季抽样检查一次并称量。
4) 温湿度管理:库房应进行密封,根据库内外温湿度变化进行通风和吸潮,以控制库温不超过 30 ℃,相对湿度在 80% 以下。
5) 安全作业:搬运操作要注意轻拿轻放,不得摔震、碰撞和在地面滚动。
6) 保管期限:1 年。

注意事项:火灾可用水扑救,宜用水喷淋瓶外降温,以防受热爆瓶。

B2.12 品名:氟

编号:23001

化学式:F_2

分子量:38

特性:淡黄色气体,具有刺鼻恶臭,沸点 -188 ℃。刺激性强,能与大多数可氧化物质或有机物强烈反应而燃烧。与水反应生成氟化氢与氧。与硝酸反应形成具有爆炸性的气体硝酸氟。

包装:用特种钢瓶灌装。

养护:

1) 入库验收:核对品名,检查钢瓶有效期限钢印,检查阀门是否漏气。
2) 堆码苫垫:用专用木架直立放置,平放时阀门在同一方向,垛底垫高 10~15 cm,堆码 1~4 层,垛距 80 cm,墙、柱距 40 cm。
3) 在库检查:每日交接班各检查一次,每季度检查一次并称量。
4) 温湿度管理:库温度不超过 30 ℃,相对湿度低于 80%。
5) 安全作业:钢瓶不得摔震、撞击或在地面滚动。
6) 保管期限:1 年。

注意事项:火灾时消防人员应在防爆掩蔽处灭火,可用水龙喷水保持火场容器冷却,切不可将水直接喷射漏气处,否则会助长火势。

B2.13 品名:氯(液化的)

编号:23002

别名:液氯

化学式:Cl_2

分子量:70.91

特性:黄绿色气体,具有刺鼻臭味,可溶于水。气体剧毒,液氯能引起严重灼伤,在空气中最大允许含量为 2 mg/m²。氯气在空气中不燃烧,但一般可燃物大都能在氯气中燃烧,就像在氧气中燃烧一样。一般易燃性气体或蒸气也都与氯气形成爆炸性混合物。氯气能与许多化学物品(如乙炔、松节油、乙醚、氨气、燃料气、烃类、氢气、金属粉末等)猛烈反应发生爆炸或生成爆炸性产物。相对密度 3.214;熔点 -100.93 ℃;沸点 -34.05 ℃;临界温度 144 ℃;临界压力 7.71×10^6 Pa。

包装:耐压钢瓶,钢瓶颜色为草绿色,并以白色标明"氯"字样,瓶身应有明显"有毒压缩气体"标志。

贮存条件:贮存于阴凉、通风的专用库房内。避免与火种、热源接触,避免日光直晒。禁止与易燃性压缩气体、金属粉末、氨、醚、松节油及有机物、自燃品共贮共运。

养护:
1) 入库验收:逐瓶检查有无漏气现象及钢瓶有效期限钢印。当漏气严重无法修复时,可将钢瓶浸入过量石灰乳水中,防止人身中毒。
2) 堆码苫垫:同 B2.12。
3) 在库检查:同 B2.12。
4) 温湿度管理:同 B2.12。
5) 安全作业:操作人员应穿工作服、戴手套、护目镜及防毒口罩,搬运时必须轻拿轻放,严禁摔、撞击或在地面上滚动。
6) 保管期限:半年。

注意事项:火灾时救火人员应戴好防毒面具,用水保持火场容器冷却,并用水喷淋保护关闭阀门的人员。人体中毒应立即离开现场,送医院治疗。

B2.14 品名:氨

编号:23003

化学式:NH_3

分子量:17.03

特性:无色有刺激性恶臭气体,易压缩成为液体,同时放出大量热。当压力减低时则易气化,并吸收大量热。易溶于水、乙醇、乙醚,水溶液呈碱性。有毒,在空气中最高允许浓度 30 mg/m^3。可燃,遇强氧化剂(如氯酸盐、高氯酸盐、三氧化铬、溴酸盐以及硝酸等)都易引起强烈反应或燃烧爆炸。相对密度 0.597 1;熔点 -77.7 ℃;沸点 -33.5 ℃;自燃点 651 ℃;最易引燃浓度 17%;爆炸极限 15.7%~27.4%;产生最大爆炸压力的浓度 22.5%;最大爆炸压力 47.56×10^4 Pa;临界温度 132.5 ℃;临界压力 11.4×10^6 Pa。主要用作致冷剂和制造铵盐及氮肥。

包装:耐压钢瓶装,钢瓶耐压为 $9.806\ 65\times10^4$ Pa,钢瓶外漆成黄色,以黑色字样标明"氨"。钢瓶外应有明显的"有毒压缩气体"标志。每瓶净重 25 kg、40 kg、80 kg 不等。

贮存条件:贮存于阴凉、通风、干燥的库房,远离火种、热源,避免日光直晒。宜专库贮存,与氯、溴、碘、酸类及氧化剂严格隔离。

养护:
1) 入库验收:检查钢瓶有效期限钢印,安全帽、防震胶圈是否完备,钢瓶有无锈蚀、伤痕、阀门是否漏气。
2) 堆码苫垫:要直立堆放在坚固木架内。如平放时,垛底垫高 10~15 cm,堆码 1~4 层,垛距 80~90 cm,墙距、柱距 50~50 cm。
3) 在库检查:在库贮存期间,每日上班后、下班前要做好检查,每三个月定期进行检查一次。如有漏气现象,应立即旋紧阀门螺丝。
4) 温湿度管理:库内宜经常通风,炎热季节要及时采取密封通风相结合的办法,保持库内空气清洁,使温度不超过 30 ℃,入库工作人员应戴风镜及口罩。
5) 安全作业:搬运操作要注意轻装轻卸,严禁滚动、撞击、摔震。
6) 保管期限:6 个月。

注意事项：火灾可用雾状水及泡沫扑救，消防人员应佩戴防毒面具。人体中毒应立即离开现场，用大量水冲洗后再到医院诊治。

B2.15　品名：二氧化硫（液化的）

编号：23013

别名：亚硫酸酐

化学式：SO_2

分子量：64.10

特性：无色气体，具有刺鼻恶臭，$-10\ ℃$以下即行液化，有一定的水溶性。与水及水蒸气作用生成有毒及腐蚀性蒸气，最高允许浓度为 $20\ mg/m^3$。相对密度 $2.927[1.434(0\ ℃)]$；沸点$-10\ ℃$。熔点$-75.5\ ℃$；临界温度$157.8\ ℃$；临界压力 $7.87×10^6\ Pa$。水溶液具有还原性，与氯酸盐、硝酸盐、金属钠、镁以及氟等接触可能引起燃烧、爆炸。

包装：耐压钢瓶包装，钢瓶漆成灰色并以黑色标明"二氧化硫"字样，钢瓶必须有阀门安全帽及防震胶圈。净重 50 kg 或 100 kg。小剂量可装安瓿，外加瓦楞纸套、纸盒再装入木箱内。每箱净重不超过 10 kg，每瓶净重不超过 0.25 kg。

贮存条件：贮存在遮光、通风的库房内，远离火、热源，与其他化学危险品，特别是易燃品、爆炸品、氧化剂等隔离存放。

养护：

1) 入库验收：检查钢瓶有效期限钢印，安全帽、防震胶圈是否齐全，是否漏气。木箱包装是否完整、牢固，瓶有无破碎等。
2) 堆码苫垫：用专用木架直立放置。平放时，阀门在同一方向，垛底垫高 10～15 cm，堆码 1～4 层。木箱堆垛高不超过 2 m，垛距 80 cm，墙距、柱距 40 cm。
3) 在库检查：同 B2.13。
4) 温湿度管理：二氧化硫有剧毒，库房应加强通风降温，保持空气新鲜，温度不超过 30 ℃。炎热季节应夜间作业。
5) 安全作业：同 B2.13。
6) 保管期限：6～12 个月。

注意事项：火灾用大量水冷却钢瓶，救火人员应佩戴防毒面具。吸入蒸气的患者应脱离污染区，休息并保持温暖。严重者应就医及输氧。如果呼吸停止，须立即进行人工呼吸。眼部刺激用2％苏打水冲洗后就医诊治。

B2.16　品名：溴甲烷

编号：23041

化学式：CH_3Br

分子量：94.05

特性：室温下为无色透明气体，在 4 ℃以下为无色透明液体、有灼味、香如三氯甲烷，难溶于水，能溶于乙醇、乙醚、三氯甲烷、二硫化碳、四氯化碳和苯。有剧毒，空气中含有0.86％～6％时吸入能中毒，空气中最高允许浓度为 $1\ mg/m^3$，能经皮肤吸收和灼伤皮肤。一般情况下易燃，但接触到高能量火源和在狭小的易燃范围内，在空气中能燃烧。相对密度 1.732 (0 ℃)；凝固点$-93\ ℃$；沸点 $3.56\ ℃$；自燃点 $537\ ℃$；爆炸极限10％～16％；蒸气压$2.43×10^5\ Pa(25\ ℃)$；临界温度 194 ℃，临界压力 $8.45×10^6\ Pa$。遇明火、高温，接触铝粉、二甲亚砜有燃烧爆炸的可能。用作杀虫剂、冷冻剂。

包装:耐压钢瓶装,钢瓶外漆成灰色,用红色字标明"溴甲烷"等字样。

贮存条件:贮存于阴凉、通风的库房内,避免日光直晒,远离火种、热源。与氧气、其他助燃气体分别存放,与其他各种化学危险品必须隔离存贮。库温不超过 30 ℃,相对湿度 80%以下。

养护:

1) 入库验收:首先核对品名、检查验瓶日期,安全帽、防震胶圈是否完备,钢瓶有无锈蚀、阀门是否漏气。
2) 堆码苫垫:堆成行列式垛,直立放置在牢固木架内。如平放时,阀门应统一朝向,垛底垫高 10~15 cm,堆码 1~4 层,垛距 80~90 cm,墙距、柱距 30~50 cm。
3) 在库检查:在库贮存期间,每日上班后、下班前应对全部货垛及环境进行一次检查,每月定期全面检查一次。每季度要抽查、称量及检查一次阀门是否漏气。
4) 温湿度管理:要认真做好库房的温湿度控制与调节,要注意经常通风以保持库内空气新鲜。炎热季节要及时利用通风、密封来降低库温,使库温保持在 30 ℃ 以下,并实行夜间作业,以保证物品及人身安全。
5) 安全作业:搬运装卸堆码必须轻装轻卸,严禁摔震、撞击、滚动,操作人员在作业时要穿工作服、戴口罩、护目镜、胶手套。
6) 保管期限:1 年。

注意事项:火灾用水、泡沫、二氧化碳扑救,救火人员必须配戴防毒面具。人身中毒应立即转移到新鲜空气处,大量饮水及增加蛋白质食品,严重者送医院治疗。本品中毒后恢复缓慢,应坚持治疗。

B3 第 3 类 易燃液体

B3.1 品名:汽油

编号:31001

特性:无色透明液体,是含 C_5~C_{12} 的烷烃、烯烃、环烷烃和芳香烃组成的混合物,极易挥发,有特殊气味不溶于水,能溶于苯、二硫化碳和无水乙醇,毒性与煤油相似,在空气中浓度达到 30~40 mg/L,能引起人身中毒。沸点 40~200 ℃;闪点-50 ℃。

包装:铁桶包装,桶皮厚度不小于 1.2 mm。桶口严密不漏。

贮存条件:贮存于阴凉、通风的库房,避免日光直接照射,与氧化剂隔离存放,库温控制在 30 ℃以下为宜。

养护:

1) 入库验收:检查包装容器有无破漏、渗漏和污染,然后按 15% 比例开桶检验,物品应为无色透明,不混入任何杂质。
2) 堆码苫垫:铁桶包装应码成行列垛,采取垫板码垛办法,堆码高度应为 2~3 个桶高。散装垛不超过 3 m,垛距为 80~90 cm,墙距、柱距为 30 cm。
3) 在库检查:物品在库检查,坚持一日二检制度,发现异常情况及时养护并做好记录。
4) 温湿度管理:炎热季节严格控制温度,可采取密封喷水降温措施,库温保持在 30 ℃

以下。

5) 安全作业：严格遵守操作规程，天干物燥季节作业现场要设防静电设施，避免滚动撞击。

6) 保管期限：2年。

注意事项：火灾发生后可用干粉、泡沫、干粉灭火机，也可用水冷却未燃烧的包装外部。发生中毒现象立即移至空气新鲜处，严重者送医院抢救。

B3.2 品名：戊烷

编号：31002

别名：正戊烷

化学式：C_5H_{12}

分子量：72.12

特性：属饱和烷烃，化学性质很稳定，通常状况下不与酸、碱、氧化剂发生反应。常温下为白色液体，极易流动和蒸发，易于燃烧。其蒸气与空气混合能形成爆炸性的混合物。相对密度0.626；沸点36 ℃；闪点－49 ℃，自燃点309 ℃；爆炸极限1.4%～8%。

包装：装入坚固的铁桶，桶口严密不漏，桶皮厚度不小于1.2 mm，每桶净重125 kg。玻璃瓶包装，封口要严，外包装木箱内衬松软材料。包装外应标明物品的品名、规格、重量、生产日期、厂名、"易燃品""防火""小心轻放""勿倒置"等标志。

贮存条件：应贮存于阴凉、通风的库房，避免日光照射，库房温度控制在26 ℃以下，可与其他易燃液体、有机溶剂同库贮存，不得与性质有抵触物品同库贮存。

养护：

1) 入库验收：检验物品包装是否封口严密，有无渗漏和污染，物品为无色透明极易流动的液体，无沉淀杂质。

2) 堆码苫垫：铁桶包装应码成行列垛，采取垫板码垛方法，堆码高度2～3桶高，箱装垛不超过3 m，垛距80～90 cm，墙距、柱距30 cm。

3) 在库检查：坚持一日二检，发现异常情况及时养护，并做好记录。

4) 温湿度管理：炎热季节严格控制温湿度管理，可采取库房密封和喷水降温等措施，库温保持在26 ℃以下。

5) 安全作业：装卸操作人员严格遵守操作规程，严禁大桶在地面滚动、摩擦、撞击。库房和操作现场不得穿带钉子鞋和化纤工作服。物品检验、倒桶、整理等各项操作均应在库外安全地点进行。

6) 保管期限：1年。

注意事项：火灾可用干粉灭火剂、1211灭火剂泡沫、二氧化碳扑救。

B3.3 品名：环戊烷

编号：31003

化学式：$\mathrm{\overline{CH_2CH_2CH_2CH_2CH_2}}$

分子量：70.14

特性：无色流动液体，易于挥发，是性质稳定的环烷烃。有汽油的臭味，能溶于丙酮、乙醚、苯、乙醇中，遇强氧化剂、明火能引起燃烧。相对密度0.745；熔点－93.3 ℃；沸点49～

50 ℃;闪点－42 ℃;爆炸极限下限 1.4％。

包装、储存条件、养护、注意事项与 B3.2 相同。

B3.4 品名:乙醛

编号:31022

别名:醋醛

化学式:CH_3CHO

分子量:44.05

特性:无色易流动液体,有辛辣刺激性的气味,能与水、乙醇、乙醚、三氯甲烷相混合。相对密度 0.783;熔点－123.5 ℃;沸点 20.2 ℃。化学性质活泼,易燃、易挥发,蒸气与空气形成爆炸混合物。爆炸极限 4.0％～57.0％（体积）,易氧化生成乙酸,与碱、浓硫酸作用发生变化。

包装:玻璃瓶盛装,每瓶 500 mL,每 20 瓶装入一木箱内,瓶与瓶之间要有松软材料衬垫。金属桶装,均留有一定的容量空隙,然后封闭严密,达到气体密封的程度。外包装标明规格、重量、批号等。

贮存条件:贮存于阴凉、通风的库房内,库房温度控制在 25 ℃ 以下,能与其他易燃液体同库贮存,不得与氧化剂、酸类、硫化氢、氰化氢等混存。

养护:

1) 入库验收:包装是否完整,有无破漏和污染,不得雨淋水湿,物品是否无色透明、流动,无沉淀杂质。

2) 堆码苫垫:大桶采用垫板码行列式垛,堆码高度 2～3 桶高。木箱码行列式垛,垛高不超过 2.5 m,垛距 80～90 cm,墙距、柱距 30 cm。

3) 在库检查:坚持一日二检制度,三个月进行一次开箱、开桶质量检查,发现异常变化及时养护并做好记录。

4) 温湿度管理:乙醛溶液危险性比无水物相对小,但也要特别注意防止挥发和燃烧爆炸。贮存时,易生成絮状聚合物,夏季温度应不高于 26 ℃。

5) 安全作业:操作人员及现场绝对禁止火种和电流,必须轻拿轻放,严禁摩擦、震动,防止物品在地面滚动,禁止使用铁制工具。

6) 保管期限:半年。

注意事项:遇火灾可用干粉灭火剂、抗醇泡沫、二氧化碳扑灭。

B3.5 品名:丙酮

编号:31025

别名:二甲基酮

化学式:CH_3COCH_3

分子量:58.08

特性:最简单的饱和酮,无色易挥发易燃液体,有微香气味。相对密度 0.792;熔点 －94.6 ℃;沸点 56.5 ℃;闪点－20 ℃。能与水、甲醇、乙醚、乙醇、三氯甲烷、吡啶等混溶,能溶解油脂、树脂和橡胶,蒸气和空气形成爆炸的混合物,爆炸极限 2.55％～12.80％（体积）。化学性质比较活泼,燃烧时产生刺激性蒸气,有毒、有麻醉性。

包装:一般工业品使用铁桶包装,每桶净重 150 kg,桶口密封,桶皮厚度不小于1.2 mm。

贮存条件:应贮存于阴凉、通风的库房,可与其他易燃液体同库贮存,不得与氧化剂、自燃物品、遇水燃烧等性质不同的物品同库贮存,库内温度控制在 26 ℃为宜。

养护:
1) 入库验收:验包装有无污染、渗漏。物品应为无色透明液体,无杂质。
2) 堆码苫垫:大桶包装码行列垛,层层垫板,堆码高度为 2～3 桶高。
3) 在库检查:坚持一日二检制度,三个月进行一次开桶检验,发现异状及时采取措施,以便掌握物品变化,做好记录。
4) 温湿度管理:炎热季节严格控制温度,库房可采取密封和墙外喷白、夜间作业等办法,库温控制在 26 ℃。
5) 安全作业:严格遵守操作规程,严禁大桶在地面滚动、摩擦、撞击,开桶检验、整理包装、倒桶等各项操作都应在专门场所进行。
6) 保管期限:2 年。

注意事项:发生火灾可用干粉、抗醇泡沫或二氧化碳扑救,可用水冷却容器。如吸入蒸气,会出现眩晕、麻醉、昏迷等症状,接触皮肤先用水冲洗再用肥皂洗涤。

B3.6 品名:乙醚

编号:31026

别名:二乙醚

化学式:$C_2H_5OC_2H_5$

分子量:74.12

特性:易流动的无色透明液体,有相当爽快的特殊气味,蒸气能使人失去知觉,甚至死亡。相对密度 0.713 5;沸点 34.5 ℃;闪点 −45 ℃;自燃点 180 ℃。难溶于水,易溶于三氯甲烷,极易挥发和着火。蒸气与空气混合形成爆炸物,其爆炸极限 1.85%～36.5%(体积)。

包装:化学试剂玻璃瓶装,工业用大铁桶包装。最大盛装量不得超过 90%(体积)留有一定的安全膨胀系数,防止气胀。

贮存条件:贮存于阴凉、通风的库房,库温控制在 26 ℃以下,不得与酸、氧化剂等性质不同的物品同库贮存。

养护:
1) 入库验收:包装有无污染、破漏,物品应为无色透明液体,不含杂质。
2) 堆码苫垫:铁桶包装码行列垛,层层垫板,堆码高度 2～3 桶高。
3) 在库检查:入库后,坚持一日二检,发现包装有破漏或封口不严等,及时更换、整理包装,以防止库内蒸气浓度过大。
4) 温湿度管理:炎热季节严格控制温度,可采取库房密封、夜间作业的方法,使库温保持在 26 ℃以下。
5) 安全作业:操作时轻拿轻放,不能摩擦、撞击。物品在干燥季节作业过程中,要防止静电的产生,可用铁链或铁棍插入地下把产生的静电导入地下,也可用喷水增加相对湿度来控制静电的产生。
6) 保管期限:1 年。

注意事项:发生火灾时可用干粉和泡沫灭火机扑救,可用雾状水冷却物品。

B3.7　品名:四氢呋喃

编号:31042

别名:一氧五环、氧杂环戊烷

化学式:C_4H_8O

分子量:72.10

特性:无色透明液体,有乙醚气味,相对密度 0.888(21 ℃/4 ℃);沸点 66 ℃;凝固点 －108.56 ℃;爆炸极限 2.3%～11.8%;闪点－17.2 ℃。溶于水和多数有机溶剂,易燃烧。

包装:大铁桶包装,每桶 180 kg,桶口严密不漏,桶皮厚度不小于 1.2 mm。试剂玻璃瓶包装,每瓶 500 mL,每 20 瓶装一木箱中,瓶与瓶之间用泡沫塑料衬垫,以免相互撞击。包装外注明品名、重量、数量、出厂日期和"易燃""防止受热""小心轻放"等标志。

贮存条件:贮存在阴凉、通风库房内,库温保持在 30 ℃以下,与其他有机溶剂可同库贮存,不得与氧化剂、酸类混存。

养护:与 B3.13 相同。

注意事项:与 B3.13 相同。

B3.8　品名:二硫化碳

编号:31050

化学式:CS_2

分子量:76.14

特性:纯品是无色易燃液体,工业品因含有杂质,微黄色有恶臭味,有毒。相对密度 1.26(22 ℃/20 ℃);熔点－108.6 ℃;沸点 46.4 ℃;闪点－30 ℃;爆炸极限 1.25%～5.0%。能溶解碘、溴、硫、脂肪。化学性质不太稳定,受日光照射,能缓慢分解。与氧化剂和过氧化氢接触能引起燃烧爆炸。

包装:装入坚固的铁桶包装中,每桶净重不得超过 200 kg,物品液面水层覆盖,水层不少于容器的 1/4,铝桶包装净重不超过 100 kg。

贮存条件:贮存在阴凉、通风一级防火建筑的库房,远离火源、热源,避免日光直晒,与氧化剂、强酸等隔离,库房温度保持在 26 ℃以下。

养护:与 B3.6 同。

注意事项:发生火灾可用水、干粉、二氧化碳。

B3.9　品名:石油醚

编号:32002

特性:无色透明液体,有类似乙醚的香味,按照沸点可分为 30～60 ℃、60～90 ℃、90～120 ℃三种。能与丙酮、乙醚、乙酸乙酯、苯、三氯甲烷、甲醇及高级醇相混合,不溶于水中。相对密度 0.635～0.660;相对蒸气密度 2.5;凝固点＜－73 ℃;沸点 30～120 ℃(分三个馏程);闪点＜17.78 ℃;自燃点 287 ℃;爆炸极限 1.1%～5.9%。

包装:玻璃瓶装有 500 mL、2 500 mL 两种,均采用高压聚乙烯内盖,胶木螺丝口外盖并外套胶帽达到密封。每 20 小瓶或 4 大瓶装入一个木箱,箱内瓶间以松软材料填充,箱外以铁皮、铁丝加固。钢桶装时不超过容积的 80%,封闭器密封不漏,桶皮厚度不小于 1.2 mm。

贮存条件:贮存在阴凉、通风的防火建筑库房内,可以与其他易燃液体同库贮存,但不能与氧化剂、爆炸品、酸、碱类性质互抵的物品同库贮存。

养护：
1) 入库验收：包装容器、包装方法、衬垫物应符合要求，无其他不同性质物品（如氧化剂等）沾染物，包装无渗漏，达到密封要求。
2) 堆码苫垫：钢桶码成 2~3 桶一批，行列式货垛，2 桶高，垛底垫高 15 cm，桶间用木板相隔，货垛牢固。木箱码行列式货垛，高不超过 2.5 m，垛距 80 cm，墙距、柱距 30 cm。
3) 在库检查：每天上班后、下班前两次安全检查。每三月一次开桶、开箱检查，与入库情况对照，及时养护并做好记录。
4) 温湿度管理：炎热季节库温不得超过 25 ℃，可采取库顶喷水、外墙涂白、密封库房、夜间通风等方法。
5) 安全作业：作业现场禁止任何火源与热源。严格遵守操作规程，不得穿带钉子的鞋和化纤服装，钢桶不得撞击、滚动。仅可使用铜合金工具。物品验收、整理、封口作业应在库外安全地点进行。
6) 保管期限：2 年。

注意事项：火灾用砂土、二氧化碳、1211 灭火剂、泡沫和干粉灭火剂。只可用水冷却未燃烧的包装和人员。蒸气有毒性，可产生麻醉、头痛、恶心、昏迷等症状。人体中毒应立即离开现场，严重者送医院抢救。

B3.10 品名：苯

编号：32050

化学式：C_6H_6

分子量：78.11

特性：无色液体，具有芳香气味。蒸气比空气重，扩散相当远。相对密度 0.879 01（20 ℃）；熔点 5.53 ℃；沸点 80.099 ℃；闪点 −11 ℃（闭杯）；燃点 562 ℃；爆炸极限 1.3%~8%；空气中最高允许浓度 50 mg/m³。

包装：用钢桶盛装，封闭器不渗漏，钢板厚度不小于 1.2 mm。玻璃瓶（500 mL）加聚乙烯塞，再盖罗口胶木盖拧紧后再套一层胶帽，装入木箱，用松软材料衬垫，箱外用铁丝、铁皮加固。

贮存条件：贮存在阴凉、通风、干燥库房内，不能与氧化剂、强酸、强碱等混存。

养护：
1) 入库验收：包装容器、包装方法、衬垫物应符合要求，无其他不同性质物品（如氧化剂等）沾染物，包装无渗漏达到密封要求。
2) 堆码苫垫：钢桶码成 2~3 桶一批行列式货垛，2 桶高，垛底垫高 15 cm，桶间用木板相隔，货垛牢固。木箱码行列式货垛，高不超过 2.5 m，垛距 80 cm，墙距、柱距 30 cm。
3) 在库检查：每天上班后、下班前两次安全检查。每三月一次开桶、开箱检查，与入库情况对照，及时养护并做好记录。
4) 温湿度管理：炎热季节库温不得超过 30 ℃，可采取库顶喷水、外墙涂白、密封库房夜间通风等方法。
5) 安全作业：作业现场禁止任何火源与热源。严格遵守操作规程，不得穿带钉子的鞋和化纤服装,钢桶不得撞击、滚动。仅可使用铜合金工具。验收、整理、封口作业应在库外安全地点进行。
6) 保管期限:2年。

注意事项:火灾可使用二氧化碳、干粉、干砂土和泡沫灭火机灭火,不可用水。

B3.11 品名:甲醇

编号:32058

别名:木醇、木酒精

化学式:CH_3OH

分子量:32.04

特性:最简单的一元醇,无色易挥发和易燃液体,有毒。相对密度 0.791 4(20 ℃/40 ℃);熔点－97.8 ℃;沸点 64.96 ℃;闪点 11 ℃。能与水和多数有机物混溶,蒸气与空气形成爆炸性混合物,爆炸极限 6.0%～36.5%。

包装:用铁桶包装,每桶净重量 160 kg,桶口要密封以免渗漏。包装容器要有明显的"易燃液体"及"有毒"标志。

贮存条件:应贮存于阴凉、通风的库房,避免日光暴晒,不得与氧化剂共存,库房温度控制在 30 ℃以下。

养护:
1) 入库验收:包装有无污染、渗漏,物品应为无色透明液体,无沉淀杂质和异物等。
2) 堆码苫垫:与 B3.12 同。
3) 在库检查:与 B3.12 同。
4) 温湿度管理:与 B3.12 同。
5) 安全作业:与 B3.12 同。
6) 保管期限:与 B3.12 同。

注意事项:可用二氧化碳扑灭,如大桶垛着火可先用水冷却再用抗醇泡沫灭火,消防人员要戴过滤防毒面具,防止中毒。甲醇毒性较大,如接触皮肤可用水冲洗。

B3.12 品名:乙醇

编号:32061

别名:酒精

化学式:CH_3CH_2OH

分子量:46.07

特性:无色而有特殊香味的透明、易挥发、易燃液体。相对密度 0.789(20 ℃/4 ℃);沸点 78.5 ℃;熔点－117.3 ℃。能够溶解多种无机物和有机物,能跟水任意互溶,乙醇蒸气与空气混合形成爆炸性混合物,爆炸极限 3.5%～18%(体积)。通常饮用的各种酒中都含乙醇,啤酒含乙醇 3%～5%,葡萄酒含乙醇 6%～20%,黄酒含乙醇 8%～15%,白酒含乙醇 50%～70%。

包装:150 kg 或 160 kg 大铁桶包装,桶皮厚度不小于 1.2 mm。500 mL 或 2 500 mL 玻璃瓶装,外装木箱,箱内用塑料气泡垫或其他松软材料衬垫。不渗漏,达到气体密封的程度。各种包装注明容量、规格、出厂日期和"易燃""防止受热""小心轻放""勿倒置"等明显标志。

贮存条件:应贮存于阴凉、通风,具有避免日光直射的库房,库内温度控制在 30 ℃以下。

可与其他醇类、酮类等性质相同的物品同库贮存,不得与氧化剂、酸类、强碱等不同性质物品混存。

养护:
1) 入库验收:包装容器是否被性质不同的物品污染,物品是否无色透明、无杂质。
2) 堆码苫垫:铁桶包装按行列垛堆码,堆码高度为2~3桶高。木箱堆码3 m以下,垛距80~90 cm,墙距、柱距30 cm。
3) 在库检查:坚持一日二检,每三个月开桶、开箱检验一次,发现异常状态及时养护,并做好记录。
4) 温湿度管理:高温季节可采取早晚、夜间气温较低时自然通风降温。
5) 安全作业:操作必须轻拿轻放,防止摩擦、撞击,开启容器时须在专用库或场所进行,使用铜质工具。
6) 保管期限:2年。

注意事项:发生火灾可用抗醇泡沫、二氧化碳和砂土扑救,普通泡沫无效。

B3.13 品名:2-丙烯-1-醇

编号:32065

别名:烯丙醇、蒜醇

化学式:CH_2CHCH_2OH

分子量:47

特性:无色液体,具有刺鼻恶臭,可混溶于水。能放出剧毒蒸气,并通过皮肤吸收,极易燃。闪点21 ℃;自燃点378 ℃;沸点97 ℃。蒸气能与空气形成爆炸性混合物,爆炸极限3%~18%。蒸气比空气重,能扩散相当远,遇火源会燃着,并将火焰沿气流相反方向引回。

包装:用钢桶或金属桶包装。

贮存条件:贮存在阴凉、通风的防火建筑库房内,可以与其他易燃液体同库贮存,但不能与氧化剂、爆炸品、酸、碱类性质互抵的物品同库贮存。

养护:
1) 入库验收:包装容器、包装方法、衬垫物应符合要求,无其他不同性质(如氧化剂等)沾染物;包装无渗漏,达到密封要求。
2) 堆码苫垫:钢桶码成2~3桶一批行列货垛,2桶高,垛底垫高15 cm,桶间用木板相隔,货垛牢固。木箱码行列式货垛,高不超过2.5 cm,垛距80 cm,墙距、柱距30 cm。
3) 在库检查:每天上班后、下班前两次安全检查。每三月一次开桶、开箱检查,与入库情况对照,及时养护并做好记录。
4) 温湿度管理:炎热季节库温不得超过25 ℃,可采取库顶喷水、外墙涂白、密封库房夜间通风等方法。
5) 安全作业:作业现场禁止任何火源与热源。严格遵守操作规程,不得穿带钉子的鞋和化纤服装,钢桶不得撞击、滚动,仅可使用铜合金工具。验收、整理、封口作业应在库外安全地点进行。

注意事项:消防人员必须穿戴防护服和防毒面具,避免吸入蒸气,用抗醇泡沫、二氧化碳、干粉、1211雾状水灭火。用雾状水冷却火场中的容器。应使吸入蒸气的人员迅速移至空气新鲜处安置休息并保暖,严重者送医院救治、清洗衣物。

B3.14 品名:丁酮

编号:32073

别名:甲乙酮

化学式:$CH_3COC_2H_5$

分子量:72.10

特性:无色易燃液体,有丙酮气味。相对密度 0.806(20 ℃/4 ℃);沸点 79.6 ℃;凝固点 －86.4 ℃。溶于水、乙醇和乙醚,可与油类混溶。蒸气与空气形成爆炸混合物,爆炸极限 2.0%~12%。

包装:500 mL 玻璃瓶,瓶口内衬聚乙烯内盖,外套聚乙烯或胶木罗丝口盖,拧紧封严。每 20 瓶装一木箱内,箱板厚 1~1.5 cm。瓶与瓶之间用聚乙烯气泡垫填塞。160 kg 大铁桶,要封口严密,达到气体密封的程度。包装标记应标有品名、规格、重量、生产日期及"易燃""防止受热""小心轻放""勿倒置"等明显标志。

贮存条件:贮存阴凉、通风库房内,库内温度保持在 30 ℃ 以下,不得与氧化剂、酸类、强碱等性质不同的物品同库存放。

养护:与 B3.12 相同。

注意事项:可使用干粉灭火、抗醇泡沫和二氧化碳扑救。火场和工作现场吸入蒸气所造成头痛、恶心应立即移入新鲜空气处,重者送医院救治。

B3.15 品名:乙酸乙酯

编号:32127

别名:醋酸乙酯

化学式:$CH_3COOCH_2CH_3$

分子量:88.07

特性:无色透明易燃液体,有水果香味,有较强的挥发性。相对密度 0.900 5;熔点 －83.6 ℃;沸点 77.1 ℃;闪点 426.67 ℃。微溶于水,溶于乙醇、三氯甲烷、乙醚和苯等,易起水解和皂化作用。在空气中易形成爆炸的混合物,爆炸极限 2.2%~11.2%。

包装:大铁桶包装,每桶 150 kg,桶皮厚不小于 1.2 mm。试剂玻璃瓶包装,要求严密封口再装入木箱,箱内用软材料衬垫。箱外注明"易燃""防止受热""小心易碎""轻拿轻放"等标志。

贮存条件:贮存于阴凉、通风干燥的库房,库房温度控制在 30 ℃ 以下,可与其他有机溶剂同库贮存,但不得与氧化剂、强酸、强碱同存。

养护:

1) 入库验收:包装有无污染、渗漏,物品为无色透明液体,无沉淀,桶内留有一定的安全空隙。

2) 堆码苫垫:铁桶包装采用垫板码行列垛,2~3 桶高,木箱堆码不超过 2.5 m,垛距 80~90 cm,墙距、柱距 30 cm。

3) 在库检查:除坚持一日二检外,还应定期进行开桶、开箱抽查,发现问题及时养护,并做好详细记录。

4) 温湿度管理:该物品挥发性大,炎热季节加强温湿度控制与调节,库房温度保持在

30 ℃以下。
5) 安全作业:由于该物品易燃性强,挥发出的蒸气容易与空气形成爆炸性的混合物,因此,在装卸、操作过程中,必须轻拿轻放,防止摩擦、撞击。开启容器时必须使用铜制专用工具。
6) 保管期限:2年。

注意事项:火灾可使用干粉抗醇泡沫,可用水冷却包装外部,如火灾初期可使二氧化碳、干砂等灭火。

B3.16 品名:丙烯酸甲酯

编号:32146

化学式:$CH_2=CHCOOCH_3$

特性:无色易挥发液体。相对密度 0.953 5;熔点-76.5 ℃;沸点 80.5 ℃;闪点 32 ℃。溶于乙醇、乙醚,易聚合。

包装:与 B3.5 相同。

贮存条件:与 B3.5 相同。

养护:与 B3.5 相同。

注意事项:与 B3.5 相同。

B3.17 品名:乙腈

编号:32159

别名:甲基氰

化学式:CH_3CN

分子量:41.05

特性:无色液体,有芳香气味,有毒。相对密度 0.782 8(20 ℃/4 ℃);熔点-45 ℃;沸点 80~82 ℃。溶于水和乙醇,水解时生成乙酸,还原时生成乙胺。

包装:铁桶包装,桶皮厚度不小于 1.2 mm。每桶净重 150 kg。

贮存条件:贮存于阴凉、通风的库房,防热、防火,不得与氧化剂共存。

养护:
1) 入库验收:检查包装是否污染、渗漏,物品应为无色透明液体,无杂质、沉淀。
2) 堆码苫垫:大桶包装码行列垛,堆码高度 2~3 桶高。
3) 在库检查:坚持一日二检,发现物品异常状态及时养护并做好记录。
4) 温湿度管理:炎热季节严格控制温度,可采取密封和夜间作业方法,库温保持在 26 ℃以下。
5) 安全作业:操作时轻拿轻放,防止撞击、滚动。

注意事项:火灾可用干粉灭火剂、二氧化碳扑救。

B3.18 品名:丙烯腈

编号:32162

别名:氰(基)乙烯

化学式:$CH_2=CHCN$

分子量:53.06

特性:无色易流动液体,蒸气有毒。相对密度 0.800 4;冰点-83.5 ℃;沸点 77.3 ℃;闪点 0 ℃。稍溶于水,易溶于一般有机溶剂。蒸气与空气形成爆炸混合物,爆炸极限 3.05%～17.0%。水解时生成丙烯酸,还原时生成丙腈。

包装:与 B3.17 同。

贮存条件:与 B3.17 同。

养护:与 B3.17 同。

注意事项:与 B3.17 同。

B3.19　品名:硝基漆稀释剂

编号:32198

别名:香蕉水

特性:无色透明易挥发液体混合物,常用作稀释剂的有甲苯、二甲苯、轻质汽油,但也用乙酸乙酯、乙酸丁酯、乙酸戊酯、丙酮、丁酮及乙醚等有机溶剂的混合物,带有酯类的水果香味。化学性质一般比较稳定,特点是极易燃、极挥发,遇明火引起爆炸,闪点≤23 ℃。

包装:铁桶装 150 kg,桶口应严密不漏,桶皮厚度不小于 1.2 mm。方听装容器要求封口严密、不渗不漏,再装入坚固木箱。箱外标志明显清楚。

贮存条件:贮存于阴凉、通风、干燥的库房内,避免阳光直射,库温应在 30 ℃以下。能与其他稀料类(如有机溶剂)同库贮存,不得与氧化剂、酯类、强碱类性质不同的物品混存。

养护:

1) 入库验收:包装是否封口严密,无破漏、无污染,物品应为无色透明,不含杂质、无沉淀。

2) 堆码苫垫:铁桶包装码行列垛,堆码高度 2～3 桶高,木箱堆码不超过 2.5 m,垛距 80～90 cm,墙距、柱距 30 cm。

3) 在库检查:加强一日二检制度,贮存期间有无渗漏,如库内气味浓度大说明有包装不严,要及时倒垛。

4) 温湿度管理:在炎热的夏季要严格控制库内的温度,库内温度不超过 30 ℃。

5) 安全作业:操作时严禁撞击、滚动,装卸机械严禁打火花。开启包装应使用专用工具和专门的场所。

6) 保管期限:2 年。

注意事项:火灾时可用泡沫、二氧化碳、干粉、砂土扑救。

B3.20　品名:煤油

编号:33501

特性:无色或淡黄色液体,略带臭味。易燃液体,是沸点范围比汽油高的石油馏分,一般为含碳原子 C_{11}～C_{17} 的高沸点烃类的混合物,其性质与石油醚、汽油等石油系列溶剂相似。毒性与汽油相似。对于皮肤、黏膜刺激性较强,有的其中含有环烷烃和芳香烃,故毒性更大。家兔经口服半数致死量为 28 g/kg,人最大耐受浓度为 15 g/m³ 10～15 min;成人经口服最小致死量约 100 mL。相对密度 0.78～0.80(15 ℃/4 ℃);沸点 160～300 ℃;闪点 65～85 ℃;自燃点 400～500 ℃;爆炸极限 1.2%～6.0%。

包装:玻璃瓶有 500 mL、2 500 mL,均采用高压聚乙烯内盖,胶木螺丝口外盖,外套胶帽密封,每 20 小瓶或 4 大瓶装入一木箱,箱内以松软材料衬垫,箱外用铁皮、铁丝加固。钢桶装时不超过容积的 80%,封闭器密封不漏,桶皮厚度不小于 1.2 mm。

贮存条件:贮存于阴凉、通风防火建筑库房,库温在32 ℃以下,可与其他易燃液体同库存,但不能与氧化剂、爆炸品、酸、碱相互抵触物品同贮。

养护:
1) 入库验收:包装容器、包装方法、衬垫物应符合要求,无其他不同性质物品(如氧化剂等)沾染物;包装无渗漏达到密封要求。
2) 堆码苫垫:钢桶2～3桶一批码行列式货垛,高不超过2.5 m,垛距80 cm,墙距、柱距30 cm。
3) 在库检查:每天上班后、下班前两次安全检查。每三个月一次开桶、开箱检查,与入库情况对照,及时养护并做好记录。
4) 温湿度管理:炎热季节库温不得超过25 ℃,可采取库顶喷水、外墙涂白、密封库房、夜间通风等方法。
5) 安全作业:作业现场禁止任何火源与热源。严格遵守操作规程,不得穿带钉子的鞋和化纤服装,钢桶不得撞击、滚动。物品验收、整理、封口作业应在库外安全地点进行,仅可使用铜合金工具。
6) 保管期限:2年。

注意事项:火灾用砂土、二氧化碳、1211灭火剂、泡沫和干粉灭火剂,只可用水冷却未燃烧的包装和人员。蒸气有毒性,可产生麻醉、头痛、恶心、昏迷等症状。人体中毒应立即离开现场,严重者送医院抢救。

B3.21 品名:壬烷

编号:33505

别名:正壬烷

化学式:C_9H_{20}

分子量:128.26

特性:无色透明液体,其溶解性与辛烷相似。相对密度0.716 3;熔点－53.52 ℃;沸点150.80 ℃;闪点30 ℃;爆炸极限6.87%～2.9%。常温下化学性质比较稳定,和酸、碱不起作用。易燃,有麻醉性。主要用于洗净仪器的无臭溶剂、干洗用溶剂和油漆稀释剂。

包装:与B3.2相同。

贮存条件:应贮存于阴凉、通风的库房内,可与其他石油烃类溶剂同库贮存。库温保持在30 ℃以下,不能与酸、碱、氧化剂、放射性等性质不同或相互抵触的物品混存。

养护:与B3.2同。

注意事项:与B3.2同。

B3.22 品名:松节油

编号:33638

特性:无色至淡黄色澄明液体。有特殊气味,微辛辣味,久贮或露置空气中,气味即逐渐增强。该品是多种萜烯混合物,主要含有α-蒎烯和β-蒎烯,还有松油烯和双烯等。能溶于乙醚、三氯甲烷、四氯化碳等有机溶剂。相对密度0.860～0.875;沸点155～180 ℃;闪点约35 ℃;自燃点253 ℃;爆炸极限下限0.8%。由于本品所含成分均有双键化合物,所以比其他有机溶剂的化学性质活泼。遇强氧化剂(如硝酸、三氧化铬等)能发生剧烈的化学反应,并引起燃烧和爆炸。

包装:大钢桶包装,每桶160 kg。桶口应密封不漏,桶皮厚度不小于1.2 mm。玻璃瓶包装,瓶口密封后,装入有衬垫的木箱中。箱外标明品名、规格、净重、"易燃液体""防火"等标志。

贮存条件:贮存于阴凉、干燥、通风的库房。避免日光直射,库温应保持30 ℃以下,不得与氧化剂、酸类、碱类混存,可与其他有机溶剂共存。

养护:
1) 入库验收:包装是否完好,有无污染、异状,物品为无色澄清液体,无沉淀、无杂质。
2) 堆码苫垫:铁桶包装堆码应按垫板码行列垛的方法。堆码高度2～3桶高,木箱包装堆码高度不超过2.5 m,垛距80～90 cm,墙距、柱距30 cm。
3) 在库检查:物品入库期间,坚持一日二检,发现包装渗漏或封口不严应及时倒桶、整修以免损耗。
4) 温湿度管理:炎热季节容易使物品挥发。库内应控制温度,可采取库房密封的方法,库温保持在30 ℃以下。
5) 安全作业:搬运操作必须轻拿轻放,防止摩擦、撞击。验收、检查中的开箱、倒桶应在专用现场进行,使用铜制或铜合金工具。
6) 保管期限:2年。

注意事项:火灾可用干粉、干砂和泡沫灭火。

B3.23 品名:二甲苯(邻位、间位、对位)

编号:33535

化学式:$C_6H_4(CH_3)_2$

分子量:106.17

特性:无色透明液体,有芳香气味,易蒸发,不溶于水,溶于乙醇、乙醚。工业品二甲苯多为三种同分异构体的混合物。蒸气有毒,能经皮肤吸收,极限值为100 mg/m³。

	相对密度	凝固点℃	沸点℃	闪点℃	自燃点℃
邻位:	0.880 2	−25.23	144.4	17	464
间位:	0.864 17	−47.87	139.1	25	528
对位:	0.861 05	12.26	138.41	25	529

本品化学性质比较稳定,高温及明火引起燃烧。与空气混合可形成爆炸性混合物,爆炸极限大约为1%～7%。蒸气比空气重能扩散较远。

包装:钢桶包装,封闭器密封不漏,桶皮厚度不小于1.2 mm。瓶装同B3.9。

贮存条件:贮存在阴凉、通风防火建筑库房内,可以与其他易燃液体同库贮存,但不能与氧化剂、爆炸品、酸、碱类性质互抵的物品同库贮存。

养护:
1) 入库验收:包装容器、包装方法、衬热物应符合要求,无其他不同性质物品(如氧化剂等)沾染物;包装无渗漏达到密封要求。
2) 堆码苫垫:钢桶码成2～3桶一批行列式货垛,2桶高,垛底垫高15 cm,桶间用木板相隔,货垛牢固。木箱码行列式货垛,高不超过2.5 m,垛距80 cm,墙距、柱距

30 cm。

3) 在库检查:每天上班后、下班前两次安全检查。每三月一次开桶、开箱检查,与入库情况对照,及时养护并做好记录。

4) 温湿度管理:炎热季节库温不得超过 30 ℃,可采取库顶喷水、外墙涂白、密封库房、夜间通风等方法。

5) 安全作业:作业现场禁止任何火源与热源。严格遵守操作规程,不得穿带钉子的鞋和化纤服装,钢桶不得撞击、滚动。物品验收、整理、串倒、封口作业应在库外安全地点进行,仅可使用铜合金工具。

6) 保管期限:2 年。

注意事项:如遇火灾,可以用水冷却钢桶,用干砂干粉和泡沫灭火。

B3.24 品名:异丁醇

编号:33552

别名:2-甲基-丙醇

化学式：$CH_3\text{—}\underset{\underset{CH_3}{|}}{CH}\text{—}CH_2OH$

分子量:74.12

特性:无色透明液体,溶于水、乙醇、乙醚。相对密度 0.806;沸点 107 ℃;熔点 −108 ℃;闪点 28 ℃。在空气中形成爆炸的混合物,爆炸下限 2.40%(体积)。

包装、贮存条件、养护、注意事项与 B.12 相同。

B3.25 品名:含二级易燃溶剂的油漆、辅助材料及涂料

编号:33646

特性:属易燃液体。其蒸气都可与空气混合成爆炸性混合物,遇火种即可引起蒸气爆炸。遇高热、明火易燃烧,过浓的蒸气对人有麻醉性和毒害性。

包装:一般用大铁桶装,桶口严密不漏,桶皮厚不得小于 1.2 mm。方听容器封口严密,不渗不漏,再装入木箱。

贮存条件:贮存于阴凉、通风良好、干燥的库房内,避免阳光直射。可与其他漆类等同库贮存,不得与氧化剂、酸类、强碱类不同性质的物品同库存放。

养护:

1) 入库验收:包装容器、包装方法、衬垫物应符合要求,无其他不同性质物品(如氧化剂等)沾染物;包装无渗漏、达到密封要求。

2) 堆码苫垫:钢桶码成 2~3 桶一批行列式货垛,2 桶高,垛底垫高 15 cm,桶间用木板相隔,货垛牢固。木箱码行列式货垛,高不超过 2.5 m,垛距 80 cm,墙距、柱距 30 cm。

3) 在库检查:每天上班后、下班前两次安全检查。每三月一次开桶、箱检查,与入库情况对照,及时养护并做好记录。

4) 温湿度管理:炎热季节库温不得超过 30 ℃,相对湿度不超过 80%。可采取库顶喷水、外墙涂白、密封库房、夜间通风等方法。

5) 安全作业:作业现场禁止任何火源与热源。严格遵守操作规程,不得穿带钉子的

鞋和化纤服装,钢桶不得撞击、滚动。验收、整理、封口作业应在库外安全地点进行,仅可使用铜合金工具。

6) 保管期限:2年。

注意事项:火灾时可用泡沫、二氧化碳、干粉、砂土扑救。

B3.26 品名:克罗甸

别名:火柿胶、胶柿液

特性:分散于乙醇和乙醚的混合液而制得的浆胶,淡黄色,有乙醚的气味,极易燃烧,其硝化棉含量为2%左右。涂在物体表面,溶剂迅速蒸发,是一种照相制版材料,能与空气形成爆炸性混合物。

包装、贮存条件、养护、注意事项与B3.6相同。

B4 第四类 易燃固体、自燃物品和遇湿易燃物品

B4.1 品名:红磷

编号:41001

别名:赤磷

化学式:P_4

分子量:124.08

特性:红色或紫红色粉末,无臭,无毒,416 ℃升华,在暗处不发磷光。能溶于无水醇和二硫化碳,不溶于水。相对密度2.2;相对蒸气密度4.77;熔点590 ℃($4.36×10^6$ Pa);着火点200 ℃;自燃点260 ℃。为强还原剂,化学性质很活泼,与溴、氯等强氧化剂,能立即反应引起燃烧;与强氧化剂氯酸钾混合,轻微摩擦,即会发生燃烧,燃烧将生成大量五氧化二磷的烟雾,并有强烈的刺激性和毒害性。主要用于制造火柴、火药、五氧化二磷、硫化磷、有机合成等。

包装:试剂品为玻璃瓶盛装,严封后装入木箱,在包装的内侧和瓶与瓶之间有松软材料作衬垫,箱外用铁丝或铁皮加固。工业品为塑料袋,外加铁桶包装,净重不超过50 kg,再装入坚固木箱。包装外均应标明产品名称、规格、重量、出厂日期、易燃固体、注意事项等,封口必须严密。

贮存条件:本品为一级易燃固体,应贮存于阴凉、干燥、通风良好的库房内。库房墙壁和房顶有隔热层、门窗开关灵活,通风良好,能严密封闭,库内温度保持32 ℃以下,相对湿度80%以下。库内照明和排风设备应使用防爆、密封式电器,与氧化剂,酸类、氯、溴等分库存放。

养护:

1) 入库验收:包装应完整无损、无受潮、水湿现象,不沾染其他性质不同的杂物,封口严密有效,衬垫、标记等符合要求。颜色正常,无潮湿结块,用手摆动能自由流动,并无异味等异常现象。

2) 堆码苫垫:货垛应下垫枕木,码行列式垛,货垛整齐、牢固、不倾斜,不靠墙依柱,包装不能倒置,垛高不超过2.5 m,垛距80~90 cm,墙距、柱距30 cm。

3) 在库检查:易缓慢吸潮或受高温影响而变质,保管员除每日班前班后和风雨雪前中后进行安全检查外,还应对库存物品每三个月进行一次检查,检查内容方法与

入库验收同。

4) 温湿度管理:本品化学性质活泼,在贮存期间以防热为主,利用低温天气做好通风降温工作。梅雨季节,做好库内吸潮和通风散潮工作。

5) 安全作业:本品燃烧点很低,对摩擦和撞击极其敏感,故在装卸、搬运、堆码、整理等各项操作中,禁止滚动、摩擦和撞击,必须轻搬轻放。使用铜制或铜合金制不产生火花的工具。验收、质量检查及拆钉包装等,各项操作均须在远离库房的安全地点或专用房间进行,均不得在库内作业。操作现场须有专人指导,备有相应的消防器材,作业完毕彻底清扫现场,作业人员须穿工作服及其他防护用品,操作完毕洗净手脸、漱口后,方能饮食。

6) 保管期限:1 年。

注意事项:冒烟及初起火苗可用黄砂、干粉、石灰粉扑救,大火时可用水,但应注意水的流向,防止危及其他库房或物品;同时,还必须对红磷现场的散落物进行彻底处理,防止复燃,灭火时应注意防毒。

红磷本身毒性不大,具有一定刺激性,人体接触后即脱离危险区,安静休息。

B4.2 品名:三硫化(四)磷

编号:41003

化学式:P_4S_3

分子量:220.09

特性:一般是黑色脆而硬的可燃结晶。纯品是灰黄色至淡黄色结晶粉末,无臭无味,能溶于二硫化碳,不溶于冷水。在空气中放置时变黏,并分解放出硫化氢。在空气中猛烈加热时即行燃烧,属一级易燃固体,极易燃烧,并会因碰撞、摩擦等而起火。本品毒性不大,但燃烧时要生成有强刺激性与毒性的二氧化硫等气体。相对密度 2.03(17 ℃);熔点 174.5 ℃;沸点 407.5 ℃;自燃点 100 ℃。

包装:试剂品为 0.5~1 kg 装玻璃瓶,外加木箱(每箱净重不超过 20 kg)衬垫妥实。工业品为坚固大口铁桶,内应有塑料袋,桶口严密不漏,桶壁厚度不小于 0.75 mm。每桶净重不超过 50 kg。

贮存条件:贮存于阴凉、干燥、通风的库房,避免日光直晒。可与含酸性的易燃固体同库贮存,严禁与氧化剂、酸和酸性物品同存。库内温度在 30 ℃ 以下,相对湿度 80% 以下。

养护:

1) 入库验收:检查包装是否完整无损,物品有无异常。

2) 堆码苫垫:码垛时下面应垫一层枕木或垫高 15 cm,垛高不超过 3 m,垛距 80~90 cm,墙距、柱距 30 cm。

3) 在库检查:上班后、下班前安全检查,三个月还应进行一次全面检查,检查内容与入库验收相同。

4) 温湿度管理:以防热为主。

5) 安全作业:轻拿轻放,防止摩擦、撞击和流动。操作人员必须穿工作服及戴手套,工作现场配有相应的消防器材。

6) 保管期限:1 年。

注意事项:火灾用水、干砂灭火,灭火时应戴好防毒面具。若遇呼吸不正常,可用含 5%

二氧化碳的氧气帮助呼吸,并保持温暖。皮肤烧伤用小苏打溶液洗涤伤处,再涂稀石灰水用纱布包扎。

B4.3 品名:五硫化二磷

别名:五硫化磷

化学式:P_2S_5

分子量:222.27

特性:灰色到黄绿色结晶,或潮解性块状物。有类似硫化氢的气味,极易吸湿,遇水分解,产生硫化氢。在潮湿空气中或在空气中受摩擦能燃烧。能溶于氢氧化钠溶液,微溶于二硫化碳。相对密度2.03;熔点276 ℃;沸点514 ℃;着火点260~290 ℃(粉尘),270 ℃(液体);自燃点141.67 ℃。易燃烧,粉尘有刺激性,有硫化氢的臭鸡蛋味,极容易潮解,遇水分解生成磷酸和硫化氢;在潮湿空气或空气中若受到摩擦,能自行发热燃烧,生成五氧化二磷和二氧化硫;与氧化剂接触,稍经摩擦,即可引起燃烧,遇水产生的硫化氢气,有刺激性恶臭和毒害性。

危险特性:易燃烧,呈粉末状时受热或接触明火有火灾危险。加热分解,放出有毒的氧化硫和氧化磷气体,也能与水、水蒸气或酸产生有毒的易燃的硫化氢气体,与氧化性物质接触会发生反应。

包装:试剂品为0.5~1 kg玻璃瓶装,外加木箱(每箱净重不超过20 kg)衬垫妥实。工业品为铁桶包装。容器应密封,不能吸潮。包装外应有明显的"易燃物品"和"有毒品"的标志。

贮存条件:贮存于阴凉、干燥、通风的库内,避免日光直晒。可与同类易燃固体同库贮存,严禁与氧化剂混贮共运。贮存温度在30 ℃以下,相对湿度80%以下。

养护:

1) 入库验收:检查包装是否完好,物品有无异样。
2) 堆码苫垫:码垛时下面应垫一层枕木或用砖、石及预制构件垫高15 cm,垛高不超过3 m,垛距80~90 cm,墙距、柱距30 cm。
3) 在库检查:上班后、下班前例行检查,三个月还应进行一次全面检查,检查内容与入库验收一致。
4) 温湿度管理:以防热为主。
5) 安全作业:搬运、换装操作时应穿戴防护用品。操作完毕应脱换工作服,并洗净手、脸方可进食。散落地面粉末,立即用塑料铲收集。
6) 保管期限:1年。

注意事项:火灾用干粉灭火剂、砂土扑灭,也可用二氧化碳灭火器。灭火时应戴上防毒面具,以防中毒。急性中毒应立即离开现场,保温静卧。若呼吸困难可用含5%二氧化碳的氧气帮助呼吸。皮肤灼伤用2%小苏打溶液洗涤、浸泡,再敷以5%碳酸氢钠纱布或石灰水纱布。误食五硫化二磷中毒者可用25%~50%葡萄糖40~60 mL并加维生素C 0.1~2 g静脉注射。用升压药、低分子左旋糖酐或输血以治疗休克。患有慢性呼吸道炎症、口腔疾患、骨髓炎、肝、肾疾患、贫血等疾病者,不宜从事五硫化二磷作业。

B4.4 品名:亚磷酸二氢铅

编号:41005

别名:二盐基亚磷酸铅、二盐二碱式亚磷酸铅

化学式:$2PbO \cdot PbHPO_3 \cdot \frac{1}{2}H_2O$

分子量:742.57

特性:白色至微褐色粉末,有毒。相对密度6.94。溶于盐酸、硝酸,不溶于水。200 ℃左右变成灰黑色,450 ℃左右变成黄色,具有持续还原力,是氧化防止剂。耐紫外线性能,耐寒性,耐老化性均相当优良。

包装:用纤维板桶,内衬塑料袋。每桶净重40 kg。

贮存条件:可贮存在一般的库房。容器必须密封,防止雨淋,不可与食用物品共贮混运。

养护:

1) 入库验收:包装应完整无损,封口是否严密,无受潮、水湿现象,不沾染其他性质不同的杂物,封口严密有效,衬垫、标记符合要求。物品颜色正常,无潮湿结块,用手摇动能自由流动,并无异味等异常现象。

2) 堆码苫垫:货垛应下垫枕木,码行列式垛,货垛整齐、牢固、不倾斜,不靠墙依柱,包装不倒置,垛高不超过3 m,垛距80～90 cm,垛距、柱距30 cm。

3) 在库检查:班前班后例行安全检查,三个月应检查一次,检查内容与入库验收相同。

4) 温湿度管理:以防热为主。

5) 安全作业:轻拿轻放,防止撞击和滚动。操作人员必须穿工作服及戴手套,工作现场配有相应的消防器材。

6) 保管期限:2年。

注意事项:火灾时可用大量水、砂土、泡沫、二氧化碳灭火,扑救人员应戴面具。

B4.5 品名:4-亚硝基(苯)酚

编号:41009

别名:对亚硝基(苯)酚

化学式:ONC_6H_4OH

分子量:123.11

特性:黄色针状结晶或棕色片状结晶,易燃有毒。能溶于乙醇、乙醚和丙酮,不溶于水。与含酸含碱的物质接触易爆炸或着火。溶于稀碱液面得到绿色或棕色液体。熔点124～126 ℃;分解144 ℃。本品属易燃品,遇明火、受高热或接触浓酸、浓碱有引起燃烧爆炸的危险。用于制染料、化学试剂。

包装:用玻璃瓶、塑料桶或其他金属容器包装,严密封口后再装坚固木桶。每箱净重不超过50 kg。包装上应有"易燃品"标志。

贮存条件:贮存于阴凉、通风、干燥的库房。库温最高不得超过30 ℃,隔绝热源火种,避免日光直接照射,与氧化剂、酸、碱隔开,不得混贮混运。

养护:

1) 入库验收:检查包装是否完整,有无受潮、污染现象,内包装物品有无卷边、开裂、钉眼破漏等,并做好入库记录。

2) 堆码苫垫:货垛垛底应牢固,垫高15～30 cm,垛高不超过3 m,垛距80～90 cm,墙距30～50 cm。

3) 在库检查:物品在库贮存期间,保管人员每日上班后、下班前应对货垛及库内外环境各检查一次,每三个月还应对物品进行一次全面质量感观检查,发现异状应立即通知质检部门进行技术鉴定。

4) 温湿度管理:梅雨季节要严格密封库房,采取通风排潮相结合的方法,控制库温不超过30 ℃,相对湿度不超过80%。

5) 安全作业:堆码、搬运应注意轻拿轻放,严禁摔震、撞击,包装修补应采用铜制工具。

6) 保管期限:1年。

注意事项:火灾时用砂土、二氧化碳、四氯化碳等灭火,灭火时注意安全,防止灼伤或其他事故。

B4.6 品名:2,4-二硝基(苯)酚(含水≥15%)
2,5-二硝基(苯)酚(含水≥15%)
2,6-二硝基(苯)酚(含水≥15%)

编号:41010

化学式:$(NO_2)_2C_6H_3OH$

分子量:184.11

特性:黄色结晶或粉末,易燃,有毒,能溶于醇及醚,微溶于水(冷水0.5%,热水5%),急剧加热会发生爆炸。二硝基苯酚有六种同分异构体,但一般以2,4-二硝基苯酚为多。本品遇火种、高温易引起燃烧,与氧化剂混合,能成为爆炸性混合物。遇重金属粉末能起化学作用,而生成盐,增加危险性,有毒。相对密度1.683(24 ℃);熔点112 ℃;燃烧热值27 147.2 J/mol(20 ℃);相对蒸气密度6.35。

包装:试剂品为0.5~1 kg玻璃瓶,外加木箱,每箱净重不超过20 kg,在箱内用松软泡沫塑料或气泡垫填塞妥实,箱外用铁丝或铁皮加固。工业品为塑料袋外套铁桶盛装,严密封闭,容器内可加大于15%的水作稳定剂,也可不加水。包装外有品名、规格、重量、数量、危险品标志、出厂日期、注意事项。

贮存条件:应贮存于阴凉、干燥、通风良好的库房内,密封严格,门窗开关灵活,便于启闭通风,有避光和防辐射措施。库内保持在30 ℃以下,相对湿度80%以下。库内照明和排风设施应使用防爆和封闭式电器,严禁用明火照明。可与其他硝基、二硝基等易燃固体化合物同库贮存,不得与氧化剂、酸类、金属粉末、金属盐类等不同性质的物品混存。

养护:

1) 入库验收:包装应完整无破损,容器和外包装不沾有物品及其他杂物等。包装方法及衬垫符合规定,物品无变色变质、异味等现象。

2) 堆码苫垫:码垛时应下垫一层枕木。木桶和铁桶包装码行列式垛,垛高不超过3 m,要整齐、牢固、不倾斜、勿倒置,垛距80~90 cm,墙距和柱距30 cm,便于操作和安全。

3) 在库检查:保管员除进行每日上班后、下班前的安全检查外,还应每三四个月进行一次质量检查,检查内容与入库验收同,发现问题及时做好养护工作,并做好记录。

4) 温湿度管理:高温季节以防热为主,随时掌握库内温湿度变化,根据需要和库内外温湿度变化,做好库房密封和通风降湿工作。

5) 安全作业:在装卸、搬运、堆码、整理等项工作时,必须轻拿轻放,防止摩擦震动和撞击。使用的机械应有防爆措施,各种工具必须是不易产生火花的铜或铜合金制成。验收、质量检查、拆钉包装等必须在库外安全地点或专门场地进行,现场须有专人指导操作,配备一定数量的消防器材,操作完毕彻底清扫现场。凡参加作业人员,必须穿工作服戴手套等防护用品,不得赤身露体、赤脚操作,工作完毕应洗手漱口方可进食。

6) 保管期限:2年。

注意事项:火灾时可用雾状水、砂土、二氧化碳灭火。火灾须防止受热可能发生的爆炸,人员远离着火地点。接触皮肤能造成皮炎与发绀。眼部接触能造成伤害,可用水冲洗,再用肥皂水彻底洗涤。

B4.7 品名:2,4-二硝基间苯二酚(含水≥15%)

编号:41011

化学式:$(NO_2)_2C_6H_2(OH)_2$

分子量:200.11

特性:黄色结晶,极微溶于水或冷醇,能溶于氢氧化钠溶液。为一级易燃固体,有毒性,受强烈震动和高热能引起爆炸。与重金属粉末能起化学反应,生成盐类,增加爆炸的敏感性。与氧化剂混合能成为爆炸性混合物。熔点146~148℃;相对蒸气密度6.79。主要用于染料、制引爆剂、钴和钡的分析试剂等。

包装:试剂品为0.5~1.0 kg玻璃瓶,外加木箱,每箱净重不超过20 kg,箱内用松软泡沫塑料或气泡塑料垫填塞妥实,箱外用铁丝或铁皮加固。工业品为塑料袋外套铁桶盛装,严密封闭,容器内可加大于15%的水作稳定剂,也可不加水。包装外有品名、规格、重量、数量、危险品标志、出厂日期、注意事项等标志。

贮存条件:应贮存于阴凉、干燥、通风良好的库房内,封闭严密,门窗开关灵活,便于启闭通风,有避光和防辐射措施,库内保持在30℃以下,相对湿度80%以下。库内照明和排风设备,应使用防爆和封闭式电器,严禁用明火照明。可与其他硝基、二硝基等易燃固体化合物同库贮存,不得与氧化剂、酸类、金属粉末、金属盐类等不同性质的物品混存。

养护:

1) 入库验收:包装应完整无破损,容器和外包装不沾有本品及其他杂物等。包装方法及衬垫符合规定,物品无变色、变质、异味等现象。

2) 堆码苫垫:码垛时应下垫一层枕木,木箱和铁桶包装,码行列式垛,垛高不超过3 m,要整齐、牢固、不倾斜、勿倒置,垛距80~90 cm,墙距和柱距30 cm,便于操作和安全。

3) 在库检查:保管员除进行每日上班后、下班前的安全检查外,还应每三四个月进行一次质量检查,检查内容方法与入库验收同,发现问题及时做好养护工作,做好记录。

4) 温湿度管理:高温季节应以防热为主,随时掌握库内温湿度变化,根据需要和库内外温湿度变化,做好库房密封和通风降温降潮工作。

5) 安全作业:在装卸、搬运、堆码、整理等项工作时,必须轻拿轻放,防止摩擦震动和撞击。使用的机械应有防爆措施,各种工具必须是不易产生火花的铜制或铜合金制成。验收、质量检查、拆钉包装等必须在库外安全地点或专门场所进行,现场须有专人指导操作,配备一定数量的消防器材,操作完毕彻底清扫现场。凡参加作业人员,必须穿工作服戴手套等防护用品,不得赤身露体、赤脚操作,工作完毕应洗手漱口后方能进食。

6) 保管期限:2 年。

注意事项:火灾时可用雾状水、砂土、二氧化碳灭火。火场须防止受热可能发生的爆炸,人员须远离着火地点。接触皮肤能造成皮炎与发绀;眼部接触能造成伤害,可用水冲洗,再用肥皂水彻底洗涤。

B4.8 品名:2,4-二硝基苯甲醚

编号:41013

别名:二硝基茴香醚

化学式:$CH_3OC_6H_3(NO_2)_2$

分子量:198.14

特性:无色至黄色结晶,能溶于醇和醚,微溶于热水,能升华。本品遇明火、高热易燃烧,与氧化剂混合,能成为有爆炸性的混合物,有毒。相对密度 1.341(20 ℃);相对蒸气密度 6.80;熔点 89 ℃。

包装:试剂品为 0.5~1.0 kg 玻璃瓶,外加木箱,每箱净重不超过 20 kg,箱内用松软泡沫塑料或气泡塑料垫填塞妥实,箱外用铁丝或铁皮加固。工业品为塑料袋外套铁桶盛装,严密封闭,物品可加大于 15% 的水作稳定剂,也可不加水。包装有品名、规格、重量、数量、危险品标志、出厂日期、注意事项等。

贮存条件:应贮存于阴凉、干燥、通风良好的库房内,严格封闭,门窗开关灵活,便于启闭、通风,有避光和防辐射措施;库内温度保持在 30 ℃ 以下,相对湿度 80% 以下。库内照明和排风设备,应使用防爆和封闭式电器,严禁用明火照明。可与其他硝基、二硝基等易燃固体化合物同库贮存,不得与氧化剂、酸类、金属粉末、金属盐类等不同性质的物品混存。

养护:

1) 入库验收:包装应完整无破损,容器和外包装不沾有本品及其他杂物等,包装方法及衬垫符合规定,物品无变色、变质、异味等现象。

2) 堆码苫垫:码垛时应下垫一层枕木,木箱和铁桶包装,码行列式垛,垛高不超过 3 m,要整齐、牢固、不倾斜,勿倒置,垛距 80~90 cm,墙距和柱距 30 cm,便于操作和安全。

3) 在库检查:保管员除进行每日上班后、下班前的安全检查外,还应每三四个月进行一次质量检查,检查内容方法与入库验收同,发现问题及时做好养护工作,做好记录。

4) 温湿度管理:高温季节应以防热为主,随时掌握库内温湿度变化,根据需要和库内外温湿度变化,做好库房密封和通风降温降潮工作。

5) 安全作业:在装卸、搬运、堆码、整理等项工作时,必须轻拿轻放,防止摩擦、震动和撞击,使用的机械应有防爆措施。各种工具必须是不易产生火花的铜制或铜合金制成。验收、质量检查、拆钉包装等必须在库外安全地点或专门场所进行,现场必须有专人指导操作,配备一定数量的消防器材,操作完毕彻底清扫现场。凡参加作业的人员必须穿戴防护用品,不得赤身露体、赤脚操作,工作完毕应洗手漱口后方能饮食。

6) 保管期限:2年。

注意事项:火灾时可用雾状水、砂土、二氧化碳灭火。火场须防止受热可能发生的爆炸,人员须远离着火地点。接触皮肤能造成皮炎发绀;眼部接触能造成伤害,可用水冲洗,再用肥皂彻底洗涤。

B4.9 品名:二硝基苯肼

编号:41014

化学式:$(NO_2)_2C_6H_3NH \cdot NH_2$

分子量:198.14

特性:红色结晶粉末,微溶于水和乙醇,能溶于无机稀酸、热醇、乙酸乙酯和苯胺等。燃点约 200 ℃,是易燃固体。在酸性中稳定,而在碱性中不稳定;干燥时有爆炸性,含水量在 20% 以上时,则无爆炸危险;与氧化剂混合,能成为爆炸性混合物。主要用于化学试剂及炸药制造等。

包装:试剂品为 0.5~1.0 kg 玻璃瓶,外加木箱,每箱净重不超过 20 kg,在箱内用松软泡沫塑料或气泡塑料垫填塞妥实,箱外用铁丝或铁皮加固。工业品为塑料袋外套铁桶盛装,严密封闭,物品可加大于 15% 的水作稳定剂,也可不加水。包装外标有品名、规格、重量、数量、危险品标志、出厂日期、注意事项等。

贮存条件:应贮存于阴凉、干燥、通风良好的库房内,严格封闭,门窗开关灵活,便于启闭通风有避光和防辐射措施;库内保持在 30 ℃ 以下,相对湿度 80% 以下。库内照明和排风设备,应使用防爆和封闭电器,严禁用明火照明。可与其他硝基、二硝基等易燃固体化合物同库贮存,不得与氧化剂、酸类、金属粉末、金属盐类等不同性质的物品混存。

养护:

1) 入库验收:包装应完整无破损,容器和外包装不沾有本品及其他杂物等,包装方法及衬垫符合规定,物品无变色、变质、异味等现象。

2) 堆码苫垫:码垛时应下垫一层枕木,木箱和铁桶包装,码行列式垛,垛高不超过 3 m,要整齐、牢固、不倾斜、勿倒置,垛距 80~90 cm,墙距和柱距 30 cm,便于操作和安全。

3) 在库检查:保管员除进行每日上班后、下班前的安全检查外,还应每三四个月进行一次质量检查,检查内容方法与入库验收同,发现问题及时做好养护工作,做好记录。

4) 温湿度管理:高温季节应以防热为主,随时掌握库内温度变化,根据需要和库内外温湿度变化,做好库房密封和通风降温降潮工作。

5) 安全作业:在装卸、搬运、堆码、整理等项工作时,必须轻拿轻放,防止摩擦、震动和撞击。使用的机械应有防爆措施,各种工具必须是不易产生火花的铜制或铜合金制成。验收、质量检查、拆钉包装等必须在库外安全地点或专门场所进行,现场必须有专人指导操作,配备一定数量的消防器材,操作完毕彻底清扫现场。凡参加作业人员必须穿工作服戴手套等防护用品,不得赤手露体、赤足操作,工作完毕应洗手漱口后方能饮食。

6) 保管期限:2年。

注意事项:火灾时可用雾状水、砂土、二氧化碳灭火。火场须防止受热可能发生的爆炸,人员须远离着水地点。接触皮肤能造成皮炎发绀;眼部接触能造成伤害,可用水冲洗,再用肥皂水彻底洗涤。

B4.10 品名:2,4-二硝基氯化苄

2,4-二硝基苄基氯,氯化二硝基苄基

2,4-二硝基氯化苯甲基

2,4-二硝基苯(代)氯甲烷

编号:41015

化学式:$C_6H_3(NO_2)_2CH_2Cl$

分子量:216.58

特性:黄色柱状结晶,不溶于水,溶于有机溶剂。熔点 34 ℃,是易燃固体,易引起燃烧,急剧加热能引起爆炸。与金属接触能生成盐类,可引起爆炸。主要用于化学试剂。

包装:试剂品为玻璃瓶装,严封后装入木箱,箱内瓶与瓶之间均用塑料气泡垫填塞妥实。箱外用铁丝或铁皮加固。工业品为塑料袋,外套铁桶包装,桶口严密不漏,桶皮厚度不少于 0.5 mm。包装外均应标明产品名称、规格、重量、危险品标志、出厂日期、注意事项等。

贮存条件:贮存于阴凉、干燥、通风良好的库房内,门窗严密,且开关灵活,通风畅,窗玻璃涂白以防日光直晒。库温保持在 30 ℃ 以下,最高不超过 32 ℃,相对湿度 80% 以下。库房照明和排风设备,应使用防爆、封闭式电器,严禁用明火照明。与氧化剂、酸类等性质不同的物品分库贮存。

养护:

1) 入库验收:包装应无破损、受潮、水湿现象;内外包装无沾染杂质,产品感官质量无异变、受潮、结块、异味等不正常现象,做好记录。

2) 堆码苫垫:堆码时下垫一层枕木或垫高 15 cm 以上,码行列式货垛,要求整齐、美观、牢固,垛高不超过 2.5 m,垛距 80~90 cm,墙距、柱距 30 cm。

3) 在库检查:保管员除每日上班后、下班前进行安全检查外,还应每三个月对库存物品进行一次质量检查,检查项目和内容与入库验收相同,发现问题及时采取封闭、修补、调温、调湿等养护措施,做好检查记录。

4) 温湿度管理:主要控制好库房温湿度变化,高温季节以防热为主,梅雨季节以防潮为主。根据库内外温湿度变化,随时掌握库房门窗密封和通风降温与散潮情况,不宜使用去湿机降潮。

5) 安全作业:鉴于本品对热、摩擦、撞击易引起燃烧的特点,在装卸、搬运、堆码、整理等各项操作中,必须轻搬、轻放、防止摩擦和撞击,桶装不得在地面滚动。使用的机械应有防爆措施,小工具须用铜制或铜合金等不易产生火花的制品。验收、质量检查、拆钉包装等各项操作,须在专门场所或库外安全地点进行,现场有专人指导作业,并配备相应的消防器材,作业完毕彻底清除现场杂物。参加作业人员穿工作服、戴手套等防护用品,不得赤手露体、赤足操作,工作完毕应洗手、漱口方能饮食。

6) 保管期限:1 年。

注意事项:火灾时可用水、泡沫、砂土、二氧化碳扑救。本品燃烧时产生剧毒的氮氧化物,参加灭火抢救人员应注意防毒。若吸入蒸气或经皮肤吸收,都会造成头痛、眩晕与呕吐,严重时会昏迷不醒等。有此症状者,立即送医院诊治,接触皮肤或眼睛立即用清水冲洗,用

肥皂洗手,干净为止。

B4.11 品名:1,5-二硝基萘;1,8-二硝基萘

编号:41016

别名:硝化樟脑

化学式:$C_{10}H_6(NO_2)_2$

分子量:218.17

特性:黄色针状结晶,能溶于水和一般有机溶剂,有多种同分异构体。易燃固体,有毒,遇高热、明火有引起燃烧的危险,与氧化剂混合能成为爆炸性的混合物。相对蒸气密度7.51;熔点 217 ℃(1,5 位),173～173.5 ℃(1,8 位);爆点:318 ℃;爆燃气体体积 488 L/kg。主要用于有机合成、染料等。

包装:试剂品为玻璃瓶装,严封后再装入坚固木箱,在箱内用松软泡沫塑料或气泡垫填塞妥实,箱外用铁丝或铁皮加固。工业品为塑料袋外套铁桶盛装,严密封闭,容器内可加大于15%的水作稳定剂,也可不加水。包装外有品名、规格、重量、数量、危险品标志、出厂日期、注意事项等。

贮存条件:应贮存于阴凉、干燥、通风良好的库房内,严密封闭,门窗开关灵活,便于启闭,库房通风并有避光和防辐射措施。库内保持在 30 ℃以下,相对湿度80%以下。库内有照明和排风设备,应使用防爆和封闭式电器,严禁用明火照明。可与其他硝基、二硝基等易燃固体化合物同库贮存,不得与氧化剂、酸类、金属粉末、金属盐类等不同性质的物品混存。

养护:

1) 入库验收:包装应完整无破损,容器和外包装不沾有本品及其他杂物等,包装方法及衬垫符合规定,物品无变色、变质、异味等现象。

2) 堆码苫垫:码垛时应下垫一层枕木,木箱和铁桶包装,码行列式垛,垛高不超过 3 m,要整齐、牢固、不倾斜、勿倒置,垛距 80～90 cm,墙距和柱距 30 cm。

3) 在库检查:保管员除进行每日上班后、下班前的安全检查外,还应每三四个月进行一次质量检查,检查内容方法与入库验收相同,发现问题及时做好养护工作,做好记录。

4) 温湿度管理:高温季节应以防热为主,随时掌握库内温湿度变化,根据需要和库内外温湿度变化,做好库房密封和通风降温降潮工作。

5) 安全作业:在装卸、搬运、堆码、整理等项工作时,必须轻拿轻放,防止摩擦、震动和撞击。使用的机械应有防爆措施,各种工具必须是不易产生火花的铜制或铜合金制成。验收、质量检查、拆钉包装等必须在库外安全地点专门场所进行,现场须有专人指导操作,配备一定数量的消防器材,操作完毕彻底清扫现场。凡参加作业人员,必须穿工作服戴手套等防护用品,不得赤手露体、赤足操作,工作完毕应洗手漱口方能饮食。

6) 保管期限:2 年。

注意事项:火灾时可用雾状水、砂土、二氧化碳灭火。火场须防止受热可能发生的爆炸,人员须远离着火地点。接触皮肤能造成皮炎与发绀;眼部接触能造成伤害,可用水冲洗,再用肥皂水彻底洗涤。

B4.12 品名:邻-二硝基苯

化学式:$C_6H_4(NO_2)_2$

分子量:168.11

特性:无色或淡黄色片状结晶,有苦杏仁味,有挥发性,能与水蒸气同时挥发,可溶于醇,微溶于水。易燃固体,易引起燃烧,受摩擦、高热或与氧化剂接触能引起燃烧或爆炸。有毒,接触皮肤可引起皮炎,吸入蒸气能使人头痛等。相对密度1.571;相对蒸气密度5.79;熔点118 ℃;沸点319 ℃;闪点150 ℃(闭杯)。主要用于有机合成、染料中间体等。

包装:试剂品为玻璃瓶装,严封后再装入木箱,箱内瓶与瓶之间均用塑料气泡垫填塞妥实,箱外用铁丝或铁皮加固。工业品为塑料袋,外套铁桶包装,桶口严密不漏,桶皮厚度不小于0.5 mm。包装外均应标明产品名称、规格、重量、危险品标志、出厂日期、注意事项等。

贮存条件:贮存于阴凉、干燥通风良好的库房内,门窗严密,且开关灵活,通风畅,窗玻璃涂白以防日光直晒。库温保持在30 ℃以下,最高不超过32 ℃,相对湿度80%以下。库房照明和排风设备,应使用防爆、封闭式电器,严禁用明火照明。与氧化剂、酸类等性质不同的物品分库贮存。

养护:
1) 入库验收:包装应无破损、受潮、水湿现象,内外包装无沾染杂质,感官质量无异变、受潮、结块、异味等不正常现象,做好记录。
2) 堆码苫垫:堆码时下垫一层枕木或垫高15 cm以上,码行列式货垛,要求整齐、美观、牢固,垛高不超过2.5 m,垛距80~90 cm,墙距、柱距15 cm。
3) 在库检查:保管员除每日班前班后进行检查外,还应每三个月对库存物品进行一次质量检查,检查项目和内容与入库验收同,发现问题及时采取封闭、修补、调温、调湿等养护措施,做好检查记录。
4) 温湿度管理:主要控制好库房温湿度变化,高温季节以防热为主,梅雨季节以防潮为主。根据库内外湿温度变化,随时掌握库房门窗密封和通风降温与散潮情况,不宜使用去湿机降潮。
5) 安全作业:鉴于本品对热、摩擦、撞击易引起燃烧的特点,在装卸、搬运、堆码、整理等各项操作中,必须轻搬、轻放,防止摩擦和撞击,桶装不得在地面滚动。使用的机械应有防爆措施,小工具须用铜制或铜合金等不易产生火花的制品。验收、质量检查、拆钉包装等各项操作,须在专门场所或库外安全地点进行,现场有专人指导作业,并配备相应的消防器材,作业完毕彻底清除现场杂物。参加作业人员穿工作服,戴手套等防护用品,不得赤身露体、赤脚操作,工作完毕应洗手、漱口方能饮食。
6) 保管期限:1年。

注意事项:火灾时可用水、泡沫、二氧化碳、砂土等扑救。燃烧时能生成剧毒的氮氧化物,参加救火人员须注意防毒。如接触皮肤可用肥皂水洗涤,发现头痛、眩晕或呕吐,立即送医院诊治。

B4.13 品名:间-二硝基苯

化学式:$C_6H_4(NO_2)_2$

分子量:168.11

特性:纯品为无色固体,粗制品因含有微量杂质,略呈淡黄色,能随水蒸气同时挥发,微溶于水,能溶于乙醇、乙醚和苯中,其蒸气较空气重4.8倍。相对密度1.573;熔点89 ℃;沸点301 ℃;爆燃点300 ℃;爆速6 160 m/s;爆轰气体体积717 L/kg;爆温2 497 ℃。易燃固体,其蒸气与空气能形成爆炸性混合物。不含水分的干品,对摩擦作用较为敏感,遇明火、高温易燃烧,与氧化剂混合,极易发生燃烧爆炸。主要用于染料、有机合成的中间体,亦可用于制造炸药。

包装:试剂品为玻璃瓶装,严封后再装入木箱,箱内瓶与瓶之间均用塑料气泡垫填塞妥实,箱外用铁丝或铁皮加固。工业品为塑料袋,外套铁桶包装,桶口严密不漏,桶皮厚度不小于 0.5 mm。包装外均应标明产品名称、规格、重量、危险品标志、出厂日期、注意事项等。

贮存条件:贮存于阴凉、干燥、通风良好的库房内,门窗严密,且开关灵活,空气畅通,窗玻璃涂白以防日光直晒。库温保持在 30 ℃ 以下,最高不超过 32 ℃,相对湿度 80% 以下。库房照明和排风设备应使用防爆、封闭式电器,严禁用明火照明。与氧化剂、酸类等性质不同的物品分库贮存。

养护:

1) 入库验收:包装应无破损、受潮、水湿现象,内外包装无沾染杂质,感官质量无异变、受潮、结块、异味等不正常现象,做好记录。

2) 堆码苫垫:堆码时下垫一层枕木或垫高 15 cm 以上,码行列式货垛,要求整齐、美观、牢固,垛高不超过 2.5 m,垛距 80~90 cm,墙距、柱距 15 cm。

3) 在库检查:保管员除每日班前班后进行安全检查外,还应每三个月进行一次质量检查,检查项目和内容与入库验收同,发现问题及时采取封闭、修补、调温、调湿等养护措施,做好检查记录。

4) 温湿度管理:主要控制好库房温湿度变化,高温季节以防热为主,梅雨季节以防潮为主。根据库内外温湿度变化,随时掌握库房门窗密封、通风降温与散潮情况,不宜使用去湿机降潮。

5) 安全作业:鉴于本品对热、摩擦、撞击易引起燃烧的特点,在装卸、搬运、堆码、整理等各项操作中,必须轻搬轻放,防止摩擦和撞击,桶装不得在地面滚动。使用的机械应有防爆措施,小工具须用铜质或铜合金等不易产生火花的制品。验收、质量检查、拆钉包装等各项操作,须在专门场所或库外安全地点进行,现场有专人指导作业,并配备相应的消防器材,作业完毕彻底清除现场杂物。参加作业人员穿工作服,戴手套等防护用品,不得赤身露体、赤脚操作,工作完毕应洗手、漱口方能饮食。

6) 保管期限:1 年。

注意事项:火灾时可用泡沫、砂土、二氧化碳扑救。本品燃烧时产生剧毒的氮氧化物,参加灭火抢救人员应注意防毒。若吸入蒸气或经皮肤吸收,都会造成头痛、眩晕与呕吐,严重时会昏迷不醒等。有此症状者,立即送医院诊治,皮肤或眼睛接触立即用清水冲洗,用肥皂洗手,干净为止。

B4.14 品名:对-二硝基苯

化学式:$C_6H_4(NO_2)_2$

分子量:168.11

特性:黄色结晶,能溶于醇,微溶于水,有挥发性,能随水蒸气同时挥发,其蒸气比空气重 4.8 倍。相对密度 1.587;熔点 173 ℃;沸点 299 ℃。易燃固体,其蒸气能与空气形成爆炸性混合物,遇火种或高温能引起燃烧,与氧化剂混合能成为爆炸性混合物。主要用于有机合成染料。

包装:试剂品为玻璃瓶装,严封后再装入木箱,箱内瓶与瓶之间均用塑料气泡垫填塞妥实,箱外用铁丝或铁皮加固。工业品为塑料袋,外套铁桶包装,桶口严密不漏,桶皮厚度不少于0.5 mm。包装外均应标明产品名称、规格、重量、危险品标志、出厂日期、注意事项等。

贮存条件:贮存于阴凉、干燥、通风良好的库房内,门窗严密,且开关灵活,空气畅通,窗玻璃涂白以防日光直晒。库温保持在30 ℃以下,最高不超过32 ℃,相对湿度80%以下。库房照明和排风设备,应使用防爆、封闭式电器,严禁用明火照明。与氧化剂、酸类等性质不同的产品分库贮存。

养护:
1) 入库验收:包装应无破损、受潮、水湿现象,内外包装无沾染杂质,感官质量无异变、受潮、结块、异味等不正常现象,做好记录。
2) 堆码苫垫:堆码时下垫一层枕木或垫高15 cm以上,码行列式货垛,要求整齐、美观、牢固,垛高不超过2.5 m,垛距80～90 cm,墙距、柱距15 cm。
3) 在库检查:保管员除每日上班后、下班前进行安全检查外,还应每三个月进行一次质量检查,检查项目和内容与入库验收同,发现问题及时采取封闭、修补、调温、调湿等养护措施,做好检查记录。
4) 温湿度管理:主要控制好库房温湿度变化,高温季节以防热为主,梅雨季节以防潮为主。根据库内外温湿度变化,随时掌握库房门窗密封和通风降温与散潮,不宜使用去湿机降潮。
5) 安全作业:鉴于本品对热、摩擦、撞击易引起燃烧的特点,在装卸、搬运、堆码、整理等各项操作中,必须轻搬、轻放,防止摩擦和撞击,桶装不得在地面滚动。使用的机械应有防爆措施,小工具须用铜质或铜合金等不易产生火花的制品。验收、质量检查、拆钉包装等各项操作,须在专门的库房或库外安全地点进行,现场有专人指导作业,并配备相应的消防器材,作业完毕彻底清除现场杂物。参加作业人员穿工作服、戴手套等防护用品,不得赤身露体、赤脚操作,工作完毕应洗手、漱口方能饮食。
6) 保管期限:1年。

注意事项:火灾时可用水、泡沫、砂土、二氧化碳扑救。本品燃烧时产生剧毒的氮氧化物,参加灭火抢救人员应注意防毒。若吸入蒸气或经皮肤吸收,都会造成头痛、眩晕与呕吐,严重时会昏迷不醒等。有此症状者,立即送医院诊治,接触皮肤或眼睛立即用清水冲洗,用肥皂洗手,干净为止。

B4.15 品名:2,4-二硝基甲苯

化学式:$C_6H_3CH_3(NO_2)_2$

分子量:182.14

特性:黄色针状结晶,有苦杏仁味,微溶于水、乙醇及乙醚,易溶于丙酮和苯。易燃固体,容易引起燃烧,燃烧时产生大量黑烟,烟雾有刺激性。加热至300 ℃时分解。遇明火、高热极易引燃。与氧化剂混合,能成为爆炸性混合物。相对密度1.521(15 ℃);相对蒸气密度6.27;熔点69.5 ℃;沸点300 ℃;闪点207 ℃;爆炸点360 ℃(发火);爆轰气体体积602 L/kg。主要用于染料中间体、炸药等。

包装:试剂品为玻璃瓶装,严封后再装入木箱,箱内瓶与瓶之间均用塑料气泡垫填塞妥实,箱外用铁丝或铁皮加固。工业品为塑料袋,外套铁桶包装,桶口严密不漏,桶皮厚度不少于 0.5 mm。包装外均应标明品名、规格、重量、危险品标志、出厂日期、注意事项等。

贮存条件:贮存于阴凉、干燥、通风良好的库房内,门窗严密,且开关灵活,空气畅通,窗玻璃涂白以防日光直晒。库温保持在 30 ℃ 以下,最高不超过 32 ℃,相对湿度 80% 以下。库房照明和排风设备,应使用防爆、封闭式电器,严禁用明火照明。与氧化剂、酸类等性质不同的物品分库贮存。

养护:

1) 入库验收:包装应无破损、受潮、水湿现象,内外包装无沾染杂质,感官质量无异变、受潮、结块、异味等不正常现象,做好记录。
2) 堆码苫垫:堆码时下垫一层枕木或垫高 15 cm 以上,码行列式货垛,要求整齐、美观、牢固,垛高不超过 2.5 m,垛距 80~90 cm,墙距、柱距 15 cm。
3) 在库检查:保管员除每日班前班后进行安全检查外,还应每三个月对库存品进行一次质量检查,检查项目和内容与入库验收同,发现问题及时采取封闭、修补、调温、调湿等措施,做好检查记录。
4) 温湿度管理:主管控制好库房温度变化,高温季节以防热为主,梅雨季节以防潮为主。根据库内外温湿度变化随时掌握库房门窗密封、通风降温与散潮情况,不宜使用去湿机降湿。
5) 安全作业:鉴于本品对热、摩擦、撞击易引起燃烧的特点,在装卸、搬运、堆码、整理等各项操作中,必须轻搬、轻放,防止摩擦和撞击,桶装不得在地面滚动。使用的机械应有防爆措施,小工具须用铜质或铜合金等不易产生火花的制品。验收、质量检查、拆钉包装等各项操作,须在专门场所或库外安全地点进行,现场有专人指导作业,并配备相应的消防器材,作业完毕彻底清除现场杂物。参加作业人员穿工作服,戴手套等防护用品,不得赤身露体、赤脚操作,工作完毕应洗手、漱口方能饮食。
6) 保管期限:1年。

注意事项:火灾时可用水、泡沫、砂土、二氧化碳扑救。本品燃烧时产生剧毒的氮氧化物,参加灭火抢救人员应注意防毒。若吸入蒸气或经皮肤吸收,都会造成头痛、眩晕与呕吐,严重时会昏迷不醒等。有此症状者,立即送医院诊治,接触皮肤或眼睛立即用清水冲洗,用肥皂洗手,干净为止。

B4.16 品名:对-亚硝基苯酚

别名:对-亚硝基酚

化学式:NOC_6H_4OH

分子量:123.11

特性:黄色针状结晶或淡棕色片状结晶,能溶于乙醇、乙醚和丙酮,略溶于水,溶于碱液呈棕色,稀释后复成绿色。熔点 144 ℃(分解)。易燃固体,并有毒性,在 124 ℃ 变成棕色,144 ℃ 分解,如含有不纯物则发生强烈燃烧。遇明火,受高热或接触浓酸、浓碱均能引起燃烧爆炸。主要用于染料、化学试剂等。

包装:试剂为玻璃瓶装,严封后再装入坚固木箱,在箱内用松软泡沫塑料或气泡垫填塞妥实,箱外用铁丝或铁皮加固。工业品为塑料袋外套铁桶盛装,严密封闭,产品内可加大于 15% 的水作稳定剂,也可不加水。包装外有品名、规格、重量、数量、危险品标志、出厂日期、注意事项等。

贮存条件:应贮存于阴凉、干燥、通风良好的库房内,严密封闭,门窗开关灵活,便于启闭通风,有避光和防辐射措施。库内保持在30 ℃以下,相对湿度80%以下。库内照明和排风设备应使用防爆和封闭式电器,严禁用明火照明。可与其他含硝基、二硝基等易燃固体化合物同库贮存,不得与氧化剂、酸类、金属粉末、金属盐类等不同性质的物品混存。

养护:
1) 入库验收:包装应完整无损,容器和外包装不沾有本品及其他杂物等,包装方法及衬垫符合规定,物品体无变色、变质、异味等现象。
2) 堆码苫垫:码垛时应下垫一层枕木,木箱和铁桶包装,码行列式垛,垛高不超过3 m,要整齐、牢固、不倾斜、勿倒置,垛距80~90 cm,墙距和柱距30 cm。
3) 在库检查:保管员除进行每日上班后、下班前的安全检查外,还应每三四个月进行一次质量检查,检查内容方法与入库验收同,发现问题及时做好养护工作,做好记录。
4) 温湿度管理:高温季节以防热为主,随时掌握库内温湿度变化,根据需要和库内外温湿度变化,做好库房密封、通风降温降潮工作。
5) 安全作业:在装卸、搬运、堆码、整理等项工作时,必须轻拿轻放,防止摩擦、震动和撞击。使用的机械应有防爆措施,各种工具必须是不易产生火花的铜制或铜合金制成。验收、质量检查、拆钉包装等,必须在库外安全地点或专门场所进行,现场须有专人指导操作,配备一定数量的消防器材,操作完毕彻底清扫现场。凡参加作业人员必须穿工作服、戴手套等防护用品,不得赤身露体、赤脚操作,工作完毕应洗手、漱口后方能饮食。
6) 保管期限:2年。

注意事项:火灾时可用雾状水、砂土、二氧化碳灭火。火场须防止受热可能发生的爆炸,人员须远离着火地点。接触皮肤能造成皮炎与发绀,眼部接触能造成伤害,可用水冲洗,再用肥皂彻底洗涤。

B4.17 品名:N,N'-二亚硝基五亚甲基四胺(含纯感剂)

编号:41021

别名:发孔剂 H

化学式:$(CH_2)_5(NO)_2N_4$

分子量:186.16

特性:微黄色松散晶体或粉末状,易溶于丙酮,略溶于三氯甲烷,不溶于乙醚和水。相对密度1.45~1.51;熔点200 ℃(分解);分解温度190~205 ℃;水分小于1%。易燃,有毒,遇高温即可分解爆炸;遇酸类、酸的蒸气、酸性物品立即分解,发生燃烧;与氧化剂混合能成为爆炸性混合物。主要用于各种橡胶和塑料的发孔剂。

包装:试剂品为0.5~1.0 kg玻璃瓶装,外加木箱,每箱净重不超过20 kg,在包装的内侧和瓶与瓶之间用泡沫塑料或塑料气泡垫衬垫妥实,使整个木箱内外形成一体。工业品为塑料袋外套铁桶(每桶净重不超过50 kg),袋口捆扎严密,桶口严密封闭,内圈加海绵胶垫。在包装上均应注明品名、规格、重量、易燃标志、批号、注意事项。

贮存条件:应贮存于阴凉、干燥、通风良好的库房内,门窗开关灵活,便于启闭通风,密封严,窗玻璃涂白,防日光直晒。有条件的最好单独保存,无单存条件者,可与其他不含酸性的易燃固体同库贮存,但绝对不得与氧化剂、酸和酸性物品同存。库内温度在30℃以下,相对湿度80%以下。

养护:

1) 入库验收:包装应完整无破损,内外包装无沾染其他物品,标记齐全,内外包装封闭严密,符合包装要求,应无异状、结块、杂质、异味等。

2) 堆码苫垫:码垛时应下垫一层枕木或垫高15 cm,码行列式垛,铁桶装层层垫木板,垛高不超过3 m,垛距80~90 cm,墙距、柱距30 cm。

3) 在库检查:保管员除进行每日上班后、下班前的安全检查外,还应每三个月进行一次质量检查,检查内容方法与入库验收同,发现问题及时采取相应的养护措施,如封口、整理等,并做好详细记录。

4) 温湿度管理:高温季节以防热为主,利用自然气候,根据库内外温湿度变化做好密封和通风降温工作。

5) 安全作业:操作人员必须穿工作服、戴手套,在装卸、堆码、搬运、整理包装等项工作中,必须轻拿轻放,防止摩擦、撞击和滚动。使用的机械要有防爆措施,宜用铜制或铜合金工具,以免产生火花;使用的各种搬运机械和工具必须注意不得沾染其他物品和酸性物品。验收、质量检查、包装整理、拆钉包装等项作业,必须在专用地点或临时指定地点进行,不得在库内作业,现场必须有专人指导,并配有相应的消防器材。

6) 保管期限:1年。

注意事项:火灾时可用大量水、砂土扑救,严禁用酸碱式泡沫灭火机。本品在高温条件下分解生成有毒气体,参加灭火和抢救人员须戴防毒面具。

B4.18 品名:苦味酸苊

编号:41028

化学式:$C_{18}H_{13}N_3O_7$

分子量:395.32

特性:红棕色结晶体。易燃,化学性质不稳定,遇水和有机溶液分解。有毒。遇强烈震动或受热能引起燃烧。主要用于化学试剂和染料等。

包装:试剂品为玻璃瓶装,严封后再装入坚固木箱,在箱内用松软泡沫塑料或气泡垫衬垫妥实,箱外用铁丝或铁皮加固。工业品为塑料袋外套铁桶盛装,严密封闭,容器内可加大于15%的水作稳定剂,也可不加水。包装外有品名、规格、重量、数量、危险品标志、出厂日期、注意事项等。

贮存条件:应贮存于阴凉、干燥、通风良好的库房内,严密封闭,门窗开关灵活,便于启闭通风,有避光和防辐射措施。库内保持30℃以下,相对湿度80%以下。库内照明和排风设备应使用防爆和封闭式电器,严禁用明火照明。可与其他含硝基、二硝基等易燃固体化合物同库贮存,不得与氧化剂、酸类、金属粉末、金属盐类等不同性质的物品混存。

养护:

1) 入库验收:包装应完整无损,容器和外包装不沾有本品及其他杂物等,包装方法及衬垫符合规定,物品无变色、变质、异味等现象。

2) 堆码苫垫:码垛时应下垫一层枕木,木箱和铁桶包装,码行列式垛,垛高不超过

3 m,要整齐、牢固、不倾斜、勿倒置,垛距80～90 cm,墙距和柱距30 cm。
3) 在库检查:保管员除进行每日上班后、下班前的安全检查外,还应每三四个月进行一次质量检查,检查内容、方法与入库验收同,发现问题及时做好养护工作,做好记录。
4) 温湿度管理:高温季节以防热为主,随时掌握库内温湿度变化,根据需要和库内外温湿度变化,做好库房密封、通风降温降潮工作。
5) 安全作业:在装卸、搬运、堆码、整理等项工作时,必须轻拿轻放,防止摩擦、震动和撞击。使用的机械应有防爆措施,各种工具必须是不易产生火花的铜制或铜合金制成。验收、质量检查、拆钉包装等,必须在库外安全地点或专门场所进行,现场须有专人指导操作,配备一定数量的消防器材,操作完毕彻底清扫现场。凡参加作业人员必须穿工作服、戴手套等防护用品,不得赤身露体、赤脚操作,工作完毕应洗手、漱口后方能饮食。
6) 保管期限:2年。

注意事项:火灾时可用雾状水、砂土、二氧化碳灭火。火场须防止受热可能发生的爆炸,人员须远离着火地点。接触皮肤能造成皮炎与发绀,眼部接触能造成伤害,可用水冲洗,再用肥皂彻底洗涤。

B4.19 品名:硝酸纤维素酯(含氮量12.5%以下)

别名:硝化棉、硝化纤维素、低氮硝化纤维素

编号:41031

化学式:$C_{12}H_{16}O_6(NO_3)_4$

分子量:504.3

特性:一硝酸纤维素酯、二硝酸纤维素酯和三硝酸纤维素酯的混合物,其含量在12.5%以下(12.5%以上的为爆炸品)。虽经过化合,但外观仍保持天然棉的白色絮状,能溶于醇、醚混合液(1∶3),能在丙酮等有机溶剂中发生胶凝作用。相对密度1.66;熔点160～170 ℃;闪点12.78 ℃;自燃点170 ℃。易燃,极易燃烧,干品尤甚,燃烧迅速猛烈,一燃而尽。为稳定起见,物品中加入一定量的乙醇作为稳定剂。与碱或碱性蒸气高温作用下,容易泛黄而分解,在分解过程中产生高热直至自行燃烧。干燥品遇火星、高温、与氧化剂和有机胺(如乙二胺、间苯二甲胺)接触会发生燃烧爆炸。主要用于制造喷漆、赛璐珞、胶帽、胶套、封口胶、漆布、漆纸等。

包装:试剂品为塑料袋,外套塑料瓶或小铁听包装,封口严密,再装入坚固木箱内,在包装木箱内填入轻质不燃粉状物料,作为衬垫和防震。工业品为塑料袋,外套大口铁桶包装,每桶装50 kg。包装外注明品名、规格、重量、易燃标志、出厂日期及"防晒""防热"等标志。

贮存条件:应贮存于阴凉、干燥、通风良好的库房内,库房墙壁和顶部宜安装隔热层,以控制温度,最好在半地下堡贮存,要门窗开关灵活,通风畅,密封严,窗玻璃涂白色防日光直接照射。库温保持在25 ℃以下,最高不超过28 ℃,相对湿度80%以下。库内应无电源和火种,如须照明宜用手电筒或由库外向内照明。宜专库贮存,严禁与氧化剂、碱类(如脂胺)等性质不同的物品混存。

养护:
1) 入库验收:凡入库物品需事先索取质量指标检测报告单。包装应完整无破损,封

闭严密,稳定剂不渗漏,内外包装不得沾有本品或其他物品、杂物、污染等,包装、衬垫应符合规定。本品应为白色絮状的棉花,不泛黄,除酒精味外,无其他气味;无酸性反应等异常现象,用手捏棉体有湿润感,即为稳定剂合适,如发现耐热度、发火点、游离酸三项中有一项不合格者,立即退厂经处理合格后方能入库。

2) 堆码苫垫:垛底垫高15～30 cm,货垛码行列式要整齐牢固、不倾斜、不倒置,垛高2.5 m以下,垛距80～90 cm,墙距、柱距30 cm。

3) 在库检查:保管员除进行上班后、下班前安全检查外,还应每三个月对库存物品进行一次开包检查,检查方法和内容与入库验收同。如发现稳定剂缺乏或物品变干燥,必须立即加添酒精;如果棉体泛黄或有酸味或有棕白色气体出现,说明已开始变质,应及时挑选有问题的移出仓库,放置安全地点,及时处理。

4) 温湿度管理:应严格控制库内温湿度,可采取整库密封、库房外墙涂白、夜间通风降温,炎热季节实行夜间出入库作业,梅雨季节要做好防潮降潮工作。

5) 安全作业:本品燃点低,对撞击、摩擦敏感,故在装卸、搬运、堆码、整理等作业时,必须轻拿轻放,防止摩擦、撞击和地面滚动;大口桶装用专用车出入库房,各种工具必须是不产生火花的铜质、包铜或铜合金制品。验收、质量检查、拆钉包装、整理包装等操作必须在库外安全地点或专用场所进行,现场有专人指导,并备足消防用水,整理完毕必须将现场遗留物清除干净,作业人员穿工作服戴手套。

6) 保管期限:6个月。

注意事项:火灾时可用大量水扑救。本品一旦引燃,往往形成爆炸性燃烧,难于施救,同时分解生成有毒的氮氧化物气体,救火人员应戴防毒面具并注意防止烧伤。

B4.20 品名:硝化沥青

编号:41033

特性:褐色粉末物,无味。软化点240 ℃左右。易燃固体,有毒,遇火容易引起燃烧。

包装:试剂品为玻璃瓶装,严封后再装入坚固木箱,在箱内用松软泡沫塑料或气泡垫衬垫妥实,箱外用铁丝或铁皮加固。工业品为塑料袋外套铁桶盛装,严密封闭,物品内可加大于15%的水作稳定剂,也可不加水。包装外有品名、规格、重量、数量、危险品标志、出厂日期、注意事项等。

贮存条件:应贮存于阴凉、干燥、通风良好的库房内,严格封闭,门窗开关灵活,便于启闭通风,有避光和防辐射措施。库内保持在30 ℃以下,相对湿度80%以下。库内照明和排风设备应使用防爆和封闭式电器,严禁用明火照明。可与其他含硝基、二硝基等易燃固体化合物同库贮存,不得与氧化剂、酸类、金属粉末、金属盐类等不同性质的物品混存。

养护:

1) 入库验收:包装应完整无损,容器和外包装不沾有本品及其他杂物,包装方法及衬垫符合规定,物品无变色、变质、异味等现象。

2) 堆码苫垫:码垛时应下垫一层枕木,木箱和铁桶包装,码行列式垛,垛高不超过3 m,要整齐、牢固、不倾斜、勿倒置,垛距80～90 cm,墙距和柱距30 cm,便于操作和安全。

3) 在库检查:保管员除进行每日上班后、下班前的安全检查外,还应每三四个月进行一次质量检查,检查内容、方法与入库验收同,发现问题及时做好养护工作,做好记录。

4) 温湿度管理:高温季节以防热为主,随时掌握库内温湿度变化,根据需要和库内外温湿度变化,做好库房密封、通风降温降潮工作。

5) 安全作业:在装卸、搬运、堆码、整理等项工作时,必须轻拿轻放,防止摩擦、震动和撞击。使用的机械应有防爆措施,各种工具必须是不易产生火花的铜制或铜合金制成。验收、质量检查,拆钉包装等必须在库外安全地点或专门场所进行,现场须有专人指导操作,配备一定数量的消防器材,操作完毕彻底清扫现场。凡参加作业人员必须穿工作服、戴手套等防护用品,不得赤身露体、赤脚操作,工作完毕应洗手、漱口后方能饮食。

6) 保管期限:2年。

注意事项:火灾时可用雾状水、砂土、二氧化碳灭火。火场须防止受热可能发生的爆炸,人员须远离着火地点。接触皮肤能造成皮炎与发绀,眼部接触能造成伤害,可用水冲洗,再用肥皂彻底洗涤。

B4.21 品名:发泡剂 BSH

编号:41036

别名:苯磺酰肼

化学式:$C_6H_5SO_2NHNH_2$

分子量:172.20

特性:为浅黄色结晶或细微白色颗粒,易吸潮而不溶于水中。相对密度 1.41~1.43;熔点 95~100 ℃。易燃固体,有毒。在 103~104 ℃时分解,放出氮气。对氧化剂敏感,遇火种、高热或与氧化剂接触,有引起燃烧的危险。

包装:试剂品为玻璃瓶装,外加木箱,在包装的内侧和瓶与瓶之间用泡沫塑料或塑料气泡垫衬妥实,使整个木箱内外形成一体。工业品为塑料袋,外套铁桶,袋口捆扎严密,桶口严格封闭,内圈加胶垫。在包装上均应注明品名、规格、重量、易燃标志、批号、注意事项等。

贮存条件:应贮存于阴凉、干燥、通风良好库房内,门窗开关灵活,通风畅、密封严,窗玻璃涂白防日光直晒。有条件的最好单独贮存,无单存条件者可与其他不含酸性的易燃固体同库贮存,但绝对不得与氧化剂、酸和酸性物品同存。库内温度在 30 ℃以下,相对湿度80%以下。

养护:

1) 入库验收:包装应完整,无破损,内外包装无沾染其他物品,标记齐全,内外包装封闭严密,符合包装要求,物品应无异状、结块、杂质、异味等。

2) 堆码苫垫:码垛时应下垫一层枕木或垫高 15 cm,码行列式货垛,铁桶装层层垫木板,垛高不超过 3 m,垛距 80~90 cm,墙距、柱距 30 cm。

3) 在库检查:保管员除每日上班后、下班前进行安全检查外,还应每三个月对库存物品进行定期质量检查,检查项目与入库验收同,发现问题及时采取相应的养护措施,如封口、换装整理等,并做好详细记录。

4) 温湿度管理:高温季节以防热为主,利用自然气候,根据库内外温湿度变化做好密封和通风降温工作。

5) 安全作业:操作人员必须穿工作服、戴手套,在装卸、堆码、搬运、整理包装等项工作中,必须轻拿、轻放,防止摩擦、撞击和滚动。使用的机械要有防爆措施,宜用铜制或铜合金工具,以免产生火花;使用的各种搬运机械和工具必须注意不得沾染其他物品和酸性物品。验收、质量检查、包装整理、拆钉包装等项作业,必须在专用地点或临时指定地点进行,不得在库内作业,现场必须专人指导,并配有相应的消防器材。

6） 保管期限:1年。

注意事项:火灾时可用大量水、砂土扑救,严禁用酸碱或泡沫灭火机。本品在高温条件下分解生成有毒气体,参加灭火和抢救人员须戴防毒面具。

B4.22 品名:发泡剂 OB

编号:41038

别名:4,4-氧化-双苯磺酰肼、二苯磺酰肼醚、对,对-氧双苯磺酰肼

化学式:$(C_6H_4SO_2NHNH_2)_2O$

分子量:358.39

特性:白色针状结晶,无味、微溶于热水和乙醇,不溶于冷水和许多有机溶剂中。熔点 151 ℃;相对密度 1.52。易燃固体,约在 150 ℃ 开始熔融分解,放出氮气和水蒸气,其发孔能力为 120～140 倍(体积)。

包装:试剂品为玻璃瓶装,外加木箱,在包装的内侧和瓶与瓶之间用泡沫塑料或塑料气泡垫衬垫妥实,使整个木箱内外形成一体。工业品为塑料袋,外套铁桶,袋口捆扎严密,桶口严格封闭,内圈加胶垫。在包装上均应注明品名、规格、重量、易燃标志、批号、注意事项等。

贮存条件:应贮存于阴凉、干燥、通风良好的库房内,门窗开关灵活,通风畅、密封严,窗玻璃涂白防日光直晒。有条件的最好单独贮存,无单存条件者可与其他不含酸性的易燃固体同库贮存,但绝对不得与氧化剂、酸和酸性物品同存。库内温度在 30 ℃ 以下,相对湿度 80% 以下。

养护:

1） 入库验收:包装应完整无破损,内外包装无沾染其他物品,标记齐全,内外包装封闭严密,符合包装要求,物品应无异状、结块、杂质、异味等。

2） 堆码苫垫:码垛时应下垫一层枕木或垫高 15 cm,码行列式货垛,铁桶装层层垫木板,垛高不超过 3 m,垛距 80～90 cm,墙距、柱距 30 cm。

3） 在库检查:保管员除每日上班后、下班前进行安全检查外,还应每三个月对库存物品进行定期质量检查,检查项目与入库验收同,发现问题及时采取相应的养护措施,如封口、更换包装、整理等,并做好详细记录。

4） 温湿度管理:高温季节以防热为主,利用自然气候,根据库内外温湿度变化,做好密封和降温工作。

5） 安全作业:操作人员必须穿工作服、戴手套,在装卸、堆码、搬运、整理包装等项工作中,必须轻拿、轻放,防止摩擦、撞击和滚动。使用的机械要有防爆措施,宜用铜制或铜合金工具,以免产生火花;使用的各种搬运机械和工具必须注意不得沾染其他物品和酸性物品。验收、质量检查、包装整理、拆钉包装等项工作必须在专用地点或临时指定地点进行,不得在库内作业,现场必须有专人指导,并配有消防器材。

6) 保管期限:1年。

注意事项:火灾时可用大量水、砂土扑救,严禁用酸碱式泡沫灭火机。本品在高温条件下分解生成有毒气体,参加灭火和抢救人员须戴防毒面具。

B4.23 品名:发孔剂 N

编号:41040

别名:偶氮二异丁腈

化学式:$NCC(CH_3)_2NNC(CH_3)_2CN$

分子量:164.21

特性:白色透明结晶,能溶于醇、甲苯、苯胺、乙醚、戊醇等,不溶于水中。熔点 1 050 ℃(分解)。不稳定化合物,溶于丙酮会爆炸。受热在 40 ℃时开始逐渐分解,在 103~104 ℃时激烈分解,放出氮气及数种有机氰化物,对人体有毒,同时放出高热,可能引起爆炸。遇火、高温与氧化剂混合,经摩擦、撞击均可能引起燃烧。遇酸即引起激烈反映,遇发烟硝酸立即燃烧。

包装:试剂品为玻璃瓶装,外加木箱,在包装内和瓶与瓶之间用泡沫塑料或塑料气泡垫衬垫妥实,使整个木箱内外形成一体。工业品用塑料袋,外套铁桶,袋口捆扎严密,桶口严格封闭,内圈加胶垫。在包装上均应注明品名、规格、重量、易燃标志、批号、注意事项等。

贮存条件:应贮存于阴凉、干燥、通风良好的库房内,门窗开关灵活,通风畅、密封严,窗玻璃涂白防日光直晒。有条件的最好单独贮存,无单存条件者可与其他不含酸性的易燃固体同库贮存,但绝对不得与氧化剂、酸和酸性物品同存。库内温度在 30 ℃以下,相对湿度 80%以下。

养护:

1) 入库验收:包装应完整无破损,内外包装无沾染其他物品,标记齐全,内外包装封闭严密,符合包装要求,物品应无异状、结块、杂质、异味等。

2) 堆码苫垫:码垛时应下垫一层枕木或垫高 15 cm,码行列式货垛,铁桶装层层垫木板,垛高不超过 3 m,垛距 80~90 cm、墙距、柱距 30 cm。

3) 在库检查:保管员除每日上班后、下班前进行安全检查外,还应每三个月对库存物品进行定期质量检查,检查项目与入库验收同,发现问题及时采取相应的养护措施,如封口、更换包装、整理等,并做好详细记录。

4) 温湿度管理:高温季节以防热为主,利用自然气候,根据库内外温湿度变化,做好密封和降温工作。

5) 安全作业:操作人员必须穿工作服、戴手套,在装卸、堆码、搬运、整理包装等项工作中,必须轻拿、轻放,防止摩擦、撞击和滚动。使用的机械要有防爆措施,宜用铜制或铜合金工具,以免产生火花;使用的各种搬运机械和工具必须注意不得沾染其他物品和酸性物品。验收、质量检查、包装整理、拆钉包装等项工作必须在专用地点或临时指定地点进行,不得在库内作业,现场必须有专人指导,并配有消防器材。

6) 保管期限:1年。

注意事项:火灾时可用大量水、砂土扑救,严禁用酸碱式泡沫灭火机。本品在高温条件下分解生成有毒气体,参加灭火和抢救人员须戴防毒面具。

B4.24 品名:重氮氨基苯

编号:41053

别名:三氮二苯,苯胺基重氮苯

化学式:$C_6H_5N=NNHC_6H_5$

分子量:197.24

特性:黄色片状晶体或粉末,易溶于苯、醚和热醇,不溶于水。相对蒸气密度6.8;熔点89～99 ℃;沸点100 ℃以上(爆炸)。易燃固体,受热在100 ℃以上时爆炸,尤其受到强烈震动和高热,更易引起爆炸。有毒,接触皮肤能引起浮肿,粉末侵入眼内能引起角膜发炎。主要用于有机合成染料、镉的测定、化学试剂等。

包装:试剂品为玻璃瓶装,外加木箱,在包装的内侧和瓶与瓶之间用泡沫塑料或塑料气泡垫衬垫妥实,使整个木箱内外形成一体。工业品为塑料袋,外套铁桶,袋口捆扎严密,桶口严格封闭,内圈加胶垫。在包装上均应注明品名、规格、重量、易燃标志、批号、注意事项等。

贮存条件:应贮存于阴凉、干燥、通风良好的库房内,门窗开关灵活,通风畅、密封严,窗玻璃涂白防日光直晒。有条件的最好单独贮存,无单存条件者可与其他不含酸性的易燃固体同库贮存,但绝对不得与氧化剂、酸和酸性物品同存。库内温度在30 ℃以下,相对湿度80%以下。

养护:

1) 入库验收:包装应完整无破损,内外包装无沾染其他物品,标记齐全,内外包装封闭严密,符合包装要求,物品应无异状、结块、杂质、异味等。

2) 堆码苫垫:码垛时应下垫一层枕木或垫高15 cm,码行列式货垛,铁桶装层层垫木板,垛高不超过3 m,垛距80～90 cm,墙距、柱距30 cm。

3) 在库检查:保管员除每日上班后、下班前进行安全检查外,还应每三个月对库存物品进行定期质量检查,检查项目与入库验收同,发现问题及时采取相应的养护措施,如封口、更换包装、整理等,并做好详细记录。

4) 温湿度管理:高温季节以防热为主,利用自然气候,根据库内外温湿度变化,做好密封和通风降温工作。

5) 安全作业:操作人员必须穿工作服、戴手套,在装卸、堆码、搬运、整理包装等项工作中,必须轻拿、轻放,防止摩擦、撞击和滚动。使用的机械要有防爆措施,宜用铜制或铜合金工具,以免产生火花;使用的各种搬运机械和工具必须注意不得沾染其他物品和酸性物品。验收、质量检查、包装整理、拆钉包装等项工作必须在专用地点或临时指定地点进行,不得在库内作业,现场必须有专人指导,并配有消防器材。

6) 保管期限:1年。

注意事项:火灾时可用砂土、泡沫、二氧化碳、雾状水抢救。本品有毒,参加抢救人员注意防毒。如接触皮肤,可用肥皂水洗涤,进入眼中用清水冲洗,严重者送医院诊治。

B4.25 品名:1-重氮-2-苯酚-4-磺酸

别名:2,1-氧化重氮萘-4-磺酸

化学式:$C_{10}H_5N_2OSO_3H$

分子量:250.22

特性:黄色针状结晶或胶状物,能溶于碱生成块状物,难溶于水。熔点168 ℃。不稳定化合物,加热至 100 ℃ 以上即分解,易燃烧。主要用于偶氮染料、铬染料成分等。

包装:试剂品为玻璃瓶装,外加木箱,在包装的内侧和瓶与瓶之间用泡沫塑料或塑料气泡垫衬垫妥实,使整个木箱内外形成一体。工业品为塑料袋,外套铁桶,袋口捆扎严密,桶口严格封闭,内圈加胶垫。在包装上均应注明品名、规格、重量、易燃标志、批号、注意事项等。

贮存条件:应贮存于阴凉、干燥、通风良好的库房内,门窗开关灵活,通风畅、密封严,窗玻璃涂白防日光直晒。有条件的最好单独贮存,无单存条件者可与其他不含酸性的易燃固体同库贮存,但绝对不得与氧化剂、酸和酸性物品同存。库内温度在 30 ℃ 以下,相对湿度 80% 以下。

养护:

1) 入库验收:包装应完整无破损,内外包装无沾染其他物品,标记齐全,内外包装封闭严密,符合包装要求,物品应无异状、结块、杂质、异味等。

2) 堆码苫垫:码垛时应下垫一层枕木或垫高 15 cm,码行列式货垛,铁桶装层层垫木板,垛高不超过 3 m,垛距 80~90 cm,墙距、柱距 30 cm。

3) 在库检查:保管员除每日上班后、下班前进行安全检查外,还应每三个月对库存物品进行定期质量检查,检查项目与入库验收同,发现问题及时采取相应的养护措施,如封口、更换包装、整理等,并做好详细记录。

4) 温湿度管理:高温季节以防热为主,利用自然气候,根据库内外温湿度变化,做好密封和通风降温工作。

5) 安全作业:操作人员必须穿工作服、戴手套,在装卸、堆码、搬运、整理包装等项工作中,必须轻拿、轻放,防止摩擦、撞击和滚动。使用的机械要有防爆措施,宜用铜制或铜合金工具,以免产生火花;使用的各种搬运机械和工具必须注意不得沾染其他物品和酸性物品。验收、质量检查、包装整理、拆钉包装等项工作必须在专用地点或临时指定地点进行,不得在库内作业,现场必须有专人指导,并配有消防器材。

6) 保管期限:1 年。

注意事项:火灾时可用大量水、砂土扑救,严禁用酸碱式泡沫灭火机。本品在高温条件下分解生成有毒气体,参加灭火和抢救人员须戴防毒面具。

B4.26 品名:癸硼烷

编号:41056

别名:十硼氢、十硼烷

化学式:$B_{10}H_{14}$

分子量:122.32

特性:本品为白色晶体,有毒,能溶于苯、甲苯、烃类。相对密度 0.94;熔点 99.7 ℃;沸点 213 ℃;蒸气压 6.666 Pa。纯品在常温时稳定、不燃烧,在 300 ℃ 时缓慢分解成硼酸和氢气。遇水、潮湿空气、酸类、氧化剂、高热及明火能引起燃烧。主要用于聚合物合成、防腐剂、稳定剂等。

包装:装入玻璃瓶,严封后再装入木箱,箱内用松软材料衬垫牢固,箱外用铁皮或铁丝加固,每箱净重不超过 20 kg,每瓶净重不超过 1 kg。

贮存条件:应贮存于阴凉、干燥、通风地势高的库房内,库内不得漏雨水。与氧化剂、酸类、卤素、含水物质要分库存放。防止日光照射,温度要求在 30 ℃ 以下,相对湿度控制在

75%以下。

养护：
1) 入库验收：物品包装应符合要求，用不燃材料衬垫，桶、瓶、箱坚固不漏，能保证物品在贮存中的安全。物品应浸没在稳定剂中，物品表面应有光泽，只允许有极薄的氧化膜存在，不能外露出稳定剂液面。
2) 堆码苫垫：应根据库房地势条件，垛底垫高至少30 cm，码两箱或两桶一批的行列式货垛，其高度不超过2 m，货垛要牢固可靠，垛距80～90 cm，墙距、柱距30 cm。
3) 在库检查：保管员除每日上班后、下班前对库房进行安全检查外，还应按规定每三个月对物品进行一次开箱开桶的质量检查，查看包装容器的封口和物品，与入库验收的情况相对照，有无变化和异状，发现问题及时采取各种有效的修补、整理、添加稳定剂等措施。
4) 温湿度管理：其极易吸入空气中的水分而变质，遇水分立即引起燃烧或爆炸。在干燥季节要充分利用自然气候通风降潮；在夏季或梅雨季节，库房密封，同时采取库内放氯化钙、生石灰或用去湿剂吸潮，以保持库内相对湿度不超过75%。
5) 安全操作：在搬运操作中，特别注意轻拿轻放，防止震动而使桶、瓶破裂，造成稳定剂流失，发生危险。各项验收、整理、换装、质量检查等操作必须在库外安全地方进行。
6) 保管期限：1年。

注意事项：在雨天应关闭门窗，停止出库、入库等业务活动。如遇火灾，禁止用水和泡沫灭火机，可用干砂、石灰粉、干粉。皮肤灼烧后，用大量水冲洗，然后用0.5%～10%乙酸冲洗，再用清水冲洗，严重者可送医院治疗。

B4.27 品名：聚苯乙烯珠体（可发性）

编号：41057

特性：外观与聚苯乙烯珠体相同，含6%～9%石油醚，遇热易膨胀成多孔状物体。对热比较敏感，易燃烧。

包装：工业品为塑料袋外加纤维板桶包装。包装外应注明品名、规格、重量、危险品标志、出厂日期、注意事项等。

贮存条件：应贮存于阴凉、通风、干燥的库房内，门窗开关灵活，通风畅、密封严、窗玻璃涂白色防止日光直晒。库房温度30 ℃以下，相对湿度80%以下。库内照明和排风设备应使用防爆、密封式电器，严禁用明火照明。与氧化剂、酸类等不同性质的物品分库贮存。

养护：
1) 入库验收：包装应完整无破损、无受潮水湿现象，内外包装不沾染本品和其他物品，包装及衬垫应符合包装要求，物品无异状、无受潮、结块、异味等现象。
2) 堆码苫垫：码垛时下垫一层枕木，或垫高30 cm以上，堆行列式货垛，要求整齐、牢固，不靠墙、不靠柱，灯距应大于1 m，一般垛高不超过3 m，垛距80～90 cm，墙距、柱距30 cm。
3) 在库检查：保管员除进行每日上班后、下班前和风、雨、雪前后的安全检查外，还应每三个月对物品进行一次质量检查，其检查项目方法与入库验收同，检查出的问题及时采取各种相应的养护措施，并做好记录。

4) 温湿度管理:在高温季节应以防热为主,根据库内外温度变化,利用自然气候进行通风降温;梅雨季节以防潮为主,根据库内外相对湿度变化,进行通风散潮。
5) 安全作业:工作人员应穿工作服、戴手套,不得赤身露体操作,操作中必须轻拿轻放,禁止滚动、摩擦和撞击。使用撬、棍、锤子等工具须用铜制或铜合金制成,以免产生火花,使用的机械应有防爆措施。物品验收、质量检查、包装整理、拆钉包装等,必须在专用或指定的安全地点进行,一律不得在库内操作,操作现场必须有熟悉业务的人员指导,配备相应的消防器材,工作完毕彻底清扫现场,用水冲洗干净。
6) 保管期限:1年。

注意事项:火灾时可用水、砂土、泡沫、二氧化碳灭火剂扑救、防毒。

B4.28 品名:硫

编号:41501

别名:硫磺

化学式:S

分子量:32.06

特性:硫分为块状和粉状两种,块状叫硫磺块,粉状的叫硫磺粉;还有沉降硫、升华硫和棒状硫等数种,均为淡黄色。硫溶于苯、甲苯、四氯化碳及二硫化碳,微溶于醇及醚,不溶于水。相对密度 1.950(粉),2.06(块),1.803(液体);熔点 112.8~119 ℃;沸点 446.6 ℃;闪点 207.20 ℃(闭杯);自燃点 232.2 ℃;爆炸下限 2.3 g/m³;最大爆炸压力 2.736×10^7 Pa;最小点火能量 15 mJ。硫的化学性质比较活泼,当与强氧化剂混合或作用时,能成为爆炸混合物。当与强还原剂混合反应时,又表现为氧化剂。遇火容易燃烧,燃烧时发生蓝色火焰,生成有毒和强烈刺激性的二氧化硫气体。硫粉在空气中飞扬,能形成带电的云状粉尘,达到爆炸下限浓度时,遇火种立即引起粉尘爆炸。当硫体受到撞击和摩擦时,即可引起爆炸。主要用于制造硫酸、硫化染料、漂白剂、塑料、硫化橡胶、杀虫剂等。

包装:工业品用麻袋或塑编袋盛装,试剂、医药品用玻璃瓶装,袋装每袋不超过 50 kg,玻璃瓶装每瓶不超过 500 g,每 20 瓶装入一坚固木箱内,箱板厚度不小于 1 cm,外加十只条带,箱外用两道铁丝加固,箱内用松软材料衬垫妥实。各种内外包装有明显的危险品标志和品名、规格、重量、数量、生产工厂、出厂日期、注意事项等。

贮存条件:本品为易燃固体,可贮存于一般库房或露天货场内,库房通风良好,门窗开关灵活,通风畅。尽可能安装防爆式的排尘设备,可与其他易燃固体同存。若露天贮存必须下垫条石枕木,苫盖严密不漏雨。严禁与氧化剂、强还原剂、酸碱类等性质不同或相抵触的物品同库或同货场贮存。

养护:

1) 入库验收:包装应完整无损、无受潮水湿现象,不沾染与本品性质相抵触的其他杂物,包装方法及衬垫符合要求。感官检查无可见杂质,无潮湿结块等现象。
2) 堆码苫垫:库房垛底应垫高 15 cm,可码较大垛形,垛脊坡度要大,苫盖严密,不漏雨水,库房堆码或露天垛,均应备有适当的走道、墙距、垛距,以便于出入库安全。
3) 在库检查:保管员除每日上班后、下班前认真做好库房货场、货垛等安全检查外,还应每半年对物品进行一次检查,检查项目与入库验收同,发现包装被腐蚀或变色、变质,立即更换或提前出库,并做好记录。

4) 温湿度管理:在高温季节,利用自然气候进行通风降温降潮,防止腐蚀包装。
5) 安全作业:本品粉尘最小着火能量 16 mJ,因而对撞击、摩擦比较敏感,进行装卸、搬运、堆码、加工等作业时产生的静电,足以达到燃点所需能量。因此,工作人员必须穿工作服、戴防尘目镜,各种操作轻搬、轻放,防止摩擦、撞击;使用机械作业,应有防爆措施,禁用易产生火花的铁制工具,应使用铜或铜制合金制造的工具。各项整理、加工作业必须在库外安全地点进行,现场有熟悉的人员指导,并备有相应的消防和防护用品。工作完毕,彻底清扫现场,工作人员洗手、漱口后方可饮食。
6) 保管期限:3 年。

注意事项:火灾时可用砂土、水灭火。

B4.29 品名:铝粉

编号:41503

别名:银粉、铝银粉

化学式:Al

分子量:26.97

特性:银白色金属粉末,有不同的细度。相对密度 2.702;熔点 660 ℃;沸点 2 056 ℃;燃点 645 ℃;燃烧温度 3 000 ℃;爆炸极限 25～40 g/m³;最小点燃能量 20 mJ;最大爆炸压力 5.98×10^5 Pa。铝是活泼的金属元素,能溶于酸碱,同时置换出氢气。遇水或吸潮会缓慢反应到一定程度,又急剧反应,放出氢气和热量,可能引起自燃。粉末在空气中的发火点约大于 800 ℃,粉末在空气中飞扬与空气混合能形成爆炸性混合物。与酸碱作用产生氢气,易引起燃烧。与氧化剂混合,则形成爆炸性混合物。主要用于颜料、油漆、烟火、冶金等。

包装:装入坚固大口铁桶,桶口严密不漏,桶皮厚度不小于 0.5 mm,每桶净重不超过 50 kg。装入金属容器或塑料瓶,严封后再装入木箱或坚固纸箱,箱内用松软衬垫,箱外用铁皮带捆紧。包装外应有品名、重量、生产单位、生产日期及"易燃品""防潮""小心轻放"等明显的标志。

贮存条件:应贮存在阴凉、干燥、通风的库房内,远离火种、热源与酸类、碱类、氧化剂等隔离存放,严禁混贮混运。雨天不宜运输和出入库,以防受潮后发热引起燃烧。库房温度不超过 30 ℃,相对湿度在 80% 以下。

养护:
1) 入库验收:检查包装是否整齐,有无破漏,是否沾染其他物品或受潮现象。物品应是干燥粉状,无受潮、结块现象;外观为银白色,无发乌、发黑现象。
2) 堆码苫垫:垛底应垫一层枕木,上铺一层木板,再铺一层油毡和二层席,以防潮湿,堆行列式垛,应堆放 3 桶高,横放可堆 4～5 层,箱装堆高不超过 3 m。
3) 在库检查:每天上班后、下班前应对货垛及环境各检查一次。在贮存期间每季度应定期全面检查一次,主要检查包装有无变化,是否有发热现象,有无受压变形破裂物品外露等现象。
4) 温湿度管理:在高温潮湿季节要加强库内温湿度管理,可采用密封、通风和吸潮相结合的办法来降温、降潮,使库温不超过 30 ℃,相对湿度低于 80%。
5) 安全作业:搬运装卸要注意轻拿轻放,不得摔震撞击,以求包装完整不发生漏散现象,操作时应使用铜制或铜合金制工具。验收检查、包装整理等各项工作都应在库外指定的地点进行,禁止在库内操作。
6) 保管期限:1年。

注意事项:火灾禁止用水、二氧化碳、压力喷射的干粉,只能用干砂、石粉或人力投掷的干粉。

B4.30 品名:金属钛粉

编号:41504

别名:钛粉

化学式:Ti

分子量:47.90

特性:深灰色及黑色发亮的无定形粉末,不溶于水中。相对密度4.5(20 ℃);熔点1 720 ℃;沸点7 300 ℃;着火点610 ℃;自燃温度1 200 ℃(块状),250~600 ℃(粉状);爆炸极限40~300 mg/L。粉状品容易引起燃烧,且能被硝酸氧化成钛酸。高温时,易与卤素、氧、硫、氮化合,能在氮中剧烈燃烧,其作用约在800 ℃时开始,在1 000 ℃时能分解水,放出氢。粉末遇明火或摩擦能引起燃烧。

包装:装入坚固大口铁桶,桶口严密不漏,桶皮厚度不小于0.5 mm,每桶净重不超过50 kg。装入金属容器或塑料瓶,严封口再装入木箱或坚固纸箱,箱内用松软衬垫,箱外用铁皮带捆紧。包装外应有品名、重量、生产单位、生产日期及"易燃品""防潮""小心轻放"等明显的标志。

贮存条件:应贮存在阴凉、干燥、通风的库房内,远离火种、热源,与酸类、碱类、氧化剂等隔离存放,严禁混贮混运。雨天不宜运输和出入库,以防受潮后发热引起燃烧。库房温度不超过30 ℃,相对湿度在80%以下。

养护:
1) 入库验收:检查包装是否整齐,有无破漏,是否沾染其他物品或受潮。物品应是干燥粉状,无受潮、结块现象;外观为银白色,无发乌、发黑现象。
2) 堆码苫垫:垛底应垫一层枕木,上铺一层木板,再铺一层油毡和二层席,以防潮湿,堆行列式垛,箱装堆高不超过3 m。
3) 在库检查:每天班前班后应对货垛及环境各检查一次。在贮存期间每季度应定期全面检查一次,主要检查包装有无变化,是否有发热现象,有无受压变形破裂物品外露等现象。
4) 温湿度管理:在高温潮湿季节要加强库内温湿度管理,可采用密封、通风和吸潮相结合的办法来降温降潮,使库温不超过30 ℃,相对湿度低于80%。
5) 安全作业:搬运装卸要注意轻拿轻放,不得摔震、撞击,以求包装完整,不发生漏散现象,操作时应使用铜制或铜合金制工具。验收检查、包装整理等各项工作都应在库外指定的地点进行,禁止在库内操作。
6) 保管期限:1年。

注意事项:火灾禁止用水、二氧化碳、压力喷射的干粉,只能用干砂、石粉或人力投掷的干粉。

B4.31 品名:金属锰粉

编号:41506

别名:锰粉

化学式:Mn

分子量:54.93

特性:纯品为银白色,含碳时为灰色而有光泽。相对密度 7.20;熔点 1 260 ℃;沸点 1 900 ℃。本品为较活泼的金属元素,粉末越细则化学活泼性就越大,能与卤元素直接化合。在水及酸中则分解放出氢气,在热水中其反应更快。在空气中易氧化成一氧化锰,有毒。空气中最高允许浓度为 5 mg/m³,粉尘接触火源能引起燃烧,与氧化剂混合,能成为爆炸品混合物,尤其是遇氧化氢、硝酸铵、硝酸能剧烈分解,发生爆炸。

包装:装入坚固大口铁桶,桶口严密不漏,桶皮厚度不小于 0.5 mm,每桶净重不超过 50 kg。装入金属容器或塑料瓶,严封口再装入木箱或坚固纸箱,箱内用松软衬垫,箱外用铁皮带捆紧。包装外应有品名、重量、生产单位、生产日期及"易燃品""防潮""小心轻放"等明显的标志。

贮存条件:应贮存在阴凉、干燥、通风的库房内,远离火种、热源,与酸类、碱类、氧化剂等隔离存放,严禁混贮混运。雨天不宜运输和出入库,以防受潮后发热引起燃烧。库房温度不超过 30 ℃,相对湿度在 80% 以下。

养护:

1) 入库验收:检查包装是否整齐,有无破漏,是否沾染其他物品或受潮现象。

2) 堆码苫垫:垛底应垫一层枕木,上铺一层木板,再铺一层油毡和二层席,以防潮湿,堆行列式垛,应堆放 3 桶高,横放可堆 4～5 层,箱装堆高不超过 3 m。

3) 在库检查:每天上班后、下班前应对货垛及环境各检查一次。在贮存期间每季度应定期全面检查一次,主要检查包装有无变化,是否有发热现象,有无受压变形破裂物品外露等现象。

4) 温湿度管理:在高温潮湿季节要加强库内温湿度管理,可采用密封、通风和吸潮相结合的办法来降温降潮,使库温不超过 30 ℃,相对湿度低于 80%。

5) 安全作业:搬运装卸要注意轻拿轻放,不得摔震、撞击,以求包装完整,不发生漏散现象,操作时应使用铜制或铜合金制工具。验收检查、包装整理等各项工作都应在库外指定的地点进行,禁止在库内操作。

6) 保管期限:1 年。

注意事项:火灾禁止用水、二氧化碳、压力喷射的干粉,只能用干砂、石粉或人力投掷的干粉。

B4.32 品名:金属锆粉(含水≥25%)

编号:41507

别名:锆粉

化学式:Zr

分子量:91.22

特性:淡灰色有光泽的金属或灰色无定型粉末,能溶于热浓酸、氢氟酸、王水,不溶于冷酸及水中。相对密度 6.506(20 ℃);熔点 1 852 ℃;沸点 3 577 ℃;爆炸极限 0.16 g/L。锆粉容易引起燃烧,在空气中的发火点为 400 ℃,燃烧时发白光,生成氧化锆,有毒性,空气中最高允许浓度为 5 mg/m³。极细的粉尘受热或接触明火即引起燃烧,与氧化剂混合成爆炸物,一经摩擦或撞击即发生燃烧或爆炸。

包装:装入坚固大口铁桶,桶口严密不漏,桶皮厚度不小于0.5 mm,每桶净重不超过50 kg。装入金属容器或塑料瓶,严封口再装入木箱或坚固纸箱,箱内用松软衬垫,箱外用铁皮带捆紧。包装外应有品名、重量、生产单位、生产日期及"易燃品""防潮""小心轻放"等明显的标志。

贮存条件:应贮存在阴凉、干燥、通风的库房内,远离火种、热源,与酸类、碱类、氧化剂等隔离存放,严禁混贮混运。雨天不宜运输和出入库,以防受潮后发热引起燃烧。库房温度不超过30 ℃,相对湿度在80%以下。

养护:

1) 入库验收:检查包装是否整齐,有无破漏,是否沾染其他物品或受潮现象。物品应是干燥粉状,无受潮、结块现象;外观为银白色,无发乌发黑现象。
2) 堆码苫垫:垛底应垫一层枕木,上铺一层木板,再铺一层油毡和二层席,以防潮湿,堆行列式垛,堆高不超过3 m。
3) 在库检查:每天上班后、下班前应对货垛及环境各检查一次。在贮存期间每季度应定期全面检查一次,主要检查包装有无变化,是否有发热现象,包装有无受压变形破裂物品外露等现象。
4) 温湿度管理:在高温潮湿季节要加强库内温湿度管理,可采用密封、通风和吸潮相结合的办法来降温降潮,使库温不超过30 ℃,相对湿度低于80%。
5) 安全作业:搬运装卸要注意轻拿轻放,不得摔震、撞击,以求包装完整,不发生漏散现象,操作时应使用铜制或铜合金制工具。验收检查、包装整理等各项工作都应在库外指定的地点进行,禁止在库内操作。
6) 保管期限:1年。

注意事项:火灾禁止用水、二氧化碳、压力喷射的干粉,只能用干砂、石灰粉或人力投掷的干粉。

B4.33 品名:其他海绵状金属粉

特性:本品为金属粉末或海绵状粉末,无统一的熔沸点和其他常数。多数金属虽本身不燃烧,但一经粉碎即成为易燃烧的固体,粉末越细越容易燃烧,受热、遇明火或接触氧化剂时,也会引起爆炸,在燃烧时产生高温,如遇水则会引起爆炸。

包装:装入坚固大口铁桶,桶口严密不漏,桶皮厚度不小于0.5 mm,每桶净重不超过50 kg。装入金属容器或塑料瓶,严封口再装入木箱或坚固纸箱,箱内用松软衬垫,箱外用铁皮带捆紧。包装外应有品名、重量、生产单位、生产日期及"易燃品""防潮""小心轻放"等明显的标志。

贮存条件:应贮存在阴凉、干燥、通风的库房内,远离火种、热源,与酸类、碱类、氧化剂等隔离存放,严禁混贮混运。雨天不宜运输和出入库,以防受潮后发热引起燃烧,库房温度不超过30 ℃,相对湿度在80%以下。

养护:

1) 入库验收:检查包装是否整齐,有无破漏,是否沾染其他物品或受潮现象。物品应是干燥粉状,无受潮、结块现象;外观为银白色,无发乌发黑现象。
2) 堆码苫垫:垛底应垫一层枕木,上铺一层木板,再铺一层油毡和两层席,以防潮湿,堆行列式垛,堆高不超过 3 m。

3) 在库检查:每天上班后、下班前应对货垛及环境各检查一次。在贮存期间每季度应定期全面检查一次,主要检查包装有无变化,是否有发热现象,有无受压变形破裂物品外露等现象。

4) 温湿度管理:在高温潮湿季节要加强库内温湿度管理,可采用密封、通风和吸潮相结合的办法来降温降潮,使库温不超过 30 ℃,相对湿度低于 80%。

5) 安全作业:搬运装卸要注意轻拿轻放,不得摔震、撞击,以求包装完整,不发生漏散现象,操作时应使用铜制或铜合金制工具。验收检查、包装整理等各项工作都应在库外指定的地点进行,禁止在库内操作。

6) 保管期限:1 年。

注意事项:火灾禁止用水、二氧化碳、压力喷射的干粉,只能用干砂、石粉或人力投掷的干粉。

B4.34 品名:铝镍合金氢化媒剂

特性:灰黑色粉末或立方形结晶,系经过氢氧化钠处理。化学性质比较活泼,遇火能引起燃烧;遇酸强烈分解,放出氢气。粉尘能与空气形成爆炸性混合物。主要用于工业生产中的催化剂。

包装:装入坚固大口铁桶,桶口严密不漏,桶皮厚度不小于 0.5 mm,每桶净重不超过 50 kg。装入金属容器或塑料瓶,严封后再装入木箱或坚固纸箱,箱内用松软衬垫,箱外用铁皮带捆紧。包装外应有品名、重量、生产单位、生产日期及"易燃品""防潮""小心轻放"等明显的标志。

贮存条件:应贮存在阴凉、干燥、通风的库房内,远离火种、热源,与酸类、碱类、氧化剂等隔离存放,严禁混贮混运。雨天不宜运输和出入库,以防受潮后发热引起燃烧。库房温度不超过 30 ℃,相对湿度在 80%以下。

养护:

1) 入库验收:检查包装是否整齐,有无破漏,是否沾染其他物品或受潮现象。物品应是干燥粉状,无受潮、结块现象;外观为银白色,无发乌发黑现象。

2) 堆码苫垫:垛底应垫一层枕木,上铺一层木板,再铺一层油毡和二层席,以防潮湿,堆行列式垛,堆高不超过 3 m。

3) 在库检查:每天上班后、下班前应对货垛及环境各检查一次。在贮存期间每季度应定期全面检查一次,主要检查包装有无变化,是否有发热现象,有包装无受压变形破裂物品外露等现象。

4) 温湿度管理:在高温潮湿季节要加强库内温湿度管理,可采用密封、通风和吸潮相结合的办法来降温降潮,使库温不超过 30 ℃,相对湿度低于 80%。

5) 安全作业:搬运装卸要注意轻拿轻放,不得摔震、撞击,以求包装完整,不发生漏散现象,操作时应使用铜制或铜合金制工具。验收检查、包装整理等各项工作都应在库外指定的地点进行,禁止在库内操作。

6) 保管期限:1 年。

注意事项:火灾时可用砂土、干粉灭火剂灭火,在火场中能产生剧毒的碳酰镍,灭火人员要戴防毒面具,防止人身中毒。

B4.35　品名：萘

编号：41511

化学式：$C_{10}H_8$

分子量：128.2

特性：精制品为白色结晶体，叫精萘；粗制品因含有其他杂质常呈灰棕色或黄棕色，叫粗萘。在常温下能升华，随温度增高而升华加速。能溶于苯、醚及无水乙醇，不溶于水，但能同水蒸气一同蒸发，逸散于空气中。相对密度 1.162；相对蒸气密度 4.42；熔点 80.10 ℃；沸点 217.9 ℃；闪点 78.89 ℃；自燃点 526 ℃；蒸气压 133.322 Pa(52.6 ℃)；爆炸极限粉尘下限 2.5 g/m³；蒸气 0.9～5.90 g/m³（体积）。化学性质比较稳定，蒸气能刺激眼和呼吸道黏膜。其蒸气与空气混合，达到一定限度时，遇火种即发生爆炸。与强氧化剂混合(如三氧化铬、浓硝酸等)可能引起燃烧。主要用于有机分析中作难溶性染料结晶的溶剂、测定分子量、比色法标准、较正温度计、有机合成、有机微量分析、测定碳和氢的指标。

包装：试剂品为玻璃瓶装，外套木箱，在木箱的内侧用塑料气泡垫衬垫妥实。工业品为塑料袋外套纸箱，或多层牛皮纸袋盛装，并有明显的产品名称、规格、重量、易燃标志、出厂日期、注意事项等。

贮存条件：应贮存于阴凉、通风、干燥的库房内，门窗开关灵活，通风畅，密封严，窗玻璃涂白色，有防日光直晒和辐射的措施。库内保持在 32 ℃ 以下，相对湿度 80% 以下。库内照明和排风设备应使用防爆封闭式电器，严禁明火照明。可与其他易燃固体同库贮存，与氧化剂、酸类等不同性质的物品分库贮存。

养护：

1) 入库验收：包装应无破损、无受潮和水湿现象，不沾染其他杂物，包装和衬垫方法符合包装要求。精萘应为白色结晶或块状，粗萘因含杂质，一般带黄色，含杂质越多，成分越低，颜色越深，无可见异物。

2) 堆码苫垫：因易升华，空气中萘的浓度增加，加大了燃烧爆炸的危险性，在原包装容器密封的基础上，宜采取整垛用厚苫布密封的方法，即垛底用枕木铺垫，再放三层席，垛码好后用大苫布整体围裹严密，要求整齐、牢固、美观，垛高不超过 3 m，垛距 80～90 cm，墙距、柱距 30 cm。

3) 在库检查：保管员除每天班前班后和风雨雪前中后对物品进行安全检查外，还应每四个月对库存物品进行一次检查，检查项目方法与入库相同，发现问题及时采取养护措施，如封口、修补、整理、更换包装，做好记录。

4) 温湿度管理：根据产品特性，高温季节应以防热为主，做好通风降温工作。

5) 安全作业：在搬运、装卸、堆码、整装等各项作业时，必须轻拿轻放。使用的机械应有防爆措施，各种工具应使用不易产生火花的铜合金制成。验收、质量检查、包装整理、拆钉包装等各项操作必须在指定安全地点进行，现场有专人指导，配备一定的消防器材。作业完毕彻底清扫现场，参加作业人员应穿戴工作服、口罩、风镜，不得赤身露体和赤脚操作，工作完毕应洗手、漱口方能饮食。

6) 保管期限：1年。

注意事项：火灾时可用砂土、泡沫、二氧化碳扑救。本品受热放出大量蒸气和燃烧烟雾，救火人员应戴防毒面具。对皮肤有刺激性，热蒸气能使皮肤痛痒而引起湿疹，如接触皮肤可用肥皂水洗涤,再用清水冲洗。

B4.36　品名:甲基萘

编号:41512

化学式:$C_{11}H_{10}$

分子量:142.20

特性:β-甲基萘为无色单斜晶体,易溶于醇及醚,能溶于苯,不溶水。相对密度1.005;熔点34.58 ℃;沸点241.1 ℃;闪点101 ℃。为易燃固体,包括α-甲基萘,遇高热、火种,与氧化剂接触,可引起燃烧。主要用于有机合成、杀虫剂、医药和染料中间体等。

包装:试剂品为玻璃瓶装,外套木箱,在木箱的内侧用塑料气泡垫衬垫妥实。工业品为塑料袋外套纸箱,或多层牛皮纸袋盛装,并有明显的品名、规格、重量、易燃标志、出厂日期、注意事项等。

贮存条件:应贮存于阴凉、通风、干燥的库房内,门窗开关灵活,通风畅、能密封严,窗玻璃涂白色,有防日光直晒和辐射的措施。库内保持在32 ℃以下,相对湿度80%以下。库内照明和排风设备应使用防爆封闭式电器,严禁明火照明。可与其他易燃固体同库贮存,与氧化剂、酸类等不同性质的物品分库贮存。

养护:

1) 入库验收:包装应无破损、无受潮和水湿现象,不沾染其他杂物,包装和衬垫方法符合包装要求。

2) 堆码苫垫:因易升华,空气中的萘的浓度增加,加大了燃烧爆炸的危险性,在原包装容器密封的基础上,宜采取整垛用厚苫布密封的方法,即垛底用枕木铺垫,再放三层席,垛码好后用大苫布整体围裹严密,要求整齐、牢固、美观,垛高不超过3 m,垛距80~90 cm,墙距、柱距30 cm。

3) 在库检查:保管员除每天上班后、下班前和风雨雪前中后进行安全检查外,还应每四个月对库存品进行一次检查,检查项目方法与入库相同,发现问题及时采取养护措施,如封口、修补、整理、更换包装,做好记录。

4) 温湿度管理:根据产品特性,高温季节应以防热为主,做好通风降温工作。

5) 安全作业:在搬运、装卸、堆码、整装等各项作业时,必须轻拿轻放。使用的机械应有防爆措施,各种工具应使用不易产生火花的铜合金制成。验收、质量检查、包装整理等各项操作必须在指定安全地点进行,现场有专人指导,配备一定的消防器材。作业完毕彻底清扫现场,参加作业人员应穿戴工作服、口罩、风镜,不得赤身露体和赤脚操作,工作完毕应洗手、漱口方能饮食。

6) 保管期限:1年。

注意事项:火灾时可用砂土、泡沫、二氧化碳扑救。本品受热放出大量蒸气和燃烧烟雾,救火人员应戴防毒面具。对皮肤有刺激性,热蒸气能使皮肤痛痒而引起湿疹,如接触皮肤可用肥皂水洗涤,再用清水冲洗。

B4.37　品名:1,8-萘-二甲酸酐、萘二甲酸酐

编号:41514

化学式:$C_{10}H_6(CO)_2O$

分子量:198.8

特性:浅黄色结晶,微溶于乙酸、乙醇,不溶于水及乙醚。熔点 274 ℃。易燃固体,遇明火、高温能引起燃烧,与氧化剂接触或经摩擦、撞击可能引起燃烧。主要用于染料及有机合成。

包装:试剂品为玻璃瓶装,外套木箱,在木箱的内侧用塑料气泡垫衬垫妥实。工业品为塑料袋外套纸箱,或多层牛皮纸袋盛装,并有明显的产品名称、规格、重量、易燃标志、出厂日期、注意事项等。

贮存条件:应贮存于阴凉、通风、干燥的库房内,门窗开关灵活,通风畅、密封严,窗玻璃涂白色,有防日光直晒和辐射的措施。库内保持在 32 ℃ 以下,相对湿度 80% 以下。库内照明和排风设备应使用防爆、封闭式电器,严禁明火照明。可与其他易燃固体同库贮存,与氧化剂、酸类等不同性质的物品分库贮存。

养护:

1) 入库验收:包装应无破损、无受潮和水湿现象,不沾染其他杂物,包装和衬垫方法符合包装要求。

2) 堆码苫垫:因易升华,空气中的萘的浓度增加,加大了燃烧爆炸的危险性,在原包装容器密封的基础上,宜采取整垛用厚苫布密封的方法,即垛底用枕木铺垫,再放三层席,垛码好后用大苫布整体围裹严密,要求整齐、牢固、美观,垛高不超过 3 m,垛距 80~90 cm,墙距、柱距 30 cm。

3) 在库检查:保管员除每天上班后、下班前和风雨雪前中后进行安全检查外,还应每四个月对库存品进行一次检查,检查项目方法与入库相同,发现问题及时采取养护措施,如封口、修补、整理、更换包装等,并做好记录。

4) 温湿度管理:根据产品特性,高温季节应以防热为主,做好通风降温工作。

5) 安全作业:在搬运、装卸、堆码、整装等各项作业时,必须轻拿轻放。使用的机械应有防爆措施,各种工具应使用不易产生火花的铜合金制成。验收、质量检查、包装整理等各项操作必须在指定安全地点进行,现场有专人指导,配备一定的消防器材。作业完毕彻底清扫现场,参加作业人员应穿戴工作服、口罩、风镜,不得赤身露体和赤脚操作,工作完毕应洗手、漱口方能饮食。

6) 保管期限:1 年。

注意事项:火灾时可用砂土、泡沫、二氧化碳扑救。本品受热放出大量蒸气和燃烧烟雾,救火人员应戴防毒面具。对皮肤有刺激性,热蒸气能使皮肤痛痒而引起湿疹,如接触皮肤可用肥皂水洗涤,再用清水冲洗。

B4.38 品名:苊

编号:41515

别名:萘乙环

化学式:$C_{10}H_6CH_2CH_2$

分子量:154.21

特性:白色或带黄色结晶,能溶于热苯、醚、醇,不溶于水。相对密度 1.024(20 ℃);熔点 95 ℃;沸点 277.5 ℃;闪点 108 ℃。为易燃固体,遇高温或与氧化剂接触或摩擦、撞击,有引起燃烧的危险。对皮肤和眼睛有刺激性。受热分解能产生有毒气体。主要用于染料中间体、药品、杀虫剂等。

包装:试剂品为玻璃瓶装,外套木箱,在木箱的内侧用塑料气泡垫衬垫妥实。工业品为塑料袋外套纸箱,或多层牛皮纸袋盛装,并有明显的品名、规格、重量、易燃标志、出厂日期、注意事项等。

贮存条件:应贮存于阴凉、通风、干燥的库房内,门窗开关灵活,通风畅、密封严,窗玻璃涂白色,有防日光直晒和辐射的措施。库内保持32 ℃以下,相对湿度80%以下。库内照明和排风设备应使用防爆、封闭式电器,严禁明火照明。可与其他易燃固体同库贮存,与氧化剂、酸类等不同性质的物品分库贮存。

养护:

1) 入库验收:包装应无破损、无受潮和水湿现象,不沾染其他杂物,包装和衬垫方法符合包装要求。苊为白色结晶块,粗苊因含杂质,一般带黄色,含杂质越多,成分越低,颜色更深,无可见异物。

2) 堆码苫垫:因易升华,空气中的萘的浓度增加,加大了燃烧爆炸的危险性,在原包装容器密封的基础上,宜采取整垛用厚苫布密封的方法,即垛底用枕木铺垫,再放三层席,垛码好后用大苫布整体围裹严密,要求整齐、牢固、美观,垛高不超过3 m,垛距80~90 cm,墙距、柱距30 cm。

3) 在库检查:保管员除每天上班后、下班前和风雨雪前中后进行安全检查外,还应每四个月对库存品进行一次检查,检查项目方法与入库相同,发现问题及时采取养护措施,如封口、修补、整理、更换包装等,做好记录。

4) 温湿度管理:根据产品特性,高温季节应以防热为主,做好通风降温工作。

5) 安全作业:在搬运、装卸、堆码、整装等各项作业时,必须轻拿轻放。使用的机械应有防爆措施,各种工具应使用不易产生火花的铜制或铜合金制成。验收、质量检查、包装整理等各项操作必须在指定安全地点进行,现场有专人指导,配备一定的消防器材。作业完毕彻底清扫现场,参加作业人员应穿戴工作服、口罩、风镜,不得赤身露体和赤脚操作,工作完毕应洗手、漱口方能饮食。

6) 保管期限:1年。

注意事项:火灾时可用砂土、泡沫、二氧化碳扑救。本品受热放出大量蒸气和燃烧烟雾,救火人员应戴防毒面具。对皮肤有刺激性,热蒸气能使皮肤痛痒而引起湿疹,如接触皮肤可用肥皂水洗涤,再用清水冲洗。

B4.39 品名:1,2,4,5-四甲基苯

编号:41517

别名:均四甲苯

化学式:$C_6H_2(CH_3)_4$

分子量:134.22

特性:白色或无色结晶,有类似樟脑的气味,能溶于乙醇、乙醚和苯,不溶于水,能升华。相对密度0.891 8(15.5 ℃);熔点79.2 ℃;沸点196.8 ℃;闪点73.89 ℃(开杯)。为易燃固体,遇高热、火种能引起燃烧。其蒸气能与空气形成爆炸性混合物。与氧化剂接触能引起燃烧。主要用于有机合成。

包装:试剂品为螺丝口玻璃瓶包装,严封后再装入木箱,在外包装内用塑料气泡垫或塑料海绵等松软材料垫妥实,箱外用铁皮或铁丝加固。工业品为塑料袋再装入铁桶包装,内外包装均应注明品名、规格、重量、危险品标志、出厂日期、注意事项等。

贮存条件:应贮存于阴凉、通风、干燥的库房内,门窗开关灵活,通风畅,窗玻璃涂白色,有防日光直晒和辐射的措施。库内保持在 32 ℃ 以下,最高不超过 35 ℃,相对湿度 80% 以下。库内照明和排风设备应使用防爆、封闭式电器,严禁明火照明。与氧化剂、酸类等不同性质的物品分库贮存。

养护:
1) 入库验收:包装完整,封口严密无破损,无受潮和水湿现象,瓶、箱、桶外无沾染本品和其他杂物。产品无异状,无潮湿或结块,无可见杂质等,并做好验收记录。
2) 堆码苫垫:货垛底应垫高 15 cm 以上,垛高不超过 3 m,货垛整齐、牢固、不倾斜,不靠墙依柱,包装不倒置,垛距 80～90 cm,墙距、柱距 30 cm。
3) 在库检查:保管员除每天上班后、下班前和风雨雪前中后对库房、垛、产品进行安全检查外,还必须每四个月进行一次质量检查,检查项目和内容与入库验收相同,检查中发现问题及时采取封口、修补、整理、更换包装等养护措施,并做好详细记录。
4) 温湿度管理:因本产品能升华失重,所以包装容器必须严格密封。高温季节以防热为主,并做好通风降温工作;梅雨季节以防潮为主,根据库内外温湿度变化情况,做好密封、防潮和通风散潮工作。
5) 安全作业:本品蒸气易燃,在各项操作中,必须轻拿轻放,防止摩擦和撞击。各种机械应有防爆措施,应使用铜制或铜合金制撬棒、锤子等小工具。验收、质量检查、包装整理,必须在库外指定地点进行,现场有专人指导操作,配备相应的灭火器材。工作完毕清扫现场,参加作业人员应穿戴防护用品,不得赤身露体、赤脚操作,工作完毕应洗手、漱口后方能饮食。
6) 保管期限:1 年。

注意事项:火灾时可用火、干粉、抗醇泡沫和二氧化碳扑救,施救人员要戴防毒面具。粉尘能刺激眼睛、皮肤和呼吸系统,吞服能严重伤害内脏。如吸入粉尘应脱离现场,安静休息;如眼部受伤,可用水冲洗;如皮肤接触,先用水冲洗,然后用肥皂水洗净。

B4.40 品名:4,6-二硝基-2-氨基苯酚

编号:41521

别名:苦氨酸

化学式:$C_6H_2(NO_2)_2(NH_2)OH$

分子量:199.2

特性:暗红色针状或棱形结晶,能溶于苯、冰乙酸和苯胺,微溶于三氯甲烷和醚,极微溶于水。熔点 169～170 ℃;闪点 210 ℃。易燃固体,遇高温或与氧化剂混合,受撞击、震动有引起燃烧爆炸的危险。主要用于偶氮染料、指示剂、试剂等。

包装:试剂品为玻璃瓶装,严封后再装入坚固木箱,在箱内用松软泡沫塑料或气泡垫填塞妥实,箱外用铁丝或铁皮加固。工业品为塑料袋外套铁桶盛装,严密封闭,容器内可加大于 15% 的水作稳定剂,也可不加水。包装外有品名、规格、重量、数量、危险品标志、出厂日期、注意事项等。

贮存条件:应贮存于阴凉、干燥、通风良好的库房内,门窗开关灵活,便于启闭通风,有避

光和防辐射措施。库内温度保持在30 ℃以下,相对湿度80%以下。库内照明和排风设备应使用防爆和封闭式电器,严禁用明火照明。可与其他含硝基、二硝基等易燃固体化合物同库贮存,不得与氧化剂、酸类、金属粉末、金属盐类等不同性质的物品混存。

养护:
1) 入库验收:包装应完整无破损,容器和外包装不沾有本品及其他杂物等,包装方法及衬垫等符合规定,物品无变色、变质、异味等现象。
2) 堆码苫垫:码垛时应下垫一层枕木,木箱和铁桶包装,码行列式垛,垛高不超过3 m,要整齐、牢固、不倾斜、不倒置,垛距80～90 cm,墙距、柱距30 cm。
3) 在库检查:保管员除每日班前班后的安全检查外,还应每三四个月进行一次质量检查,检查内容方法与入库验收同,发现问题及时做好养护工作,做好记录。
4) 温湿度管理:高温季节应以防热为主,随时掌握库内温湿度变化,根据需要和库内外温湿度变化,做好库房密封和通风降温、防潮工作。
5) 安全作业:在装卸、搬运、堆码、整理等项工作时,必须轻拿轻放,防止摩擦、撞击。使用的机械应有防爆措施,各种工具必须是不易产生火花的铜制或铜合金制成。验收、质量检查、整理、包装等必须在库外安全地点或专门场所进行,现场须有专人指导操作,配备一定数量的消防器材,操作完毕彻底清扫现场。凡参加作业人员必须穿工作服、戴手套等防护用品,不得赤身露体、赤脚操作,工作完毕应漱口后方能饮食。
6) 保管期限:1年。

注意事项:火灾时可用雾状水、砂土、二氧化碳灭火,火场须防止受热可能发生爆炸,人员须远离着火点。接触皮肤能造成皮炎与发绀,眼部接触能造成伤害,可用水冲洗,再用肥皂水彻底洗涤。

B4.41 品名:2,4-二硝基萘酚钠盐

编号:41522

别名:马汀氏黄、色淀黄

化学式:$C_{10}H_5(NO_2)_2ONa \cdot H_2O$

分子量:274.16

特性:黄色针状结晶,能溶于水,微溶于醇。易燃固体,有毒,遇火种、高热能引起燃烧,与氧化剂接触,经强烈震动、撞击,有引起燃烧的危险。主要用于指示剂、生物染色剂和染料等。

包装:试剂品为玻璃瓶装,严封后再装入坚固木箱,在箱内用松软泡沫塑料或气泡垫填塞妥实,箱外用铁丝或铁皮加固。工业品为塑料袋外套铁桶盛装,严密封闭,容器内可加水大于15%作稳定剂,也可不加水。包装外有品名、规格、重量、数量、危险品标志、出厂日期、注意事项等。

贮存条件:应贮存于阴凉、干燥、通风良好的库房内,门窗开关灵活,便于启闭通风,有避光和防辐射措施。库内温度保持在30 ℃以下,相对湿度80%以下。库内照明和排风设备应使用防爆和封闭式电器,严禁用明火照明。可与其他含硝基、二硝基等易燃固体化合物同库贮存,不得与氧化剂、酸类、金属粉末、金属盐类等不同性质的物品混存。

养护:

1) 入库验收:包装应完整无破损,容器和外包装不沾有本品及其他杂物等,包装方法及衬垫等符合规定,物品无变色、变质、异味等现象。
2) 堆码苫垫:码垛时应下垫一层枕木,木箱和铁桶包装,码行列式垛,垛高不超过 3 m,要整齐、牢固、不倾斜、勿倒置,垛距 80~90 cm,墙距、柱距 30 cm。
3) 在库检查:保管员除每日班前班后的安全检查外,还应每三四个月进行一次质量检查,检查内容方法与入库验收同,发现问题及时做好养护工作,做好记录。
4) 温湿度管理:高温季节应以防热为主,随时掌握库内温湿度变化,根据需要和库内外温湿度变化,做好库房密封和通风降温、防潮工作。
5) 安全作业:在装卸、搬运、堆码、整理等项工作时,必须轻拿轻放,防止摩擦、震动、撞击。使用的机械应有防爆措施,各种工具必须是不易产生火花的铜制或铜合金制成。验收、质量检查、整理包装等必须在库外安全地点或专门场所进行,现场须有专人指导操作,配备一定数量的消防器材,操作完毕彻底清扫现场。凡参加作业人员必须穿工作服、戴手套等防护用品,不得赤身露体、赤脚操作,工作完毕应漱口后方能饮食。
6) 保管期限:2 年。

注意事项:火灾时可用雾状水、砂土、二氧化碳灭火,火场须防止受热可能引起的爆炸,人员须远离着火点。接触皮肤能造成皮炎与发绀,眼部接触能造成伤害,可用水冲洗,再用肥皂水彻底洗涤。

B4.42 品名:2,4-二亚硝基间苯二酚

编号:41526

别名:1,3-二羟基-2,4-二亚硝基苯

化学式:$C_6H_2(OH)_2(NO)_2$

分子量:168.11

特性:呈褐色叶片状结晶,易溶于乙醚和苯,难溶于冷水和乙醇,自甲醇和水中析出者含一分子结晶水,不溶于水。熔点 168 ℃;自燃点 115 ℃。易燃固体,遇铜、铁和钴盐溶液呈褐色,受高热能剧烈分解,含一分子结晶水者,熔点 162 ℃。主要用作重金属的络合剂、交联剂、生物染色剂、弹药制造和钴的测定等。

包装:试剂品为玻璃瓶装,严封后再装入坚固木箱,在箱内用松软泡沫塑料或气泡垫填塞妥实,箱外用铁丝或铁皮加固。工业品为塑料袋外套铁桶盛装,严密封闭,容器内可加大于 15% 的水作稳定剂,也可不加水。包装外有品名、规格、重量、数量、危险品标志、出厂日期、注意事项等。

贮存条件:应贮存于阴凉、干燥、通风良好的库房内,门窗开关灵活,便于启闭通风、有避光和防辐射措施。库内温度保持在 30 ℃以下,相对湿度 80% 以下。库内照明和排风设备应使用防爆和封闭式电器,严禁用明火照明。可与其他含硝基、二硝基等易燃固体化合物同库贮存,不得与氧化剂、酸类、金属粉末、金属盐类等不同性质的物品混存。

养护:
1) 入库验收:包装应完整无破损,容器和外包装不沾有本品及其他杂物等,包装方法及衬垫等符合规定,物品无变色、变质、异味等现象。
2) 堆码苫垫:码垛时应下垫一层枕木,木箱和铁桶包装,码行列式垛,垛高不超过

3 m,要整齐、牢固、不倾斜,勿倒置,垛距80~90 cm,墙距、柱距30 cm。

3) 在库检查:保管员除每日班前班后的安全检查外,还应每三四个月进行一次质量检查,检查内容方法与入库验收同,发现问题及时做好养护工作,做好记录。

4) 温湿度管理:高温季节应以防热为主,随时掌握库内温湿度变化,根据需要和库内外温湿度变化,做好库房密封和通风降温、防潮工作。

5) 安全作业:在装卸、搬运、堆码、整理等项工作时,必须轻拿轻放,防止摩擦、撞击。使用的机械应有防爆措施,各种工具必须是不易产生火花的铜制或铜合金制成。验收、质量检查、拆钉包装等必须在库外安全地点或专门场所进行,现场须有专人指导操作,配备一定数量的消防器材,操作完毕彻底清扫现场。凡参加作业人员必须穿工作服、戴手套等防护用品,不得赤身露体、赤脚操作,工作完毕应漱口后方能饮食。

6) 保管期限:2年。

注意事项:火灾时可用雾状水、砂土、二氧化碳灭火,火场须防止受热可能发生爆炸,人员须远离着火点。接触皮肤能造成皮炎与发绀,眼部接触能造成伤害,可用水冲洗,再用肥皂水彻底洗涤。

B4.43 品名:氨基胍重碳酸盐

编号:41529

化学式:$H_2NC(NH)NHNH_2 \cdot H_2CO_3$

分子量:136.1

特性:白色结晶或粉末,难溶于水、醇和有机溶剂。熔点164 ℃(分解)。易燃固体,容易引起燃烧。当加热到100 ℃时变红,164 ℃即分解。遇酸亦可分解,分解后可溶于水,有毒。遇火或与氧化剂混合经摩擦、撞击会引起爆炸。主要用于有机合成、制药工业、发泡剂等。

包装:试剂品为玻璃瓶装,外套木箱,在木箱的内侧、底部和瓶与瓶之间,使用松软材料或塑料气泡垫衬垫妥实。工业品为塑料袋外套铁桶盛装,各种包装均须封闭严密,做到不吸潮、不漏气。外包装注明品名、重量、规格、易燃标志、批号、注意事项等。

贮存条件:应贮存于阴凉、通风、干燥的库房内,门窗开关灵活,能做到通风时空气流畅,密封时能封闭严密,有防日光和辐射热措施。库温保持在30 ℃以下,相对湿度80%以下。库房照明、机械设备应使用防爆、封闭式电器,严禁用明火照明。可与其他易燃固体同库贮存,不得与氧化剂、酸类和其他不同性质的物品同库贮存。

养护:

1) 入库验收:包装应完整,无破损,瓶、桶、袋口封闭严密,内外包装干净,不沾有本品和其他杂物等,包装方法和衬垫符合要求。物品无异变,无受潮、结块,无明显可见的杂质等现象。

2) 堆码苫垫:码垛时垛底应垫高15 cm,堆垛整齐、牢固、不倾斜,不靠墙依柱,垛高不超过3 m,垛距80~90 cm,墙距、柱距30 cm。

3) 在库检查:保管员除每日班前班后对所管库房、货垛和物品进行安全检查外,对在库物品每三个月按比例进行一次检查,检查方法、内容与入库验收同,发现问题及时采取密封、更换包装、整理、温湿度调节等养护措施,并做好记录。

4) 温湿度管理:采取整库密封,在库房外墙涂白降温等措施。高温高湿季节,随时掌握库内温湿度变化,做好密封防潮和通风、散潮、降温工作。

5) 安全作业:在进行装卸、搬运、堆码、验收、整理等项作业时,防止滚动、摩擦、撞击。使用的机械应有防爆措施,各项工具用不易产生火花的铜制或铜合金工具。验收、质量检查、整理包装等,必须在指定的安全地点进行,现场有专人指导,配备相应的消防器材,操作完毕,彻底清扫现场遗留的残余物品。参加作业人员均应穿戴工作服、手套、口罩等防护用品,不得赤身露体和赤脚操作,工作完毕应及时洗手、漱口后方能饮食。

6) 保管期限:2年。

注意事项:火灾时可用水、砂土、泡沫、二氧化碳灭火,抢救人员应戴防毒面具。

B4.44 品名:2,2-二硝基丙烷

编号:41530

化学式:$CH_3C(NO_2)_2CH_3$

分子量:134.09

特性:黄色结晶或液体,易溶于水而不溶于碱液。相对密度 1.30;熔点 53 ℃;沸点 185.5 ℃。本品为易燃固体,有毒性。遇火、受高热,有引起燃烧的危险。与氧化剂混合,成为爆炸性混合物。

包装:试剂品为玻璃瓶盛装,严封后装入木箱,箱内用塑料气泡或其他松软材料衬垫妥实。工业品为塑料袋外加铁桶包装。不论何种容器包装和衬垫,均须能保证产品在运输和贮存过程中的安全,并在包装上注明品名、规格、重量、出厂日期、易燃标志、注意事项等。

贮存条件:应贮于阴凉、通风、干燥的库房内,门窗开关灵活,通风畅,玻璃涂白防止日光直晒。库温在 32 ℃以下,相对湿度 80%以下。库房照明和排风设备应使用防爆、封闭式电器,严禁明火照明。与氧化剂、酸类等不同性质的物品分库存放。

养护:

1) 入库验收:包装应完整无损,无受潮、水湿现象,包装外不沾本品或其他杂物,包装符合要求,物品无异变,无受潮、结块,无可见杂质等现象。

2) 堆码苫垫:垛底垫高 15 cm,堆码整齐、牢固、不倾斜,不靠墙依柱,垛距 80~90 cm,墙距 30 cm,垛高不超过 3 m。

3) 在库检查:保管员除每日班前班后和风雨雪前中后对库房、货垛、物品的安全检查外,还应每三个月进行一次质量检查,即以感官检查为主,辅以必要的仪器检查或分析化验,检查项目、检查方法与入库验收同。

4) 温湿度管理:在高温季节以防热为主,做好库房密封和通风降温工作;梅雨季节以防潮为主,根据库外温湿度变化情况,做好密封防潮和通风散潮工作。

5) 安全作业:在进行装、卸、搬运、堆码、整理等各项作业时,必须轻搬轻放,防止摩擦和撞击。使用工具应为铜制或铜合金制品,使用的机械也必须是防爆式的。验收检查、整理必须在指定的安全地点进行,现场应有专人指导,配备一定数量沙土、二氧化碳、泡沫灭火机等,操作完毕,彻底清扫现场,工作后操作人员洗净手脸方能饮食。

6) 保管期限:2年。

注意事项:火灾时可用砂土、二氧化碳、雾状水灭火,灭火人员需戴防毒面具。如接触皮肤先用肥皂水洗净后,再用清水洗,如溅入眼中,必须先用清水较长时间冲洗。

B4.45 品名:2,2,3,3-四甲基丁烷

编号:41531

别名:六甲基乙烷

化学式:$[(CH_3)_3C]_2$

分子量:114.23

特性:无色结晶,不溶于水,能溶于醚、醇。相对密度0.824 2;熔点100.7 ℃;沸点106.5 ℃。属易燃固体,遇高热、火种、氧化剂、强酸等可能引起燃烧。主要用于气相色谱对比样品。

包装:试剂品为玻璃瓶盛装,严封后再装入木箱,箱内用塑料气泡垫或其他松软材料衬垫妥实。工业品为塑料袋外加铁桶包装。不论何种容器包装和衬垫,均须能保证物品在运输和贮存过程中的安全,并在包装上注明品名、规格、重量、出厂日期、易燃标志、注意事项等。

贮存条件:应贮于阴凉、通风、干燥的库房内,门窗开关灵活,通风畅、封闭严,玻璃涂白防止日光直晒。库温在32 ℃以下,相对湿度80%以下。库房照明和排风设备应使用防爆、封闭式电器,严禁明火照明。与氧化剂、酸类等不同性质的物品分库存放。

养护:

1) 入库验收:包装应完整无损,无受潮、水湿现象,包装外不沾本品或其他杂物,包装符合要求,无异变,无受潮、结块,无可见杂质等现象。

2) 堆码苫垫:垛底垫高15 cm,堆垛整齐、牢固、不倾斜,不靠墙依柱,包装无倒置,垛距80~90 cm,墙距30 cm,垛高不超过3 m。

3) 在库检查:保管员除每日班前班后和风雨雪前中后对库房、货垛、产品的安全检查外,还应每三个月进行一次质量检查,即以感官检查为主,辅以必要的仪器检查或分析化验,检查项目、检查方法与入库验收同。

4) 温湿度管理:在高温季节以防热为主,做好库房密封和通风降温工作;梅雨季节以防潮为主,根据库外温湿度变化情况,做好密封防潮和通风散潮工作。

5) 安全作业:在进行装、卸、搬运、堆码、整理等各作业时,必须轻搬轻放,防止摩擦和撞击。使用工具应为铜制或铜合金制品,使用的机械也必须是防爆式的。验收检查、整理必须在指定的安全地点进行,现场应有专人指导,配备一定数量沙土、二氧化碳、泡沫灭火机等,操作完毕,彻底清扫现场,工作后操作人员洗净手脸方能饮食。

6) 保管期限:2年。

注意事项:火灾时可用砂土、二氧化碳、四氯化碳、干粉灭火机灭火。

B4.46 品名:丁炔二醇

别名:1,4-二羟基-丁醇、电镀发光剂

化学式:$HOH_2CC\equiv CCH_2OH$

分子量:86.09

特性:无色呈微黄色片状结晶,具有醇香味,易溶于水、甲醇、乙醇和丙酮,不溶于乙醚、苯、三氯甲烷。熔点58 ℃;沸点238 ℃;闪点152 ℃;自燃点248 ℃。化学性质比较活泼,为二级易燃固体。有毒性,能刺激皮肤。遇强酸发生急剧聚合。主要用于二丁烯的中间体、防腐、电镀发光剂、聚合催化剂等。

包装:试剂品为玻璃瓶盛装,严封后装入木箱,箱内用塑料气泡或其他松软材料衬垫妥实。工业品为塑料袋外加铁桶包装。不论何种容器包装和衬垫,均须能保证运输和贮存过程中的安全,并在包装上注明品名、规格、重量、出厂日期、易燃标志、注意事项等。

贮存条件:应贮于阴凉、通风、干燥的库房内,门窗开关灵活,通风畅、封闭严,玻璃涂白防止日光直晒。库温在32 ℃以下,相对湿度80%以下。库房照明和排风设备应使用防爆、封闭式电器,严禁明火照明。与氧化剂、酸类等不同性质的物品分库存放。

养护:
1) 入库验收:包装应完整无损,无受潮、水湿现象,包装外不沾本品或其他杂物,包装符合要求,物品无异变,无受潮、结块,无可见杂质等现象。
2) 堆码苫垫:垛底垫高15 cm,堆垛整齐、牢固、不倾斜,不靠墙依柱,包装无倒置,垛距80~90 cm,墙距30 cm,垛高不超过3 m。
3) 在库检查:保管员除每日班前班后和风雪前中后对库房、货垛、产品的安全检查外,还应每三个月进行一次质量检查,即以感官检查为主,辅以必要的仪器检查或分析化验,检查项目、检查方法与入库验收同。
4) 温湿度管理:在高温季节以防热为主,做好库房密封和通风降温工作;梅雨季节以防潮为主,根据库外温湿度变化情况,做好密封防潮和通风散潮工作。
5) 安全作业:在进行装、卸、搬运、堆码、整理等各项作业时,必须轻搬轻放,防止摩擦和撞击。使用工具应为铜制或铜合金制品,使用的机械也必须是防爆式的。验收检查、产品整理必须在指定的安全地点进行,现场应有专人指导,配备一定数量砂土、二氧化碳、泡沫灭火机等,操作完毕,彻底清扫现场,工作后操作人员洗净手脸方能饮食。
6) 保管期限:2年。

注意事项:火灾时可用水、泡沫、干粉和砂土扑救,如接触皮肤可用肥皂水洗净,工作完毕洗脸漱口。

B4.47　品名:三聚甲醛

编号:41532

别名:1,3,5-三氧六环、1,3,5-三噁烷、1,3,5-三氧杂环己烷

化学式:$(HCHO)_3$

分子量:90.08

特性:白色结晶,有三氯甲烷的气味,能升华,易溶于水、醇、醚、丙酮、三氯甲烷、二硫化碳、芳香烃及其他有机溶剂,微溶于石油醚和戊烷,能与水成共沸物。相对密度1.17(65 ℃);熔点62~64 ℃;沸点114.5 ℃;闪点45 ℃(开杯);自燃点414 ℃;爆炸极限3.6%~28.7%;蒸气压173 3.19 Pa(25 ℃)。强还原剂,易燃,其蒸气易燃有毒性。有酸存在受热条件下,易分解放出甲醛气体。接触明火或氧化剂能引起燃烧,其蒸气能与空气形成爆炸混合物。主要用于有机合成、消毒、染料、树脂的原料等。

包装:试剂品为玻璃瓶装,瓶口封严,再装入木箱,箱的内侧用塑料气泡衬垫妥实。工业品为塑料袋外加铁桶包装,桶口封严。内外包装均应标明品名、规格、重量、易燃标志、出厂日期、注意事项等。

贮存条件:应贮存于阴凉、干燥、通风的库房内,门窗开关灵活,通风畅、封闭严,窗玻璃涂白色防日光直晒。库温保持在 32 ℃以下,最高不超过 35 ℃,相对湿度 80%以下。库房照明和排风设备应使用防爆、封闭式电器,严禁用明火照明。与氧化剂、酸类等不同性质的物品分库贮存。

养护:

1) 入库验收:包装应完整,封口严密无破损,无受潮、水湿现象,瓶、箱、桶外无沾染本品和其他杂物,无异状,无潮湿或结块,无可见杂质等,并做好验收记录。

2) 堆码苫垫:货垛底应垫高 15 cm 以上,垛高不超过 3 m,货垛整齐、牢固、不倾斜,包装不倒置,垛距 80~90 cm,墙距、柱距 30 cm。

3) 在库检查:保管员除每日班前班后和风雨雪前中后对库房、货垛、物品进行安全检查外,还必须每四个月对物品进行一次质量检查,检查项目和内容与入库验收同,检查中发现问题及时采取封口、整理、更换包装等相应的养护措施,并做好详细记录。

4) 温湿度管理:因本品能升华失重,所以包装容器必须严格密封。高温季节以防热为主,并做好通风降温工作;梅雨季节应以防潮为主,根据库内外温湿度变化情况,做好密封防潮和通风散潮工作。

5) 安全作业:本品蒸气易燃,在各项操作中必须轻拿轻放,防止摩擦和撞击。各种机械应有防爆措施,应使用铜制或铜合金制撬、棒、锤子等小工具。验收、质量检查、包装整理等,必须在库外指定地点进行,现场有专人指导操作,配备相应的灭火器材,工作完毕清扫现场。参加作业人员应穿戴防护用品,不得赤身露体、赤脚操作,工作完毕应洗手漱口后方能饮食。

6) 保管期限:1 年。

注意事项:火灾时可用水、干粉、抗醇泡沫和二氧化碳扑救,施救人员要戴防毒面具。粉尘能刺激眼睛、皮肤和呼吸系统,吞服能严重伤害内脏。如吸入粉尘应脱离现场,安静休息;如眼部受伤,可用水冲洗;皮肤接触,先用水冲洗,然后用肥皂水洗净。

B4.48　品名:多聚甲醛

编号:41533

别名:聚合甲醛、聚蚁醛

化学式:$(HCHO)_n$　$n=8\sim100$

分子量:$(30.03)_n$

特性:白色固体或无定型粉末,微有甲醛气味,系甲醛的线型聚合物,能溶于稀酸及稀碱中,微溶于冷水,不溶于醇和醚。相对密度 1.39;熔点 120~160 ℃;闪点 70 ℃;自燃点 300 ℃;蒸气压 193.32 Pa(25 ℃)。强还原剂,易燃烧,燃烧时火焰上端为黄色,下端为蓝色。遇高热、明火或氧化剂接触,能引起燃烧。

包装:试剂品为玻璃瓶装,瓶口封严,再装入木箱,箱的内侧用塑料气泡衬垫妥实。工业品为塑料袋外加铁桶包装,桶口封严。内外包装均应标明品名、规格、重量、易燃标志、出厂日期、注意事项等。

贮存条件:应贮存于阴凉、干燥、通风的库房内,门窗开关灵活,通风畅、封闭严,窗玻璃涂白色防日光直晒。库温保持在 32 ℃以下,最高不超过 35 ℃,相对湿度 80%。库房照明和排风设备应使用防爆、密闭式电器,严禁用明火照明。与氧化剂、酸类等不同性质的物品分库贮存。

养护：

1) 入库验收：包装应完整，封口严密无破损，无受潮、水湿现象，瓶、箱、桶外无沾染本品和其他杂物，无异状，无潮湿或结块，无可见杂质等，并做好验收记录。

2) 堆码苫垫：货垛底应垫高 15 cm 以上，垛高不超过 3 m，货垛整齐、牢固、不倾斜，不靠墙依柱，包装不倒置，垛距 80~90 cm，墙距、柱距 30 cm。

3) 在库检查：保管员除每日班前班后和风雨雪前中后对库房、货垛、物品进行安全检查外，还必须每四个月进行一次质量检查，检查项目和内容与入库验收同，检查中发现问题及时采取封口、整理、更换包装等相应的养护措施，并做好详细记录。

4) 温湿度管理：因本品能升华失重，所以包装容器必须严格密封。高温季节以防热为主，并做好通风降温工作；梅雨季节应以防潮为主，根据库内外温湿度变化情况，做好密封防潮和通风散潮工作。

5) 安全作业：本品蒸气易燃，在各项操作中必须轻拿轻放，防止摩擦和撞击。各种机械应有防爆措施，应使用铜制或铜合金制撬、棒、锤子等小工具。验收、质量检查、包装整理等，必须在库外指定地点进行，现场有专人指导操作，配备相应的灭火器材，工作完毕清扫现场。参加作业人员应穿戴防护用品，不得赤身露体、赤脚操作，工作完毕应洗手、漱口后方能饮食。

6) 保管期限：1 年。

注意事项：火灾时可用水、干粉、抗醇泡沫和二氧化碳扑救，施救人员要戴防毒面具。粉尘能刺激眼睛、皮肤和呼吸系统。吞服能严重伤害内脏，如吸入粉尘应脱离现场，安静休息；如眼部受伤，可用水冲洗；皮肤接触，先用水冲洗，然后用肥皂水洗净。

B4.49 品名：2-茨醇

编号：41535

别名：龙脑、冰片

化学式：$C_{10}H_{17}OH$

分子量：154.25

特性：白色透明固体，有樟脑的气味，能溶于醇及醚，极易溶于水，常温下极易升华。相对密度 1.01；熔点 208 ℃；沸点 212 ℃。易燃固体，被氧化时生成樟脑，遇明火、高热或氧化剂有引起燃烧的危险。主要用于医药和香料。

包装：试剂品为玻璃瓶装，外套木箱，在木箱的内侧用塑料气泡垫衬垫妥实。工业品为塑料袋外套纸箱，或多层牛皮纸袋盛装，并有明显的品名、规格、重量、易燃标志、出厂日期、注意事项等。

贮存条件：应贮存于阴凉、干燥、通风的库房内，门窗开关灵活，通风畅、密封严，窗玻璃涂白色，有防日光直晒和辐射措施。库温保持在 32 ℃以下，相对湿度 80% 以下。库房照明和排风设备应使用防爆、封闭式电器，严禁用明火照明。可与其他易燃固体同库贮存，与氧化剂、酸类等不同性质的物品分库贮存。

养护：

1) 入库验收：包装应完整，封口严密无破损，无受潮、水湿现象，不沾染其他杂物，包装和衬垫方法符合包装要求。龙脑应为白色结晶或块状，粗龙脑因含杂质，一般

2) 堆码苫垫:因易升华,空气中的龙脑浓度增加,加大了燃烧爆炸的危险性,在原包装容器密封的基础上,宜采取整垛用厚苫布密封的方法,即垛底用枕木铺垫,再放三层席,垛码好后用大苫布整体围起裹严,要求整齐、牢固、美观,垛高不超过3 m,垛距80~90 cm,墙距、柱距30 cm。

3) 在库检查:保管员除每天班前班后和风雨雪前中后对物品进行安全检查外,还应每四个月对库存物品进行一次检查,检查项目与入库验收同,发现问题及时采取养护措施,如封口、修补、整理、更换包装等,并做好记录。

4) 温湿度管理:根据本品特性,高温季节应以防热为主,做好通风降温工作。

5) 安全作业:在搬运、装卸、堆码、整装等各项作业时,必须轻拿轻放。使用的机械应有防爆措施,各种工具应使用不易产生火花的铜制或铜合金制成。验收、质量检查、包装整理等各项操作,必须在指定安全地点进行,现场有专人指导,配备一定的消防器材,作业完毕彻底清扫现场。参加作业人员应穿戴工作服、口罩、风镜,不得赤身露体和赤脚操作,工作完毕应洗手、漱口后方能饮食。

6) 保管期限:1年。

注意事项:火灾时可用砂土、泡沫、二氧化碳扑救。本品受热放出大量蒸气和燃烧烟雾,救火人员应戴防毒面具。对皮肤有刺激性,热蒸气能使皮肤痛痒而引起湿疹,如接触皮肤可用肥皂水洗涤,再用清水冲洗。

B4.50　品名:2-茨酮

编号:41536

别名:樟脑

化学式:$C_{10}H_{16}O$

分子量:152.24

特性:白色半透明块状或粉末,气味芳香(味初辛辣,后有清凉感),能溶于乙醇、乙醚、三氯甲烷、二硫化碳和油类,难溶于水,常温下易升华。相对密度0.992(25 ℃);相对蒸气密度5.24;熔点180 ℃;沸点204 ℃;闪点65.56 ℃(闭杯);自燃点466.1 ℃;爆炸界限0.63%~3.5%。易燃固体,遇明火、高热或与氧化剂接触,可引起燃烧。蒸气与空气混合,在爆炸界限以内时,遇火即发生蒸气爆炸。主要用于医药强心剂、清凉剂、防腐剂,农药上用作驱虫剂、杀虫剂,赛璐珞增塑剂,涂料和电影胶片的原料等。

包装:试剂品为玻璃瓶装,外套木箱,在木箱的内侧和瓶与瓶之间衬垫松软材料防震。工业品为塑料袋,外套胶合板桶或木箱,封闭严密有效。包装外注明品名、规格、重量、批号、危险品标记、注意事项等。

贮存条件:应贮存于阴凉、干燥、通风的库房内,门窗开关灵活,通风畅、密封严,窗玻璃涂白色,有防日光直晒和辐射措施。库温保持在32 ℃以下,相对湿度80%以下。库房照明和排风设备应使用防爆、封闭式电器,严禁用明火照明。可与其他易燃固体同库贮存,与氧化剂、酸类等不同性质的物品分库贮存。

养护:

1) 入库验收:包装应完整,封口严密无破损,无受潮、水湿现象,不沾染其他杂物,包装和衬垫方法符合包装要求。樟脑应为白色结晶或块状,粗樟脑因含杂质,一般带黄色,含杂质越多,成分越低,颜色更深,无可见异物。

2) 堆码苫垫:因易升华,空气中的樟脑浓度增加,加大了燃烧爆炸的危险性,在原包装容器密封的基础上,宜采取整垛用厚苫布密封的方法,即垛底用枕木铺垫,再放三层席,垛码好后用大苫布整体围起裹严,要求整齐、牢固、美观,垛高不超过3 m,垛距80~90 cm,墙距、柱距30 cm。

3) 在库检查:保管员除每天班前班后和风雨雪前中后对物品进行安全检查外,还应每四个月检查一次,检查项目与入库验收同,发现问题及时采取养护措施,如封口、修补、整理、更换等,并做好记录。

4) 温湿度管理:根据物品特性,高温季节应以防热为主,做好通风降温工作。

5) 安全作业:在搬运、装卸、堆码、整装等各项作业时,必须轻拿轻放。使用的机械应有防爆措施,各种工具应使用不易产生火花的铜制或铜合金制成。验收、质量检查、包装整理等各项操作,必须在指定安全地点进行,现场有专人指导,配备一定的消防器材,作业完毕彻底清扫现场。参加作业人员应穿戴工作服、口罩、风镜,不得赤身露体和赤脚操作,工作完毕应洗手、漱口后方能饮食。

6) 保管期限:1年。

注意事项:火灾时可用砂土、泡沫、二氧化碳扑救。本品受热放出大量蒸气和燃烧烟雾,救火人员应戴防毒面具。对皮肤有刺激性,热蒸气能使皮肤痛痒而引起湿疹,如接触皮肤可用肥皂水洗涤,再用清水冲洗。

B4.51 品名:莰烯

编号:41537

别名:樟脑萜

化学式:$C_{10}H_{16}$

分子量:136.23

特性:微黄或黄色结晶体,具有樟脑的气味,在空气中升华,能溶于乙醚,微溶于乙醇,不溶于水。相对密度0.842 2(54 ℃);熔点50~51 ℃;沸点159 ℃;闪点34 ℃。易燃固体,遇火种、高温,接触氧化剂,有引起燃烧的危险。其毒性比樟脑低得多。

包装:试剂品为玻璃瓶装,外套木箱,在木箱的内侧用塑料气泡垫衬垫妥实。工业品为塑料袋外套纸箱,或多层牛皮纸袋盛装,并有明显的品名、规格、重量、易燃标志、出厂日期、注意事项等。

贮存条件:应贮存于阴凉、干燥、通风的库房内,门窗开关灵活,通风畅、密封严,窗玻璃涂白色,有防日光直晒和辐射措施。库温保持在32 ℃以下,相对湿度80%以下。库房照明和排风设备应使用防爆、封闭式电器,严禁用明火照明。可与其他易燃固体同库贮存,与氧化剂、酸类等不同性质的物品分库贮存。

养护:

1) 入库验收:包装应完整,无受潮、水湿现象,不沾染其他杂物,包装和衬垫方法符合包装要求。樟脑萜应为白色结晶或块状,粗樟脑萜因含杂质,一般带黄色,含杂质越多,成分越低,颜色更深,无可见异物。

2) 堆码苫垫:因易升华,空气中的樟脑萜浓度增加,加大了燃烧爆炸的危险性,在原包装容器密封的基础上,宜采取整垛用厚苫布密封的方法,即垛底用枕木铺垫,再放三层席,垛码好后用大苫布整体围起裹严,要求整齐、牢固、美观,垛高不超过 3 m,垛距 80～90 cm,墙距、柱距 30 cm。

3) 在库检查:保管员除每天班前班后和风雨雪前中后进行安全检查外,还应每四个月对库存物品进行一次检查,检查项目与入库验收同,发现问题及时采取物品养护措施,如封口、修补、整理、更换包装等,并做好记录。

4) 温湿度管理:根据本品特性,高温季节应以防热为主,做好通风降温工作。

5) 安全作业:在搬运、装卸、堆码、整装等各项作业时,必须轻拿轻放。使用的机械应有防爆措施,各种工具应使用不易产生火花的铜制或铜合金制成。验收、质量检查、包装整理等各项操作,必须在指定安全地点进行,现场有专人指导,配备一定的消防器材,作业完毕彻底清扫现场。参加作业人员应穿戴工作服、口罩、风镜,不得赤身露体和赤脚操作,工作完毕应洗手、漱口后方能饮食。

6) 保管期限:1 年。

注意事项:火灾时可用砂土、泡沫、二氧化碳扑救。本品受热放出大量蒸气和燃烧烟雾,救火人员应戴防毒面具。对皮肤有刺激性,热蒸气能使皮肤痛痒而引起湿疹,如接触皮肤可用肥皂水洗涤,再用清水冲洗。

B4.52　品名:干喷漆

编号:41546

特性:本品的主要成分为硝化棉,为各种颜色的块状或片状固体。化学性质不稳定,极易燃烧,受热分解,可能引起自燃,遇高热或与氧化剂接触有引起燃烧的危险。主要作喷漆用。

包装:塑料袋再装入铁桶内,桶口严密不漏,桶皮厚度不小于 0.5 mm,或装入马口铁听,再装入坚固木箱。各种包装外注明品名、规格、重量、出厂日期及"易燃品""防热防晒""小心轻放"等标志。

贮存条件:应贮存于阴凉、干燥、通风良好的库房内,库房墙壁和顶部宜安装隔热层,以控制温度,最好在半地下堡贮存,要门窗灵活,通风畅、密封严,窗玻璃涂白色防日光直接照射。库温保持在 25 ℃以下,最高不超过 28 ℃,相对湿度 80％以下。库内应无电源和火种,如须照明宜用手电筒或由库外向内照明。宜专库贮存,严禁与氧化剂、碱类(如脂肪胺)等性质不同的物品混存。

养护:

1) 入库验收:凡入库物品需事先索取产品质量指标检测报告单。包装应完整无破损,封闭严密,稳定剂不渗漏,内外包装不得沾有本品或其他杂物等,包装、衬垫应符合规定。本品应为白色絮状棉,不泛黄,除酒精味外,无其他气味,无酸性反应等异常现象,用手捏棉体有湿润感,即为稳定剂合适。如发现耐热度、发火点、游离酸三项中有一项不合格者,立即退厂,经处理合格后方能入库。

2) 堆码苫垫:垛底垫高 15～30 cm,货垛码行列式要整齐、牢固、不倾斜、不倒置,垛高 2.5 m 以下,垛距 80～90 cm,墙距、柱距 30 cm。

3) 在库检查:保管员除进行班前班后的安全检查外,还应每三个月对库存物品进行一次开包装检查,检查方法和内容与入库验收同。如发现稳定剂缺乏或物品变干燥,必须立即加添酒精;如果棉体泛黄或有酸味或有棕白色气体出现,说明已开始变质,应及时挑选,有问题的移出仓库,放置安全地点,及时处理。

4) 温湿度管理:应严格控制库内温湿度,可采取整库密封,库房外墙涂白,夜间通风降温,炎热季节实行夜间出入库作业,梅雨季节则做好防潮、降潮工作。
5) 安全作业:本品燃点低,对撞击、摩擦敏感,故在装卸、搬运、堆码、整理等作业时,必须轻拿轻放,防止摩擦、撞击和地面滚动,大桶装用专用车出入库房。各种工具必须是不产生火花的铜制、包铜或铜合金制品。验收、质量检查、整理包装等操作必须在库外安全地点或专用库房进行,现场有专人指导,并备足消防用水。整理完毕,必须将现场遗留物品清除干净,作业人员穿工作服戴手套。
6) 保管期限:1年。

注意事项:火灾时用大量水扑救,该品燃烧时放出大量有毒烟雾,抢救人员应注意防毒。

B4.53　品名:硝化纤维漆布(纸)及其制品

编号:41546

特性:以布或纸为基料,上面喷涂各种颜色的硝化纤维胶液,涂在布上称为漆布,涂在纸上称为漆纸,又根据需要可制成各种漆布(纸)制品。易燃固体,遇明火易燃烧。在受潮、受热的情况下,易发霉、发黏,出现变质,随着变质的过程产生了热量,如积热不散,易产生自燃。遇高热或与氧化剂作用,亦能引起自燃。

包装:装入坚固的透笼木箱,在包装箱的内侧衬两层牛皮纸。包装外标明品名、规格、数量、出厂日期及"易燃""防热"等标志。

贮存条件:应贮存于阴凉、干燥、通风良好的库房内,门窗开关灵活,通风畅、密封严,库外墙及窗玻璃涂白色防日光和辐射热。库温在30 ℃以下,相对湿度80%以下。库房排风和照明设备应使用防爆、封闭式电器,禁止使用明火照明。有条件的应专库存放,也可与其他易燃固体同存,但绝对禁止与氧化剂和酸碱类等不同性质的物品同库贮存。

养护:

1) 入库验收:包装应完整无破损,无受潮、水湿现象,不沾染与本品性质不同的其他物质,包装方法符合上述要求。物品不发黏,无变色、发霉,不脆等异常现象。
2) 堆码苫垫:垛底垫高15 cm,或原箱单批行列式垛,便于通风,有条件的也可码入货架,主要是防止重压而不通风,货垛要整齐、牢固、不倾斜,不靠墙依柱,垛距80~90 cm,墙距、柱距30 cm。
3) 在库检查:主要以感官检查为主,保管员除每天认真执行班前班后的安全检查外,还应对在库物品每三个月进行定期质量检查,其检查项目内容方法均与入库验收同,查后做好详细的检查记录。
4) 温湿度管理:在梅雨季节应密封仓库,并根据湿度变化采取通风和吸潮相结合的办法,使库温控制在30 ℃以下,相对湿度不超过80%。
5) 安全作业:本品燃点低,对撞击、摩擦敏感,在搬运、装卸、堆码、整理等作业时,必须轻拿轻放,防止摩擦、撞击和滚动。使用的机械应有防爆措施,各种操作应使用铜制或铜合金的不产生火花的工具。验收、质量检查、包装整理必须在库外安全地点作业,现场有专人指导,并配备一定的消防器材。操作完彻底清扫现场,参与人员应穿工作服戴手套。
6) 保管期限:2年。

注意事项:火灾时可用雾状水、泡沫、二氧化碳灭火。

B4.54 品名:硝化纤维色片

编号:41547

特性:黑色或白色小片状,硬而脆,它的主要原料是硝化纤维素脂,其余为颜料。与硝化棉的特性基本一致。熔点160 ℃;自燃点180 ℃。易燃固体,遇明火极易引起燃烧,一经着火,就会一燃而尽。长期处于高温、高湿条件下,或与碱性物质作用,会加速其分解变质,开始时有白色气体,进而发展为放出黄色剧毒的氮氧化物气体,并产生高热,在聚热到自燃点时会引起自燃。主要用于制造喷漆。

包装:工业品为塑料袋外套铁桶盛装,桶口应严密不漏,铁皮桶厚度不小于0.5 mm,每桶净重不超过100 kg或装入马口铁桶严密封闭后装入坚固木箱。箱外注明品名、规格、重量、出厂日期及"易燃品""防热""防晒""小心轻放"等标志。

贮存条件:应贮存于阴凉、干燥、通风良好的库房内,库房墙壁和顶部宜安装隔热层,以控制温度,最好在半地下库贮存,要门窗开关灵活,通风畅、密封严,窗玻璃涂白,防日光直接照射。库温保持在25 ℃以下,最高不超过28 ℃,相对湿度80%以下。库内应无电源和火种,如须照明宜用手电筒或由库外向内照明。宜专库贮存,严禁与氧化剂、碱类(如脂肪胺)等性质不同的物品混存。

养护:

1) 入库验收:凡入库物品需事先索取产品质量指标检测报告单。包装应完整无破损,封闭严密,稳定剂不渗漏,内外包装不得沾有本品或其他杂物、污染等,包装、衬垫应符合规定。物品应为白色絮状棉花,不泛黄,除酒精味外,无其他气味,无酸性反应等异常现象,用手捏棉体有湿润感,即为稳定剂合适。如发现耐热度、发火点、游离酸三项中有一项不合格者,立即返厂,经处理合格后方能入库。

2) 堆码苫垫:垛底垫高15~30 cm,货垛码行列式要整齐、牢固、不倾斜、不倒置,垛高2.5 m以下、垛距80~90 cm,墙距、柱距30 cm。

3) 在库检查:保管员除进行班前班后的安全检查外,还应每三个月对库存品进行一次开包装检查,检查方法和内容与入库验收同。如发现稳定剂缺乏或物品变干燥,必须立即加添酒精;如果棉体泛黄或有棕白色气体出现,说明已开始变质,应及时挑选,有问题的移出仓库,放置安全地点及时处理。

4) 温湿度管理:应严格控制库内温湿度,可采取整库密封、库房外墙涂白、夜间通风降温措施,炎热季节实行夜间出入库作业,梅雨季节做好防潮降潮工作。

5) 安全作业:本品燃点低,对撞击、摩擦敏感,故在装卸、搬运、堆码、整理等作业时,必须轻拿轻放,防止摩擦、撞击和地面滚动,大桶装用专用车出入库房。各种工具必须是不产生火花的铜制、包铜或铜合金制品。验收、质量检查、拆钉包装、整理包装等操作必须在库外安全地点或专用库房进行,现场有专人指导,并备足消防用水。整理完毕,必须将现场遗留物品清除干净,作业人员穿工作服戴手套。

6) 保管期限:1年。

注意事项:火灾时用大量水扑救,该品燃烧时放出大量有毒烟雾,抢救人员应注意防毒。

B4.55 品名:硝化纤维塑料(板、片、棒、管卷等状;不包括碎屑)

编号:41547

别名:赛璐珞

特性:是用硝化棉(含氮量 10.8%～11.2%)加酒精、樟脑作溶剂或用丙酮、羧酸酯作溶剂再加入增塑剂、染料,经过滤、压延、刨片等工序,最后干燥而成的一种低级塑料,即赛璐珞板材,它主要保持了硝化棉的亲溶性和疏水性。化学性质表现了硝化棉的不稳定性和易燃性,若长期在高温、高湿条件下贮存,特别是与碱性物质接触或在碱性蒸气的作用下,硝化棉开始分解,其材料表面会局部变色或泛黄成疤痕,或龟裂成很多小纹,并呈强酸性反应,随时都有发生自燃的可能性。由于各种色料不同、厚度不同,实际测得的自燃点为140～200 ℃,其挥发出的樟脑、溶剂等与空气能形成爆炸性混合物。主要用于制造乒乓球、眼镜架及装饰品等。

包装:大木板箱装内衬数层牛皮纸,每箱 200 kg,到仓库后都拆包装分色称量入库。箱外应注明品名、规格、重量、出厂日期及"易燃品""防热""防火""防水湿"等标记。

贮存条件:贮存于阴凉、通风、干燥的库房内,库内温度 30 ℃以下,相对湿度 80%以下。由于本品易挥发失重,加大保管损耗,可与樟脑、萘等易升华易燃固体同库贮存,以降低保管损耗,但不能与氧化剂、碱类或碱性物质,易挥发出碱性蒸气的物质等同库贮存。

养护:
1) 入库验收:检查各种板材的颜色,有无变色泛黄斑点裂纹,有无异味等异状,外包装及产品无沾染其他不同性质的物质,称量入库,做好记录。
2) 堆码苫垫:入库后,均需挑色称量放入仓库贮存,可按照赛璐珞片的规格大小,做成密封格式货架,格内无缝隙,格门用泡沫橡胶垫密封,按不同颜色、厚度分别放入格架内,然后封闭严密。
3) 在库检查:保管员除每日进行班前班后和风雨雪前中后的货垛和库房的安全检查外,还应每三个月进行质量检查,主要检查有无异状及异味,其内容方法与入库验收同,发现问题及时出库,以防发生自燃。
4) 温湿度管理:严格控制好库内温湿度,切实做好防热、防潮工作,最好做成双层房顶,门窗玻璃及库外墙涂白色,防止日光直晒和辐射热。库房密封并根据温湿度变化掌握通风和吸潮,使库温不超过 30 ℃,相对湿度不超过 80%。
5) 安全作业:工作人员穿工作服戴手套,验收、换装、整理、质量检查、拆钉包装等不得在库内进行,在远离库房的安全地点进行,必须使用不易产生火花的铜制或铜合金工具。
6) 保管期限:1 年。

注意事项:火灾时可用大量水扑救,注意防毒。

B4.56 品名:赛璐珞制品

编号:41547

特性:无色或有色透明、半透明、白色等各种形态的固体,系由不同厚度和各种颜色的赛璐珞板材制成,如乒乓球、化学尺、三角尺、直尺、铁道弯尺、放大格、眼镜架、琴拨子、琵琶指甲等各种不同用途的赛璐珞制品。其物理化学特性均与赛璐珞同。

包装:一般各种制品都用白纸包裹,然后装入纸盒,再装入大纸箱中。各种包装外必须注明品名、数量、出厂日期及"易燃品""防热""防火""防潮"等标记。

贮存条件:贮存于阴凉、通风、干燥的库房内,库内温度 30 ℃以下,相对湿度 80%以下。由于本品易挥发失重,加大保管损耗,可与樟脑、萘等易升华易燃固体同库贮存,以降低保管损耗,但不能与氧化剂、碱类或碱性物质,易挥发出碱性蒸气的物质等物品同库贮存。

养护:
1) 入库验收:检查各种板材的颜色,有无变色泛黄斑点裂纹,有无异味等异状,外包装及产品无沾染其他不同性质的物质,称量入库,做好记录。
2) 堆码苫垫:码垛时下垫枕木,枕木上垫一层木板或三层苇席或直接用木托盘码垛,码行列式垛,该类产品比较零星,在库内搭货架码垛,可提高仓容。
3) 在库检查:保管员除每日进行班前班后和风雨雪前中后的货垛和库房的安全检查外,还应每三个月对库存品进行质量检查,主要检查有无异状及异味,其内容方法与入库验收同,发现问题及时联系出库,以防发生自燃。
4) 温湿度管理:严格控制好库内温湿度,切实做好防热、防潮工作,最好做成双层房顶,门窗玻璃及库外墙涂白色,防止日光直晒和辐射热。库房密封并根据温湿度变化掌握通风和吸潮,使库温不超过30 ℃,相对湿度不超过80%。
5) 安全作业:工作人员穿工作服戴手套,验收、换装、整理、质量检查、拆钉包装等均不得在库内进行,在远离库房的安全地点进行,必须使用不易产生火花的铜制或铜合金工具。
6) 保管期限:1年。

注意事项:火灾时可用大量水扑救,注意防毒。

B4.57 品名:火补胶

编号:41549

特性:含有硫磺、松香、铝粉等易燃物品。本身为一混合体,遇高热、明火或与氧化剂接触,有引起燃烧的危险。属易燃固体。

包装:系小铁听装,再装入木箱,在包装的内侧用松软材料填塞妥实。不论何种包装形式,均应标明产品名称、规格、数量、生产单位、出厂日期及"易燃品""防火"等危险标志。

贮存条件:应贮存于阴凉、干燥、通风良好的库房内,库房门窗开关灵活,通风畅、密封严,门口要设防鼠门挡板。库内保持在32 ℃以下,相对湿度80%以下。库房照明和排风设备,应使用防爆、封闭式电器,严禁用明火照明。应专库专存,不得与氧化剂、酸类、易燃物品等不同性质的物品同库存放。

养护:
1) 入库验收:包装应完整无破损、无受潮水湿现象。内外包装上不沾染其他物质,包装衬垫符合规定,验物品应洁净无霉污,无潮湿、无脱落、无外露现象。
2) 堆码苫垫:应根据不同的包装材料和包装形式采取不同的码垛方法,堆垛不宜超过3 m,垛底垫一层枕木,一层板一层油毡两层芦席以防地潮,顶距50 cm,垛距80~90 cm,墙距、柱距30 cm。
3) 在库检查:保管员除进行每天班前班后的安全检查,项目与验收方法同,特别要随时检查有无老鼠活动,并在沿库墙和垛边及时变换使用不同药、械灭鼠。
4) 温湿度管理:库房应进行密封,在梅雨季节注意防潮,可采取通风和吸潮相结合的办法,使库内温度不超过32 ℃,相对湿度不超过80%。
5) 安全作业:摩擦和撞击极易引起燃烧,这往往是由于火补胶外露(没有完全装入盒内),与另一盒的赤磷涂层的摩擦所致,鼠咬也能引起自燃。装卸、搬运、堆码、整理等各项作业必须轻拿轻放,避免受撞击、摩擦和抛掷。各项验收、整理、质量检查操作,须在库外安全地点进行,不得在库内作业,操作现场要有专人指导,并配备相应的灭火器材,操作完毕彻底清扫现场。
6) 保管期限:1年。
注意事项:火灾时可用二氧化碳、干粉、砂土灭火剂扑救。

B4.58 品名:生松香

编号:41550

别名:焦油松香、松脂

特性:淡黄色透明及不透明颗粒或块状,有芳香味,产品体内平均含松香68%,松节油20%,水分及其他12%,稍具有光泽和黏性,能溶于醇、醚、三氯甲烷及乙酸。相对密度1.00;熔点55 ℃;燃点390 ℃;爆炸极限5 mg/L(粉尘);最小点燃能量10 mJ。易燃固体,遇火种、高温或与氧化剂接触,都有引起燃烧的危险。

包装:装入铁桶后封闭或焊牢,每桶净重100 kg。包装外应有明显品名、重量、"易燃品""防止日晒""小心轻放"等标记。

贮存条件:贮存于库房内,远离火源、热源、防止日光直晒,库温控制在35 ℃以下,禁止与氧化剂同贮同运。

养护:
1) 入库验收:检查包装是否完整、有无破漏锈损,包装外是否沾有其他物品。本品应为黄色透明块状。
2) 堆码苫垫:垛底应垫高15 cm,一层木板堆行列式垛,立放可堆三层高,横放可堆4~5桶高,每层都应放三角楔木防止自然滑动,垛距1 m,墙距、柱距30 cm。
3) 在库检查:保管员除每日进行班前班后对货垛及环境进行安全检查外,每四个月对库存物品进行一次全面检查,货垛是否牢固,包装是否生锈,有无破漏损失。
4) 温湿度管理:要注意防止日光直晒,库温如超过30 ℃以上应进行通风降温。
5) 安全作业:要注意安全作业,不得摔震,防止包装破裂。如有散失应及时清扫。
6) 保管期限:2年。
注意事项:火灾可用水、砂土、泡沫、二氧化碳。

B4.59 品名:安全火柴

编号:41551

特性:系由柴梗、发火药和柴盒配套组装而成,柴梗是用杨木或松木制成,蘸石蜡和松香,火柴盒两侧用胶涂上赤磷和硫化锑的混合物,发火药是用氯酸钾、硫磺为主要原料,粘结在火柴梗的一头叫作柴头。火柴头实际是由强氧化剂和强还原剂混合而成,将药头与火柴盒两侧所涂的赤磷层摩擦立即自燃。

包装:每十盒为一包,每100包装入纸板箱,其包装应承受20倍于本身物体重量压力,也有用蒲草包、竹篾篓,每种包装必须严密、牢固、不破损,采用其他材料时,其牢固程度必须符合上述要求。包装外注明工厂名称、牌号、型号、出厂日期、易燃标记等。

贮存条件:应贮存于阴凉、干燥、通风良好的库房内,库房门窗开关灵活,通风畅、密封严,门口要设防鼠门挡板。库内保持在32 ℃以下,相对湿度80%以下。库房照明和排风设备应使用防爆封闭式电器,严禁用明火照明。应专库专存,不得与氧化剂、酸类、易燃物品等不同性质的物品同库存放。

养护：
1) 入库验收：包装应完整、无破损，无受潮、水湿现象，内外包装上不沾染其他物品，包装衬垫符合规定，物品应洁净无霉污，无潮湿，药头无脱落，无外露现象。
2) 堆码苫垫：应根据不同的包装材料和包装形式采取不同的码垛方法，堆垛不宜超过 3 m，垛底垫一层枕木、一层板一层油毡两层芦席以防地潮，顶距 50 cm，垛距 80～90 cm，墙距、柱距 30 cm。
3) 在库检查：保管员除进行每天班前班后的安全检查外，还应每三个月对库存物品进行一次检查，检查方法和项目与验收同，特别要随时检查有无老鼠活动，并在沿库墙和垛边及时变换使用不同药、械灭鼠。
4) 温湿度管理：库房应进行密封，在梅雨季节注意防潮，可采取通风和吸潮相结合的办法，使库内温度不超过 32 ℃，相对湿度不超过 80%。
5) 安全作业：摩擦和撞击极易引起燃烧，装卸、搬运、堆码、整理等各项作业，必须轻拿轻放，避免受撞击、摩擦和抛掷。各项验收、整理、质量检查操作，须在库外安全地点进行，不能在库内操作，操作现场要有专人指导，并配备相应的灭火器材，操作完毕彻底清扫现场。
6) 保管期限：1 年。

注意事项：火灾时可用大量水扑救，也可用泡沫、砂土、二氧化碳、干粉灭火剂灭火。在操作中，或在其他情况下，如发现火柴包冒烟（一般不会立即起火），可立刻转移到库外或安全地点，待烟停止后再拆箱整理，如果立刻拆箱则空气中的氧供给充分，可能立即起火。

B4.60 品名：闪光粉

特性：为镁粉和氯酸钾混合物，镁粉为银白色金属光泽的粉末，不溶于水中。氯酸钾为无色片状结晶或白色颗粒粉末，味咸而凉，不易潮解，能溶于水，难溶于醇。镁粉为强还原剂，与水缓慢作用产生热和氢气，在潮湿空气中表面被氧化而发暗。粉末在空气中极易燃烧，燃烧时产生强烈的白光和热，同时显白色烟雾，生成白色氧化镁粉末。氯酸钾为强氧化剂金属粉末，稍经摩擦或撞击，即可引起燃烧爆炸。二者混合后如遇火星或摩擦震动即可引起燃烧。

包装：装入马口铁桶(听)金属容器内，严密封闭后，再装入木箱内，或用玻璃瓶盛装，再装入木箱中，各种外包装内，必须用松软材料衬垫妥实。包装外标明品名、规格、重量、出厂日期、"易燃""防热""小心轻放"等标志。

贮存条件：应贮存于阴凉、干燥、通风良好的库房内，门窗开关灵活，通风畅、密封严，库墙外和门窗玻璃涂白色，防日光和辐射热。库温保持在 30 ℃ 以下，相对湿度 80% 以下。库房照明和排风设备应使用防爆、封闭式电器，严禁用明火照明。最好单独贮存，不能与氧化剂、酸、碱类等性质不同的物品同库存放。

养护：
1) 入库验收：包装应完整、无破损，无受潮、无水湿现象，包装外无沾染本品或其他物质，包装方法和衬垫符合规定。产品感官质量无异变，无受潮、结块、异味等现象。
2) 堆码苫垫：垛底应垫高 15 cm 以上，码行列式垛，要整齐、牢固、不倾斜、不靠墙依柱，垛高 2.5 m 以上，垛距 80～90 cm，墙距、柱距 30 cm。
3) 在库检查：保管员除每日认真做好班前班后和风雨雪前中后的安全检查外，还应每三个月对库存物品进行定期质量检查,其检查项目和方法与入库验收同。
4) 温湿度管理:梅雨季节认真做好库房密封防潮和通风,以控制库内湿度。
5) 安全作业:由于本品系强氧化剂和强还原剂的混合物,对撞击和摩擦十分敏感,易引起燃烧、爆炸。在装卸、堆码、搬运、验收、检查等作业时,必须轻拿轻放,防止滚动、摩擦、撞击。使用的机械有防爆措施,使用工具应不产生火花的铜制或铜合金制品。验收、整理必须在库外安全地点进行,现场有专人指导操作,现场配备一定数量的消防器材,操作完毕彻底清扫现场。参加作业人员均应穿工作服,不得赤身露体和赤脚,工作完毕洗手、漱口后方能饮食。
6) 保管期限:1年。

注意事项:火灾时可用砂土、干粉灭火机灭火,不宜用水、二氧化碳、四氯化碳、酸、碱泡沫灭火机扑救。

B4.61　品名:黄磷

编号:42001

化学式:P_4

分子量:123.89

特性:淡黄色蜡状半透明固体,能溶于液碱、苯、乙醇、易溶于二硫化碳,不溶于水。相对密度1.82(20 ℃);熔点44.1 ℃;沸点280 ℃;自燃点34 ℃。化学性质非常活泼,在常温下与空气中的氧作用而自燃,必须保存在水中;还原性强,与氧化剂作用而发生爆炸,与氯酸钾接触发生猛烈爆炸。在暗处能发光,具有恶臭。剧毒,成人如服用50 mg/kg即可致死。

包装:工业品用铁桶装,净重20~50 kg。试剂用玻璃瓶装或聚乙烯瓶内塞外盖,严密不渗不漏。黄磷注入水中,瓶装入坚固木箱,用不燃材料填实(如碳酸钙等)。

贮存条件:贮存于冬暖夏凉的一级防火建筑的库房,库温在1~30 ℃,单独贮存,与酸、碱、氧化剂、还原剂、易燃物、爆炸品等分库存放。

养护:
1) 入库验收:检查包装是否完整无损,不得沾污稳定剂,水位应高于产品。
2) 堆码苫垫:码垛时下垫石条或水泥条,垛高1.5 m,垛距80~90 cm,墙距、柱距30 cm。
3) 在库检查:班前班后坚持安全检查,每三个月进行一次质量检查,按比例抽查,发现问题扩大抽查,做好记录。
4) 温湿度管理:密封库房、通风降温,但应防止稳定剂结冰。
5) 安全作业:工作人员穿工作服戴手套,轻拿轻放,防止摔扔和撞击,抽样、包装整理必须在安全地点进行。
6) 保管期限:1年。

注意事项:火灾可用水,但须防冲溅;火灾后,再用湿砂覆盖,防止继续发生燃烧。切勿触及皮肤,以免灼伤。

B4.62　品名:连二亚硫酸钠

编号:42012(外贸);43046(内贸)

化学式:$Na_2S_2O_4$

分子量:179.13

特性：白色砂状结晶或淡黄色粉末，有特殊臭味，溶于冷水，性质不稳定，熔点55 ℃。在热水中立即分解，加热至190 ℃即可爆炸，易吸收氧而氧化，遇氧化剂、少量水或潮湿空气会引起燃烧或爆炸，并产生二氧化硫气体。

包装：500 g 瓶装、50 kg 铁桶装，包装必须坚固，封口要严密，瓶装要装入木箱，衬垫妥实，标志清楚。

贮存条件：贮存于阴凉、干燥、通风良好的库房，与氧化剂、酸类、潮湿类物质要隔离，库内保持在32 ℃以下，相对湿度在75%以下，避免日光直射。

养护：

1) 入库验收：检查包装容器，应该严密有效，瓶外无沾染异物，铁桶装应严密封闭，不漏不洒。本品应为无色或为微带淡黄色结晶或粉末，无吸潮结块，或形成一体的黏结现象。

2) 堆码苫垫：木箱装下垫高30 cm，码行列式货垛，垛高不超过2.5 m，桶装下垫20～30 cm，码3～5桶为一批的行列式货垛，桶底用薄木板（2 cm厚）拉连，以保持货垛平衡牢固，垛高3 m以下。

3) 在库检查：保管员除每日进行班前班后的货垛和库房的安全检查，雨天要检查库房是否漏雨，及时疏通水沟防止库内进水。梅雨季节，每月对包装容器封口和物品进行一次在库质量检查，其他季节每三个月检查一次。发现问题及时解决处理，并及时做好记录。

4) 温湿度管理：库房门窗要严密可靠，悬挂厚门窗帘。在干燥季节，尽量打开门通风散潮；在梅雨季节不能通风散潮时，采取门窗紧闭，出入库随手关门，防止潮湿空气侵入库内，并在库内适当放置氯化钙吸潮，或采取吸潮机库内机械吸潮等办法，以保持室内相对湿度不超过75%。

5) 安全作业：装卸堆码操作必须轻搬轻放，禁止摔碰和撞击，以免包装破裂，造成漏洒，影响安全。各项验收、质量检查、开桶、开箱、更换、整理等，均不能在库内进行，必须到指定的安全地点作业。

6) 保管期限：1年。

注意事项：如发生火灾，禁止用水、泡沫，可用干砂干粉、石粉。

B4.63 品名：烷基铝（三乙基铝）

编号：42022

化学式：$(CH_3CH_2)_3Al$

分子量：114.15

特性：无色澄清液体，能与饱和的碳氢化合物相混合。相对密度0.837(20 ℃)；沸点194 ℃；熔点-52.5 ℃；闪点约-52.7 ℃；自燃点<-52.5 ℃。为自燃品，性质活泼，与空气接触能自燃，与水剧烈反应爆炸，也能与酸类、卤素、醇类和胺类起剧烈反应。

包装：铁桶包装，桶板厚不小于1.2 mm，严密封闭。装入钢瓶内严密封闭，然后装入不可燃材料衬垫的木箱内。

贮存条件：应贮存于阴凉、干燥、通风良好的库房。可与其他同类烃基金属化合物同库贮存。库温在30 ℃以下，相对湿度在75%以下。与酸、碱、氧化剂、易燃品、遇水燃烧品、爆炸品等不同性质的物品分库分类分别贮存。

养护:
1) 入库验收:检查包装,标记是否完好、齐全,并记录。
2) 堆码苫垫:垛底应垫高 15 cm,码行列式,垛高 1.5 m 以下,走道 1.5～1.8 m,墙距、柱距 30 cm,垛距 80～90 cm。
3) 在库检查:除班前班后、风雨前中后的安全检查外,每二个月进行一次感官质量检查,发现问题及时养护,并做好记录。
4) 温湿度管理:采取密封形式,控制温湿度。

注意事项:如遇火灾,可用干砂、土或干粉灭火机扑救,禁止用水。

B4.64 品名:三异丁基铝

化学式:$[(CH_3)_2CHCH_2]_3Al$

分子量:198.33

特性:无色透明液体。相对密度 0.7876(20 ℃/4 ℃);凝固点 －5.6 ℃;沸点 114 ℃;自燃点＜4 ℃。化学性质很活泼,在空气中能强烈的发烟或着火,与水能剧烈反应而燃烧,也能与酸类、醇类、胺类、卤素剧烈反应。主要用于烯烃的聚合反应催化剂。

包装:应装入坚固铁桶内,桶口应严密不漏,铁皮厚度不小于 1.2 mm,或装入钢瓶内严密封闭,然后装入不燃材料衬垫的木箱内。内外包装均有明显的品名、规格、重量、数量、出厂日期、生产厂、"易燃""防潮""小心轻放"等标志。

贮存条件:应贮存于阴凉、干燥、通风良好的库房内,可与其他同类烃基化合物同库存放。库温在 30 ℃ 以下,相对湿度 75% 以下。与酸、碱、氧化剂、易燃品、遇水燃烧品、爆炸品等不同性质的物品,分库分类分别存放。

养护:
1) 入库验收:包装应完好无损,无水湿、雨淋痕迹,无沾染其他不同性质物品或杂物,各项标记齐全。因多系钢瓶包装,无法观察,物品一般采取用手摇动的办法,如系液体的状态,则视为正常,可做好验收记录或登载质量检查卡片。
2) 堆码苫垫:码垛时垛底应垫高 15 cm 以上,码行列式小型货垛,垛高 1.5 m 以下,走道 1.5～1.8 m,墙距、柱距 30 cm,垛距 80～90 cm,以便于安全和出入库检查操作等。
3) 在库检查:保管员除每天班前班后、风雨雪前中后的安全检查外,还应根据库存物品特点,每二个月进行一次感官质量检查,检查物品在库存期间的包装、容器和质量变化,检查方法内容与验收入库同。发现问题及时采取相应的养护措施,并做好记录。
4) 温湿度管理:采取密封库、密封包装、密封货垛、库房外墙涂白,通风降温、散潮措施。
5) 安全作业:装卸堆码,检查验收等各项操作,必须轻拿轻放,防止摩擦和撞击,不能摔、扔。工作人员须穿工作服戴手套。验收、质量检查、包装整理等各项工作,须在专门场所或安全地点进行,不得在库内操作。
6) 保管期限:1 年。

注意事项:如遇火灾,可用干砂、土或干粉灭火机扑救,禁止用水。

B4.65 品名:三丁基硼

编号:42030

化学式：$(CH_3CH_2CH_2CH_2)_3B$

分子量：182.2

特性：无色液体，能溶于多数有机溶剂，不溶于水。相对密度0.747(25 ℃)；沸点170 ℃ (29 597.4 Pa)；闪点84 ℃。化学性质比较活泼，在空气中能自燃，因此容器中都充满惰性气体。主要用于石油化学、催化剂等。

包装：应装入坚固铁桶内，桶口应严密不漏，铁皮厚度不小于1.2 mm；或装入钢瓶内严密封闭，然后装入不燃材料衬垫的木箱内。内外包装均有明显的品名、规格、重量、数量、出厂日期、生产工厂、"易燃""防潮""小心轻放"等标志。

贮存条件：应贮存于阴凉、干燥、通风良好的库房内，可与其他同类烃基金属化合物同库贮存。库温在30 ℃以下，相对湿度75%以下。与酸、碱、氧化剂、易燃品、遇水燃烧品、爆炸品等不同性质的物品，分库分类分别贮存。

养护：

1) 入库验收：包装应完好无损，无水湿、雨淋痕迹，无沾染其他不同性质的物品或杂物，各项标记齐全。因多系钢瓶包装，无法观察，物品一般采取用手摇动的方法，如系液体的动态，即视为正常，可作为验收记录及登载质量检查卡片。

2) 堆码苫垫：码垛时垛底应垫高15 cm以上，码行列式小型货垛，垛高1.5 m以下，走道1.50~1.80 m，墙距、柱距30 cm，垛距80~90 cm，以便于安全和出入库检查操作等。

3) 在库检查：保管员除每天进行班前班后、风雨雪前中后的安全检查外，还应根据库存物品特点，每二个月对库存物品进行一次感官质量检查，检查物品在库存期间的包装、容器和质量变化，检查方法、内容与入库验收同，发现问题及时采取相应的养护措施，并做好记录。

4) 温湿度管理：采取密封库、密封包装、密封货垛、库房外墙涂白，通风降温、散潮措施。

5) 安全作业：装卸堆码、检查、验收等各项操作，必须轻拿轻放，防止摩擦和撞击，不得摔扔。工作人员需穿工作服戴手套。验收、质量检查、包装整理等各项操作，须在专门场所或安全地点进行，不得在库内操作。

6) 保管期限：1年。

注意事项：如遇火灾，可用大量干砂、土或干粉灭火机扑救，禁止用水。

B4.66 品名：硝化纤维片基

编号：42035

别名：硝化纤维胶片

特性：能溶于丙酮及醇醚混合液中。化学性质主要表现为硝酸纤维素酯的高度可燃性，长期贮存在高温高湿，尤其是在碱性物质或蒸气作用下，极易分解脱硝或皂水脱硝而自燃，同时产生剧毒的氮氧化物气体。

包装：金属盒包装，再装入金属容器，或装入坚固木箱中密封，净重50 kg。

贮存条件：单独贮存于低温、干燥的一级防火建筑库房，库温在28 ℃以下，相对湿度在80%以下。

养护：

1) 入库验收:验包装完好无损,无沾染,无水湿、雨淋。
2) 堆码苫垫:垛底应垫高 15 cm,垛高 1.5 m,垛距 80～90 cm,墙距、柱距 30 cm。
3) 在库检查:班前班后检查,每二个月一次感官检查。
4) 温湿度管理:密封并采取通风降温、散潮并控制温湿度。
5) 安全作业:轻拿轻放,并防止摩擦、震动和撞击。操作不准在库内进行,并要配备必要的灭火器材和用具。
6) 保管期限:半年。

注意事项:一旦着火即一燃而尽,须用大量水扑救,如其他物品被引燃,须用相应的器材扑救,抢救人员要戴防毒面具或氧气呼吸器。发现中毒者立即移至新鲜空气处或用氧气帮助呼吸并保持身体温暖。

B4.67 品名:锂

编号:43001

别名:金属锂

化学式:Li

特性:锂为银白色软金属。相对密度 0.534(25 ℃);熔点 179 ℃;沸点 1 317 ℃;发火点 180 ℃;蒸气压 133.3 Pa(723 ℃)。锂在空气中表面逐渐氧化成黄色。遇湿空气、水或酸立即剧烈分解放出氢,能引起燃烧爆炸。与氧、硫、磷、氮、卤素等混合,引起放热反应。溶于液氨。遇硝酸燃烧。主要用于还原剂、氰化剂及有机合成。

包装:盛于玻璃瓶或铁桶内,因为比重很小,必须先将产品盛于瓶(桶)中,然后再用熔融的固体石蜡浇铸封闭严密,或用玻璃瓶直接熔封,绝对隔绝空气,然后再装入用不燃材料作衬垫的木箱内。瓶、桶、箱内外都有明显的品名、规格、重量、出厂日期、生产工厂、"遇湿燃烧""勿倒置"等标志。

贮存条件:贮存于干燥、阴凉、通风地势高的库房,库内不得漏雨水。与氧化剂、酸类、卤素、含水物质要分库存放。防止日光照射,温度要求在 30 ℃以下,相对湿度应控制在 75% 以下。

养护:
1) 入库验收:物品包装应符合要求,用不燃材料衬垫,桶、瓶、箱坚固不漏,能保证物品在贮存过程中的安全。物品应浸没在稳定剂中,物品表面应有光泽,只允许有极薄的氧化膜存在,不能外露出稳定剂液面,如出现膨松状态即是变质。
2) 堆码苫垫:应根据库房地势条件,垛底垫高至少 30 cm,码 2 箱或 2 桶一批的行列式货垛,其高度不超过两层,货垛要牢固可靠,垛距 80～90 cm,墙距、柱距 30 cm。
3) 在库检查:保管员除每日班前班后对库房货垛、物品等安全检查外,还应按规定每三个月开箱开桶进行一次质量检查,查看包装容器封口和物品体,与入库验收记录相对照,有无变化和异状,发现问题及时采取各种有效的修补、整理、添加稳定剂等措施。
4) 温湿度管理:锂极易吸入空气中的水分而变质,遇水则立即引起燃烧或爆炸。在干燥季节,要充分利用自然气候通风降潮;在夏季或梅雨季节,则库房密封,同时采取库内放氯化钙、生石灰或用去湿机吸潮等措施,以保持库内相对湿度不超过 75%。

5) 安全操作:在搬运操作中,特别注意轻搬轻放,防止震动,而使桶瓶破裂,造成稳定剂流失,发生危险。各项验收、整理、换装、质量检查等操作,必须在库外安全地点进行。

6) 保管期限:1 年。

注意事项:在雨天关闭门窗,停止出库、入库等业务活动。如遇火灾,禁止用水和泡沫灭火机,可用干砂、石灰粉、干粉。皮肤灼烧后,用大量水冲洗,然后用 0.5%～10% 乙酸冲洗,再用清水冲洗,严重者可送往医院治疗。

B4.68 品名:钠

编号:43002

别名:金属钠

化学式:Na

特性:银白色蜡状软金属,常温下可用刀切开,具有较好的延展性,在 $-20\ ℃$ 时开始脆硬。在 $100\ ℃$ 时开始蒸发,其蒸气可侵蚀玻璃。相对密度 0.9 710(20 ℃);熔点 97.81 ℃;沸点 892 ℃;自燃点$>115\ ℃$(在干燥空气中)。钠呈强碱性,并能腐蚀人体,在氯、氟中能剧烈燃烧,燃烧时火焰呈黄色。钠能与水发生剧烈反应,生成氢氧化钠和氢。与酸作用生成相应的盐类和氢,同时能立即燃烧爆炸。主要用于制造氢化钠、染料中间体及药物、还原剂和脱水剂。

包装:250 g、500 g 塑料瓶、玻璃瓶装,10 kg、20 kg 铁听装,包装必须密封,无渗漏再装入木箱,箱内填充足够的不燃性内衬物(如碳酸钙等)。包装外应注明品名、规格、产地、出厂日期、重量及"遇水燃烧物品""请勿倒置"等标志。

贮存条件:贮存于干燥、阴凉、通风良好的库房,要隔绝热源、火种与氧化剂、酸类。贮存防止日光直射,库温度应控制在 30 ℃ 以下,相对湿度在 75% 以下。

养护:

1) 入库验收:包装应符合要求,用不燃材料衬垫,桶、瓶、箱坚固不漏,能保证物品在贮存过程中的安全。物品应浸没在稳定剂中,物品表面应有光泽,只允许有极薄的氧化膜存在,不能外露出稳定剂液面,如出现膨松状态即是变质。

2) 堆码苫垫:应根据库房地势条件,垛底垫高至少 30 cm,码 2 箱或 2 桶一批的行列式货垛,其高度不超过两层,货垛要牢固可靠,垛距 80～90 cm,墙距、柱距 30 cm。

3) 在库检查:保管员除每日班前班后对库房货垛、物品等安全检查外,还应按规定每三个月开箱开桶进行一次质量检查,查看包装容器封口和物品,与入库验收记录相对照,有无变化和异状,发现问题及时采取各种有效的修补、整理、添加稳定剂等措施。

4) 温湿度管理:钠极易吸收空气中的水分而变质,遇水则立即引起燃烧或爆炸。在干燥季节,要充分利用自然气候,通风降潮;在夏季或梅雨季节,则库房密封,同时采取库内放氯化钙、生石灰或用去湿机吸潮等措施,以保持库内相对湿度不超过 75%。

5) 安全操作:在搬运操作中,特别注意轻搬轻放,防止震动,而使桶瓶破裂,造成稳定剂流失,发生危险。各项验收、整理、换装、质量检查等操作,必须在库外安全地点进行。

6) 保管期限:1 年。

注意事项:在雨天关闭门窗,停止出库、入库等业务活动。如遇火灾,禁止用水和泡沫灭火机,可用干砂、石灰粉、干粉。皮肤灼烧后,用大量水冲洗,然后用0.5%～10%乙酸冲洗,再用清水冲洗,严重者可送往医院治疗。

B4.69 品名:钾

编号:43003

分子量:39.10

特性:银白色软金属,常温下容易用刀切开,能溶于液氨、苯胺、汞和钠中。相对密度0.862(20 ℃);熔点63.65 ℃;沸点774 ℃。化学性质比钠活泼,在干燥空气中易氧化,遇水、潮湿空气或酸能发生剧烈反应,产生大量热并放出氢引起燃烧,燃烧时放出紫色火焰。主要用于制造过氧化钾、合金的热交换等。

包装:100 g、250 g、1 kg塑料瓶、玻璃瓶、铁听,40 kg铁桶装。包装不得渗漏,封口必须严密,钾必须浸泡在对钾无溶解性、无化学反应的甲苯、煤油、液体石蜡等液体中,也可以放置在有惰性气体或真空容器中,然后放入木箱,箱内填充不燃性衬垫物。包装外应注明品名、规格、等级、产地、出厂日期、净重、毛重及"遇水燃烧""请勿倒置"等标志。

贮存条件:贮存于干燥、阴凉、通风、地势高的库房,库内不得漏雨水。与氧化剂、酸类、卤素、含水物质要分库存放。防止日光照射,温度要求在30 ℃以下,相对湿度应控制在75%以下。

养护:

1) 入库验收:包装应符合要求,用不燃材料衬垫,桶、瓶、箱坚固不漏,能保证物品在贮存过程中的安全。物品应浸没在稳定剂中,物品表面应有光泽,只允许有极薄的氧化膜存在,不能外露出稳定剂液面,如出现膨松状态即是变质。

2) 堆码苫垫:应根据库房地势条件,垛底垫高至少30 cm,码2箱或2桶一批的行列式货垛,其高度不超过两层,货垛要牢固可靠,垛距80～90 cm,墙距、柱距30 cm。

3) 在库检查:保管员除每日班前班后对库房货垛、物品等安全检查外,还应按规定每三个月开箱开桶进行一次质量检查,查看包装容器封口和物品,与入库验收记录相对照,有无变化和异状,发现问题及时采取各种有效的修补、整理、添加稳定剂等措施。

4) 温湿度管理:钾极易吸收空气中的水分而变质,遇水则立即引起燃烧或爆炸。在干燥季节,要充分利用自然气候,通风降潮;在夏季或梅雨季节,则库房密封,同时采取库内放氯化钙,生石灰或用去湿机吸潮等措施,以保持库内相对湿度不超过75%。

5) 安全操作:在搬运操作中,特别注意轻搬轻放,防止震动,而使桶瓶破裂,造成稳定剂流失,发生危险。各项验收、整理、换装、质量检查等操作,必须在库外安全地点进行。

6) 保管期限:1年。

注意事项:在雨天关闭门窗,停止出库、入库等业务活动。如遇火灾,禁止用水和泡沫灭火机,可用干砂、石灰粉、干粉。皮肤灼烧后,用大量水冲洗,然后用0.5%～10%乙酸冲洗,再用清水冲洗,严重者可送往医院治疗。

B4.70 品名:钾钠合金

编号:43004

分子式:(Na44%,K56%)

特性:本品为银白色软质固体或液体,在常温下为液态,无味,无毒。相对密度0.886;熔点19 ℃;沸点825 ℃。钾钠合金遇酸、二氧化碳、潮湿空气、水能发生剧烈反应和燃烧甚至爆炸。接触氧、卤素、氧化剂、四氯化碳、三氯甲烷、二氯甲烷等也会引起燃烧爆炸。主要用于热交换液体,有机合成催化剂,核反应堆的冷却剂,焊接金属,制取乙酸、氰化物、聚氯乙烯、氯丁橡胶等。

包装:装入500 g、1 000 g玻璃瓶或50 kg、100 kg、200 kg坚固铁桶,包装严密封口,桶盖应牢固,盖上应衬厚纸或胶垫密封,为防止桶内气体的引燃,桶内应充氮气。容器外应注明品名、规格、产地、净重、生产日期及"遇湿燃烧""怕潮"的标志。

贮存条件:贮存于干燥、阴凉、通风库房,禁止存放在露天。相对湿度控制在75%以下,不可与易燃物、强酸类共贮。

养护:
1) 入库验收:包装应完整密封,桶盖胶垫齐全,大小螺丝拧紧有效,无受潮、雨淋、水湿现象。物品呈块状,无风化,观察是否吸水成为粉末或测定产生气体数量以检测物品质量是否合格,做好记录。
2) 堆码苫垫:可选择干燥、地势高,便于控制湿度的库房,水泥地面,垛底垫高至少30 cm,码行列垛,垛高不超过两层,垛距80~90 cm,墙距、柱距30 cm。
3) 在库检查:保管员每天班前班后必须对货垛及库房环境进行详细的安全检查,特别是雨天,更应特别检查库房是否漏雨,库房周围排水是否畅通,防止库房进水。此外应在夏季每月,其他季节每三个月定期对库房物品进行一次检查,主要检查包装容器和物品在库变化情况,发现问题及时采取容器密封、用修补剂修补破桶等有效措施(绝对禁用锡、电气焊),并详细做好记录。
4) 温湿度管理:库房内要采取密封、通风和吸潮相结合的温湿度管理办法,充分利用冬春干燥季节进行开门通风降潮;雨季不能通风降潮时,可采取库房内放氯化钙的吸潮办法,以保持库内干燥,保持物品质量。
5) 安全作业:装卸搬运要轻拿轻放,防止撞击、摩擦、震动,不得在水泥地面滚动,如须滚动,也必须下垫木板或胶板,绝对不准在库内开桶敲击,开桶检查操作均在库外安全地点进行。如系大桶装,人工操作,人必须站在桶的中间,不得站在桶的两端,以防万一爆炸伤人。由于包装重量大,各项操作最好使人力推车或防爆机具装卸和堆码,以保证人身、物品和仓库安全。
6) 保管期限:1年。

注意事项:灭火时,禁止用水和灭火机,只可用干砂、干粉和石灰粉。不可在雨天作业。如发现头昏、头痛、呕吐,速移至新鲜空气处,重者马上送往医院治疗。

B4.71 品名:钙

编号:43005

别名:金属钙

化学式:Ca

分子量:40.08

特性:钙为碱土金属,银白色稍软。相对密度1.54(20 ℃);熔点842 ℃;沸点1 484 ℃;

蒸气压1 333.2 Pa(983 ℃)。本品在空气中表面氧化成灰色粘附的保护膜,在真空中熔点以下能升华。受高温或接触强氧化剂时,即发生燃烧和爆炸。遇水和酸发生反应,而放出大量氢和热,并能引起燃烧,燃烧时发出红色火焰。主要用于与铝、铜、铅制合金,合金的脱氧剂,油脂的脱氢剂。

包装:100 g、250 g、1 kg塑料瓶、玻璃瓶、铁听,40 kg铁桶装。包装不得渗漏,封口必须严密,钙必须浸泡在对钙无溶解性、无化学反应的甲苯、煤油、液体石蜡等液体中,也可以放置在有惰性气体或真空容器中,然后放入木箱,箱内填充不燃性衬垫物。包装外应注明品名、规格、等级、产地、净重、毛重、生产日期及"遇水燃烧""请勿倒置"的标志。

贮存条件:贮存于干燥、阴凉、通风地势高的库房,库内不得漏雨水。与氧化剂、酸类、卤素、含水物质要分库存放。防止日光照射,温度要求在30 ℃以下,相对湿度应控制在75%以下。

养护:
1) 入库验收:物品包装应符合要求,用不燃材料衬垫,桶、瓶、箱坚固不漏,能保证物品在贮存过程中的安全。物品应浸没在稳定剂中,其表面应有光泽,只允许有极薄的氧化膜存在,不能外露出稳定剂液面,如出现膨松状态即是变质。
2) 堆码苫垫:应根据库房地势条件,垛底垫高至少30 cm,码2箱或2桶一批的行列式货垛,其高度不超过两层,货垛要牢固可靠,垛距80~90 cm,墙距、柱距30 cm。
3) 在库检查:保管员每天班前班后必须对货垛、物品等安全检查外,还应按规定每三个月开箱开桶进行一次质量检查,查看包装容器封口和物品,与入库验收记录相对照,有无变化和异状,发现问题及时采取各种有效的修补、整理、添加稳定剂等措施。
4) 温湿度管理:钙极易吸收空气中的水分而变质,遇水则立即引起燃烧或爆炸。在干燥季节,要充分利用自然气候,通风降潮;在夏季或梅雨季节则库房密封,同时采取库内放氯化钙、生石灰或用去湿机吸潮等措施,以保持库内相对湿度不超过75%。
5) 安全作业:在搬运操作中,特别注意轻搬轻放,防止震动而使桶瓶破裂,造成稳定剂流失,发生危险。各项验收、整理、换装、质量检查等操作,必须在库外安全地点进行。
6) 保管期限:1年。

注意事项:在雨天关闭门窗,停止出库、入库等业务活动。如遇火灾,禁止用水和泡沫灭火机,可用干砂、石灰粉和干粉。皮肤灼烧后,用大量水冲洗,然后用0.5%~10%乙酸冲洗,再用清水冲洗,严重者可送往医院治疗。

B4.72　品名:铷

编号:43006

别名:金属铷

化学式:Rb

分子量:85.5

特性:银白色蜡状金属。相对密度1.532(固体20 ℃),1.475(液体39 ℃);熔点388 ℃;沸点688 ℃。在空气中易氧化,遇乙醇分解,遇水或潮湿空气时可发生剧烈反应,产生氢和大量的热并发生燃烧或爆炸,与氧化剂、卤素接触可产生强烈反应而引起燃烧。主要用于光电池、真空管和催化剂。

包装:10 g、50 g、100 g装。铷必须浸泡在石油或有惰性气体、真空的铁盒或安瓿中,装入木箱,包装箱内必须用不燃物做衬垫。包装外注明品名、规格、生产厂、生产日期、净重、"遇水燃烧"等标志。

贮存条件:贮存于干燥、阴凉、通风、地势高的库房,库内不得漏雨水。与氧化剂、酸类、卤素、含水物质要分库存放。防止日光照射,温度要求在30 ℃以下,相对湿度应控制在75%以下。

养护:

1) 入库验收:包装应符合要求,用不燃材料衬垫,桶、瓶、箱坚固不漏,能保证物品在贮存过程中的安全,物品应浸没在稳定剂中,其表面应有光泽,只允许有极薄的氧化膜存在,不能外露出稳定剂液面,如出现膨松状态即是变质。

2) 堆码苫垫:应根据库房地势条件,垛底垫高至少30 cm,码2箱或2桶一批的行列式货垛,其高度不超过两层,货垛要牢固可靠,垛距80~90 cm,墙距、柱距30 cm。

3) 在库检查:保管员每天班前班后必须对货垛、物品等进行安全检查外,还应按规定每三个月开箱开桶进行一次质量检查,查看包装容器封口和物品,与入库验收记录相对照,有无变化和异状,发现问题及时采取各种有效的修补、整理、添加稳定剂等措施。

4) 温湿度管理:铷极易吸收空气中的水分而变质,遇水则立即引起燃烧或爆炸,在干燥季节要充分利用自然气候通风降潮;在夏季或梅雨季节则库房密封,同时采取库内放氯化钙、生石灰或用去湿机吸潮等措施,以保持库内相对湿度不超过75%。

5) 安全作业:在搬运操作中,特别注意轻搬轻放,防止震动而使桶瓶破裂,造成稳定剂流失,发生危险。各项验收、整理、换装、质量检查等操作,必须在库外安全地点进行。

6) 保管期限:1年。

注意事项:在雨天关闭门窗,停止出库、入库等业务活动。如遇火灾,禁止用水和泡沫灭火机,可用干砂、石灰粉和干粉。皮肤灼烧后,用大量水冲洗,然后用0.5%~10%乙酸冲洗,再用清水冲洗,严重者可送往医院治疗。

B4.73 品名:铯

编号:43007

别名:金属铯

化学式:Cs

分子量:132.91

特性:银白色柔软金属或银白色液体。相对密度1.873(20 ℃);熔点28.5 ℃;沸点705 ℃。铯的化学性质非常活泼,危险性大于钾钠,在潮湿的空气中能自燃。遇酸、水能发生强烈的化学反应,产生蒸气和热而燃烧爆炸。与氧、磷、硫、卤素能剧烈反应,发生燃烧和爆炸。主要用于光电池、电子管的吸气剂、氢催化剂等。

包装:10 g、50 g铁盒或安瓿装,包装不得渗漏,封口必须严密,铯必须浸泡在石油或惰性气体或真空的容器中,外包装箱必须用不燃材料,衬垫妥实。包装外应注明品名、规格、产地、生产日期、净重及"遇湿燃烧"的标志。

贮存条件:贮存于干燥、阴凉、通风的库房内,因包装小,最好放入货架或柜内,防止高温、日光直射。温度要求控制在 30 ℃以下,相对湿度应控制在 75%以下。与氧化剂、酸、卤素等分别存放。

养护:

1) 入库验收:包装应符合要求,用不燃材料衬垫,桶、瓶、箱坚固不漏,能保证物品在贮存过程中的安全。物品应浸没在稳定剂中,其表面应有光泽,只允许有极薄的氧化膜存在,不能外露出稳定剂液面,如出现膨松状态即是变质。

2) 堆码苫垫:应根据库房地势条件,垛底垫高至少 30 cm,码 2 箱或 2 桶一批的行列式货垛,其高度不超过两层,货垛要牢固可靠,垛距 80~90 cm,墙距、柱距 30 cm。

3) 在库检查:保管员每天班前班后必须对货垛、物品等进行安全检查外,还应按规定每三个月开箱开桶进行一次质量检查,查看包装容器封口和物品,与入库验收记录相对照,有无变化和异状,发现问题及时采取各种有效的修补、整理、添加稳定剂等措施。

4) 温湿度管理:铯极易吸收空气中的水分而变质,遇水则立即引起燃烧或爆炸。在干燥季节,要充分利用自然气候,通风降潮;在夏季或梅雨季节则库房密封,同时采取库内放氯化钙、生石灰或用去湿机吸潮等措施,以保持库内相对湿度不超过 75%。

5) 安全作业:在搬运操作中,特别注意轻搬轻放,防止震动而使桶瓶破裂,造成稳定剂流失,发生危险。各项验收、整理、换装、质量检查等操作,必须在库外安全地点进行。

注意事项:在雨天关闭门窗,停止出库、入库等业务活动。如遇火灾,禁止用水和泡沫灭火机,可用干砂、石灰粉和干粉。皮肤灼烧后,用大量水冲洗,然后用 0.5%~10%乙酸冲洗,再用清水冲洗,严重者可送往医院治疗。

B4.74　品名:锶

编号:43008

别名:金属锶

化学式:Sr

分子量:87.63

特性:锶为银白色或淡黄色软金属,能溶于乙醇中。相对密度 2.54;熔点 1 384 ℃;蒸气压 1 333.2 Pa(898 ℃)。化学性质活泼,在空气中加热能燃烧,遇稀酸或水分解,放出氢及热量,并能引起燃烧,燃烧时发出深红色火焰。粉末状的锶能与水发生强烈的化学反应而产生氢,有燃烧爆炸的危险性。主要用于合金、电子管吸气剂、制造焰火等。

包装:100 g、250 g、1 kg 塑料瓶、玻璃瓶、铁听,40 kg 铁桶装。包装不得渗漏,封口必须严密,锶必须浸泡在对锶无溶解性、无化学反应的甲苯、煤油、液体石蜡等液体中,也可以放置在有惰性气体或真空容器中,然后放入木箱,箱内填充不燃性衬垫物。包装外应注明品名、规格、等级、产地、出厂日期、净重、毛重及"遇水燃烧""请勿倒置"的标志。

贮存条件:贮存于干燥、阴凉、通风、地势高的库房,库内不得漏雨水。与氧化剂、酸类、卤素、含水物质要分库存放。防止日光照射,温度要求控制在 30 ℃以下,相对湿度应控制在

75%以下。

养护：
1) 入库验收：包装应符合要求，用不燃材料衬垫，桶、瓶、箱坚固不漏，能保证物品在贮存过程中的安全。物品应浸没在稳定剂中，其表面应有光泽，只允许有极薄的氧化膜存在，不能外露出稳定剂液面，如出现膨松状态即是变质。
2) 堆码苫垫：应根据库房地势条件，垛底垫高至少30 cm，码2箱或2桶一批的行列式货垛，其高度不超过两层，货垛要牢固可靠，垛距80～90 cm，墙距、柱距30 cm。
3) 在库检查：保管员每天班前班后必须对货垛、物品等进行安全检查外，还应按规定每三个月开箱开桶进行一次质量检查，查看包装容器封口和物品，与入库验收记录相对照，有无变化和异状，发现问题及时采取各种有效的修补、整理、添加稳定剂等措施。
4) 温湿度管理：锶极易吸收空气中的水分而变质，遇水则立即引起燃烧或爆炸。在干燥季节，要充分利用自然气候，通风降潮；在夏季或梅雨季节则库房密封，同时采取库内放氯化钙、生石灰或用去湿机吸潮等措施，以保持库内相对湿度不超过75%。
5) 安全作业：在搬运操作中，特别注意轻搬轻放，防止震动而使桶瓶破裂，造成稳定剂流失，发生危险。各项验收、整理、换装、质量检查等操作，必须在库外安全地点进行。
6) 保管期限：1年。

注意事项：在雨天关闭门窗，停止出库、入库等业务活动。如遇火灾，禁止用水和泡沫灭火机，可用干砂、石灰粉和干粉。皮肤灼烧后，用大量水冲洗，然后用0.5%～10%乙酸冲洗，再用清水冲洗，严重者可送往医院治疗。

B4.75 品名：钾汞齐

编号：43010

别名：钾汞膏、钾汞合金

化学式：K_xHg_y

特性：为金属钾与汞熔融而成的合金，银白色液体或多孔性结晶块状。在空气或氧中加热时会发生强烈的燃烧或爆炸，同时产生大量有毒气体。与水、潮湿空气、酸类接触会发生化学反应并产生易燃气体，受热时发出有毒蒸气。主要用于制备氢、金属卤化物及有机化合物的还原剂。

包装：应放置在塑料瓶或磨口玻璃瓶中，严密封口后再装入木箱内，瓶外用衬垫物塞紧。包装外要注明品名、规格、产地、净重、生产日期等及"遇水燃烧"标志。

贮存条件：应贮存于阴凉、干燥、通风库房，库房不得漏雨、进水，相对湿度要控制在75%以下。与氧化剂、酸类及含水物质、卤素等分离存放。

养护：
1) 入库验收：包装应符合要求，用不燃材料衬垫，桶、瓶、箱坚固不漏，能保证物品在贮存过程中的安全。物品应浸没在稳定剂中，其表面应有光泽，只允许有极薄的氧化膜存在，不能露出稳定剂液面，如出现膨松状态即是变质。
2) 堆码苫垫：应根据库房地势条件，垛底垫高至少30 cm，码2箱或2桶一批的行列

3) 在库检查:保管员每天班前班后必须对货垛、物品等安全检查外,还应按规定每三个月开箱开桶进行一次质量检查,查看包装容器封口和物品,与入库验收记录相对照,有无变化和异状,发现问题及时采取各种有效的修补、整理、添加稳定剂等措施。

4) 温湿度管理:本品极易吸收空气中的水分而变质,遇水则立即引起燃烧或爆炸。在干燥季节,要充分利用自然气候,通风降潮;在夏季或梅雨季节则库房密封,同时采取库内放氯化钙、生石灰或用去湿机吸潮等措施,以保持库内相对湿度不超过75%。

5) 安全作业:在搬运操作中,特别注意轻搬轻放,防止震动而使桶瓶破裂,造成稳定剂流失,发生危险。各项验收、整理、换装、质量检查等操作,必须在库外安全地点进行。

6) 保管期限:1年。

注意事项:灭火时禁止用水、泡沫灭火机,可用干燥黄砂、干粉、石灰粉。在高温时产生有毒蒸气,中毒者及时送往医院治疗。

B4.76　品名:钠汞齐

编号:43010

别名:钠汞膏

化学式:Na_xHg_y

特性:银白色液体或多孔性固体结晶块状,含有2%～20%的金属钠,其余是汞。如果含金属钠低于2%则为液体状态。熔点−36.8 ℃。钠汞齐能与水、潮湿空气、酸类发生剧烈反应,放出氢。在空气、氧气中加热时能发生强烈燃烧或爆炸。主要用于制备氢及有机化合物的还原剂。

包装:100 g、250 g、1 kg塑料瓶、玻璃瓶、铁听,40 kg铁桶装。包装不得渗漏,封口必须严密,必须浸没在无溶解性、无化学反应的甲苯、煤油、液体石蜡等液体中,也可以放置在有惰性气体或真空容器中,然后放入木箱,箱内填充不燃性衬垫物。包装外应注明品名、规格、等级、产地、出厂日期、净重、毛重及"遇水燃烧""请勿倒置"的标志。

贮存条件:贮存于干燥、阴凉、通风、地势高的库房,库内不得漏雨水。与氧化剂、酸类、卤素、含水物质要分库存放。防止日光照射,温度要求控制在30 ℃以下,相对湿度应控制在75%以下。

养护:

1) 入库验收:包装应符合要求,用不燃材料衬垫,桶、瓶、箱坚固不漏,能保证物品在贮存过程中的安全。物品应浸没在稳定剂中,其表面应有光泽,只允许有极薄的氧化膜存在,不能外露出稳定剂液面,如出现膨松状态即是变质。

2) 堆码苫垫:应根据库房地势条件,垛底垫高至少30 cm,码2箱或2桶一批的行列式货垛,其高度不超过两层,货垛要牢固可靠,垛距80～90 cm,墙距、柱距30 cm。

3) 在库检查:保管员每天班前班后必须对货垛、物品等进行安全检查外,还应按规定每三个月开箱开桶进行一次质量检查,查看包装容器封口和物品,与入库验收记录相对照,有无变化和异状,发现问题及时采取各种有效的修补、整理、添加稳定剂等措施。
4) 温湿度管理:极易吸入空气中的水分而变质,遇水则立即引起燃烧或爆炸。在干燥季节,要充分利用自然气候,通风降潮;在夏季或梅雨季节则库房密封,同时采取库内放氯化钙、生石灰或用去湿机吸潮,以保持库内相对湿度不超过75%。
5) 安全作业:在搬运操作中,特别注意轻搬轻放,防止震动而使桶瓶破裂,造成稳定剂流失,发生危险。各项验收、整理、换装、质量检查等操作,必须在库外安全地点进行。
6) 保管期限:1年。

注意事项:在雨天关闭门窗,停止出库、入库等业务活动。如遇火灾,禁止用水和泡沫灭火机,可用干砂、石灰粉和干粉。皮肤灼烧后,用大量水冲洗,然后用0.5%~10%乙酸冲洗,再用清水冲洗,严重者可送往医院治疗。

B4.77 品名:镁粉

编号:43012

别名:金属镁粉

化学式:Mg

分子量:24.31

特性:银白色有光泽的金属粉末;制成带状体叫镁带,屑状的叫镁屑等。相对密度1.74(5 ℃);熔点651 ℃;沸点1 107 ℃;着火点550~650 ℃;燃烧温度3 000 ℃;最小点火能量20 mJ。镁的性质比较活泼,在空气中表面氧化生成无光泽的薄膜,遇火即燃烧而发出耀眼白光,同时冒白烟;常温下与水反应缓慢产生氢气和热,与稀酸反应剧烈生成氢气,与铵盐溶液反应生成复盐;红热时能还原一氧化碳、二氧化碳、氧化氮和氧化亚氮。能与氮、硫、卤素、磷和砷直接化合,200 ℃时能与甲醇反应生成甲醇镁。镁粉、镁屑、镁带都是易燃固体;粉末在空气中飞扬,能形成爆炸混合物,遇火即发生粉尘爆炸。为强还原剂,当与氧化剂混合后,则成为爆炸性混合物。

包装:化学试剂为玻璃瓶装,每瓶500 g,每20瓶装入一坚固木箱,箱板厚不小于1 cm,箱外两头加两道铁丝捆扎,瓶与瓶之间及瓶底下和瓶上层,均用松软材料(如塑料气泡垫、瓦楞纸板等)衬垫妥实。工业品为金属桶内衬塑料袋装,每桶20 kg,外套花格木箱。各种包装都必须严密封闭,内外包装有明显的"遇湿燃烧""小心轻放"等标志并注明品名、规格、重量、生产工厂、出厂日期、注意事项等。

贮存条件:应贮存于阴凉、通风、干燥的库房内,门窗开关灵活,便于通风和密封,仓玻璃涂白防止日光直晒,库温保持在32 ℃以下。库房照明和排风设备应使用防爆和封闭式电器,严禁用明火照明。可与其他金属粉或性质相同的易燃固体同库贮存。与氧化剂、酸类、氯、氟等卤族元素及相互反应的物品分库存放。

养护:
1) 入库验收:包装应完整无破损,无受潮、水湿现象,包装上无其他性质不同的沾染物,包装衬垫符合包装要求,物品无异变,无可见杂物,无受潮结块现象。桶装不打开时,可用手摇动听声,有松散感时,即为好品;如有时桶内底层有水,应翻倒检查。
2) 堆码苫垫:桶、箱包装码垛,垫高均不低于20 cm,码行列式货垛,要求整齐、牢固、不斜不倒,垛高不超过2.5 m,垛距80~90 cm,墙距、柱距不小于30 cm。

3) 在库检查:保管员除每日进行班前班后和风雨雪前中后对库房货垛和物品的安全检查外,还应每三个月进行一次质量检查,检查内容与入库验收同,以便随时掌握库存物品的变化情况,发现问题,如封口不严、受潮等,应及时采取封闭、干燥、催调出库等养护措施,并做好记录。

4) 温湿度管理:梅雨季节,应根据当地和库房温湿度变化,及时做好库房密封,通风和库内吸潮等工作。

5) 安全作业:操作人员必须穿工作服、戴手套和口罩,轻拿轻放,防止摩擦和撞击。使用不产生火花的铜制或铜合金制工具,机械操作须有防爆措施,以避免操作现场产生高热或火花。验收、质量检查、加工整理、拆钉包装等,必须在库外专门场所或指定地点进行,现场有专人指导操作,并备有相应的消防灭火器材,操作完毕将现场打扫干净。

6) 保管期限:2年。

注意事项:火灾时可用干砂、干粉灭火剂,不可使用泡沫、四氯化碳或二氧化碳灭火。粉尘稍有刺激性,应使吸入粉尘的患者脱离现场,安置休息并保持温暖;眼部受刺激用水冲洗并就医诊治;皮肤接触,先用水冲洗,再用肥皂水彻底洗净。

B4.78 品名:镁铝粉

编号:43012

化学式:$Mg+Al$

特性:系镁粉和铝粉按一定比例混合而成的,如果单纯的镁粉或铝粉吸潮或遇水,能生成相应的氢氧化物保护膜,阻止了反应的继续进行,二者混合之后的氢氧化镁和氢氧化铝可能发生反应,生成偏铝酸镁,破坏了氢氧化镁和氢氧化铝的保护层作用,使镁和铝不断地和水发生剧烈的反应,同时放出大量的氢和热,引起燃烧。

包装:工业品装入坚固铁桶,桶口严密不漏,桶皮厚度不小于1.2 mm。试剂品为玻璃瓶装,每20瓶装入一木箱,箱内用松软材料衬垫妥实,箱外用铁丝或铁皮加固。箱外应有生产厂名称、出厂日期及"遇湿燃烧""怕潮"等标志。

贮存条件:应贮存于地势高、干燥的库房内,库内相对湿度保持在80%以下。可与其他遇水燃烧的金属或粉末同库贮存,应与易燃液体、酸类、强碱、氧化剂及其他含水物品分库贮存。

养护:
1) 入库验收:验包装容器,在运输途中有无遭受雨淋或与不同性质的物品的混装混运,外包装上不得沾染异物,包装容器封闭严密无破漏损毁。物品无黏结或结块现象,用手摇动粉末或成散状或粉末扬起。

2) 堆码苫垫:仓库内地面高或水泥地面可垫高15~20 cm,码行列式货垛,铁桶应垫2 cm厚的木板,垛高不超过2.5 m。

3) 在库检查:保管员每日班前班后进行货垛和库房的安全检查外,还应每三个月进行一次物品质量检查,发现问题及时解决,并做好检查记录。

4) 温湿度管理:主要是采取密封库房和通风及库内吸潮相结合的温湿度管理办法,以保持库内干燥,也可利用自然气候,在干燥季节长时间进行通风散潮,尽可能保持库内湿度不超过80%。

5) 安全操作:搬运装卸要轻拿轻放,防止摩擦和撞击。使用的各种工具应为铜或铜合金制工具。验收、质量检查、整理、拆钉包装等各项操作,均不得在库内进行,应在库外或指定的安全地点进行。
6) 保管期限:2 年。

注意事项:如遇火灾,可用干粉和干砂土扑救,禁止用水和泡沫机灭火。

B4.79 品名:锌粉

编号:43014

别名:锌灰

化学式:Zn

分子量:65.38

特性:本品为浅灰色的细小粉末。相对密度 7.142;熔点 419.4 ℃;沸点 907 ℃;在空气中发火点 500 ℃;蒸气压 133.322 Pa(487 ℃);最小点火能量 65 mJ。锌粉具有强还原性,在空气中吸收氮,在潮湿状态时吸收氧。通常含有少量氧化锌,与酸类、碱类、水、硫、硒、卤素、氧化剂等能引起燃烧或爆炸。锌粉的粉末飞扬在空气中遇火星能发生粉尘爆炸。主要用于催化剂、印染作还原剂、油脂脱色剂、农药杀虫剂或有机合成。

包装:100 g、250 g、1 kg 塑料瓶、玻璃瓶、铁听,40 kg 铁桶装。包装不得渗漏,封口必须严密,锌必须浸泡在对锌无溶解性、无化学反应的甲苯、煤油、液体石蜡等液体中,也可以放置在有惰性气体或真空容器中,然后放入木箱,箱内填充不燃性衬垫。包装外应注明品名、规格、等级、产地、净重、毛重、生产日期及"遇水燃烧""请勿倒置"的标志。

贮存条件:贮存于干燥、阴凉、通风地势高的库房,库内不得漏雨水。与氧化剂、酸类、卤素、含水物质要分库存放。防止日光照射,温度要求在 30 ℃ 以下,相对湿度应控制在 75% 以下。

养护:
1) 入库验收:包装应符合要求,用不燃材料衬垫,桶、瓶、箱坚固不漏,能保证物品在贮存过程中的安全。物品应浸没在稳定剂中,其表面应有光泽,只允许有极薄的氧化膜存在,不能外露出稳定剂液面,如出现膨松状态即是变质。
2) 堆码苫垫:应根据库房地势条件,垛底垫高至少 30 cm,码 2 箱或 2 桶一批的行列式货垛,其高度不超过 2 m,货垛要牢固可靠,垛距 80~90 cm,墙距、柱距 30 cm。
3) 在库检查:保管员每天班前班后必须对货垛、物品等安全检查外,还应按规定每三个月开箱开桶进行一次质量检查,查看包装容器封口和物品,与入库验收记录相对照,有无变化和异状,发现问题及时采取各种有效的修补、整理、添加稳定剂等措施。
4) 温湿度管理:极易吸入空气中的水分而变质,遇水则立即引起燃烧或爆炸。在干燥季节,要充分利用自然气候,通风降潮;在夏季或梅雨季节则库房密封,同时采取库内放氯化钙、生石灰或用去湿机吸潮等措施,以保持库内相对湿度不超过 75%。
5) 安全作业:在搬运操作中,特别注意轻搬轻放,防止震动而使桶瓶破裂,造成稳定剂流失,发生危险。各项验收、整理、换装、质量检查等操作,必须在库外安全地点进行。
6) 保管期限:2 年。

注意事项：灭火时禁止用水、泡沫灭火机，可用干砂、干粉。如果粉尘浓度较大时，特别注意杜绝一切火源，防止引起粉尘爆炸。

B4.80　品名：氢化锂

编号：43016

化学式：LiH

分子量：7.95

特性：锂为白色带蓝灰色半透明结晶块状或粉末状两种。不溶于苯和甲苯，能溶于醚。相对密度 0.82(20 ℃)；熔点 680 ℃；沸点 850 ℃分解。氢化锂成块状时较稳定，成粉状时与潮湿空气接触能自燃与氧化剂、酸、水接触时可引起燃烧。主要用于干燥剂、有机合成的缩合剂、核防护材料、还原剂。

包装：50 g、100 g 玻璃瓶，真空铁盒装，严封后再装入木箱，箱内衬垫不燃性松软材料，箱外用铁皮或铁丝加固。包装外应注明品名、规格、产地、净重、生产日期及"遇湿燃烧""防潮"的标志。

贮存条件：必须贮存于阴凉、干燥、通风的库房，保持上不漏水、下不受潮，相对湿度应控制在 75% 以下。与氧化剂、酸、含水物质分库存放。

养护：

1) 入库验收：包装应符合要求，用不燃材料衬垫，桶、瓶、箱坚固不漏，能保证物品在贮存过程中的安全。物品应浸没在稳定剂中，其表面应有光泽，只允许有极薄的氧化膜存在，不能外露出稳定剂液面，如出现膨松状态即是变质。

2) 堆码苫垫：应根据库房地势条件，垛底垫高至少 30 cm，码 2 箱或 2 桶一批的行列式货垛，其高度不超过 2 m，货垛要牢固可靠，垛距 80～90 cm，墙距、柱距 30 cm。

3) 在库检查：保管员每天班前班后必须对货垛、物品等安全检查外，还应按规定每三个月开箱、开桶进行一次质量检查，查看包装容器封口和物品，与入库验收记录相对照，有无变化和异状，发现问题及时采取各种有效的修补、整理、添加稳定剂等措施。

4) 温湿度管理：本品极易吸入空气中的水分而变质，遇水则立即引起燃烧或爆炸。在干燥季节，要充分利用自然气候，通风降潮；在夏季或梅雨季节则库房密封，同时采取库内放氯化钙、生石灰或用去湿机吸潮等措施，以保持库内相对湿度不超过 75%。

5) 安全作业：在搬运操作中，特别注意轻搬轻放，防止震动而使桶瓶破裂，造成稳定剂流失，发生危险。各项验收、整理、换装、质量检查等操作，必须在库外安全地点进行。

注意事项：灭火时禁止用水、泡沫，可用干砂、干粉、石灰粉。

B4.81　品名：氢化钠

编号：43017

化学式：NaH

分子量：2400

特性：氢化钠为白色至淡棕色细微结晶或粉末。相对密度 0.92；熔点 800 ℃(225 ℃开始分解)。在潮湿空气中能自燃，有毒，能溶于熔融的氢氧化钠，不溶于液氨、苯、二硫化碳。

与水或酸发生剧烈反应,放出氢气并可引起燃烧、爆炸。与低级醇作用也很剧烈。受高热分解。主要用于缩合及烷化剂、还原剂。

包装:100 g、250 g、1 kg塑料瓶、玻璃瓶、铁听,40 kg铁桶装。包装不得渗漏,封口必须严密,必须浸泡在对其无溶解性、无化学反应的甲苯、煤油、液体石蜡等液体中,也可以放置在有惰性气体或真空容器中,然后放入木箱,箱内填充不燃性衬垫。包装外应注明品名、规格、等级、产地、净重、毛重、生产日期及"遇水燃烧""请勿倒置"的标志。

贮存条件:贮存于干燥、阴凉、通风地势高的库房,库内不得漏雨水。与氧化剂、酸类、卤素、含水物质要分库存放。防止日光照射,温度要求在30 ℃以下,相对湿度应控制在75%以下。

养护:
1) 入库验收:包装应符合要求,用不燃材料衬垫,桶、瓶、箱坚固不漏,能保证物品在贮存过程中的安全。物品应浸没在稳定剂中,其表面应有光泽,只允许有极薄的氧化膜存在,不能外露出稳定剂液面,如出现膨松状态即是变质。
2) 堆码苫垫:应根据库房地势条件,垛底垫高至少30 cm,码2箱或2桶一批的行列式货垛,其高度不超过2 m,货垛要牢固可靠,垛距80~90 cm,墙距、柱距30 cm。
3) 在库检查:保管员每天班前班后必须对货垛、物品等安全检查外,还应按规定每三个月开箱、开桶进行一次质量检查,查看包装容器封口和物品,与入库验收记录相对照,有无变化和异状,发现问题及时采取各种有效的修补、整理、添加稳定剂等措施。
4) 温湿度管理:本品极易吸收空气中的水分而变质,遇水则立即引起燃烧或爆炸。在干燥季节,要充分利用自然气候,通风降潮;在夏季或梅雨季节则库房密封,同时采取库内放氯化钙、生石灰或用去湿机吸潮等措施,以保持库内相对湿度不超过75%。
5) 安全作业:在搬运操作中,特别注意轻搬轻放,防止震动而使桶瓶破裂,造成稳定剂流失,发生危险。各项验收、整理、换装、质量检查等操作,必须在库外安全地点进行。
6) 保管期限:1年。

注意事项:在雨天关闭门窗,停止出库、入库等业务活动。如遇火灾,禁止用水和泡沫灭火机,可用干砂、石灰粉、干粉。皮肤灼烧后,用大量水冲洗,然后用0.5%~10%乙酸冲洗,再用清水冲洗,严重者可送往医院治疗。

B4.82 品名:氢化钾

编号:43018

化学式:KH

分子量:34.09

特性:氢化钾为白色针状结晶,一般产品为灰色粉末,浸入石油中。相对密度1.43~1.47。加热或接触水时分解,产生氢。易燃,与氧化剂、酸、水、潮湿空气接触时可引起燃烧、爆炸。主要用于有机合成的缩合及烷化剂、还原剂。

包装:100 g、250 g、1 kg塑料瓶、玻璃瓶、铁听,40 kg铁桶装。包装不得渗漏,封口必须严密,必须浸泡在对其无溶解性、无化学反应的甲苯、煤油、液体石蜡等液体中,也可以放置在有惰性气体或真空容器中,然后放入木箱,箱内填充不燃性衬垫物。包装外应注明品名、规格、等级、产地、净重、毛重、生产日期及"遇水燃烧""请勿倒置"的标志。

贮存条件:贮存于干燥、阴凉、通风、地势高的库房,库内不得漏雨水。与氧化剂、酸类、卤素、含水物质要分库存放。防止日光照射,温度要求在30 ℃以下,相对湿度应控制在75%以下。

养护:

1) 入库验收:包装应符合要求,用不燃材料衬垫,桶、瓶、箱坚固不漏,能保证物品在贮存过程中的安全。物品应浸没在稳定剂中,其表面应有光泽,只允许有极薄的氧化膜存在,不能外露出稳定剂液面,如出现膨松状态即是变质。

2) 堆码苫垫:应根据库房地势条件,垛底垫高至少30 cm,码2箱或2桶一批的行列式货垛,其高度不超过2 m,货垛要牢固可靠,垛距80~90 cm,墙距、柱距30 cm。

3) 在库检查:保管员每天班前班后必须对货垛、物品等安全检查外,还应按规定每三个月开箱、开桶进行一次质量检查,查看包装容器封口和物品,与入库验收记录相对照,有无变化和异状,发现问题及时采取各种有效的修补、整理、添加稳定剂等措施。

4) 温湿度管理:本品极易吸收空气中的水分而变质,遇水则立即引起燃烧或爆炸。在干燥季节,要充分利用自然气候,通风降潮;在夏季或梅雨季节则库房密封,同时采取库内放氯化钙、生石灰或用去湿机吸潮等措施,以保持库内相对湿度不超过75%。

5) 安全作业:在搬运操作中,特别注意轻搬轻放,防止震动而使桶瓶破裂,造成稳定剂流失,发生危险。各项验收、整理、换装、质量检查等操作,必须在库外安全地点进行。

6) 保管期限:1年。

注意事项:在雨天关闭门窗,停止出库、入库等业务活动。如遇火灾,禁止用水和泡沫灭火机,可用干砂、石灰粉、化学干粉。皮肤灼烧后,用大量水冲洗,然后用0.5%~10%乙酸冲洗,再用清水冲洗,严重者可送往医院治疗。

B4.83 品名:氢化钙

编号:43020

化学式:CaH_2

分子量:42.10

特性:为灰白色结晶块。相对密度1.8;熔点675 ℃(分解)。本品暴露在潮湿空气中或遇水生成氢氧化钙并放出氢气,易被酸和低碳醇分解,与溴酸盐、氯酸盐、过氯酸盐反应剧烈。在空气中燃烧剧烈。主要用于还原剂、干燥剂等。

包装:100 g、250 g、1 kg塑料瓶、玻璃瓶、铁听,40 kg铁桶装。包装不得渗漏,封口必须严密,必须浸泡在对其无溶解性、无化学反应的甲苯、煤油、液体石蜡等液体中,也可以放置在有惰性气体或真空容器中,然后放入木箱,箱内填充不燃性衬垫物。包装外应注明品名、规格、等级、产地、净重、毛重、生产日期及"遇水燃烧""请勿倒置"的标志。

贮存条件:贮存于干燥、阴凉、通风地势高的库房,库内不得漏雨水。与氧化剂、酸类、卤素、含水物质要分库存放。防止日光照射,温度要求在30 ℃以下,相对湿度应控制在75%以下。

养护：
1) 入库验收：包装应符合要求，用不燃材料衬垫，桶、瓶、箱坚固不漏，能保证物品在贮存过程中的安全。物品应浸没在稳定剂中，其表面应有光泽，只允许有极薄的氧化膜存在，不能外露出稳定剂液面，如出现膨松状态即是变质。
2) 堆码苫垫：应根据库房地势条件，垛底垫高至少30 cm，码2箱或2桶一批的行列式货垛，其高度不超过2 m，货垛要牢固可靠，垛距80～90 cm，墙距、柱距30 cm。
3) 在库检查：保管员每天班前班后必须对货垛、物品等安全检查外，还应按规定每三个月开箱开桶进行一次质量检查，查看包装容器封口和物品体，与入库验收记录相对照，有无变化和异状，发现问题及时采取各种有效的修补、整理、添加稳定剂等措施。
4) 温湿度管理：本品极易吸收空气中的水分而变质，遇水则立即引起燃烧或爆炸。在干燥季节，要充分利用自然气候，通风降潮；在夏季或梅雨季节则库房密封，同时采取库内放氯化钙、生石灰或用去湿机吸潮等措施，以保持库内相对湿度不超过75%。
5) 安全作业：在搬运操作中，特别注意轻搬轻放，防止震动而使桶瓶破裂，造成稳定剂流失，发生危险。各项验收、整理、换装、质量检查等操作，必须在库外安全地点进行。
6) 保管期限：1年。

注意事项：在雨天关闭门窗，停止出库、入库等业务活动。如遇火灾，禁止用水和泡沫灭火机，可用干砂、石灰粉、化学干粉。皮肤灼烧后，用大量水冲洗，然后用0.5%～10%乙酸冲洗，再用清水冲洗，严重者可送往医院治疗。

B4.84 品名：氢化铝

编号：43021

别名：铝烷

化学式：AlH_3

分子量：29.98

特性：本品为白色至灰色粉末。在空气中能自行氧化燃烧，遇水、乙醇、酸类会发生分解、放出氢，加热至160 ℃时分解引起燃烧，与氧化剂反应更加剧烈。主要用于塑料制品、纤维品、电镀、火箭材料。

包装：100 g、250 g、1 kg塑料瓶、玻璃瓶、铁听，40 kg铁桶装。包装不得渗漏，封口必须严密，必须浸泡在对其无溶解性、无化学反应的甲苯、煤油、液体石蜡等液体中，也可以放置在有惰性气体或真空容器中，然后放入木箱，箱内填充不燃性衬垫物。包装外应注明品名、规格、等级、产地、净重、毛重、生产日期及"遇水燃烧""请勿倒置"的标志。

贮存条件：贮存于干燥、阴凉、通风地势高的库房，库内不得漏雨水。与氧化剂、酸类、卤素、含水物质要分库存放。防止日光照射，温度要求在3 ℃以下，相对湿度应控制在75%以下。

养护：
1) 入库验收：包装应符合要求，用不燃材料衬垫，桶、瓶、箱坚固不漏，能保证物品在贮存过程中的安全。物品应浸没在稳定剂中，物品表面应有光泽，只允许有极薄的氧化膜存在，不能外露出稳定剂液面，如出现膨松状态即是变质。

2) 堆码苫垫：应根据库房地势条件，垛底垫高至少 30 cm，码 2 箱或 2 桶一批的行列式货垛，其高度不超过 2 m，货垛要牢固可靠，垛距 80～90 cm，墙距、柱距 30 cm。
3) 在库检查：保管员每天班前班后必须对货垛、物品等安全检查外，还应按规定每三个月开箱、开桶进行一次质量检查，查看包装容器封口和物品，与入库验收记录相对照，有无变化和异状，发现问题及时采取各种有效的修补、整理、添加稳定剂等措施。
4) 温湿度管理：本品极易吸收空气中的水分而变质，遇水则立即引起燃烧或爆炸。在干燥季节，要充分利用自然气候，通风降潮；在夏季或梅雨季节则库房密封，同时采取库内放氯化钙、生石灰或用去湿机吸潮等措施，以保持库内相对湿度不超过 75％。
5) 安全作业：在搬运操作中，特别注意轻搬轻放，防止震动而使桶瓶破裂，造成稳定剂流失，发生危险。各项验收、整理、换装、质量检查等操作，必须在库外安全地点进行。
6) 保管期限：1 年。

注意事项：在雨天关闭门窗，停止出库、入库等业务活动。如遇火灾，禁止用水和泡沫灭火机，可用干砂、石灰粉、干粉。皮肤灼烧后，用大量水冲洗，然后用 0.5％～10％乙酸冲洗，再用清水冲洗，严重者用可送往医院治疗。

B4.85　品名：氢化铝锂

编号：43022

化学式：$LiAlH_4$

分子量：37.94

特性：白色疏松的结晶块或粉末。能溶于乙醚、四氢呋喃，微溶于丁醚，不溶于或极微溶于烃类和二噁烷。相对密度 0.917；熔点 125 ℃（分解）。在干燥空气中稳定，遇水或潮湿空气能分解出氢气。受热至 125 ℃ 以上不经熔融即分解成铝、氢、氢化锂。当摩擦或有静电火花时能引起燃烧。与氧化剂混合能形成比较敏感的爆炸混合物。主要用于聚合催化剂、还原剂、喷气发动机燃料。

包装：玻璃瓶或铁听装严密封口后再装入木箱，箱内用不燃材料衬垫，箱外用铁皮或铁丝加固。箱外应注明品名、规格、等级、产地、净重、生产日期及"遇湿燃烧""防潮"的标志。

贮存条件：贮存于干燥、阴凉、通风地势高的库房，库内不得漏雨水。与氧化剂、酸类、卤素、含水物质要分库存放。防止日光照射，温度要求在 30 ℃ 以下，相对湿度应控制在 75％以下。

养护：
1) 入库验收：包装应符合要求，用不燃材料衬垫，桶、瓶、箱坚固不漏，能保证物品在贮存过程中的安全。物品应浸没在稳定剂中，其表面应有光泽，只允许有极薄的氧化膜存在，不能外露出稳定剂液面，如出现膨松状态即是变质。
2) 堆码苫垫：应根据库房地势条件，垛底垫高至少 30 cm，码 2 箱或 2 桶一批的行列式货垛，其高度不超过 2 m，货垛要牢固可靠，垛距 80～90 cm，墙距、柱距 30 cm。
3) 在库检查：保管员每天班前班后必须对货垛、物品等安全检查外，还应按规定每三个月开箱开桶进行一次质量检查，查看包装容器封口和物品，与入库验收记录相对照,有无变化和异状,发现问题及时采取各种有效的修补、整理、添加稳定剂等措施。

4) 温湿度管理:本品极易吸收空气中的水分而变质,遇水则立即引起燃烧或爆炸。在干燥季节,要充分利用自然气候,通风降潮;在夏季或梅雨季节则库房密封,同时采取库内放氯化钙、生石灰或用去湿机吸潮等措施,以保持库内相对湿度不超过75%。

5) 安全作业:在搬运操作中,特别注意轻搬轻放,防止震动而使桶瓶破裂,造成稳定剂流失,发生危险。各项验收、整理、换装、质量检查等操作,必须在库外安全地点进行。

6) 保管期限:1年。

注意事项:在雨天关闭门窗,停止出库、入库等业务活动。如遇火灾,禁止用水和泡沫灭火机,可用干砂、石灰粉、干粉。皮肤灼烧后,用大量水冲洗,然后用0.5%~10%乙酸冲洗,再用清水冲洗,严重者可送往医院治疗。

B4.86 品名:氢化铝钠

编号:43023

别名:四氢化钠铝、氢铝化钠

化学式:$NaAlH_4$

分子量:54.00

特性:白色结晶体,能熔于四氢呋喃、乙二醇、二甲醚。相对密度1.24;熔点1.83 ℃(分解)。在干燥空气中稳定,在潮湿空气中极易分解,放出氢。与氧化剂、水接触发生燃烧、爆炸。主要用于还原剂。

包装:100 g、250 g、1 kg塑料瓶、玻璃瓶、铁听,40 kg铁桶装。包装不得渗漏,封口必须严密,必须浸泡在对其无溶解性、无化学反应的甲苯、煤油、液体石蜡等液体中,也可以放置在有惰性气体或真空容器中,然后放入木箱,箱内填充不燃性衬垫物。包装外应注明品名、规格、等级、产地、净重、毛重、生产日期及"遇水燃烧""请勿倒置"的标志。

贮存条件:贮存于干燥、阴凉、通风地势高的库房,库内不得漏雨水。与氧化剂、酸类、卤素、含水物质要分库存放。防止日光照射,温度要求在30 ℃以下,相对湿度应控制在75%以下。

养护:

1) 入库验收:包装应符合要求,用不燃材料衬垫,桶、瓶、箱坚固不漏,能保证物品在贮存过程中的安全。物品应浸没在稳定剂中,其表面应有光泽,只允许有极薄的氧化膜存在,不能外露出稳定剂液面,如出现膨松状态即是变质。

2) 堆码苫垫:应根据库房地势条件,垛底垫高至少30 cm,码2箱或2桶一批的行列式货垛,其高度不超过2 m,货垛要牢固可靠,垛距80~90 cm,墙距、柱距30 cm。

3) 在库检查:保管员每天班前班后必须对货垛、物品等进行安全检查外,还应按规定每三个月开箱、开桶进行一次质量检查,查看包装容器封口和物品,与入库验收记录相对照,有无变化和异状,发现问题及时采取各种有效的修补、整理、添加稳定剂等措施。

4) 温湿度管理:本品极易吸收空气中的水分而变质,遇水则立即引起燃烧或爆炸。

在干燥季节,要充分利用自然气候,通风降潮;在夏季或梅雨季节则库房密封,同时采取库内放氯化钙、生石灰或用去湿机吸潮等措施,以保持库内相对湿度不超过75%。

5) 安全作业:在搬运操作中,特别注意轻搬轻放,防止震动而使桶瓶破裂,造成稳定剂流失,发生危险。各项验收、整理、换装、质量检查等操作,必须在库外安全地点进行。

6) 保管期限:1年。

注意事项:在雨天关闭门窗,停止出库、入库等业务活动。如遇火灾,禁止用水和泡沫灭火机,可用干砂、石灰粉、干粉。皮肤灼烧后,用大量水冲洗,然后用0.5%~10%乙酸冲洗,再用清水冲洗,严重者可送往医院治疗。

B4.87 品名:碳化钙

编号:43025

别名:电石、二碳化钙、臭煤石

化学式:CaC_2

分子量:64.10

特性:本品为黄褐色或黑色硬块,其断面为紫色。相对密度2.222,熔点2.300 ℃。在空气中极易受潮而失去光泽变为灰黄色,粉末放出乙炔气而变质失效。电石因含有磷、砷、硫等杂质,与水作用同时可放出磷化氢、硫化氢、砷化氢,并放出高热,当磷化氢含量超过0.02%,硫化氢含量超过0.15%时,容易引起自燃或爆炸。电石遇水后产生乙炔气体,乙炔与银、铜等接触能生成敏感度高的强爆炸物质,乙炔与氟、氯等气体和酸类接触能发生剧烈反应引起燃烧爆炸。产生的乙炔气可切割和焊接金属,制取乙酸、氰化物、聚氯乙烯、氯丁橡胶等。

包装:装入500 g、1 000 g玻璃瓶或50 kg、100 kg、200 kg坚固铁桶,包装严密封口,桶盖应牢固,盖上应衬厚纸或胶垫密封,为防止桶内乙炔气的引燃,桶内应充氮气。容器外应注明品名、规格、产地、净重、生产日期及"遇湿燃烧""怕潮"的标志。

贮存条件:贮存于干燥、阴凉、通风的库房,禁止存放在露天。相对湿度应控制在75%以下,不可与易燃物、强酸类共贮。

养护:

1) 入库验收:包装应完整密封,桶盖胶垫齐全,大小螺丝拧紧有效,无受潮、雨淋、水湿现象。呈块状,无风化,观察是否吸水成为粉末或测定产生气体数量以检测质量是否合格,做好记录。

2) 堆码苫垫:可选择干燥、地势高,便于控制湿度的库房,水泥地面,垛底垫高至少30 cm,码行列垛,垛高不超过3 m,垛距80~90 cm,墙距、柱距30 cm。

3) 在库检查:保管员每天班前班后必须对货垛及库房环境进行详细的安全检查,特别是雨天,更应特别检查库房是否漏雨,库房周围排水是否畅通,防止库房进水。此外夏季每月,其他季节每三个月定期对库存品进行一次检查,主要检查包装容器和物品的在库变化情况,发现问题及时采取容器密封、用修补剂修补破桶等有效措施(绝对禁用锡、电气焊),并做好记录。

4) 温湿度管理:库房内要采取密封、通风和吸潮相结合的温湿度管理办法,充分利用冬春干燥季节进行开门通风降潮;雨季不能通风降潮时,可采取库房内放氯化钙的吸潮办法,以保持库内干燥,保持物品质量。
5) 安全作业:装卸搬运要轻拿轻放,防止撞击,防止摩擦震动,不得在水泥地面滚动,如须滚动,也必须下垫木板或胶板。绝对不准在库内开桶敲击,开桶检查操作均在库外安全地点进行。如系大桶装,人工操作,人必须站在桶的中间,不得站在桶的两端,以防万一爆炸伤人。由于包装重量大,各项操作最好使人力推车或防爆机具装卸和堆码,以保证人身和仓库安全。
6) 保管期限:1年。

注意事项:灭火时禁止用水和灭火机,只可用干砂、干粉和石灰粉。不可在雨天作业。如发现头昏、头痛、呕吐,速移至新鲜空气处,重者马上送往医院治疗。

B4.88 品名:碳化铝

编号:43026

化学式:Al_4C_3

分子量:143.91

特性:黄色或绿灰色结晶块或粉末,有吸湿性。遇水分解放出易燃气体甲烷。与酸类反应剧烈。相对密度2.36;熔点2 100 ℃;沸点>2 200 ℃。

贮存条件:贮存于干燥的仓库内,库房不允许漏水,下水道要畅通,防止积水内涝。应与酸类、潮解性物质、含水物资分库存放。库内相对湿度保持在75%以下。

养护:搬运时轻装轻卸,防止包装损坏,保持包装完整。平时加强检查,包装破损时要及时处理,以防发生事故,雨天不运输。

注意事项:火灾时可用干砂、干粉、石灰粉,禁止用水和泡沫。

B4.89 品名:磷化钙

编号:43034

化学式:Ca_3P_2

分子量:182.19

特性:本品为灰色块状固体。相对密度2.238(25 ℃);熔点1 600 ℃。遇水、潮湿空气、酸能分解出剧毒的磷化氢气体,自燃点极低,与氢气、氧、硫磺、盐酸反应剧烈,会引起燃烧、爆炸。主要用于信号弹、焰火、鱼雷等。

包装:有25 kg、50 kg、100 kg铁听装,包装必须坚固,铁皮厚度不少于1.2 mm,桶口要严密,小件包装的铁桶,应装入木箱或条筐。包装上要注明品名、规格、产地、净重、生产日期及"遇水燃烧"标志等。

贮存条件:贮存于阴凉、干燥、通风的库房。与氧化剂、酸类、潮解性的物质要分别存放。库内温度30 ℃以下,相对湿度可控制在75%以下。

养护:
1) 入库验收:检查包装木箱是否完整,运输途中有无雨淋、水浸,包装铁盒有无锈蚀破损,如有问题应再检查内包装是否有破损。
2) 堆码苫垫:库内应有水泥地坪,至少垫高30 cm,可堆大垛,垛高不超过3 m,垛距80～90 cm,墙距、柱距30 cm。
3) 在库检查:保管人员每天班前班后对货垛及环境必须进行安全检查,阴雨天要注意库房是否漏雨和防止库内进水,梅雨季每月要对库存物品进行一次详细检查,其他季节每三个月定期检查一次,发现问题及时研究解决措施,并做好记录。

4) 温湿度管理:库房要采取密封、通风和吸潮相结合的方法,严格控制库内相对湿度不超过75%。

5) 安全作业:装卸搬运注意轻装轻卸,禁止摔震,防止包装损坏。雨天停止作业。操作时应使用铜制或铜合金制工具。

注意事项:火灾禁止用水、泡沫,可用干粉、干砂、石灰粉等扑救,救火人员应戴防毒面具。

B4.90　品名:磷化铝

编号:43036

化学式:AlP

分子量:37.96

特性:黄绿片剂或粉剂。相对密度2.850。本品本身不会燃烧,但遇酸和水会放出能燃烧的硫化氢气体。含磷化氢33%和其他杂质很易自燃。空气中浓度达到0.01 mg/L时使人发生严重中毒。主要用于熏杀各种害虫等。

包装:粉剂为大铁桶装,封口严密。片剂每20片装入一铝管内,管口封严,每16管装入塑料袋,再装入马口铁盒,上下机器封口,每铁盒装1 kg。每20盒装入厚木箱,箱外用铁皮或铁丝加固。箱外应注明品名、厂名、生产日期及"有毒""防潮"等危险标志。

贮存条件:贮存于阴凉、干燥、通风的库房内,禁止在露天存放。与酸类,含水分高的物品严格隔离。库内相对湿度保持75%以下。

养护:

1) 入库验收:检查包装木箱是否完整,运输途中有无雨淋、水浸,包装铁盒有无锈蚀破损,如有问题应再检查内包装铝管是否有破损。

2) 堆码苫垫:库内应有水泥地坪,至少垫高30 cm,可堆大垛,垛高不超过3 m,垛距80~90 cm,墙距、柱距30 cm。

3) 在库检查:保管人员每天班前班后对货垛及环境必须进行安全检查,阴雨天要注意库房是否漏雨和防止库内进水,梅雨季每月要对库存物品进行一次详细检查,其他季节每三个月定期检查一次,发现问题及时研究解决措施并做好记录。

4) 温湿度管理:库房要采取密封、通风和吸潮相结合的方法,严格控制库内相对湿度不超过75%。

5) 安全作业:装卸搬运注意轻装轻卸,禁止摔震,防止包装损坏。雨天停止作业。操作时应使用铜制或铜合金制工具。

6) 保管期限:1年。

注意事项:火灾禁止用水、泡沫,可用干粉、干砂、石灰粉等扑救,救火人员应戴防毒面具。

B4.91　品名:磷化锌

编号:43038

化学式:Zn_3P_2

分子量:258.10

特性:本品为灰黑色粉末,剧毒。有蒜臭味。相对密度4.55;熔点420 ℃;沸点1 100 ℃。本品干燥时很稳定,遇潮湿空气及水会逐渐分解,产生有毒气体磷化氢,与氧化剂反应强烈,温度超过60 ℃时会自燃。大鼠的口服半数致死量为40.5~46.7 mg/kg。空气中达到 0.01 mg/L 时,使人发生严重中毒。主要用于杀鼠和粮食熏蒸等。

包装:1~50 kg 铁桶装,外套木箱,包装必须牢固,防止松动,铁桶厚度不少于 1.2 mm,封口要严密。包装外注明品名、规格、净重、出厂日期、厂名等及"遇水燃烧"和"有毒"标志。

贮存条件:贮存于阴凉、干燥、通风的库房内,禁止在露天存放。与酸类,含水分高的物品严格隔离。库内相对湿度保持75%以下。

养护:
1) 入库验收:检查包装木箱是否完整,运输途中有无雨淋、水浸,包装铁盒有无锈蚀破损,如有问题应再检查内包装是否有破损。
2) 堆码苫垫:库内应有水泥地坪,至少垫高 30 cm,可堆大垛,垛高不超过 3 m,垛距 80~90 cm,墙距、柱距 30 cm。
3) 在库检查:保管人员每天班前班后对货垛及环境必须进行安全检查,阴雨天要注意库房是否漏雨和防止库内进水,梅雨季每月要对库存物品进行一次详细检查,其他季节每三个月定期检查一次,发现问题及时研究解决措施,并做好记录。
4) 温湿度管理:库房要采取密封、通风和吸潮相结合的方法,严格控制库内相对湿度不超过75%。
5) 安全作业:装卸搬运注意轻装轻卸,禁止摔震,防止包装损坏。雨天停止作业。操作时应使用铜制或铜合金制工具。
6) 保管期限:1 年。

注意事项:火灾禁止用水、泡沫,可用干粉、干砂、石灰粉等扑救,救火人员应戴防毒面具。

B4.92　品名:氨基化锂

编号:43042

别名:氨基锂

化学式:$LiNH_2$

分子量:22.69

特性:白色结晶或粉末,有氨的气味,遇水分解,不溶于醚、苯、甲苯。相对密度 1.178 (17.5 ℃);熔点 380~400 ℃;沸点 430 ℃。本品化学性质比较活泼,有剧毒性,遇水或空气中的水分,即分解生成氨和强碱性的氢氧化锂。与酸或酸的蒸气以及氧化剂能发生剧烈反应,而产生高热,可能引起燃烧。主要用于有机合成、药品制造的原料等。

包装:本品遇水分解,要求包装严密封闭,严格防潮。工业品为塑料袋,外套铁桶严密封闭;试制品为玻璃瓶装,外加木箱,在包装箱的内侧和瓶与瓶之间用松软材料衬垫妥实。各种包装均应符合危险品包装规定,标明品名、规格、重量、批号、"易燃""防潮""小心轻放"等标志。

贮存条件:本品极易吸潮分解,应贮存于阴凉、干燥、通风良好的库房,门窗开关灵活,通风畅、密封严,防止日光直射。库温保持在 30 ℃ 以下,相对湿度 80% 以下。库房照明和排风设备应使用防爆、封闭式电器,严禁用明火照明。应与氧化剂、酸类、含水量大、性质不同或相互作用的物品分别分库存放。

养护:
1) 入库验收:包装应完整无破损,无受潮、水湿现象,不沾染与本品性质不同的其他杂物,包装方法及衬垫应符合包装要求。物品无潮湿、结块、异味,手感外包装无发热现象。

2) 堆码苫垫:本品应在包装容器密封的基础上码密封垛,如果量小时,也可使用密封箱、密封罐等方法密封,垛底垫高 15 cm,码行列式,垛高不超过 2.5 m,堆垛要整齐牢固,垛距 80～90 cm,墙距、柱距 30 cm。

3) 在库检查:保管员每天除认真执行班前班后和风雨雪前中后的检查外,还应每三个月对库存物品进行一次质量检查,检查内容与入库验收同,发现问题及时采取措施,并做好详细记录。

4) 温湿度管理:库房门窗要严密,高温季节以防热为主,梅雨季节以防潮为主。可在密封垛、密封库房的基础上,利用自然气候进行通风降温降潮,或用吸潮剂、吸潮机进行库内吸潮。

5) 安全作业:在装卸、搬运、堆码、整理等项作业时,必须轻搬轻放,防止摩擦、撞击。各种机械工具必须使用不产生火花的铜制或铜合金制品。物品验收、质量检查、加工整理、拆钉包装必须在库外指定安全地点操作,现场并有专人指导,并配备必要的消防器材。操作完毕,要彻底清理现场。操作人员需配戴必要的防护用品,穿工作服、戴手套、口罩,工作完毕洗净手脸和漱口,方能饮食。

注意事项:火灾时可用砂土、干粉、二氧化碳灭火剂,不宜用水灭火,抢救人员须戴防毒面具,防止中毒。

B4.93 品名:氨基化钠

编号:43042

别名:氨基钠

化学式:$NaNH_2$

分子量:39.02

特性:白色结晶粉末,具有氨的气味,400 ℃时开始挥发。熔点 210 ℃;沸点 400 ℃。化学性质比较活泼,遇水发生剧烈反应,能强烈吸收空气中的水分而分解,生成氢氧化钠和氨;在干燥空气中,易吸收二氧化碳;遇醇反应较慢;接触明火或与氧化剂混合能发生燃烧或爆炸。主要用于制造氰化钠、脱水剂、有机合成等。

包装:本品遇水分解,要求包装严密封闭,严格防潮。工业品为塑料袋,外套铁桶严密封闭;试制品为玻璃瓶装,外加木箱,在包装箱的内侧和瓶与瓶之间用松软材料衬垫妥实。各种包装均应符合危险品包装规定,标明品名、规格、重量、批号、"易燃""防潮""小心轻放"等标志。

贮存条件:本品极易吸潮分解,应贮存于阴凉、干燥、通风良好的库房,门窗开关灵活,通风畅、密封严,防止日光直射。库温保持在 30 ℃以下,相对湿度 80% 以下。库房照明和排风设备应使用防爆、封闭式电器,严禁用明火照明。应与氧化剂、酸类、含水量大、性质不同或相互作用的物品分别分库存放。

养护:

1) 入库验收:包装应完整无破损,无受潮、水湿现象,不沾染与本品性质不同的其他杂物,包装方法及衬垫应符合包装要求。物品无潮湿、结块、异味,手感外包装无发热现象。

2) 堆码苫垫:本品应在包装容器密封的基础上码密封垛,如果量小时,也可使用密封箱、密封罐等方法密封,垛底垫高15 cm,码行列式,垛高不超过2.5 m,堆垛要整齐牢固,垛距80~90 cm,墙距、柱距30 cm。

3) 在库检查:保管员每天除认真执行班前班后和风雨雪前中后的检查外,还应每三个月对库存物品进行一次质量检查,检查内容与入库验收同,发现问题及时采取措施,并做好详细记录。

4) 温湿度管理:库房门窗要严密,高温季节以防热为主,梅雨季节以防潮为主。可在密封垛、密封库房的基础上,利用自然气候进行通风降温降潮,或用吸潮剂、吸潮机进行库内吸潮。

5) 安全作业:在装卸、搬运、堆码、整理等项作业时,必须轻搬轻放,防止摩擦、撞击。各种机械工具必须使用不产生火花的铜制或铜合金制品。验收、质量检查、加工整理、拆钉包装必须在库外指定安全地点操作,现场并有专人指导,并配备必要的消防器材。操作完毕,要彻底清理现场。操作人员需配戴必要的防护用品,穿工作服,戴手套、口罩,工作完毕洗净手脸和漱口,方能饮食。

注意事项:火灾时可用砂土、干粉、二氧化碳灭火剂,不宜用水灭火,抢救人员须戴防毒面具,防止中毒。

B4.94 品名:硼氢化钠

编号:43044

别名:硼醚钠、钠硼氢

化学式:$NaBH_4$

分子量:37.85

特性:白色细结晶粉末。相对密度1.07;熔点36 ℃;沸点400 ℃(真空)。本品吸水(湿)性强,与热水反应,放出氢;与氧化剂、酸类或酸性气体反应剧烈,放出氢和热,可引起自燃。主要用于制造硼氢盐、还原剂、木和纸浆漂白、塑料发泡剂等。

包装:100 g、250 g、1 kg塑料瓶、玻璃瓶、铁听、40 kg铁桶装。包装不得渗漏,封口必须严密,必须浸泡在对其无溶解性、无化学反应的甲苯、煤油、液体石蜡等液体中,也可以放置在有惰性气体或真空容器中,然后放入木箱,箱内填充不燃性衬垫物。包装外应注明品名、规格、等级、产地、净重、毛重、生产日期及"遇水燃烧""请勿倒置"的标志。

贮存条件:贮存于干燥、阴凉、通风、地势高的库房,库内不得漏雨水。与氧化剂、酸类、卤素、含水物质要分库存放。防止日光照射,温度要求在30 ℃以下,相对湿度应控制在75%以下。

养护:

1) 入库验收:包装应符合要求,用不燃材料衬垫,桶、瓶、箱坚固不漏,能保证物品在贮存过程中的安全。物品应浸没在稳定剂中,其表面应有光泽,只允许有极薄的氧化膜存在,不能外露出稳定剂液面,如出现膨松状态即是变质。

2) 堆码苫垫:应根据库房地势条件,垛底垫高至少30 cm,码2箱或2桶一批的行列式货垛,其高度不超过2 m,货垛要牢固可靠,垛距80~90 cm,墙距、柱距30 cm。

3) 在库检查:保管员每天班前班后必须对货垛、物品等安全检查外,还应按规定每三个月对物品进行一次质量检查,查看包装容器封口和物品,与入库验收记录相对照,有无变化和异状,发现问题及时采取各种有效的修补、整理、添加稳定剂等措施。

4) 温湿度管理:本品极易吸收空气中的水分而变质,遇水则立即引起燃烧或爆炸。在干燥季节,要充分利用自然气候,通风降潮;在夏季或梅雨季节则库房密封,同时采取库内放氯化钙、生石灰或用去湿机吸潮等措施,以保持库内相对湿度不超过75%。

5) 安全作业:在搬运操作中,特别注意轻搬轻放,防止震动而使桶瓶破裂,造成稳定剂流失,发生危险。各项验收、整理、换装、质量检查等操作,必须在库外安全地点进行。

6) 保管期限:1年。

注意事项:在雨天关闭门窗,停止出库、入库等业务活动。如遇火灾,禁止用水和泡沫灭火机,可用干砂、石灰粉、干粉。皮肤灼烧后,用大量水冲洗,然后用0.5%～10%乙酸冲洗,再用清水冲洗,严重者可送往医院治疗。

B4.95　品名:硼氢化钾

编号:43045

别名:钾硼氢

化学式:KBH

分子量:53.94

特性:白色结晶粉末。相对密度1.177;熔点>400 ℃(分解)。本品不吸湿,在空气中稳定,氧化作用较硼氢化钠为弱。与水接触会缓缓散发出氢气;接触酸类、氧化剂即放出氢气,会引起自燃。主要用于醛、酮、酰基化合物的还原等。

包装:100 g、250 g、1 kg塑料瓶、玻璃瓶、铁听,40 kg铁桶装。包装不得渗漏,封口必须严密,必须浸泡在对其无溶解性、无化学反应的甲苯、煤油、液体石蜡等液体中,也可以放置在有惰性气体或真空容器中,然后放入木箱,箱内填充不燃性衬垫物。包装外应注明品名、规格、等级、产地、净重、毛重、生产日期及"遇水燃烧""请勿倒置"的标志。

贮存条件:贮存于干燥、阴凉、通风、地势高的库房,库内不得漏雨水。与氧化剂、酸类、卤素、含水物质要分库存放。防止日光照射,温度要求在30 ℃以下,相对湿度应控制在75%以下。

养护:

1) 入库验收:包装应符合要求,用不燃材料衬垫,桶、瓶、箱坚固不漏,能保证物品在贮存过程中的安全。物品应浸没在稳定剂中,其表面应有光泽,只允许有极薄的氧化膜存在,不能外露出稳定剂液面,如出现膨松状态即是变质。

2) 堆码苫垫:应根据库房地势条件,垛底垫高至少30 cm,码2箱或2桶一批的行列式货垛,其高度不超过2 m,货垛要牢固可靠,垛距80～90 cm,墙距、柱距30 cm。

3) 在库检查:保管员每天班前班后必须对货垛、物品等安全检查外,还应按规定每三个月对物品进行一次质量检查,查看包装容器封口和物品,与入库验收记录相对照,有无变化和异状,发现问题及时采取各种有效的修补、整理、添加稳定剂等措施。

4) 温湿度管理:本品极易吸收空气中的水分而变质,遇水则立即引起燃烧或爆炸。在干燥季节,要充分利用自然气候,通风降潮;在夏季或梅雨季节则库房密封,同时采取库内放氯化钙、生石灰或用去湿机吸潮等措施,以保持库内相对湿度不超过 75%。

5) 安全作业:在搬运操作中,特别注意轻搬轻放,防止震动而使桶瓶破裂,造成稳定剂流失,发生危险。各项验收、整理、换装、质量检查等操作,必须在库外安全地点进行。

6) 保管期限:1年。

注意事项:在雨天关闭门窗,停止出库、入库等业务活动。如遇火灾,禁止用水和泡沫灭火机,可用干砂、石灰粉、干粉。皮肤灼烧后,用大量水冲洗,然后用 0.5%～10%乙酸冲洗,再用清水冲洗,严重者可送往医院治疗。

B4.96 品名:连二亚硫酸钠

编号:43046

别名:保险粉

化学式:$Na_2S_2O_4$

分子量:179.13

特性:本品为白色砂状结晶或淡黄色粉末,有特殊臭味,溶于冷水,性质不稳定。熔点 55 ℃。在热水中立即分解,加热至 190 ℃时即可爆炸,并产生二氧化硫气体。主要用于印染工业的还原剂,丝、毛漂白等。

包装:500 g 瓶装,50 kg 铁桶装。包装必须坚固,封口要严密,瓶装入木箱,衬垫要塞严,防止碰撞。包装外注明品名、规格、产地、净重、生产日期及"遇湿燃烧""小心轻放""切勿受潮"等标志。

贮存条件:贮存于阴凉、干燥、通风良好的库房。与氧化剂、酸类、潮湿物资要隔离。库内保持在 32 ℃以下,相对湿度应在 75%以下,避免日光直射。

养护:

1) 入库验收:检查包装材料容器,应当严密有效,瓶外无沾染异物,铁桶装应焊接牢固,严密封闭,不漏不撒。物品应为无色或微带黄色结晶或粉末,无吸潮结块,或形成一体的黏结现象。

2) 堆码苫垫:木箱装码行列式货垛,垛高不超过 2.5 m,下垫高 30 cm。桶装下垫20～30 cm,码 3～5 桶为一批的行列式货垛,桶底用薄木板(2 cm 厚)拉连,以保持货垛平稳牢固,垛高 3 m 以下。

3) 在库检查:保管员除每日进行班前班后的货垛和库房的安全检查,雨天还要检查库房是否漏雨,及时疏通水沟,防止库内进水。梅雨季节每月对包装容器封口和物品进行一次质量检查,其他季节每三个月检查一次。发现问题及时解决处理,并及时记录。

4) 温湿度管理:库房门窗要严密有效,悬挂厚门窗帘。在干燥季节,尽量打开门通风散潮;在梅雨季节不能通风散潮时,采取门窗紧闭,出入库随手关门,防止潮湿空气侵入库内,并在库内适当放置氯化钙吸潮或采用去湿机库内机械吸潮等办法,以保持库内相对湿度不超过 75%。

5) 安全作业:装卸堆码操作,必须轻搬轻放,禁止摔碰和撞击,防止包装破裂,造成漏撒,影响安全。各项验收、质量检查、开桶、开箱、换装整理等,均不得在库内进行,到指定的安全地点作业。

6) 保管期限:1年。

注意事项:如发生火灾,禁止用水、泡沫,可用干粉、干砂、石灰粉。

B4.97 品名:硅铁

编号:43505

别名:矽铁

化学式:$SiFe$

特性:铁与硅合金。含硅量 14%～44%,毒性较小,含硅 45%～70%时有毒。熔点 1 267 ℃。硅铁对气体,特别是氧的溶解力很强,遇碱性液体产生氢气而自燃。

包装:装入 500 g、1 000 g 玻璃瓶或 50 kg、100 kg、200 kg 坚固铁桶,包装严密封口,桶盖应牢固,盖上应衬厚纸或胶垫密封。容器外应注明品名、规格、产地、净重、生产日期及"遇湿燃烧""怕潮"的标志。

贮存条件:贮存于干燥、阴凉、通风的库房,禁止存放在露天。相对湿度应控制在 75%以下,不可与易燃物、强酸类共贮。

养护:

1) 入库验收:包装应完整密封,桶盖胶垫齐全,大小螺丝拧紧有效,无受潮、雨淋、水湿现象,物品呈块状,无风化,观察是否吸水成为粉末或直接测定产生气体数量以检测物品质量是否合格,并做好记录。

2) 堆码苫垫:可选择干燥、地势高、便于控制湿度的库房,水泥地面,垛底垫高至少 30 cm,码行列垛,垛高不超过 3 m,垛距 80～90 cm,墙距、柱距 30 cm。

3) 在库检查:保管员每天班前班后必须对货垛及库房环境进行详细的安全检查,特别是雨天,更应特别检查库房是否漏雨,库房周围排水是否畅通,防止库房进水。此外夏季每月,其他季节每三个月对库存物品进行一次定期检查,主要检查包装容器和物品的在库变化情况,发现问题及时采取容器密封、用修补剂修补破桶等有效措施(绝对禁用锡、电气焊),并做好记录。

4) 温湿度管理:库房内要采取密封、通风和吸潮相结合的温湿度管理办法,充分利用冬春干燥季节进行开门通风降潮;雨季不能通风降潮时,可采取库内放氯化钙的吸潮办法,以保持库内干燥,保持物品质量。

5) 安全作业:装卸搬运要轻拿轻放,防止撞击,防止摩擦、震动,不得在水泥地面滚动,堆码必须下垫木板或胶板。绝对不准在库内开桶敲击,开桶检查操作均在库外安全地点进行。如系大桶装,人工操作,人必须站在桶的中间,不得站在桶的两端,以防万一爆炸伤人。由于包装重量大,各项操作最好使人力推车或防爆机具装卸和堆码,以保证人身和仓库安全。

6) 保管期限:1年。

注意事项:如遇火灾禁止用水和灭火机,只可用干砂、干粉和石粉。不可在雨天作业。如发现头昏、头痛、呕吐,速移至新鲜空气处,重者马上送往医院治疗。

B4.98 品名:氢化钡

编号:43506

化学式:BaH_2

分子量:139.38。

特性:灰色结晶块。相对密度4.21(℃);熔点675℃(分解);沸点1 400℃。遇水、潮湿空气及酸类即分解,放出氢气可引起燃烧或爆炸。主要用于还原剂等。

包装:100 g、250 g、1 kg塑料瓶、玻璃瓶、铁听,40 kg铁桶装。包装不得渗漏,封口必须严密,必须浸泡在对钾无溶解性、无化学反应的甲苯、煤油、液体石蜡等液体中,也可以放置在有惰性气体或真空容器中,然后放入木箱,箱内填充不燃性衬垫物。包装外应注明品名、规格、等级、产地、净重、毛重、生产日期及"遇水燃烧""请勿倒置"的标志。

贮存条件:贮存于干燥、阴凉、通风、地势高的库房,库内不得漏雨水。与氧化剂、酸类、卤素、含水物质要分库存放。防止日光照射,温度要求在30℃以下,相对湿度应控制在75%以下。

养护:
1) 入库验收:包装应符合要求,用不燃材料衬垫,桶、瓶、箱坚固不漏,能保证在贮存过程中的安全。物品应浸没在稳定剂中,其表面应有光泽,只允许有极薄的氧化膜存在,不能外露出稳定剂液面,如出现膨松状态即是变质。
2) 堆码苫垫:应根据库房地势条件,垛底垫高至少30 cm,码2箱或2桶一批的行列式货垛,其高度不超过2 m,货垛要牢固可靠,垛距80~90 cm,墙距、柱距30 cm。
3) 在库检查:保管员每天班前班后必须对货垛、物品等安全检查外,还应按规定每三个月对物品进行一次质量检查,查看包装容器封口和物品,与入库验收记录相对照,有无变化和异状,发现问题及时采取各种有效的修补、整理、添加稳定剂等措施。
4) 温湿度管理:本品极易吸收空气中的水分而变质,遇水则立即引起燃烧或爆炸。在干燥季节,要充分利用自然气候,通风降潮;在夏季或梅雨季节则库房密封,同时采取库内放氯化钙、生石灰或用去湿机吸潮等措施,以保持库内相对湿度不超过75%。
5) 安全作业:在搬运操作中,特别注意轻搬轻放,防止震动而使桶瓶破裂,造成稳定剂流失,发生危险。各项验收、整理、换装、质量检查等操作,必须在库外安全地点进行。
6) 保管期限:1年。

注意事项:在雨天关闭门窗,停止出库、入库等业务活动。如遇火灾,禁止用水和泡沫灭火机,可用干砂、石灰粉、干粉。皮肤灼烧后,用大量水冲洗,然后用0.5%~10%乙酸冲洗,再用清水冲洗,严重者可送往医院治疗。

B4.99　品名:氰氨化钙

编号:43507

别名:石灰氮、碳氮化钙

化学式:$CaCN_2$

分子量:80.11

特性:本品为灰褐色结晶性粉末,有特殊臭味,有毒。相对密度1.083;熔点1.300℃;沸点>1 500℃。本品遇水分解放出氮气和乙炔,如有含杂质碳化钙或少量磷化钙时,会引起自燃。遇酸类发生剧烈反应,发生燃烧甚至爆炸。主要用于肥料、氮制造、钢铁淬火等。

包装:有瓶装、袋装两种。瓶口封严,再装木箱内,箱内必须衬垫牢固。袋装必须内衬塑料袋,每袋不得超过 50 kg,包装封口要求严密。包装容器应注明品名、规格、产地、净重、生产日期及"遇水燃烧""小心轻放"等标志。

贮存条件:贮存于阴凉、干燥、通风良好、不漏雨、地面不潮的库房。与氧化剂、酸类、含水量较大的物品分库存放,相对湿度不超过 75%。

养护:
1) 入库验收:检查包装是否完整封口是否严密,是否受雨淋、水湿或沾染其他异物。
2) 堆码苫垫:垛底应垫高 15~30 cm,堆垛高度不超过 2.5 m,垛距 80~90 cm,墙距、柱距 30 cm。
3) 在库检查:每日上班后、下班前对货垛及库房内环境进行一次检查,每三个月应定期对库存物品检查一次。
4) 温湿度管理:库房要密封,根据库内外温湿度变化进行通风和吸潮,以控制库内温度不超过 30 ℃,相对湿度在 75%以下。
5) 安全作业:搬运装卸要注意保护包装完整,不得摔损、撞击和地面滚动。
6) 保管期限:1 年。

注意事项:火灾不能用水、泡沫,只能用干粉、干砂。

B5 第五类 氧化剂和有机过氧化物

B5.1 品名:过氧化氢(20%~60%)

编号:51001

别名:双氧水

化学式:H_2O_2

分子量:34.02

特性:含量 60%~100%为爆炸品,40%~60%为一级氧化剂,市售工业品含量为 27.5%及 35%,医药用含量为 3%。工业品以锡酸盐或焦磷酸钠为稳定剂,医药品以乙酰苯胺为稳定剂。

无色透明液体,有强腐蚀性。

含量	27.5%	35%
相对密度	1.11	1.13
沸点	106 ℃	108 ℃
凝固点	−26 ℃	−32.8 ℃
有效氧含量	14.1%	16.5%

化学性质不稳定,在贮存及运输过程中易发生缓慢分解成为氧及水,氧化能力强,遇金属(如铁、铜、锰或离子)存在,可加速分解。与强氧化剂(如高锰酸钾)则能发生猛烈氧化还原反应。与铅和铅的氧化物接触能发生剧烈反应。与丙酮、甲醚、羧酸、乙二醇能引起爆炸。接触有机物(如木材、稻草等)能缓慢引起燃烧。

包装:工业品用高压聚乙烯桶装,每桶 20 kg,桶盖有气体溢出孔,每两桶套一铁框架以便运输。试剂用螺丝口玻璃瓶或塑料瓶,瓶盖应有气体溢出孔。每瓶 500 mL,每瓶外套有厚塑料袋,袋口扎紧,每 20 瓶装入坚固木箱,箱内使用不燃性松软材料衬垫牢固。各种包装容器都应有明显的品名、重量、规格、厂名、批号、生产日期及"氧化剂""腐蚀性""小心轻放""勿倒置"等标记。

贮存条件:贮藏在阴凉、通风专用库房,远离火源、热源、避免日光直晒。库温不超过 30 ℃。与各种强氧化剂、易燃液体、易燃物隔离。

养护:
1) 入库验收:检查包装有无沾染油污或其他有机物,包装完整,无渗漏破损,大小容器必须带有出气孔,物品为无色透明无沉淀杂质。
2) 堆码苫垫:木箱塑料桶装最好先除去外包装木箱,将塑料桶码在特制铁托盘上(带支架),用叉车或码垛机操作,码三托盘高,如直接光桶码垛,可直接码在地面上或铺垫一层水泥条,3 桶高。木箱装可码行列式较小垛形,垛高 2.5 m 以下,垛距 80～90 cm,墙距、柱距 30 cm。
3) 在库检查:除认真进行班前班后的安全检查外,还应每三个月进行一次在库质量检查,检查内容与入库验收同,发现问题及时采取养护措施。
4) 温湿度管理:炎热季节可利用早晚开门通风降温,或采用密封库或墙外涂白等降温措施,以保持库内不超过 30 ℃。
5) 安全作业:操作人员穿工作服、戴手套,注意轻搬、轻放,不得摔扔和撞击。
6) 保管期限:1 年。

注意事项:火灾可用雾状水扑救,火灾熄灭后应使用大量水冲洗现场。皮肤灼伤使用大量水冲洗。

B5.2 品名:过氧化钠

编号:51002

别名:双氧化钠、二氧化钠

化学式:Na_2O_2

分子量:77.99

特性:浅黄白色粉末或粒状物,具有吸湿性。工业品一般呈浅黄色,加热后则变黄色。有较强的腐蚀性,是强氧化剂。露置在空气中吸收水分而分解,放出氧气。溶解于水生成氢氧化钠及过氧化氢,后者很快分解成水和氧,并放出大量的热。相对密度 2.085;熔点 460 ℃(分解);沸点 657 ℃(分解)。本品与有机物、易燃物、硫、磷等接触能发生燃烧,甚至爆炸;遇水引起剧烈反应,产生高热,量大时能发生爆炸;与酸类接触立即引起爆炸。主要用于脱色或漂白、氧化剂、防腐剂、杀菌剂、除臭剂、微量分析、医药、印染、化学工业作为制造过氧化物的原料等。

包装:玻璃瓶、塑料瓶或塑料袋装,严封后再装入金属容器、金属卡口罐或塑料桶内,衬松软不燃材料,容器严封扣紧,然后装入坚固木箱(可装 250 g×20 瓶或 500 g×14 瓶),箱内用不燃材料填塞妥实,箱外应包铁皮搭角或铁丝、铁皮加固。小铁听装,桶口密封,每 10 小桶(听),再装入白铁皮箱,箱内放吸潮剂,箱外再套厚度为 15 mm 以上的坚固干燥木箱,用铁皮或铁丝加固,净重不超过 25 kg。各种内外包装均应注明生产厂、品名、规格、等级、生产日期、批号、净重、重量,有明显的"氧化剂""腐蚀性""小心轻放""勿倒置"等标志。

贮存条件:贮藏于阴凉、通风、干燥一级防火建筑的危险品库房,门窗严密,应有遮光设备。库内温度在 35 ℃以下,相对湿度在 75%以下。可与其他无机过氧化物同库贮存。隔热源、火种,与有机物还原剂,易燃物等分别存放。包装必须完整密封,堆垛用品及设备应专库专用,不准互换。

养护:
1) 入库验收:验物品形态、颜色,有无吸潮、溶化、结块、变色等。内外包装有无受潮、雨淋,容器封口是否严密,包装衬垫物料是否符合物品性质要求,内外标记是否相符,批号、有效期限等情况都要做好验收记录。
2) 堆码苫垫:木箱和铁桶码垛垛底垫高 15~30 cm,每层铁桶之间垫木板,垛高不超过 2.5 m,保持货垛牢固安全。木箱瓶装货垛高一般在 2.5 m 以下,垛距 80~90 cm,墙距、柱距 30~50 cm。
3) 在库检查:每日进行班前班后的安全检查,还应每三个月进行一次物品质量检查,检查项目、内容与入库验收同,发现封口不严、物品受潮、有异状异味,要及时取样化验质量变化情况,并立即采取有效的养护措施,做好质量检查记录。
4) 温湿度管理:加强库内的温湿度管理,一般可利用密封库房,自然通风散潮与调节库内温度和湿度。如在雨季不能进行通风降潮时,可利用氯化钙或用空气去湿机吸潮等办法,以保持库内相对湿度在 75%以下。
5) 安全作业:各项验收、质量检查、装卸、堆码、搬运等操作,必须轻拿轻放,防止摩擦、震动与撞击。验收、质量检查、整理、包装等操作,必须在库外安全地点或操作室内进行,并由业务熟练人员指导,备有各种消防和人身防护设备,操作使用的工具应为铜制或铜合金制。
6) 保管期限:2 年。

注意事项:发生火灾禁止用水、泡沫、二氧化碳,可用干砂、干土、干粉等。

B5.3 品名:过氧化钾

编号:51003

化学式:K_2O_2

分子量:110.20

特性:黄色无定形块状物,易潮解。遇水猛烈分解放出氧气,有腐蚀性。熔点 490 ℃。遇水及水蒸气产生热,热量大时可能引起爆炸;与还原剂能产生剧烈反应;接触易燃物(如硫、磷等)也能引起燃烧爆炸。主要用于氧化剂、漂白剂等。

包装:玻璃瓶、塑料瓶或塑料袋装,严封后再装入金属容器、金属卡口罐或塑料桶内,衬垫松软不燃材料,容器严封,然后装入坚固木箱(可装 250 g×20 瓶或 500 g×14 瓶),箱内用不燃材料填塞妥实,箱外应包铁皮搭角或铁丝、铁皮加固。小铁听装,桶口密封,每 10 小桶(听),再装入白铁皮箱,箱内放吸潮剂,箱外再套厚度为 15 mm 以上的坚固干燥木箱,用铁皮或铁丝加固,净重不超过 25 kg。各种内外包装均应注明生产工厂、产品名称、规格、等级、生产日期、批号、净重、重量,有明显的"氧化剂""腐蚀性""小心轻放""勿倒置"等标志。

贮存条件:贮存于阴凉、通风、干燥一级防火建筑的危险品库房,门窗严密,应有遮光设备,库内温度在 35 ℃以下,相对湿度在 75%以下。可与其他无机过氧化物同库贮存,隔绝热源、火种,与有机物、还原剂、易燃物等分别存放。包装必须完整密封,堆垛用品及设备应专库专用。

养护:
1) 入库验收:验物品形态、颜色,有无吸潮、溶化、结块、变色等。内外包装有无受潮、雨淋。容器封口是否严密,包装衬垫物料是否符合物品性质要求,内外标记是否相符,批号、有效期限等情况都要做验收记录。
2) 堆码苫垫:木箱和铁桶码垛垛底垫高15~30 cm,每层铁桶之间垫木板,垛高不超过2.5 m,保持货垛牢固安全。木箱瓶装货垛高一般在2.5 m以下,垛距80~90 cm,墙距、柱距30~50 cm。
3) 在库检查:每日进行班前班后的安全检查,还应每三个月进行一次物品检验,检查项目内容与入库验收同,发现封口不严、物品受潮、有异状异味,要及时取样化验质量变化情况,立即采取有效的养护措施,做好质量检查记录。
4) 温湿度管理:加强库内的温湿轻理,一般可利用密封库房、自然通风散潮,调节库内温度和湿度。如在雨季不能进行通风降潮时,可利用氯化钙或用空气去湿机吸潮等办法,以保持库内相对湿度在75%以下。
5) 安全作业:各项验收、质量检查、装卸、堆码、搬运等操作,必须轻拿轻放,防止摩擦、震动与撞击。验收、质量检查、整理、包装等操作必须在库外安全地点或操作室内进行,并由业务熟练人员指导,备有各种消防和人身防护设备,操作使用的工具应为铜制或铜合金制。
6) 保管期限:2年。

注意事项:发生火灾禁用水、泡沫、二氧化碳,可用干砂、干土、干粉等。

B5.4 品名:高氯酸钠

编号:51018

别名:过氯酸钠

化学式:$NaClO_4$

分子量:122.45

特性:无水物为无色或白色斜方晶体,有吸湿性。易溶于水及醇,不溶于醚。一水物是无色六方晶系结晶,有吸湿性。加热到50 ℃时失去结晶水,而成无水物,无水物又能在空气中逐渐吸收水分而转变为一水物。本品有毒。相对密度2.02;熔点482 ℃(分解)。与有机物、还原剂、易燃物(如硫、磷等)混合或与硫酸接触有引起燃烧爆炸的危险。主要用于爆炸品工业、分析试剂,氧化剂。

包装:化学试剂装入玻璃瓶内,每瓶250 g或500 g,严封后,再装入金属或塑料卡口桶内,用不燃性干燥的轻体碳酸钙填充,然后再装入坚固木箱内,箱板厚度不应小于1.5 cm,箱内空隙用碳酸钙填塞妥实,箱外再用双道铁丝捆扎牢固。工业品装入1.5~2 cm厚坚固干燥咬口对缝木板材料制成的箱内,箱外用非金属材料加固;或装入特制的塑料桶内,内衬两层纸袋或塑料袋,严密封闭,最后再将桶口严封,每件净重25 kg或50 kg。各种正式内外包装均应注明品名、规格、净重、毛重、生产厂、出厂日期及"氧化剂""防晒""小心轻放"等明显标志。防止包装破损,如果散失地面上,要及时打扫干净或用水冲洗,以消除隐患。

贮存条件:贮存于阴凉、通风、干燥一级防火建筑的库房内,库温在30 ℃以下,相对湿度80%以下。可与其他氯酸盐、过氯酸盐类同库贮存。库房门窗要求严密遮光,要隔绝热源、火源、有机物、还原剂、易燃物品等。

养护：
1) 入库验收：验包装应完整无损、无破漏，无水湿、雨淋，包装封口严密，包装材料以及衬垫物料符合包装要求。物品形态、颜色正常，无潮解、溶化、结块、变色、变质等质量问题，验收完毕，做好入库验收记录。
2) 堆码苫垫：桶装和木箱装码垛，下面应垫高 15～30 cm，码行列式货垛，层层垫木板，垛高 2 m。玻璃瓶木箱装垫高 5～10 cm，码行列式垛，垛高 2.5 m，垛距 90 cm，墙距、柱距 30 cm。
3) 在库检查：保管员除每天进行班前班后和风雨雪前中后安全检查外，还应根据物品特性，每三个月抽样检查，检查项目内容与入库验收同，如发现问题及时采取封口、修理、控制温湿度等养护措施，并做好记录。
4) 温湿度管理：每日按时记载库内温湿度，并根据当地气候，采取有效的密封、通风吸潮相结合的温湿度管理办法，使温度不超过 30 ℃，相对湿度不超过 80％。
5) 安全作业：工作人员需穿工作服，戴手套、口罩，堆码装卸、包装整理等各项操作电，绝对禁止推拉、摩擦和撞击。使用的工具应为铜制或铜合金制。包装整理等工作，必须在远离库房的安全地点进行，不得在库房内和库房周围进行。
6) 保管期限：2 年。

注意事项：火灾可用雾状水、干砂土、干粉扑救。

B5.5　品名：高氯酸钾

编号：51019

别名：过氯酸钾

化学式：$KClO_4$

分子量：138.55

特性：无色结晶或白色结晶粉末。易溶于沸水，微溶于水，几乎不溶于醇、醚。对皮肤组织有强烈刺激性。相对密度 2.524；熔点 610 ℃±10 ℃（分解）。系强氧化剂，与有机物接触摩擦或震动能引起分解。与还原剂、易燃物（如硫、磷等）相混合有引起爆炸的危险。

包装：试剂装入玻璃瓶内，250 g×20 瓶装，严封后再装入金属或塑料卡口桶内，衬不燃松软材料，然后再装入坚固木箱，箱板厚度不应小于 1 cm，箱内空隙应用不燃松软材料填塞妥实。箱外应用铁皮或用铁丝捆扎或铁皮搭角。工业品装入厚度 1.5 cm 以上的坚实干燥木箱，内衬两层坚实纸袋或塑料袋，严密封口，箱外用铁皮或铁丝加固。两层纸袋或塑料袋装，严密封口，再装入厚度 0.5 mm 以上的铁皮制成的铁桶或塑料桶内，桶口密封牢固，净重 25 kg 或 50 kg。各种内外包装均应注明品名、规格、净重、毛重、生产厂、出厂日期，有明显的"氧化剂""小心轻放"等标志。

贮存条件：贮存于阴凉、通风、干燥一级防火建筑的库房，门窗严密，应有遮光设备。库温在 30 ℃ 以下，相对湿度 80％。要隔绝热源、火源，与有机物、还原剂、易燃物品等分别存放。

养护：
1) 入库验收：包装应完整无损、无破漏，无水湿、雨淋，封口严密，包装材料符合要求，物品颜色正常，无潮解、溶化、结块、变色、变质，验收完毕，做好记录。
2) 堆码苫垫：桶装和木箱码垛，应下垫 15～30 cm，码行列式货垛，层层垫木，垛高 2 m。玻璃瓶木箱装垫高 5～10 cm，码行列式垛，垛高 2.5 m，垛距 90 cm，墙距、柱距 30 cm。

3) 在库检查:班前班后和风雨雪前中后要安全检查,每三个月抽样检查,检查内容与入库验收同,如发现问题及时处理,并做好记录。
4) 温湿度管理:按时记录温湿度,温度不超过 30 ℃,相对湿度不超过 80%。
5) 安全作业:工作人员须穿工作服,戴手套、口罩,堆码装卸、包装整理等,绝对禁止拖拉、摩擦、撞击。使用工具应为铜制或铜合金。包装、整理等作业必须在远离库房安全地点进行。
6) 保管期限:2 年。

注意事项:如遇火灾,可用雾状水、干砂土、干粉灭火机扑救。避免其水溶液流到易燃物处。漏散物品须立即清除,用大量水冲洗后排放入废水系统。对污染地面用水多次冲洗,并用湿布擦净,以免干燥后遇有机物(如纸张、木材、纤维等)引起燃烧。

B5.6 品名:氯酸铵

编号:51029

化学式:NH_4ClO_3

分子量:101.5

特性:白色结晶或呈块状。能溶于水,微溶于醇。性质不稳定,加热至 100 ℃ 以上即爆炸。相对密度 1.80;熔点 102 ℃(爆炸)。与有机物、易燃物(如硫、磷)、还原剂以及硫酸相接触,有燃烧爆炸的危险。遇高温(100 ℃ 以上)或猛烈撞击也会引起爆炸。主要用于氧化剂。

包装:化学试剂装入玻璃瓶内,每瓶 250 g 或 500 g,严封后,再装入金属或塑料卡口桶内,用不燃性干燥的轻体碳酸钙填充,然后再装入坚固木箱内,箱板厚度不应小于 1.5 cm,箱内空隙用碳酸钙填塞妥实,箱外再用铁丝捆扎牢固。工业品装入 1.5~2 cm 厚坚固干燥木箱内,箱外用非金属材料加固;或装入特制的厚塑料桶内,内衬两层纸袋或塑料袋,严密封闭,最后再将桶口严封,每件净重 25 kg 或 50 kg。各种内外包装均应注明品名、规格、净重、毛重、生产厂、出厂日期及"氧化剂""防晒""小心轻放"等明显标志。

贮存条件:贮存于阴凉、通风、干燥一级防火建筑的库房内,库温在 30 ℃ 以下,相对湿度 80% 以下。可与其他氯酸盐、过氯酸盐类同库贮存。库房门窗要求严密遮光,要隔绝热源、火源、有机物、还原剂、易燃物品等。

养护:

1) 入库验收:包装应完整无损、无破漏,无水湿、雨淋,包装封口严密,包装材料以及衬垫物料符合包装要求,物品形态、颜色正常,无潮解、溶化、结块、变色、变质等质量问题,验收完毕,做好入库验收记录。
2) 堆码苫垫:桶装和木箱装码垛,应垫高 15~30 cm,码行列式货垛,层层垫木板,垛高 2 m。玻璃瓶木箱装垫高 5~10 cm,码行列式垛,垛高 2.5 m。垛距 90 cm,墙距、柱距 30 cm。
3) 在库检查:保管员除每天认真进行班前班后和风雨雪前中后要安全检查外,还应根据物品特性,每三个月进行抽样检查,其检查项目与内容与入库验收同,如发现问题及时采取封口、修理、控制温湿度等养护措施,并做好记录。
4) 温湿度管理:每日按时记录库内温湿度,并根据当地气候,采取有效的密封和吸潮相结合的温湿度管理办法,使温度不超过 30 ℃,相对湿度不超过 80%。

5) 安全作业:工作人员需穿工作服,戴手套、口罩,堆码装卸、包装整理、拆钉包装等各项操作中,绝对禁止推拉、摩擦、撞击。使用的工具应为铜制或铜合金制。包装、整理等作业必须在远离库房的安全地点进行,不得在库房内和库房周围进行。
6) 保管期限:2年。

注意事项:发生火灾可用雾状水、干砂土、干粉扑救。

B5.7 品名:氯酸钾

编号:51031

化学式:$KClO_3$

分子量:122.55

特性:无色有光泽结晶或白色颗粒、粉末,味咸而凉。在空气中不易潮解,易溶于沸水,能溶于水和甘油,几乎不溶于醇中。相对密度2.32;熔点368 ℃;沸点400 ℃。强氧化剂,加热至610 ℃时,能放出所含的氧。与有机物、可燃物、还原剂能形成爆炸性混合物,如遇硫酸可爆炸;与硫、磷、亚硫酸盐、次磷酸盐及其他被氧化的物质混合,即可引起燃烧爆炸;与赤磷混合,即使极微弱的摩擦,亦可爆炸;特别是与黄磷接触,会立即发生猛烈爆炸。

包装:化学试剂装入玻璃瓶内,每瓶250 g或500 g,严封后,再装入金属或塑料卡口桶内,用不燃性干燥的轻体碳酸钙填充,然后再装入坚固木箱内,箱板厚度不应小于1.5 cm,箱内空隙用碳酸钙填塞妥实,箱外再用双道铁丝捆扎牢固。工业品装入1.5~2 cm厚坚固干燥木箱内,箱外用非金属材料加固;或装入特制的厚塑料桶或钢桶内,内衬两层纸袋或塑料袋,严密封闭,最后再将桶口严封,每件净重25 kg或50 kg。各种内外包装均应注明品名、规格、净重、毛重、生产厂、出厂日期及"氧化剂""防晒""小心轻放"等明显标志。

贮存条件:贮存于阴凉、通风、干燥一级防火建筑的库房内,库温在30 ℃以下,相对湿度80%以下。可与其他氯酸盐、过氯酸盐类同库贮存。库房门窗要求严密遮光,要隔绝热源、火源、有机物、还原剂、易燃物品等。

养护:
1) 入库验收:包装应完整无损、无破漏,无水湿、雨淋,包装封口严密,包装材料以及衬垫物料符合包装要求,物品形态、颜色正常,无潮解、溶化、结块、变色、变质等质量问题,验收完毕,做好入库验收记录。
2) 堆码苫垫:桶装和木箱装码垛,应垫高15~30 cm,码行列式货垛,层层垫木板,垛高2 m。玻璃瓶木箱装垫高5~10 cm,码行列式垛,垛高2.5 m,垛距90 cm,墙距、柱距30 cm。
3) 在库检查:保管员班前班后和风雨雪前中后要安全检查,还应每三个月进行抽样检查,其检查项目、内容与入库验收同,如发现问题及时采取封口、修理、控制温湿度等养护措施,并做好记录。
4) 温湿度管理:每日按时记录库内温湿度,并根据当地气候,采取有效的密封、通风和吸潮相结合的温湿度管理办法,使温度不超过30 ℃,相对湿度不超过80%。
5) 安全作业:工作人员需穿工作服,戴手套、口罩,堆码装卸、包装整理、拆钉包装等各项操作,绝对禁止推拉、摩擦、撞击。使用的工具应为铜制或铜合金制。各项分改装、包装整理等作业必须在远离库房的安全地点进行,不得在库房内和库房周围进行。
6) 保管期限:2年。

注意事项：发生火灾可用雾状水、干砂土、干粉扑救。氯酸钾粉尘有毒，应使吸入粉尘的患者远离污染区，安静休息，并保持温暖；皮肤接触，先用水冲洗，再用肥皂水彻底洗涤，脱去污染衣物，洗净后再用；如果进入口内，立即漱口，急送医院救治。

B5.8 品名：次氯酸钙（含有效氯＞39%）

编号：51043

化学式：$Ca(OCl)_2$ 或 $3Ca(OCl)_2·2Ca(OH)_2$

分子量：142.99 或 577

特性：白色颗粒或粉末。有强烈氯气味，具有腐蚀性和强氧化性，与酸作用能放出氯气。易溶于冷水、在热水与乙醇中分解。相对密度 2.35；熔点 100 ℃（分解）。遇水放出大量热量，放出初生态氧。接触有机物等易引起燃烧和爆炸；遇光也易发生爆炸分解，产生氧气和氯气，一般含有效氯约 65%～70% 左右。本品与油类反应能引起燃烧。与铁、锰、钴、镍等粉末混合能成为爆炸性的混合物。遇潮湿空气或水分能发热，引起燃烧或爆炸。加热至 15 ℃ 以上急剧分解，能引起爆炸。主要用于消毒剂、漂白剂、脱臭剂、氧化剂、医药、造纸工业。

包装：坚固铁桶装，桶内有塑料袋两层，桶口应密闭不漏。铁桶厚度不小于 0.5 mm。玻璃瓶或金属容器装，严封后再装入坚固木箱，箱板厚度不应小于 1 cm，木箱四周上下加带，箱外应用铁皮或用铁丝捆紧，或包铁皮搭角，箱内衬塑料气泡垫或其他松软材料填塞妥实。木箱玻璃瓶装每件净重不超过 10 kg。桶装每件净重不超过 50 kg。各种包装均应注明品名、规格、等级、净重、毛重、生产厂、出厂日期及"氧化剂""腐蚀性物品""防潮""小心轻放"等明显标志。

贮存条件：贮存于阴凉、通风、干燥地势高的库房内，库温在 30 ℃ 以下，相对湿度 80% 以下，要求门窗严密、窗户遮光、避免阳光直射。与其他氧化剂不宜同库贮存，可以与铬酸盐同库存放，与热源、火源、有机物、易燃物、还原剂等分别存放。

养护：

1) 入库验收：包装容器是否符合要求，是否沾染其他物品，有无雨淋、水湿现象，封口是否严密，不撒不漏。物品是干燥粉末状，无吸潮结块，无明显氯臭味。

2) 堆码苫垫：桶装和木箱装码垛，应下垫 15～20 cm，码行列式货垛，垛高不超过 2.5 m，垛距 80～90 cm、墙距、柱距 30 cm。

3) 在库检查：保管员除每天认真进行班前班后安全检查外，还应按规定夏季 2 个月、冬季 3 个月进一次检查，其检查项目、内容与入库验收同，并将检查数量，发现问题及时采取养护措施，并做好记录。

4) 温湿度管理：每日按时记录库内温湿度，掌握好库内温湿度变化，采取密封、通风和吸潮相结合的办法，以控制库内温度不超过 30℃，相对湿度不超过 80%。

5) 安全作业：搬运操作要轻装轻卸不得震动、撞击、桶装不得直接在水泥地面滚动。验收、质量检查、整理包装，一律不得在库内操作，必须在库外安全地点或专用室内进行，操作现场须备有相应的消防器材，并由主管保管员负责指导操作。操作人员应穿工作服，戴手套、口罩、护目镜。

6) 保管期限：2 年。

注意事项：火灾可用干砂、土、干粉和雾状水扑救。灭火救护人员必须站在上风头，戴好防毒面具，防止中毒。

B5.9　品名:亚氯酸钠

编号:51046

化学式:$NaClO_2$

分子量:90.41

特性:白色结晶或结晶形粉末。170 ℃时即行分解放出氧气。有氧化性,可能引起强烈爆炸,遇强酸能放出有毒气体。

包装:坚固铁桶装,桶内有塑料袋两层,桶口应密闭不漏。铁桶厚度不小于 0.5 mm。玻璃瓶或金属容器装,严封后再装入坚固木箱,箱板厚度不应小于 1 cm,木箱四周上下加带,箱外应用铁皮或用铁丝捆紧,或包铁皮搭角,箱内衬塑料气泡垫或其他松软材料填塞妥实。木箱玻璃瓶装每件净重不超过 10 kg。桶装每件净重不超过 50 kg。各种包装均应注明品名、规格、等级、净重、毛重、生产厂、出厂日期及"氧化剂""腐蚀性物品""防潮""小心轻放"等明显标志。

贮存条件:贮存于阴凉、通风、干燥、地势高的库房内,库温在 30 ℃以下,相对湿度 80%以下,要求门窗严密、窗户遮光、避免阳光直射。与其他氧化剂不宜同库贮存,可以与铬酸盐同库存放,与热源、火源、有机物、易燃物、还原剂等分别存放。

养护:

1) 入库验收:包装容器是否符合要求,包装是否沾染其他物品,有无雨淋、水湿现象,封口是否严密,不撒不漏。物品是干燥粉末状,无吸潮结块,无明显氯臭味。

2) 堆码苫垫:桶装码垛垛底应垫高 15~20 cm,码行列式货垛,垛高不超过 2.5 m,垛距 80~90 cm,墙距、柱距 30 cm。

3) 在库检查:保管员除每天认真进行班前班后安全检查外,还应按规定夏季 2 个月、冬季 3 个月进行一次检查,其检查项目、内容与入库验收同,并将检查数量,发现问题及时采取养护措施,并做好记录。

4) 温湿度管理:每日按时记录库内温湿度,掌握好库内温湿度变化,采取密封、通风和吸潮相结合的办法,以控制库内温度不超过 30 ℃,相对湿度不超过 80%。

5) 安全作业:搬运操作要轻装轻卸不得震动、撞击、桶装不得直接在水泥地面滚动。验收、质量检查、整理包装,一律不得在库内操作,必须在库外安全地点或专用室内进行,操作现场须备有相应的消防器材,并由主管保管员负责指导操作。操作人员应穿工作服、戴手套、口罩、护目镜。

6) 保管期限:2 年。

注意事项:火灾可用干砂、土、干粉和雾状水扑救。灭火救护人员必须站在上风头,戴好防毒面具,防止中毒。

B5.10　品名:高锰酸钠

编号:51047

别名:过锰酸钠

化学式:$NaMnO_4 \cdot 3H_2O$

分子量:195.97

特性:紫色到红紫色结晶或粉末。能溶于水、乙醇和乙醚。易潮解,有毒。氧化性较强,溶于液氨,在碱中分解。熔点 170 ℃(分解)。与有机物、还原剂、易燃物(如硫、磷等)接触有引起燃烧爆炸的危险。遇甘油立即分解而强烈燃烧。

包装:玻璃瓶或金属容器,严封后再装入坚固木箱,箱板厚度不应小于1 cm,木箱四周上下加带,箱外应包铁皮或用铁丝捆紧,或包铁皮搭角。箱内空隙处应用松软材料填塞妥实。坚固大口铁桶装,桶内应衬厚塑料袋,袋口扎紧,桶口严密不漏,铁桶厚度不小于5 mm。瓶装木箱每件净重不超过10 kg。铁桶包装每件净重不超过50 kg。各种内外包装均应注明品名、规格、等级、净重、毛重、生产厂、出厂日期及"氧化剂""防潮"等明显标志。

贮存条件:贮存于干燥、通风、阴凉的库房内,应与有机物、还原剂、甘油、易燃物(如硫、磷、酸类、双氧水等)严格分库贮存,严禁混贮混运。搬运时应轻装轻卸,保持包装完整,如有散漏,应及时清洗。

养护:

1) 入库验收:根据条件制定抽样方案,一般本地产品每批抽2~5件,外埠产品抽5~30件,发现问题加倍抽样。检验物品形态、颜色、有无吸潮、溶化、结块、变色等。内外包装有无受潮、雨淋,容器封口是否严密,包装物料衬垫是否符合要求,内外是否相符,做好验收记录。

2) 堆码苫垫:垛底垫高15~30 cm,袋装码垛,垛高不超过2.5 m,木箱装垛底垫高不小于10 cm,垛高不超过2.5 m,垛距80 cm,墙距、柱距30 cm。

3) 在库检查:在库贮存期间,每日上班后下班前应对货垛及库内外各进行检查,每三个月定期检查一次。

4) 温湿度管理:可密封库房并根据气温变化采取通风和吸湿的办法来控制库内温度不超过30 ℃,相对湿度不超过80%。

5) 安全作业:各项堆码、装卸、搬运操作必须轻装轻卸,防止摩擦、撞击。验收,质量检查、包装整理等各项操作,均在库外的安全地点或专用操作室内进行,操作现场必须配备好消防灭火设备。操作人员应穿工作服戴手套并应使用铜制或铜合金工具,工作完毕打扫干净。

注意事项:发生火灾可用雾状水、砂土灭火。

B5.11　品名:高锰酸钾

编号:51048

别名:过锰酸钾、灰锰氧

化学式:$KMnO_4$

分子量:158.03

特性:深紫色细长斜方柱状结晶,有金属光泽,能溶于水,味甜而涩,属强氧化剂。在空气中稳定,加热至约240 ℃分解出氧。遇乙醇及其他有机溶剂分解,也能从浓酸中游离出氧,遇盐酸游离氯。能被多种还原物质分解,如亚铁盐、碘化物及草酸盐等,特别是在含有机酸时更易氧化。相对密度2.703 1;熔点240 ℃(分解)。本品与乙醇、乙醚、硫磺、磷、硫酸、双氧水等接触会发生爆炸;与甘油混合能发生燃烧;与铵的化合物混合有引起爆炸的危险。

包装:玻璃瓶或金属容器,严封后再装入坚固木箱,箱板厚度不应小于1 cm,木箱四周上下加带,箱外包铁皮或用铁丝捆紧,或包铁皮搭角。箱内空隙处应用松软材料填塞妥实。坚固大口铁桶装,桶内应衬厚塑料袋,袋口扎紧,桶口严密不漏,铁桶厚度不小于5 mm。瓶装木箱每件净重不超过10 kg。铁桶包装每件净重不超过50 kg。各种内外包装均应注明品名、规格、等级、净重、毛重、生产厂、出厂日期及"氧化剂""防潮"等明显标志。

贮存条件:贮存于阴凉、通风、干燥防火建筑的库房内,门窗严密,避免阳光直射,库温可在32 ℃以下,相对湿度80%以下。可与其他高锰酸盐同库贮放,必须与其他氧化剂分别贮存,与有机物、易燃物、还原剂等不同性质的物品分别存放,并隔绝热源与火种。

养护:
1) 入库验收:以感官检验为主,检验包装有无雨淋、水湿,沾有其他物品等,各种内外标记齐全,封口严密有效,无破漏损毁,物品深紫色针片或块状结晶体,干燥无黏结现象,无杂质等。
2) 堆码苫垫:货垛应垫高15 cm,码行列式货垛,如金属桶装须层层垫木,垛高不超过2.5 m,垛距80～90 cm,墙距、柱距30 cm。
3) 在库检查:保管人员除进行班前班后的安全检查外,还应规定每三个月对库房物品包装、封口和物品进行检查,其检查内容方法与入库验收一样,同时做好详细记录。
4) 温湿度管理:认真记录库内温湿度变化,库房进行密封,并采取通风和吸湿的办法来控制库内温度不超过30 ℃,相对湿度不超过80%。
5) 安全作业:高锰酸钾是一种碱性强氧化剂,与还原剂、有机物混合,经摩擦撞击,往往引起爆炸,故在各项操作中,必须轻装轻卸,防止撞击。桶装不得在石、砖、水泥地面滚动(应用专用车出入库房),如确无车辆必须滚动时,也要垫好木板滚动。各项验收、质量检查、整理包装等各项操作,一律不得在库内进行,应到远离库房或指定地点进行。
6) 保管期限:2年。

注意事项:发生火灾可用雾状水、砂土灭火。

B5.12 品名:硝酸钠

编号:51055

别名:智利硝石

化学式:$NaNO_3$

分子量:101.10

特性:无色透明结晶或白色或微黄色颗粒粉末,溶于水,易潮解。无臭,味咸微苦,在潮湿空气中吸湿。当溶解于水时其溶液温度降低,溶液呈中性。相对密度2.26;熔点308 ℃;沸点380 ℃(分解)。强氧化剂,与易燃物、还原剂、硫、磷、木炭等混合即成为爆炸性混合物。加温到380 ℃以上分解成亚硝酸钠和氧。

包装:化学试剂装入玻璃瓶、塑料瓶容器内,500 g×20 瓶装,严封后再装入坚固木箱,箱板厚度不应小于1.5 cm,木箱四周上下加带,箱外应包铁皮或用铁丝捆紧或包铁皮搭角,箱内空隙处应用塑料气泡垫或其他松软材料填塞妥实。工业品装入内衬三层牛皮纸或塑料袋,外套麻袋或塑料编织袋,严密封闭,不洒不漏。各种内外包装应注明品名、生产厂、规格、等级、毛重、净重、批号,粘贴"氧化剂""防潮"等标志。

贮存条件:贮存于干燥、阴凉、通风的危险品库房,门窗严密,应有遮光设备,库温在30 ℃以下,相对湿度80%以下。可以除硝酸铵以外的其他硝酸盐同库存放,但要隔绝热源、火种、有机物、还原剂、易燃物等。

养护:
1) 入库验收:验物品形态、颜色,有无吸潮、溶化、结块、变色等,内外包装有无受潮、雨淋,容器封口是否严密,包装衬垫物料是否符合物品性质要求,内外标记是否相符,批号、有效期限等情况都要做好验收记录。
2) 堆码苫垫:袋装码垛垛底垫高 15~30 cm,垛高一般不超过 2.5 m,保持货垛牢固安全。木箱瓶装垛底垫高不小于 10 cm,垛高一般在 2.5 m 以下,垛与垛间距 80 cm,墙距、柱距 30 cm。
3) 在库检查:每日进行班前班后的安全检查,还应建立物品定期质量检查,每隔三个月检查一次,检查内容同入库验收,并做好记录。
4) 温湿度管理:可采取密封库控制温湿度的办法。干燥季节可充分进行自然通风,尽量保持库内干燥,如桶、瓶包装只要容器好、严封密闭,不会潮解溶化。如麻袋或牛皮纸袋包装,则易吸潮溶化,可进行密封货垛,方法是在枕木上铺三层苇席或垫一层塑料薄膜,用塑料薄膜将整垛密封。
5) 安全作业:各项装卸堆码必须轻拿轻放,防止撞击和摩擦。验收、质量检查、包装整理等操作,一律到远离库房的安全地点进行,使用的工具应用铜制或铜合金制,同时须有主管保管员监督指导,操作现场配备必要的消防器材和防护工具。
6) 保管期限:2 年。

注意事项:发生火灾可用水、砂土扑救。注意防止水溶液流到易燃物处。如包装破裂物品漏撒,须立即清除,用大量水冲洗,再放入废水系统。对污染地面用水多次冲洗,并用湿布擦净,以免干燥后,遇有机物(如纸张、木材、纤维等)能引起燃烧着火。

B5.13 品名:硝酸钾

编号:51056

化学式:KNO_3

分子量:101.10

特性:无色透明棱形或白色颗粒或粉末,味辛辣而有凉感。微吸潮,吸潮性比硝酸钠小。易溶于水,能溶于甘油,微溶于乙醇,溶于水时能使温度降低。相对密度 2.11;熔点 333 ℃;沸点 400 ℃(分解)。属强氧化剂,有助燃性,加热到 334 ℃即分解放出氧。与有机物及硫、磷等混合,成为爆炸性混合物。浸过硝酸钾的麻袋易自燃。主要用于制造烟火、火药、医药、分析试剂、玻璃工业原料、强氧化剂、农业中用作氮钾复合肥料。

包装:装入玻璃瓶、塑料瓶或金属容器内,500 g×20 瓶装,严封后再装入坚固木箱,箱板厚度不应小于 1.5 cm,木箱四周上下加带,箱外应包铁皮或用铁丝捆紧或包铁皮搭角,箱内空隙处应用塑料气泡垫或其他松软材料填塞妥实。内衬三层牛皮纸或塑料袋,外套麻袋或塑料编织袋包装,严密封闭,净重 25 kg 或 50 kg。各种内外包装应注明品名、生产厂、规格、等级、毛重、净重、批号,粘贴"氧化剂""防潮"危险品标志。

贮存条件:贮存于干燥、阴凉、通风的危险品仓库,门窗严密,应有遮光设备,库温在 30 ℃以下,相对湿度 80%以下,可与除硝酸铵以外的硝酸盐同库贮存。

养护:
1) 入库验收:验物品形态、颜色,有无吸潮、溶化、结块、变色等,内外包装有无受潮、雨淋、容器封口不严,衬垫物料是否符合要求,内外标记是否相符,做好验收记录。

2) 堆码苫垫：垛底垫高15～30 cm，袋装垛高一般不超过2.5 m，木箱瓶装垛底垫高不小于10 cm，垛高一般在2.5 m，垛距80 cm，墙距、柱距30 cm。

3) 在库检查：在库贮存期间，每日班前班后应对货垛及库内外进行一次检查，每三个月定期对物品检查一次。

4) 温湿度管理：可密封库房并根据气温变化采取通风和吸湿的办法来控制库内温度不超过30 ℃，相对湿度不超过80%。

5) 安全作业：各项装卸、堆码、搬运操作必须轻拿轻放，防止撞击和摩擦。验收、质量检查、包装整理等操作，均在库外的安全地点或专用操作室内进行，操作现场必须配备好消防灭火设备，操作人员应穿工作服戴手套并使用铜制或铜合金制具，工作完毕打扫干净。

6) 保管期限：2年。

注意事项：发生火灾可用水、砂土扑救（避免水溶液流到易燃物处）。物品漏撒须立即清除。对污染地面用水多次冲洗，并用湿布擦净，以免干燥后，遇有机物（如纸张、木材、纤维等）能引起燃烧。

B5.14 品名：硝酸银

编号：51063

化学式：$AgNO_3$

分子量：169.87

特性：无色透明的斜方结晶或白色结晶，有苦味。熔点212 ℃。与还原剂、有机物、易燃物（如硫、磷、或金属粉末等）混合可形成爆炸性混合物，急剧加热时可发生爆炸。主要用于照相乳剂、镀银、制镜、印刷、医药、染毛发等，也用于电子工业。

包装：装入带色玻璃瓶容器内，严封后外包黑色避光纸，再装入坚固木箱，箱板厚度不应小于1 cm，木箱四周上下加带，箱外应包铁皮或铁丝捆紧或包铁皮搭角，箱内空隙处应用气垫或其他松软材料填塞妥实。各种内外包装均应注明品名、生产厂、规格、等级、毛重、净重、批号、生产日期、危险标志、"氧化剂""防潮""小心轻放"等。

贮存条件：贮存于干燥清洁的库房内，远离火种、热源。避免光照。包装必须密封，切勿受潮。应与易燃物、可燃物、还原剂、硫、潮湿物品等分开存放，切忌混贮混运。搬运时要轻装轻卸，防止包装及容器损坏。

养护：

1) 入库验收：检查包装是否符合要求，有无破损、雨淋、水湿或沾染其他物质，包装封口是否严密，物品有无变化、吸潮、结块、溶化及异物，做好记录。

2) 堆码苫垫：垛底应至少垫高15 cm，堆垛最高不超过2.5 m，垛距80～90 cm，墙距、柱距30 cm。

3) 在库检查：物品在贮藏期间，保管人员每日在班前班后应对货垛及环境进行一次检查，每三个月定期进行一次质量检查，检查内容同入库验收，发现问题及时采取相应的养护措施，并做好记录。

4) 温湿度管理：库房应进行密封，根据气候变化采取通风和吸潮控制库温不超过30 ℃，相对湿度不超过80%。

5) 安全作业：搬运操作必须轻拿轻放，防止撞击和摩擦。验收、质量检查、包装整理等操作,都应到远离库房专用地点进行,操作现场必须配备好消防灭火设备,操作工具应为铜制或铜合金制。

注意事项:发生火灾,使用雾状水、砂土等。

B5.15 品名:硝酸铵(含可燃物≤0.2%;≤0.4%)

编号:51069 或 51070

化学式:NH_4NO_3

分子量:80.05

特性:无色、白色透明结晶性粉末或小颗粒,有潮解性,极易溶于水、乙醇和氨溶液及碱类。相对密度 1.725(25 ℃);熔点 155 ℃;沸点分解(210 ℃,1 466.5 Pa)。硝酸铵在 300 ℃时有爆炸危险,含水 3%以上在 400 ℃时能引起爆炸。硝酸铵是强氧化性,常温下与亚硝酸盐反应放出高热;极易吸潮结块和溶化,溶化后的硝酸铵溶液,爆炸性降低,若浸入有机物,干燥后危险性增加,若经撞击等机械作用,有可能引起爆炸。硝酸铵易吸潮结块,防结块的方法,如硝酸铵中加入约 1%的硫酸铵与磷酸氢二铵混合物,或用硝酸镁作为防结块剂。

纯硝酸铵在常温下是稳定的,对打击、碰撞摩擦均不敏感。但在高温、高压和易氧化物质存在下易发生爆炸;如混入有机物杂质时或与硫、磷、还原剂相混合,都有引燃烧爆炸的危险。主要用于致冷剂、制备氧化氮(笑气)、氧化剂、催化剂、农药、化肥、炸药等。

包装:玻璃瓶、塑料瓶或金属容器装,净重 500 g×20 瓶装,严封后再装入坚固木箱,箱板厚度不应小于 1 cm,木箱四周上下加带,箱外应包铁皮或用铁丝捆紧,或包铁皮搭角,箱内空隙处用塑料气泡垫或其他松软材料填塞妥实。袋装内衬三层牛皮纸或厚塑料袋,外套麻袋或塑料编织袋,包装严密不漏,净重 25 kg 或 50 kg。各种内外包装均应注明品名、生产厂、规格、等级、毛重、净重、批号、生产日期、危险品标志、"氧化剂""防潮""小心轻放"等。

贮存条件:要求仓库干燥、阴凉、通风,最好单独存放,门窗严密,应有遮光设备,要隔绝热源、火种,与有机物、还原剂、易燃物等严格分开存放。特别要注意防止与其他氧化剂和亚硝酸盐混存,因即使微量相混,在 40 ℃的条件下,会发生氧化还原反应引起易燃物着火。库温在 30 ℃以下,相对湿度不超过 80%。

养护:

1) 入库验收:查看物品形态、颜色、有无吸潮、溶化、结块、变色等,内外包装有无受潮、雨淋,容器封口是否严密,包装衬垫物料是否符合要求,内外标记是否相符,发现问题及时处理,并做好记录。

2) 堆码苫垫:袋装码垛应下垫高度 15~30 cm,垛高一般不超过 2.5 m,如系干燥品应码密实垛(即用塑料薄膜或苫布垫好底,码好后再整垛密封)木箱瓶装垛高一般在 3 m 以下,垛距 90 cm,墙距、柱距 30 cm。

3) 温湿度管理:库房应进行密封,根据气候变化采怪通风和吸潮控制库温不超过 30 ℃,相对湿度不超过 80%。

4) 在库检查:每日进行班前班后的安全检查,还应建立物品定期质量检查,每隔三个月检查一次,检查内外包装、封口、质量情况,做好详细记录,发现问题应及时采取相应的养护措施。

5) 安全作业:验收、质量检查、包装整理等各项操作,均不得在库内进行。使用工具应为铜制或铜合金制。各项操作必须轻搬轻放,防止摩擦、撞击,已结块的硝酸铵不准用金属重击,如需击碎时,可用木锤轻轻敲击。已溶化侵入木质的硝酸铵,必须用水浸泡数日后方能使用,以免干燥后发生危险。

6) 保管期限:1年。

注意事项:发生火灾可用雾状水、砂土扑救(避免水溶液流到易燃货物处)。在火场高热下硝酸铵能分解放出剧毒氮氧化物。物品漏撒逸出须用水冲洗多次,废水应排入废水系统。对污染的地区冲洗后,须用湿布擦净,以免干燥后遇有机物(如纸张、木材、纤维等)能引起燃烧。

B5.16 品名:过硫酸钠

编号:51504

别名:高硫酸钠、过二硫酸钠

化学式:$Na_2S_2O_8$

分子量:238.13

特性:白色结晶性粉末,能逐渐分解,潮湿和高温能使分解加快。溶于水,能被醇和银离子分解。其蒸气对皮肤有刺激性。与有机物、还原剂、硫、磷等混合,能成为爆炸性混合物。主要用于漂白剂、氧化剂、电池去极剂、乳液聚合促进剂。

包装:玻璃瓶500 g装,加盖聚乙烯内盖,外套螺口电木盖,然后用胶套或封口胶封闭严密,再装入木箱,每件20瓶,瓶与瓶之间用塑料气泡垫相隔。金属桶或木桶装内加塑料袋,然后封闭严密。各种容器外均有明显的品名、规格、重量、批号及"氧化剂""防潮""防日晒""小心轻放"等标记。

贮存条件:贮存于阴凉、通风避光干燥的库房内,库内温度30 ℃以下,相对湿度80%以下。不得与有机物、易燃物、还原剂、有机过氧化物等同库贮存,并远离热源与火种。

养护:

1) 入库验收:以感官验收为主,检验外包装,应无水湿、雨淋,无粘有其他物品,无破损漏散,包装完整,标记齐全,物品应无潮湿、溶化和杂质。

2) 堆码苫垫:木箱包装,垛底应垫高15~30 cm,码行列式货垛,垛高不超过2.5 m;桶装码垛应层层垫板,以防摩擦和保持货垛牢固;垛距80~90 cm,墙距、柱距30 cm,以便于出入库。

3) 在库检查:保管员除每天班前班后对物品、库房、货垛的安全检查外,还应按规定每三个月定期进行检查,其检查内容和方法与入库验收同,发现问题及时采取相应的养护措施,如封口、修补、整理等,并详细记录。

4) 温湿度管理:如达不到库内温湿度要求时,可采取库外墙涂白、密封库,随时掌握库内温湿度的变化,充分利用自然气候,进行通风和吸湿办法来控制库内温湿度。

5) 安全操作:各项操作,必须轻搬轻放,严禁摩擦和碰撞。验收、质量检查、整理包装等,必须到远离库房的安全地点或专用库房进行,一律不准在库房内操作,并有专人指导,并配备相应的消防器材。

6) 保管期限:2年。

注意事项:火灾时可用雾状水、泡沫、砂土等扑救。

B5.17 品名:高硼酸钠

编号:51505

别名:过硼酸钠

化学式:$NaBO_3 \cdot 4H_2O$

分子量:153.88

特性:白色结晶或粉末,无气味,有咸味。能溶于酸、甘油及水,水溶液呈碱性反应。熔点63 ℃;沸点130 ℃～150 ℃($-H_2O$)。不稳定的氧化剂,在潮湿的空气中能吸水缓慢分解。在40 ℃以上时能逐渐分解放出氧,在60 ℃能分解成过氧化氢和氧。有酸存在时,生成过氧化氢。水溶液pH值为10～10.3,有效氧为10%。本品属弱氧化剂,主要用于印染、医药、油脂工业、织物漂白、清洁剂、电镀、杀菌剂,是一种温和的碱性氧化剂。

包装:装入玻璃瓶、塑料瓶或金属容器内,严封后在装入坚固的木箱,箱板厚度不应小于1 cm,木箱四周上下加带,箱外应包铁皮或铁丝捆紧,或包铁皮搭角,箱内空隙处应用塑料气泡垫或其他松软材料填塞妥实,每件净重不超过10 kg。装入厚塑料袋内再套塑编袋,袋口密封。装入厚塑料袋内,再装入坚实铁桶中,袋,铁桶密封不漏,每件净重不超过50 kg。各种内外包装均应注明品名、生产厂、规格、等级、毛重、批号、生产日期,并粘贴危险物品标志、"氧化剂"及"小心轻放""防潮"等。

贮存条件:贮存于危险品仓库的阴凉、通风、干燥的一级防火建筑的库房,门窗严密,应有遮光设备,库内温度35 ℃以下,相对湿度75%以下。可与其他无机过氧化物同库贮存,隔绝热源、火种与有机物还原剂、易燃物等分别存放。包装必须完整密封,堆垛用品及设备应专库专用,不准互串。

养护:

1) 入库验收:根据具体情况对入库物品抽样检验,如本市产品每批验2～5件,外埠每批5～30件,发现问题,扩大验收比例,验物品形态、颜色,有无吸潮、溶化、结块、变色等。内外包装有无受潮、雨淋,容器封口是否严密,包装衬垫物料是否符合物品性质要求,内外标记是否相符,批号、有效期限等情况都要作为验收记录。

2) 堆码苫垫:木箱和铁桶码垛时,垛底垫高度15～30 cm,每层铁桶之间垫木板,垛高不超过2.5 m,保持货垛牢固安全。木箱瓶装货垛高一般在2.5 m以下,垛与垛之间距80～90 cm,墙距、柱距30～50 cm。

3) 温湿度管理:加强库内的温湿度管理,一般可利用密封库房,自然通风散潮与调节库内温度和湿度。如在雨季不能进行通风降潮时,可用氯化钙或用空气去湿机吸潮等方法,以保持库内相对湿度在75%以下。

4) 安全作业:各项验收、质量检查、装卸、堆码、搬运等操作,必须轻拿轻放,防止摩擦、震动与撞击。验收、质量检查、整理包装等操作均不得在库内进行,必须在库外安全地点或操作室内,并由业务熟练人员指导,备有各种消防和人身防护设备。操作使用工具应为铜制或铜合金制。

5) 保管期限:2年。

注意事项:发生火灾禁止用水、泡沫、二氧化碳,可用干砂、干土、干粉等。

B5.18 品名:溴酸钾

编号:51510

化学式:$KBrO_3$

分子量:167.01

特性：无色三角晶体或白色结晶粉末。可溶于水，微溶于乙醇。相对密度3.27(17.5 ℃)；熔点370 ℃(分解)。加热至370 ℃时分解，生成溴化钾和氧气。与易燃物硫、磷、金属粉末、有机物、还原剂、铵的化合物混合，有成为爆炸性混合物的危险。与硫酸接触容易着火。本品有毒。主要用于分析试剂、氧化剂、食品添加剂。

包装：玻璃瓶盛装，瓶口加塑料内盖，外套螺口盖拧紧封严，每20瓶装入木箱内，瓶间及周围均用塑料气泡衬垫妥实，箱外用双道铁丝捆扎牢固。金属桶装，每桶最多不超过50 kg，桶内加一层塑料袋，袋口捆扎牢固，桶口封闭严密。各种包装容器外均有明显的品名、规格、重量、成分、批号、出厂日期及"氧化剂""防晒""小心轻放"等标志。

贮存条件：贮存于阴凉、通风、干燥的库房内，库内保持在30 ℃以下，相对湿度80%以下，门窗应封闭严密，窗玻璃涂白避光。可用碘酸盐和其他溴酸盐二级氧化剂的硝酸盐同库贮存，不得与有机物、易燃物、还原剂、过氧化物、酸类同库贮存，并隔绝热源与火种。

养护：
1) 入库验收：包装和容器应无雨淋、水湿，无沾染其他物品，无损毁破漏；物品无变色和潮湿溶化、无杂质，做好记录。
2) 堆码苫垫：各种包装，垛底应垫高15～30 cm，码行列式货垛，桶装垛层层垫板，垛高不超过2.5 m，垛距80～90 cm，墙距、柱距30 cm，便于出入库。
3) 在库检查：保管员除每日进行班前班后的物品、货垛及库房内外的安全检查外，还应每三个月对在库物品进行定期检查，其检查项目内容与入库验收同，发现问题及时采取修补、整理等措施，做好记录。
4) 温湿度管理：做好每日温湿度记录，密封库房，并采取通风和吸潮相结合的方法以控制库温不超过30 ℃，相对湿度在80%以下。
5) 安全操作：装卸堆码操作，必须轻拿轻放，金属桶不得直接在水泥地面滚动，应在地面垫木板或用胶轮车出入库房。验收、质量检查、整理包装等，必须在远离库房的安全地点或专用场所内进行，一律不得在库内操作。操作现场必须有专人指导，并配备相应的消防器材。使用的工具应为铜制或铜合金制。

注意事项：火灾时可用雾状水、砂土等扑救，防毒。

B5.19 品名：碘酸

编号：51515

化学式：HIO_3

分子量：175.91

特性：无色斜方形结晶或白色粉末，遇光色泽变暗。易溶于水，不溶于乙酸，无水乙醇。相对密度4.629(0 ℃)；熔点110 ℃(分解)。与易燃物硫、磷、有机物、还原剂接触，能引起化学反应，甚至燃烧。具有腐蚀性，其蒸气有毒，对眼及皮肤有强烈刺激性。主要用于分析试剂、药物。

包装：装入坚固铁桶内，桶口应严密不漏，铁桶厚度不小于1.2 mm，桶内衬厚塑料袋，袋口扎紧。装入玻璃瓶或金属容器内，严封后再装入坚固木箱，箱板厚度不应小于1 cm。木箱四周加带，箱外应包铁皮或铁丝捆紧，或包铁皮搭角，箱内空隙应用塑料气泡垫或松软材料填塞妥实。木箱瓶装每件净重不超过10 kg，桶装每件净重不超过50 kg。各种内外包装均应注明生产厂、品名、规格、等级、生产日期、净重、毛重，有明显的"氧化剂""防晒""小心轻放"等标志。

贮存条件:贮存于阴凉、通风、干燥的库房,门窗严密,应有遮光设备。可与其他碘、溴酸盐同库贮存,要隔绝热源、火种,与有机物还原剂、易燃物品等分别存放。库温在32 ℃以下,相对湿度在80%以下。

养护:

1) 入库验收:验包装容器有无雨淋、水湿或沾染其他物品,容器封口严密与否,有无破损漏撒,物品为结晶或粉末,有无明显的变暗变黑现象,做好验收记录。
2) 堆码苫垫:货垛垛底垫高15~30 cm,码行列式货垛,桶装应层层垫木板,以防摩擦和保持货垛牢固,垛高不超过2.5 m,垛距80~90 cm,墙距、柱距30~50 cm。
3) 在库检查:保管员除认真执行班前班后和风雨雪前中后的安全检查外,还必须每三个月对库存物品进行一次检查,主要检查物品在库存期间的包装容器和物品变化情况,发现封口不严或包装破漏,必须及时采取封口、修补等有效的养护措施,并详细记录。
4) 温湿度管理:保管员必须每日认真记载温湿度,如达不到温湿度要求时,及时采取密封通风和降潮措施,以控制好库内温度不超过32 ℃,相对湿度80%以下。
5) 安全作业:各项操作必须轻拿轻放,防止摩擦和震动。验收、质量检查、整理包装等操作,必须到远离库房的安全地点或专用库进行,一律禁止在库内作业,操作现场必须有专人指导,并配备有相应的消防设备。操作人员应使用铜制或铜合金制工具。

注意事项:如遇火灾,可用雾状水、干砂扑救,救火人员应佩戴防毒面具。

B5.20 品名:五氧化二碘

编号:51516

别名:碘酐

化学式:I_2O_5

分子量:333.84

特性:白色结晶粉末,有潮解性。易溶于水形成碘酸,可溶于甲醇,但溶液不稳定而析出碘,能溶于硝酸,但当硝酸浓度大于50%时,又析出五氧化二碘结晶,不溶于无水醇、醚、三氯甲烷和二硫化碳。相对密度5.08(25 ℃);熔点约300 ℃(分解)。加热至275 ℃以上不熔融,而分解出紫色有毒蒸气和氧气,350 ℃时分解加速,在熔封管内加热至370 ℃则爆炸。当干燥粉末与还原剂、可燃的有机物质接触,能发烟燃烧。主要用于氧化剂、有机合成、测定气体中的一氧化碳。

包装:装入坚固铁桶内,桶口应严密不漏,铁桶厚度不小于1.2 mm。桶内衬厚塑料袋,袋口扎紧。装入玻璃瓶或金属容器内,严封后再装入坚固木箱,箱板厚度不应小于1 cm。木箱四周加带,箱外应包铁皮或铁丝捆紧,或包铁皮搭角,箱内空隙应用塑料气泡垫或松软材料填塞妥实。木箱瓶装每件净重不超过10 kg,桶装每件净重不超过50 kg。各种内外包装均应注明生产厂、品名、规格、等级、生产日期、净重、毛重,有明显的"氧化剂""防晒""小心轻放"等标志。

贮存条件:贮存于干燥、阴凉、通风的库房,门窗严密,应有遮光设备。可与其他碘、溴酸盐同库贮存,要隔绝热源、火种,与有机物、还原剂、易燃物品等分别存放。库温在32 ℃以下,相对湿度在80%以下。

养护:
1) 入库验收:验包装容器有无雨淋、水湿或沾染其他物品,容器封口严密与否,有无破损漏撒,物品为结晶或粉末,有无明显的变黑现象,做好验收记录。
2) 堆码苫垫:货垛垛底垫高15～30 cm,码行列式货垛,桶装应层层垫木板,以防摩擦和保持货垛牢固,垛高不超过2.5 m,垛距80～90 cm,墙距、柱距30 cm。
3) 在库检查:保管员除认真执行班前班后和风雨雪前中后的安全检查外,还必须每三个月对库物品进行一次检查,主要检查物品在库存期间的包装容器和物品变化情况,发现封口不严或包装破漏,必须及时采取封口、修补、改装等有效的养护措施,并详细记录。
4) 温湿度管理:保管员必须每日认真记载温湿度,如达不到温湿度要求时,及时采取密封通风和降潮措施,以控制好库内温度不超过32 ℃,相对湿度80%以下。
5) 安全作业:各项操作必须轻拿轻放,防止摩擦和震动。验收、质量检查、整理包装等操作,必须到远离库房的安全地点或专用库进行,一律禁止在库内作业,操作现场必须有专人指导,并配备有相应的消防设备。操作人员应使用铜制或铜合金制工具。

注意事项:如遇火灾,可用雾状水、干砂扑救,救火人员应佩戴防毒面具。

B5.21 品名:碘酸铵

编号:51517

化学式:NH_4IO_3

分子量:192.94

特性:白色棱形或单斜结晶或白色粉末,微溶于水。相对密度3.309(21 ℃);熔点150 ℃(分解)。与易燃物硫、磷及有机物、还原剂混合后,经摩擦、撞击,有引起燃烧爆炸的危险。主要用于分析试剂、氧化剂等。

包装:装入坚固铁桶内,桶口应严密不漏,铁桶厚度不小于1.2 mm,桶内衬厚塑料袋,袋口扎紧。装入玻璃瓶或金属容器内,严封后再装入坚固木箱,箱板厚度不应小于1 cm。木箱四周加带,箱外应包铁皮或铁丝捆紧,或包铁皮搭角,箱内空隙应用塑料气泡垫或松软材料填塞妥实。木箱瓶装每件净重不超过10 kg,桶装每件净重不超过50 kg。各种内外包装均应注明生产厂、品名、规格、等级、生产日期、净重、毛重,有明显的"氧化剂""防晒""小心轻放"等标志。

贮存条件:贮存于干燥、阴凉、通风的库房,门窗严密,应有遮光设备。可与其他碘、溴酸盐同库贮存,要隔绝热源、火种,与有机物、还原剂、易燃物品等分别存放。库温在32 ℃以下,相对湿度在80%以下。

养护:
1) 入库验收:验包装容器有无雨淋、水湿或沾染其他物品,容器封口严密与否,有无破损漏撒,物品为结晶或粉末,有无明显的变暗变黑现象,做好验收记录。
2) 堆码苫垫:货垛垛底垫高15～30 cm,码行列式货垛,桶装应层层垫木板,以防摩擦和保持货垛牢固,垛高不超过2.5 m,垛距80～90 cm,墙距、柱距30 cm。
3) 在库检查:保管员除认真执行班前班后和风雨雪前中后的安全检查外,还必须每三个月对库存物品进行一次检查,主要检查在库存期间的包装容器和物品变化情况,发现封口不严或包装破漏,必须及时采取封口、修补、改装等有效的养护措施,并详细记录。

4) 温湿度管理:保管员必须每日认真记载温湿度,如达不到温湿度要求时,及时采取密封通风和降潮措施,以控制好库内温度不超过32 ℃,相对湿度80%以下。

5) 安全作业:各项操作必须轻拿轻放,防止摩擦和震动。验收、质量检查、整理包装等操作,必须到远离库房的安全地点或专用库进行,一律禁止在库内作业,操作现场必须有专人指导,并配备有相应的消防设备,操作人员应使用铜制或铜合金制工具。

注意事项:如遇火灾,可用雾状水、干砂扑救,救火人员应佩戴防毒面具。

B5.22 品名:三氧化铬(无水)

编号:51519

另名:铬(酸)酐

化学式:CrO_3

分子量:100.01

特性:暗红色或暗紫色斜方结晶、片晶或颗粒状粉末。易吸空气中水分而潮解。能溶于水及乙醚、乙醇,能溶于硫酸。相对密度2.70(20 ℃/4 ℃);熔点196 ℃(分解),熔融时稍有分解。在230 ℃以上分解,放出氧气;在250 ℃分解成三氧化二铬及氧。能氧化醇及其他有机物质,与易燃物质接触能起火,对动植物组织有腐蚀性,浓溶液能腐蚀皮肤及多种金属,稀溶液亦能损害纤维。铬酸具有强氧化性,与糖、纤维苯、乙醇、丙酮、双氧水、还原剂接触会发生剧烈反应,甚至引起燃烧。与硫、磷及某些有机物混合,经摩擦、撞击、有引起燃烧爆炸的危险。有较强的毒性,在空气中允许浓度 0.1 mg/m^3。主要用于电镀工业、医药、印刷、鞣革和织物媒染、测定碳及磷、氮肥生产中气体分析植保化验、氧化剂。

包装:装入坚固铁桶内,桶口应严密不漏。装入玻璃瓶内,严封后再装入坚固木箱,箱板厚度不应小于1 cm。木箱四周上下加带,箱外应包铁皮或铁丝捆紧,或包铁皮搭角,箱内空隙处应用塑料气泡垫或松软材料填塞妥实。木箱瓶装每件净重不超过20 kg,桶装每件净重不超过50 kg。各种内外包装均应注明生产厂、品名、规格、等级、生产日期、净重、毛重,有明显的"氧化剂""腐蚀"及"小心轻放""防潮"等标志。

贮存条件:应贮存于地势高、通风、干燥的库房内,门窗严密,有遮光设备。库内温度在35 ℃以下,相对湿度在80%以下。可与其他铬酸盐、重铬酸盐类同库贮存,但不得与有机物、可燃物、爆炸物、毒品、还原剂同存,并要隔绝热源与火种。

养护:

1) 入库验收:包装容器应符合要求,在运输中无雨淋、水湿或沾染其他物品,包装容器是否封闭严密有效,物品是否干燥,有无吸水溶化、结块现象,做好入库验收记录。

2) 堆码苫垫:垛底应垫高不少于15 cm,码行列式货垛,每层之间垫木板,垛高不超过2.5 m。瓶箱包装,码行列式货垛,垛高不超过3 m,垛距80~90 cm,墙距、柱距30 cm。

3) 在库检查:保管员除进行班前班后的物品货垛和库房内外的安全检查外,还应按规定每三个月对库存物品进行一次检查,其检查方法、范围与验收同。

4) 温湿度管理:应采取库房密封结合通风和降湿等方法以控制温度不超过35 ℃,相对湿度不高于80%以下。

5) 安全作业:操作人员必须穿工作服,戴胶围裙、胶手套、口罩。各项操作必须轻拿轻放,严禁摩擦与震动。桶装不得直接在地面滚动。操作时应使用不易产生火花的铜制或铜合金制工具。验收、整理、质量检查、开拆钉箱等各项操作一律不得在库内进行,必须在远离库房的安全地点,或专用库室内进行,操作现场有专人负责,并配有相应的消防器材。

6) 保管期限:2年。

注意事项:火灾可用雾状水、干砂扑救,应避免溶液到处流淌。

B5.23　品名:重铬酸钾

编号:51520

别名:红矾钾

化学式:$K_2Cr_2O_7$

分子量:294.21

特性:橙红色有光泽结晶颗粒或粉末,味苦,不吸潮或潮解。能溶于水,水溶液呈酸性反应,不溶于醇。相对密度2.69;熔点398 ℃(成褐色液体);沸点500 ℃(分解)。强热约500 ℃分解为氧化铬及铬酸钾。在冷盐酸中不起作用,加热时则产生氯气。在白热温度下分解放出氧气。有氧化作用,本品有毒和腐蚀性。

包装:装入坚固铁桶内,桶口应严格密封,铁皮厚不小于1.2 mm。装入玻璃瓶或金属容器内,严封后再装入坚固木箱,箱板厚度不应小于1 cm。木箱四周加带,箱外应包铁皮或用铁丝捆紧,或包铁皮搭角,箱内空隙应用塑料气泡垫或松软材料填塞妥实。木箱瓶装每件净重不超过20 kg,桶装每件净重不超过50 kg。各种内外包装均应注明生产厂、品名、规格、等级、生产日期、净重、毛重,有明显的"氧化剂""腐蚀""有毒"及"小心轻放""防潮"等标志。

贮存条件:应贮存于地势高、通风、干燥的库房内,门窗严密,有遮光设备。库内温度在35 ℃以下,相对湿度在80%以下。可与其他铬酸盐、重铬酸盐类同库贮存,但不得与有机物、可燃物、爆炸物、毒品、还原剂同存,并要隔绝热源、火种。

养护:

1) 入库验收:包装容器应符合要求,在运输中无雨淋、水湿或沾染其他物品,包装容器是否封闭严密有效,物品是否干燥,有无吸水溶化、结块现象,做好入库验收记录。

2) 堆码苫垫:垛底应垫高不少于15 cm,码行列式货垛,每层之间垫木板,垛高不超过2.5 m。瓶箱包装,码行列式货垛,垛高不超过3 m,垛距80~90 cm,墙距、柱距30 cm。

3) 在库检查:保管员除进行班前班后的物品货垛和库房内外的安全检查外,还应按规定每三个月对库存物品进行一次检查,其检查方法、范围与验收同。

4) 温湿度管理:应采取库房密封结合通风和降湿等方法以控制温度不超过35 ℃,相对湿度不高于80%以下。

5) 安全作业:操作人员必须穿工作服,戴胶围裙、胶手套、口罩。各项操作必须轻拿轻放,严禁摩擦与震动。桶装不得直接在地面滚动。操作时应使用不易产生火花的铜制或铜合金制工具。验收、整理、质量检查、开拆钉箱等各项操作一律不得在库内进行,必须在远离库房的安全地点,或专用库室内进行,操作现场有专人负责,并配有相应的消防器材。

6) 保管期限:2年。

注意事项:火灾可用雾状水、干砂扑救,应避免溶液到处流淌。

B5.24 品名:重铬酸钠

编号:51520

别名:红矾钠

化学式:$Na_2Cr_2O_7$

分子量:261.99

特性:橙红色有光泽结晶或粉末,味苦。不吸潮或潮解。能溶于水,水溶溶呈酸性反应,不溶于醇。相对密度2.69;熔点398 ℃(成褐色液体);沸点500 ℃(分解)。强热约500 ℃分解为氧化铬及铬酸钠。在冷盐酸中不起作用,加热时则发生氯气。在高热温度下分解放出氧气。有氧化作用,本品有毒和腐蚀性。

包装:装入坚固铁桶内,桶口应严格密封,铁皮厚不小于1.2 mm。装入玻璃瓶或金属容器内,严封后再装入坚固木箱,箱板厚度不应小于1 cm。木箱四周上下加带,箱外应包铁皮或用铁丝捆紧,或包铁皮搭角,箱内空隙应用塑料气泡垫或松软材料填塞妥实。木箱瓶装每件净重不超过20 kg,桶装每件净重不超过50 kg。各种内外包装均应注明生产厂、品名、规格、等级、生产日期、净重、毛重,有明显的"氧化剂""腐蚀""有毒"及"小心轻放""防潮"等标志。

贮存条件:应贮存于地势高、通风、干燥的库房内,门窗严密,有遮光设备。库内温度在35 ℃以下,相对湿度在80%以下。可与其他铬酸盐、重铬酸盐类同库贮存,但不得与有机物、可燃物、爆炸物、毒品、还原剂同存,并要隔绝热源、火种。

养护:

1) 入库验收:验包装容器应符合要求,在运输中无雨淋、水湿或沾染其他物品,包装容器是否封闭严密有效,物品是否干燥,有无吸水溶化、结块现象,做好入库验收记录。

2) 堆码苫垫:垛底应垫高不少于15 cm,码行列式货垛,每层之间垫木板,垛高不超过2.5 m。瓶箱包装,码行列式货垛,垛高不超过3 m,垛距80～90 cm,墙距、柱距30 cm。

3) 在库检查:保管员除进行班前班后的物品货垛和库房内外的安全检查外,还应按规定每三个月对库存物品进行一次检查,其检查方法、范围与验收同。

4) 温湿度管理:应采取库房密封结合通风和降湿等方法以控制温度不超过35 ℃,相对湿度不高于80%。

5) 安全作业:操作人员必须穿工作服,戴胶围裙、胶手套、口罩。各项操作必须轻拿轻放,严禁摩擦与震动。桶装不得直接在地面滚动。操作时应使用不易产生火花的铜制或铜合金制工具。验收、整理、质量检查、开拆钉箱等各项操作一律不得在库内进行,必须在远离库房的安全地点,或专用库室内进行,操作现场有专人负责,并配有相应的消防器材。

6) 保管期限:2年。

注意事项:火灾可用雾状水、干砂扑救,应避免溶液到处流淌。

B5.25 品名:亚硝酸钾

编号:51525

化学式:$NaNO_2$

分子量:69.01

特性:白色至淡黄色粒状细结晶或粉末,无臭,有吸潮性,有毒。微溶于醇及醚,水溶液呈碱性,pH 值约为 9。相对密度 2.17;熔点 27 ℃;沸点 320 ℃(分解)。本品有氧化性又有还原性。露置于空气中会逐渐氧化,表面则变为硝酸钠,也能被氧化剂所氧化。遇弱酸分解放出棕色二氧化氮气体;与有机物、还原剂接触能引起燃烧或爆炸,并放出有毒的刺激性的氧化氮气体;遇强氧化剂亦能被氧化,特别是铵盐,如与硝酸铵、过硫酸铵等在常温下,即能互相作用产生高热,引起可燃物燃烧。

包装:化学试剂装入玻璃瓶、塑料瓶容器内,500 g×20 瓶装严封后再装入坚固木箱,箱板厚度不小于 1.5 cm,木箱四周上下加带,箱外应用铁皮或铁丝捆紧或包铁皮搭角,箱内空隙处应用塑料气泡垫或其他松软材料填塞妥实。工业品装入内衬三层牛皮纸或塑料袋,外套麻袋或塑料编织袋,严密封闭,不洒不漏。各种内外包装均应注明生产厂名称、品名、规格、等级、净重、毛重、批号、危险品标志、"氧化剂""防腐"等标志。

贮存条件:贮存于干燥、阴凉、通风的库房,门窗严密,有遮光设备。库内温度在 30 ℃以下,相对湿度在 80% 以下。可与除硝酸铵以外的其他硝酸盐同库存放,但要隔绝热源、火种、有机物、还原剂、易燃物等。

养护:

1) 入库验收:验物品形态、颜色,有无吸潮、溶化、结块、变色等,内外包装有无受潮、雨淋,容器封口是否严密,包装衬垫物料是否符合物品性质要求,内外标记是否相符,批号、有效期限等情况都要做好验收记录。

2) 堆码苫垫:袋装码垛垛底垫高 15~30 cm,垛高一般不超过 2.5 m,保持货垛牢固安全。木箱瓶装垛底垫高不小于 10 cm,垛高一般在 2.5 m 以下,垛与垛间距 80 cm,墙距、柱距 30 cm。

3) 在库检查:保管员对所管的物品,每日进行班前班后的安全检查外,还应建立物品定期质量检查,每隔三个月检查一次,检查内容同入库验收,并做好记录。

4) 温湿度管理:可采取密封库控制温湿度的办法,干燥季节可充分进行自然通风,尽量保持库内干燥。如桶、瓶包装只要容器好严封密闭,不会潮解溶化;如麻袋或牛皮纸袋包装,则易吸潮溶化。可进行密封货垛,方法是在枕木上铺三层苇席或垫一层塑料薄膜,用塑料薄膜将整垛密封。

5) 安全作业:各项装卸堆码必须轻拿轻放,防止撞击和摩擦。验收、质量检查、包装整理、改装等操作,一律到远离库房的安全地点进行,使用的工具应用铜制或铜合金制,同时必须由主管保管员监督指导,操作现场配备必要的消防器材和防护工具。

6) 保管期限:2 年。

注意事项:发生火灾可用水、砂土扑救,注意防止水溶液流到易燃物处。如包装破裂物品漏撒,须立即清除,用大量水冲洗,再放入废水系统。对污染地面用水多次冲洗,并用湿布擦净,以免干燥后,遇有机物(如纸张、木材、纤维等)能引起燃烧着火。

B5.26 品名:氧化银

编号:51526

化学式:Ag_2O

分子量:231.76

特性:棕黑色重质粉末,见光易分解,易溶于稀硝酸及氨水,几乎不溶于水和醇。相对密度 7.22(25 ℃/4 ℃)。加热至 200 ℃开始分解,250~300 ℃分解加速。潮湿氧化银易吸收二氧化碳,有氧化性,与有机物混合易引起爆炸。用于催化剂、净水剂、玻璃工业等。

包装:装入坚固大口铁桶内,内衬塑料袋,袋口扎紧,桶口应严密不漏,铁桶厚度不小于 0.5 mm,每桶不超过 50 kg,或装入坚固木箱、木桶或塑料袋,扎紧袋口,包装封口,应严密不漏,箱外用铁皮或铁丝加固。装入玻璃瓶或塑料瓶,严封后再装入坚固木箱,箱内用聚乙烯气泡垫或其他松软材料衬垫牢固,箱外用铁皮或铁丝加固,每箱净重不超过 10 kg。包装外应注明品名、规格、重量、生产日期、生产厂及粘贴"氧化剂""有毒""防毒""小心轻放"等明显标志。

贮存条件:应贮存于阴凉、干燥、通风的库房,门窗严密,门窗玻璃应有遮光设备。库内相对湿度在 80%以下。远离热源、火种,与各种有机物、还原剂、易燃物及酸类隔离存放。

养护:
1) 入库验收:检查包装是否符合要求,有无破损、雨淋、水湿或沾染其他物品,包装封口是否严密,物品有无变色、吸潮结块、溶化及异物,做好详细记录。
2) 堆码苫垫:垛底应至少垫高 15 cm,堆垛最高不超过 2.5 m,垛距 80~90 cm,墙距、柱距 30 cm。
3) 在库检查:物品在贮藏期间,保管人员每日在班前班后对货垛及环境各进行一次检查,还应按每三个月定期进行一次质量检查,检查内容同入库验收,发现问题及时采取相应的养护措施,并做好记录。
4) 温湿度管理:库房进行密封,根据气候变化采取通风和吸潮以控制库温不超过 30 ℃,相对湿度不超过 80%。
5) 安全作业:搬运操作人员必须轻拿轻放,防止撞击和摩擦。验收、检查、包装整理等操作都应到远离库房地点进行,使用的工具应为铜制或铜合金制,操作现场应配备必要的消防设备。

注意事项:发生火灾可用水、砂土,注意防止水溶液流至其他易燃品上。

B5.27 品名:过甲酸

编号:52050

别名:过蚁酸

化学式:HCOOOH

分子量:62.03

特性:无色液体,不稳定,有强烈刺激性。能与水、乙醇、乙醚混溶,能溶于苯、三氯甲烷。沸点 105 ℃;闪点 40 ℃。本品与 H 发孔剂接触,会起火燃烧,与还原剂、金属氧化物混合有燃烧爆炸的危险。

包装:装入玻璃瓶、塑料瓶中或装入金属容器,严封后再装入坚固木箱,木箱板厚度不应小于 1 cm,木箱四周加带,箱外应包铁皮或铁丝捆紧,或包铁皮搭角,箱内空隙处应用不燃松软材料填塞妥实。每箱净重不超过 10 kg,桶装不超过 20 kg。各种内外包装均应注明生产厂、品名、规格、等级、生产日期、净重、毛重,有明显的"氧化剂""小心轻放""请勿倒置"等标志。

贮存条件:贮存于冬暖夏凉、通风良好的一级防火建筑的库房内,门窗严密、遮光,温度 1~28 ℃,相对湿度 80%以下。可与其他有机氧化物同库贮存,不得与酸类无机氧化剂、有机物、易燃物、还原剂混存。

养护:
1) 入库验收:包装是否完整无损,物品有无沾污,颜色是否正常。
2) 堆码苫垫:金属桶装垛底应垫高 15 cm,码行列式,桶与桶之间应层层垫木板,瓶箱装垫高 10 cm,垛高 2 m,垛距 80~90 cm,墙距、柱距 30 cm。
3) 在库检查:班前班后安全检查,夏季每二个月检查一次,其他季节每三个月检查一次。
4) 温湿度管理:密封库与通风相结合的方法。
5) 安全作业:轻搬轻放,防止摩擦、撞击和震动。操作必须在安全地点进行。
6) 保管期限:1 年。

注意事项:火灾可用火、砂土扑救。

B6 第六类 毒害品

B6.1 品名:氰化钠

编号:61001

别名:山奈

化学式:NaCN

分子量:49.02

特性:无色立方晶体,在空气中易潮解,有氰化氢的微弱臭味。溶于水,水溶液发生水解呈碱性反应,微溶于醇。相对密度 1.596;熔点 563.7 ℃;沸点 149.6 ℃;蒸气压 133.3 Pa(817 ℃),1 333.2 Pa(983 ℃)。本品剧毒,有腐蚀性。本身不会燃烧,遇酸即分解放出氰化物剧毒气体,露置空气中与水分和二氧化碳接触后,亦能缓慢反应生成剧毒气体。与氰酸盐、硝酸盐或亚硝酸盐反应强烈,有发生爆炸的危险。接触皮肤或吸入微量粉末极易中毒,最高浓度 0.3 mg/m^3,大白鼠口服半数致死量 15 mg/kg。

包装:装入塑料袋,袋口密封,再装入不小于 0.75 mm 厚铁皮的坚固铁桶中,桶盖严密封固,每桶净重不超过 50 kg。装入玻璃瓶,严封后瓶外套乙烯气泡套垫,装入坚固木箱,箱内空隙处用松软材料填塞妥实。箱外用铁皮搭角或铁丝、铁皮加固,每箱净重不超过10 kg,每瓶净重不超过 1 kg。各种外包装均应注明生产厂、品名、规格、等级、出厂日期、重量,有明显"剧毒品""小心轻放"标志。

贮存条件:属剧毒品类,应专库贮存,且干燥、通风,门窗严密,坚固有效。由专人保管,非工作人员禁止入内,严格管理,出入库后随时锁门。库温为环境温度,相对湿度 80%以下。

养护:
1) 入库验收:包装和容器必须完好,不得有破损漏撒、水湿雨淋。各种容器验收,一律不破坏原封。如有破损漏撒等,必须会同保卫部门做好记录签名,整理称量,铅封后再作入库。

2) 堆码苫垫:桶装码垛,垛底至少垫高 15 cm,可码较大的行列式货垛,桶与桶之间垫木板牵拉,垛高不超过 3 m,垛距 80～90 cm,墙距、柱距 30 cm。

3) 在库检查:入库后,每日检查两次,还应每三个月对库存物品进行一次感官质量检查。除玻璃瓶能看到瓶内物品形状外,其他包装均可检查外包装与入库时是否相同,有无变化,如金属桶的锈蚀等;看不到物品的即用手摇动听声,若是块状,无黏结熔化的一体感即可,检查后做好记录。

4) 温湿度管理:氰化物类库内一般对温度要求不高,但若有包装封闭不严,湿度过大时容易引起分解,特别是贮存几年以后,即使封闭严密也容易引起分解而渐渐失效变质。

5) 安全作业:各项操作,必须穿工作服、戴手套和防尘口罩或防毒面具。皮肤破伤者和哺乳期妇女禁止操作,操作中必须轻拿轻放,防止摔扔和撞击,操作中不准饮食和吸烟。工作完后打扫现场,并用水冲洗干净,工作完毕脱掉工作服,洗净手脸和身体,以防引起中毒。

注意事项:本品遇火灾可用大量干砂土扑救,严禁用酸碱式泡沫灭剂,施救人员必须戴防毒面具。

B6.2 品名:氰化亚铜

编号:61001

化学式:CuCN

分子量:89.56

特性:白色到奶油色粉末,无色到暗绿色斜方形结晶。能溶于氨水和氰化钠溶液,几乎不溶于水、醇和冷酸。遇硝酸分解,在沸腾的稀盐酸中分解生成氯化亚铜和氰化氢。也可与多种金属离子形成络合物。暴露在日光下,受二氧化碳作用产生氧化铜变成黑灰色。相对密度 2.92;熔点 473 ℃(在氮中)。本品不会燃烧,但遇酸产生极毒的易燃气体。吸入蒸气或粉尘易中毒,车间空气中最高容许浓度(以氰化氢计算)为 $0.3\ mg/m^3$。

包装:装入塑料袋,袋口密封,再装入壁厚不小于 0.75 mm 的坚固铁桶中,桶盖严密封闭,每桶净重不超过 50 kg。装入玻璃瓶,严封后瓶外套聚乙烯气泡套垫,装入坚固木箱,箱内空隙处用松软材料填塞妥实。箱外用铁皮搭角或铁丝、铁皮加固,每箱净重不超过 10 kg,每瓶净重不超过 1 kg。各种外包装均应注明生产厂、品名、规格、等级、出厂日期、重量,有明显的"剧毒品""小心轻放"标志。

贮存条件:属剧毒品类,应专库贮存,且干燥、通风,门窗严密,坚固有效。由专人保管,非工作人员禁止入内,严格管理,出入库后随时锁门。可与其他剧毒品同存,不得与氧化剂、易燃品、酸碱性物品、氯酸盐、亚硝酸盐同库贮存。库温为环境温度,相对湿度 80% 以下。

养护:

1) 入库验收:根据物品性质,包装和容器必须完好,不得有破损漏撒、水湿、雨淋,物品无潮湿结块现象,其他包装只是用手摇动为块状即可。各种容器验收,一律不得破坏原封,如有破损漏撒等,必须经过整理称量,铅封后再作入库,验收中发现问题,做好详细验收记录,并同时登记质量检查卡片,备日后质量检查时参考。

2) 堆码苫垫:桶装码垛,垛底至少垫高 15 cm,可码较大的行列式货垛,桶与桶之间垫木板牵拉,垛高不超过 3 m,垛距 80~90 cm,墙距、柱距 30 cm。

3) 在库检查:入库后,保管员除一日两检外,还应每三个月对库存物品进行一次感官质量检查。除检查能看到瓶内物品形状外,其他包装均可检查外包装与入库时是否相同,有无变化,如金属桶的锈蚀等;看不到物品体的即用手摇动听声,若是块状,无黏结溶化的一体感即可,检查后做好记录。

4) 温湿度管理:氰化物类库内一般对温度要求不高,但若有包装封闭不严,湿度过大时容易引起分解,特别是贮存几年后,即使封闭严密也容易引起分解而渐渐失效变质。

5) 安全作业:各项操作必须穿工作服、戴手套和防尘口罩或防毒面具。皮肤破伤者和哺乳期妇女禁止操作,操作中必须轻拿轻放,防止摔扔和撞击,操作中不准饮食和吸烟。工作完后打扫现场,并用水冲洗干净,工作完毕脱掉工作服,洗净手脸和身体,以防引起中毒。

注意事项:如遇火灾,可用大量干砂土扑救,严禁用酸碱式泡沫灭火剂,施救人员必须戴防毒面具。

B6.3 品名:氰化锌

编号:61001

化学式:$Zn(CN)_2$

分子量:117.39

特性:纯品为白色粉末,800 ℃时分解,不溶于水和乙醇,溶于氰化钾(钠)溶液、碱液和氨水。相对密度 1.852;熔点 800 ℃。本品不会自燃,但遇酸会产生极毒、易燃的氰化氢气体。在潮湿空气中吸收二氧化碳生成碳酸锌并放出有毒气体。吸入蒸气和粉尘易中毒。

包装:装入塑料袋,袋口密封,再装入壁厚不小于 0.75 mm 的坚固铁桶中,桶盖严密封闭,每桶净重不超过 50 kg。装入玻璃瓶,严封后瓶外套聚乙烯气泡套垫,装入坚固木箱,箱内空隙处用松软材料填塞妥实。箱外用铁皮搭角或铁丝、铁皮加固,每箱净重不超过10 kg。各种外包装均应注明生产厂、产品名称、规格、等级、出厂日期、重量,有明显"剧毒品""小心轻放"标志。

贮存条件:属剧毒品类,应专库贮存,且干燥、通风、门窗严密,坚固有效。由专人保管,非工作人员禁止入内,严格管理,出入库后随时锁门。库温在环境温度,相对湿度 80% 以下。

养护:

1) 入库验收:包装容器必须完好,不得有破损漏撒、水湿、雨淋,物品无潮湿结块现象,其他包装只用手摇动为块状即可。各种容器验收,一律不得破坏原封,如有破损漏撒等,必须经过整理称量,铅封后才作入库,验收中发现问题,做好详细记录,并同时登记质量检查卡片。

2) 堆码苫垫:桶装码垛,垛底至少垫高 15 cm,可码较大的行列式货垛,桶与桶之间垫木板牵拉,垛高不超过 3 m,垛距 80~90 cm,墙距、柱距 30 cm。

3) 在库检查:除每天进行班前班后的安全检查外,还应每三个月对库存物品进行一次感官质量检查。

4) 温湿度管理:此类物品对温度要求不高,但若封闭不严,湿度过大,容易分解,特别是贮存时间过长时,即使封闭严密也容易引起分解而失效变质。

5) 安全作业:各项操作必须穿工作服、戴手套和防尘口罩或防毒面具。皮肤破伤者和哺乳期妇女禁止操作,操作中必须轻拿轻放,防止摔扔和撞击,操作中不准饮食和吸烟。工作完后打扫现场,并用水冲洗干净,工作完毕脱掉工作服,洗净手脸和身体,以防引起中毒。

6) 保管期限:2年。

注意事项:如遇火灾,可用大量干砂土扑救,严禁用酸碱式泡沫灭火剂,施救人员必须戴防毒面具。

B6.4 品名:砷

编号:61006

化学式:As

分子量:74.9216

特性:银白色或钢灰色或灰黑色块状,硬而脆,也有制成粉状的,有毒。在615 ℃升华而不熔化。在空气中失去光泽而黑色,被氧化生成三氧化砷。能溶于硝酸、热硫酸而生成亚砷酸或砷酸,遇冷硫酸或盐酸不起反应,不溶于水。相对密度5.727(25 ℃/4 ℃);熔点818 ℃(36大气压)。本品剧毒,其毒性强弱,亦视三氧化砷的含量而定。主要用于高纯分析,半导体掺杂材料,砷化镓、铟等Ⅲ~Ⅴ族半导体材料的合成,冶金等。

包装:装入坚固大口铁桶中,内应有衬垫,桶口严密不漏,桶壁厚度不小于0.5 mm,每桶净重不超过100 kg。装入坚固木箱、木桶或塑料桶中,内衬塑料袋或两层牛纸袋,包装封口严密不漏箱外铁丝、铁皮加固,每件净重不超过50 kg。装入塑料袋或两层坚固纸袋内,再装入五合板木箱或两层三合板木箱,纤维板桶,厚纸板桶,包装应严密不漏,每件净重不超过30 kg。装入耐酸坛,陶瓷坛,陶瓷瓶或玻璃瓶中。严封后装入坚固木箱,箱内空隙处用惰性松软材料填塞妥实,箱外用铁丝、铁皮加固。坛或塑料桶装每件净重不超过50 kg。瓶装每箱净重不超过20 kg,每瓶净重不超过1 kg。

贮存条件:贮藏于阴凉、通风、干燥的库房内,库房门窗要坚固严密专人专管,非工作人员严禁入内,严格管理,出入库随手锁门。可与其他剧毒品、砷化物同库贮存,不得与氧化剂、易燃品、酸碱性物等性质不同的物品同库存放。库内相对湿度不超过80%。

养护:

1) 入库验收:验包装容器,应当完好无损,无漏撒、水浸、雨淋,物品应是白色质重的粉末,无变色结块等现象,如有破损,需进行整理修补、严封后再进行入库,并做好详细记录。

2) 堆码苫垫:桶装码垛垛底垫高至少15 cm,码行列式货垛,桶与桶之间须垫木板,使货垛牢固,垛高不超过3 m;玻璃瓶木箱装码行列式货垛,垛高不超过3 m,垛距80~90 cm,墙距、柱距30 cm。

3) 在库检查:保管员除每日班前班后进行库房、货垛、门窗、物品等安全检查外,还应每三个月对库存物品进行一次感官质量检查,其检查内容与入库验收同,发现问题及时采取相应的养护措施,并做好记录。

4) 温湿度管理:砷的化合物一般对库的温湿度变化不太严格,库温为环境温度,相对湿度80%以下即可。

5) 安全作业:操作人员必须戴口罩或防毒面具、手套、穿工作服。皮肤破伤者或哺乳期妇女不得操作,操作中轻拿轻放,防止摔扔和撞击。工作完毕清扫现场,操作中不得饮水、进食和吸烟。工作完毕,洗净脸和手,换掉工作服,以保证个人和其他人的健康。

注意事项:如遇火灾,可用大量水救,救火人员应佩戴防毒面具。

B6.5 品名:五氧化二砷

化学式:As_2O_5

分子量:229.82

特性:白色无定形块状物或粉末。露于空气中易潮解,易溶于水和醇,还溶于酸或碱。在水中逐渐化合成砷酸。相对密度 4.086;熔点 315 ℃(分解)。本品剧毒,不会燃烧。遇明火,高温时会产生剧毒蒸气。

包装:装入坚固大口铁桶中,内应有衬垫,桶口严密不漏,铁桶壁厚度不小于 0.5 mm,每桶净重不超过 100 kg。装入坚固木箱、木桶或塑料桶中,内衬塑料袋或两层牛皮纸袋,包装封口严密不漏箱外铁丝、铁皮加固,每件净重不超过 50 kg。装入玻璃瓶,严封后瓶外套塑料袋或聚乙烯气泡套垫,再装入坚固木箱。箱内空隙处用松软材料填塞妥实,箱外用铁皮或铁丝加固。各种外包装应注明生产厂、品名、规格、重量、出厂日期和"剧毒品""小心轻放"等明显标志。

贮存条件:贮藏于阴凉、通风、干燥的库房内,库房门窗要坚固严密专人专管,非工作人员严禁入内,严格管理,出入库随手锁门。可与其他剧毒品、砷化物同库贮存,不得与氧化剂、易燃品、酸碱性物等性质不同的物品同库存放。库内相对湿度不超过80%。

养护:

1) 入库验收:验包装容器,应当完好无损,无漏撒、水浸、雨淋,物品应是白色质重的粉末,无变色结块等现象,如有破损,需进行整理修补、严封后再入库,并做好详细记录。

2) 堆码苫垫:桶装码垛垛底垫高至少 15 cm,码行列式货垛,桶与桶之间须垫木板,使货垛牢固,垛高不超过 3 m。玻璃瓶木箱装码行列式货垛,垛高不超过 3 m,垛距 80~90 cm,墙距、柱距 30 cm。

3) 在库检查:保管员除每日班前班后进行库房、货垛、门窗、物品等安全检查外,还应每三个月对库存物品进行一次感官质量检查,其检查内容与入库验收同,发现问题及时采取相应的养护措施,并做好记录。

4) 温湿度管理:砷的化合物一般对库的温湿度变化不太严格,库温在 35 ℃以下,相对湿度80%以下即可。

5) 安全作业:操作人员必须戴口罩或防毒面具、手套、穿工作服。皮肤破伤者或哺乳期妇女不得操作,操作中轻拿轻放,防止摔扔和撞击。工作完毕清扫现场,工作中不得饮水、进食和吸烟。工作完毕,洗净脸和手,换掉工作服,以保证个人和其他人的健康。

注意事项:该品本身不燃烧,若遇包装或其他物品着火,可用大量水、砂土扑救,施救人员戴好防毒面具,站在上风头,以免中毒。

B6.6 品名:亚砷酸钾

编号:61009

化学式：$KAsO_2$

分子量：146.01

特性：白色粉末，易潮解，极毒，遇酸分解，暴露在空气中缓慢分解能溶于醇。

包装：内衬两层牛皮纸袋或塑料袋包装，再装入板厚1.5 cm对缝咬口木箱，每箱净重50 kg。大口铁桶包装，桶皮厚不小于0.5 mm，内衬塑料袋，封口严密，每桶不超过200 kg。装入玻璃瓶严封后再装入木箱。箱内用松软材料垫衬牢固，箱外用铁皮或铁丝加固，每箱净重不超过20 kg，每瓶净重不超过1 kg。各种外包装外部应注明品名、规格、重量、出厂日期、厂名以及"剧毒品""小心轻放""切勿受潮"等标志。

贮存条件：库房阴凉、通风、干燥，严密坚固，专人专管，严格管理。可与其他剧毒品砷化物同库贮存，不得与氧化剂、易燃品，酸碱性物等性质不同的物品同库存放。库内相对湿度不超过80%。

养护：

1) 入库验收：验包装容器是否完好无损，无漏撒、水浸、雨淋，无变色结块。
2) 堆码苫垫：桶装码行列式，垛底应垫高15 cm，桶间应垫木板，垛高不超过3 m；玻璃瓶木箱装码行列式，垛高不超过3 m，垛距80～90 cm，墙距、柱距30 cm。
3) 在库检查：应班前班后检查，三个月一次质量检查。
4) 温湿度管理：库温为环境温度，相对湿度80%以下即可。
5) 安全作业：作业人员必须穿戴防护用具，带破伤者或哺乳期妇女不得操作，轻拿轻放。工作完毕清扫现场，工作中不得进食、饮水和吸烟。工作完要洗净脸、手，脱掉工作服。
6) 保管期限：2年。

注意事项：该品本身不燃烧，若遇包装或其他物品着火，可用大量水、砂土扑救。施救人员戴好防毒面具，避开风头，以免中毒。

B6.7 品名：砷酸汞

编号：61012

化学式：$HgHAsO_4$

分子量：340.53

特性：黄色粉末，有毒。能溶于盐酸和硝酸，不溶于水。主要用于油漆涂料、工业防水。

包装：装入对缝咬口制成的坚固木箱内，内衬两层坚实纸袋或塑料袋，缝结实，箱外捆铁丝或铁皮，每箱净重不超过50 kg。装入坚固大口铁桶中，内有衬垫或塑料袋中，桶口严封不漏，铁桶壁厚度不小于0.5 mm，每桶净重不超过100 kg。厚玻璃螺丝口瓶或塑料瓶包装，严封后瓶外套气泡套垫或塑料垫再装入坚固木箱中。箱内空隙处用松软材料填塞妥实，箱外用铁皮搭角或铁丝加固。每箱净重不超过20 kg，每瓶净重不超过1 kg。各种包装外部应注明生产厂、品名、规格、等级、重量、出厂日期，有明显"剧毒品""小心轻放"等标志。

贮存条件：贮藏于阴凉、通风、干燥的库房内，库房门窗要坚固严密，专人专管。非工作人员严禁入内，严格管理，出入库随手锁门。

养护：

1) 入库验收：验包装容器，应当完好无损，无漏撒、水浸、雨淋，物品应是白色质重的粉末，无变色结块等现象，如有破损，需进行整理修补，严封后再进行入库，并做好详细记录。

2) 堆码苫垫:桶装码垛垛底垫高至少 15 cm,码行列式货垛,桶与桶之间须垫木板,使货垛牢固,垛高不超过 3 m。玻璃瓶木箱装码行列式货垛,垛高不超过 3 m,垛距 80~90 cm,墙距、柱距 30 cm。

3) 在库检查:保管员除每日班前班后进行库房、货垛、门窗、物品等安全检查外,还应每三个月对库存物品进行一次感官质量检查,其检查内容与入库验收同,发现问题及时采取相应的养护措施,并做好记录。

4) 温湿度管理:砷的化合物一般对库的温湿度变化不太严格,库温在 35 ℃以下,相对湿度 80%以下即可。

5) 安全作业:操作人员必须戴口罩或防毒面具、手套,穿工作服。带破伤者或哺乳期妇女不得操作,操作中轻拿轻放,防止摔扔和撞击。工作完毕清扫现场,洗净脸和手,换掉工作服,以保证个人和其他人的健康。

注意事项:若遇包装或其他物品着火,可用大量水、砂土扑救,施救人员戴好防毒面具,避开风头,以免中毒。

B6.8　品名:二氧化硒

编号:61015

别名:亚硒酐

化学式:SeO_2

分子量:110.96

特性:白色或微红色有光泽针状结晶性粉末,味酸并有灼烧感。其蒸气呈黄绿色,并带有辛辣味,对光及热稳定。有潮解性,易被碳或有机物还原,能溶于水、甲醇、乙醇、乙醚、丙酮和乙酸。易吸收干燥氟化氢、氯化氢和碘化氢生成卤化硒。与氨反应生成氮和硒。与硝酸生成亚硒酸。相对密度 3.954(15 ℃/15 ℃);熔点 340 ℃;沸点 315 ℃(升华);折光率 <1.76(20 ℃)。本品剧毒,不会燃烧。遇明火,高热时放出极毒蒸气。空气中最高容许浓度为 0.1 mg/m³。水溶液接触皮肤产生疼痛,甚至使组织坏死。

包装:装入坚固大口铁桶中,内应有塑料袋,桶口严密不漏,铁桶壁厚度不小于0.5 mm,每桶净重不超过 100 kg。装入玻璃,瓶严封后瓶外套聚乙烯气泡套或草套,再装入坚固木箱中,箱内用松软材料填塞妥实,箱外用铁皮搭角或铁丝加固。每箱净重不超过 20 kg,每瓶净重不超过 1 kg。各种外包装外部应注明生产厂、品名、规格、等级、重量、出厂日期,有明显"剧毒品""防潮""小心轻放"等标志及注意事项。

贮存条件:贮藏于阴凉、通风、门窗坚固的库房内,库内地面要光滑便于打扫和冲洗。可与其他剧毒品同库存放,不得与氧化剂、易燃物、酸碱性物质、自燃物、爆炸物等性质不同的物品同库存放。库内温度 35 ℃以下,相对湿度 80%以下。

养护:

1) 入库验收:首先验外包装,有无雨淋、水浸、破损、漏撒,包装封口是否完整,物品无变色、溶化及变质分解现象,发现问题需经整理、严封后再入库贮存,并做好记录。

2) 堆码苫垫:货垛垛底至少应垫高 15 cm,码行列式货垛,垛高不超过 3 m,垛距 80~90 cm,墙距、柱距 30 cm。

3) 在库检查:保管员除进行班前班后对库房货垛、物品及环境的安全检查外,还应每三个月对库存物品进行一次感官质量检查,其检查内容与入库验收同,查后做好详细记录。
4) 温湿度管理:每日做好库内外温湿度记录并密封库房,及时进行通风和吸潮,以控制库内相对湿度不超过80%。
5) 安全作业:操作人员必须穿工作服,戴防毒面具或防毒口罩,轻拿轻放,严禁摔扔和撞击。孕妇或哺乳期妇女或有破伤者不得操作。操作中不得饮食和吸烟,操作完毕清扫场地并冲刷干净。下班前,必须脱掉工作服,洗净脸手或洗澡。

注意事项:如遇火灾,可用大量水扑救,施救人员戴好防毒面具。

B6.9 品名:亚硒酸钠

编号:61016

化学式:Na_2SeO_3

分子量:172.95

特性:无色四方形棱晶,无味。能溶于水,不溶于醚。含5分子结晶水者,为白色结晶。在空气中稳定,在干燥空气中表面风化失水,易被还原剂还原。加热到40 ℃时转变无水,易溶于水。熔点1 056 ℃。本品具有腐蚀性,有毒。主要用于细菌学试剂、种子发芽试验。

包装:装入坚固大口铁桶中,内应有塑料袋,桶口严密不漏,铁桶壁厚度不小于0.5 mm,每桶净重不超过100 kg。装入玻璃瓶严封后瓶外套聚乙烯气泡套或草套,再装入坚固木箱中,箱内用松软材料填塞妥实,箱外用铁皮搭角或铁丝加固。每箱净重不超过20 kg,每瓶净重不超过1 kg。各种外包装外部应注明生产厂、品名、规格、等级、重量、出厂日期,有明显"剧毒品""防潮""小心轻放"等标志及注意事项。

贮存条件:贮藏于阴凉、通风、门窗坚固的库房内,库内地面要光滑便于打扫和冲洗。可与其他剧毒品同库存放,不得与氧化剂、易燃物、酸碱性物质、自燃物、爆炸物等性质不同的物品同库存放。库内温度35 ℃以下,相对湿度80%以下。

养护:

1) 入库验收:首先验外包装,有无雨淋、水浸、破损、漏撒,包装封口是否完整,物品无变色、溶化及变质分解现象,发现问题须经整理、严封后再入库贮存,并做好记录。
2) 堆码苫垫:货垛垛底至少应垫高15 cm,码行列式货垛,垛高不超过3 m,垛距80~90 cm,墙距、柱距30 cm。
3) 在库检查:保管员除进行班前班后对库房货垛、物品及环境的安全检查外,还应每三个月对库存物品进行一次质量检查,其检查内容与入库验收同,检查后做好详细记录。
4) 温湿度管理:每日做好库内外温湿度记录并密封库房,及时进行通风和吸潮,以控制库内相对湿度不超过80%。
5) 安全作业:操作人员必须穿工作服,戴防毒面具或防毒口罩,轻拿轻放,严禁摔扔和撞击。孕妇或哺乳期妇女或有破伤者不得操作。操作中不能饮食和吸烟,操作完毕清扫场地并冲刷干净。下班前,必须脱掉工作服,洗净脸手或洗澡。

注意事项:如遇火灾,可用大量水扑救,施救人员戴好防毒面具。

B6.10　品名:硒酸钾

编号:61017

化学式:K_2SeO_4

分子量:221.15

特性:无色结晶或白色粉末,易溶于水,有毒。相对密度3.07。

包装:装入坚固大口铁桶中,内应有塑料袋,桶口严密不漏,铁桶壁厚度不小于0.5 mm,每桶净重不超过100 kg。装入玻璃瓶严封后瓶外套聚乙烯气泡套或草套,再装入坚固木箱中,箱内用松软材料填塞妥实,箱外用铁皮搭角或铁丝加固。每箱净重不超过20 kg,每瓶净重不超过1 kg。各种外包装外部应注明生产厂、品名、规格、等级、重量、出厂日期,有明显"剧毒品""防潮""小心轻放"等标志及注意事项。

贮存条件:贮藏于阴凉、通风、门窗坚固的库房内,库内地面要光滑便于打扫和冲洗。可与其他剧毒品同库存放,不得与氧化剂、易燃物、酸碱性物质、自燃物、爆炸物等性质不同的物品同库存放。库内温度35 ℃以下,相对湿度80%以下。

养护:

1) 入库验收:首先验外包装,有无雨淋、水浸、破损、漏撒,包装封口是否完整,物品无变色、溶化及变质分解现象,发现问题须经整理、严封后再入库贮存,并做好记录。

2) 堆码苫垫:货垛垛底至少应垫高15 cm,码行列式货垛,垛高不超过3 m。垛距80~90 cm,墙距、柱距30 cm。

3) 在库检查:保管员除进行班前班后对库房货垛、物品及环境的安全检查外,还应每三个月对库存物品进行一次感官质量检查,其检查内容与入库验收同,查后做好详细记录。

4) 温湿度管理:每日做好库内外温湿度记录并密封库房,及时进行通风和吸潮,以控制库内相对湿度不超过80%。

5) 安全作业:操作人员必须穿工作服,戴防毒面具或防毒口罩,轻拿轻放,严禁摔扔和撞击。孕妇或哺乳期妇女或有破伤者不得操作。操作中不能饮食和吸烟,操作完毕清扫场地并冲刷干净。下班前,必须脱掉工作服,洗净脸手或洗澡。

注意事项:如遇火灾,可用大量水扑救,施救人员戴好防毒面具。

B6.11　品名:氯化硒

编号:61019

别名:二氯化二硒

化学式:Se_2Cl_2

分子量:228.83

特性:深红色油状液体,在100 ℃时分解,能溶于三氯甲烷、苯、四氯化碳、二硫化碳及发烟硫酸,在水中分解成亚硒酸、盐酸及硒。相对密度2.774 1(25/4 ℃);熔点-85 ℃;沸点127 ℃(97 725.03 Pa);折光率1.599 3。本品剧毒,不会燃烧。受高热时放出有毒气体。与磷、钾、过氧化钠反应猛烈。

包装:装入厚玻璃螺丝口瓶或塑料瓶中,严封后外套聚乙烯气泡套或塑料袋,再装入木箱中,箱内空隙处用松软材料填塞妥实,箱外用铁皮搭角或铁丝铁皮加固,每箱净重不超过25 kg,每瓶净重不超过1 kg。装入安瓿,外加瓦楞纸套、草套或纸盒,再装入坚固木箱,箱内用松软材料衬垫妥实,箱外用铁皮搭角或铁丝铁皮加固,每箱净重不超过 10 kg,每瓶不超过 0.25 kg(250 mL)。各种外包装均应注明生产厂、品名、规格、等级、重量,应有明显的"剧毒品""小心轻放""切勿倒置"等标志。

贮存条件:贮藏于阴凉、通风、干燥、门窗严密库房内,与氧化剂、还原剂、酸碱类、易燃物、爆炸品等性质不同的物品分别存放,并隔绝热源与火种。库温在 35 ℃ 以下,相对湿度 80% 以下。

养护:

1) 入库验收:检验外包装情况,外观无雨淋水湿、无沾染、无破损漏撒,封口严密而有效,并符合包装要求,物品无异状或沉淀杂物等现象,做好验收记录。

2) 堆码苫垫:货垛垛底应垫高至少 15 cm,码行列式货垛,垛高不超过 2.5 m,垛距 80～90 cm,墙距、柱距 30 cm。

3) 在库检查:保管员除认真进行班前班后对库房、货垛、物品的安全检查外,还应认真做好每三个月一次物品质量检查,发现问题及时采取措施,做好记录。

4) 温湿度管理:库房门窗严密,利用自然气候或进行机械通风和吸潮以控制库内温度和湿度。

5) 安全作业:操作人员必须遵守安全操作规程,穿工作服,戴手套、防毒口罩或防毒面具,严禁赤臂露胸。操作时要轻拿轻放,防止摔、撞、扔等,如有破漏必须及时采取整理、修补、封口等有效措施。操作完毕打扫干净并洗手,洗脸或淋浴更换衣服后才能饮食。

6) 保管期限:1年。

注意事项:如遇火灾,可用大量水和砂土、泡沫扑救,施救人员应戴防毒面具。

B6.12 品名:硝酸汞

编号:61030

别名:硝酸高汞

化学式:$Hg(NO_3)_2$

分子量:324.63

特性:无色或白色透明结晶。有潮解性,遇热分解。易溶于水,发生水解成碱式盐。溶于硝酸,不溶于乙醇。相对密度 4.39;熔点 79 ℃;沸点 180 ℃(分解)。受热分解放出有毒的汞蒸气,与有机物、还原剂、易燃物、硫、磷等混合易着火燃烧,摩擦、撞击有引起燃烧爆炸的危险。有毒。

包装:装入坚固大口铁桶中,应有衬垫,桶口严密不漏,铁桶壁厚度不小于 0.5 mm。装入坚固木箱、木桶或塑料桶中,内衬塑料袋或两层牛皮纸袋。装入玻璃瓶严封后再装入坚固木箱,箱内用草垫衬,箱外用铁皮搭角或铁丝加固。

贮存条件:贮存于干燥仓间内,容器必须密封。应与有机物、易燃物、硫、磷、还原剂分开贮存和运输。切忌混贮混运,搬运时要轻装轻卸防止包装破损。

养护:

1) 入库验收:查验包装,外观完好无损,无漏撒、水浸、雨淋,物品应是白色结晶小粒,无变色结块等现象。如有破损,应整理修补加固入库并做好记录。

2) 堆码苫垫:桶装码垛垛底垫高至少 15 cm,码行列式货垛,垛高不超过 3 m。玻璃瓶、木箱装码行列式货垛垛高不超过 3 m,垛距 80~90 cm,墙距、柱距 30 cm。

3) 存库检查:坚持一日两检制度。严格注意相对湿度和库房门窗。货垛堆码等安全检查,对库存物品每三个月进行一次感官质量检查,发现问题及时采取相应养护措施,做好记录。
4) 温湿度管理:汞化合物库温在 30 ℃以下,相对湿度不应超过 70%。
5) 安全作业:操作人员必须穿戴必要的防护用具如工作服、口罩、防毒面具、手套等。误触皮肤,立即用水冲洗。工作现场及时清理。工作后洗净脸和手,换掉工作服方可进餐、饮水和吸烟。

注意事项:若遇包装或其他物品着火,可用大量水、砂土扑救。施救人员戴好防毒面具,避开风向,以免中毒。

B6.13 品名:氯化汞

编号:61030

别名:氯化高汞、二氯化汞

化学式:$HgCl_2$

分子量:271.52

特性:无色或白色结晶性粉末,常温下微量挥发,300 ℃升华,遇光或暴露空气中分解变质。有腐蚀性。能溶于水、乙醇、乙醚、吡啶及乙酸乙酯。车间空气中最高允许浓度为 0.1 mg/m³。大鼠经口半数致死量约 37 mg/kg,小鼠经口半数致死量 10 mg/kg。相对密度 5.440(25 ℃);熔点 276 ℃;沸点 302 ℃(升华)。本品不会燃烧,剧毒,吸入粉尘和蒸气会中毒,与钾、钠能猛烈反应。

包装:装入衬纸袋的坚固铁桶内,外套木箱,每箱净重不超过 50 kg。装入玻璃瓶,严封后再装入坚固木箱,箱内用草垫及其他轻软材料衬垫,箱外用铁皮搭角或铁丝、铁皮加固。

贮存条件:贮存于干燥、清洁的仓间内。远离热源,应与食品添加剂和酸、碱类物资分开存放。搬运时轻装轻卸,防止包装损坏、粉尘飞扬。注意个人防护,减少引起中毒的因素,应严格执行极毒物品管理制度,贮存这类物资的仓库发生火灾时,消防人员应戴防毒面具。

养护:

1) 入库验收:查验内外包装,外观应完好无损,无漏撒、水浸、雨淋,物品应是白色结晶粉末,无变色结块现象,发现破损及时整修再行入库,并做好记录。
2) 堆码苫垫:铁桶外套木箱,堆码行列式货垛垛高不超过 3 m,垛底垫 15 cm 木排。玻璃瓶木箱装物品也要堆码行列式货垛,垛高不超过 3 m,垛距 80~90 cm,墙距、柱距 30 cm。
3) 在库检查:坚持一日两检制度,库房门窗要封闭,避光贮存。并检查货垛堆码等安全设施,对库存物品每三个月进行一次感官质量检查,发现问题及时采取相应的养护措施,并做好记录。
4) 温湿度管理:对库内温湿度管理工作要认真细致保证库温最佳温度不超过 30 ℃,相对湿度不超过 70%。
5) 安全作业:操作人员必须配戴必要的防护用具,如工作服、口罩、手套及防毒面具等。工作现场及时清理,工作后洗净脸和手,换掉工作服,方可吸烟、饮水和进食。

注意事项:本品常温下即挥发,遇光或暴露空气中即分解变质。库房管理要严格执行先通风后进库,防止吸入粉尘和蒸气中毒。

B6.14 品名:(未列名的)汞

编号:61034

别名:水银

化学式:Hg

分子量:200.59

特性:常温下唯一的液态质重流动性液体金属;常温能挥发,在 $-39\ ^\circ\text{C}$ 时成锡白色软而有延展性固体,可以切割。纯品在常温下空气中不会变色,但加热接近沸点时逐渐变为氧化汞。在常温下,能与多种金属(除铁外)形成汞齐,也能与硫结合。能溶于稀硝酸,不溶于水,不与水反应,与热的浓硫酸作用生成硫酸亚汞和硫酸汞,但不与盐酸及冷硫酸作用。在常温下与氨溶液作用生成 Hg_2NOH。相对密度 $13.593\ 9(20/4\ ^\circ\text{C})$;熔点 $-38.89\ ^\circ\text{C}$;沸点 $356.9\ ^\circ\text{C}$;蒸气压 $0.39\ Pa(30\ ^\circ\text{C})$。汞属于无机有毒品,蒸气剧毒,并能经皮肤吸收。高浓度蒸气有金属臭味,造成恶心、腹泻、呕吐、腹痛、头痛等症状,经常吸入低浓度蒸气能损害神经系统,如造成四肢震颤、失眠、记忆力减退、烦躁、抑郁等症状,以及产生牙齿脱落、流涎失禁等现象;经常与皮肤接触产生皮炎,并能经皮肤吸收,损害肾脏,对皮肤最高允许浓度 $0.1\ mg/m^3$,空气中含有 $0.001\ mg/L$ 时,能使人在短时间内中毒。

包装:装入坚固陶瓷瓶、坛、罐或金属罐内,重量可在 $500\ g$、$1\ 000\ g$ 和 $5\ 000\ g$ 之间,每种容器装好严密封口后再装入木箱内,箱底和瓶罐周围用松软材料填塞妥实,箱外用铁丝捆扎两行,每箱净重不超过 $20\ kg$。

贮存条件:贮藏于阴凉、通风的库房内,库内宜安装机械排风装置,库房地面应光滑整洁。库内温度 $30\ ^\circ\text{C}$ 以下,相对湿度 80% 以下。可与其他金属毒品及其化合物同库贮存,与氧化剂、爆炸物、易燃物、自燃物等性质不同的物品分库贮存。

养护:

1) 入库验收:包装和衬垫等应符合包装要求,包装外不得沾污,外包装牢固可靠,内包装坚固,封闭严密有效;容器是不透明体的,外观检验不漏不洒,无破裂,封口严,用手摇动为沉重液体,或连同容器一起称量,求出净重,以核查包装内物品是否有漏洒,做好记录。

2) 堆码苫垫:货垛垛底应垫高 $15\sim20\ cm$,堆成行列式垛,垛高不超过 $2\ m$,垛距 $80\sim90\ cm$,墙距、柱距 $30\ cm$。

3) 在库检查:保管员除每天班前班后对货垛、库房和环境进行安全检查外,还应按规定每三个月对库内物品进行一次质量检查,其检查内容主要查包装容器和封口等外部是否发生变化,发现问题需及时采取养护措施,并做好记录。

4) 温湿度管理:严格控制库内温湿度,库内防止阳光直射,库房玻璃窗可涂白漆,随时开门窗通风,降温降潮散毒等保证物品和人身安全。

5) 保管期限:2 年。

注意事项:如发现吸入蒸气患者迅速脱离污染区,皮肤、眼睛接触时用大量水及肥皂彻底清洗,休息保暖。经口进入,立即漱口,饮牛奶、豆浆或蛋清水,注射二巯基丁二钠 BAL等。本品不燃烧,但如果包装引起燃烧可用水、二氧化碳、化学干粉、泡沫扑救,防毒。

B6.15　品名：三氯硝基甲烷

编号：61051

别名：氯化苦、硝基氯甲烷

化学式：CCl_3NO_3

分子量：164.39

特性：无色或微黄色油状液体,有极强刺激性,常温时能挥发,温度越高挥发量越多。能与无水醇、苯和二硫化碳混合,能溶于醚,几乎不溶于水,不与无机酸混合。干燥纯品对金属无作用,在潮湿条件下易引起金属腐蚀。相对密度 1.655 8(20 ℃/4 ℃);熔点－64 ℃;沸点 112 ℃。剧毒,不易燃烧。受热分解放出有毒气体,遇发烟硫酸分解生成光气和亚硝基硫酸,在碱和乙醇中分解加快,其毒性较氯气大,较光气小。有催泪和窒息性,蒸气浓度 0.002～0.025 mg/L 时可引起流泪。空气中含有 0.12 mg/L 时可致人死之。其绝对致死量为 1 000 mg/m^3,空气中最高允许浓度为 0.7 mg/m^3。主要用于有机合成、杀虫剂。

包装：装入玻璃瓶或金属容器内,严密封口,再装入木箱中,空隙处用松软材料填塞妥实,每箱净重不超过 25 kg。装入 1 mm 厚镀锌铁桶,严封后再装入透笼木箱内,每箱净重不超过 50 kg。装入厚玻璃螺丝口瓶、塑料瓶中,严封后每瓶外套聚乙烯气泡垫套或塑料袋,再装入木箱中,箱内用松软材料填塞妥实,箱外用铁皮搭角或铁丝、铁皮加固。每箱净重不超过 25 kg,每瓶净重不超过 1 kg。各种外包装均应注明生产厂、品名、规格、等级、重量、出厂日期及明显的"剧毒品""勿倒置""小心轻放"等标志。

贮存条件：贮藏于阴凉、干燥、易于通风的库房内,门窗严密能遮光线,远离热源火种。与酸类、碱类、乙醇等易燃物、氧化剂分别存放。库内温度 30 ℃ 以下,相对湿度 80% 以下。

养护：

1) 入库验收：验包装容器,无水湿雨淋,无沾染其他物品,包装完整无损、无漏洒,金属桶无腐蚀,封口严密有效;物品在空气中容易挥发,若封口不严,有严重的催泪作用,一般应无明显的异状和杂质沉淀等物,并做好入库验收记录。

2) 堆码苫垫：货垛垛底应垫高 15 cm 以上,码行列式货垛,桶装可码 2 或 3 桶一批,垛高不超过 2.5 m,垛距 80～90 cm,墙距、柱距 30 cm。

3) 在库检查：保管员除每日班前班后对货垛及库内外各进行一次检查外,还应每三个月定期进行物品在库感官质量检查一次,检查内容与入库验收同,如发现封口不严或桶皮锈蚀严重应及时采取封口修补等措施,并及时做好记录。

4) 温湿度管理：库房密封并且配备机械通风设备以便进行排风散毒,结合早晚或夜间低温通过降温,控制库内温度不超过 30 ℃。

5) 安全作业：操作人员必须穿工作服戴手套、护目镜或防毒面具,操作中轻拿轻放,严禁摔扔和撞击,防止包装容器破损,操作完毕及时清理现场。如有漏洒,必须用水冲洗干净。在操作后,洗净手脸、漱口或进行淋浴净身后,方能饮食和吸烟。

6) 保管期限：1 年。

注意事项：火灾时可用水、砂土、泡沫扑救,救火人员应佩戴防毒面具。呼吸中毒立即转移至空气流通处,眼睛受伤立即用生理盐水冲洗,再送医院治疗。

B6.16　品名：3-氯-1,2-环氧丙烷

编号：61052

别名:环氧氯丙烷

化学式:$ClCH_2CH\underset{O}{-\!\!\!-\!\!\!-}CH_2$

分子量:92.52

特性:无色液体,有类似三氯甲烷的气味,有较强的刺激性,皮肤也能吸收,空气中最高允许浓度为 1 mg/m³,能与醇、醚、三氯甲烷及四氯化碳等混合。相对密度1.176(20 ℃);凝固点-57.1 ℃;沸点117.9 ℃;闪点32 ℃;爆炸极限5.23%～17.86%。遇明火、高温、氧化剂有燃烧危险,与硝酸、硫酸、氯磺酸、乙二胺等反应剧烈。

包装:装入坚固铁桶内,桶口应严密不漏,铁桶壁厚度不小于1.2 mm。装入马口铁或薄铁桶金属容器内,再装入坚固木箱,花格木箱或条竹箱。装入玻璃瓶再装入木箱和内衬草垫衬套或其他松软材料衬垫。

贮存条件:贮存于阴凉、通风的仓间内,远离火种、热源,并与氧化剂酸类隔离存放。桶装堆放应留墙距、顶距、柱距及必要的走道。包装要完整密封,搬运时轻装轻卸,防止包装破漏损坏。

养护:

1) 入库验收:查验包装无锈损渗漏封口严密,外观检查无异味、水湿,木箱包装完整无损、无水湿雨淋、无沾染其他物品,发现问题做好验收记录。

2) 堆码苫垫:货垛垛底应垫高15～20 cm,堆码行列式货垛,桶装可码3～5桶一批垛高不超过2.5 m,垛距80～90 cm,墙距、柱距30 cm。

3) 在库检查:保管员应坚持一日两检制度,还应定期对物品内在质量进行检查,如发现包装封口不严、桶底渗漏、桶皮锈损,应及时采取相应的补救措施,并做好记录。

4) 温湿度管理:库内温度不超过30 ℃,相对湿度75%以下,并根据库外温湿度情况适时进行通风降温降湿。

5) 安全作业:操作人员必须配戴工作服、手套和口罩,操作中要轻装轻卸,防止摔、轧、碰、撞。工作完毕及时清理现场,并脱掉工作服洗净手脸方能饮水、吸烟和进餐。

6) 保管期限:2年。

注意事项:如遇火灾,可用大量水、砂土、干粉灭火和扑救。

B6.17 品名:硝基苯

编号:61056

化学式:$C_6H_5NO_2$

分子量:123.11

特性:淡黄色透明液体(油状),有苦杏仁味,能溶于苯、乙醇及乙醚,难溶于水。有毒,大量吸入蒸气或经皮肤吸收都会引起中毒,在车间空气中的最高容许浓度为 5 mg/m³,兔口服全致死量为 1 g/kg,大鼠经口半数致死量 640 mg/kg。相对密度1.205(25 ℃);熔点5.7 ℃;沸点210.9 ℃;闪点87.8 ℃(闭杯);爆炸极限下限1.8%(93.3 ℃)。本品有毒,遇火种、高温能引起燃烧爆炸,与硝酸反应强烈。

包装:装入坚固铁桶内,桶内应严密不漏,铁桶壁厚度不小于1.2 mm。装入马口铁或薄铁桶金属容器内,再装入坚固木箱内或花格木箱或条、竹箱。装入玻璃瓶,再装入木箱,箱内衬垫草垫衬套或其他松软材料衬垫。

贮存条件:贮存于阴凉、通风仓间内,远离火种、热源,避免日光暴晒,应与氧化剂、硝酸分开堆放。

养护:

1) 入库验收:查验包装有无锈损渗漏,封口严密,外观检查无湿痕、无异味。木箱包装完整无损、无水湿雨淋、无沾染其他物品,外部标记齐全,发现问题做好验收记录。

2) 堆码苫垫:货垛垛底应垫高15～20 cm,堆码行列式货垛,桶装可码3～5桶一批,垛高不超过2.5 m,垛距80～90 cm,墙距、柱距30 cm。

3) 在库检查:保管员应坚持一日两检制度,还应定期对物品内在质量进行检查,如发现封口不严、桶底渗漏、桶皮锈损,应及时采取相应的养护措施,并做好检查记录。

4) 温湿度管理:库内温度不超过30 ℃,相对湿度75%以下,并根据库内外温湿度适时进行通风降温降湿措施。

5) 安全作业:操作人员必须穿戴工作服、手套和口罩等必要的防护用具,操作中要轻装轻卸,防止摔、轧、碰、撞。工作完毕及时清理现场,并脱掉工作服,洗净手脸方能吸烟、饮水和就餐。

6) 保管期限:2年。

注意事项:本品兼具有毒和易燃,发生火险可用大量水、砂土、干粉灭火机扑救,应注意风向风力。

B6.18 品名:1,4-二硝基苯

编号:61057

别名:对硝基苯

化学式:$C_6H_4(NO_2)_2$

分子量:168.11

特性:本品为黄色结晶,能溶于醇,微溶于水,有挥发性,能随水蒸气同时挥发。易燃,其蒸气较空气重4.8倍。有毒,空气中允许浓度1 mg/m³。熔点173 ℃;沸点299 ℃。遇火种、高温易燃烧,与氧化剂混合能成为有爆炸性的混合物。

包装:装入坚固大口铁桶中,内应有衬垫,桶口严密不漏,铁桶壁厚度不小于0.5 mm。装入坚固木箱(桶),内衬塑料袋或两层牛皮纸袋装,箱外用铁丝,铁皮捆紧。装入玻璃瓶,严封后再装入木箱或花格木箱,箱内衬草垫或其他松软材料。

贮存条件:贮存于阴凉、通风仓间内,最高仓温不得高于30 ℃,应与氧化剂严格分仓贮存,切勿混贮混运。远离火种、热源。搬运时轻装轻卸,保持包装完整,防止接触皮肤,以免中毒。

养护:

1) 入库验收:查验包装有无锈损渗漏,封口严密,外观检查无湿痕、无异味。木箱包装完整无损、无水湿雨淋、无沾染其他物品,外部标记齐全,发现问题做好验收记录。

2) 堆码苫垫:货垛垛底垫高15～20 cm,堆码行列式货垛,桶装可码3～5桶宽,垛高不超过2.5 m,垛距80～90 cm,墙距、柱距30 cm。

3) 在库检查:坚持一日两检制度,还应定期对物品内在质量进行抽验,如发现封口不严、桶底渗漏、桶皮锈损,应采取相应的养护措施,并做好检查记录。

4) 温湿度管理:库内温度不超过30 ℃,相对湿度不超过75%,并根据库内外温湿度情况适时进行通风降温降湿措施。

5) 安全作业:操作人员必须穿戴工作服、手套和口罩等必要的防护用具。操作中要轻装轻卸,防止摔、轧、碰、撞。工作完毕及时清理作业现场,并脱掉工作服,洗净手、脸,方能吸烟、饮水和就餐。

6) 保管期限:2年。

注意事项:本品有毒和易燃,发生火灾可用大量水、砂土、干粉灭火机扑救,还应注意现场风向风力。

B6.19 品名:3-硝基甲苯

编号:61058

别名:间硝基甲苯

化学式:$CH_3C_6H_4NO_2$

分子量:137.44

特性:黄色液体或结晶,不溶于水,能溶于乙醇,能与乙醚混溶。易经皮肤吸收,在车间空气中最高容许浓度为1 mg/m³。相对密度1.163(15 ℃);熔点15.1 ℃;沸点231.9 ℃;闪点106.11 ℃(闭杯)。有毒,遇明火能发生燃烧,受热散发有毒气体。

包装:装入坚固大口铁桶中,内应有衬垫,桶口严密不漏,铁桶壁厚度不小于0.5 mm。每桶限重100 kg。装入坚固木箱,木桶或塑料桶,内衬塑料袋或两层牛皮纸袋,包装封口严密不漏,箱外用铁丝、铁皮捆紧。装入玻璃瓶,严封后再装入坚固木箱,箱内用草垫衬,箱外用铁皮搭角或铁皮加固。

贮存条件:贮存于阴凉、通风的仓间内,远离火种、热源。应与氧化剂及直接用于食品工业的化工物资分开存放。搬运时轻装轻卸,保持包装完整。

养护:

1) 入库验收:查验包装有无锈损渗漏,封口严密,外观检查无湿痕、无异味。木箱包装完整无损、无水湿雨淋、无沾染其他物品,外部标记齐全,发现问题做好验收记录。

2) 堆码苫垫:货垛垛底垫高15~20 cm,堆码行列式货垛,桶装可码3~5桶宽,垛高不超过2.5 m,垛距80~90 cm,墙距、柱距30 cm。

3) 在库检查:坚持一日两检制度,还应定期对物品内在质量进行抽验,如发现封口不严、桶底渗漏、桶皮锈损,应采取相应的养护措施,并做好检查记录。

4) 温湿度管理:库内温度不超过30 ℃,相对湿度不超过75%,并要根据库内外温湿度情况,适时进行通风降温降湿措施。

5) 安全作业:操作人员必须穿戴工作服、手套和口罩等必要的防护用具,操作中要轻装轻卸,防止摔、轧、碰、撞。工作完毕及时清理作业现场并脱掉工作服,洗净手、脸,方能吸烟、饮水和就餐。

6) 保管期限:2年。

注意事项:本品有毒和易燃,发生火险可用大量水、砂土、干粉灭火机扑救,扑救时要注意风向。

B6.20 品名:氯化苄

编号:61063

别名:α-氯化苄、苄基氯

化学式:$C_6H_5CH_2Cl$

分子量:126.58

特性:本品为无色液体,有刺激性和不愉快的气味。不溶于水,能与乙醇、乙醚和三氯甲烷混溶。对皮肤和眼睛有强烈的刺激性,主要由呼吸道吸入人体,也能经皮肤吸收。空气中容许浓度为 5 mg/m³。相对密度 1.102 6(18 ℃);沸点 179 ℃;闪点 67.22 ℃。有毒,遇明火能燃烧,当有金属(如铁)存在时分解,并可能引起爆炸。与水或水蒸气发生作用,能产生有毒和腐蚀性的气体,与氧化剂发生强烈反应。

包装:装入坚固铁桶内,桶口应严密不漏,铁桶壁厚度不小于 1.2 mm,每桶净重不超过 200 kg。装入马口铁或薄铁桶内,严密封闭后再装入坚固木箱,容器不得在箱内移动。装入螺丝口或铁盖口的玻璃瓶、塑料瓶中,严密封闭,装入木箱箱内用草衬垫,箱外用铁皮搭角加固。

贮存条件:贮存于阴凉、通风的仓间内,远离火种、热源。应与食用化工原料、氧化剂、酸类物资分开存放。搬运时应轻装轻卸,保持包装完整,防止渗漏。

养护:

1) 入库验收:查验包装有无锈损渗漏,封口严密,外观检查无湿痕、无异味。木箱包装完整无损、无水湿雨淋、无沾染其他物品,外部标记齐全,发现问题做好验收记录。

2) 堆码苫垫:货垛垛底垫高 15~20 cm,堆码行列式货垛,桶装可码 2~3 桶宽,垛高不超过 2.5 m,垛距 80~90 cm,墙距、柱距 30 cm。

3) 在库检查:坚持一日两检制度,定期对物品内在质量进行抽查,如发现封口不严、桶底渗漏、异味加重、桶皮锈损等现象应及时采取相应的养护措施,查出破漏原因及时整修换装,并做好检查记录。

4) 温湿度管理:库内温度不超过 30 ℃,相对湿度不超过 70%,并根据库内外温湿度情况,适时进行通风降温降湿措施。

5) 安全作业:操作人员必须穿戴工作服、手套和防毒口罩以及护目镜等必要的防护用具,操作时间不宜过长。注意轻装轻卸,防止撞击、碰撞。工作完毕要脱掉工作服和手套等防护用具,洗净手脸,方可吸烟、饮水或就餐。

6) 保管期限:1 年。

注意事项:遇有火灾要注意防止中毒或受到腐蚀,只能用大量水扑救,扑救时要注意风向。

B6.21 品名:苯酚

编号:61067

别名:石炭酸

化学式:C_6H_5OH

分子量:94.11

特性:纯品是白色结晶,在空气中逐渐变微红色结晶,有特殊气味,有毒,空气中最高允许浓度为 5 mg/m³,大鼠经口半数致死量为 530 mg/kg。本品能自空气中吸收水分而逐渐液化,水溶液呈酸性。有腐蚀性,能破坏细胞。能与乙醇、醚、三氯甲烷、甘油相混合,与碱起作用生成盐。相对密度 1.071(25 ℃);熔点 40.6 ℃;沸点 181.9 ℃;闪点 79.44 ℃(闭杯)。

遇明火、高温、强氧化剂有燃烧危险。

包装:装入坚固铁桶内,桶口应严密不漏。铁桶壁厚度不小于1.2 mm,每桶净重不超过200 kg。装入耐酸坛、陶瓷坛、塑料桶中严密封口再装入木箱。箱内用不燃材料垫妥实,箱外用铁丝加固。装入玻璃瓶,严封后再装入坚固木箱,箱内用草垫衬,箱外用铁皮搭角或铁丝、铁皮加固。

贮存条件:贮存于通风、干燥处所,远离火种、热源。应与氧化剂隔离堆放。包装要密封,防止吸潮变质,如露天堆放,要防止雨水侵入。

养护:
1) 入库验收:包装容器应当完好,封口严密,无漏撒、无异味。本品应呈白色结晶,无变色液化现象,如有破损应及时整修补漏,要做好验收记录。
2) 堆码苫垫:桶装码垛,垛底垫高15～20 cm,码行列式货垛,垛高不超过3 m,玻璃瓶木箱装码行列式货垛,垛高不超过3 m,垛距80～90 cm,墙距、柱距30 cm。
3) 在库检查:保管员要坚持一日两检制度,还应在三个月内对库存物品进行一次质量检查,发现问题及时采取相应的养护措施,并做好记录。
4) 温湿度管理:本品对温度要求不严,库房温度在30 ℃以下,湿度在70%以下为最佳,但该品对空气较敏感,湿度不易过大。
5) 安全作业:操作人员必须戴口罩、手套、穿工作服,操作中要轻搬轻放,防止撞击、摔砸。工作中不能饮水、进食和吸烟,工作完毕要洗净手脸。
6) 保管期限:2年。

注意事项:本品有毒及腐蚀性,皮肤接触要用大量水冲洗或用肥皂水冲洗。

B6.22 品名:3-甲(苯)酚

编号:61073

别名:间甲(苯)酚

化学式:$CH_3C_6H_4OH$

分子量:108.13

特性:无色透明液体,有酚的气味。在空气中露光逐渐变色,能与乙醇、乙醚和氢氧化钠溶液任意混溶,微溶于水。大鼠经口半数致死量为2 020 mg/kg。相对密度1.034 4(20 ℃);熔点10.9 ℃;闪点94.44 ℃。可燃,有腐蚀性和毒性。

包装:装入坚固铁桶内,桶口应严密不漏。铁桶壁厚度不小于1.2 mm,每桶净重不超过200 kg。装入马口铁或薄铁桶内,严密封闭后,再装入坚固木箱,容器在箱内不得移动。装入玻璃瓶严封后再装入坚固木箱,箱内用草垫衬,箱外用铁皮或铁丝加固。

贮存条件:贮存于干燥、通风的处所,远离火种、热源。应与氧化剂分开存放。搬运时轻装轻卸,防止包装破损。

养护:
1) 入库验收:包装容器完好无损,封口严密,无撒漏、无异味,物品应呈无色液体。不能将破损包装放置过久,应及时整修补漏进行入库,并做好验收记录。
2) 堆码苫垫:桶装码垛垛底垫高15～20 cm,码行列式货垛,垛高不超过3 m。玻璃瓶木箱装码行列式货垛,垛高不超过3 m,垛距80～90 cm,墙距、柱距30 cm。
3) 在库检查:保管员坚持一日两检制度,还应定期检查物品内在质量发现异状,包装封口不严、桶底渗漏、桶皮锈损应及时采取相应的养护措施。
4) 温湿度管理：库内温度不超过 30 ℃，相对湿度不超过 70%，并根据库外温湿度变化情况适时采取通风、降温、降湿措施。
5) 安全作业：操作人员必须戴口罩、手套，穿工作服。操作中要轻搬轻卸，防止撞击、摔砸。在工作中不得饮水、进食和吸烟，工作完毕要洗净手、脸，触及皮肤应速用肥皂水冲洗。
6) 保管期限：1 年。

注意事项：本品有毒性和腐蚀性，接触皮肤要用肥皂水和大量水冲洗。

B6.23 品名：一氯乙醛

编号：61079

别名：氯乙醛

化学式：C_2H_3OCl

分子量：78.50

特性：无色透明油状液体，有刺激气味，能溶于水、乙醇、乙醚和三氯甲烷。相对密度 1.19(40% 溶液 25 ℃)；凝固点 －16.3 ℃（40% 溶液）；沸点 90～100.1 ℃（40% 溶液）；闪点 87.78 ℃。可燃，并有腐蚀性和刺激性臭味。

包装：装入坚固铁桶内，桶口严密不漏，铁桶壁厚度不小于 1.2 mm，每桶净重不超过 200 kg。装入马口铁或薄铁桶的，严密封闭后，再装入坚固木箱，每箱净重不超过 50 kg。装入玻璃瓶，严封后再装入坚固木箱，箱内用草垫衬，箱外用铁皮搭角或铁丝加固。

贮存条件：贮存于阴凉、通风仓间内。远离火种、热源，防止阳光直射。应与氧化剂、食品添加剂分仓间存放。搬运时要轻装轻卸，防止包装破损。

养护：
1) 入库验收：查验包装容器无水湿、雨淋，无沾染其他物品，包装完整无损，无漏洒，金属桶无锈蚀，封口严密。检查物品有无异味，物品应呈无色透明液体无明显的异状和沉淀物，并做好检验记录。
2) 堆码苫垫：货垛垛底应垫高 15～20 cm，码行列式货垛，桶装 3～5 m 桶宽，垛高不超过 3 m，垛距 80～90 cm，墙距、柱距 30 cm。
3) 在库检查：保管员应坚持一日两检制度，还要每三个月检查物品质量及包装情况，发现问题及时采取必要措施，并做好检查记录。
4) 温湿度管理：库内温度 30 ℃ 以下，相对湿度 70%，并要结合库内外温湿度情况采取通风措施。
5) 安全作业：操作人员必须穿工作服，戴手套、口罩。操作中要轻拿轻放，严禁摔、轧、撞、碰，防止包装容器破损。作业完毕用水冲洗手、脸。
6) 保管期限：2 年。

注意事项：发生火灾可用水、砂土、干粉灭火机扑救。

B6.24 品名：苯甲酸汞

编号：61093

别名：安息香酸汞

化学式：$Hg(C_7H_5O_2)_2$

分子量：442.83

特性：白色结晶粉末，对光敏感，能溶于氯化钠和苯甲酸铵溶液，微溶于乙醇和水，有强刺激性，能被皮肤吸收，露置空气中见光易变质。熔点165 ℃。

包装：装入坚固铁桶内，桶口应严密不漏，铁桶厚度不小于1.2 mm，每桶净重不超过200 kg。装入马口铁或薄铁桶内，严密封闭后，再装入木箱，每箱净重不超过50 kg。装入厚玻璃瓶或塑料瓶中，严封后再装入坚固木箱，箱内用防潮或塑料膜衬垫，箱外用铁丝加固。

贮存条件：贮存于阴凉、通风的仓间内，远离火种、热源。应与氧化剂、酸类、直接用于食品工业的化工原料分开存放。避光保存，保持包装完整、密封，搬运时轻装轻卸，防止包装破损。

养护：
1) 入库验收：查验物品包装，外观完好无损，无漏撒、水浸雨淋。物品应是白色结晶粉末，无变色、结块等现象，发现破损及时整修，做好验收记录。
2) 堆码苫垫：货垛垛底垫高25～30 cm，码行列式货垛，桶装垛底3～5桶宽，货垛高度不超过3 m，垛距80～90 cm，墙距、柱距30 cm。
3) 在库检查：坚持一日两检制度，做好班前班后检查，还应每三个月对物品内在质量和包装外部异状检查一次，发现问题及时处理，并做好检查记录。
4) 温湿度管理：库内温度在30 ℃以下，相对湿度75%以下，并结合库内外温湿度情况适时采取通风、降温、降湿措施。
5) 安全作业：操作人员必须穿工作服，戴手套、口罩。操作中要轻拿轻放，严禁摔、砸、撞、碰，防止包装容器破损。作业完毕要洗净手、脸。
6) 保管期限：2年。

注意事项：保存或运输时应注意避光贮存，发生火灾要用大量水、砂土等进行扑救。

B6.25 品名：四乙基铅

编号：61097

别名：发动机燃料抗爆混合物

化学式：$Pb(C_2H_5)_4$

分子量：323.44

特性：无色油状液体，有香味，能溶于有机溶剂，不溶于水、稀酸和稀碱液。室温下缓慢分解，加热到125～150 ℃时迅速分解，遇氧化剂反应强烈。相对密度1.659(180 ℃)；凝固点－136 ℃；沸点198～202 ℃（分解）；闪点93.33 ℃；蒸气压133.322 Pa(38.4 ℃)。本品剧毒，可燃，遇明火、高热引起燃烧，受热分解放出有毒气体，易被皮肤吸收。中毒症状主要是慢性中毒，表现于消化系统神经系统的损害，空气中最高允许浓度为0.1 mg/m³。

包装：装入坚固铁桶内，桶口应严密不漏，铁桶厚度不小于1.2 mm，每桶净重不超过200 kg。装入马口铁或薄铁桶(听)金属容器内，严封后再装入坚固木箱或透笼木箱中，容器在箱内不得移动，每件净重不超过50 kg。包装外应注明品名、规格、重量、出厂日期、生产厂及明显的"剧毒品""易燃""切勿倒置""小心轻放"等标志。

贮存条件：本品为有机金属化合物，有毒，化学性质不稳定，应存于阴凉、通风的库房内。库内温度在30 ℃以下，相对湿度80%以下。可与其他液体毒品同存，但必须与氧化剂、易燃物、爆炸物、酸碱类等不同性质的物品分别贮存，隔绝热源与火种。

养护:
1) 入库验收:包装和衬垫完好无损,不破不漏,封口严密,符合包装要求。物品无色,无杂质沉淀,无变色现象,发现问题及时整理,并做好验收记录。
2) 堆码苫垫:垛底应垫高 15 cm 以上,大铁桶一般堆码 3 桶一批的行列式货垛,每层之间垫木板,人工码 2 桶高,机械堆码可码 3 桶高,小桶装若包装质量好,可码 3 或 4 桶为一批的行列式货垛,中间垫薄木板(2 cm)相连。垛高不超过 2 m,垛距 80~90 cm,墙距、柱距 30 cm。
3) 在库检查:保管员除每日进行班前班后和风雨雪前中后的安全检查外,还应每三个月对物品进行一次质量检查,检查内容与入库验收同,发现问题及时采取养护措施,并做好记录。
4) 温湿度管理:可采取密封库,利用低温、低湿天气进行通风、降温和散潮。梅雨季节可用吸湿机或生石灰等吸湿,控制温度不超过 30 ℃,相对湿度不超过 80%。
5) 安全作业:操作人员必须穿工作服、戴手套,不得赤脚赤臂露体。整理串倒容器时,还要戴胶手套和防毒面具。操作完后,必须脱去工作服,洗净手脸或洗澡。操作现场打扫干净,若有洒漏必须用水冲洗干净。
6) 保管期限:1 年。

注意事项:如遇火灾,可用水、砂土、二氧化碳扑救,防毒。

B6.26 品名:2-丁烯腈(反式)

编号:61104

别名:巴豆腈(反式)、丙烯基氰

化学式:$CH_3CH = CHCN$

分子量:67.09

特性:无色液体,遇水醇分解,溶于乙醚及丙酮。相对密度 0.823 9(20 ℃);沸点 120~121 ℃;闪点<100 ℃。剧毒,遇明火、高温有引起燃烧的危险,遇酸分解产生有毒气体。

包装:装入坚固铁桶内,桶口严密不漏,铁桶壁厚度不小于 1.2 mm,每桶净重不超过 200 kg。装入马口铁或薄铁桶内,严密封闭后再装入坚固木箱,容器在箱内不得移动,每箱净重不超过 50 kg。装入厚玻璃瓶或塑料瓶,严封后再装入木箱中,箱内用防潮纸或塑料膜衬垫,箱外用铁皮搭角、铁丝加固。

贮存条件:贮存于阴凉、通风仓库内,远离火种、热源。应与食品添加剂、酸类、氧化剂分开存放。切勿混贮混运。搬运时轻装轻卸,保持包装完整,防止损漏。

养护:
1) 入库验收:查验包装完好无损,无渗漏、水湿雨淋。物品应为无色液体,无颜色变化,外包装标记齐全、清楚,并做好验收记录。
2) 堆码苫垫:桶装码垛,垛底垫高 15~20 cm,码行列式货垛垛底宽度 2~3 桶。木箱装堆码行列式货垛,垛高不超过 3 m,垛距 80~90 cm,墙距、柱距 30 cm。
3) 在库检查:坚持日检制度,尤其班前班后检查库房门窗货物堆码等安全情况,对库存物品每三个月检查一次内在质量和外部包装情况,发现问题及时采取必要的养护措施,并做好检查记录。
4) 温湿度管理:库内温度不超过 30 ℃,相对湿度 70% 以下,湿度过大时要采取必要的通风措施。

5) 安全作业:操作人员必须穿工作服,戴手套、口罩或防毒面具,工作现场要及时清理。工作中不得饮水、进食,工作后换去工作服,清洗手、脸后方可饮水、进食。

6) 保管期限:1年。

注意事项:本品剧毒,且遇水分解,操作人员要严格遵守搬卸货物轻拿轻放的管理制度。不得摔、砸、碰、撞违章操作,发现破漏要移到通风处并及时整修。救火时应使用泡沫灭火或砂土扑救。

B6.27　品名:3-氯丙腈

编号:61105

别名:β-氯丙腈

化学式:$ClCH_2CH_2CN$

分子量:89.53

特性:无色液体,具有特殊臭味,能与丙酮、苯、四氯化碳、乙醇和乙醚混溶。大鼠经口半数致死量为 100 mg/kg。相对密度 1.136 3(25 ℃);熔点－51 ℃;沸点 176 ℃(分解);闪点 75.56 ℃(闭杯)。有毒,遇明火能燃烧,受热放出有毒气体,易被皮肤吸收中毒,其毒性介于丙烯腈和氢氰酸之间。

包装:装入坚固铁桶内,桶口严密不漏,铁桶壁厚度不小于 1.2 mm,每桶净重不超过 200 kg。装入马口铁或薄铁桶内,严密封闭后,再装入木箱,每箱净重不超过 50 kg。装入玻璃瓶严封后再装入坚固木箱,箱内用草垫衬,箱外用铁皮搭角或铁丝加固。

贮存条件:贮存于阴凉、通风的仓库内,应与食用化工原料、氧化剂、酸类分开存放。搬运工人应穿戴好防护用品,切勿接触皮肤。

养护:

1) 入库验收:查验包装完好无损,无渗漏、水湿雨淋。物品呈无色液体,无颜色变化,外观包装标记齐全、清楚。发生破漏整修,换装后方可入库,并做好验收记录。

2) 堆码苫垫:堆码垛底垫高 15～20 cm,桶装码行列式货垛,垛底码 3～5 桶宽。木箱装码垛高不超过 3 m,垛距 80～90 cm,墙距、柱距 30 cm。

3) 在库检查:贮存期间每日班前班后对货垛、库内外环境各进行检查,每季度定期进行一次检查,发现问题及时研究解决。

4) 温湿度管理:库房内要加强通风以保持空气清新,库内温度不超过 30 ℃,相对湿度 75%以下,并根据贮存情况采取适当的通风、降温、降湿措施。

5) 安全作业:操作人员要穿工作服,搬运时注意轻装轻卸,不得摔、撞。

6) 保管期限:2年。

注意事项:火灾可用干料、砂土扑救,救火人员应戴防毒面具。

B6.28　品名:硫氰酸甲酯

编号:61108

化学式:CH_3SCN

分子量:73.12

特性:无色液体,有蒜的气味,极微溶于水,能与醇、醚混合。小鼠经口致死量 0.02 mg。相对密度 1.067 8(25 ℃);熔点－51 ℃;沸点 132.9 ℃;闪点 38.33 ℃。有毒,遇明火能燃烧,受热放出有毒气体。

包装：装入螺丝口或铁盖压口的玻璃瓶、塑料瓶中，严密封闭再装入坚固木箱，箱内用草垫衬，箱外用铁皮搭角或铁皮铁似加固。装入玻璃瓶或塑料瓶，瓶口用不易腐蚀材料封严，再装入坚固木箱，箱内用草垫衬，箱外用铁皮加固。

贮存条件：应贮存于阴凉、通风仓库内，远离火种、热源。应与食品添加剂、酸类、氧化剂分开存放。切勿混贮混运。搬运时轻装轻卸，保持包装完整，防止破漏。

养护：

1) 入库验收：包装应符合要求，包装容器完好无损，封口严密不漏、不洒。物品透明，无明显沉淀杂质，发现问题及时处理，做好验收记录。

2) 堆码苫垫：货垛底垛底应垫高 15～20 cm 以上，桶底码 3 桶宽，行列式货垛，垛高不超过 2.5 m，垛距 80～90 cm，墙距、柱距 30 cm。

3) 在库检查：保管员除每天认真进行班前班后和风雨雪前中后对库房、门窗、货垛等检查外，还应每三个月对库存物品进行一次质量检查，发现问题及时采取有效的养护措施，并做好记录。

4) 温湿度管理：每日定时记录库内外温湿度，随时掌握温湿度变化情况，及时采取通风和吸潮措施，以控制库温不超过 30 ℃，相对湿度 75% 以下。

5) 安全作业：装卸堆码必须轻装轻卸，不得撞击、摔碰和翻滚，防止容器破损。操作人员要穿工作服戴手套、口罩。工作中不得饮食、吸烟，工作完毕洗净手和脸。

6) 保管期限：1 年。

注意事项：如遇火灾，可用砂土、水、二氧化碳扑救，注意防毒。

B6.29　品名：甲苯-2,4-二异氰酸酯

编号：61111

别名：2,4-甲苯二异氰酸酯

化学式：$H_3CC_6H_3(NCO)_2$

分子量：174.16

特性：无色或淡黄色透明液体。有吸湿性，与水作用能产生二氧化碳。能溶于醚、丙酮及其他有机溶剂。对皮肤、呼吸器官，特别对眼睛有强烈刺激作用。空气中最高容许浓度为 0.2 mg/kg。大鼠吸入半数致死量 95.76 mg/kg。相对密度 1.22(20 ℃)；凝固点 13.2 ℃；沸点 118～120 ℃；闪点 132.22 ℃(开杯)，121 ℃(闭杯)；爆炸极限 0.9%～9.5%。有毒，遇明火能燃烧，受热时能分解出有毒气体。

包装：装入坚固铁桶内，桶口严密不漏，铁桶壁厚度不超过 1.2 mm，每桶净重不超过 200 kg。装入马口铁桶，严密封闭后再装入木箱，容器在箱内不得移动。装入玻璃瓶，严封后再装入坚固木箱，箱内用不燃材料衬垫，箱外铁皮搭角或铁丝加固。

贮存条件：贮藏于阴凉、通风仓库内，远离火种、热源。应与食品添加剂、酸类、氧化剂分开存放。切勿混贮混运。搬运时轻装轻卸，保持包装完整，防止破漏。

养护：

1) 入库验收：包装应符合要求，包装容器完好无损，封口严密不漏、不洒，物品色淡透明，无沉淀，外观包装标记明显、齐全、清楚。发生破漏及时纠正，换装后方可入库，并做好记录。

2) 堆码苫垫:堆码垛底垫高 15 cm 以上,桶装堆码行列式货垛,垛底码 3～5 桶宽,垛高不超过 3 m。木箱装码行列式货垛,垛高不超过 2.5 m,垛距 80～90 cm,墙距、柱距 30 cm。

3) 在库检查:认真做好班前班后和风雨前后的检查,每季度定期进行一次质量检查,发现问题及时处理并做好记录。

4) 温湿度管理:库房内要加强通风以保持空气清新,库内温度不超过 30 ℃,相对湿度 75% 以下,并根据库内外温湿度情况采取必要的通风、降温措施。

5) 安全作业:装卸堆码必须轻装轻卸,不得撞击、摔碰和翻滚,防止容器破损。操作人员要穿工作服戴手套、口罩。工作中不得饮食、吸烟,工作完毕洗净手和脸。

6) 保管期限:1 年。

注意事项:火灾可用雾状水、干粉灭火机、砂土扑救,施救人员注意防毒。

B6.30　品名:硫酸二甲酯

编号:61116

化学式:$(CH_3)_2SO_4$

分子量:126.13

特性:无色或淡黄色透明液体。有腐蚀性,蒸气对眼有刺激性,损害呼吸道。液体与皮肤接触可引起组织局部发生溃疡,不易愈合。能溶于醇,微溶于水。易经皮肤吸收,浓度为 500 mg/m³ 时,10 min 可能致命。车间空气中最高容许浓度为 5 mg/m³。大鼠经口半数致死量 400 mg/kg。相对密度 1.332 2(20 ℃);熔点 -31.8 ℃;自燃点 190.78 ℃;沸点 188 ℃;闪点 83.3 ℃(开杯)。剧毒,可燃。蒸气无严重气味,不易被察觉,往往不知不觉中中毒。遇明火、高温能燃烧,与氢氧化铵反应强烈。

包装:装入 1.2 mm 厚镀锌铁桶内,严密封口,每桶净重不超过 180 kg。装入厚玻璃瓶或塑料瓶中,严封后再装入木箱中,箱内用两层牛皮纸袋、防潮袋或塑料膜衬垫,箱外用铁皮搭角或铁皮加固,每箱净重不超过 25 kg,每瓶净重不超过 1 kg。

贮存条件:贮藏于阴凉、通风仓库内,库内最高温度不得超过 30 ℃,相对湿度 70% 左右,远离火种、热源。与食品添加剂、氨、氧化剂分开存放。如触及皮肤,用漂白粉加水 5 倍浸湿 10 min 解毒,再经温水冲洗干净,然后医治,较易愈复。

养护:

1) 入库验收:包装容器完好无损,封口严密不漏、不洒,物品色淡透明,无沉淀。外观包装标记清楚、明显、齐全。发生破漏及时整修,换装后方可入库,并做好验收记录。

2) 堆码苫垫:堆码垛底垫高 15 cm 以上,桶装堆码行列式货垛,垛底码 3～5 桶宽,垛高不超过 3 m。木箱装码行列式货垛,垛高不超过 2.5 m,垛距 80～90 cm,墙距、柱距 30 cm。

3) 在库检查:保管员应在班前班后和风雨雪前中后做好详细检查,并在每季度定期进行一次质量检查、外观检查,发现问题及时处理,并做好记录。

4) 温湿度管理:库房内要加强通风以保持空气清新,库内温度不超过 30 ℃,相对湿度 75% 以下,并根据库内外温湿度情况采取必要的通风、降温措施。

5) 安全作业:装卸堆码必须轻装轻卸,不得撞击、摔碰和翻滚,防止容器破损。操作人员要穿工作服、戴手套、口罩。工作中不得饮食、吸烟,工作完毕洗净手和脸。

6) 保管期限:1年。

注意事项:失火时可用雾状水、干粉灭火机、砂土扑救,注意防毒。

B6.31 品名:甲基对硫磷

编号:61125

别名:O,O-二甲基-O-(对硝基苯基)硫代磷酸酯、甲基1605

化学式:$(CH_3O)_2P(S)OC_6H_4NO_2$

分子量:263.21

特性:纯品为白色结晶。微溶于水,易溶于芳香烃,在中性或弱酸性中比较稳定,遇碱能迅速分解。在100 ℃以上能迅速转变为异构体,工业为黄色或棕色油状液体,挥发性少。大鼠经口半数致死量为14 mg/kg,车间最高容许浓度0.1 mg/m^3。相对密度1.358(20 ℃);熔点35~36 ℃(纯品);29 ℃(工业品)。剧毒,可燃。毒性为对硫磷三分之一。

包装:装入坚固铁桶内,桶口应严密不漏,铁桶壁厚度不小于1.2 mm,每桶净重不超过200 kg。装入厚玻璃瓶、塑料瓶中,严封后再装入木箱中,箱内用两层牛皮纸袋、防潮袋或塑料膜衬垫,并用松软材料填塞妥实,箱外用铁皮搭角或铁皮铁丝加固。

贮存条件:贮藏于阴凉、通风仓库内,库内温度不得高于30 ℃,远离火种、热源。应与食品添加剂、氧化剂(包括化肥、硝铵、硝酸钠)、酸类分开堆放。搬运时轻装轻卸,保持包装完整,切勿损漏,避免中毒。

养护:

1) 入库验收:查验包装和容器符合要求,大桶无渗漏,瓶装无破裂,衬垫牢固可靠,封口严密。物品液体透明,无沉淀杂质,固体洁白无污染,外观包装清楚、齐全,发现问题及时处理,做好验收记录。

2) 堆码苫垫:货垛垛底垫高15~20 cm以上,码宽3~5桶行列式货垛,高度不超过3 m。木箱垛高不超过3 m,垛距80~90 cm,墙距、柱距30 cm。

3) 在库检查:坚持一日两检制度,认真执行班前班后和风雨雪前中后的安全检查,每季度对物品进行一次感官质量检查,检查内容与入库验收相同,发现问题及时采取有效的养护措施,并做好检查记录。

4) 温湿度管理:每日定时记录库内外温湿度,掌握温湿度变化情况,适时采取通风、降温降湿措施。控制库内温度不超过30 ℃,相对湿度75%以下。

5) 安全作业:工作场所保持空气流通。操作人员必须轻拿轻放,不得撞击、摔碰和翻滚,防止容器破损。工作时应穿工作服,戴手套、口罩,工作完毕及时洗净手和脸。

6) 保管期限:1年。

注意事项:如遇火灾,可用砂土、水、二氧化碳扑救,施救人员注意防毒。

B6.32 品名:一〇五九

编号:61126

别名:内吸磷、杀虱多

化学式:$(C_2H_5O)_2P(S)OC_2H_4SC_2H_5$

分子量:258.34

特性:一〇五九乳剂含有硫离型60%~70%和硫联型30%~40%两种异构体。二者纯品均为无色黏稠液体,工业品为黄色油状液体,有硫醇样臭味。在水中溶解度:硫离型

1∶15 000;硫联型1∶500。易溶于甲苯、乙醇、丙二醇等。常温下稳定,遇高温易分解,放出有毒的硫及磷的氧化物等有毒气体。130 ℃时硫离型容易异构化成硫联型。遇碱性溶液易分解失效。大鼠经口半数致死量为7.5 mg/kg,车间空气最高容许浓度0.02 mg/m³。相对密度1.119(20 ℃硫离型),1.132(20 ℃硫联型);沸点94 ℃(硫离型),110 ℃(硫联型)。剧毒,可燃。

包装:装入坚固铁桶内,桶口应严密不漏,铁桶壁厚度大于1.2 mm,每桶净重不超过200 kg。装入厚玻璃螺丝口瓶、塑料瓶,严封后再装入木箱中,箱内用两层牛皮纸袋或防潮袋塑料薄膜衬垫,并用松软材料填实,箱外用铁皮搭角或铁丝铁皮加固。

贮存条件:贮存于阴凉、通风的仓库内,远离火种、热源。应与食品添加剂、氧化剂(包括化肥硫铵、硝铵)酸类分开堆放。搬运时轻装轻卸,保持包装完整,切勿损漏,避免中毒。

养护:
1) 入库验收:查验包装和容器是否符合要求,桶装无渗漏、破损,桶装无水湿,无异味,衬垫牢固可靠,封口严密。物品透明无杂质,发现问题扩大验收比例,并做好检验记录。
2) 堆码苫垫:货垛垛底垫高15~20 cm,桶装垛底码3~5桶宽,箱装码行列式货垛,垛高不超过3 m,垛距80~90 cm,墙距、柱距30 cm。
3) 在库检查:保管员认真执行一日两检制度,对自己主管库房门窗、货垛及环境进行检查,每三个月进行一次物品在库质量检查,项目与入库同,如发现问题需进行养护处理,并做好记录。
4) 温湿度管理:库内要防止阳光直射窗,玻璃要安装毛玻璃或涂白漆,库温不超过30 ℃,相对湿度不大于80%,并适时进行通风、降湿等措施。
5) 安全作业:操作人员须戴口罩、手套,穿工作服,现场保持空气流通。工作中不得吸烟、饮水、进食,工作完毕打扫干净、洗净手脸、漱口方可进食。
6) 保管期限:2年。

注意事项:如遇火灾,可用水、砂土、二氧化碳扑救,施救人员应注意防毒。

B6.33 品名:一六〇五(农药)

编号:61126

别名:对硫磷、乙基对硫磷、一扫光

化学式:$(C_2H_5O)_2P(S)OC_6H_4NO_2$

分子量:291.27

特性:纯品几乎无色无臭液体,由于光线的作用能变成黄褐色。在130~150 ℃时分解。在碱性条件下,不稳定而迅速分解失效,接触空气亦能使其毒性减弱。工业品为黄色至红色油状液体,有蒜臭。一般含95%~97%对硫磷和0.5%以下的对硝基酚或46%~48%乳剂及1%粉剂。大鼠经口半数致死量为14 mg/kg,人经口致死量估计成人为10~30 mg,儿童为10 mg以下,车间空气中最高容许浓度为0.05 mg/m³。相对密度1.265(25 ℃);熔点6 ℃;沸点157 ℃。剧毒,可燃,受热分解放出有毒的氮、磷、硫的氧化物气体。

包装:装入坚固铁桶内,桶口应严密不漏,铁桶壁厚度大于1.2 mm,每桶净重不超过200 kg。装入厚玻璃螺丝口瓶、塑料瓶,严封后再装入木箱中,箱内用两层牛皮纸袋或防潮袋塑料薄膜衬垫,并用松软材料填实,箱外用铁皮搭角或铁丝铁皮加固。

贮存条件:贮存于阴凉、通风的仓库内,远离火种、热源。应与食品添加剂、氧化剂(包括化肥硫胺、硝胺)酸类分开堆放。搬运时轻装轻卸,保持包装完整,切勿损漏,避免中毒。

养护:

1) 入库验收:查验包装和容器是否符合要求,桶装无渗漏、破损,桶装无水湿,无异味,衬垫牢固可靠,封口严密。物品透明无杂质,发现异状及时处理并扩大验收比例,并做好检验记录。

2) 堆码苫垫:货垛垛底垫高15~20 cm,桶装垛底码3~5桶宽。箱装码行列式货垛,垛高不超过3 m,垛距80~90 cm,墙距、柱距30 cm。

3) 在库检查:保管员坚持一日两检制度,对自己所管库区门窗、货垛及环境进行安全检查,每三个月进行一次质量检查,如发现问题及时做好养护处理,并做好记录。

4) 温湿度管理:库内要防止阳光直射,窗玻璃要安装毛玻璃或涂白漆。当库内温度超过要求时,可进行通风、降温、降潮。库内温度不超过30 ℃,相对湿度不大于80%。

5) 安全作业:操作人员须戴口罩、手套、穿工作服,现场保持空气流通。工作中不得吸烟和进食,工作完毕打扫干净、洗净手和脸。

6) 保管期限:1年。

注意事项:如遇火灾,可用水、砂土、二氧化碳扑救,施救人员应注意防毒。

B6.34 品名:磷胺

编号:61126

别名:大灭虫、福斯安、O,O-甲基-O(2氯-2二乙胺甲酰基-1-甲基乙烯基)磷酸酯

化学式:$C_{10}H_{19}ClNO_5P$

分子量:299.69

特性:纯品为无色油状液体,工业品为棕色油状液体。能与水混溶,易溶于乙醇、乙醚、丙酮及二氯甲烷。磷胺原液稳定,其水溶液不太稳定,在碱性或高温下迅速水解。大鼠经口半数致死量为7.5~28 mg/kg。相对密度1.21;熔点-45~-48 ℃;沸点160~162 ℃。

包装:装入坚固铁桶内,严密不漏,铁桶壁厚度不小于1.2 mm,每桶净重不超过200 kg。装入厚玻璃瓶、塑料瓶中,严封后再装入坚固木箱,箱内用两层牛皮纸袋、防潮袋或塑料膜衬垫,并用松软材料填塞妥实,箱外铁皮搭角或铁丝铁皮加固。

贮存条件:贮藏于阴凉、通风仓库内,远离火种、热源,防止阳光直射。应与食品添加剂、氧化剂(包括化肥硝酸铵、硝酸钠)分开堆放。不可混贮混运。搬运时轻装轻卸,保持包装完整,防止破漏。

养护:

1) 入库验收:查验包装和容器是否符合要求,桶装物品无渗漏、破损,箱装物无渗漏、水湿,无异味,封口严密。物品透明,无沉淀杂质,发现问题及时处理,应做好验收记录。

2) 堆码苫垫:堆码垛底垫高15~20 cm 以上,垛底宽3~5桶,垛高不超过3 m。箱装垛高不超过2.5 m,垛距80~90 cm,墙距、柱距30 cm。

3) 在库检查:保管员对主管库区的门窗货垛和环境进行班前班后安全检查,每三个月进行一次质量检查,检查项目内容与入库验收项目相同。发现问题进行必要的养护处理,并做好记录。

4) 温湿度管理:库内防止阳光直射,窗玻璃要安装玻璃或涂白漆。当库内温湿度超

过要求时,应进行通风、吸潮,以控制库温不超过30 ℃,相对湿度不大于80%。
5) 安全作业:操作人员须戴口罩或防毒面具、手套,穿工作服,现场保持空气流通。工作中不得饮食、吸烟,工作完毕打扫干净、洗净手和脸。
6) 保管期限:1年。

注意事项:如遇火灾,可用水、砂土,严禁用酸碱灭火机。施救人员注意防毒。

B6.35 品名:甲胺磷

编号:61126

别名:脱麦隆、多页磷、杀螨磷、克螨磷

化学式:$C_2H_8NO_2PS$

分子量:141.13

特性:纯品为白色针状结晶,工业品为黄色黏稠液体,冷却或久置能析出针状结晶。易溶于水、乙醇、丙酮,稍溶于苯、甲苯,难溶于醚、汽油,遇强酸或碱易分解。大鼠经口半数致死量为29.1 mg/kg。熔点42~45 ℃;工业品熔点18~25 ℃。剧毒,可燃。

包装:装入坚固铁桶内,桶口严密不漏,铁桶壁厚度不小于1.2 mm,每桶净重不超过200 kg。装入金属容器、玻璃瓶、塑料桶中,严封后再装入坚固木箱,箱内用草垫衬或其他松软材料衬垫,箱外铁皮搭角或铁丝铁皮加固,每箱净重不超过20 kg。

贮存条件:贮藏于阴凉、通风仓库内,远离火种、热源,防止阳光直射。应与食品添加剂、氧化剂、酸类分开存放。不可混贮混运。搬运时轻装轻卸,保持包装完整,防止破漏,避免中毒。

养护:
1) 入库验收:查验包装和容器是否符合要求,桶装无渗漏、破损,箱装物无渗漏、水湿,无异味,封口严密,物品无异状。
2) 堆码苫垫:堆码垛底垫高15~20 cm以上,垛底宽3~5桶,垛高不超过3 m。箱装码行列式货垛,垛高不超过2.5 m,垛距80~90 cm,墙距、柱距30 cm。
3) 在库检查:保管员对主管库区的门窗货垛和环境进行班前班后安全检查,每三个月进行一次质量检查,检查项目内容与入库验收项目相同,发现问题进行必要的养护处理,并做好记录。
4) 温湿度管理:库内防止阳光直射,窗户安装玻璃或涂白漆。库温不超过30 ℃,相对湿度不大于80%,超过要求时应及时采取必要的通风、降温、降湿措施。
5) 安全作业:操作人员须戴口罩或防毒面具、手套,穿工作服,现场保持空气流通。工作中不得饮食、吸烟,工作完毕打扫干净、洗净手和脸。
6) 保管期限:1年。

注意事项:如遇火灾,可用水、砂土,严禁用酸碱灭火机,施救人员注意防毒。

B6.36 品名:安妥

编号:61135

别名:2-萘基硫脲

化学式:$C_{10}H_7NHCSNH_2$

分子量:202.28

特性:纯品为白色结晶,工业品为灰色粉末或结晶。不溶于水,溶于一般有机溶剂。对光、热和空气都很稳定。大鼠经口半数致死量为 6～8 mg/kg。熔点 198 ℃(纯品),182 ℃(粗制品)。剧毒,可燃,受热分解放出有毒气体。

包装:装入坚固木箱、木桶或塑料桶中,内衬塑料袋或两层牛皮纸袋包装封口应严密不漏,箱外捆紧。装入玻璃瓶,塑料瓶或聚乙烯袋内,严封后再装入金属容器,金属卡口缸或塑料罐内,罐口严密扣紧,然后在装入坚固木箱内,箱内用不燃材料填塞妥实,箱外用铁丝加固。

贮藏条件:贮存于阴凉、通风的仓库内,远离火种、热源。应与食品添加剂、氧化剂分开堆放。不可混贮混运。搬运时轻装轻卸,保持包装完整,防止漏损。

养护:
1) 入库验收:包装衬垫应符合要求,容器无破损、洒漏,物品无变色受潮、结块,含杂质等现象,发现问题及时处理,做好验收记录。
2) 堆码苫垫:垛底垫高 15～20 cm,码行列式货垛,垛高不超过 3 m,垛距 80 cm,墙距、柱距 30 cm。
3) 在库检查:保管员要做到一日两检,对库房、货垛及环境进行安全检查,还应每三个月进行一次质量检查,发现问题及时采取相应措施,并做好记录。
4) 温湿度管理:做好温湿度记录,严格控制和掌握库内外温湿度变化。采取必要的通风、降温、降湿措施,库内温度不超过 30 ℃,相对湿度不大于 80%。
5) 安全作业:操作人员必须穿工作服,戴口罩或防尘口罩、手套,操作中必须轻拿轻放,防止摔砸,防止包装破裂,粉尘飞扬。
6) 保管期限:2 年。

注意事项:火灾可用雾状水、砂土、泡沫灭火机,施救人员应注意防毒。

B6.37   品名:硒粉

编号:61502

化学式:Se

分子量:78.06(原子质量)

特性:灰色或暗红色粉末。能溶于硝酸、硫酸、碱类,不溶于水和醇。在空气中受强热能燃烧,火焰为浅蓝色,并放出毒气。车间空气中,最高容许浓度为 0.1 mg/m^3。相对密度 4.81(20 ℃);熔点 217 ℃;沸点 685 ℃。有毒,在高温下会燃烧。

包装:装入坚固铁桶内,桶口应严密不漏,铁桶壁厚度大于 1.2 mm,每桶净重不超过 200 kg。装入坚固大口铁桶内,内应有衬垫,桶口严密不漏,铁皮厚度不小于 0.5 cm,每桶装 100 kg。装入坚固木箱,木桶或塑料桶内,内衬塑料袋,包装封口严密不漏,箱外用铁丝铁皮加固。

贮存条件:贮存于阴凉、通风的库房内。应与酸类、碱类、食用化工原料分开贮存。切勿混贮混运。搬运时轻装轻卸,保持包装完整,防止破损洒漏。

养护:
1) 入库验收:包装及衬垫应符合要求,容器无破损、渗漏,物品无吸潮结块、含杂质等现象,发现问题及时处理,要做好记录。
2) 堆码苫垫:货垛垛底垫高 15～20 cm,码行列式货垛,垛高不超过 3 m,垛距 80～90 cm,墙距、柱距 30 cm。
3) 在库检查:保管员每日进行班前班后两次对库房,货垛及环境的安全检查外,还应每三个月进行一次质量检查,检查内容与入库验收相同,发现问题及时做好养护措施,并做好记录。
4) 温湿度管理:严格控制与掌握库内温湿度变化,每日做好温湿度记录。适时采取降温、降湿措施,以控制库温不超过30 ℃,相对湿度不大于80%。
5) 安全作业:操作人员须穿工作服,戴手套、口罩或防尘口罩。有破伤者或孕妇不得操作。操作中轻拿轻放,防止摔、扔、碰、撞,防止包装破裂粉尘飞扬。
6) 保管期限:2年。

注意事项:火灾可用雾状水、砂土,施救人员注意防毒。

B6.38　品名:锑粉

编号:61505

化学式:Sb

分子量:121.75

特性:银白色金属或深灰色粉末,性质松脆,不溶于水、盐酸和碱液,溶于王水及浓硫酸。常温下在空气中较稳定,但加热能燃烧成氧化物。大鼠腹膜半数致死量 100 mg/kg。相对密度 6.684(25 ℃);熔点 630 ℃;沸点 1635 ℃。有毒,遇明火能在空气中燃烧,甚至爆炸。受热或接触酸类放出有毒烟雾。

包装:装入坚固木箱、木桶或塑料桶中,内衬塑料袋,包装封口严密不漏,箱外用铁皮、铁条加固。装入玻璃瓶,严密封口再装入坚固木箱,箱内用松软材料衬垫,箱外用铁条或铁皮加固,每瓶净重不超过 1 kg,每箱净重不超过 20 kg。

贮存条件:贮存于干燥库房,远离火种、热源。应与食用化工原料、酸类、氧化剂分开贮存。不可混贮混运。搬运时轻装轻卸,保持包装完整,防止毒物散失。

养护:
1) 入库验收:包装及衬垫应符合要求,容器无破损和撒漏。物品无吸潮结块、含杂等现象,并做好记录。
2) 堆码苫垫:垛底垫高 15~20 cm,码行列式货垛,垛高不超过 3 m,垛距 80 cm。
3) 在库检查:保管员除每日班前班后两次对库房货垛及环境进行安全检查外,还应每三个月对库存物品进行一次质量检查,检查内容与入库验收相同,发现问题及时采取措施,并做好检查记录。
4) 温湿度管理:严格控制与掌握库内温度变化,每日做好温湿度记录。适时采取通风、降温、降湿措施,控制库温不超过 30 ℃,相对湿度不大于80%。
5) 安全作业:操作人员必须穿工作服,戴手套、口罩或防尘口罩。操作中轻拿轻放,防止摔、扔、碰、撞,防止包装破裂粉尘飞扬。
6) 保管期限:2年。

注意事项:火灾可用雾状水、砂土扑救,施救人员注意防毒。

B6.39　品名:一氧化铅

编号:61507

别名:黄丹

化学式:PbO

分子量:223

特性：黄色或略带红色的黄色粉末或细小片结晶。不溶于水和乙醇，溶于硝酸、乙酸和热碱溶液。在空气中能逐渐吸收二氧化碳。大鼠腹腔半数致死量 450 mg/kg。相对密度 9.53（四角晶体）；熔点 888 ℃。有毒，不会燃烧。

包装：装入 0.5 mm 壁厚铁桶，内衬塑料袋或两层皮纸袋，每桶净重不超过 50 kg。装入玻璃瓶，严封后再装入坚固木箱，箱内用松软材料衬垫，箱外用铁皮搭角或铁丝、铁皮加固，每瓶净重 1 kg，每箱净重 20 kg。

贮存条件：贮存于干燥仓间内。应与食用化工原料，酸类分开贮运。不可混贮混运。搬运时轻装轻卸，防止包装损漏。本品遇光容易变质，应保持包装完整，避光保存。

养护：
1) 入库验收：包装应完整无损，内衬物完好，无破裂漏撒，符合安全要求，无变色结块，无杂质等异状。
2) 堆码苫垫：垛底垫高 15～20 cm，码行列式货垛，垛高不超过 3 m，垛距 80 cm，墙距、柱距 30 cm。
3) 在库检查：保管员每日两次对库房、货垛和环境的安全检查外还应每三个月进行一次质量检查，检查内容与入库验收同，发现问题及时采取必要的养护措施，并做好检查记录。
4) 温湿度管理：严格控制与掌握库内温湿度变化，每日做好温湿度记录。适时采取通风、降温、降湿的措施，控制库温不超过 30 ℃，相对湿度不大于 80%。
5) 安全作业：操作人员必须穿工作服，戴手套、口罩或防尘口罩。操作中轻拿轻放，防止摔、扔、碰、撞，防止包装破漏粉尘飞扬。
6) 保管期限：2 年。

注意事项：火灾可用水或砂土扑救。

B6.40　品名：四氧化（三）铅

编号：61507

别名：红丹、铅丹

化学式：Pb_3O_4

分子量：685.63

特性：鲜橘红色粉末或块状固体。不溶于水，溶于热碱溶液和硝酸、乙酸、盐酸，有氧化性。相对密度 8.32～9.16；熔点 500～530 ℃（分解）。有毒，不会燃烧，有氧化剂的性质，受热分解产生有毒气体。

包装：装入 0.5 mm 壁厚铁桶，内衬塑料袋或两层纸袋，每桶净重不超过 50 kg。装入玻璃瓶，严封后再装入坚固木箱，箱内用松软材料衬垫，箱外用铁皮搭角或铁丝铁皮加固，每瓶净重 1 kg，每箱净重 20 kg。

贮存条件：贮存于干燥仓库内。应与食用化工原料、酸类、还原剂分开。切勿混贮混运。搬运时轻装轻卸，防止包装损漏。

养护：
1) 入库验收：包装应完整无损，内衬物完好，无破裂漏撒，符合安全要求，无变色结块，无杂质等异状。
2) 堆码苫垫：垛底垫高 15～20 cm，码行列式货垛，垛高不超过 3 m，垛距 80 cm，墙距、柱距 30 cm。

3) 在库检查:保管员每日两次对库房、货垛和环境的安全检查外,还应每三个月进行一次质量检查,检查内容与入库验收同,发现问题及时采取必要的养护措施,并做好检查记录。

4) 温湿度管理:严格控制与掌握库内温湿度变化,每日做好温湿度记录。适当采取通风、降温、降湿的措施,控制库温不超过 30 ℃,相对湿度不大于 80%。

5) 安全作业:操作人员必须穿工作服,戴手套、口罩或防毒口罩。操作中轻拿轻放,防止摔、扔、碰、撞,防止包装破漏粉尘飞扬。

6) 保管期限:2 年。

注意事项:火灾可用雾状水或砂土扑救。

B6.41　品名:溴化亚汞

编号:61509

别名:一溴化汞

化学式:$HgBr$ 或 Hg_2Br_2

分子量:280.49 或 561.0

特性:白色细小四角结晶体或粉末,受热变黄,冷后恢复白色,遇光变暗,难溶于水,不溶于乙醇,在热盐酸、硫酸中分解。相对密度 7.307;熔点 345 ℃(升华)。有毒,不会燃烧。

包装:装入玻璃瓶或塑料瓶内,严封后再装入坚固木箱,箱内有松软材料衬垫,箱外用铁皮搭角或铁丝、铁皮加固,每瓶净重不超过 1 kg,每箱净重不超过 20 kg。

贮存条件:贮存于阴凉、避光的仓库内。与食用化工原料、酸类分开。不可混贮混运。搬运时轻装轻卸,防止包装损漏。远离火种、热源,防止露光、受热引起变质。

养护:

1) 入库验收:首先验外包装,有无雨淋、水浸,有无破裂、漏撒,包装封口是否完好,有无变色、熔化及变质分解现象,发现问题及时处理,并做好记录。

2) 堆码苫垫:垛底垫高 15~20 cm,码行列式货垛,垛高不超过 3 m,垛距 80 cm,墙距、柱距 30 cm。

3) 在库检查:保管员每日两次对库房、货垛和环境的安全检查外还应每三个月进行一次质量检查,检查内容与入库验收同,发现问题及时采取必要的养护措施,并做好检查记录。

4) 温湿度管理:严格控制与掌握库内温湿度变化,每日做好温湿度记录。适时采取通风、降温、降湿的措施,控制库温不超过 30 ℃,相对湿度不大于 80%。

5) 安全作业:操作人员必须穿工作服,戴手套、口罩或防毒口罩。操作中不得饮食和吸烟。下班前脱掉工作服,洗净手和脸或洗澡。

6) 保管期限:1 年。

注意事项:火灾可用水或砂土扑救,施救人员戴防毒面具。

B6.42　品名:氟化钠

编号:61513

化学式:NaF

分子量:42.00

特性:白色或类白色粉末或结晶,无臭,不燃。能溶于水,水溶液呈弱碱性,微溶于醇。粉末对黏膜有刺激性,触及出汗的皮肤有疼痛感。水溶液能腐蚀玻璃。大鼠经口半数致死量 180 mg/kg。熔点 993 ℃;沸点 1700 ℃。有毒,不会燃烧,遇酸或酸雾放出有毒的氟化氢气体。

包装:装入坚固木箱内衬塑料袋,包装封口应严密不漏,箱外用铁丝、铁皮加固。装入沥青麻袋严密不漏,装入塑料袋或沥青纸袋,再外套麻袋布袋,严密不漏。装入玻璃瓶,严封后再装入木箱,箱内有松软材料衬垫,箱外铁皮搭角或铁丝铁皮加固。

贮存条件:贮存于干燥仓库内。应与食用化工原料、酸类隔离存放,包装必须完整。搬运时轻装轻卸,防止包装损漏,吸入中毒。

养护:

1) 入库验收:包装和衬垫应符合要求,容器无破损、撒漏,物品无结块、含杂质等现象,发现问题及时处理,要做好记录。

2) 堆码苫垫:垛底垫高 15~20 cm,码行列式货垛,垛高不超过 3 m,垛距 80 cm,墙距、柱距 30 cm。

3) 在库检查:保管员每日两次对库房、货垛和环境的安全检查外,还应每三个月进行一次质量检查,发现问题及时采取必要的养护措施,并做好检查记录。

4) 温湿度管理:严格控制与掌握库内温湿度变化,每日做好温湿度记录,适时采取通风、降温、降湿的措施,控制库温不超过 30 ℃,相对湿度不大于 80%。

5) 安全作业:操作人员必须穿工作服,戴手套、口罩或防尘口罩。有破伤者或孕妇不得操作。操作中轻拿轻放,防止摔、扔、碰、撞,防止包装破漏粉尘飞扬。

6) 保管期限:2 年。

注意事项:火灾可用水或砂土扑救。

B6.43　品名:二氯甲烷

编号:61552

别名:亚甲基氯、甲撑氯

化学式:CH_2Cl_2

分子量:84.94

特性:无色透明易挥发液体,有刺激性芳香气味,吸入蒸气有毒,有麻醉性。微溶于水,溶于乙醇、乙醚等。大鼠经口半数致死量 1.6 mg/kg。相对密度 1.326(20 ℃);沸点 39.8 ℃;爆炸极限 15.5%~66.4%。在氧中有毒,易挥发,蒸气也有毒,受热放出剧毒的光气。蒸气不燃,与空气混合无爆炸性。

包装:装入坚固铁桶内,桶口应严密不漏,铁桶壁厚度不小于 1.2 mm,每桶净重不超过 200 kg。装入马口铁桶内,严密封闭后,再装入坚固木箱,其在箱内不得移动,每箱净重不超过 50 kg。装入玻璃瓶,严封后再装入坚固木箱,箱内有松软材料衬垫,箱外用铁皮搭角或铁丝、铁皮加固。

贮存条件:贮存于阴凉、通风的库房内,远离火种、热源,避免日光暴晒。应与氧化剂及硝酸隔离存放。搬运时轻装轻卸,防止容器损漏。夏季注意库内温度,超过 30 ℃时要采取降温措施。

养护:

1) 入库验收:包装符合要求,包装容器完好无损,封口严密,不漏不洒。物品无色透明,无沉淀,外观标记清楚、明显、齐全,发生损漏要及时整修,换装后方可入库,并做好记录。
2) 堆码苫垫:垛底垫高15～20 cm,码行列式货垛,垛高不超过3 m,垛距80 cm,墙距、柱距30 cm。
3) 在库检查:保管员每日两次对库房、货垛和环境的安全检查外,还应每三个月进行一次质量检查。检查内容与入库验收同,发现问题及时采取必要的养护措施,并做好检查记录。
4) 温湿度管理:库内加强通风以保持空气清新,每日做好温湿度记录。适当采取通风、降温、降湿的措施,控制库温不超过30 ℃,相对湿度不大于80%。
5) 安全作业:操作人员必须穿工作服,戴手套、口罩。操作中轻拿轻放,防止摔、扔、碰、撞,防止容器损坏。
6) 保管期限:1年。

注意事项:发生火灾可用雾装水或砂土、二氧化碳扑救,注意防毒和光气。

B6.44 品名:三氯甲烷

编号:61553

别名:氯仿

化学式:$CHCl_3$

分子量:119.39

特性:无色透明重质液体。不溶于水,能溶于醇、醚、苯等。有特殊气味,极易挥发,其蒸气有毒,有麻醉性。在光的作用下及在空气中能被氧化生成氯化氢和光气。液体触及皮肤能使皮肤干裂,大鼠经口半数致死量2 180 mg/kg。相对密度1.498 5(15 ℃);凝固点-63.5 ℃;沸点61.25 ℃。有毒,一般不会燃烧,但长时间暴露在明火及高温下也能燃烧。

包装:装入坚固铁桶中,桶口严密不漏,铁桶壁厚度不小于1.2 mm,每桶净重不超过200 kg。装入马口铁桶内,严密封闭后再装入坚固木箱。容器在箱内不得移动,每箱净重不超过50 kg。装入玻璃瓶严封后再装入坚固木箱,箱内用松软材料衬垫,箱外用铁皮搭角或铁丝、铁皮加固。

贮存条件:贮存于阴凉、通风的仓库内,不可露天存放,容器必须完整。应与食用化工原料分开存放。

养护:
1) 入库验收:各种包装符合要求,包装容器完好无损,封口严密,不漏不洒。物品透明,无沉淀,外观标记清楚、明显、齐全。发生漏损要及时整修,换装后方可入库,并做好记录。
2) 堆码苫垫:垛底垫高15～20 cm,码行列式货垛,垛高不超过3 m,垛距80～90 cm,墙距、柱距30 cm。
3) 在库检查:坚持一日两检制度,除对库房、货垛及环境检查外,每三个月进行一次质量检查,发现问题及时处理,并做好记录。
4) 温湿度管理:库内加强通风以保持空气清新,库内温度不超过30 ℃,相对湿度不大于80%,做好每日的温湿度记录。
5) 安全作业:操作时要轻装轻卸,不得撞击、摔碰。防止容器损坏,操作人员要穿工作服、戴口罩、手套。
   6) 保管期限:1年。
   注意事项:火灾可用雾状水、砂土、二氧化碳扑救,注意防毒和光气。

B6.45 品名:四氯化碳

编号:61554

别名:四氯甲烷

化学式:CCl_4

分子量:153.84

特性:无色透明液体,有时因含杂质而微呈淡黄色,特臭,极易挥发,其蒸气较空气重。有毒,有麻醉性,易经皮肤吸收,微溶于水,易溶于各种有机溶剂。在车间空气中最高容许浓度为 25 mg/m^3。小鼠经口半数致死量为 12.8 mL/kg。相对密度 1.597(20 ℃);熔点 −22.6 ℃;沸点 76.8 ℃。有毒,不易燃烧,但遇潮湿空气或在阳光下能徐徐分解生成盐酸,受热分解放出剧毒光气。

包装:装入坚固铁桶内,桶口密闭不漏,铁桶壁壁厚不小于 1.2 mm,每桶净重不超过 200 kg。装入马口铁桶内,严密封闭后,再装入坚固木箱,箱外用铁皮搭角,或用铁丝、铁皮加固。装入玻璃瓶严密封闭后,再装入坚固木箱,箱内用松软物质衬垫,箱外用铁皮搭角,或用铁丝、铁皮加固。

贮存条件:贮存于阴凉、通风的仓库内,远离热源,不能在日光下暴晒。应与食用化工原料分开存放。搬运时轻搬轻放,防止包装破损。

养护:
   1) 入库验收:包装符合要求,包装容器完好无损,封口严密,不漏不洒。物品透明清澈,无沉淀,外观标记明显、齐全、清楚,发现漏损要及时修补,换装后才可入库,并做好记录。
   2) 堆码苫垫:垛底垫高 15～20 cm,堆码行列或货垛,垛高不超过 3 m,垛距 80～90 cm,墙距、柱距 30 cm。
   3) 在库检查:坚持一日两检制度,保管员除对库房、货垛、环境进行安全检查外,每三个月还要进行一次质量检查,发现问题及时处理,并做好检查记录。
   4) 温湿度管理:每日要做好库内温湿度记录,并保持良好通风,以保证库内空气清新,库内温度不超过 30 ℃,相对湿度不超过 80%。
   5) 安全作业:操作中要轻装轻放,不能撞击、摔砸,防止容器损坏。工作人员要穿工作服、戴口罩、手套。
   6) 保存期限:1 年。
   注意事项:注意本品受热易使人中毒,产生光气。

B6.46 品名:三溴甲烷

编号:61562

别名:溴仿

化学式:$CHBr_3$

分子量:252.77

特性:无色重质液体或结晶,有似三氯甲烷味,微溶于水,能溶于乙醇、乙醚、三氯甲烷、苯和挥发油。露置空气及光中,能逐渐分解而成淡黄色。相对密度2.890(20 ℃);熔点6~7 ℃;沸点149.5 ℃。有毒,不会燃烧,受热分解出有毒气体。

包装:装入玻璃瓶,严封后再装入坚固的木箱,箱内用松软材料衬垫,木箱外用铁皮搭角或用铁皮、铁丝加固。装入磨砂口或螺丝口玻璃瓶、塑料瓶中,塞紧瓶盖,瓶口用不易腐蚀渗漏的材料严封后,外再封石膏,装入坚固木箱,木箱用松软材料衬垫,箱外用铁皮搭角,或用铁皮、铁丝加固。

贮存条件:贮存于阴凉、通风的仓库内,远离火种、热源。应与食用化工原料分开存放,搬运时轻装轻放,防止包装破裂。

养护:
1) 入库验收:检查包装是否符合要求,有无破漏、雨淋、水浸或沾染异物,物品是否澄清、无色,不含杂质。
2) 堆码苫垫:垛底垫高15~30 cm,垛高度不超过2 m,垛距80 cm,墙距、柱距30 cm。
3) 在库检查:保管员应在每日班前班后对货垛、库内外环境及物品进行一次检查,发现问题及时研究解决,并做好记录。
4) 温湿度管理:库内温度不超过30 ℃,相对湿度不大于80%,库内根据情况及时通风,保持空气清新。
5) 安全作业:操作人员应穿工作服,戴口罩、手套或防毒面具。搬运时轻装轻放,禁止摔震、撞击。
6) 保管期限:1年。

注意事项:此品不易燃烧,但受热分解出有毒气体。发生火灾时,可用水、二氧化碳、砂土扑救。

B6.47 品名:三氯乙烯

编号:61580

化学式:$CHClCCl_2$

分子量:131.40

特性:无色透明液体,吸入高浓度气体有麻醉性。气味与三氯甲烷相似,不溶于水,溶于乙醇、乙醚,能与大多数有机溶剂相混溶。车间空气最高浓度为30 mg/m³。小鼠接触半致死量为263.6 mg/m³(30 min)。相对密度1.455 6(25 ℃);熔点−73 ℃;沸点87.5 ℃。有毒,可燃,遇高温有火灾危险。

包装:装入铁桶,桶口严密不漏,铁桶壁厚度大于1.2 mm,每桶净重不超过200 kg。装入马口铁桶,严密封闭后,再装入木箱,木箱内容器不得移动,每箱净重不超过50 kg。装入玻璃瓶,严封后装入木箱,木箱内用松软材料衬垫,木箱外用铁皮搭角或用铁皮条加固。

贮存条件:贮存于阴凉、通风的仓库内。贮存过久会发生变质,如发现桶口有白色结晶,则是由于三氯乙烯分解引起,并会有少量光气产生,毒性就会增大。本品应与氧化剂、食用化工原料隔离存放,并应远离火种、热源。

养护:
1) 入库验收:检查包装应无雨淋、水湿现象,无沾染其他物质,包装容器完好,无破损、渗漏,封口严密。物品为无色透明液体,无杂质及沉淀。
2) 堆码苫垫:垛底垫高15~20 cm,堆码行列式货垛,垛高不超过2.5 m,垛距80 cm,

墙距、柱距 30 cm。
3) 在库检查：保管员应每日进行班前班后检查门窗、货架、堆码、气味、浓度等情况，并应定期检查物品质量，及时掌握包装、容器和物品变化情况，发现情况及时采取必要的防护措施，并做好记录。
4) 温湿度管理：由于本品易挥发，蒸气有麻醉性，库温要求不超过 25 ℃，相对湿度 75％以下。随时掌握库内外温湿度变化情况，适时进行通风降温降湿措施，夏季应采取早晚或夜间通风工作。
5) 安全作业：操作人员要穿工作服，戴口罩、手套。操作时要轻拿轻放，防止剧烈震动。
6) 保管期限：1 年。

注意事项：如遇火灾，可用干粉灭火剂和泡沫灭火剂、1211 灭火剂、二氧化碳等扑救，也可用水进行冷却处理，施救人员注意防毒。

B6.48　品名：氯乙酸丁酯

编号：61611

别名：氯醋酸丁酯

化学式：$ClCH_2CO_2(CH_2)_3CH_3$

分子量：150.61

特性：无色透明液体。不溶于水，能溶于乙醇、乙醚。相对密度 1.070 4(20 ℃)；沸点 183 ℃。有毒，遇明火能燃烧，受热放出有毒气体。

包装：装入螺丝口或铁盖压口的玻璃瓶、塑料瓶中，严密封闭，再装入坚固木箱，箱内用草衬垫，箱外用铁皮搭角或铁丝铁皮加固。装入磨砂口玻璃瓶，瓶口用不易腐蚀渗漏的材料严封后，再用石膏严封，装入坚固木箱，箱内用不燃材料衬垫，箱外用铁皮搭角或铁丝、铁皮加固。

贮存条件：贮存于阴凉、通风的仓库内，远离火种、热源。应与氧化剂、食用化工原料隔离存放。搬运时轻装轻卸，防止渗漏。

养护：
1) 入库验收：查验包装完好无损，无撒漏，封口严密。物品为无色透明液体，无变色无杂质沉淀，发现问题应做好记录。
2) 堆码苫垫：垛底垫高 15～20 cm，堆码行列式货垛，垛高不超过 3 m，垛距 80 cm，墙距、柱距 30 cm。
3) 在库检查：坚持一日两检制度，对库房、货垛及环境进行认真细致的检查，并应每三个月进行一次质量抽查，发现问题及时采取必要的防护措施，并做好记录。
4) 温湿度管理：库内温度不超过 30 ℃，相对湿度不大于 80％，并结合库内外温湿度变化情况，适时进行通风。
5) 安全作业：操作人员应穿工作服，戴手套、口罩。操作时要轻拿轻放，工作完毕要洗净手和脸。
6) 保管期限：2 年。

注意事项：遇火灾，可用各种灭火剂和水进行冷却，注意防毒。

B6.49　品名：2,4-二硝基甲苯

编号：61674

化学式：$C_6H_3CH_3(NO_2)_2$

分子量：182.13

特性：黄色针状结晶，有杏仁味。有毒，接触皮肤易引起皮炎。微溶于水、乙醇、乙醚，易溶于丙酮和苯。相对密度1.521(15 ℃)；熔点69.5 ℃；沸点300 ℃。遇明火、高温易燃烧。与氧化剂混合，能成为有爆炸性的混合物，燃烧时产生大量有刺激性的烟雾。

包装：装入坚实干燥木箱、木桶中，内衬袋，箱盖严封，木箱四壁的厚度不小于15 mm。装入铁皮箱，每箱净重不超过100 kg。装入玻璃瓶，严封后再装入坚固木箱，箱内用松软材料衬垫，箱外用铁皮、铁丝加固。

贮存条件：贮存于阴凉、通风的库房内，最高仓温不得超过30 ℃。与氧化剂、酸类隔离存放，远离火种、热源。搬运时轻装轻卸，禁止摩擦、撞击。装车要稳，防止倒推，平时要勤检查。

养护：

1) 入库验收：首先验外包装，有无雨淋、水浸，有无破损、漏撒，包装封口严密。物品无变色、溶化及变质分解现象，发现问题及时纠正，更换包装，严封后方可入库，并做好记录。

2) 堆码苫垫：垛底垫高15~20 cm，码行列式货垛，袋装物品也可码五五垛，垛高不超过3 m，垛距80~90 cm，墙距、柱距30 cm。

3) 在库检查：保管员每日进行班前班后的库房、货垛物品及环境的安全检查外，还应定期进行质量检查，查后做好记录。

4) 温湿度管理：定时做好温湿度记录，库内温度不超过30 ℃，相对湿度不大于80%，并适时采取降温、降湿措施。

5) 安全作业：操作人员要穿工作服，戴手套、口罩，避免接触皮肤。工作完毕，洗净手脸。

6) 保管期限：2年。

注意事项：如遇火灾，可用大量水扑救。施救人员避开风向，注意防毒。

B6.50　品名：二甲(苯)酚

编号：61700

化学式：$(CH_3)_2C_6H_3OH$

分子量：122.16

特性：纯品为无色透明液体或固体，工业品通常为微黄色或棕红色液体，有时也有结晶体，是六种异构体的混合物。微溶于水，能溶于有机溶剂。遇明火、高温可燃，并有腐蚀性及毒性。

包装：装入坚固铁桶内，桶口应严密不漏，铁桶厚度不小于1.2 mm，每桶净重不超过200 kg。装入玻璃瓶，严封后再装入坚固木箱中，箱内用不燃材料衬垫，箱外用铁皮搭角或铁丝、铁皮加固。每箱净重不超过20 kg，每瓶净重不超过1 kg。

贮存条件：贮存于阴凉、通风的棚内，远离火种、热源。应与氧化剂分开存放。搬运时轻装轻卸，防止包装破损。

养护：

1) 入库验收：检查包装完好无损，无渗漏，无水湿。物品色淡透明，无异物沉淀，各种标记清楚、齐全,发现问题及时处理,并做好检验记录。
2) 堆码苫垫:垛底垫高15~20 cm,堆码行列式货垛,垛高不超过3 m,垛距80~90 cm,墙距、柱距30 cm。
3) 在库检查:保管员每日班前班后对门窗、锁及环境进行检查外,还应每三个月对质量检查一次,发现问题及时处理,并做好记录。
4) 温湿度管理:库温不超过30 ℃,相对湿度不大于80%,超过标准要采取通风、降温、降湿措施。
5) 安全作业:操作人员需穿工作服,戴手套,不得撞击、摔砸,防止包装破损。
6) 保管期限:2年。

注意事项:如遇火灾,可用水、砂土、各种灭火剂扑救。

B6.51 品名:1,3-苯二酚

编号:61725

别名:间苯二酚

化学式:$C_6H_4(OH)_2$

分子量:110.11

特性:白色或次白色针状结晶粉末,露置空气中逐渐变为红色。易溶于水、乙醇、乙醚,能溶于三氯甲烷及四氯化碳,难溶于苯。有不愉快的气味,对皮肤及眼睛有刺激性。大鼠经口半数致死量为301 mg/kg。相对密度1.285(15 ℃);熔点110 ℃;沸点276.5 ℃。有毒,可燃。

包装:装入坚固木箱、木桶或塑料桶中,内衬塑料袋包装严密不漏,箱外用铁丝加固。装入塑料袋,再装入五合板木箱或两层三合板木箱,包装应严密不漏。装入玻璃瓶,严封后再装入坚固木箱,箱内用松软材料衬垫,箱外用铁皮搭角或铁丝加固。

贮存条件:贮存于阴凉、通风的仓库内,远离火种、热源。应与氧化剂、食品化工原料分开存放。搬运时轻装轻卸,防止包装破损。触及皮肤,应立即用水冲洗。

养护:
1) 入库验收:查验外包装有无雨淋、水湿,有无破损、漏撒,包装封口严密。物品无变色、溶化及变质分解现象,发现问题及时纠正,更换包装,严封后方可入库,并做好记录。
2) 堆码苫垫:垛底垫高15~20 cm,码行列式货垛,垛高不超过3 m,垛距80 cm,墙距、柱距30 cm。
3) 在库检查:保管员每日班前班后对库房、货垛及环境进行安全检查外,还应3~5月内进行一次质量检查,查后做好记录。
4) 温湿度管理:定时做好温湿度记录,库内温度不超过30 ℃,相对湿度不大于80%。
5) 安全作业:操作人员要穿工作服,戴口罩、手套,防止摔、扔、碰、砸。工作完毕清扫场地,洗净手脸。
6) 保管期限:2年。

注意事项:如遇火灾,可用大量水扑救。

B6.52 品名:苯胺

编号:61746

别名:氨基苯

化学式：$C_6H_5NH_2$

分子量：93.12

特性：无色或淡黄色油状液体。呈弱酸性，具有特殊臭味。微溶于水，能溶于醇及醚。露置在空气中，将逐渐变为深棕色，久之则变为棕黑色。能被皮肤吸收而引起中毒，液态的吸收率：皮肤能吸收苯胺 0.2 mg/(h·cm^2)，随气温升高，其吸收量还可以增加。车间空气中的最高容许浓度为 5 mg/m^3。大鼠经口半数致死量为 440 mg/kg。相对密度 1.02（20 ℃）；凝固点 -6.2 ℃；沸点 184.4 ℃；闪点 70 ℃（闭杯）。毒性很高，易经皮肤及呼吸道吸入而中毒，饮酒后更容易引起中毒。事先服用牛奶则有解毒作用。可燃，遇明火、强氧化剂、高温，有火灾危险。

包装：装入坚固铁桶内，桶口应严密不漏，铁桶厚度大于 1.2 mm，每桶净重不超过 200 kg。装入玻璃瓶，严封后再装入坚固纸箱，箱内用松软材料衬垫，箱外用铁丝铁皮加固。装入金属容器或塑料瓶，严封后再装入坚固木箱，箱内用松软材料衬垫，箱外用铁丝、铁皮加固。

贮存条件：贮存于阴凉、通风的库房内，远离火种、热源。应与氧化剂及食用化工原料隔离堆放。搬运时轻拿轻放，防止包装破损。搬运人员应穿戴防护用具；若误触皮肤，立即用肥皂水洗去。

养护：

1) 入库验收：检查包装是否符合要求，包装完好无损，衬垫妥实，容器无破损、渗漏，封口严密。物品应为无色或淡色液体，若为棕褐色或黑色系存放时间过久变质之故；有无杂质或沉淀，验收完毕做好记录。

2) 堆码苫垫：货垛垛底垫高 15～20 cm，桶装垛底码 3～5 桶宽，码行列式货垛，垛高不超过 3 m，垛距 80～90 cm，墙距、柱距 30 cm。

3) 在库检查：保管员每日进行班前班后对库房、货垛的安全检查外，还应每三个月对质量进行一次检查，发现问题及时做好养护措施，并做好检查记录。

4) 温湿度管理：严格控制库内温湿度，库内温度不超过 30 ℃，相对湿度不大于 80%，超过要求则采取通风、降温、降湿等措施。为了防止物品见光变色变质，库房玻璃应涂白防晒。

5) 安全作业：操作人员须穿工作服，戴防毒口罩、手套、袖口、裤口和领口都要扎紧，无外露皮肤。如有漏洒或破损时，必须戴防毒面具，以防皮肤和呼吸中毒。各项操作中，不得进食和饮水；工作完毕，脱去工作服洗净手和脸。检查及各项操作须远离库房到指定地点进行，必须使用铜制工具。

6) 保管期限：1 年。

注意事项：如遇火灾，可用水、干粉灭火剂、泡沫和二氧化碳扑救，施救人员应佩戴防毒面具。

B6.53 品名：五氯酚钠

编号：61876

化学式：C_6Cl_5ONa

分子量：288.34

特性：无色或淡黄色鳞片状固体，易溶于水、醇和丙酮，不溶于石油和苯。加热至 110 ℃

失去结晶水。有特殊气味,遇酸析出五氯酚结晶。常温下不易挥发,光照下迅速分解。大鼠经口半数致死量为 78 mg/kg。有毒,可燃,有腐蚀性。

包装:装入坚固木箱、木桶或塑料桶中,内衬塑料袋,包装严密不漏,箱外用铁丝、铁皮捆紧。装入两层牛皮袋或塑料袋,外套麻袋、布袋或厚塑料袋,严密不漏,每件净重不超过 50 kg。装入塑料袋,外套两层牛皮纸袋或装入五层坚韧的牛皮纸袋内严密不漏,每件净重不超过 25 kg。

贮存条件:贮存于阴凉、通风的仓库或棚下,远离火种、热源。应与氧化剂、酸类、食品化工原料分开存放,切勿混贮混运,防止沾污。搬运时轻装轻卸,防止包装损漏,引起中毒或腐蚀皮肤。

养护:
1) 入库验收:首先验外包装,有无雨淋、水浸,有无破损、漏撒,包装封口是否完整,物品有无变色、溶化及变质分解现象。发现问题及时纠正,更换包装,严封后方可入库,并做好记录。
2) 堆码苫垫:垛底垫高 15~20 cm,码行列式货垛,垛高不超过 3 m,垛距 80~90 cm,墙距、柱距 30 cm。
3) 在库检查:保管员每日班前班后对库房、货垛及环境进行安全检查外,还应每三个月进行一次质量检查,查后做好记录。
4) 温湿度管理:定时做好温湿度记录,避光贮存。库内温度不超过 30 ℃,相对湿度不大于 80%,并结合库内外温湿差,适时采取通风、降温措施。
5) 安全作业:操作人员注意轻装轻卸,穿工作服、戴手套、口罩,不得摔扔和撞击。工作完毕,洗净手脸。
6) 保管期限:2 年。

注意事项:如遇火灾,可用大量水扑救,注意防毒。

B7 第七类放射性物品

B7.1 品名:金属钍

编号:71001

别名:钍粉

分子量:232.04

特性:为灰色粉末或海绵状粉末,刚切开时为银白色有光泽金属。能溶于酸,不溶于碱和水。相对密度 11.72;熔点 1 750 ℃;沸点约 4 500 ℃。金属钍粉末为易燃固体,遇火易引起燃烧,粉尘遇火星即可引起爆炸,又能与卤素、磷、硫作用引起燃烧。

包装:装入玻璃瓶、塑料瓶严密封口,容器瓶外用黑色避光纸包裹,外套厚塑料袋密封,再装入塑料或金属制成的外容器,再装入木箱。箱外用铁丝或铁皮加固,每箱净重不超过 15 kg。箱外应有品名、重量、生产日期、生产厂及"放射性物品""易燃""小心轻放"等明显标志。

贮存条件:贮存在干燥的库房内,远离火种及热源。与氧化剂、卤素、磷、硫及酸等分别贮存。库内相对湿度不超过 80%。

养护:
1) 入库验收:检查包装是否完整,有无雨淋、水浸,是否沾染其他物品。因物品有放射性,无专门设备,一般不作检验,但应注意包装外标志是否齐全。

2) 堆码苫垫:垛底应垫高15～30 cm,上铺一层木板,再铺一层油毡,两层席以防潮,堆垛不宜过大,垛高不超过2 m,垛距80～90 cm,墙距、柱距30 cm。
3) 在库检查:每天班前班后对货垛及环境各进行一次检查,在库贮存期间每四个月定期全面检查一次,主要检查包装有无异状。
4) 温湿度管理:在梅雨季节注意防潮,库房应进行密封,结合通风和吸潮以控制库内相对湿度不超过80%。
5) 安全作业:搬运操作要注意轻拿轻放,不得摔震、撞击。工作人员应穿工作服,戴橡胶围裙、胶手套、口罩、护目镜。工作完毕应洗手,洗脸或沐浴后方可饮食。
6) 储存期限:2年。

注意事项:火灾不宜用水,可用干粉或干砂扑救。

B7.2 品名:硝酸钍

编号:71003

化学式:$Th_n(NO_3)_4 \cdot 4H_2O$

分子量:552.12

特性:无色或白色晶体,有吸湿性,易潮解,能溶于水、醇及多种有机溶剂。水溶液呈酸性反应。以强烈灼烧后无水物在500 ℃分解为二氧化钍。一般工业品约含48%～50%二氧化钍,呈白色蔗糖状。具有放射性,同时为强氧化剂。与有机物混合时能发热燃烧,燃烧时释放出有毒氮氧化物气体和放射性灰尘,污染环境并影响人身健康。用于化学试剂、医药及耐火材料等。

包装:装入螺丝口厚玻璃瓶或塑料瓶,瓶口套胶帽封严,容器瓶外用黑色避光纸包裹,外套厚塑料袋密封再装入坚固木箱,箱内用聚乙烯气泡垫牢固,箱外用铁丝或铁皮加固,每箱净重不超过15 kg。包装外应有明显的放射性物品标志。

贮存条件:贮存于专用放射性物品库房,库内地坪表面应光滑便于清洗。库房窗玻璃应涂白色,避免日光直晒,远离火源、热源。与其他各类化学药品隔离存放。

养护:
1) 入库验收:检查包装是否有破裂、受潮污染,内包装是否有漏洒。发现有破碎包装必须进行整理,废弃残留物应集中交有关部门处理,不得任意抛弃或作一般垃圾处理,防止放射性物质污染环境和人体健康。
2) 堆码苫垫:货垛底垫高15～30 cm,垛高不超过3～4箱,墙距、柱距30～50 cm,垛距80～90 cm。
3) 在库检查:在库贮存期间,每日班前班后应对货垛及库房内外环境各进行一次检查,每三个月定期进行一次质量检查。
4) 温湿度管理:库房应进行密封,保持库内洁净。库温变化对物品无影响。
5) 安全作业:搬运操作人员在工作时应穿布工作服,戴口罩、手套。注意轻装轻卸,不得摔震、撞击,只能用手搬,禁止背负肩扛。操作完毕,应洗手洗脸或沐浴更衣后才能进食。
6) 保管期限:1～2年。

注意事项:火灾可用泡沫、二氧化碳、砂土扑救,火灾后现场要进行射线剂量检测及消毒处理后才能继续工作。

B7.3 品名:硝酸铀酰(固体)

编号:71004

别名:硝酸铀

化学式:$UO_2(NO_3)_2 \cdot 6H_2O$

分子量:502.18

特性:浅黄色斜方结晶,有吸湿性,在潮湿空气中易潮解,能溶于水、醇、醚及丙酮,不溶于苯、甲苯及酸,水溶液呈酸性。在170~180 ℃时失去结晶水成无水盐,在200 ℃时分解。相对密度2.807(13 ℃);熔点60 ℃。硝酸铀乙醚溶液在日光下能引起爆炸。本品具氧化剂性质并有放射性,遇有机物及易燃物能引起燃烧,燃烧时产生放射性灰尘,污染环境及人体健康。用于化学试剂、照相及陶瓷工业。

包装:装入螺丝口厚玻璃瓶或塑料瓶,瓶口套胶帽封严,容器瓶外用黑色避光纸包裹,外套厚塑料袋密封再装入坚固木箱,箱内用聚乙烯气泡垫衬垫严实,箱外用铁丝或铁皮加固,每箱净重不超过15 kg。包装外应有明显的放射性物品标志。

贮存条件:贮存于专用放射性物品库房,库内地坪表面应光滑便于清洗。库房窗玻璃应涂白色,避免日光直晒,远离火源、热源。与其他各类化学药品隔离存放。

养护:
1) 入库验收:检查物品包装是否有破裂、受潮污染,内包装是否有漏洒。发现有破碎包装必须进行整理,废弃残留物应集中交有关部门处理,不得任意抛弃或作一般垃圾处理,防止放射性物质污染环境和人体健康。
2) 堆码苫垫:货垛底垫高15~30 cm,垛高不超过3~4箱,墙距、柱距30~50 cm,垛距80~90 cm。
3) 在库检查:在库贮存期间,每日班前班后应对货垛及库房内外环境各进行一次检查,每三个月定期进行一次质量检查。
4) 温湿度管理:库房应进行密封,保持库内洁净,库温变化对物品无影响。
5) 安全作业:搬运操作人员在工作时应穿布工作服,戴口罩、手套。注意轻装轻卸不得摔震、撞击,只能用手搬,禁止背负肩扛。操作完毕,应洗手洗脸或沐浴更衣后才能进食。
6) 保管期限:1~2年。

注意事项:火灾可用泡沫、二氧化碳、砂土扑救,火灾后现场要进行射线剂量检测及消毒处理后才能继续工作。

B7.4 品名:氧化钍

别名:二氧化钍

化学式:ThO_2

分子量:264.12

特性:白色结晶粉末,加热能发白光,不溶于水及碱,溶于硫酸。相对密度9.7;熔点3 050 ℃;沸点4 400 ℃。具有放射性,用于制造光学玻璃、催化剂、合金、白热纱罩、电子研究等。

包装:装入螺丝口厚玻璃瓶或塑料瓶,瓶口套胶帽封严,容器瓶外用黑色避光纸包装包裹,外套厚塑料袋密封再装入坚固木箱,箱内用聚乙烯气泡垫衬垫牢固,箱外用铁丝或铁皮加固,每箱净重不超过15 kg。包装外应明显写有放射性物品标志。

贮存条件:贮存于专用放射性物品库房,库内地坪表面应光滑便于清洗。库房窗玻璃应涂白色,避免日光直晒,远离火源热源。与其他各类化学药品隔离存放。

养护:

1) 入库验收:检查包装是否有破裂、受潮污染,内包装是否有漏洒。发现有破碎包装必须进行整理,废弃残留物应集中交有关部门处理,不得任意抛弃或作一般垃圾处理,防止污染环境和人体健康。

2) 堆码苫垫:货垛底垫高 15～30 cm,垛高不超过 3～4 箱,墙距、柱距 30～50 cm,垛距 80～90 cm。

3) 在库检查:在库贮存期间,每日班前班后应对货垛及库房内外环境各进行一次检查,每三个月定期进行一次检查。

4) 温湿度管理:库房应进行密封,保持库内洁净,库温变化对物品无影响。

5) 安全作业:搬运操作人员在工作时应穿布工作服,戴口罩、手套。注意轻装轻卸不得摔震、撞击,只能用手搬,禁止背负肩扛。操作完毕,应洗手洗脸或沐浴更衣后才能进食。

6) 保管期限:2 年。

注意事项:火灾可用泡沫、二氧化碳、砂土扑救,火灾后现场要进行射线剂量检测及消毒处理后才能继续工作。

B7.5　品名:乙酸铀

化学式:$UO_2(CH_3COO)_2$

分子量:424.19

特性:黄色结晶性粉末,有乙酸气味,易溶于被乙酸酸化的水。溶于水,水溶液遇光即被还原并析出紫色沉淀物。微溶于醇。加热至 110 ℃ 即失去结晶水成无水物。

包装:装入螺丝口厚玻璃瓶或塑料瓶,瓶口套胶帽封严,容器瓶外用黑色避光纸包裹,外套厚塑料袋密封再装入坚固木箱,箱内用聚乙烯气泡垫衬垫牢固,箱外用铁丝或铁皮加固,每箱净重不超过 15 kg。包装外应有明显的放射性物品标志。

贮存条件:贮存于专用放射性物品库房,库内地坪表面应光滑便于清洗。库房窗玻璃应涂白色,避免日光直晒,远离火源、热源。与其他各类化学药品隔离存放。

养护:

1) 入库验收:检查包装是否有破裂、受潮污染,内包装是否有漏洒。发现有破碎包装必须进行整理,废弃残留物应集中交有关部门处理,不得任意抛弃或作一般垃圾处理,防止放射性物质污染环境和人体健康。

2) 堆码苫垫:货垛底垫高 15～30 cm,垛高不超过 3～4 箱,墙距、柱距 30～50 cm,垛距 80～90 cm。

3) 在库检查:在库贮存期间,每日班前班后应对货垛及库房内外环境各进行一次检查,每三个月定期进行一次质量检查。

4) 温湿度管理:库房应进行密封,保持库内洁净,库温变化对物品无影响。

5) 安全作业:搬运操作人员在工作时应穿布工作服,戴口罩、手套。注意轻装轻卸不得摔震、撞击,只能用手搬,禁止背负肩扛。操作完毕,应洗手洗脸或沐浴更衣后才能进食。

6) 保管期限:1～2年。

注意事项:火灾可用泡沫、二氧化碳、砂土扑救,火灾后现场要进行射线剂量检测及消毒处理后才能继续工作。

B7.6 品名:硫酸铀

别名:硫酸铀酰

化学式:$UO_2SO_4 \cdot 3H_2O$

分子量:420.18

特性:黄绿色结晶,能溶于水、醇及硫酸,在100℃以上分解。相对密度3.28。有放射性,用于气体分析。

包装:装入螺丝口厚玻璃瓶或塑料瓶,瓶口套胶帽封严,容器瓶外用黑色避光纸包裹,外套厚塑料袋密封再装入坚固木箱,箱内用聚乙烯气泡垫衬垫牢固,箱外用铁丝或铁皮加固,每箱净重不超过15 kg。包装外应有明显的放射性物品标志。

贮存条件:贮存于专用放射性物品库房,库内地坪表面应光滑便于清洗。库房窗玻璃应涂白色,避免日光直晒,远离火源、热源。与其他各类化学药品隔离存放。

养护:

1) 入库验收:检查包装是否有破裂、受潮污染,内包装是否有漏洒。发现有破碎包装必须进行整理,废弃残留物应集中交有关部门处理,不得任意抛弃或作一般垃圾处理,防止放射性物质污染环境和人体健康。
2) 堆码苫垫:货垛底垫高15～30 cm,垛高不超过3～4箱,墙距、柱距30～50 cm,垛距80～90 cm。
3) 在库检查:在库贮存期间,每日班前班后应对货垛及库房内外环境各进行一次检查,每三个月期间进行一次物品检查。
4) 温湿度管理:库房应进行密封,保持库内洁净,库温变化对物品无影响。
5) 安全作业:搬运操作人员在工作时应穿布工作服,戴口罩、手套。注意轻装轻卸不得摔震、撞击,只能用手搬,禁止背负肩扛。操作完毕,应洗手洗脸或沐浴更衣后才能进食。
6) 保管期限:1～2年。

注意事项:火灾可用泡沫、二氧化碳、砂土扑救,火灾后现场要进行射线剂量检测及消毒处理后才能继续工作。

B7.7 品名:夜光粉

特性:本品为混合物,以硫酸锌、铜为基体加入少量含镭化合物混合而成,白色或浅色粉末。夜间能发出荧光,能放射出肉眼不能见的、穿透力极强的射线。对人体无感觉,但放射剂量较大时对人身有较大危害,有毒。

包装:装入螺丝口玻璃瓶或塑料瓶,封严后容器瓶外用黑色避光纸包裹,再套一层塑料袋铅皮罩,铁皮盒再装入坚固木箱,箱内用聚乙烯气泡垫衬垫牢固,箱外用铁丝或铁皮加固,每箱净重不超过15 kg。包装外应有明显的品名、规格、重量、厂名、出厂日期及放射性物品等标志。

贮存条件:贮存于放射性物品专用库房,库房内壁及地坪表面应光滑便于清扫冲洗,防止积尘。库房窗玻璃应涂白色避免日光直晒,门窗外应钉一层铅皮,远离火源、热源及生活区。与其他各类化学药品隔离存放。

养护：

1) 入库验收：检查包装是否有破裂、受潮污染，内包装是否有漏洒。发现有破碎包装必须进行整理，废弃残留物应集中交有关部门处理，不得任意抛弃或作一般垃圾处理，防止放射性物质污染环境和人体健康。有条件的应进行一次放射剂量检测，按放射防护规定要求，人体对乙种、丙种射线每日最大允许剂量为 $477.3×10^3$ Bq/kg。

2) 堆码苫垫：货垛底垫高 15～30 cm，货垛易堆小垛，垛高不超过 3～4 箱，墙距、柱距 30～50 cm，垛距 80～90 cm。

3) 在库检查：在库贮存期间，每日班前班后应对货垛及库房内外环境各进行一次检查，每三个月定期进行一次检查。

4) 温湿度管理：库房应尽量保持密封，使库内减少灰尘，库温变化对物品影响很小。库内湿度超过 80% 时，可用吸湿机或吸湿剂降湿。

5) 安全作业：搬运操作人员在工作时应穿工作服、戴口罩、胶手套、护目镜。注意轻装轻卸，不得摔震、撞击，只能用手搬，禁止背负肩扛。操作完毕，应洗手洗脸或沐浴更衣后才能进食。一切防护用具使用后应清洗以便再用。

6) 保管期限：1～2 年。

注意事项：火灾可用水、泡沫、二氧化碳、砂土，火灾后现场要进行射线检测及消毒处理。

B8 第8类腐蚀品

B8.1 品名：发烟硝酸

编号：81001

化学式：HNO_3

分子量：63.02

特性：无色，微黄或微带棕色澄清液体。在空气中挥发出深黄或棕红色二氧化氮或四氧化氮烟状蒸气，发烟硝酸浓度随二氧化氮含量的增加而增大。工业硝酸含量在 96%～98% 时为浓硝酸即发烟硝酸，试剂用发烟硝酸为 90%～100% 时相对密度为 1.5。易溶于水及醚。沸点 86 ℃（97%～98%）；熔点 −42 ℃。有强烈腐蚀性及氧化性，遇光能部分分解，与人体接触皮肤组织即被破坏，与有机物接触易发生氧化作用而引起燃烧，与氧化剂氯酸钠、发孔剂 H、发孔剂 N 接触能引起剧烈燃烧，与金属镁、钠接触能引起爆炸，与乙醇、环己胺、环戊二烯、乙酸酐、硝基甲烷、硝基苯接触能引起爆炸和燃烧，与苯胺、松节油、丁硫醇、丙酮等接触能引起剧烈燃烧。

主要用途：有机合成、染料、炸药、化肥人造纤维、医药、试剂、电镀等。

包装：用 8 mm 厚容积 2 m³ 的铝罐装，或 250～500 kg 铝罐装封口严密。用耐酸陶瓷坛装，每坛 35～40 kg，坛口用水玻璃拌黄沙或用石膏封闭，装入坚固的半透笼木箱中，内衬细煤渣或矿渣。化学试剂用玻璃瓶装，每 250 mL 装入一磨砂口玻璃瓶中，瓶口先用一层塑料薄膜包严，用石膏、石蜡混合封口剂严封，再烫一层清蜡，每瓶外套一大口高压聚乙烯筒，每 10 筒或 20 筒装入 1.5～2 cm 厚的坚固木箱内，用碳酸钙衬垫，箱外用铁丝或铁皮捆扎牢固。各种包装必须有明显的品名、规格、净重或容量、厂名、出厂日期及"腐蚀物品""切勿倒置"等标志。

贮存条件:宜单独存放在低温、干燥、通风的一级防火建筑库房,防止日光直晒。与各种酸、碱、氧化剂、可燃物、有毒物品隔离存放。

养护:

1) 入库验收:主要检查包装有无破漏,封口是否严密,衬垫是否恰当。如发现内包装有破漏或渗漏时,必须更换或整理后才得入库。

2) 堆码苫垫:罐装只能平列一层高,坛装光坛码行列式一层高,木箱装码行列式货垛两层高;化学试剂木箱装码行列式货垛,垛高不超过 1.5 m,根据库房大小留出垛距 80~90 cm,墙距 30~50 cm,距顶 1 m,便于出入库和操作。

3) 在库检查:保管员除每日班前班后对库房、货垛、货场进行安全检查外,还应每2~3个月对所管物品进行一次感官质量检查,检查物品在贮存期间的包装、封口、颜色等有无漏损和变化,发现问题及时采取措施,并做好记录。

4) 温湿度管理:采取挂棉门帘和门窗玻璃涂白、外墙皮涂白等降温措施,库内温度保持在 25 ℃以下,相对湿度 80%。

5) 安全作业:作业人员必须穿工作服,戴护目镜及胶皮手套,戴胶皮围裙。操作中必须轻搬轻放,防止摔扔和撞击。

6) 保管期限:半年。

注意事项:灭火可用雾状水、砂土、二氧化碳扑救,灭火时戴好防毒面具以防人身中毒,禁止使用高压水以防暴溅伤人,进入口内立即用大量水漱口,服大量冷开水催吐,有条件的再服牛奶或氧化镁悬浊液洗胃。呼吸中毒立即移至新鲜空气处吸氧,皮肤受伤用大量水或小苏打水洗涤后再敷软膏,然后再送医院诊治。

B8.2 品名:硝酸

编号:81002

别名:硝镪水

化学式:HNO_3

分子量:63.01

特性:无色或微黄色澄清液体,在空气中冒烟,有窒息刺激性气味,工业稀硝酸含量 45%~55%,化学试剂一般含量 68%。相对密度为 1.42(20 ℃/4 ℃);沸点 86 ℃。有强烈氧化腐蚀性,遇光能分解产生二氧化氮和四氧化二氮气体而变成黄色以至深黄色。能与水任意混合,与氧化剂及有机物接触极易发生剧烈化学变化以至引起燃烧爆炸,其危险性与发烟硝酸基本相同。

主要用途:分析试剂、有机合成、化纤、化肥、染料等。

包装:同发烟硝酸,但玻璃瓶装可不套聚乙烯筒。

贮存条件:可贮存在通风、避光、干燥库房内,与酸、碱、氧化剂、有机物、易燃物隔离存放,库温不超过 30 ℃。

养护:

1) 入库验收:主要是检查外包装有无破损或沾有其他不同性质物品,容器封口是否有效。工业用可以是黄或棕色液体,化学试剂必须无色透明液体。

2) 堆码苫垫:光坛装可码行列式 1 坛高,木箱装码行列式垛 2 坛高。化学试剂木箱装码行列式货垛,垛高不超过 2 m,根据库房大小留出垛距 80~90 cm,墙距 30~

50 cm,距顶不少于 1 m,以便于操作。

3) 在库检查:保管员除认真做好班前班后的安全检查外,还应每三个月对库存物品进行一次感观质量检查,检查内容与入库验收同,发现问题及时采取措施,并做好记录。
4) 温湿度管理:根据物品特点,除挂门帘密封、外墙涂白外,还应在炎热天气采取早晚开门窗通风降温,使库温保持在 30 ℃ 以下。
5) 安全作业:作业人员必须穿工作服、戴手套及护目镜,戴胶皮围裙。操作中小心谨慎,轻拿轻放,防止摔、扔和撞击。
6) 保管期限:1 年。

注意事项:火灾可用雾状水、砂土、二氧化碳,不能使用高压水,救火时应戴防毒面具以防人身中毒。进入口内立即用清水漱口及服冷开水催吐,有条件的再服牛奶或氧化镁乳剂洗胃;呼吸中毒立即移至新鲜空气处吸氧;皮肤接触用大量水或小苏打水洗涤后再敷氧化锌软膏,然后再送医院诊治。

B8.3 品名:硝酸羟胺

编号:81005

化学式:$NH_2OH \cdot HNO_3$

分子量:96.1

特性:无色结晶。熔点 48 ℃;沸点 100 ℃(分解),在 100 ℃ 以上挥发分解并易爆炸。有毒和强腐蚀性,能强烈腐蚀皮肤、眼睛和黏膜,造成眼结膜充血、疼痛、视力模糊,皮肤红肿、疼痛甚至烧伤。

包装:玻璃瓶,包装外有腐蚀品标志。

贮存条件:贮存阴凉、干燥、通风的不燃材料结构的库房,远离热源、火源。与氧化剂、碱类物品隔离贮存。

养护:
1) 入库验收:检查包装有无破损,密封是否严密,确认无误方可入库。
2) 温湿度调节:严格控制库房温度,定期检查,防止受潮,避免日光直射。
3) 安全作业:搬运时轻装轻卸,防止容器受损,发现泄漏,戴好防毒面具与手套。用大量水冲洗,经稀释的污水放入废水系统。

注意事项:可用雾状水、砂土、干粉、二氧化碳灭火。如遇中毒者迅速脱离污染区,安置休息并保暖,严重者立即送医院急救;眼睛受刺激用大量水冲洗,如溅入眼内用水冲 15 min 以上,并送医院急救;皮肤灼伤用大量水冲洗 15~20 min 再送医院急救。

B8.4 品名:发烟硫酸

编号:81006

别名:焦硫酸

化学式:$H_2SO_4 \cdot xSO_3$

分子量:$98.08+x80$

特性:无色或微黄色稠厚透明液体,含三氧化硫 20%~50%,遇冷能凝结成结晶状固体,在空气中能发出窒息性三氧化硫烟雾。相对密度 1.92~1.94;凝固点 −11 ℃(含 SO_3 20%)。有强烈腐蚀性及吸水性,遇有机物和氧化剂能引起燃烧和爆炸,如接触氯酸钠能引起燃烧,接触红磷、钠也能引起燃烧和爆炸,遇水能产生暴溅及高热,遇有机溶剂(如戊烯、硝基苯胺)能引起爆炸。

用途:工业上用作磺化剂、脱水剂,还用于炼油、化纤、染料、炸药、冶炼、纺织等。

包装:工业品一般使用耐酸陶瓷坛装,每坛净重40 kg,坛口用黄沙加水玻璃或水泥加石膏封严,再装入坚固木箱或半透笼木箱中,箱内用不燃材料衬垫。化学试剂用磨砂口玻璃瓶装,每瓶250 mL或500 mL装,瓶口用石膏、石蜡混合严封,外烫层清蜡,装入坚固严密木箱,箱内用轻体碳酸钙衬垫,并将瓶口埋没,箱外用铁丝或铁皮加固。各种包装必须有明显的品名、净重、重(容)量、生产厂、批号及"腐蚀品""小心轻放""勿倒置"等标志。

贮存条件:贮存在阴凉、通风的库房内,避免日光直晒。与氧化剂、有机物、易燃品、毒品等隔离存放与硝酸盐及其他酸、碱分别存放。库温不宜超过30 ℃,玻璃瓶装宜保持0～30 ℃。

养护:

1) 入库验收:首先查验内外包装,是否沾有可燃物和其他物品,封口是否严密有效,物品为黏稠液体,无沉淀杂质。

2) 堆码苫垫:光坛装码1坛高,木箱木架码行列式货垛2坛高;化学试剂木箱装码行列式货垛,垛高不超过2 m,一般垛距80～90 cm,墙距30～50 cm,顶距不少于1 m,以便于出入库和操作。

3) 在库检查:保管员除每天做好班前班后的安全检查外,还应每三个月对所管物品进行一次感官质量检查,内容与入库验收同,以便掌握物品在贮存期间的变化,发现问题及时采取倒垛、封口、加固等养护措施。

4) 温湿度管理:根据物品特点,采取挂棉帘密封库,以保持库内温度在30 ℃以下;用氯化钙库内吸潮的办法,使库内相对湿度保持在75%以下。

5) 安全作业:操作人员穿工作服,戴手套、护目镜、胶皮围裙。轻搬轻放,防止震动和撞击,整理包装人员,除具备上述各项要求外,还必须戴防毒面具。

6) 保管期限:1年。

注意事项:火灾只宜用干砂、二氧化碳扑救,不可用水以防爆溅,灭火时应戴好防毒面具以防中毒。眼睛及皮肤受伤用大量清水或小苏打洗涤或用苏打粉包扎,或敷氧化锌软膏,再送医院诊治。

B8.5 品名:硫酸

编号:81007

化学式:H_2SO_4

分子量:98.08

特性:无色澄清油状液体,无气味,能与水及醇任意混合并放出大量热,暴露在空气中能迅速吸收水分。相对密度1.84;沸点338 ℃(分解为三氧化硫及水);凝固点-10 ℃。有强烈腐蚀性及吸水性,能使木材、织物等碳水化合物剧烈脱水而碳化并可能引起燃烧,能使铜、银等金属氧化成氧化物随即变为硫酸盐,接触强氧化剂(如氯酸盐)能发生剧烈反应并能引起火灾,遇碱金属(如钾、钠等)能引起燃烧爆炸。有毒,空气中最大允许浓度为2 mg/m³。

主要用途:硫酸为工业基本原料,主要用于化肥、化纤、医药、冶金、纺织、造纸等。

包装:坛装,用耐酸陶瓷坛装,坛口用石膏拌水玻璃封闭严密,每坛净重40 kg,每1坛或

2坛装入一坚固透笼木箱中,用松软材料衬垫妥实,工业用量大者,也有用罐装的。化学试剂都用玻璃瓶装,瓶口用乙烯内盖塞紧,外套螺丝口盖拧紧,然后用胶套封闭严密,每瓶装500 mL或2 500 mL;小瓶每20瓶装入一坚固木箱中,大瓶每4瓶装入一坚固木箱中,用松软材料衬垫妥实,然后再用铁丝捆扎牢固。各种包装必须有明显的品名、规格、重(容)量、批号、生产工厂等标志。

贮存条件:坛装可存放在露天货场,坛口应使用陶盆或瓷盆覆盖,防止雨水流入;木箱玻璃瓶装则应存放在货棚或干燥通风的库房内。与氧化剂、易燃物、有机物及金属粉末严格分开不得混存。注意防止雨淋水浸,地面可铺垫干砂,不铺垫枕木。库房内相对湿度不超过85%,因硫酸极易吸收空气中水分使浓度降低,冬季可能受冻凝浆将包装胀破,造成渗漏损失。

养护:

1) 入库验收:物品入库首先查验包装是否沾有异物或其他物品,封口应严密有效,无渗漏破损。工业品是无色或带黄色透明液体,化学试剂是无色透明液体,均无沉淀杂质。

2) 堆码苫垫:露天堆垛裸坛时只能平放一层,木箱装可码两层,每坛口上盖一瓷碗或陶钵,用以防水;化学试剂木箱装码行列式货垛,垛高不超过2 m,垛距80~90 cm,墙距柱距30~50 cm,顶距不少于1 m。

3) 在库检查:保管员除认真做好班前班后的安全检查外,还应每季度对库存物品进行一次质量检查,必要时坛装可用玻璃管抽出观察颜色变化或有无沉淀。玻璃瓶装除查包装封口外,还可以摇动检查是否有沉淀杂质等,发现问题及时采取措施,做好记录。

4) 温湿度管理:一般库房或货棚温度可保持在35 ℃以下,相对湿度85%以下。

5) 安全作业:操作人员须穿工作服,戴护目镜和手套、胶皮围裙。操作时轻搬轻放,防止摔、扔和撞击,并不得肩扛和背负,以防流出伤人。

6) 保管期限:2年。

注意事项:火灾只宜用干砂、二氧化碳扑救,不宜使用水以防暴溅,灭火时应戴胶质防护用具、护目镜。误入口内立即用清水漱口,服大量冷开水催吐,呼吸受刺激立即移至新鲜空气处。皮肤受伤用大量清水或小苏打水洗涤后再敷氧化锌软膏,然后送医院诊治。

B8.6 品名:亚硫酸

编号:81011

别名:二氧化硫水溶液、亚硫酸酐水溶液

化学式:H_2SO_3

分子量:82.1

特性:无色透明水溶液,有二氧化硫窒息嗅味,呈酸性。相对密度1.03。性不稳定,易分解,有还原性,在空气中渐渐氧化成硫酸,对大多数金属有腐蚀性。有窒息性气味,蒸气能刺激呼吸系统,造成支气管炎与窒息,高浓度的二氧化硫能刺激眼睛造成结膜炎。

包装:耐酸坛或玻璃瓶外木格箱,玻璃瓶外加木箱,内衬不燃材料,外包装上有"腐蚀物品"标志。

贮存条件:贮存于阴凉、通风良好和干燥的地方,并有耐酸地坪,仓库附近应装有消防龙头及水管,工作人员须穿戴耐酸工作服、橡皮围裙、长统靴、手套及防护眼镜和口罩。

养护:
1) 入库验收:检查包装是否沾污破损,密封是否严密,检查后方可入库。
2) 在库检查:定期检查防止包装破损,发现破损必须更换包装。
3) 安全作业:对泄漏物处理必须穿戴防毒面具和手套。用大量水冲洗,经稀释的污水放入废水系统。

注意事项:吸入蒸气的患者尽快脱离污染区,安置休息并保暖,严重的需就医诊治及输氧。眼睛刺激用大量水冲洗。皮肤沾染用大量水冲洗,再用肥皂彻底洗涤,并敷以甘油。

B8.7 品名:盐酸

编号:81013

别名:氢氯酸

化学式:HCl

分子量:36.4

特性:为氯化氢水溶液,纯品无色透明,工业品为黄色,在空气中发烟,有极强刺激性气味,能与水、乙醇任意混合。相对密度1.18(38%);恒沸点108.6 ℃(10 325 Pa,20.2%);凝固点－67.14 ℃(10.81%)、－62.25 ℃(20.6%)、－46.2(31.24%)、－25.4 ℃(39.17%)。呈强酸性有较强腐蚀性,有毒。与金属及金属氧化物、碳酸盐、硝酸盐、氯酸盐、硫化钙等都能发生剧烈化学变化,对硫、磷等非金属则无任何影响,与碱中和能反应产生大量热,与氰化物接触能产生剧毒的氰化氢气,与 H 发孔剂接触能立即引起燃烧。

主要用途:重要工业原料,用于制造氯化物、医药、食品、农药。

包装:工业品用耐酸陶瓷坛装,每坛净重30 kg,坛口用石膏、水泥密封,每2坛装入一透笼木箱,箱内用稻草等松软材料衬垫妥实。化学试剂用玻璃瓶盛装,每瓶500 mL或2 500 mL,压紧聚乙烯内盖,拧紧螺丝口外盖,再用胶帽封严;小瓶每20瓶,大瓶每4瓶装入一坚固木箱,用松软材料衬垫妥实,箱外用铁丝或铁皮加固。各种包装必须有明显的品名、规格、重(容)量、出厂日期、生产工厂及"腐蚀物品""切勿倒置"等标志。

贮存条件:贮存于石棉瓦或玻璃钢瓦货棚下,使用耐酸地坪。不可与硫酸、硝酸混放,不可与碱类、金属粉末、氧化剂、氰化物、氯酸盐、氟化物混放,与水、可燃物品隔开。

养护:
1) 入库验收:首先查验物品包装有无沾染异物或其他物品。工业品坛装可用玻璃管抽出观察应无色或黄色,无沉淀杂质;试剂品封口严密有效,为无色澄清透明液体,其他符合包装要求。
2) 堆码苫垫:坛装可在露天或货棚堆码,光坛1坛高,透笼木箱2坛高;化学试剂码行列式货垛,垛高不超过2 m。
3) 在库检查:保管员除每日做好班前班后的安全检查外,还应每三个月对库存物品进行一次感官质量检查,其检查内容与入库验收同,发现问题及时采取封口、更换包装等措施,并做好记录。
4) 温湿度管理:库房内可保持在30 ℃以下,相对湿度85%以下。若存有大玻璃瓶装,因高温可能发生爆破,可采取密封库结合早晚或夜间通风降温。
5) 安全作业:操作人员必须穿工作服,戴护目镜和手套、胶皮围裙。只能用手搬或车推,不得肩扛背负,注意轻搬轻放,不得扔、撞等。
6) 保管期限:2年。

注意事项:火灾可用水、砂土、干粉扑救。不慎接触皮肤应立即用大量水冲洗,再敷氧化锌软膏后送医院诊治。呼吸道受刺激立即移至新鲜空气处,误入口内立即用清水漱口并服大量冷开水催吐,有条件的可用牛奶、氧化镁悬浮液洗胃。

B8.8 品名:氢氟酸
编号:81016
化学式:HF
分子量:20.01

特性:无色透明易流动液体,极易挥发,在空气中发白烟,氟化氢气体的水溶液,一般含量为 30%～48%,易溶于水、醇、微溶于醚。相对密度 1.15～1.18(47%～53%);沸点 19.4 ℃(无水);熔点-92.3 ℃(无水)。有强烈刺激性气味和腐蚀性,并有剧毒,对呼吸道及眼危害较严重。空气中最高允许浓度为 1 mg/m³。接触皮肤有剧痛,发生溃疡,不易愈合。除金属金、铂、铅外,对各种金属均有腐蚀作用,对硅及其化合物也有强烈腐蚀作用,因此不能使用玻璃或陶瓷为包装容器。

主要用途:工业用于刻蚀玻璃、医药、颜料、有机氟合成等。

包装:工业品一般都使用聚乙烯桶盛装,每坛净重 10～20 kg 不等,桶口用聚苯乙烯塑料严密封闭,每 1 桶或 2 桶装入一坚固木箱内,用不燃材料(如碳酸钙、石棉灰等)衬垫妥实。化学试剂都使用高压聚乙烯瓶装,塞紧内盖,再涂聚苯乙烯封严后拧紧螺丝口外盖,然后烫蜡或套胶帽封严,每瓶 500 mL,每 20 瓶装入一坚固木箱中,箱内用轻体碳酸钙填满,箱外再用铁丝或铁皮捆扎牢固。各种包装必须有明显的品名、规格、重(容)量、出厂日期、生产厂及"腐蚀物品""切勿倒置"等标志。

贮存条件:应贮存在阴凉、通风库房,避免日光直晒,防止受热。与有机物、氧化剂、各种金属严格隔离存放。库温不宜超过 30 ℃,相对湿度不超过 85%。

养护:
1) 入库验收:查验物品包装有无渗漏或破裂,封口是否严密无漏洒,物品应为无色透明液体。
2) 堆码苫垫:码行列式货垛,垛高不超过 2 m,垛距 80～90 cm,墙距 30～50 cm。
3) 在库检查:保管员除每日做好班前班后的安全检查外,还应每三个月对库存物品进行一次感官质量检查,检查内容主要是封口是否严密有效,包装容器有老化损坏情况等。
4) 温湿度管理:密封库房,采取通风和吸潮的方法,使库内温度保持在 30 ℃ 以下,相对湿度 85% 以下。
5) 安全作业:操作人员必须穿工作服,戴胶手套和围裙、护目镜和口罩。要小心谨慎,轻拿轻放,不得摔撞,更不得背负肩扛,保证安全。

注意事项:灭火时可用雾状水、干砂、二氧化碳,救火必须穿戴防毒面具以防中毒。如接触眼睛及皮肤应立即用冷开水冲洗,如皮肤已被腐蚀,伤口应用清水冲洗 20 min 以上,可用稀氨水敷浸后保暖,再送医院诊治,灼伤创口治愈极慢。呼吸中毒移至新鲜空气处进行吸氧再送医院诊治。

B8.9　品名:氢溴酸

编号:81017

化学式:HBr

分子量:80.92

特性:为溴化氢的水溶液,无色或微黄色透明液体,轻微发烟,能与水、乙酸任意混合。相对密度1.49(48%);恒沸点126 ℃(47.5%)。有刺激性酸味和腐蚀性,遇光易变黄,受热易挥发出有毒的溴化氢气体,与氧化剂、碱类能发生剧烈化学反应,遇H发孔剂能立即引起燃烧,与氰化物接触能分解释出剧毒的氰化氢气体。

主要用途:医药、分析试剂、有机合成。

包装:装入深色螺丝口或磨口玻璃瓶或塑料瓶,瓶盖塞紧后用蜡封再用聚乙烯薄膜扎紧,装入坚固木箱内,箱内用聚乙烯气泡衬垫牢固,箱外用铁皮铁丝加固。箱用标志齐全。

贮存条件:宜贮存在通风良好的库房或货棚内,避光贮存。与各种氧化剂、毒品、碱类隔离贮存。

养护:

养护技术同B8.7盐酸。

保管期限:1年。

注意事项:灭火可用雾状水、二氧化碳、砂土。眼睛及皮肤接触应立即用大量清水冲洗或用碳酸氢钠水冲洗,然后涂氧化锌软膏再去医院诊治,误服后立即用清水漱口再服大量冷开水或豆浆催吐,有条件的可用鲜牛奶、氧化镁悬浮液洗胃后再送医院诊治。

B8.10　品名:氢碘酸

编号:81019

化学式:HI

分子量:127.92

特性:无色或淡黄色液体,遇光或在空气中能逐渐氧化游离出碘而呈黑褐色。0 ℃时饱和溶液含90%碘化氢,常用品为57%。相对密度1.7、1.5(45%),1.1(10%);沸点127 ℃。有酸性和腐蚀作用,遇热能挥发出有毒和腐蚀性气体,遇碱性物品立即发生强烈化学反应,遇H发孔剂能立即引起燃烧,遇氰化物分解成剧毒气体。

主要用途:试剂制作、染料、制药。

包装:使用棕色或黑色玻璃瓶装,塞紧聚乙烯内盖,拧紧螺丝口外盖,再套胶帽封严,如浅色瓶还应包一层黑色纸,每瓶装500 mL,每20瓶装入一坚固木箱中,箱内用松软材料衬垫妥实,箱外用双道铁丝捆紧扎牢固。内外包装均应有明显的品名、规格、容量、数量、批号、生产厂及"腐蚀物品""避光""切勿倒置"等标志。

贮存条件:应贮存在通风、阴凉、避光的库房,远离热源、火源,与碱类、有机物、氰化物、H发孔剂等严格隔离存放,库房温度不超过30 ℃。

养护:

养护技术同B8.7盐酸。

保管期限:半年。

注意事项:灭火时可用雾状水、二氧化碳、砂土、泡沫扑救。接触皮肤应立即用水清洗,再进行治疗。

B8.11　品名:溴

编号:81021

别名:溴素

化学式:Br_2

分子量:159.81

特性:在室温下为黑褐色液体,极易挥发出棕红色蒸气,-8 ℃以下时为红色针状结晶,微溶于水,易溶于乙醇、乙醚、三氯甲烷。相对密度 3.12;熔点-7.3 ℃;沸点 58.7 ℃。有强烈刺激性,有剧毒。对人体皮肤、眼黏膜有强烈刺激性和腐蚀性。对金属有强腐蚀性。遇木材、干草等有机物立即氧化发热引起燃烧。遇赤磷、砷、锑等能引起燃烧和爆炸。遇氨、氢等气体也能引起爆炸。

主要用途:用于医药、染料、石油、照相、制革、冶金等。

包装:25 kg 耐酸陶瓷坛装,封口用石膏、水泥密封牢固,再装入半透笼木箱,箱内用煤渣或矿渣衬垫妥实。5 kg 以下磨口或螺丝口玻璃瓶装,封口用石蜡、石膏封严再用塑膜扎紧,再装入坚固木箱,用碳酸钙或石棉灰衬垫牢固,防止容器相互碰撞。包装外标志齐全。

贮存条件:宜存放在通风、阴凉的库房或低温库,隔绝热源,避免日光直晒。与有机物、还原剂、可燃物、氧化剂、液化气体、金属粉、矾类等不得同库贮存。最好专库贮存。库温宜保持在-5 ℃～25 ℃。

养护:

1) 入库验收:主要查验包装和物品有无沾染异物或其他物品,包装有无破损,封口是否严密,衬垫是否符合要求,发现封口不严或渗漏,立即封闭或更换包装。

2) 堆码苫垫:裸坛装码1坛高;木箱坛装码2坛高;化学试剂木箱装,码行列式货垛,垛高不超过2 m,垛距80～90 cm,墙距30～50 cm,顶距不小于1 m。

3) 在库检查:保管员除每日进行班前班后的安全检查外,还应每三个月对库存物品进行一次感官质量检查,其检查内容与入库验收同,发现问题及时处理,并做好记录。

4) 温湿度管理:库房可采取挂棉门帘密封和外墙涂白的方法,使其库内温度控制在-5 ℃～25 ℃,以减少蒸发和避免结冰,并随时开门通风换气,以保持库内空气新鲜。

5) 安全作业:操作人员必须穿工作服,戴手套和胶皮围裙、护目镜和口罩。注意轻搬轻放,防止摔、扔、撞击。

6) 保管期限:1年。

注意事项:灭火可用干砂、二氧化碳,救火时必须佩戴防毒面具。皮肤灼伤立即用大量清水冲洗,然后用稀氨水或碱液洗敷后再送医院诊治。呼吸中毒可立即嗅氨然后送医院诊治,进入口内立即漱口,服大量冷开水催吐或服镁乳以中和胃内酸性物质。

B8.12　品名:高氯酸(含酸≤50%)

编号:81022

别名:过氯酸

化学式:$HClO_4$

分子量:100.47

特性:无色或浅蓝色液体,有挥发性,极易吸湿溶于水能产生高热,一般含量在72%以下,超过72%有爆炸性为氧化剂。相对密度1.6(70%);熔点-112 ℃;沸点203 ℃。有强烈腐蚀性和刺激性,呈强酸性有剧毒和强氧化性。在160 ℃以上遇易燃物,有机物能立即引起燃烧和爆炸。在常温下遇乙醚、丙酮、乙醇、乙酸、乙二醇都能引起激烈反应和燃烧爆炸。遇纤维素、碳、五氧化二磷以及硫酸可能引起爆炸燃烧。

主要用途:分析试剂、医药、镀铅、炸药等。

包装:磨口玻璃瓶装,瓶外套聚乙烯塑料桶,内衬碳酸钙石棉灰等松软不燃性物品,再装入坚固木箱内,包装外用铁皮或铁丝加固。内外包装应有品名、规格、重量、批号、生产厂及"腐蚀物品""易碎""勿倒置"等明显标志。

贮存条件:应贮存在通风、阴凉、干燥的库房,避免日光直晒。与有机物、易燃物、氧化剂、金属粉末以及其他酸、碱隔离存放。

养护:

1) 入库验收:主要查验包装有无沾染异物或其他物品,包装、封口有无渗漏破损,物品应是无色透明液体。

2) 堆码苫垫:木箱装码行列式货垛,垛高不超过 2 m,垛距 80～90 cm,墙距 30～50 cm,顶距不小于 1 m。

3) 在库检查:保管员除每日进行班前班后的安全检查外,还应每三个月对库存物品进行一次感官质量检查,其检查内容与入库验收同,发现问题及时采取有效措施,如封口、更换等,并做好记录。

4) 温湿度管理:库房应采取挂棉门帘密封和外墙涂白降温,小量的可用砂土埋藏降温。炎热季节早晚开门通风降温,使库温保持在25 ℃以下,相对湿度80%以下。

5) 安全作业:操作人员必须穿工作服,戴手套和胶皮围裙、护目镜。搬运时轻拿轻放,不得摔、扔、撞击,不得肩扛和背负。

6) 保管期限:1年。

注意事项:火灾应使用砂土、二氧化碳扑救,救火人员应佩戴防毒面具。皮肤沾染用大量温水及肥皂水冲洗,溅入眼内用温水或稀硼砂水冲洗。

B8.13 品名:氯磺酸

编号:81023

化学式:HSO_3Cl

分子量:116.52

特性:无色或黄色透明液体,在空气中能发烟,有强烈刺激性辛辣气味。相对密度1.753;熔点-80 ℃;沸点151～152 ℃。遇水能引起剧烈分解生成硫酸和盐酸放出大量热。遇易燃物、有机物能引起燃烧。与金属铅、铝、镁、锌、铁粉、碱、金属钠能引起燃烧和爆炸。接触强氧化剂和氯酸钠能引起燃烧和爆炸。对人体皮肤及黏膜有强烈腐蚀性和刺激性。

主要用途:有机合成、分析试剂、气体分析等。

包装:工业品可装入耐酸陶瓷坛,坛口用水泥加石膏封严再装入坚固木箱或半透笼木箱,箱内用煤渣或矿渣衬垫妥实,每坛净重不超过 50 kg。试剂用磨砂口或螺丝口玻璃瓶或聚乙烯塑料瓶装,瓶口必须严密用聚乙烯薄膜扎紧,并加胶套严封,再装入坚固木箱,箱内用碳酸钙或石棉衬垫牢固,每箱净重不超过 20 kg。包装外标志齐全。

贮存条件：可贮存在阴凉、通风、干燥的库房或货棚内。防止雨淋水浸，可以同硫酸、盐酸同贮存在一库，但与其他酸、碱隔离存放。与金属、易燃物、有机物、氧化剂特别是氯酸盐、硝酸盐等要严格隔离存放。库内温度宜控制在35 ℃以下，相对湿度不超过80%。

养护：

1) 入库验收：主要查验包装和物品有无沾染异物或其他物品，封口是否严密有效，木箱坚固无破损，能否保证物品贮存安全。
2) 堆码苫垫：裸坛装只能平放一层，木箱坛装可码2坛高；化学试剂玻璃瓶木箱装码行列式货垛，垛高不超过2 m，垛距80～90 cm，墙距30～50 cm，顶距不小于1 m，以便于出入库操作和安全。
3) 在库检查：保管员除进行班前班后的安全检查外，还应每三个月进行一次质量检查，其检查内容与入库验收同，发现问题及时采取有效措施，如封口、更换等，并做好记录。
4) 温湿度管理：可采取挂棉帘密封保温或库房外墙涂白降温等措施，使库内保持适宜的温湿度。
5) 安全作业：搬运操作人员必须穿工作服，戴手套和胶皮围裙。操作中轻搬轻放，防止摔、扔、撞击，并不得背负和肩扛。
6) 保管期限：1年。

注意事项：火灾时可用干砂、二氧化碳扑救，扑救人员应戴防毒面具、眼镜。皮肤灼伤用大量水或小苏打水冲洗，或用小苏打粉包扎后送医院诊治。

B8.14　品名：氟磺酸

编号：81024

别名：氟代硫酸

化学式：HSO_3F

分子量：100.1

特性：无色或黄色发烟液体，在潮湿空气中能产生白色烟雾状的极强刺激性和腐蚀性的氟化氢气体。相对密度1.740(18 ℃)；熔点−89 ℃；沸点163 ℃。氟磺酸能与锡反应，对汞也稍有侵蚀。能很快地破坏橡皮、软木、火漆。热时能强烈侵蚀硫、铅、锡和汞。能与丙酮反应产生暗红色并放出大量的热，与苯、三氯甲烷反应放出氟化氢。有极强的腐蚀性和刺激性，对硅质材料和大多数金属有强腐蚀性。蒸气与液体能严重刺激眼睛、皮肤和呼吸系统，造成极严重灼伤。

包装：铅桶外加木箱包装，内用松软材料，箱外铁带加固。外包装上加腐蚀品标志。

贮存条件：贮存在阴凉、通风良好的地方，与有机物、可燃物、电石、高氯酸盐、雷酸盐、硝酸盐、苦味酸盐、金属粉末、氟化物等隔离。附近应设有水源。工作人员应穿戴耐酸工作服、橡皮围裙、手套、长统靴及防护眼镜。

养护：

1) 温湿度管理：定期检查，控制温湿度。
2) 堆码苫垫：堆垛应垫高，防止受潮。
3) 在库检查：定期检查包装情况，包装如有破损及时更换包装。
4) 安全作业：处理卸漏物时必须戴好防毒面具与手套，将地面洒水、碳酸钠，用水冲洗,经稀释的污水放入废水系统。

注意事项:少量氟磺酸起火可用干燥砂土、二氧化碳灭火,禁止用水,消防人员必须穿戴全身防护服。吸入蒸气的患者应尽快脱离污染区,安置休息并保暖。眼睛受刺激须用大量水冲洗 15 min 以上,严重的需就医。与皮肤接触用水冲洗,并涂敷氧化镁甘油软膏。误服立即漱口,饮水及镁乳,严重者就医诊治。

B8.15 品名:氟硅酸

编号:81025

别名:硅氟酸

化学式:H_2SiF_6

分子量:144.1

特性:透明无色强酸性发烟液体,遇热分解为氟化氢及四氟化硅,溶于水。相对密度 1.29~1.31(15 ℃/4 ℃);凝固点 19 ℃;沸点分解。腐蚀性极强,能腐蚀玻璃。有毒,接触皮肤能发生红肿和溃疡。不燃。

主要用途:工业涂料、处理瓷品、电镀。

包装:塑料瓶或塑料桶装,严封后再装入坚固木箱,箱内用不燃性材料(如蛭石、石棉灰、轻体碳酸钙)衬垫,箱外用铁皮或铁丝加固,每箱不超过 20 kg,3~5 kg 包装每箱限装 4 瓶。内外包装需有明显的品名、规格、重量、数量、批号、工厂名称及"腐蚀物品""切勿倒置"等标志。

贮存条件:贮存在低温、通风、干燥库房,避免日光直晒,远离火源及热源。与各种氧化剂、强酸、金属粉末、有机物、H 发孔剂、各种氰化物隔离存放。库温不宜超过 30 ℃。

养护:

1) 入库验收:首先查验包装有无沾染异物或其他物品,封口是否严密有效,容器有无渗漏破损,包装和衬垫物料,标志要符合要求。

2) 堆码苫垫:码行列式货垛,垛高不超过 2 m,垛距 80~90 cm,墙距 30~50 cm,顶距不小于 1 m。

3) 在库检查:保管员除每日进行班前班后的安全检查外,还应每三个月进行一次质量检查,其检查内容与入库验收同,发现问题做好记录。

4) 温湿度管理:库房挂棉门帘密封,门窗玻璃涂白,防止日光直射;库房外墙涂白,以保持库温在 30 ℃ 以下。

5) 安全作业:操作人员在操作时应戴手套和胶皮围裙、戴护目镜。注意轻拿轻放,避免震动、撞击,搬运时不得肩扛和背负,只允许用手搬。库房应注意通风、降温、排毒。

6) 保管期限:1 年。

注意事项:灭火可用干砂、二氧化碳扑救,灭火人员应佩戴防毒面具。不慎接触皮肤应用大量清水反复冲洗,或以肥皂水洗涤后再行诊治。

B8.16 品名:氟硼酸

编号:81026

化学式:HBF_4

分子量:87.83

特性：无色透明液体，能与水及醇任意混合。沸点 130 ℃。具有强酸性和腐蚀性，有毒，受热易分解。遇 H 发孔剂立即引起燃烧，遇氰化物能分解生成剧毒气体。用于冶炼、电镀。

包装、贮存条件、养护、注意事项同 B8.13 氯磺酸。

B8.17 品名：硒酸

编号：81030

化学式：H_2SeO_4

分子量：145.0

特性：无色或白色结晶，具有潮解性。相对密度 2.95(15 ℃)；熔点 58 ℃；沸点 260 ℃，沸点以上分解为二氧化硒、氧和水。与硫酸大体相似为二价强酸并具强氧化性。易溶于水，溶于硫酸，不溶于氨，在醇中分解。是一种有腐蚀性和刺激性的物质，能灼伤皮肤。

包装：玻璃瓶外加木箱，内衬不燃材料，外包装上加腐蚀品和毒害品标志。

贮存条件：贮存于干燥、通风的库房，双人双锁专人保管。防潮容器密封。与可燃物、有机物及碱类物质隔离贮运。

养护：

1) 入库验收：检查容器是否完好，密封、衬垫是否妥实，标志是否清楚，如有破漏，更换包装后方可入库。

2) 堆码苫垫：堆垛底部应垫高，避免受潮。

3) 在库检查：定期检查包装情况，物料是否受潮、变质，如发现破损必须更换。

4) 安全作业：作业人员必须戴防毒面具与手套。将污染地面上洒上碳酸钠，用水冲洗，经稀释的污水放入废水系统。

注意事项：应使吸入粉尘和蒸气的患者脱离污染区，安置休息并保暖。误服立即漱口，并送医院救治。溅入眼睛应立即用水冲洗眼睛和面部，至少冲洗 15 min，严重的要就医诊治。皮肤接触先用水冲洗，再用肥皂彻底洗涤，如果灼烧则及时诊治。可用水灭火。

B8.18 品名：铬酸溶液

编号：81031

化学式：H_2CrO_4

分子量：102.0

特性：橘红色液体，与有机材料(如木、棉花或草)接触有引起燃烧的危险，对大多数金属有腐蚀性，对眼睛、皮肤和黏膜造成严重灼伤。

包装：玻璃瓶外木箱包装内衬垫不燃材料，外包装有腐蚀品标志。

贮存条件：贮存于阴凉、通风的库房内与可燃物、有机物或还原剂隔离，避免存放在木质地板上。搬运时轻装轻放，防止容器破损。

养护：

1) 入库验收：主要进行外观检查，合格后方可入库。

2) 温湿度管理：注意控制库房温度，并保持通风良好。

3) 在库检查：定期检查包装情况，容器破损及时更换。

4) 安全作业：处理泄漏物料，戴好防毒面具与手套，用大量水冲洗。

注意事项：皮肤沾染用大量水冲洗，眼睛受刺激也用水冲洗，误服立即漱口，急送医院救治。

B8.19　品名:一氯化硫

编号:81032

化学式:S_2Cl_2

特性:琥珀色或黄红色油状液体,在空气中发烟,有剧臭和强烈刺激性气味。在水中易分解,能溶于醇、醚、苯、二硫化碳、四氯化碳等,有易燃性。在空气中最高允许浓度为 6 mg/m³。相对密度 1.678;沸点 135~138 ℃;熔点 -77~-80 ℃;闪点 118 ℃(闭);自燃点 233.8 ℃;蒸气压 13 332 Pa(27.5 ℃);相对蒸气密度 4.66。

主要用途:橡胶工业中作为硫溶剂、有机合成。

包装:耐酸陶瓷坛装,封口用水泥加石膏封严,再装入坚固木箱或透笼木箱,箱内衬以煤渣或矿渣。试剂用磨口或螺丝口玻璃瓶装,瓶口用石蜡、石膏封严,再用塑料薄膜扎紧,装入坚固木箱,箱内衬碳酸钙或石棉灰,箱外钉铁皮或铁丝保持牢固。包装外标志齐全。

贮存条件:贮存在干燥、通风库房内,防止日光直晒。与氧化剂、食品添加剂、金属及碱类隔离存放。库内应尽量保持干燥,相对湿度不宜超过 80%,温度不超过 35 ℃。

养护:

1) 入库验收:验物品及包装有无沾染异物或其他物品,包装有无渗漏破损,封口应严密有效。物品是澄明液体,无沉淀杂质。

2) 堆码苫垫:工业品陶瓷裸坛装可平放一层;坛外有透笼箱装码行列式垛,码两层高。化学试剂木箱装码行列式垛,垛高不超过 2 m,留出垛距 80~90 cm,墙距 30~50 cm,顶距不小于 1 m。

3) 在库检查:保管员除每天进行班前班后的安全检查外,每三个月对库存物品进行一次质量检查,检查内容与入库验收同,发现问题及时采取养护措施,并做好记录。

4) 温湿度管理:保管员应定时记录和掌握库内温湿度变化情况,以便采取通风降温和排除气味等措施。

5) 安全作业:操作人员应穿工作服、戴手套、胶围裙,注意轻搬轻放,防止摔、扔和撞击等。

6) 保管期限:1 年。

注意事项:灭火时可用干砂、二氧化碳扑救,不可用高压水,救火时应戴防毒面具。呼吸中毒立即移至新鲜空气处吸氧,眼及皮肤受伤用大量水冲洗后涂氧化锌软膏再送医院诊治。

B8.20　品名:氧氯化硫

编号:81035

别名:磺酰氯、硫酰氯、氯硫酰

化学式:SO_2Cl_2

分子量:134.98

特性:无色发烟液体,有强烈刺激臭味,溶于乙酸,不溶于丙酮。相对密度 1.667(20 ℃/4 ℃);熔点 -54.1 ℃;沸点 69.2 ℃;蒸气压 1 333 Pa(17.8 ℃);相对蒸气密度 4.65。有强烈腐蚀性,遇水放热分解,放出有毒及腐蚀性气体。用于制造人造丝、塑料、制药、有机合成、染料、橡胶、化学试剂、毒气制造。

包装:装入磨砂口或螺丝口玻璃瓶中塞紧瓶塞,用石膏、石蜡混合剂封严或用塑料薄膜扎紧后再套一层胶套,装入坚固木箱。箱内衬垫蛭石、石棉灰或轻体碳酸钙,箱外用铁皮或铁丝加固。包装外标志齐全。

贮存条件:贮存在阴凉、通风、干燥的库房。与食用化工原料、碱类、氰化物、可燃物、有机物、H 发孔剂隔离存放。远离热源,避免日光直晒,防止雨淋、水浸,库内温度不超过 30 ℃。

养护:
1) 入库验收:验包装是否完好,封口是否有效,包装衬垫是否合乎包装要求,物品及包装无沾染其他物品和杂物,发现问题及时处理,做好验收记录。
2) 堆码苫垫:码行列式货垛,垛高不超过 2 m,并留出垛距 80～90 cm,墙距 30～50 cm,顶距不小于 1 m,以便出入和操作。
3) 在库检查:保管员除每天坚持班前班后对库房、货场进行安全检查外,还应每三个月进行一次质量检查,以掌握物品在贮存期间的变化,发现问题及时采取各项养护措施,并做好记录。
4) 温湿度管理:可采取库房挂棉门帘密封、玻璃门窗和外墙涂白或地面铺干砂土及通风和吸潮的办法,以保持库温在 30 ℃ 以下,相对湿度 75% 以下。
5) 安全作业:搬运操作应穿戴工作服、胶围裙、胶手套、护目镜、口罩等,搬运时不得背负肩扛,只能用手搬,要轻拿轻放,避免摔震、撞击。
6) 保管期限:1 年。

注意事项:灭火不可用水,只能用干砂、干粉扑救。接触皮肤立即用大量水冲洗,呼吸道受刺激立即停止作业,先到空气流通处休息,再行治疗。

B8.21 品名:氯化亚砜

编号:81037

别名:亚硫酰(二)氯、二氯氧化硫

化学式:$SOCl_2$

分子量:118.97

特性:无色或淡黄色发烟液体,在空气中能挥发出浓烟。相对密度 1.640(15.5 ℃/15.5 ℃);熔点－105 ℃;沸点 78.8 ℃;相对蒸气密度 4.1。遇水或水蒸气则分解为二氧化硫、一氯化硫、盐酸、氯等。在碱溶液中水解,溶于三氯甲烷。有强烈刺激性、窒息性气味,有腐蚀性和毒性。本身不燃烧,接触皮肤引起灼伤。用于有机合成,制造酰氯、有机酸酐、催化剂等。

包装:装入磨砂口或螺丝口玻璃瓶中,瓶口塞紧,用聚乙烯塑料薄膜扎紧后再套一层胶套,或用石蜡、石膏混合剂封严,装入坚固木箱,箱内用蛭石、石棉灰或轻体碳酸钙衬垫,箱外用铁皮或铁丝加固,每箱净重不超过 20 kg。包装外标志齐全。

贮存条件:养护、注意事项同 B8.20。

B8.22 品名:氧氯化铬

编号:81038

别名:铬酰氯、氯化铬酰、二氯氧化铬

化学式:CrO_2Cl_2

分子量:154.92

特性:深红色流动液体,有强烈焦灼味,在空气中能发烟,易溶于四氯化碳、四氯乙烷、二硫化碳。相对密度 1.915(25 ℃/4 ℃);熔点－96.5 ℃;沸点 115.7 ℃。与水反应剧烈,分解成铬酸、盐酸、氯化铬、氯等。有强烈腐蚀性、剧毒性,对人体皮肤、眼均有强腐蚀性和毒性。本身为强氧化剂,与易燃物、有机物、还原剂均有强烈反应并能引起火灾,特别是与同属腐蚀物品的卤化磷类接触立即着火燃烧。

主要用途:用于有机氧化剂制造、染料。

包装:装入磨砂口或螺丝口玻璃瓶中,瓶口用石膏、石蜡封严后再用塑料薄膜扎紧,再装入坚固木箱,每箱净重不超过 20 kg。箱内用石棉灰、碳酸钙等不燃材料衬垫妥实,箱外用铁皮或铁丝加固。包装外标志齐全明显。

贮存条件:宜贮存在通风、干燥的库房内,注意防潮。与氧化剂、还原剂、有机物、食品添加剂、碱类及易燃物隔离存放。

养护:

1) 入库验收:首先查看包装是否沾有其他物品或异物,包装完好,封口严密,无破漏和封口不严,衬垫符合包装要求,发现问题及时处理,做好记录。

2) 堆码苫垫:根据库房大小,可码 4 箱或 6 箱为一批的行列式货垛,垛高 2 m 以下,垛距 80～90 cm,墙距 30～50 cm,顶距不小于 1 m。

3) 在库检查:保管员除每天进行班前班后的安全检查外,每三个月对所管物品进行一次质量检查,发现问题及时处理,做好记录。

4) 温湿度管理:应采取库房门挂棉帘、门窗玻璃和库房外墙涂白等降温措施。梅雨季节可在库内放氯化钙吸潮,或利用早晚库外温度低于库内时进行通风降温。当库外温度、相对湿度、绝对湿度都低时,可进行通风散潮,以保持库温在 30 ℃ 以下,相对湿度在 75% 以下。

5) 安全作业:操作人员必须穿工作服,戴手套和胶皮围裙,注意轻搬轻放,防止摔震和撞击。

6) 保管期限:1 年。

注意事项:灭火只能用干粉、干砂、二氧化碳扑救,不能用水。救火时必须戴防毒面具以防中毒。皮肤受伤可立即用大量水冲洗后用硫代硫酸钠敷伤处后送医院诊治。误入口内可用温水或 2% 硫代硫酸钠洗胃。

B8.23 品名:氧氯化磷

编号:81040

别名:氯化磷酰、磷酰氯、二氯氧化磷

化学式:$POCl_3$

分子量:153.35

特性:无色透明发烟液体,有强烈刺激性臭味,在水中及醇中分解并发热。相对密度 1.67(20 ℃/20 ℃);熔点 2 ℃;沸点 107 ℃。强烈吸收空气中的水分而分解发烟,遇水猛烈分解爆炸。与金属钠、锌接触能产生极大反应热并有着火危险。与易燃液体接触能产生较高反应热。与二硫化碳、丙酮急剧反应并产生氯化氢气。与二甲亚砜接触能产生激烈反应有爆炸的危险。与纤维接触能着火。

主要用途:医药、试剂、农药制造。

包装:装入磨口或螺丝口玻璃瓶中塞紧内盖,拧紧螺丝盖瓶口用石蜡、石膏混合封口剂严封,或用塑料薄膜扎紧再套一层胶套,装入坚固木箱,箱内用蛭石、石棉灰、轻体碳酸钙等不燃材料填充,箱体用铁丝或铁皮加固。包装标志齐全。

贮存条件:应贮存在阴凉、干燥、通风的库房,库内注意保持干燥。与氧化剂、易燃物、有机物、还原剂,特别是水溶液等都要隔离存放。远离热源、火源,库温不宜超过 30 ℃。

养护:

1) 入库验收:主要检验包装外有无污染或沾有其他杂质,包装封口完好,无渗漏现象,包装衬垫符合包装要求,物品为澄清透明无沉淀的液体。

2) 堆码苫垫:码行列式货垛,垛底垫高 15～20 cm,垛高不超过 2 m,留出垛距 80～90 cm,墙距 30～50 cm。

3) 在库检查:保管员除每天进行班前班后的安全检查外,还应每三个月对库存物品进行一次质量检查,检查内容与入库验收不同,发现问题及时采取封口、吸潮、整理等养护措施。

4) 温湿度管理:采取库房挂棉门帘或改造成双道门、加避风阁,以保持库温在 30 ℃以下。雨季在库房密封的基础上,采取通风散潮或用氯化钙库内吸潮的办法,使相对湿度保持在 75% 以下。

5) 安全作业:操作人员应穿工作服、戴手套、护目镜,要轻搬轻放,不得摔、扔和撞击。

6) 保管期限:半年。

注意事项:火灾不得用水,只能用干砂土、干粉、二氧化碳。人身中毒可移至新鲜空气处进行人工呼吸,保持体温。接触皮肤可用肥皂水和大量水冲洗,眼睛受到刺激可用温水冲洗 15 min。

B8.24 品名:三氯化磷

编号:81041

化学式:PCl_3

分子量:137.34

特性:无色澄清液体,在潮湿空气中能发烟,极易挥发,与乙醚、四氯化碳、苯、二硫化碳可任意混合。相对密度 1.574,沸点 74～76 ℃;熔点 -112 ℃;蒸气压 13 332.2 Pa(21 ℃);相对蒸气密度 4.75。溶于水及醇同时分解放出热及大量烟雾,有极强腐蚀性和刺激性,对皮肤、眼及黏膜能引起极强灼伤。有剧毒,在空气中最大允许含量为 $0.5×10^{-6}$。遇硝酸、乙酸、磷化氢能分解发热并能引起冒烟、燃烧和爆炸。除铅、镰外,对各种金属都有腐蚀性,与氧作用生成氧氯化磷,与硫作用生成硫氯化磷。遇有机化物能引起燃烧,遇氧化物(如过氧化钠、二氧化铅)能放热并有引起爆炸的可能。

主要用途:有机合成、催化剂、医药及染料等。

包装:25 kg 耐酸陶瓷坛装,封口用石膏、水泥密封牢固,再装入半透笼木箱,箱内用煤渣或矿渣衬垫妥实。5 kg 以下磨口或螺丝口玻璃瓶装,封口用石蜡、石膏封严后再用塑膜扎紧,再装入坚固木箱,用碳酸钙或石棉灰衬垫牢固,防止容器相互碰撞。包装外标志齐全。

贮存条件:宜贮存在干燥、通风的库房内。与有机物、易燃物、碱等隔离存放。避免日光直晒,库内温度不宜超过 30 ℃,相对湿度宜保持在 75% 以下。

养护：
1) 入库验收：验包装有无沾染杂物和其他物品，封口应严密无烟雾发生，包装完整，衬垫符合包装要求，发现问题及时处理，做好记录。
2) 堆码苫垫：应码行列式货垛，垛底垫高 15～20 cm，垛高不超过 2 m，留出垛距 80～90 cm，墙、柱距 30～50 cm。
3) 在库检查：保管员除每天进行班前班后的安全检查外，还应每三个月进行一次质量检查，其内容与入库验收同，发现问题时采取封口、降温、吸潮、整理等养护措施。
4) 温湿度管理：采取库房挂棉门、窗帘或加盖避风阁密封库房，门窗玻璃涂白，利用早晚或干燥天气进行通风及库内吸潮相结合的办法降温和降潮，使库温保持在 30 ℃以下，相对湿度保持在 75%。
5) 安全作业：操作人员必须穿工作服，戴手套、防护眼镜和口罩，注意轻搬轻放，不得背负肩扛。
6) 保管期限：半年。

注意事项：灭火可用干砂、二氧化碳扑救，不可用水，救火时应戴防毒面具。眼睛及皮肤灼伤立即用清水冲洗 15 min 以上再行医治。

B8.25 品名：五氯化磷

编号：81042

化学式：PCl_5

分子量：208.31

特性：白色或淡蓝色结晶，在潮湿空气中能发烟，有潮解性，遇水及醇时发热分解冒烟，甚至能引起爆炸。有强烈刺激性气味，对眼有害。相对密度 3.60；熔点 148 ℃（加压）；160 ℃升华，部分分解。溶于二硫化碳及四氯化碳，与有机物接触能引起燃烧，与金属钠、铝接触能爆炸和着火，与镁接触能发高热。

主要用途：有机合成、催化剂、医药。

包装：装入耐酸坛中，用石膏严密封口再装入坚固木箱，箱内用不燃材料（如蛭石、轻体碳酸钙、石棉灰等）衬垫牢固，箱外用铁皮或铁丝加固。装入磨砂口或螺丝口玻璃瓶中，瓶口用石膏、石蜡混合剂封严，装入坚固木箱，箱内用不燃材料衬垫牢固，箱外用铁丝或铁皮加固。包装外标志齐全。

贮存条件：宜贮存在阴凉、干燥、通风的库房，库内温度 30 ℃以下，相对湿度不超过 75%。与铝、镁、钠等金属及有机物隔离存放。

养护：
1) 入库验收：检查物品色泽，是否潮解、溶化，包装及封口是否严密。
2) 堆码苫垫：垛底应垫高 15～20 cm，垛距 90 cm，墙距、柱距 30～50 cm，货垛堆高不超过 2.5 m。
3) 在库检查：在库贮存期间，除每日班前班后对货垛及库内外各进行一次检查外，每季度定期检查一次。
4) 温湿度管理：库内注意保持干燥，梅雨季相对湿度超过 75%时，可用吸湿机或氯化钙、生石灰吸湿。

5) 安全作业:搬运操作人员应穿工作服,戴胶围裙、胶手套,搬运操作时注意不得重摔、撞击。
6) 保管期限:1年。

注意事项:火灾不得用水,只能用干砂、干粉扑救。接触皮肤可用大量温水及肥皂水冲洗。

B8.26 品名:四氯化硅

编号:81043

别名:氯化硅

化学式:$SiCl_4$

分子量:169.92

特性:无色液体,在空气中能发烟,有强烈刺激性、窒息性气味,易与苯、醚、三氯甲烷混合,易溶于碳氢化合物及其卤代物。相对密度1.483;熔点-70 ℃;沸点59 ℃;折光率1.412。遇水能引起剧烈分解并产生大量热,对人体皮肤、眼及黏膜有强烈刺激性和腐蚀性。对金属及有机物有强烈腐蚀性,与氧化剂反应剧烈并产生高热。

包装:磨口或螺丝口玻璃瓶,瓶口用石膏、石蜡密封后再用聚氯乙烯薄膜扎紧,装入坚固木箱,内衬碳酸钙或石棉灰、蛭石等不燃性物料,箱外用铁丝或铁皮加固。包装外标志明显。

贮存条件:宜贮存在阴凉、通风、干燥的库房内,避免日光直晒,远离热源,防止受潮。库温不得超过30 ℃,相对湿度宜保持在75%以下。与氧化剂、碱类、金属隔离存放。

养护:

1) 入库验收:首先查验包装是否完好无破损,封口是否严密,有无沾染可燃物、还原剂或其他物品,再检验有无沉淀和杂质,包装衬垫应符合要求。
2) 堆码苦垫:码垛前可根据库房地势高低,垛底垫高15~20 cm,堆垛较小型行列式货垛,垛高不超过2 m,垛距80~90 cm。
3) 在库检查:保管员除每日班前班后对所管库房货场进行安全检查外,还应每三个月进行一次质量检查,检查内容与入库验收同。
4) 温湿度管理:除采取库房挂棉门帘或加盖避风阁密封库房外,还应将库门窗玻璃和库房外墙涂白,加强通风吸潮以保持库温在30 ℃以下,相对湿度75%以下。
5) 安全作业:操作人员必须穿工作服,戴手套、护目镜和胶皮围裙。更换容器必须在干燥天气进行,注意轻搬轻放,避免摔、扔和撞击。注意不得重摔、撞击。
6) 保管期限:半年。

注意事项:灭火只能用干砂、二氧化碳,不得用水。如不慎沾染眼睛及皮肤,立即用大量水或碳酸氢钠冲洗,然后到医院诊治。

B8.27 品名:四氯化碲

编号:81044

别名:氯化碲

化学式:$TeCl_4$

分子量:269.4

特性:白色极易潮解的结晶性固体,加热至225 ℃时熔化,呈黄色液体,再加热开始变为暗红色。相对密度3.01;沸点380 ℃(分解)。遇水即分解为氧氯化物、氯化氢及亚碲酸。溶于水、乙醇、三氯甲烷、甲苯、盐酸,不溶于二硫化碳。遇水产生氯化氢。有腐蚀性及毒性,工作场所有 0.1 mg/m³ 的浓度呼气就有蒜臭性,在此浓度以上就出现中毒症状。据以往经验,尿中如发生恶臭,即为中毒预兆。对北京鸭经口摄入试验(饲料含碲量 $50×10^{-6}$),第三周死亡率为 10%,第四周为 40%。

包装:玻璃瓶包装,外加木箱,内衬不燃材料。

贮存条件:贮存于通风、干燥的库房,避免日光暴晒,防止辐射热、防止受潮。与可燃物、碱类物质和铁盐隔离贮运。

养护:
1) 入库验收:入库前必须检查包装有无破损、渗漏,如发现破损必须更换包装,然后入库。
2) 堆码苫垫:堆码时底部必须垫高以防潮湿。
3) 在库检查:班前班后必须进行安全检查,并做好记录。
4) 温湿度管理:注意控制湿度,打开门窗通风。
5) 安全作业:操作人员必须穿戴耐酸防护用品。处理泄漏物时,须戴好防毒面具与手套,用砂土混合铲入桶内,送到空旷地方,慢慢倾入水里,经分解后稀释的污水放入废水系统。

注意事项:消防人员必须穿戴全身防护服,可用砂土、二氧化碳灭火。应使吸入烟雾的患者脱离污染区,安置休息并保暖。眼睛受刺激立即用大量水冲洗。皮肤接触用水冲洗,再用肥皂彻底洗涤。误服立即漱口,急救再送医院治疗。

B8.28 品名:三氯化铝(无水)

编号:81045

化学式:$AlCl_3$

分子量:133.34

特性:白色或微黄色粉末或颗粒状结晶,粗制品为黄褐色,有强烈刺激性盐酸味,遇潮湿空气能发白烟,遇水能放高热,激烈时能起火甚至爆炸。相对密度 2.44;熔点 190 ℃(25 大气压);升华 178 ℃,沸点 182.7 ℃。易溶于水、醚、三氯甲烷、二硫化碳及四氯化碳、无水乙醇等。具有强酸性、腐蚀性,对人体皮肤及呼吸道有严重刺激性和腐蚀性,遇各种强氧化剂(如氯酸盐、硝酸盐)均有强烈放热反应。

主要用途:有机合成、石油精炼、医药、染料等。

包装:工业品用镀锌铁桶或内衬聚氯乙烯薄膜的黑铁桶包装,桶盖必须严密封闭,每桶 50 kg。玻璃瓶装,磨口瓶或螺丝口瓶加聚乙烯内盖,内盖用聚苯乙烯封闭后,再拧紧外盖,或在瓶内加一塑料袋好再封严,外盖用石膏、石蜡混合剂封口,每瓶装 250 g 或 500 g,然后装入木箱,箱内用不燃材料衬垫妥实,箱外用铁丝捆扎牢固。各种包装必须有明显的品名、规格、重量、批号、生产厂及"腐蚀物品"等标志。

贮存条件:应贮存在干燥、通风的库房内,防止受潮。与碱类、氧化剂、有机物隔离存放,库内易燃物(如废包装物品)必须及时消埋,以防止不慎接触引起火灾。库内相对湿度宜保持在 75% 以下。

养护:
1) 入库验收:验包装有无沾染其他物品和异物,包装应完整,封口有效,无结块或吸水溶化现象。工业品颜色允许微黄,试剂品为白色结晶。发现问题及时处理,做好记录。
2) 堆码苦垫:货垛垛底垫高 15 cm 以上,桶装垛高 2 m 以下。木箱装码行列式货垛,垫高 15 cm,垛高 2.5 m 以下,垛距 80～90 cm,墙距、柱距 30～50 cm,顶距不小于 1 m。
3) 在库检查:保管员除每日进行班前班后的安全检查外,还应每三个月进行一次质量检查,检查内容与入库验收同,发现问题及时采取密封、更换、整理等养护措施。
4) 温湿度管理:采取库房挂棉门帘密闭库,或加双道门密封,还可用大塑料袋将少量物品封存、箱内碳酸钙埋藏等措施防潮。阴雨天气采取吸潮办法,以保持相对湿度在 75% 以下。
5) 安全作业:操作人必须穿工作服,戴手套。注意轻搬轻放,防止撞击。
6) 保管期限:1 年。

注意事项:火灾可用干砂、二氧化碳,不可用水。接触皮肤可用大量水冲洗,敷氧化锌软膏后送医院诊治。

B8.29 品名:五氯化锑

编号:81047

化学式:$SbCl_5$

分子量:299.05

特性:黄红色油状液体,有恶臭,有吸湿性,在潮湿空气中能猛烈发烟。能溶于水,在大量水中能水解成白色 SbCl 沉淀。相对密度 2.336;熔点 2.8 ℃;沸点 92 ℃。对人体皮肤有强烈腐蚀性,并有剧毒,空气中最大允许浓度 1 mg/m³。

主要用途:有机合成及试剂。

包装:装入坚固的铁桶、桶口应严密不漏,桶皮厚度不小于 1.2 mm,每桶装 200 kg。50 kg 包装可装入马口铁或薄铁桶,严密封闭后再装入坚固木箱或透笼木箱,容器在箱内不得移动。装入磨砂口或螺丝口玻璃瓶,瓶口烫蜡后再用石膏封严,外面再用聚乙烯薄膜扎紧,装入坚固木箱,箱内用碳酸钙或石棉灰衬垫牢固,箱外用铁皮或铁丝加固。箱外标志齐全。

贮存条件:宜贮存在干燥、通风库房,防止受潮,库内相对湿度不宜超过 75%。与碱类、氧化剂、有机物、易燃物隔离存放。

养护:
1) 入库验收:入库验收主要检查物品是否透明,有无沉淀现象,包装是否完整,封口是否严密。
2) 堆码苦垫:大铁桶装应堆成行列式,堆 2 桶高。木箱装可堆高 2 m,保留垛距 90 cm,墙距、柱距 30～50 cm。
3) 在库检查:保管员除每天进行班前班后的安全检查外,还应每三个月进行一次质量检查,检查内容与入库验收同,以随时掌握物品在贮存期间的变化,发现问题及时采取封口、整理、更换等养护措施。
4) 温湿度管理:采取挂棉门帘或加盖双道门的措施,小包装或存量不大时,也可用箱内碳酸钙埋藏密封或厚质塑料袋包裹密封防潮,或用氯化钙库内吸潮等,以保持库温在 30 ℃ 以下,相对湿度在 75% 以下。

5) 安全作业:搬运操作人员必须穿工作服,戴手套和护目镜、胶围裙,小心轻放,切勿摔、扔和撞击。
6) 保管期限:1年。

注意事项:灭火用干砂、二氧化碳,禁止用水。接触皮肤可用大量水冲洗。

B8.30 品名:四氯化锗

编号:81048

别名:氯化锗

化学式:$GeCl_4$

分子量:214.4

特性:无色及流动挥发性液体,在空气中发烟,另有特殊臭味。相对密度1.879(20 ℃);结晶温度(-49.5 ℃);沸点83.1 ℃;相对蒸气密度7.39。遇水分解成氧化锗和氯化氢,并发出爆炸声。微溶于盐酸,溶于苯、醚和其他有机溶剂。在干燥空气中稳定,但在潮湿空气中则因水解而成氯化氢,对大多数金属有腐蚀性。蒸气和液体刺激黏膜、眼睛和皮肤,症状与一般锗化合物没有多大区别。

包装:包装在硼硅玻璃或石英玻璃安瓿中,外加瓦楞纸套或塑料泡垫再装入纸盒。

贮存条件:贮存于阴凉、通风的库房,不得受潮,不可与碱类物品同贮。

养护:
1) 入库验收:检查包装是否有破损,衬垫是否完好,检查之后方可入库。
2) 堆码苦垫:堆垛应垫底,以防潮湿。
3) 在库检查:班前班后应进行安全检查,检查包装有无破漏,发现问题及时处理,并做好记录。
4) 温湿度管理:控制库房温、湿度,湿度不能过大,并做好库房的通风。
5) 安全作业:作业人员必须穿戴防护用品,遇有泄漏,工作人员穿戴防毒面具与手套,在污染地面上洒以碳酸钠。

注意事项:消防人员必须戴防毒面具,用干燥砂土灭火,不可用水。如果吸入蒸气迅速离开污染区,安置休息并保暖。眼睛受刺激用水冲洗。皮肤接触先用水冲洗,再涂敷氧化镁甘油软膏。误服立即漱口,饮水及镁乳,并送医院救治。

B8.31 品名:四氯化钛

编号:81051

化学式:$TiCl_4$

分子量:189.73

特性:无色或浅黄包液体,有刺激性酸性气味,有极强吸湿性,在空气中能发白烟,易溶于水及醇同时发热,遇热水分解生成不溶性盐基性氯化物。能溶于三氯甲烷及四氯化碳,与溴互溶成红色溶液。相对密度1.726;熔点-30 ℃;沸点136.4 ℃。有较强腐蚀性,遇潮湿空气分解产生白色氯化氢烟雾,对人体皮肤、眼、呼吸道有强烈刺激性及腐蚀性。与很多含氧化合物起反应而呈黄红色或褐色。

主要用途:制造颜料、织物媒染剂、烟幕剂、人造珍珠、钛盐等。

包装:磨口或螺丝口玻璃瓶装,瓶口用石膏、石蜡密封后再用聚乙烯薄膜扎紧,装入坚固木箱,内衬碳酸钙或石棉灰、蛭石等不燃性物料,箱外用铁丝或铁皮加固。包装外标志明显。

贮存条件:宜贮存在干燥、通风的库房内,防止受潮,库内相对湿度不超过75%。如发现库内有烟雾,应先行通风后,再检查包装容器有无渗漏破损或封口不严现象。与各种碱类、金属、氧化剂、易燃物等隔离存放。

养护:
1) 入库验收:检查包装是否完整,有无破裂渗漏现象,稍有渗漏即有强烈刺激性臭味,必须经过修补或更换新包装后再入库。
2) 堆码苫垫:垛底垫高15 cm以上,货垛堆成行列式以便于检查,垛高不超过2 m。垛距保持90 cm,墙、柱距30~50 cm。
3) 在库检查:保管员除每天进行班前班后的安全检查外,梅雨季节每月、其他季节每三个月进行一次质量检查,检查内容与入库验收同,发现问题及时处理,做好记录。
4) 温湿度管理:库内应保持干燥,相对湿度不超过75%,阴雨季节库内湿度超过75%时,可用吸湿机或用箱装生石灰块吸潮。
5) 安全作业:搬运操作应穿戴胶围裙、手套、护目镜,搬运时要注意轻拿轻放,不得摔震。
6) 保管期限:半年。

注意事项:灭火可用二氧化碳、干砂,不可用水。沾染眼及皮肤应立即用大量水冲洗后再作诊治。

B8.32 品名:四氯化锡(无水)

编号:81053

别名:氯化锡

化学式:$SnCl_4$

分子量:260.53

特性:无色黏稠发烟液体,易溶于醇、二硫化碳,溶于水能发高热,吸水后变成白色结晶五水化合物。相对密度2.23;熔点-33 ℃;沸点114 ℃;蒸气压1 333.22 Pa(10 ℃)。有强腐蚀性和毒性,遇潮湿空气产生氯化氢白色烟雾,遇H发孔剂能立即引起爆炸和燃烧,遇氰化物能产生剧毒的氰化氢气体。

主要用途:纺织印染、陶瓷、医药等。

包装:200 kg坚固铁桶装,桶口严密不漏,桶皮厚度不小于1.2 mm,装桶前应进行49 033 Pa的水压或气压试验。50 kg装铁桶内衬塑料袋,严密封闭后再装入木箱或透笼木箱,铁桶在箱内应固定不得移动。装入带聚乙烯内盖的螺丝口玻璃瓶内,瓶口应用石膏、石蜡封后再用聚乙烯薄膜扎紧,然后烫一层清蜡,装入木箱,箱内用不燃材料衬垫牢固。包装外标志明显。

贮存条件:宜贮存在干燥、通风的库房内,库内相对湿度不宜超过75%。与氧化剂、可燃物、碱类等分库存放。

养护:
1) 入库验收:查验包装有无沾染杂物和其他物品,包装有无封口不严和渗漏。物品应是无色液体,无沉淀和杂质。
2) 堆码苫垫:桶装垫高15 cm,大桶装码两层高,小桶木箱装码行列式垛,可码2小桶高,使用机械可立码 3 小桶高。木箱装码行列式垛,垛高不超过 2.5 m,留出垛距 80～90 cm,墙、柱距 30～50 cm,顶距不小于 1 m 以便于出入库和检查。

3) 在库检查:保管员除每天进行班前班后安全检查外,还应每三个月进行一次质量检查,检查内容与入库验收同,以随时掌握物品在贮存期间的变化。

4) 温湿度管理:应采取库房挂棉门帘和加盖避风阁等措施,梅雨季节可用氯化钙或吸湿机吸潮降湿,控制库内相对湿度在 75% 以下。

5) 安全作业:操作人员应穿工作服,戴手套和胶皮围裙,轻搬轻放,防止摔、扔和撞击。

6) 保管期限:1 年。

注意事项:火灾可用干砂及二氧化碳,不得用水。接触眼睛及皮肤可用大量清水或肥皂水清洗。

B8.33 品名:三溴化磷

编号:81056

化学式:PBr_3

分子量:270.73

特性:无色发烟液体,有刺激性臭味。能溶于水、醇,并同时分解发热、冒烟,可能发生爆炸,能溶于丙酮、二硫化碳。相对密度 2.852(15 ℃);熔点 −40 ℃;沸点 175.3 ℃;蒸气压 1 333.2 Pa。遇潮湿空气即冒烟产生溴化氢气体。有较强腐蚀性及毒性。与金属钾、钠接触能着火,与乙酸、硝酸、亚硝酸盐接触能引起爆炸,与纤维素接触能引起火灾。主要用于有机合成、化学分析。

包装:装入磨砂口或螺丝口玻璃瓶,瓶塞盖严拧紧后瓶口烫蜡再用石膏封严或用塑料薄膜扎紧并加一层胶套严封后装入坚固木箱,内衬不燃性材料(如蛭石、石棉灰、轻体碳酸钙),箱外用铁丝或铁皮加固。包装外标志明显。

贮存条件:宜贮存在干燥、通风的库房内,与有机物、易燃物、碱等隔离存放。避免日光直晒,库内温度不宜超过 30 ℃,相对湿度宜保持在 75% 以下。

养护:

1) 入库验收:验包装有无沾染物和其他物品,封口应严密无烟雾发生,包装完整,衬垫符合包装要求,发现问题及时处理,做好记录。

2) 堆码苫垫:应码行列式货垛,垛底垫高 15～20 cm,垛高不超过 2 m,留出垛距 80～90 cm,墙、柱距 30～50 cm。

3) 在库检查:保管员除每天进行班前班后的安全检查外,还应每三个月进行一次质量检查,其内容与入库验收同,发现问题及时采取封口、降温、吸潮、整理等养护措施。

4) 温湿度管理:采取库房挂门、窗帘或加盖避风阁密封库房,门窗玻璃涂白,利用早晚或干燥天气进行通风及库内吸潮相结合的办法降温和降潮,使库温保持在 30 ℃ 以下,相对湿度 75% 以下。

5) 安全作业:操作人员必须穿工作服,戴手套、防护眼镜和口罩,注意轻搬轻放,不得背负肩扛。

6) 保管期限:半年。

注意事项:灭火可用干砂、二氧化碳,不可用水,救火时应戴防毒面具。眼睛及皮肤灼伤,立即用清水冲洗 15 min 以上,再行医治。

B8.34 品名:五溴化磷

编号:81057

化学式:PBr_5

分子量:430.56

特性:淡黄色结晶,在潮湿空气中能冒烟并分解成有腐蚀性及毒性溴化氢气体,遇水分解、发热以至于爆炸,溶于二硫化碳、四氯化碳等溶剂,在 100 ℃ 时升华并有部分分解。相对密度 3.60;熔点 148 ℃(分解)。接触金属钠、镁、铝等均能发生高热并引起燃烧。主要用于有机合成。

包装:装入耐酸坛中,用石膏严密封口再装入坚固木箱,箱内用不燃材料(如蛭石、轻体碳酸钙、石棉灰等)衬垫牢固,箱外用铁皮或铁丝加固。装入磨砂口或螺丝口玻璃瓶中,瓶口用石膏、石蜡混合剂封严,装入坚固木箱,箱内用不燃材料衬垫牢固,箱外用铁丝或铁皮加固。包装外标志齐全。

贮存条件:宜贮存在阴凉、干燥、通风的库房,库内温度 30 ℃ 以下,相对湿度不超过 75%。与铝、镁、钠等金属及有机物隔离存放。

养护:

1) 入库验收:检查物品色泽,是否潮解、溶化,包装及封口是否严密。
2) 堆码苫垫:垛底应垫高 15~20 cm 垛距 90 cm,墙距、柱距 30~50 cm,货垛堆高不超过 2.5 m。
3) 在库检查:在库贮存期间,除每日班前班后对货垛及库内外各进行一次检查外,每季度定期检查一次。
4) 温湿度管理:库内注意保持干燥,梅雨季相对湿度超过 75% 时,可用吸湿机或氯化钙、生石灰吸湿。
5) 安全作业:搬运操作人员应穿工作服,戴胶围裙、胶手套,搬运操作时注意不得重摔、撞击。
6) 保管期限:1 年。

注意事项:火灾不得用水,只能用干砂、干粉。接触皮肤可用大量温水及肥皂水冲洗。

B8.35 品名:五氧化(二)磷

编号:81063

别名:磷酸酐

化学式:P_2O_5

分子量:141.96

特性:白色无定形粉末,不纯物为淡黄色,有蒜臭,有毒,极易吸湿成块状并溶化成磷酸放出大量热。相对密度 2.39;347 ℃ 升华;熔点 563 ℃(加压)。对人体皮肤、眼、呼吸道黏膜有极强刺激性,与强氧化剂(如高氯酸盐)接触能发生剧烈反应,与纤维素、有机物接触能引起火灾。

主要用途:制造农药、医药、脱水剂。

包装:装入塑料桶或马口铁桶中严格封闭,再装入木箱,箱内用聚氯乙烯泡垫衬垫牢固,箱外用铁皮或铁丝加固。磨口或螺丝口玻璃瓶装,瓶口用蜡封后再套胶帽封严。再装入坚固木箱,箱内用聚乙烯气泡垫衬垫牢固,箱外用铁皮或铁丝加固。包装外标志齐全。

贮存条件:宜贮存在干燥、通风的库房内,库内应保持清洁卫生。与氧化剂、易燃物、有机物、碱类隔离存放。库内应尽量保持干燥,相对湿度不超过75%为宜。

养护:

1) 入库验收:查验包装有无沾染其他物品或污物,包装及衬垫是否符合要求,物品应无吸潮溶化现象,摇动时应呈细微粉末状。
2) 堆码苫垫:应根据库房地势高低,垛底垫高15～30 cm,码行列式货垛,垛高不超过3 m,并留出垛距80～90 cm,墙、柱距30～50 cm。
3) 在库检查:保管员除每天班前班后对所管库房和货场进行安全检查外,还应每三个月进行一次质量检查,其内容与入库验收同,发现问题及时采取封口、修补、埋藏等养护措施。
4) 温湿度管理:采取密封库房或地面铺一层5 cm厚沙土,或装入塑料袋用碳酸钙埋藏及密封箱和货架等办法,以保持温度在30 ℃以下,相对湿度在75%以下。
5) 安全作业:搬运操作人员应穿工作服、戴手套,注意轻拿轻放,防止摔扔和撞击。
6) 保管期限:1年。

注意事项:灭火可用干砂、二氧化碳,灭火时应戴防毒面具,以防人身中毒。皮肤灼伤用大量清水或小苏打水冲洗后送医院诊治。

B8.36 品名:硫代磷酰氯

编号:81064

别名:三氯化硫磷

化学式:$PSCl_3$

分子量:169.4

特性:无色或淡黄色发烟油状液体,具有刺激性气味,易挥发。相对密度1.63;熔点D型－40.8 ℃,β型－36.2 ℃;沸点125 ℃;蒸气压2 933 Pa(25 ℃);相对蒸气密度5.86。遇水发生剧烈反应,放出近似白色烟雾状氯化氢、硫化氢和磷酸。易溶于苯、三氯化磷、二硫化碳、四氯化碳。与乙醇、甲醇激烈反应,遇高热释出有毒的气体。遇潮时,对大多数金属有强腐蚀性。蒸气刺激黏膜,液体对皮肤有腐蚀性。

包装:玻璃瓶包装,外加木箱,内衬不燃材料。

贮存条件:贮存于阴凉、通风的仓库,防止雨淋受潮。与氧化剂、碱类及食用原料隔离贮运。

养护:

1) 入库验收:检查包装是否完好,瓶口密封不漏,验收合格后方可入库。
2) 堆码苫垫:堆垛应垫高避免受潮。
3) 在库检查:保管员班前班后应进行安全检查,主要检查包装封口、物料等情况。
4) 温湿度管理:注意湿度变化,湿度不能过高,适当打开门窗通风。
5) 安全作业:工作人员必穿戴防护用品,操作中必须轻搬轻放,防止摔扔和撞击。

注意事项:消防人员必须穿戴防毒面具和全身防护服,用二氧化碳、砂土灭火。眼睛受刺激用大量水冲洗,涂敷氯化镁甘油软膏,灼伤要送医院治疗。

B8.37　品名:甲酸

编号:81101

别名:蚁酸

化学式:HCOOH

分子量:46.02

特性:无色透明发烟液体,有刺激性气味,呈强酸性,能与水、醇、醚、甘油等任意混合。相对密度 1.22;熔点 8.4 ℃(无水);沸点 100.5 ℃(无水);凝固点 7 ℃;闪点 68.8 ℃(闭杯);燃点 316 ℃。蒸气有易燃性,爆炸极限 18%~57%。有剧毒,对皮肤有较强的腐蚀性能使皮肤发生水泡和疼痛性灼伤。遇浓度较高的硫酸易脱水生成一氧化碳。为强还原剂,遇氧化剂能发生剧烈化学反应,有时可能引起爆炸,如接触过氧化氢在有机物存在下即能引起爆炸。遇有机溶剂(如糠醇、硝基甲烷)能生成敏感的爆炸混合物。

主要用途:有机合成、印染、橡胶、溶剂等。

包装:装入磨口或螺丝口玻璃瓶或塑料瓶中,封口用蜡封,再用塑料薄膜扎紧,装入坚固木箱,箱内用聚氯乙烯泡垫衬垫妥实,箱外用铁皮或铁丝加固。包装外标志明显。

贮存条件:宜在阴凉、通风的库房内贮存。与各种碱类、氧化剂、强含氧酸类隔离存放。库温最高不宜超过 30 ℃,相对湿度不超过 85%。

养护:同 B8.8 氢氟酸。

保管期限:1 年。

注意事项:灭火用雾状水、二氧化碳,灭火时应戴防毒面具。

B8.38　品名:三氟乙酸

编号:81102

别名:三氟醋酸

化学式:CF_3COOH

分子量:114.0

特性:无色发烟液体,具有强烈刺激性气味,有吸湿性。相对密度 1.4890;熔点 －5.6 ℃;沸点 71.1 ℃;蒸气压 $1.37×10^4$ Pa(25 ℃)。极易溶于水。不燃,受热分解。和酸类接触放出有毒气体。遇潮时,对大多数金属有腐蚀性。有毒,毒性比一氟乙酸小,误服或吸入会中毒。蒸气对皮肤、眼睛和黏膜有强刺激性。液体对皮肤、眼睛和黏膜会引起腐蚀性灼伤。

包装:玻璃瓶外木箱包装内衬不燃材料。外包装加腐蚀品标志。

贮存条件:贮存于阴凉、干燥、通风良好的仓库,远离热源、火源,与碱类、H 发孔剂、氰化物隔离贮运。

养护:

1) 入库验收:主要检查包装有无渗漏,物品是否变质,检查合格后入库。
2) 堆码苫垫:堆垛时垛底应垫高以免物品受潮。
3) 在库检查:保管员班前班后对库房、货架、货场应进行检查,每隔一段时间也应检查一次包装、封口,物品有无变质,如发现问题及时处理,并做好记录。
4) 温湿度管理:严格控制温湿度,天气炎热时可打开门窗通风。
5) 安全作业:作业人员必须穿工作服。

注意事项：消防人员必须穿戴防毒面具和全身特殊防护服，用干粉、砂土灭火，不可用水或泡沫施救。吸入蒸气的患者脱离污染区，安置休息，并保暖，严重者须就医。眼睛受刺激用水冲洗，严重者就医诊治。皮肤接触先用水冲洗，再涂敷氧化镁甘油软膏，起水泡须就医。误服立即漱口，饮水及镁乳，急送医院救治。

B8.39　品名：乙基硫酸

编号：81104

别名：酸式硫酸乙酯、硫酸氢乙酯

化学式：$C_2H_5HSO_4$

分子量：126.1

特性：无色油性液体。相对密度1.361(17)；沸点280 ℃（分解）。与水反应放出热，遇水或蒸气反应，产生热量。遇热分解释放出 SO_x 的剧毒烟雾。误服会中毒、对皮肤、眼睛和黏膜有强烈刺激性和强腐蚀性。

包装：玻璃瓶外加木箱包装，内衬不燃材料，外包装上有腐蚀品标志。

贮存条件：贮存于阴凉、通风、干燥的房间，与氰化物、碱类物品隔离贮存。

养护：

1) 入库验收：进行外观检验，检查包装是否完好无损封口是否严封不漏，验收合格方可入库。
2) 堆码苫垫：垛底应垫高，不得受潮。
3) 在库检查：班前班后对库房货垛进行安全检查，每隔一段时间对物品还要进行定期检查，检查包装，封口、颜色等有无问题，发现问题及时处理，并做好记录。
4) 温湿度管理：采取适当措施降温，如开门通风。
5) 安全作业：作业人员必须穿工作服、戴防护用品。遇有泄漏覆盖足量小苏打混合均匀后用水冲洗，经稀释后污水排入废水系统。

注意事项：消防人员必须穿戴防毒面具和全身防护服，用砂土、二氧化碳灭火。眼睛受刺激用水冲洗，严重者须就医。皮肤接触先用水冲洗，再用肥皂彻底洗涤，如有灼伤须就医。误服立即漱口，饮水及镁乳，急送医院诊治。

B8.40　品名：溴乙酰

编号：81110

别名：乙酰溴

化学式：CH_3COBr

分子量：122.96

特性：无色发烟液体，在空气中渐变成黄色，有极强刺激性，能溶于醚、三氯甲烷、苯。相对密度1.52；凝固点-66 ℃；沸点81 ℃；闪点<6 ℃。易燃，遇水及醇起剧烈分解反应生成刺激性、腐蚀性较强的溴化氢气体，对人体皮肤、眼及呼吸道黏膜有较强刺激性和腐蚀性，并有剧毒。遇强氧化剂（如氯酸盐、硝酸盐、高锰酸盐、重铬酸盐、过氧化物）都能发生剧烈化学反应，遇强酸（如硝酸）产生剧烈化学反应，遇乙醇有剧烈反应。

主要用途：用于有机合成及染料。

包装：装入磨口或螺丝口玻璃瓶，瓶口用蜡封后再用石膏封严，然后用聚乙烯薄膜扎紧，装入坚固木箱内，并用不燃材料（如碳酸钙等）衬垫，箱外用铁皮或铁丝加固。箱外标志齐全。

贮存条件：贮存于阴凉、通风、干燥的库房内，防止日光直射，库温不超过 30 ℃，相对湿度不超过 75%。与氧化剂、各种碱及易燃物隔离存放。

养护：

1) 入库验收：首先检查包装是否粘有异物或其他物品，包装及衬垫是否符合要求，包装封口完好，无挥发渗漏现象，各种标记清楚明显。物品为无色透明，无杂质。
2) 堆码苫垫：垛底应垫高 15 cm 以上，码行列式货垛，垛高不超过 2 m，并留出垛距 80～90 cm，墙、柱距 30～50 cm，顶距不小于 1 m。
3) 在库检查：保管员除每天进行班前班后的检查外，还应每三个月进行一次质量检查，如发现问题及时采取养护措施，并做好记录。
4) 温湿度管理：采取挂门帘或关双道门密封库房，地面铺砂土，屋内用氯化钙吸潮，小包装的也可用碳酸钙箱内埋藏和装塑料袋密封，或密封货架，密封桶或玻璃干燥器密封法等，以保持温度在 30 ℃ 以下，相对湿度在 75% 以下。
5) 安全作业：搬运操作工人必须穿工作服，戴手套和胶皮围裙，注意轻拿轻放，防止摔扔和撞击。

注意事项：火灾禁止用水扑救，可用干砂、泡沫、干粉扑救，救火时应戴防毒面具。接触皮肤用肥皂水冲洗再涂氧化锌软膏后送医诊治。

B8.41 品名：溴乙酰溴

编号：81112

别名：溴化溴乙酰

化学式：$BrCH_2COBr$

分子量：201.9

特性：无色或浅黄色液体，具有刺激性气味。相对密度 2.317；沸点 147～150 ℃；折光率 1.5480。遇水或乙醇分解。溶于苯、乙醚和三氯甲烷可燃，可燃性较溴乙酰为低。遇潮对大部分金属有腐蚀性。与碱类（如氨及其溶液、肼及其碱液）发生剧烈反应。能严重烧伤皮肤、眼和黏膜，与水发生剧烈反应并放出白色烟雾状的刺激性和腐蚀性溴化氢气体。

包装：玻璃瓶外加木箱，内衬不可燃材料，外包装上加腐蚀品标记。

贮存条件：贮存于阴凉、通风良好的不燃材料的库房内，密封、防潮，不可与水接触，远离容易起火的地方。与氧化剂、碱类、醇类和含水物品隔离存放。

养护：

1) 入库验收：主要检查包装，封口情况，遇有破损及时处理。
2) 堆码苫垫：垛底应垫高，以防受潮。
3) 在库检查：保管员除每天班前班后对库房，货垛进行安全检查，每三个月检查一次，如有破损更换包装，并做好记录。
4) 温湿度管理：严格控制温湿度，热天早晚可打开门窗通风，库房温度不能过大。
5) 安全作业：工作人员必须穿工作服，遇到泄漏，立即切断一切火源，戴好防毒面具与手套。用小苏打覆盖并混合均匀，将混合物摊开，用大量水冲洗，经稀释的废水排入污水系统。

注意事项：不可用水或泡沫灭火剂灭火，可用二氧化碳干粉灭火剂灭火。应将吸入蒸气的患者脱离污染区,安置休息并保暖,严重者就医诊治。眼睛受刺激用水冲洗,严重者就医诊治。皮肤接触先用水冲洗,再用肥皂彻底洗涤。误服立即漱口,饮水及蜂乳,并送医院。

B8.42　品名:戊酰氯

编号:81115

化学式:$(CH_3)_2CHCH_2COCl$

分子量:120.6

特性:带有刺激性气味的液体。相对密度 1.016 ℃;沸点 125～127 ℃;折光率1.4216。与水反应释放出腐蚀性的氯化氢气体。易燃,闪点 23 ℃。对大多数金属有腐蚀性,蒸气与液体能刺激和腐蚀眼睛、皮肤和呼吸系统。与水反应,放出似白色雾状的腐蚀性的氯化氢气体。

包装:玻璃瓶包装外加木箱,内衬不燃材料。

贮存条件:贮存于阴凉、干燥、通气良好的不燃材料结构的库房,密闭贮存,不可受潮,远离容易起火的地方。与氧化剂、碱类、醇类和含水物品隔离贮存。

养护:

1) 入库验收:主要进行外观检查,包装、封口、标志物料外观,如有包装破损,更换后方可入库。
2) 堆码苫垫:垛底应垫高,以免物料受潮。
3) 在库检查:保管员班前班后均应进行安全检查,检查包装有无破损,物料有无变化,每隔 2～3 个月进行一次全面检查,发现问题及时处理,并做好记录。
4) 温湿度管理:控制温、湿度,炎热天气早晚可打开门窗降温。
5) 安全作业:轻装轻卸,防止容器受损,遇有泄漏,切断火源,戴好防毒面具和手套,用小苏打覆盖,并混合均匀,将混合物摊开用大量水冲洗,稀释的污水放入废水系统。

注意事项:应使吸入蒸气的患者脱离污染区,安置休息,并保暖。眼睛受刺激用水冲洗,严重者就医诊治。皮肤接触先用水冲洗再涂敷氧化镁甘油软膏。误服立即漱口,饮水及镁乳,急送医院。

B8.43　品名:乙二酰氯

编号:81116

别名:氯化乙二酰、草酰氯

化学式:$ClCOCOCl$

分子量:126.9

特性:无色发烟液体,具有刺鼻恶臭。相对密度 1.455;熔点 -12 ℃;沸点 63～64 ℃。遇水分解生成盐酸与草酸,遇高温(600 ℃)或脱水剂($AlCl_3$)共存时加热分解为光气和一氧化碳。可燃,与钾钠合金接触剧烈反应。对皮肤、眼睛、黏膜有强的刺激作用,可引起严重的皮肤灼伤。吸入少量的草酰氯时,整天饮食感到有强烈的煤烟臭,使人食欲不振,4～10 天后夜间咳嗽加剧,呼吸困难,白天并无异状。即使从事轻工作也感到很疲劳,并患腹泻、呕吐、头痛、喘息、心脏肥大等疾病,在外部虽不显症状,但已引起视力障碍,看灯火时眼花,四周后才能勉强恢复,但会遗留吸收促迫心动过速等症。

包装:玻璃瓶外加木箱,内衬不燃材料。

贮存条件:贮存在于阴凉、干燥、通风良好的库房,远离热源、火源。密封贮存,与氧化剂、氰化物、碱类及含水物品隔离。

养护:
1) 入库验收:主要检查包装、封口、物料颜色等是否有变化,如有破损,更换包装后方可入库。
2) 堆码苫垫:堆码不宜太高,垛底应用木板垫起以免受潮。
3) 在库检查:保管员班前班后应进入一次安全检查,每二三个月进行一次全面检查,检查包装物料外观等,发现问题及时处理,并做好记录。
4) 温湿度管理:库房温度、湿度不能过高,应采取适当的降温措施。
5) 安全作业:工作人员必须穿工作服,遇有泄漏,戴好防毒面具与手套,用小苏打覆盖混合均匀,用大量水冲洗,经稀释的水放入废水系统。

注意事项:不可用水灭火,而用砂土、干粉、二氧化碳灭火,消防人员须戴氧气防毒面具和全身防护服。吸入蒸气的患者应迅速离开污染区安置休息并保暖,严重者须就医诊治。眼睛受刺激用水冲洗,溅入眼内的严重患者须就医诊治。皮肤接触先用水冲洗,再涂敷氧化镁甘油软膏,如有灼伤须就医诊治。误服立即漱口,饮水及镁乳,急送医院。

B8.44 品名:氯乙酰氯

编号:81118

别名:氯化氯乙酰

化学式:$ClCH_2COCl$

分子量:113.0

特性:无色至淡黄色液体,具有强刺激性和催泪性臭味。相对密度1.495;熔点-22.5 ℃;沸点$105\sim106$ ℃;折光率1.4530;蒸气压6 265 Pa(20 ℃)。遇水分解,不燃。能与很多物质发生剧烈反应造成燃烧爆炸。遇潮时对大多数金属有强腐蚀性。毒性强,蒸气能严重刺激和腐蚀眼睛、皮肤和呼吸系统,吸入可引起肺水肿,严重者可致死。可引起咽喉痛、咳嗽、气急呼吸困难,腹痛腹泻症状,可使眼睛、皮肤充血、疼痛、烧伤、视力模糊。与水发生强烈反应,散发出白色烟雾状、刺激性和腐蚀性氯化氢气体。遇热分解释出高毒的氯化物烟雾。

包装:玻璃瓶包装,外加木箱,内衬不燃材料。外包装加腐蚀品标志。

贮存条件:贮存于阴凉、干燥、通风良好的仓库,远离火种、热源。与氰化物、H发孔剂、碱类隔离贮存。

养护:
1) 入库验收:主要检查包装是否完好,封口是否严密,物料外观有无变化,合格后方可入库。
2) 堆码苫垫:垛底应用木板垫高,防止受潮。
3) 在库检查:保管员每日班前班后都要进行安全检查,每二三个月再检查一次,发现问题及时处理,并做好记录。
4) 温湿度管理:库内温度保持在常温以下,湿度不能过高。
5) 安全作业:工作人员应穿防护服,戴防毒面具、手套,操作遇有泄漏撒上足量小苏打,将其混匀在地面摊开,用大量水冲洗,经稀释后的废水放入污水系统。

注意事项:用砂土、干粉、二氧化碳灭火。着火时可用水喷淋冷却容器,但不能直接与水接触,消防人员必须穿戴氧气防毒面具和全身防护服。吸入蒸气的患者脱离污染区,安置休息,并保暖,严重者送医院救治。眼睛受刺激用水冲洗,对溅入眼内的严重患者务就医诊治。皮肤接触先用水冲洗,再用肥皂彻底洗涤涂敷氧化镁甘油软膏。误服立即漱口,饮水及镁乳,急送医院救治。

B8.45 品名:二甲氨基甲酰氯

编号:81119

化学式:$(CH_3)_2NCOCl$

分子量:107.6

特性:无色或发黄液体,带有令人不愉快的气味。相对密度1.168;熔点-33 ℃;沸点$167\sim168$ ℃;折光率1.4540;相对蒸气密度3.73。不与水溶混,与水发生反应放出氯化氢烟雾。可燃,闪点68 ℃,遇高热、火焰或与氧化剂接触有燃烧危险。对皮肤、眼睛和黏膜有腐蚀性。遇水或水蒸气能产生有毒和腐蚀性烟雾。

包装:玻璃瓶包装,外加木箱,内垫不燃材料。

贮存条件:贮存于阴凉、干燥、通风良好的仓库,远离火种、热源。与氰化物、氧化剂、碱类隔离贮存。

养护:

1) 入库验收:主要检查包装是否完好,封口严密,物料外观有无变化,合格后方可入库。

2) 堆码苫垫:垫底应用木板垫高,防止受潮。

3) 在库检查:保管员每日班前班后都要进行安全检查,每二三个月再进行全面检查,发现问题及时处理,并做好记录。

4) 温湿度管理:严格注意库房温湿度,炎热天气应采取措施降低温度,早晚可打开门窗通风。

5) 安全作业:工作人员应穿防护服,戴防毒面具、手套。轻装轻卸、防止容器受损。

注意事项:用砂土、干粉、二氧化碳灭火。着火时可用水喷淋冷却容器,但不能直接与水接触,消防人员必须穿戴氧气防毒面具和全身防护服。吸入蒸气的患者脱离污染区,安置休息并保暖,严重者送医院救治。眼睛受刺激用水冲洗,对溅入眼内的严重患者须就医诊治。皮肤接触先用水冲洗,再用肥皂彻底洗涤。误服立即漱口,饮水及镁乳,急送医院。

B8.46 品名:苯甲酰氯

编号:81121

别名:氯化苯甲酰

化学式:C_6H_5COCl

分子量:140.57

特性:无色透明有刺激性发烟液体,溶于乙醚、苯、二硫化碳。相对密度1.22;熔点-1 ℃;沸点197 ℃;闪点67 ℃;爆炸下限1.1%。遇水、水蒸气或乙醇反应剧烈并放热。蒸气对人体眼、鼻有强烈刺激性,液体能腐蚀皮肤。受热后能产生剧毒性光气。遇碱性物质放高热能燃烧,遇氧化剂和强含氧酸都产生剧烈反应并能引起燃烧。

主要用途:合成香料、染料、有机合成。

包装:装入磨口或螺丝口玻璃瓶,瓶口用蜡封后再用石膏封严后用聚乙烯薄膜扎紧,装入坚固木箱内,并用不燃材料(如碳酸钙等)衬垫,箱外用铁皮或铁丝加固。箱外标志齐全。

贮存条件:宜贮存在阴凉、通风、干燥的库房内,避免日光直晒,远离热源或火源。与氧化剂、强含氧酸、碱性物质、氰化物、H 发孔剂、可燃物等隔离存放。库温不宜超过 30 ℃,相对湿度宜保持 75% 以下。

养护:
1) 入库验收:主要查验包装有无污染或沾染其他异物,包装封口应严密不漏,无挥发分解现象,包装衬垫符合要求。
2) 堆码苫垫:垛底垫高 15 cm 码行列式货垛,垛高不超过 2 m,垛距 80~90 cm,墙距、柱距 30~50 cm,顶距不小于 1 m。
3) 在库检查:除认真执行班前班后的安全检查外,每三个月进行一次质量检查,检查内容与入库验收同,发现问题及时采取相应的养护措施。
4) 温湿度管理:库房挂棉门帘密封,地面铺砂土,或用箱内碳酸钙埋藏,装塑料袋密封等,采取通风和吸潮以保持库温在 30 ℃ 以下,相对湿度 75% 以下。
5) 安全作业:操作人员必须穿工作服、戴手套,注意轻搬轻放,防止摔扔和撞击。
6) 保管期限:1 年。

注意事项:火灾只能用砂土、二氧化碳,不能用水,救火时应戴防毒面具。不慎吸入可立即移至新鲜空气处吸氧并送医院诊治。接触皮肤可用大量清水冲洗。

B8.47　品名:苯磺酰氯

编号:81126

别名:氯化苯磺酰

化学式:$C_6H_5SO_2Cl$

分子量:176.62

特性:无色油状液体,不溶于冷水,能溶于醚及醇。相对密度 1.384 2(15 ℃/15 ℃);熔点 14.5 ℃;凝固点 0 ℃;沸点 251~252 ℃(分解)。可燃,有腐蚀性及毒性。用于有机合成、试剂。

包装:装入磨砂口或螺丝口玻璃瓶中,塞紧瓶塞拧紧外盖,蜡封后用塑料薄膜扎紧再套胶套封严或先烫蜡再用石膏封严,装入坚固木箱,内衬松软材料或聚乙烯气泡垫衬垫牢固,箱外用铁皮或铁丝加固,每箱净重不超过 20 kg。箱外标志明显。

贮存条件:贮存在通风良好的库房,避免日光直晒。与氧化剂、碱类、氰化物、H 发孔剂等严格隔离贮存。

养护:
1) 入库验收:检查是否符合包装要求,有无破损、雨淋、水浸、沾染异物等,内包装封口是否严密,有无渗漏。物料应透明,不含杂质。
2) 堆码苫垫:货垛垛底应垫高 15~30 cm,堆码高度不超过 2.5 m。
3) 在库检查:在库贮存期间,每日上班后、下班前要对货垛及库内外环境各检查一次,每三个月定期进行一次全面质量检查。
4) 温湿度管理:库房密封,地面铺干砂,根据气温变化进行通风和吸潮,保持库温不超过 30 ℃,相对湿度在 80% 以下。
5) 安全作业:搬运操作人员应穿工作服、戴手套、护目镜,搬运时要轻拿轻放,禁止摔扔、撞击,不能背负肩扛。

6) 保管期限:1年。

注意事项:火灾不得用水,只能用干砂、干粉、二氧化碳,救火人员应戴防毒面具。接触皮肤可用大量水冲洗后再涂氧化锌软膏。

B8.48 品名:甲(基)磺酰氯

编号:81127

别名:氯化硫酰甲烷

化学式:CH_3SO_2Cl

分子量:114.6

特性:浅黄色液体,具有刺鼻的臭味。相对密度 1.485;熔点－32 ℃;沸点 164 ℃;折光率 1.451 8;蒸气压 1 600 Pa(53 ℃);相对蒸气密度 4.0。不溶于冷水(微水解),在热水中很快分解,溶于多数有机溶剂。可燃,闪点 110 ℃。遇高热、火种有燃烧危险,能与碱、氨起剧烈反应,造成火灾和爆炸。高毒,对皮肤和黏膜有腐蚀性,大量吸收引起肺水肿(几小时后出现症状)。

包装:玻璃瓶包装外加木箱,内衬不燃材料,外包装上加腐蚀品标志。

贮存条件:贮存于阴凉、干燥、通风良好的库房,远离热源、火种。与氧化剂、氨、碱类和含水物品隔离。

养护:

1) 入库验收:主要检查包装是否完好,封口是否严密,标志是否清楚。如有包装破损,更换包装后方可入库。
2) 堆码苫垫:堆垛不宜太高,垛底应用木板垫高以免受潮。
3) 在库检查:保管员每日班前、班后都要进行安全检查,除检查包装情况外,还应进行物品外观检查,发现问题及时处理,并做好记录。
4) 温湿度管理:严格控制库房温度、湿度,采取适当的隔热措施,炎热天气早晚可打开门窗通风。
5) 安全作业:操作人员应戴好防毒面具和手套,遇有泄漏用小苏打覆盖、混匀后用水冲洗,经稀释后的污水放入废水系统。

注意事项:用干粉、二氧化碳灭火,不可用水施救,消防人员必须穿戴防毒面具和全身防护服。吸入蒸气的患者脱离污染区,安置休息并保暖。眼睛受刺激用水冲洗,再用肥皂彻底洗涤。误服立即漱口、饮水,急送医院抢救。

B8.49 品名:苯(基)氧氯化膦

编号:81128

别名:苯膦酰二氯

化学式:$C_6H_5POCl_2$

分子量:195.0

特性:无色发烟有刺激性的液体。相对密度 1.375 ℃;熔点 3 ℃;沸点 258 ℃;相对蒸气密度 6.7。在水中发生水解,溶于苯、三氯甲烷、四氯化碳。本品及其分解产物有很强的刺激性和腐蚀性。与水和潮气反应产生有毒性和腐蚀性的烟雾,腐蚀眼睛、造成腹痛、视力模糊、皮肤烧伤。

包装:玻璃瓶外加木箱包装,内衬不燃烧材料。

贮存条件:贮于阴凉、干燥、通风良好的库房,远离火种、热源。与氧化剂、氰化物、碱类物品隔离贮存。

养护:

1) 入库验收:主要检查包装封口是否严密,物料颜色有无变化。如有破损,更换包装后方可入库。
2) 堆码苫垫:堆垛不宜过高,垛底应用木板垫高,严防潮湿。
3) 在库检查:班前班后进行安全检查,每二三个月检查一次,发现问题及时处理,并做好记录。
4) 温湿度管理:严格控制库房温湿度,采取适当降温措施,早晚可打开门窗通风,门窗玻璃可涂白。
5) 安全作业:作业人员必须戴防毒面具和手套,遇有泄漏,用干燥砂土混合,铲起逐渐倒入大量水中,经稀释的污水放入废水中,对污染地区用肥皂和洗涤剂刷洗。

注意事项:用干燥砂土、干粉、二氧化碳灭火。吸入蒸气的患者脱离污染区,安置休息并保暖。眼睛受刺激用大量水冲洗。皮肤接触先用水冲洗,再涂敷氧化镁甘油软膏。误服立即漱口,饮水及镁乳,并送医院救治。

B8.50　品名:正磷酸

编号:81501

别名:磷酸

化学式:H_3PO_4

分子量:98.0

特性:一般磷酸含量为85%,为无色透明糖浆状液体,无水分的为无色不稳定的斜方晶体,易吸潮,能与水及乙醇任意混合。相对密度1.7(85%),1.874(100%);熔点22 ℃(100%);沸点261 ℃(100%)。在150 ℃时能变成无水物,在200 ℃时逐渐变成针状固体仍易吸湿的焦磷酸($H_4P_2O_7$),如灼热至300 ℃时可变为偏磷酸(HPO_2)。加热的浓磷酸能蚀瓷器。有腐蚀性和毒性,为中强酸能刺激皮肤发炎,对眼有害。

主要用途:常用于金属防锈、食品、橡胶、医药及试剂。

包装:工业品用塑料桶装,桶口密封,再装入透笼木箱,衬垫牢固。试剂用装入磨口或螺丝口玻璃或塑料瓶,瓶口用蜡封后再套一层胶帽,装入坚固木箱,用聚乙烯气泡垫衬垫牢固。包装外标明品名、规格、重量、生产日期、厂名及"腐蚀品""勿倒置"等。

贮存条件:可贮存在通风的库房、货棚或货场,但高浓度磷酸(85%以上),北方冬季要注意防冻。要与毒品、食品隔离存放。

养护:

1) 入库验收:主要查验包装有无污染及沾染其他物品,有无渗漏和封口是否严密,包装衬垫应符合要求。
2) 堆码苫垫:塑料桶装,光桶可码4～6桶一批的行列式垛,最高码两层。透笼木箱宜码行列式垛,可码三层高。玻璃瓶木箱装可码行列式垛,垛高3 m以下,垛距80～90 cm,墙距、柱距30～50 cm,顶距不小于1 m。
3) 在库检查:除每天进行班前班后的安全检查外,每四个月进行一次质量检查,发现问题及时采取养护措施。

4) 温湿度管理:对库房温湿度无特殊要求,保持库温 35 ℃以下,相对湿度 85％以下。
5) 安全作业:搬运操作人员穿工作服、戴手套,注意轻搬轻放,防止摔扔和撞击。
6) 保管期限:2 年。

注意事项:火灾可用雾状水、砂土、二氧化碳。接触眼及皮肤立即用大量水冲洗。

B8.51　品名:乙酸

编号:81601

别名:醋酸、冰醋酸

化学式:CH_3COOH

分子量:60.05

特性:无色透明液体,有强烈刺鼻醋味,味酸带苦。相对密度 1.049;熔点 16.6 ℃;沸点 118.9 ℃;闪点 42.78 ℃;自燃点 465 ℃;爆炸极限 5.4％～16％(100 ℃);蒸气压 1 520 Pa;相对蒸气密度 2.07。易燃烧,火焰淡蓝色,蒸气有毒,对皮肤有腐蚀性,能引起刺激痛,发红起水泡。水溶液呈酸性,能与各种碱反应生成盐类,与醇接触起酯化反应生成各种酯类。

主要用途:制造各种乙酸盐、化纤、医药、颜料、染料、香料等。

包装:50 kg、100 kg 及 200 kg 铝桶装或塑料桶装,封口严密。化学试剂用螺丝口玻璃瓶或塑料瓶装,封口用蜡封再套一层胶帽,装入木箱,箱内用聚乙烯气泡垫衬垫牢固,箱外用铁皮或铁丝加固。包装外标志明显。

贮存条件:宜存在货棚或通风良好的库房内,大玻璃瓶装冬季应贮存在暖库或地窖内,注意保温在 16 ℃左右以防止其凝固。与各种碱类、氧化剂及强含氧酸隔离存放。

养护:
1) 入库验收:主要查验物品和包装有无沾染其他物质,包装是否完好,有无渗漏破裂。物品应为无色澄清液体,无沉淀杂质。
2) 堆码苫垫:桶装可立码 2～3 桶高,平码 3～4 桶高。箱装可码行列式货垛,垛高 3 m 以下,垛距 80～90 cm,墙、柱距 30～50 cm,顶距大于 1 m。
3) 在库检查:认真执行班前班后的安全检查,特别是大玻璃瓶装,在结冰之初或溶化时,易造成大量破裂,一旦有酸味即说明有破瓶,必须翻捣查出。每三个月进行一次质量检查,内容与入库验收同。
4) 温湿度管理:库温可控制在 35 ℃以下,若有大玻璃瓶装(2500 mL 以上),冬季应贮存保温库须保持在 16 ℃以上,相对湿度 85％以下。
5) 保管期限:2 年。

注意事项:灭火用雾状水、砂土、二氧化碳、泡沫。接触皮肤可用大量清水或肥皂水冲洗。

B8.52　品名:乙酸酐

编号:81602

别名:醋酸酐

化学式:$(CH_3CO)_2O$

分子量:102.05

特性:无色透明液体,有极强乙酸气味,遇水即分解成乙酸。能溶于苯,极易溶于乙醇及乙醚。相对密度 1.802;沸点 140 ℃;熔点－73 ℃;闪点 49.4 ℃;燃点 380 ℃;爆炸极限 2.67％～10.13％。有易燃性和极强腐蚀性,对人体皮肤有较强刺激性并发水泡,对眼的危害很大。遇氧化剂中硝酸盐、高锰酸盐有爆炸的危险性,遇硝酸、铬都有剧烈反应。

主要用途:用于医药、染料、合成纤维等。

包装:要求同 B8.51 乙酸。

贮存条件:宜贮存在阴凉、通风的库房内,避免日光直晒,远离热源、火源。与强氧化剂及强含氧酸、H 发孔剂、氰化物等隔离存放。库内温度宜控制在 30 ℃以下,相对湿度在 80%以下。

养护:

1) 入库验收:检查物品是否含杂质,包装有无破裂,封口有无渗漏等。发现问题应即行整理,否则必须将有问题物品出库。
2) 堆码苫垫:与 B8.51 乙酸同。
3) 在库检查:除认真执行班前班后的安全检查外,还应每三个月进行一次质量检查,其检查内容与入库验收同,发现问题及时采取封口、整理或更换等措施。
4) 温湿度管理:密封库房,进行通风和吸潮,库内温度可控制在 30 ℃以下,相对湿度 80%以下。
5) 安全作业:操作搬运人员必须穿工作服、戴手套,注意轻搬轻放,防止摔扔和撞击。
6) 保管期限:2 年。

注意事项:火灾只能用干粉、砂土、二氧化碳,救火人员应佩戴防毒面具。接触皮肤或眼部时应立即用大量清水或肥皂水冲洗后再去医院诊治。

B8.53 品名:氯乙酸

编号:81603

别名:氯醋酸

化学式:$CH_2ClCOOH$

分子量:94.51

特性:无色结晶,有 α、β、γ 三种异构体。易潮解溶化,易溶于水、乙醇、乙醚、三氯甲烷、苯等。相对密度 1.58(20 ℃/20 ℃);沸点 189 ℃;熔点 63 ℃(α),56 ℃(β),50 ℃(γ);闪点 126.1 ℃;爆炸下限 8%;蒸气压 666.6 Pa(71.5 ℃);相对蒸气密度 3.26。可以燃烧,受热分解产生有毒的光气和氯化物气体。有较强腐蚀性,对人体皮肤有腐蚀性,有毒。对金属、橡胶及软木等有腐蚀作用。

主要用途:有机合成、染料、医药、农药、试剂等。

包装:装入耐酸陶瓷坛、塑料桶中严密封口后装入坚固木箱,箱内用不燃材料(如石棉灰、蛭石等)材料衬垫妥实,箱外用铁丝或铁皮加固。装入螺丝口玻璃瓶,塑料瓶中严密封闭,瓶口蜡封后再用聚乙烯薄膜扎紧,装入木箱内用聚乙烯气泡垫衬垫牢固,箱外用铁皮或铁丝加固。包装外标志明显。

贮存条件:宜贮存在干燥的库房内,必须注意容器严密,防止吸潮溶化,库内温度宜控制在 30 ℃以下,相对湿度不超过 80%,阴雨季节要加强库房的密封防潮。贮存时应注意和氧化剂、碱类、H 发孔剂及氰化物等隔离存放。

养护:

1) 入库验收:主要查验包装有无污染或沾有其他物品,包装应完整无损,无封口不严或吸水溶化现象。

2) 堆码苫垫：坛、桶、透笼木箱装，可码行列式货垛 2~3 个高。玻璃瓶木箱装，可码行列式货垛，垛高不超过 3 m，垛距 80~90 cm，墙、柱距 30~50 cm，顶距大于 1 m。
3) 在库检查：除每天进行班前班后的安全检查外，还应每三个月进行一次质量检查，内容与入库验收同。
4) 温湿度管理：库温应控制在 3 ℃以下，相对湿度 80%以下。
5) 安全作业：操作人员必须穿工作服、戴手套，注意轻搬轻放，防止摔扔和撞击。
6) 保管期限：2 年。

注意事项：火灾时可用砂土、泡沫、二氧化碳、雾状水，救火时应戴防毒面具。接触皮肤可立即用大量清水或肥皂水冲洗后再涂氧化锌软膏，然后送医诊治。

B8.54 品名：三氯乙酸

编号：81606

别名：三氯醋酸

化学式：CCl_3COOH

分子量：163.40

特性：无色结晶，有刺激性气味，有潮解性，在空气中能吸潮溶化，溶于水、醇、醚。对眼有强烈刺激性，有毒和腐蚀性。相对密度 1.629(61 ℃/4 ℃)；熔点 57~58 ℃；沸点 196~197 ℃。不易燃，但受热易分解放出有毒性氯气。用于有机合成、医药、化学试剂、杀虫药。

包装：装入螺丝口玻璃瓶或塑料瓶中，塞紧瓶盖，并套胶套，然后装入木箱或瓦楞纸箱，箱内用松软材料或聚乙烯气泡垫衬垫牢固，箱外用铁皮带或塑料带捆紧，每箱不超过 20 kg。装入耐酸坛或陶瓷坛，封口严密再装坚固木箱或半透笼木箱，箱内用松软材料衬垫牢固，箱外用铁皮或铁丝加固，每箱净重不超过 50 kg。包装外标志明显。

贮存条件：贮存在干燥库房内，与碱类、氧化剂隔离贮存，库内相对湿度不超过 80%。

养护：

1) 入库验收：检查外包装是否受雨淋、水浸、污染、破裂，包装封口是否严密，物品是否潮解溶化。
2) 堆码苫垫：货底应垫高 15~30 cm，货垛高度不超过 3 m，墙距、柱距 30~50 cm。
3) 在库检查：在库贮存期间每日上班后、下班前应对货垛及环境各进行一次检查，每季度定期全面检查一次。
4) 温湿度管理：库房应经常进行通风以保持干燥，阴雨季库内相对湿度达到 80%时可用吸湿机或放生石灰块吸潮。
5) 安全作业：搬运操作时应穿工作服、戴手套，装卸堆码要注意轻拿轻放。
6) 保管期限：1 年。

注意事项：火灾可用雾状水、泡沫、砂土、二氧化碳。眼睛受刺激，可用大量水清洗后再送医院诊治。接触皮肤可用大量水冲洗，或用 2%苏打水冲洗。

B8.55 品名：丙烯酸

编号：81617

化学式：$CH_2=CHCOOH$

分子量：72.07

特性：无色透明液体，有刺激性臭味，能与水、乙醇、乙醚任意混合。相对密度 1.052；沸点 141 ℃;熔点 13 ℃;闪点 54.4 ℃;自燃点 429 ℃;膨胀系数 9.76×10^{-4}(20~25 ℃);相对蒸气密度 2.45。易燃,受热易分解产生有毒气体,受光、热影响极易聚合,同时产生大量热引起火灾。对人体皮肤、眼有刺激性和腐蚀性,但对金属无腐蚀性。易被氢还原成为丙酸,遇碱能分解成为甲酸和乙酸,遇氧化剂(如氯酸盐、高氯酸盐、硝酸盐、过氧化物等)极易分解产生高热。

主要用途:用于塑料、合成、橡胶、涂料、油漆等。

包装:螺丝口玻璃瓶或塑料瓶装,瓶口用蜡封后再套胶帽,装入坚固木箱,箱内用聚乙烯气泡垫衬垫牢固,箱外用铁皮或铁丝加固。包装外标志明显。

贮存条件:宜贮存在低温库或地下库,库温不宜超过 5 ℃以防止自聚。目前,各地生产的丙烯酸都加阻聚剂以防止其自然聚合。贮存地点应远离火源、热源,防止日光直晒,与氧化剂、强含氧酸、强碱隔离存放。

养护:

1) 入库验收:主要查验包装有无沾染其他物质,包装封口是否严密,有无渗漏和破损。物品应为无色澄清液体,无沉淀杂质和黏稠现象。

2) 堆码苫垫:应码较小形,便于周围检查的行列式垛,垛高不超 2 m,留出垛距 80~90 cm,墙距、柱距 30~50 cm。

3) 在库检查:认真执行班前班后的安全检查制度,货垛内放一最高温度表,便于随时检查温度,如有发热现象即全部检查,防止聚合发生着火。还应每二个月进行一次质量检查,检查内容与入库验收同。

4) 温湿度管理:应采取半地下地堡、山洞、窑洞密封或低温库储藏,并注意吸潮,以保持温度在 5 ℃以下,相对湿度 80%以下。

5) 安全作业:搬运操作人员应穿工作服、戴手套,注意轻搬轻放。如发现容器发热,应立即移至安全地点,用冷水冷却铁桶。

6) 保管期限:半年。

注意事项:火灾只能用雾状水、砂土、二氧化碳、泡沫扑救。

B8.56 品名:氢氧化钠

编号:82001

别名:苛性钠、烧碱

化学式:NaOH

分子量:40.01

特性:白色无定形易潮解固体,人工加工成块状、棒状、粒状不等。在空气中易吸收水蒸气而溶化,同时产生大量热,市场有液态销售称液碱,易溶于乙醇、甘油,不溶于丙酮。相对密度 2.13;熔点 318.4 ℃;沸点 1390 ℃。有极强腐蚀性,接触皮肤能破坏肌体组织导致坏死。易吸收空气中二氧化碳成为碳酸钠,遇各种酸能发生中和反应并产生大量热。在高温下接触铝能立即发生反应生成氢,遇乙醛、丙烯腈、一氯硝基甲苯能发生剧烈反应引起爆炸,遇顺丁烯二酸酐能引起爆炸,遇硝基烷经撞击反应剧烈,遇三氯甲烷有强烈放热反应。

主要用途:为工业基本原料,用于造纸、制皂、石油、印染、化纤、医药、试剂等。

包装:工业品为 200 kg、100 kg 铁桶包装,桶盖焊接牢固,严格密封,防止吸潮溶化。液碱 250 kg 厚铁桶装,桶盖严封不得渗漏。化学试剂、小量工业品用螺丝口玻璃瓶或塑料瓶装,瓶口严封,用蜡封后再套一层胶套,装入木箱或纸箱,箱内用聚乙烯气泡垫衬垫牢固,木箱外用铁皮或铁丝加固,纸箱外用塑料带捆紧。包装外标志明显。

贮存条件:铁桶装和液碱可以存放在货棚或露天货场,地面应高亢干燥无积水,垛底应垫高15~30 cm,不得将包装直接接触地面,木箱及纸箱必须存放在干燥的库房内,库内相对湿度保持在80%以下。与酸类、醚类,特别是顺丁烯二酸酐、丙烯腈、烷类以及金属或其他有机物都应隔离存贮。

养护:
1) 入库验收:检查外包装是否有损坏、水湿、污染,包装内衬垫是否妥当,包装瓶口封口是否严密,物品有无吸湿结块或变色等现象。
2) 堆码苫垫:垛底应垫高15~30 cm,直立堆码行列式垛,堆高两层,还可平放堆垛,压缝堆5桶高。液碱铁桶装立放堆2桶高,平放只能堆三层,露天货垛应苫席五层。
3) 在库检查:在库贮存期间每日上班后、下班前应对货垛及库内外环境各进行一次检查,每三个月定期进行一次质量检查。
4) 温湿度管理:在库内贮存应注意湿度控制,使相对湿度保持在80%以下。
5) 安全作业:搬运操作固体碱时应穿工作服、戴手套,搬运液碱时应加穿胶围裙、戴胶手套护目镜。桶装体重,桶皮较薄易碰破吸湿溶化,宜使用机械搬运,使用人力时应注意轻装轻卸,严禁摔撞。
6) 保管期限:2年。

注意事项:火灾可用水、砂土扑救。接触皮肤可立即用大量水冲洗,或用硼酸水或稀乙酸冲洗后,涂氧化锌软膏,腐蚀严重的立即送医院诊治。

B8.57 品名:氢氧化钾

编号:82002

别名:苛性钾

化学式:KOH

分子量:56.11

特性:白色无定形固体,质脆、味涩,易溶于水,微溶于醇,有极强碱性,在空气中易吸收二氧化碳和水而溶化,溶解时能产生大量热。相对密度2.044;熔点360 ℃;沸点1320 ℃。有极强腐蚀性,接触皮肤能被腐蚀成严重灼伤。与各种酸均起剧烈反应,遇二氯乙烯、三氯乙烯能产生自燃及爆炸性氯乙炔、二氯乙炔气体,遇顺丁烯二酸酐能产生剧烈反应,遇四氢呋喃有发生爆炸可能,遇丙烯醛产生剧烈聚合反应。用于各种钾盐制造、碱电池、石油化工、印染、有机合成、化学试剂等。

包装:工业品为200 kg、100 kg铁桶包装,桶盖焊接牢固严格密封防止吸潮溶化。液碱250 kg厚铁桶装,桶盖严密不得渗漏。化学试剂、小量工业品用螺丝口玻璃瓶或塑料瓶装,瓶口严封,用蜡封后再套一层胶套,装入木箱或纸箱,箱内用聚乙烯气泡垫衬垫牢固,木箱外用铁皮或铁丝加固,纸箱外用塑料带捆紧。包装外标志明显。

贮存条件:铁桶装和液碱可以存放在货棚或露天货场,地面应高亢干燥无积水、排水畅通,垛底应垫高15~30 cm,不得将包装直接接触地面,木箱及纸箱必须存放在干燥的库房内,库内相对湿度宜保持在80%以下。与酸类、醛类,特别是顺丁烯二酸酐、丙烯腈、烷类以及金属或其他有机物都应隔离存贮。

养护：
1) 入库验收：检查外包装是否有损坏、水湿、污染，包装内衬垫是否妥当，包装瓶口封口是否严密，物品有无吸湿结块或变色等现象。
2) 堆码苫垫：垛底应垫高 15～30 cm，直立堆码行列式垛，堆高两层，还可平放堆垛，压缝堆 5 桶高。液碱铁桶装立放堆 2 桶高，平放只能堆三层，露天货垛应苫席五层。木箱装或纸箱装堆高不超过 2.5 m，垛距 80 cm（液碱铁桶装垛距 90 cm），墙距、柱距 30 cm。
3) 在库检查：在库贮存期间每日上班后、下班前应对货垛及库内外环境各进行一次检查，每三个月定期进行一次质量检查。
4) 温湿度管理：在库内贮存应注意湿度控制，使相对湿度保持在 80% 以下。
5) 安全作业：搬运操作固体碱时应穿工作服、戴手套，搬运液碱时应加穿胶围裙、戴胶手套护目镜。桶装体重，桶皮较薄易碰破吸湿溶化，宜使用机械搬运，使用人力时应注意轻装轻卸，严禁摔撞。
6) 保管期限：2 年。

注意事项：火灾可用水、砂土扑救。接触皮肤可立即用大量水冲洗，或用硼酸水或稀乙酸冲洗后，涂氧化锌软膏，腐蚀严重的立即送医院诊治。

B8.58 品名：氢氧化锂

编号：82003

化学式：LiOH

分子量：23.95

特性：白色粉末，有辛辣味，易溶于水，微溶于醇，在空气中易吸收二氧化碳而变质。相对密度 2.54；熔点 450 ℃；沸点 925 ℃（分解）。不燃，有强碱性及腐蚀性。用于蓄电池、试剂、显影剂。

包装：工业品为 200 kg、100 kg 铁桶包装，桶盖焊接牢固严格密封防止吸潮溶化。液碱 250 kg 厚铁桶装，桶盖严密不得渗漏。化学试剂、小量工业品用螺丝口玻璃瓶或塑料瓶装，瓶口严封，用蜡封后再套一层胶套，装入木箱或纸箱，箱内用聚乙烯气泡垫衬垫牢固，木箱外用铁皮或铁丝加固，纸箱外用塑料带捆紧。包装外标志明显。

贮存条件：铁桶装和液碱可以存放在货棚或露天货场，地面应高亢干燥无积水、排水畅通，垛底应垫高 15～30 cm，不得将包装直接接触地面，木箱及纸箱必须存放在干燥的库房内，库内相对湿度宜保持在 80% 以下。与酸类、醛类，特别是顺丁烯二酸酐、丙烯腈、烷类以及金属或其他有机物都应隔离存贮。

养护：
1) 入库验收：检查外包装是否有损坏、水湿、污染，包装内衬垫是否妥当，包装瓶口封口是否严密，物品有无吸湿结块或变色等现象。
2) 堆码苫垫：垛底应垫高 15～30 cm，直立堆码行列式垛，堆高两层，还可平放堆垛，压缝堆 5 桶高。液碱铁桶装立放堆 2 桶高，平放只能堆三层，露天货垛应苫席五层。木箱装或纸箱装堆高不超过 2.5 m。垛距 80 cm（液碱铁桶装垛距 90 cm），墙距、柱距 30 cm。

3) 在库检查：在库贮存期间每日上班后、下班前应对货垛及库内外环境各进行一次检查，每三个月定期进行一次质量检查。
4) 温湿度管理：在库内贮存应注意湿度控制，使相对湿度保持在80％以下。
5) 安全作业：搬运操作固体碱时应穿工作服、戴手套，搬运液碱时应加穿胶围裙、戴胶手套护目镜。桶装体重，桶皮较薄易碰破吸湿溶化，宜使用机械搬运，使用人力时应注意轻装轻卸，严禁摔撞。
6) 保管期限：2年。

注意事项：火灾可用水、砂土扑救。接触皮肤可立即用大量水冲洗，或用硼酸水或稀乙酸冲洗后，涂氧化锌软膏，腐蚀严重的立即送医院诊治。

B8.59　品名：氧化钠

编号：82006

别名：一氧化钠

化学式：Na_2O

分子量：62.0

特性：白色无定形片状或粉末。在暗红炽热时熔融，到400 ℃以上时分解成过氧化钠及金属钠。相对密度2.27。遇水起剧烈反应，放出热，形成氢氧化钠。与乙醇起反应，可与酸类发生剧烈反应。与铵盐类反应放出氮气。遇潮时，对铝、锌、锡有腐蚀性。对人有强烈刺激性，对眼、皮、黏膜造成严重灼伤。在100 ℃以上时能与一氧化氮反应。也能与水剧烈反应形成氢氧化钠。

用途：化学反应的聚合及缩合剂、脱氧剂。

包装：玻璃瓶或塑料瓶外加木箱，内衬不燃材料，用金属桶盛装内衬塑料袋。

贮存条件：贮存于干燥库房内，与酸类、铵盐隔离贮存。

养护：
1) 入库验收：检查外包装是否损坏。
2) 堆码苫垫：垛底垫高15～30 cm，直立堆码行列式垛，堆高两层。
3) 在库检查：每日上下班前后对库内外各进行一次检查，每三个月进行一次质量检查。
4) 温湿度管理：相对湿度保持在80％以下。
5) 安全作业：搬运操作时应穿戴防护眼镜与手套，搬运时轻装轻放严禁摔撞。
6) 保管期限：1年。

注意事项：火灾用干燥砂土、干粉、二氧化碳灭火，不可用水扑救。吸入粉尘的患者脱离污染区，安置休息并保暖。刺激眼睛用大量水冲洗，接触皮肤用大量水冲洗。误服时立即漱口，饮水及醋或1％乙酸，并送医院急救。

B8.60　品名：氧化钾

编号：82007

化学式：K_2O

分子量：94.2

特性：常温下为无色极易潮解结晶或粉末，350～400 ℃时生成过氧化钾和钾。相对密度2.33。与水剧烈反应，溶于乙醇、乙醚。与酸类发生剧烈反应，与铵盐反应放出氮气。遇潮对铝、锌、锡有腐蚀性。对眼、皮、黏膜造成严重灼伤。

包装:玻璃瓶或塑料瓶外加木箱,内衬不燃材料,用金属桶盛装内衬塑料袋。

贮存条件:贮存于干燥库房内,与酸类、铵盐隔离贮存。

养护:
1) 入库验收:检查外包装是否损坏。
2) 堆码苫垫:垛底垫高 15~30 cm,码行列式垛,堆高两层。
3) 在库检查:每日上下班前后对库内外各进行一次检查,每三个月进行一次质量检查。
4) 温湿度管理:相对湿度保持在 80% 以下。
5) 安全作业:搬运操作时应穿戴防护眼镜与手套,搬运时轻装轻放严禁摔撞。
6) 保管期限:1 年。

注意事项:火灾用干燥砂土、干粉、二氧化碳灭火,不可用水扑救。吸入粉尘的患者脱离污染区,安置休息并保暖。刺激眼睛用大量水冲洗,接触皮肤用大量水冲洗。误服时立即漱口,饮水及醋或 1% 乙酸,并送医院急救。

B8.61 品名:铝酸钠溶液

编号:82008

化学式:$AlNaO_2$

分子量:82.0

特性:无色液体,水溶液呈碱性,逐渐水解生成氢氧化铝。与酸类发生剧烈反应,放出氨气。对铝、锌、锡有腐蚀性。对皮肤、眼睛和黏膜有刺激性和腐蚀性,使眼结膜充血疼痛、视力模糊、腹痛腹泻等。

包装:铁桶装。

贮存条件:贮存于干燥、通风的库房内,与酸类隔离贮存。

养护:
1) 入库验收:检查包装是否损坏、水湿污染。包装封口是否严密,物品有无吸湿等。
2) 堆码苫垫:垛底垫高 15~30 cm,直立堆码行列式垛,堆高两层。
3) 在库检查:每日上下班前后对库内外各进行一次检查,每三个月进行一次质量检查。
4) 温湿度管理:相对湿度保持在 80% 以下。
5) 安全作业:搬运操作时应穿工作服戴棉布手套,搬运时轻装轻放严禁摔撞。
6) 保管期限:1 年。

注意事项:火灾用水、砂土、二氧化碳灭火。接触皮肤、眼睛用大量水冲洗。误服时立即漱口,并送医院急救。

B8.62 品名:多硫化铵溶液

编号:82009

化学式:$(NH_4)_2S_x$

特性:不稳定的发黄色液体,有臭鸡蛋味,可与水混溶,与酸类接触可分解,放出 H_2S 有毒易燃气体。误服、吸入或皮肤接触会中毒,对皮肤、眼睛和黏膜有腐蚀性。

用途:沉淀重金属,做还原剂、杀虫剂、硝酸纤维脱硝剂、感光材料、分析试剂等。

包装:用玻璃瓶或塑料瓶外加木箱包装。

贮存条件:贮存于低温、干燥、通风良好的库房内或库区,与酸类物品隔离贮存。

养护:
1) 入库验收:检查外包装是否损坏、水湿、污染,包装封口是否严密,物品有无吸湿等。
2) 堆码苫垫:垛底垫高15～30 cm,直立堆码行列式垛,堆高两层。
3) 在库检查:每日上下班前后对库内外各进行一次检查,每三个月进行一次质量检查。
4) 温湿度管理:湿度保持在80%以下,温度低于35 ℃。
5) 安全作业:搬运操作时应穿戴防护眼镜与手套,搬运时轻装轻放严禁摔撞。
6) 保管期限:1年。

注意事项:火灾时用水灭火。吸入蒸气者脱离危险区,安置休息并保暖。接触皮肤、眼睛大量水冲洗。误服时立即漱口,并送医院急救。

B8.63 品名:硫化铵溶液

编号:82010

化学式:$(NH_4)_2S$

特性:低于－18 ℃为结晶,高于此温度即分解为硫氢化铵、多硫化物等。一般市场上供应的相当于16%～20%的硫化铵溶液出售。新制品为几乎无色的液体但很快变成黄色,且有氨及硫化氢恶臭,强碱性。本品不稳定,气体有毒。遇酸性烟雾能释出极毒和易燃的硫化氢。高浓度蒸气能使人失去知觉,以至昏迷不醒,低浓度蒸气也能使人产生头晕等症状。溶液能严重刺激眼睛和皮肤,引起灼伤。

包装:玻璃瓶或塑料瓶,外包装为木箱,或散装。

贮存条件:低温、干燥、通风良好的库区内。

养护:
1) 入库验收:检查内外包装有无破损,封口是否严密,对破损必须更换或整理。
2) 堆码苫垫:木箱装码行列式货垛两层高。
3) 在库检查:每日上下班前后对货垛、库房进行一次检查,每二个月进行一次感官质量检查,发现问题及时采取措施,并做好记录。
4) 温湿度管理:库温低于30 ℃。
5) 安全作业:操作需穿工作服、戴护目镜,操作中必须轻放轻搬,防止摔扔和撞击。
6) 保管期限:3个月。

注意事项:火灾时用水灭火。使吸入蒸气的患者脱离污染区,安置休息并保暖。眼睛受刺激时用大量水冲洗,严重者就医诊治。如皮肤接触先用水冲洗,再用肥皂彻底洗涤,如果有灼伤送医院。误服后立即漱口,急送医院救治。

B8.64 品名:硫化钠

编号:82011

化学式:Na_2S

分子量:78.05

特性:工业用品含9个结晶水,为棕红色块状或片状结晶,味臭有潮解性,能溶于水,易溶于热水,微溶于乙醇。相对密度2.471,1.427(无水);920 ℃分解;熔点1180 ℃(无水)。遇水、遇酸都能产生可燃有毒的硫化氢气,遇硝酸能引起剧烈化学反应。遇强氧化剂(如硝酸铵、硝酸钠、氯酸钠、高氯酸钠、过氧化氢等)都能发生剧烈放热反应。遇重氮盐及二氯甲胺等能发生爆炸,遇碳也有可能引起燃烧。主要用于印染、黏胶纤维制造、橡胶硬化、皮革脱毛、电镀等。

包装:100 kg 或 160 kg 铁皮桶装,桶皮厚度应不小于 1.2 mm,桶全部焊严不留缝隙。50 kg 薄铁皮桶装,应严密封闭后再装入坚固木箱或透笼木箱、铁桶,在箱内应牢固不能移动。试剂用螺丝口玻璃瓶或塑料瓶装,瓶口盖紧后用蜡封再套一层胶帽,然后装入纸箱或木箱内,箱内用松软材料或聚乙烯气泡垫衬垫牢固,木箱外用铁皮或铁丝加固,纸箱用铁皮或塑料带捆紧。包装外标志明显。

贮存条件:大铁桶装可存放在货棚或露天货场,货场垛底应垫高 50 cm,露天货场货垛五层苫席或一层防雨苫布,货棚垛底应垫高 20～30 cm,要注意苫盖周密防止雨淋水浸导致桶皮腐蚀破损。木箱及纸箱应存放在干燥的库房内,与酸类、氧化剂、有机物等隔离存放,并远离火源,库内相对湿度要控制在 80% 以下。

养护:
1) 入库验收:入库验收检查铁桶是否已锈蚀,有无破漏,有无吸湿溶化。试剂要检查包装封口是否严密,晶体是否变色,或成为粉末,如颜色变浅、粉末增多,说明物品已吸潮。
2) 堆码苫垫:露天堆垛垛底应垫高 30 cm 以上。大铁桶装堆行列式垛,立放可堆高两层,平放可堆高五层,露天垛至少苫席五层或防雨苫布一层。木箱装可堆高 3 m。
3) 在库检查:在库贮存期间每日上班后、下班前都应对货垛和环境各进行一次检查,每三个月应定期进行一次检查。
4) 温湿度管理:露天垛要保持包装不受雨淋、水浸,库房要注意控制相对湿度不超过 85%,以防铁桶生锈及吸潮。
5) 安全作业:搬运操作人员应穿工作服、戴棉布手套,搬运时要注意轻装轻卸防止包装破损吸湿溶化。
6) 保管期限:1 年。

注意事项:火灾可用水及砂土,救火人员应戴防毒面具。皮肤接触可用清水或稀乙酸冲洗。人身中毒应立即移至空气流通处,重者送医院诊治。

B8.65 品名:硫化钾(含结晶水>30%)

编号:82012

化学式:K_2S

分子量:110.26

特性:黄色或黄红色结晶,干燥时呈片状,易溶于水,溶解时产生大量热,水溶液呈碱性。相对密度 1.805;熔点 840 ℃。在空气中易吸收水分后分解产生硫化氢气体并放出大量热,并可能引起着火。粉尘在空气中可能发生自燃而爆炸,燃烧后产生有毒和臭味的二氧化硫气体。遇酸能产生易燃,有毒和臭味的硫化氢气。遇强氧化剂(如氯酸钠、过氧化氢等)能产生剧烈反应。遇硝基溶剂也能发生剧烈反应释出大量热。主要用于医药、试剂。

包装、贮存条件、养护、注意事项等项同 B8.64 硫化钠。

B8.66 品名:硫化钡

编号:82013

化学式：BaS

分子量：169.43

特性：白色正方形结晶或黄绿色、灰色粉末或块状，能溶于水，在潮湿空气中能吸湿分解并释放大量热，可能引起自燃。相对密度4.25；熔点1 200 ℃；折光率2.155。遇酸类及氧化剂即发生剧烈反应，并产生大量热，有毒。主要用于橡胶、发光剂、脱毛剂、分析试剂。

包装：50 kg麻袋、塑编袋或乳胶玻璃纤维袋装内衬塑料袋，封口严密不漏洒。试剂用螺丝口玻璃瓶装，瓶口盖紧后先用蜡封再套一层胶帽，然后装入坚固木箱或纸箱，箱内用松软材料或聚乙烯气泡垫衬垫牢固，木箱外用铁皮或铁丝加固，纸箱用铁皮或塑编带捆扎牢固。包装外标志明显。

贮存条件：宜贮存在干燥的库房内，地面不得有积水，与酸类、氧化剂等隔离存放。库内相对湿度不超过80%。

养护：
1) 入库验收：检查包装有无破漏，有无雨淋水浸，物品有无结块现象。
2) 堆码苫垫：垛底应垫高15～30 cm，不得直接堆放在地面，袋装可堆高3～3.5 m，箱装堆高3 m，垛距80 cm，墙距、柱距30 cm。
3) 在库检查：在库贮存期间每日上班后、下班前应对货垛及环境各进行一次检查，每三个月定期检查一次。
4) 温湿度管理：库房应进行密封，根据库内外温湿度变化，进行通风和吸潮以控制库内相对湿度不超过80%。
5) 安全作业：搬运操作人员应穿工作服，戴手套、口罩，操作时应注意轻装轻卸。

注意事项：火灾不能用水及酸碱式灭火剂，只能用砂土及二氧化碳，救火人员在救火时应在上风处并戴防毒面具。

B8.67 品名：硫氢化钠（含结晶水≥25%）

编号：82014

化学式：NaHS

分子量：56.1

特性：无色至白色结晶或熔融固体，有硫化氢臭味。极易吸湿，在潮湿空气中迅速分解成NaOH或NaS。相对密度1.79；熔点350 ℃。溶于水、醇、醚等。二水物为针状或片状，熔点55 ℃，极易溶于水，溶于醇、醚。工业品一般为溶液，呈橙色或黄色。与皮肤和黏膜接触呈强刺激性，有类似硫化氢样的急性中毒。

包装：玻璃瓶外木箱，内衬不燃材料或铁桶（固体）和散装（液体）。

贮存条件：贮存于干燥、通风的库房，不可与酸类、易燃物、氧化剂共贮混存。

养护：
1) 入库验收：检查内外包装是否损坏，封口是否严密。
2) 堆码苫垫：垛底垫高15～30 cm，堆高两层。
3) 在库检查：每日上下班前后对库内外各进行一次检查，每三个月进行一次质量检查。
4) 温湿度管理：相对湿度保持在80%以下。
5) 安全作业：搬运操作时应穿戴防护镜与手套，并轻装与轻卸，严禁摔撞。
6) 保管期限：1年。

注意事项:火灾时用水灭火。眼睛受刺激时用大量水冲洗并就医。皮肤接触时用大量水冲洗。误服立即漱口,饮水并送医院治疗。

B8.68　品名:硫氢化钙

编号:82015

别名:氢硫化钙

化学式:$Ca(HS)_2 \cdot 6H_2O$

分子量:214.3

特性:无色透明结晶。在空气中分解(15~18 ℃),易溶于水,微溶于醇。遇酸反应放出硫化氢。剧毒,而且易燃,对皮肤、眼睛有刺激性和腐蚀性,吸入会中毒。

包装:固体用铁桶包装,液体用罐车装。

贮存条件:贮存于阴凉、干燥、通风的地方,与酸类物品隔离贮存。

养护:

1) 入库验收:检查内外包装是否损坏,包装封口是否严密。
2) 堆码苫垫:垛底垫高 15~30 cm,堆高两层。
3) 在库检查:每日上下班前后对库内外各进行一次检查,每三个月进行一次质量检查。
4) 温湿度管理:库温在 30 ℃ 以下,湿度在 80% 以下。
5) 安全作业:搬运操作轻装轻卸严禁摔撞,操作需穿戴防护镜、手套等。

注意事项:火灾用水灭火。眼睛受刺激时用大量水冲洗,并就医诊治。皮肤接触时用大量水冲洗。如误服立即漱口,饮水并送医院就医。

B8.69　品名:乙醇钠

编号:82018

别名:乙氧基钠

化学式:C_2H_5ONa

分子量:68.1

特性:白色或微黄色吸湿性粉末,在空气中易分解。贮存中会变黑,遇水迅速分解成氢氧化钠和乙醇。相对密度 0.868;折光率 1.3 850;熔点>300 ℃。易燃,遇热或火种容易引起燃烧。遇潮时,对部分金属(如铝、锌等)有腐蚀性。遇氧化剂强烈反应。遇热分解并放出高毒的烟雾。接触后有刺激感、喉痛、咳嗽、呼吸困难、腹痛、腹泻、呕吐,严重时发生肺水肿。皮肤、眼睛接触时,会引起皮肤和眼结膜充血、皮肤灼伤等。

包装:玻璃瓶加外木箱包装,内衬不燃材料;钢桶装。

贮存条件:贮存在阴凉、干燥、通风良好的不燃材料结构库房内,远离火源热源,防止与水或潮气接触。与氧化剂、酸类物品隔离贮存。

养护:

1) 入库验收:检查内、外包装是否损坏,包装封口是否严密。
2) 堆码苫垫:垛底垫高 15~30 cm,堆高两层。
3) 在库检查:每日上下班前后对库内外各进行一次检查,每三个月进行一次质量检查。
4) 温湿度管理:相对湿度保持在 75% 以下,温度 28 ℃ 以下。
5) 安全作业:搬运操作轻装轻卸,严禁摔撞,不得背负肩扛,工作人员戴手套、防护镜、口罩等。

6) 保管期限:半年。

注意事项:用干粉、砂土等无水灭火剂灭火。使吸入蒸气或烟雾的患者脱离污染区,安置休息并保暖。眼睛及皮肤受刺激时用大量水冲洗。如误服时立即漱口,饮水并送医院救治。

B8.70 品名:四甲基氢氧化铵

编号:82019

别名:氢氧化四甲基铵

化学式:$(CH_3)_4NOH$

分子量:181.2

特性:水合状态的固体,极易溶于水和乙醇。熔点65~68℃。常见为水溶液,无色透明液体。呈强碱性,易吸收空气中的二氧化碳。与酸类发生激烈反应。也有20%甲醇的溶液,无色透明液体。相对密度0.882;闪点26℃。为易燃性和腐蚀性液体。其水溶液不燃,其甲醇溶液易燃,闪点26℃。对皮肤、眼睛和黏膜有强刺激性和腐蚀性。

包装:塑料瓶,外包装木箱内衬不燃材料。

贮存条件:贮存于阴凉、通风的库房内,远离火源和热源。与酸类物品隔离贮存。

养护:

1) 入库验收:检查内外包装是否损坏,封口是否严密。
2) 堆码苫垫:垛底垫高15 cm,堆高两层。
3) 在库检查:每日上下班前后对库内外各进行一次检查,每三个月进行一次质量检查。
4) 温湿度管理:存四甲基氢氧化铵甲醇溶液的库房温度严格控制。
5) 安全作业:搬运操作时应穿戴防护镜、手套等,并轻装轻卸,严禁摔撞。

注意事项:用雾状水、砂土、二氧化碳灭火。使吸入蒸气的患者脱离污染区,休息并保暖。眼睛受刺激或皮肤接触时用大量水冲洗。如误服立即漱口,饮水并送医院救治。

B8.71 品名:水合肼(含肼≤64%)

编号:82020

别名:水合联胺

化学式:$H_2NNH_2 \cdot H_2O$

分子量:50.06

特性:无色发烟液体,易溶于水及醇,不溶于三氯甲烷及醚,在空气中能冒烟。相对密度1.03;熔点−40℃;沸点119℃;凝固点−51.7℃;闪点73℃。蒸气易燃烧爆炸,有强还原性、腐蚀性及毒性,能刺激人体皮肤、眼及黏膜。用于化学试剂、还原剂。

包装:装入良好耐酸坛、塑料桶中,严密封口再装入坚固木箱内,箱内用不燃材料衬垫,箱外用铁皮或铁丝加固。装入螺丝口玻璃瓶或塑料瓶中,严密封闭,再装入坚固木箱,箱内用不燃材料衬垫,箱外用铁皮或铁丝加固。包装外应标明品名、规格、重量、生产日期、生产厂及"易燃品""腐蚀品""小心轻放"等明显标志。

贮存条件:贮存于阴凉、通风的库房,库房宜保持在30℃以下,相对湿度不超过80%。与酸类、氧化剂等隔离存放。

养护:

1) 入库验收:检查包装是否符合要求,有无破漏,是否沾染其他异物,物品应透明澄清不含杂质。

2) 堆码苫垫:垛底应垫高 15～30 cm,堆行列式垛,垛高不超过 2 m,垛距 80 cm,墙距、柱距 30 cm。

3) 在库检查:贮存期间每日上班后下班前应对货垛及环境各检查一次,夏季每个月、其他季节每三个月应定期进行一次检查。

4) 温湿度管理:库房应密封,可根据库内外温湿度变化掌握通风和吸湿,但禁用电动吸湿机,可用氯化钙等吸湿剂,不宜使用生石灰。

5) 安全作业:搬运操作人员应穿工作服、胶围裙、戴护目镜及口罩,操作时应注意轻拿轻放,禁止摔震、撞击。

注意事项:火灾可用雾状水、泡沫、干粉、二氧化碳扑救。

B8.72 品名:环己胺

编号:82021

别名:六氢苯胺、氨基环己烷

化学式:$C_6H_{11}NH_2$

分子量:99.2

特性:无色液体,具有强烈鱼腥味。强碱性,吸收空气中二氧化碳生成白色碳酸盐结晶。相对密度 0.687;熔点 -17 ℃;沸点 134 ℃;折光率 1.4585;相对蒸气密度 3.42。溶于水、醇、酮、酯、脂肪烃、芳香烃及它们的含氯化合物。易燃,闪点 26.5 ℃,自燃点 265 ℃,爆炸极限 1.6%～1.9%。能与氧化剂剧烈反应。环己胺能抑制中枢神经系统,有麻醉作用,可经皮肤吸收,刺激眼睛、皮肤、呼吸道。遇热分解释放出高毒烟雾。

包装:玻璃瓶,外包装木箱内衬不燃材料或钢桶装。

贮存条件:贮存于阴凉、干燥、通风良好的不燃材料结构的库房,远离火种、热源。与强氧化剂、酸类隔离贮存。

养护:

1) 入库验收:检查内外包装是否损坏,封口是否严密。

2) 堆码苫垫:垛底垫高 15 cm,堆高两层。

3) 在库检查:每日上下班前后对库内、外各进行一次检查,每三个月进行一次质量检查。

4) 温湿度管理:库温应严格控制在 30 ℃ 以下。

5) 安全作业:搬运操作要穿戴防护镜、手套等,轻装轻卸,严禁摔撞。

注意事项:火灾时用干粉、抗醇泡沫或二氧化碳灭火。用水保持火场中容器冷却,用雾状水驱散蒸气,用水喷淋保护堵漏救火人员。使吸入蒸气的患者脱离现场,休息并保暖。眼睛受刺激时用水冲洗。皮肤接触时先用水冲洗,再用肥皂水彻底洗涤,严重时送医院救治。

B8.73 品名:N,N-二甲基环己胺

编号:82022

别名:二甲氨基环己烷

化学式:$(CH_3)_2NC_6H_{11}$

分子量:127.2

特性:无色易燃液体。相对密度 0.8647(25 ℃);熔点 ≤-50 ℃;沸点 159 ℃;折光率

1.4522。略溶于水,能与醇、苯混溶。易燃,闪点38.1 ℃,自燃200 ℃,爆炸极限0.79%～7.0%。遇明火和氧化剂有引起燃烧的危险。对皮肤、眼睛和黏膜有强腐蚀性。受高热分解出有毒的气体。

包装:玻璃瓶装,外包装木箱,内衬不燃材料或钢桶装。

贮存条件:贮存于阴凉、干燥、通风良好的不燃材料结构的库房,远离火种、热源。与强氧化剂、酸类隔离贮存。

养护:
1) 入库验收:检查内外包装是否损坏,封口是否严密。
2) 堆码苫垫:垛底垫高15 cm,堆高两层。
3) 在库检查:每日上下班前后对库内各进行检查。
4) 温湿度管理:库温度严格控制在30 ℃以下。
5) 安全作业:搬运操作要穿戴防护镜、手套等,轻装轻卸,严禁摔撞。

注意事项:用干粉、抗醇泡沫或二氧化碳灭火。用水灭火可能无效,但须用水保持火场中容器冷却。用雾状水驱散蒸气,赶走泄漏的液体,使之稀释成为不燃性混合物,并用水喷淋保护堵漏救火人员。应使吸入蒸气的患者脱离污染区,安置休息。眼睛受刺激时,用水冲洗,严重者就医诊治。皮肤接触时先用水冲洗,再用肥皂水彻底洗涤,如灼伤就医诊治。如误服立即漱口,饮水并医院救治。

B8.74 品名:二(正)丁胺

编号:82027

化学式:$(C_4H_8)_2NH$

分子量:129.3

特性:无色挥发性易燃液体,带有氨的气味,呈碱性。相对密度0.7613;熔点−59 ℃;沸点159 ℃;折光率1.401;蒸气压266.6 Pa(20 ℃);相对蒸气密度4.6。部分混溶于水,溶于乙醇与乙醚。易燃,闪点39 ℃,爆炸极限下限1.1%,遇明火高热或接触氧化剂有发生燃烧的危险。有毒性,大鼠经口 LD_{50}:550 mg/kg。液体能腐蚀皮肤、眼睛和黏膜,蒸气会刺激黏膜。

包装:玻璃瓶,外包装木箱内衬不燃材料或钢桶装。

贮存条件:贮存于阴凉、干燥、通风良好的不燃材料结构的库房,远离火种、热源。与强氧化剂、酸类隔离贮存。

养护:
1) 入库验收:检查内外包装是否损坏,封口是否严密。
2) 堆码苫垫:垛底垫高15 cm,堆高两层。
3) 在库检查:每日上下班前后对库内、外各进行一次检查,每三个月进行一次质量检查。
4) 温湿度管理:库温度控制在30 ℃以下。
5) 安全作业:搬运操作要穿戴防护镜、手套等,物品轻装轻卸,严禁摔撞。

注意事项:火灾时用干粉、抗醇泡沫或二氧化碳灭火,用水保持火场容器冷却,用雾状水驱散蒸气,并用水喷淋、保护堵漏和灭火人员。使吸入蒸气的患者脱离现场,休息并保暖。眼睛受刺激时用水冲洗。皮肤接触时先用水冲洗,再用肥皂水彻底洗涤,严重时送医院救治。如误服立即漱口,饮水并送医院救治。

B8.75 品名:1,2-乙二胺

编号:82028

别名:乙二胺

化学式:$NH_2CH_2CH_2NH_2$

分子量:60.1

特性:无色或微黄色黏稠液体,有类似氨的气味。具有吸湿性和强碱性,能从空气中吸收二氧化碳。相对密度0.8994;熔点8.5 ℃;沸点117.2 ℃;折光率1.4540;蒸气压1246 Pa(20 ℃);相对蒸气密度2.07。溶于水和醇,微溶于乙醚,不溶于苯。能与无机酸生成溶于水的盐。易燃,闪点34 ℃,自燃点385 ℃。蒸气能与空气形成爆炸性混合物,遇火、高温或氧化剂有燃烧的危险。与乙酸、乙酸酐、二硫化碳、氯、磺酸盐、硝酸、硫酸、发烟硫酸、过氯酸等剧烈反应。能腐蚀铜及其合金。有毒,刺激眼、皮肤和呼吸道,引起过敏症,呈现出变态反应。误服和吸入高浓蒸气引起关节痛、晕眩、呼吸短促、恶心、呕吐,发生致命性中毒。

包装:玻璃瓶外加木箱,内衬不燃材料包装或塑料桶、钢桶装。

贮存条件:贮存于阴凉、干燥、通风良好的不燃材料结构的库房,远离火种、热源。与强氧化剂、酸类隔离贮存。

养护:
1) 入库验收:检查内外包装是否损坏,封口是否严密。
2) 堆码苫垫:垛底垫高15 cm,堆高两层。
3) 在库检查:每日上下班前后对库内外各进行一次检查,每三个月进行一次质量检查。
4) 温湿度管理:库温应严格控制在30 ℃以下。
5) 安全作业:搬运操作要穿戴防护镜、手套等,操作时要轻装轻卸,严禁摔撞。

注意事项:与B8.72环己胺同。

B8.76 品名:1,3-丙二胺

编号:82030

化学式:$NH_2(CH_2)_3NH_2$

分子量:74.1

特性:水白色有氨味的液体。相对密度0.888 1;熔点−12 ℃;沸点139.7 ℃。易溶于水、甲醇和乙醚。易燃,闪点48.8 ℃,遇高热或火焰有燃烧爆炸的危险。强碱性,受热分解释放出有毒的氧化氮气体。

包装:玻璃瓶,外包装木箱内衬不燃材料或钢桶装。

贮存条件:贮存在阴凉、干燥、通风良好的不燃材料结构的库房。远离火种、热源,与强氧化剂、酸类隔离贮存。

养护:
1) 入库验收:检查内外包装是否损坏,封口是否严密。
2) 堆码苫垫:垛底垫高15 cm,堆高两层。
3) 在库检查:每日上下班前后对库内外各进行一次检查,每三个月进行一次质量检查。
4) 温湿度管理:库温应严格控制在35 ℃以下。
5) 安全作业:搬运操作要穿戴防护镜、手套等,物品轻装轻卸,严禁摔撞。

注意事项:火灾时用干粉或二氧化碳灭火。使吸入蒸气的患者脱离现场,休息并保暖。眼睛受刺激时用水冲洗,皮肤接触时用水冲洗。如误服立即漱口并送医院救治。

B8.77 品名:1,2-丙二胺

编号:82030

化学式:$CH_3CH(NH_2)CH_2NH_2$

分子量:74.1

特性:无色有吸湿性液体,呈强碱性,有氨的气味。与空气接触产生白色烟雾。吸下层空气中二氧化碳,生成白色沉淀。相对密度 0.873 2;熔点 -37.2 ℃;沸点 118.9 ℃;折光率 1.446 0;相对蒸气密度 2.6。易吸湿形成水合物。溶于水,与水形成恒沸混合物。溶于很多有机溶剂。易燃,闪点 33.3 ℃,蒸气能与空气形成爆炸性混合物。接触明火或受高热有燃烧危险,与氧化剂接触能剧烈反应。能腐蚀铜及其合金。具有和乙胺同样的毒,能刺激皮肤和黏膜,受热分解放出有毒氧化氮气体。

包装:玻璃瓶,外加木箱,内衬不燃材料或钢桶装。

贮存条件:贮存于阴凉、干燥、通风良好的不燃材料结构的库房,远离火种、热源。与强氧化剂、酸类隔离贮存。

养护:

1) 入库验收:检查内外包装是否损坏,封口是否严密。
2) 堆码苫垫:垛底垫高 15 cm,堆高两层。
3) 在库检查:每日上下班前后对库内外各进行一次检查,每三个月进行一次质量检查。
4) 温湿度管理:库温应严格控制在 30 ℃以下。
5) 安全作业:搬运操作要穿戴防护镜、手套等,轻装轻卸,严禁摔撞。

注意事项:火灾时用干粉、抗酸泡沫或二氧化碳灭火。用水保持火场中容器冷却,用雾状水驱散蒸气,并用水喷淋保护灭火人员。使吸入蒸气的患者脱离现场,休息并保暖。眼睛受刺激时用水冲洗。皮肤接触时先用水冲洗,再用肥皂水彻底洗涤,严重时送医院救治。如误服立即漱口,饮水并送医院救治。

B8.78 品名:1,6-己二胺

编号:82031

化学式:$H_2N(CH_2)_6NH_2$

分子量:116.2

特性:白色结晶或有光泽的片状物,具有吡啶臭味。在空气中吸收水分及二氧化碳。熔点 42 ℃;沸点 205 ℃。溶于水,水溶液呈强碱性,也溶于乙醇和苯。可燃,闪点 81 ℃,遇火源或高热有轻微的燃烧爆炸危险。受热分解放出易燃的且对人有毒的气体。能与氧化剂反应,强碱性。毒性较大,蒸气对上呼吸道和眼睛出现刺激症状。误服或吸入有害,可引起结膜炎、呼吸短促、水肿肝炎。

包装:玻璃瓶,外加木箱内衬不燃材料或者用钢桶包装。

贮存条件:贮存于阴凉、干燥、通风良好的不燃材料结构的库房,远离火种、热源。与强氧化剂、酸类隔离贮存。

养护:

1) 入库验收:检查内外包装是否损坏,封口是否严密。

2) 堆码苫垫:垛底垫高 15 cm,堆高两层。
3) 在库检查:每日上下班前后对库内外各进行一次检查,每三个月进行一次质量检查。
4) 温湿度管理:库温应控制在 30 ℃以下。
5) 安全作业:搬运操作要穿戴防护镜、手套等,轻装轻卸,严禁摔撞。

注意事项:用泡沫、砂土、干粉或二氧化碳灭火。使吸入蒸气的患者脱离现场,休息并保暖。眼睛皮肤等受刺激时用水冲洗,严重时送医院救治。

B8.79　品名:聚乙烯聚胺

编号:82032

别名:多乙烯多胺、多乙掌多胺

化学式:$(CH_2CH_2NH_2)_n$

特性:黄色或橙红色透明黏稠液体。是乙二胺、二乙烯三胺、三乙烯四胺和四乙烯五胺的联产物。呈强碱性,能与水、醇、醚混合。可燃,遇高热、火焰有燃烧危险。能与氧化剂反应。有腐蚀性,能刺激皮肤、黏膜。受高热分解释出有毒氧化氮烟雾。

包装:玻璃瓶,外加木箱内衬不燃材料或钢桶包装。

贮存条件:贮存在阴凉、干燥、通风良好的不燃材料结构的库房,远离火种、热源。与强氧化剂、酸类隔离贮存。

养护:
1) 入库验收:检查外包装是否损坏,封口是否严密。
2) 堆码苫垫:垛底垫高 15 cm,堆高两层。
3) 在库检查:每日上下班前后对库内、外各进行一次检查,每三个月进行一次质量检查。
4) 温湿度管理:库温应控制在 30 ℃以下。
5) 安全作业:搬运操作要穿戴防护镜、手套,轻装轻卸,严禁摔撞。

注意事项:火灾时用干粉或二氧化碳灭火。使吸入蒸气的患者脱离现场,休息并保暖。眼睛、皮肤接触受刺激时用水冲洗。如误服立即漱口并送医院救治。

B8.80　品名:钠石灰(含 NaOH>4%)

编号:82501

别名:碱石灰

化学式:$NaOH+Ca(OH)_2$

特性:白色或灰白色易潮解的颗粒。是氧化钙同 5%～20%氢氧化钠的紧密混合物,它能吸收以自身重量 25%～30%的二氧化碳。不燃,遇潮时对铝、锌、锡有腐蚀性。与酸类发生剧烈反应。可与铵盐发生反应,散发出氨气。有强烈刺激性和腐蚀性,对眼睛、皮肤、黏膜会造成严重灼伤。

包装:玻璃瓶或塑料听装。

贮存条件:贮存于阴凉、干燥、通风的库房,密闭贮存防止受潮,不宜久贮。与酸类、铵盐隔离贮存。

养护:
1) 入库验收:检查内、外包装是否损坏,封口是否严密。
2) 堆码苫垫:垛底垫高 15 cm,堆高三层。
3) 在库检查:每日上下班前后对库内、外各进行一次检查,每三个月进行一次质量检查。

4) 温湿度管理:库房应严格注意通风防潮,湿度在80%以下。
5) 安全作业:搬运操作要穿戴防护镜、手套等,轻装轻卸,严禁摔撞。

注意事项:用干砂、干粉、二氧化碳灭火。皮肤接触用水冲洗,眼睛受刺激用温水冲洗,误服应立即漱口、饮水。

B8.81 品名:氨溶液(含氨大于10%～小于35%)

编号:82503

别名:氨水

化学式:NH_4OH

分子量:35.05

特性:无色或微黄色透明液体,为含氨28%～29%的水溶液。有极强的刺激性臭味,对人体、眼及呼吸道有刺激性和腐蚀性。与水可任意混合。溶解时产生高热,水溶液呈碱性,有毒。相对密度0.90。不燃烧,受热易分解放出氨,在100℃时全部分解为氨及水。与各种酸均能发生反应产生铵盐,遇强氧化剂、氯酸钠、高氯酸钠、过氧化氢等均有强烈放热反应。用于医药、试剂、化肥、皮革、橡胶印染等。

包装:200 kg铁桶装,桶皮厚度不小于1.2 mm,桶口应严密不漏,在装桶前必须通过$4.9×10^4$ Pa的水压或气压试验。陶瓷坛装坛口用石膏水泥封严,再装入透笼木箱,衬垫牢固。试剂用装入螺丝口玻璃瓶或塑料瓶,瓶口封严,用蜡封后套一层胶帽再装入木箱,箱内用松软材料衬垫牢固,箱外用铁皮或铁丝加固。包装外标志明显。

贮存条件:宜贮存在阴凉、通风的库房或货棚内,与酸类、氧化剂及过氧化氢等隔离存放,库房温度不超过35 ℃。

养护:
1) 入库验收:检查包装是否合乎要求,封口是否严密,有无渗漏现象,物品是否透明无色,不含沉淀杂质。
2) 堆码苫垫:垛底应垫高至少15 cm,堆垛时大铁桶应码成行列式,直立堆码可堆高两层,横放可堆3～5桶高,箱装可堆高2～2.5 m。
3) 在库检查:在贮存期间,每日上下班前后要对货垛及环境各检查一次,夏季每月、其他季节每三个月应进行一次检查,主要检查包装有无破裂渗漏。
4) 温湿度管理:库内可用排风扇加强通风以保持空气新鲜,夏季只宜在白天密封库房,夜间进行通风,使库温保持30 ℃以下。
5) 安全作业:搬运操作人员应穿工作服,戴手套、护目镜及口罩,搬运时必须轻装轻卸,防止物品包装破损、物品洒漏影响操作。
6) 保管期限:6～12个月。

注意事项:火灾可用水或砂土扑救,救火人员应佩戴防毒面具,站在上风口。如不慎接触眼部,可立即移至通风处用大量水冲洗或用硼酸水冲洗,严重的送医院诊治。

B8.82 品名:氟化铬

编号:83002

别名:三氟化铬

化学式:CrF_3

分子量:109.0

特性：暗绿色结晶性粉末。相对密度 3.78；熔点 1000 ℃ 以上；沸点 1100 ℃ 以上；在 1100～1200 ℃ 升华。不溶于水、醇。在热盐酸、硝酸和硫酸中少量分解，溶于氢氟酸。由于溶解性低，由铬引起的急性毒性较低，由于分解生成氟化氢等有毒气体，必须注意。

包装：玻璃瓶或塑料瓶，外包装大木箱，内衬不燃材料或钢桶。

贮存条件：贮存在通风、干燥的库房内，与酸类隔开贮存。

养护：

1) 入库验收：检查内外包装是否损坏，封口是否严密。
2) 堆码苫垫：垛底垫高 15 cm，堆高三层。
3) 在库检查：每日上下班前后对库内、外各检查一次，每三个月进行一次质量检查。
4) 温湿度管理：注意防潮，湿度应在 80% 以下。
5) 安全作业：搬运操作要穿戴防护镜、手套等，轻装轻卸，严禁摔撞。

注意事项：用水、二氧化碳灭火。使吸入蒸气的患者脱离污染区，安置休息并保暖。眼睛、皮肤接触受刺激时用水冲洗。误服后立即漱口，急送医院救治。

B8.83　品名：二氯乙醛

编号：83009

化学式：$CHCl_2CHO$

分子量：113.0

特性：无色液体，能缓慢聚合成白色固体，具有强烈刺激性气味。相对密度 1.463（25 ℃）；冰点 −50 ℃；沸点 88 ℃；蒸气压 6 665 Pa(20 ℃)；相对蒸气密度 3.9。腐蚀品，可燃，与氧化剂接触激烈反应。经口或吸入高毒。蒸气具有催泪性、刺激性、恶臭及腐蚀性。能严重刺激眼睛和呼吸系统。液体对皮肤有强烈刺激性。

包装：玻璃瓶、外包装木箱，内衬不燃材料。

贮存条件：贮存于阴凉、干燥、通风良好的库房，远离火种、热源，避免受潮，防止日光直晒。

养护：

1) 入库验收：检查内外包装是否损坏，封口是否严密。
2) 堆码苫垫：垛底垫高 15 cm，堆高两层。
3) 在库检查：每日上下班前后对库内、外各进行一次检查，每三个月进行一次质量检查。
4) 温湿度管理：温度 25 ℃，湿度 85% 以下。
5) 安全作业：搬运操作要穿戴防护镜、手套等，物品轻装轻卸，严禁摔撞。

注意事项：消防人员必须穿戴氧气防毒面具和全身防护服。用二氧化碳、干粉灭火。使吸入蒸气的患者脱离污染区，安置休息并保暖，严重者须就医诊治。眼睛受刺激用水冲洗，对溅入眼内的严重患者须就医诊治。皮肤接触先用水冲洗，再用肥皂彻底洗涤，误服立即漱口、促吐，随后送医院救治。

B8.84　品名：甲醛溶液

编号：83012

化学式：$HCHO$

分子量：30.03

特性：为 37% 甲醛的水溶液，其中还含有 10%～15% 甲醇以阻止聚合，无色透明液体，有刺激性及窒息性气味,与水、醇、丙酮可任意混合。相对密度 0.815(－20 ℃纯品),1.075～1.085(37％,不含甲醇),1.067(气体);凝固点－92 ℃(100％);沸点－19.44 ℃(纯),101 ℃(37％不含甲醇);闪点 85 ℃(37％不含甲醇);自燃点 430 ℃;蒸气压 $4.38×10^5$ Pa(20 ℃);折光率 1.3746。在温度低于 10 ℃时,易自聚成为不溶性三聚甲醛白色沉淀。其蒸气与空气混合能成为燃烧爆炸性混合物,燃烧范围 7％～73％。与强酸、强氧化剂接触均能发生高热。对人体黏膜、眼均有强刺激性,毒害性。用于消毒杂菌、合成树脂、有机合成等。

包装:装入坚固铁桶内涂防酸保护层,封口严密,每桶净重不超过 200 kg。或装入陶瓷坛,封口严密不漏再装入木箱或半透笼木箱,箱内用松软材料填塞牢固,箱外用铁皮或铁丝加固,每坛净重不超过 50 kg。装入螺口玻璃瓶中,瓶盖塞紧后用石蜡、石膏封严再用塑料薄膜扎紧,每箱不超过 20 kg。包装外标志应明显齐全。

贮存条件:贮存在阴凉、通风良好的库房,避免日光直晒,要注意冬季库内温度不低于 10 ℃。与强酸、氧化剂,遇水燃烧物品隔离存贮。

养护:
1) 入库验收:检查包装是否符合包装要求有无破损,瓶口是否渗漏,物品是否透明无白色沉淀或浑浊现象。
2) 堆码苫垫:垛底应垫高 15 cm,铁桶装可堆行列式垛,立放不超过两层,横放不超过四层,木箱装垛高不超 2.5 m,垛距 80 cm,墙距、柱距 30 cm。
3) 在库检查:在库贮存期间每日上班后、下班前对物品进行一次检查。
4) 温湿度管理:在北方地区冬季应贮存在保温库,温度不低于 10 ℃,或贮存在地下或半地下库,要求温度在 10 ℃左右。夏季应密封库房加强通风,使库温不超过 30 ℃。
5) 安全作业:搬运操作人员应穿工作服、戴手套、护目镜,搬运时要注意轻拿轻放,防止包装破损。
6) 保管期限:6 个月。

注意事项:火灾可用水、泡沫、二氧化碳。眼受伤立即用大量清水冲洗。接触皮肤,先用大量水冲洗,再用酒精擦洗后涂甘油。呼吸中毒可移至新鲜空气处,用 2％碳酸氢钠溶液雾化吸入以解除呼吸道刺激,然后送医院治疗。

B8.85　品名:苯酚钠

编号:83013

化学式:C_6H_5ONa

分子量:116.1

特性:白色潮解性针状结晶,在空气中能被二氧化碳所分解,溶于水和乙醇。可燃,受热分解或遇酸液、酸雾能产生有毒的气体,并有腐蚀性。高毒,对皮肤、眼睛和黏膜有强烈刺激作用。

包装:玻璃瓶外加木箱,内衬不燃材料或镀锌钢桶装。

贮存条件:贮存于阴凉、通风的仓库中,远离火种、热源,与氧化剂、酸类隔离贮存。

养护:
1) 入库验收:检查内外包装是否损坏,封口是否严密。
2) 堆码苫垫:垛底垫高 15 cm,堆高两层。

3) 在库检查:每日上下班前后对库内、外各检查一次,每三个月进行一次质量检查。
4) 温湿度管理:注意防潮,湿度在80%以下。
5) 安全作业:搬运操作要穿戴全身防护服、护目镜、手套等,轻装轻卸,严禁摔撞。

注意事项:用雾状水、干粉、抗醇泡沫或二氧化碳灭火,消防人员应穿戴防毒面具和全身防护服。眼睛受刺激时先用水冲洗,直至送医院医治为止。皮肤接触时先用水冲洗,并用甘油浸洗至少10 min。误服后催吐,随后漱口并送医院救治。

B8.86 品名:蒽

编号:83018

化学式:$C_6H_4(CH)_2C_6H_4$

分子量:178.2

特性:带蓝色荧光的无色至淡黄色结晶,具有强烈刺激性。相对密度1.25(27 ℃);熔点217 ℃;沸点340 ℃;蒸气压133 Pa;相对蒸气密度6.15。不溶于水,溶于加热的乙醇及乙醚。可燃,闪点121 ℃,自燃点540 ℃,爆炸极限(下限)0.6%。遇高热、火焰或铬酸有爆炸的危险。遇氧化剂激烈反应。含致癌物,刺激眼睛及呼吸道。长期接触皮肤会染色并生癌,误服会刺激胃肠。

包装:纸袋或编织袋内衬塑料袋。

贮存条件:贮存于阴凉、通风的仓库,远离火种、热源,与氧化剂隔离贮存。

养护:
1) 入库验收:检查包装是否损坏。
2) 堆码苫垫:垛底垫高15 cm。
3) 在库检查:每日上下班前后对库内外各进行一次检查,每三个月进行一次质量检查。
4) 温湿度管理:库房应注意通风,温度在30 ℃以下,湿度在80%以下。
5) 安全作业:搬运操作要穿戴全身防护服、护目镜,轻装轻卸。

注意事项:消防人员必须穿戴全身防护服,用二氧化碳或干粉灭火,用水可能引起沸腾或飞溅,容易灼伤人员。使患者脱离污染区,安置休息并保暖。眼睛受刺激时用水冲洗。皮肤接触时先用水冲洗,再用肥皂彻底洗涤。误服应洗胃后,再用盐类导泻。

B8.87 品名:次氯酸钠溶液(含有效氯大于5%)

编号:83501

别名:漂白水、漂白液

化学式:NaClO

分子量:74.5

特性:固体次氯酸钠在空气中极不稳定,受热后迅速分解为氯化钠或氯酸盐和氧,只有在碱性状态时极稳定。市上一般为碱性溶液,为微黄色液体,有氯的臭味。碱度不低于2%~3%时,溶液可贮存10~15天。碱性较小时分解较快,并放出次氯酸进而分解成氯和氧酸盐。与有机物、日光接触发出有毒的氯气,对大多数金属有轻微的腐蚀。溶液能刺激眼睛和皮肤,造成灼伤。

包装:用衬胶槽车或塑料槽车装运。

贮存条件:贮存于低温、阴凉库房,不可在日光下曝晒,远离热源与火种。与自燃物、易燃物隔离贮远。本品容易分解不可久贮。

养护：
1) 入库验收：检查包装是否损坏、渗漏。
2) 堆码苫垫：垛底垫高 15 cm，堆高两层。
3) 在库检查：每日上下班前后对库内外各进行一次检查。
4) 温湿度管理：库温不得高于 30 ℃。
5) 安全作业：作业时戴好防毒面具与手套。
6) 保管期限：碱度不低于 2‰～3‰的存放 10～15 天，碱度高于 5‰的存放 1 个月。

注意事项：火灾时用雾状水、砂土、二氧化碳灭火。眼睛受刺激时用大量水冲洗，严重时就医。皮肤接触时先用水洗，再用肥皂彻底洗涤，如灼伤就医诊治。误服应立即漱口，饮水并送医院诊治。

B8.88 品名：氯化铜

编号：83503

别名：二氯化铜、氯化高铜

化学式：$CuCl_2$

分子量：134.5

特性：黄棕色吸湿性粉末。相对密度 3.054；熔点 498 ℃；而在 993 ℃分解成氯化亚铜。二水物氯化铜为绿色晶体，相对密度 2.51，熔点约 100 ℃。在潮湿空气中易潮解，在干燥空气中易风化。易溶于水，溶于氯化铵、丙酮、醇及醚中。遇湿时对部分金属有腐蚀性，有毒。

包装：玻璃瓶，外包装木箱，内衬不燃材料或钢桶内衬塑料袋。

贮存条件：贮存在阴凉、干燥、通风的库房内，与食用原料隔离贮存。

养护：
1) 入库验收：检查内外包装是否损坏。
2) 堆码苫垫：垛底垫高 15 cm，堆高三层。
3) 在库检查：每日上下班前后对库内外各进行一次检查，每三个月进行一次质量检查。
4) 温湿度管理：库温低于 30 ℃，空气湿度 80%以下。
5) 安全作业：作业时戴手套，轻装轻卸。

注意事项：火灾时用水、泡沫、二氧化碳灭火。皮肤接触时用水冲洗，并用肥皂彻底洗涤。

B8.89 品名：汞

编号：83505

别名：水银

化学式：Hg

分子量：200.6

特性：银白色有光泽的液态金属。相对密度 13.59 ℃；熔点－38.9 ℃；沸点 356.6 ℃；蒸气压 0.024 7 Pa，0.16 Pa(20 ℃)，0.006 079 Pa(40 ℃)，0.025 24 Pa(60 ℃)。汞在常温下即能蒸发，汞蒸气剧毒。汞易与硫、卤素结合，易溶于硝酸，不易溶于盐酸，加热时和碳酸结合，溶于类脂中。与叠氮化物、乙炔或氨反应可生成爆炸性化合物，与乙烯氯、三氯甲烷、碳化钠接触发生剧烈反应。汞中毒一般由于大量吸收汞蒸气所致,也经皮肤吸收,主要症状为化学性肺炎所引起的症状,但有时可引起急性腹泻及肾脏损害。

包装:金属罐装,丝口必须密闭或塑料罐外用木箱加固。

贮存条件:贮存于干燥、通风的库房,与叠氮化物、乙炔、氨、硝酸和乙醇隔离贮存。

养护:
1) 入库验收:检查内、外包装是否损坏封口是否严密。
2) 堆码苫垫:垛底垫高 15 cm,堆高两层。
3) 在库检查:每日上下班前后对库外各进行一次检查,每半年进行一次全面检查。
4) 温湿度管理:库温 30 ℃以下,库内注意通风。
5) 安全作业:轻搬轻放,切忌撞击、卧放和倒置。
6) 保管期限:2 年。

注意事项:火灾时必须穿戴氧气防毒面具和全身防护服,用水、砂土灭火。吸入蒸气者脱离污染区,休息并保暖,严重者送医院诊治。长期与皮肤接触须就医诊治。误服后立即送医院抢救。凡皮肤疾病患者(湿疹)、口腔炎、肾或神经功能障碍者,不可接触汞。禁止工作场所进食、饮水及吸烟,下班后应沐浴。

附 录 C
化学危险品品名汉语拼音索引
(参考件)

A

氨	B2.14
氨基胍重碳酸盐	B4.43
安全火柴	B4.59
氨基化锂	B4.92
氨基化钠	B4.93
安妥	B6.36
氨溶液	B8.81

B

苯	B3.10
苯酚	B6.21
苯甲酸汞	B6.24
苯胺	B6.52
苯甲酰氯	B8.46
苯磺酰氯	B8.47
苯(基)氧氯化膦	B8.49
苯酚钠	B8.85
丙酮	B3.5

丙烯酸甲酯	B3.16
丙腈	B3.18
丙烯酸	B8.55

C

重铬酸钾	B5.23
重铬酸钠	B5.24
重氮氨基苯	B4.24
茨烯	B4.51
次氯酸钙	B5.8
次氯酸钠溶液（含有效氯＞5%）	B8.86

D

N,N-二甲基环己胺	B8.73
N,N-二亚硝基五亚甲基四胺（含纯感剂）	B4.17
氮	B2.10
导火索	B1.12
碘酸	B5.19
碘酸铵	B5.21
叠氮钠	B1.1
丁烷	B2.3
丁酮	B3.14
丁炔二醇	B4.46
对二硝基苯	B4.14
对亚硝基苯酚	B4.16
多聚甲醛	B4.48
多硫化铵溶液	B8.61

E

苊	B4.38
蒽	B8.86
二氯二氟甲烷	B2.11
二氧化硫（液化的）	B2.15
二硫化碳	B3.8
2-丙烯-1-醇	B3.13
二甲苯（邻位、间位、对位）	B3.23
2,4-二硝基(苯)酚（含水≥15%）	B4.6
2,5-二硝基(苯)酚（含水≥15%）	B4.6
2,6-二硝基(苯)酚（含水≥15%）	B4.6

2,4-二硝基间苯二酚(含水≥15%)	B4.7
2,4-二硝基苯甲醚	B4.8
二硝基苯肼	B4.9
2,4-二硝基氯化苄	B4.10
2,4-二硝基苄基氯	B4.10
氯化二硝基苄基	B4.10
2,4-二硝基苯(代)氯甲烷	B4.10
2,4-二硝基甲苯	B4.15
2,4-二硝基萘酚钠盐	B4.41
2,4-二亚硝基间苯二酚	B4.42
2,2-二硝基丙烷	B4.44
2,2,3,3-四甲基丁烷	B4.45
2-莰醇	B4.49
2-莰酮	B4.50
二氧化硒	B6.8
2-丁烯腈(反式)	B6.26
二氯甲烷	B6.43
2,4-二硝基甲苯	B6.49
二甲(苯)酚	B6.50
二甲氨基甲酰氯	B8.45
二(正)丁胺	B8.74
二氯乙醛	B8.83
2,4,6-三硝基苯甲硝胺	B1.6

F

发泡剂 BSH	B4.21
发泡剂 OB	B4.22
发孔剂 N	B4.23
发烟硝酸	B8.1
发烟硫酸	B8.4
氟	B2.12
氟化钠	B6.42
氟磺酸	B8.14
氟硅酸	B8.15
氟硼酸	B8.16
氟化铬	B8.82

G

钙	B4.71

名称	编号
干喷漆	B4.52
高氯酸钠	B5.4
高氯酸钾	B5.5
高锰酸钠	B5.10
高锰酸钾	B5.11
高硼酸钠	B5.17
高氯酸	B8.12
铬酸溶液	B8.18
硅铁	B4.97
过氧化氢(20%～60%)	B5.1
过氧化钠	B5.2
过氧化钾	B5.3
过硫酸钠	B5.16
过甲酸	B5.27
汞	B8.89

H

名称	编号
含二级易燃溶剂的油漆辅助材料及涂料	B3.25
黑火药制品	B1.11
红磷	B4.1
环三次甲基三硝铵	B1.7
环氧乙烷	B2.5
环戊烷	B3.3
环己胺	B8.72
黄磷	B4.61
火补胶	B4.57

J

名称	编号
甲烷	B2.2
甲硫醇	B2.7
甲醇	B3.11
甲基萘	B4.36
钾	B4.71
钾钠合金	B4.70
钾汞齐	B4.75
甲苯-2,4-二异氰酸酯	B6.29
甲基对硫磷	B6.31
甲胺磷	B6.35
甲酸	B8.37

甲(基)磺酰氯	B8.48
甲醛溶液	B8.84
间-二硝基苯	B4.13
金属锆粉(含水≥25%)	B4.32
金属钍	B7.1
聚苯乙烯珠体(可发性)	B4.27
聚乙烯聚胺	B8.79

K

克罗甸	B3.26
苦味酸苉	B4.18

L

礼花弹	B1.13
锂	B4.67
连二亚硫酸钠	B4.96
连二亚硫酸钠	B4.62
邻-二硝基苯	B4.12
磷化钙	B4.89
磷化铝	B4.90
磷化锌	B4.91
磷胺	B6.34
硫	B4.28
硫氰酸甲酯	B6.28
硫酸二甲酯	B6.30
硫酸铀	B7.6
硫酸	B8.5
硫代磷酰氯	B8.36
硫化铵溶液	B8.63
硫化钠	B8.64
硫化钾	B8.65
硫化钡	B8.66
硫氢化钠	B8.67
硫氢化钙	B8.68
铝粉	B4.29
铝镍合金氢化媒剂	B4.34
铝酸钠溶液	B8.61
氯	B2.13
氯酸铵	B5.6

氯酸钾	B5.7
氯化硒	B6.11
氯化苄	B6.20
氯乙酸丁酯	B6.48
氯磺酸	B8.13
氯化亚砜	B8.21
氯乙酰氯	B8.44
氯乙酸	B8.53
氯化铜	B8.88
氯化汞	B6.13

M

煤油	B3.20
镁粉	B4.77
镁铝粉	B4.78
锰粉	B4.31

N

钠	B4.68
钠汞齐	B4.76
钠石灰	B8.80
萘	B4.35

P

| 硼氢化钠 | B4.94 |
| 硼氢化钾 | B4.95 |

Q

其他海绵状金属粉	B4.33
汽油	B3.1
氢	B2.1
氢化锂	B4.80
氢化钠	B4.81
氢化钾	B4.82
氢化钙	B4.83
氢化铝	B4.84
氢化铝锂	B4.85
氢化铝钠	B4.86
氢化钡	B4.98

氢氟酸	B8.8
氢溴酸	B8.9
氢碘酸	B8.10
氢氧化钠	B8.56
氢氧化钾	B8.57
氢氧化锂	B8.58
氰氨化钙	B4.99
氰化钠	B6.1
氰化亚铜	B6.2
氰化锌	B6.3

R

| 壬烷 | B3.21 |
| 铷 | B4.72 |

S

三硝基甲苯	B1.5
三硝基间苯二酚	B1.8
三硝基苯酚	B1.9
三硝基苯甲醚	B1.2
三聚甲醛	B4.47
三硫化(四)磷	B4.2
三异丁基铝	B4.64
三丁基硼	B4.65
三氧化铬(无水)	B5.22
三氯硝基甲烷	B6.15
3-氯-1,2-环氧丙烷	B6.16
3-硝基甲苯	B6.19
3-甲(苯)酚	B6.22
3-氯丙腈	B6.27
三氯甲烷	B6.44
三溴甲烷	B6.46
三氯乙烯	B6.47
三氯化磷	B8.24
三氯化铝	B8.28
三溴化磷	B8.33
三氟乙酸	B8.38
三氯乙酸	B8.54
赛璐珞制品	B4.56

闪光粉	B4.60
生松香	B4.58
十硼氢	B4.28
石油醚	B3.9
铯	B4.73
锶	B4.74
四氢呋喃	B3.7
四-亚硝基苯酚	B4.5
4,6-二硝基-2-氨基酚	B4.40
四氧化(三)铅	B6.40
四氯化碳	B6.45
四氯化硅	B8.26
四氯化碲	B8.27
四氯化锗	B8.30
四氯化钛	B8.31
四氯化锡	B8.32
四甲基氢氧化铵	B8.70
四乙基铅	B6.25
砷	B6.4
砷酸汞	B6.7
水合肼(含肼≤64%)	B8.71
松节油	B3.22

T

钛粉	B4.30
碳化钙	B4.87
碳化铝	B4.88
锑粉	B6.38

W

烷基铝	B4.63
五硫化二磷	B4.3
五氧化二碘	B5.20
五氧化二砷	B6.5
五氯酚钠	B6.53
五氯化磷	B8.52
五氯化锑	B8.29
五氧化(二)磷	B8.35
戊烷	B3.2

| 五溴化磷 | B8.34 |
| 戊酰氯 | B8.42 |

X

硒酸钾	B6.10
硒粉	B6.37
硒酸	B8.17
硝基胍	B1.3
硝基脲	B1.4
硝铵炸药	B1.10
硝基漆稀释剂	B3.19
硝酸纤维素脂(含氮量 12.5％以下)	B4.19
硝化沥青	B4.20
硝化纤维漆布(纸)及其制品	B4.53
硝化纤维色片	B4.54
硝化纤维塑料(板、片、棒、管卷等状,不包括碎屑)	B4.55
硝化纤维片基	B4.66
硝酸钠	B5.12
硝酸钾	B5.13
硝酸银	B5.14
硝酸铵(含可燃物≤0.2％;0.4％)	B5.15
硝酸汞	B6.12
硝基苯	B6.17
硝酸钍	B7.2
硝酸铀酰(固体)	B7.3
硝酸	B8.2
硝酸羟胺	B8.3
锌粉	B4.79
溴	B8.11
溴甲烷	B2.16
溴酸钾	B5.18
溴化亚汞	B6.41
溴乙酰	B8.40
溴乙酰溴	B8.41

Y

亚磷酸二氢铅	B4.4
压缩空气	B2.9
亚氯酸钠	B5.9

亚硝酸钾	B5.25
亚砷酸钾	B6.6
亚硒酸钠	B6.9
亚硫酸	B8.6
盐酸	B8.7
氧	B2.8
氧化银	B5.26
氧化钍	B7.4
氧氯化硫	B8.20
氧氯化铬	B8.22
氧氯化磷	B8.23
氧化钠	B8.59
氧化钾	B8.60
夜光粉	B7.7
1,5-二硝基萘;1,8-二硝基萘	B4.11
1-重氮-2-苯酚-4-磺酸	B4.25
1,8-萘-二甲酸酐	B4.37
1,2,4,5-四甲基苯	B4.39
一氧化铅	B6.39
1,4-二硝基苯	B6.18
一氯乙醛	B6.23
一〇五九	B6.32
一六〇五(农药)	B6.33
1,3-苯二酚	B6.51
一氯化硫	B8.19
1.2-乙二胺	B8.75
1.3-丙二胺	B8.76
1,2-丙二胺	B8.77
1,6-己二胺	B8.78
异丁醇	B3.24
乙醛	B3.4
乙醚	B3.6
乙炔	B2.4
乙醇	B3.11
乙腈	B3.17
乙酸乙酯	B3.15
乙酸铀	B7.5
乙胺	B2.6
乙酸	B8.51

乙酸酐 ·· B8.52
乙醇钠 ·· B8.69
乙基硫酸 ·· B8.39
乙二酰氨 ·· B8.43

Z

正磷酸 ·· B8.50

附加说明：

本标准由劳动部提出。

本标准由劳动部归口。

本标准由化学工业部标准化研究所负责起草。

本标准主要起草人张桂英、梅建、乔文海、董益林、麦宝华。

化学品作业场所安全警示标志规范
(AQ 3047—2013)

前 言

本标准第 3.1、3.2、4.1、4.2 条为强制性条款,其余为推荐性条款。

本标准按照 GB/T 1.1—2009 给出的规则起草。

本标准对应于《全球化学品统一分类和标签制度》(GHS,第四修订版),与其一致性程度为非等效。

本标准由国家安全生产监督管理总局提出。

本标准由全国安全生产标准化技术委员会化学品安全分技术委员会(SAC/TC 288/SC 3)归口。

本标准起草单位:国家安全生产监督管理总局化学品登记中心、中国石油化工股份有限公司青岛安全工程研究院、化学品安全控制国家重点实验室。

本标准主要起草人:陈军、李运才、郭宗舟、陈金合、慕晶霞、纪国峰、郭秀云、张海峰。

1 范围

本标准规定了化学品作业场所安全警示标志的有关定义、内容、编制与使用要求。

本标准适用于化工企业生产、使用化学品的场所,储存化学品的场所以及构成重大危险源的场所。

2 规范性引用文件

下列文件对于本文件的应用是必不可少的。凡是注日期的引用文件,仅注日期的版本适用于本文件。凡是不注日期的引用文件,其最新版本(包括所有的修改单)适用于本文件。

GB 2894　安全标志及其使用导则
GB 15258　化学品安全标签编写规定
GB 20576　化学品分类、警示标签和警示性说明安全规范　爆炸物
GB 20577　化学品分类、警示标签和警示性说明安全规范　易燃气体
GB 20578　化学品分类、警示标签和警示性说明安全规范　易燃气溶胶
GB 20579　化学品分类、警示标签和警示性说明安全规范　氧化性气体
GB 20580　化学品分类、警示标签和警示性说明安全规范　压力下气体
GB 20581　化学品分类、警示标签和警示性说明安全规范　易燃液体
GB 20582　化学品分类、警示标签和警示性说明安全规范　易燃固体
GB 20583　化学品分类、警示标签和警示性说明安全规范　自反应性物质
GB 20584　化学品分类、警示标签和警示性说明安全规范　自热物质
GB 20585　化学品分类、警示标签和警示性说明安全规范　自燃液体
GB 20586　化学品分类、警示标签和警示性说明安全规范　自燃固体

GB 20587　化学品分类、警示标签和警示性说明安全规范　遇水放出易燃气体的物质
GB 20588　化学品分类、警示标签和警示性说明安全规范　金属腐蚀物
GB 20589　化学品分类、警示标签和警示性说明安全规范　氧化性液体
GB 20590　化学品分类、警示标签和警示性说明安全规范　氧化性固体
GB 20591　化学品分类、警示标签和警示性说明安全规范　有机过氧化物
GB 20592　化学品分类、警示标签和警示性说明安全规范　急性毒性
GB 20593　化学品分类、警示标签和警示性说明安全规范　皮肤腐蚀/刺激
GB 20594　化学品分类、警示标签和警示性说明安全规范　严重眼睛损伤/眼睛刺激性
GB 20595　化学品分类、警示标签和警示性说明安全规范　呼吸或皮肤过敏
GB 20596　化学品分类、警示标签和警示性说明安全规范　生殖细胞突变性
GB 20597　化学品分类、警示标签和警示性说明安全规范　致癌性
GB 20598　化学品分类、警示标签和警示性说明安全规范　生殖毒性
GB 20599　化学品分类、警示标签和警示性说明安全规范　特异性靶器官系统毒性　一次接触
GB 20601　化学品分类、警示标签和警示性说明安全规范　特异性靶器官系统毒性　反复接触
GB 20602　化学品分类、警示标签和警示性说明安全规范　对水环境的危害

3 一般要求

3.1 标志要素

化学品作业场所安全警示标志以文字和图形符号组合的形式,表示化学品在工作场所所具有的危险性和安全注意事项。标志要素包括化学品标识、理化特性、危险象形图、警示词、危险性说明、防范说明、防护用品说明、报警电话以及资料参阅提示语等。

3.2 标志内容

3.2.1 化学品标识

化学品作业场所安全警示标志应列明化学品的中文化学名称或通用名称,以及美国化学文摘号(CAS号)。化学品标识要求醒目、清晰,位于标志的上方,名称应与化学品安全技术说明书中的名称一致。

3.2.2 理化特性

根据危险化学品的危险特性,列出的相应的理化数据,包括闪点、爆炸极限、密度、挥发性等。

3.2.3 危险象形图

采用 GB 20576~GB 20599、GB 20601、GB 20602 规定的危险象形图,表1列出了9种危险象形图对应的危险性类别。

3.2.4 警示词

根据化学品的危险程度和类别,用"危险""警告"两个词分别进行危害程度的警示。根据 GB 20576~GB 20599、GB 20601、GB 20602,选择不同类别危险化学品的警示词。警示词位于化学品名称的下方,要求醒目、清晰。

表1　9种危险象形图

危险象形图	该图形对应的危险性类别
	爆炸物,类别1~3; 自反应物质,A、B型; 有机过氧化物,A、B型
	压力下气体
	氧化性气体; 氧化性液体; 氧化性固体
	易燃气体,类别1; 气溶胶,类别1~2; 易燃液体,类别1~3; 易燃固体; 自反应物质,B~F型; 自热物质; 自燃液体; 自燃物体; 有机过氧化物,B~F型; 遇水放出易燃气体的物质
	金属腐蚀物; 皮肤腐蚀/刺激,类别1; 严重眼损伤/眼睛刺激性,类别1
	急性毒性,类别1~3

表 1（续）

危险象形图	该图形对应的危险性类别
	急性毒性，类别 4； 皮肤腐蚀/刺激，类别 2； 严重眼损伤/眼睛刺激性，类别 2A； 皮肤过敏 特异性靶器官系统毒性一次接触，类别 3； 对臭氧层的危害
	呼吸过敏； 生殖细胞突变性； 致癌性； 生殖毒性； 特异性靶器官系统毒性 一次接触； 特异性靶器官系统毒性 反复接触； 吸入危害
	对水环境的危害，急性类别 1，慢性类别 1、2

3.2.5 危险性说明

简要概述化学品的危险特性。根据 GB 20576～GB 20599、GB 20601～GB 20602，选择不同类别危险化学品的危险性说明，要求醒目、清晰。

3.2.6 防范说明

表述化学品在处置、搬运、储存和使用作业中所应注意的事项和发生意外时简单有效的救护措施等，要求内容简明扼要、重点突出。该部分应包括安全预防措施、意外情况（如泄漏、人员接触或火灾等）的处理、安全储存措施及废弃处置等内容。防范说明按 GB 15258 的规定表述。

3.2.7 防护用品说明

个体防护用品使用防护象形图来表示。根据作业场所化学品的危险特性，单独或组合使用防护象形图。防护象形图按 GB 2894 的规定选择。

3.2.8 报警电话

填写发生危险化学品事故后的报警电话。

3.2.9 资料参阅提示语

提示参阅化学品安全技术说明书。

3.2.10 危险信息先后排序

当化学品具有两种及两种以上的危险性时，作业场所安全警示标志的象形图、警示词、危险性说明的先后顺序按 GB 15258 的规定执行。

3.3 样例

化学品作业场所安全警示标志样例参见附录 A。

4 制作

4.1 编写

化学品作业场所安全警示标志应与化学品安全技术说明书的信息保持一致,要不断补充信息资料,若发现新的危险性,及时作出更新。

4.2 颜色

危险象形图的颜色根据 GB 20576～GB 20599、GB 20601、GB 20602 的规定执行,一般使用黑色符号加白色背景,方块边框为红色。警示词应使用黄色,搭配黑色对比底色。正文应使用与底色反差明显的颜色,一般采用黑白色。

4.3 字体

化学品标识、警示词、危险性说明以及标题宜使用黑体,其他内容宜使用宋体。字体要求醒目、清晰。

4.4 标志大小

通常情况下,横版标志的大小不宜小于 80 cm×60 cm,竖版标志的大小不宜小于 60 cm×90 cm。

4.5 印制

4.5.1 化学品作业场所安全警示标志的制作应清晰、醒目,应在边缘加一个黄黑相间条纹的边框,边框宽度大于或等于 3 mm。

4.5.2 采用坚固耐用、不锈蚀的不燃材料制作,有触电危险的作业场所使用绝缘材料,有易燃易爆物质的场所使用防静电材料。

5 应用

5.1 设置的位置

设置在作业场所的出入口、外墙壁或反应容器、管道旁等的醒目位置。

5.2 设置方式

化学品作业场所安全警示标志设置方式分附着式、悬挂式和柱式 3 种。悬挂式和附着式应稳固不倾斜,柱式应与支架牢固地连接在一起。

5.3 设置高度

设置高度应尽量与人眼的视线高度相一致。悬挂式和柱式的下缘距地面的高度不宜小于 1.5 m。

5.4 注意事项

5.4.1 化学品作业场所安全警示标志应设在与安全有关的醒目处,并使进入作业场所的人员看见后有足够的时间来注意它所表示的内容。

5.4.2 化学品作业场所安全警示标志不应设在门、窗、架等可移动的物体上。标志前不得放置妨碍认读的障碍物。

5.4.3 标志的平面与视线夹角应接近 90°,观察者位于最大观察距离时,最小夹角不低于 75°。

附　录　A
（资料性附录）
化学品作业场所安全警示标志样例

苯 CAS号：71-43-2　**危　险**	 
极易燃液体和蒸气！ 食入有害！ 引起皮肤刺激！ 引起严重眼睛刺激！ 怀疑可致遗传性缺陷！ 可致癌！ 对水生生物有毒！	【理化特性】 无色透明液体；闪点-11℃；爆炸上限8%，爆炸下限1.2%；密度比水轻，比空气重；易挥发。 【预防措施】 远离热源、火花、明火、热表面。禁止吸烟。保持容器密闭。采取防止静电措施，容器和接收设备接地、连接。使用防爆电器/通风/照明等设备，只能使用不产生火花的工具。得到专门指导后操作。在阅读并了解所有安全预防措施之前，切勿操作。按要求使用个体防护装备，戴防护手套、防护眼镜、防护面罩。避免吸入烟气、气体、烟雾、蒸气、喷雾。操作后彻底清洗，操作现场不得进食、饮水或吸烟。禁止排入环境。 【事故响应】 火灾时使用泡沫、干粉、二氧化碳、砂土灭火。如接触或有担心，感觉不适，就医。脱去被污染的衣服，洗净后方可重新使用。如皮肤(或头发)接触：立即脱掉所有被污染的衣服。用大量肥皂水和水冲洗皮肤/淋浴。如发生皮肤刺激，就医。如果食入，立即呼叫中毒控制中心或就医，不要催吐。如接触眼睛，用水细心冲洗数分钟；如戴隐形眼镜并可方便地取出，取出隐形眼镜，继续冲洗；如果眼睛刺激持续，就医。 【安全贮存】 在阴凉通风处储存，保持容器密闭，上锁保管。 【废弃处置】 本品/容器的处置推荐使用焚烧法。 【个体防护用品】

请参阅化学品安全技术说明书

报警电话：****

危险化学品从业单位安全标准化通用规范
（AQ 3013—2008）

前 言

本标准第 4 章、第 5 章为强制性条款。

本标准明确了危险化学品从业单位开展安全标准化的总体原则、过程和要求，同时用于指导危险化学品从业单位安全标准化系列标准的编制与实施。

本标准由国家安全生产监督管理总局提出。

本标准由全国安全生产标准化技术委员会化学品安全分技术委员会归口。

本标准主要起草单位：国家安全生产监督管理总局化学品登记中心、中国石油化工股份有限公司青岛安全工程研究院。

本标准主要起草人：张海峰、曹永友、曲福年、刘艳萍、董国胜、郭秀云、张秀亭、刘伟、李运才。

本标准首次发布。

1 范围

本标准规定了危险化学品从业单位（以下简称企业）开展安全标准化的总体原则、过程和要求。

本标准适用于中华人民共和国境内危险化学品生产、使用、储存企业及有危险化学品储存设施的经营企业。

2 规范性引用文件

下列文件中的条款，通过本标准的引用而成为本标准的条款。凡是注日期的引用文件，其随后所有的修改单（不包括勘误的内容）或修订版均不适用于本标准，然而，鼓励根据本标准达成协议的各方研究是否可使用这些文件的最新版本。凡是不注日期的引用文件，其最新版本适用于本标准。

GB 2894　安全标志
GB 11651　劳动防护用品选用规则
GB 13690　常用危险化学品的分类及标志
GB 15258　化学品安全标签编写规定
GB 16179　安全标志使用导则
GB 16483　化学品安全技术说明书编写规定
GB 18218　重大危险源辨识
GB 50016　建筑设计防火规范
GB 50057　建筑物防雷设计规范
GB 50058　爆炸和火灾危险环境电力装置设计规范
GB 50140　建筑灭火器配置设计规范

GB 50160　石油化工企业设计防火规范
GB 50351　储罐区防火堤设计规范
GBZ 1　工业企业设计卫生标准
GBZ 2　工作场所有害因素职业接触限值
GBZ 158　工作场所职业病危害警示标识
AQ/T 9002　生产经营单位安全生产事故应急预案编制导则
SH 3063—1999　石油化工企业可燃气体和有毒气体检测报警设计规范
SH 3097—2000　石油化工静电接地设计规范

3　术语和定义

本标准采用下列术语和定义。

3.1
危险化学品从业单位　chemical enterprise

依法设立，生产、经营、使用和储存危险化学品的企业或者其所属生产、经营、使用和存储危险化学品的独立核算成本的单位。

3.2
安全标准化　safety standardization

为安全生产活动获得最佳秩序，保证安全管理及生产条件达到法律、行政法规、部门规章和标准等要求制定的规则。

3.3
关键装置　key facility

在易燃、易爆、有毒、有害、易腐蚀、高温、高压、真空、深冷、临氢、烃氧化等条件下进行工艺操作的生产装置。

3.4
重点部位　key site

生产、储存、使用易燃易爆、剧毒等危险化学品场所，以及可能形成爆炸、火灾场所的罐区、装卸台(站)、油库、仓库等；对关键装置安全生产起关键作用的公用工程系统等。

3.5
资源　resources

实施安全标准化所需的人力、财力、设施、技术和方法等。

3.6
相关方　interested party

关注企业职业安全健康绩效或受其影响的个人或团体。

3.7
供应商　supplier

为企业提供原材料、设备设施及其服务的外部个人或团体。

3.8
承包商　contractor

在企业的作业现场，按照双方协定的要求、期限及条件向企业提供服务的个人或团体。

3.9
事件 incident

导致或可能导致事故的情况。

3.10
事故 accident

造成死亡、职业病、伤害、财产损失或其他损失的意外事件。

3.11
危险、有害因素 hazardous elements

可能导致伤害、疾病、财产损失、环境破坏的根源或状态。

3.12
危险、有害因素识别 hazard identification

识别危险、有害因素的存在并确定其性质的过程。

3.13
风险 risk

发生特定危险事件的可能性与后果的结合。

3.14
风险评价 risk assessment

评价风险程度并确定其是否在可承受范围的过程。

3.15
安全绩效 safe performance

基于安全生产方针和目标,控制和消除风险取得的可测量结果。

3.16
变更 change

人员、管理、工艺、技术、设施等永久性或暂时性的变化。

3.17
隐患 potential accidents

作业场所、设备或设施的不安全状态,人的不安全行为和管理上的缺陷。

3.18
重大事故隐患 serious potential accidents

可能导致重大人身伤亡或者重大经济损失的事故隐患。

4 要求

4.1 概述

本规范采用计划(P)、实施(D)、检查(C)、改进(A)动态循环、持续改进的管理模式。

4.2 原则

4.2.1 企业应结合自身特点,依据本规范的要求,开展安全标准化。

4.2.2 安全标准化的建设,应当以危险、有害因素辨识和风险评价为基础,树立任何事故都是可以预防的理念,与企业其他方面的管理有机地结合起来,注重科学性、规范性和系统性。

4.2.3 安全标准化的实施,应体现全员、全过程、全方位、全天候的安全监督管理原则,通过有效方式实现信息的交流和沟通,不断提高安全意识和安全管理水平。

4.2.4 安全标准化采取企业自主管理,安全标准化考核机构考评、政府安全生产监督管理部门监督的管理模式,持续改进企业的安全绩效,实现安全生产长效机制。

4.3 实施

4.3.1 安全标准化的建立过程,包括初始评审、策划、培训、实施、自评、改进与提高等六个阶段。

4.3.2 初始评审阶段:依据法律法规及本规范要求,对企业安全管理现状进行初始评估,了解企业安全管理现状、业务流程、组织机构等基本管理信息,发现差距。

4.3.3 策划阶段:根据相关法律法规及本规范的要求,针对初始评审的结果,确定建立安全标准化方案,包括资源配置、进度、分工等;进行风险分析;识别和获取适用的安全生产法律法规、标准及其他要求;完善安全生产规章制度、安全操作规程、台账、档案、记录等;确定企业安全生产方针和目标。

4.3.4 培训阶段:对全体从业人员进行安全标准化相关内容培训。

4.3.5 实施阶段:根据策划结果,落实安全标准化的各项要求。

4.3.6 自评阶段:应对安全标准化的实施情况进行检查和评价,发现问题,找出差距,提出完善措施。

4.3.7 改进与提高阶段:根据自评的结果,改进安全标准化管理,不断提高安全标准化实施水平和安全绩效。

5 管理要素

5.1 负责人与职责

5.1.1 负责人

5.1.1.1 企业主要负责人是本单位安全生产的第一责任人,应全面负责安全生产工作,落实安全生产基础和基层工作。

5.1.1.2 企业主要负责人应组织实施安全标准化,建设企业安全文化。

5.1.1.3 企业主要负责人应作出明确的、公开的、文件化的安全承诺,并确保安全承诺转变为必需的资源支持。

5.1.1.4 企业主要负责人应定期组织召开安全生产委员会(以下简称安委会)或领导小组会议。

5.1.2 方针目标

5.1.2.1 企业应坚持"安全第一,预防为主,综合治理"的安全生产方针。主要负责人应依据国家法律法规,结合企业实际,组织制定文件化的安全生产方针和目标。安全生产方针和目标应满足:

1) 形成文件,并得到所有从业人员的贯彻和实施;
2) 符合或严于相关法律法规的要求;
3) 与企业的职业安全健康风险相适应;
4) 目标予以量化;
5) 公众易于获得。

5.1.2.2 企业应签订各级组织的安全目标责任书,确定量化的年度安全工作目标,并予以考核。企业各级组织应制定年度安全工作计划,以保证年度安全工作目标的有效完成。

5.1.3 机构设置

5.1.3.1 企业应设置安委会或领导小组,设置安全生产管理部门或配备专职安全生产管理人员,并按规定配备注册安全工程师。

5.1.3.2 企业应根据生产经营规模大小,设置相应的管理部门。

5.1.3.3 企业应建立、健全从安委会或领导小组到基层班组的安全生产管理网络。

5.1.4 职责

5.1.4.1 企业应制定安委会或领导小组和管理部门的安全职责。

5.1.4.2 企业应制定主要负责人、各级管理人员和从业人员的安全职责。

5.1.4.3 企业应建立安全责任考核机制,对各级管理部门、管理人员及从业人员安全职责的履行情况和安全生产责任制的实现情况进行定期考核,予以奖惩。

5.1.5 安全生产投入及工伤保险

5.1.5.1 企业应依据国家、当地政府的有关安全生产费用提取规定,自行提取安全生产费用,专项用于安全生产。

5.1.5.2 企业应按照规定的安全生产费用使用范围,合理使用安全生产费用,建立安全生产费用台账。

5.1.5.3 企业应依法参加工伤社会保险,为从业人员缴纳工伤保险费。

5.2 风险管理

5.2.1 范围与评价方法

5.2.1.1 企业应组织制定风险评价管理制度,明确风险评价的目的、范围和准则。

5.2.1.2 企业风险评价的范围应包括:
1) 规划、设计和建设、投产、运行等阶段;
2) 常规和非常规活动;
3) 事故及潜在的紧急情况;
4) 所有进入作业场所人员的活动;
5) 原材料、产品的运输和使用过程;
6) 作业场所的设施、设备、车辆、安全防护用品;
7) 丢弃、废弃、拆除与处置;
8) 企业周围环境;
9) 气候、地震及其他自然灾害等。

5.2.1.3 企业可根据需要,选择科学、有效、可行的风险评价方法。常用的评价方法有:
1) 工作危害分析(JHA);
2) 安全检查表分析(SCL);
3) 预危险性分析(PHA);
4) 危险与可操作性分析(HAZOP);
5) 失效模式与影响分析(FMEA);
6) 故障树分析(FTA);
7) 事件树分析(ETA);
8) 作业条件危险性分析(LEC)等方法。

5.2.1.4 企业应依据以下内容制定风险评价准则：
1) 有关安全生产法律、法规；
2) 设计规范、技术标准；
3) 企业的安全管理标准、技术标准；
4) 企业的安全生产方针和目标等。

5.2.2 风险评价

5.2.2.1 企业应依据风险评价准则，选定合适的评价方法，定期和及时对作业活动和设备设施进行危险、有害因素识别和风险评价。企业在进行风险评价时，应从影响人、财产和环境等三个方面的可能性和严重程度分析。

5.2.2.2 企业各级管理人员应参与风险评价工作，鼓励从业人员积极参与风险评价和风险控制。

5.2.3 风险控制

5.2.3.1 企业应根据风险评价结果及经营运行情况等，确定不可接受的风险，制定并落实控制措施，将风险尤其是重大风险控制在可以接受的程度。企业在选择风险控制措施时：
1) 应考虑：
   (1) 可行性；
   (2) 安全性；
   (3) 可靠性。
2) 应包括：
   (1) 工程技术措施；
   (2) 管理措施；
   (3) 培训教育措施；
   (4) 个体防护措施。

5.2.3.2 企业应将风险评价的结果及所采取的控制措施对从业人员进行宣传、培训，使其熟悉工作岗位和作业环境中存在的危险、有害因素，掌握、落实应采取的控制措施。

5.2.4 隐患治理

5.2.4.1 企业应对风险评价出的隐患项目，下达隐患治理通知，限期治理，做到定治理措施、定负责人、定资金来源、定治理期限。企业应建立隐患治理台账。

5.2.4.2 企业应对确定的重大隐患项目建立档案，档案内容应包括：
1) 评价报告与技术结论；
2) 评审意见；
3) 隐患治理方案，包括资金概预算情况等；
4) 治理时间表和责任人；
5) 竣工验收报告。

5.2.4.3 企业无力解决的重大事故隐患，除采取有效防范措施外，应书面向企业直接主管部门和当地政府报告。

5.2.4.4 企业对不具备整改条件的重大事故隐患，必须采取防范措施，并纳入计划，限期解决或停产。

5.2.5 重大危险源

5.2.5.1 企业应按照 GB 18218 辨识并确定重大危险源,建立重大危险源档案。

5.2.5.2 企业应按照有关规定对重大危险源设置安全监控报警系统。

5.2.5.3 企业应按照国家有关规定,定期对重大危险源进行安全评估。

5.2.5.4 企业应对重大危险源的设备、设施定期检查、检验,并做好记录。

5.2.5.5 企业应制定重大危险源应急救援预案,配备必要的救援器材、装备,每年至少进行1次重大危险源应急救援预案演练。

5.2.5.6 企业应将重大危险源及相关安全措施、应急措施报送当地县级以上人民政府安全生产监督管理部门和有关部门备案。

5.2.5.7 企业重大危险源的防护距离应满足国家标准或规定。不符合国家标准或规定的,应采取切实可行的防范措施,并在规定期限内进行整改。

5.2.6 风险信息更新

5.2.6.1 企业应适时组织风险评价工作,识别与生产经营活动有关的危险、有害因素和隐患。

5.2.6.2 企业应定期评审或检查风险评价结果和风险控制效果。

5.2.6.3 企业应在下列情形发生时及时进行风险评价:
 1) 新的或变更的法律法规或其他要求;
 2) 操作条件变化或工艺改变;
 3) 技术改造项目;
 4) 有对事件、事故或其他信息的新认识;
 5) 组织机构发生大的调整。

5.3 法律法规与管理制度

5.3.1 法律法规

5.3.1.1 企业应建立识别和获取适用的安全生产法律、法规、标准及其他要求管理制度,明确责任部门,确定获取渠道、方式和时机,及时识别和获取,定期更新。

5.3.1.2 企业应将适用的安全生产法律、法规、标准及其他要求及时对从业人员进行宣传和培训,提高从业人员的守法意识,规范安全生产行为。

5.3.1.3 企业应将适用的安全生产法律、法规、标准及其他要求及时传达给相关方。

5.3.2 符合性评价

企业应每年至少 1 次对适用的安全生产法律、法规、标准及其他要求的执行情况进行符合性评价,消除违规现象和行为。

5.3.3 安全生产规章制度

5.3.3.1 企业应制定健全的安全生产规章制度,至少包括下列内容:
 1) 安全生产职责;
 2) 识别和获取适用的安全生产法律法规、标准及其他要求;
 3) 安全生产会议管理;
 4) 安全生产费用;
 5) 安全生产奖惩管理;
 6) 管理制度评审和修订;

7) 安全培训教育；
8) 特种作业人员管理；
9) 管理部门、基层班组安全活动管理；
10) 风险评价；
11) 隐患治理；
12) 重大危险源管理；
13) 变更管理；
14) 事故管理；
15) 防火、防爆管理，包括禁烟管理；
16) 消防管理；
17) 仓库、罐区安全管理；
18) 关键装置、重点部位安全管理；
19) 生产设施管理，包括安全设施、特种设备等管理；
20) 监视和测量设备管理；
21) 安全作业管理，包括动火作业、进入受限空间作业、临时用电作业、高处作业、起重吊装作业、破土作业、断路作业、设备检维修作业、高温作业、抽堵盲板作业管理等；
22) 危险化学品安全管理，包括剧毒化学品安全管理及危险化学品储存、出入库、运输、装卸等；
23) 检维修管理；
24) 生产设施拆除和报废管理；
25) 承包商管理；
26) 供应商管理；
27) 职业卫生管理，包括防尘、防毒管理；
28) 劳动防护用品（具）和保健品管理；
29) 作业场所职业危害因素检测管理；
30) 应急救援管理；
31) 安全检查管理；
32) 自评等。

5.3.3.2 企业应将安全生产规章制度发放到有关的工作岗位。

5.3.4 操作规程

5.3.4.1 企业应根据生产工艺、技术、设备设施特点和原材料、辅助材料、产品的危险性，编制操作规程，并发放到相关岗位。

5.3.4.2 企业应在新工艺、新技术、新装置、新产品投产或投用前，组织编制新的操作规程。

5.3.5 修订

5.3.5.1 企业应明确评审和修订安全生产规章制度和操作规程的时机和频次，定期进行评审和修订，确保其有效性和适用性。在发生以下情况时，应及时对相关的规章制度或操作规程进行评审、修订：

1) 当国家安全生产法律、法规、规程、标准废止、修订或新颁布时;
2) 当企业归属、体制、规模发生重大变化时;
3) 当生产设施新建、扩建、改建时;
4) 当工艺、技术路线和装置设备发生变更时;
5) 当上级安全监督部门提出相关整改意见时;
6) 当安全检查、风险评价过程中发现涉及规章制度层面的问题时;
7) 当分析重大事故和重复事故原因,发现制度性因素时;
8) 其他相关事项。

5.3.5.2 企业应组织相关管理人员、技术人员、操作人员和工会代表参加安全生产规章制度和操作规程评审和修订,注明生效日期。

5.3.5.3 企业应及时组织相关管理人员和操作人员培训学习修订后的安全规章制度和操作规程。

5.3.5.4 企业应保证使用最新有效版本的安全生产规章制度和操作规程。

5.4 培训教育

5.4.1 培训教育管理

5.4.1.1 企业应严格执行安全培训教育制度,依据国家、地方及行业规定和岗位需要,制定适宜的安全培训教育目标和要求。根据不断变化的实际情况和培训目标,定期识别安全培训教育需求,制定并实施安全培训教育计划。

5.4.1.2 企业应组织培训教育,保证安全培训教育所需人员、资金和设施。

5.4.1.3 企业应建立从业人员安全培训教育档案。

5.4.1.4 企业安全培训教育计划变更时,应记录变更情况。

5.4.1.5 企业安全培训教育主管部门应对培训教育效果进行评价。

5.4.1.6 企业应确立终身教育的观念和全员培训的目标,对在岗的从业人员进行经常性安全培训教育。

5.4.2 管理人员培训教育

5.4.2.1 企业主要负责人和安全生产管理人员应接受专门的安全培训教育,经安全生产监管部门对其安全生产知识和管理能力考核合格,取得安全资格证书后方可任职,并按规定参加每年再培训。

5.4.2.2 企业其他管理人员,包括管理部门负责人和基层单位负责人、专业工程技术人员的安全培训教育由企业相关部门组织,经考核合格后方可任职。

5.4.3 从业人员培训教育

5.4.3.1 企业应对从业人员进行安全培训教育,并经考核合格后方可上岗。从业人员每年应接受再培训,再培训时间不得少于国家或地方政府规定学时。

5.4.3.2 企业特种作业人员应按有关规定参加安全培训教育,取得特种作业操作证,方可上岗作业,并定期复审。

5.4.3.3 企业从事危险化学品运输的驾驶员、船员、押运人员,必须经所在地设区的市级人民政府交通部门考核合格(船员经海事管理机构考核合格),取得从业资格证,方可上岗作业。

5.4.3.4 企业应在新工艺、新技术、新装置、新产品投产前,对有关人员进行专门培训,经考核合格后,方可上岗。

5.4.4 新从业人员培训教育
5.4.4.1 企业应按有关规定,对新从业人员进行厂级、车间(工段)级、班组级安全培训教育,经考核合格后,方可上岗。
5.4.4.2 企业新从业人员安全培训教育时间不得少于国家或地方政府规定学时。

5.4.5 其他人员培训教育
5.4.5.1 企业从业人员转岗、脱离岗位一年以上(含一年)者,应进行车间(工段)、班组级安全培训教育,经考核合格后,方可上岗。
5.4.5.2 企业应对外来参观、学习等人员进行有关安全规定及安全注意事项的培训教育。
5.4.5.3 企业应对承包商的作业人员进行入厂安全培训教育,经考核合格发放入厂证,保存安全培训教育记录。进入作业现场前,作业现场所在基层单位应对施工单位的作业人员进行进入现场前安全培训教育,保存安全培训教育记录。

5.4.6 日常安全教育
5.4.6.1 企业管理部门、班组应按照月度安全活动计划开展安全活动和基本功训练。
5.4.6.2 班组安全活动每月不少于2次,每次活动时间不少于1学时。班组安全活动应有负责人、有计划、有内容、有记录。企业负责人应每月至少参加1次班组安全活动,基层单位负责人及其管理人员应每月至少参加2次班组安全活动。
5.4.6.3 管理部门安全活动每月不少于1次,每次活动时间不少于2学时。
5.4.6.4 企业安全生产管理部门或专职安全生产管理人员应每月至少1次对安全活动记录进行检查,并签字。
5.4.6.5 企业安全生产管理部门或专职安全生产管理人员应结合安全生产实际,制定管理部门、班组月度安全活动计划,规定活动形式、内容和要求。

5.5 生产设施及工艺安全
5.5.1 生产设施建设
5.5.1.1 企业应确保建设项目安全设施与建设项目的主体工程同时设计、同时施工、同时投入生产和使用。
5.5.1.2 企业应按照建设项目安全许可有关规定,对建设项目的设立阶段、设计阶段、试生产阶段和竣工验收阶段规范管理。
5.5.1.3 企业应对建设项目的施工过程实施有效安全监督,保证施工过程处于有序管理状态。
5.5.1.4 企业建设项目建设过程中的变更应严格执行变更管理规定,履行变更程序,对变更全过程进行风险管理。
5.5.1.5 企业应采用先进的、安全性能可靠的新技术、新工艺、新设备和新材料。

5.5.2 安全设施
5.5.2.1 企业应严格执行安全设施管理制度,建立安全设施台账。
5.5.2.2 企业应确保安全设施配备符合国家有关规定和标准,做到:
  1) 宜按照SH 3063—1999在易燃、易爆、有毒区域设置固定式可燃气体和/或有毒气体的检测报警设施,报警信号应发送至工艺装置、储运设施等控制室或操作室;
  2) 按照GB 50351在可燃液体罐区设置防火堤,在酸、碱罐区设置围堤并进行防腐处理;

3) 宜按照 SH 3097—2000 在输送易燃物料的设备、管道安装防静电设施;
4) 按照 GB 50057 在厂区安装防雷设施;
5) 按照 GB 50016、GB 50140 配置消防设施与器材;
6) 按照 GB 50058 设置电力装置;
7) 按照 GB 11651 配备个体防护设施;
8) 厂房、库房建筑应符合 GB 50016、GB 50160;
9) 在工艺装置上可能引起火灾、爆炸的部位设置超温、超压等检测仪表、声和/或光报警和安全联锁装置等设施。

5.5.2.3 企业的各种安全设施应有专人负责管理,定期检查和维护保养。

5.5.2.4 安全设施应编入设备检维修计划,定期检维修。安全设施不得随意拆除、挪用或弃置不用,因检维修拆除的,检维修完毕后应立即复原。

5.5.2.5 企业应对监视和测量设备进行规范管理,建立监视和测量设备台账,定期进行校准和维护,并保存校准和维护活动的记录。

5.5.3 特种设备

5.5.3.1 企业应按照《特种设备安全监察条例》管理规定,对特种设备进行规范管理。

5.5.3.2 企业应建立特种设备台账和档案。

5.5.3.3 特种设备投入使用前或者投入使用后 30 日内,企业应当向直辖市或者设区的市特种设备监督管理部门登记注册。

5.5.3.4 企业应对在用特种设备进行经常性日常维护保养,至少每月进行一次检查,并保存记录。

5.5.3.5 企业应对在用特种设备及安全附件、安全保护装置、测量调控装置及有关附属仪器仪表进行定期校验、检修,并保存记录。

5.5.3.6 企业应在特种设备检验合格有效期届满前一个月向特种设备检验检测机构提出定期检验要求。未经定期检验或者检验不合格的特种设备,不得继续使用。企业应将安全检验合格标志置于或者附着于特种设备的显著位置。

5.5.3.7 企业特种设备存在严重事故隐患,无改造、维修价值,或者超过安全技术规范规定使用年限,应及时予以报废,并向原登记的特种设备监督管理部门办理注销。

5.5.4 工艺安全

5.5.4.1 企业操作人员应掌握工艺安全信息,主要包括:
1) 化学品危险性信息:
   (1) 物理特性;
   (2) 化学特性,包括反应活性、腐蚀性、热和化学稳定性等;
   (3) 毒性;
   (4) 职业接触限值。
2) 工艺信息:
   (1) 流程图;
   (2) 化学反应过程;
   (3) 最大储存量;
   (4) 工艺参数(如:压力、温度、流量)安全上下限值。

3) 设备信息：
    (1) 设备材料；
    (2) 设备和管道图纸；
    (3) 电气类别；
    (4) 调节阀系统；
    (5) 安全设施(如报警器、联锁等)。

5.5.4.2 企业应保证下列设备设施运行安全可靠、完整：
1) 压力容器和压力管道,包括管件和阀门；
2) 泄压和排空系统；
3) 紧急停车系统；
4) 监控、报警系统；
5) 联锁系统；
6) 各类动设备,包括备用设备等。

5.5.4.3 企业应对工艺过程进行风险分析：
1) 工艺过程中的危险性；
2) 工作场所潜在事故发生因素；
3) 控制失效的影响；
4) 人为因素等。

5.5.4.4 企业生产装置开车前应组织检查,进行安全条件确认。安全条件应满足下列要求：
1) 现场工艺和设备符合设计规范；
2) 系统气密测试、设施空运转调试合格；
3) 操作规程和应急预案已制订；
4) 编制并落实了装置开车方案；
5) 操作人员培训合格；
6) 各种危险已消除或控制。

5.5.4.5 企业生产装置停车应满足下列要求：
1) 编制停车方案；
2) 操作人员能够按停车方案和操作规程进行操作。

5.5.4.6 企业生产装置紧急情况处理应遵守下列要求：
1) 发现或发生紧急情况,应按照不伤害人员为原则,妥善处理,同时向有关方面报告；
2) 工艺及机电设备等发生异常情况时,采取适当的措施,并通知有关岗位协调处理,必要时,按程序紧急停车。

5.5.4.7 企业生产装置泄压系统或排空系统排放的危险化学品应引至安全地点并得到妥善处理。

5.5.4.8 企业操作人员应严格执行操作规程,对工艺参数运行出现的偏离情况及时分析,保证工艺参数控制不超出安全限值,偏差及时得到纠正。

5.5.5 关键装置及重点部位

5.5.5.1 企业应加强对关键装置、重点部位安全管理,实行企业领导干部联系点管理机制。
5.5.5.2 联系人对所负责的关键装置、重点部位负有安全监督与指导责任,包括：

1) 指导安全联系点实现安全生产;
2) 监督安全生产方针、政策、法规、制度的执行和落实;
3) 定期检查安全生产中存在的问题;
4) 督促隐患项目治理;
5) 监督事故处理原则的落实;
6) 解决影响安全生产的突出问题等。

5.5.5.3 联系人应每月至少到联系点进行一次安全活动,活动形式包括参加基层班组安全活动、安全检查、督促治理事故隐患、安全工作指示等。

5.5.5.4 企业应建立关键装置、重点部位档案,建立企业、管理部门、基层单位及班组监控机制,明确各级组织、各专业的职责,定期进行监督检查,并形成记录。

5.5.5.5 企业应制定关键装置、重点部位应急预案,至少每半年进行一次演练,确保关键装置、重点部位的操作、检修、仪表、电气等人员能够识别和及时处理各种事件及事故。

5.5.5.6 企业关键装置、重点部位为重大危险源时,还应按5.2.5条执行。

5.5.6 检维修

5.5.6.1 企业应严格执行检维修管理制度,实行日常检维修和定期检维修管理。

5.5.6.2 企业应制订年度综合检维修计划,落实"五定",即定检修方案、定检修人员、定安全措施、定检修质量、定检修进度原则。

5.5.6.3 企业在进行检维修作业时,应执行下列程序:
1) 检维修前:
   (1) 进行危险、有害因素识别;
   (2) 编制检维修方案;
   (3) 办理工艺、设备设施交付检维修手续;
   (4) 对检维修人员进行安全培训教育;
   (5) 检维修前对安全控制措施进行确认;
   (6) 为检维修作业人员配备适当的劳动保护用品;
   (7) 办理各种作业许可证。
2) 对检维修现场进行安全检查。
3) 检维修后办理检维修交付生产手续。

5.5.7 拆除和报废

5.5.7.1 企业应严格执行生产设施拆除和报废管理制度。拆除作业前,拆除作业负责人应与需拆除设施的主管部门和使用单位共同到现场进行对接,作业人员进行危险、有害因素识别,制定拆除计划或方案,办理拆除设施交接手续。

5.5.7.2 企业凡需拆除的容器、设备和管道,应先清洗干净,分析、验收合格后方可进行拆除作业。

5.5.7.3 企业欲报废的容器、设备和管道内仍存有危险化学品的,应清洗干净,分析、验收合格后,方可报废处置。

5.6 作业安全

5.6.1 作业许可

企业应对下列危险性作业活动实施作业许可管理,严格履行审批手续,各种作业许可证中应有危险、有害因素识别和安全措施内容：
1) 动火作业；
2) 进入受限空间作业；
3) 破土作业；
4) 临时用电作业；
5) 高处作业；
6) 断路作业；
7) 吊装作业；
8) 设备检修作业；
9) 抽堵盲板作业；
10) 其他危险性作业。

5.6.2 警示标志

5.6.2.1 企业应按照GB 16179规定,在易燃、易爆、有毒有害等危险场所的醒目位置设置符合GB 2894规定的安全标志。

5.6.2.2 企业应在重大危险源现场设置明显的安全警示标志。

5.6.2.3 企业应按有关规定,在厂内道路设置限速、限高、禁行等标志。

5.6.2.4 企业应在检维修、施工、吊装等作业现场设置警戒区域和安全标志,在检修现场的坑、井、洼、沟、陡坡等场所设置围栏和警示灯。

5.6.2.5 企业应在可能产生严重职业危害作业岗位的醒目位置,按照GBZ 158设置职业危害警示标识,同时设置告知牌,告知产生职业危害的种类、后果、预防及应急救治措施、作业场所职业危害因素检测结果等。

5.6.2.6 企业应按有关规定在生产区域设置风向标。

5.6.3 作业环节

5.6.3.1 企业应在危险性作业活动作业前进行危险、有害因素识别,制定控制措施。在作业现场配备相应的安全防护用品(具)及消防设施与器材,规范现场人员作业行为。

5.6.3.2 企业作业活动的负责人应严格按照规定要求科学指挥;作业人员应严格执行操作规程,不违章作业,不违反劳动纪律。

5.6.3.3 企业作业人员在进行5.6.1中规定的作业活动时,应持相应的作业许可证作业。

5.6.3.4 企业作业活动监护人员应具备基本救护技能和作业现场的应急处理能力,持相应作业许可证进行监护作业,作业过程中不得离开监护岗位。

5.6.3.5 企业应保持作业环境整洁。

5.6.3.6 企业同一作业区域内有两个以上承包商进行生产经营活动,可能危及对方生产安全时,应组织并监督承包商之间签订安全生产协议,明确各自的安全生产管理职责和应当采取的安全措施,并指定专职安全生产管理人员进行安全检查与协调。

5.6.3.7 企业应办理机动车辆进入生产装置区、罐区现场相关手续,机动车辆应佩戴标准阻火器,按指定线路行驶。

5.6.3.8 企业应严格执行危险化学品储存、出入库安全管理制度。危险化学品应储存在专用仓库、专用场地或者专用储存室(以下统称专用仓库)内,并按照相关技术标准规定的储存方法、储存数量和安全距离,实行隔离、隔开、分离储存,禁止将危险化学品与禁忌物品混合储存;危险化学品专用仓库应当符合相关技术标准对安全、消防的要求,设置明显标志,并由专人管理;危险化学品出入库应当进行核查登记,并定期检查。

5.6.3.9 企业的剧毒化学品必须在专用仓库单独存放,实行双人收发、双人保管制度。企业应将储存剧毒化学品的数量、地点以及管理人员的情况,报当地公安部门和安全生产监督管理部门备案。

5.6.3.10 企业应严格执行危险化学品运输、装卸安全管理制度,规范运输、装卸人员行为。

5.6.4 承包商与供应商

5.6.4.1 企业应严格执行承包商管理制度,对承包商资格预审、选择、开工前准备、作业过程监督、表现评价、续用等过程进行管理,建立合格承包商名录和档案。企业应与选用的承包商签订安全协议书。

5.6.4.2 企业应严格执行供应商管理制度,对供应商资格预审、选用和续用等过程进行管理,并定期识别与采购有关的风险。

5.6.5 变更

5.6.5.1 企业应严格执行变更管理制度,履行下列变更程序:
1) 变更申请:按要求填写变更申请表,由专人进行管理;
2) 变更审批:变更申请表应逐级上报主管部门,并按管理权限报主管领导审批;
3) 变更实施:变更批准后,由主管部门负责实施。不经过审查和批准,任何临时性的变更都不得超过原批准范围和期限;
4) 变更验收:变更实施结束后,变更主管部门应对变更的实施情况进行验收,形成报告,并及时将变更结果通知相关部门和有关人员。

5.6.5.2 企业应对变更过程产生的风险进行分析和控制。

5.7 产品安全与危害告知

5.7.1 危险化学品档案

企业应对所有危险化学品,包括产品、原料和中间产品进行普查,建立危险化学品档案,包括:
1) 名称,包括别名、英文名等;
2) 存放、生产、使用地点;
3) 数量;
4) 危险性分类、危规号、包装类别、登记号;
5) 安全技术说明书与安全标签。

5.7.2 化学品分类

企业应按照国家有关规定对其产品、所有中间产品进行分类,并将分类结果汇入危险化学品档案。

5.7.3 化学品安全技术说明书和安全标签

5.7.3.1 生产企业的产品属危险化学品时,应按 GB 16483 和 GB 15258 编制产品安全技术说明书和安全标签,并提供给用户。

5.7.3.2 企业采购危险化学品时,应索取危险化学品安全技术说明书和安全标签,不得采购无安全技术说明书和安全标签的危险化学品。

5.7.4 化学事故应急咨询服务电话

生产企业应设立 24 h 应急咨询服务固定电话,有专业人员值班并负责相关应急咨询。

没有条件设立应急咨询服务电话的,应委托危险化学品专业应急机构作为应急咨询服务代理。

5.7.5 危险化学品登记

企业应按照有关规定对危险化学品进行登记。

5.7.6 危害告知

企业应以适当、有效的方式对从业人员及相关方进行宣传,使其了解生产过程中危险化学品的危险特性、活性危害、禁配物等,以及采取的预防及应急处理措施。

5.8 职业危害

5.8.1 职业危害申报

企业如存在法定职业病目录所列的职业危害因素,应按照国家有关规定,及时、如实向当地安全生产监督管理部门申报,接受其监督。

5.8.2 作业场所职业危害管理

5.8.2.1 企业应制定职业危害防治计划和实施方案,建立、健全职业卫生档案和从业人员健康监护档案。

5.8.2.2 企业作业场所应符合 GBZ 1、GBZ 2。

5.8.2.3 企业应确保使用有毒物品作业场所与生活区分开,作业场所不得住人;应将有害作业与无害作业分开,高毒作业场所与其他作业场所隔离。

5.8.2.4 企业应在可能发生急性职业损伤的有毒有害作业场所按规定设置报警设施、冲洗设施、防护急救器具专柜,设置应急撤离通道和必要的泄险区,定期检查,并记录。

5.8.2.5 企业应严格执行生产作业场所职业危害因素检测管理制度,定期对作业场所进行检测,在检测点设置标识牌,告知检测结果,并将检测结果存入职业卫生档案。

5.8.2.6 企业不得安排上岗前未经职业健康检查的从业人员从事接触职业病危害的作业;不得安排有职业禁忌的从业人员从事禁忌作业。

5.8.3 劳动防护用品

5.8.3.1 企业应根据接触危害的种类、强度,为从业人员提供符合国家标准或行业标准的个体防护用品和器具,并监督、教育从业人员正确佩戴、使用。

5.8.3.2 企业各种防护器具应定点存放在安全、方便的地方,并有专人负责保管、检查,定期校验和维护,每次校验后应记录、铅封。

5.8.3.3 企业应建立职业卫生防护设施及个体防护用品管理台账,加强对劳动防护用品使用情况的检查监督,凡不按规定使用劳动防护用品者不得上岗作业。

5.9 事故与应急

5.9.1 事故报告

5.9.1.1 企业应明确事故报告程序。发生生产安全事故后,事故现场有关人员除立即采取应急措施外,应按规定和程序报告本单位负责人及有关部门。情况紧急时,事故现场有关人员可以直接向事故发生地县级以上人民政府安全生产监督管理部门和负有安全生产监督管理职责的有关部门报告。

5.9.1.2 企业负责人接到事故报告后,应当于1 h内向事故发生地县级以上人民政府安全生产监督管理部门和负有安全生产监督管理职责的有关部门报告。

5.9.1.3 企业在事故报告后出现新情况时,应按有关规定及时补报。

5.9.2 抢险与救护

5.9.2.1 企业发生生产安全事故后,应迅速启动应急救援预案,企业负责人直接指挥,积极组织抢救,妥善处理,以防止事故的蔓延扩大,减少人员伤亡和财产损失。安全、技术、设备、动力、生产、消防、保卫等部门应协助做好现场抢救和警戒工作,保护事故现场。

5.9.2.2 企业发生有害物大量外泄事故或火灾爆炸事故应设警戒线。

5.9.2.3 企业抢救人员应佩戴好相应的防护器具,对伤亡人员及时进行抢救处理。

5.9.3 事故调查和处理

5.9.3.1 企业发生生产安全事故后,应积极配合各级人民政府组织的事故调查,负责人和有关人员在事故调查期间不得擅离职守,应当随时接受事故调查组的询问,如实提供有关情况。

5.9.3.2 未造成人员伤亡的一般事故,县级人民政府委托企业负责组织调查的,企业应按规定成立事故调查组组织调查,按时提交事故调查报告。

5.9.3.3 企业应落实事故整改和预防措施,防止事故再次发生。整改和预防措施应包括:
1) 工程技术措施;
2) 培训教育措施;
3) 管理措施。

5.9.3.4 企业应建立事故档案和事故管理台账。

5.9.4 应急指挥与救援系统

5.9.4.1 企业应建立应急指挥系统,实行分级管理,即厂级、车间级管理。

5.9.4.2 企业应建立应急救援队伍。

5.9.4.3 企业应明确各级应急指挥系统和救援队伍的职责。

5.9.5 应急救援器材

5.9.5.1 企业应按国家有关规定,配备足够的应急救援器材,并保持完好。

5.9.5.2 企业应建立应急通讯网络,保证应急通讯网络的畅通。

5.9.5.3 企业应为有毒有害岗位配备救援器材柜,放置必要的防护救护器材,进行经常性的维护保养并记录,保证其处于完好状态。

5.9.6 应急救援预案与演练

5.9.6.1 企业宜按照 AQ/T 9002,根据风险评价的结果,针对潜在事件和突发事故,制定相应的事故应急救援预案。

5.9.6.2 企业应组织从业人员进行应急救援预案的培训,定期演练,评价演练效果,评价应急救援预案的充分性和有效性,并形成记录。

5.9.6.3 企业应定期评审应急救援预案,尤其在潜在事件和突发事故发生后。

5.9.6.4 企业应将应急救援预案报当地安全生产监督管理部门和有关部门备案,并通报当地应急协作单位,建立应急联动机制。

5.10 检查与自评

5.10.1 安全检查

5.10.1.1 企业应严格执行安全检查管理制度,定期或不定期进行安全检查,保证安全标准化有效实施。

5.10.1.2 企业安全检查应有明确的目的、要求、内容和计划。各种安全检查均应编制安全检查表,安全检查表应包括检查项目、检查内容、检查标准或依据、检查结果等内容。

5.10.1.3 企业各种安全检查表应作为企业有效文件,并在实际应用中不断完善。

5.10.2 安全检查形式与内容

5.10.2.1 企业应根据安全检查计划,开展综合性检查、专业性检查、季节性检查、日常检查和节假日检查;各种安全检查均应按相应的安全检查表逐项检查,建立安全检查台账,并与责任制挂钩。

5.10.2.2 企业安全检查形式和内容应满足:

1) 综合性检查应由相应级别的负责人负责组织,以落实岗位安全责任制为重点,各专业共同参与的全面安全检查。厂级综合性安全检查每季度不少于一次,车间级综合性安全检查每月不少于1次;
2) 专业检查分别由各专业部门的负责人组织本系统人员进行,主要是对锅炉、压力容器、危险物品、电气装置、机械设备、构建筑物、安全装置、防火防爆、防尘防毒、监测仪器等进行专业检查。专业检查每半年不少于一次;
3) 季节性检查由各业务部门的负责人组织本系统相关人员进行,是根据当地各季节特点对防火防爆、防雨防汛、防雷电、防暑降温、防风及防冻保暖工作等进行预防性季节检查;
4) 日常检查分岗位操作人员巡回检查和管理人员日常检查。岗位操作人员应认真履行岗位安全生产责任制,进行交接班检查和班中巡回检查,各级管理人员应在各自的业务范围内进行日常检查;
5) 节假日检查主要是对节假日前安全、保卫、消防、生产物资准备、备用设备、应急预案等方面进行的检查。

5.10.3 整改

5.10.3.1 企业应对安全检查所查出的问题进行原因分析,制定整改措施,落实整改时间、责任人,并对整改情况进行验证,保存相应记录。

5.10.3.2 企业各种检查的主管部门应对各级组织和人员检查出的问题和整改情况定期进行检查。

5.10.4 自评

企业应每年至少一次对安全标准化运行进行自评,提出进一步完善安全标准化的计划和措施。

危险化学品事故应急救援指挥导则
（AQ/T 3052—2015）

前 言

本标准按照 GB/T 1.1—2009 给出的规则起草。

本标准由国家安全生产监督管理总局提出。

本标准由全国安全生产标准化技术委员会化学品安全分技术委员会(SAC/TC 288/SC 3)归口。

本标准起草单位：中国化工信息中心、中化化工标准化研究所、中国化工集团公司。

本标准主要起草人：赵正宏、王利琼、肖文珍、苗军英、伍颖、杨志华。

1 范围

本标准规定了危险化学品事故应急救援指挥的基本原则和程序。

本标准适用于由政府部门、外部救援力量和事故单位共同参与救援的危险化学品事故的应急救援。

2 规范性引用文件

下列文件对于本文件的应用是必不可少的。凡是注日期的引用文件，仅注日期的版本适用于本文件。凡是不注日期的引用文件，其最新版本（包括所有的修改单）适用于本文件。

GB/T 29639—2013 生产经营单位生产安全事故应急预案编制导则

3 术语和定义

下列术语和定义适用于本文件。

3.1

应急响应 emergency response

针对发生的事故，有关组织或人员采取的应急行动。

[GB/T 29639—2013,定义3.3]

3.2

应急救援 emergency rescue

在应急响应过程中，为最大限度地降低事故造成的损失或危害，防止事故扩大，而采取的紧急措施或行动。

[GB/T 29639—2013,定义3.4]

3.3

撤离 retreat

在应急响应过程中，现场生产作业人员、救援人员因生命安全受到严重威胁而撤出事故现场的行为。

3.4

疏散 evacuate

在应急响应过程中,将生命安全受到威胁的事故现场周边公众转移至安全区域的行为。

4 基本原则

4.1 坚持救人第一、防止灾害扩大的原则。在保障施救人员安全的前提下,果断抢救受困人员的生命,迅速控制危险化学品事故现场,防止灾害扩大。

4.2 坚持统一领导、科学决策的原则。由现场指挥部和总指挥部根据预案要求和现场情况变化领导应急响应和应急救援,现场指挥部负责现场具体处置,重大决策由总指挥部决定。

4.3 坚持信息畅通、协同应对的原则。总指挥部、现场指挥部与救援队伍应保证实时互通信息,提高救援效率,在事故单位开展自救的同时,外部救援力量根据事故单位的需求和总指挥部的要求参与救援。

4.4 坚持保护环境,减少污染的原则。在处置中应加强对环境的保护,控制事故范围,减少对人员、大气、土壤、水体的污染。

4.5 在救援过程中,有关单位和人员应考虑妥善保护事故现场及相关证据。任何人不得以救援为借口,故意破坏事故现场及毁灭相关证据。

5 基本程序

5.1 应急响应

5.1.1 事故单位应立即启动应急预案,组织成立现场指挥部,制订科学、合理的救援方案,并统一指挥实施。

5.1.2 事故单位在开展自救的同时,应按照有关规定向当地政府部门报告。

5.1.3 政府有关部门在接到事故报告后,应立即启动相关预案,赶赴事故现场(或应急指挥中心),成立总指挥部,明确总指挥、副总指挥及有关成员单位或人员职责分工。

5.1.4 现场指挥部根据情况,划定本单位警戒隔离区域,抢救、撤离遇险人员,制定现场处置措施(工艺控制、工程抢险、防范次生及衍生事故),及时将现场情况及应急救援进展报告总指挥部,向总指挥部提出外部救援力量、技术、物资支持、疏散公众等请求和建议。

5.1.5 总指挥部根据现场指挥部提供的情况对应急救援进行指导,划定事故单位周边警戒隔离区域,根据现场指挥部请求调集有关资源、下达应急疏散指令。

5.1.6 外部救援力量根据事故单位的需求和总指挥部的协调安排,与事故单位合力开展救援。

5.1.7 现场指挥部和总指挥部应及时了解事故现场情况,主要了解下列内容:

——遇险人员伤亡、失踪、被困情况;
——危险化学品危险特性、数量、应急处置方法等信息;
——周边建筑、居民、地形、电源、火源等情况;
——事故可能导致的后果及对周围区域的可能影响范围和危害程度;
——应急救援设备、物资、器材、队伍等应急力量情况;
——有关装置、设备、设施损毁情况。

5.1.8 现场指挥部和总指挥部根据情况变化,对救援行动及时作出相应调整。

5.2 警戒隔离

5.2.1 根据现场危险化学品自身及燃烧产物的毒害性、扩散趋势、火焰辐射热和爆炸、泄漏所涉及的范围等相关内容对危险区域进行评估,确定警戒隔离区。

5.2.2 在警戒隔离区边界设警示标志,并设专人负责警戒。

5.2.3 对通往事故现场的道路实行交通管制,严禁无关车辆进入。清理主要交通干道,保证道路畅通。

5.2.4 合理设置出入口,除应急救援人员外,严禁无关人员进入。

5.2.5 根据事故发展、应急处置和动态监测情况,适当调整警戒隔离区。

5.3 人员防护与救护

5.3.1 应急救援人员防护

5.3.1.1 调集所需安全防护装备。现场应急救援人员应针对不同的危险特性,采取相应安全防护措施后,方可进入现场救援。

5.3.1.2 控制、记录进入现场救援人员的数量。

5.3.1.3 现场安全监测人员若遇直接危及应急人员生命安全的紧急情况,应立即报告救援队伍负责人和现场指挥部,救援队伍负责人、现场指挥部应当迅速作出撤离决定。

5.3.2 遇险人员救护

5.3.2.1 救援人员应携带救生器材迅速进入现场,将遇险受困人员转移到安全区。

5.3.2.2 将警戒隔离区内与事故应急处理无关人员撤离至安全区,撤离时要选择正确方向和路线。

5.3.2.3 对救出人员进行现场急救和登记后,交专业医疗卫生机构处置。

5.3.3 公众安全防护

5.3.3.1 总指挥部根据现场指挥部疏散人员的请求,决定并发布疏散指令。

5.3.3.2 应选择安全的疏散路线,避免横穿危险区。

5.3.3.3 根据危险化学品的危害特性,指导疏散人员就地取材(如毛巾、湿布、口罩),采取简易有效的措施保护自己。

5.4 现场处置

5.4.1 火灾爆炸事故处置

5.4.1.1 扑灭现场明火应坚持先控制后扑灭的原则。依危险化学品性质、火灾大小采用冷却、堵截、突破、夹攻、合击、分割、围歼、破拆、封堵、排烟等方法进行控制与灭火。

5.4.1.2 根据危险化学品特性,选用正确的灭火剂。禁止用水、泡沫等含水灭火剂扑救遇湿易燃物品、自燃物品火灾;禁用直流水冲击扑灭粉末状、易沸溅危险化学品火灾;禁用砂土盖压扑灭爆炸品火灾;宜使用低压水流或雾状水扑灭腐蚀品火灾,避免腐蚀品溅出;禁止对液态轻烃强行灭火。

5.4.1.3 有关生产部门监控装置工艺变化情况,做好应急状态下生产方案的调整和相关装置的生产平衡,优先保证应急救援所需的水、电、汽、交通运输车辆和工程机械。

5.4.1.4 根据现场情况和预案要求,及时决定有关设备、装置、单元或系统紧急停车,避免事故扩大。

5.4.2 泄漏事故处置

5.4.2.1 控制泄漏源

5.4.2.1.1 在生产过程中发生泄漏，事故单位应根据生产和事故情况，及时采取控制措施，防止事故扩大。采取停车、局部打循环、改走副线或降压堵漏等措施。

5.4.2.1.2 在其他储存、使用等过程中发生泄漏，应根据事故情况，采取转料、套装、堵漏等控制措施。

5.4.2.2 控制泄漏物

5.4.2.2.1 泄漏物控制应与泄漏源控制同时进行。

5.4.2.2.2 对气体泄漏物可采取喷雾状水、释放惰性气体、加入中和剂等措施，降低泄漏物的浓度或燃爆危害。喷水稀释时，应筑堤收容产生的废水，防止水体污染。

5.4.2.2.3 对液体泄漏物可采取容器盛装、吸附、筑堤、挖坑、泵吸等措施进行收集、阻挡或转移。若液体具有挥发性及可燃性，可用适当的泡沫覆盖泄漏液体。

5.4.3 中毒窒息事故处置

5.4.3.1 立即将染毒者转移至上风向或侧上风向空气无污染区域，并进行紧急救治。

5.4.3.2 经现场紧急救治，伤势严重者立即送医院观察治疗。

5.4.4 其他处置要求

5.4.4.1 现场指挥人员发现危及人身生命安全的紧急情况，应迅速发出紧急撤离信号。

5.4.4.2 若因火灾爆炸引发泄漏中毒事故，或因泄漏引发火灾爆炸事故，应统筹考虑，优先采取保障人员生命安全，防止灾害扩大的救援措施。

5.4.4.3 维护现场救援秩序，防止救援过程中发生车辆碰撞、车辆伤害、物体打击、高处坠落等事故。

5.5 现场监测

5.5.1 对可燃、有毒有害危险化学品的浓度、扩散等情况进行动态监测。

5.5.2 测定风向、风力、气温等气象数据。

5.5.3 确认装置、设施、建（构）筑物已经受到的破坏或潜在的威胁。

5.5.4 监测现场及周边污染情况。

5.5.5 现场指挥部和总指挥部根据现场动态监测信息，适时调整救援行动方案。

5.6 洗消

5.6.1 在危险区与安全区交界处设立洗消站。

5.6.2 使用相应的洗消药剂，对所有染毒人员及工具、装备进行洗消。

5.7 现场清理

5.7.1 彻底清除事故现场各处残留的有毒有害气体。

5.7.2 对泄漏液体、固体应统一收集处理。

5.7.3 对污染地面进行彻底清洗，确保不留残液。

5.7.4 对事故现场空气、水源、土壤污染情况进行动态监测，并将监测信息及时报告现场指挥部和总指挥部。

5.7.5 洗消污水应集中净化处理，严禁直接外排。

5.7.6 若空气、水源、土壤出现污染，应及时采取相应处置措施。

5.8 信息发布

5.8.1 事故信息由总指挥部统一对外发布。

5.8.2 信息发布应及时、准确、客观、全面。
5.9 救援结束
5.9.1 事故现场处置完毕,遇险人员全部救出,可能导致次生、衍生灾害的隐患得到彻底消除或控制,由总指挥部发布救援行动结束指令。
5.9.2 清点救援人员、车辆及器材。
5.9.3 解除警戒,指挥部解散,救援人员返回驻地。
5.9.4 事故单位对应急救援资料进行收集、整理、归档,对救援行动进行总结评估,并报上级有关部门。

2. 安 全 规 程

危险化学品企业特殊作业安全规范
（GB 30871—2022）

前 言

本文件按照 GB/T 1.1—2020《标准化工作导则 第1部分：标准化文件的结构和起草规则》的规定起草。

本文件代替 GB 30871—2014《化学品生产单位特殊作业安全规范》，与 GB 30871—2014 相比，除结构调整和编辑性改动外，主要技术变化如下：

——更改了适用范围，由"本标准适用于化学品生产单位设备检修中涉及的动火作业、受限空间作业、盲板抽堵作业、高处作业、吊装作业、临时用电作业、动土作业、断路作业"调整为"本文件适用于危险化学品生产、经营（带储存）企业，化工及医药企业（以下简称'危险化学品企业'）"（见第1章，2014年版的第1章）；

——将"易燃易爆场所"更改为"火灾爆炸危险场所"（见3.2，2014年版的3.3）；

——更改了动火作业范畴，将在禁火区内使用喷砂机作业划入动火作业定义范畴（见3.4，2014年版的3.2）；

——删除了"异温高处作业""带电高处作业"术语和定义（见2014年版的3.10、3.11）；

——增加了作业前安全交底的内容（见4.4）；

——增加了监护人的职责，规定了监护人应培训考核、持证上岗（见4.10）；

——增加了"固定动火区"的术语和定义及管理要求（见3.3及5.5）；

——加强了对安全作业票的管理力度，将附录中的一些推荐性要求上升为强制性条款（见4.15、4.16、4.17）；

——更改了动火作业分级的叫法，将动火作业分级由"特殊、一级、二级"修正为"特级、一级、二级"，并提出了夜间动火作业也应提级管理的要求（见5.1.1，2014年版的5.1.1）；

——更改了特级动火的划分范围，将"在火灾爆炸危险场所处于运行状态下的生产装置设备、管道、储罐、容器等部位上进行的动火作业（包括带压不置换动火作业）；存有易燃易爆介质的重大危险源罐区防火堤内的动火作业"划为特级动火（见5.1.2，2014年版的5.1.4），更改了动火作业中应采取的安全措施［见5.2.2、5.2.4、5.3.1的b)、5.4.2，2014年版的5.2.3、5.2.7、5.3］，增加了特级动火作业应采集全过程作业影像的要求（见5.2.11）；

——增加了在可燃、易爆性粉尘环境下进行特殊作业的安全要求（见5.2.9、5.2.16）；

——增加了乙炔气瓶使用时的安全管理要求（见5.2.13）；

——增加了特级动火作业和受限空间内作业应连续检测气体浓度的要求［见5.3.1的d)、6.5］；

——增加了忌氧环境下受限空间内的作业安全要求(见6.2)；
——更改了受限空间内作业个人防护用具的佩戴要求及对监护人的特殊要求(见6.6、6.8、7.9,2014年版的6.5、6.7、6.8)；
——增加了一张盲板安全作业票只能进行一块盲板抽(堵)作业的要求(见7.11)；
——增加了高处安全作业票有7天有效期的要求(见8.2.11)；
——增加了动土作业挖掘深度超过1.2 m,且可能存在一定危险物料积聚时,应执行受限空间作业相关规定的要求(见11.10)；
——更改了附录中各种安全作业票的部分要求内容,并增加了"作业申请时间"和"作业实施时间"栏(见附录A,2014年版的附录A)。

请注意本文件的某些内容可能涉及专利。本文件的发布机构不承担识别专利的责任。

本文件由中华人民共和国应急管理部提出并归口。

本文件及其所代替文件的历次版本发布情况为：
——2014年首次发布为GB 30871—2014；
——本次为第一次修订。

引　言

化工企业生产经营过程中离不开特殊作业,而开展特殊作业尤其是开展动火作业和受限空间内作业是造成事故多发的主要原因之一。据统计,约有40%以上的化工生产安全事故与从事特殊作业有关。特殊作业环节事故多发主要是由于企业特殊作业管理制度执行不到位、作业前风险识别不清,作业过程中风险管控不到位以及监护人应急处置能力不足等原因。

为加强特殊作业环节安全风险管控,遏制特殊作业尤其是从事动火作业和受限空间内作业时重特大生产安全事故的发生,有必要通过标准规范进一步明晰特殊作业的安全管理要求,从而对现行特殊作业管理标准进行修订。

1　范围

本文件规定了危险化学品企业动火作业、受限空间作业、盲板抽堵作业、高处作业、吊装作业、临时用电作业、动土作业、断路作业等特殊作业的安全要求。

本文件适用于危险化学品生产、经营(带储存)企业,化工及医药企业(以下简称"危险化学品企业")。

2　规范性引用文件

下列文件中的内容通过文中的规范性引用而构成本文件必不可少的条款。其中,注日期的引用文件,仅该日期对应的版本适用于本文件;不注日期的引用文件,其最新版本(包括所有的修改单)适用于本文件。

GB 2894　安全标志及其使用导则
GB/T 3608　高处作业分级
GB/T 5082　起重机　手势信号
GB 6095　坠落防护　安全带

GB 15322.3　可燃气体探测器　第3部分:工业及商业用途便携式可燃气体探测器
GB 15577　粉尘防爆安全规程
GB/T 18664　呼吸防护用品的选择、使用和维护
GB 24543　坠落防护　安全绳
GB 30077　危险化学品单位应急救援物资配备要求
GB 39800.1　个体防护装备配备规范　第1部分:总则
GB 50194　建设工程施工现场供用电安全规范
GB/T 50493—2019　石油化工可燃气体和有毒气体检测报警设计标准
GB 51210　建筑施工脚手架安全技术统一标准
DL 409　电业安全工作规程(电力线路部分)
GBZ 2.1　工作场所有害因素职业接触限值　第1部分:化学有害因素
GBZ/T 260　职业禁忌证界定导则
HG/T 21547　管道用钢制插板、垫环、8字盲板系列
JB/T 2772　阀门零部件　高压盲板

3 术语和定义

下列术语和定义适用于本文件。

3.1
特殊作业　special work
危险化学品企业生产经营过程中可能涉及的动火、进入受限空间、盲板抽堵、高处作业、吊装、临时用电、动土、断路等,对作业者本人、他人及周围建(构)筑物、设备设施可能造成危害或损毁的作业。

3.2
火灾爆炸危险场所　fire and explosive area
能够与空气形成爆炸性混合物的气体、蒸气、粉尘等介质环境以及在高温、受热、摩擦、撞击、自燃等情况下可能引发火灾、爆炸的场所。

3.3
固定动火区　fixed hot work area
在非火灾爆炸危险场所划出的专门用于动火的区域。

3.4
动火作业　hot work
在直接或间接产生明火的工艺设施以外的禁火区内从事可能产生火焰、火花或炽热表面的非常规作业。
注:包括使用电焊、气焊(割)、喷灯、电钻、砂轮、喷砂机等进行的作业。

3.5
受限空间　confined space
进出受限,通风不良,可能存在易燃易爆、有毒有害物质或缺氧,对进入人员的身体健康和生命安全构成威胁的封闭、半封闭设施及场所。
注:包括反应器、塔、釜、槽、罐、炉膛、锅筒、管道以及地下室、窨井、坑(池)、管沟或其他封闭、半封闭场所。

3.6

受限空间作业　confined space entry

进入或探入受限空间进行的作业。

3.7

盲板抽堵作业　blinding-pipeline operation with stop plate

在设备、管道上安装或拆卸盲板的作业。

3.8

高处作业　work at height

在距坠落基准面 2 m 及 2 m 以上有可能坠落的高处进行的作业。

注：坠落基准面是指坠落处最低点的水平面。

3.9

吊装作业　lifting work

利用各种吊装机具将设备、工件、器具、材料等吊起,使其发生位置变化的作业。

3.10

临时用电　temporary electricity

在正式运行的电源上所接的非永久性用电。

3.11

动土作业　excavation work

挖土、打桩、钻探、坑探、地锚入土深度在 0.5 m 以上；使用推土机、压路机等施工机械进行填土或平整场地等可能对地下隐蔽设施产生影响的作业。

3.12

断路作业　work for road breaking

生产区域内,交通主、支路与车间引道上进行工程施工、吊装、吊运等各种影响正常交通的作业。

4　通用要求

4.1　作业前,危险化学品企业应组织作业单位对作业现场和作业过程中可能存在的危险有害因素进行辨识,开展作业危害分析,制定相应的安全风险管控措施。

4.2　作业前,危险化学品企业应采取措施对拟作业的设备设施、管线进行处理,确保满足相应作业安全要求：

　　a)　对设备、管线内介质有安全要求的特殊作业,应采用倒空、隔绝、清洗、置换等方式进行处理；

　　b)　对具有能量的设备设施、环境应采取可靠的能量隔离措施；

　　注：能量隔离是指将潜在的、可能因失控造成人身伤害、环境损害、设备损坏、财产损失的能量进行有效的控制、隔离和保护。包括机械隔离、工艺隔离、电气隔离、放射源隔离等。

　　c)　对放射源采取相应安全处置措施。

4.3　进入作业现场的人员应正确佩戴满足 GB 39800.1 要求的个体防护装备。

4.4　作业前,危险化学品企业应对参加作业的人员进行安全措施交底,主要包括：

　　a)　作业现场和作业过程中可能存在的危险、有害因素及采取的具体安全措施与应急

措施;

  b) 会同作业单位组织作业人员到作业现场,了解和熟悉现场环境,进一步核实安全措施的可靠性,熟悉应急救援器材的位置及分布;

  c) 涉及断路、动土作业时,应对作业现场的地下隐蔽工程进行交底。

4.5 作业前,危险化学品企业应组织作业单位对作业现场及作业涉及的设备、设施、工器具等进行检查,并使之符合如下要求:

  a) 作业现场消防通道、行车通道应保持畅通,影响作业安全的杂物应清理干净;

  b) 作业现场的梯子、栏杆、平台、箅子板、盖板等设施应完整、牢固,采用的临时设施应确保安全;

  c) 作业现场可能危及安全的坑、井、沟、孔洞等应采取有效防护措施,并设警示标志;需要检修的设备上的电器电源应可靠断电,在电源开关处加锁并加挂安全警示牌;

  d) 作业使用的个体防护器具、消防器材、通信设备、照明设备等应完好;

  e) 作业时使用的脚手架、起重机械、电气焊(割)用具、手持电动工具等各种工器具符合作业安全要求,超过安全电压的手持式、移动式电动工器具应逐个配置漏电保护器和电源开关;

  f) 设置符合 GB 2894 的安全警示标志;

  g) 按照 GB 30077 要求配备应急设施;

  h) 腐蚀性介质的作业场所应在现场就近(30 m 内)配备人员应急用冲洗水源。

4.6 作业前,危险化学品企业应组织办理作业审批手续,并由相关责任人签字审批。同一作业涉及两种或两种以上特殊作业时,应同时执行各自作业要求,办理相应的作业审批手续。

  作业时,审批手续应齐全、安全措施应全部落实、作业环境应符合安全要求。

4.7 同一作业区域应减少、控制多工种、多层次交叉作业,最大限度避免交叉作业;交叉作业应由危险化学品企业指定专人统一协调管理,作业前要组织开展交叉作业风险辨识,采取可靠的保护措施,并保持作业之间信息畅通,确保作业安全。

4.8 当生产装置或作业现场出现异常,可能危及作业人员安全时,作业人员应立即停止作业,迅速撤离,并及时通知相关单位及人员。

4.9 特殊作业涉及的特种作业和特种设备作业人员应取得相应资格证书,持证上岗。界定为 GBZ/T 260 中规定的职业禁忌证者不应参与相应作业。

4.10 作业期间应设监护人。监护人应由具有生产(作业)实践经验的人员担任,并经专项培训考试合格,佩戴明显标识,持培训合格证上岗。

  监护人的通用职责要求:

  a) 作业前检查安全作业票。安全作业票应与作业内容相符并在有效期内;核查安全作业票中各项安全措施已得到落实。

  b) 确认相关作业人员持有效资格证书上岗。

  c) 核查作业人员配备和使用的个体防护装备满足作业要求。

  d) 对作业人员的行为和现场安全作业条件进行检查与监督,负责作业现场的安全协调与联系。

e) 当作业现场出现异常情况时应中止作业,并采取安全有效措施进行应急处置;当作业人员违章时,应及时制止违章,情节严重时,应收回安全作业票、中止作业。

f) 作业期间,监护人不应擅自离开作业现场且不应从事与监护无关的事。确需离开作业现场时,应收回安全作业票、中止作业。

4.11 作业审批人的职责要求:

a) 应在作业现场完成审批工作;

b) 应核查安全作业票审批级别与企业管理制度中规定级别一致情况,各项审批环节符合企业管理要求情况;

c) 应核查安全作业票中各项风险识别及管控措施落实情况。

4.12 作业时使用的移动式可燃、有毒气体检测仪,氧气检测仪应符合 GB 15322.3 和 GB/T 50493—2019 中 5.2 的要求。

4.13 作业现场照明系统配置要求:

a) 作业现场应设置满足作业要求的照明装备;

b) 受限空间内使用的照明电压不应超过 36 V,并满足安全用电要求;在潮湿容器、狭小容器内作业电压不应超过 12 V;在盛装过易燃易爆气体、液体等介质的容器内作业应使用防爆灯具;在可燃性粉尘爆炸环境作业时应采用符合相应防爆等级要求的灯具;

c) 作业现场可能危及安全的坑、井、沟、孔洞等周围,夜间应设警示红灯;

d) 动力和照明线路应分路设置。

4.14 作业完毕,应及时恢复作业时拆移的盖板、箅子板、扶手、栏杆、防护罩等安全设施的使用功能,恢复临时封闭的沟渠或地井,并清理作业现场,恢复原状。

4.15 作业完毕,应及时进行验收确认。

4.16 作业内容变更、作业范围扩大、作业地点转移或超过安全作业票有效期限时,应重新办理安全作业票。

4.17 工艺条件、作业条件、作业方式或作业环境改变时,应重新进行作业危害分析,核对风险管控措施,重新办理安全作业票。

4.18 安全作业票应规范填写,不得涂改。安全作业票样式和管理见附录 A 和附录 B。

5 动火作业

5.1 作业分级

5.1.1 固定动火区外的动火作业分为特级动火、一级动火和二级动火三个级别;遇节假日、公休日、夜间或其他特殊情况,动火作业应升级管理。

5.1.2 特级动火作业:在火灾爆炸危险场所处于运行状态下的生产装置设备、管道、储罐、容器等部位上进行的动火作业(包括带压不置换动火作业);存有易燃易爆介质的重大危险源罐区防火堤内的动火作业。

5.1.3 一级动火作业:在火灾爆炸危险场所进行的除特级动火作业以外的动火作业,管廊上的动火作业按一级动火作业管理。

5.1.4 二级动火作业:除特级动火作业和一级动火作业以外的动火作业。

生产装置或系统全部停车,装置经清洗、置换、分析合格并采取安全隔离措施后,根据其火灾、爆炸危险性大小,经危险化学品企业生产负责人或安全管理负责人批准,动火作业可按二级动火作业管理。

5.1.5 特级、一级动火安全作业票有效期不应超过8 h;二级动火安全作业票有效期不应超过72 h。

5.2 作业基本要求

5.2.1 动火作业应有专人监护,作业前应清除动火现场及周围的易燃物品,或采取其他有效安全防火措施,并配备消防器材,满足作业现场应急需求。

5.2.2 凡在盛有或盛装过助燃或易燃易爆危险化学品的设备、管道等生产、储存设施及本文件规定的火灾爆炸危险场所中生产设备上的动火作业,应将上述设备设施与生产系统彻底断开或隔离,不应以水封或仅关闭阀门代替盲板作为隔断措施。

5.2.3 拆除管线进行动火作业时,应先查明其内部介质危险特性、工艺条件及其走向,并根据所要拆除管线的情况制定安全防护措施。

5.2.4 动火点周围或其下方如有可燃物、电缆桥架、孔洞、窨井、地沟、水封设施、污水井等,应检查分析并采取清理或封盖等措施;对于动火点周围15 m范围内有可能泄漏易燃、可燃物料的设备设施,应采取隔离措施;对于受热分解可产生易燃易爆、有毒有害物质的场所,应进行风险分析并采取清理或封盖等防护措施。

5.2.5 在有可燃物构件和使用可燃物做防腐内衬的设备内部进行动火作业时,应采取防火隔绝措施。

5.2.6 在作业过程中可能释放出易燃易爆、有毒有害物质的设备上或设备内部动火时,动火前应进行风险分析,并采取有效的防范措施,必要时应连续检测气体浓度,发现气体浓度超限报警时,应立即停止作业;在较长的物料管线上动火,动火前应在彻底隔绝区域内分段采样分析。

5.2.7 在生产、使用、储存氧气的设备上进行动火作业时,设备内氧含量不应超过23.5%(体积分数)。

5.2.8 在油气罐区防火堤内进行动火作业时,不应同时进行切水、取样作业。

5.2.9 动火期间,距动火点30 m内不应排放可燃气体;距动火点15 m内不应排放可燃液体;在动火点10 m范围内、动火点上方及下方不应同时进行可燃溶剂清洗或喷漆作业;在动火点10 m范围内不应进行可燃性粉尘清扫作业。

5.2.10 在厂内铁路沿线25 m以内动火作业时,如遇装有危险化学品的火车通过或停留时,应立即停止作业。

5.2.11 特级动火作业应采集全过程作业影像,且作业现场使用的摄录设备应为防爆型。

5.2.12 使用电焊机作业时,电焊机与动火点的间距不应超过10 m,不能满足要求时应将电焊机作为动火点进行管理。

5.2.13 使用气焊、气割动火作业时,乙炔瓶应直立放置,不应卧放使用;氧气瓶与乙炔瓶的间距不应小于5 m,二者与动火点间距不应小于10 m,并应采取防晒和防倾倒措施;乙炔瓶应安装防回火装置。

5.2.14 作业完毕后应清理现场,确认无残留火种后方可离开。

5.2.15 遇五级风以上(含五级风)天气,禁止露天动火作业;因生产确需动火,动火作业应升级管理。

5.2.16 涉及可燃性粉尘环境的动火作业应满足 GB 15577 要求。

5.3 动火分析及合格判定指标

5.3.1 动火作业前应进行气体分析,要求如下:
a) 气体分析的检测点要有代表性,在较大的设备内动火,应对上、中、下(左、中、右)各部位进行检测分析;
b) 在管道、储罐、塔器等设备外壁上动火,应在动火点 10 m 范围内进行气体分析,同时还应检测设备内气体含量;在设备及管道外环境动火,应在动火点 10 m 范围内进行气体分析;
c) 气体分析取样时间与动火作业开始时间间隔不应超过 30 min;
d) 特级、一级动火作业中断时间超过 30 min,二级动火作业中断时间超过 60 min,应重新进行气体分析;每日动火前均应进行气体分析;特级动火作业期间应连续进行监测。

5.3.2 动火分析合格判定指标为:
a) 当被测气体或蒸气的爆炸下限大于或等于 4%时,其被测浓度应不大于 0.5%(体积分数);
b) 当被测气体或蒸气的爆炸下限小于 4%时,其被测浓度应不大于 0.2%(体积分数)。

5.4 特级动火作业要求

5.4.1 特级动火作业应符合 5.2、5.3 的规定。

5.4.2 特级动火作业还应符合以下规定:
a) 应预先制定作业方案,落实安全防火防爆及应急措施;
b) 在设备或管道上进行特级动火作业时,设备或管道内应保持微正压;
c) 存在受热分解爆炸、自爆物料的管道和设备设施上不应进行动火作业;
d) 生产装置运行不稳定时,不应进行带压不置换动火作业。

5.5 固定动火区管理

5.5.1 固定动火区的设定应由危险化学品企业审批后确定,设置明显标志;应每年至少对固定动火区进行一次风险辨识,周围环境发生变化时,危险化学品企业应及时辨识、重新划定。

5.5.2 固定动火区的设置应满足以下安全条件要求:
a) 不应设置在火灾爆炸危险场所;
b) 应设置在火灾爆炸危险场所全年最小频率风向的下风或侧风方向,并与相邻企业火灾爆炸危险场所满足防火间距要求;
c) 距火灾爆炸危险场所的厂房、库房、罐区、设备、装置、窨井、排水沟、水封设施等不应小于 30 m;
d) 室内固定动火区应以实体防火墙与其他部分隔开,门窗外开,室外道路畅通;
e) 位于生产装置区的固定动火区应设置带有声光报警功能的固定式可燃气体检测报警器;
f) 固定动火区内不应存放可燃物及其他杂物,应制定并落实完善的防火安全措施,明确防火责任人。

6 受限空间作业

6.1 作业前,应对受限空间进行安全隔离,要求如下:
　　a) 与受限空间连通的可能危及安全作业的管道应采用加盲板或拆除一段管道的方式进行隔离,不应采用水封或关闭阀门代替盲板作为隔断措施;
　　b) 与受限空间连通的可能危及安全作业的孔、洞应进行严密封堵;
　　c) 对作业设备上的电器电源,应采取可靠的断电措施,电源开关处应上锁并加挂警示牌。

6.2 作业前,应保持受限空间内空气流通良好,可采取如下措施:
　　a) 打开人孔、手孔、料孔、风门、烟门等与大气相通的设施进行自然通风;
　　b) 必要时,可采用强制通风或管道送风,管道送风前应对管道内介质和风源进行分析确认;
　　c) 在忌氧环境中作业,通风前应对作业环境中与氧性质相抵的物料采取卸放、置换或清洗合格的措施,达到可以通风的安全条件要求。

6.3 作业前,应确保受限空间内的气体环境满足作业要求,内容如下:
　　a) 作业前 30 min 内,对受限空间进行气体检测,检测分析合格后方可进入;
　　b) 检测点应有代表性,容积较大的受限空间,应对上、中、下(左、中、右)各部位进行检测分析;
　　c) 检测人员进入或探入受限空间检测时,应佩戴 6.6 中规定的个体防护装备;
　　d) 涂刷具有挥发性溶剂的涂料时,应采取强制通风措施;
　　e) 不应向受限空间充纯氧气或富氧空气;
　　f) 作业中断时间超过 60 min 时,应重新进行气体检测分析。

6.4 受限空间内气体检测内容及要求如下:
　　a) 氧气含量为 19.5%~21%(体积分数),在富氧环境下不应大于 23.5%(体积分数);
　　b) 有毒物质允许浓度应符合 GBZ 2.1 的规定;
　　c) 可燃气体、蒸气浓度要求应符合 5.3.2 的规定。

6.5 作业时,作业现场应配置移动式气体检测报警仪,连续检测受限空间内可燃气体、有毒气体及氧气浓度,并 2 h 记录 1 次;气体浓度超限报警时,应立即停止作业、撤离人员、对现场进行处理,重新检测合格后方可恢复作业。

6.6 进入受限空间作业人员应正确穿戴相应的个体防护装备。进入下列受限空间作业应采取如下防护措施:
　　a) 缺氧或有毒的受限空间经清洗或置换仍达不到 6.4 要求的,应佩戴满足 GB/T 18664 要求的隔绝式呼吸防护装备,并正确拴带救生绳;
　　b) 易燃易爆的受限空间经清洗或置换仍达不到 6.4 要求的,应穿防静电工作服及工作鞋,使用防爆工器具;
　　c) 存在酸碱等腐蚀性介质的受限空间,应穿戴防酸碱防护服、防护鞋、防护手套等防腐蚀装备;
　　d) 在受限空间内从事电焊作业时,应穿绝缘鞋;

- e) 有噪声产生的受限空间,应佩戴耳塞或耳罩等防噪声护具;
  - f) 有粉尘产生的受限空间,应在满足 GB 15577 要求的条件下,按 GB 39800.1 要求佩戴防尘口罩等防尘护具;
  - g) 高温的受限空间,应穿戴高温防护用品,必要时采取通风、隔热等防护措施;
  - h) 低温的受限空间,应穿戴低温防护用品,必要时采取供暖措施;
  - i) 在受限空间内从事清污作业,应佩戴隔绝式呼吸防护装备,并正确拴带救生绳;
  - j) 在受限空间内作业时,应配备相应的通信工具。

6.7 当一处受限空间存在动火作业时,该处受限空间内不应安排涂刷油漆、涂料等其他可能产生有毒有害、可燃物质的作业活动。

6.8 对监护人的特殊要求:
  - a) 监护人应在受限空间外进行全程监护,不应在无任何防护措施的情况下探入或进入受限空间;
  - b) 在风险较大的受限空间作业时,应增设监护人员,并随时与受限空间内作业人员保持联络;
  - c) 监护人应对进入受限空间的人员及其携带的工器具种类、数量进行登记,作业完毕后再次进行清点,防止遗漏在受限空间内。

6.9 受限空间作业应满足的其他要求:
  - a) 受限空间出入口应保持畅通;
  - b) 作业人员不应携带与作业无关的物品进入受限空间;作业中不应抛掷材料、工器具等物品;在有毒、缺氧环境下不应摘下防护面具;
  - c) 难度大、劳动强度大、时间长、高温的受限空间作业应采取轮换作业方式;
  - d) 接入受限空间的电线、电缆、通气管应在进口处进行保护或加强绝缘,应避免与人员出入使用同一出入口;
  - e) 作业期间发生异常情况时,未穿戴 6.6 规定个体防护装备的人员严禁入内救援;
  - f) 停止作业期间,应在受限空间入口处增设警示标志,并采取防止人员误入的措施;
  - g) 作业结束后,应将工器具带出受限空间。

6.10 受限空间安全作业票有效期不应超过 24 h。

7 盲板抽堵作业

7.1 作业前,危险化学品企业应预先绘制盲板位置图,对盲板进行统一编号,并设专人统一指挥作业。

7.2 在不同危险化学品企业共用的管道上进行盲板抽堵作业,作业前应告知上下游相关单位。

7.3 作业单位应根据管道内介质的性质、温度、压力和管道法兰密封面的口径等选择相应材料、强度、口径和符合设计、制造要求的盲板及垫片,高压盲板使用前应经超声波探伤;盲板选用应符合 HG/T 21547 或 JB/T 2772 的要求。

7.4 作业单位应按位置图进行盲板抽堵作业,并对每个盲板进行标识,标牌编号应与盲板位置图上的盲板编号一致,危险化学品企业应逐一确认并做好记录。

7.5 作业前,应降低系统管道压力至常压,保持作业现场通风良好,并设专人监护。

7.6 在火灾爆炸危险场所进行盲板抽堵作业时,作业人员应穿防静电工作服、工作鞋,并使用防爆工具;距盲板抽堵作业地点 30 m 内不应有动火作业。

7.7 在强腐蚀性介质的管道、设备上进行盲板抽堵作业时,作业人员应采取防止酸碱化学灼伤的措施。

7.8 在介质温度较高或较低、可能造成人员烫伤或冻伤的管道、设备上进行盲板抽堵作业时,作业人员应采取防烫、防冻措施。

7.9 在有毒介质的管道、设备上进行盲板抽堵作业时,作业人员应按 GB 39800.1 的要求选用防护用具。在涉及硫化氢、氯气、氨气、一氧化碳及氰化物等毒性气体的管道、设备上进行作业时,除满足上述要求外,还应佩戴移动式气体检测仪。

7.10 不应在同一管道上同时进行两处或两处以上的盲板抽堵作业。

7.11 同一盲板的抽、堵作业,应分别办理盲板抽、堵安全作业票,一张安全作业票只能进行一块盲板的一项作业。

7.12 盲板抽堵作业结束,由作业单位和危险化学品企业专人共同确认。

8 高处作业

8.1 作业分级

8.1.1 作业高度 h 按照 GB/T 3608 分为四个区段:2 m$\leqslant h\leqslant$5 m;5 m$<h\leqslant$15 m;15 m$<h\leqslant$30 m;$h>$30 m。

8.1.2 直接引起坠落的客观危险因素主要分为 9 种:

  a) 阵风风力五级(风速 8.0 m/s)以上;
  b) 平均气温等于或低于 5 ℃ 的作业环境;
  c) 接触冷水温度等于或低于 12 ℃ 的作业;
  d) 作业场地有冰、雪、霜、油、水等易滑物;
  e) 作业场所光线不足或能见度差;
  f) 作业活动范围与危险电压带电体距离小于表 1 的规定;

表 1 作业活动范围与危险电压带电体的距离

危险电压带电体的电压等级/kV	≤10	35	63～110	220	330	500
距离/m	1.7	2.0	2.5	4.0	5.0	6.0

  g) 摆动,立足处不是平面或只有很小的平面,即任一边小于 500 mm 的矩形平面、直径小于 500 mm 的圆形平面或具有类似尺寸的其他形状的平面,致使作业者无法维持正常姿势;
  h) 存在有毒气体或空气中含氧量低于 19.5%(体积分数)的作业环境;
  i) 可能会引起各种灾害事故的作业环境和抢救突然发生的各种灾害事故。

8.1.3 不存在 8.1.2 列出的任一种客观危险因素的高处作业按表 2 规定的 A 类法分级,存在 8.1.2 列出的一种或一种以上客观危险因素的高处作业按表 2 规定的 B 类法分级。

表 2 高处作业分级

分类法	高处作业高度/m			
	$2 \leqslant h \leqslant 5$	$5 < h \leqslant 15$	$15 < h \leqslant 30$	$h > 30$
A	Ⅰ	Ⅱ	Ⅲ	Ⅳ
B	Ⅱ	Ⅲ	Ⅳ	Ⅳ

8.2 作业要求

8.2.1 高处作业人员应正确佩戴符合 GB 6095 要求的安全带及符合 GB 24543 要求的安全绳,30 m 以上高处作业应配备通信联络工具。

8.2.2 高处作业应设专人监护,作业人员不应在作业处休息。

8.2.3 应根据实际需要配备符合安全要求的作业平台、吊笼、梯子、挡脚板、跳板等;脚手架的搭设、拆除和使用应符合 GB 51210 等有关标准要求。

8.2.4 高处作业人员不应站在不牢固的结构物上进行作业;在彩钢板屋顶、石棉瓦、瓦棱板等轻型材料上作业,应铺设牢固的脚手板并加以固定,脚手板上要有防滑措施;不应在未固定、无防护设施的构件及管道上进行作业或通行。

8.2.5 在邻近排放有毒、有害气体、粉尘的放空管线或烟囱等场所进行作业时,应预先与作业属地生产人员取得联系,并采取有效的安全防护措施,作业人员应配备必要的符合国家相关标准的防护装备(如隔绝式呼吸防护装备、过滤式防毒面具或口罩等)。

8.2.6 雨天和雪天作业时,应采取可靠的防滑、防寒措施;遇有五级风以上(含五级风)、浓雾等恶劣天气,不应进行高处作业、露天攀登与悬空高处作业;暴风雪、台风、暴雨后,应对作业安全设施进行检查,发现问题立即处理。

8.2.7 作业使用的工具、材料、零件等应装入工具袋,上下时手中不应持物,不应投掷工具、材料及其他物品;易滑动、易滚动的工具、材料堆放在脚手架上时,应采取防坠落措施。

8.2.8 在同一坠落方向上,一般不应进行上下交叉作业,如需进行交叉作业,中间应设置安全防护层,坠落高度超过 24 m 的交叉作业,应设双层防护。

8.2.9 因作业需要,须临时拆除或变动作业对象的安全防护设施时,应经作业审批人员同意,并采取相应的防护措施,作业后应及时恢复。

8.2.10 拆除脚手架、防护棚时,应设警戒区并派专人监护,不应上下同时施工。

8.2.11 安全作业票的有效期最长为 7 天。当作业中断,再次作业前,应重新对环境条件和安全措施进行确认。

9 吊装作业

9.1 作业分级

吊装作业按照吊物质量 m 不同分为:
a) 一级吊装作业:$m > 100$ t;
b) 二级吊装作业:$40 \text{ t} \leqslant m \leqslant 100$ t;
c) 三级吊装作业:$m < 40$ t。

9.2 作业要求

9.2.1 一、二级吊装作业,应编制吊装作业方案。吊装物体质量虽不足 40 t,但形状复杂、刚度小、长径比大、精密贵重,以及在作业条件特殊的情况下,三级吊装作业也应编制吊装作业方案;吊装作业方案应经审批。

9.2.2 吊装场所如有含危险物料的设备、管道时,应制定详细吊装方案,并对设备、管道采取有效防护措施,必要时停车,放空物料,置换后再进行吊装作业。

9.2.3 不应靠近高架电力线路进行吊装作业;确需在电力线路附近作业时,起重机械的安全距离应大于起重机械的倒塌半径并符合 DL 409 的要求;不能满足时,应停电后再进行作业。

9.2.4 大雪、暴雨、大雾、六级及以上大风时,不应露天作业。

9.2.5 作业前,作业单位应对起重机械、吊具、索具、安全装置等进行检查,确保其处于完好、安全状态,并签字确认。

9.2.6 指挥人员应佩戴明显的标志,并按 GB/T 5082 规定的联络信号进行指挥。

9.2.7 应按规定负荷进行吊装,吊具、索具应经计算选择使用,不应超负荷吊装。

9.2.8 不应利用管道、管架、电杆、机电设备等作吊装锚点;未经土建专业人员审查核算,不应将建筑物、构筑物作为锚点。

9.2.9 起吊前应进行试吊,试吊中检查全部机具、锚点受力情况,发现问题应立即将吊物放回地面,排除故障后重新试吊,确认正常后方可正式吊装。

9.2.10 吊装作业人员应遵守如下规定:
  a) 按指挥人员发出的指挥信号进行操作;任何人发出的紧急停车信号均应立即执行;吊装过程中出现故障,应立即向指挥人员报告;
  b) 吊物接近或达到额定起重吊装能力时,应检查制动器,用低高度、短行程试吊后,再吊起;
  c) 利用两台或多台起重机械吊运同一吊物时应保持同步,各台起重机械所承受的载荷不应超过各自额定起重能力的 80%;
  d) 下放吊物时,不应自由下落(溜);不应利用极限位置限制器停车;
  e) 不应在起重机械工作时对其进行检修;不应在有载荷的情况下调整起升变幅机构的制动器;
  f) 停工和休息时,不应将吊物、吊笼、吊具和吊索悬在空中;
  g) 以下情况不应起吊:
    1) 无法看清场地、吊物,指挥信号不明;
    2) 起重臂吊钩或吊物下面有人、吊物上有人或浮置物;
    3) 重物捆绑、紧固、吊挂不牢,吊挂不平衡,索具打结,索具不齐,斜拉重物,棱角吊物与钢丝绳之间无衬垫;
    4) 吊物质量不明,与其他吊物相连,埋在地下,与其他物体冻结在一起。

9.2.11 司索人员应遵守如下规定:
  a) 听从指挥人员的指令,并及时报告险情;
  b) 不应用吊钩直接缠绕吊物及将不同种类或不同规格的索具混在一起使用;
  c) 吊物捆绑应牢靠,吊点设置应根据吊物重心位置确定,保证吊装过程中吊物平衡;起升吊物时应检查其连接点是否牢固、可靠;吊运零散件时,应使用专门的吊篮、吊斗等器具,吊篮、吊斗等不应装满;

d) 吊物就位时,应与吊物保持一定的安全距离,用拉绳或撑杆、钩子辅助其就位;

e) 吊物就位前,不应解开吊装索具;

f) 9.2.10 中与司索人员有关的不应起吊的情况,司索人员应做相应处理。

9.2.12 监护人员应确保吊装过程中警戒范围区内没有非作业人员或车辆经过;吊装过程中吊物及起重臂移动区域下方不应有任何人员经过或停留。

9.2.13 用定型起重机械(例如履带吊车、轮胎吊车、桥式吊车等)进行吊装作业时,除遵守本文件外,还应遵守该定型起重机械的操作规程。

9.2.14 作业完毕应做如下工作:

a) 将起重臂和吊钩收放到规定位置,所有控制手柄均应放到零位,电气控制的起重机械的电源开关应断开;

b) 对在轨道上作业的吊车,应将吊车停放在指定位置有效锚定;

c) 吊索、吊具收回,放置到规定位置,并对其进行例行检查。

10 临时用电作业

10.1 在运行的火灾爆炸危险性生产装置、罐区和具有火灾爆炸危险场所内不应接临时电源,确需时应对周围环境进行可燃气体检测分析,分析结果应符合 5.3.2 的规定。

10.2 各类移动电源及外部自备电源,不应接入电网。

10.3 在开关上接引、拆除临时用电线路时,其上级开关应断电、加锁,并挂安全警示标牌,接、拆线路作业时,应有监护人在场。

10.4 临时用电应设置保护开关,使用前应检查电气装置和保护设施的可靠性。所有的临时用电均应设置接地保护。

10.5 临时用电设备和线路应按供电电压等级和容量正确配置、使用,所用的电器元件应符合国家相关产品标准及作业现场环境要求,临时用电电源施工、安装应符合 GB 50194 的有关要求,并有良好的接地。

10.6 临时用电还应满足如下要求:

a) 火灾爆炸危险场所应使用相应防爆等级的电气元件,并采取相应的防爆安全措施;

b) 临时用电线路及设备应有良好的绝缘,所有的临时用电线路应采用耐压等级不低于 500 V 的绝缘导线;

c) 临时用电线路经过火灾爆炸危险场所以及有高温、振动、腐蚀、积水及产生机械损伤等区域,不应有接头,并应采取相应的保护措施;

d) 临时用电架空线应采用绝缘铜芯线,并应架设在专用电杆或支架上,其最大弧垂与地面距离,在作业现场不低于 2.5 m,穿越机动车道不低于 5 m;

e) 沿墙面或地面敷设电缆线路应符合下列规定:

——电缆线路敷设路径应有醒目的警告标志;

——沿地面明敷的电缆线路应沿建筑物墙体根部敷设,穿越道路或其他易受机械损伤的区域,应采取防机械损伤的措施,周围环境应保持干燥;

——在电缆敷设路径附近,当有产生明火的作业时,应采取防止火花损伤电缆的措施;

  f) 对需埋地敷设的电缆线路应设有走向标志和安全标志。电缆埋地深度不应小于0.7 m,穿越道路时应加设防护套管;

  g) 现场临时用电配电盘、箱应有电压标志和危险标志,应有防雨措施,盘、箱、门应能牢靠关闭并上锁管理;

  h) 临时用电设施应安装符合规范要求的漏电保护器,移动工具、手持式电动工具应逐个配置漏电保护器和电源开关。

10.7 未经批准,临时用电单位不应向其他单位转供电或增加用电负荷,以及变更用电地点和用途。

10.8 临时用电时间一般不超过15天,特殊情况不应超过30天;用于动火、受限空间作业的临时用电时间应和相应作业时间一致;用电结束后,用电单位应及时通知供电单位拆除临时用电线路。

11 动土作业

11.1 作业前,应检查工器具、现场支撑是否牢固、完好,发现问题应及时处理。

11.2 作业现场应根据需要设置护栏、盖板和警告标志,夜间应悬挂警示灯。

11.3 在动土开挖前,应先做好地面和地下排水,防止地面水渗入作业层面造成塌方。

11.4 作业前,作业单位应了解地下隐蔽设施的分布情况,作业临近地下隐蔽设施时,应使用适当工具人工挖掘,避免损坏地下隐蔽设施;如暴露出电缆、管线以及不能辨认的物品时,应立即停止作业,妥善加以保护,报告动土审批单位,经采取保护措施后方可继续作业。

11.5 挖掘坑、槽、井、沟等作业,应遵守下列规定:

  a) 挖掘土方应自上而下逐层挖掘,不应采用挖底脚的办法挖掘;使用的材料、挖出的泥土应堆在距坑、槽、井、沟边沿至少1 m处,堆土高度不应大于1.5 m;挖出的泥土不应堵塞下水道和窨井;

  b) 不应在土壁上挖洞攀登;

  c) 不应在坑、槽、井、沟上端边沿站立、行走;

  d) 应视土壤性质、湿度和挖掘深度设置安全边坡或固壁支撑;作业过程中应对坑、槽、井、沟边坡或固壁支撑架随时检查,特别是雨雪后和解冻时期,如发现边坡有裂缝、松疏或支撑有折断、走位等异常情况时,应立即停止作业,并采取相应措施;

  e) 在坑、槽、井、沟的边缘安放机械、铺设轨道及通行车辆时,应保持适当距离,采取有效的固壁措施,确保安全;

  f) 在拆除固壁支撑时,应从下而上进行;更换支撑时,应先装新的,后拆旧的;

  g) 不应在坑、槽、井、沟内休息。

11.6 机械开挖时,应避开构筑物、管线,在距管道边1 m范围内应采用人工开挖;在距直埋管线2 m范围内宜采用人工开挖,避免对管线或电缆造成影响。

11.7 动土作业人员在沟(槽、坑)下作业应按规定坡度顺序进行,使用机械挖掘时,人员不应进入机械旋转半径内;深度大于2 m时,应设置人员上下的梯子等能够保证人员快速进出的设施;两人以上同时挖土时应相距2 m以上,防止工具伤人。

11.8 动土作业区域周围发现异常时,作业人员应立即撤离作业现场。

11.9 在生产装置区、罐区等危险场所动土时,监护人员应与所在区域的生产人员建立联系,当生产装置区、罐区等场所发生突然排放有害物质时,监护人员应立即通知作业人员停止作业,迅速撤离现场。

11.10 在生产装置区、罐区等危险场所动土时,遇有埋设的易燃易爆、有毒有害介质管线、窨井等可能引起燃烧、爆炸、中毒、窒息危险,且挖掘深度超过1.2 m时,应执行受限空间作业相关规定。

11.11 动土作业结束后,应及时回填土石,恢复地面设施。

12 断路作业

12.1 作业前,作业单位应会同危险化学品企业相关部门制定交通组织方案,应能保证消防车和其他重要车辆的通行,并满足应急救援要求。

12.2 作业单位应根据需要在断路的路口和相关道路上设置交通警示标志,在作业区域附近设置路栏、道路作业警示灯、导向标等交通警示设施。

12.3 在道路上进行定点作业,白天不超过2 h、夜间不超过1 h即可完工的,在有现场交通指挥人员指挥交通的情况下,只要作业区域设置了相应的交通警示设施,可不设标志牌。

12.4 在夜间或雨、雪、雾天进行断路作业时设置的道路作业警示灯,应满足以下要求:
    a) 设置高度应离地面1.5 m,不低于1.0 m;
    b) 其设置应能反映作业区域的轮廓;
    c) 应能发出至少自150 m以外清晰可见的连续、闪烁或旋转的红光。

12.5 作业结束后,作业单位应清理现场,撤除作业区域、路口设置的路栏、道路作业警示灯、导向标等交通警示设施,并与危险化学品企业检查核实,报告有关部门恢复交通。

附 录 A
（资料性）
安全作业票的样式

表A.1～表A.8规定了不同特殊作业安全作业票样式。

表A.1 动火安全作业票

编号：

作业申请单位		作业申请时间	年 月 日 时 分
作业内容		动火地点及动火部位	
动火作业级别	特级□ 一级□ 二级□	动火方式	
动火人及证书编号			
作业单位		作业负责人	
气体取样分析时间	月 日 时 分	月 日 时 分	月 日 时 分

表 A.1（续）

代表性气体			
分析结果/%			
分析人			
关联的其他特殊作业及安全作业票编号			
风险辨识结果			
动火作业实施时间	自 年 月 日 时 分至 年 月 日 时 分止		

序号	安 全 措 施	是否涉及	确认人
1	动火设备内部构件清洗干净,蒸汽吹扫或水洗、置换合格,达到动火条件		
2	与动火设备相连接的所有管线已断开,加盲板( )块,未采取水封或仅关闭阀门的方式代替盲板		
3	动火点周围及附近的孔洞、窨井、地沟、水封设施、污水井等已清除易燃物,并已采取覆盖、铺沙等手段进行隔离		
4	油气罐区动火点同一防火堤内和防火间距内的油品储罐未进行脱水和取样作业		
5	高处作业已采取防火花飞溅措施,作业人员佩戴必要的个体防护装备		
6	在有可燃物构件和使用可燃物做防腐内衬的设备内部动火作业,已采取防火隔绝措施		
7	乙炔气瓶直立放置,已采取防倾倒措施并安装防回火装置;乙炔气瓶、氧气瓶与火源间的距离不应小于 10 m,两气瓶相互间距不应小于 5 m		
8	现场配备灭火器( )台,灭火毯( )块,消防蒸汽带或消防水带( )		
9	电焊机所处位置已考虑防火防爆要求,且已可靠接地		
10	动火点周围规定距离内没有易燃易爆化学品的装卸、排放、喷漆等可能引起火灾爆炸的危险作业		
11	动火点 30 m 内垂直空间未排放可燃气体;15 m 内垂直空间未排放可燃液体;10 m 范围内及动火点下方未同时进行可燃溶剂清洗或喷漆等作业,10 m 范围内未见有可燃性粉尘清扫作业		

表 A.1（续）

序号	安　全　措　施	是否涉及	确认人
12	已开展作业危害分析，制定相应的安全风险管控措施，交叉作业已明确协调人		
13	用于连续检测的移动式可燃气体检测仪已配备到位		
14	配备的摄录设备已到位，且防爆级别满足安全要求		
15	其他相关特殊作业已办理相应安全作业票，作业现场四周已设立警戒区		
16	其他安全措施： 编制人：		

安全交底人		接受交底人	
监护人			

作业负责人意见
签字：　　　　　　　　年　月　日　时　分

所在单位意见
签字：　　　　　　　　年　月　日　时　分

安全管理部门意见
签字：　　　　　　　　年　月　日　时　分

动火审批人意见
签字：　　　　　　　　年　月　日　时　分

动火前，岗位当班班长验票情况
签字：　　　　　　　　年　月　日　时　分

完工验收
签字：　　　　　　　　年　月　日　时　分

表 A.2 受限空间安全作业票

编号：

作业申请单位					作业申请时间		年 月 日 时 分	
受限空间名称					受限空间内原有介质名称			
作业内容								
作业单位					作业负责人			
作业人					监护人			
关联的其他特殊作业及安全作业票编号								
风险辨识结果								
气体分析	分析项目	有毒有害气体名称	可燃气体名称	氧气含量	取样分析时间	分析部位	分析人	
	合格标准			19.5%～21%（体积分数）				
	分析数据							
作业实施时间		自 年 月 日 时 分 至 年 月 日 时 分 止						

序号	安 全 措 施	是否涉及	确认人
1	盛装过有毒、可燃物料的受限空间，所有与受限空间有联系的阀门、管线已加盲板隔离，并落实盲板责任人，未采用水封或关闭阀门代替盲板		
2	盛装过有毒、可燃物料的受限空间，设备已经过置换、吹扫或蒸煮		
3	设备通风孔已打开进行自然通风，温度适宜人员作业；必要时采用强制通风或佩戴隔绝式呼吸防护装备，不应采用直接通入氧气或富氧空气的方法补充氧		

表 A.2（续）

序号	安全措施	是否涉及	确认人
4	转动设备已切断电源,电源开关处已加锁并悬挂"禁止合闸"标志牌		
5	受限空间内部已具备进人作业条件,易燃易爆物料容器内作业,作业人员未采用非防爆工具,手持电动工具符合作业安全要求		
6	受限空间进出口通道畅通,无阻碍人员进出的障碍物		
7	盛装过可燃有毒液体、气体的受限空间,已分析其中的可燃、有毒有害气体和氧气含量,且在安全范围内		
8	存在大量扬尘的设备已停止扬尘		
9	用于连续检测的移动式可燃、有毒气体、氧气检测仪已配备到位		
10	作业人员已佩戴必要的个体防护装备,清楚受限空间内存在的危险因素		
11	已配备作业应急设施：消防器材（　）、救生绳（　）、气防装备（　），盛有腐蚀性介质的容器作业现场已配备应急用冲洗水		
12	受限空间内作业已配备通信设备		
13	受限空间出入口四周已设立警戒区		
14	其他相关特殊作业已办理相应安全作业票		
15	其他安全措施： 编制人：		

安全交底人		接受交底人	

作业负责人意见
签字：　　　年　月　日　时　分

所在单位意见
签字：　　　年　月　日　时　分

完工验收
签字：　　　年　月　日　时　分

表 A.3 盲板抽堵安全作业票

编号：

申请单位		作业单位			作业类别	□堵盲板	□抽盲板
设备、管道名称	管道参数			盲板参数		实际作业开始时间	
	介质	温度	压力	材质	规格	编号	
							月 日 时 分

盲板位置图（可另附图）及编号：			
		编制人：	年 月 日

作业负责人		作业人		监护人	
关联的其他特殊作业及安全作业票编号					
风险辨识结果					

序号	安 全 措 施	是否涉及	确认人
1	在管道、设备上作业时，降低系统压力，作业点应为常压或微正压		
2	在有毒介质的管道、设备上作业时，作业人员应穿戴适合的个体防护装备		
3	火灾爆炸危险场所，作业人员穿防静电工作服、工作鞋；作业时使用防爆灯具和防爆工具		
4	火灾爆炸危险场所的气体管道，距作业地点 30 m 内无其他动火作业		
5	在强腐蚀性介质的管道、设备上作业时，作业人员已采取防止酸碱化学灼伤的措施		
6	介质温度较高、可能造成烫伤的情况下，作业人员已采取防烫措施		
7	介质温度较低、可能造成人员冻伤情况下，作业人员已采取防冻伤措施		
8	同一管道上未同时进行两处及两处以上的盲板抽堵作业		
9	其他相关特殊作业已办理相应安全作业票		
10	作业现场四周已设警戒区		
11	其他安全措施： 编制人：		

安全交底人		接受交底人	
作业负责人意见			
		签字：	年 月 日 时 分
所在单位意见			
		签字：	年 月 日 时 分
完工验收			
		签字：	年 月 日 时 分

表 A.4 高处安全作业票

编号：

作业申请单位		作业申请时间	年 月 日 时 分
作业地点		作业内容	
作业高度		高处作业级别	
作业单位		监护人	
作业人		作业负责人	
关联的其他特殊作业及安全作业票编号			
风险辨识结果			
作业实施时间	自 年 月 日 时 分至 年 月 日 时 分止		

序号	安 全 措 施	是否涉及	确认人
1	作业人员身体条件符合要求		
2	作业人员着装符合作业要求		
3	作业人员佩戴符合标准要求的安全帽、安全带,有可能散发有毒气体的场所携带正压式空气呼吸器或面罩备用		
4	作业人员携带有工具袋及安全绳		
5	现场搭设的脚手架、防护网、围栏符合安全规定		
6	垂直分层作业中间有隔离设施		
7	梯子、绳子符合安全规定		
8	轻型棚的承重梁、柱能承重作业过程最大负荷的要求		
9	作业人员在不承重物处作业所搭设的承重板稳定牢固		
10	采光、夜间作业照明符合作业要求		
11	30 m 以上高处作业时,作业人员已配备通信、联络工具		
12	作业现场四周已设警戒区		
13	露天作业,风力满足作业安全要求		
14	其他相关特殊作业已办理相应安全作业票		
15	其他安全措施： 编制人：		

安全交底人		接受交底人	
作业负责人意见			
		签字：	年 月 日 时 分
所在单位意见			
		签字：	年 月 日 时 分
审核部门意见			
		签字：	年 月 日 时 分
审批部门意见			
		签字：	年 月 日 时 分
完工验收			
		签字：	年 月 日 时 分

表 A.5 吊装安全作业票

编号：

作业申请单位		作业单位		作业申请时间	年　月　日　时　分
吊装地点		吊具名称		吊物内容	
吊装作业人		司索人		监护人	
指挥人员		吊物质量(t)及作业级别			
风险辨识结果					
作业实施时间	自　年　月　日　时　分至　年　月　日　时　分止				

序号	安　全　措　施	是否涉及	确认人
1	一、二级吊装作业已编制吊装作业方案，已经审查批准；吊装物体形状复杂、刚度小、长径比大、精密贵重，作业条件特殊的三级吊装作业，已编制吊装作业方案，已经审查批准		
2	吊装场所如有含危险物料的设备、管道时，应制定详细吊装方案，并对设备、管道采取有效防护措施，必要时停车，放空物料，置换后再进行吊装作业		
3	作业人员已按规定佩戴个体防护装备		
4	已对起重吊装设备、钢丝绳、揽风绳、链条、吊钩等各种机具进行检查，安全可靠		
5	已明确各自分工、坚守岗位，并统一规定联络信号		
6	将建筑物、构筑物作为锚点，应经所属单位工程管理部门审查核算并批准		
7	吊装绳索、揽风绳、拖拉绳等不应与带电线路接触，并保持安全距离		
8	不应利用管道、管架、电杆、机电设备等作吊装锚点		
9	吊物捆扎坚固，未见绳打结、绳不齐现象，棱角吊物已采取衬垫措施		
10	起重机安全装置灵活好用		
11	吊装作业人员持有有效的法定资格证书		
12	地下通信电(光)缆、局域网络电(光)缆、排水沟的盖板，承重吊装机械的负重量已确认，保护措施已落实		
13	起吊物的质量(　t)经确认，在吊装机械的承重范围内		

表 A.5（续）

序号	安　全　措　施	是否涉及	确认人
14	在吊装高度的管线、电缆桥架已做好防护措施		
15	作业现场围栏、警戒线、警告牌、夜间警示灯已按要求设置		
16	作业高度和转臂范围内无架空线路		
17	在爆炸危险场所内的作业，机动车排气管已装阻火器		
18	露天作业，环境风力满足作业安全要求		
19	其他相关特殊作业已办理相应安全作业票		
20	其他安全措施： 编制人：		

安全交底人		接受交底人	
作业指挥意见 　　　　　　　　　　　　　　　签字：　　　年　月　日　时　分			
所在单位意见 　　　　　　　　　　　　　　　签字：　　　年　月　日　时　分			
审核部门意见 　　　　　　　　　　　　　　　签字：　　　年　月　日　时　分			
审批部门意见 　　　　　　　　　　　　　　　签字：　　　年　月　日　时　分			
完工验收 　　　　　　　　　　　　　　　签字：　　　年　月　日　时　分			

表 A.6 临时用电安全作业票

编号：

申请单位			作业申请时间	年 月 日 时 分	
作业地点			作业内容		
电源接入点及许可用电功率			工作电压		
用电设备名称及额定功率		监护人		用电人	
作业人			电工证号		
作业负责人			电工证号		
关联的其他特殊作业及安全作业票编号					
风险辨识结果					
可燃气体分析（运行的生产装置、罐区和具有火灾爆炸危险场所）					
分析时间	时 分		时 分	分析点	
可燃气体检测结果				分析人	
作业实施时间	自 年 月 日 时 分至 年 月 日 时 分止				

序号	安全措施	是否涉及	确认人
1	作业人员持有电工作业操作证		
2	在防爆场所使用的临时电源、元器件和线路达到相应的防爆等级要求		
3	上级开关已断电、加锁，并挂安全警示标牌		
4	临时用电的单相和混用线路要求按照TN-S三相五线制方式接线		
5	临时用电线路如架高敷设，在作业现场敷设高度应不低于2.5 m，跨越道路高度应不低于5 m		
6	临时用电线路如沿墙面或地面敷设，已沿建筑物墙体根部敷设，穿越道路或其他易受机械损伤的区域，已采取防机械损伤的措施；在电缆敷设路径附近，已采取防止火花损伤电缆的措施		

表 A.6（续）

序号	安 全 措 施	是否涉及	确认人
7	临时用电线路架空进线不应采用裸线		
8	暗管埋设及地下电缆线路敷设时，已备好"走向标志"和"安全标志"等标志桩，电缆埋深要求大于 0.7 m		
9	现场临时用配电盘、箱配备有防雨措施，并可靠接地		
10	临时用电设施已装配漏电保护器，移动工具、手持工具已采取防漏电的安全措施（一机一闸一保护）		
11	用电设备、线路容量、负荷符合要求		
12	其他相关特殊作业已办理相应安全作业票		
13	作业场所已进行气体检测且符合作业安全要求		
14	其他安全措施： 编制人：		
安全交底人		接受交底人	
作业负责人意见 签字：　　年　月　日　时　分			
用电单位意见 签字：　　年　月　日　时　分			
配送电单位意见 签字：　　年　月　日　时　分			
完工验收 签字：　　年　月　日　时　分			

表 A.7 动土安全作业票

编号：

申请单位		作业申请时间		年 月 日 时 分	
作业单位		作业地点		作业内容	
监护人		作业负责人			
关联的其他特殊作业及安全作业票编号					

作业范围、内容、方式(包括深度、面积，并附简图):	
	签字： 年 月 日 时 分
风险辨识结果	
作业实施时间	自 年 月 日 时 分至 年 月 日 时 分止

序号	安 全 措 施	是否涉及	确认人
1	地下电力电缆、通信电(光)缆、局域网络电(光)缆已确认，保护措施已落实		
2	地下供排水、消防管线、工艺管线已确认，保护措施已落实		
3	已按作业方案图划线和立桩		
4	作业现场围栏、警戒线、警告牌、夜间警示灯已按要求设置		
5	已进行放坡处理和固壁支撑		
6	道路施工作业已报：交通、消防、安全监督部门、应急中心		
7	现场夜间有充足照明：A.36 V、24 V、12 V 防水型灯；B.36 V、24 V、12 V 防爆型灯		
8	作业人员配备有必要的个人防护装备		
9	易燃易爆、有毒气体存在的场所动土深度超过 1.2 m，已按照受限空间作业要求采取了措施		
10	其他相关特殊作业已办理相应安全作业票		
11	其他安全措施： 编制人：		

安全交底人		接受交底人	
作业负责人意见			
	签字：		年 月 日 时 分
所在单位意见			
	签字：		年 月 日 时 分
有关水、电、汽、工艺、设备、消防、安全等部门会签意见			
	签字：		年 月 日 时 分
审批部门意见			
	签字：		年 月 日 时 分
完工验收			
	签字：		年 月 日 时 分

表A.8 断路安全作业票

编号：

申请单位		作业单位		作业负责人	
涉及相关单位（部门）				监护人	
断路原因					
关联的其他特殊作业及安全作业票编号					

断路地段示意图（可另附图）及相关说明：
签字：　　　　年 月 日 时 分

风险辨识结果	
作业实施时间	自　　年 月 日 时 分至　　年 月 日 时 分止

序号	安全措施	是否涉及	确认人
1	作业前，制定交通组织方案，并已通知相关部门或单位		
2	作业前，在断路的路口和相关道路上设置交通警示标志，在作业区域附近设置路栏、道路作业警示灯、导向标等交通警示设施		
3	夜间作业设置警示灯		
4	其他安全措施： 编制人：		

安全交底人		接受交底人	

作业负责人意见
签字：　　　　年 月 日 时 分

所在单位意见
签字：　　　　年 月 日 时 分

消防、安全管理部门意见
签字：　　　　年 月 日 时 分

审批部门意见
签字：　　　　年 月 日 时 分

完工验收
签字：　　　　年 月 日 时 分

附 录 B
（资料性）
安全作业票的管理

B.1 安全作业票的区分

有分级的特殊作业,安全作业票应根据特殊作业的等级以明显标记加以区分。

B.2 安全作业票的办理、审批

安全作业票的办理部门、审核（会签）、审批部门（人）内容见表 B.1 所示。

表 B.1 安全作业票的办理、审批内容

安全作业票种类		办理部门	审核或会签	审批部门（人）
动火安全作业票	特级动火作业	危险化学品企业	—	主管领导
	一级动火作业		—	安全管理部门
	二级动火作业		—	所在基层单位
受限空间安全作业票			—	所在基层单位
盲板抽堵安全作业票			—	所在基层单位
高处安全作业票	Ⅰ级高处作业		—	所在基层单位
	Ⅱ级、Ⅲ级高处作业		—	所在单位专业部门
	Ⅳ级高处作业		—	主管厂长或总工程师
吊装安全作业票	一级吊装作业		—	主管厂长或总工程师
	二级、三级吊装作业		—	所在单位专业部门
临时用电安全作业票			配送电单位	配送电单位
动土安全作业票			水、电、汽、工艺、设备、消防、安全管理等动土涉及单位	所在单位专业部门
断路安全作业票			断路涉及单位消防、安全管理部门	所在单位专业部门

说明：1.安全作业票的审核或会签人员根据危险化学品企业具体管理机构设置情况参照执行。

  2.Ⅰ级高处作业还包括在坡度大于 45°的斜坡上面实施的高处作业。

  Ⅱ级、Ⅲ级高处作业还包下列情形的高处作业：

    a) 在升降（吊装）口、坑、井、池、沟、洞等上面或附近进行的高处作业；

    b) 在易燃、易爆、易中毒、易灼伤的区域或转动设备附近进行的高处作业；

    c) 在无平台、无护栏的塔、釜、炉、罐等化工容器、设备及架空管道上的高处作业；

    d) 在塔、釜、炉、罐等设备内进行的高处作业；

    e) 在邻近排放有毒、有害气体、粉尘的放空管线或烟囱及设备的高处作业。

  Ⅳ级高处作业还包括下列情形的高处作业：

    a) 在高温或低温环境下进行的异温高处作业；

表 B.1（续）

安全作业票种类	办理部门	审核或会签	审批部门（人）
b) 在降雪时进行的雪天高处作业； c) 在降雨时进行的雨天高处作业； d) 在室外完全采用人工照明进行的夜间高处作业； e) 在接近或接触带电体条件下进行的带电高处作业； f) 在无立足点或无牢靠立足点的条件下进行的悬空高处作业。 3.吊装质量小于 10 t 的作业可不办理《吊装票》，但应进行风险分析，并确保措施可靠。			

B.3 安全作业票的持有及保存

安全作业票一式三联，其持有和存档部门（人）参见表 B.2。安全作业票应至少保存一年，作业过程影像记录应至少留存一个月。

表 B.2 安全作业票的持有及保存的内容

安全作业票种类		持有及保存情况		
		第一联	第二联	第三联（存档）
动火安全作业票	特级和一级动火	监护人	作业单位（动火人）	安全管理部门
	二级动火		作业单位（动火人）	所在基层单位
受限空间安全作业票			作业单位负责人	所在基层单位
盲板抽堵安全作业票			作业单位实施人	所在基层单位
高处安全作业票			作业单位实施人	所在基层单位
吊装安全作业票			吊装指挥	所在基层单位
临时用电安全作业票			作业单位（作业时）配送电执行人（作业结束后注销）	电气管理部门
动土安全作业票			作业单位负责人	所在单位专业部门
断路安全作业票			作业单位负责人	所在单位专业部门
说明：安全作业票的持有及保存部门根据危险化学品企业具体管理机构设置情况参照执行。				

液体石油产品静电安全规程(GB 13348—2009)

前 言

本标准的第 3、4 章为强制性条文。

本标准是对 GB 13348—1992《液体石油产品静电安全规程》的修订。

本标准与 GB 13348—1992 相比主要变化如下：

——删除了"静电引燃起因"、"预防静电危害的管理措施"和附录 B(1992 版的 3、6 和附录 B)；

——增加了改善工艺操作条件的规定(本标准的 3.2.2、3.2.3)；

——调整了加入防静电添加剂油品电导率的要求，数值从 50 pS/m 提高到 250 pS/m(本标准的3.4,1992 版的 4.4.1)；

——增加了安装人体静电消除装置的规定(本标准的 3.7.3)；

——调整了对油罐导静电涂料电阻率的要求(本标准的 4.1.2,1992 版的 5.1.2)；

——调整了装油速度的要求(本标准的 4.2.3、4.3.3、4.4.3,1992 版的 5.2.3、5.3.3、5.4.3)；

——增加了铁路罐车大鹤管装车的要求(本标准的 4.3.3)；

——修改了油码头船岸连接的要求(本标准的 4.4.1,1992 版的 5.4.1)；

——增加了管道泵及过滤器、缓冲器等应可靠接地的要求(本标准的 4.7.3)；

——调整了对采样、测温、检尺工具的要求(本标准的 4.10.2,1992 版的 5.10.2)。

本标准的附录 A 为规范性附录。

本标准由国家安全生产监督管理总局提出。

本标准由全国安全生产标准化技术委员会化学品安全标准化分技术委员会(TC 288/SC 3)归口。

本标准起草单位：中国石油化工股份有限公司青岛安全工程研究院、化学品安全控制国家重点实验室。

本标准主要起草人：刘全桢、孙立富、刘宝全、胡海燕、高鑫、张婷婷、李义鹏、王婷。

本标准所代替标准的历次版本发布情况为：

——GB 13348—1992。

1 范围

本标准规定了液体石油产品在生产、运输、贮存、使用等过程中预防静电危害的基本方法和技术措施。

本标准适用于液体石油产品。

2 规范性引用文件

下列文件中的条款通过本标准的引用而成为本标准的条款。凡是注日期的引用文件，其随后所有的修改单(不包括勘误的内容)或修订版均不适用于本标准,然而,鼓励根据本标准达成协议的各方研究是否可使用这些文件的最新版本。凡是不注日期的引用文件,其最新版本适用于本标准。

  GB 4385 防静电鞋、导电鞋技术要求
  GB 6950 轻质油品安全静止电导率
  GB 12014 防静电工作服
  GB 12158 防止静电事故通用导则

3 预防静电危害的基本方法

3.1 静电接地

3.1.1 油品生产和贮运设施、管道及操作工具等应采取静电接地措施。当它们与防雷、电气保护接地系统共用时,不再采用单独静电接地措施。

3.1.2 静电导体与大地间的总泄漏电阻值在通常情况下应不大于 1 MΩ。专设的静电接地体的接地电阻值不宜大于 100 Ω,在山区等土壤电阻率较高的地区,其接地电阻值不应大于 1 000 Ω。

3.2 工艺操作条件的改善

3.2.1 在生产工艺的操作上,应控制油品处于安全流速范围内。

3.2.2 在灌装过程中,应防止油品的飞散喷溅,从底部或上部入罐的注油管末端时,应设计成不易使液体飞散的倒 T 形等形状或另加导流板;或在上部灌装时,使液体沿侧壁缓慢下流。

3.2.3 应避免混入其他不相容的第二物相杂质,如水等,并尽量减少和排除容器底部和管道中的积水。当管道内明显存在不相容的第二物相时,其流速应限制在 1 m/s 以内。

3.2.4 宜采用金属管道或部件,当采用非导体材料时,应采取相应措施。

3.2.5 油品通过精细过滤器时,从其出口到贮器应留有 30 s 的缓和时间。缓和时间不足时应采用缓和器。

3.3 采用静电消除器

3.3.1 当不能以改善工艺条件等方法来减少静电积聚时,应采用液体静电消除器。

3.3.2 静电消除器应装设在尽量靠近管道出口处。

3.4 采用防静电添加剂

  在油品中可加入微量的油溶性的防静电添加剂,使其电导率达到 250 pS/m 以上(见 GB 12158 和 GB 6950)。

3.5 采用缓和器

3.5.1 带电油品在缓和器内停留的时间一般可按缓和时间的 3 倍来设计。缓和时间应按式(1)计算:

$$t = \frac{\varepsilon_r \varepsilon_0}{\sigma} \quad\quad\quad\quad\quad\quad (1)$$

  式中:
  t ——缓和时间,单位为秒(s);
  ε_r ——油品相对介电常数;

ε_0 ——真空介电常数,单位为皮法拉每米(pF/m);

σ ——油品电导率,单位为皮西门子每米(pS/m)。

3.5.2 对于电导率大于 50 pS/m 的油品,可以不受缓和时间的限制。

3.6 带电体周围环境条件的改善

在油品蒸气和空气的混合物接近爆炸浓度极限范围的场合下,应采取作业场所通风措施。必要时可配置惰性气体系统。

3.7 防止人体带电

3.7.1 爆炸危险场所作业人员应穿防静电工作服,防静电鞋(见 GB 12014 和 GB 4385)。

3.7.2 不应在爆炸危险场所穿脱衣服、帽子或类似物。

3.7.3 泵房的门外、油罐的上罐扶梯入口与采样口处、装卸作业区内操作平台的扶梯入口及悬梯口处、装置区采样口处、码头入口处等作业场所应设人体静电消除装置。

4 预防静电危害的技术措施

4.1 油罐

4.1.1 接地点应设两处以上,沿油罐外围均匀布置,其间距不应大于 30 m。

4.1.2 当油罐内壁采用导静电型防腐蚀涂料时,应采用本征型导静电防腐蚀涂料或非碳系的浅色添加型导静电防腐蚀涂料,涂层的表面电阻率应为 $(10^8 \sim 10^{11})\Omega$。

4.1.3 轻质油品的进出口管口应接近油罐底部。轻质油品的分类方法见附录 A。

4.1.4 对于电导率低于 50 pS/m 的油品,在注入口未浸没前,初始流速不应大于 1 m/s,当注入口浸没 200 mm 后,可逐步提高流速,但最大流速不应大于 7 m/s。如采用其他有效防静电措施(如防静电添加剂、静电消除器等),可不受上述限制。

4.1.5 油罐内不应存在任何未接地的浮动物。

4.1.6 装油完毕应静置 10 min 后再进行采样、测温、检尺等作业。若油罐容积大于 5 000 m³ 时,应静置 30 min 后作业。

4.2 汽车罐车

4.2.1 在装卸油前,应先检查罐车内部,不应有未接地的浮动物。

4.2.2 装油鹤管、管道、罐车应跨接和接地。

4.2.3 采用顶部装油时,装油鹤管口应深入到距槽罐的底部 200 mm。装油速度宜满足式(2)关系:

$$VD \leqslant 0.5 \quad \cdots\cdots\cdots\cdots\cdots\cdots\cdots(2)$$

式中:

V ——油品流速,单位为米每秒(m/s);

D ——鹤管管径,单位为米(m)。

4.2.4 装油方式应尽量采用底部装油。

4.2.5 不应使用无挡板汽车罐车运输轻质油品。

4.2.6 装油完毕,宜静置不少于 2 min,再进行采样、测温、检尺、拆除接地线等操作。

4.2.7 汽车罐车未经清洗不应换装油品。

4.3 铁路罐车

4.3.1 在装卸油前,应先检查罐车内部,不应有未接地的浮动物。

4.3.2 装油鹤管、管道、槽罐应跨接和接地。

4.3.3 顶部装卸油时,装卸油鹤管应深入到槽罐的底部。装油速度宜满足式(3)关系:

$$VD \leqslant 0.8 \quad\quad\quad\quad\quad\quad\quad\quad\quad\quad (3)$$

式中:

V ——油品流速,单位为米每秒(m/s);

D ——鹤管管径,单位为米(m)。

大鹤管装车出口流速可以超过按式(3)所得计算值,但不应大于 5 m/s。

4.3.4 装油完毕,应静置不少于 2 min,再进行采样,测温、检尺、拆除接地线等操作。

4.3.5 铁路罐车未经清洗不应换装油品。

4.4 油轮和舶船

4.4.1 作业前应用绝缘护套导线通过防爆开关将码头与船体跨接,作业后拆除跨接线。输油臂或软管上如装有 25 kΩ~2 500 kΩ 的绝缘法兰或防静电软管,不宜设跨接线。使用软管输送轻质油品前,应做电气连续性检查。

4.4.2 禁止采用外部软管从舱口直接灌装轻质油品。不应使用空气或惰性气体将管中剩油驱入油舱内。

4.4.3 装油初速度不大于 1 m/s,当入口管浸没后,可提高流速,但不应大于 7 m/s。

4.4.4 油舱内不应存在任何未接地的浮动物。

4.4.5 装油完毕应静置 10 min,再进行采样、测温、检尺等操作。若油舱容积大于 5 000 m³ 时,应静置 30 min 后作业。

4.4.6 当油舱装有闪点小于 60 ℃ 的油品时,油舱系统宜配备惰性气体装置。

4.5 飞机

4.5.1 飞机加油前,应将机体和加油设备同时接地。

4.5.2 压力加油时,机体和加油接头应直接连接。翼上加油时,机体与加油枪应保持良好接触。

4.5.3 飞机加油宜采用导电性软管。

4.5.4 当油品电导率大于 250 pS/m 时,其加油速度可达至 7 m/s。

4.6 油桶

4.6.1 当采用金属管嘴或金属漏斗向金属油桶装油时,各部分应保持良好的电气连接,并可靠接地。

4.6.2 不应使用绝缘性容器加注汽油、煤油等。

4.6.3 防静电容器加注油品时,容器上的任何金属部件应与装油管线跨接。若使用金属漏斗加注,金属漏斗也应接地。

4.7 管路

4.7.1 管路系统的所有金属件,包括护套的金属包覆层应接地。管路两端和每隔 200 m~300 m 处,应有一处接地。当平行管路相距 10 cm 以内时,每隔 20 m 应加连接。当管路交叉间距小于 10 cm 时,应相连接地。

4.7.2 对金属管路中间的非导体管路段,除需做屏蔽保护外,两端的金属管应分别与接地干线相接。非导体管路段上的金属件应跨接、接地。

4.7.3 管道泵及过滤器、缓冲器等应可靠接地。

4.7.4 用管路输送油品,应避免混入空气、水、灰尘等物质。

4.8 搅拌、混合和调合

4.8.1 搅拌、混合、调合设备的所有金属零部件均应进行电气连接并接地。如果设备有绝缘内衬,可采取内部电荷泄放措施。

4.8.2 不应用压缩空气进行汽油、煤油、轻柴油的调合。重柴油等用压缩空气调合时,应控制风压不大于 343 kPa,并使油品调合温度至少低于该油品闪点 20 ℃。

4.9 吹扫和清洗

4.9.1 采用蒸汽进行吹扫和清洗时,受蒸汽喷击的管线、导电物体应与油罐或设备进行接地连接。

4.9.2 不应使用压缩空气对汽油、煤油、苯、轻柴油等产品的管线进行清扫。

4.9.3 不应使用汽油、苯类等易燃溶剂对设备、器具吹扫和清洗。

4.9.4 使用液体喷洗容器时,压力不得大于 980 kPa。

4.10 采样、测温、检尺

4.10.1 采样、测温、检尺工具的金属部件应可靠接地。

4.10.2 绳索及油尺等应采用单位长度电阻值为 1×10^5 Ω/m～1×10^7 Ω/m 或表面电阻和体电阻率分别低于 1×10^9 Ω 及 1×10^8 Ω·m 的静电亚导体材料。

4.10.3 作业应根据静置时间的要求进行。

4.10.4 进行油品采样、计量和测温时,不得猛拉快提,上提速度不得大于 0.5 m/s,下落速度不得大于 1 m/s。

附 录 A
（规范性附录）
液体石油产品火灾危险性分类说明

A.1 液体石油产品火灾危险性按闪点高低可分为三类(见表 A.1)。

表 A.1 液体石油产品火灾危险性分类

类 别		闪点/℃	举 例
甲		<28	石脑油、苯类、轻质溶剂油、汽油类油品等
乙		28～<60	喷气燃料、灯用煤油、轻柴油等油品
丙	A	60～120	重柴油、重油类油品
	B	>120	100 号、115 号重油,润滑油等油品

A.2 本标准中轻质油品含义是指火灾危险性属于甲、乙类的液体石油产品。

石油与石油设施雷电安全规范(GB 15599—2009)

前　　言

本标准的第3、4、5章为强制性条文。

本标准是对GB 15599—1995《石油与石油设施雷电安全规范》的修订。

本标准与GB 15599—1995相比主要变化如下：

——删除了"石油容器内壁使用导电防腐涂料的要求"(GB 15599—1995中的3.5)；

——删除了GB 15599—1995中"使用半导体消雷器的要求"(GB 15599—1995中的4.1.1)；

——将"浮顶金属储罐的浮顶与罐体间电气连接导线由25 mm²"增加到50 mm²，并提出浮顶与罐体沿罐周每隔30 m做均布的电气连接的要求(本标准的4.1.3，GB 15599—1995中的4.1.4)；

——增加了与金属储罐相接的电气、仪表等设施防雷的要求(本标准的4.1.5)；

——增加了生产装置设备、厂房、信息系统、低压配电防雷的要求(本标准的4.6、4.6.1~4.6.5)；

——增加了对地埋管道的接地、屏蔽的要求(本标准的4.7.4、4.7.5)；

——修改了预防雷电危害的管理措施为检测措施(本标准的5、5.1、5.2，GB 15599—1995中的5、5.1~5.5)；

——删除了附录A、附录B、附录D(GB 15599—1995中的附录A、附录B、附录D)。

本标准的附录A为资料性附录。

本标准由国家安全生产监督管理总局提出。

本标准由全国安全生产标准化技术委员会化学品安全标准化分技术委员会(TC 288/SC 3)归口。

本标准起草单位：中国石油化工股份有限公司青岛安全工程研究院、化学品安全控制国家重点实验室。

本标准主要起草人：刘全桢、刘宝全、孙立富、胡海燕、高鑫、张婷婷、李义鹏、王婷。

本标准所代替标准的历次版本发布情况为：

——GB 15599—1995。

1　范围

本标准规定了石油和石油产品在生产、输送、贮存过程中避免或减少石油设施雷电危害的基本原则和措施。

本标准适用于石油设施的雷电安全防护。

2　规范性引用文件

下列文件中的条款通过本标准的引用而成为本标准的条款。凡是注日期的引用文件，其随后所有的修改单(不包括勘误的内容)或修订版均不适用于本标准,然而,鼓励根据本标准达成协议的各方研究是否可使用这些文件的最新版本。凡是不注日期的引用文件,其最新版本适用于本标准。

GB 50057—1994 建筑物防雷设计规范(2000年修订版)

3 预防雷电危害的基本原则

3.1 石油和石油产品应贮存在密闭性的容器内,并避免油气混合物在容器周围积聚。

3.2 油气可能泄漏或积聚的区域,应避免金属导体间产生火花放电。

3.3 固定顶金属容器附件(如呼吸阀、安全阀)应装设阻火器。

3.4 石油设施应采用防雷接地。防雷、防静电、电气设备、保护及信息系统等的接地,宜共用接地装置。

4 预防雷电危害的技术措施

4.1 金属储罐

4.1.1 钢储罐顶板钢体厚度不小于4 mm时,不应装设避雷针。铝顶储罐顶板厚度小于7 mm和钢储罐顶板厚度小于4 mm,应装设防直击雷设备,其保护范围的确定详见GB 50057—1994的附录四。

4.1.2 金属储罐应作环型防雷接地,其接地点不应少于两处,并应沿罐周均匀或对称布置,其罐壁周长间距不应大于30 m,接地体距罐壁的距离应大于3 m。引下线宜在距离地面0.3 m至1.0 m之间装设断接卡,用两个型号为M12的不锈钢螺栓加防松垫片连接。宜将储罐基础自然接地体与人工接地装置相连接,其接地点不应少于两处。冲击接地电阻不应大于10 Ω。

4.1.3 浮顶金属储罐应采用两根截面不小于50 mm^{2}的扁平镀锡软铜复绞线或绝缘阻燃护套软铜复绞线将浮顶与罐体作电气连接,其连接点不少于两处。宜采用有效的、可靠的连接方式将浮顶与罐体沿罐周做均布的电气连接,连接点沿罐壁周长的间距不应大于30 m。

4.1.4 金属储罐的阻火器、呼吸阀、量油孔、人孔、切水管、透光孔等金属附件应等电位连接。

4.1.5 与金属储罐相接的电气、仪表配线应采用金属管屏蔽保护。配线金属管上下两端与罐壁应做电气连接。在相应的被保护设备处,应安装与设备耐压水平相适应的浪涌保护器。

4.2 非金属储罐

4.2.1 非金属储罐应装设独立避雷针(网)等防直击雷设备。

4.2.2 独立避雷针与被保护物的水平距离不应小于3 m,应设独立接地装置,其冲击接地电阻不应大于10 Ω。

4.2.3 避雷网应采用直径不小于12 mm的热镀锌圆钢或截面不小于25 mm×4 mm的热镀锌扁钢制成,网格不宜大于5 m×5 m或6 m×4 m,引下线不得少于两根,并沿四周均匀或对称布置,其间距不得大于18 m,接地点不得少于两处。

4.2.4 非金属储罐应装设阻火器和呼吸阀。储罐的防护护栏、上罐梯、阻火器、呼吸阀、量油孔、人孔、透光孔、法兰等金属附件应接地,并应在防直击雷装置的保护范围内。

4.3 人工洞石油库

4.3.1 人工洞石油库储罐的金属呼吸管和金属通风管的露出洞外部分,应装设独立的避雷针,其保护范围应高出管口 2 m,独立避雷针距管口的水平距离不应小于 3 m。

4.3.2 进出洞内的金属管道从洞口算起,当其洞外埋地长度超过 $2\sqrt{\rho}$ m(ρ 为埋地金属管道处的土壤电阻率,单位为 $\Omega \cdot m$),且不小于 15 m 时,应在进入洞口处做一处接地。在其洞外部分不埋地或埋地长度不足 $2\sqrt{\rho}$ m 时,除在进入洞口处做一处接地外,应在洞外作两处接地,接地点的间距不应大于 50 m,冲击接地电阻不应大于 20 Ω。

4.3.3 电力和信息线路应采用铠装电缆埋地引入洞内。洞口电缆的外皮应与洞内的油罐、输油管道的接地装置相连。若由架空线路转换为电缆埋地引入洞内时,从洞口算起,当其洞外埋地长度超过 $2\sqrt{\rho}$ m 时,电缆金属外皮应在进入处做接地。当埋地长度不足 $2\sqrt{\rho}$ m 时,电缆金属外皮除在进入洞口处做接地外,还应在洞外做两处接地,接地点间距不应大于 50 m,接地电阻不宜大于 20 Ω。电缆与架空线路的连接处,应装设过电压保护器。过电压保护器、电缆外皮和瓷瓶铁脚,应做电气连接并接地,接地电阻不宜大于 10 Ω。

4.4 汽车槽车和铁路槽车

4.4.1 露天装卸作业,可不装设避雷针(带)。在棚内进行装卸作业的,棚应装设避雷针(带),避雷针(带)的保护范围应为爆炸危险区域1区。

4.4.2 装卸油品设备(包括钢轨、管路、鹤管、栈桥等)应作电气连接并接地,冲击接地电阻应不大于 10 Ω。

4.5 金属油船和油驳

4.5.1 金属油船和油驳的金属桅杆或其他凸出物可作接闪器。如船体的结构是木质的或其他绝缘材料的,则应把桅杆或其他凸出的金属物与水线以下的铜板连接。

4.5.2 无线电天线应装浪涌保护器。

4.5.3 雷暴时宜中止装卸油品,并关闭贮器开口。

4.6 生产装置

4.6.1 生产装置内露天布置的塔、容器等,当顶板厚度不小于 4 mm 时,可不设避雷针保护,但应设防雷接地。

4.6.2 甲、乙类厂房、泵房(棚)的防雷,应符合下列规定:
—— 厂房、泵房(棚)应采用避雷带(网),其引下线不应少于两根,并应沿建筑物四周均匀对称布置,间距不应大于 18 m,网格不应大于 10 m×10 m 或 12 m×8 m;
—— 进出厂房、泵房(棚)的金属管道、电缆的金属外皮、所穿钢管或架空电缆金属槽,在厂房、泵房(棚)外侧应做一处接地,接地装置应与保护接地装置及避雷带(网)接地装置合用。

4.6.3 丙类厂房、泵房(棚)的防雷,应符合下列规定:
—— 在平均雷暴日大于 40 d/a 的地区(参见附录 A),厂房、泵房(棚)宜装设避雷带(网),其引下线不应少于两根,间距不应大于 18 m;
—— 进出厂房、泵房(棚)的金属管道、电缆的金属外皮、所穿钢管或架空电缆金属槽,在厂房、泵房(棚)外侧应做一处接地,接地装置应与保护接地装置及避雷带(网)接地装置合用。

4.6.4 生产装置信息系统的防雷,应符合下列规定:
——配线电缆宜采用铠装屏蔽电缆,且宜直接埋地敷设;电缆金属外皮两端及在进入建筑物处应接地;当电缆采用穿钢管敷设时,钢管两端及在进入建筑物处应接地;建筑物内防雷接地应与交流工作接地、直流工作接地、安全保护接地共用一组接地装置,接地装置的接地电阻值应按接入设备中要求的最小值确定;
——线路首末端应装设与电子器件耐压水平相适应的浪涌保护器。

4.6.5 生产装置380 V、220 V供配电系统宜采用TN-S系统,供电系统的电缆金属外皮或金属保护管两端应接地,在各被保护的设备处,应安装与设备耐压水平相适应的浪涌保护器。

4.7 管路

4.7.1 输油管路可用其自身作接闪器,其弯头、阀门、金属法兰盘等连接处的过渡电阻大于0.03 Ω时,连接处应用金属线跨接,连接处应压接接线端子。对有不少于五根螺栓连接的金属法兰盘,在非腐蚀环境下,可不跨接,但应构成电气通路。

4.7.2 管路系统的所有金属件,包括护套的金属包覆层,应接地。管路两端和每隔200 m～300 m处,以及分支处、拐弯处均应有接地装置。接地点宜在管墩处,其冲击接地电阻不得大于10 Ω。

4.7.3 可燃气体放空管路应安装阻火器或装设避雷针,当安装避雷针时保护范围应高于管口2 m,避雷针距管口的水平距离不应小于3 m。

4.7.4 地埋管道上应设置接地装置,并经隔离器或去耦合器与管道连接,接地装置的接地电阻应小于30 Ω。

4.7.5 地埋管道附近有构筑物(高压线杆塔、变电站、电气化铁路、通信基站等)时,宜沿管线增设屏蔽线,并经去耦合器与管道连接。

5 预防雷电危害的检测措施

5.1 每年雷雨季节之前,应检查、维修防雷电设备和接地。

5.2 检查的主要项目包括:
——检查防雷设备的外观形貌、连接程度,如发现断裂、损坏、松动应及时修复,运行15年及以上,腐蚀较严重区域的接地装置宜进行开挖检查,发现问题及时处理;
——检测防雷设备接地电阻值、等电位连接接触电阻,如发现不符合要求,应及时修复;
——清洗堵塞的阻火芯,更换变形或腐蚀的阻火芯,并应保证密封处不漏气。

附 录 A
(资料性附录)
我国各地雷暴日期及初终期

地名	平均全年日期	最早初日 日/月	最晚终日 日/月	地　　名	平均全年日期	最早初日 日/月	最晚终日 日/月
哈尔滨	28.9	20/4	10/10	牡丹江	26.8	21/4	21/10
齐齐哈尔	24.1	20/4	10/10	长春	35.8	28/3	9/11

（续）

地名	平均全年日期	最早初日 日/月	最晚终日 日/月	地名	平均全年日期	最早初日 日/月	最晚终日 日/月
抚顺	28.3	11/3	3/11	厦门	45.8	29/1	22/12
本溪	38.0	10/4	3/11	洛阳	28.3	28/2	19/10
鞍山	26.3	20/4	3/11	郑州	21.0	17/3	26/9
大连	18.2	4/4	7/11	宜昌	45.4	11/1	28/10
沈阳	31.5	22/3	10/11	武汉	26.7	11/1	20/12
锦州	28.7	25/3	29/10	长沙	48.7	10/1	22/12
营口	30.0	22/3	4/11	衡阳	54.3	10/1	12/12
满洲里	29.8	3/5	29/9	九江	48.0	13/1	25/12
呼和浩特	29.5	20/3	24/10	南昌	58.4	14/1	25/12
包头	37.7	20/3	22/10	景德镇	59.8	13/1	22/12
乌鲁木齐	9.4	13/4	20/9	赣州	63.6	29/1	22/12
玉门	8.6	9/3	24/9	桂林	76.2	13/1	16/12
兰州	25.1	2/4	23/10	南宁	88.6	13/1	28/10
银川	28.2	3/4	23/10	桂平	100.8	2/2	2/11
西宁	39.1	8/4	2/11	柳州	66.1	2/1	10/12
西安	15.4	8/4	20/10	梧州	97.5	10/1	2/11
秦皇岛	35.9	21/3	29/10	信宜	108.9	2/1	28/10
石家庄	27.9	8/4	30/9	琼中	108.4	19/2	10/11
北京	36.7	6/4	26/10	湛江	95.6	3/1	7/11
天津	26.8	9/4	29/10	成都	36.9	7/3	11/10
上海	32.2	14/2	10/11	重庆	40.1	14/2	1/12
太原	37.1	4/4	17/10	西昌	75.6	2/1	14/12
烟台	25.0	22/3	13/11	丽江	75.8	2/2	22/12
济南	25.0	27/3	17/10	景洪	116.4	6/1	25/12
南京	34.4	14/2	14/10	昆明	62.8	6/1	22/12
合肥	30.4	25/2	14/10	河口	108.0	13/1	9/11
安庆	44.0	15/1	21/12	遵义	51.6	2/1	12/12
杭州	43.2	14/1	14/11	贵阳	48.9	2/1	25/12
宁波	47.1	29/1	4/11	黑河	86.2	10/3	16/10
金华	61.9	14/1	23/11	拉萨	75.4	9/3	3/11
福州	63.2	11/1	20/11	日喀则	80.4	23/3	15/10

注：随气候变化，各地雷暴日期及初终期会有所变化，以气象部门公布最新数据为准。

氢气使用安全技术规程(GB 4962—2008)

前　言

本标准第 4、5、6、7、8、9 章为强制性的,其余为推荐性的。

本标准从实施之日起,代替 GB 4962—1985《氢气使用安全技术规程》。

本标准与 GB 4962—1985《氢气使用安全技术规程》相比,主要变化如下:

——修改了标准适用范围、术语和定义(原版第 1 章),增加了规范性引用文件;
——修改了供氢站平面布置防火间距表(原版 2.2);
——原版中删除条款分别为 2.3、2.4、3.2.1、3.3.3、5.1、5.4;
——增加了 2 章正文(本版第 5 章、第 7 章)和 1 个附录;
——供氢设置、氢气瓶使用作了修改(原版第 3 章、第 5 章,本版第 6 章);
——放空管作了修改(原版 3.5,本版第 8 章);
——消防作了修改(原版第 6 章,本版第 9 章)。

本标准的附录 A 为资料性附录。

本标准由国家安全生产监督管理总局提出。

本标准由全国安全生产标准化技术委员会化学品安全标准化分技术委员会(SAC/TC 288/SC 3)归口。

本标准负责起草单位:上海市安全生产科学研究所。

本标准参加起草单位:上海华林工业气体有限公司、林德集团(苏州、宁波、厦门)公司。

本标准主要起草人:刘桂玲、李杰、蒋燕锋、唐根妹、龙显淼、佘伟宏、傅佳佳。

本标准于 1985 年首次发布,本次为第一次修订。

1　范围

本标准规定了气态氢在使用、置换、储存、压缩与充(灌)装、排放过程以及消防与紧急情况处理、安全防护方面的安全技术要求。

本标准适用于气态氢生产后的地面上各作业场所,不适用于液态氢、水上气态氢、航空用氢场所及车上供氢系统。氢气生产中的相应环节可参照执行。

2　规范性引用文件

下列文件中的条款通过本标准的引用而成为本标准的条款。凡是注日期的引用文件,其随后所有的修改单(不包括勘误的内容)或修订版均不适用于本标准,然而,鼓励根据本部分达成协议的各方研究是否可使用这些文件的最新版本。凡是不注日期的引用文件,其最新版本适用于本标准。

GB 2893　安全色
GB 2894　安全标志及其使用导则
GB 3836.1　爆炸性气体环境用电气设备　第 1 部分:通用要求

GB 4385　防静电胶底鞋、导电胶底鞋安全技术条件
GB 7144　气瓶颜色标记
GB 7231　工业管路的基本识别色、识别符号和安全标识
GB 12014　防静电工作服
GB 16804　气瓶警示标签
GB 50016　建筑设计防火规范
GB 50057　建筑物防雷设计规范
GB 50058　爆炸和火灾危险环境电力装置设计规范
GB 50177—2005　氢气站设计规范
SH 3059　石油化工管道设计器材选用通则
SY/T 0019　埋地钢质管道牺牲阳极阴极保护设计规范
气瓶安全监察规程(国家质量技术监督局,2001年7月1日实施)
压力容器安全技术监察规程(原劳动部,1991年1月1日实施)
汽轮发电机运行规程(1999年版)(国家电力公司标准,1999年11月9日实施)

3　术语和定义

下列术语和定义适用于本标准。

3.1
供氢站　hydrogen filling station
不含氢气发生设备,以瓶装和(或)管道供应氢气的建筑物、构筑物等场所的统称。

3.2
氢气罐　gaseous hydrogen receiver
用于储存氢气的定压变容积(湿式储气柜)及变压定容积容器的统称(不含气瓶)。

3.3
氢气充(灌)装站　gaseous hydrogen filling station
设有灌充氢气用氢气压缩、充(灌)装设施及其必要的辅助设施的建筑物、构筑物等场所的统称。

3.4
爆炸危险区域　explosive hazard zone
大气条件下,气体、蒸气或雾、粉尘或纤维状的可燃物质与空气形成爆炸性混合物,该混合物遇火源后,燃烧或爆炸将传遍整个未燃混合物的区域。

3.5
动火　hot work
可能产生火焰、火花等明火及形成炽热表面的施工作业。

3.6
高、中、低压氢气压缩机　low/middle/high-pressure gaseous hydrogen compressor
输出压力分别为大于等于10.0 MPa(高压),大于等于1.6 MPa、小于10.0 MPa(中压),小于1.6 MPa(低压)的氢气压缩机。

3.7

钢质无缝气瓶集装装置　bundle of seamless steel cylinders

由专用框架固定,采用集气管将多只气体钢瓶接口并联组合的气体钢瓶组单元。

3.8

氢气汇流排间　hydrogen gas manifolds room

采用氢气钢瓶供应氢气的汇流排组等设施的房间。

3.9

实瓶　full cylinder

充有气体的无缝钢制气瓶,其水容积一般为40 L、50 L,工作压力为12.0 MPa～20.0 MPa。

3.10

空瓶　empty cylinder

无内压或残余压力小于0.05 MPa的气瓶。

3.11

湿氢　humid hydrogen

含有一定数量水蒸气的氢气,且在使用过程中通过降低温度或进行等温压缩,使之达到饱和并析出水分的氢气。

3.12

明火地点　open fire site

有外露的火焰或炽热表面的固定地点。

3.13

散发火花地点　sparking site

带有火星的烟囱或室内外的砂轮、电焊、气焊(割)、无齿锯片切割机、冲击钻、电钻等固定地点。

3.14

排放管　vent pipe

具有一定高度,且能向大气中直接排放气体的管道。

3.15

阻火器　fire arrestor

防止氢气回火的一种安全设施。

3.16

长管拖车　tube trailer

在半挂车或集装框架内装有若干大型钢制无缝气瓶的高压气体运输设备,通常用配管和阀门将气瓶连接在一起,并配有安全附件。

3.17

湿式可燃气体储罐　dish flammable gas holder

湿式可燃气体储罐又称水槽式储气罐,主要由水槽、塔节、钟罩和水封等组成。储气罐的设计压力通常小于4 kPa。

3.18

重要公共建筑　important public building

人员密集、发生火灾后伤亡大、损失大、影响大的公共建筑。

4 基本要求

4.1 建筑及选址

4.1.1 供氢站平面布置的防火间距见表1。

表 1 供氢站平面布置的防火间距表

名 称		最小防火间距/m
其他建筑物耐火等级	一、二级	12
	三级	14
	四级	16
高层厂房(仓库)		13
甲类仓库		20
电力系统电压为(35～500)kV且每台变压器容量在10 MVA以上的室外变、配电站以及工业企业的变压器总油量大于5 t的室外降压变电站		25
民用建筑		25
重要公共建筑		50
明火或散发火花地点		30
湿式可燃气体储罐(区)的总容积 V/m^3	$V<1\,000$	12
	$1\,000 \leqslant V<10\,000$	15
	$10\,000 \leqslant V<50\,000$	20
	$50\,000 \leqslant V<100\,000$	25
湿式氧气储罐(区)的总容积 V/m^3	$V \leqslant 1\,000$	10
	$1\,000<V \leqslant 50\,000$	12
	$V>50\,000$	14
甲、乙类液体储罐(区)的总储量 V/m^3	$1 \leqslant V<50$	12
	$50 \leqslant V<200$	15
	$200 \leqslant V<1\,000$	20
	$1\,000 \leqslant V<5\,000$	25
丙类液体储罐(区)的总储量 V/m^3	按 5 m^3 丙类液体等于 1 m^3 甲、乙类液体折算	

表1(续)

名　　称		最小防火间距/m
煤和焦炭储量 m/t	100≤m＜5 000	6
	m≥5 000	8
厂外铁路(中心线)		30
厂内铁路(中心线)		20
厂外道路(路边)		15
厂内主要道路(路边)		10
厂内次要道路(路边)		5
围墙		5

注1：建筑物之间的防火间距按相邻外墙的最近距离计算。如外墙有凸出的燃烧物件,则应从其凸出部分处缘算起;储罐、变压器的防火间距应从距建筑物最近的外壁算起。

注2：供氢站与其他建筑物相邻面的外墙均为非燃烧体,且无门、窗、洞及无外露的燃烧体屋檐,其防火间距可按本表减少25%。

注3：固定容积可燃气体储罐的总容积,按储罐几何容积(m^3)和设计储存压力(绝对压力,10^5 Pa)的乘积计算,并按本表湿式可燃气体储罐的要求执行。

注4：固定容积氧气储罐的总容积,按储罐几何容积(m^3)和设计储存压力(绝对压力,10^5 Pa)的乘积计算,并按本表湿式氧气储罐的要求执行。

注5：液氧储罐的总容积,应将储罐容积按1 m^3 液氧折合成800 m^3 标准状态气氧计算,并按本表湿式氧气储罐的要求执行。

注6：当甲、乙类液体和丙类液体储罐布置在同一储罐区时,其总储量可按1 m^3 甲、乙类液体相当于5 m^3 丙类液体折算。

注7：供氢站与架空电力线的防火间距,不应小于电线杆高度的1.5倍。

4.1.2 氢气罐或罐区之间的防火间距,应符合GB 50177—2005规定,具体如下：

a) 湿式氢气罐(柜)之间的防火间距,不应小于相邻较大罐的半径;

b) 卧式氢气罐之间的防火间距,不应小于相邻较大罐直径的2/3;立式罐之间、球形罐之间的防火间距不应小于相邻较大罐的直径;

c) 卧式、立式、球形罐与湿式罐(柜)之间的防火间距不应小于相邻较大罐的直径;

d) 一组卧式、立式或球形罐的总容积不应超过30 000 m^3。罐组间的防火间距中,卧式氢气罐不应小于相邻较大罐高度的一半;立式、球形罐不应小于相邻较大罐的直径,并不应小于10 m。

4.1.3 供氢站、氢气罐应为独立的建(构)筑物;宜布置在工厂常年最小频率风向的下风侧,并远离有明火或散发火花的地点;不得布置在人员密集地段和交通要道邻近处;宜设置不燃烧体的实体围墙。

4.1.4 氢气充(灌)装站、供氢站、实瓶间、空瓶间宜布置在厂房的边缘部分。

4.1.5 氢气使用区域应通风良好。保证空气中氢气最高含量不超过1%(体积)。采用机械通风的建筑物,进风口应设在建筑物下方,排风口设在上方。

4.1.6 建筑物顶内平面应平整,防止氢气在顶部凹处积聚。建筑物顶部或外墙的上部应设气窗或排气孔。排气孔应设在最高处,并朝向安全地带。

4.1.7 氢气有可能积聚处或氢气浓度可能增加处宜设置固定式可燃气体检测报警仪,可燃气体检测报警仪应设在监测点(释放源)上方或厂房顶端,其安装高度宜高出释放源 0.5 m~2 m 且周围留有不小于 0.3 m 的净空,以便对氢气浓度进行监测。可燃气体检测报警仪的有效覆盖水平平面半径,室内宜为 7.5 m,室外宜为 15 m。

4.1.8 氢气灌(充)装站、供氢站、实瓶间、空瓶间周边至少 10 m 内不得有明火。

4.1.9 禁止将氢气系统内的氢气排放在建筑物内部。

4.1.10 氢气储存容器应与氧气、压缩空气、卤素、氧化剂及其他助燃性气瓶隔离存放。

4.1.11 供氢站的耐火等级不应低于二级,应为独立的单层建筑,不得在建筑物的地下室、半地下室设供氢站,并应按 GB 50016 的规定对站内的爆炸危险场所设置泄压设施。当实瓶数量不超过 60 瓶或占地面积不超过 500 m² 时,可与耐火等级不低于二级的用氢厂房或与耐火等级不低于二级的非明火作业的丁、戊类厂房毗连,但毗连的墙应为无门、窗及洞的防火墙。

4.1.12 供氢站、氢气罐、充(灌)装站和汇流排间应按 GB 50057 和 GB 50058 的要求设置防雷接地设施。防雷装置应每年检测一次。所有防雷防静电接地装置应定期检测接地电阻每年至少检测一次,对爆炸危险环境场所的防雷装置宜每半年检测一次。

4.1.13 供氢站、氢气罐、充(灌)装站、汇流排间和装卸平台地面应做到平整、耐磨、不发火花。

4.1.14 供氢站、充(灌)装站内需要吊装设备或氢气的充(灌)装、采用钢质无缝气瓶集装装置,宜设起吊设施,起吊设施的起吊重量应按吊装件的最大荷重确定;在爆炸危险区域内的起吊设施应采用防爆设施。

4.1.15 充(灌)装站、汇流排间、空瓶和实瓶的布置应符合下列要求:

  a) 汇流排间、空瓶和实瓶应分开放置。若空瓶和实瓶储存在封闭或半敞开式建筑物内,汇流排间应通过门洞与空瓶间或实瓶间相通,但各自应有独立的出入口。

  b) 当实瓶数量不超过 60 瓶时,空瓶、实瓶和汇流排可布置在同一房间内,但实瓶、空瓶应分开存放,且实瓶与空瓶之间的间距不小于 0.3 m。空(实)瓶与汇流排之间的间距不宜小于 2 m。

  c) 汇流排间、空瓶间和实瓶间不应与仪表室、配电室和生活间直接相通,应用无门、窗、洞的防火墙隔开。如需连通,应设双门斗间,门采用自动关闭(如弹簧门),且耐火极限不低于 0.9 h。

  d) 空瓶间和实瓶间应有支架、栅栏等防止倒瓶的设施。

  e) 汇流排间、空瓶间和实瓶间内通道的净宽应根据气瓶的搬运方式确定,一般不宜小于 1.5 m。

  f) 汇流排间应尽量宽敞。汇流排应靠墙布置,并设固定气瓶的框架。

  g) 实瓶间应有遮阳措施,防止阳光直射气瓶。

  h) 空瓶间和实瓶间宜设气瓶装卸平台。平台的高度应根据气瓶装卸形式确定。平台上的雨篷和支撑应采用阻燃材料。

i） 氢气充(灌)装间不应存放实瓶,空瓶数量不应超过汇流排待充瓶位的数量。

4.1.16 按 GB 2894 的规定在供氢站、氢气罐、充(灌)装站和汇流排间周围设置安全标识。

4.1.17 任何场所的民用轻气球不得使用氢气作为充装气体。

4.2 作业人员

4.2.1 作业人员应经过岗位培训、考试合格后持证上岗。特种作业人员应经过专业培训,持有特种作
　　业资格证,并在有效期内持证上岗。

4.2.2 作业人员上岗时应穿符合 GB 12014 规定的阻燃、防静电工作服和符合 GB 4385 规定的防静电鞋。工作服宜上、下身分开,容易脱卸。严禁在爆炸危险区域穿脱衣服、帽子或类似物。严禁携带火种、非防爆电子设备进入爆炸危险区域。

4.2.3 作业时应使用不产生火花的工具。

4.2.4 严禁在禁火区域内吸烟、使用明火。

4.2.5 作业人员应无色盲、无妨碍操作的疾病和其他生理缺陷,且应避免服用某些药物后影响操作或判断力的作业。

4.3 氢气系统

4.3.1 氢气系统氢气质量应满足其安全使用要求。

4.3.2 氢气系统停运后,应用盲板或其他有效隔离措施隔断与运行设备的联系,应使用符合安全要求的惰性气体(其氧气体积分数不得超过 3%)进行置换吹扫。动火作业应实行安全部门主管书面审批制度。氢气系统动火检修,应保证系统内部和动火区域的氢气体积分数最高含量不超过 0.4%。检修或检验设施应完好可靠,个人防护用品穿戴符合要求。防止明火和其他激发能源进入禁火区域,禁止使用电炉、电钻、火炉、喷灯等一切产生明火、高温的工具与热物体。动火检修应选用不产生火花的工具。置换吹扫应按照第 5 章执行。

4.3.3 首次使用和大修后的氢气系统应进行耐压、清洗(吹扫)和气密试验,符合要求后方可投入使用。钢质无缝气瓶集装装置组装后应进行气密性试验,其试验压力为气瓶的公称工作压力,应以无泄漏点为合格,试验介质应为氮气或无油空气。

4.3.4 氢气系统中氢气中氧的体积分数不得超过 0.5%,氢气系统应设有氧含量小于 3% 的惰性气体置换吹扫设施。

4.3.5 氢气系统设备运行时,禁止敲击、带压维修和紧固,不得超压。禁止处于负压状态。

4.3.6 氢气系统检修或检验作业应制定作业方案及隔离、置换、通风等安全防护措施,并经过设备、安全等相关部门审批。未经安全部门主管书面审批,作业人员不得擅自维修或拆开氢气设备、管道系统上的安全保护装置。

4.3.7 氢气充(灌)装系统应设置超压泄放用安全阀、氢气回流阀、分组切断阀、吹扫放空阀、压力显示报警仪表,并设有气瓶内余气与氧含量测试仪表、抽真空装置等。

4.3.8 氢气系统可根据工艺需要设置气体过滤装置、在线氢气泄漏报警仪表、在线氢气纯度仪表、在线氢气湿度仪表等。

4.4 设备及管道

4.4.1 氢气设备应严防泄漏,所用的仪表及阀门等零部件密封应确保良好,定期检查,对设备发生氢气泄漏的部位应及时处理。

4.4.2 对氢气设备、管道和阀门等连接点进行漏气检查时,应使用中性肥皂水或携带式可

燃气体检测报警仪,禁止使用明火进行漏气检查。携带式可燃气体检测报警仪应定期校验。

4.4.3 爆炸危险区域内电气设备应符合 GB 3836.1 的要求,防爆等级应为Ⅱ类,C 级,T_1 组;因需要在爆炸危险区域使用非防爆设备时应采取隔爆措施。

4.4.4 氢气管道应采用无缝金属管道,禁止采用铸铁管道,管道的连接应采用焊接或其他有效防止氢气泄漏的连接方式。管道应采用密封性能好的阀门和附件,管道上的阀门宜采用球阀、截止阀。阀门材料的选择应符合 GB 50177—2005 中表 12.0.3 的规定,管道上法兰、垫片的选择应符合 GB 50177—2005 中表 12.0.4 的规定。管道之间不宜采用螺纹密封连接,氢气管道与附件连接的密封垫,应采用不锈钢、有色金属、聚四氟乙烯或氟橡胶材料,禁止用生料带或其他绝缘材料作为连接密封手段。

4.4.5 氢气管道应设置分析取样口、吹扫口,其位置应能满足氢气管道内气体取样、吹扫、置换要求;最高点应设置排放管,并在管口处设阻火器;湿氢管道上最低点应设排水装置。

4.4.6 氢气管道宜采用架空敷设,其支架应为非燃烧体。架空管道不应与电缆、导电线路、高温管线敷设在同一支架上。氢气管道与氧气管道、其他可燃气体、可燃液体的管道共架敷设时,氢气管道应与上述管道之间宜用公用工程管道隔开,或保持不小于 250 mm 的净距。分层敷设时,氢气管道应位于上方。

4.4.7 氢气管道应避免穿过地沟、下水道及铁路汽车道路等,应穿过时应设套管。氢气管道不得穿过生活间、办公室、配电室、仪表室、楼梯间和其他不使用氢气的房间,不宜穿过吊顶、技术(夹)层,应穿过吊顶、技术(夹)层时应采取安全措施。氢气管道穿过墙壁或楼板时应敷设在套管内,套管内的管段不应有焊缝,氢气管道穿越处孔洞应用阻燃材料封堵。

4.4.8 室内氢气管道不应敷设在地沟中或直接埋地,室外地沟敷设的管道,应有防止氢气泄漏、积聚或窜入其他地沟的措施。埋地敷设的氢气管道埋深不宜小于 0.7 m。湿氢管道应敷设在冰冻层以下。

4.4.9 在氢气管道与其相连的装置、设备之间应安装止回阀,界区间阀门宜设置有效隔离措施,防止来自装置、设备的外部火焰回火至氢气系统。氢气作焊接、切割、燃料和保护气等使用时,每台(组)用氢设备的支管上应设阻火器。

4.4.10 氢气管道、阀门及水封等出现冻结时,作业人员应使用热水或蒸汽加热进行解冻,且应带面罩进行操作。禁止使用明火烘烤或使用锤子等工具敲击。

4.4.11 室内外架空或埋地敷设的氢气管道和汇流排及其连接的法兰间宜互相跨接和接地。氢气设备与管道上的法兰间的跨接电阻应小于 0.03 Ω。

4.4.12 与氢气相关的所有电气设备应有防静电接地装置,应定期检测接地电阻,每年至少检测一次。

4.4.13 根据 GB 50177—2005 及 SY/T 0019,氢气管道的施工及验收符合下列规定:
   a) 接触氢气的表面彻底去除毛刺、焊渣、铁锈和污垢等;
   b) 碳钢管的焊接宜采用氩弧焊作底焊;不锈钢应采用氩弧焊;
   c) 氢气管道、阀门、管件等在安装过程中及安装后采用严格措施防止焊渣、铁锈及可燃物等进入或遗留在管内;
   d) 氢气管道的试验介质和试验压力符合 GB 50177—2005 表 12.0.14 的规定;
   e) 氢气管道强度试验合格后,使用不含油的空气或惰性气体,以不小于 20 m/s 的流速进行吹扫,直至出口无铁锈、无尘土及其他污垢为合格。

f) 长距离埋地输送管道设计、安装时宜做电化学保护措施,吹扫前宜做通球处理。电化学保护宜每年检测一次并存档备案。

4.4.14 氢气充(灌)装台宜设两组或两组以上钢质无缝气瓶集装装置,一组供气,一组倒换气瓶。

4.4.15 加氢反应器及其管道因在高温高压环境下使用氢气,加氢反应器及其管道的材质应符合SH 3059的要求。加氢反应器运行期间作业人员应严格执行工艺操作规程,确保反应温度和压力平稳,避免出现飞温和超压过程,定期进行安全检查,包括外观检查、定点测壁厚、定时测壁温、腐蚀介质成分分析;开、停工过程前应编制合理的开、停工方案,停工时增加适当的脱氢过程,避免紧急泄压、降温;采取氮气气封、对反应器内壁采取无损检测、内壁宏观检查等方法,重点检查焊缝区、堆焊层及螺栓、螺母、垫圈和容器内外支承结构,必要时采取气密或水压试验等措施以确保加氢反应器的使用安全。

4.4.16 冶金行业退火炉应采用可编程控制器PLC和智能调节器对退火全过程实行全自动控制操作,并对加热罩和炉罩内的超温、炉座强对流风机的过流、过载、过热、冷却罩的冷却风机的过流、过载、炉内的气体置换和退火过程中炉内的保护气氛等进行监控。在供给的保护气体符合安全使用条件下,应确保退火炉的密闭性和保护气体供给的连续性及其压力。在退火过程中,退火炉内的气体正常工作压力应保持微正压(绝对压力105 kPa,略高于一个标准大气压),应设置压力报警系统。运行期间及开、停工过程应严格执行操作规程,开、停工及检修过程应制定相关的计划或方案,以确保退火炉的使用安全。退火炉应设保护性氢气净化设备。

4.4.17 电厂(站)的氢冷发电机的技术要求可参照《汽轮发电机运行规程》执行。其他技术要求应按电力行业有关规定执行。

4.4.18 按照GB 7231、GB 2893和GB 2894的规定涂安全色,并设安全标志和标识。

5 置换

5.1 氢气系统被置换的设备、管道等应与系统进行可靠隔绝。

5.2 采用惰性气体置换法应符合下列要求:
   a) 惰性气体中氧的体积分数不得超过3%。
   b) 置换应彻底,防止死角末端残留余氢。
   c) 氢气系统内氧或氢的含量应至少连续2次分析合格,如氢气系统内氧的体积分数小于或等于0.5%,氢的体积分数小于或等于0.4%时置换结束。

5.3 采用注水排气法应符合下列要求:
   a) 应保证设备、管道内被水注满,所有氢气被全部排出。
   b) 水注满在设备顶部最高处溢流口应有水溢出,并持续一段时间。

5.4 钢质无缝气瓶集装装置可采用下列方法置换:
   a) 压力置换法。向设备或系统充惰性气体,充气压强不小于0.2 MPa(表压),然后放出,重复多次后再用氢气置换多次,然后取样化验,合格后通氢气。也可用惰性气体直接进行置换。
   b) 抽空置换法。适用于能够承受负压的设备或系统。该方法先用惰性气体对设备或系统充压至0.2 MPa(表压),再抽空排掉设备或系统内气体。重复充气-抽空步骤 2~5 次,然后取样分析,合格后再通氢气。

5.5 若储存容器是底部设置进(排)气管,从底部置换时,每次充入一定量惰性气体后应停留 2 h～3 h 充分混合后排放,至到分析检验合格为止。

5.6 置换吹扫后的气体应通过排放管排放。

6 储存

6.1 氢气储存容器应符合《压力容器安全技术监察规程》。氢气囊不宜作为氢气储存容器。

6.2 氢气储存容器应设置如下安全设施:

6.2.1 应设有安全泄压装置,如安全阀等。

6.2.2 氢气储存容器顶部最高点宜设氢气排放管。

6.2.3 应设压力监测仪表。

6.2.4 应设惰性气体吹扫置换接口。惰性气体和氢气管线连接部位宜设计成两截一放阀或安装"8 字"盲环板。

6.2.5 氢气储存容器底部最低点宜设排污口。

6.2.6 氢气储存容器周围环境温度不应超过 50 ℃,储存场所及周边应设计安装消防水系统。

6.3 氢气瓶(集装瓶)

6.3.1 氢气实瓶和空瓶应分别存放在位于装置边缘的仓间内,并应远离明火或操作温度等于或高于自燃点的设备。

6.3.2 氢气瓶的设计、制造和检验应符合《气瓶安全监察规程》的要求。

6.3.3 氢气瓶体根据 GB 7144 应为淡绿色,20 MPa 气瓶应有淡黄色色环,并用红漆涂有"氢气"字样和充装单位名称。应经常保持漆色和字样鲜明。

6.3.4 多层建筑内使用氢气瓶,除生产特殊需要外,一般宜布置在顶层外墙处。

6.3.5 因生产需要在室内(现场)使用氢气瓶,其数量不得超过 5 瓶,室内(现场)的通风条件符合4.1.5要求,且布置符合如下要求:

   a) 氢气瓶与盛有易燃易爆、可燃物质及氧化性气体的容器和气瓶的间距不应小于8 m;
   b) 与明火或普通电气设备的间距不应小于 10 m;
   c) 与空调装置、空气压缩机和通风设备(非防爆)等吸风口的间距不应小于 20 m;
   d) 与其他可燃性气体储存地点的间距不应小于 20 m。

6.3.6 氢气瓶瓶体在运输中瓶口应设有瓶帽(有防护罩的气瓶除外)、防震圈(集装气瓶除外)等其他防碰撞措施,以防止损坏阀门。

6.3.7 氢气瓶搬运中应轻拿轻放,不得摔滚,严禁撞击和强烈震动。不得从车上往下滚卸,氢气瓶运输中应严格固定。

6.3.8 储存和使用氢气瓶的场所应通风良好。不得靠近火源、热源及在太阳下暴晒。不得与强酸、强碱及氧化剂等化学品存放在同一库内。氢气瓶与氧气瓶、氯气瓶、氟气瓶等应隔离存放。

6.3.9 氢气瓶使用时应装减压器,减压器接口和管路接口处的螺纹,旋入时应不少于五牙。

6.3.10 氢气瓶使用时应采用 4.1.15 d)规定的方式固定,防止倾倒。气瓶、管路、阀门和接头应固定,不得松动位移,且管路和阀门应有防止碰撞的防护装置。

6.3.11 气瓶嘴冻结时应先将阀门关闭,后用温水解冻。

6.3.12 不得将气瓶内的气体用尽,瓶内至少应保留 0.05 MPa 以上的压力,以防空气进入气瓶。

6.3.13 气瓶阀门如有损坏,应由相关资质单位检修。

6.3.14 开启气瓶阀门时,作业人员应站在阀口的侧后方,缓慢开启气瓶阀门。

6.3.15 根据《气瓶安全监察规程》的规定,氢气瓶应定期(每 3 年)进行检验,气瓶上应有检验钢印及检验色标。

6.3.16 气瓶集装装置应有防止管路和阀门受到碰撞的防护装置;气瓶、管路、阀门和接头应经常维修保养,不得松动移位及泄漏。

6.3.17 氢气瓶集装装置的汇流总管和支管均宜采用优质紫铜管或不锈钢钢管。为保证焊缝的严密性,紫铜管及管件的焊接采用银钎焊,焊接完成后对管道、管件、焊缝进行消除应力及软化退火处理。集装装置的汇流总管和支管使用前应经水压试验合格。

6.3.18 长管拖车的每只钢瓶上应装配安全泄压装置,钢瓶的阀门和安全泄压装置或其保护结构应能够承受本身两倍重量的惯性力。钢瓶长度超过 1.65 m,并且直径超过 244 mm 应在钢瓶两端安装易熔合金加爆破片或单独爆破片式的安全泄压装置,直径为 559 mm 或更大的钢瓶宜在钢瓶两端安装单独爆破片式的安全泄压装置;在充卸装口侧,每台钢瓶封头端设置的阀门应处于常开状。安全泄压装置的排放口应垂直向上,并且对气体的排放无任何阻挡;长管拖车的每只钢瓶应在一端固定,另一端有允许钢瓶热胀冷缩的措施;每只钢瓶应装配单独的瓶阀,从瓶阀上引出的支管应有足够的韧性和挠度,以防止对阀门造成破坏。

6.3.19 长管拖车钢瓶应定期检验,使用前应检查制造和检验日期或符号,不得超量充(灌)装。长管拖车应按 GB 2894 规定设置安全标志,并随车携带氢气安全技术周知卡。长管拖车钢瓶使用时应有防止钢瓶和接头脱落甩动措施,拖车应有防止自行移动的固定措施。长管拖车停放充(灌)装期间应接地。

6.3.20 长管拖车的汇流总管应安装压力表和温度表。钢瓶连接宜采用金属软管,应定期检查。拖车上应配置灭火器。使用时应避免长管拖车上压差大的钢瓶之间通过汇流管间进行均压,防止对长管气瓶产生多次数的交变应力。

6.4 氢气罐

6.4.1 氢气罐应安装放空阀、压力表、安全阀,压力表每半年校验一次,安全阀一般应每年至少校验一次,确保可靠。立式或卧式变压定容积氢气罐安全阀宜设置在容器便于操作位置,且宜安装两台相同泄放量且可并联或切换的安全阀,以确保安全阀检验时不影响罐内的氢气使用。

6.4.2 氢气罐放空阀、安全阀和置换排放管道系统均应设排放管,并应连接装有阻火器或有蒸汽稀释、氮气密封、末端设置火炬燃烧的总排放管。惰性气体吹扫置换接口应参照6.2.4 要求执行。

6.4.3 氢气罐应采用承载力强的钢筋混凝土基础,其载荷应考虑做水压实验的水容积质量。氢气罐的地面应不低于相邻散发可燃气体、可燃蒸气的甲、乙类生产单元的地面,或设高度不低于 1 m 的实体围墙予以隔离。

6.4.4 氢气罐新安装(出厂已超过一年时间)或大修后应进行压强和气密试验,试验合格后方能使用。压强试验应按最高工作压力1.5倍进行水压试验;气密试验应按最高工作压力试验,以无任何泄漏为合格。

6.4.5 罐区应设有防撞围墙或围栏,并设置明显的禁火标志。

6.4.6 氢气罐应安装防雷装置。防雷装置应每年检测一次,并建立设备档案。

6.4.7 氢气罐检修或检验作业应参照4.3.2、4.3.6要求执行。进入罐内作业应佩戴氧含量报警仪,同时应有人监护和其他有效的安全防护措施。

6.4.8 氢气罐应有静电接地设施。所有防静电设施应定期检查、维修,并建立设备档案。

6.5 氢气柜

6.5.1 氢气柜在工程验收时应进行试漏检查,防止泄漏。

6.5.2 氢气柜除工程验收时进行试漏检查外,运行过程中也应加强检查,防止水槽壁、套筒及钟罩漏水漏气。

6.5.3 氢气柜钟罩高度位置应有标尺显示高低(储量),每小时检查一次,并设置超高、过低位置报警装置。

6.5.4 氢气柜首次进气或大修后进气前,应将钟罩内的空气全部排净。

6.5.5 导轮导轨应定期加入润滑油,以确保套筒和钟罩升降灵活。

6.5.6 氢气柜水封应保证有足够的水位,防止氢气柜因缺水而逸出气体。寒冷地区应有防止水封结冰的措施。

6.5.7 氢气柜正常使用时应保持一定的氢气量,应防止储气过量或抽空。

6.5.8 氢气柜应安装在避雷保护区域内,应安装安全阀、压力超高自动排放装置等安全设施,并应设置自动切断装置以确保氢气柜泄漏时能自动切断气源。

6.5.9 进出氢气柜的氢气管道上应设置安全水封。

6.5.10 氢气柜宜设置自动水雾喷淋系统。

6.5.11 进入氢气柜检修应排净水封内的水,排水前应打开钟罩顶部的排空阀,其他检修作业可参照氢气罐6.4.6的要求。氢气柜静电接地设施可参照氢气罐6.4.7的要求。

7 压缩与充(灌)装

7.1 压缩

7.1.1 压缩机应按照GB 50177—2005要求设安全防护装置。

7.1.2 使用旋转式压缩机(水环泵)压缩氢气

    a) 启动前应检查泵和电机的轴承润滑情况,并确保气源充足方可启动;

    b) 水环泵启动前和运行中,应检查气水分离器的水位,不得低于标准线。气水分离器内的积水应定时排放,不得随意开启排水阀。寒冷地区使用水环泵应防止分离器结冰;

    c) 启动前应先用惰性气体置换系统内的空气,再用氢气置换惰性气体;

    d) 电机启动后,应随时检查气体进出口的压力变化,并及时调整到所需要的压力;

    e) 电机、轴承和水环泵应定期检修,润滑部件应定期加润滑剂,确保压缩机各部件的润滑和密封。

7.1.3 使用活塞式压缩机压缩氢气

    a) 启动前或大修后,应检查电气设备的绝缘和接线情况,防止短路和因电路接错而造成压缩机的反向旋转；

b) 启动前应用惰性气体吹扫压缩机和管道系统，检验合格后再开氢气阀，关闭惰性气体阀，启动压缩机；

c) 启动前机组应先通入冷却水，并检查润滑油是否纯净，油位是否适当；

d) 应定时检查压缩机所有工艺指标如各级气缸进、排气压力及温度，冷却水和润滑油压力及温度以及轴承温度，不得超过工艺规定值。运行中遇冷却水中断应立即停车；

e) 压缩机各段安全阀应定期校验，安全阀的设定起跳压力宜设定在正常工作压力的1.05～1.1 倍；

f) 压缩机设备故障停车后应将设备隔离，用惰性气体将系统内的氢气置换完全（氢的体积分数小于等于 0.4%）；

g) 不得将氢气排放在室内，应通过排放管排入大气；

h) 压缩机的压力表等安全设备，应半年校验一次；

i) 应确保压缩机曲轴箱密封环材料和安装质量，以防止气体漏入曲轴箱；应每年对密封环进行更换，防止活塞杆与密封环之间因摩擦产生泄漏。此外，宜在曲轴箱填料函回油管中部增设一个小回油管，以防止回油管发生气阻导致气体窜入曲轴箱；

j) 曲轴箱透气帽处宜设置可燃气体报警仪或定期从曲轴箱内取气体样本分析，防止可燃气体浓度达到爆炸极限。

7.1.4 使用膜式压缩机压缩氢气

a) 应设置膜片损坏报警装置及连锁停机；

b) 应设置各级压缩气出口温度高限报警装置；

c) 应设置冷却水温度及流量报警装置；

d) 其他措施可参照活塞式压缩机使用要求。

7.2 充（灌）装

7.2.1 氢气充（灌）装的汇流排数量应根据气源的多少和压缩机的排气能力设置，最少 2 排（组），每排 8～24 个瓶位。

7.2.2 氢气充（灌）装时应先对气瓶进行确认，严禁氢气瓶与氧气瓶、氮气瓶或其他气瓶混淆。

7.2.3 应采用防错装接头充（灌）装夹具，防止可燃气体和助燃气体混装。

7.2.4 充（灌）装前应严格检查瓶体、阀门等处有无损坏。

7.2.5 充（灌）装时气瓶应用链卡等措施固定，防止倾倒。

7.2.6 应设置充（灌）装超压报警装置，保证气瓶充（灌）装压力不超过气瓶允许的工作压力。

7.2.7 为限制充气速度，同批充（灌）装气瓶数量不得随意减少，也不得在充（灌）装过程中插入空瓶充（灌）装，氢气充气速度不得高于 15 m/s。

7.2.8 氢气与氧气不应在同一充（灌）装台内进行充（灌）装。

7.2.9 充气管道应和其连接部件牢靠连接，与气瓶嘴应紧密连接，防止气体泄漏。

7.2.10 充气导管宜为紫铜管或金属软管。充气导管若为紫铜管，使用前应经过退火处理，每使用三个月应退火一次。使用过程中紫铜管出现起皱现象应及时更换。

7.2.11 充(灌)装时应缓慢开启汇流排阀门,防止气流产生剧烈冲击。在充(灌)装过程中应检查气瓶温度,以判断气瓶进气流量的大小,并可检查气瓶的充(灌)气导管或阀门是否有故障。

7.2.12 空瓶与实瓶应严格分开存放。对不合格或未充(灌)入氢气的气瓶应另设区域放置,并设置醒目标识,防止误装。

7.2.13 经常检查充(灌)装压力,在高压时应特别注意压缩机各级温度和压力是否正常。

7.2.14 气瓶充(灌)装结束应配戴瓶帽,防震圈(集装气瓶除外),应在充(灌)装后的气瓶(或集装架)上粘贴符合 GB 16804《气瓶警示标签》和充(灌)装标签。

7.2.15 有下列情况之一的气瓶不应充(灌)装:瓶体漆色、字样模糊、不易识别、无有效标签;安全附件不全(包括瓶帽、胶圈等)或瓶体、阀门有明显损坏;瓶内气体余压低于 0.05 MPa;按规定超过检验年限或钢印标记不清;空瓶未经检验或瓶内气体未经置换和抽空。

8 排放

8.1 氢气排放管应采用金属材料,不得使用塑料管或橡皮管。

8.2 氢气排放管应设阻火器,阻火器应设在管口处。

8.3 氢气排放口垂直设置。当排放含饱和水蒸气的氢气(产生两相流)时,在排放管内应引入一定量的惰性气体或设置静电消除装置,保证排放安全。

8.4 室内排放管的出口应高出屋顶 2 m 以上。室外设备的排放管应高于附近有人员作业的最高设备 2 m 以上。

8.5 排放管应设静电接地,并在避雷保护范围之内。

8.6 排放管应有防止空气回流的措施。

8.7 排放管应有防止雨雪侵入、水气凝集、冻结和外来异物堵塞的措施。

9 消防与紧急情况处理

9.1 氢气发生大量泄漏或积聚时,应采取以下措施:

9.1.1 应及时切断气源,并迅速撤离泄漏污染区人员至上风处。

9.1.2 对泄漏污染区进行通风,对已泄漏的氢气进行稀释,若不能及时切断时,应采用蒸汽进行稀释,防止氢气积聚形成爆炸性气体混合物。

9.1.3 若泄漏发生在室内,宜使用吸风系统或将泄漏的气瓶移至室外,以避免泄漏的氢气四处扩散。

9.2 氢气发生泄漏并着火时应采取以下措施:

9.2.1 应及时切断气源;若不能立即切断气源,不得熄灭正在燃烧的气体,并用水强制冷却着火设备,此外,氢气系统应保持正压状态,防止氢气系统回火发生。

9.2.2 采取措施,防止火灾扩大,如采用大量消防水雾喷射其他引燃物质和相邻设备;如有可能,可将燃烧设备从火场移至空旷处。

9.2.3 氢火焰肉眼不易察觉,消防人员应佩戴自给式呼吸器,穿防静电服进入现场,注意防止外露皮肤烧伤。

9.3 消防安全措施:供氢站应按 GB 50016 规定,在保护范围内设置消火栓,配备水带和水枪,并应根据需要配备干粉、二氧化碳等轻便灭火器材或氮气、蒸汽灭火系统。

9.4 高浓度氢气会使人窒息,应及时将窒息人员移至良好通风处,进行人工呼吸,并迅速就医。

附 录 A
（资料性附录）
氢气的危险特性

A.1 氢气无色、无臭、无味,空气中高浓度氢气易造成缺氧,会使人窒息。氢气比空气轻,相对密度(空气=1):0.07,氢气泄漏后会迅速向高处扩散;氢气与空气混合容易形成爆炸性混合物。

A.2 氢气极易燃烧,属2.1类易燃气体。氢气点火能量很低,在空气中的最小点火能为0.019 mJ,在氧气中的最小点火能为0.007 mJ,一般撞击、摩擦、不同电位之间的放电、各种爆炸材料的引燃、明火、热气流、高温烟气、雷电感应、电磁辐射等都可点燃氢-空气混合物;氢气燃烧时的火焰没有颜色,肉眼不易察觉。

A.3 氢气在空气中的爆炸范围较宽,为4%～75%(体积分数),在氧气中的爆炸范围为4.5%～95%(体积分数),因此氢气-空气混合物很容易发生爆燃,爆燃产生的热气体迅速膨胀,形成的冲击波会对人员造成伤亡,对周围设备及附近的建筑物造成破坏。

A.4 氢气的化学活性很大,与空气、氧、卤素和强氧化剂能发生剧烈反应,有燃烧爆炸的危险,而金属催化剂如铂和镍等会促进上述反应。

氯气安全规程(GB 11984—2008)

前言

本标准的全部技术内容为强制性。

本标准代替 GB 11984—1989《氯气安全规程》。

本标准与 GB 11984—1989 相比主要变化如下：
——修改了氯气单位应遵守的防火和卫生相关标准(1989 年版的 4.2、4.3,本版的 3.3、3.4);
——增加了氯气生产企业应遵守的卫生防护距离要求(见 3.5);
——修改了氯气单位应配备的抢修器材和防护器材(1989 年版的 4.6,本版的 3.8);
——增加了氯气单位作业场所应设置报警仪(见 3.10);
——增加了氯气单位应编制应急预案(见 3.17);
——增加了对三氯化氮指标的要求(见 4.6);
——增加了液氯气瓶及液氯汽车罐车和铁路罐车的充装安全(见 5.2);
——增加了充装量为 100 kg 的气瓶的有关安全要求(见 6.1.3、6.1.4、8.1.3、8.1.13);
——修改了气瓶加热水温的指标(1989 年版的 6.1.10,本版的 6.1.5);
——增加了液氯汽车罐车和铁路罐车的使用安全(见 6.2);
——增加了液氯贮罐区应设置事故围堰(见 7.2.4);
——增加了液氯汽车罐车和铁路罐车的运输安全(见 8.2);
——删除了预防泄漏和抢救的相关内容(1989 年版的第 7 章)。

本标准由国家安全生产监督管理总局提出。

本标准由全国安全生产标准化技术委员会化学品安全分技术委员会(SAC/TC 288/SC 3)归口。

本标准主要起草单位:北京市劳动保护科学研究所、中国化学品安全协会。

本标准主要起草人:邓九兰、岳涛、汪彤、刘利民、常虹、张志航、齐书芳、淡默、路念明、王小庆。

本标准所代替标准的历次版本发布情况为:
——GB 11984—1989。

1 范围

本标准规定了氯气在生产、充装、使用、贮存、运输等方面的安全要求。

本标准适用于氯气的生产、使用、贮存和运输等单位。本标准所指氯气系液氯或气态氯。

2 规范性引用文件

下列文件中的条款通过本标准的引用而成为本标准的条款。凡是注日期的引用文件,其随后所有的修改单(不包括勘误的内容)或修订版均不适用于本标准,然而,鼓励根据本标准达成协议的各方研究是否可使用这些文件的最新版本。凡是不注日期的引用文件,其最新版本适用于本标准。

GB 5138 工业用液氯

GB 7144 气瓶颜色标志

GB 18071 氯碱厂(电解法制碱)卫生防护距离标准

GB 50016 建筑设计防火规范

AQ/T 9002 生产经营单位安全生产事故应急预案编制导则

3 一般要求

3.1 凡生产、贮存、运输、使用氯气的单位和个人应遵守国家相关法律法规的规定。

3.2 新建、扩建、改建的氯气单位,应遵守国家相关行政许可制度,未经批准不应建设。

3.3 生产、使用、贮存氯气的厂房、库房建(构)筑应符合 GB 50016 中的有关规定。

3.4 生产、使用、贮存氯气的工业企业选址应依据国家城乡规划、环境保护及卫生等法规、标准和拟建项目特征进行综合分析而确定。

3.5 新建、扩建、改建的氯气生产企业应满足 GB 18071 中的有关规定。

3.6 氯气生产、使用、贮存、运输单位相关从业人员,应经专业培训、考试合格,取得合格证后,方可上岗操作。

3.7 氯气生产、使用、贮存、运输车间(部门)负责人(含技术人员),应熟练掌握工艺过程和设备性能,并具备氯气事故处理能力。

3.8 生产、贮存、运输、使用等氯气作业场所,都应配备应急抢修器材和防护器材(见表1、表2),并定期维护。

表 1 常备抢修器材表

器材名称	规　　格	常备数量
瓶阀堵漏、调换专用工具		1套
瓶阀出口铜六角螺帽、垫片		2～3个
专用扳手		1把
活动扳手	12″	1把
手锤	0.5磅	1把
克丝钳		1把
竹签、木塞、铅塞、橡皮塞	ϕ3 mm～ϕ10 mm 大小不等	各5个
铁丝	8号	20 m
铁箍	ϕ800 mm×50 mm×3 mm ϕ600 mm×50 mm×3 mm	各2个
橡胶垫	500 mm×50 mm×5 mm	2条
密封用带		1盘
氨水	10%	0.2 L

表2 常备防护用品表

名称	种类	常用数	备用数
过滤式防毒面具	防毒面具	与作业人数相同	2套
	防毒口罩		
呼吸器	正压式空(氧)气呼吸器	与紧急作业人数相同	1套
防护服 防护手套 防护靴	橡胶或乙烯类聚合物材料	与作业人数相同	适量

3.9 对于半敞开式氯气生产、使用、贮存等厂房结构,应充分利用自然通风条件换气;不能采用自然通风的场所,应采用机械通风,但不宜使用循环风。对于全封闭式氯气生产、使用、贮存等厂房结构,应配套吸风和事故氯气吸收处理装置。

3.10 生产、使用氯气的车间(作业场所)及贮氯场所应设置氯气泄漏检测报警仪,作业场所和贮氯场所空气中氯气含量最高允许浓度为 1 mg/m^3。

3.11 用氯设备(容器、反应罐、塔器等)设计制造,应符合压力容器有关规定。液氯管道的设计、制造、安装、使用应符合压力管道的有关规定:
   a) 氯气系统管道应完好,连接紧密,无泄漏;
   b) 用氯设备和氯气管道的法兰垫片应选用耐氯垫片;
   c) 用氯设备应使用与氯气不发生化学反应的润滑剂;
   d) 液氯气化器、贮罐等设施设备的压力表、液位计、温度计,应装有带远传报警的安全装置。

3.12 设备、管道检修时应符合有关安全检修作业规程。

3.13 使用液氯气瓶,应执行气瓶的有关安全规定。

3.14 使用液氯铁路罐车应执行铁路罐车的有关安全规定。

3.15 使用液氯汽车罐车应执行汽车罐车的有关安全规定,使用液氯集装箱罐应符合国家有关规定。

3.16 贮罐按压力容器加强管理,并按有关压力容器安全规程中规定的周期定期检验。

3.17 氯气生产、贮存和使用单位应制定氯气泄漏应急预案,预案的编制应符合 AQ/T 9002 中的有关内容,并按规定向有关部门备案,定期组织应急人员培训、演练和适时修订。

4 生产安全

4.1 液氯应符合 GB 5138 中的有关规定。

4.2 氯气总管中含氢≤0.4%。氯气液化后尾气含氢应≤4.0%。

4.3 充装液氯的压力不应超过 1.1 MPa。

4.4 液氯贮罐、计量槽、气化器中液氯充装量不应大于容器容积的80%。液氯充装结束,应采取措施,防止管道处于满液封闭状态。

4.5 不应将液氯气化器中的液氯充入液氯气瓶。

4.6 液氯气化器、预冷器及热交换器等设备,应装有排污（NCl_3）装置和污物处理设施,并定期分析 NCl_3 含量,排污物中 NCl_3 含量不应大于 60 g/L,否则需增加排污次数和排污量,并加强监测。

4.7 为防止氯压机或纳氏泵的动力电源断电,造成电解槽氯气外溢,应采用下列措施之一：
   a) 氯气生产系统安装防止氯气外溢的氯气吸收装置；
   b) 配备氯压机、纳氏泵出口氯气连锁阀门或逆止阀；
   c) 配备电解直流电源、氯压机、纳氏泵出口阀门以及氯气吸收装置启动电源等与氯压机、纳氏泵动力电源联锁的装置。

4.8 氯气设备、管道和阀门,安装前应经清洗、吹扫、干燥处理,定期清除滞留在反应设备和管道内的反应生成物,消除堵塞。阀门应逐只做耐压试验,对于重要管道和阀门应建立定期更换制度。

5 充装安全

5.1 液氯气瓶的充装安全

5.1.1 每班应对计量器具检查校零。充装用的计量器具应由具有计量器具检验资质的检验检测单位每三个月检验一次,计量器具的最大称量值应为常用称量的 1.5～3.0 倍。计量器具应设有超装警报或自动切断液氯装置。

5.1.2 液氯气瓶的充装系数为 1.25 kg/L,不应超装。

5.1.3 充装前的检查记录、充装操作记录、充装后复验和检查记录应完整,内容至少应包括：气瓶编号、气瓶容积、实际充装量、发现的异常情况、检查者、充装者和复称者姓名或代号、充装日期,记录应妥善保存、备查。

5.1.4 气瓶充装前应有专人对气瓶逐只进行充装前的检查,确认完好无缺陷和无异物方可充装,并做好记录。气瓶有以下情况时,不应充装：
   a) 颜色标记不符合 GB 7144 规定或未对瓶内介质确认的；
   b) 钢印标记不全或不能识别；
   c) 新瓶无合格证；
   d) 超过技术检验期限；
   e) 瓶体存在明显损伤或缺陷,安全附件不全、损坏或不符合规定；
   f) 瓶阀和螺塞（丝堵）上紧后,螺扣外露不足三扣；
   g) 瓶体温度超过 40 ℃。

5.1.5 充装后的气瓶应复验充装量,两次称重误差不应超过允许充装量的1%。复称时应换人换衡器。充装后应逐只检查气瓶,发现泄漏或其他异常情况,应妥善处理。

5.1.6 入库前应有产品合格证。合格证应注明：瓶号、容量、重量、充装日期、充装人和复称人姓名或代号。

5.2 液氯汽车罐车和铁路罐车的充装安全

5.2.1 充装前应有专人对汽车罐车和铁路罐车进行全面检查,确认无缺陷,对铁路罐车按规定用干燥空气进行密封试验后,方可充装；充装用装卸软管应每半年进行一次水压试验并有试验结果记录和试验人员签字。

5.2.2 汽车罐车和铁路罐车充装前应采用汽车衡或铁路轨道衡核验罐车的重量,充装后的罐车应再次称重,其充装系数为 1.20 kg/L,不应超装。

5.2.3 罐车充装结束后,应进行下列检查并认真填写罐车运输交接单:
  a) 关闭压力表座阀和紧急切断阀;
  b) 各密封面进行泄漏检查;
  c) 气、液相阀门加盲板;
  d) 检查封车压力(不应超过环境温度下的液氯饱和蒸汽压力)。

5.2.4 充装前后和复检的计量值均应登记,作为使用期的跟踪档案。

5.2.5 充装后按规定填报运输路单及充装记录。

5.2.6 罐车有以下情况之一时,不应充装:
  a) 新罐车无合格证;
  b) 超过技术检验期限(包括车辆行驶部分);
  c) 安全附件不全、损坏或不符合规定;
  d) 车辆行驶部分或罐体部分有缺陷不符合规定;
  e) 罐体温度超过 40 ℃;
  f) 其他有安全隐患的情况。

5.2.7 罐车上卸液氯用的压缩空气,应经过干燥处理,保证干燥后空气含水量低于 0.01%。

5.2.8 铁路罐车卸氯时,罐车的压力应高于贮罐压力 0.15 MPa~0.2 MPa。罐车最高压送压力不应超过 1.4 MPa。

5.2.9 罐车液氯卸车完毕后,应通过气相连接管将罐车气体进行泄压处理。罐体内应保留有不少于充装量 0.5% 或 100 kg 的余量,且应留有不低于 0.1 MPa 的余压。

5.2.10 液氯充装站应负责液氯气瓶和罐车的统一管理,包括统一编号、原始档案、检验周期和周转去向等。

5.3 液氯的贮罐的充装安全

5.3.1 充装液氯贮罐时,应先缓慢打开贮罐的通气阀,确认进入罐车内的干燥压缩空气或气化氯的压力高于贮罐内的压力时,方可充装。

5.3.2 采用液氯气化法向贮罐压送液氯时,要严格控制气化器的压力和温度,液氯气化器应用热水加热,不应用蒸汽加热,进口水温不应超过 40 ℃,气化压力不应超过 1 MPa。

5.3.3 充装结束时,应先将罐车的阀门关闭,再关闭贮罐阀门,然后将连接管线残存液氯处理干净,并做好记录。

6 使用安全

6.1 液氯气瓶的使用安全

6.1.1 液氯用户应持公安部门的准购证或购买凭证,液氯生产厂方可为其供氯。生产厂应建立用户档案。

6.1.2 使用液氯的单位不应任意将液氯自行转让他人使用。

6.1.3 充装量为 50 kg 和 100 kg 的气瓶,使用时应直立放置,并有防倾倒措施;充装量为 500 kg 和 1 000 kg 的气瓶,使用时应卧式放置,并牢靠定位。

6.1.4 使用气瓶时,应有称重衡器;使用前和使用后均应登记重量,瓶内液氯不能用尽;充装量为 50 kg 和 100 kg 的气瓶应保留 2 kg 以上的余氯,充装量为 500 kg 和 1 000 kg 的气瓶应保留 5 kg 以上的余氯。使用氯气系统应装有膜片压力表(如采用一般压力表时,应采取硅油隔离措施)、调节阀等装置。操作中应保持气瓶内压力大于瓶外压力。

6.1.5 不应使用蒸汽、明火直接加热气瓶。可采用 40 ℃ 以下的温水加热。

6.1.6 不应将油类、棉纱等易燃物和与氯气易发生反应的物品放在气瓶附近。

6.1.7 气瓶与反应器之间应设置截止阀,逆止阀和足够容积的缓冲罐,防止物料倒灌,并定期检查以防失效。

6.1.8 连接气瓶用紫铜管应预先经过退火处理,金属软管应经耐压试验合格。

6.1.9 不应将气瓶设置在楼梯、人行道口和通风系统吸气口等场所。

6.1.10 开启气瓶应使用专用扳手。

6.1.11 开启瓶阀要缓慢操作,关闭时亦不能用力过猛或强力关闭。

6.1.12 气瓶出口端应设置针型阀调节氯流量,不允许使用瓶阀直接调节。

6.1.13 作业结束后应立即关闭瓶阀,并将连接管线残存氯气回收处理干净。

6.1.14 使用液氯气瓶处应有遮阳棚,气瓶不应露天曝晒。

6.1.15 空瓶返回生产厂时,应保证安全附件齐全。

6.1.16 液氯气瓶长期不用,因瓶阀腐蚀而形成"死瓶"时,用户应与供应厂家取得联系,并由供应厂家安全处置。

6.2 液氯汽车罐车和液氯铁路罐车的使用安全

6.2.1 汽车罐车和铁路罐车的押运员和驾驶员应熟悉其所运输介质的物理、化学性质和安全防护措施,了解装卸的有关要求,具备处理故障和异常情况的能力。

6.2.2 液氯用户不应将单车式汽车罐车作为贮罐和气化罐使用。

6.3 液氯贮罐的使用安全

6.3.1 贮罐的贮存量不应超过贮罐容量的 80%。

6.3.2 贮罐输入和输出管道,应分别设置两个截止阀门,定期检查,确保正常。

7 贮存安全

7.1 液氯气瓶的贮存安全

7.1.1 气瓶不应露天存放,也不应使用易燃、可燃材料搭设的棚架存放,应贮存在专用库房内。

7.1.2 空瓶和充装后的重瓶应分开放置,不应与其他气瓶混放,不应同室存放其他危险物品。

7.1.3 重瓶存放期不应超过三个月。

7.1.4 充装量为 500 kg 和 1 000 kg 的重瓶,应横向卧放,防止滚动,并留出吊运间距和通道。存放高度不应超过两层。

7.2 液氯贮罐的贮存安全

7.2.1 贮罐区 20 m 范围内,不应堆放易燃和可燃物品。

7.2.2 大贮量液氯贮罐,其液氯出口管道,应装设柔性连接或者弹簧支吊架,防止因基础下沉引起安装应力。

7.2.3 贮罐库区范围内应设有安全标志,配备相应的抢修器材,有效防护用具及消防器材。

7.2.4 地上液氯贮罐区地面应低于周围地面 0.3 m~0.5 m 或在贮存区周边设 0.3 m~

0.5 m的事故围堰,防止一旦发生液氯泄漏事故,液氯气化面积扩大。

8 运输安全

8.1 液氯气瓶的运输安全

8.1.1 气瓶装卸、搬运时,应戴好瓶帽、防震圈,不应撞击。

8.1.2 充装量为50 kg的气瓶装卸时,应用橡胶板衬垫,用手推车搬运时,应加以固定。

8.1.3 充装量为100 kg、500 kg和1 000 kg的气瓶装卸时,应采用起重机械,起重量应大于重瓶重量的一倍以上,并挂钩牢固。不应使用叉车装卸。

8.1.4 夜间装卸时,场地应有足够的照明。

8.1.5 危险化学品运输车辆运输气瓶时,应严格遵守当地公安交通管理部门规定的行车路线,不应在人口稠密区和有明火、高热等场所停靠。

8.1.6 危险化学品运输车辆应按规定悬挂危险品标志。

8.1.7 不应同车混装其他物品或让无关人员搭乘。

8.1.8 车辆停车时应可靠制动,并留人值班看管。

8.1.9 高温季节应根据当地公安交通管理部门规定的时间运输。

8.1.10 充装单位应对危险化学品运输车辆进行检查,证照不齐全的,不应充装。

8.1.11 运输液氯气瓶的车辆不应从隧道过江。

8.1.12 车辆运输气瓶时,瓶阀一律朝向车辆行驶方向的右侧。

8.1.13 充装量为50 kg的气瓶应横向装运,堆放高度不应超过两层;充装量为100 kg、500 kg和1 000 kg的气瓶装运,只允许单层放置,并牢靠固定防止滚动。

8.1.14 不应用自卸车、挂车、畜力车运输液氯气瓶。

8.1.15 船舶装运液氯气瓶应严格遵守交通、港口部门制定的船舶运输危险化学物品规定。

8.2 液氯汽车罐车和液氯铁路罐车的运输安全

8.2.1 应选派持有押运员证的人员跟车押运监护。

8.2.2 铁道押运人员在押运过程中不应擅离职守,到编组站应及时与车站联系,办妥有关手续。

8.2.3 押运人员在发生氯气泄漏时应迅速处理,防止事态扩大,并应立即通知当地政府有关部门。

9 急救和防护用品的管理

9.1 防护用品应定期检查,定期更换。防护用品放置位置应便于作业人员使用。

9.2 若吸入氯气,应迅速脱离现场至空气新鲜处,保持呼吸道通畅。呼吸困难时给输氧,给予2%～4%碳酸氢钠溶液雾化吸入,立即就医。

光气及光气化产品生产安全规程
（GB 19041—2003）

前 言

本标准是在劳动和劳动安全行业标准 LD 31—1992《光气及光气化产品生产安全规程》基础上制定的。与 LD 31—1992 相比主要变化如下：

——更加突出和明确了对生产和设计的安全要求；

——列出了光气及光气化装置，不同规模应保持最小的安全防护距离；

——删除了与已有国家标准重复的条文；

——强调了预防重大事故的事前、事中科学的安全管理程序；

——简化了常规仪表的装设规定，突出了必装的安全防护仪表；

——删除原标准重复性的附录 A、附录 B。

本标准的附录 A 为资料性附录。

本标准由国家安全生产监督管理局提出。

本标准由中国化工学会化工安全专业委员会归口。

本标准负责起草单位：化学工业第二设计院。

本标准主要起草人：许祖龙、闫少伟、万世波、杨在建、潘国平、鲍焕霞。

1 范围

本标准规定了光气及光气化产品生产和生产装置设计的安全要求。

本标准适用于光气及光气化产品生产装置的新建、扩建和改建。

2 规范性引用文件

下列文件中的条款通过本标准的引用而成为本标准的条款。凡是注日期的引用文件，其随后所有的修改单（不包括勘误的内容）或修订版均不适用于本标准，然而，鼓励根据本标准达成协议的各方研究是否可使用这些文件的最新版本。凡是不注日期的引用文件，其最新版本适用于本标准。

GB 16297 大气污染物综合排放标准

工业企业设计卫生标准

工业场所有害因素职业接触限值

危险化学品安全管理条例

使用有毒物品作业场所劳动保护条例

压力容器安全技术监察规程

3 术语和定义

下列术语和定义适用于本标准。

3.1
交通要道　key access path

高速公路及一、二级公路、铁路和航道的干线。

3.2
安全防护距离　safety distance

从光气及光气化产品生产装置的边界开始计算,至人员相对密集区域边界之间的最小允许距离。

3.3
光气化产品　phosgenation products

光气与一种或一种以上的化学物质进行化学反应的生成物。

4 一般规定和安全设计原则

4.1 一般规定

新建、扩建和改建工程项目的申报,按国家有关法律、法规执行。

4.2 安全设计原则

4.2.1 新建工程项目应符合下列要求：

a) 不应设置在地震动峰值加速度大于 0.3 g 地区(即地震基本烈度八度以上地区)。

b) 不应设置在人口密集的居住区及城镇全年最大频率风向的上风侧 2 000 m 之内。

c) 光气及光气化生产装置应保持表 1 所示安全防护距离,并符合下列规定：

表 1　安全防护距离

序　号	装置系统光气(折纯)总量/kg	安全防护距离/m
1	<3 000	1 000
2	3 000～5 000	1 500
3	>5 000	2 000

d) 在 500 m 半径范围内无居民,在大于 500 m 的安全防护距离范围内不准兴建居住区、商业区等,零散居民不应超过 200 人。

e) 装置与交通要道的安全防护距离不应小于 500 m。

4.2.2 对于老厂扩建、改建工程,在 500 m 半径范围内的其他工厂可维持现状,居民必须迁出。但装置系统光气(折纯)总量应小于 300 kg,等于或超过 300 kg 按 4.2.1 执行。

4.2.3 光气及光气化生产装置应集中布置在厂区的下风侧并自成独立生产区,该装置与厂围墙的距离不应小于 100 m。

4.2.4 光气及光气化生产车间空气中光气及光气化产品的容许浓度必须符合《工业场所有害因素职业接触限值》要求。

4.2.5 严禁从外地或本地区的其他生产厂运输光气和异氰酸甲酯为原料进行产品生产。属危险光气化产品的运输必须执行国家有关法律、法规。

5 工艺及设备的安全要求

5.1 工艺的安全要求

5.1.1 一氧化碳含水量不宜大于 50 mg/m³，氯气含水量不宜大于 50 mg/m³。

5.1.2 光气合成及光气化的设备、管道系统必须保持干燥，应避免水分混入。

5.2 设备的安全要求

5.2.1 含光气物料的转动设备应使用性能可靠的密封装置，宜设局部排风设施。

5.2.2 含光气物料设备的腐蚀裕度应根据生产条件来确定。碳钢或低合金钢的腐蚀裕度不宜小于 3 mm。

5.2.3 含光气物料的压力容器设计必须符合《压力容器安全技术监察规程》，设备不宜使用视镜，如必须使用时，应选用带保护罩的视镜，并设有局部排风设施。

5.2.4 液态光气、异氰酸甲酯、氯甲酸甲酯等剧毒物料（其主要危险特性参见附录 A）贮槽类的设备台数及单台贮存量应降至最低，并符合下列要求：

a) 贮槽的总贮量必须严格控制，单台贮槽的容积不应大于 5 m³。
b) 单台贮槽的装料系数应控制在 75% 以下。
c) 必须设有相应系统容量的事故槽。
d) 贮槽的出料管不宜侧接或底接。
e) 贮槽应装设安全阀，在安全阀前装设爆破片，安全阀后必须接到应急破坏系统，宜在片与阀之间装超压报警器。
f) 液态光气贮槽的材质宜采用 16MnR 钢。
   异氰酸甲酯贮槽严禁使用普通碳钢或含有铜、锌、锡的合金材料制造的设备、仪表和零配件。
   宜采用搪玻璃等耐腐蚀设备。
   氯甲酸甲酯贮槽宜采用搪玻璃等耐腐蚀设备。
g) 宜采用双壁槽。

5.2.5 含光气物料的压力容器中，热交换器和列管式光气合成反应器的管子与管板的连接处宜进行氦渗透检验。

5.2.6 液态光气和异氰酸甲酯等装置系统要严格控制水的混入，其冷却和输送应采取下列措施：

a) 冷却器、冷凝器和贮槽的冷却宜采用非水性液体作冷却剂。如使用水或水性溶液作冷却剂，必须有可靠的防护措施。
b) 当用水或水性溶液作贮槽冷却剂时，禁止槽内设冷却盘管。
c) 由贮槽向各生产岗位输送物料不宜采用气压输送，当采用密封性能可靠的耐腐蚀泵输送时，泵的数量应降至最低。

5.2.7 当计划停车时，必须在停车前将设备内的物料全部处理完毕。设备、管道检修时，必须放净物料，进行气体置换取样分析合格，方可操作。操作时应有专人监护，严禁在无人监护时进行操作。

6 管道的安全要求

6.1 输送含光气物料应采用无缝钢管，并宜采用套管。

输送异氰酸甲酯宜采用不锈钢管和阀门。其密封材料应使用聚四氟乙烯或石棉橡胶板,不应使用聚氯乙烯、橡胶等其他材料。

输送氯甲酸甲酯宜采用搪玻璃或其他耐腐蚀材料的管道和阀门。

6.2 含光气物料管道连接应采用对焊焊接,管道系统应做气密性试验。严禁采用丝扣连接。焊缝要求100%射线探伤检验并做消除应力处理。

6.3 对含光气物料的管道系统应划分区域,设置事故紧急切断阀。

6.4 输送光气及含光气物料,其管道的安装敷设应符合下列要求:
   a) 支撑和固定应充分考虑热应力以及振动和摩擦的影响,应有防撞击的措施。
   b) 穿墙或楼板时应装设在套管内。
   c) 严禁穿过生活间、办公室和直接埋地,也不应敷设在管沟内。
   d) 室外的气态光气输送管道宜有伴热保温设施。
   e) 输送管道不宜安设放净阀。如必须安设,其排出口必须接至尾气破坏处理系统。
   f) 输送液态光气及含光气物料管道不宜设置玻璃视镜,如必须安设应加防护罩,镜前后应加切断阀。

7 设备布置的安全要求

7.1 设备的布置应便于隔离操作、通风排毒和事故处理,应留有足够宽度的操作面和安全疏散通道。

7.2 光气及光气化装置必须设置隔离操作室。

7.3 液态光气、异氰酸甲酯、氯甲酸甲酯的贮槽类及其输送泵宜布置在封闭式单独房间里,槽四周应设围堰,其高度不应低于20 cm,堰内容量应大于槽容量,并有防渗漏层。室内应设强制通风系统,排出气体必须引至事故应急破坏系统处理。

8 尾气回收及破坏处理系统

8.1 光气及光气化生产过程中排出的含有光气及其他有毒气体必须经过回收及破坏处理,经过破坏处理后的尾气,必须通过高空排放筒排入大气,排放尾气应满足GB 16297的规定。

8.2 生产中经过回收处理的含有少量光气的尾气,连同其他装置排出的有毒气体(包括安全泄压装置、取样阀、排净阀和导淋阀的排气、弹性软管排毒系统等排气)可采用催化分解或碱液破坏处理。

9 紧急停车和应急破坏处理系统

9.1 光气合成及光气化反应装置必须设有事故状态下的紧急停车系统和应急破坏处理系统。应急破坏处理系统在正常生产状况下应保持运行。

9.2 光气及光气化生产系统一旦出现异常现象或发生光气及其剧毒产品泄漏事故时,应通过自控联锁装置启动紧急停车并自动连接应急破坏处理系统,并按下列步骤处理:
   a) 切断所有进出生产装置的物料,将反应装置迅速冷却降温,且系统泄压,使生产装置处于能量最低状态。
   b) 立即将发生事故设备内的剧毒物料导入事故槽内。
   c) 如有溢漏的少量液体物料,可以使用氨水、稀碱液喷淋;也可以先用吸有煤油的锯末(硅藻土、活性炭均可)覆盖,然后再用消石灰覆盖。

d) 启动通风排毒系统,将事故部位的有毒气体排至处理系统。该系统的装置处理能力应在30 min内消除事故部位绝大部分的有毒气体。

e) 可在事故现场进行喷氨或喷蒸汽,以加速有毒气体的破坏。在高空排放筒内宜采用喷入氨气或蒸汽,以中和残余的光气。

10 电气和仪表的安全要求

10.1 光气及光气化产品生产装置的供电应设有双电源。紧急停车系统、尾气破坏处理和应急破坏处理系统应配备柴油发电机,要求在30 s内自启动供电。

10.2 光气及光气化产品生产装置区域必须设置光气、氯气、一氧化碳监测及超限报警仪表,还应设置事故状态下能自启动紧急停车和应急破坏处理的自控仪表系统。

11 厂房的安全要求

11.1 光气及光气化生产厂房必须与生活间及办公室隔离。

11.2 生产厂房每层面积小于等于100 m² 时,不应少于两个出入口;每层面积大于100 m²时,不应少于三个出入口;二层以上的厂房,每层必须有一个楼梯直通室外。

11.3 封闭式光气及光气化产品生产厂房应设机械排气系统,重要设备,如光气化反应器等,宜设局部排风罩,排气必须接入应急破坏处理系统。

11.4 敞开式厂房应在可能泄漏光气部位设置可移动式弹性软管负压排气系统,将有毒气体送至破坏处理系统。

11.5 隔离操作控制室内应保持良好的正压通风状态。取风口应设在远离污染源处。

11.6 光气及光气化产品生产车间必须配备洗眼器和淋洗设备。

12 安全管理

12.1 光气及光气化产品生产厂应结合本厂生产工艺,制定出本厂的安全技术规程和安全生产管理制度。

12.2 直接接触光气及光气化产品的生产、使用、贮存、运输等操作人员应按有关规定经过专业培训,考核合格后方可上岗。

12.3 设备必须定期检查及维修,每年应对含光气物料工艺设备进行腐蚀监测,对信号报警系统和通讯系统进行测试,应始终处于良好的工作状态。对其装置每年进行一次安全评价。

12.4 光气及光气化产品的生产、使用、贮存、运输等现场应配备有效的防护用具(见表2),光气监测器材及消防器材。

表2 防护用品配置表

名 称	种 类	常 用 数	备 用 数
防毒面罩	防毒过滤式	与操作人数相同	按操作人数30%配置
隔离式防毒面具	送风隔离式[a]	与紧急事故处理及救护人数相同	
	空气隔离式		

表 2（续）

名　称	种　类	常　用　数	备　用　数
防护服	橡胶或乙烯材料	与紧急事故处理及救护人数相同	按操作人数30％配置
防护手套		与操作人数相同	
防护靴			
ª 宜设送风隔离式防毒面具。			

12.5 工厂内必须安设风向标，其位置和高度应设在本厂职工和附近范围(500 m)内人员容易看到的位置。

13 卫生防护及事故应急救援

13.1 光气及光气化产品生产应按有关法律、法规要求，制定事故应急救援预案。事故应急救援预案至少应包括以下内容：
  a) 厂区基本情况；
  b) 危险化学品的数量及分布图；
  c) 指挥机构的职责及分工；
  d) 装备、通讯联络方式及信号规定；
  e) 应急救援专业队伍的任务及演练；
  f) 预防事故措施；
  g) 事故处理；
  h) 紧急安全疏散；
  i) 工程抢险抢修；
  j) 现场医疗救护；
  k) 社会支援。

13.2 工厂应按《工业企业设计卫生标准》的规定设置职业卫生及职业病防治管理机构，并配备有救护经验的医务人员及必要的急救设备和药品。

13.3 工厂应设置有毒气体防护站或紧急救援站，并配备监测人员与仪器设备。

13.4 工厂应按《使用有毒物品作业场所劳动保护条例》的要求，预防、控制和消除职业中毒危害，保护从事光气及光气化产品生产人员的生命安全和身体健康。

附　录　A
（资料性附录）
光气及部分剧毒光气化产品的主要危险特性

A.1　光气

分子式 $COCl_2$；纯品为无色气体，沸点 8.2 ℃。工业品略带黄色，有不愉快的霉干草味，不燃，剧毒。表 A.1 所示在不同浓度下人体有不同的反应。

表 A.1 不同浓度下人体的反应

序 号	光气浓度/(mg/m³)	人 体 反 应
1	2	可嗅到气味
2	8	嗅到强烈气味
3	5~10	长期接触有生命危险
4	20	1 min 内可引起咳嗽
5	40	1 min 内可引起眼睛和呼吸道强烈刺激
6	50	30~60 min 有生命危险
7	80	1~2 min 内对肺严重损害
8	100	短时间内有生命危险

A.2 异氰酸甲酯（MIC）

分子式 CH_3NCO；由光气与一甲胺化合而成，为无色、易挥发、易燃液体，沸点 38.1 ℃，爆炸极限 5.3%~26%，剧毒。吸入后会引起肺部的纤维化，从而使支气管堵塞，产生肺水肿。中毒症状为胸痛、发烧、呼吸困难等。

MIC 对人的反应为：
——空气中浓度为 5 mg/m³~10 mg/m³ 时，对黏膜有刺激。
——空气中浓度为 50 mg/m³ 时，不能持久。
——皮肤上接触到该物料后，会引起灼伤、组织坏死和穿孔。

A.3 氯甲酸甲酯

分子式 $ClCOOCH_3$；由光气与甲醇化合而成，为无色液体，沸点 71.4 ℃，闪点 12.2 ℃，易燃，有强腐蚀性和催泪性，剧毒。遇高温分解放出有剧毒的光气，其毒性约为氯的 2.6 倍。直接与之接触可引起皮肤和黏膜的坏死，吸入微量气体对眼、鼻、咽喉有明显刺激症状。当空气中浓度达到 210 mg/m³ 时，接触一定时间会引起上呼吸道和肺的炎症，浓度更高时可引起肺水肿。

危险化学品储罐区作业安全通则
（AQ 3018—2008）

前　言

本标准第 4 章、第 5 章为强制性的，其余为推荐性的。

危险化学品储罐区作业除应符合本标准的要求外，并应符合国家有关标准、规范的要求。

本标准提出危险化学品储罐区作业安全要求。

本标准由国家安全生产监督管理总局提出。

本标准由全国安全生产标准化技术委员会化学品安全标准化分技术委员会（TC 288/SC 3）归口。

本标准由江苏省安全生产科学研究院、江苏省科瑞安全技术有限公司起草。

本标准主要起草人：施祖建、王读平、谢建兵、吴龙英、夏尔淳。

本标准由全国安全生产标准化技术委员会化学品安全标准化分技术委员会解释。

本标准为首次发布。

1　范围

本标准规定了危险化学品储罐区作业安全的基本要求。

本标准适用于危险化学品储罐区内的作业，不适用于与装置一同布置的中间罐区、加装防爆材料储罐区、覆土罐区和洞罐区。

2　规范性引用文件

下列文件中的条款，通过本标准的引用而成为本标准的条款。凡是注明日期的引用文件，其随后所有的修改单或修订版均不适用于本标准，然而，鼓励根据本标准达成协议的各方研究是否可使用这些文件的最新版本。凡是不注日期的引用文件，其最新版本适用于本标准。

GB 11651　劳动防护用品选用规则

GB 16179　安全标志使用导则

GB 2894　安全标志

3　术语和定义

3.1

危险化学品　dangerous chemical

指具有爆炸、燃烧、助燃、毒害、腐蚀等性质，或者具有健康和环境危害，对接触的人员、设施、环境可能造成伤害或者损害的化学品。本标准所指危险化学品以国家有关部门公布的危险化学品目录为准。

3.2

危险化学品储罐区 dangerous chemical tank farm

由一个或若干个储存危险化学品储罐组成的区域,本标准中简称罐区。

3.3

检维修作业 maintenance and repair work

指在罐区内动火作业、进入受限空间作业、盲板抽堵作业、高处作业、断路作业、吊装作业、动土作业、设备检修作业、临时用电作业等危险性作业。

3.4

吹扫作业 purging

采用蒸汽、水、空气或惰性气体及有关化学溶液等介质吹扫管线或储罐清除残留或附着其内的物料、杂物的方法。

3.5

清线作业 pipe line cleaning

更换输送品种或维修检测作业之前对管线进行清洗的作业。

3.6

清罐作业 tank cleaning

更换储存品种或维修检测作业之前对储罐进行清洗的作业。

4 基本要求

4.1 作业前应对作业全过程进行风险评估,制定作业方案、安全措施和应急预案。

4.2 作业前应确认作业单位资质和作业人员的操作能力,确认特种作业人员资质。

4.3 应为作业提供必要的安全可靠的机械、工具和设备,并保证完好。

4.4 应按 GB 16179 和 GB 2894 的规定设置安全标志。同时设置危险危害告知牌。

4.5 安全培训

4.5.1 作业人员应定期进行专门的安全培训,经考试合格后上岗。特种作业人员应按有关规定经专业培训,考试合格后持证上岗,并定期参加复审。

4.5.2 储存的危险化学品品种改变时以及检维修作业前,应根据风险评估的结果及应采取的控制措施对作业人员进行有针对性的培训。

4.5.3 外来作业人员在进入作业现场前,应由作业现场所在单位组织进行进入现场前的安全培训教育。

4.6 个体防护

4.6.1 应根据接触的危险化学品特性和 GB 11651 的要求,选用适宜的劳动防护用品。

4.6.2 作业人员应佩戴适合作业场所安全要求和作业特点的劳动防护用品。

4.6.3 现场定点存放的防护器具应有专人负责保管,经常检查、维护和定期校验。

4.7 应急预案及应急器材

4.7.1 应组织从业人员进行应急培训,定期演练、评审并改进。

4.7.2 应按规定配备足够的应急救援器材,并进行经常性的维护保养,保证其处于完好状态。

4.7.3 接触腐蚀性等有毒有害的场所应设置应急冲淋装置。

4.7.4 应经常检查应急通讯设施。

4.8 安全监护

4.8.1 作业时应根据作业方案的要求设立安全监护人,安全监护人应对作业全过程进行现场监护。

4.8.2 安全监护人应经过相关作业安全培训,有该岗位的操作资格;应熟悉安全监护要求。

4.8.3 安全监护人员应告知作业人员危险点,交待安全措施和安全注意事项。

4.8.4 作业前安全监护人应现场逐项检查应急救援器材、安全防护器材和工具的配备及安全措施的落实。

4.8.5 安全监护人应佩戴安全监护标志。

4.8.6 安全监护人发现所监护的作业与作业票不相符合或安全措施不落实时应立即制止作业,作业中出现异常情况时应立即要求停止相关作业,并立即报告。

4.8.7 作业人员发现安全监护人不在现场,应立即停止作业。

4.9 作业前的准备

4.9.1 应确认相关工艺设备符合安全要求。

4.9.2 应确认品种、数量、储罐有效容积和工艺流程。

4.9.3 应确认安全设施、监测监控系统完好。

4.10 输送危险化学品的流速和压力应符合安全要求。

4.11 不得在未采取安全保障措施的情况下采用同一条管道输送不同品种、牌号的危险化学品。

4.12 作业过程中作业人员不得擅离岗位。

4.13 遇到雷雨、六级以上大风(含六级风)等恶劣气候时应停止检维修和需人工上罐的作业。

4.14 未经批准不得在罐区进行收货、发货作业同时进行任何检维修作业。

4.15 实施管线吹扫作业前应办作业票。应根据物料特性选用适用的吹扫工艺。

5 检维修作业

5.1 检维修作业应符合 4.1、4.2、4.3、4.5、4.6、4.7、4.8、4.9、4.13、4.14、4.15 的要求。

5.2 作业前应办理相应的检维修作业的作业票。

5.3 检维修作业应设立现场监护人,作业时现场监护人不得离开作业现场。

5.4 应对检维修作业的作业现场设置警戒区域、警示标志和危险危害告知牌。

5.5 应根据作业场所危险危害的特点,现场配置消防、气体防护等安全器具。

5.6 在作业过程中,如有人员变动,作业负责人必须及时通知作业主管部门,并按规定进行安全教育,办理有关手续后,方可进入施工现场。

5.7 罐区内不宜进行不同的施工作业,如必要时应采取可靠有效的安全控制措施。

5.8 作业前应根据需要采取通风、置换、吹扫、隔断和检测等安全措施,并采取相应的预防措施。

5.9 清线作业

5.9.1 作业前确认并现场复核确认管线号和储罐号。

5.9.2 作业前确认机具符合安全要求。

5.9.3 需要进行盲板封堵作业时应办理作业票,经审批后方可进行作业,作业前作业负责人应对需要进行盲板封堵的部位现场复核确认,盲板处应设有明显标志。

5.9.4 根据物料特性不同选择清线工艺。确认清线工艺符合安全要求。

5.9.5 采取管线吹扫作业时应按照4.15执行。

5.10 清罐作业

5.10.1 清罐作业应办理作业票,经审批后方可进行作业。

5.10.2 作业前应现场复核并确认管线号和储罐号。

5.10.3 清罐前清空余料,所有与储罐相连的管线、阀门应加盲板断开。对储罐进行吹扫、蒸煮、置换、通风等工艺处理后,应经分析检测确认符合安全要求。

5.10.4 应由作业负责人进行全面检查复核无误后,方可开始入罐作业。

5.10.5 作业人员进罐作业罐外应有2人以上监护。

5.10.6 作业人员应严格按照GB 11651规定着装并佩带保证安全要求的劳动防护用品。

5.10.7 清罐作业采用的设备、机具和仪器应满足相应的防火、防爆、防静电的要求。

5.11 作业结束后,所有动用的设备设施应按要求全部复位,并清理现场。

危险场所电气防爆安全规范(AQ 3009—2007)

前 言

本标准第 4 章、第 5 章、第 6 章、第 7 章为强制性的,其余为推荐性的。

本标准的附录 A、附录 C、附录 D 为规范性附录,附录 B、附录 E 为资料性附录。

本标准由国家安全生产监督管理总局提出。

本标准由全国安全生产标准化技术委员会化学品安全分技术委员会(TC 288/SC 3)归口。

本标准负责起草单位:上海市安全生产监督管理局、国家安全生产上海矿用设备检测检验中心。

本标准参加起草单位:国家安全生产上海防爆电气检测检验中心、国家安全生产南阳防爆电气检测检验中心。

本标准主要起草人:李斌、徐建平、王其坤、葛青、王军、郁文哉、卢巧、曹广辉、谢平凡。

1 范围

本标准规定了爆炸性气体或可燃性粉尘环境中电气设备的选型、安装、使用、维护的安全要求及检查程序。

本标准不适用于下列环境:
——煤矿井下;
——炸药的制造和加工场所;
——医疗室。

2 规范性引用文件

下列文件中的条款通过本标准的引用而成为本标准的条款。凡是注日期的引用文件,其随后所有的修改单(不包括勘误的内容)或修订版均不适用于本标准,然而,鼓励根据本标准达成协议的各方研究是否可使用这些文件的最新版本。凡是不注日期的引用文件,其最新版本适用于本标准。

GB 3836.1—2000 爆炸性气体环境用电气设备 第 1 部分:通用要求(eqv IEC 60079-0:1998)

GB 3836.3—2000 爆炸性气体环境用电气设备 第 3 部分:增安型"e"(eqv IEC 60079-7:1990)

GB 3836.4—2000 爆炸性气体环境用电气设备 第 4 部分:本质安全型"i"(eqv IEC 60079-11:1999)

GB 3836.5—2004 爆炸性气体环境用电气设备 第 5 部分:正压外壳型"p"(MOD IEC 60079-2:2001)

GB 3836.13—1997 爆炸性气体环境用电气设备 第 13 部分:爆炸性气体环境用电气

设备的检修(eqv IEC 60079-19:1993)

　　GB 3836.14—2000　爆炸性气体环境用电气设备　第14部分:危险场所分类(idt IEC 60079-10:1995)

　　GB 3836.15—2000　爆炸性气体环境用电气设备　第15部分:危险场所电气安装(煤矿除外)(eqv IEC 60079-14:1996)

　　GB 12476.1—2000　可燃性粉尘环境用电气设备　第1部分:用外壳和限制表面温度保护的电气设备(idt IEC 61241-1-1:1999)

　　GB 12476.2—2006　可燃性粉尘环境用电气设备　第1部分:用外壳和限制表面温度保护的电气设备　第2节:电气设备的选择、安装和维护(idt IEC 61241-1-2:1999)

　　GB/T 14823.1—1993　电气安装用导管特殊要求　金属导管(eqv IEC 60614-2-1:1982)

　　GB 16895　建筑物电气装置

　　GB/T 18380.1～18380.3—2001　电缆在火焰条件下的燃烧试验(idt IEC 60332)

　　GB 50058—1992　爆炸和火灾危险环境电力装置设计规范

　　IEC 60364　建筑物电气装置

　　ISO 4225:1994　空气质量一般特性　词汇

3　术语和定义

下列术语和定义适用于本标准。

3.1
电气设备　electrical apparatus

系一切利用电能的设备的整体或部分,如发电、输电、配电、蓄电、电测、调节、变流、用电设备和电讯工程设备等。

3.2
爆炸性环境　explosive atmosphere

在大气条件下,气体、蒸气、薄雾或粉尘可燃物质与空气形成混合物,点燃后,燃烧将传至全部未燃烧混合物的环境。

3.3
爆炸性气体环境　explosive gas atmosphere

在大气条件下,气体、蒸汽或雾状的可燃物质与空气形成混合物,点燃后,燃烧将传至全部未燃烧混合物的环境。

3.4
可燃性粉尘环境　combustible dust atmosphere

在大气环境条件下,粉尘或纤维状的可燃性物质与空气的混合物点燃后,燃烧将传至全部未燃烧混合物的环境。

3.5
危险场所　hazardous area

爆炸性气体环境或可燃性粉尘环境大量出现或预期出现的数量足以要求对电气设备的结构、安装和使用采取专门预防措施的区域。

3.6
非危险场所 non-hazardous area

爆炸性气体环境或可燃性粉尘环境预期出现的数量不足以要求对电气设备的结构、安装和使用采取专门预防措施的区域。

3.7
正常运行 normal operation

设备运行符合机械和电气设计要求,并且在制造厂规定的限制范围内运行。

3.8
隔爆外壳 flameproof enclosure

电气设备的一种防爆型式,其外壳能够承受通过外壳任何接合面或结构间隙渗透到外壳内部的可燃性混合物在内部爆炸而不损坏,并且不会引起外部由一种、多种气体或蒸汽形成的爆炸性环境的点燃。

注:隔爆外壳的防爆型式通常称为隔爆型,用字母"d"表示。

3.9
增安型"e" increased safety "e"

对在正常运行条件下不会产生电弧或火花的电气设备进一步采取措施,提高其安全程度,防止电气设备产生危险温度、电弧、火花的可能性的防爆型式。

3.10
本质安全型电气设备"i" intrinsically safe electrical apparatus"i"

内部的所有电路都是本质安全电路的电气设备,本质安全电路指的是在标准规定条件(包括正常工作和规定的故障条件)下产生的任何电火花或任何热效应均不能点燃规定的爆炸性气体环境的电路。

3.11
正压外壳型电气设备"p" pressurized enclosures electrical apparatus "p"

具有正压外壳的电气设备,即该外壳能保持内部气体的压力高于外部环境大气压力,且能阻止外部爆炸性混合物的进入。

3.12
油浸型电气设备"o" oil-immersion electrical apparatus"o"

一种将电气设备或电气设备的部件整个浸在油或其他保护液中,使设备不能够点燃液面以上或外壳外面的爆炸性混合物的电气设备。

3.13
充砂型电气设备"q" powder filling electrical apparatus"q"

一种外壳内充填沙粒或其他填充材料,使之在规定的使用条件下,壳内产生的电弧、传播的火焰、外壳壁或填充材料表面的过热均不能点燃周围爆炸性混合物的电气设备。

3.14
浇封型电气设备"m" encapsulation electrical apparatus"m"

一种将整台设备或部分浇封在浇封剂中,在正常运行和认可的过载或认可的故障下不能点燃周围的爆炸性混合物的电气设备。

3.15

n 型电气设备"n"　non-sparking electrical apparatus"n"

一种在正常运行时或标准、制造厂规定的异常条件下,不会产生引起点燃的火花或超过温度组别限制的最高表面温度的电气设备。

3.16

维护　maintenance

将产品保持在或恢复到符合有关技术条件要求的状态,并实现其要求功能的综合活动。

3.17

检查　inspection

为了获取设备运行状态安全可靠的结论而采取的不拆卸或局部拆卸设备,并辅以一些测试措施而进行的详细检查活动。

3.17.1

目视检查　visual inspection

用肉眼而不用检测设备或工具来识别明显缺损的检查,如螺栓丢失。

3.17.2

一般检查(专业)　close inspection

包括目视检查以及使用检测设备,如活梯(必要的地方)和工具才能识别明显缺损的检查,如螺栓松动。

注:一般检查一般不要求打开外壳或设备断电。

3.17.3

详细检查　detailed inspection

包括一般检查以及只有打开外壳和/或(必要时)采用工具或检测设备才能识别明显缺损的检查,如接线端子松动。

3.17.4

初始检查　initial inspection

所有的电气设备、系统和装置在投入运行前的检查。

3.17.5

定期检查　periodic inspection

对所有的电气设备、系统和装置进行的例行检查。

3.17.6

连续监督　continuous supervision

由在专业安装及其使用环境方面有经验的专业技术人员进行的经常保养、检查、管理、监控和维修电气装置,以便保持装置的防爆性能处于良好状态。

3.18

粉尘　dust

在大气中依靠自身重量可沉淀下来,但也可持续悬浮在空气中一段时间的固体微小颗粒(包括 ISO 4225 中定义的粉尘和颗粒)。

3.19

可燃性粉尘　combustible dust

与空气混合后可能燃烧或闷燃,在常温常压下与空气形成爆炸性混合物的粉尘。

3.20

导电粉尘　conductive dust

电阻系数等于或小于 $1\times10^3\Omega\cdot m$ 的粉尘、纤维或飞扬物。

3.21

粉尘层的最低点燃温度　minimum ignition temperature of a dust layer

规定厚度的粉尘层在热表面上发生点燃的热表面的最低温度。

3.22

粉尘云的最低点燃温度　minimum ignition temperature of a dust cloud

炉内空气中所含粉尘云出现点燃时炉子内壁的最低温度。

3.23

防粉尘点燃　dust ignition protection

国家标准 GB 12476.1 规定的适用于电气设备上有关避免粉尘层或粉尘云点燃的所有措施(如防止粉尘进入和限制表面温度)。

该标准包含了 A 型和 B 型两种不同型式的电气设备。这两种型式具有相同的保护水平。

3.24

尘密外壳　dusttight enclosure

能够阻止所有可见粉尘颗粒进入的外壳。

3.25

防尘外壳　dust-protected enclosure

不能完全阻止粉尘进入,但其进入量不会妨碍设备安全运行的外壳。粉尘不应堆积在该外壳内易产生点燃危险的位置上。

3.26

最高表面温度　maximum surface temperature

气体最高表面温度指电气设备在允许的最不利条件下运行时,其表面或任一部分可能达到的并有可能引燃周围爆炸性气体环境的最高温度。

粉尘最高表面温度指在规定的无粉尘或有覆盖粉尘条件下试验时,电气设备表面的任何部分所达到的最高温度。

注:该温度是在试验条件下所达到的。由于粉尘的隔热性,该温度随着粉尘厚度的增加而升高。

3.27

允许的最高表面温度　maximum permissible surface temperature

为了避免粉尘点燃,在实际运行中允许电气设备表面达到的最高温度。而允许的最高表面温度取决于粉尘的类型、层厚和采用的安全系数。

3.28

符号"U"　"U"symbol

一种加在防爆合格证编号后的表明该产品为 Ex 元件的符号。

3.29

符号"X"　"X"symbol

一种加在防爆合格证编号后的表明其安全使用特定条件的符号。

3.30

证书 certificate

用于确定设备符合标准的要求、型式试验和适应的例行试验的文件。证书可以针对 Ex 设备或 Ex 元件。

4 爆炸性物质分级、分组和爆炸危险场所的分类、分级和区域范围划分

4.1 爆炸性物质分级与分组

4.1.1 爆炸性气体的分级和分组

4.1.1.1 爆炸性气体应按其最大试验安全间隙(MESG)或最小点燃电流比(MICR)分级,并应符合表1的规定。

表 1 最大试验安全间隙(MESG)和最小点燃电流比(MICR)分级

级别	最大试验安全间隙(MESG) mm	最小点燃电流比(MICR)
ⅡA	>0.9	>0.8
ⅡB	0.5≤MESG≤0.9	0.45≤MICR≤0.8
ⅡC	<0.5	<0.45

4.1.1.2 爆炸性气体应按引燃温度分组,并应符合表2的规定。

表 2 引燃温度分组

组别	引燃温度 t ℃
T1	$t>450$
T2	$300<t\leqslant450$
T3	$200<t\leqslant300$
T4	$135<t\leqslant200$
T5	$100<t\leqslant135$
T6	$85<t\leqslant100$

4.1.1.3 爆炸性气体分级、分组举例参见附录B。

4.1.2 可燃性粉尘的分类和分组

4.1.2.1 可燃性粉尘的分类

可燃性粉尘按其导电特性,可分为导电粉尘和非导电粉尘两种类型。

4.1.2.2 可燃性粉尘的分组

可燃性粉尘按其最低点燃温度进行分组,具体分组方法同爆炸性气体引燃温度分组。

可燃性粉尘的点燃温度分为粉尘与空气混合物最低点燃温度(粉尘云最低点燃温度,T_{cl})和粉尘层最低点燃温度。

粉尘层最低点燃温度通常又分为粉尘层厚度为 5 mm 的最低点燃温度（$T_{5\ mm}$）和粉尘层厚度为 12.5 mm 的最低点燃温度（$T_{12.5\ mm}$）。

4.2 爆炸危险场所的分类、分区和区域范围划分
4.2.1 爆炸危险场所的分类
爆炸危险场所按爆炸性物质的物态，分为气体爆炸危险场所和粉尘爆炸危险场所两类。
4.2.2 爆炸危险场所的分区和区域范围划分
4.2.2.1 爆炸性气体环境的分区
根据爆炸性气体环境出现的频率和持续时间把危险场所分为 0 区、1 区和 2 区三个区域等级。
4.2.2.1.1 0 区
爆炸性气体环境连续出现或长时间存在的场所。
4.2.2.1.2 1 区
在正常运行时，可能出现爆炸性气体环境的场所。
4.2.2.1.3 2 区
在正常运行时，不可能出现爆炸性气体环境，如果出现也是偶尔发生并且仅是短时间存在的场所。
4.2.2.2 爆炸性气体环境的区域范围划分
爆炸性气体环境的区域划分应根据生产实际情况按照 GB 3836.14—2000 和 GB 50058—1992 进行。
4.2.2.3 可燃性粉尘环境的分区
根据可燃性粉尘/空气混合物出现的频率和持续时间及粉尘层厚度，可燃性粉尘环境可分为 20 区、21 区和 22 区三个区域等级。
4.2.2.3.1 20 区
在正常运行过程中可燃性粉尘连续出现或经常出现，其数量足以形成可燃性粉尘与空气混合物和/或可能形成无法控制和极厚的粉尘层的场所及容器内部。
4.2.2.3.2 21 区
在正常运行过程中，可能出现的粉尘数量足以形成可燃性粉尘与空气混合物但未划入 20 区的场所。该区域包括：与充入或排放粉尘点直接相邻的场所、出现粉尘层和正常操作情况下可能产生可燃浓度的可燃性粉尘与空气混合物的场所。
4.2.2.3.3 22 区
在异常条件下，可燃性粉尘云偶尔出现并且只是短时间存在，或可燃性粉尘偶尔出现堆积，或可能存在粉尘层并且产生可燃性粉尘空气混合物的场所。如果不能保证排除可燃性粉尘堆积或粉尘层时，则应划分为 21 区。
4.2.2.4 可燃性粉尘环境的区域范围划分
可燃性粉尘的区域划分可按照附录 C 的规定进行。

5 爆炸危险场所防爆电气设备的选型

5.1 选型原则
防爆电气设备的选型原则：

a) 防爆电气设备的选型原则是安全可靠、经济合理。
b) 防爆电气设备应根据爆炸危险区域的等级和爆炸危险物质的类别、级别和组别选型。

5.2 爆炸性气体环境用电气设备选型
5.2.1 根据区域类别选型

爆炸性气体环境用电气设备根据区域类别选型应符合表3要求。

表3 气体爆炸危险场所用电气设备防爆类型选型

适用爆炸危险区域	电气设备防爆型式	防爆标志
0区	本质安全型（ia级）	Exia
	为0区设计的特殊型	Exs
1区	适用于0区的防爆型式	
	本质安全型（ib级）	Exib
	隔爆型	Exd
	增安型	Exe
	正压外壳型	Expx、Expy
	油浸型	Exo
	充砂型	Exq
	浇封型	Exm
	为1区设计的特殊型	Exs
2区	适用于0区和1区的防爆型式	
	n型	ExnA、ExnC、ExnR、ExnL、ExnZ
	正压外壳型	Expz
	为2区设计的特殊型	Exs

注1：对于标有"s"的特殊型设备，应根据设备上标明适用的区域类型选用，并注意设备安装和使用的特殊条件。
注2：根据我国的实际情况，允许在1区中使用的"e"型设备仅限于：
——在正常运行中不产生火花、电弧或危险温度的接线盒和接线箱，包括主体为"d"或"m"型，接线部分为"e"型的电气产品；
——配置有合适热保护装置（见GB 3836.3—2000附录D）的"e"型低压异步电动机（启动频繁和环境条件恶劣者除外）；
——单插头"e"型荧光灯。
注3：用正压保护的防爆型式：
px型正压——将正压外壳内的危险分类从1区降至非危险，或从Ⅰ类（煤矿井下危险区域）降至非危险的正压保护。
py型正压——将正压外壳内的危险分类从1区降至2区的正压保护。
pz型正压——将正压外壳内的危险分类从2区降至非危险的正压保护。

表 3（续）

适用爆炸危险区域	电气设备防爆型式	防爆标志
注4:符号： 　　A——无火花设备； 　　C——有火花设备，触头采用除限制呼吸外壳、能量限制和n-正压之外的适当保护； 　　R——限制呼吸外壳； 　　L——限制能量设备； 　　Z——具有n-正压外壳。		

5.2.2 根据气体或蒸气的引燃温度选型

电气设备应按其最高表面温度不超过可能出现的任何气体或蒸气的引燃温度选型。

电气设备上温度组别标志意义见表4。

如果电气设备未标示环境温度范围，设备应在−20 ℃～+40 ℃温度范围内使用。如果电气设备标示了该温度范围，设备只能在这个范围内使用。

表 4　温度组别、引燃温度和允许的设备温度组别之间的关系

危险场所要求的温度组别	气体或蒸气的引燃温度 ℃	允许的设备温度组别
T1	>450	T1～T6
T2	>300	T2～T6
T3	>200	T3～T6
T4	>135	T4～T6
T5	>100	T5～T6
T6	>85	T6

5.2.3 根据设备类别选型

防爆型式为"e"、"m"、"o"、"p"和"q"的电气设备应为Ⅱ类设备。

防爆型式为"d"和"i"的电气设备应是ⅡA、ⅡB、ⅡC类设备，并按表5进行选型。

表 5　气体/蒸气分类与设备类别间的关系

气体/蒸气分类	设备类别
ⅡA	ⅡA、ⅡB或ⅡC
ⅡB	ⅡB或ⅡC
ⅡC	ⅡC

防爆型式为"n"的电气设备应为Ⅱ类设备，如果它包括密封断路装置，非故障元件或限能设备或电路，那么该设备应是ⅡA、ⅡB或ⅡC类，并且按表5进行选型。

5.2.4 外部影响

电气设备的选型和安装，应考虑防止外部影响（例如化学作用、机械作用、热、电气、潮

湿)对防爆性能产生不利的影响。

应有防止异物垂直落入立式安装电机通风口内的措施。

5.3 可燃性粉尘环境用电气设备选型

5.3.1 根据粉尘环境区域和粉尘类型选型

可燃性粉尘环境用电气设备根据粉尘环境区域和粉尘类型选型见表6。

表 6 防粉尘点燃电气设备的选择

电气设备类型	粉尘类型	20区或21区	22区
A 型	导电粉尘	DIP A20 或 DIP A21	DIP A21（IP6X）
	非导电粉尘	DIP A20 或 DIP A21	DIP A22 或 DIP A21
B 型	导电粉尘	DIP B20 或 DIP B21	DIP B21
	非导电粉尘	DIP B20 或 DIP B21	DIP B22 或 DIP B21

5.3.2 根据粉尘点燃温度选型

防粉尘点燃设备的最高表面温度（T_A 或 T_B）通常直接标温度值，或按表4标温度组别（T1～T6）或两者都标。

对于 A 型设备，其最高表面温度应不超过相关粉尘云最低点燃温度（以℃为单位）的 2/3，即 $T_{max} \leq 2/3 T_{cl}$；当存在粉尘层厚度至 5 mm 时，其最高表面温度不应超过相关粉尘层厚度为 5 mm 的最低点燃温度减去 75 K，即 $T_{max} \leq T_{5\,mm} - 75\,K$，取两者较小值。

对于 B 型设备，其最高表面温度应不超过相关粉尘云最低点燃温度（以℃为单位）的 2/3，即 $T_{max} \leq 2/3 T_{cl}$；当存在粉尘层厚度至 12.5 mm 时，其最高表面温度不应超过相关粉尘层厚度为 12.5 mm 的最低点燃温度减去 25 K，即 $T_{max} \leq T_{12.5\,mm} - 25\,K$，取两者较小值。

设备选型时，对于 20 区使用粉尘层厚度可能超过 5 mm 的 A 型设备，或粉尘层厚度可能超过 12.5 mm 的 B 型设备，设备允许的最高表面温度必须进一步降低，并经实验室试验验证确定。

对于使用在危险场所的辐射设备和超声波设备，以及即使使用在安全场所，但其辐射或超声波可能进入危险场所的设备的选择应满足 GB 12476.2—2006 标准规定的要求。

6 爆炸危险场所电气线路和防爆电气设备的安装

6.1 爆炸性气体环境电气线路和防爆电气设备的安装

6.1.1 爆炸性气体环境电气线路的安装

爆炸性气体环境电气线路的安装方式可分为电缆布线方式和导管布线方式。

注：本质安全电路的安装可不按本条的规定。

6.1.1.1 一般规定

6.1.1.1.1 电气线路应敷设在爆炸危险性较小的区域或距离释放源较远的位置，避开易受机械损伤、振动、腐蚀、粉尘积聚以及有危险温度的场所。当不能避开时，应采取预防措施。

6.1.1.1.2 选用的低压电缆或绝缘导线，其额定电压必须高于线路工作电压，且不得低于 500 V，绝缘导线必须敷设于导管内。

6.1.1.1.3 10 kV 及以下架空线路严禁跨越爆炸性气体环境；架空线与爆炸性气体环境水

平距离,不应小于杆塔高度的1.5倍。

6.1.1.1.4 电缆及其附件在安装时,根据实际情况其位置应能防止受外来机械损伤、腐蚀或化学影响(如溶剂的影响),以及高温作用(对本安全电路见6.1.2.4.4)。如果上述情况不能避免,安装时应采取保护措施。例如,使用导管或对电缆进行选型(为了使其损害降低到最小,可使用铠装电缆、屏蔽线、无缝铝护套线、矿物绝缘金属护套或半刚性护套电缆等)。

注:在-5℃安装时,PVC电缆应采取措施防止电缆护套或绝缘材料受损害。

6.1.1.1.5 无护套单芯电线,除非它们安装在配电盘、外壳或导管系统内,不应用作导电配线。

6.1.1.1.6 设置电缆的通道、导管、管道或电缆沟,应采取预防措施防止可燃性气体、蒸气或液体从这一区域传播到另一个区域,并且阻止电缆沟中可燃性气体、蒸气或液体的聚集。这些措施包括通道、导管或管道的密封。对于电缆沟,可使用充足的通风或充砂。

导管和在特殊情况下的电缆(如存在压力差)应密封,防止液体或气体在导管或电缆护套内通过。

6.1.1.1.7 通过危险场所的电路从非危险场所穿过危险场所到另一场所时,危险场所中的管线系统应适合于该区域。

6.1.1.1.8 除加热带外,应避免电缆金属铠装/护套与有可燃性气体、蒸气或液体管道系统之间的偶然接触,利用电缆上非金属外护套进行隔离通常可避免这种偶然接触。

6.1.1.1.9 危险和非危险场所之间墙壁上穿过电缆和导管的开孔应充分密封。例如,用砂密封或用砂浆密封。

6.1.1.1.10 在危险场所中使用的电缆不能有中间接头。当不能避免时,除适合于机械的、电的和环境情况外,连接应该:

——在适应于场所防爆型式的外壳内进行;或

——配置的连接不能承受机械应力,应按制造厂说明,用环氧树脂、复合剂或用热缩管材进行密封。

注:除本质安全系统用电缆外,后一种方法不能在1区使用。

除连接隔爆设备导管中或本安电路中导线连接外,导线连接应通过压紧连接、牢固的螺钉连接、熔焊或钎焊方式进行。如果被连接导线用适当的机械方法连在一起,然后软焊是允许的。

6.1.1.1.11 如果使用多股绞线尤其是细的绞合导线,应保护绞线终端,防止绞线分散,可用电缆套管或芯线端套,或用定型端子的方法。但不能单独使用焊接方法。

符合设备防爆型式的爬电距离和电气间隙不应因导线与端子连接而减小。

6.1.1.1.12 为处理紧急情况,在危险场所外合适的地点或位置应有一种或多种措施对危险场所电气设备断电。为防止附加危险,必须连续运行的电气设备不应包括在紧急断电电路中,而应安装在单独的电路上。

6.1.1.1.13 为保证作业安全,应对每一电路或电路组采取适当方法进行隔离(例如隔离开关、熔断器和保险丝),包括所有电路导体,也包括中性线。应立即采取与隔离措施一致的标签对被控制电路和电路组标识。

注:裸露非保护导体对爆炸性环境产生危险仍持续时,应有有效措施或程序来阻止对电气设备恢复供电。

6.1.1.2 电缆布线
6.1.1.2.1 0 区电缆系统

本质安全型"ia"的电缆安装要求在 6.1.2.4 中规定,用于 0 区的其他设备的电缆应特殊批准。

6.1.1.2.2 1 区、2 区电缆系统
6.1.1.2.2.1 固定式设备用电缆

热塑护套电缆、热固护套电缆、合成橡胶护套电缆或矿物绝缘金属护套电缆可用于固定式线路。

6.1.1.2.2.2 手提式和可移动式设备用电缆

手提式和/或移动式设备应使用含有加厚的氯丁橡胶或其他与之等效的合成橡胶护套电缆,含有加厚的坚韧橡胶护套的电缆,或含有同等坚固结构护套的电缆,导线横截面积最小为 1.0 mm²。如需要电气保护导线,应与其他导线绝缘方式相同,并且应与其他导线并入电源电缆护套中。

对地电压不超过 250 V,额定电流不超过 6 A 的手提式电气设备可以采用普通橡套电缆、普通的氯丁橡胶护套电缆,或具有同等耐用结构的电缆。对于承受强机械力作用的手提式或移动式电气设备,如手灯、脚踏开关、桶式喷雾泵则不允许采用这些电缆。

对手提式或移动式电气设备,如果电缆中使用金属柔韧性铠装或屏蔽,则铠装或屏蔽不应单独作为保护导线使用。

6.1.1.2.2.3 阻燃性能

固定布线电缆的阻燃性能应符合 GB/T 18380.1～18380.3—2001 要求,除非电缆埋在地下、充砂导管内或采取其他防止火焰传播措施。

6.1.1.2.2.4 软电缆

危险场所用软电缆应选用下列电缆:
——普通橡胶护套软电缆;
——普通氯丁护套软电缆;
——加厚橡胶护套软电缆;
——与加厚橡胶护套软电缆绝缘耐压相当的塑料护套软电缆;
——加厚氯丁护套软电缆。

6.1.1.2.3 外部影响

电缆及其附件在安装和使用时,根据实际情况应能防止受到外来机械损伤、腐蚀或化学影响。

6.1.1.2.4 电缆穿过不同区域的隔离措施

电缆穿过不同区域应采取下列隔离措施:
a) 两区域交接电缆沟内应采取分段充砂、填阻火堵料或加防火隔墙等措施。
b) 电缆通过与相邻区域共有的隔墙、楼板、地坪及易受机械损伤处,均应加以保护;留下的孔洞应严密堵塞。
c) 电缆在区域界面(隔墙、楼板、地坪)有保护管的,须在保护管两端用阻火堵料严密堵塞,填塞深度不得小于管子内径,且不得小于 40 mm。

6.1.1.3 导管布线

6.1.1.3.1 允许使用的导管：
  a) 配线导管应采用低压流体输送用镀锌焊接钢管。
  b) 与隔爆外壳相关的导管应按以下选型：
    ——重规螺纹钢管、无缝钢管或符合 GB/T 14823.1 规定的焊缝钢管；或
    ——挠性金属导管或复合材料结构，如金属导管具有塑料或合成橡胶套（有国家检验机关颁发防爆合格证书的）。

6.1.1.3.2 导管与导管、导管与导管附件及导管与电气设备间须用螺纹连接，电气管路之间不得采用倒扣连接，导管与电气设备间的连接应满足相应的防爆型式要求，示例参见附录 E。

6.1.1.3.3 钢管连接螺纹加工应光滑、完整、无锈蚀，在螺纹上应涂电力复合脂或导电防锈脂。不得在螺纹上缠麻或绝缘胶带及涂其他油漆。

6.1.1.3.4 导管系统中在下列情况下使用隔离密封件：
  a) 钢管通过不同危险区域相邻的隔墙时，应在隔墙的任何一侧装设横向式隔离密封件。
  b) 钢管通过楼板或地坪引入其他区域时，均应在楼板或地坪的上方装设纵向式隔离密封件。
  c) 在正常运行时，所有点燃源外壳的 450 mm 范围内。
  d) 含有分接头、接头、电缆头或终端的外壳，与直径为 50 mm 以上导管连接的地方；导管所有螺纹连接处应严密拧紧。
  e) 易积聚冷凝水的管路，应在其垂直段的下方装设排水式隔离密封件，排水口应置于下方。

6.1.1.3.5 隔离密封件应采用填料填塞，填料凝固后应不透水、不收缩、没有裂纹。例如，密封胶、密封泥、环氧树脂、密封纤维等。隔离密封件作为防爆电气设备外壳的一部分则整个部件应经防爆认证并符合相应的防爆型式。

6.1.1.3.6 隔离密封件中填料厚度应至少等于导管直径，最少不小于 16 mm。

6.1.1.3.7 导管内含有多根电线或电缆时，电线或电缆总截面积不超过导管截面积的 40%。

6.1.1.3.8 导线在隔离密封盒内不得有接头。

6.1.1.3.9 导管通过墙、楼板、地坪时，隔离密封件与墙面、楼板、地坪的距离不应超过 300 mm，并应将孔洞严密堵塞。

6.1.1.3.10 导管系统中下列各处应设置与电气设备防爆型式相当的防爆挠性连接管：
  ——电动机的进线口；
  ——导管与电气设备连接有困难处；
  ——导管通过建筑物的伸缩缝、沉降缝处。

6.1.1.3.11 防爆挠性连接管应无裂纹、孔洞、机械损伤、变形等缺陷，其安装时应符合下列要求：
  a) 在不同的使用环境条件下，应采用相应材质的防爆挠性连接管。
  b) 弯曲半径不应小于管外径的 5 倍。

6.1.1.3.12 长距离布线的外壳应有排放装置；用于排放冷凝水；另外电线绝缘应有防水特性。

6.1.1.3.13 为了满足外壳防护等级要求,导管和外壳间应有密封措施(例如密封垫圈或螺纹密封剂),导管与导线间也应有密封措施(例如密封附件)。

注:如果导管是唯一的接地措施,螺纹密封剂不应影响接地路径的有效性。

6.1.1.4 接地

6.1.1.4.1 电气设备的金属外壳、金属构架、金属配线管及其配件、电缆保护管、电缆的金属护套等非带电的裸露金属部分均应接地。

6.1.1.4.2 爆炸危险场所除2区内照明灯具以外所有的电气设备应采用专用接地线;宜采用多股软绞线,其铜芯截面积不得小于4 mm²。金属管线、电缆的金属外壳等可作为辅助接地线。中性点不接地系统,接地电阻值不大于10 Ω;中性点接地系统,接地电阻值不大于4 Ω。

6.1.1.4.3 在爆炸气体危险环境2区内的照明灯具,可利用有可靠电气连接的金属管线系统作为接地线,但不得利用输送易燃物质的管道。

6.1.1.4.4 接地干线应在爆炸危险区域不同方向不少于两处与接地体连接。

6.1.1.4.5 进入爆炸危险场所的电源,如果使用TN型电源系统,应为危险场所中的TN-S型(具有单独的中性线N和保护线PE),即在危险场所中,中性线与保护线不应连在一起或合并成一根导线,从TN-C型到TN-S型转换的任何部位,保护线应在非危险场所与等电位连接系统相连。

注:危险场所内中性线和PE保护线间的漏电监视应给予考虑。

6.1.1.4.6 如果在1区使用TT型电源系统(电源接地与裸露导体部件接地分开),那么电源将使用(剩余)漏电电流动作保护装置进行保护。

注:接地电阻率高的地方,不允许使用该系统。

6.1.1.4.7 如果使用IT型电源系统(中性线与地隔离或经阻抗接地),应提供绝缘监视装置指示第一次接地故障。

注:局部等电位连接,通常称为附加等电位连接。

6.1.1.4.8 铠装电缆引入电气设备时,其接地芯线应与设备内接地螺栓连接,其钢带或金属护套应与设备外接地螺栓连接。

6.1.1.4.9 在电气安装的设计和运行中,应考虑静电、雷电作用,电磁辐射等所造成的影响。

6.1.2 爆炸性气体环境防爆电气设备的安装

6.1.2.1 一般规定

6.1.2.1.1 防爆电气设备的类型、级别、组别、环境条件以及特殊标志等,应符合设计的规定。

6.1.2.1.2 防爆电气设备的铭牌、防爆标志、警告牌应正确、清晰。

6.1.2.1.3 防爆电气设备的外壳和透光部分应无裂纹、损伤。

6.1.2.1.4 防爆电气设备的紧固螺栓应有防松措施,无松动和锈蚀。

6.1.2.1.5 防爆电气设备宜安装在金属制作的支架上,支架应牢固,有振动的电气设备的固定螺栓应有防松装置。

6.1.2.1.6 防爆电气设备接线盒内部接线紧固后,裸露带电部分之间及金属外壳之间的电气间隙和爬电距离应满足附录D的要求。

6.1.2.1.7 电气设备多余的电缆引入口应用适合于相关防爆型式的堵塞元件进行堵封。除本质安全设备外,堵塞元件应使用专用工具才能拆卸。

6.1.2.1.8 电气设备的电缆和导管连接应符合有关防爆型式的要求。

6.1.2.1.9 密封圈和压紧元件之间应有一个金属垫圈,压紧元件应满足产品说明书的要求,并应保证使密封圈压紧电缆或导线。

6.1.2.1.10 电缆外护套外径与密封圈内径的配合应适宜并满足产品说明书的要求,密封圈不应有老化现象。

6.1.2.1.11 灯具的安装,应符合下列要求:
 a) 灯具的种类、型号和功率,应符合设计和产品技术条件的要求;
 b) 螺旋式灯泡应旋紧,接触良好,不得松动;
 c) 灯具外罩应齐全,螺栓应紧固。

6.1.2.1.12 防爆合格证书编号后缀有"U"符号的产品与其他电气设备或系统一起使用时,应先进行附加认证方可安装使用。

6.1.2.1.13 电气设备防爆合格证书编号带有后缀"X"符号时,应注意其安全使用的特定条件。

6.1.2.2 隔爆型"d"的附加要求

6.1.2.2.1 安装设备时,应注意防止隔爆接合面与固体障碍物之间的距离小于表7规定的数值。试验证明,隔离距离可以更小的情况除外。

6.1.2.2.2 隔爆型电气设备隔爆面应有防腐措施。应防止水进入接合间隙。衬垫仅在文件规定允许时方可使用。接合面不得用使用中变硬的物质处理。安装时应防止损伤隔爆面。

> 注:适用的接合面保护措施:可使用非凝结性润滑脂或防腐剂,通常使用硅润滑脂比较合适。但在气体检测器上应慎用,特别应强调在选择材料时要保证其非凝固性,否则会影响接合面间的紧密性。

表 7 按照气体/蒸气分组的隔爆外壳接合面与固体障碍物之间的最小距离

气体分类	最小距离/mm
ⅡA	10
ⅡB	30
ⅡC	40

6.1.2.2.3 隔爆接合面的紧固螺栓不得任意更换,弹簧垫圈应齐全。

6.1.2.2.4 隔爆型电机的轴与轴孔、风扇与端罩之间在正常工作状态下,不应产生碰擦。

6.1.2.2.5 电缆和导管引入系统须满足有关的设备标准要求,并保证隔爆外壳的整体防爆性能。电缆引入系统应符合 GB 3836.15 中 10.3 的要求。导管与隔爆外壳至少啮合 5 扣。

6.1.2.2.6 电缆和导管引入系统应符合 6.1.1.2 和 6.1.1.3 的相关要求;电气设备的电缆或导线引入口需用钢管连接时,宜用一个过渡压紧元件,达到先压紧密封圈后才可连接钢管,钢管连接有困难时可增加活接头。

如果外壳专门设计用于导管连接而改用电缆连接,可用一个带有绝缘套管和接线盒的隔爆型转接器,通过导管与外壳连接,导管长度不超过 150 mm。电缆再连接到接线盒(例如隔爆型或增安型)中,而且应符合接线盒相应防爆型式的要求。

6.1.2.2.7 由变频和调压电源供电的电机要求:
 a) 按照电机有关标准规定埋入温度传感器,对温度进行直接控制或采用其他有效限

制电机外壳表面温度的措施。保护装置动作应能使电机断电。电机和变频器不需一起进行试验;或

b) 电机作为一个工作单元应和变频器、保护装置一起按照 GB 3836.1 的有关标准规定进行型式试验。

注1：在有些情况下，电机最高表面温度发生在电机轴上。

注2：对于增安型"e"接线盒的电机，如果使用高频脉冲输出，应注意接线盒内可能出现的过压峰值和产生的高温。

6.1.2.3　增安型"e"的补充要求

6.1.2.3.1　外壳内有裸露带电件的外壳防护等级应不低于 IP54，仅含有绝缘带电件的应不低于 IP44。安装在干净环境下并且通常有人管理的旋转电机防护等级不低于 IP20。

6.1.2.3.2　引入装置与电缆相适应，使电缆与增安型设备有效连接。应能够保持防爆型式"e"，并与密封元件一起使端子盒外壳达到 IP54。

6.1.2.3.3　接线盒内接线时应保证其规定的电气间隙和爬电距离，如果多根导体连接在一个接线端子上时，应注意保证每根都夹牢。

6.1.2.4　本质安全型"i"的附加要求

6.1.2.4.1　安装在 1 区和 2 区的本质安全电路、本质安全电气设备和关联设备的本质安全部分应符合 GB 3836.4，至少为"ib"类。

6.1.2.4.2　本质安全电路用电缆的绝缘应能承受导体对地、导体对屏蔽和屏蔽对地至少为交流 500 V 的试验电压。

6.1.2.4.3　对所有使用的电缆应知道电缆的电气参数(C_C 和 L_C)或(C_C 和 L_C/R_C)或接受其制造厂规定的最不利情况下的数值。

注1：C_C 表示电缆分布电容。

注2：L_C 表示电缆分布电感。

注3：R_C 表示电缆分布电阻。

6.1.2.4.4　带本质安全电路的安装应使其本质安全性不受外界电磁场的干扰，如由于附近上方供电线路或单芯电缆大电流的影响。这可以通过屏蔽、绞合电缆或与电磁场保持足够的距离来实现。电缆无论在危险区域还是在非危险区域，应满足以下要求：

a) 本质安全电路电缆与非本质安全电路电缆隔离；或

b) 本质安全电路电缆在布置时防止受机械损伤危险；或

c) 本质安全或非本质安全电路电缆为铠装、金属护套或屏蔽。

本质安全电路导线与非本质安全电路导线不应为同一电缆。

绑扎在同一束的本质安全电路导线和非本质安全电路导线间应用绝缘层或接地金属进行隔离。

6.1.2.4.5　有本质安全电路导线的电缆应标示出来。如果护套或表层用颜色标志，该颜色应为淡蓝色，该标志的电缆不应用于其他目的。如果本质安全或非本质安全电路电缆已有铠装、金属护套或屏蔽，不需要再做标志。

6.1.2.4.6　在 0 区安装本质安全电路、本质安全电气设备和关联设备应满足 GB 3836.4"ia"类的要求。优先采用本质安全电路与非本质安全电路电流隔离的关联设备。

6.1.2.4.7　本质安全型电气设备的安装应满足 GB 3836.15—2000 中 12 的要求。

6.1.2.5 正压外壳型"p"的补充要求

除进行整体检查之外,所有的安装应由专业人员检查其是否满足设备文件的要求和本标准的要求。

6.1.2.5.1 保护气体进入管道的位置应设在非危险区,罐装保护气体除外。

6.1.2.5.2 保护气体管道出口应设在非危险区,否则应考虑按表8要求安装能阻止火花和颗粒的装置(该装置用于防止具有点燃能力的火花和颗粒吹出)。

表8 阻挡火花和颗粒装置

管道出口区域	设备	
	A	B
2区	要求	不要求
1区	要求a	要求a

注:符号:
A——正常运行条件下产生具有点燃能力火花的设备;
B——正常运行条件下不产生具有点燃能力火花的设备。

a 如果在正压出现故障时设备的温度有点燃危险,正压外壳内应安装保护装置防止可燃性气体很快进入正压外壳内。

6.1.2.5.3 在冲洗时管道的出口可能存在一个小的危险区。

供压设备(如风机和压缩机保护气体入口)应安装在非危险区。如果驱动电机和/或其控制装置在供气管道内,或不可避免装在危险区域内,这些供压设备应有相应的防爆措施。

6.1.2.5.4 没有内部释放源设备的安装,在出现保护气体故障时,应满足表9的要求。有内部释放源的设备安装应按照制造厂说明书进行,万一出现保护气体故障,应发警报并采取纠正措施保证系统的安全。

表9 在出现保护气体故障时对无内部释放源设备采取的措施

区域划分	外壳内安装有无正压时不适应2区的设备	外壳内安装有无正压时适应2区的设备
2区	报警	不采取措施
1区	报警并断电	报警

注1:如果报警,立即采取措施恢复整个系统供气。
注2:如果自动断电引起更大的危险,应采取其他措施,例如加倍供应保护气。

6.1.2.5.5 有内部释放源的设备安装应按照制造厂说明书进行,万一出现保护气体故障,应发警报并采取纠正措施保证系统的安全。

6.1.2.5.6 对多个正压外壳共用安全设备的要求见 GB 3836.5—2000。

6.1.2.5.7 冲洗:

制造厂规定的正压外壳最短冲洗时间应增加制造厂规定的管道单位体积最小附加冲洗时间乘以管道容积所得的时间。

在2区,如果外壳和其管道内部的环境远远低于爆炸下限(例如爆炸下限的25%),则可以不进行冲洗。此外,可以利用气体探测器检查正压外壳内的气体是否是可以燃烧的。

用作冲洗、正压及连续稀释的气体应为非可燃性、无毒性气体,并且不含湿、油、粉尘、纤维、化学剂、可燃物或其他杂质的,这些因素可能对设备整体性和运行产生危险或不利影响。通常使用空气,有时用惰性气体。保护气体氧气含量不应比空气中含量高。

如果使用空气作为保护气体,气源应在非危险区,并且选择位置上应能降低空气被混杂危险,应考虑附近建筑物由于风向、风速变化可能产生的影响。

保护气体入口处的温度通常不应超过40 ℃(特殊情况,可使用更高或更低温度的气体,但应在正压外壳上做出标志)。

防止出现可燃性气体或蒸气通过扩散侵入布线系统或保护气体通过布线系统泄漏,布线系统应密封起来。

6.1.2.6 对充油型"o"的附加要求

6.1.2.6.1 充油型电气设备的油箱、油标应无裂纹及渗油、漏油,油面应在油标线范围内。

6.1.2.6.2 充油型电气设备的排油孔、排气孔应通畅,不得有杂物。

6.1.2.6.3 充油型电气设备的安装应垂直,其倾斜度不应大于5°。

6.1.2.6.4 充油型电气设备温度组别为T1~T5的油面最高温升60 ℃,温度组别为T6的油面最高温升40 ℃。

6.1.2.7 对使用在2区设备的补充要求

6.1.2.7.1 外壳内有裸露带电件和外壳内仅为绝缘带电件的最低防护等级分别规定为IP54和IP44。

6.1.2.7.2 如果使用场所提供足够防止异物进入,外壳内有裸露带电件和外壳内仅为绝缘带电件的防护等级分别为IP4X和IP2X。

6.1.2.7.3 如果硬物和水的进入不影响设备的安全性能时,可以不满足上述要求(例如应变仪、热电阻测温仪、热电偶、限能设备)。

6.1.2.7.4 对限能设备和电路的各个设备最大内部电容与电缆电容之和不应超过允许的最大电容(相邻的两个电缆芯线等效,视为一个集中电容),各个设备最大内部电感与电缆电感之和不应超过允许的最大电感(将最大隔离的两根电缆芯线视为一个等效的集中电感)。这些值要在"n"型设备上或文件中标示出来。

6.1.2.7.5 电缆和导管布线系统应按6.1.1的规定进行安装,并满足以下对电缆引入装置和接线端子的补充要求:

  a) 电缆的连接应通过与电缆相适应的电缆引入装置进行。

  b) 为了保证接线腔体的防护等级,需使用在电缆引入装置和电缆间有合适密封元件的电缆引入装置(例如使用密封垫圈或螺纹密封胶)。

  注:螺纹电缆引入装置与电缆引接板或外壳的接合为6 mm厚及以上时,可以不在电缆引入装置和引接板或外壳间增加密封措施。但电缆引入装置的中心轴线须与引接板或外壳表面相垂直。

  c) 限制呼吸外壳的密封应能保证外壳的限制呼吸性能。

  d) 不使用的电缆引入开口应堵塞,以保证外壳的防护等级。

6.1.2.7.6 导体端子

一些端子,如槽形端子,可允许多根导线引入。如果多根导线同时引入一个端子时,应确保每根导线都可靠夹紧。除非制造厂文件有规定,不同截面导体不能连接在同一根端子上,但事先使用单个压紧情况除外。

在接线板上相邻端子间如果有短路危险,每个导体的绝缘应连贯至端子金属近旁。

注：如果使用单螺母鞍形夹子来固定一个导线,导线应绕螺钉成"U"形。但设备制造厂允许不使用"U"形夹紧情况除外。

6.2 可燃性粉尘环境电气线路和防爆电气设备的安装

6.2.1 可燃性粉尘环境电气线路的安装

6.2.1.1 布线类型

6.2.1.1.1 用于20区、21区和22区场所中的布线类型：
——电缆穿入螺纹的、无缝或有缝焊管中；或
——电缆本身具有防机械损坏，并且防止可燃性粉尘侵入。

6.2.1.1.2 电缆类型示例：
——聚氯乙烯、氯丁橡胶热塑性或弹性绝缘的屏蔽电缆或铠装电缆或类似的整体护套电缆；
——有铠装或无铠装的无缝铝护套密封电缆；
——有绝缘或无绝缘套的金属护套矿物绝缘电缆。

注：矿物绝缘电缆可能需要降级使用以限制表面温度。

6.2.1.1.3 电缆系统和附件应尽量安装在免受机械损伤、腐蚀、化学影响及热作用的地方。如果不可避免,则应安装在导管内或选择合适的电缆(例如,为了把机械损坏的危险减少至最小,可采用铠装、屏蔽、无缝、铝护套、矿物绝缘金属护套或半钢性的护套电缆)。

6.2.1.1.4 如果电缆或导管系统会受到振动,则应设计成能经受振动而不损坏的结构。

注：应采取措施防止安装在温度低于-5℃环境中的PVC电缆护套或绝缘材料损坏。

6.2.1.2 静电聚积

电缆敷设路线的布置应不会因粉尘的通过而受到摩擦和静电的聚积,并应采取措施防止电缆表面上的静电聚积。

6.2.1.3 粉尘聚积

电缆敷设路线的布置应使其聚积粉尘量最少,同时便于清理。当采用线槽、管道、管子或地沟装设电缆时,应采取预防措施以防止可燃性粉尘的通过或聚积。

6.2.1.4 电缆和导管引入装置

6.2.1.4.1 电缆和导管引入装置按GB 12476.1—2000中20.2的规定,制造厂应在提供的文件中规定用于电缆或导管的引入装置,及其在设备上的位置和允许的最多数量。

6.2.1.4.2 电缆和导管引入装置的结构和固定应不会损坏它们所在电气设备的防爆特性。当选用引入装置时,应适合电缆引入装置制造厂规定的全部电缆尺寸范围。

6.2.1.4.3 导管的引入可以通过螺纹旋入螺孔中或紧固在光孔中；螺纹和光孔可设在：
——外壳壁上；或
——连接板上,而该板是装配在外壳壁内部或其壁上；或
——合适的填料盒上,它与外壳为一整体或连接在外壳壁上。

6.2.1.4.4 电气设备外壳上不装电缆或导管引入装置时,其通孔堵封件应与设备外壳一起符合有关防爆型式的规定要求。堵封件只能用工具才能拆除。

6.2.1.5 附件
如果附件用于互连电缆和设备(如分线盒),则其外壳型式应适用于所在区域。

6.2.1.6 布线线路
凡与危险场所无关的电缆应尽可能不通过危险场所;如果不可避免,应符合本标准的规定。

6.2.1.7 热额定值
如果电缆上易于形成粉尘层并且会削弱空气的自由流动,尤其是出现低点燃温度的粉尘,则应考虑减少电缆的载流量。

6.2.1.8 阻挡层
如果电缆通过地板、墙壁、间隔或天花板,则其通孔应密封,以防可燃性粉尘通过或聚积。

6.2.1.9 软连接
对于常需短距离移动的(如滑轨上电机)固定设备的端子连接,电缆的布置应允许必要的移动而无损于电缆,或采用适于移动设备的一种电缆型式。如果固定布线自身型式不适合于必要的移动,则应提供用于连接固定布线的合适的防粉尘点燃接线盒。如果采用金属软管,该管和其配件应设计成不得损坏电缆的结构,应保持适当的接地或跨接接地。软管应不是唯一的接地措施。软管应不受粉尘的影响,并且它的使用不应削弱所连设备外壳的整体性。

6.2.1.10 金属导管系统
如果使用金属导管系统,则应防尘,且应符合6.2.1.12的要求。

6.2.1.11 塑料导管系统
在机械损坏危险性较低的场所可以采用符合GB 3836.1表4试验条件的钢性塑料导管和配件。该系统能防尘,其连接应符合6.2.1.12的要求或采用熔焊。

6.2.1.12 导管系统连接
壳体和可更换部件之间的连接,例如盖子、检查板等都应采用衬垫连接、螺纹连接、止口连接、法兰连接或这些连接的组合。

如果采用衬垫或平面法兰连接,则应采用足够数量的紧固螺栓、螺钉或采用其他型式的夹紧装置,以保证法兰贴合在整个接合面上。

导管和电气设备接线盒之间的连接应符合设备技术条件的要求,作为最低要求,应是衬垫连接、螺纹连接、止口连接、法兰连接和/或这些连接的组合。

螺纹连接应有适当数量的螺纹以保证外壳能防止粉尘进入。如果对等电位连接系统的连续性采取了措施,则可以采用密封胶。

6.2.2 可燃性粉尘环境防爆电气设备的安装

6.2.2.1 应符合GB 16895和IEC 60364对无可燃性粉尘环境中的安装要求,以及GB 3836.15对接地和电位均衡的要求。

6.2.2.2 设计的装置及安装的设备,应有便于检查、维护和清理的通道。

6.2.2.3 电气设备应采取附加措施,以防止可能遇到的外部影响(如化学、机械和热应力)。这些附加措施既不应削弱设备的正常热扩散也不应削弱外壳提供的防护等级的完整性。安装设备的方法和电缆等引入设备的方法都不应削弱外壳的防护等级。所有不装电缆的引入装置都应使用适合的塞子堵封。应保证外壳和进线装置的完整及密封性能。

6.2.2.4 设备安装应牢固,接线应正确,接触应良好,通风孔道不得堵塞,应注意保持设备的爬电距离和电气间隙,以避免产生电弧或火花的可能性。

6.2.2.5 所有电路应具有一个有效装置,可把包括中性线的全部电路隔离起来,但不包括保护导线。对于每台电气设备和/或每个分支电路应提供这类隔离装置,对于直接邻近的每个隔离装置应加设适当标牌,以便能迅速识别它所控制的设备或分支电路。

7 危险场所防爆电气设备的检查和维护

7.1 检查要求

7.1.1 通则

为使危险场所用电气设备的点燃危险减至最小,在装置和设备投入运行之前、工程竣工交接验收时,应对它们进行初始检查;为保证电气设备处于良好状态,可在危险场所长期使用,应进行连续监督和定期检查。检查项目见表10~表18的相应条款。初始检查和定期检查应委托具有防爆专业资质的安全生产检测检验机构进行,检查程序见附录A。

注：某些检查项目如果制造商已进行了同等的检查,并且安装过程不可能影响到被制造商检查过的那些零部件,就不要求全部的初始检查。例如,不要求隔爆型电机内部隔爆间隙的初始详细检查,但是,为方便现场导线连接而拆下的接线盒盖在装配后宜进行检查。

表10 隔爆型电气设备 Ex "d"检查一览表

序号	检查项目	检查等级		
		D	C	V
1	电气设备适合于危险场所类别,符合批准的设计要求	√	√	√
2	电气设备的铭牌标识清楚,有防爆标志、防爆合格证号	√	√	√
3	不存在未经批准的修改	√		
4	电气设备结构不存在可见的未经批准的修改		√	√
5	电气设备的外壳应无裂缝、损伤	√	√	√
6	电气设备所有的紧固件应完整,防松设施齐全,弹簧垫圈压平	√	√	√
7	电气设备隔爆间隙尺寸在允许的最大尺寸范围内	√	√	
8	隔爆面清洁、无损伤及锈蚀	√		
9	电气设备的运动部件应无碰撞和摩擦	√	√	√
10	透明件无损伤,透明件与金属密封垫符合要求	√	√	
11	电缆引入装置和堵板的类型正确并完整和紧固	√	√	√
12	电动机风扇与外壳和/或外罩之间有足够的间距	√	√	
13	电气设备外壳表面温度不应超过本设备防爆标志的温度组别	√	√	
14	接线紧固后,裸露带电部分之间与金属外壳之间的电气间隙和爬电距离应符合要求	√		
15	呼吸和排水装置合格	√	√	

注：D—详细检查；C—一般检查；V—目视检查。

表 11 增安型电气设备 Ex "e" 检查一览表

序号	检 查 项 目	检查等级 D	检查等级 C	检查等级 V
1	电气设备适合于危险场所类别,符合批准的设计要求	√	√	√
2	电气设备的铭牌标识清楚,有防爆标志、防爆合格证号	√	√	√
3	电气设备的外壳应无裂缝、损伤	√	√	√
4	电气设备所有的紧固件应完整,防松设施齐全,弹簧垫圈压平	√	√	√
5	电气设备结构不存在可见的未经批准的修改		√	√
6	不存在未经批准的修改	√		
7	外表衬垫状态良好,无老化现象	√		
8	电气设备的温度保护装置(保护)及附件应齐全、良好	√	√	√
9	电气连接紧固	√		
10	电动机风扇与外壳和/或外罩之间有足够的间距	√		
11	呼吸和排水装置合格	√		
12	电缆引入装置和堵板的类型正确并完整和紧固	√	√	√
13	电气设备外壳表面温度不应超过本设备防爆标志的温度组别	√	√	
14	接线紧固后,裸露带电部分之间与金属外壳之间的电气间隙和爬电距离应符合要求	√		
注：D—详细检查；C——一般检查；V—目视检查。			

表 12 n 型电气设备 Ex "n" 检查一览表

序号	检 查 项 目	检查等级 D	检查等级 C	检查等级 V
1	电气设备适合于危险场所类别,符合批准的设计要求	√	√	√
2	电气设备的铭牌标识清楚,有防爆标志、防爆合格证号	√	√	√
3	电气设备的外壳应无裂缝、损伤	√	√	√
4	电气设备所有的紧固件应完整,防松设施齐全,弹簧垫圈压平	√	√	√
5	电气设备结构不存在可见的未经批准的修改		√	√
6	不存在未经批准的修改	√		
7	透明件无损伤,透明件与金属密封垫符合要求	√	√	√
8	封闭式断路装置和气密型装置无损伤	√		
9	电缆引入装置和堵板的类型正确并完整和紧固	√	√	√
10	电动机风扇与外壳和/或外罩之间有足够的间距	√		
11	电气设备外壳表面温度不应超过本设备防爆标志的温度组别	√	√	

表 12（续）

序号	检 查 项 目	检查等级		
		D	C	V
12	呼吸和排水装置合格	√	√	
13	限制呼吸外壳良好	√		
14	电气连接紧固	√		
15	外壳衬垫状态良好,无老化现象	√		
注：D—详细检查；C——一般检查；V—目视检查。				

表 13 本安型电气设备 Ex"i"检查一览表

序号	检 查 项 目	检查等级		
		D	C	V
1	电气设备适合于危险场所类别,符合批准的设计要求	√	√	√
2	电气设备的铭牌标识清楚,有防爆标志、防爆合格证号	√	√	√
3	电气设备结构不存在可见的未经批准的修改		√	√
4	不存在未经批准的修改	√		
5	独立供电的本质安全型电气设备的电池型号、规格应符合铭牌中的规定	√	√	√
6	配套的关联设备的型号规格必须符合铭牌中的规定	√	√	√
7	安全栅应可靠接地,其接地电阻符合铭牌中的规定	√	√	
8	电气连接牢固	√		
9	印刷电路板清洁、无损坏	√		
10	电气设备外壳表面温度不应超过本设备防爆标志的温度组别	√		
注：D—详细检查；C——一般检查；V—目视检查。				

表 14 正压外壳型电气设备 Ex"p"检查一览表

序号	检 查 项 目	检查等级		
		D	C	V
1	电气设备适合于危险场所类别,符合批准的设计要求	√	√	√
2	电气设备的铭牌标识清楚,有防爆标志、防爆合格证号	√	√	√
3	电气设备结构不存在可见的未经批准的修改		√	√
4	不存在未经批准的修改	√		
5	外壳透明件及透明件与金属密封垫和/或胶粘剂满足要求	√	√	√

表 14（续）

序号	检查项目	检查等级		
		D	C	V
6	在运行中进入电气设备及其通风系统内的气体,不得含有爆炸性混合物及其他有害物质	√	√	
7	通风过程排出的气体不宜排入爆炸危险场所,当采取防止火花和炽热颗粒从电气设备吹除的措施允许排入 2 区空间	√		
8	电气设备的报警系统、断电系统应可靠动作	√		
9	通风管道应密封良好	√	√	√
10	预先换气时间合适	√		
11	保护气体基本未受污染	√	√	
12	保护气体压力和/或流量合适	√	√	√

注：D—详细检查；C——般检查；V—目视检查。

表 15 油浸型电气设备 Ex"o"检查一览表

序号	检查项目	检查等级		
		D	C	V
1	电气设备适合于危险场所类别,符合批准的设计要求	√	√	√
2	电气设备的铭牌标识清楚,有防爆标志、防爆合格证号	√	√	√
3	电气设备结构不存在可见的未经批准的修改		√	√
4	不存在未经批准的修改	√		
5	电气设备油箱、油标无裂缝及漏油	√	√	√
6	油面在油标范围内	√	√	√
7	排油孔、排气孔畅通	√	√	
8	安装倾斜度不大于 5°	√	√	

注：D—详细检查；C——般检查；V—目视检查。

表 16 浇封型、充砂型电气设备 Ex"m""q"检查一览表

序号	检查项目	检查等级		
		D	C	V
1	电气设备适合于危险场所类别,符合批准的设计要求	√	√	√
2	电气设备的铭牌标识清楚,有防爆标志、防爆合格证号	√	√	√
3	电气设备结构不存在可见的未经批准的修改		√	√
4	不存在未经批准的修改	√		

表 16（续）

序号	检 查 项 目	检查等级		
		D	C	V
5	结构符合要求	√		
注：D—详细检查；C——一般检查；V—目视检查。				

表 17 防粉尘点燃电气设备(DIP A/B)检查一览表

序号	检 查 项 目	检查等级		
		D	C	V
1	电气设备适合于粉尘场所(粉尘类型)，符合批准的设计要求	√	√	√
2	预期的粉尘堆积厚度是否与设备允许的厚度相适应	√	√	
3	电气设备的铭牌标识清楚，有防爆标志、防爆合格证号	√	√	√
4	不存在未经批准的修改	√		
5	电气设备结构不存在可见的未经批准的修改		√	√
6	电气设备的外壳应无裂缝、损伤	√	√	√
7	电气设备所有的紧固件应完整，防松设施齐全，弹簧垫圈压平	√	√	
8	电气设备接合面结构尺寸应满足标准规定的要求	√	√	
9	外壳衬垫状态良好，无老化现象	√		
10	透明件无损伤，透明件与金属密封垫符合要求	√	√	√
11	电缆引入装置和堵板的类型正确并完整和紧固	√	√	√
12	可能的粉尘层堆积厚度是否符合与设备类型相适应	√		
13	电动机风扇与外壳和/或外罩之间有足够的间距	√		
14	电气设备最高表面温度是否满足要求的安全余量	√	√	
15	接线紧固后，裸露带电部分之间与金属外壳之间的电气间隙和爬电距离应符合要求	√		
注：D—详细检查；C——一般检查；V—目视检查。				

表 18 安装施工检查一览表

序号	检 查 项 目	检查等级		
		D	C	V
1	电气线路应敷设在爆炸危险性较小的区域或距离释放较远的位置，避开易受机械损伤、振动、腐蚀、粉尘积聚场所	√	√	√
2	利用的低压电缆或绝缘导线，其额定电压必须高于线路工作电压，且不得低于500 V	√		

表 18（续）

序号	检 查 项 目		检查等级		
			D	C	V
3	导线或电缆截面应符合规定		√		
4	电缆无明显损坏		√	√	√
5	架空线与爆炸性气体环境水平距离,不应小于杆塔高度的 1.5 倍		√	√	√
6	导线或电缆的连接应采用防爆接线盒或分线盒		√		
7	电气线路在爆炸危险场所不应有中间接头。在特殊情况下,线路须设中间接头时,必须在相应的防爆接线盒或分线盒内连接和分路		√	√	√
8	电缆或导线配线,必须采用相应的密封圈,电缆外护套外径与密封圈内径的配合应符合要求,导线与密封圈的配合误差应符合要求		√	√	√
9	密封圈不应有老化现象		√	√	√
10	密封圈和压紧元件之间应有一个金属垫圈		√	√	√
11	压紧元件须符合要求,并应保证使密封圈压紧电缆或导线		√	√	√
12	电气设备多余的电缆引入口在密封圈的外侧应设钢质堵板,其厚度不应小于 2 mm,钢质堵板应经压紧元件压紧		√	√	√
13	电缆配线或钢管配线引入防爆电动机需挠性连接时,可采用挠性连接管,挠性连接管仅是钢管的一部分,起机械保护作用		√	√	√
14	电气设备的电缆或导线引入口,需用钢管连接,必须用一个过渡压紧元件,必须达到先压紧密封圈后,才可连接钢管,钢管连接有困难可增加活接头		√	√	√
15	对于粉尘环境的电缆布线,应采取措施避免形成粉尘层,否则应考虑减少电缆的载流量		√	√	√
16	电缆穿过不同区域隔离措施	两区交接电缆沟内应采取充砂、填阻火堵料或加防火隔墙等措施	√	√	√
		电缆通过与相邻区域共有的隔墙、楼板、地坪及易受机械损伤处,均应加以保护;留下的孔洞应严密堵塞	√	√	√
		电缆在区域界面(隔墙、楼板、地坪)有保护管的,须在保护管两端用阻火堵料严密堵塞,填塞深度不得小于管子内径,且不得小于 40 mm	√		

表 18（续）

序号	检 查 项 目		检查等级		
			D	C	V
17	钢管配线要求	绝缘导线必须敷设在镀锌焊接钢管内	√	√	√
		钢管之间、钢管与设备之间须用螺纹连接；1区和2区螺纹有效啮合扣数不小于5扣，且应有锁紧螺母；爆炸性粉尘环境21区和22区螺纹有效啮合扣数不小于5扣	√		
		电气管路之间不得采用倒扣连接	√	√	√
		钢管通过与其他任何场所相邻的隔墙时，应在隔墙的任何一侧装设横向式隔离密封件	√	√	√
		钢管通过楼板或地坪引入其他场所时，均应在楼板或地坪的上方装设纵向式隔离密封件	√	√	√
		钢管的管径大于50 mm及以上的，在距引入的接线箱450 mm以内及每距15 m处，应装设隔离密封件	√	√	√
		易积聚冷凝水的管路，应在其垂直段的下方装设排水式隔离密封盒，排水口应置于下方	√	√	√
		导线在隔离密封盒内不得有接头	√		
		钢管通过墙、楼板、地坪时，隔离密封盒与墙面、楼板、地坪的距离不应超过300 mm，并应将孔洞严密堵塞	√	√	√
		隔离密封盒内必须填符合标准要求的填料	√		
		钢管连接螺纹加工应光滑、完整、无锈蚀，在螺纹上应涂电力复合脂或导电性防锈脂；不得在螺纹上缠麻或绝缘胶带及涂其他油漆	√		
18	本安型电气设备连线	本质安全电路与关联电路不得共用同一根电缆或钢管；本质安全电路严禁与其他电路共用同一根电缆或钢管	√	√	√
		两个及以上的本质安全电路，除电缆线芯分别屏蔽或采用屏蔽导线外，不应共用同一根电缆或钢管	√	√	√
		控制盘内本质安全电路与关联电路或其他电路的端子之间的间距，不应小于50 mm。当间距不符合时，应采用高于端子的绝缘隔板隔离，端子排应采用绝缘的防护罩。本质安全电路、并联电路、其他电路的盘内配线应分开束扎、固定，分离距离不应小于50 mm	√		

表 18（续）

序号	检查项目		检查等级		
			D	C	V
18	本安型电气设备连线	本质安全电路配线用电缆和导线套管均应用蓝色标志	√	√	√
		本质安全电路除特殊规定外,不应接地,电缆屏蔽层应在非爆炸区一点接地	√	√	√
		本质安全电路、关联电路采用非铠装和无屏蔽层的电缆时,应采用镀锌钢管保护	√	√	√
19	爆炸性危险场所的接地	电气设备的金属外壳、金属构架、金属配线管及其配件、电缆保护管、电缆的金属护套等非带电的裸露金属部分,均应接地	√	√	√
		爆炸危险场所除 2 区内照明灯具以外所有的电气设备,应采用专用接地线;宜采用多股软绞线,其铜芯截面积不得小于4 mm²。金属管线、电缆的金属外壳等,应作为辅助接地线	√	√	√
		不能用输送易燃物质的金属管道作为接地线	√	√	√
		爆炸性危险场所接地干线与接地体不得小于 2 处,接地干线通过与其他环境共用的隔离墙时,应用钢管保护	√	√	√
		电气设备及灯具专用接地或接零保护线应单独与接地干线网相连,工作零线不得作为保护接地用	√	√	√
		铠装电缆引入电气设备时,其接地芯线应与设备内接地螺栓连接,其钢带或金属护套应与设备接地螺栓连接	√		
		电气线路应敷设在爆炸危险性较小的区域或距离释放源较远的位置,应避开易受机械损伤、振动、腐蚀、粉尘积聚场所	√	√	√
		设备、机组、贮罐、管道等的防静电接地线,应单独与接地体或接地干线相连,除并列管道外不互相串联接地	√	√	√
		防静电接地线的安装,应与设备、机组、贮罐等固定接地端子或螺栓连接,螺栓不应小于 M10,并有防松装置和涂以电力复合脂。当采用焊接连接时,不得降低和损伤管道强度	√	√	√

注：D—详细检查；C——般检查；V—目视检查。

7.1.2 人员

防爆电气设备的检查和维护应由符合规定条件的有资质的专业人员进行,这些人员应经过包括各种防爆型式、安装实践、相关规章和规程,以及危险场所分类的一般原理等在内的业务培训,这些人员还应接受适当的继续教育或定期培训,并具备相关经验和经过培训的资质证书。

7.1.3 连续监督和定期检查

7.1.3.1 连续监督

连续监督应由企业的专业人员按要求进行,并做好相应的检查记录,发现的异常现象应及时处理。连续监督应包括下列主要项目:

7.1.3.1.1 防爆电气设备应按制造厂规定的使用技术条件运行。对于防爆合格证书编号带有后缀"X"的产品,应符合其有关文件规定的安全使用特定条件。

7.1.3.1.2 防爆电气设备应保持其外壳及环境的清洁,清除有碍设备安全运行的杂物和易燃物品,应指定化验分析人员经常检测设备周围爆炸性混合物的浓度。

7.1.3.1.3 设备运行时应具有良好的通风散热条件,检查外壳表面温度不得超过产品规定的最高温度和温升的规定。

7.1.3.1.4 设备运行时不应受外力损伤,应无倾斜和部件摩擦现象。声音应正常,振动值不得超过规定。

7.1.3.1.5 运行中的电动机应检查轴承部位,须保持清洁和规定的油量,检查轴承表面的温度,不得超过规定。

7.1.3.1.6 检查外壳各部位固定螺栓和弹簧垫圈是否齐全紧固,不得松动。

7.1.3.1.7 检查设备的外壳应无裂纹和有损防爆性能的机械变形现象。电缆进线装置应密封可靠。不使用的线孔应用适合于相关防爆型式的堵塞元件进行堵封。

7.1.3.1.8 检查充入正压外壳型电气设备内部的气体,是否含有爆炸性物质或其他有害物质,气量、气压应符合规定,气流中不得含有火花,出气口气温不得超过规定,微压(压力)继电器应齐全完整,动作灵敏。

7.1.3.1.9 检查油浸型电气设备的油位应保持在油标线位置,油量不足时应及时补充,油温不得超过规定,同时应检查排气装置有无阻塞情况和油箱有无渗油、漏油现象。

7.1.3.1.10 设备上的各种保护、闭锁、检测、报警、接地等装置不得任意拆除,应保持其完整、灵敏和可靠性。

7.1.3.1.11 检查防爆照明灯具是否按规定保持其防爆结构及保护罩的完整性,检查灯具表面温度不得超过产品规定值,检查灯具的光源功率和型号是否与灯具标志相符,灯具安装位置是否与说明规定相符。

7.1.3.1.12 在爆炸危险场所除产品规定允许频繁启动的电机外,其他各类防爆电机,不允许频繁启动。

7.1.3.1.13 正压外壳型防爆电气设备通风或换气的时间及保护功能须符合产品的使用说明书和警告牌上的规定要求。

7.1.3.1.14 电气设备运行中发生下列情况时,操作人员可采取紧急措施并停机,通知专业人员进行检查和处理:

  a) 负载电流突然超过规定值时或确认断相运行状态;
  b) 电动机或开关突然出现高温或冒烟时;
  c) 电动机或其他设备因部件松动发生摩擦,产生响声或冒火星;
  d) 机械负载出现严重故障或危及电气安全。

7.1.3.1.15 为使粉尘危险场所用电气设备的点燃危险减到最小,应检查原设计条件(粉尘类型、粉尘层的最大厚度等)是否发生变化。

7.1.3.1.16 移动式(手提式、便携式和可移动式)电气设备特别易于受损或误用,因此检查的时间间隔可根据实际需要缩短。移动式电气设备至少每12个月进行一次一般检查,经常打开的外壳(如电池盖)应进行详细检查。此外,这类设备在使用前应进行目视检查,以保证该设备无明显损伤。

7.1.3.2 定期检查

定期检查可按表10～表18所示进行相应的目视检查或一般检查。

定期的目视检查或一般检查可能会需要进一步的详细检查。

检查等级和定期检查的时间间隔的确定应考虑设备型式、制造商指南、影响损坏程度的因素、使用的区域和以前的检查结果。在确定类似设备、装置和环境的检查等级和时间间隔时,应该利用这些经验确定检查方案。

注:造成设备劣化的主要因素包括:易受腐蚀、暴露在化学制品或溶剂中、可能堆积粉尘或灰尘、可能进水、暴露在过高环境温度中、机械损坏的危险、受到激烈的振动、工作人员的培训和经验、未经批准的修改或调整、不适当的维护。例如,未按制造商的建议进行维护。

定期检查应委托具有防爆专业资质的安全生产检测检验机构进行,时间间隔一般不超过3年。企业应当根据检查结果及时采取整改措施,并将检查报告和整改情况向安全生产监督管理部门备案。

初始、定期和连续监督的所有结果应记录。

7.2 维护要求

7.2.1 补救措施和设备更换

所有设备应按要求注明一般条件,必要时应采取一些适当的补救措施。应注意保持设备防爆型式的完整性,这可以要求与制造商协商。更换零部件应按照有关安全文件的要求进行。

安全文件中规定的对设备安全性能产生不利影响的零部件,未经有关部门同意不应进行更换。

注1:应注意避免与制造商降低静电影响的措施发生冲突。

注2:更换照明装置的灯泡时,必须按灯具标志规定的光源功率和型号,否则可能造成温度过高。

注3:透明件的腐蚀、涂漆或遮挡,或者照明装置的安装不正确均能导致温度过高。

7.2.2 软电缆的维护

软电缆、挠性连接管及其终段连接容易损坏,应规定时间间隔进行检查,发现损坏或缺损则应更换。

7.2.3 停机

如果在维护时必须将电气设备等装置停机,裸露的导线应满足下列条件之一:

a) 正确连接到相应的外壳内;
b) 与所有供电电源断开,并使其绝缘;
c) 与所有供电电源断开并接地。

如果电气设备永久停止使用,与之相关的所有供电电源的导线均应被断开、拆除,或者正确连接到相应的外壳内。

7.2.4 紧固件和工具

在需要特殊螺栓、其他紧固件或专用工具的地方,应备有并使用这些物品。

7.2.5 环境条件

危险场所中的电气设备可能会受到使用环境条件的不利影响,必须考虑一些主要因素,如腐蚀、环境温度、紫外线辐射、水的进入、粉尘或砂粒的堆积、机械和化学作用。

金属腐蚀或化学物质(特别是溶剂)对塑料或弹性部件的作用可影响到设备防爆型式和防护等级。如果外壳或部件严重腐蚀,该部件就应更换。塑料外壳可能会出现外壳整体性能的表面裂纹。设备的金属外壳必要时应采用适当的保护涂层进行处理,作为防腐措施。这类处理的频次和方法根据环境条件而定。

应验证所设计的电气设备能否承受可能遇到的最高和最低环境温度。

注:如果防爆电气设备的标志未能标明环境温度范围,则设备宜用于−20 ℃～+40 ℃范围内,如果指明温度范围,设备宜用于该范围。

装置的所有部件应保持清洁,并无可能引起温度上升的粉尘和堆积类似的有害物质。

应注意确保维持电气设备的气候防护性能。损坏了的衬垫应更换。

抗凝露器件,如呼吸元件、排水元件或加热元件应进行检查以保证正确运行。

如果受到振动,应特别注意设备螺栓和电缆引入装置的紧固性。

在清理非金属外壳电气设备时应注意避免产生静电。

7.2.6 维护时设备的隔离

在危险场所打开任何电气设备之前,它应与所有的电源包括中性线隔开,并且采取有效措施以防设备打开时由于疏忽而再通电。

7.2.6.1 除本安电路之外的装置

a) 内部有非本质安全型带电部件并且安装在危险场所的电气设备,在未与所有输入连接隔离,并且存在中性导线对地电压,需要与输出连线包括中性导线隔离时,设备不得开盖,b)项或 c)项规定的除外。这里隔离的意思是指拔掉熔断器和熔丝,或断开隔离器、开关。直到有足够的时间使表面温度或储存的电能降至不能引起点燃时,才能打开外壳。

b) 在计划工作所需的时间内,如果对此区域负责的部门或人员能够保证不出现可燃性环境,并对这种情况做出了书面认可,那么在采取常规安全措施后,可以进行必要的裸露带电部件的主要操作。

c) 如果有关的法规和规程允许,对 a)项或 b)项的要求只有在 2 区内才可放宽。如果经安全评估证明满足下列条件,那么在采取常规安全措施后,可以进行操作:
 1) 在带电设备上进行计划的操作不会产生点燃火花;
 2) 电路具有防止产生火花的结构;
 3) 危险场所内的电气设备和关联电路不含有可能引起点燃的热表面。

如果能符合这些条件,那么在采取常规安全措施后,可以进行计划的操作。

安全评估的结果应记录在文件中,其中含有以下信息:

——在带电设备上计划操作的形式;

——评估结果,包括评估时所作的试验结果;

——评估中要求对带电设备维护有关的任何条件。

设备的评估人员应：

——熟悉所有有关标准、实施法规的要求和现行的说明材料；
——获取进行评估时所需的各种材料；
——必要时，使用与国家检验单位类似的试验设备和试验程序。

7.2.6.2 本质安全型装置

符合下列条件可对带电设备进行维护：

a) 危险场所中的维护工作

任何维护工作应仅限于下列情况：

1) 断开、拆卸或更换一些电气设备的元件和电缆；
2) 调整电气设备或系统校准所需的控制装置；
3) 拆卸并更换插接元件或组件；
4) 使用有关文件中规定的检验仪器，在有关文件中没有规定检验仪器时，只能采用检验时不会影响电路本安性能的仪器；
5) 有关文件特别允许的其他维护行为。

履行上述这些职能的人员应保证在完成这些工作后，本安系统或配套的本安电气设备符合有关文件的要求。

b) 非危险场所中的维护工作

非危险场所中的关联电气设备和部分本安电路的维护。当这类电气设备或电路部分仍然是与危险场所中安装的本安系统部分保持相互连接时，应仅限于 a)项中所述的内容。

在断开危险场所的电路之前，不应拆卸安全栅的接地连接，便于检测接地电阻。设有双重接地装置可以拆卸单个接地时除外。

仅仅在电气设备或电路部分与危险场所中的电路断开后，才可以对非危险场所中的关联设备或本安电路部分进行其他维护工作。

7.2.7 可燃性粉尘环境防爆电气设备的维护要求

对于需要打开设备进行维护的电气设备应处于无尘场所；否则，应采取适当措施以防粉尘进入外壳。

在拆除密封件、接合面部件时，如果不进行更换则不得损坏。

重新组装时，应提供并遵守制造厂的密封建议。

可燃性粉尘环境用电气设备应按计划表检查和维护。检查和维护周期将取决于环境条件、使用的设备数量和制造厂的建议。

7.2.8 接地和等电位连接

应该注意保证在危险场所中接地和等电位连接处于良好状态。

7.2.9 防爆电气设备的检修和电气设备防爆性能的失效

7.2.9.1 防爆电气设备的检修

维护时发现防爆电气设备因外力损伤、大气锈蚀、化学腐蚀、机械磨损、自然老化等原因导致防爆性能下降或失效时，应予检修。防爆电气设备的检修应按照 GB 3836.13—1997 进行。经过检修不能恢复原有等级的防爆性能可根据实际技术性能，按以下原则处理：

a) 降低防爆等级使用；
b) 降为非防爆电气设备使用。

7.2.9.2 防爆电气设备防爆性能的失效

维护时发现防爆电气设备结构、参数发生变化,与原防爆型式及设计不符且不能修复的,即判定失效,并迅速予以停用更换,例如:
   a) 隔爆型电气设备外壳严重变形,不能修复的;
   b) 隔爆面严重损伤,不能修复的;
   c) 隔爆间隙超出国家标准,不能修复的;
   d) 防爆电气设备外壳开裂不符合原防爆型式要求的。

附 录 A
（规范性附录）
检 查 程 序

A.1 凡是具有爆炸性危险场所的新建、改建、扩建的生产、储存装置和设施,都须使用电气防爆安全设施。这些设施应委托具有防爆专业资质的安全生产检测检验机构进行相关的检查。

A.2 检查工作包括技术文件审查和实地检查两项内容。

A.3 技术文件审查须送下列资料:
   (1) 爆炸危险区域划分图;
   (2) 相应危险区域内的爆炸性危险物质的名称及其安全数据表(MSDS);
   (3) 在用防爆电气产品清单,包括安装区域和位号等信息;
   (4) 各防爆电气产品防爆合格证复印件(防爆检验机关颁发);
   (5) 有关防爆电气设备特殊使用条件的说明性文件;
   (6) 本质安全系统描述性技术文件;
   (7) 有关安装质量的相关资料(安装公司提供)。

A.4 具有防爆专业资质的安全生产检测检验机构检查后发给检查报告。

A.5 当装置或设施局部更改时,应报原具有防爆专业资质的安全生产检测检验机构重新检查。

注:当装置或设施检查不合格时,企业应立即整改,整改合格后报检查机构复查。

附 录 B
（资料性附录）
气体或蒸气爆炸性混合物分级、分组举例

表 B.1 气体或蒸气爆炸性混合物分级、分组举例

序号	物 质 名 称	分 子 式	组别
A 级			
一	烃		
	烷类		
1	甲烷	CH_4	T1
2	乙烷	C_2H_6	

表 B.1（续）

序号	物 质 名 称	分 子 式	组别
A 级			
3	丙烷	C_3H_8	T1
4	丁烷	C_4H_{10}	T2
5	戊烷	C_5H_{12}	T3
6	己烷	C_6H_{14}	T3
7	庚烷	C_7H_{16}	T3
8	辛烷	C_8H_{18}	T3
9	壬烷	C_9H_{20}	T3
10	癸烷	$C_{10}H_{22}$	T3
11	环丁烷	$CH_2(CH_2)_2CH_2$	—
12	环戊烷	$CH_2(CH_2)_3CH_2$	T3
13	环己烷	$CH_2(CH_2)_4CH_2$	T3
14	环庚烷	$CH_2(CH_2)_5CH_2$	—
15	甲基环丁烷	$CH_3CH(CH_2)_2CH_2$	—
16	甲基环戊烷	$CH_3CH(CH_2)_3CH_2$	T2
17	甲基环己烷	$CH_3CH(CH_2)_4CH_2$	T3
18	乙基环丁烷	$C_2H_5CH(CH_2)_2CH_2$	T3
19	乙基环戊烷	$C_2H_5CH(CH_2)_3CH_2$	T3
20	乙基环己烷	$C_2H_5CH(CH_2)_4CH_2$	T3
21	十氢化萘（萘烷）	$CH_2(CH_2)_3CHCH(CH_2)_3CH_2$	T3
	烯类		
22	丙烯	$CH_3CH=CH_2$	T2
	芳香烃类		
23	苯乙烯	$C_6H_5CH=CH_2$	T1
24	甲基苯乙烯	$C_6H_5C(CH_3)=CH_2$	T1
	苯类		
25	苯	C_6H_6	T1
26	甲苯	$C_6H_5CH_3$	T1
27	二甲苯	$C_6H_4(CH_3)_2$	T1
28	乙苯	$C_6H_5C_2H_5$	T2
29	三甲苯	$C_6H_3(CH_3)_3$	T1

表 B.1（续）

序号	物质名称	分子式	组别
A 级			
30	萘	$C_{10}H_8$	T1
31	异丙基苯	$C_6H_5CH(CH_3)_2$	T2
32	甲基异丙基苯	$(CH_3)_2CHC_6H_4CH_3$	T2
	烃混合物		
33	甲烷（工业用）		T1
34	松节油		T3
35	石脑油		T3
36	煤焦油石脑油		T3
37	石油（包括汽油）		T3
38	溶剂石油或洗净石油		T3
39	燃料油		T3
40	煤油		T3
41	柴油		T3
42	动力苯		T1
二	含氧化合物（包括醚）		
43	一氧化碳	CO	T1
44	二丙醚	$(C_3H_7)_2O$	—
	醇类和酚类		
45	甲醇	CH_3OH	T2
46	乙醇	C_2H_5OH	T2
47	丙醇	C_3H_7OH	T2
48	丁醇	C_4H_9OH	T2
49	戊醇	$C_5H_{11}OH$	T3
50	己醇	$C_6H_{13}OH$	T3
51	庚醇	$C_7H_{15}OH$	—
52	辛醇	$C_8H_{17}OH$	—
53	壬醇	$C_9H_{19}OH$	—
54	环己醇	$CH_2(CH_2)_4CHOH$	T3
55	甲基环己醇	$CH_3CH(CH_2)_4CHOH$	T3
56	酚	C_6H_5OH	T1

表 B.1（续）

序号	物 质 名 称	分 子 式	组别
A 级			
57	甲酚	$CH_3C_6H_4OH$	T1
58	4-羟基-4-甲基戊酮(双丙酮醇)	$(CH_3)_2C(OH)CH_2COCH_3$	T1
	醛类		
59	乙醛	CH_3CHO	T4
60	聚乙醛	$(CH_3CHO)_n$	—
	酮类		
61	丙酮	$(CH_3)_2CO$	T1
62	丁酮(乙基甲基酮)	$C_2H_5COCH_3$	T1
63	戊-2-酮(甲基丙基甲酮)	$C_3H_7COCH_3$	T1
64	己-2-酮(甲基丁基甲酮)	$C_4H_9COCH_3$	T1
65	戊基甲基酮	$C_5H_{11}COCH_3$	—
66	戊-2、4-二酮(戊间二酮)	$CH_3COCH_2COCH_3$	T2
67	环己酮	$CH_2(CH_2)_4CO$	T2
	酯类		
68	甲酸甲酯	$HCOOCH_3$	T2
69	甲酸乙酯	$HCOOC_2H_5$	T2
70	醋酸甲酯	CH_3COOCH_3	T1
71	醋酸乙酯	$CH_3COOC_2H_5$	T2
72	醋酸丙酯	$CH_3COOC_3H_7$	T2
73	醋酸丁酯	$CH_3COOC_4H_9$	T2
74	醋酸戊酯	$CH_3COOC_5H_{11}$	T2
75	甲基丙烯酸甲酯	$CH_2=C(HC_3)COOCH_3$	T2
76	甲基丙烯酸乙酯	$CH_2=C(HC_3)COOC_2H_5$	—
77	醋酸乙烯酯	$CH_3COOCH=CH_2$	T2
78	乙酰基乙酸乙酯	$CH_3COCH_2COOC_2H_5$	T2
	酸类		
79	醋酸	CH_3COOH	T1
三	含卤化合物		
	无氧化合物		
80	氯甲烷	CH_3Cl	T1

表 B.1（续）

序号	物质名称	分子式	组别
A 级			
81	氯乙烷	C_2H_5Cl	T1
82	溴乙烷	C_2H_5Br	T1
83	1-氯丙烷	C_3H_7Cl	T1
84	氯丁烷	C_4H_9Cl	T3
85	溴丁烷	C_4H_9Br	T3
86	二氯乙烷	$C_2H_4Cl_2$	T2
87	二氯丙烷	$C_3H_6Cl_2$	T1
88	氯苯	C_6H_5Cl	T1
89	苄基氯	$C_6H_5CH_2Cl$	T1
90	二氯苯	$C_6H_4Cl_2$	T1
91	烯丙基氯	$CH_2=CHCH_2Cl$	T2
92	二氯乙烯	$CHCl=CHCl$	T1
93	氯乙烯	$CH_2=CHCl$	T2
94	d,d,d-三氟甲苯	$C_6H_5CF_3$	T1
95	二氯甲烷	CH_2Cl_2	T1
	含氧化合物		
96	乙酰氯	CH_3COCl	T3
97	氯乙醇	CH_2ClCH_2OH	T2
四	含硫化合物		
98	乙硫醇	C_2H_5SH	T3
99	丙硫醇-1	C_3H_7SH	—
100	噻吩	$CH=CHCH=CHS$	T2
101	四氢噻吩	$CH_2=(CH_2)=CH_2=S$	T3
五	含氮化合物		
102	氨	NH_3	T1
103	氰甲烷	CH_3CN	T1
104	亚硝酸乙酯	CH_3CH_2ONO	T6
105	硝基甲烷	CH_3NO_2	T2
106	硝基乙烷	$C_2H_5NO_2$	T2
	胺类		

表 B.1（续）

序号	物 质 名 称	分 子 式	组别
A 级			
107	甲胺	CH_3NH_2	T2
108	二甲胺	$(CH_3)_2NH$	T2
109	三甲胺	$(CH_3)_3N$	T4
110	二乙胺	$(C_2H_5)_2NH$	T2
111	三乙胺	$(C_2H_5)_3N$	T1
112	正丙胺	$C_3H_7NH_2$	T2
113	正丁胺	$C_4H_9NH_2$	T2
114	环己胺	$CH_2(CH_2)_4CHNH_2$	T3
115	2-氨基乙醇(乙醇胺)	$NH_2CH_2CH_2OH$	—
116	2-二乙胺基乙醇	$(C_2H_5)NCH_2CH_2OH$	—
117	二氨基乙烷	$NH_2CH_2CH_2NH_2$	T2
118	苯胺	$C_6H_5NH_2$	T1
119	NN-二甲基苯胺	$C_6H_5N(CH_3)_2$	T2
120	苯胺基丙烷	$C_6H_5CH_2CH(NH_2)CH_3$	—
121	甲苯胺	$CH_3C_6H_4NH_2$	T1
122	氮(杂)苯	C_5H_5N	T1
B 级			
一	烃类		
123	丙炔(甲基乙炔)	$CH_3C{\equiv}CH$	T1
124	乙烯	C_2H_4	T2
125	环丙烷	$CH_2CH_2CH_2$	T1
126	丁二烯-1,3	$CH_2{=}CHCH{=}CH_2$	T2
二	含氮化合物		
127	丙烯腈	$CH_2{=}CHCN$	T1
128	异丙基硝酸盐	$(CH_3)_2CHONO_2$	—
129	氰化氢	HCN	T1
三	含氧化合物		
130	二甲醚	$(CH_3)_2O$	T3
131	乙基甲基醚	$CH_3OC_2H_5$	T4
132	二乙醚	$(C_2H_5)_2O$	T4

表 B.1（续）

序号	物质名称	分子式	组别
B 级			
133	二丁醚	$(C_4H_9)_2O$	T4
134	环氧乙烷	CH_2CH_2O	T2
135	1,2-环氧丙烷	CH_3CHCH_2O	T2
136	1,3-二恶戊烷	$CH_2CH_2OCH_2O$	—
137	1,4-二氧杂环己烷	$CH_2CH_2OCH_2CH_2O$	T2
138	1,3,5-三氧杂环己烷	$CH_2OCH_2OCH_2O$	T2
139	羟基醋酸丁酯	$HOCH_2COOC_4H_9$	—
140	甲氢化呋喃甲醇	$CH_2CH_2CH_2OCHCH_2OH$	T3
141	丙烯酸甲酯	$CH_2=CHCOOCH_3$	T2
142	丙烯酸乙酯	$CH_2=CHCOOC_2H_5$	T2
143	呋喃	$CH=CHCH=CHO$	T2
144	丁烯醛	$CH_3CH=CHCHO$	T3
145	丙烯醛	$CH_2=CHCHO$	T3
146	四氢呋喃	$CH_2(CH_2)_2CH_2O$	T3
四	混合气		
147	焦炉煤气		T1
五	含卤化合物		
148	四氟乙烯	C_2F_4	T4
149	1-氯-2,3-环氧丙烷	OCH_2CHCH_2Cl	T2
六	含硫化合物		
150	乙硫醇	C_2H_5SH	T3
C 级			
151	氢	H_2	T1
152	乙炔	C_2H_2	T2
153	二硫化碳	CS_2	T5

附 录 C
（规范性附录）
可燃性粉尘场所分类

C.1 场所分类的原则

场所分类是以所报告的多个粉尘释放源的释放量为依据的，并根据粉尘是否可燃对场所进行分类，粉尘的可燃性可通过实验室试验来确定。同时需要了解用于加工中的材料特性，这些特性可从加工专业人员处获得，还必须考虑设备的操作和维护方式（包括现场清理）。为了提供设备实际作业的释放性质方面的信息，专业技术知识也很有必要。危险区域的定义仅涉及粉尘云的危险。进行场所分类的程序如下：

  a) 第一步：确定材料特性，材料是否具有可燃性，如颗粒尺寸、含水量、粉尘层、粉尘云、最低点燃温度和电阻系数；
  b) 第二步：确定粉尘保护壳或可能出现的粉尘释放源，见 C.2.2；
  c) 第三步：确定粉尘释放源发生释放的可能性，以及装置各处出现爆炸性粉尘/空气混合物的可能性，见 C.2.3；
  d) 第四步：确定形成爆炸性危险粉尘层的可能性，见 C.2.4。

只有在履行以上四步程序后，才可对场所进行分类。

装置应按照尽量避免对装置外部环境再次进行场所分类的原则设置。

实际的应用现场情况复杂，各种现场的解决方案均不同。因而，应由具有丰富经验且熟悉工厂环境的专业人员联合安全、过程和电气领域的专家，依照以上程序进行场所分类。

C.2 场所分类的程序

C.2.1 简述

粉尘场所分类的原理与气体场所类似，主要通过识别点燃源从而避免火灾和/或爆炸的危险。但是，可燃性粉尘在释放后，不可能通过通风或稀释的方法来消除，这点与气体场所完全不同，这就意味着粉尘场所分类与气体场所分类有本质的差异，如果可燃性粉尘被稀释，则爆炸性粉尘层不会出现或出现的时间很短暂，这种情况下终究会导致粉尘堆积，形成厚的粉尘层，而快速的空气流动会使这种粉尘层转换成粉尘云，从而形成爆炸性粉尘环境，受干扰的燃烧的粉尘层会引燃周围的粉尘云。

C.2.2 识别粉尘释放源

通常，需确定工厂内可能形成爆炸性粉尘环境或产生可燃性粉尘层的过程设备、过程工艺或其他行为。

对于粉尘贮存系统的内部和外部需分别考虑。在贮存系统的内部，粉尘不能释放到环境中，但作为工艺的一部分可能形成连续的粉尘云。

粉尘贮存系统的内部也存在不同的情况，内部存贮或处理大量粉尘产品的装置（如地窖、磨坊、混合器）与通常内部无粉尘堆积的装置是不一样的。

同样，贮存系统外部的场所分类也受许多因素的影响，比如：
——内部压力超过大气压力（正向正压交换）时，粉尘会很容易被吹出产生释放的设备；

反之,内部压力低于大气压力,则设备外部形成粉尘环境的可能性就很低。
——柔韧的导管比固定的金属导管更易于产生粉尘释放。

确定潜在的粉尘释放源应考虑其他过程参数,如传输速率、粉尘萃取率和落差高度等。此外,粉尘颗粒尺寸和含水量极大地影响粉尘释放。

对于已确认的可能引起粉尘释放的过程,需进一步识别其场所和释放源的类型。在正常工作中的下列情况不应被视为释放源:
——压力容器的本体,包括关闭的喷嘴和检修孔;
——无接缝的导管、管道和支管;
——采取保护措施防止粉尘泄漏的阀门密封管和法兰接合面。

粉尘释放源举例:
——持续形成的粉尘云:引入和形成粉尘的过程设备内部,如地窖、搅拌机、磨坊等。
——主要释放源:萃取设备的内部或开口罐装处周围。
——次要释放源:有时需要短时间打开的检修孔和存在粉尘堆积的粉末处理室。

C.2.3 粉尘释放的可能性

对已识别的释放过程,应确定其发生释放的频率和发生的时间。粉尘释放取决于周围的环境,并非各个释放源都会导致爆炸性粉尘环境的产生。但将稀释粉尘,或短时间持续的释放会形成危险的粉尘层。
——持续形成的粉尘云:粉尘云持续存在或存在很长时间或经常短时间反复出现的场所。
——主要释放源:在正常情况下,周期性或者有时出现的场所。
——次要释放源:在正常情况下不会产生释放,如果发生释放,不会经常发生或短时间存在的场所。

C.2.4 识别危险粉尘层出现的概率

在存贮、处理和加工粉尘产品的粉尘罐体内部,作为过程自身的一部分,必然存在不可控厚度的粉尘层;反之,在罐体外部形成的粉尘层厚度通常是可控的(如通过清扫等)。控制粉尘层的厚度到一定水平会影响设备的选型。控制的水平取决于粉尘的特性和电气设备的表面温度。总的来说,罐体外部的粉尘厚度是可控的。

绝大多数粉尘层都会导致爆炸性粉尘环境的产生。存在粉尘层的场所必须予以分类。此外,有时稀释的粉尘云是粉尘层产生的原因。

根据爆炸性粉尘环境和危险粉尘层形成的概率,危险场所的分类见表 C.1。

表 C.1 危险场所分类

粉尘源等级	粉尘云	厚度可控的粉尘层	
		经常受干扰	极少受干扰
持续的	20	21	22
主要的	21	21	22
次要的	22	21	22

C.3 区域分类举例

C.3.1 20区

粉尘罐体内部可划分成20区的场所举例：
—— 漏斗、地窖等；
—— 回旋过滤器；
—— 混合器、磨粉机、干燥器、装袋设备等；
—— 无清扫，可能形成不可控厚度粉尘层的粉尘罐体外部。

C.3.2 21区

可划分成21区的场所举例：
—— 内部压力不低于大气压力的粉尘罐体外部和正常工作时需经常打开或移动的门盖附近；
—— 粉尘罐体外部、无防护措施的填充口、倒空口、送料带、取样口、卡车倾卸站的附近；
—— 存在粉尘层的粉尘罐体外部，且因过程操作会形成爆炸性环境的场所；
—— 漏斗和灌装口，因为此处往往会形成粉尘堆积，受干扰后就形成爆炸性环境。

C.3.3 22区

可划分成22区的场所举例：
—— 袋子的过滤通风口。在故障情况下会有粉尘喷射出来形成爆炸性粉尘/空气环境的场所。
—— 设备周边需偶尔打开的，或根据以往经验，因内部压力高于大气压力而易于释放的，或柔韧的连接场所。
—— 泄爆的安全装置，如防爆膜、防爆门等打开时会形成粉尘释放的场所。
—— 粉尘产品的贮存袋，处理过程中贮存袋的损坏会导致粉尘的释放。
—— 划分成21区的场所若采取防止采取形成爆炸性粉尘/空气环境的措施可降级成为22区。这类措施包括排风，可用于填充口、倒空口、送料带、取样口、卡车倾卸站的附近。
—— 存在可控厚度的粉尘，但通过清扫等措施避免形成爆炸性粉尘/空气环境的场所。

仅在粉尘容器内部会形成不可控厚度的粉尘层，在容器的外部可通过适当的措施避免粉尘堆积。但在粉尘容器外部，导致不可控厚度的粉尘层（不及时的清扫）的各种释放源形成的场所均需划分为20区。

C.4 区域范围

C.4.1 20区

—— 爆炸性粉尘/空气环境持续或经常存在的生产和处理粉尘的设备内部；
—— 存在不可控厚度或过多粉尘层的粉尘罐体内部。

如果在粉尘罐体外部持续存在爆炸性粉尘环境，则该场所须划分成20区。但这一原则不适用于工作区，工作区应采取措施（如清扫）来避免形成20区。

C.4.2 21区

绝大多数情况下，21区的范围根据所在场所中释放源引起的爆炸性粉尘环境或粉尘层或以上两者形成的评价来确定。

——一些可能产生爆炸性粉尘环境的,处理粉尘的设备内部;
——存在释放源的设备外部,同时也取决于许多粉尘参数,如粉尘数量、流量、颗粒大小和含水量。这个区域是很小的一个范围。

一个典型的释放源形成的爆炸性粉尘环境不会超过释放源(开口)周围 1 m,往下延伸到地面或固体底面。

导致大范围粉尘层形成的释放源,如果在操作过程中粉尘层会受到干扰从而形成产生爆炸性粉尘环境,则区域的范围取决于粉尘层的范围。很多情况下,粉尘层会导致爆炸性粉尘环境的产生。

若粉尘的扩散受机械结构限制(如墙面),则此结构表面可作为区域的界限。

从实践的经验来看,将所有涉及的场所均划分成 21 区是可能的。

在建筑物外部,受风雨等气候条件影响,21 区的边界会缩小。通常考虑距释放源 1 m 的范围就足够了。

C.4.3 22 区

绝大多数情况下,22 区的范围根据所在场所中释放源引起爆炸性粉尘环境或粉尘层或以上两者形成的评价来确定。

释放源周围的区域范围取决于许多粉尘参数,如粉尘数量、流量、颗粒大小和含水量:

——典型情况下,应包括释放源水平 1 m 和垂直向下到地面或固体底面的范围。一些释放源会引成更大范围的粉尘层,则粉尘层存在的范围均应包括在此区域内。通常,粉尘层会导致爆炸性粉尘环境的产生。
——若粉尘的扩散受机械结构限制(如墙面),则此结构表面可作为区域的界限。
——从实践的经验来看,将所有涉及的场所均划分成 22 区是可能的。

无限制(无机械结构限制,如开口容器)的 21 区周围均存在 22 区场所。

所有存在粉尘层,在操作过程中粉尘层可能会但并不经常受到干扰并形成爆炸性粉尘环境的场所。

在建筑物外部,受风雨等气候条件影响,22 区的边界会缩小。通常考虑距释放源 1 m 的范围就足够了。

C.5 区域标识(图 C.1)

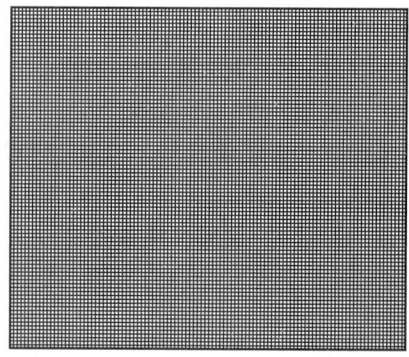

图 C.1 场所分类图中的区域标识

C.6 场所分类举例

示例 1:室内不带通风的倒袋站(图 C.2)

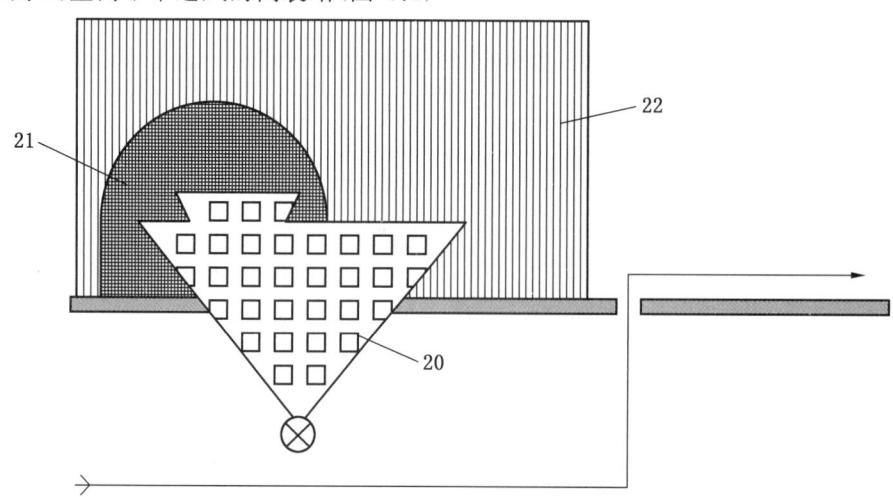

注 1:以上相关尺寸只用于图中说明,实际情况可能不是这个尺寸。
注 2:可能需采取其他的防护措施,如泄爆或爆炸隔离等,但不在本标准的范围内,故不予以讨论。

图 C.2 室内不带通风的倒袋站

本示例中,袋是手工倾倒在料斗中,并通过空气作用将物质传送至工厂的其他地方。料斗总是充满的。

20区 料斗内部,在正常工作情况下,爆炸性粉尘环境持续或经常存在,且存在不可控厚度的粉尘层。

21区 开孔是主要释放源。因此,21区是开孔周围1 m,并往下到底面的范围。

22区 21区范围以外,整个室内环境均是22区。

示例2:室外不带通风的倒袋站(图C.3)

本示例中,倾倒系统被放置在室外。

20区 料斗内部,在正常工作情况下,爆炸性粉尘环境持续或经常存在,且存在不可控厚度的粉尘层。

21区 开孔是主要释放源。因此,21区是开孔周围1 m,并往下到底面的范围。

22区 受外部环境影响,22区范围被限制在21区外1 m的范围内。

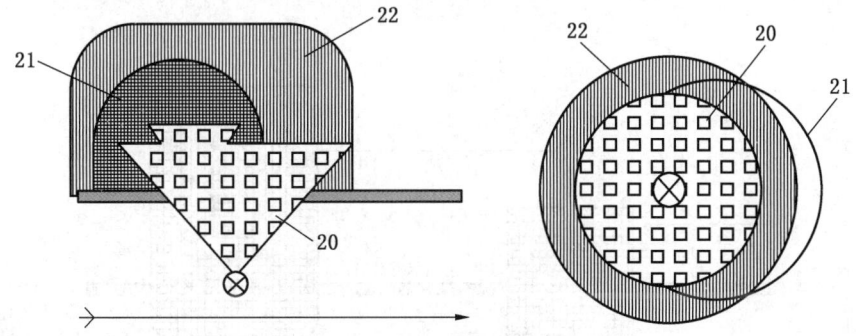

注1:以上相关尺寸只用于图中说明,实际情况可能不是这个尺寸。
注2:可能需采取其他的防护措施,如泄爆或爆炸隔离等,但不在本标准的范围内,故不予以讨论。

图C.3 室外不带通风的倒袋站

示例3:室内带通风的倒袋站(图C.4)

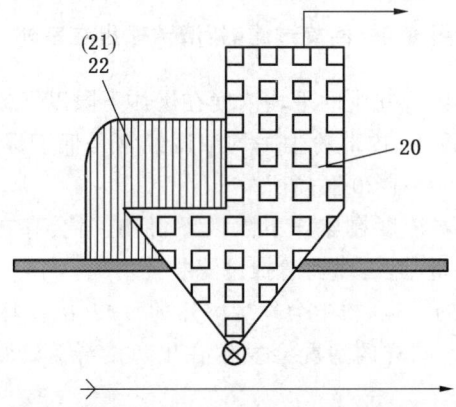

注1:以上相关尺寸只用于图中说明,实际情况可能不是这个尺寸。
注2:可能需采取其他的防护措施,如泄爆或爆炸隔离等,但不在本标准的范围内,故不予以讨论。

图C.4 室内带通风的倒袋站

本示例中,袋是手工倾倒在料斗中,并通过空气作用将物质传送至工厂的其他地方。料斗总是充满的。料斗内部带有通风系统,因此绝大多数粉尘总是在料斗内部。

20 区　料斗内部,在正常工作情况下,爆炸性粉尘/空气混合物持续或经常存在,且存在不可控厚度的粉尘层。

21 区　当排气系统失效或故障时,开孔是主要释放源。因此,21 区是开孔周围 1 m。

22 区　当排气系统设计完好,则释放的粉尘会被吸回。因此,开孔可被定义成次要释放源,在其周围 1 m 的范围内形成 22 区。

倾倒的袋子会导致粉尘溢出。因此,在开孔周围 2 m 的范围内应是 22 区。如果不能及时清扫,则房间内有粉尘的区域相应的会扩大,此区域均需进行分类。

示例4:回旋过滤器:清洁输出在室外(图 C.5)

本示例中,回旋过滤器是萃取系统的一部分。萃取的产品通过持续旋转阀最终进入密闭的箱柜中。在过滤器的出口有一风扇持续地将萃取成分吹出。在过滤器的内部无产品遗留。

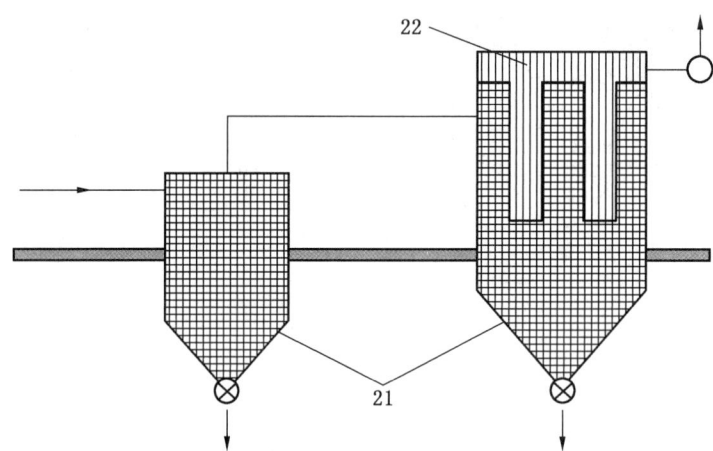

注1:以上相关尺寸只用于图中说明,实际情况可能不是这个尺寸。
注2:可能需采取其他的防护措施,如泄爆或爆炸隔离等,但不在本标准的范围内,故不予以讨论。

图 C.5　回旋过滤器:清洁输出在室外

也就是说,有传输通道内部粉尘的平均浓度在爆炸下限以下。

20 区　因正常工作情况下,内部粉尘平均浓度经常是低于爆炸下限,且过滤器内部无产品遗留,无粉尘层,所以不存在 20 区场所。

21 区　尽管粉尘的平均浓度在爆炸下限以下,但有时会存在浓度在爆炸极限内的情况,而且存在突然旋转或大量萃取,以及清扫过滤袋等情况。

22 区　在过滤器干净的一端,粉尘会发生突然的释放(次要释放源)或持续出现低浓度的粉尘释放(持续释放源)。同样的情况会发生在出口的导管或风扇一端,因而,出口周围 1 m 的地方应划分成 22 区。

注:若设备外部会存在粉尘层,比如柔韧的连接处产生释放,则周围应划分成 22 区(而非安全场所)。

示例5:回旋过滤器:清洁输出在室内(图 C.6)

本示例中,旋转过滤器是正压空气传输系统的一部分。萃取的产品通过持续旋转阀最终进入地窖。在过滤器的出口有一风扇持续地将萃取成分吹入到室内。

在回旋部分的内部压力稍高于大气压力。在过滤部分的压力稍低于大气压力。粉尘传输部分的浓度高于爆炸下限。

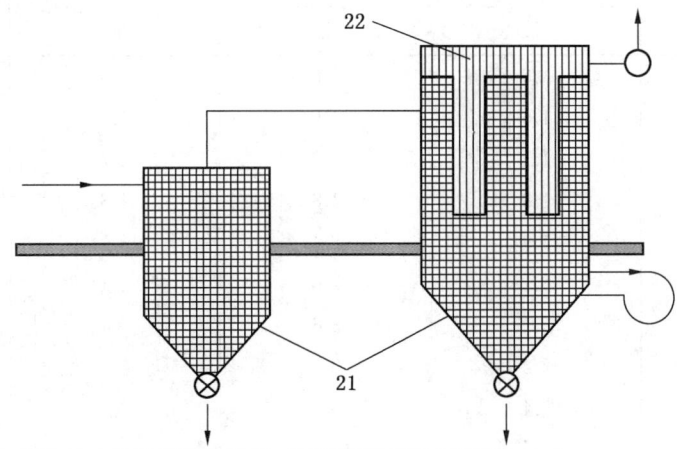

注1：以上相关尺寸只用于图中说明，实际情况可能不是这个尺寸。
注2：可能需采取其他的防护措施，如泄爆或爆炸隔离等，但不在本标准的范围内，故不予以讨论。

图 C.6　回旋过滤器：清洁输出在室内

20区　存在于回旋、过滤和导管，因为在正常工作情况下持续存在爆炸性粉尘/空气混合物。

21区　这一过程无21区场所。

22区　在过滤器干净的一端，粉尘会发生突然的释放（次要释放源）或持续出现低浓度的粉尘释放（持续释放源）。同样的情况会发生在出口的导管或风扇一端，因而，出口周围1 m的地方应划分成22区。

由于过滤器的出口会将一些粉尘吹到房间内，从而在房间内部形成粉尘层，因而整个房间均应划分为22区。只有得到及时彻底的清扫，才可以将房间内部划分为安全场所。

泄爆导管和出口可能会释放或倒塌（可能过压），这些场所应划分成22区。

附　录　D
（规范性附录）
电气间隙与爬电距离

表 D.1　电气间隙与爬电距离

电压 $U_{r.m.s}$ a.c.或 d.c/V	最小爬电距离/mm			最小电气间隙/mm
	材料级别			
	Ⅰ	Ⅱ	Ⅲa	
10	1.6	1.6	1.6	1.6
12.5	1.6	1.6	1.6	1.6

表 D.1（续）

电压 $U_{r.m.s}$ a.c.或 d.c/ V	最小爬电距离/mm 材料级别			最小电气间隙/ mm
	Ⅰ	Ⅱ	Ⅲa	
16	1.6	1.6	1.6	1.6
20	1.6	1.6	1.6	1.6
25	1.7	1.7	1.7	1.7
32	1.8	1.8	1.8	1.8
40	1.9	2.4	3.0	1.9
50	2.1	2.6	3.4	2.1
63	2.1	2.6	3.4	2.1
80	2.2	2.8	3.6	2.2
100	2.4	3.0	3.8	2.4
125	2.5	3.2	4	2.5
160	3.2	4	5	3.2
200	4.0	5.0	6.3	4.0
250	5	6.3	8	5
320	6.3	8.0	10.0	6.0
400	8	10	12.5	6
500	10.0	12.5	16.0	8.0
630	12.0	16.0	20.0	10
800	16.0	20.0	25.0	12
1 000	20	25	32	14
1 250	22	26	32	18
1 600	23	27	32	20
2 000	25	28	32	23
2 500	32	36	40	29
3 200	40	45	50	36
4 000	50	56	63	44
5 000	63	71	80	50
6 300	80	90	100	60
8 000	100	110	125	80
10 000	125	140	160	100

注1：表中所示电压取自 GB/T 16935.1。工作电压可以超过表中规定电压等级的10%。这是基于 GB/T 16935.1 的表 3B 中给出的供电电压的合理性。
注2：表中所示爬电距离和电气间隙值是以电源最大工作电压公差±10%为基础。
注3：10 V 以下时，与 CTI 的数值无关，并且可以接受不符合Ⅲa类要求的材料。

附 录 E
（资料性附录）
布 线 示 例

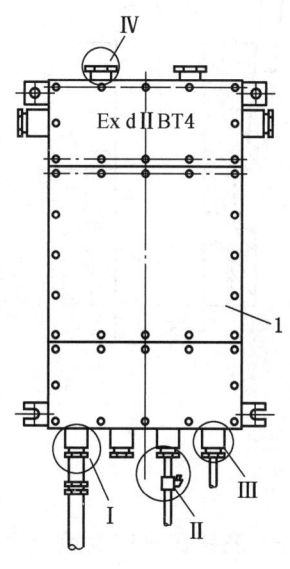

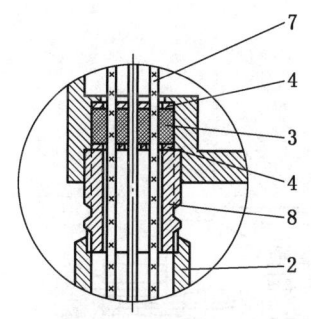

Ⅰ 钢管布线方式一

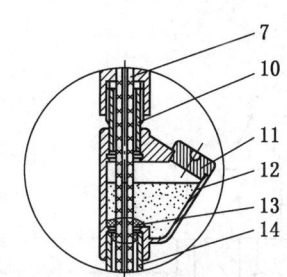

Ⅱ 钢管布线方式二

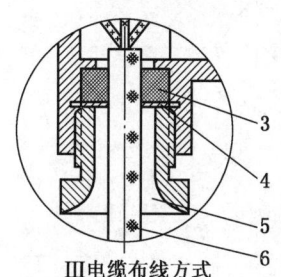

Ⅲ 电缆布线方式

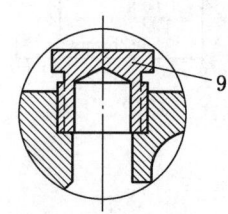

Ⅳ 封堵方式一

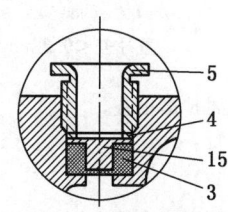

Ⅳ 封堵方式二

1——防爆电器；
2——防爆活接头；
3——弹性密封圈；
4——垫圈；
5——外压紧螺母；
6——电缆；
7——导线；
8——管接头压紧螺母；
9——堵头；
10——防爆管接头；
11——防爆隔离密封盒；
12——粉剂密封填料；
13——堵料；
14——钢管；
15——堵片。

图 E.1 布线示例

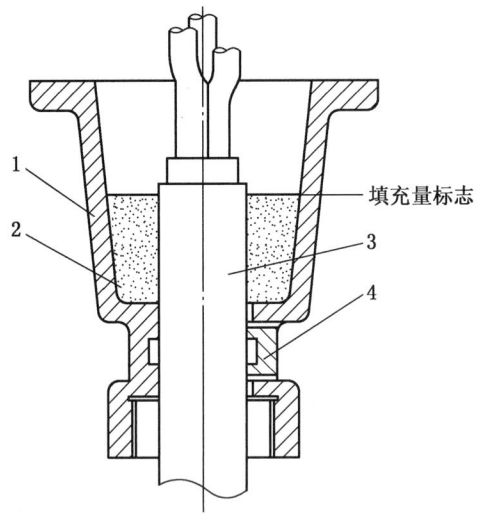

1——联通节；
2——固化密封填料；
3——电缆；
4——防止电缆拔脱装置。

图 E.2 浇铸固化密封填料式引入装置

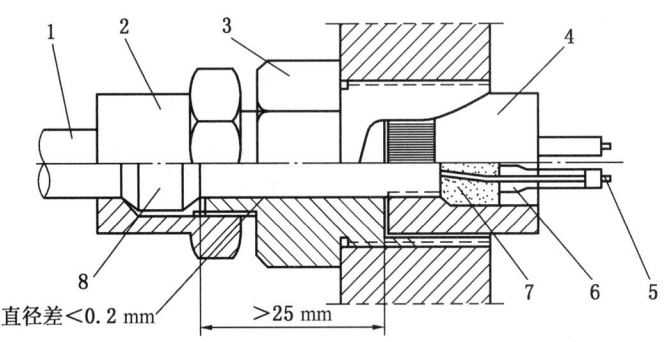

1——金属护套电缆；
2——螺母；
3——套筒；
4——端部固定套管；
5——导体；
6——绝缘套管；
7——绝缘填料；
8——金属密封环。

图 E.3 金属密封环式引入装置

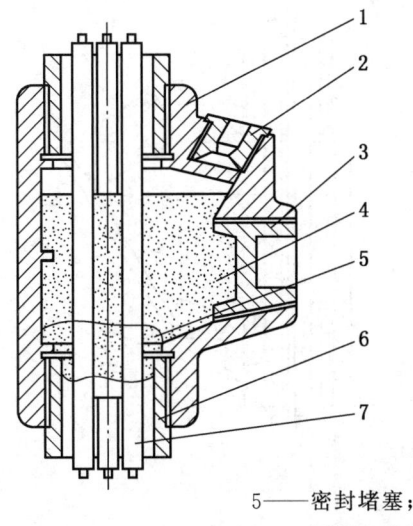

1——密封接线盒主体；
2——注入口螺塞；
3——操作口盖；
4——密封混合填料；
5——密封堵塞；
6——厚钢电线管；
7——绝缘电线。

图 E.4 立式密封接头（大型）

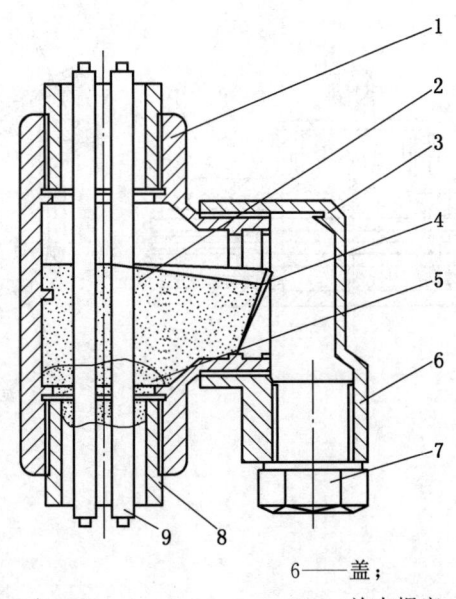

1——密封接线盒主体；
2——密封混合填料；
3——止动螺钉；
4——挡板；
5——密封堵塞；
6——盖；
7——放水螺塞；
8——厚钢电线；
9——绝缘电线。

图 E.5 疏水式密封接头

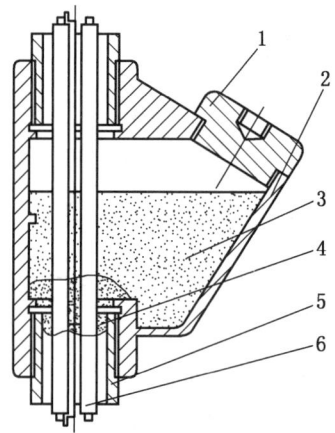

1——操作口兼注入口螺塞;
2——密封接线盒主体;
3——密封混合填料;
4——密封堵塞;
5——厚钢电线管;
6——绝缘电线。

图 E.6 立式密封接头(小型)

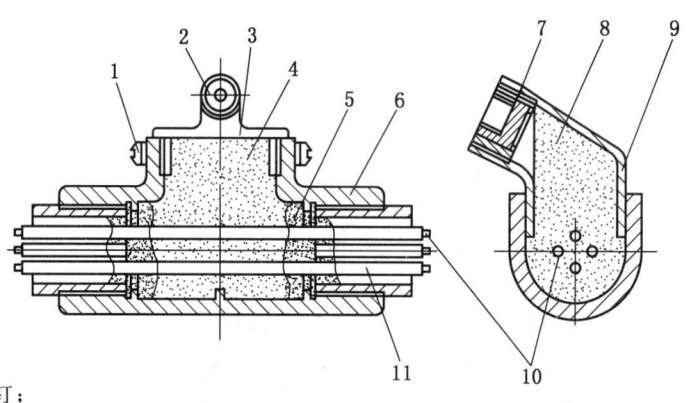

1——止动螺钉;
2——注入口螺栓;
3——操作口盖;
4——密封混合填料;
5——密封堵塞;
6——接线盒主体;
7——注入口螺钉;
8——密封混合填料;
9——操作口盖;
10——绝缘电线;
11——厚钢电线管。

图 E.7 卧式密封接头

加油站作业安全规范(AQ 3010—2007)

前 言

本标准第 4 章,第 5 章的 5.1、5.2.1、5.2.3、5.2.5、5.2.6、5.2.9、5.2.10、5.2.11、5.2.12、5.2.13、5.2.14、5.2.15、5.2.16、5.2.17、5.2.18,第 6 章,第 7 章的 7.1、7.2,第 8 章的 8.1、8.2.1、8.2.2、8.2.3、8.2.4、8.2.5、8.3.1、8.3.2、8.3.3、8.3.5、8.4.1、8.4.2、8.4.3、8.4.4、8.4.5、8.4.6、8.4.7、8.4.8、8.4.9、8.4.10、8.4.11、8.5.1、8.5.2、8.5.3、8.6.1、8.6.2、8.6.3、8.6.4、8.6.5、8.6.6 和第 9 章的 9.1 为强制性条文件,其余为推荐性的。

加油站内作业除执行本标准的规定外,并应符合国家现行的有关标准、规范的要求。

本标准由国家安全生产监督管理总局提出。

本标准由全国安全生产标准化技术委员会化学品安全分技术委员会(TC 288/SC 3)归口。

本标准负责起草单位:江苏省安全生产研究院。

本规程主要起草人:施祖建、吴龙英、成文东、夏尔淳、谢建兵。

本标准由全国安全生产标准化技术委员会化学品安全标准化分技术委员会解释。

本标准为首次制定。

1 范围

本标准规定了在加油站内进行的卸油、加油,油罐计量,设备使用、维护、检修等作业的安全要求及安全标志。

本标准适用于加油站内的作业,不适用于橇装式加油装置、水上加油站的作业。

2 规范性引用文件

下列文件中的条款通过本标准的引用而成为本标准的条款。凡是标注日期的引用文件,其随后所有的修改本(不包括勘误的内容)或修订版均不适用于本标准。然而,鼓励根据本标准达成协议的各方研究是否可使用这些文件的最新版本。凡是不标注日期的引用文件,其最新版本适用于本标准。

GB/T 13869 用电安全导则

GB 15630 消防安全标志设置要求

GB 16179 安全标志使用导则

GB 50156 汽车加油加气站设计与施工规范

3 术语和定义

3.1

加油站 automobile gasoline filling station

为汽车油箱充装汽油、柴油的专门场所。

3.2

加油岛 gasoline filling island

用于安装加油机的平台。

3.3

爆炸危险区域 explosive hazard zone

本标准所称爆炸危险区域指存在由于爆炸性混合物出现可能造成爆炸危险而必须对加油站作业采取预防措施的区域。爆炸危险区域等级划分应符合 GB 50156《汽车加油加气站设计与施工规范》附录的规定。

3.4

动火 hot work

本标准所称动火指可能产生火焰、火花和形成赤热表面的施工作业。

4 基本要求

4.1 作业人员应经过培训、考试合格后持证上岗。特种作业人员必须经过专业培训,持有特种作业资格证。

4.2 在加油站区域内作业人员上岗时应穿防静电工作服、防静电工作鞋;严禁穿带铁钉的鞋。严禁在爆炸危险区域穿脱衣服、帽子或类似物。严禁携带火种、非防爆移动通信工具进入爆炸危险区域。

4.3 严禁在加油站内吸烟、使用明火。加油站内不应使用移动通信设备。

4.4 作业时应使用不产生火花的工具及安全防爆照明设备。

4.5 不得在 GB 50156 标准规定的防火距离内提供住宿、餐饮、娱乐经营性活动,不得进行修理和洗车作业。

4.6 加油站上空有闪电或雷击时,应停止卸油、加油作业。

4.7 站区内搬运金属容器时,严禁在地上抛掷、拖拉或金属容器相互碰撞。

4.8 加油站应使用金属制污油布存放桶,并定期清理。

4.9 泄漏在加油站地面的油料必须立即清除。

4.10 不得使用汽油做清洁工作。

5 卸油作业

5.1 基本要求

5.1.1 必须具备密闭卸油的条件。

5.1.2 防雷、防静电接地设施完好。

5.1.3 油罐车车况良好,防火、防静电设施完备;油罐车的排气管应安装阻火器。

5.1.4 卸油作业所需消防器材配备齐全。

5.1.5 卸油时卸油区域内应停止其他非卸油作业活动。

5.2 卸油作业安全要求

5.2.1 油罐车站内移动时,应由加油站人员引导、指挥,车速不应大于 5 km/h。

5.2.2 油罐车停于密闭卸油点,熄火并拉上手刹车;车头宜向外。

5.2.3 油罐车进站后,卸油人员检查油罐车的安全设施后,应先将静电接地线夹头接到专用接地端,并确认接触良好,报警器不报警。按规定数量在卸油位置上风处摆放消防器材。

5.2.4 油罐车熄火并静置 15 min 后,卸油员按工艺流程连接卸油管及油气回收管接头,将接头结合紧密,保持卸油管自然弯曲;经计量后准备接卸。

5.2.5 油罐卸油、计量前,与该罐连接的给油设备应停止使用。

5.2.6 卸油前,应准确计量油罐的存油量。卸油作业中,严禁用量油尺计量油罐。

5.2.7 卸油前,核对罐车与油罐中油品的品名、牌号是否一致。

5.2.8 检查确认油罐计量孔密闭良好,并检查通气管阀门是否关闭。

5.2.9 卸油作业中,必须有专人在现场监护,并禁止车辆及非操作人员进入卸油区。

5.2.10 卸油过程中,卸油人员和油罐车驾驶员不得离开作业现场。

5.2.11 油罐车驾驶员缓慢开启卸油阀卸油。卸油员应监视卸油管线、相关阀门、过滤器等设备的运行情况,随时准备处理可能发生的问题。

5.2.12 卸油时严格控制油的流速,在油面淹没进油管口 200 mm 前,初始流速不应大于 1 m/s,卸油时流速不应大于 4.5 m/s。

5.2.13 卸油时若发生油料溅溢,应立即停止卸油并及时处理。

5.2.14 卸油时如发生交通事故、火灾事故、爆炸事故、破坏性事故和伤亡事故等,应立即停止卸油作业,启动相应的应急预案。

5.2.15 在卸油过程中,严禁修理、擦洗油罐车,不得鸣笛;使用器具时要轻拿轻放。

5.2.16 卸油完毕,油罐车驾驶员应关闭卸油阀。卸油员应先拆卸油管与油罐车连接端头,并将卸油管抬高使管内油料流入油罐内并防止溅出。盖严罐口处的卸油帽并加锁,收回静电导线。收存卸油管、油气回收管时不可抛摔,以防接头变形。

5.2.17 卸油完毕应静置 5 min,卸油员全面检查确认状态正常后,引导油罐车启动车辆、离站,并清理卸油现场,将消防器材放回原位。

5.2.18 卸油完毕待罐内油面静止平稳后,方可通知加油员开机加油。

6 加油作业

6.1 基本要求

6.1.1 加油员在使用加油机前,应确认加油机机件性能良好,油气分离器及过滤器功能正常,排气管应畅通、无损,泵安全阀定压正常。

6.1.2 加油岛上不应放置除消防器材外的其他物品。

6.1.3 加油员不应向绝缘性容器加注汽油、柴油及煤油等。

6.2 加油作业安全要求

6.2.1 车辆驶入加油站时,加油员应主动引导车辆进入加油位置。当加油车辆停稳、发动机熄火后,方可开始加油作业。

6.2.2 有加油车辆进站时,加油员应避免站在车辆正面车道上。车辆移动时操作人员应避开车辆以防被撞。

6.2.3 加油作业应由加油员操作,不得由顾客自行处置。

6.2.4 加油机运转时,电机和泵温度应保持正常,计量器和泵的轴封应无明显泄漏,汽油加油流量不应大于 60 L/min。

6.2.5 加油时应避免油料溅出,若有油料溢出,应立即擦拭。油污布料应妥善收存到金属制污油布存放桶内。
6.2.6 加完油后,应立即将加油枪复位于加油机。
6.2.7 站内有人吸烟或使用非防爆移动通信工具时,应立即停止加油,并及时制止。
6.2.8 摩托车加油前驾驶人员应离开座位;摩托车加油后,应用人力将摩托车推离加油机4.5 m后,方可启动。

7 油罐计量

7.1 油罐计量时应使用经法定检定并符合安全要求的计量器具。
7.2 油罐计量时应停止使用与此油罐相连的加油机。
7.3 卸油后,待静置15 min后方可计量。
7.4 采用人工采样、计量和测温时,测量工具上提速度不得大于0.5 m/s,下落速度不得大于1 m/s。

8 设备使用、维护、检修的安全要求

8.1 基本要求

8.1.1 作业应使用防爆机具,手持工具应为不产生火花的工具,清洁设备应使用全棉清洁用具。
8.1.2 应定期检测地下油罐,确认无油料泄漏。
8.1.3 清除阴井内积水时,需使用防爆型电动设备或以手工清除。

8.2 清洗油罐

8.2.1 清洗油罐时必须按清洗油罐安全要求进行。清洗油罐处须设置施工标识,并严禁无关人员接近。
8.2.2 油罐清洗前,必须对油罐的油管和电气连接采取隔离措施。
8.2.3 油罐清洗前和作业中,应适时测试油罐油气浓度,并采取相应的安全和个体防护措施。
8.2.4 油罐清洗作业期间,监护人须在现场监督清洗作业过程。
8.2.5 油罐清洗后,监护人应检查所有部件,确认完好后恢复到正常工作状态。

8.3 加油机维修

8.3.1 加油机维修时应设警示标志并对维修区域进行隔离,隔离范围不小于以加油机中心线为中心线,半径为4.5 m的区域范围。
8.3.2 加油机维修之前应切断电源。
8.3.3 若所修的部位需要放油时,必须用金属容器收集。
8.3.4 维修所需工具应摆放整齐,严禁乱放乱扔。
8.3.5 加油机被车辆撞击后,应立即关闭电源通知维护人员检修。

8.4 动火作业

8.4.1 在加油站区域内进行动火作业,应办理动火审批手续。
8.4.2 现场应挂警示标志,作业场所应增设消防器材,放置于施工现场。动火人员应按动火审批的具体要求作业。
8.4.3 动火前,与动火设备相连的所有管线均应加堵盲板与系统彻底隔离、切断。

8.4.4 将动火设备内的油品等可燃物彻底清理干净,达到动火条件。严禁使用压缩空气对管线进行清扫。

8.4.5 在爆炸危险区域附近动火施工时,应隔离并注意风向。

8.4.6 动火点周围(最小半径15 m)的下水井、水封井、隔油池、地漏、地沟等应清除易燃物,并予以封闭。

8.4.7 油罐动火,应作动火分析,合格后方可动火。

8.4.8 动火期间,安全监护人员应在现场监督,落实防火措施。

8.4.9 施工中须启、闭管线阀门设备时,施工人员应会同值班站长处理,施工人员不得擅自操作。

8.4.10 电焊回路线应接在焊件上,不得穿过下水井或其他设备搭火。

8.4.11 高处动火(2 m以上)必须采取防止火花飞溅措施,风力大于5级时禁止室外动火。

8.5 防雷、防静电设施和接地装置检测

8.5.1 防雷装置检测应每年一次,并建立设备检测档案。

8.5.2 所有防静电设施应定期检查、维修,并建立设施检测档案。

8.5.3 定期检查加油枪胶管上的金属屏蔽线和机体之间的连接情况,保持其具有良好的接地性能,并建立检查记录。

8.6 供电、发电

8.6.1 供电、发电基本要求应按GB/T 13869规定执行。

8.6.2 电气检修、临时用电必须执行工作票制度,并明确工作票签发人、工作负责人、监护人、工作许可人、操作人员责任。必须办理签发、许可手续后方可作业。

8.6.3 变、配电房间必须制定运行规程、巡回检查制度。

8.6.4 变、配电设备无论带电与否,不得单人移开或越过遮栏进行工作。若必须移开遮栏时,必须有监护人在场,并符合设备不停电检修安全距离要求。

8.6.5 在高压设备或大容量低压总盘上倒闸操作及在带电设备附近工作时,必须由两人进行。

8.6.6 不得在电气设备、供电线路上带电作业。断电后,应在电源开关处上锁、拆下熔断器,并挂上"禁止合闸、有人工作"等标示牌;工作未结束或未得到许可,任何人不得拿下标示牌或送电。工作完毕并经复查无误后,由工作负责人将检修情况与值班人员做好交接后方可摘牌送电。

8.6.7 发电、供电过程中应有专人巡回检查。

8.6.8 当外线停电时,及时断开配电柜中外电总闸和加油站内设备及照明的电源开关。按发电操作规程启动发电设备。

8.6.9 当外线来电时,断开加油站内设备及照明的电源开关。注意观察外电指示灯及电压表变化情况,确认电压稳定后,按操作规程恢复供电。

9 安全标志

9.1 加油站作业场所应按GB 16179、GB 15630规定设置安全标志。

9.2 以下情况宜设"禁止标志":

a) 加油站出入口及周边、作业防火区内,选用"禁止烟火""禁止使用手机""当心火灾"标志。
- b) 作业场所动火时,选用"禁止放易燃品""当心火灾""禁止使用手机"标志。
- c) 火灾爆炸危险场所选用"禁止穿化纤服""禁止穿带钉鞋"标志。
- d) 润滑油储存区域选用"禁止吸烟"标志。
- e) 加油站出入口选用"限制速度"标志。

9.3 以下情况宜设"警告标志":
- a) 加油站作业场所选用"注意安全""当心爆炸""当心火灾""当心车辆"标志。
- b) 润滑油储存区域选用"当心火灾"标志。
- c) 可能产生触电危险的配电间和电气设备,选用"当心触电"标志。

9.4 以下情况宜设"指令标志":
- a) 加油站出入口选用"入口""出口"标志。
- b) 卸油作业时在作业区放置"禁止带火种""注意安全"标志;在对应的加油机醒目处放置"暂停使用"标志。
- c) 有限空间作业场所选用"当心中毒""禁止带火种""注意安全"标志。

9.5 手动火灾报警按钮和固定灭火系统的手动启动器等装置附近,选用"消防手动启动器"标志。

3. 设备、装置与系统

危险化学品生产装置和储存设施风险基准
(GB 36894—2018)[①]

1 范围

本标准规定了危险化学品生产装置和储存设施个人风险和社会风险的可接受风险基准值。

本标准适用于危险化学品生产装置和储存设施选址和周边土地使用规划时的风险判定。

2 术语和定义

下列术语和定义适用于本文件。

2.1

个人风险 individual risk

假设人员长期处于某一场所且无保护,由于发生危险化学品事故而导致的死亡频率,单位为次每年。

2.2

社会风险 societal risk

群体(包括周边企业员工和公众)在危险区域承受某种程度伤害的频发程度,通常表示为大于或等于 N 人死亡的事故累计频率(F),以累计频率和死亡人数之间关系的曲线图(F-N 曲线)来表示。

2.3

防护目标 protected object

受危险化学品生产装置和储存设施事故影响,场外可能发生人员伤亡的设施或场所。

3 个人风险基准

3.1 防护目标分类

3.1.1 防护目标按设施或场所实际使用的主要性质,分为高敏感防护目标、重要防护目标、

[①] 《危险化学品生产装置和储存设施风险基准》(Risk criteria hazardous chemicals production unit and storage installations),全部技术内容为强制性,按照 GB/T 1.1—2009 给出的规则起草,由中华人民共和国应急管理部提出并归口,2018 年 11 月 119 日发布,2019 年 3 月 1 日实施。标准起草单位:中国安全生产科学研究院、中国化学品安全协会、南京工业大学。标准主要起草人:魏利军、王如君、多英全、杨国梁、蒋军成、于立见、路念明、师立晨、杨春生、张圣柱、吴昊、王媛媛、马大庆、胡敏、孙明亮。

为解决危险化学品生产装置和储存设施的安全风险评估基准值问题,加强风险分析的标准化,特制定本标准。本标准明确了危险化学品生产装置和储存设施选址和周边土地使用规划时的相关要求,规定了危险化学品生产装置和储存设施个人风险和社会风险的可接受风险基准值,对于加强危险化学品生产的安全管理工作的科学性和标准化具有重要意义。

一般防护目标。

3.1.2 高敏感防护目标包括下列设施或场所：
   a) 文化设施。包括：综合文化活动中心、文化馆、青少年宫、儿童活动中心、老年活动中心等设施。
   b) 教育设施。包括：高等院校、中等专业学校、体育训练基地、中学、小学、幼儿园、业余学校、民营培训机构及其附属设施，包括为学校配建的独立地段的学生生活场所。
   c) 医疗卫生场所。包括：医疗、保健、卫生、防疫、康复和急救场所；不包括：居住小区及小区级以下的卫生服务设施。
   d) 社会福利设施。包括：福利院、养老院、孤儿院等为社会提供福利和慈善服务的设施及其附属设施。
   e) 其他在事故场景下自我保护能力相对较低群体聚集的场所。

3.13 重要防护目标包括下列设施或场所：
   a) 公共图书展览设施。包括：公共图书馆、博物馆、档案馆、科技馆、纪念馆、美术馆、展览馆、会展中心等设施。
   b) 文物保护单位。
   c) 宗教场所。包括：专门用于宗教活动的庙宇、寺院、道观、教堂等场所。
   d) 城市轨道交通设施。包括：独立地段的城市轨道交通地面以上部分的线路、站点。
   e) 军事、安保设施。包括：专门用于军事目的的设施，监狱、拘留所设施。
   f) 外事场所。包括：外国政府及国际组织驻华使领馆、办事处等。
   g) 其他具有保护价值的或事故场景下人员不便撤离的场所。

3.1.4 一般防护目标根据其规模分为一类防护目标、二类防护目标和三类防护目标。一般防护目标的分类规定参见表1。

表 1 一般防护目标的分类

防护目标类型	一类防护目标	二类防护目标	三类防护目标
住宅及相应服务设施 住宅包括：农村居民点、低层住区、中层和高层住宅建筑等。 相应服务设施包括：居住小区及小区级以下的幼托、文化、体育、商业、卫生服务、养老助残设施，不包括中小学	居住户数 30 户以上，或居住人数 100 人以上	居住户数 10 户以上 30 户以下，或居住人数 30 人以上 100 人以下	居住户数 10 户以下，或居住人数 30 人以下
行政办公设施 包括：党政机关、社会团体、科研、事业单位等办公楼及其相关设施	县级以上党政机关以及其他办公人数 100 人以上的行政办公建筑	办公人数 10 人以下的行政办公建筑	
体育场馆 不包括：学校等机构专用的体育设施	总建筑面积 500 m² 以上的	总建筑面积 500 m² 以下的	

表 1（续）

防护目标类型	一类防护目标	二类防护目标	三类防护目标
商业、餐饮业等综合性商业服务建筑 包括：以零售功能为主的商铺、商场、超市、市场类商业建筑或场所；以批发功能为主的农贸市场；饭店、餐厅、酒吧等餐饮场所或建筑	总建筑面积 5000 m² 以上的建筑，或高峰时 300 人以上的露天场所	总建筑面积 1500 m² 以上 5000 m² 以下的建筑，或高峰时 100 人以上 300 人以下的露天场所	总建筑面积 1500 m² 以下的建筑，或高峰时 100 人以下的露天场所
旅馆住宿业建筑 包括：宾馆、旅馆、招待所、服务型公寓、度假村等建筑	床位数 100 张以上的	床位数 100 张以下的	
金融保险、艺术传媒、技术服务等综合性商务办公建筑	总建筑面积 5000 m² 以上的	总建筑面积 1500 m² 以上 5000 m² 以下的	总建筑面积 1500 m² 以下的
娱乐、康体类建筑或场所 包括：剧院、音乐厅、电影院、歌舞厅、网吧以及大型游乐等娱乐场所建筑； 赛马场、高尔夫、溜冰场、跳伞场、摩托车场、射击场等康体场所	总建筑面积 3000 m² 以上的建筑，或高峰时 1000 人以上的露天场所	总建筑面积 3000 m² 以下的建筑，或高峰时 100 人以下的露天场所	
公共设施营业网点		其他公用设施营业网点。包括电信、邮政、供水、燃气、供电、供热等其他公用设施营业网点	加油加气站营业网点
其他非危险化学品工业企业		企业中当班人数 100 人以上的建筑	企业中当班人数 100 人以下的建筑
交通枢纽设施 包括：铁路客运站、公路长途客运站、港口客运码头、机场、交通服务设施（不包括交通指挥中心、交通队）等	旅客最高聚集人数 100 人以上	旅客最高聚集人数 100 人以下	
城镇公园广场	总占地面积 5000 m² 以上的	总占地面积 1500 m² 以上 5000 m² 以下的	总占地面积 1500 m² 以下的

注 1：低层建筑（一层至三层住宅）为主的农村居民点、低层住区以整体为单元进行规模核算，中层（四层至六层住宅）及以上建筑以单栋建筑为单元进行规模核算。其他防护目标未单独说明的，以独立建筑为目标进行分类。

注 2：人员数量核算时，居住户数和居住人数按照常住人口核算，企业人员数量按照最大当班人数核算。

表 1（续）

防护目标类型	一类防护目标	二类防护目标	三类防护目标

注3：具有兼容性的综合建筑按其主要类型进行分类，若综合楼使用的主要性质难以确定时，按底层使用的主要性质进行归类。
注4：表中"以上"包括本数，"以下"不包括本数。

3.2 防护目标个人风险基准

危险化学品生产装置和储存设施周边防护目标所承受的个人风险应不超过表2中个人风险基准的要求。

表 2 个人风险基准

防护目标	个人风险基准/(次/年) ≤	
	危险化学品新建、改建、扩建生产装置和储存设施	危险化学品在役生产装置和储存设施
高敏感防护目标 重要防护目标 一般防护目标中的一类防护目标	3×10^{-7}	3×10^{-6}
一般防护目标中的二类防护目标	3×10^{-6}	1×10^{-5}
一般防护目标中的三类防护目标	1×10^{-5}	3×10^{-5}

4 社会风险基准

通过两条风险分界线将社会风险划分为3个区域，即：不可接受区、尽可能降低区和可接受区。具体分界线位置如图1所示。

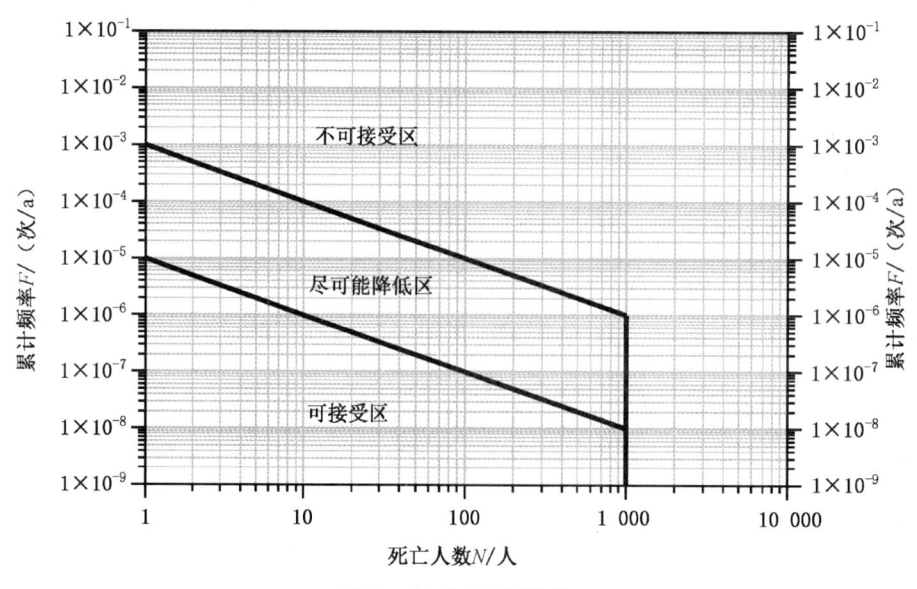

图 1 社会风险基准

a) 若社会风险曲线进入不可接受区,则应立即采取安全改进措施降低社会风险。
b) 若社会风险曲线进入尽可能降低区,应在可实现的范围内,尽可能采取安全改进措施降低社会风险。
c) 若社会风险曲线全部落在可接受区,则该风险可接受。

参 考 文 献

[1] GB 50137 城市用地分类与规划建设用地标准
[2] GB 50180 城市居住区规划设计规范
[3] Health and Safety Authority. Policy & Approach of the Health & Safety Authority to CO-MAH Risk-based land-use planning. 2010.3.
[4] N.J.Duijm. Acceptance criteria in Denmark and the EU. Danmarks Tekniske Universitet,2009.

危险化学品生产装置和储存设施外部安全防护距离确定方法(GB/T 37243—2019)

前　言

本标准按照 GB/T 1.1—2009 给出的规则起草。

本标准由中华人民共和国应急管理部提出并归口。

本标准起草单位：中国安全生产科学研究院、中石化青岛安全工程研究院、北京理工大学。

本标准主要起草人：魏利军、王如君、多英全、于立见、杨国梁、师立晨、党文义、钱新明、罗艾民、杨春生、宋占兵、张圣柱、褚云、曹炳志、黄兰。

1　范围

本标准规定了危险化学品生产装置和储存设施外部安全防护距离确定方法。

本标准适用于确定危险化学品生产装置和储存设施外部安全防护距离。

本标准不适用于民爆行业生产、流通企业，烟花爆竹生产企业和储存仓库，汽车加油加气站，油气输送管道，城镇燃气，港区内以及用于国防科研生产的危险化学品生产装置和储存设施。

2　规范性引用文件

下列文件对于本文件的应用是必不可少的。凡是注日期的引用文件，仅注日期的版本适用于本文件。凡是不注日期的引用文件，其最新版本(包括所有的修改单)适用于本文件。

GB 18218　危险化学品重大危险源辨识

GB 36894　危险化学品生产装置和储存设施风险基准

GB 50089—2018　民用爆炸物品工程设计安全标准

3　术语和定义

下列术语和定义适用于本文件。

3.1

爆炸物　explosive

列入《危险化学品目录》及《危险化学品分类信息表》的所有爆炸物。

3.2

有毒气体　toxic gas

列入《危险化学品目录》及《危险化学品分类信息表》，危害特性类别包含急性毒性-吸入的气体。

3.3

易燃气体　flammable gas

列入《危险化学品目录》及《危险化学品分类信息表》，危害特性类别包含易燃气体，类别

1、类别 2 的气体。

3.4

外部安全防护距离 external safety distance

为了预防和减缓危险化学品生产装置和储存设施潜在事故（火灾、爆炸和中毒等）对厂外防护目标的影响，在装置和设施与防护目标之间设置的距离或风险控制线。

3.5

点火源 ignition source

促使可燃物与助燃物发生燃烧的初始能量来源，包括明火、化学反应热、热辐射、高温表面、摩擦和撞击等。

4 外部安全防护距离确定流程

4.1 危险化学品生产装置和储存设施确定外部安全防护距离的流程见图 1。

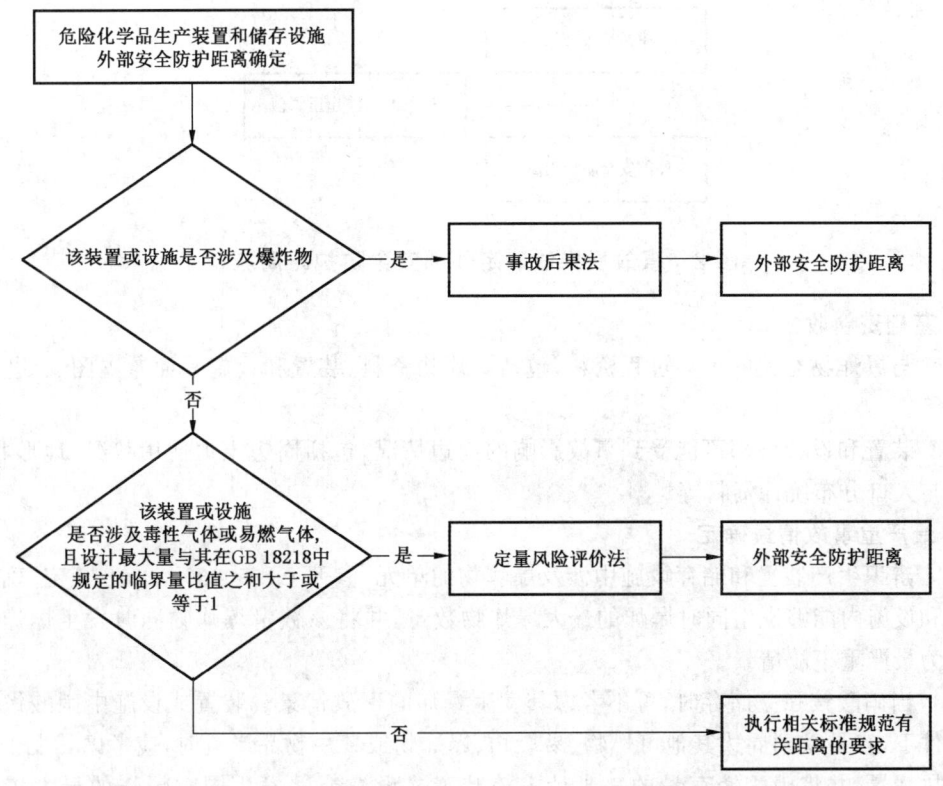

图 1 危险化学品生产装置和储存设施外部安全防护距离确定流程

4.2 涉及爆炸物的危险化学品生产装置和储存设施应采用事故后果法确定外部安全防护距离。

4.3 涉及有毒气体或易燃气体，且其设计最大量与 GB 18218 中规定的临界量比值之和大于或等于 1 的危险化学品生产装置和储存设施应采用定量风险评价方法确定外部安全防护距离。当企业存在上述装置和设施时，应将企业内所有的危险化学品生产装置和储存设作为一个整体进行定量风险评估,确定外部安全防护距离。

4.4 本标准4.2及4.3规定以外的危险化学品生产装置和储存设施的外部安全防护距离应满足相关标准规范的距离要求。

5 事故后果法

5.1 计算程序

事故后果法确定外部安全防护距离的流程见图2。

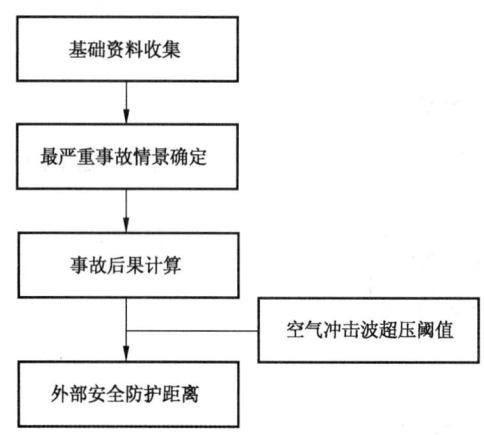

图 2 事故后果法确定外部安全防护距离流程

5.2 基础资料收集

5.2.1 与爆炸物有关的工艺过程资料,包括爆炸物资料、装置和设施平面布置图、工艺过程描述等。

5.2.2 装置和设施外部可能受到事故影响的周边情况,包括周边土地使用状况、地形状况、居民与人口分布统计资料等。

5.3 最严重事故情景确定

5.3.1 辨识生产装置和储存设施中涉及爆炸物的单元,参照GB 50089—2018规定,确定该装置和设施内能够发生同时爆炸的最大爆炸物数量,并将该数量爆炸物同时发生爆炸的情景作为最严重事故情景。

5.3.2 当硝酸铵独立储存时,可不考虑其发生爆炸的事故情景。装置或设施中硝酸铵在极端条件下,容易受到周边其他可燃物、易燃物、爆炸物或禁忌物品影响时,应考虑其发生爆炸的事故情景,并将硝酸铵存量的一半计入该装置或设施能够发生同时爆炸的最大爆炸物数量。

5.4 外部安全防护距离确定

5.4.1 根据最严重事故情景以及表1给出的空气冲击波超压安全阈值,按式(1)计算外部安全防护距离:

$$\Delta p = 14\frac{Q}{R^3} + 4.3\frac{Q^{2/3}}{R^2} + 1.1\frac{Q^{1/3}}{R} \quad \cdots\cdots\cdots\cdots\cdots\cdots\cdots\cdots\cdots(1)$$

式中:

Δp——空气冲击波超压值,单位为 10^5 帕斯卡(Pa);
Q ——一次爆炸的梯恩梯炸药当量,单位为千克(kg);
R ——爆炸点距防护目标的距离,单位为米(m)。

表 1 不同类型防护目标的空气冲击波超压阈值　　　　单位为帕斯卡

防护目标(类别按照 GB 36894 划分)	空气冲击波超压阈值[a]
高敏感防护目标、重要防护目标 一般防护目标中的一类防护目标	2 000
一般防护目标中的二类防护目标	5 000
一般防护目标中的三类防护目标	9 000

[a] 2 000 Pa 阈值为对建筑物基本无破坏的上限;5 000 Pa 阈值为对建筑物造成次轻度破坏(2 000 Pa～9 000 Pa)的中等偏下,有可能造成玻璃全部破碎,瓦屋面少量移动,内墙面抹灰少量掉落;9 000 Pa 阈值为造成建筑物次轻度破坏(2 000 Pa～9 000 Pa)的上限,有可能造成房屋建筑物部分破坏不能居住,钢结构的建筑轻微变形,对钢筋混凝土柱无损坏;以上阈值基本不会对室外人员造成直接死亡。

5.4.2 因地形条件对外部安全防护距离造成的影响可参照 GB 50089—2018 附录 A,对计算得到的外部安全防护距离进行调整。

5.4.3 外部安全防护距离的起点为装置和设施最外侧设备外缘或建筑物的最外轴线,止点为防护目标处建筑物的外墙。

6 定量风险评价法

6.1 计算程序

定量风险评价法确定外部安全防护距离的计算流程见图 3,包括以下步骤:

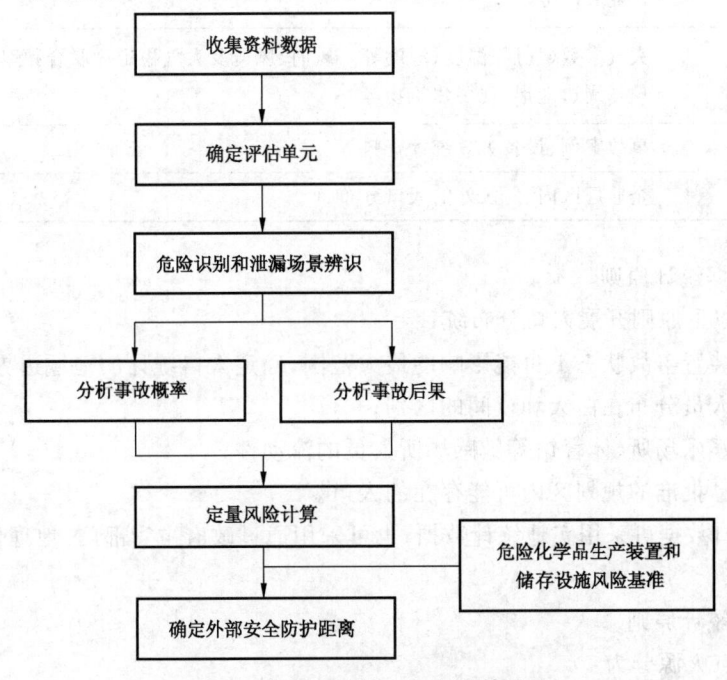

图 3 定量风险评价法计算流程

a) 收集资料数据；
b) 确定评估单元；
c) 危险识别和泄漏场景辨识；
d) 分析事故概率；
e) 分析事故后果；
f) 定量风险计算；
g) 确定外部安全防护距离。

6.2 资料数据收集

6.2.1 一般资料数据

根据评估单元的范围确定所需收集的资料数据，包括但不限于表2所列的资料数据。

表2 定量风险评价收集的一般资料数据

类别	一般资料数据
危害信息	危险化学品存量、化学品安全技术说明书(Safety Data Sheet,SDS)、现有的工艺危害分析(如危险与可操作性分析)结果、点火源等
设计和运行数据	设计说明、平面布置图、工艺技术规程、安全操作规程、工艺流程图(Process Flow Diagram,PFD)、管道和仪表流程图(Piping & Instrument Diagram,P&ID)、设备数据、管道数据、运行数据等
减缓控制系统	探测和切断系统(可燃气体和有毒气体探测、火焰探测、电视监控、联锁切断等)、消防、水幕等减缓控制系统
管理系统	管理制度、操作和维护手册、应急、事故调查、承包商管理、机械完整性管理、变更和作业程序等
自然条件	大气参数(气压、温度、湿度等)、风向、风速及大气稳定度联合频率；现场周边地形、现场建筑物等
历史数据	事故案例、设备失效统计资料等
人口数据	企业厂区内、厂区外的人口分布

6.2.2 人口数据统计原则

6.2.2.1 遵循以下原则开展人口分布统计：
a) 根据装置事故状态下可能影响的最大范围，确定人口统计的地域边界；
b) 考虑人员分布在白天和夜间的区别；
c) 考虑娱乐场所、体育馆等敏感场所人员的流动性；
d) 考虑已批准的规划区内可能存在的人口。

6.2.2.2 对人口数据可采用实地统计数据，也可采用通过政府主管部门、地理信息系统等途径获得的数据。

6.2.3 点火源统计原则

6.2.3.1 典型点火源分为：

a) 点源,如加热炉(锅炉)、车辆、火炬、人员等;
b) 线源,如公路、铁路、输电线路等;
c) 面源,如厂区外的化工厂、冶炼厂等。

6.2.3.2 应对评估单元的工艺条件、装置设施、平面布置等进行分析,结合现场调研,根据事故状态下可能影响的最大范围辨识潜在点火源,并统计点火源的名称、种类、方位、数目以及出现的概率等要素。

6.3 确定评估单元

6.3.1 根据评价目的,可对辨识出的所有危险单元开展定量风险评价;也可对辨识出的危险单元进行初步评价,然后选择能代表评价对象风险水平的单元开展定量风险评价。

6.3.2 评估单元的选择可采用如下方法:
a) 危险度评价法(参见附录 A);
b) 设备选择数法(参见附录 B);
c) 其他方法。

6.4 危险识别和泄漏场景辨识

6.4.1 应根据评价对象的具体情况进行系统的危险识别,识别系统中可能对人造成急性伤亡或对物造成突发性损坏的危险,确定其存在的部位、方式以及发生作用的途径和变化规律。

6.4.2 危险识别可采用如下方法:
a) 系统危险识别方法,如安全检查表法(Checklist)、故障假设分析法(What-if)、危险与可操作性分析法(Hazard and Operability Analysis,HAZOP)、故障类型和影响分析法(Failure Mode and Effect Analysis,FMEA)、故障树分析法(Fault Tree Analysis,FTA)等;
b) 重大危险源辨识;
c) 其他危险识别方法,如事故案例分析等。

6.4.3 对泄漏场景的设定应同时满足以下两个条件:
a) 泄漏发生的频率$\geqslant 10^{-8}$次/年;
b) 至少导致1%的致死概率。

6.4.4 泄漏场景根据泄漏孔径大小可分为完全破裂和孔泄漏两大类,各泄漏孔径的取值范围和代表值见表3。当设备直径小于 150 mm 时,取小于设备直径的孔泄漏场景以及完全破裂场景。

表 3 泄漏孔径取值   单位为毫米

泄漏场景	范围	代表值
小孔泄漏	0~5	5
中孔泄漏	5~50	25
大孔泄漏	50~150	100
完全破裂	>150	1)设备(设施)完全破裂或泄漏孔径>150; 2)全部存量瞬时释放

6.4.5 泄漏场景的选择应考虑设备(设施)的工艺条件、历史事故和实际运行环境,宜采用表 4 定义的典型泄漏场景。

表 4 设备(设施)典型泄漏场景

序号	设备(设施)种类	泄漏事件
1	管道	见 6.4.6、6.4.7
2	固定的带压容器和储罐	见 6.4.8
3	固定的常压容器和储罐	见 6.4.9
4	泵和压缩机	见 6.4.10
5	换热器	见 6.4.11
6	压力释放装置	见 6.4.12
7	仓库	见 6.4.13
8	铁路槽车或汽车槽车	见 6.4.14

6.4.6 管道泄漏场景见 6.4.4,对于完全破裂场景,如果泄漏位置严重影响泄漏量或泄漏后果,应至少分别考虑以下三个位置的完全破裂:
 a) 管道上游;
 b) 管道中游;
 c) 管道下游。

6.4.7 对于长管线,应沿管线选择一系列泄漏点,泄漏点的初始间距可取为 50 m,泄漏点数应确保当增加泄漏点数量时,风险曲线不会显著变化。

6.4.8 固定的带压容器和储罐分为三类,见表 5,其泄漏场景见 6.4.4。

表 5 固定带压容器和储罐分类

类别	定义	例子
带压容器	内部绝对压力大于 0.1 MPa 储存容器	分液罐、压力储罐等
工艺容器	在容器内,物质发生物理性质变化(如温度或相态)的容器。如果容器仅仅发生液位的变化,则它应作为一个受压容器(不包括具有管程和壳程结构的换热器)	蒸馏塔、过滤器等
反应容器	在容器内物质发生了化学变化的容器。如果在一个容器内发生了物质混合放热,则该容器也应作为一个反应容器	通用反应器、釜式反应器、床式反应器等

6.4.9 当固定的容器或储罐的内部绝对压力小于或等于 0.1 MPa 时,应考虑为常压容器或储罐,常见的常压容器和储罐的泄漏场景见表 6。

表 6 固定的常压容器和储罐的泄漏场景

类别	泄漏到大气中				泄漏到外罐中			
	小孔泄漏	中孔泄漏	大孔泄漏	完全破裂	小孔泄漏	中孔泄漏	大孔泄漏	完全破裂
单防罐	√	√	√	√				
双防罐				√	√	√	√	√
全防罐				√				
半地下储罐				√				√[a]
地下储罐				√[a]				

[a] 对于地下储罐的泄漏场景,周围包围介质(如土壤)应考虑为第二级容器(外罐),如果储罐周围的包围介质允许泄漏物质快速蒸发或包围介质可能失效,则应考虑地下储罐的泄漏场景。对于半地下储罐的地下部分,应遵循地下储罐的原则。

6.4.10 泵和压缩机的泄漏场景取吸入管道的泄漏场景,见 6.4.4;当泵或压缩机的吸入管道直径小于 150 mm 时,取小于吸入直径的孔泄漏场景以及完全破裂场景。

6.4.11 换热器的泄漏场景见表 7。

表 7 换热器的泄漏场景

物料位置	泄漏场景			
	泄漏场景 1	泄漏场景 2	泄漏场景 3	泄漏场景 4
危险物质在壳程	5 mm 孔径泄漏	25 mm 孔径泄漏	100 mm 孔径泄漏	破裂
危险物质在管程,壳程设计压力小于危险物质压力		一条管道中孔泄漏	一条管道破裂	十条管道破裂
危险物质在管程,壳程设计压力大于危险物质压力				十条管道破裂
注:假设泄漏物质直接泄漏到大气环境中。				

6.4.12 若压力释放装置的排放气直接排入大气环境中,应考虑压力释放装置的泄漏风险,其泄漏场景可取压力释放装置以最大释放速率进行排放。

6.4.13 仓库应考虑包装单元和仓库整体火灾的可能性,可取以下三种场景:
  a) 固体包装单元的粉末扩散;
  b) 液体包装单元的存量释放;
  c) 火灾(关注毒性燃烧产物和非火灾燃烧产生的毒性物释放)。

6.4.14 企业内部铁路槽车或汽车槽车的泄漏场景应考虑槽车自身失效引起的泄漏、装卸活动导致的泄漏和外部影响导致的泄漏,泄漏场景见表 8。

表 8 铁路槽车或汽车槽车的泄漏场景

设备(设施)	泄漏场景
汽车槽车或铁路槽车	场景1:孔泄漏,孔直径等于槽车最大接管直径 场景2:槽车破裂
装卸软管	场景3:装卸软管中孔泄漏 场景4:装卸软管完全破裂
装卸臂	场景5:装卸臂中孔泄漏 场景6:装卸臂完全破裂
槽车罐下火灾	罐内存量瞬时释放[a]
[a] 槽车罐下的火灾可能导致罐内存量瞬时释放,导致槽车罐下发生火灾的常见原因包括:槽车周边的火灾或槽车下部的连接部分泄漏后遇到点火源等。	

6.5 泄漏频率分析

6.5.1 泄漏频率可使用以下数据来源:

a) 工业失效数据库;
b) 企业历史数据;
c) 供应商的数据;
d) 基于可靠性的失效概率模型;
e) 同类设备(设施)典型泄漏场景泄漏频率值参见附录 C 中的表 C.1~表 C.8。

6.5.2 泄漏频率数据选择,应考虑以下事项:

a) 使用工业失效数据库时,应确保泄漏场景与失效数据场景基本假设相一致;
b) 使用企业历史数据时,应保证该历史数据充足并具有统计意义;
c) 应谨慎使用供应商提供的数据。

6.6 事故后果分析

6.6.1 源项和气云扩散计算

6.6.1.1 源项和气云扩散的计算,应考虑以下情形:

a) 泄漏(释放);
b) 闪蒸和液池蒸发;
c) 射流和气云扩散;
d) 火灾;
e) 爆炸。

6.6.1.2 在选择源项和气云扩散模型时,应考虑泄漏物质的特性。源项和气云扩散的计算模型参见附录 D。

6.6.2 泄漏

6.6.2.1 对每一个泄漏场景应选择一个适当的泄漏模型,不同泄漏场景的泄漏速率计算方法参见附录 D 中的 D.1。

6.6.2.2 泄漏位置应根据设备(设施)实际情况而确定。在工艺容器或反应容器中,当容器内同时存在气相和液相时,应模拟气相泄漏和液相泄漏两种场景。

6.6.2.3 泄漏方向应根据设备安装的实际情况确定。如果没有准确的信息,泄漏方向宜设为水平方向,与风向相同。对于地下管道,泄漏方向宜为垂直向上。

6.6.2.4 泄漏一般考虑为无阻挡释放,当同时满足以下两种情况时,宜考虑泄漏位置附近的地面或者物体的阻挡作用:

  a) 对任意的释放方向,存在 L_o/L_j 小于 0.33。L_o 为泄漏点到阻挡物的距离,L_j 为自由喷射长度,按式(2)计算:

$$L_j = 12 \times u_0 \times b_0 / u_{air} \quad \cdots\cdots\cdots\cdots\cdots(2)$$

  式中:

  u_0 —— 源处的喷射速度,单位为米每秒(m/s);

  b_0 —— 源半径,单位为米(m);

  u_{air} —— 平均环境风速,单位为米每秒(m/s),通常取 5 m/s。

  b) 对所有可能的释放方向,L_o/L_j 小于 0.33 的概率 P_i 大于 0.5。在这种情况下,频率为 f 的泄漏场景应分成两个独立的泄漏场景:频率 $P_i \times f$ 的有阻挡释放和频率为 $(1-P_i) \times f$ 的无阻挡释放。

6.6.2.5 最大可能泄漏量取 a)和 b)的较小值:

  a) 泄漏设备单元中的物料加上相连设备截断前可流入到泄漏设备单元中的物料,设定流入速度等于泄漏速度;

  b) 泄漏设备及相连单元内所有的物料量。泄漏设备及相连单元内所有的物料量应根据实际运行数据确定。

6.6.2.6 有效泄漏时间的确定应考虑以下因素:

  a) 设备和相连系统中的存量;

  b) 探测和联锁切断时间;

  c) 可能采取的任何反应措施。

6.6.2.7 在确定有效泄漏时间时,应对每个泄漏场景的有效泄漏时间逐个确认,有效泄漏时间可取如下三项中的最小值:

  a) 60 min;

  b) 最大可能泄漏量与泄漏速率的比值;

  c) 基于探测及联锁切断系统等级的泄漏时间,参见附录 E。

6.6.3 闪蒸和液池蒸发

6.6.3.1 过热液体泄漏计算应考虑闪蒸的影响,闪蒸计算参见附录 D 中的 D.2。

6.6.3.2 可形成的液池面积应考虑泄漏量、地面粗糙度、障碍物以及液体收集系统等影响,如果存在围堰、防护堤等拦蓄区,且泄漏的物质不溢出拦蓄区时,液池最大半径为拦蓄区的等效半径。

6.6.4 扩散

6.6.4.1 计算扩散时,应至少考虑以下两种情况:

  a) 射流。对于射流需确定喷射高度或距离;

  b) 大气扩散。大气扩散计算应考虑实际气体特性,根据扩散气体的初始密度、Richardson 数等条件选择重气扩散或非重气扩散。

6.6.4.2 室内的容器、油罐和管道等设备泄漏,应考虑建筑物对扩散的影响,选择模型时应考虑以下情况:

a) 建筑物不能承受物质泄漏带来的压力,可设定物质直接释放到大气中;
b) 建筑物可承受物质泄漏带来的压力,则室外扩散源项应考虑建筑物内的源项以及通风系统的影响。

6.6.4.3 在计算扩散时,天气条件宜考虑不同的大气稳定度和风速。当使用 Pasquill 大气稳定度(参见 D.3)时,可选择以下六种天气条件,见表9。

表9 选择的天气条件

大气稳定度	风速
B	中风速:3 m/s~5 m/s
D	低风速:1 m/s~2 m/s
D	中风速:3 m/s~5 m/s
D	高风速:8 m/s~9 m/s
E	中风速:3 m/s~5 m/s
F	低风速:1 m/s~2 m/s

6.6.4.4 扩散计算时,应考虑当地的风速、风向及稳定度联合频率,宜选择十六种风向。气象统计资料宜采用评估单元附近气象站的气象统计数据。

6.6.5 火灾和爆炸

6.6.5.1 对于易燃气体或易燃液体泄漏(释放)应考虑发生沸腾液体扩展蒸气云爆炸(Boiling Liquid Expanding Vapor Explosio,BLEVE)和(或)火球、喷射火、池火、蒸气云爆炸及闪火等火灾、爆炸场景。具体场景与物质特性、储存参数、泄漏类型、点火类型等有关,可采用事件树方法确定各种可燃物质释放后,各种事件发生的类型及概率。可燃物质释放后的事件树参见附录 F 中的图 F.1~图 F.5。

6.6.5.2 点火类型分为立即点火和延迟点火。

6.6.5.3 立即点火的点火概率应考虑设备类型、物质种类和泄漏形式(瞬时释放或者连续释放)。可根据数据库统计或通过概率模型计算获得。可燃物质泄漏后立即点火的概率参见 F.2。

6.6.5.4 延迟点火的点火概率应考虑点火源特性、泄漏物特性以及泄漏发生时点火源存在的概率,按式(3)计算:

$$P(t) = P_{present}(1 - e^{-\omega t}) \quad \cdots\cdots\cdots\cdots\cdots\cdots (3)$$

式中:

$P(t)$ ——0~t 时间内发生点火的概率;

$P_{present}$ ——点火源存在的概率;

ω ——点火源的点火概率,单位为每秒(s^{-1}),与点火源特性有关;

t ——时间,单位为秒(s)。

点火源的点火概率可根据点火源在某一时间内的点火概率计算得出,常见点火源在

1 min内的点火概率参见 F.3。

6.6.5.5 压缩液化气体或压缩气体瞬时释放时,应考虑 BLEVE 或火球的影响。BLEVE 或火球热辐射计算参见 D.4.2。

6.6.5.6 可燃有毒物质在点火前应考虑毒性影响,在点火后应考虑燃烧影响。可进行如下简化:

  a) 对低活性物质(参见附录 F 中的 F.2),假设不发生点火过程,仅考虑有毒物释放影响;
  b) 对中等活性及高活性物质,宜分成可燃物释放和有毒物释放两种独立事件进行考虑。

6.6.5.7 对于喷射火,其方向为物质的实际泄漏方向;如果没有准确的信息,宜考虑垂直方向喷射火和水平方向喷射火,计算方法参见 D.4.3。

6.6.5.8 气云延迟点火发生闪火和爆炸时,可将闪火和爆炸考虑为两个独立的过程。

6.6.5.9 气云爆炸产生的冲击波超压计算宜考虑气云受约束或阻碍的状况,计算方法参见 D.4.4。

6.6.6 减缓控制系统

减缓控制系统应考虑不同种类的减缓控制系统对危险物质释放及其后果的影响。如果能够确定减缓控制系统的效果,宜采用下列步骤反应减缓控制系统的作用:

  a) 确定系统起作用需要的时间;
  b) 确定系统的效果;
  c) 系统起作用前不考虑减缓控制作用;
  d) 系统起作用后的源项值应考虑减缓控制系统的效果并进行修正;
  e) 应考虑减缓控制系统的失效频率。

6.6.7 暴露影响

6.6.7.1 死亡概率计算

6.6.7.1.1 有毒气体、热辐射和超压的影响阈值参见附录 G。

6.6.7.1.2 给定暴露场景下,人员的死亡概率可采用概率函数法计算,死亡概率 P_d 与相应的概率值 P_r 函数关系见式(4)和式(5),P_d 和 P_r 的对应关系参见附录 H 中的 H.1。

$$P_d = 0.5 \times \left[1 + \mathrm{erf}\left(\frac{P_r - 5}{\sqrt{2}}\right)\right] \quad\quad\quad\quad (4)$$

$$\mathrm{erf}(x) = \frac{2}{\sqrt{\pi}} \int_0^x e^{-t^2} dt \quad\quad\quad\quad (5)$$

式中:

t——暴露时间,单位为秒(s)。

6.6.7.2 中毒

毒性暴露下死亡概率值可按式(6)计算:

$$P_{rT} = a + b\ln(C^n \times t) \quad\quad\quad\quad (6)$$

式中:

P_{rT}——毒性暴露下的死亡概率值;

a, b, n——描述物质毒性的常数,参见 H.2;

C ——暴露浓度,单位为毫克每立方米(mg/m^3);

t ——暴露于毒物环境中的时间,单位为分(min),最大值为 30 min。

6.6.7.3 热辐射危害

6.6.7.3.1 火球、池火及喷射火的死亡概率值可按式(7)计算:

$$P_{rH} = -36.38 + 2.56\ln(Q^{4/3} \times t) \quad \cdots\cdots\cdots\cdots\cdots\cdots (7)$$

式中:

P_{rH}——热辐射暴露下的死亡概率值;

Q ——热辐射强度,单位为瓦特每平方米(W/m^2);

t ——暴露时间,单位为秒(s),最大值为 20 s。

6.6.7.3.2 在计算热辐射暴露死亡概率时,处于火球、池火及喷射火火场中或热辐射强度不小于37.5 kW/m^2 时,人员的死亡概率为100%。

6.6.7.4 闪火和爆炸

6.6.7.4.1 闪火的火焰区域等于点燃时可燃云团浓度超过燃烧下限的范围。闪火火焰区域内,人员的死亡概率为100%;闪火火焰区域外,人员的死亡概率为0。

6.6.7.4.2 对于蒸气云爆炸,在超过 0.03 MPa 超压影响的区域内,人员的死亡概率为100%;在0.01 MPa超压影响区域外,人员的死亡概率为0。

6.7 定量风险计算

6.7.1 定量风险可用个人风险和社会风险来度量。个人风险可用绘制在标准比例尺地理图上的个人风险等值线表示,个人风险等值线对应的死亡概率不宜小于10^{-8}次/年。社会风险可用 F-N 曲线(Frequency-Number curve)表示。

6.7.2 在计算个人风险和社会风险时,应对评价区域进行计算网格划分。网格单元的划分应考虑当地人口密度和事故影响范围,网格尺寸不应影响计算结果。在确定每个网格单元的人员数量时,可假设网格单元内部有相同的人口密度。将点火概率分配到每一个网格单元,如网格中有多个点火源,应将所有的点火源合并成处于网格单元中心的单个点火源。

6.7.3 当人员处于室外和室内两种情况下时,社会风险可按式(8)进行修正:

$$P_{SR} = \beta_{SR} \times P_d \quad \cdots\cdots\cdots\cdots\cdots\cdots (8)$$

式中:

P_{SR}——社会风险计算时的人口死亡百分比;

β_{SR}——社会风险计算时的人口死亡百分比修正因子,取值参见表10;

P_d——人员的死亡概率。

表 10 修正因子 β_{SR} 取值

危害场景		β_{SR}	
		室外	室内
爆炸	爆炸超压≥0.03 MPa	1	1
	0.01 MPa<爆炸超压<0.03 MPa	注1	
	爆炸超压≤0.01 MPa	0	0
	闪火范围内	1	1

表 10（续）

危害场景		β_{SR}	
		室外	室内
闪火范围外		0	0
热辐射强度 <37.5 kW/m²	火球	0.14[a]	0
	喷射火	0.14[a]	0
	池火	0.14[a]	0
热辐射强度 ≥37.5 kW/m²	火球	1	1
	喷射火	1	1
	池火	1	1
毒性		1	0.1[b]

注：爆炸超压 0.01 MPa～0.03 MPa 半径区域的室外人员的死亡概率为 0；在计算社会风险时，室内人员需考虑建筑物破坏的影响，死亡百分比为 2.5%。

[a] 当计算社会风险时，通常认为在衣服着火以前，室外人员因受到衣服的保护而减弱了热辐射的影响，与没有衣服保护相比，其死亡百分比减小至 14%，因此修正因子为 0.14。

[b] 计算室内人员的死亡百分比时应考虑室内真实毒性剂量，室内毒性剂量与毒性气团的通过时间和房间通风率有关，在没有具体参数时，可取同样剂量下室外人员死亡概率的 0.1 倍。

6.7.4 个人风险计算流程见图 4，包括以下步骤：

a) 选择一个泄漏场景（Loss of Containment，LOC），确定 LOC 的发生频率 f_S。

b) 选择一种天气等级 M 和该天气等级下的一种风向 φ，给出天气等级 M 和风向 φ 同时出现的联合概率 $P_M \times P_\varphi$。

c) 如果是可燃物释放，选择一个点火事件 i 并确定点火概率 P_i。如果考虑物质毒性影响，则不考虑点火事件。

d) 计算在特定的 LOC、天气等级 M、风向 φ 及点火事件 i（针对可燃物）条件下网格单元上的死亡概率 P_d，计算中参考高度取 1 m。

e) 计算（LOC、M、φ、i）条件下对网格单元个体风险（Individual Risk，IR）的贡献，按式(9)计算。

$$\Delta IR_{S,M,\varphi,i} = f_S \times P_M \times P_\varphi \times P_i \times P_d \quad \cdots\cdots(9)$$

f) 对所有的 LOC(f_S)、M、φ 及 i，重复 a)～e)步的计算；则网格单元处的个人风险按式(10)计算。

$$IR = \sum_S \sum_M \sum_\varphi \sum_i \Delta IR_{S,M,\varphi,i} \quad \cdots\cdots(10)$$

6.7.5 社会风险计算流程见图 5，包括以下步骤：

a) 首先确定以下条件：

　　1) 确定 LOC 及其发生频率 f_S；

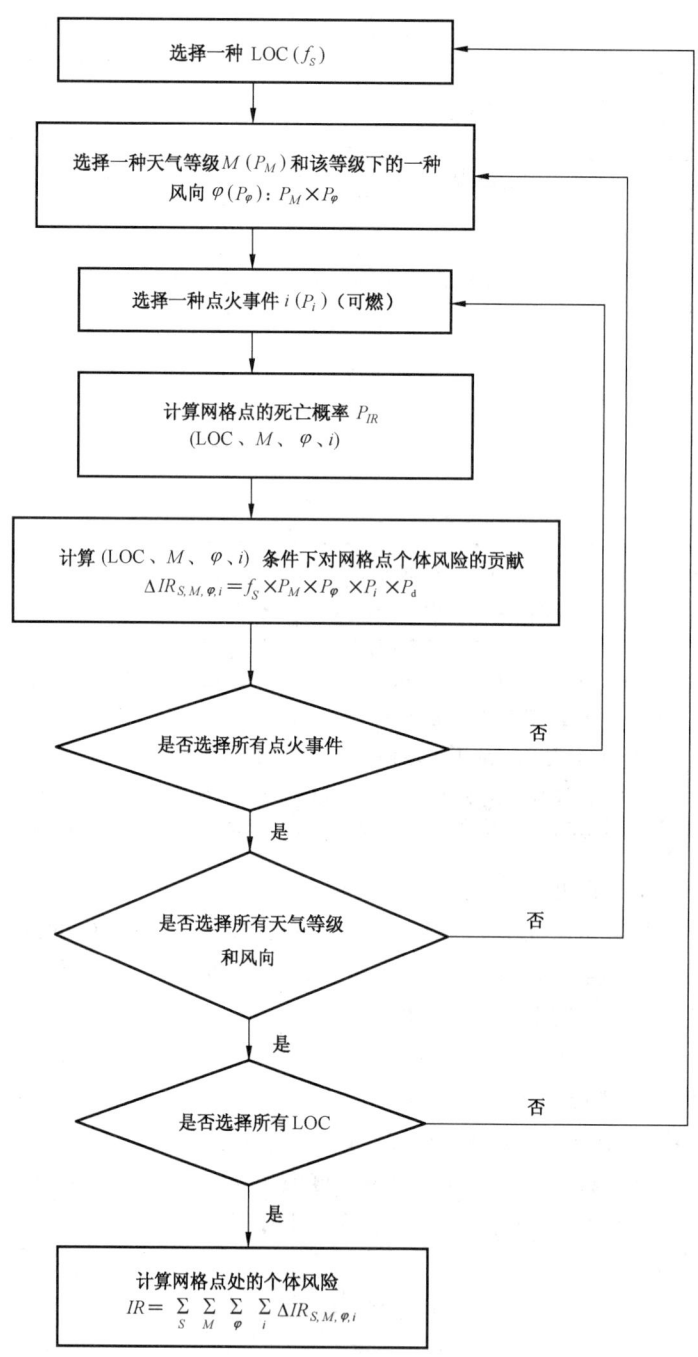

图4 网格单元的个人风险计算程序

    2) 选择天气等级 M,频率为 P_M;

    3) 选择天气等级 M 下的一种风向 φ,频率为 P_φ;

    4) 对于可燃物,选择条件概率为 P_i 的点火事件 i。

b) 选择一个网格单元 j,确定网格单元内的人数 N_{cell}。

c) 计算在特定的 LOC、M、φ 及 i 下,网格单元 j 内的人口死亡百分比 $P_{\text{SR}j}$,计算中参

考高度取 1 m。

d) 按式(11)计算在特定的 LOC、M、φ 及 i 下的网格单元 j 的死亡人数 $\Delta N_{S,M,\varphi,i,j}$。
$$\Delta N_{S,M,\varphi,i,j} = P_{SRj} \times N_{\text{cell}} \quad \cdots\cdots\cdots\cdots\cdots\cdots\cdots\cdots (11)$$

e) 对所有网格单元,重复 b)~d)步的计算,按式(12)计算在特定的 LOC、M、φ 及 i 下的死亡总人数 $N_{S,M,\varphi,i}$。
$$N_{S,M,\varphi,i} = \sum_j \Delta N_{S,M,\varphi,i,j} \quad \cdots\cdots\cdots\cdots\cdots\cdots\cdots\cdots (12)$$

f) 按式(13)计算 LOC、M、φ 及 i 的联合频率 $f_{S,M,\varphi,i}$。
$$f_{S,M,\varphi,i} = f_S \times P_M \times P_\varphi \times P_i \quad \cdots\cdots\cdots\cdots\cdots\cdots\cdots\cdots (13)$$

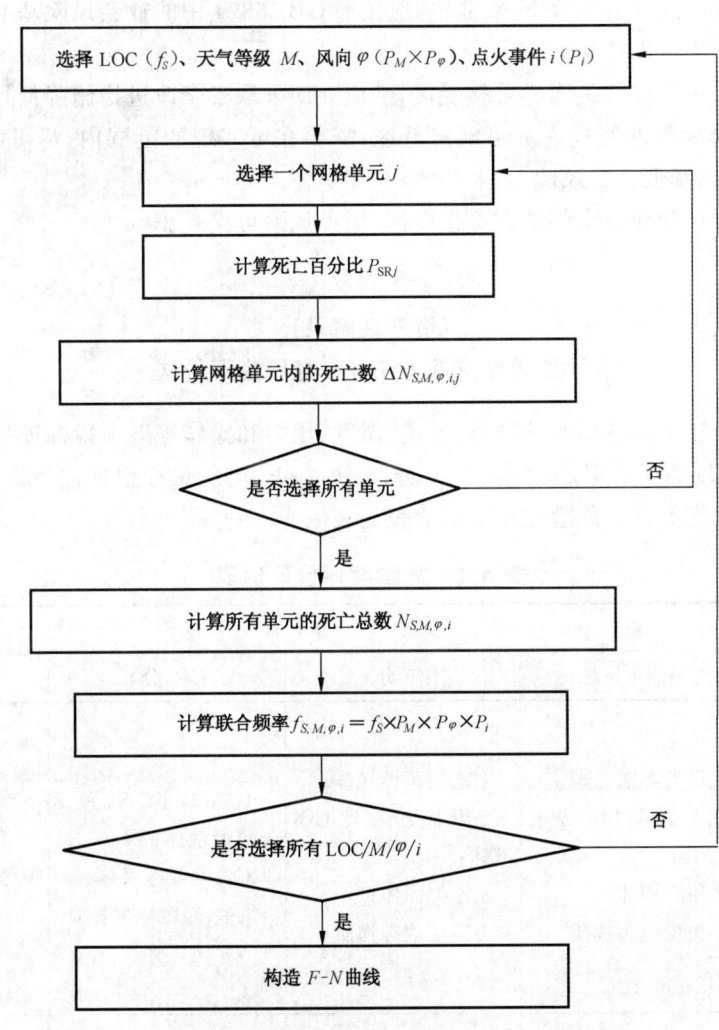

图 5 网格单元的社会风险计算流程

对所有的 LOC(f_S)、M、φ 及 i,重复 a)~f)步的计算,按式(14)用累积死亡总人数 $N_{S,M,\varphi,i} \geqslant N$ 的所有事故发生的频率 $f_{S,M,\varphi,i}$ 构造 F-N 曲线。
$$F_N = \sum_{S,M,\varphi,i} f_{S,M,\varphi,i} \to N_{S,M,\varphi,i} \geqslant N \quad \cdots\cdots\cdots\cdots\cdots\cdots\cdots\cdots (14)$$

6.8 外部安全防护距离确定

6.8.1 按照 GB 36894 中的个人风险基准,绘制危险化学品生产装置和储存设施周围的风险等值线,确定不同类型防护目标外部安全防护距离是否满足风险基准的要求。

6.8.2 当防护目标为单栋建筑物时,应以建筑物的外墙为边界评定其是否满足个人风险基准的要求,当防护目标为带有配套设施的机构或场所时,应以机构或场所的围墙或用地边界线为边界评定其是否满足个人风险基准的要求。

6.8.3 社会风险基准是在个人风险基准确定的基础上,结合危险化学品生产装置和储存设施周边区域的人口分布,对危险化学品事故引发群死群伤事故的约束。绘制危险化学品生产装置和储存设施的社会风险 F-N 曲线,应按照 GB 36894 中的社会风险基准,判断项目的社会风险水平是否可以接受:

 a) 若社会风险曲线进入不可接受区,则应立即采取安全改进措施降低社会风险;
 b) 若社会风险曲线进入尽可能降低区,需要在可实现的范围内,尽可能采取安全改进措施,降低社会风险;
 c) 若社会风险曲线全部落在可接受区,则该风险可接受。

附 录 A
（资料性附录）
评估单元选择方法——危险度评价法

危险度评价法是以各单元的物料、容量、温度、压力和操作等五项指标进行评定,每一项又分为 A、B、C、D 四个类别,分别给定 10 分、5 分、2 分、0 分,最后根据这些分值之和来评定该单元的危险程度等级。危险度评价取值表见表 A.1。

表 A.1 危险度评价取值表

工程	分 值			
	A(10分)	B(5分)	C(2分)	D(0分)
物质（系指单元中危险、有害程度最大的物质）	1.甲类可燃气体[a]; 2.甲 A 类物质及液态烃类; 3.甲类固体; 4.极度危害物质[b]	1.乙类可燃气体; 2.甲 B、乙 A 类可燃液体; 3.乙类固体; 4.高度危害物质	1.乙 B、丙 A、丙 B 类可燃液体; 2.丙类可燃固体; 3.中、轻度危害物质	不属于左述之 A、B、C 项的物质
容量[c]	1.气体在 1 000 m³ 以上; 2.液体在 100 m³ 以上	1.气体在500 m³～1 000 m³; 2.液体在 50 m³～100 m³	1.气体在 100 m³～500 m³; 2.液体在 10 m³～50 m³	1.气体<100 m³; 2.液体<10 m³

表 A.1（续）

工程	分 值			
	A(10分)	B(5分)	C(2分)	D(0分)
温度	1 000 ℃ 以上使用，其操作温度在燃点以上	1.1 000 ℃ 以上使用，但操作温度在燃点以下； 2.在 250 ℃～1 000 ℃ 使用，其操作温度在燃点以上	1.在 250 ℃～1 000 ℃ 使用，其操作温度在燃点以下； 2.在低于 250 ℃ 使用，操作温度在燃点以上	在低于 250 ℃ 时使用，操作温度在燃点以下
压力	100 MPa	20 MPa～100 MPa	1 MPa～20 MPa	1 MPa 以下
操作	1.临界放热和特别剧烈的放热反应操作； 2.在爆炸极限范围内或其附近操作	1.中等放热反应（如烷基化、酯化、加成、氧化、聚合、缩合等反应）操作； 2.系统进入空气或不纯物质，可能发生危险的操作； 3.使用粉状或雾状物质，有可能发生粉尘爆炸的操作； 4.单批式操作	1.轻微放热反应（如加氢、水合、异构化、磺化、中和等反应）操作； 2.在精制过程中伴有化学反应； 3.单批式操作，但开始使用机械等手段进行程序操作； 4.有一定危险的操作	无危险的操作

a 见 GB 50160 中可燃物质的火灾危险性分类。
b 见 HG/T 20660 表1、表2、表3。
c (1)有触媒的反应，应去掉触媒所占空间；(2)气液混合反应，应按其反应的相态选择上述规定。

危险度分级见表 A.2。

表 A.2 危险度分级

总分值	≥16 分	11 分～15 分	≤10 分
等级	Ⅰ	Ⅱ	Ⅲ
危险程度	高度危险	中度危险	低度危险

可选择总分值≥11 分的单元（装置）进行风险评价。

附 录 B
（资料性附录）
评估单元选择方法——设备选择数法

B.1 流程

选择数法是根据单元中危险物质的量和工艺条件，来表征该单元的相对危险性，流程示

意图见图 B.1,具体步骤如下:

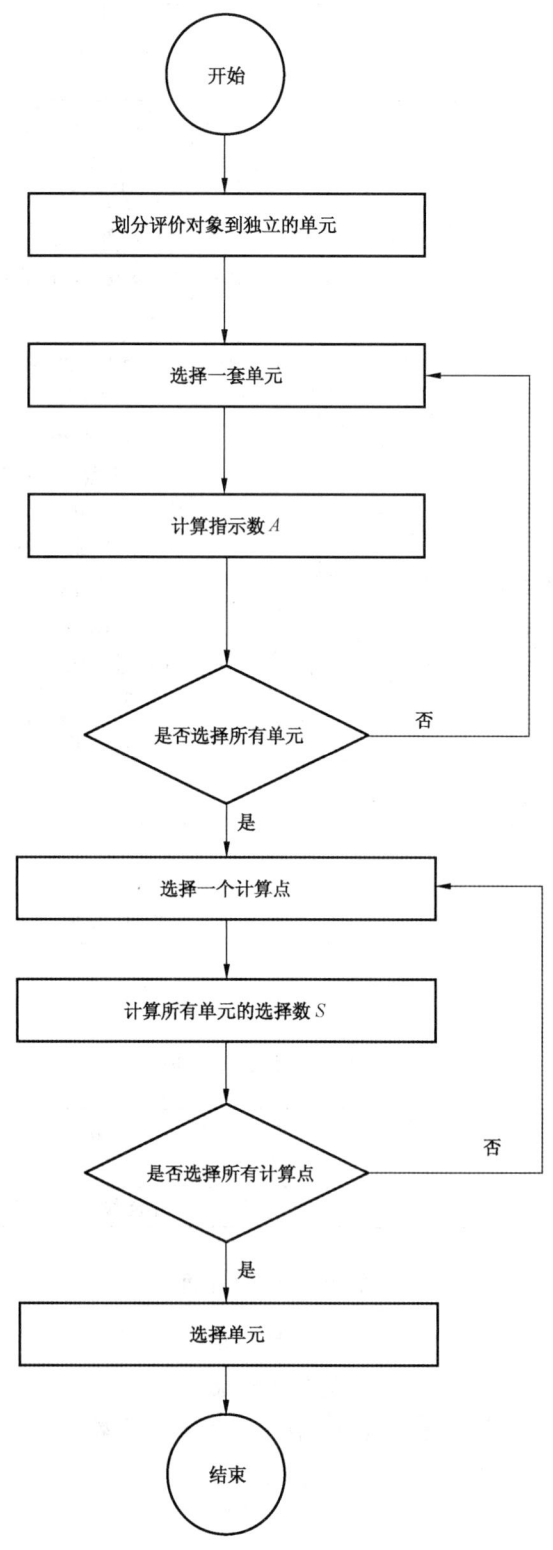

图 B.1 设备选择数法流程示意图

a) 将企业划分为独立的单元;
b) 计算单元的指示数 A,它表征了单元的固有危险,$A=f$(危险物质的质量,工艺条件,物质属性);
c) 计算单元对企业周边系列点上造成的危险。该点的危险用选择数 S 来表征,它是指示数 A 和该点与装置的距离 L 的函数,$S=f(A,L)$;
d) 根据选择数 S 的相对大小,选择需进行定量风险评价的单元。

B.2 划分单元

划分单元的主要原则如下:
a) "独立单元"是指该单元内物质的泄漏不会导致相邻其他单元的物质大量释放。如果事故发生时,两个单元能够在非常短的时间内切断,则它们可划分为相互独立的单元。
b) 区分工艺单元和储存单元。对于储存单元,如储罐,即使储罐包含循环系统和热交换系统,它仍将作为一个独立的储存单元对待。

B.3 计算指示数 A

B.3.1 指示数 A 计算公式

指示数 A 为无因次量,表征了单元的固有危险,按式(B.1)计算。

$$A = f(Q, Q_1, Q_2, Q_3, G) = \frac{Q \times Q_1 \times Q_2 \times Q_3}{G} \quad\quad\quad\quad\quad (B.1)$$

式中:
Q ——单元中物质的质量,单位为千克(kg);
Q_1 ——工艺条件因子,用以表征单元的类型,即工艺单元或储存单元;
Q_2 ——工艺条件因子,用以表征单元的布局以及防止物质扩散到环境的措施;
Q_3 ——工艺条件因子,用以表征单元中物质释放后,气相物质的量(基于单元的工艺温度、物质常压沸点、物质的相态和环境温度);工艺条件因子只适用于有毒物质和可燃物质,对于爆炸物质(炸药、火药等),$Q_1=Q_2=Q_3=1$,则 $A=Q/G$;
G ——阈值,它表征了物质的危险度,由物质的物理属性和毒性、燃烧爆炸性所决定。

B.3.2 因子 Q_1、Q_2、Q_3 取值

B.3.2.1 工艺条件因子 Q_1

Q_1 的取值见表 B.1。

表 B.1 Q_1 取值一览表

单元类型	Q_1
工艺单元	1
储存单元	0.1

B.3.2.2 工艺条件因子 Q_2

Q_2 的取值见表 B.2。

表 B.2 Q_2 取值一览表

单元的布置和防护措施	Q_2
室外单元	1.0
封闭式单元	0.1
单元有围堰,工艺温度 $T_p \leqslant$ 沸点 $T_{bp}+5$ ℃	1
单元有围堰,工艺温度 $T_p >$ 沸点 $T_{bp}+5$ ℃	0.1

注1:对于储存单元,工艺温度可视为储存温度。
注2:封闭式单元能阻止物质泄漏时扩散到环境中。但要求封闭设施能承受装置物质瞬时释放的物理压力,能极大地降低物质直接释放到环境中。如果封闭设施能够使释放到大气环境中的物质数量降低5倍以上,或者能够将释放物导向安全地点,那么这样的单元可以考虑为封闭的,否则应该作为一个室外单元。
注3:围堰能阻止物质扩散到环境中。对于能够容纳液体,并能承受载荷的双层封闭设施,可作为围堰考虑,如双防常压罐、全防常压储罐、地下常压罐和半地下常压罐。

B.3.2.3 工艺条件因子 Q_3

工艺条件因子 Q_3 取值见表 B.3。

表 B.3 Q_3 取值一览表

物质相态	Q_3
物质为气态	10
物质为液态:	
①工艺温度下饱和蒸汽压 $\geqslant 3\times 10^5$ Pa;	10
②$1\times 10^5$ Pa $\leqslant$ 工艺温度下饱和蒸汽压 $< 3\times 10^5$ Pa;	$X+\Delta$
③工艺温度下饱和蒸汽压 $< 1\times 10^5$ Pa	$P_i+\Delta$
物质为固态	0.1

注1:表中压力为绝对压力。
注2:$X=45\times P_{sat}-3.5$,P_{sat} 为饱和蒸汽压(MPa),P_i 为工艺温度下物质的蒸汽分压。
注3:Δ 表征环境与液池之间的热传导导致的液池蒸发增量。Δ 由常压沸点 T_{bp} 决定,Δ 取值见表 B.4。对危险物质混合物应该使用10%蒸馏温度点作为常压沸点,即在此温度下混合物的10%被蒸馏掉。
注4:对于溶解在非危险性溶剂里的危险物质,应使用工艺温度下饱和蒸汽压中的危险物质的分压。
注5:$0.1 \leqslant Q_3 \leqslant 10$。

表 B.4　Δ 取值一览表

T_{bp}	Δ
$-25\ ℃ \leqslant T_{bp}$	0
$-75\ ℃ \leqslant T_{bp} < -25\ ℃$	1
$-125\ ℃ \leqslant T_{bp} < -75\ ℃$	2
$T_{bp} < -125\ ℃$	3

B.3.3　阈值 G

B.3.3.1　有毒物质的阈值

有毒物质的阈值由致死浓度 LC_{50}（老鼠吸入 1 h 半数死亡的浓度）和 25 ℃下物质的相态决定，取值见表 B.5。

表 B.5　有毒物质阈值表

LC_{50} mg/m³	25 ℃时物质的相态	阈值 G kg
LC≤100	气相	3
	液相(L)	10
	液相(M)	30
	液相(H)	100
	固态	300
100<LC≤500	气相	30
	液相(L)	100
	液相(M)	300
	液相(H)	10 00
	固态	3 000
500<LC≤2 000	气相	300
	液相(L)	1 000
	液相(M)	3 000
	液相(H)	10 000
	固态	∞
2 000<LC≤20 000	气相	3 000
	液相(L)	10 000
	液相(M)	∞
	液相(H)	∞
	固态	∞

表 B.5（续）

LC$_{50}$ mg/m³	25 ℃时物质的相态	阈值 G kg
LC>20 000	所有相	∞

注1：液相(L)表示，25 ℃＜物质常压沸点≤50 ℃。
注2：液相(M)表示，50 ℃＜物质常压沸点≤100 ℃。
注3：液相(H)表示，物质常压沸点＞100 ℃。

B.3.3.2 可燃物的阈值

可燃物是指在系统中，工艺温度不小于其闪点的可燃物质。可燃物的阈值 $G=1\times 10^4$ kg。

B.3.3.3 爆炸物质的阈值

爆炸物质的阈值等于 1 000 kg TNT 当量的爆炸物的质量。

B.3.4 计算单元的指示数 A

对于单元中物质 i 的指示数 A_i，按式(B.2)计算。

$$A_i = \frac{Q_i \times Q_1 \times Q_2 \times Q_3}{G_i} \quad\quad\quad (B.2)$$

式中：
Q_i——单元中物质 i 的质量，单位为千克(kg)；
G_i——物质 i 的阈值，单位为千克(kg)。

如果单元中出现多种物质和工艺条件，则必须对每种物质和每种工艺条件进行计算，计算时应将物质划分为可燃物、有毒物质和爆炸物质三类，分别计算可燃指示数 A^F，毒性指示数 A^T 和爆炸指示数 A^E，按式(B.3)～式(B.5)。

$$A^T = \sum_{i,P} A_{i,P} \quad\quad\quad (B.3)$$

$$A^F = \sum_{i,P} A_{i,P} \quad\quad\quad (B.4)$$

$$A^E = \sum_{i,P} A_{i,P} \quad\quad\quad (B.5)$$

上式中 i 表示各类物质，P 表示工艺条件。一个单元可能有三个不同的指示数。此外，如该物质既属于可燃物又有毒性，则应分别计算该物质的 A^T,A^F。

B.4 计算选择数 S

选择数 S，按式(B.6)～式(B.8)计算：

$$\text{有毒物质} \quad S^T = \left(\frac{100}{L}\right)^2 A^T \quad\quad\quad (B.6)$$

$$\text{可燃物质} \quad S^F = \left(\frac{100}{L}\right)^3 A^F \quad\quad\quad (B.7)$$

$$\text{爆炸物质} \quad S^E = \left(\frac{100}{L}\right)^3 A^E \quad\quad\quad (B.8)$$

式中 L 表示计算点离单元的实际距离，单位为米(m)，最小值为 100 m。

对于每个单元,应至少在企业边界上选择 8 个计算点进行选择数计算。相邻两点的距离不能超过 50 m。除计算企业的边界上的选择数外,对于最靠近装置的、已存在的或计划修建的社区,也应计算选择数 S。

B.5 选择单元

如果满足下列条件之一的单元,则应进行定量风险评价:
a) 对于企业边界上某点,该单元的选择数较大,并大于该点最大选择数的 50%;
b) 某单元对附近已存在或计划修建的社区的选择数大于其他单元的选择数;
c) 有毒物质单元的选择数与最大的选择数处于同一数量级。

附 录 C
(资料性附录)
同类设备(设施)典型泄漏场景泄漏频率值

同类设备(设施)典型泄漏场景泄漏频率值参见表 C.1～表 C.8。

表 C.1 管道泄漏频率值

管道直径 mm	泄漏频率 每米每年			
	小孔泄漏	中孔泄漏	大孔泄漏	完全破裂
20	3×10^{-5}	—	—	1×10^{-6}
25	2×10^{-5}	—	—	2×10^{-6}
50	1×10^{-5}	—	—	2×10^{-6}
100	3×10^{-6}	2×10^{-6}	—	2×10^{-7}
150	1×10^{-6}	1×10^{-6}	—	3×10^{-7}
200	1×10^{-6}	1×10^{-6}	3×10^{-7}	7×10^{-8}
250	7×10^{-7}	1×10^{-6}	3×10^{-7}	7×10^{-8}
300	3×10^{-7}	1×10^{-6}	1×10^{-7}	7×10^{-8}
400	3×10^{-7}	7×10^{-7}	7×10^{-8}	7×10^{-8}
>400	2×10^{-7}	7×10^{-7}	7×10^{-8}	3×10^{-8}

表 C.2 固定的带压容器和储罐泄漏频率值

单位为每年

设备类型	泄漏频率			
	小孔泄漏	中孔泄漏	大孔泄漏	完全破裂
带压容器	4×10^{-5}	1×10^{-4}	1×10^{-5}	6×10^{-6}
工艺容器-塔器	8×10^{-5}	2×10^{-4}	2×10^{-5}	6×10^{-6}
工艺容器-过滤器	9×10^{-4}	1×10^{-4}	5×10^{-5}	1×10^{-5}
反应容器	1×10^{-4}	3×10^{-4}	3×10^{-5}	2×10^{-6}

表 C.3　固定的常压容器和储罐泄漏频率值　　单位为每年

设备类型	泄漏到大气中				泄漏到外罐中			
	小孔泄漏	中孔泄漏	大孔泄漏	完全破裂	小孔泄漏	中孔泄漏	大孔泄漏	完全破裂
单防罐	4×10^{-5}	1×10^{-4}	1×10^{-5}	2×10^{-5}	—	—	—	—
双防罐	—	—	—	1.2×10^{-8}	1×10^{-4}	1×10^{-5}	1×10^{-7}	5×10^{-8}
全防罐				1×10^{-8}				
半地下储罐	—			1×10^{-8}	—			
地下储罐	—							

表 C.4　泵和压缩机泄漏频率值　　单位为每年

设备类型	泄漏频率			
	小孔泄漏	中孔泄漏	大孔泄漏	完全破裂
单密封离心泵	6×10^{-2}	5×10^{-4}	1×10^{-4}	—
双密封离心泵	6×10^{-3}	5×10^{-4}	1×10^{-4}	—
离心压缩机	—	1×10^{-3}	1×10^{-4}	—
往复式压缩机	—	6×10^{-3}	6×10^{-4}	—

表 C.5　换热器的泄漏频率值　　单位为每年

物料位置	泄漏场景			
	泄漏场景1	泄漏场景2	泄漏场景3	泄漏场景4
危险物质在壳程	4×10^{-5}	1×10^{-4}	1×10^{-5}	6×10^{-6}
危险物质在管程,壳程设计压力小于危险物质压力	—	1×10^{-2}	1×10^{-3}	1×10^{-5}
危险物质在管程,壳程设计压力大于危险物质压力				1×10^{-6}

表 C.6　压力泄放装置泄漏频率值　　单位为每年

设备类型	泄漏频率
压力释放装置	2×10^{-5}

表 C.7 仓库三种场景对应频率值

设施场所	场景 1 每次处理包装单元	场景 2 每次处理包装单元	场景 3 每年
包装单元和仓库	1×10^{-5}	1×10^{-5}	5×10^{-4}

注:场景 1 和场景 2 应结合包装单元和仓库的年处理包装单元次数,折算场景对应的年频率。

表 C.8 铁路槽车或汽车槽车泄漏场景对应频率值

槽车类型	槽车自身		装卸软管		装卸臂	
	场景 1 每年	场景 2 每年	场景 3 每小时	场景 4 每小时	场景 5 每小时	场景 6 每小时
压力槽车	5×10^{-7}	5×10^{-7}	4×10^{-5}	4×10^{-6}	3×10^{-7}	3×10^{-8}
常压槽车	5×10^{-7}	1×10^{-5}	4×10^{-5}	4×10^{-6}	3×10^{-7}	3×10^{-8}

注:场景 3、4、5、6 应结合实际装卸作业的年时长,折算场景对应的年频率。槽车下部的连接部分泄漏后被点燃形成的火灾,通常只发生在装载可燃物质的槽车,压力储存槽车对应频率值通常取 1×10^{-6},常压储存槽车对应频率值通常取 1×10^{-5}。槽车周边的火灾通常发生在周边储罐发生泄漏后被点燃,对应的频率值应结合周边泄漏事故发生进行确定。

附 录 D
（资料性附录）
源项和气云扩散计算

D.1 泄漏速率计算

D.1.1 液体经管道上的孔流出

质量流率可按式(D.1)计算:

$$Q_m = AC_0\sqrt{2\rho(p-p_0)} \quad\quad\quad\quad (D.1)$$

式中:
Q_m——质量流率,单位为千克每秒(kg/s);
A ——泄漏孔面积,单位为平方米(m^2);
C_0——液体泄漏系数;
p ——管道内液体压力,单位为帕斯卡(Pa);
ρ ——泄漏液体密度,单位为千克每立方米(kg/m^3);
p_0——环境压力,单位为帕斯卡(Pa)。

液体泄漏系数 C_0 是雷诺数和孔直径的函数,经验数据如下:
a) 对于锋利的孔和雷诺数大于 30 000 时,液体泄漏系数近似取 0.61。对于这种情况,液体的流出速率不依赖于裂口的尺寸。
b) 对于圆滑喷嘴,液体泄漏系数可近似取 1。
c) 对于与容器相连的管嘴(即长度与直径之比不小于 3),液体泄漏系数近似取 0.81。

d) 当液体泄漏系数不知道或不能确定时,取 1.0 使所计算的流量最大。

D.1.2 液体经储罐上的孔流出

瞬时质量流率可按式(D.2)计算:

$$Q_\mathrm{m} = \rho A C_0 \sqrt{2\left(\frac{p-p_0}{\rho} + gh_L\right)} \quad\cdots\cdots(\text{D.2})$$

式中:
Q_m——质量流率,单位为千克每秒(kg/s);
p ——储罐内液体压力,单位为帕斯卡(Pa);
p_0 ——环境压力,单位为帕斯卡(Pa);
C_0 ——液体泄漏系数;
g ——重力加速度,取 9.8m/s²;
A ——泄漏孔面积,单位为平方米(m²);
ρ ——液体密度,单位为千克每立方米(kg/m³);
h_L ——泄漏孔上方液体高度,单位为米(m)。

D.1.3 液体管道断裂

不可压缩液体在管道中流动,能量式可按式(D.3)计算:

$$\frac{\Delta p}{\rho} + \frac{\Delta \overline{u}^2}{2\alpha} + g\Delta Z + F = -\frac{W_s}{m} \quad\cdots\cdots(\text{D.3})$$

式中:
Δp ——管道两端压力差,单位为帕斯卡(Pa);
ρ ——液体密度,单位为千克每立方米(kg/m³);
$\overline{u}$ ——液体平均瞬时流速,单位为米每秒(m/s);
α ——无量纲速率轮廓修正系数,其取值为:对于层流,α 取 0.5;对于湍流,α 取 1.0;
g ——重力加速度,单位为米每二次方秒(m/s²);
ΔZ ——终止状态减去初始状态的高度差,单位为米(m);
F ——摩擦导致的机械能损失,包括来自流经管道长度的摩擦损失,适用于诸如阀门、弯头、孔、管道的进口和出口,单位为米牛顿每千克(m·N/kg);
W_s ——轴功,单位为帕斯卡米(Pa·m);
m ——质量流速,单位为千克每秒(kg/s);
Δ 函数 ——终止状态减去初始状态。

对于有摩擦阻力的设备,摩擦损失项形式可按式(D.4)计算:

$$F = K_f \left(\frac{u^2}{2}\right) \quad\cdots\cdots(\text{D.4})$$

式中:
K_f——管道或管道配件摩擦导致的压差损失(无量纲);

对于流经管道的液体,压差损失项 K_f 可按式(D.5)计算:

$$K_f = \frac{4fL}{d} \quad\cdots\cdots(\text{D.5})$$

式中：
f——Fanning(范宁)摩擦系数(无量纲)；
L——管道长度，单位为米(m)；
d——管道内径，单位为米(m)。

Fanning(范宁)摩擦系数 f 是雷诺数 Re 和管道粗糙度 ε 的函数。
表 D.1 给出了各种类型净管道的 ε 值。

表 D.1 净管道的粗糙系数 ε   单位为毫米

管道材料	ε	管道材料	ε
水泥覆护钢	1～10	熟铁	0.046
混凝土	0.3～3	拉制钢管	0.001 5
铸铁	0.26	玻璃	0
镀锌铁	0.15	塑料	0
型钢	0.046		

对于层流，摩擦系数可按式(D.6)计算：

$$f = \frac{16}{Re} \quad\quad\quad\quad (D.6)$$

对于湍流，摩擦系数可按式(D.7)计算：

$$\frac{1}{\sqrt{f}} = -4\log\left(\frac{1}{3.7} \times \frac{\varepsilon}{d} + \frac{1.255}{Re\sqrt{f}}\right)$$

$$\quad\quad\quad\quad (D.7)$$

对于粗糙管道中发展完全的湍流，f 独立于雷诺数，此时，摩擦系数可按式(D.8)计算：

$$\frac{1}{\sqrt{f}} = 4\log\left(3.7\frac{d}{\varepsilon}\right) \quad\quad\quad\quad (D.8)$$

对于光滑管道，$\varepsilon = 0$，摩擦系数可按式(D.9)计算：

$$\frac{1}{\sqrt{f}} = 4\log\frac{Re\sqrt{f}}{1.255} \quad\quad\quad\quad (D.9)$$

对于光滑管道，当雷诺数小于 10 000 时，摩擦系数可按式(D.10)计算：

$$f = 0.079 Re^{-1/4} \quad\quad\quad\quad (D.10)$$

对于管道附件、阀门及其他流动障碍物，可采用改进的 2-K 方法来计算能量损失，2-K 方法根据雷诺数和管道内径定义压差损失，可按式(D.11)计算：

$$K_f = \frac{K_1}{Re} + K_\infty\left(1 + \frac{25.4}{ID}\right)$$

$$\quad\quad\quad\quad (D.11)$$

式中：
K_f——超压位差损失(无量纲)；
K_1——常数(无量纲)，见表 D.2；
K_∞——常数(无量纲)，见表 D.2；

Re ——雷诺数(无量纲);
ID ——管道内径,单位为毫米(mm)。

表 D.2 管道附件和阀门中损失系数的 2-K 常数

附件	附件描述	K_1	K_∞
弯头 90°	标准($r/D=1$),带螺纹	800	0.40
	标准($r/D=1$),采用法兰连接/焊接	800	0.25
	长半径($r/D=1.5$),所有类型	800	0.2
	斜接($r/D=1.5$):1 焊缝(90°)	1 000	1.15
	2 焊缝(45°)	800	0.35
	3 焊缝(30°)	800	0.30
	4 焊缝(22.5°)	800	0.27
	5 焊缝(18°)	800	0.25
45°	长半径($r/D=1$),所有类型	500	0.20
	长半径($r/D=1.5$)	500	0.15
	斜接,1 焊缝(45°)	500	0.25
	斜接,2 焊缝(22.5°)	500	0.15
180°	标准($r/D=1$),带螺纹	1 000	0.60
	标准($r/D=1$),采用法兰连接/焊接	1 000	0.35
	长半径($r/D=1.5$),所有类型	1 000	0.30
三通管			
作为弯头使用	标准的,带螺纹	500	0.70
	长半径,带螺纹	800	0.40
	标准的,采用法兰连接/焊接	800	0.80
	短分支	1 000	1.00
贯通	带螺纹	200	0.10
	采用法兰连接/焊接	150	0.50
	短分支	100	0.00
阀门			
闸阀、球阀或旋塞阀	全尺寸,$\beta=1.0$	300	0.10
	缩减尺寸,$\beta=0.9$	500	0.15
	缩减尺寸,$\beta=0.8$	1 000	0.25
球心阀	标准	1 500	4.00
	斜角或 Y 型	1 000	2.00
隔膜阀	Dam(闸坝)类型	1 000	2.00
蝶形阀		800	0.25

表 D.2（续）

附件	附件描述	K_1	K_∞
止回阀	提升阀	2 000	10.0
	回转阀	1 500	1.50
	倾斜片状阀	1 000	0.50

对于管道的入口和出口,可按式(D.12)计算:

$$K_f = \frac{K_1}{Re} + K_\infty \quad\quad\quad\quad\quad (D.12)$$

对于管道进口,$K_1=160$;对于一般的进口,$K_\infty=0.50$;对于边界类型的入口,$K_\infty=1.0$。对于管道出口,$K_1=0$;$K_\infty=1.0$。对于高雷诺数($Re>10\,000$),上式中的第一项可忽略,即 $K_f = K_\infty$;对于低雷诺数($Re<50$),Re 小于 50,第一项占支配地位,$K_f = K_1/Re$。

物质从管道系统中流出,质量流率的求解步骤如下:

a) 假设:管道长度、直径和类型;沿管道系统的压力和高度变化;来自泵、涡轮等对液体的输入或输出功;管道上附件的数量和类型;液体的特性,包括密度和黏度。

b) 指定初始点(点 1)和终止点(点 2)。

c) 确定点 1 和点 2 处的压力和高度。确定点 1 处的初始液体流速。

d) 推测点 2 处的液体流速,如果认为是完全发展的湍流,则不需要这一步。

e) 用式(D.6)～式(D.10)确定管道的摩擦系数。

f) 确定管道的超压位差损失[式(D.5)]、附件的超压位差损失[式(D.11)]和进出口效应的超压位差损失[式(D.12)]。将这些压差损失相加,使用式(D.4)计算净摩擦损失项。使用点 2 处的高度。

g) 计算式(D.3)中的所用各项的值,并将其代入到方程中。如果式(D.3)所用项的和等于零,那么计算结束。如果不等于零,返回到第 d)步重新计算。

h) 使用方程 $m = \rho \bar{u} A$ 确定质量流率。

如果为完全发展的湍流,则将已知项代入到式(D.3)中,将点 2 处的速度设为变量,直接求解该速度。

D.1.4 气体经孔泄漏

当式(D.13)成立时,气体流动属音速流动;当式(D.14)成立时,气体流动属亚音速流动。

$$\frac{p_0}{p} \leqslant \left(\frac{2}{\gamma+1}\right)^{\frac{\gamma}{\gamma-1}} \quad\quad\quad\quad\quad (D.13)$$

$$\frac{p_0}{p} > \left(\frac{2}{\gamma+1}\right)^{\frac{\gamma}{\gamma-1}} \quad\quad\quad\quad\quad (D.14)$$

式中:

p_0——环境压力,单位为帕斯卡(Pa);

p——容器内介质压力,单位为帕斯卡(Pa);

γ——绝热指数,$\gamma = c_p/c_v$。

音速流动的气体泄漏质量流率可按式(D.15)计算：

$$Q = C_d A p \sqrt{\frac{M\gamma}{R_g T}\left(\frac{2}{\gamma+1}\right)^{\frac{\gamma+1}{\gamma-1}}} \quad \cdots\cdots\cdots\cdots\cdots\cdots\cdots\cdots\cdots\cdots (D.15)$$

亚音速流动的气体泄漏质量流率可按式(D.16)计算：

$$Q = Y C_d A p \sqrt{\frac{M\gamma}{R_g T}\left(\frac{2}{\gamma+1}\right)^{\frac{\gamma+1}{\gamma-1}}} \quad \cdots\cdots\cdots\cdots\cdots\cdots\cdots\cdots\cdots (D.16)$$

式中：
Q ——气体泄漏质量流率，单位为千克每秒(kg/s)；
C_d ——气体泄漏系数，与泄漏孔形状有关，泄漏孔形状为圆形时取 1.00，三角形时取 0.95，长方形时取 0.90；
A ——泄漏孔面积，单位为平方米(m^2)；
p ——容器内介质压力，单位为帕斯卡(Pa)；
M ——泄漏气体或蒸气的相对分子质量；
R_g ——理想气体常数，单位为焦耳每摩尔开尔文[J/(mol·K)]；
T ——气体温度，单位为开尔文(K)；
Y ——流出系数，按式(D.17)计算。

$$Y = \left[\frac{p_0}{p}\right]^{\frac{1}{\gamma}} \times \left\{1-\left[\frac{p_0}{p}\right]^{\frac{(\gamma-1)}{\gamma}}\right\}^{\frac{1}{2}} \times \left\{\left[\frac{2}{\gamma-1}\right]\times\left[\frac{\gamma+1}{2}\right]^{\frac{(\gamma+1)}{(\gamma-1)}}\right\}^{\frac{1}{2}} \quad \cdots\cdots\cdots\cdots (D.17)$$

D.1.5 气体管道断裂

D.1.5.1 绝热流动

对于长管或沿管程有较大压差，气体流速在大部分情况下接近声速。对于涉及塞流绝热流动的情况下，已知管长(L)、内径(d)、上游压力(p_1)和温度(T_1)，计算质量通量 G 步骤如下：

a) 根据式(D.8)确定 Fanning 摩擦系数 f。假设是高雷诺数的发展完全的湍流。
b) 马赫数 Ma 可按式(D.18)计算：

$$\frac{\gamma+1}{2}\ln\left[\frac{2Y_1}{(\gamma+1)Ma^2}\right] - \left(\frac{1}{Ma^2}-1\right) + \gamma\left(\frac{4fL}{d}\right) = 0 \quad \cdots\cdots\cdots\cdots (D.18)$$

$$Y_1 = 1 + \frac{\gamma-1}{2}Ma^2 \quad \cdots\cdots\cdots\cdots (D.19)$$

式中：
Ma ——马赫数；
L ——管道长度，单位为米(m)；
d ——管道内径，单位为米(m)；
Y_1 ——气体膨胀系数，无量纲。

c) 质量通量 G_{choked} 可按式(D.20)计算：

$$G_{\text{choked}} = p_{\text{choked}} \sqrt{\frac{\gamma M}{R_g T_{\text{choked}}}} \quad \cdots\cdots\cdots\cdots\cdots\cdots\cdots\cdots\cdots\cdots\cdots\cdots (\text{D.20})$$

$$\frac{T_{\text{choked}}}{T_1} = \frac{2Y_1}{\gamma + 1} \quad \cdots\cdots\cdots\cdots\cdots\cdots\cdots\cdots\cdots\cdots\cdots\cdots (\text{D.21})$$

$$\frac{p_{\text{choked}}}{p_1} = Ma \sqrt{\frac{2Y_1}{\gamma + 1}} \quad \cdots\cdots\cdots\cdots\cdots\cdots\cdots\cdots\cdots\cdots (\text{D.22})$$

式中：

G_{choked}——质量通量，单位为千克每平方米秒[kg/(m²·s)]；
p_1——上游气体压力，单位为帕斯卡(Pa)；
p_{choked}——下游气体压力，单位为帕斯卡(Pa)；
T_1——上游气体温度，单位为开尔文(K)；
T_{choked}——下游气体温度，单位为开尔文(K)。

d) 根据式(D.22)确定 p_{choked}，以确认处于塞流情况。

D.1.5.2 等温流动

对于大多数典型问题，已知管长(L)、内径(d)、上游压力(p_1)和温度(T_1)，质量通量 G_{chokCd} 计算步骤如下：

a) 根据式(D.8)确定 Fanning 摩擦系数 f。假设是高雷诺数发展完全的湍流。

b) 马赫数 Ma 可按式(D.23)计算：

$$\ln\left(\frac{1}{\gamma Ma^2}\right) - \left(\frac{1}{\gamma Ma^2}\right) + \frac{4fL}{d} = 0$$

$$\cdots\cdots\cdots\cdots\cdots\cdots\cdots\cdots\cdots\cdots (\text{D.23})$$

c) 质量通量 G_{choked} 可按式(D.24)计算：

$$G_{\text{choked}} = p_{\text{choked}} \sqrt{\frac{M}{R_g T}} \quad \cdots\cdots\cdots\cdots\cdots\cdots\cdots\cdots\cdots\cdots (\text{D.24})$$

$$\frac{p_{\text{choked}}}{p_1} = Ma \sqrt{\gamma} \quad \cdots\cdots\cdots\cdots\cdots\cdots\cdots\cdots\cdots\cdots\cdots\cdots (\text{D.25})$$

式中：

G_{choked}——质量通量，单位为千克每平方米秒[kg/(m²·s)]；
T——上游初始温度，单位为开尔文(K)；
p_{choked}——下游塞流压力，单位为帕斯卡(Pa)；
p_1——上游压力，单位为帕斯卡(Pa)；
Ma——马赫数；
γ——绝热指数，$\gamma = c_p/c_v$；
R_g——理想气体常数，单位为焦耳每摩尔开尔文[J/(mol·K)]；
M——物质的相对分子质量。

绝热和等温管道方法得到的结果很接近，对于大多数实际情况，并不能很容易地确定热传递特性。因此选择绝热管道方法，计算所得的质量通量较大，适合于保守的安全设计。

D.1.6 泄漏液体蒸发量

D.1.6.1 泄漏液体的蒸发分为闪蒸蒸发、热量蒸发和质量蒸发三种，其蒸发量为这三种蒸发之和。

D.1.6.2 闪蒸蒸发参照附录 D 中的 D.2 计算。

D.1.6.3 当液体闪蒸不完全,有一部分液体在地面形成液池,并吸收地面热量而气化称为热量蒸发。热量蒸发的蒸发速度 Q_2 按式(D.26)计算:

$$Q_2 = \frac{KA_1(T_0 - T_b)}{H\sqrt{\pi\alpha t}} \quad\quad\quad\quad (D.26)$$

式中:

Q_2——热量蒸发速率,单位为千克每秒(kg/s);
A_1——液池面积,单位为平方米(m²);
T_0——环境温度,单位为开尔文(K);
T_b——液体沸点,单位为开尔文(K);
H——液体蒸发热,单位为焦耳每千克(J/kg);
α——表面热扩散系数,单位为平方米每秒(m²/s),见表 D.3;
K——表面导热系数,单位为瓦特每米开尔文[W/(m·K)],见表 D.3;
t——蒸发时间,单位为秒(s)。

表 D.3 某些地面的热传递(热扩散、导热)系数

地面情况	导热系数 K W/(m·K)	热扩散系数 α m²/s
水泥	1.1	1.29×10^{-7}
土地(含水 8%)	0.9	4.3×10^{-7}
干涸土地	0.3	2.3×10^{-7}
湿地	0.6	3.3×10^{-7}
沙砾地	2.5	1.1×10^{-6}

D.1.6.4 当热量蒸发结束,转由液池表面气流运动使液体蒸发,称之为质量蒸发。质量蒸发速度 Q_3 可按式(D.27)计算:

$$Q_3 = a \times p \times M/(R \times T_0) \times u^{(2-n)(2+n)} \times r^{(4+n)/(2+n)} \quad\quad\quad\quad (D.27)$$

式中:

Q_3——质量蒸发速率,单位为千克每秒(kg/s);
a,n——大气稳定度系数,见表 D.4;
p——液体表面蒸气压,单位为帕斯卡(Pa);
R——气体常数,单位为焦耳每摩尔开尔文[J/(mol·K)];
T_0——环境温度,单位为开尔文(K);
u——风速,单位为米每秒(m/s);
r——液池半径,单位为米(m)。

表 D.4 液池蒸发模式参数

稳定度条件	n	a
不稳定(A,B)	0.2	3.846×10^{-3}
中性(D)	0.25	4.685×10^{-3}
稳定(C,F)	0.3	5.285×10^{-3}

液池最大直径取决于泄漏点附近的地域构型、泄漏的连续性或瞬时性。有围堰时，以围堰最大等效半径为液池半径；无围堰时，设定液体瞬间扩散到最小厚度时，推算液池等效半径。

D.1.6.5 液体蒸发总量按式(D.28)计算：

$$W_p = Q_1 t_1 + Q_2 t_2 + Q_3 t_3 \quad\quad\quad (D.28)$$

式中：

W_p——液池蒸发总量，单位为千克(kg)；

Q_1——闪蒸蒸发速率，单位为千克每秒(kg/s)；

t_1——闪蒸蒸发时间，单位为秒(s)；

Q_2——热量蒸发速率，单位为千克每秒(kg/s)；

t_2——热量蒸发时间，单位为秒(s)；

Q_3——质量蒸发速率，单位为千克每秒(kg/s)；

t_3——从液体泄漏到液体全部处理完毕的时间，单位为秒(s)。

D.2 闪蒸

D.2.1 闪蒸带走的气体量

泄漏液体的闪蒸比例可按式(D.29)计算：

$$F_v = \frac{C_p(T_T - T_b)}{H_v} \quad\quad\quad (D.29)$$

过热液体闪蒸蒸发速率可按式(D.30)计算：

$$Q_1 = Q_L \times F_v \quad\quad\quad (D.30)$$

式中：

F_v——泄漏液体的闪蒸比例；

T_T——储存温度，单位为开尔文(K)；

T_b——泄漏液体的沸点，单位为开尔文(K)；

H_v——泄漏液体的蒸发热，单位为焦耳每千克(J/kg)；

C_p——泄漏液体的定压热容，单位为千焦耳每千克开尔文[kJ/(kg·K)]；

Q_1——过热液体闪蒸蒸发速率，单位为千克每秒(kg/s)；

Q_L——物质泄漏速率，单位为千克每秒(kg/s)。

D.2.2 闪蒸带走的液体量

当需要计算闪蒸带走的液体量时，可按照以下方法计算。

在液体闪蒸过程中，除了有一部分液体转变成气体外，还有一部分液体以液滴的形式悬

浮在气体中,闪蒸带走的液体量的计算如下:

a) 当 $F_v \leqslant 0.2$ 时:

带到空气中的液体量可按式(D.31)计算:

$$D = 5 \times F_v \times Q_L \quad\quad\quad\quad\quad\quad\quad\quad (D.31)$$

式中:

D——带到空气中的液体量,单位为千克每秒(kg/s);

地面液池内液体量可按式(D.32)计算:

$$D_s = (1 - 5 \times F_v) \times Q_L \quad\quad\quad\quad\quad\quad (D.32)$$

式中:

D_s——地面液池内液体量,单位为千克每秒(kg/s)。

b) 当 $F_v > 0.2$ 时,液体全部带走,地面无液池形成。

D.3 泄漏物质在大气中的扩散

D.3.1 大气稳定度确定

大气稳定度通常采用 Pasquill 分类方法确定,大气稳定度分为 A、B、C、D、E 和 F 六类,大气稳定度的具体分类见表 D.5 和表 D.6。

表 D.5 Pasquill 大气稳定度确定

地面风速 m/s	白天日照			夜间条件	
	强	中等	弱	阴天且云层薄,或低空云量为 4/8	天空云量为 3/8
<2	A	A~B	B		
2~3	A~B	B	C	E	F
3~4	B	B~C	C	D	E
4~6	C	C~D	D	D	D
>6	C	D	D	D	D

表 D.6 日照强度确定

天空云层情况	60°<日照角	35°<日照角<60°	15°<日照角<35°
天空云量为 4/8,或高空有薄云	强	中等	弱
天空云量为 5/8~7/8,云层高度为 2 134 m~4 877 m	中等	弱	弱
天空云量为 5/8~7/8,云层高度<2 134 m	弱	弱	弱

D.3.2 Pasquill-Gifford 模型扩散方程

D.3.2.1 位于地面 H_r 高处的连续稳态源的烟羽在给定地点 (x,y,z) 的污染物浓度可按式(D.33)计算:

$$\langle C\rangle(x,y,z)=\frac{Q}{2\pi\sigma_y\sigma_z u}\exp\left[-\frac{1}{2}\left(\frac{y}{\sigma_y}\right)^2\right]\times\left\{\exp\left[-\frac{1}{2}\left(\frac{z-H_r}{\sigma_z}\right)^2\right]+\exp\left[-\frac{1}{2}\left(\frac{z+H_r}{\sigma_z}\right)^2\right]\right\} \quad\quad\quad(\text{D.33})$$

式中：
$\langle C\rangle(x,y,z)$——连续排放时，形成稳定的流场后，给定地点(x,y,z)的污染物的浓度，单位为千克每立方米(kg/m^3)；

Q——连续排放的物料质量流量，单位为千克每秒(kg/s)；

u——风速，单位为米每秒(m/s)；

σ_y,σ_z——侧风向和垂直风向的扩散系数，单位为米(m)；

x——下风向距离，单位为米(m)；

y——侧风向距离，单位为米(m)；

z——垂直风向距离，单位为米(m)。

D.3.2.2 位于地面H_r高处的瞬时点源的烟团，地面上的坐标系随烟团移动，坐标系的中心位于烟团的中心烟团中心在$x=ut$处，平均浓度方程可按式(D.34)计算：

$$\langle C\rangle(x,y,z,t)=\frac{Q^*}{(2\pi)^{3/2}\sigma_x\sigma_y\sigma_z}\exp\left[-\frac{1}{2}\left(\frac{y}{\sigma_y}\right)^2\right]\times\left\{\exp\left[-\frac{1}{2}\left(\frac{z-H_r}{\sigma_z}\right)^2\right]+\exp\left[-\frac{1}{2}\left(\frac{z+H_r}{\sigma_z}\right)^2\right]\right\} \quad\quad\quad(\text{D.34})$$

式中：
$\langle C\rangle(x,y,z,t)$——瞬时排放时，给定地点$(x,y,z)$和时间$t$的污染物的浓度，单位为千克每立方米$(kg/m^3)$；

Q^*——瞬时排放的物料质量，单位为千克(kg)；

$\sigma_x,\sigma_y,\sigma_z$——下风向，侧风向和垂直风向的扩散系数，单位为米$(m)$。

D.3.2.3 Pasquill-Gifford 模型扩散系数确定见表 D.7 和表 D.8。

表 D.7 烟羽扩散 Pasquill-Gifford 模型扩散系数方程（下风向距离 x 的单位为米）

Pasquill-Gifford 稳定度等级	σ_y	σ_x
农村条件		
A	$0.22x(1+0.0001x)^{-1/2}$	$0.20x$
B	$0.16x(1+0.0001x)^{-1/2}$	$0.12x$
C	$0.11x(1+0.0001x)^{-1/2}$	$0.08x(1+0.0002x)^{-1/2}$
D	$0.08x(1+0.0001x)^{-1/2}$	$0.06x(1+0.0015x)^{-1/2}$
E	$0.06x(1+0.0001x)^{-1/2}$	$0.03x(1+0.0003x)^{-1}$
F	$0.04x(1+0.0001x)^{-1/2}$	$0.016x(1+0.0003x)^{-1}$
城市条件		
A~B	$0.32x(1+0.0004x)^{-1/2}$	$0.24x(1+0.0001x)^{-1/2}$

表 D.7（续）

Pasquill-Gifford 稳定度等级	σ_y	σ_x
C	$0.22x(1+0.0004x)^{-1/2}$	$0.20x$
D	$0.16x(1+0.0004x)^{-1/2}$	$0.14x(1+0.0003x)^{-1/2}$
E~F	$0.11x(1+0.0004x)^{-1/2}$	$0.08x(1+0.0015x)^{-1/2}$

表 D.8 烟团扩散 Pasquill-Gifford 模型扩散系数方程（下风向距离 x 的单位为米）

Pasquill-Gifford 稳定度等级	σ_y/m 或 σ_x/m	σ_z/m	Pasquill-Gifford 稳定度等级	σ_y/m 或 σ_x/m	σ_z/m
A	$0.18x^{0.92}$	$0.60x^{0.75}$	D	$0.06x^{0.92}$	$0.15x^{0.70}$
B	$0.14x^{0.92}$	$0.53x^{0.73}$	E	$0.04x^{0.92}$	$0.10x^{0.65}$
C	$0.10x^{0.92}$	$0.34x^{0.71}$	F	$0.02x^{0.89}$	$0.05x^{0.61}$

D.4 火灾和爆炸

D.4.1 池火计算

池火火焰的几何尺寸及热辐射参数按如下步骤计算：

a) 计算液池直径

当危险单元为油罐或油罐区时，液池直径 D 可按式(D.35)计算：

$$D = \left(\frac{4S}{\pi}\right)^{1/2} \quad\quad\quad\quad (D.35)$$

式中：

S ——防火堤所围面积，单位为平方米(m^2)；

D ——液池直径，单位为米(m)。

当危险单元为输油管道且无防护堤时，假定泄漏的液体无蒸发、并已充分蔓延、地面无渗透，则根据泄漏的液体量和地面性质，最大的池面积可按式(D.36)计算：

$$S = W/(H_{min} \times \rho) \quad\quad\quad\quad (D.36)$$

式中：

W ——泄漏液体的质量，单位为千克(kg)；

H_{min} ——最小物料层厚度，单位为米(m)；

ρ ——液体的密度，单位为千克每立方米(kg/m^3)。

最小物料层与地面性质对应关系见表 D.9。

表 D.9 不同性质地面物料层厚度

单位为米

地面性质	最小物料层厚度
草地	0.020

表 D.9（续） 单位为米

地面性质	最小物料层厚度
粗糙地面	0.025
平整地面	0.010
混凝土地面	0.005
平静的水面	0.001 8

b) 确定火焰高度

计算池火焰高度的经验公式如下：

$$L/D = 42 \times [m_f/(\rho_0 \sqrt{gD})]^{0.61} \quad\quad\quad (D.37)$$

式中：

L ——火焰高度，单位为米(m)；

D ——池直径，单位为米(m)；

m_f——燃烧速率，单位为千克每平方米秒[kg/(m²·s)]；

ρ_0 ——空气密度，单位为千克每立方米(kg/m³)；

g ——重力加速度，单位为米每二次方秒(m/s²)。

c) 计算火焰表面热通量

假定能量由圆柱形火焰侧面和顶部向周围均匀辐射，用式(D.38)计算火焰表面的热通量：

$$q_0 = \frac{0.25\pi D^2 \Delta H_c m_f f_h}{0.25\pi D^2 + \pi DL} \quad\quad\quad (D.38)$$

式中：

q_0 ——火焰表面的热通量，单位为千瓦特每平方米(kW/m²)；

ΔH_c——燃烧热，单位为千焦耳每千克(kJ/kg)；

f_h ——热辐射系数，可取 0.15；

m_f ——燃烧速率，单位为千克每平方米秒[kg/(m²·s)]。

d) 目标接收到的热通量的计算

目标接收到的热通量 $q(r)$ 的计算公式为：

$$q(r) = q_0(1 - 0.058\ln r)V \quad\quad\quad (D.39)$$

式中：

$q(r)$——目标接收到的热通量，单位为千瓦特每平方米(kW/m²)；

r ——目标到泄漏中心的水平距离，单位为米(m)；

V ——视角系数。

e) 视角系数的计算

视角系数 V 与目标到火焰垂直轴的距离与火焰半径之比 s 和火焰高度与直径之比

h 有关。

$$V=\sqrt{V_V^2+V_H^2} \quad\quad\quad\quad\quad (D.40)$$

$$\pi V_H = A - B \quad\quad\quad\quad\quad (D.41)$$

$$A=(b-1/s)\left\{\arctan\left[\frac{(b+1)(s-1)}{(b-1)(s+1)}\right]^{0.5}\right\}/(b^2-1)^{0.5} \quad\quad\quad\quad\quad (D.42)$$

$$B=(a-1/s)\left\{\arctan\left[\frac{(a+1)(s-1)}{(a-1)(s+1)}\right]^{0.5}\right\}/(a^2-1)^{0.5} \quad\quad\quad\quad\quad (D.43)$$

$$\pi V_V = \arctan[h/(s^2-1)^{0.5}]/s + h(J-K)/s \quad\quad\quad\quad\quad (D.44)$$

$$J=\left[\frac{a}{(a^2-1)^{0.5}}\right]\arctan\left[\frac{(a+1)(s-1)}{(a-1)(s+1)}\right]^{0.5} \quad\quad\quad\quad\quad (D.45)$$

$$K=\arctan[(s-1)/(s+1)]^{0.5} \quad\quad\quad\quad\quad (D.46)$$

$$a=(h^2+s^2+1)/(2s) \quad\quad\quad\quad\quad (D.47)$$

$$b=(1+s^2)/(2s) \quad\quad\quad\quad\quad (D.48)$$

式中：

s ——目标到火焰垂直轴的距离与火焰半径之比；

h ——火焰高度与直径之比；

A、B、J、K、V_H、V_V——描述方便而引入的中间变量。

D.4.2 沸腾液体扩展为蒸气云爆炸(BLEVE)计算

采用国际劳工组织建议的沸腾液体扩展为蒸气云爆炸热辐射模型进行计算，步骤如下：

a) 火球直径的计算

火球直径计算公式为：

$$R=2.9W^{1/3} \quad\quad\quad\quad\quad (D.49)$$

式中：

R ——火球直径，单位为米(m)；

W ——火球中消耗的可燃物质量，单位为千克(kg)；对于单罐储存，W 取罐容量的 50%；对于双罐储存，W 取罐容量的 70%；对于多罐储存，W 取罐容量的 90%。

b) 火球持续时间的计算

火球持续时间按式(D.50)计算：

$$t=0.45W^{1/3} \quad\quad\quad\quad\quad (D.50)$$

式中：

t ——火球持续时间，单位为秒(s)；

W ——火球消耗的可燃物质量，单位为千克(kg)。

c) 目标接收到热辐射通量的计算：

$$q(r) = \frac{q_0 R^2 r (1 - 0.058 \ln r)}{(R^2 + r^2)^{3/2}}$$

..................................(D.51)

式中：

q_0——火球表面的辐射通量，单位为瓦特每平方米（W/m²）；对于柱形罐取 270 W/m²，对于球形罐取 200 W/m²；

r ——目标到火球中心的平均距离，单位为米（m）。

D.4.3 喷射火计算

D.4.3.1 垂直方向喷射火计算

垂直方向喷射火热辐射通量计算步骤如下：

a) 火焰长度的计算

火焰长度按式（D.52）计算：

$$\frac{L}{d_j} = \frac{5.3}{C_T} \sqrt{\frac{T_f/T_j}{\alpha_T} \left[C_T + (1 - C_T) \frac{M_a}{M_f} \right]}$$

..................................(D.52)

式中：

L ——火焰长度，单位为米（m）；

d_j ——喷管直径，单位为米（m）；

C_T——燃料-空气计算化学反应中燃料的摩尔系数；

T_f——燃烧火焰的绝热温度，单位为开尔文（K）；

T_j——喷射流体的绝热温度，单位为开尔文（K）；

α_T——燃料-空气计量化学反应中产生每摩尔燃烧产物所需反应物的摩尔数；

M_a——空气的摩尔质量，单位为克每摩尔（g/mol）；

M_f——燃料的摩尔质量，单位为克每摩尔（g/mol）。

对于大多数燃料而言，C_T远小于1，α_T近似等于1，T_f 和 T_j 的比值在7到9之间。

b) 目标接收到热辐射通量的计算

$$q(r) = \tau_a \eta \dot{m} \Delta H_c F_p$$

..................................(D.53)

式中：

$q(r)$——距离 r 处目标接收到的热通量，单位为千瓦特每平方米（kW/m²）；

τ_a ——大气传输率；

η ——热辐射系数；

$\dot{m}$ ——燃料的质量流速，单位为千克每秒（kg/s）；

ΔH_c——燃烧热，单位为千焦耳每千克（kJ/kg）；

F_p ——视角因子。

大气传输率可按式（D.54）计算：

$$\tau_a = 2.02 \times (p_w X_s)^{-0.09}$$

..................................(D.54)

式中：

τ_a——大气传输率；

p_w——大气中水蒸气的分压，单位为帕斯卡(Pa)；

X_s——目标到火焰表面的距离，单位为米(m)。

大气中水蒸气分压 p_w 可按式(D.55)计算：

$$p_w = 101\,325 \times \mathrm{RH} \times e^{\left(14.411\,4 - \frac{5\,328}{T_a}\right)} \quad\quad\quad (D.55)$$

式中：

p_w——大气中水蒸气的分压，单位为帕斯卡(Pa)；

RH——相对湿度，％；

T_a——环境温度，单位为开尔文(K)。

视角因子 F_p 可按式(D.56)计算：

$$F_p = \frac{1}{4\pi r^2} \quad\quad\quad (D.56)$$

式中：

r——目标到火焰中心的距离，单位为米(m)。

D.4.3.2 水平方向喷射火计算

D.4.3.2.1 加压的可燃物泄漏时形成射流，如果在泄漏裂口处被点燃，则形成喷射火。假定火焰为圆锥形，并用从泄漏处到火焰长度 4/5 处的点源模型来表示。

D.4.3.2.2 喷射火的火焰长度可按式(D.57)计算：

$$L = \frac{(H_c m)^{0.444}}{161.66} \quad\quad\quad (D.57)$$

式中：

L ——火焰长度，单位为米(m)；

H_c——燃烧热，单位为焦耳每千克(J/kg)；

m ——质量流速，单位为千克每秒(kg/s)。

D.4.3.2.3 距离火焰点源 X(m)处接收到的热辐射通量可按式(D.58)计算：

$$q = \frac{f H_c m \tau}{4\pi X^2 \times 1\,000} \quad\quad\quad (D.58)$$

式中：

q——距离 X 处接收的热辐射的通量，单位为千瓦特每平方米(kW/m²)；

f——热辐射率；

τ——大气传输率。

大气传输率 τ 按式(D.59)计算：

$$\tau = 1 - 0.056\,5 \ln X \quad\quad\quad (D.59)$$

当为固体火灾时可根据实际情况选择固体火焰模型。

D.4.4 蒸气云爆炸(TNO 模型)计算

D.4.4.1 TNO 方法计算包括以下步骤：

    a) 进行扩散计算，确定可燃气云的范围；

b) 进行区域检查,确定拥挤的区域;
c) 在被可燃气云覆盖的区域内,确定引起强烈冲击波的爆炸源,包括:
   1) 拥挤的空间和建筑物(如工艺设备、平台和管架等);
   2) 平行平面之间的空间(如汽车底部与地面之间等);
   3) 管状结构内的空间(如隧道、桥梁及下水道系统等);
   4) 高压泄放喷射形成的剧烈扰动的燃料-空气。
d) 通过下列步骤,估算区域内(作为爆炸源)燃料-空气混合物的燃烧能:
   1) 单独考虑每一个爆炸源。
   2) 假设位于部分受约束或受阻碍区域的燃料-空气或喷射时剧烈绕动的燃料-空气为气云中的爆炸源,对爆炸冲击波有贡献。
   3) 估算出现在区域内(爆炸源)的燃料-空气混合物体积(估算是基于整个区域的大小。注意燃料-空气混合物可能没有充满整个区域,此时爆炸源内的燃料-空气混合物为实际进入该区域的体积;此外在估算受阻碍区域体积时,应减去该区域内设备所占体积)。
   4) 爆炸源的燃烧能按式(D.60)计算:
   $$E = V_s \times 3.5 \times 10^6 \quad\quad\quad\quad\quad\quad\quad\quad\quad\quad (D.60)$$
   式中:
   E ——爆炸源内燃料-空气混合物的燃烧能,单位为焦耳(J);
   V_s——爆炸源中燃料-空气混合物体积,单位为立方米(m^3)。
e) 估计爆炸源的强度 $\overline{R}_0$,取值范围为 1~10,如:
   1) 对气云中未受约束或未受阻碍的部分,取 1;
   2) 对喷射时强扰动的气云部分,取 3;
   3) 典型工艺单元,取 7~9;
   4) 最大爆炸源强度取 10。
f) 比拟距离 $\overline{R}$ 按式(D.61)计算:
   $$\overline{R} = \frac{R}{(E/p_0)^{1/3}} \quad\quad\quad\quad\quad\quad (D.61)$$
   式中:
   $\overline{R}$ ——爆炸源的 Sachs 比拟距离(无量纲);
   R ——距爆炸源中心的距离,单位为米(m);
   E ——爆炸源的燃烧能,单位为焦耳(J);
   p_0——环境大气压,单位为帕斯卡(Pa)。
g) 计算爆炸超压:
   查图 D.1 得到 Sachs 比拟爆炸超压 $\Delta \overline{p}_s$,爆炸超压按式(D.62)计算:
   $$p = \Delta \overline{p}_s p_0 \quad\quad\quad\quad\quad\quad (D.62)$$
   式中:
   p ——爆炸超压,单位为帕斯卡(Pa);
   $\Delta \overline{p}_s$——Sachs 比拟爆炸超压(无量纲);

p_0 ——环境大气压,单位为帕斯卡(Pa)。

h) 如果两个爆炸源的距离很近,需考虑两个爆炸源同时爆炸的影响。

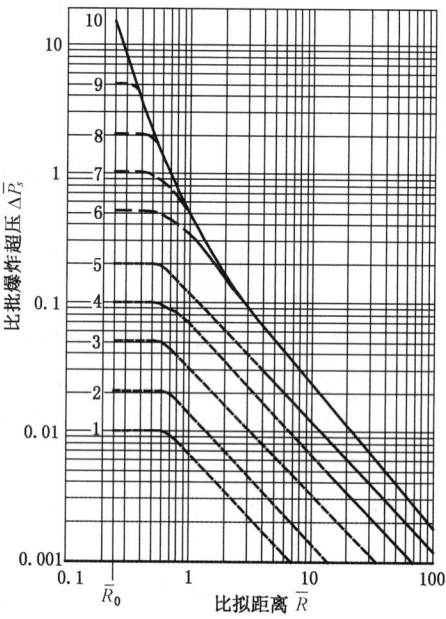

图 D.1 TNO 模型的 Sachs 比拟超压

D.4.4.2 爆炸源强度选择可采用 Kinsella 方法,见表 D.10。

表 D.10 定性判断法分析表

点火能		受阻塞程度			受约束程度		强度等级
弱	强	强	弱	不存在阻塞	不存在约束	存在约束	
	X	X			X		7~10
	X	X				X	7~10
X		X			X		5~7
	X		X		X		5~7
	X		X			X	4~6
	X			X	X		4~6
X		X				X	4~5
	X			X		X	4~5
X			X		X		3~5
X			X			X	2~3
X				X	X		1~2
X				X		X	1
注:X 表示选中的场景。							

附 录 E
（资料性附录）

探测和联锁切断系统的判定及相应的泄漏时间

表 E.1 和表 E.2 为探测和联锁切断系统分级指南,该表中给出的信息只在评价连续性泄漏时使用。

表 E.1 探测系统的分级指南

探测系统类型	探测系统分级
专门设计的仪器仪表,用来探测系统的运行工况变化所造成的物质损失（即压力损失或流量损失）	A
适当定位探测器,确定物质何时会出现在承压密闭体之外	B
外观检查,照相机,远距离功能的探测器	C

表 E.2 联锁切断系统的分级指南

联锁切断系统类型	联锁切断系统等级
直接在工艺仪表或探测器启动,而无需操作者干预的切断或停机系统	A
操作者在控制室或远离泄放点的其他合适位置启动的切断或停机系统	B
手动操作阀启动的切断系统	C

通过对探测和联锁切断系统的分级,各孔径下的泄漏时间见表 E.3。

表 E.3 基于探测和联锁切断系统等级的泄漏时间

探测系统等级	联锁切断系统等级	泄放时间
A	A	5 mm 泄漏孔径,20 min 25 mm 泄漏孔径,10 min 100 mm 泄漏孔径,5 min
A	B	5 mm 泄漏孔径,30 min 25 mm 泄漏孔径,20 min 100 mm 泄漏孔径,10 min
A	C	5 mm 泄漏孔径,40 min 25 mm 泄漏孔径,30 min 100 mm 泄漏孔径,20 min
B	A 或 B	5 mm 泄漏孔径,40 min 25 mm 泄漏孔径,30 min 100 mm 泄漏孔径,20 min
B	C	5 mm 泄漏孔径,60 min 25 mm 泄漏孔径,30 min 100 mm 泄漏孔径,20 min

表 E.3（续）

探测系统等级	联锁切断系统等级	泄放时间
C	A,B 或 C	5 mm 泄漏孔径,60 min 25 mm 泄漏孔径,40 min 100 mm 泄漏孔径,20 min

附 录 F
（资料性附录）
可燃物质释放事件树及点火概率

F.1 可燃物质释放事件树

可燃物质释放事件树见图 F.1～图 F.5。

F.1.1 易燃气体瞬时释放

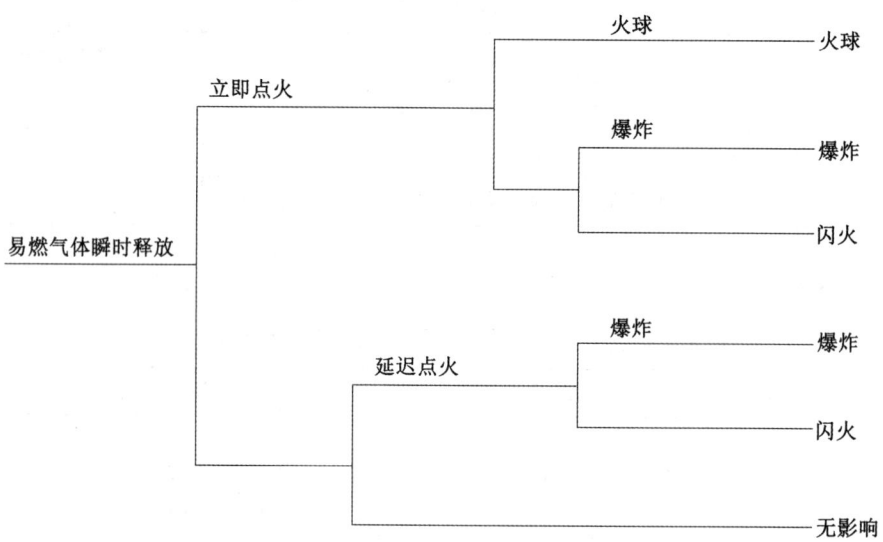

图 F.1 易燃气体瞬时释放事件树

F.1.2 易燃气体连续释放

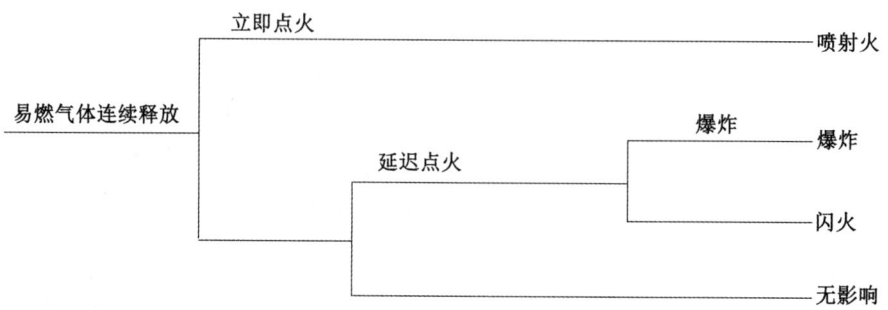

图 F.2 易燃气体连续释放事件树

F.1.3 压缩液化气体瞬时释放

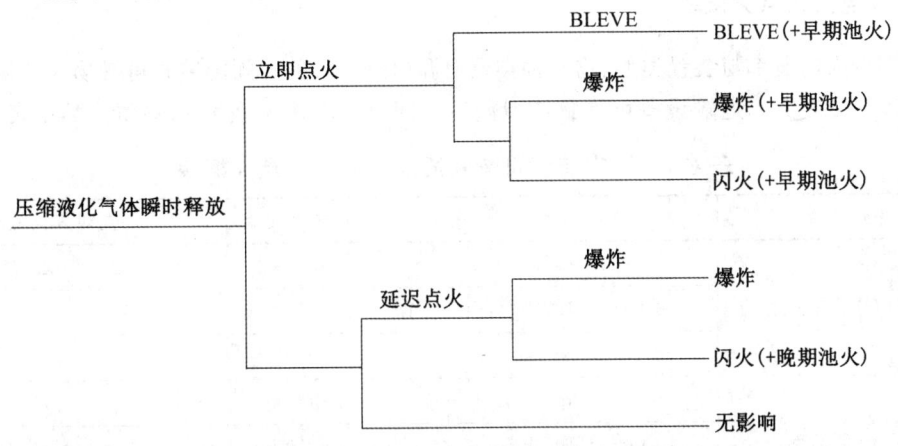

注:对于压缩液化气体释放,云团可能发生液滴下落到(地)表面,形成液池,点火时可能发生池火。

图 F.3 压缩液化气体瞬时释放事件树

F.1.4 压缩液化气体连续释放

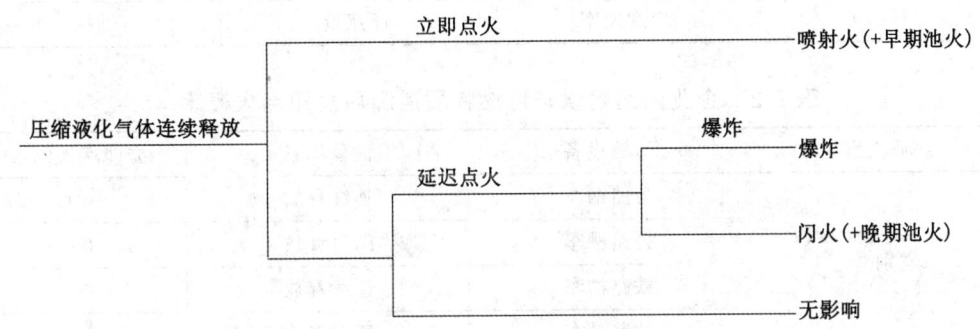

图 F.4 压缩液化气体连续释放事件树

F.1.5 易燃液体释放

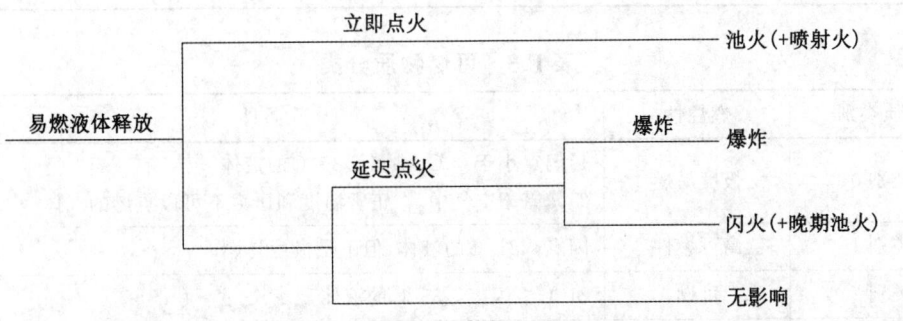

注1:对于可燃液体释放,在到达地面前可能发生物质的蒸发。如果蒸发气立即点火将形成喷射火。喷射火的物质量取决于蒸发气中的物质量。

注2:在延迟点火时,除了闪火或爆炸,也将发生池火。

图 F.5 易燃液体释放事件树

F.2 立即点火的点火概率

立即点火的概率与装置类型、物质种类及泄漏(释放)有关。固定装置可燃物质泄漏后,立即点火概率见表F.1,运输设备可燃物质泄漏后立即点火概率见表F.2,物质分类见表F.3。

表 F.1 固定装置可燃物质泄漏后立即点火概率

物质分类	连续释放	瞬时释放	立即点火概率
类别0(中/高活性)	<10 kg/s	<1 000 kg	0.2
	10 kg/s~100 kg/s	1 000 kg~10 000 kg	0.5
	>100 kg/s	>10 000 kg	0.7
类别0(低活性)	<10 kg/s	<1 000 kg	0.02
	10 kg/s~100 kg/s	1 000 kg~10 000 kg	0.04
	>100 kg/s	>10 000 kg	0.09
类别1	任意速率	任意量	0.065
类别2	任意速率	任意量	0.01
类别3,4	任意速率	任意量	0

表 F.2 企业内运输设备可燃物质泄漏后立即点火概率

物质类别	运输设备	泄漏场景	立即点火概率
类别0	公路槽车	连续释放	0.1
	公路槽车	瞬时释放	0.4
	铁路槽车	连续释放	0.1
	铁路槽车	瞬时释放	0.8
类别1	槽车	连续释放、瞬时释放	0.065
类别2	槽车	连续释放、瞬时释放	0.01
类别3,4	槽车	连续释放、瞬时释放	0

表 F.3 可燃物质分类

物质类别	燃烧性	条件
类别0	极度易燃	1)闪点小于0 ℃,沸点≤35 ℃的液体 2)暴露于空气中,在正常温度和压力下可以点燃的气体
类别1	高可燃性	闪点<21 ℃的液体,但不是极度易燃的
类别2	可燃	21 ℃≤闪点≤55 ℃的液体
类别3	可燃	55 ℃<闪点≤100 ℃的液体
类别4	可燃	闪点>100 ℃的液体
注1:对于类别2,3,4的物质,如果操作温度高于闪点,则立即点火概率按照类别1进行考虑。 注2:部分化学品的活性分类,见表F.4。		

表 F.4 部分化学品活性分类

低	中	高
1-氯-2,3-环氧丙烷 1,3-二氯丙烷 3-氯-1-丙烯 氨 溴甲烷 一氧化碳 氯乙烷 氯甲烷 甲烷 四乙铅	1-丁烷 1,2-二氨基乙烷 乙醛 乙腈 丁烷 氯乙烯 二甲胺乙烷 乙基乙酰胺 甲酸 丙烷 丙烯	丁三醇* 乙炔 苯* 二硫化碳* 乙硫醇* 环氧乙烷 甲酸乙酯* 甲醛* 甲基丙烯酸酯* 甲酸甲酯* 甲基环氧乙烷* 石脑油,溶剂* 四氢噻吩* 乙烯基乙酸盐*

注:以 * 符号表示的物质,化学品活性信息非常少,可将此物质作为高活性物质。

F.3 不同点火源在 1 min 内的点火概率

不同点火源在 1 min 内的点火概率见表 F.5。

表 F.5 点火源在 1 min 内的点火概率

点火源	1 min 内的点火概率
点源	
机动车辆	0.4
火焰	1.0
室外燃烧炉	0.9
室内燃烧炉	0.45
室外锅炉	0.45
室内锅炉	0.23
船	0.5
危化品船	0.3
捕鱼船	0.2
游艇	0.1
内燃机车	0.4
电力机车	0.8
线源	

表 F.5（续）

点火源	1 min 内的点火概率
输电线路	0.2/100 m
公路	注1
铁路	注1
面源	
化工厂	0.9/座
炼油厂	0.9/座
重工业区	0.7/座
轻工业区	按人口计算
人口	
居民	0.01/人
工人	0.01/人

注1：发生泄漏事故地点周边的公路或铁路的点火概率与平均交通密度 d 有关。平均交通密度 d 的计算公式为：

$$d = N \times E / V$$

式中：

N——每小时通过的汽车数量，单位为每小时（h^{-1}）；

E——道路或铁路的长度，单位为千米（km）；

V——汽车平均速度，单位为千米每小时（$km \cdot h^{-1}$）。

如果 $d \leqslant 1$，则 d 的数值就是蒸气云通过时点火源存在的概率，此时

$$P(t) = d(1 - e^{-\omega t})$$

式中：

ω——单辆汽车的点火效率，单位为每秒（s^{-1}）。

如果 $d \geqslant 1$，则 d 表示当蒸气云经过时的平均点火源数目；则在 $0 \sim t$ 时间内发生点火的概率为：

$$P(t) = 1 - e^{-d\omega t}$$

式中：

ω——单辆汽车的点火效率，单位为每秒（s^{-1}）。

注2：对某个居民区而言，$0 \sim t$ 时间内的点火概率的计算公式为：

$$P(t) = 1 - e^{-n\omega t}$$

式中：

ω——每个人的点火效率，单位为每秒（s^{-1}）；

n——居民区中存在的平均人数。

注3：如果其他模型中采用不随时间变化的点火概率，则该点火概率等于 1 min 内的点火概率。

附 录 G
(资料性附录)
影 响 阈 值

G.1 应急响应计划指南(Emergency Response Planning Guidelines,ERPGs)值

G.1.1 物质的 ERPGs 值包括以下 3 类:
    a) ERPG-1:当人员暴露在低于该浓度的环境中 1 h 时,除受到短暂的微弱不良健康影响,或恶劣气味之外,不会有更严重的不良影响。
    b) ERPG-2:当人员暴露在低于该浓度的环境中 1 h 时,不会受到不可逆或严重健康影响,或者不会降低人员自身采取防护措施的能力。
    c) ERPG-3:当人员暴露在低于该浓度的环境中 1 h 时,不会产生危及生命健康的影响。

G.1.2 常用物质的 ERPGs 值见表 G.1。

表 G.1 常用物质的 ERPGs 值(除非注明,所有值的单位均为 10^{-6})

化学物质	ERPG-1	ERPG-2	ERPG-3	化学物质	ERPG-1	ERPG-2	ERPG-3
乙醛	10	200	1 000	氰化氢	NA	10	25
丙烯醛	0.05	0.15	1.5	氟化氢	2	20	50
丙烯酸	1	50	250	硫化氢	0.1	30	100
丙烯腈	10	35	75	异丁腈	ID	30	100
烯丙基氯	3	40	300	氨	25	150	1 500
苯	50	150	1 000	氢化锂	25 μg/m³	100 μg/m³	300 μg/m³
氯苯	1	10	25	甲醇	200	1 000	5 000
溴	0.1	0.5	5	氯甲烷	150	1 000	3 000
1,3-丁二烯	10	500	5 000	二氯甲烷	300	750	4 000
丙烯酸丁酯	0.05	25	250	异氰酸甲酯	0.025	0.25	1.5
异氰酸丁酯	0.01	0.05	1	甲硫醇	0.005	25	100
二硫化碳	1	50	500	甲基三氯硅烷	1	3	25
四氯化碳	20	100	750	一甲胺	10	100	500
氯气	1	3	20	全氟异丁烯	NA	0.1	0.3
三氟化氯	0.1	1	10	苯酚	10	50	200
氯乙酰氯	0.1	1	10	光气	NA	0.5	1.5
三氯硝基甲	NA	0.2	3	五氧化二磷	1 mg/m³	10 mg/m³	50 mg/m³
氯磺酸	2 mg/m³	10 mg/m³	30 mg/m³	环氧丙烷	50	250	750

表 G.1（续）

化学物质	ERPG-1	ERPG-2	ERPG-3	化学物质	ERPG-1	ERPG-2	ERPG-3
三氟氯乙烯	20	100	300	苯乙烯	50	250	1 000
2-丁烯醛	0.2	5	15	磺酸	2	10	30
乙硼烷	NA	1	3	二氧化硫	0.3	3	25
双烯酮	1	5	50	四氟乙烯	200	1 000	10 000
二甲胺	0.6	100	350	四氯化钛	5 mg/m³	20 mg/m³	100 mg/m³
二甲基氯硅烷	0.8	5	25	甲苯	50	300	1 000
二甲基二硫醚	0.01	50	250	三甲胺	0.1	100	500
表氯醇	2	20	100	六氟化溴	5 mg/m³	15 mg/m³	30 mg/m³
环氧乙烷	NA	50	500	乙酸乙烯酯	5	75	500
甲醛	1	10	40	乙酸	5	35	250
六氯丁二烯	1	3	10	乙酸酐	0.5	15	100
六氟丙酮	NA	1	50	3-氯丙烯	3	40	300
六氟环丙烷	10	50	500	砷化氢	NA	0.5	1.5
氯化氢	3	20	150	苯甲酰氯	0.3	5	20
铍	NA	25 mg/m³	100 mg/m³	二氯二甲醚	ID	0.1	0.5
三氟化硼	2 mg/m³	30 mg/m³	100 mg/m³	无水肼	0.5	5	30
乙酸正丁酯	5	200	3 000	盐酸	3	20	150
丁基异氰酸酯	0.01	0.05	1	氢氰酸	NA	10	25
一氧化碳	200	350	500	过氧化氢	10	50	100
二氧化氯	NA	0.5	3	硒化氢	NA	0.2	2
一氯二氟乙烷	10 000	15 000	25 000	氯甲酸异丙酯	ID	5	20
三氟甲烷	NA	50	5 000	碘	0.1	0.5	5
氯甲基甲醚	NA	1.0	10	顺丁烯二酸酐	0.2	2	20
硝基三氯甲烷	0.075	0.15	1.5	汞	NA	0.25	0.5
氯化氰	NA	0.05	4	溴甲烷	NA	50	200
1,2-二氯乙烷	50	200	300	氯甲酸甲酯	NA	2	5
2,4-二氯酚	0.2	2	20	甲基异氰酸酯	0.025	0.25	1.5
二聚环戊二烯	0.01	5	75	二苯甲撑二异氰酸酯	0.2 mg/m³	2 mg/m³	25 mg/m³
1,1-二氟乙烷	10 000	15 000	25 000	硝酸	1	10	78
二乙烯酮	1	5	20	二氧化氮	1	15	30

表 G.1（续）

化学物质	ERPG-1	ERPG-2	ERPG-3	化学物质	ERPG-1	ERPG-2	ERPG-3
N,N-二甲基甲酰胺	2	100	200	三氟化氮	200	400	800
二甲硫醚	0.5	1 000	5 000	1-辛烯	40[a]	800[b]	2 000
3-氯-1,2-环氧丙烷	5	20	100	四氯乙烯	100	200	1 000
丙烯酸乙酯	0.01	30	300	磷化氢	NA	0.5	5
氯甲酸乙酯	ID	5	10	三氯化磷	0.5	3	15
异辛醇	0.1	100	200	四氯化硅	0.75	5	37
氟	0.5	5	20	氢氧化钠	0.5 mg/m³	5 mg/m³	50 mg/m³
氯磺酸	2 mg/m³	10 mg/m³	30 mg/m³	锑化氢	ID	0.5	1.5
呋喃甲醛	2	10	100	正硅酸乙酯	25	100	300
戊二醛	0.2	1	5	四氢呋喃	100	500	5 000
六氟-1,3-丁二烯	1	3	10	正硅酸甲酯	NA	10	20
六氟丙烯	10	50	500	氯化亚砜	0.2	2	10
1-己烯	NA	500	5 000	1,1,1-三氯乙烷	350	700	3 500
三氯乙烯	100	500	5 000	三氯硅烷	1	3	25
三甲基氯硅烷	3	20	150	氯乙烯	500	5 000	20 000
乙烯三氯硅烷	0.5	5	50	1,1-二氯乙烯	ID	500	1 000
八氧化三铀	ID	10 mg/m³	50 mg/m³	二氧化铀	ID	10 mg/m³	30 mg/m³
六氟化铀	5 mg/m³	15 mg/m³	30 mg/m³	三氧化铀	ID	0.5 mg/m³	3 mg/m³
三乙氧基硅烷	0.5	4	10	三甲氧基甲硅烷	0.5	2	5
甲苯-2,4(2,6-)二异氰酸酯	0.01	0.15	0.6	甲基丙烯酸异氰基乙酯	ID	0.1	1
异戊二烯	5	1 000	4 000	2,2-二氯-1,1,1-三氟乙烷	ID	1 000	10 000
二乙基苯	10	100	500	四羟基氢化钴	ID	0.13	0.42
1,1,1,2-四氟-2-氯乙烷	1 000	5 000	10 000	氯乙酰氯	0.05	0.5	10
邻氯苄叉缩丙二腈	0.005 mg/m³	0.1 mg/m³	25 mg/m³	亚乙基降冰片烯	0.02	100	500
三氯甲烷	NA	50	5 000	乙醇	1 800	3 300	NA

表 G.1（续）

化学物质	ERPG-1	ERPG-2	ERPG-3	化学物质	ERPG-1	ERPG-2	ERPG-3
甲酸	3	25	250	糠醛	2	10	50
汽油	200	1 000	4 000	1-氯-1,1-二氟乙烷	10 000	15 000	25 000
马来酸酐	0.2	5	20	二苯基甲烷-4,4'-二异氰酸酯	NA	5 mg/m^3	55 mg/m^3
碘甲烷	25	50	125	甲基叔丁基醚	50	1 000	5 000
发烟硫酸 硫酸 三氧化硫	2 mg/m^3	10 mg/m^3	120 mg/m^3	异氰酸苯酯	0.1	0.4	1.2
正磷酸	3 mg/m^3	30 mg/m^3	150 mg/m^3	二甲基二氯硅烷	2	10	75
硅酸四乙酯	25	100	300	氧氯化硫	0.3	3	15
乙酰基乙烯酮	1	5	50	二硫化二甲基	0.01	50	250
2,3,3,3-四氟丙烯	NA	24 000	NA	2-异丙基丙烯酸氰乙酯	NA	0.1	1

注1：NA 表示尚未分析；ID 表示数据不充分。
注2：上述物质的 ERPG 数值由美国工业卫生协会 2016 年公布，ERPG 值定期更新，宜使用最新的 ERPG 值。

[a] 25% 的最低爆炸下限。
[b] 10% 的最低爆炸下限。

G.2 热辐射

不同热辐射强度造成的伤害和损坏见表 G.2。

表 G.2 不同热辐射强度造成的伤害和损坏

热辐射强度 kW/m^2	对设备的损坏	对人的伤害
37.5	操作设备损坏	1% 死亡(10 s) 100% 死亡(1 min)
25.0	在无火焰，长时间辐射下木材燃烧的最小能量	重大烧伤(10 s) 100% 死亡(1 min)

表 G.2（续）

热辐射强度 kW/m²	对设备的损坏	对人的伤害
12.5	有火焰时,木材燃烧及塑料熔化的最低能量	1 度烧伤(10 s) 1% 死亡(1 min)
6.3	—	在 8 s 内裸露皮肤有痛感；无热辐射屏蔽设施时,操作人员穿上防护服可停留 1 min
4.7	—	暴露 16 s,裸露皮肤有痛感；无热辐射屏蔽设施时,操作人员穿上防护服可停留几分钟
1.58	—	长时间暴露无不适感

G.3 超压

不同超压对建筑物造成的影响和损坏见表 G.3。

表 G.3 超压对建筑物的影响(近似值)

压力 kPa	影响
0.14	令人厌恶的噪声(137 dB,或低频 10 Hz～15 Hz)
0.21	已经处于疲劳状态下的大玻璃偶尔破碎
0.28	产生大的噪声(143 dB)、玻璃破裂
0.69	处于压力应变状态的小玻璃破裂
1.03	玻璃破裂的典型压力
2.07	"安全距离"(低于该值,不造成严重损坏的概率为 0.95)；抛射限值；屋顶出现某些破坏；10% 的窗户玻璃被打碎
2.76	有限的较小结构破坏
3.4～6.9	大窗户和小窗户通常破碎；窗户框架偶尔遭到破坏
4.8	房屋建筑物受到较小的破坏
6.9	房屋部分破坏,不能居住
6.9～13.8	石棉板粉碎；钢板或铝板起皱,紧固失效；木板固定失效、吹落
9.0	钢结构的建筑物轻微变形
13.8	房屋的墙和屋顶局部坍塌
13.8～20.7	没有加固的混凝土墙毁坏
15.8	严重结构破坏的低限值

表 G.3（续）

压力 kPa	影响
17.2	房屋砌砖50％破坏
20.7	工厂建筑物内的重型机械(1 362 kg)轻微损坏；钢结构建筑变形，并离开基础
20.7～27.6	自成构架的钢面板建筑破坏；油储罐破裂
27.6	轻工业建筑物的覆层破裂
34.5	木制的支撑柱折断；建筑物内高大液压机(18 160 kg)轻微破坏
34.5～48.2	房屋几乎完全破坏
48.2	装载货物的火车车厢倾翻
48.2～55.1	未加固的203.2 mm～304.8 mm厚的砖板因剪切或弯曲导致失效
62.0	装载货物的火车货车车厢完全破坏
68.9	建筑物可能全部遭到破坏；重型机械工具(3 178 kg)移位并严重损坏，非常重的机械工具(5 448 kg)幸免

附 录 H
（资料性附录）
死亡概率与概率值对应关系及物质毒性常数

H.1 死亡概率与概率值的对应关系见表 H.1。

表 H.1 P_d 和 P_r 的对应关系

P_d %	0	1	2	3	4	5	6	7	8	9
0		2.67	2.95	3.12	3.25	3.36	3.45	3.52	3.59	3.66
10	3.72	3.77	3.82	3.87	3.92	3.96	4.01	4.05	4.08	4.12
20	4.16	4.19	4.23	4.26	4.29	4.33	4.36	4.39	4.42	4.45
30	4.48	4.50	4.53	4.56	4.59	4.61	4.64	4.67	4.69	4.72
40	4.75	4.77	4.80	4.82	4.85	4.87	4.90	4.92	4.95	4.97
50	5.00	5.03	5.05	5.08	5.10	5.13	5.15	5.18	5.20	5.23
60	5.25	5.28	5.31	5.33	5.36	5.39	5.41	5.44	5.47	5.50
70	5.52	5.55	5.58	5.61	5.64	5.67	5.71	5.74	5.77	5.81
80	5.84	5.88	5.92	5.95	5.99	6.04	6.08	6.13	6.18	6.23
90	6.28	6.34	6.41	6.48	6.55	6.64	6.75	6.88	7.05	7.33
99	0.0	0.1	0.2	0.3	0.4	0.5	0.6	0.7	0.8	0.9
	7.33	7.37	7.41	7.46	7.51	7.58	7.58	7.65	7.88	8.09

H.2 常用物质的毒性常数见表 H.2。

表 H.2 常用物质毒性常数 a、b、n

物质	a	b	n	物质	a	b	n
丙烯醛	−4.1	1	1	氟化氢	−8.4	1	1.5
丙烯腈	−8.6	1	1.3	硫化氢	−11.5	1	1.9
烯丙醇	−11.7	1	2	溴甲烷	−7.3	1	1.1
氨	−15.6	1	2	异氰酸盐钾	−1.2	1	0.7
谷硫磷	−4.8	1	2	二氧化氮	−18.6	1	3.7
溴	−12.4	1	2	对硫磷	−6.6	1	2
一氧化碳	−7.4	1	1	光气(碳酰氯)	−10.6	2	1
氯	−6.35	0.5	2.75	磷胺(大灭虫)	−2.8	1	0.7
乙烯	−6.8	1	1	磷化氢	−6.8	1	2
氯化氢	−37.3	3.69	1	二氧化硫	−19.2	1	2.4

参 考 文 献

[1] GB 50160 石油化工企业设计防火规范

[2] HG/T 20660 压力容器中化学介质毒性危害和爆炸危险程度分类标准

[3] 国家安全生产监督管理总局,中华人民共和国工业和信息化部,中华人民共和国公安部,等.危险化学品目录(2015 版):公告 2015 年第 5 号[DB/OL].(2015-02-27)[2018-07-23]. http://www.chinasafety.gov.cn/zjnsjg/ajss/wxhxpaqjg/gggw_419/xzxk_423/201503/t20150309_207141.shtml.

[4] 国家安全生产监督管理总局.国家安全监管总局办公厅关于印发危险化学品目录(2015 版)实施指南(试行)的通知:安监总厅管三〔2015〕80 号[DB/OL].(2015-08-19)[2018-07-23]. http://www.chinasafety.gov.cn/zjnsjg/ajss/wxhxpaqjg/gggw_419/tzgg_420/201509/t20150902_207057.shtml.

危险化学品重大危险源安全监控通用技术规范
(AQ 3035—2010)

前 言

本标准第 4 章的 4.1、4.2 a)、4.2 c)、4.6.2.6、4.7.1、4.7.2.3、4.7.2.4、4.7.2.7、4.7.3 a)、4.7.4.1、4.7.5、4.7.7.3、4.7.13、4.8.2、4.9.5、4.9.11 为强制性条款,其余为推荐性条款。

本标准由国家安全生产监督管理总局提出。

本标准由全国安全生产标准化技术委员会化学品安全分技术委员会(TC 288/SC 3)归口。

本标准起草单位:中国安全生产科学研究院、北京华瑞科力恒科技有限公司、南京本安仪表系统有限公司、河南汉威电子股份有限公司。

本标准主要起草人:吴宗之、关磊、刘骥、魏利军、马瑞岭、沈磊、董宇、任红军。

本标准为首次发布。

1 范围

本标准规定了危险化学品重大危险源安全监控预警系统的监控项目、组成和功能设计等技术要求。

本标准适用于化工(含石油化工)行业危险化学品重大危险源新建储罐区、库区及生产场所安全监控预警系统(以下简称系统)的设计、建设和管理,扩建或改建系统可参照执行。其他行业可参照执行。

2 规范性引用文件

下列文件对于本文件的应用是必不可少的。凡是注日期的引用文件,仅注日期的版本适用于本文件。凡是不注日期的引用文件,其最新版本(包括所有的修改单)适用于本文件。

GB/T 2887 电子计算机场地通用规范

GB/T 8566 信息技术 软件生存周期过程

GB/T 8567 计算机软件文档编制规范

GB/T 12504 计算机软件质量保证计划规范

GB 17626 电磁兼容试验和测量技术

AQ 3036—2010 危险化学品重大危险源 罐区 现场安全监控装备设置规范

HG/T 20507 化工自控设计规定(一)自动化仪表选型设计规定

HG/T 21581 自控安装图册 总说明、图形符号规定及材料库

SH 3005 石油化工自动化仪表选型设计规范

SH/T 3104 石油化工仪表安装设计规范

3 术语和定义

下列术语和定义适用于本标准。

3.1
重大危险源安全监控预警系统 major hazard installations safety monitoring controlling and early-warning system

由数据采集装置、逻辑控制器、执行机构以及工业数据通讯网络等仪表和器材组成,可采集安全相关信息,并通过数据分析进行故障诊断和事故预警确定现场安全状况,同时配备联锁装备在危险出现时采取相应措施的重大危险源计算机数据采集与监控系统。

3.2
现场监控器 field monitoring and controlling unit

现场接收和传输来自监测器或远程 I/O 的信号或者传输接口的多路复用信号,且可能对其进行分析计算、超限判断等逻辑处理并控制执行机构工作的装置。

3.3
传输接口 transmission interface

实现数据(信息)的传输、转换和交换,保证必要的隔离和信息安全,并可能具有多路复用信号的调制与解调、数据本地存储和系统自检等功能的装置或软件。

3.4
监控计算机 monitoring computer

接收监测信号,实现图形化的实时与历史信息显示、信息处理、报警与预警、统计与分析、存储、输出控制、报表与打印等功能,提供重大危险源安全监控预警系统的人机操作界面的计算机软、硬件系统。

4 技术要求

4.1 总则

危险化学品重大危险源涉及生产、使用和储存大量易燃、易爆及毒性物质,易发生燃烧、爆炸和中毒等重大事故,故监控预警系统需解决下列问题:

a) 充分考虑生产过程复杂的工艺安全因素、物料危险特性、被保护对象的事故特殊性、事故联锁反应以及环境影响等问题,根据工程危险及有害因素分析完成安全分析和系统设计;

b) 通过计算机、通信、控制与信息处理技术的有机结合,建设现场数据采集与监控网络,实时监控与安全相关的监测预警参数,实现不同生产单元或区域、不同安全监控设备的信息融合,并通过人机友好的交互界面提供可视化、图形化的监控平台;

c) 通过对现场采集的监控数据和信息的分析处理,完成故障诊断和事故预警,及时发现异常,为操作人员进行现场故障的排除和应急处置提供指导;

d) 安全监控预警系统应有与企业级各类安全管理系统及政府各类安全监管系统进行联网预警的接口及网络发布和通讯联网功能;

e) 根据现场情况和监控对象的特性,合理选择、设计、安装、调试和维护监控设备和设施;

f) 除本标准外,尚应遵守国家现行的有关法律、法规和标准的规定。

4.2 一般要求

监控预警系统应满足下列要求:

a) 重大危险源(储罐区、库区和生产场所)应设有相对独立的安全监控预警系统,相关现场探测仪器的数据宜直接接入到系统控制设备中,系统应符合本标准的规定;

b) 系统中的设备应符合有关国家法规或标准的规定,按照经规定程序批准的图样及文件制造、成套,并经国家权威部门检测检验认证合格;

c) 系统所用设备应符合现场和环境的具体要求,具有相应的功能和使用寿命。在火灾和爆炸危险场所设置的设备,应符合国家有关防爆、防雷、防静电等标准和规范的要求;

d) 控制设备应设置在有人值班的房间或安全场所;

e) 系统报警等级的设置应同事故应急处置与救援相协调,不同级别的事故分别启动相对应的应急预案;

f) 对于容易发生燃烧、爆炸和毒物泄漏等事故的高度危险场所、远距离传输、移动监测、无人值守或其他不宜于采用有线数据传输的应用环境,应选用无线传输技术与装备。

4.3 应用环境

系统中的机房、监控中心,应提供下列工作条件:

a) 环境温度:15 ℃～32 ℃;
b) 相对湿度:40%～70%;
c) 温度变化率:小于 10℃/h,且不得结露;
d) 大气压力:80 kPa～106 kPa;
e) GB/T 2887 规定的尘埃、照明、噪声、电磁场干扰和接地条件。

4.4 供电电源

除非有关标准另行规定,系统供电电源应符合以下要求:

a) 交流供电电源:
  1) 电压:380 V/220 V,误差应不大于±5%;
  2) 频率:50 Hz,其误差应不大于±0.5 Hz;
  3) 谐波失真系数:应不大于±5%。

b) 直流供电电源:
  电压:误差应不大于±5%。

4.5 监控项目

4.5.1 监控项目的分类

对于储罐区(储罐)、库区(库)、生产场所三类重大危险源,因监控对象不同,所需要的安全监控预警参数有所不同。主要可分为:

a) 储罐以及生产装置内的温度、压力、液位、流量、阀位等可能直接引发安全事故的关键工艺参数;

b) 当易燃易爆及有毒物质为气态、液态或气液两相时,应监测现场的可燃/有毒气体浓度;

c) 气温、湿度、风速、风向等环境参数;

d) 音视频信号和人员出入情况;

e) 明火和烟气;

f) 避雷针、防静电装置的接地电阻以及供电状况。

4.5.2 储罐区(储罐)

罐区监测预警项目主要根据储罐的结构和材料、储存介质特性以及罐区环境条件等的不同进行选择。一般包括罐内介质的液位、温度、压力,罐区内可燃/有毒气体浓度、明火、环境参数以及音视频信号和其他危险因素等。

4.5.3 库区(库)

库区(库)监测预警项目主要根据储存介质特性、包装物和容器的结构形式和环境条件等的不同进行选择。一般包括库区室内的温度、湿度、烟气以及室内外的可燃/有毒气体浓度、明火、音视频信号以及人员出入情况和其他危险因素等。

4.5.4 生产场所

生产场所监测预警项目主要根据物料特性、工艺条件、生产设备及其布置条件等的不同进行选择。一般包括温度、压力、液位、阀位、流量以及可燃/有毒气体浓度、明火和音视频信号和其他危险因素等。

4.6 系统设计要求

4.6.1 系统组成

系统一般由监测器、隔离变送器、摄像机、二次仪表、现场监控器、执行机构(包括报警器等)、视频处理设备、监控计算机、传输接口、电源、线缆、防雷装置、防静电装置、其他必要设备等和软件组成。

其中,监控中心硬件一般包括传输接口、监控计算机、显示设备、服务器、网络设备、大容量储存设备、UPS电源、打印机、空调等其他配套设备等。现场设备包括传感器、隔离变送设备、摄像机、二次仪表、现场监控器、执行机构等。

4.6.2 硬件

4.6.2.1 所用设备应采用主流技术和通用产品,保证系统满足先进性、安全性、可靠性、可扩展性、可维护性、开放性和实时性的要求,并具有实用性和灵活性。

4.6.2.2 可能导致重大事故或标定、检修和维护困难的场所,宜采用高安全完整性等级(SIL)的安全监控设备,并根据功能安全相关标准建立安全相关系统。

4.6.2.3 传感器及仪表选型可参考 HG/T 20507 和 SH 3005 的规定,主要考虑测量精度、稳定性与可靠性、防爆和防腐、安装、维护及检修、环境要求和经济性等因素。传感器的指示值漂移在 15 天~90 天之内不得超过其规定的误差值。

4.6.2.4 传感器和仪表的安装可参考 HG/T 21581 和 SH/T 3104 的规定。应选择合适的安装位置和安装方式,符合安全和可靠性要求。

4.6.2.5 由外部本安电源供电的设备应能在 9 V~24 V 范围内正常工作。

4.6.2.6 有关罐区等重大危险源现场监控设备选择、安装和布置的具体规定参照 AQ 3036—2010 危险化学品重大危险源 罐区 现场安全监控装备设置规范及相关标准。

4.6.3 软件

4.6.3.1 操作系统、数据库和编程语言等系统软件和开发工具应选择通用、开放、可靠、成熟、界面友好、易维护和易操作的主流产品。监控程序、控制算法、逻辑控制和通信等应用软件应经过功能测试,稳定可靠并带有详细的汉字使用帮助和操作指南。

4.6.3.2 系统软件开发应符合下列基本要求：
  a) 软件设计应采用多任务操作系统；
  b) 软件开发应符合 GB/T 8566；
  c) 软件文档编制应符合 GB/T 8567；
  d) 软件质量保证应符合 GB/T 12504。

4.7 功能设计

4.7.1 数据采集

4.7.1.1 系统应具有温度、压力、液位和可燃/有毒气体浓度等模拟量,以及液位高低报警等开关量的采集功能。

4.7.1.2 数据采集时间的间隔应可调。

4.7.1.3 系统应具有巡检功能。

4.7.2 显示

4.7.2.1 系统应具有模拟动画显示功能,在界面中依据系统实际情况显示各测点的参数及各设备的运行状态。

4.7.2.2 系统应具有监控设备和监控对象平面布置图显示功能。图形包括生产储运装置总平面图、各分系统的系统图和任一分系统内某一部分或设备的局部图以及用户要求的任何其他图形。

4.7.2.3 系统应具有监控参数列表显示功能,同一参数各量值应统一采用标准计算单位,包括模拟量、模拟量累计值和开关量等。

4.7.2.4 系统应具有监控参数图形显示功能：
  a) 系统应具有模拟量实时曲线和历史曲线显示功能。曲线为点绘图,根据需要可以按照多线图的方式在同一坐标上使用不同颜色同时显示多个变量,或同一变量的最大、最小、平均值等曲线；
  b) 系统应具有开关量状态图及柱状图显示功能。

4.7.2.5 系统应能在同一时间坐标上同时显示模拟量和开关量及其变化情况等。

4.7.2.6 系统宜具有视频图像显示功能,视频监控画面可以动态配置,可选择全屏、4 分屏及 16 分屏等多种方式,支持图像窗口拖放,可远程进行云台及镜头控制。

4.7.2.7 系统应具有报警信息显示功能,除了报警汇总列表显示外,在界面上应有一个专门的报警区或弹出式界面,用来指示最新的、最高优先级的或其他设定条件的未经确认的系统报警。

4.7.2.8 系统应支持各类统计和查询结果的列表和图形化显示功能,具体显示项目根据实际设定。

4.7.3 存储

系统应具有监控数据的存储功能：
  a) 将数据加工处理后以数据文件形式存储在现场或监控中心的外存储器内并保留一定的时间,包括监控参数、报警及处置、视频图像、故障及排除以及相关系统信息等,所有数据应附带时间信息；
  b) 系统宜具有事故追忆功能；
  c) 存储器应支持合法的读取操作,并应采取可靠的软硬件安全设计,防止非法篡改。

4.7.4 统计查询与数据分析
4.7.4.1 系统应提供对实时和历史数据的多条件复合查询和分类统计功能,应支持模糊查询,查询信息包括:
- a) 模拟量实时监测值及其最大、最小、平均和累计值;
- b) 开关量状态及变化时刻;
- c) 视频录像;
- d) 报警及警报解除信息;
- e) 系统操作日志;
- f) 系统故障及恢复情况;
- g) 其他。

4.7.4.2 系统宜具有数据分析的功能,包括生产储运装置运行情况、系统运行、报警种类和分布、故障和事故原因以及处置情况等。

4.7.5 报警
系统应具有根据设定的报警条件进行报警及提示的功能:
- a) 当出现模拟量超限、非正常流程切换操作引起的开关量状态改变以及其他异常情况时实时报送至相关的报警控制设备,由系统实现多种方式的联动报警,包括页面图文报警、报警点声光报警以及必要时可选邮件和短信报警等。在事故现场设置有监控摄像机时,页面图文报警时应同时显示现场监控视频图像与参数报警信息,并进行现场录像;
- b) 系统应设有事故远程报警按钮,此按钮应设在适宜部位并带有防护罩和明显标志。

4.7.6 故障诊断与事故预警
系统应具有故障诊断与事故预警功能。对所采集的现场数据进行综合处理,在线智能分析重大危险源的安全状况包括运行状态和安全等级等,提供原因分析和处置的建议,指导有关人员正确迅速地排除设备故障及重大事故隐患,同时及时识别错误报警信号,确保系统可靠稳定运行。

4.7.7 控制
4.7.7.1 系统的控制对象指的是其所属的安全监控设备或装置以及带有安全功能的执行机构等。

4.7.7.2 系统应具有对系统所属设备或装置进行控制的功能。操作人员或具备相应权限的人员可在系统中的控制点上启停或调节受系统控制的任一设备,包括手动、现场、远程和异地管理。系统也应可以根据设定的条件进行全局自动调度管理。

4.7.7.3 不属于系统但与系统相关联的其他系统或设备,以及不为系统独有的子系统或设备的控制权应明确,不得互相干扰或影响各自系统的运行。

4.7.7.4 气体泄漏报警、紧急停车、安全联锁和故障安全控制等应作为独立的子系统纳入安全监控预警系统的整体设计,并保证其可靠地发挥各自的安全功能。

4.7.7.5 所有自动控制的设备或装置宜同时设计手动控制机构,并可通过切换确保系统控制权的唯一性和有效性。

4.7.8 输出

系统应具有报表和打印的功能:
a) 报表输出各种监控参数及设备运行状态在各个时刻的情况,包括模拟量、模拟量统计值历史数据、开关量、报警及处置情况、监控设备及故障和系统日志报表等;
b) 应支持班报表、日报表、月报表以及任意时间段内任一参数或诸多参数的数值;
c) 报表应可按操作员请求生成,也应可以周期性定时触发或事件触发;
d) 允许用户编辑报表内容和格式;
e) 报表应可直接送于系统中的打印机,也应可以写入硬盘等存储器,并可按要求传送到其他计算机系统;
f) 打印应支持报表、曲线图、柱状图、状态图、模拟图(带当前显示参数)和平面布置图等图表格式。

4.7.9 人机对话

系统应具有人机对话功能,除键盘、鼠标和按钮等输入装置和显示器等输出装置外,提供图形化和可视化界面,方便系统管理、设置、功能调用和命令及文本输入等。

4.7.10 信息发布

系统应具有信息发布的功能。通过传输接口,将允许外部访问的信息进行发布,实现监控预警系统与企业管理系统及重大危险源各级政府监管网络的连接;遵循国内外主流工业网络标准的通讯协议、数据编码或接口规范,完成数据上报或部分界面和功能的授权共享,实现政府和企业对现场工况及视频的实时监管与监控,服务于重大事故预防及应急救援。并应采用防火墙等技术手段确保数据及系统安全。

4.7.11 系统管理与设置

系统应具有管理与设置的功能。包括:
a) 系统参数设置应支持个别或成批修改;
b) 报警设置,应支持多种报警条件的设置:每个模拟量点应有两种以上报警级别,每一种有各自的优先级;任一开关量点的状态均可报警,每一状态应有一个单独的优先级;应支持不同报警级别的分级处置,包括报警地点和报警方式的设定以及数据上报等;
c) 应支持根据时间段设定不同参数值,在不同层次上优化系统设置。

4.7.12 设备管理

系统应具有设备管理功能,建立系统所属监控设备的电子化档案,并可查询、添加、修改和统计相关信息,包括设备名称、唯一编号、型号、主要技术指标、产地、生产厂家、安装地址、开始运行时间、累计运行时间、开关次数(永久性记录)维护、维修、更换记录等。

4.7.13 日志

系统应具有日志管理的功能。系统日志将运行系统的状态信息和通信信息统一管理起来,用户可以通过日志来了解系统的运行情况。

4.7.14 安全管理

系统应提供可设置的安全级,控制级和区域设定,限制用户对系统功能模块、设备和系统资源的访问,通过权限管理确保系统安全。包括:
a) 系统应实现对每个操作员和每台现场监控器的设置;

b) 系统应有不少于 5 个的安全访问级别用来限制操作员对监控计算机功能模块的访问；
c) 系统应有多个控制级,用来限制操作员对各台设备的控制；
d) 系统应有设备区域设定,用来将操作员对系统资源的访问限制在指派给他们的区域；
e) 如系统内存在安全相关系统,应遵循功能安全相关的国际和国内标准保证其安全。

4.7.15 可靠性保障

4.7.15.1 自诊断

系统宜具有自诊断功能：

a) 当组成系统的设备和装置以及传输电缆线等出现故障时,系统可以自动识别、报警并记录故障设备和时间等相关信息；
b) 系统在通电开始工作时,应首先进行自检,自检正常后应指示工作正常,如有故障则应指示故障信息。

4.7.15.2 双机备份

系统监控计算机宜设置双机互为备份,当工作设备发生故障时,通过手动或自动双机切换功能,备份设备投入工作。

4.7.15.3 备用电源

系统宜配备备用电源及自动切换装置。当电网停电后,可保持对重要设备和监控参数继续进行实时监控。推荐采用带隔离的在线式 UPS 供电。

4.7.15.4 数据备份

系统应具有数据备份功能。

4.7.15.5 防雷和防静电

系统防雷功能根据当地雷暴日的情况确定,必要时具有防静电功能。

4.7.15.6 软件自监视和容错

系统应具有软件自监视功能和软件容错功能。

4.7.16 其他

4.7.16.1 系统应具有网络通信功能,支持不同网络和设备间的数据访问和交换。
4.7.16.2 系统应通过算法及控制方法模块支持专业应用。
4.7.16.3 系统应具有多任务功能,能周期地循环运行而不中断。
4.7.16.4 系统应有时间校准功能,系统的时钟误差应不大于 5 秒/24 小时。存在多个子系统及远程设备时,宜使用全球时钟同步设备统一时钟。
4.7.16.5 系统应具有数据及软硬件系统恢复的功能。

4.8 软件设计与开发

4.8.1 主菜单

软件主菜单应始终在界面显示或驻留,包括：

a) 系统管理：用户管理、权限管理、参数设置和其他；
b) 实时监控：各子系统监控如各生产单元、子系统以及罐区或库房等；
c) 列表显示：模拟量、开关量、报警信息、设备故障、操作记录和系统日志等；

d) 图形显示:实时曲线图、历史曲线、状态图、柱状图、模拟图或系统平面布置图等;
e) 编辑:当前列表、曲线、模拟图或其他;
f) 查询统计:报警信息、模拟量、开关量、设备故障、操作记录和系统日志等;
g) 报警管理:报警条件设置等;
h) 数据分析:系统运行状态分析、报警分析和故障分析等;
i) 控制:控制逻辑、操作及其他等;
j) 报表:设置、模拟量、开关量、报警信息、设备故障、操作记录和系统日志等;
k) 打印:打印设置和打印输出等;
l) 帮助:系统设置、编辑、控制、列表和图形显示、查询和统计以及报表和打印等。

4.8.2 用户与权限管理

软件应具有用户与权限管理功能:

a) 系统用户信息包括姓名、登录名、密码、单位和角色等,应提供管理界面授权用户可以对相关记录进行添加、删除和修改;
b) 软件应实现多级权限管理。建立各用户对系统模块、设备和数据库记录的操作权限表,提供操作界面允许对各权限表进行修改维护;
c) 软件应提供密码设置功能。操作员应通过密码校验方可进行相关操作,并记录操作人、时间和相关操作记录等。

4.8.3 列表显示

4.8.3.1 模拟量的显示内容包括:①地点;②名称;③监控对象或区域;④监测值;⑤最大值;⑥最小值;⑦平均值及相关信息;⑧报警级别及限值;⑨超限报警及报警时间等;⑩传感器工作状态。

4.8.3.2 模拟量累计值的显示内容包括:①地点;②名称;③监控对象或区域;④监测累计量值;⑤累计时间段;⑥报警级别及限值;⑦超限报警及报警时间等。

4.8.3.3 开关量的显示内容包括:①地点;②名称;③监控对象;④当前状态起始时刻;⑤状态;⑥开停次数;⑦报警及报警解除的时间和状态等;⑧传感器工作状态。

4.8.3.4 报警信息的显示内容包括:①地点;②名称;③监控对象或区域;④监测值或状态;⑤报警时间;⑥报警条件,包括限值或状态等。

4.8.3.5 报警历史记录的显示内容包括:①地点;②名称;③监控对象或区域;④监测值或状态;⑤报警时间;⑥报警条件,包括限值或状态等;⑦报警原因及类型;⑧处置措施;⑨接警人和时间;⑩报警解除人和时间等。

4.8.3.6 故障信息的显示内容包括:①地点;②名称;③故障对象或区域;④故障描述;⑤故障时间等。

4.8.3.7 故障信息历史记录的显示内容包括:①地点;②名称;③故障对象或区域;④故障描述;⑤故障时间;⑥故障原因及类型;⑦排除措施;⑧接警人和时间;⑨故障排除人和时间等。

4.8.3.8 系统日志的显示内容包括:①类型;②时间;③来源;④内容等。

4.8.3.9 操作记录的显示内容包括:①时间;②操作人;③操作对象;④方式等。

4.8.4 图形显示

4.8.4.1 模拟量曲线显示:

a) 坐标的竖轴为监测值或统计值,横轴为时间;

b) 各级报警限值用平行于横轴的红色虚线表示；
　　c) 实时监测值、最大值、最小值和平均值等用平行于横轴的不同颜色的实线表示；
　　d) 图形上方标明传感器的位置和所测物理量等信息，并在图中适当位置给出图例说明；
　　e) 支持鼠标信息提示。

4.8.4.2 开关量状态图显示：
　　a) 用直线表示开关量状态随时间的变化；
　　b) 图形上方标明传感器的位置和所测物理量等信息；
　　c) 支持鼠标信息提示。

4.8.4.3 开关量柱状图显示：
　　a) 坐标竖轴为开机效率状态，横轴为时间；
　　b) 图形上方标明传感器的位置和所测物理量等信息；
　　c) 支持鼠标信息提示。

4.8.4.4 系统模拟图显示：在表明系统现场布局等情况的背景图上，显示监控对象、监控设备、线缆及其他设施等，标明相对位置、参数与运行状态等。将实时监测到的开关量状态用图样在相应位置模拟显示；将实时监测到的模拟量数值在相应位置显示；用红色图标标注报警点；点击设备、传感器或报警点等，可以提示相关信息或弹出选择菜单；支持通过鼠标完成漫游、分页和缩放等图形操作。

4.8.5 查询统计
　　查询统计内容包括：
　　a) 报警查询：根据报警时间、地点、参数和级别等情况进行复合检索；
　　b) 监控信息查询：根据时间、地点和名称等进行复合检索；
　　c) 设备故障：根据地点、时间、类型和故障对象或区域等进行复合检索；
　　d) 操作记录：根据时间、操作人、对象和方式等进行复合检索；
　　e) 系统日志：根据时间、类型和来源等进行复合检索。

4.8.6 报表
　　按一定时间段输出的各类报表，除列表显示的内容外，还应包括表头、打印日期和时间、操作人员或单位等信息，模拟量、开关量、报警信息和设备故障的报表应包括给定时间内的累计次数和时间等统计信息。

4.8.7 快捷方式
　　通过设置的快捷键或常驻工具图标，在任何显示界面均可直接调用所选功能模块，包括参数的列表和图形显示、视频监控显示、系统与子系统模拟图显示、关键设备状态查看、报警信息显示及查询、系统和参数设置、帮助和打印等。

4.8.8 中文显示与打印
　　软件应支持汉字显示、汉字编辑、汉字提示和汉字打印功能。

4.9 技术指标与性能要求

4.9.1 模拟量输入传输处理误差
　　模拟量输入传输处理误差应不大于1.0%。

4.9.2 模拟量输出传输处理误差
模拟量输出传输处理误差应不大于 1.0%。

4.9.3 最大巡检周期
最大巡检周期宜不大于 30 秒,并应满足监控要求。

4.9.4 控制执行时间
控制执行时间应不大于最大巡检周期,异地控制执行时间应不大于 2 倍的最大巡检周期,并应满足监控要求。

4.9.5 存储时间
无报警稳定运行期间,重要监测点的实时监控数据应保存 7 天以上,否则应保存 30 天以上。音视频信息应保存 7 天以上。报警信息应保存 1 年以上。

4.9.6 画面响应时间
调出整幅画面 85% 的响应时间应不大于 2 秒,其余画面应不大于 5 秒。

4.9.7 误码率
误码率应不大于 10^{-8}。

4.9.8 系统余量
系统所能连接的监测器和执行器的数量,应留有至少 20% 的余量。

4.9.9 双机切换时间
从工作设备发生故障到备用设备投入正常工作的时间间隔应不大于 5 分钟。

4.9.10 备用电源工作时间
在供电失败后,备用交直流电源应能保证系统连续监控时间不小于 30 分钟,并应满足监控要求。

4.9.11 工作稳定性
系统应进行工作稳定性试验,通电试验时间不小于 7 天。测试期间,系统性能应符合本标准以及各自企业产品标准的规定。

4.9.12 抗干扰性
对于监控设备的抗干扰性要求如下:
a) 设备应能通过 GB/T 17626.2 规定的 3 级(接触放电)静电放电抗扰度试验,其性能应符合各自企业产品标准的规定;
b) 系统应能通过 GB/T 17626.3 规定的 2 级射频电磁场辐射抗扰度试验,其性能应符合各自企业产品标准的规定;
c) 系统应能通过 GB/T 17626.4 规定的 3 级电快速瞬变脉冲群抗扰度试验,其性能应符合各自企业产品标准的规定;
d) 系统应能通过 GB/T 17626.5 规定的 3 级浪涌(冲击)抗扰度试验,其性能应符合各自企业产品标准的规定。

4.9.13 可靠性
系统平均无故障工作时间(MTBF)应不小于 5 000 小时,并应满足监控要求。

4.9.14 防爆性能
防爆型设备应符合相关国家标准的规定。